पूर्णत: संशोधित संस्करण

प्रतियोगी परीक्षाओं के लिए उपयोगी
एवं प्रामाणिक पुस्तक

सामान्य हिन्दी

ओंकार नाथ वर्मा

arihant
अरिहन्त पब्लिकेशन्स (इण्डिया) लिमिटेड

arihant

अरिहन्त पब्लिकेशन्स (इण्डिया) लिमिटेड

卐 **रजि. कार्यालय**

'रामछाया' 4577/15, अग्रवाल रोड, दरिया गंज, नई दिल्ली- 110002
फोन: 011-47630600, 43518550

मुख्य कार्यालय

कालिन्दी, टी०पी० नगर, मेरठ (यूपी)– 250002
फोन: 0121-7156203, 7156204

卐 **शाखा कार्यालय**

आगरा, अहमदाबाद, बरेली, बंगलुरु, चेन्नई, दिल्ली, गुवाहाटी, हैदराबाद, जयपुर, झाँसी, कोलकाता, लखनऊ, नागपुर तथा पुणे

卐 **ISBN** 978-93-25293-03-8

PO No : TXT-XX-XXXXXXX-X-XX

PUBLISHED BY ARIHANT PUBLICATIONS (INDIA) LTD.

अपनी बात

विभिन्न प्रतियोगी परीक्षाओं में 'सामान्य हिन्दी' का महत्त्व सर्वविदित है। निरन्तर बढ़ती हुई आवश्यकता के अनुसार हिन्दी में प्रतियोगिता साहित्य का लेखन और प्रकाशन तेजी से हो रहा है। प्रतियोगी परीक्षार्थियों के मार्गदर्शन और ज्ञानवर्द्धन के लिए सामान्य हिन्दी की अनेक पुस्तकें बाजार में उपलब्ध हैं। परन्तु परीक्षाओं के बदलते हुए पैटर्न और आए दिन पूछे जाने वाले नए-नए प्रकार के प्रश्नों के कारण नित्य नवीन प्रतियोगिता साहित्य की माँग दिन-प्रतिदिन बढ़ती जा रही है।

विगत 32 वर्षों से अध्ययन-अध्यापन और लेखन से जुड़ा होने के कारण मैं प्रतियोगी अभ्यर्थियों की भावनाओं, कठिनाइयों और समस्याओं से भली-भाँति अवगत हूँ। आरम्भ से ही मुझमें प्रतियोगी परीक्षार्थियों की सफलता की राह को सरल और सुगम बनाने की उत्कट भावना रही है। इधर कुछ परीक्षाओं में सामान्य हिन्दी के प्रश्न-पत्र में रस, छन्द, अलंकार और साहित्यगत प्रश्न भी पूछे गए हैं, इसलिए आज सामान्य हिन्दी की एक ऐसी पुस्तक की आवश्यकता है जिसमें हिन्दी भाषा, व्याकरण, साहित्य, पत्र-पत्रिकाएँ, पुरस्कार-सम्मान, रस, छन्द, अलंकार और महत्त्वपूर्ण तथ्यपरक सामाग्री का सम्पूर्ण समावेश हो। इसी आवश्यकता की पूर्ति के लिए मैंने इस पुस्तक का प्रणयन किया है। इस पुस्तक के लेखन में इस बात का विशेष ध्यान रखा गया है कि प्रत्येक विषयवस्तु का प्रस्तुतीकरण शुद्ध, संक्षिप्त, सारगर्भित और स्वत: पूर्ण हो, जिससे यह पुस्तक यथासम्भव कम समय और श्रम द्वारा श्रेष्ठ तैयारी में सहायक हो और हमारे प्रतियोगी अपने लक्ष्य को प्राप्त कर सकें।

इस पुस्तक की रचना राज्य लोक सेवा आयोग (State PCS), UGC NET, PGT, TGT, TET, CTET, B.Ed., UPSSSC, SSC, बैंक, रेलवे, सब-इन्स्पेक्टर, कांस्टेबल, लेखपाल इत्यादि सभी परीक्षाओं के सामान्य हिन्दी के पाठ्यक्रमों के आलोक में की गई है। परीक्षार्थियों की सुविधा के लिए विभिन्न अध्यायों के अन्त में वस्तुनिष्ठ प्रश्नों का भी समावेश किया गया है। विभिन्न प्रतियोगी परीक्षाओं में आए हुए प्रश्नों का भी यथास्थान उल्लेख किया गया है।

मुझे पूर्ण विश्वास है कि यह पुस्तक प्रतियोगी परीक्षार्थियों और विश्वविद्यालय स्तर के विद्यार्थियों के लिए उपयोगी सिद्ध होगी। इसे और भी अधिक श्रेष्ठ एवं उपयोगी बनाने के लिए पाठकों के सुझाव सादर आमन्त्रित हैं, प्राप्त सुझावों का अगले संस्करण में यथासम्भव पालन किया जाएगा।

अरिहन्त समूह के चेयरमैन श्री योगेश चन्द जैन एवं प्रकाशक श्री दीपेश जैन का हार्दिक आभारी हूँ, जिन्होंने इस कृति को यथाशीघ्र सुन्दर और यथासम्भव त्रुटिरहित प्रकाशित किया है। दोनों बेटियों ममता और अंशुल ने प्रूफरीडिंग में सहयोग किया है, धर्मपत्नी लक्ष्मी वर्मा का भी अपेक्षित सहयोग रहा है, मैं इन सभी को अपना स्नेह और आशीर्वाद देता हूँ। इति।

शुभकामनाओं सहित ....

ओंकार नाथ वर्मा

विषय-सूची

अध्याय ~1

हिन्दी भाषा का इतिहास एवं मुख्य तथ्य

भाषा के द्वारा मनुष्य अपने भावों-विचारों को दूसरों के समक्ष प्रकट करता है तथा दूसरों के भावों-विचारों को समझता है। हिन्दी भाषा का इतिहास लगभग एक हजार वर्ष पुराना माना गया है। सामान्यत: अपभ्रंश की अन्तिम अवस्था 'अवहट्ठ' से ही हिन्दी का विकास हुआ है। हिन्दी भारतीय गणराज्य की राजकीय और मध्य भारतीय आर्य भाषा है। 'हिन्दी' शब्द का मौलिक अर्थ है-हिन्द का अर्थात् भारतीय।

हिन्दी भाषा का विकास एवं भाषा परिवार

- हिन्दी भाषा का विकास संस्कृत भाषा से हुआ है अर्थात् हिन्दी भाषा की आदि जननी संस्कृत है। संस्कृत से **पालि** भाषा विकसित हुई, पालि से **प्राकृत**, प्राकृत से **अपभ्रंश**, अपभ्रंश से **अवहट्ठ** और अवहट्ठ से **हिन्दी** भाषा का जन्म हुआ।
- विश्व की लगभग 3000 भाषाओं को मुख्यत: 13 भाषा परिवारों में विभाजित किया गया है। ये इस प्रकार हैं—भारोपीय (भारत-यूरोपीय), द्रविड़, चीनी, सैमेटिक, हैमेटिक, आग्नेय, यूराल-अल्टाइक, बाँटू, रैड इण्डियन, काकेशस, सूडानी, जापानी-कोरियाई तथा बुशमैन।
- भारत में 4 भाषा परिवार मिलते हैं—भारोपीय, द्रविड़, आस्ट्रिक व चीनी-तिब्बती।
- **भारोपीय** परिवार की भाषाएँ भारत, यूरोप तथा उसके आस-पास के क्षेत्रों में फैली हुई हैं। यह सबसे बड़ा भाषा परिवार है, क्योंकि भारत में भारोपीय परिवार की भाषा बोलने वालों का प्रतिशत सबसे अधिक (लगभग 73%) है। सबसे छोटा भाषा परिवार **चीनी-तिब्बती** (लगभग 0.7%) है।
- हिन्दी भारोपीय परिवार की भारतीय-ईरानी (Indo-Iranian) शाखा की उपशाखा **भारतीय आर्य** (Indo-Aryan) भाषा है।
- आकृति या रूप के आधार पर हिन्दी वियोगात्मक या विश्लिष्ट (श्लिष्ट) भाषा है।

नोट 2011 की जनगणना में भारतीय भाषाओं के आँकड़ों के अनुसार 43.63% लोगों की मातृभाषा हिन्दी है।

भारतीय आर्य भाषाएँ

भारतीय आर्य भाषाओं को तीन भाषाओं में विभाजित किया गया है

नाम	काल	उदाहरण
प्राचीन भारतीय आर्य भाषाएँ	1500 ई. पू. से 500 ई. पू.	वैदिक संस्कृत, लौकिक संस्कृत
मध्यकालीन भारतीय आर्य भाषाएँ	500 ई. पू. से 1000 ई.	पालि, प्राकृत, अपभ्रंश
आधुनिक भारतीय आर्य भाषाएँ	1000 ई. से अब तक	हिन्दी की बोलियाँ (मराठी, बांग्ला, उड़िया आदि)

प्राचीन भारतीय आर्य भाषाएँ

- प्राचीन भारतीय आर्यभाषा का काल **1500 ई. पू. से 500 ई. पू.** तक माना गया है। इस अवधि में संस्कृत बोलचाल की भाषा थी। संस्कृत भाषा के दो रूप हैं
  1. **वैदिक संस्कृत** (1500 ई. पू. से लगभग 1000 ई. पू.) वैदिक संस्कृत को चार भागों में विभाजित किया गया है—संहिताएँ (ऋग्वेद, यजुर्वेद, सामवेद, अथर्ववेद), ब्राह्मण, आरण्यक तथा उपनिषद्। इसके लिए यास्क व पाणिनि द्वारा **छान्दस्** नाम प्रयुक्त किया गया।
  2. **लौकिक संस्कृत** (लगभग 1000 ई. पू. से 500 ई. पू.) पाणिनि ने इसे **संस्कृत भाषा** का नाम दिया है। पाणिनि की 'अष्टाध्यायी', वाल्मीकि की 'रामायण', वेदव्यास कृत 'महाभारत', 'पुराण' आदि की रचना लौकिक संस्कृत में ही हुई है।

मध्यकालीन भारतीय आर्य भाषाएँ

मध्यकालीन भारतीय आर्य भाषाओं का काल 500 ई. पू. से 1000 ई. तक का माना जाता है। मध्यकालीन भारतीय आर्य भाषाओं में निम्नलिखित तीन भाषाएँ विकसित हुईं

पालि

- पालि भाषा का समय 500 ई. पू. से पहली ई. तक है। पालि को **प्रथम प्राकृत** भी कहा जाता है। यह भारत की प्रथम देश भाषा थी।
- पालि भाषा में बौद्ध साहित्य की रचना हुई है। भगवान बुद्ध के सभी उपदेश इसी भाषा में हैं। इसे **मागधी भाषा** भी कहते हैं।

प्राकृत

- पहली ई. से 500 ई. तक का समय प्राकृत भाषा का रहा। इस अवधि में **शौरसेनी, पैशाची, ब्राचड़, महाराष्ट्री, मागधी** और **अर्द्धमागधी** नामक क्षेत्रीय बोलियाँ विकसित हुईं।
- प्राकृत को **द्वितीय प्राकृत** कहा जाता है। प्राकृत प्राचीन रूप से सर्वाधिक प्रचलित भाषा रही है। भगवान महावीर के सभी उपदेश प्राकृत भाषा में हैं।

अपभ्रंश

- यह भाषा मध्यकालीन आर्य भाषा की तीसरी अवस्था है। अपभ्रंश का विकास 500 ई. से 1000 ई. के मध्य में हुआ था।
- अपभ्रंश की शुरुआत 8वीं शताब्दी के कवि **स्वयंभू** के समय से मानी जाती है। इन्हें 'पउम चरिउ' अर्थात् राम काव्य की रचना के कारण **अपभ्रंश का वाल्मीकि** भी कहा जाता है।
- अपभ्रंश और पुरानी हिन्दी के मध्य का समय **संक्रान्ति काल** कहा गया है।
- कवि धनपाल द्वारा रचित 'भविस्सयत कहा' अपभ्रंश का प्रथम प्रबंध काव्य है। अपभ्रंश को रामचन्द्र शुक्ल ने प्राकृताभास तथा चन्द्रधर शर्मा गुलेरी ने **पुरानी हिन्दी** तथा विद्यापति ने देसिल बयना अर्थात् देशी भाषा कहा है।
- इस भाषा के प्रमुख रचनाकार विद्यापति (कीर्तिलता), रोड कवि (राउलवेल), दामोदर पण्डित (उक्ति-व्यक्ति-प्रकरण), अब्दुर रहमान (संदेश रासक) आदि हैं।
- अपभ्रंश की उत्तरकालीन अवस्था **अवहट्ठ** के नाम से जानी जाती है। इसका समय 900 ई. से 1100 ई. तक माना जाता है।
- दामोदर पण्डित, अब्दुर रहमान, विद्यापति आदि ने अपनी भाषा को अवहट्ठ बताया है।

आधुनिक भारतीय आर्य भाषाएँ

- आधुनिक भारतीय आर्य भाषाओं का विकास अपभ्रंश के विभिन्न क्षेत्रीय स्वरूपों से हुआ है।
- आधुनिक भारतीय आर्यभाषाओं को निम्नलिखित तीन भागों में विभाजित किया गया है

1. प्राचीन हिन्दी - 1100 ई-1400 ई.
2. मध्यकालीन हिन्दी - 1400 ई.-1850 ई.
3. आधुनिक हिन्दी - 1850 ई. से अब तक।

अपभ्रंश से आधुनिक भारतीय आर्यभाषाओं का विकास

अपभ्रंश के भेद	आधुनिक भारतीय आर्यभाषा
शौरसेनी अपभ्रंश	पश्चिमी हिन्दी, राजस्थानी, गुजराती
अर्द्धमागधी अपभ्रंश	पूर्वी हिन्दी (अवधी, बघेली, छत्तीसगढ़ी)
मागधी अपभ्रंश	बिहारी, बांग्ला, उड़िया और असमिया
खस अपभ्रंश	पहाड़ी
ब्राचड़ अपभ्रंश	पंजाबी, सिन्धी
महाराष्ट्री अपभ्रंश	मराठी

हिन्दी शब्द की व्युत्पत्ति

- वैदिक संस्कृत, लौकिक संस्कृत, पालि, प्राकृत, अपभ्रंश आदि किसी भी प्राचीन भारतीय भाषा में 'हिन्दी' शब्द उपलब्ध नहीं है। वस्तुतः हमारी भाषा का नाम 'हिन्दी' ईरानियों की देन है। संस्कृत की **स्** ध्वनि फ़ारसी में **ह्** बोली जाती है; जैसे–सप्ताह-हफ्ताह, असुर-अहुर, सिन्धु-हिन्दू आदि।
- भारतवर्ष की पश्चिमी सीमा के पास प्रसिद्ध सिन्धु नदी बहती है। ईरानी, सिन्धु को हिन्दू कहते थे। हिन्दू से हिन्द शब्द बना। कालान्तर में सिन्धु नदी के पार का सम्पूर्ण भू-भाग **हिन्द** कहा जाने लगा और हिन्द की भाषा **हिन्दी** कहलाई। अतः हिन्दी शब्द की व्युत्पत्ति हिन्द देश के निवासियों के अर्थ में हुई।
- मध्यकालीन अरबी तथा फ़ारसी साहित्य में भारत की संस्कृत, पालि, प्राकृत और अपभ्रंश भाषाओं के लिए **जबान-ए-हिन्दी** शब्द का प्रयोग मिलता है।
- हिन्दी शब्द का विकास क्रम–इस प्रकार है

सिन्धु → हिन्दु → हिन्द + ई → हिन्दी

- भारत में साहित्यिक भाषाओं–संस्कृत, प्राकृत, अपभ्रंश से भिन्न जनसामान्य की भाषा के लिए भाषा या भाखा शब्द का प्रयोग होता था; जैसे–''संसकीरत है कूप जल भाखा बहता नीर''–कबीर; ''लिखि भाखा चौपाई कहे''–जायसी; ''भाखा भनित मोरि मति थोरी''–तुलसी; ''भाखा बोल न जानहीं जिनके कुल के दास''–केशव इत्यादि।
- कहा जाता है कि **अमीर खुसरो** (1253-1325 ई.) ने सबसे पहले भाषा या भाखा के स्थान पर हिन्दी या हिन्दवी शब्द का प्रयोग किया। खुसरो के ही समय में हिन्दी और हिन्दवी शब्द मध्यदेश की भाषा के अर्थ में प्रचलित हो गए।
- अमीर खुसरो ने ग्यासुद्दीन तुगलक के बेटे को हिन्दी या हिन्दवी की शिक्षा देने के लिए **खालिकबारी** नामक **फ़ारसी-हिन्दी कोश** की रचना की। इस ग्रन्थ में भाषा के अर्थ में **हिन्दवी** शब्द 30 बार और **हिन्दी** शब्द 5 बार आया है।
- भाषा के लिए **हिन्दी** शब्द का प्राचीनतम् प्रयोग शरफुद्दीन के **ज़फ़रनामा** (1424 ई.) में मिलता है।

खड़ी बोली हिन्दी का विकास

खड़ी बोली हिन्दी का विकास मुख्य रूप से निम्न युगों में हुआ है

भारतेन्दु पूर्व युग (1800-1850 ई.)

- भारतेन्दु युग में हिन्दी भाषा की स्वीकृति को लेकर संघर्ष था। शुद्ध खड़ी बोली (हिन्दवी) के पुराने नमूने **अमीर खुसरो** और **बन्दा नवाज़ गेसूदराज** की रचनाओं में मिलते हैं।
- हिन्दी का वास्तविक आरम्भ 1000 ई. से माना जाता है, तब से आज तक के समय को तीन कालों में विभाजित किया गया है—आदिकाल (1000 से 1400 ई. तक), मध्यकाल (1400 से 1800 ई. तक) और आधुनिक काल (1800 से अब तक)।
- हिन्दी के विकास में सर्वप्रथम **फोर्ट विलियम कॉलेज** कलकत्ता का योगदान रहा है। इसके आचार्य जॉन गिलक्राइस्ट ने भारतीय भाषाओं का अध्ययन किया। ईस्ट इण्डिया कम्पनी के प्रशासकों को हिन्दी सिखाने के लिए उन्होंने एक व्याकरण और एक शब्दकोश की रचना की।
- गिलक्राइस्ट की देख-रेख में हिन्दी में अनेक पुस्तकों के अनुवाद और मौलिक रचनाएँ भी प्रकाशित हुईं। इसी सन्दर्भ में इंशा अल्ला खाँ, लल्लू लाल, सदल मिश्र और सदासुखलाल का योगदान अविस्मरणीय है।
- इंशा अल्ला खाँ ने **रानी केतकी की कहानी** ठेठ बोलचाल की भाषा में लिखी। लल्लू लाल की 14 रचनाएँ बताई जाती हैं। **प्रेमसागर** उनकी प्रसिद्ध कृति है। सदल मिश्र ने **नासिकेतोपाख्यान** (1803 ई.), **अध्यात्मरामायण** और **रामचरित्र** की रचना की। सदासुखलाल ने अपने सहयोगियों की तुलना में कम लिखा। **सुखसागर** इनकी प्रसिद्ध रचना है।

- हिन्दी के विकास में पत्र-पत्रिकाओं का महत्त्वपूर्ण योगदान रहा है। भारतेन्दु पूर्व काल में हिन्दी का पहला समाचार-पत्र **उदंत मार्तण्ड** (1826 ई.) कलकत्ता से प्रकाशित हुआ। 1828 ई. में कलकत्ता से **बंगदूत** का प्रकाशन आरम्भ हुआ, जिसे 1829 ई. में सरकार ने बन्द करवा दिया।
- भारतेन्दु पूर्व युग के दो प्रसिद्ध लेखक थे—राजा शिवप्रसाद 'सितारे हिन्द' तथा राजा लक्ष्मण सिंह। राजा शिव प्रसाद ने हिन्दी में उर्दू शैली का प्रयोग किया तथा राजा लक्ष्मण सिंह ने हिन्दी के विशुद्ध संस्कृतनिष्ठ रूप का समर्थन किया।
- **राजा शिवप्रसाद सितारे हिन्द** ने **बनारस अखबार** (1844 ई.) का प्रकाशन आरम्भ किया, इसकी भाषा **हिन्दुस्तानी** थी। इसकी उर्दू शैली के विरोध में **सुधाकर** पत्र का प्रकाशन आरम्भ हुआ। इसी क्रम में कलकत्ता से **समाचार सुधावर्षण** (1854 ई.) नामक दैनिक का प्रकाशन आरम्भ हुआ। पंजाब से नवीनचन्द्र राय ने **ज्ञान प्रकाशिनी** पत्रिका निकाली।
- राजा शिवप्रसाद 'सितारे हिन्द' ने विद्यालयों के लिए अनेक पाठ्य-पुस्तकों की रचना करके हिन्दी के विकास और प्रचार में योगदान दिया।
- **राजा लक्ष्मण सिंह** ने 1861 ई. में आगरा से **प्रजाहितैषी** नामक समाचार-पत्र प्रकाशित किया। इन्होंने संस्कृत गर्भित शुद्ध हिन्दी का प्रचार-प्रसार किया।
- 'राजा लक्ष्मण सिंह' ने 'शकुन्तला नाटक' का अनुवाद **संस्कृत** से **खड़ी बोली** में किया।
- ईसाई पादरियों ने अपने धर्म के प्रचार के लिए हिन्दी को माध्यम बनाया, इससे हिन्दी के प्रचार-प्रसार में बड़ी सहायता मिली।
- 1817 ई. में कलकत्ता बुक सोसायटी और 1833 ई. के लगभग आगरा स्कूल बुक सोसायटी की स्थापना हुई। इससे विभिन्न विषयों की पुस्तकों का प्रकाशन हुआ।

भारतेन्दु युग (1850-1900 ई.)

- भारतेन्दु हरिश्चन्द्र को **आधुनिकता का प्रवर्तक साहित्यकार** माना जाता है। इन्होंने हिन्दी की विभिन्न विधाओं में साहित्य सृजन किया। 1850 ई. से 1900 ई. तक की अवधि को भारतेन्दु युग कहते हैं।
- इस युग में हिन्दी के गद्य के बहुमुखी रूप का सूत्रपात हुआ। गद्य की रचना के लिए खड़ी बाली को माध्यम के रूप में अपनाया गया था।
- भारतेन्दु ने **राजा शिवप्रसाद** 'सितारे हिन्द' की अरबी-फ़ारसी प्रधान हिन्दी और राजा लक्ष्मण सिंह की संस्कृतनिष्ठ हिन्दी के बीच का मार्ग निकाला।
- हिन्दी खड़ी बोली के विकास में भारतेन्दु जी का योगदान **हरिश्चन्द्र मैगज़ीन** (1873 ई.), **हरिश्चन्द्र चन्द्रिका** और **बालाबोधिनी** (1874 ई.) पत्रिकाओं के निबन्धों में द्रष्टव्य है।
- **भारतेन्दु मण्डल** के रचनाकारों का मूलस्वर **नवजागरण** है। इसके प्रमुख रचनाकार हैं—भारतेन्दु हरिश्चन्द्र, पं. प्रताप नारायण मिश्र, बदरी नारायण चौधरी 'प्रेमघन', बालकृष्ण भट्ट, अम्बिका दत्त व्यास, राधाचरण गोस्वामी, ठाकुर जगमोहन सिंह, लाला श्रीनिवास दास, सुधाकर द्विवेदी, राधाकृष्ण आदि।
- हिन्दी के विकास में **काशीनागरी प्रचारिणी सभा** (1893 ई.) और **इण्डियन प्रेस प्रयाग** का योगदान अत्यन्त महत्त्वपूर्ण है।
- नागरी प्रचारिणी सभा की प्रेरणा से **इण्डियन प्रेस प्रयाग** द्वारा जून, 1900 में **सरस्वती पत्रिका** का प्रकाशन आरम्भ हुआ। इसके प्रथम सम्पादक **चिन्तामणि घोष** थे।

द्विवेदी युग (1900-1920 ई.)

- पण्डित महावीर प्रसाद द्विवेदी वर्ष 1903 में **सरस्वती पत्रिका** के सम्पादक नियुक्त हुए। सरस्वती पत्रिका को **बीसवीं शताब्दी के आरम्भिक चरण का विश्वकोश** कहा गया है।
- वर्ष 1900 से 1920 तक की अवधि को द्विवेदी युग कहा जाता है। इस युग को **डॉ. नगेन्द्र** ने **जागरण सुधार काल** कहा है।
- पण्डित महावीर प्रसाद द्विवेदी ने सरल और शुद्ध भाषा के प्रयोग पर विशेष बल दिया। वे लेखकों/कवियों की रचनाओं की वर्तनी और व्याकरण सम्बन्धी त्रुटियों को स्वयं संशोधित कर देते थे और उन्हें शुद्ध लिखने हेतु प्रेरित करते थे।
- द्विवेदी युग के प्रमुख कवि—मैथिलीशरण गुप्त, रामचरित उपाध्याय, अयोध्यासिंह उपाध्याय 'हरिऔध', नाथूराम शर्मा 'शंकर', सियारामशरण गुप्त, महावीर प्रसाद द्विवेदी, जगन्नाथ दास रत्नाकर, राय देवी प्रसाद पूर्ण, गया प्रसाद शुक्ल 'सनेही', रामनरेश त्रिपाठी, बालकृष्ण शर्मा 'नवीन' इत्यादि हैं।

छायावाद युग (1918-1936 ई.)

- छायावाद युग को हिन्दी साहित्य में द्विवेदी युग के बाद स्थान दिया जाता है। छायावादी काव्य में 'प्रसाद जी' ने प्रकृति को मिलाया, 'निराला' ने मुक्तक छन्द दिया, 'पन्त जी' ने शब्दों को सरस बनाया एवं 'महादेवी' ने उनमें प्राण डाले।
- छायावाद युग में माखनलाल चतुर्वेदी, बालकृष्ण शर्मा 'नवीन', सुभद्राकुमारी चौहान, रामधारी सिंह 'दिनकर', सोहनलाल द्विवेदी, सियारामशरण गुप्त, श्यामनारायण पाण्डेय, गुरुभक्त सिंह इत्यादि ने अन्य काव्य प्रवृत्तियों में साहित्य सृजन करके हिन्दी को समृद्ध किया।
- छायावाद युग पद्य के ही नहीं, गद्य के सन्दर्भ में भी साहित्यिक खड़ी बोली के विकास का स्वर्ण युग था।

प्रगतिवाद युग (1936-1942 ई.)

- हिन्दी साहित्य में वर्ष 1936 से 1942 तक की अवधि को प्रगतिवाद के नाम से जाना जाता है। प्रगतिवाद के आदि प्रवर्तक कार्ल मार्क्स हैं। राजनीति में जो मार्क्सवाद है, साहित्य में वही प्रगतिवाद है।
- प्रगतिवादी कवियों में सुमित्रानन्दन पन्त, सूर्यकान्त त्रिपाठी 'निराला', केदारनाथ अग्रवाल, नागार्जुन, त्रिलोचन शास्त्री, रांगेय राघव, शिवमंगल सिंह सुमन, डॉ. रामविलास शर्मा आदि हैं।

प्रयोगवाद युग (1943-1953 ई.)

- प्रयोगवाद शब्द का प्रचलन अज्ञेय द्वारा सम्पादित **तारसप्तक** से माना जाता है। अज्ञेय ने तारसप्तक के कवियों को 'राहों का अन्वेषी' कहा है। प्रयोगवाद सबसे अधिक **अस्तित्ववाद** से प्रभावित है। समकालीन समीक्षा में **अज्ञेय को अस्तित्ववादी** घोषित किया गया है।
- प्रयोगवाद युग में खड़ी बोली का काव्य भाषा में उत्तरोत्तर विकास होता गया।

नई कविता (1953 ई. से अब तक)

- नई कविता के प्रमुख तत्त्व अनुभूति की सच्चाई और बुद्धिमूलक यथार्थवादी दृष्टि है। नई कविता पत्रिका का प्रकाशन वर्ष 1954 में इलाहाबाद से हुआ। इसके सम्पादक डॉ. जगदीश गुप्त थे।

- दक्षिण में राष्ट्रकूटों और यादवों का राज्य स्थापित होने पर वहाँ हिन्दी का खूब प्रचार-प्रसार हुआ। मुस्लिम साम्राज्य के विस्तार के साथ ही हिन्दी भाषा आन्ध्र प्रदेश, कर्नाटक आदि प्रदेशों में प्रसारित हुई।
- स्वाधीनता संग्राम आन्दोलन की भाषा हिन्दी होने से हिन्दी का पूरे देश में व्यापक प्रचार-प्रसार हुआ।
- हिन्दी हमारे देश की समृद्ध भाषा है। इसमें साहित्य की सभी विधाओं—नाटक, कहानी, उपन्यास, निबन्ध, आत्मकथा, जीवनी, रिपोर्ताज, यात्रा-साहित्य, पत्र-साहित्य इत्यादि में साहित्य सृजन हो रहा है।

हिन्दी के विकास से सम्बन्धित संस्थाएँ

संस्था का नाम	स्थापना वर्ष
फोर्ट विलियम कॉलेज कलकत्ता (पश्चिम बंगाल)	वर्ष 1800
हिन्दी उद्धारिणी प्रतिनिधि मध्य सभा प्रयाग (उत्तर प्रदेश)	वर्ष 1884
नागरी प्रचारिणी सभा काशी (उत्तर प्रदेश)	वर्ष 1893
हिन्दी साहित्य सम्मेलन प्रयाग (उत्तर प्रदेश)	वर्ष 1910
दक्षिण भारत हिन्दी प्रचार संस्था मद्रास (चेन्नई)	वर्ष 1915
अखिल भारतीय संगीत परिषद् बम्बई (महाराष्ट्र)	वर्ष 1919
गुजरात विद्यापीठ अहमदाबाद (गुजरात)	वर्ष 1920
हिन्दी विद्यापीठ देवघर (झारखण्ड)	वर्ष 1929
नागरी लिपि सुधार समिति इन्दौर (मध्य प्रदेश)	वर्ष 1935
प्रगतिशील लेखक संघ लखनऊ (उत्तर प्रदेश)	वर्ष 1936
राष्ट्रभाषा प्रचार समिति वर्धा (महाराष्ट्र)	वर्ष 1936
असम राष्ट्रभाषा प्रचार समिति गुवाहाटी (असम)	वर्ष 1938
बम्बई हिन्दी विद्यापीठ बम्बई (महाराष्ट्र)	वर्ष 1938
इण्डियन पीपुल्स थियेटर एसोसिएशन बम्बई (महाराष्ट्र)	वर्ष 1942
राष्ट्रभाषा परिषद् पुणे (महाराष्ट्र)	वर्ष 1945
देवनागरी लिपि सुधार समिति (उत्तर प्रदेश)	वर्ष 1947
बिहार राष्ट्रभाषा परिषद् पटना (बिहार)	वर्ष 1951
हिन्दी साहित्य अकादमी (नई दिल्ली)	वर्ष 1953
संगीत नाटक अकादमी (नई दिल्ली)	वर्ष 1953
नेशनल बुक ट्रस्ट (नई दिल्ली)	वर्ष 1957
राष्ट्रीय नाट्य विद्यालय (नई दिल्ली)	वर्ष 1959
नागरी लिपि परिषद् (नई दिल्ली)	वर्ष 1975
महात्मा गाँधी अन्तर्राष्ट्रीय हिन्दी विश्वविद्यालय वर्धा (महाराष्ट्र)	वर्ष 1997

हिन्दी की उपभाषाएँ, बोलियाँ और उनके क्षेत्र

- एक छोटे क्षेत्र में बोली जाने वाली भाषा **बोली** कहलाती है। बोली में साहित्य रचना नहीं होती।
- यदि किसी बोली में साहित्य रचना होने लगती है और क्षेत्र का विस्तार हो जाता है, तो वह बोली न रहकर **उपभाषा** कहलाने लगती है।
- जब किसी उपभाषा को साहित्यकार अपने साहित्य के द्वारा एक निश्चित व सर्वमान्य रूप प्रदान कर देते हैं तथा उसका क्षेत्र और विस्तृत हो जाता है, तो वह **भाषा** कहलाने लगती है। एक भाषा के अन्तर्गत कई उपभाषाएँ और एक उपभाषा के अन्तर्गत कई बोलियाँ होती हैं।
- **विभाषा** का क्षेत्र बोली की अपेक्षा अधिक फैला होता है। यह एक क्षेत्र या प्रान्त में प्रचलित होती है। हिन्दी की महत्त्वपूर्ण विभाषाएँ ब्रजभाषा, अवधी, बघेली, खड़ी बोली, भोजपुरी आदि हैं।

हिन्दी क्षेत्र की सम्पूर्ण बोलियों को पाँच भागों में वर्गीकृत किया गया है, जो निम्न हैं

1. पश्चिमी क्षेत्र
2. पूर्वी क्षेत्र
3. राजस्थानी क्षेत्र
4. पहाड़ी क्षेत्र
5. बिहार क्षेत्र

पश्चिमी क्षेत्र में हिन्दी की पाँच बोलियाँ

पश्चिमी क्षेत्र के अन्तर्गत हिन्दी की पाँच बोलियाँ आती हैं

खड़ी बोली/कौरवी

- खड़ी बोली का उद्‌भव शौरसेनी अपभ्रंश के उत्तरी रूप से हुआ है। खड़ी बोली का मूल नाम **कौरवी** था, जो साहित्यिक भाषा में बदल जाने के कारण खड़ी बोली हो गया। इसका नामकरण लल्लू लाल जी ने **प्रेमसागर** (1803 ई.) की भूमिका में किया।
- इस भाषा के अन्य नाम सरहिन्दी, वर्नाक्यूलर, बोलचाल की हिन्दुस्तानी आदि हैं।
- खड़ी बोली का क्षेत्र देहरादून का मैदानी भाग, सहारनपुर, मुजफ्फरनगर, मेरठ, दिल्ली का कुछ भाग, बिजनौर, रामपुर तथा मुरादाबाद हैं। मेरठ की खड़ी बोली को आदर्श एवं मानक खड़ी बोली माना जाता है।
- खड़ी बोली के लिए सुनीतिकुमार चटर्जी ने 'जनपदीय हिन्दुस्तानी' शब्द का प्रयोग किया। खड़ी बोली **आकार बहुला** है।
- मूल कौरवी में लोककथा, गीत, पहेली, गीत-नाटक आदि लोक साहित्य उपलब्ध हैं।

ब्रजभाषा

- ब्रजभाषा का विकास **शौरसेनी** अपभ्रंश के मध्यवर्ती रूप से हुआ है।
- इसका मुख्य केन्द्र **मथुरा** है। अन्य क्षेत्रों; जैसे—आगरा, अलीगढ़, धौलपुर, मैनपुरी, एटा, बदायूँ, बरेली तथा उनके आस-पास के क्षेत्रों में भी यह बोली जाती है।
- ब्रजभाषा साहित्य और लोक साहित्य दोनों दृष्टियों से बहुत सम्पन्न है। यह **कृष्ण भक्ति काव्य** की एकमात्र भाषा है।
- ब्रजभाषा की उत्पत्ति शौरसेनी अपभ्रंश से हुई है। भक्तिकाल तथा रीतिकाल दोनों में रचनाएँ मुख्यत: ब्रजभाषा में ही हुई हैं।
- सम्पूर्ण रीतिकालीन साहित्य ब्रजभाषा में लिखा गया है। साहित्यिक दृष्टि से यह हिन्दी भाषा की सर्वाधिक महत्त्वपूर्ण बोली है।
- ब्रजभाषा तथा ब्रजबुलि दो अलग-अलग भाषाएँ हैं। ब्रजबुलि का प्रयोग मिथिला, बंगाल, असम तथा उड़ीसा (ओडिशा) के कृष्ण भक्त रचनाएँ करने के लिए करते थे। ब्रजबुलि को 'पुरानी बांग्ला' के नाम से भी जाना जाता है।
- साहित्यिक महत्त्व के कारण ही इसे ब्रजबोली नहीं, **ब्रजभाषा** कहा जाता है। सूरदास, नन्ददास, रहीम, रसखान, बिहारी, मतिराम, भूषण, देव, भारतेन्दु हरिश्चन्द्र, जगन्नाथ दास (रत्नाकर) इत्यादि ब्रजभाषा के अमर कवि हैं।
- तुलसीदास जी ने भी अपनी कुछ रचनाएँ ब्रजभाषा में की हैं; जैसे—कवितावली, विनयपत्रिका आदि।
- ब्रजभाषा देश के बाहर ताज्जुबेकिस्तान में भी बोली जाती है, जिसे 'ताज्जुबेकी ब्रजभाषा' कहा जाता है।

बाँगरू/हरियाणवी

- बाँगरू या हरियाणवी का विकास शौरसेनी अपभ्रंश के पश्चिमी रूप से हुआ है।
- इसका क्षेत्र **हरियाणा** तथा **दिल्ली** का देहाती भाग है। हरियाणवी भाषा **आकार बहुला** है।

बुन्देली

- बुन्देली का विकास शौरसेनी अपभ्रंश से हुआ है। इसका क्षेत्र झाँसी, जालौन, हमीरपुर, ग्वालियर, ओरछा, सागर, नरसिंहपुर, सिवनी, होशंगाबाद तथा उनके आस-पास के क्षेत्र हैं। बुन्देली भाषा **ओकार बहुला** है।
- केशवदास, पद्माकर, भूषण, लालकवि, गंगाधर व्यास, जगनिक आदि प्रमुख बुंदेली कवि रहे हैं।

कन्नौजी

- कन्नौजी का भी विकास शौरसेनी अपभ्रंश से हुआ है। इसके क्षेत्र इटावा, फर्रूखाबाद, शाहजहाँपुर, कानपुर, हरदोई, पीलीभीत हैं। कन्नौजी भाषा **ओकार बहुला** है।
- चिंतामणि, नीलकण्ठ, मतिराम आदि कवियों ने कन्नौजी और ब्रजभाषा में रचनाएँ लिखीं।

पूर्वी क्षेत्र में हिन्दी की तीन बोलियाँ

पूर्वी क्षेत्र के अन्तर्गत हिन्दी की निम्नलिखित तीन बोलियाँ आती हैं

अवधी

- अवधी भाषा का उद्‌भव अर्द्धमागधी अपभ्रंश से हुआ है। इसका मुख्य केन्द्र **अयोध्या/अवध** है। इसे 'कोसली' के नाम से भी जाना जाता है।
- इसके अतिरिक्त यह लखनऊ, इलाहाबाद, फतेहपुर, मिर्जापुर (अंशत:), उन्नाव, रायबरेली, सीतापुर, खीरी, फैजाबाद, गोण्डा, बस्ती, बहराइच, बाराबंकी, सुल्तानपुर, प्रतापगढ़ आदि क्षेत्रों में बोली जाती है।
- **सूफी काव्य** तथा **रामभक्ति काव्य** की रचना अवधी में हुई है। मुल्ला दाऊद (चंदायन), कुतुबन (मृगावती), मंझन (मधुमालती), जायसी (पद्मावत), तुलसीदास (रामचरितमानस), उसमान (चित्रावली), रघुनाथ दास, राम सनेही आदि इसके प्रमुख कवि थे।
- अवधी में लिखा गया प्रसिद्ध ग्रन्थ तुलसीदास द्वारा रचित 'रामचरितमानस' है। भारत के बाहर फिज़ी में अवधी बोलने वालों की संख्या अधिक है। अवधी की पहली रचना 'चंदायन' (1370) को माना जाता है।

बघेली

- बघेली का उद्‌भव अर्द्धमागधी अपभ्रंश के ही एक क्षेत्रीय रूप से हुआ है। इसके क्षेत्र रीवा, सतना, शहडोल, मैहर और उसके आस-पास के क्षेत्र हैं।

छत्तीसगढ़ी

- छत्तीसगढ़ी का उद्‌भव अर्द्धमागधी अपभ्रंश के दक्षिणी रूप से हुआ है। इसके क्षेत्र सरगुजा, कोरबा, बिलासपुर, रायगढ़, खैरागढ़, रायपुर, दुर्ग, राजनन्दगाँव, कांकेर आदि हैं।

राजस्थानी क्षेत्र में हिन्दी की चार बोलियाँ

राजस्थानी क्षेत्र के अन्तर्गत हिन्दी की चार बोलियाँ आती हैं

- **पश्चिमी राजस्थानी** (मारवाड़ी) का उद्‌भव शौरसेनी अपभ्रंश से हुआ है। इसके क्षेत्र जोधपुर, मेवाड़, सिरोही, जैसलमेर, बीकानेर आदि हैं।
- **पूर्वी राजस्थानी** (जयपुरी या ढूंढाड़ी) इसके क्षेत्र जयपुर, अजमेर, किशनगढ़ आदि हैं।
- **उत्तरी राजस्थानी** (मेवाती) यह अलवर, गुड़गाँव, भरतपुर तथा उसके आस-पास बोली जाती है। इसकी एक मिश्रित बोली **अहीरवाटी** है, जो गुड़गाँव, दिल्ली तथा करनाल के पश्चिमी क्षेत्रों में बोली जाती है।
- **दक्षिणी राजस्थानी** (मालवी) यह इन्दौर, उज्जैन, देवास, रतलाम, भोपाल, होशंगाबाद तथा उसके आस-पास बोली जाती हैं।

पहाड़ी क्षेत्र में हिन्दी की दो बोलियाँ

पहाड़ी क्षेत्र के अन्तर्गत हिन्दी की बोलियाँ आती हैं

- **पश्चिमी पहाड़ी** जौनसार, सिरमौर, शिमला, मण्डी, चम्बा के आस-पास क्षेत्र में बोली जाती हैं।
- **मध्यवर्ती पहाड़ी** कुमाऊँनी तथा गढ़वाली क्रमश: कुमाऊँ, गढ़वाल (उत्तराखण्ड) क्षेत्र में बोली जाती हैं।

बिहार क्षेत्र में हिन्दी की तीन बोलियाँ

बिहार क्षेत्र के अन्तर्गत हिन्दी की तीन बोलियाँ आती हैं, जो निम्नलिखित हैं

मगही

- मगही, मागधी अपभ्रंश से विकसित हुई है। यह पटना, गया, पलामू, हजारीबाग, मुंगेर, भागलपुर और इसके आस-पास बोली जाती है।

भोजपुरी

- भोजपुरी मागधी अपभ्रंश के पश्चिमी रूप से विकसित हुई है। इसका मुख्य केन्द्र **भोजपुर** (बिहार) है।
- इसके अन्य प्रयोग क्षेत्र बनारस, जौनपुर, मिर्जापुर, गाजीपुर, बलिया, गोरखपुर, देवरिया, आजमगढ़, बस्ती, शाहाबाद, चम्पारण, सारन आदि हैं।
- हिन्दी क्षेत्र की बोलियों में भोजपुरी बोलने वाले सर्वाधिक हैं। भोजपुरी अन्तर्राष्ट्रीय महत्त्व की बोली है। भारत के अतिरिक्त सूरीनाम, फिजी, मॉरिशस, गुयाना, त्रिनिदाद में इस बोली का प्रसार है।
- भोजपुरी में लिखित साहित्य अत्यन्त कम है। इसके रचनाकार **भिखारी ठाकुर** को **भोजपुरी का शेक्सपियर** तथा **भोजपुरी का भारतेन्दु** कहा जाता है।
- भिखारी ठाकुर के अतिरिक्त महेन्द्र मिश्रा इस बोली के मुख्य साहित्यकार हैं। इन्हें पूर्वी गीतों का जनक, पूर्वी गीतों का सम्राट कहा जाता है। इनकी रचना 'अपूर्व रामायण' **भोजपुरी का प्रथम महाकाव्य** है, इसलिए इन्हें भोजपुरी का प्रथम महाकवि भी माना जाता है। इनकी अन्य महत्त्वपूर्ण रचनाएँ महेन्द्र मंजरी, कजरी संग्रह, मेघनाथ वध, महेन्द्र दिवाकर आदि हैं।
- भोजपुरी बोली हिन्दी भाषा की वह बोली है, जिसमें **सर्वाधिक क्षेत्रीय हिन्दी फिल्म** बनती है।

मैथिली

- मैथिली मागधी अपभ्रंश के मध्यवर्ती रूप से विकसित हुई है। इसकी लिपि तिरहुता व देवनागरी है। इसका मुख्य केन्द्र **मिथिला** है। यह 8वीं अनुसूची में हिन्दी क्षेत्र की बोलियों में से एकमात्र बोली है।
- इसके अतिरिक्त यह दरभंगा, मुजफ्फरपुर, पूर्णिया, मुंगेर और इसके आस-पास के क्षेत्र में बोली जाती है। मगही तथा मैथिली लोक साहित्य की दृष्टि से बहुत सम्पन्न भाषाएँ हैं।
- मैथिली में साहित्य रचना प्राचीनकाल से होती आई है। विद्यापति (पदावली) ने मैथिली को चरमोत्कर्ष पर पहुँचाया। इसके अतिरिक्त नागार्जुन, गोविन्द दास, रणजीत लाल, हरिमोहन झा, राजकमल चौधरी 'स्वरगंधा' मैथिली के प्रमुख साहित्यकार हैं।

उपभाषाएँ, बोलियाँ व उनके मुख्य क्षेत्र

उपभाषाएँ एवं बोलियाँ	मुख्य क्षेत्र
1. **पश्चिमी हिन्दी**	
i. खड़ी बोली/कौरवी	देहरादून, सहारनपुर, मुज्फ्फरनगर, दिल्ली का कुछ भाग, बिजनौर, मुरादाबाद आदि।
ii. ब्रजभाषा	आगरा, मथुरा, अलीगढ़, धौलपुर, एटा, बदायूँ।
iii. बाँगरू या हरियाणवी	हरियाणा, दिल्ली का देहाती भाग।
iv. बुन्देली	झाँसी, जालौन, हमीरपुर, ग्वालियर, हौशंगाबाद
v. कन्नौजी	इटावा, फर्रुखाबाद, शाहजहाँपुर, कानपुर, हरदोई, पीलीभीत।
2. **पूर्वी हिन्दी**	
i. अवधी	लखनऊ, इलाहाबाद, फतेहपुर, उन्नाव, रायबरेली, सीतापुर, फैजाबाद, गोण्डा, बस्ती।
ii. बघेली	रीवा, सतना, शहडोल, मैहर और उसके आस-पास का क्षेत्र।
iii. छत्तीसगढ़ी	सरगुजा, कोरबा, बिलासपुर, रायगढ़, रायपुर, दुर्ग।
3. **राजस्थानी**	
i. मारवाड़ी (पश्चिमी राजस्थानी)	जोधपुर, मेवाड़, सिरोही, जैसलमेर, बीकानेर
ii. जयपुरी या ढूँढाड़ी (पूर्वी राजस्थानी)	जयपुर, अजमेर, किशनगढ़
iii. मेवाती (उत्तरी राजस्थानी)	अलवर, गुड़गाँव, भरतपुर और उसके आस-पास का क्षेत्र
iv. मालवी (दक्षिणी राजस्थानी)	इन्दौर, उज्जैन, देवास, रतलाम, भोपाल, होशंगाबाद तथा उसके आस-पास का क्षेत्र
4. **पहाड़ी**	
i. कुमाऊँनी	कुमाऊँ
ii. गढ़वाली	गढ़वाल
5. **बिहारी**	
i. मगही	पटना, गया, पलामू, हजारीबाग, मुंगेर, भागलपुर
ii. भोजपुरी	बनारस, जौनपुर, मिर्जापुर, गाजीपुर, बलिया, गोरखपुर, देवरिया, आजममढ़
iii. मैथिली	दरभंगा, मुजफ्फरपुर, पूर्णिया, मुंगेर और इसके आस-पास का क्षेत्र

मध्यान्तर प्रश्नावली

1. हिन्दी भाषा का प्रादुर्भाव किस भाषा से हुआ?
(a) पालि (b) संस्कृत (c) अपभ्रंश (d) प्राकृत

2. भारतीय आर्य भाषाओं को कितनी भाषाओं में विभाजित किया गया है?
(a) तीन (b) चार (c) पाँच (d) दो

3. प्राचीन भारतीय आर्य भाषा के अन्तर्गत कौन-सी भाषा आती है?
(a) वैदिक संस्कृत (b) लौकिक संस्कृत
(c) अवहट्‌ठ (d) 'a' तथा 'b' दोनों

4. बौद्ध साहित्य की रचना किस भाषा से हुई?
(a) संस्कृत (b) प्राकृत
(c) पालि (d) अपभ्रंश

5. मध्यकालीन आर्य भाषा की तीसरी अवस्था कौन-सी है?
(a) प्राकृत (b) पालि
(c) संस्कृत (d) अपभ्रंश

6. भोजपुरी बोली का क्षेत्र है
(a) पटना (b) दरभंगा (c) बनारस (d) पूर्णिया

7. शौरसेनी अपभ्रंश से किसका विकास हुआ है?
(a) अवधी (b) उड़िया (c) बघेली (d) राजस्थानी

8. हिन्दी किस भाषा-परिवार की भाषा है?
(a) ऑस्ट्रिक (b) द्रविड़
(c) भारोपीय (d) चीनी-तिब्बती

9. निम्नलिखित में से कौन-सा भाषा परिवार सबसे बड़ा है?
(a) चीनी-तिब्बती (b) ऑस्ट्रिक
(c) द्रविड़ (d) भारोपीय

10. निम्नलिखित में से किसने सबसे पहले भाषा के स्थान पर हिन्दी या हिन्दवी शब्द का प्रयोग किया?
(a) कबीर (b) तुलसीदास
(c) अमीर खुसरो (d) शरफुद्दीन

उत्तरमाला

1. (b)	*2. (a)*	*3. (d)*	*4. (c)*	*5. (d)*
6. (c)	*7. (d)*	*8. (c)*	*9. (d)*	*10. (c)*

राजभाषा के रूप में हिन्दी का विकास

- जिस भाषा में शासन का कामकाज सम्पादित होता है, उसे **राजभाषा** कहते हैं। अशोक के समय में **पालि** राजभाषा थी।
- राजस्थान में ग्यारहवीं से पन्द्रहवीं शताब्दी के मध्य पुरालेखों से पता चलता है कि उस समय हिन्दी मिश्रित संस्कृत राजभाषा थी।
- मुहम्मद गोरी से लेकर अकबर तक हिन्दी राजभाषा थी। अकबर के शासनकाल में मन्त्री टोडरमल के आदेश से फ़ारसी राजभाषा घोषित की गई।
- ईस्ट इण्डिया कम्पनी ने 1833 ई. तक फ़ारसी को राजभाषा बनाए रखा।
- ब्रिटिश शासन में **लॉर्ड मैकॉले** के प्रयास से **अंग्रेज़ी** राजभाषा के पद पर सुशोभित हुई।
- राष्ट्रीय चेतना के विकास के साथ ही **हिन्दी** को राजभाषा और राष्ट्रभाषा बनाने की अत्यधिक माँग उठी।
- हिन्दी को राजभाषा बनाने का विचार सर्वप्रथम **बंगाल** में उदित हुआ।
- भारतवर्ष के लिए हिन्दी भाषा का नाम सबसे पहले पं. मदनमोहन मालवीय ने सुझाया।
- **पं. मदनमोहन मालवीय** के सतत प्रयत्नों से वर्ष 1901 में संयुक्त प्रान्त की कचहरी की भाषा के रूप में हिन्दी को उर्दू के समान अधिकार मिला।
- संविधान सभा में हिन्दी को राजभाषा बनाने का प्रस्ताव **गोपाल स्वामी आयंगर** ने प्रस्तुत किया।
- भारतीय संविधान में हिन्दी को राजभाषा के रूप में **14 सितम्बर, 1949** को मान्यता प्रदान की गई। इसलिए 14 सितम्बर को हिन्दी दिवस के रूप में मनाया जाता है।
- संविधान के *अनुच्छेद 343* के अनुसार, संघ की राजभाषा हिन्दी और लिपि देवनागरी है। संविधान के *अनुच्छेद 344* में राजभाषा सम्बन्धी आयोग और संसद की समिति का उल्लेख है।
- संविधान के *अनुच्छेद 344(1)* के अनुसार, राष्ट्रपति ने 7 जून, 1955 को **राजभाषा आयोग** के गठन का आदेश जारी किया।

- संविधान के *अनुच्छेद 344(4)* के अनुसार, राजभाषा आयोग की सिफारिशों की जाँच के लिए 30 सदस्यों की एक समिति गठित की गई, जिसमें लोकसभा के 20 तथा राज्यसभा के 10 सदस्य थे।
- राजभाषा आयोग के प्रथम अध्यक्ष **बाल गंगाधर खरे** थे। आयोग की प्रथम बैठक 15 जुलाई, 1955 को हुई थी।
- संविधान का *अनुच्छेद 345* राज्य में प्रयुक्त होने वाली भाषाओं में किसी एक या अनेक या हिन्दी को शासकीय प्रयोजनों के लिए अंगीकृत करने से सम्बन्धित है।
- संविधान के *अनुच्छेद 346* के अनुसार, एक राज्य तथा दूसरे राज्य के मध्य तथा राज्य व संघ के मध्य संचार की भाषा वही होगी, जो उस समय संघ की राजभाषा होगी।
- संविधान के *अनुच्छेद 347* में किसी राज्य की जनसंख्या को किसी भाग द्वारा बोली जाने वाली भाषा के सम्बन्ध में विशेष उपबन्ध उल्लिखित हैं।
- संविधान के *अनुच्छेद 348* में उच्चतम न्यायालय, उच्च न्यायालयों में और अधिनियमों, विधेयकों आदि के लिए प्रयोग की जाने वाली भाषा का उल्लेख है।
- संविधान के *अनुच्छेद 349* में भाषा सम्बन्धी विधियों को अधिनियमित करने के लिए विशेष प्रक्रिया का उल्लेख है।
- संविधान के *अनुच्छेद 350* में शिकायतों को दूर करने के लिए अभ्यावेदन में प्रयोग की जाने वाली भाषा का उल्लेख है।
- संविधान के *अनुच्छेद 350(क)* में प्राथमिक स्तर पर मातृभाषा में शिक्षा की तथा *अनुच्छेद 350(ख)* अल्पसंख्यक वर्ग का उल्लेख है।
- संविधान की अष्टम सूची [अनुच्छेद 344 (1) और 351] में 22 भाषाएँ सम्मिलित हैं।

आठवीं सूची में सम्मिलित 22 भाषाएँ

- आरम्भ में 14 भाषाओं को आठवीं अनुसूची में सम्मिलित किया गया, जो निम्न हैं
  (1) असमिया (2) बांग्ला (3) गुजराती (4) हिन्दी (5) कन्नड़ (6) कश्मीरी (7) मलयालम (8) मराठी (9) उड़िया (10) पंजाबी (11) संस्कृत (12) तमिल (13) तेलुगू (14) उर्दू।
- **21वें संशोधन** के अन्तर्गत वर्ष 1967 में सिन्धी भाषा (15) को सम्मिलित किया गया।
- **71वें संशोधन** के अन्तर्गत वर्ष 1992 में कोंकणी (16), मणिपुरी (17) तथा नेपाली (18) भाषाओं को सम्मिलित किया गया।
- **92वें संशोधन** के अन्तर्गत वर्ष 2003 में बोडो (19), डोगरी (20), मैथिली (21) तथा संथाली (22) भाषाओं को सम्मिलित किया गया।
- संविधान के *अनुच्छेद 351* में हिन्दी भाषा के विकास के लिए निर्देशों का उल्लेख है।
- भारत की राजभाषा हिन्दी एवं अंग्रेज़ी दोनों हैं, क्योंकि संविधान के अनुच्छेद 120 की धारा 1 भाग 17 के अनुसार, *अनुच्छेद 348* के उपबन्धों के अधीन संसद का कार्य हिन्दी या अंग्रेज़ी में किया जाता है। संविधान में आश्वासन दिया गया था कि वर्ष 1965 से सारा कामकाज हिन्दी में होगा, परन्तु सरकारी नीतियों के कारण ऐसा न हो सका।
- वर्ष 1963 और वर्ष 1967 में राजभाषा अधिनियम द्वारा हिन्दी के साथ ही अंग्रेज़ी को सदा के लिए राजभाषा बना दिया गया।

राजभाषा के विकास से सम्बन्धित संस्थाएँ

संस्था का नाम	स्थापना वर्ष
प्रकाशन विभाग (सूचना एवं प्रसारण मन्त्रालय के अधीन), नई दिल्ली	वर्ष 1944
फिल्म प्रभाग (सूचना एवं प्रसारण मन्त्रालय के अधीन), नई दिल्ली	वर्ष 1948
साहित्य अकादमी, नई दिल्ली	वर्ष 1954
पत्र सूचना कार्यालय (सूचना एवं प्रसारण मन्त्रालय के अधीन), नई दिल्ली	वर्ष 1956
आकाशवाणी (सूचना एवं प्रसारण मन्त्रालय के अधीन), नई दिल्ली	वर्ष 1957
नेशनल बुक ट्रस्ट, नई दिल्ली	वर्ष 1957
केन्द्रीय हिन्दी निदेशालय, दिल्ली	वर्ष 1960
वैज्ञानिक तथा तकनीकी शब्दावली आयोग, नई दिल्ली	वर्ष 1961
राजभाषा विधायी आयोग (गृह मन्त्रालय के अधीन), नई दिल्ली	वर्ष 1965-75
केन्द्रीय अनुवाद ब्यूरो (गृह मन्त्रालय के अधीन) (देश में अनुवाद की सबसे बड़ी संस्था), नई दिल्ली	वर्ष 1971
राजभाषा विभाग (गृह मन्त्रालय के अधीन), नई दिल्ली	वर्ष 1975
राजभाषा विधायी आयोग (कानून मन्त्रालय के अधीन), नई दिल्ली	वर्ष 1975
दूरदर्शन (सूचना एवं प्रसारण मन्त्रालय के अधीन), नई दिल्ली	वर्ष 1976

भारतीय हिन्दी परिषद्

- भारतीय हिन्दी परिषद् की स्थापना इलाहाबाद विश्वविद्यालय के हिन्दी विभाग के तत्कालीन अध्यक्ष डॉ. धीरेन्द्र वर्मा की अध्यक्षता में हुई। उन्होंने वर्ष 1942 में इस संस्था की नींव रखी थी। इसकी स्थापना हिन्दी के प्राध्यापकों, साहित्यकारों और मर्मज्ञों को एक मंच पर लाने के उद्देश्य से हुई थी।
- भाषा के सर्वांगीण मानकीकरण को सबसे पहले इलाहाबाद विश्वविद्यालय के हिन्दी विभाग ने ही उठाया था।
- भारतीय हिन्दी परिषद् के मुख्य सदस्य थे—डॉ. हरदेव बाहरी, डॉ. ब्रजेश्वर शर्मा, डॉ. माता प्रसाद गुप्त आदि।
- इनमें धीरेन्द्र वर्मा ने 'देवनागरी लिपि चिह्नों में एकरूपता', हरदेव बाहरी ने 'वर्ण विन्यास की समस्या', ब्रजेश्वर शर्मा ने 'हिन्दी व्याकरण' तथा माता प्रसाद गुप्त ने 'हिन्दी शब्द-भंडार' का स्थिरीकरण विषय पर अपने प्रतिवेदन प्रस्तुत किए।

केन्द्रीय हिन्दी निदेशालय

- केन्द्रीय हिन्दी निदेशालय की स्थापना 1 मार्च, 1960 को हुई।
- इसके कार्यों में हिन्दी भाषा के कोशों का संकलन करना और उसका प्रकाशन करना, देवनागरी लिपि एवं हिन्दी वर्तनी का मानकीकरण करना है।
- केन्द्रीय हिन्दी निदेशालय ने लिपि के मानकीकरण पर अधिक ध्यान दिया और 'देवनागरी लिपि तथा हिन्दी वर्तनी का मानकीकरण' (1983) का प्रकाशन किया।

हिन्दी भाषा की लिपि : देवनागरी

- प्रत्येक भाषा की अपनी एक लिपि होती है, जिसमें उस भाषा को लिखा जाता है। लिपि का आधार लिखित संकेत होते हैं। लिपि दृष्टिगोचर होती है।
- हिन्दी की लिपि 'देवनागरी', अंग्रेज़ी की 'रोमन', उर्दू की 'फ़ारसी' तथा पंजाबी की 'गुरुमुखी' है। भारत की प्राचीन लिपियों में सिन्धु घाटी की लिपि, खरोष्ठी लिपि और ब्राह्मी लिपि प्रसिद्ध हैं। सिन्धु घाटी की लिपि चित्राक्षर तथा कुछ ध्वन्याक्षर थी। देवनागरी लिपि का आविष्कार **ब्राह्मी लिपि** से हुआ।
- देवनागरी लिपि का **सर्वप्रथम प्रयोग गुजरात के राजा जयभट्ट के एक शिलालेख** में हुआ है।

- गुजरात में सर्वप्रथम प्रचलित होने से वहाँ के पण्डित वर्ग अर्थात् नागर ब्राह्मणों के नाम से इसे **नागरी** कहा गया।
- यह लिपि हिन्दी प्रदेश के अतिरिक्त महाराष्ट्र व नेपाल में प्रचलित है।
- देवभाषा संस्कृत में इसका प्रयोग होने से इसके साथ 'देव' शब्द जुड़ गया। देवताओं की उपासना के लिए जो संकेत बनाए जाते थे, उन्हें देवनगर कहते थे। वे संकेत लिपि के समान थे, वहीं से इसे 'देवनागरी' कहा जाने लगा।
- देवनागरी लिपि **बायीं ओर से दायीं ओर लिखी जाती है**, जबकि फ़ारसी लिपि (उर्दू, अरबी भाषा की लिपि) दायीं से बायीं ओर लिखी जाती है।
- देवनागरी **अक्षरात्मक** लिपि है, जबकि रोमन लिपि वर्णनात्मक लिपि है।
- देवनागरी लिपि को **लोक नगरी** एवं **हिन्दी लिपि** भी कहा जाता है।

देवनागरी लिपि में किए गए सुधार

- सर्वप्रथम **महादेव गोविन्द रानाडे** ने लिपि सुधार समिति का गठन किया।
- **काका कालेलकर** ने 'अ' की बारहखड़ी का सुझाव दिया तथा स्वर ध्वनियों की संख्या को कम कर दिया गया; जैसे–अ, आ, अि, अ, अु, अू, अे, अै, ओ, औ।
- डॉ. श्यामसुन्दर दास ने पंचमाक्षर के स्थान पर अनुस्वार का प्रयोग करने का सुझाव दिया, जैसे–हिन्दी-हिंदी, कण्ठ-कंठ।
- श्रीनिवास का सुझाव था कि महाप्राण ध्वनियों के स्थान पर अल्पप्राण ध्वनियाँ सम्मिलित कर उनके नीचे कोई चिह्न लगाकर प्रयोग किया जाए।
- हिन्दी साहित्य सम्मेलन प्रयाग (5 अक्टूबर, 1941) ने लिपि सुधार हेतु एक बैठक की, जिसमें मात्राओं को उच्चारण क्रम में लगाने तथा छोटी 'इ' की मात्रा को व्यंजन के आगे लगाने का सुझाव प्रस्तुत किया।
- वर्ष 1947 में उत्तर प्रदेश सरकार द्वारा गठित समिति की अध्यक्षता नरेन्द्र देव ने की, जिसमें निम्न सुझाव प्रस्तुत किए गए
  - 'अ' की बारहखड़ी भ्रामक है।
  - मात्राएँ यथास्थान रहें, परन्तु उन्हें थोड़ा दाहिनी ओर लिखा जाए।
  - पंचमाक्षर के स्थान पर अनुस्वार (ं) से काम चलाया जाए।
  - दो प्रकार से लिखे जाने वाले अक्षरों में निम्न अक्षरों को स्वीकार किया जाए-अ, झ, ध, भ, ल
  - संयुक्त वर्णों क्ष, त्र, ज्ञ, श्र को वर्णमाला में स्थान दिया जाए।

उपर्युक्त सुझावों में कुछ परिवर्तन कर इन्हें स्वीकार कर लिया गया है। समय-समय पर इसमें सुधार होते रहे हैं। फ़ारसी की क़, ख़, ग़, ज़, .फ ध्वनियाँ भी सम्मिलित कर ली गई हैं तथा कुछ अंग्रेज़ी के शब्दों को भी सम्मिलित किया गया है।

देवनागरी लिपि का मानकीकरण

देवनागरी लिपि विश्व की अन्य लिपियों की तुलना में वैज्ञानिक है। किसी भी लिपि के आदर्श होने के लिए निम्नलिखित शर्तें होनी अनिवार्य हैं

- वह लिपि दुनिया की किसी भी भाषा को अन्तरित करने की क्षमता रखती हो।
- प्रत्येक ध्वनि के लिए स्वतन्त्र वर्ण प्रतीक हो।
- किसी वर्ण प्रतीक से एक से अधिक ध्वनि उच्चरित न हो।
- शब्दों को लेकर लिपि अर्थभेद न हो।
- उस लिपि में भूमण्डल की लिपि होने की अर्हता हो।

उक्त तथ्यों के आधार पर देवनागरी लिपि में इस प्रकार की जटिलताएँ बहुत कम हैं। भारत सरकार के शिक्षा मन्त्रालय ने वर्ष 1961 में एक विशेषज्ञ समिति नियुक्त की, जिसने अप्रैल, 1962 में हिन्दी के वर्तनी-सम्बन्धी निम्नलिखित नियम दिए

- शिरोरेखा के प्रयोग को अनिवार्य कर देना चाहिए। इससे वर्णों के बीच भेद किया जा सकेगा। शिरोरेखा के अभाव में ध-घ, ख-व, र-व, म-भ का अन्तर स्पष्ट नहीं हो पाता।
- ध्वनियों के उच्चारण में एकरूपता अति आवश्यक है। इस लिपि के वर्णों की द्विरूपता को समाप्त कर देना चाहिए; जैसे– अ श्र, रा ण, झ फ, ल त्त, त त्र आदि।
- संयुक्त वर्णों का प्रयोग संयोग, लेखन व उच्चारण लाघवता व तीव्रता को दर्शाता है। इसे भी बनाए रखा जाए; जैसे– क्ष, त्र, ज्ञ।
- वर्णों को संयुक्त करने की प्रक्रिया चाहे आस-पास हो या ऊपर-नीचे दोनों ही स्थितियों में वैज्ञानिक है; जैसे–मिट्‌टी-मिट्टी, लट्‌टू-लट्टू
- 'र' ध्वनि के चारों प्रयोग वस्तुतः अलग-अलग न होकर 'र' के कोणीय परिवर्तन मात्र हैं। इनका प्रयोग हूबहू किया जाए। 'र' का चौथा प्रयोग (^) मूर्धन्य वर्णों में किया जाता है। राष्ट्र, ट्रक, ड्रम, टुण्ड्रा आदि।
- संज्ञा शब्दों के अन्त में 'ई' का प्रयोग होना चाहिए 'यी' का नहीं; जैसे– भलाई, पिटाई, कमाई, पढ़ाई आदि।
- नासिक ध्वनियों एवं उनमें प्रयुक्त वर्ण प्रतीकों के संयोग को लेकर यदि सजग रहा जाए तो इनमें से किसी प्रयुक्त को हटाने की आवश्यकता नहीं है। ये सभी प्रतीक एक-दूसरे से अलग व अर्थभेदक हैं। नासिक वर्णों को अनुस्वार तथा अनुनासिक में बाँटा जाता है। अनुस्वार ध्वनियों के उच्चारण में नाक की भूमिका होती है, जबकि अनुनासिक ध्वनियों के उच्चारण में नाक व मुख दोनों का सहयोग होता है।
- अनुस्वार ध्वनियों के उच्चारण में बिन्दी या बिन्दु के प्रतीक का उपयोग होता है तथा अनुनासिक ध्वनियों के लिए अर्द्धचन्द्र बिन्दु (ँ) का प्रयोग होता है।
- अनुस्वार ध्वनियाँ प्रत्येक वर्ण के पंचमाक्षरों के रूप में ही जानी जाती हैं, जबकि अनुनासिक ध्वनियाँ अलग-अलग होती हैं। अनुस्वार ध्वनियों या पंचमाक्षरों के लिए प्रतिस्थापक प्रतीक बिन्दी या बिन्दु के अतिरिक्त कहीं-कहीं अर्द्धपंचमाक्षर का प्रयोग भ्रम का कारण हो सकता है, परन्तु यह प्रयोग वैज्ञानिक है।

हिन्दी का अन्तर्राष्ट्रीय स्वरूप

- हिन्दी विश्व की महान् भाषाओं में से एक है। जनसंख्या की दृष्टि से **चीनी** और **अंग्रेज़ी** के बाद संसार में हिन्दी बोलने वालों की संख्या सर्वाधिक है।
- प्रत्येक वर्ष 10 जनवरी को विश्व हिन्दी दिवस मनाया जाता है।
- सोवियत संघ, अमेरिका, जापान, इंग्लैण्ड, पोलैण्ड, चेकोस्लोवाकिया, रूमानिया, फ्रांस, अफ्रीका इत्यादि देशों में अन्य भाषा के रूप में हिन्दी अध्यापन के प्रति रुचि बढ़ रही है।
- फिज़ी, मॉरिशस, नेपाल, सूरीनाम, त्रिनिदाद, म्यांमार आदि देशों में हिन्दी की अनेक पत्रिकाएँ प्रकाशित हो रही हैं। म्यांमार में ब्रह्मदेश नामक पत्रिका विगत कई वर्षों से प्रकाशित हो रही है। फिज़ी सरकार का सूचना विभाग 'शंख' नामक पत्रिका का प्रकाशन कर रहा है।
- मॉरिशस के अभिमन्यु अनन्त ने चौदह उपन्यास और लगभग दो सौ कहानियों की रचना की है। इनके उपन्यासों में लाल पसीना (1977) सर्वश्रेष्ठ है। अभिमन्यु अनन्त को मॉरिशस का प्रेमचन्द कहा जाता है।

- सवेरा (वर्ष 1976), धरती मेरी माता (वर्ष 1978), करवट (वर्ष 1979) आदि उपन्यास और इन्सान जाग उठा (वर्ष 1959) फिज़ी में जोगिन्दर सिंह कम्बल को फिज़ी का प्रेमचन्द कहा जाता है। इन्होंने देखो वे दीप (वर्ष 1960), आजादी की किरणें (वर्ष 1970), हीर राँझा (वर्ष 1971) आदि श्रेष्ठ नाटकों की रचना की है।

विश्व हिन्दी सम्मेलन

- विश्व हिन्दी सम्मेलन हिन्दी भाषा का सबसे बड़ा अन्तर्राष्ट्रीय सम्मेलन है जिसमें विश्व भर के हिन्दी विद्वान्, साहित्यकार, पत्रकार, भाषा विज्ञानी, विषय विशेषज्ञ तथा साहित्य प्रेमी जुटते हैं।
- विश्व हिन्दी सम्मेलन का उद्देश्य **संयुक्त राष्ट्र संघ** (UNO) की भाषाओं में हिन्दी को स्थान दिलाना और हिन्दी का प्रचार-प्रसार करना है।
- अब तक निम्नलिखित सम्मेलन सम्पन्न हुए हैं

क्रम	दिनांक	आयोजन-स्थल
पहला	10-14 जनवरी, 1975	नागपुर (भारत)
दूसरा	28-30 अगस्त, 1976	पोर्ट लुई (मॉरिशस)
तीसरा	28-30 अक्टूबर, 1983	नई दिल्ली (भारत)
चौथा	02-04 दिसम्बर, 1993	पोर्ट लुई (मॉरिशस)
पाँचवाँ	04-08 अप्रैल, 1996	पोर्ट ऑफ स्पेन (त्रिनिदाद)
छठा	14-18 सितम्बर, 1999	लन्दन (ब्रिटेन)
सातवाँ	05-09 जून, 2003	पारामारिबो (सूरीनाम)
आठवाँ	13-15 जुलाई, 2007	न्यूयॉर्क (अमेरिका)
नौवाँ	22-24 सितम्बर, 2012	जोहान्सबर्ग (दक्षिण अफ्रीका)
दसवाँ	10-12 सितम्बर, 2015	भोपाल (भारत)
ग्यारहवाँ	18-20 अगस्त 2018	पोर्ट लुइस (मॉरिशस)
बारहवाँ	2021 (प्रस्तावित)	देवास, मध्य प्रदेश (भारत)

मध्यान्तर प्रश्नावली

1. हिन्दी को राजभाषा बनाने का विचार सर्वप्रथम कहाँ उदित हुआ?
(a) कलकत्ता (b) बंगाल (c) उत्तर प्रदेश (d) नई दिल्ली

2. राजभाषा आयोग के प्रथम अध्यक्ष कौन थे?
(a) गोपाल स्वामी आयंगर (b) पं. मदनमोहन मालवीय
(c) डॉ. भीमराव अम्बेडकर (d) बाल गंगाधर खरे

3. साहित्य अकादमी, नई दिल्ली की स्थापना किस वर्ष हुई?
(a) वर्ष 1947 (b) वर्ष 1953 (c) वर्ष 1954 (d) वर्ष 1957

4. 92वें संशोधन के अन्तर्गत अष्टम अनुसूची में किस भाषा को सम्मिलित किया गया?
(a) डोगरी (b) मैथिली (c) बोडो (d) ये सभी

5. देवनागरी लिपि लिखी जाती है
(a) बायीं ओर से दायीं ओर (b) दायीं ओर से बायीं ओर
(c) मध्य से बायीं ओर (d) मध्य से दायीं ओर

6. लिपि सुधार समिति का गठन किसने किया?
(a) श्यामसुन्दर दास (b) श्रीनिवास दास
(c) महादेव गोविन्द रानाडे (d) नरेन्द्र देव

7. भारतीय हिन्दी परिषद् की स्थापना किसकी अध्यक्षता में हुई?
(a) काका कालेकर (b) डॉ. धीरेन्द्र वर्मा
(c) जी. बी. पंत (d) सुनीति कुमार चटर्जी

8. विश्व हिन्दी दिवस कब मनाया जाता है?
(a) 10 जनवरी (b) 14 नवम्बर (c) 10 फरवरी (d) 14 सितम्बर

उत्तरमाला

1. (b) *2. (d)* *3. (c)* *4. (d)* *5. (a)*
6. (c) *7. (b)* *8. (a)*

वस्तुनिष्ठ प्रश्नावली

1. हिन्दी के उद्भव का सही क्रम है
(a) पालि, प्राकृत, अपभ्रंश, अवहट्ठ (b) प्राकृत, पालि, अवहट्ठ, अपभ्रंश
(c) अपभ्रंश, प्राकृत, अवहट्ठ, पालि (d) अवहट्ठ, प्राकृत, पालि, अपभ्रंश

2. अपभ्रंश को 'पुरानी हिन्दी' किसने कहा है?
(a) ग्रियर्सन (b) श्यामसुन्दर दास
(c) चन्द्रधर शर्मा 'गुलेरी' (d) भारतेन्दु

3. साहित्यिक अपभ्रंश को पुरानी हिन्दी किसने कहा था? ***(UGC Net/JRF-2010)***
(a) आचार्य रामचन्द्र शुक्ल (b) हजारी प्रसाद द्विवेदी
(c) शिवसिंह सेंगर (d) राहुल सांकृत्यायन

4. अपभ्रंश की उत्तरकालीन अवस्था का नाम है
(a) पालि (b) प्राकृत
(c) संस्कृत (d) अवहट्ठ

5. शौरसेनी अपभ्रंश से किस उपभाषा का विकास हुआ?
(a) बिहारी (b) राजस्थानी (c) बांग्ला (d) पंजाबी

6. अपभ्रंश और पुरानी हिन्दी के मध्य का समय कहा जाता है
(a) उत्कर्ष काल (b) अवसान काल
(c) संक्रान्ति काल (d) प्राकृत काल

7. चन्द्रधर शर्मा 'गुलेरी' ने किसको पुरानी हिन्दी का प्रथम कवि माना है? ***(TGT परीक्षा 2003)***
(a) सरहपाद (b) स्वयंभू
(c) राजामुंज (d) पुष्पदन्त

8. अपभ्रंश को 'प्राकृताभास' हिन्दी किसने कहा है?
(a) चन्द्रधर शर्मा 'गुलेरी' (b) राहुल सांकृत्यायन
(c) रामचन्द्र शुक्ल (d) हजारीप्रसाद द्विवेदी

9. 'पंजाबी' का विकास अपभ्रंश के किस रूप से हुआ है?
(a) महाराष्ट्री (b) मागधी (c) ब्राचड़ (d) पैशाची

10. बिहारी, बांग्ला, उड़िया और असमिया भाषाओं का उद्‌भव किस अपभ्रंश से हुआ है?
(a) मागधी (b) अर्द्धमागधी (c) पैशाची (d) शौरसेनी

11. अर्द्धमागधी अपभ्रंश से किसका विकास हुआ है?
(a) पश्चिमी हिन्दी (b) पूर्वी हिन्दी
(c) मराठी (d) गुजराती

12. सुमेलित कीजिए

सूची I	सूची II
A. शौरसेनी	1. पूर्वी हिन्दी
B. पैशाची	2. असमिया
C. मागधी	3. लहँदा
D. अर्द्धमागधी	4. राजस्थानी
	5. सिन्धी

कूट

	A	B	C	D		A	B	C	D
(a)	1	2	3	4	(b)	4	3	2	1
(c)	5	1	4	2	(d)	2	4	1	3

13. शौरसेनी अपभ्रंश से उत्पन्न भाषाएँ हैं
(a) ब्रजभाषा, अवधी, कुमाऊँनी और गढ़वाली
(b) पश्चिमी हिन्दी, राजस्थानी और गुजराती
(c) बिहारी, बांग्ला, उड़िया और असमिया
(d) लँहदा, पंजाबी, गुजराती और मराठी

14. सिन्धी भाषा का उद्‌भव हुआ है *(UGC Net/JRF 2013)*
(a) ब्राचड़ अपभ्रंश से (b) पैशाची अपभ्रंश से
(c) मागधी अपभ्रंश से (d) शौरसेनी अपभ्रंश से

15. 'दोहा' (दूहा) मूलतः किस भाषा का छन्द है? *(UGC Net/JRF 2015)*
(a) प्राकृत (b) अपभ्रंश (c) हिन्दी (d) संस्कृत

16. भारतीय आर्य भाषाओं का विकास किस भाषा से हुआ है? *(CGPSC Pre 2015)*
(a) मगधी (b) पालि (c) अपभ्रंश (d) शौरसेनी

17. हिन्दी शब्द किस भाषा से लिया गया है? *(UP सहायक अध्यापक परीक्षा 2019)*
(a) संस्कृत (b) फ़ारसी (c) हिन्दी (d) अरबी

18. मध्यकालीन अरबी तथा फ़ारसी साहित्य में भारत की भाषाओं के लिए किस शब्द का प्रयोग मिलता है?
(a) रेख्ता (b) दूहा (c) जबान-ए-हिन्दी (d) हिन्दी

19. 'खालिकबारी' किसकी रचना है? *(UGC Net/JRF 2009)*
(a) खालिक खलक (b) रहीम
(c) अमीर खुसरो (d) अकबर

20. निम्नलिखित में से कौन-सी द्रविड़ परिवार की भाषा है? *(UGC Net/JRF 2010)*
(a) उड़िया (b) बांग्ला (c) असमिया (d) कन्नड़

21. खड़ी बोली हिन्दी में सर्वप्रथम रचना करने वाले कवि का नाम है *(TGT परीक्षा 2001)*
(a) जायसी (b) अमीर खुसरो (c) विद्यापति (d) भारतेन्दु

22. शकुन्तला नाटक का खड़ी बोली में अनुवाद किसने किया? *(TGT परीक्षा 2004)*
(a) राजा शिवप्रसाद 'सितारे हिन्द' (b) राजा लक्ष्मण सिंह
(c) भारतेन्दु हरिश्चन्द्र (d) गिरिधर दास

23. खड़ी बोली कहाँ बोली जाती है? *(UGC/JRF 2006)*
(a) झाँसी (b) कानपुर (c) मेरठ (d) अलीगढ़

24. खड़ी बोली के लिए सुनीति कुमार चटर्जी ने किस शब्द का प्रयोग किया है?
(a) जनपदीय हिन्दुस्तानी (b) वर्नाक्युलर हिन्दुस्तानी
(c) कौरवी (d) रेख्ता

25. खड़ी बोली का प्रयोग सबसे पहले किस पुस्तक में हुआ? *(UG Net/JRF 2006)*
(a) भक्तिसागर (b) सुखसागर (c) काव्यसागर (d) प्रेमसागर

26. निम्नलिखित में से कौन-सा लेखक भारतेन्दु-मण्डल का नहीं है? *(UGC Net/JRF 2015)*
(a) प्रताप नारायण मिश्र (b) बद्रीनारायण चौधरी 'प्रेमघन'
(c) बालकृष्ण भट्ट (d) राजा लक्ष्मण सिंह

27. महावीर प्रसाद द्विवेदी को किस वर्ष 'सरस्वती पत्रिका' के सम्पादक के रूप में नियुक्त किया गया?
(a) वर्ष 1900 (b) वर्ष 1903 (c) वर्ष 1906 (d) वर्ष 1909

28. नागरी प्रचारिणी सभा का स्थापना वर्ष है *(UGC Net/JRF 2009)*
(a) वर्ष 1893 (b) वर्ष 1857 (c) वर्ष 1902 (d) वर्ष 1917

29. नागरी प्रचारिणी सभा के संस्थापकों में थे *(UGC Net/JRF 2008)*
(a) शिवकुमार सिंह और बाबू श्यामसुन्दर दास
(b) रामचन्द्र शुक्ल और भारतेन्दु हरिश्चन्द्र
(c) पं. प्रतापनारायण मिश्र और बालकृष्ण भट्ट
(d) जगन्नाथ दास रत्नाकर और शिवप्रसाद गुप्त

30. काशीनागरी प्रचारिणी सभा के संस्थापकों में कौन नहीं है? *(TGT परीक्षा 2004)*
(a) बाबू श्यामसुन्दर दास (b) ठा. शिवकुमार सिंह
(c) रामनारायण मिश्र (d) रामचन्द्र शुक्ल

31. फोर्ट विलियम कॉलेज की स्थापना कब हुई? *(UGC Net/JRF 2014)*
(a) 1801 ई. (b) 1810 ई. (c) 1800 ई. (d) 1802 ई.

32. फोर्ट विलियम कॉलेज की स्थापना कहाँ हुई?
(a) लखनऊ (b) हैदराबाद (c) दिल्ली (d) कलकत्ता

33. हिन्दी की 'उपभाषाएँ' कितनी हैं?
(a) तीन (b) चार (c) पाँच (d) छः

34. 'अवधी' का उद्‌भव किस अपभ्रंश से हुआ है? *(UGC Net/JRF 2014)*
(a) शौरसेनी (b) पैशाची (c) मागधी (d) अर्द्धमागधी

35. इनमें कौन-सी बोली पूर्वी हिन्दी की नहीं है? *(UGC Net/JRF 2009)*
(a) अवधी (b) बिहारी (c) बघेली (d) छत्तीसगढ़

36. पश्चिमी हिन्दी की बोली नहीं है
(a) कौरवी (b) हरियाणी (c) अवधी (d) बुन्देली

37. पश्चिमी हिन्दी की बोलियों की संख्या है
(a) दो (b) तीन (c) चार (d) पाँच

38. पूर्वी हिन्दी की बोलियाँ हैं
(a) अवधी, बघेली एवं छत्तीसगढ़ी (b) ब्रज, अवधी और कन्नौजी
(c) भोजपुरी, बघेली, छत्तीसगढ़ी (d) मैथिली, ब्रज और कन्नौजी

39. भोजपुरी, मगही और मैथिली बोलियाँ किससे सम्बन्धित हैं?
(a) पश्चिमी हिन्दी (b) पूर्वी हिन्दी
(c) बिहारी हिन्दी (d) राजस्थानी हिन्दी

40. गुड़गाँव, दिल्ली तथा करनाल के पश्चिमी क्षेत्रों में बोली जाने वाली 'अहीरवाटी' का सम्बन्ध किससे है?
(a) पूर्वी राजस्थानी (b) पश्चिमी राजस्थानी
(c) उत्तरी राजस्थानी (d) दक्षिणी राजस्थानी

41. 'मैथिली' में साहित्य सृजन करने वाला रचनाकार कौन है?
(a) विद्यापति (b) भारतेन्दु
(c) सरहपाद (d) अज्ञेय

42. पूर्वी राजस्थानी का एक अन्य नाम है
(a) मेवाती (b) ढूँढाड़ी
(c) मारवाड़ी (d) मालवी

43. निम्नलिखित में से किस बोली में कृष्ण काव्य और रीतिकालीन साहित्य का सृजन हुआ?
(a) अवधी (b) भोजपुरी
(c) ब्रजभाषा (d) कौरवी

44. गोस्वामी तुलसीदास की रचना 'कवितावली' किस भाषा की रचना है? *(UGC Net/JRF 2012)*
(a) अवधी (b) ब्रजभाषा
(c) मैथिली (d) बुन्देली

45. हिन्दी भाषा की कितनी विख्यात बोलियाँ हैं? *(UPSSSC कनिष्ठ सहायक परीक्षा 2016)*
(a) दस (b) आठ
(c) पाँच (d) चार

46. ब्रजभाषा का विकास किस अपभ्रंश से हुआ? *(UPSSSC कनिष्ठ सहायक परीक्षा 2016)*
(a) पैशाची (b) मागधी
(c) अर्द्ध-मागधी (d) शौरसेनी

47. छत्तीसगढ़ किस भाषा की बोली है? *(UPSSSC कनिष्ठ सहायक परीक्षा 2016)*
(a) राजस्थानी (b) बिहारी
(c) पूर्वी हिन्दी (d) पश्चिमी हिन्दी

48. 'खड़ी बोली' का दूसरा नाम है *(KVS अध्यापक परीक्षा 2003)*
(a) मगही (b) कौरवी
(c) हिन्दुस्तानी (d) बघेली

49. वाराणसी-गोरखपुर-आरा के मध्य कौन-सी भाषा बोली जाती है? *(UPSSSC कनिष्ठ सहायक परीक्षा 2016)*
(a) अवधी (b) भोजपुरी
(c) कौरवी (d) मैथिल

50. बघेली किस उपभाषा की बोली है? *(उत्तराखण्ड 'समूह-ग' परीक्षा 2019)*
(a) पूर्वी हिन्दी की (b) पश्चिमी हिन्दी की
(c) राजस्थानी की (d) बिहारी की

51. किस क्षेत्र की बोली को 'काशिका' कहा गया है? *(UGC Net/JRF 2010)*
(a) बाँसवाड़ा (b) आरा-भोजपुर
(c) बनारस (d) मगध

52. पश्चिमी हिन्दी किस अपभ्रंश से विकसित है? *(UGC Net/JRF 2005)*
(a) प्राकृत (b) मागधी
(c) शौरसेनी (d) अर्द्धमागधी

53. पश्चिमी हिन्दी की सर्वाधिक प्रमुख बोली इनमें से कौन-सी है? *(TGT परीक्षा 2003)*
(a) ब्रजभाषा (b) खड़ी बोली
(c) बुन्देली (d) बाँगरू

54. ब्रजभाषा किस अपभ्रंश से विकसित है? *(UGC Net/JRF 2010)*
(a) शौरसेनी (b) मागधी
(c) अर्द्धमागधी (d) पैशाची

55. 'रामचरितमानस' किस भाषा में लिखी गई? *(KVS अध्यापक परीक्षा 2003)*
(a) ब्रज (b) भोजपुरी
(c) अवधी (d) मागधी

56. हिन्दी भाषा की बोलियों के वर्गीकरण के आधार पर छत्तीसगढ़ी बोली है *(TGT परीक्षा 2004)*
(a) पूर्वी हिन्दी (b) पश्चिमी हिन्दी
(c) पहाड़ी हिन्दी (d) राजस्थानी हिन्दी

57. 'मैथिली' का विकास किस अपभ्रंश से माना जाता है?
(a) शौरसेनी अपभ्रंश (b) मागधी अपभ्रंश
(c) अर्द्धमागधी अपभ्रंश (d) महाराष्ट्री अपभ्रंश

58. तुलसी कृत 'विनयपत्रिका' की भाषा है
(a) अवधी (b) ब्रज
(c) कन्नौजी (d) कौरवी

59. इनमें से किस बोली का बिहारी हिन्दी से सम्बन्ध नहीं है? *(UGC Net/JRF 2015)*
(a) अवधी (b) मगही
(c) भोजपुरी (d) मैथिली

60. निम्नलिखित बोलियों में से कौन-सी बोली उत्तर प्रदेश में नहीं बोली जाती है? *(UGC Net/JRF 2007)*
(a) अवधी (b) ब्रज
(c) खड़ी बोली (d) मैथिली

61. बोली किसकी इकाई है? *(MP सब-इंस्पेक्टर परीक्षा 2017)*
(a) भाषा की छोटी इकाई (b) अंचल की छोटी इकाई
(c) राज्य की छोटी इकाई (d) देश की छोटी इकाई

62. 'विभाषा' किसे कहते हैं? *(CGPSC 2017)*
(a) खड़ीबोली हिन्दी को
(b) हिन्दी क्षेत्र की प्रमुख बोलियों को
(c) हिन्दी क्षेत्र की शेष बोलियों को
(d) एक छोटे से क्षेत्र में बोली जाने वाली भाषा
(e) उपरोक्त में से कोई नहीं

63. संविधान सभा में हिन्दी को राजभाषा बनाने का प्रस्ताव किसने रखा?
(a) गोपाल स्वामी आयंगर (b) सरदार वल्लभ भाई पटेल
(c) डॉ. भीमराव अम्बेडकर (d) पं. जवाहरलाल नेहरू

64. भारतीय संविधान में हिन्दी को मान्यता कब मिली?
(a) 26 जनवरी, 1950 (b) 14 सितम्बर, 1949
(c) 15 अगस्त, 1947 (d) 14 सितम्बर, 1955

65. भारतवर्ष के लिए हिन्दी भाषा का नाम सबसे पहले किसने सुझाया? *(UPSSSC कनिष्ठ सहायक परीक्षा 2015)*
(a) राजा राममोहन राय (b) महात्मा गाँधी
(c) रवीन्द्रनाथ ठाकुर (d) मदनमोहन मालवीय

66. राजभाषा उस भाषा को कहते हैं जिस भाषा के द्वारा *(MP सब-इंस्पेक्टर परीक्षा 2017)*
(a) किसी राज्य के प्रशासनिक कार्यों को सम्पन्न किया जाता है
(b) किसी देश के विद्यालयों के प्रशासनिक कार्यों को सम्पन्न किया जाता है
(c) किसी देश में व्यापार किया जाता है
(d) किसी देश की जनता द्वारा अपना विचार-विनिमय किया जाता है

67. संविधान के किस अनुच्छेद में कहा गया है कि संघ की राजभाषा हिन्दी और लिपि देवनागरी होगी? *(DSSSB असिस्टेंट टीचर 2015)*

(a) 343 (b) 344
(c) 345 (d) 346

68. 'वैज्ञानिक तथा तकनीकी शब्दावली आयोग' की स्थापना किस वर्ष हुई?

(a) वर्ष 1961 (b) वर्ष 1960
(c) वर्ष 1965 (d) वर्ष 1963

69. राष्ट्रभाषा किसका प्रतिनिधित्व करती है? *(MP सब-इंस्पेक्टर परीक्षा 2017)*

(a) राष्ट्रभाषा केवल राज्य का प्रतिनिधित्व करती है
(b) राष्ट्रभाषा सम्पूर्ण मानव का प्रतिनिधित्व करती है
(c) राष्ट्रभाषा सम्पूर्ण राष्ट्र का प्रतिनिधित्व करती है
(d) राष्ट्रभाषा सम्पूर्ण राष्ट्र का प्रतिनिधित्व नहीं करती है

70. इनमें से कौन-सी भाषा संविधान की आठवीं अनुसूची में सम्मिलित नहीं है? *(UKSSSC VDO 2015)*

(a) हिन्दी (b) नेपाली
(c) राजस्थानी (d) गुजराती

71. भारतीय भाषाओं को भारतीय संविधान की किस अनुसूची में सम्मिलित किया गया है? *(UGC Net/JRF 2006)*

(a) सप्तम (b) अष्टम
(c) नवम (d) दशम

72. इनमें से किसको संविधान की अष्टम अनुसूची में सम्मिलित नहीं किया गया?

(a) डोगरी (b) मैथिली
(c) ब्रज (d) असमिया

73. देवनागरी लिपि की उत्पत्ति किससे हुई? *(UGC Net/JRF 2010)*

(a) खरोष्ठी (b) ब्राह्मी (c) पैशाची (d) कैथी

74. अधिकतर भारतीय भाषाओं का विकास किस लिपि से हुआ?

(a) शारदा लिपि (b) खरोष्ठी लिपि
(c) कुटिल लिपि (d) ब्राह्मी लिपि

75. हिन्दी भाषा किस लिपि में लिखी जाती है?

(a) देवनागरी (b) गुरुमुखी
(c) ब्राह्मी (d) सौराष्ट्री

76. देवनागरी लिपि का विकास किस प्राचीन लिपि से हुआ है? *(CGPSC Pre 2015)*

(a) ब्राह्मी (b) गुरुमुखी (c) शौरसेनी (d) अपभ्रंश

77. 'मॉरिशस का प्रेमचन्द' किसे कहा जाता है?

(a) हरिशंकर आदेश (b) रामदेव रघुवीर
(c) अभिमन्यु अनन्त (d) हरिमानक

78. 'लाल पसीना' उपन्यास के लेखक कौन हैं?

(a) रामदेव रघुवीर (b) अभिमन्यु अनन्त
(c) सूर्य प्रसाद वीरे (d) सहोदरा शिव

79. अण्डमान-निकोबार में शासन और शिक्षा की भाषा है *(उत्तराखण्ड 'समूह-घ' परीक्षा 2019)*

(a) बंगाली (b) निकोबारी
(c) हिन्दी (d) अण्डमानी

80. प्रथम विश्व हिन्दी सम्मेलन का आयोजन किस वर्ष किया गया था?

(a) वर्ष 1970 (b) वर्ष 1972
(c) वर्ष 1973 (d) वर्ष 1975

उत्तरमाला

1. (a)	2. (c)	3. (a)	4. (d)	5. (b)	6. (c)	7. (c)	8. (c)	9. (c)	10. (a)
11. (b)	12. (b)	13. (b)	14. (a)	15. (b)	16. (c)	17. (b)	18. (c)	19. (c)	20. (d)
21. (b)	22. (b)	23. (c)	24. (a)	25. (d)	26. (d)	27. (b)	28. (a)	29. (a)	30. (d)
31. (c)	32. (d)	33. (c)	34. (d)	35. (b)	36. (c)	37. (d)	38. (a)	39. (c)	40. (c)
41. (a)	42. (b)	43. (c)	44. (b)	45. (c)	46. (d)	47. (c)	48. (b)	49. (b)	50. (a)
51. (c)	52. (c)	53. (a)	54. (a)	55. (c)	56. (a)	57. (b)	58. (b)	59. (a)	60. (d)
61. (a)	62. (b)	63. (a)	64. (b)	65. (d)	66. (a)	67. (a)	68. (a)	69. (c)	70. (c)
71. (b)	72. (c)	73. (b)	74. (d)	75. (a)	76. (a)	77. (c)	78. (b)	79. (c)	80. (d)

अध्याय ~2

वर्ण तथा उनका उच्चारण

भाषा शब्द की उत्पत्ति संस्कृत के 'भाष्' शब्द से हुई है, जिसका अर्थ होता है-बोलना। भाषा की सार्थक इकाई वाक्य कहलाती है। वाक्य से छोटी इकाई उपवाक्य, उपवाक्य से छोटी इकाई पदबन्ध, पदबन्ध से छोटी इकाई पद (शब्द) और पद से छोटी इकाई अक्षर होती है। भाषा की सबसे छोटी इकाई ध्वनि या वर्ण कहलाती है।

वर्ण एवं वर्णमाला

वर्ण

- वर्ण भाषा की सबसे छोटी इकाई है। वर्ण उस मूल ध्वनि को कहते हैं, जिसके खण्ड या टुकड़े नहीं किए जा सकते; जैसे—अ, ई, क्, ख् इत्यादि।
- उदाहरणस्वरूप मूल ध्वनियों को इस प्रकार स्पष्ट किया जा सकता है 'आम' शब्द में तीन मूल ध्वनियाँ हैं—आ + म् + अ। इन्हीं अखण्ड मूल ध्वनियों को वर्ण कहते हैं।
- प्रत्येक वर्ण की अपनी लिपि होती है। लिपि को 'वर्ण संकेत' भी कहते हैं। हिन्दी में **52 वर्ण** होते हैं।

वर्णमाला

- वर्णों के व्यवस्थित समूह या समुदाय को वर्णमाला कहते हैं। हिन्दी वर्णमाला में वर्णों की गणना दो आधार पर की जाती है
  1. **उच्चारण के आधार पर** हिन्दी में उच्चारण के आधार पर वर्णों की संख्या **45** है, जिनमें **10** स्वर तथा **35** व्यंजन हैं।
  2. **लेखन के आधार पर** लेखन के आधार पर वर्णों की संख्या **52** है, जिनमें **13** स्वर, **35** व्यंजन तथा **4** संयुक्त व्यंजन हैं।
- हिन्दी वर्णमाला में दो प्रकार के वर्ण होते हैं—स्वर तथा व्यंजन।

स्वर अ, आ, इ, ई, उ, ऊ, (ऋ), ए, ऐ, ओ, औ, (अं), (अ:)

[कुल 10 + 3 = 13]

व्यंजन व्यंजनों को निम्न प्रकार विभाजित किया गया है

- क वर्ग— क, ख, ग, घ, ङ
- च वर्ग— च, छ, ज, झ, ञ
- ट वर्ग— ट, ठ, ड, (ड़), ढ (ढ़) ण (ड़, ढ़—द्विगुण व्यंजन)
- त वर्ग— त, थ, द, ध, न
- प वर्ग— प, फ, ब, भ, म
- अंत:स्थ व्यंजन— य, र, ल, व [कुल = 4]
- ऊष्म व्यंजन— श, ष, स, ह [कुल = 4]
- संयुक्त व्यंजन— क्ष (क् + ष), त्र (त् + र), ज्ञ (ज् + ञ), श्र (श + र) [कुल = 4]

स्वर

स्वर, स्वतन्त्र रूप से बोले जाने वाले वर्ण हैं। इनके उच्चारण में हवा मुख-विवर (मुख द्वार) से अबाध गति से निकलती है। इनकी संख्या **13** मानी गई है, परन्तु उच्चारण के आधार पर इनकी संख्या केवल **10** ही मानी गई है।

नोट ऋ को लिखने के आधार पर स्वर की संज्ञा दी जाती है, परन्तु इसका उच्चारण 'रि' होता है। अतः ऋ को उच्चारण के आधार पर स्वरों में स्थान नहीं दिया गया।

स्वरों का वर्गीकरण

स्वरों को निम्न प्रकार से वर्गीकृत किया गया है

1. मात्रा/उच्चारण काल के आधार पर
2. मुख-द्वार के खुलने के आधार पर
3. जीभ के प्रयोग के आधार पर
4. ओंठों की स्थिति के आधार पर
5. हवा के नाक व मुँह से निकलने के आधार पर
6. प्राणत्व के आधार पर
7. घोषत्व के आधार पर

मात्रा/उच्चारण काल के आधार पर

मात्रा/उच्चारण के आधार पर स्वर तीन प्रकार के होते हैं

स्वर

- **ह्रस्व स्वर** अ,इ,उ,ऋ (कुल 4)
- **दीर्घ स्वर** आ,ई,ऊ,ए,ऐ,ओ,औ (कुल 7)
- **प्लुत स्वर** ऽऽऽऽ

ह्रस्व/मूल स्वर वे स्वर जिनके उच्चारण में **कम समय** (एक मात्रा का समय) लगता है, मूल स्वर या ह्रस्व स्वर कहलाते हैं; जैसे—अ, इ, उ, ऋ।

दीर्घ स्वर जिन स्वरों के उच्चारण में **अधिक समय** (दो मात्रा का समय) लगता है, दीर्घ स्वर कहलाते हैं; जैसे—आ, ई, ऊ, ए, ऐ, ओ, औ। दीर्घ स्वरों की रचना दो स्वरों को जोड़कर होती, इसलिए इन्हें **संयुक्त स्वर** भी कहा जाता है। ये निम्न दो प्रकार के होते हैं

- **सजातीय स्वर** ऐसे दीर्घ स्वर जिनका निर्माण एक ही स्थान से बोले जाने वाले स्वर के संयोग से होता है, सजातीय स्वर कहलाते हैं; जैसे—आ, ई, ऊ।
- **विजातीय स्वर** ऐसे स्वर जो विभिन्न स्थानों से बोले जाने वाले स्वर के संयोग से निर्मित हुए हों, विजातीय स्वर कहलाते हैं; जैसे— ए, ऐ, ओ, औ। इन्हें संयुक्त स्वर के नाम से भी जाना जाता है।

प्लुत स्वर वे स्वर जिनके उच्चारण में दीर्घ स्वर से भी अधिक समय लगता है, प्लुत स्वर कहलाते हैं; जैसे—ओऽऽऽऽम। इन स्वरों का उपयोग मुख्यतः नाटक के संवादों में अथवा किसी को पुकारने के लिए किया जाता है।

मुख विवर (मुख द्वार) के खुलने के आधार पर

इस आधार पर स्वर चार वर्गों में विभाजित किए जा सकते हैं

विवृत जिन स्वरों के उच्चारण में मुख द्वार पूरा खुलता है; उन्हें विवृत स्वर कहते हैं; जैसे—आ।

अर्ध विवृत जिन स्वरों के उच्चारण में मुख द्वार आधा खुलता है, उन्हें अर्ध विवृत स्वर कहते हैं; जैसे—अ, ऐ, औ, ऑ।

संवृत जिन स्वरों के उच्चारण में मुख द्वार लगभग बन्द रहता है, उन्हें संवृत स्वर कहते हैं; जैसे—इ, ई, उ, ऊ।

अर्ध संवृत जिन स्वरों के उच्चारण में मुख द्वार आधा बन्द रहता है, उन्हें अर्ध संवृत स्वर कहते हैं; जैसे—ए, ओ।

जिह्वा (जीभ) के प्रयोग के आधार पर

इस आधार पर स्वरों को तीन वर्गों में विभाजित किया जा सकता है

अग्र स्वर जिन स्वरों के उच्चारण में जिह्वा का अग्र भाग ऊपर उठता है, वे अग्र स्वर कहलाते हैं; जैसे—इ, ई, ए, ऐ।

मध्य स्वर जिन स्वरों के उच्चारण में जिह्वा समान अवस्था में रहती है, वे मध्य स्वर कहलाते हैं; जैसे—'अ'।

पश्च स्वर जिन स्वरों के उच्चारण में जिह्वा का पश्च भाग ऊपर उठता है, वे पश्च स्वर कहलाते हैं; जैसे—आ, उ, ऊ, ओ, औ, ऑ।

ओंठों की स्थिति के आधार पर

इस आधार पर स्वर दो प्रकार के होते हैं

अवृतमुखी जिन स्वरों के उच्चारण में ओंठ (होंठ) वृतमुखी या गोलाकार नहीं होते हैं, उन्हें अवृतमुखी स्वर कहते हैं; जैसे—अ, आ, इ, ई, ए, ऐ।

वृतमुखी जिन स्वरों के उच्चारण में ओंठ वृतमुखी या गोलाकार होते हैं, उन्हें वृतमुखी स्वर कहते हैं; जैसे—उ, ऊ, ओ, औ, ऑ।

हवा के नाक व मुँह से निकलने के आधार पर

इस आधार पर स्वर दो प्रकार के होते हैं

निरनुनासिक या मौखिक स्वर जिन स्वरों के उच्चारण में हवा केवल मुँह से निकलती है, उन्हें निरनुनासिक या मौखिक स्वर कहते हैं; जैसे—अ, आ, इ आदि।

अनुनासिक स्वर जिन स्वरों के उच्चारण में हवा मुँह के साथ-साथ नाक से भी निकलती है, उन्हें अनुनासिक स्वर कहते हैं; जैसे—अँ, आँ, इँ आदि।

प्राणत्व के आधार पर

यहाँ प्राण का अर्थ हवा (वायु) से है। सभी स्वरों के उच्चारण में मुख से हवा कम निकलती है, इसलिए सभी स्वरों को **अल्पप्राण** माना जाता है।

घोषत्व के आधार पर

यहाँ घोष का अर्थ स्वरतन्त्रियों में श्वास के कंपन से है। स्वरों के उच्चारण से स्वरतन्त्रियों में कंपन उत्पन्न होती है, इसलिए सभी स्वर **सघोष** (Voiced) ध्वनियाँ हैं।

स्वरों का वर्गीकरण व उच्चारण स्थान

वर्णनाम	उच्चारण स्थान	ह्रस्व स्वर	दीर्घ स्वर	निरानुनासिक /मौखिक स्वर	अनुनासिक
कण्ठ्य	कण्ठ	अ	आ	अ, आ	अँ, आँ
तालव्य	तालु	इ	ई	इ	इँ
मूर्धन्य	मूर्धा	ऋ			
ओष्ठ्य	ओष्ठ/ओंठ	उ	ऊ		
कण्ठतालव्य	कण्ठ + तालु		ए, ऐ		
कण्ठोष्ठ्य	कण्ठ + ओष्ठ		ओ, औ		

अयोगवाह

- **अनुस्वार** (ं) और **विसर्ग** (:) ऐसी ध्वनियाँ हैं, जो न स्वर हैं और न ही व्यंजन। आचार्य किशोरीदास वाजपेयी ने इन्हें अयोगवाह कहा है, क्योंकि ये बिना किसी से योग किए ही अर्थ वहन करते हैं। हिन्दी वर्णमाला में इनका स्थान स्वरों के बाद और व्यंजनों से पहले निर्धारित किया गया है।
- अनुस्वार को 'शीर्ष बिन्दु वाला वर्ण' तथा विसर्ग को 'पार्श्व बिन्दु वाला वर्ण' भी कहते हैं। परम्परा के अनुसार, अनुस्वार व विसर्ग को स्वरों के साथ रखा जाता है, लेकिन ये स्वर ध्वनियाँ नहीं हैं, क्योंकि इनका उच्चारण व्यंजनों के उच्चारण की तरह 'अ' स्वर की सहायता से होता है। इनमें अन्तर इतना है कि व्यंजन में स्वर पीछे आता है (क् + अ = क) तथा इन दोनों में स्वर पहले आता है (अ + ँ = अं, अ + : = अः)।
- इन दोनों वर्णों का जातीय योग न तो स्वर के साथ बैठता है और न ही व्यंजन के साथ। यही कारण है कि इन्हें अयोग कहा जाता है। ये अपना अलग अर्थ वहन करते हैं, इसलिए अयोगवाह कहलाते हैं।

मध्यान्तर प्रश्नावली

1. वर्णमाला किसे कहते हैं?
(a) शब्द समूह को (b) वर्णों के संकलन को (c) शब्द गणना को (d) वर्णों के व्यवस्थित समूह को

2. उच्चारण के आधार पर वर्णों की संख्या कितनी है?
(a) 45 (b) 48 (c) 50 (d) 52

3. स्वरों के वर्गीकरण के कितने प्रकार हैं?
(a) दो (b) तीन (c) चार (d) सात

4. ओ, औ किस प्रकार की ध्वनियाँ हैं?
(a) ओष्ठ्य (b) तालव्य (c) कण्ठोष्ठ्य (d) कण्ठतालव्य

5. निम्नलिखित में से कौन सा वर्ण संयुक्त स्वर के अन्तर्गत आता है?
(a) ऊ (b) औ (c) ई (d) ऋ

6. हिन्दी में दीर्घ स्वरों की संख्या कितनी है?
(a) दो (b) पाँच (c) सात (d) नौ

7. जिन स्वरों के उच्चारण में मुख विवर (मुख द्वार) बन्द रहता है, उन्हें क्या कहते हैं?
(a) संवृत (b) अर्द्धसंवृत (c) विवृत (d) अर्द्धविवृत

8. निम्नलिखित में से कौन-सा वर्ण विवृत स्वर है?
(a) ऑ (b) ऊ (c) ए (d) आ

9. निम्नलिखित में से कौन-सा स्वर अवृतमुखी स्वर है?
(a) ऊ (b) ओ (c) अ (d) ऑ

10. जिन स्वरों के उच्चारण में हवा मुँह के साथ-साथ नाक से भी निकलती है, उन्हें क्या कहते हैं?
(a) अनुनासिक (b) निरनुनासिक (c) वृतमुखी (d) अर्द्ध संवृत

उत्तरमाला

1. (d) 2. (a) 3. (d) 4. (c) 5. (b) 6. (c) 7. (a) 8. (d) 9. (c) 10. (a)

व्यंजन

- वे ध्वनियाँ जो बिना स्वरों की सहायता के उच्चरित नहीं हो सकती हैं, व्यंजन कहलाती हैं; जैसे—क = क् + अ, ख = ख् + अ।
- अन्य शब्दों में, जिन ध्वनियों के उच्चारण में हवा मुख-द्वार से अबाध गति से नहीं निकलती, वरन् उसमें पूर्ण या अपूर्ण अवरोध होता है, व्यंजन कहलाती हैं।
- जब व्यंजनों के नीचे हलन्त का चिन्ह (्) लगता है, तब वह व्यंजन आधा होता है।
- व्यंजनों का उच्चारण 'अ' के बिना संभव नहीं है। इसलिए प्रत्येक व्यंजन के उच्चारण के अंत में 'अ' स्वर आता है।
- इनकी संख्या 33 मानी गयी है, परन्तु 'ड़', 'ढ़' (द्विगुण व्यंजन) जुड़ने पर इनकी संख्या 35 हो जाती है।

व्यंजनों का वर्गीकरण निम्न इस प्रकार है

प्रयत्न स्थान (उच्चारण स्थान) के आधार पर

1. **कण्ठ्य व्यंजन** जिन व्यंजन ध्वनियों के उच्चारण में जिह्वा के पिछले भाग से कोमल तालु का स्पर्श होता है, कण्ठ्य ध्वनियाँ (व्यंजन) कहलाती हैं; जैसे—क, ख, ग, घ, ङ।
2. **तालव्य व्यंजन** जिन व्यंजनों के उच्चारण में जिह्वा का अग्र भाग कठोर तालु को स्पर्श करता है, तालव्य व्यंजन कहलाते हैं; जैसे—च, छ, ज, क्ष, ञ और श, य।
3. **मूर्धन्य व्यंजन** कठोर तालु के मध्य का भाग मूर्धा कहलाता है। जब जिह्वा की उल्टी हुई नोंक का निचला भाग मूर्धा से स्पर्श करता है, ऐसी स्थिति में उत्पन्न ध्वनि को मूर्धन्य व्यंजन कहते हैं; जैसे—ट, ठ, ड, ढ, ण, ष।
4. **दन्त्य व्यंजन** जिन व्यंजनों के उच्चारण में जिह्वा की नोंक ऊपरी दाँतों को स्पर्श करती है, दन्त्य व्यंजन कहलाते हैं; जैसे—त, थ, द, ध, स।
5. **ओष्ठ्य व्यंजन** जिन व्यंजनों के उच्चारण में दोनों ओष्ठों द्वारा श्वास का अवरोध होता है, ओष्ठ्य व्यंजन कहलाते हैं; जैसे—प, फ, ब, भ, म।
6. **दन्त्योष्ठ्य व्यंजन** जिन व्यंजनों के उच्चारण में दोनों ओष्ठ दाँतों को स्पर्श करता है, दन्त्योष्ठ्य व्यंजन कहलाते हैं; जैसे—व।
7. **वर्त्स्य व्यंजन** जिन व्यंजनों के उच्चारण में जिह्वा ऊपरी मसूढ़ों (वर्त्स) को स्पर्श करती है, वर्त्स्य व्यंजन कहलाते हैं; जैसे—न, र, ल।

प्रयत्न विधि के आधार पर

1. **स्पर्श व्यंजन** जिन व्यंजनों के उच्चारण में जिह्वा का कोई-न-कोई भाग मुख के किसी-न-किसी भाग को स्पर्श करता है, स्पर्श व्यंजन कहलाते हैं। **क** से लेकर **म** तक 25 व्यंजन स्पर्श हैं। इन्हें पाँच-पाँच के वर्गों में विभाजित किया गया है। अत: इन्हें **वर्गीय व्यंजन** भी कहते हैं।
2. **स्पर्श संघर्षी व्यंजन** 'च' वर्ग के उच्चारण में वायु कुछ घर्षण के साथ निकलती है, इसलिए इस वर्ग के व्यंजनों को (च, छ, ज, झ, ञ) स्पर्श संघर्षी व्यंजन कहते हैं।
3. **नासिक्य व्यंजन** ङ, ञ, ण, न तथा म व्यंजनों के उच्चारण में वायु नाक से निकलती है, इसलिए इन्हें नासिक्य या अनुनासिक व्यंजन कहते हैं।
4. **उक्षिप्त व्यंजन** जिन व्यंजनों के उच्चारण में जीभ सबसे पहले ऊपर उठकर मूर्धा को छूती है, उसके बाद झटके से नीचे आ जाती है, उन्हें उत्क्षिप्त व्यंजन कहते हैं। ड़, ढ़ उत्क्षिप्त व्यंजन हैं। ये व्यंजन संस्कृत में नहीं थे।
5. **लुण्ठित व्यंजन** इन व्यंजनों के उच्चारण में जीभ तालु से लुढ़ककर स्पर्श करती है; जैसे—'र'।
6. **पार्श्विक व्यंजन** जिन व्यंजनों के उच्चारण में जीभ तालु को छुए, किन्तु पार्श्व (बगल) में से हवा निकल जाए, उन्हें पार्श्विक व्यंजन कहते हैं; जैसे—'ल'।
7. **अन्त:स्थ व्यंजन** जिन व्यंजनों के उच्चारण में मुख बहुत संकुचित हो जाता है फिर भी वायु स्वरों की भाँति बीच से निकल जाती है, उस समय उत्पन्न होने वाली ध्वनि अन्त:स्थ व्यंजन कहलाती है; जैसे—य, र, ल, व।
8. **ऊष्म व्यंजन** जिन व्यंजनों के उच्चारण में एक प्रकार की गरमाहट या सुरसुराहट-सी प्रतीत होती है, ऊष्म (संघर्षी) व्यंजन कहलाते हैं; जैसे—श, ष, स और ह।
9. **स्वरयन्त्रमुखी या काकल्य व्यंजन** जिन व्यंजनों के उच्चारण में अन्दर से आती हुई श्वास, तीव्र वेग से स्वर यन्त्र मुख पर संघर्ष उत्पन्न करती है, स्वरयन्त्रमुखी व्यंजन कहलाते हैं; जैसे—'ह'।

प्राणत्व के आधार पर

1. **अल्पप्राण** जिन व्यंजनों के उच्चारण में मुख से कम हवा निकले, अल्पप्राण व्यंजन होते हैं। प्रत्येक वर्ग का **पहला**, **तीसरा** और **पाँचवाँ** व्यंजन वर्ण अल्पप्राण ध्वनि होता है; जैसे—क, ग, ङ, च, ज, ञ, ट, ड, ण, ड़ आदि।
2. **महाप्राण** जिन व्यंजनों के उच्चारण में मुख से अधिक हवा निकले, वे महाप्राण व्यंजन होते हैं।

   प्रत्येक वर्ग का **दूसरा** और **चौथा** व्यंजन वर्ण महाप्राण ध्वनि होता है; जैसे—ख, घ, छ, झ, ठ, ढ, ढ़, श, ष, स, ह आदि।

घोषत्व के आधार पर

1. **अघोष व्यंजन** जिन व्यंजनों के उच्चारण में स्वरतन्त्रियों में कम्पन न हो, अघोष व्यंजन कहलाते हैं। प्रत्येक वर्ग का पहला तथा दूसरा व्यंजन (क, ख, च, छ, ट, ठ, त, थ, प, फ) और श, ष, स अघोष व्यंजन होते हैं।
2. **सघोष व्यंजन** जिन व्यंजनों के उच्चारण में स्वरतन्त्रियों में कम्पन हो, सघोष या घोष व्यंजन कहलाते हैं। प्रत्येक वर्ग का तीसरा, चौथा और पाँचवाँ व्यंजन (ग, घ, ङ, ज, झ, ञ, ड, ढ, ण, द, ध, न, ब, भ, म), ड़, ढ़ तथा य, र, ल, व, ह सघोष व्यंजन होते हैं।

द्वित्व व्यंजन

- जब एक ही व्यंजन वर्ण को दो बार प्रयोग किया जाता है, तब उसे द्वित्व व्यंजन कहते हैं; जैसे-

क् + क	=	क्क	–	पक्का, चक्का,
च् + च	=	च्च	–	सच्चा, बच्चा
ड् + ड	=	ड्ड	–	गुड्डु, गुड्डा
त् + त	=	त्त	–	सत्ता, कुत्ता
न् + न	=	न्न	–	मुन्नी, सुन्नी
स् + स	=	स्सा	–	रस्सी, गुस्सा

उच्चारण की दृष्टि से ध्वनियाँ

1. **संयुक्त ध्वनि** दो-या-दो से अधिक व्यंजन ध्वनियाँ परस्पर संयुक्त होकर संयुक्त ध्वनियाँ कहलाती हैं; जैसे–प्राण, घ्राण, कलान्त आदि। ये ध्वनियाँ अधिकतर तत्सम शब्दों में पाई जाती हैं।
2. **सम्पृक्त ध्वनि** जब एक ध्वनि दो ध्वनियों से जुड़ी होती है, तब यह 'सम्पृक्त ध्वनि' कहलाती है; जैसे–'सम्बल'। यहाँ 'स' और 'ब' ध्वनियों के साथ 'म्' ध्वनि जुड़ी है।
3. **युग्मक ध्वनि** जब एक ही ध्वनि द्वित्व हो जाए, तब यह युग्मक ध्वनि कहलाती है; जैसे–अक्षुण्ण, प्रफुल्ल, प्रसन्नता आदि।

व्यंजनों का वर्गीकरण व उच्चारण स्थान

वर्ग नाम	उच्चारण स्थान	अघोष अल्पप्राण	अघोष महाप्राण	सघोष अल्पप्राण	सघोष महाप्राण	सघोष अल्पप्राण
कण्ठ्य	कण्ठ	क	ख	ग	घ	ङ
तालव्य	तालु (मुँह के भीतर की ऊपर वाली छत का पिछला भाग)	च	छ	ज, ज़	झ	ञ
मूर्धन्य	मूर्धा मुँह के भीतर की ऊपर वाली छत का अगला भाग	ट	ठ, ष	ड	ढ, ढ़	ण
दन्त्य	दाँत	त	थ	द	ध	न
ओष्ठ्य	ओष्ठ/ओंठ	प	फ, फ़	ब	भ	म

आगत/गृहीत ध्वनियाँ

हिन्दी में अंग्रेजी तथा उर्दू (अरबी-फारसी) भाषा के शब्द भी प्रयोग किए जाते हैं, इन्हें आगत/गृहीत ध्वनियाँ कहा जाता है, क्योंकि ये ध्वनियाँ हिन्दी वर्णमाला में विदेशी भाषा से सम्मिलित हुई हैं।

आगत/गृहीत ध्वनियों का वर्गीकरण

वर्ण	उच्चारण स्थान	घोषत्व/प्राणत्व
क़ (स्पर्शी)	कण्ठ + जिह्वामूल	अघोष, अल्पप्राण
ख़ (ऊष्म/संघर्षी)	कण्ठ + जिह्वामूल	अघोष, महाप्राण
ग़ (ऊष्म/संघर्षी)	कण्ठ + जिह्वामूल	सघोष, अल्पप्राण
ज़ (ऊष्म/संघर्षी)	वत्सर्य	सघोष, अल्पप्राण
फ़ (ऊष्म/संघर्षी)	दंतोष्ठ्य	अघोष, महाप्राण

अंग्रेजी भाषा से आगत ध्वनियाँ

- अंग्रेजी भाषा से आगत ध्वनि **अर्धचन्द्राकार** (ॅ) होती है।
- हिन्दी भाषा में अंग्रेजी भाषा के अनेक शब्दों का प्रयोग किया जाता है। इनमें कुछ शब्दों में प्रयोग होने वाली ध्वनि हिन्दी से भिन्न है। यह ध्वनि **ऑ** है, जो हिन्दी की 'आ' तथा 'ओ' के बीच की ध्वनि है। इसलिए हिन्दी में इसके शुद्ध उच्चारण तथा लेखन के लिए अर्धचन्द्राकार (ॅ) नामक चिह्न विकसित किया गया है।
- 'ऑ' ध्वनि निर्मित शब्द निम्नलिखित हैं; जैसे–बॉल (गेंद), हॉट (गर्म), कॉफी (पेय पदार्थ), डॉक्टर (चिकित्सक)

अरबी-फ़ारसी/नुक्ते (तल बिन्दु) ध्वनियाँ

- उर्दू की अरबी-फ़ारसी भाषा से नुक्ते वाली ध्वनियाँ आती हैं; जैसे–'अ़', क़, ख़, ग़, फ़,' जो हिन्दी में भी प्रयुक्त होने लगी हैं। अरबी-फारसी नुक्ते वाले कुछ शब्द इस प्रकार हैं

अ़– अ़जब, अ़क्स, अ़दालत आदि।

क़– क़ुरबान, क़ैद, वक़्त, बाक़ी, मजाक़, क़हर, फ़र्क़ आदि।

ख़– ख़याल, ख़ातून, तनख़्वाह, दाख़िल, सख़्त, तारीख़ आदि।

ग़– ग़जल, ग़लत, नग़मा, दिमाग़, सुराग़, बालिग़, बग़ैर आदि।

ज़– ज़हीन, ज़ेहन, औज़ार, महाज़, आज़ादी, मज़दूर आदि

फ़– फ़तह, फ़ना, फ़ौलाद, फ़ुर्सत, नफ़रत, फ़ौजी, फ़ौरन आदि।

- अंग्रेजी के (F) 'फ़' तथा (Z) 'ज़' ध्वनियों के वर्णों में नुक्ते का प्रयोग होता है; जैसे–Father (फ़ादर), Film (फ़िल्म), Form (फ़ॉर्म), Zero (ज़ीरो), Zinc (ज़िंक), Zoo (ज़ू) आदि।

शब्दकोश में प्रयुक्त वर्णानुक्रम सम्बन्धित नियम

- शब्दकोश में पहले स्वर उसके पश्चात् व्यंजन का क्रम आता है।
- शब्दकोश में **अनुस्वार** (ं) और **विसर्ग** (:) का स्वतन्त्र वर्ण के रूप में प्रयोग नहीं होता, लेकिन संयुक्त वर्णों के रूप में इन्हें अ, आ, इ, ई, उ, ऊ आदि से पहले स्थान प्रदान किया जाता है; जैसे—
  कं, कः, क, का, कि, की, कु, कू, के, कै, को, कौ।
- शब्दकोश में पूर्ण वर्ण के पश्चात् **संयुक्ताक्षर** का क्रम आता है; जैसे—
  कं, कः ········ को, कौ के पश्चात् क्य, क्र, क्ल, क्व, क्ष।
- शब्दकोश में 'क्ष', 'त्र', 'ज्ञ' का कोई पृथक् शब्द संग्रह नहीं मिलता, क्योंकि ये संयुक्ताक्षर होते हैं।
- इनसे सम्बन्धित शब्दों को ढूँढने हेतु इन संयुक्ताक्षरों के पहले वर्ण वाले खाने में देखना होता है; जैसे–यदि हमें 'क्ष' (क् + ष) से सम्बन्धित शब्द को ढूँढना है, तो हमें 'क' वाले खाने में जाना होगा। इसी तरह 'त्र' (त् + र), 'ज्ञ' (ज् + ञ), श्र (श् + र) के लिए क्रमशः 'त', 'ज' और 'श' वाले खाने में जाना पड़ेगा।
- ङ, ञ, ण, ड़, ढ़ से कोई शब्द आरम्भ नहीं होता, इसलिए ये स्वतन्त्र रूप से शब्दकोश में नहीं मिलते।

मध्यान्तर प्रश्नावली

1. सामान्यतः व्यंजन कितने होते हैं?
(a) 30 (b) 35 (c) 40 (d) 45

2. स्पर्श व्यंजन को·········भी कहा जाता है।
(a) अन्तःस्थ व्यंजन (b) वर्गीय व्यंजन
(c) मूल व्यंजन (d) अन्य व्यंजन

3. निम्नलिखित में से कौन-सा व्यंजन लुंठित है?
(a) य (b) ल (c) र (d) ढ़

4. निम्नलिखित में से पार्श्विक व्यंजन का चयन कीजिए।
(a) ड़ (b) र (c) ह (d) ल

5. 'ध' व्यंजन का उच्चारण स्थान क्या है?
(a) मूर्धन्य (b) तालव्य (c) दन्त्य (d) ओष्ठ्य

6. प्रत्येक वर्ग का दूसरा और चौथा व्यंजन क्या कहलाता है?
(a) अघोष (b) अल्पप्राण (c) सघोष (d) महाप्राण

7. निम्नलिखित में से कौन-सा व्यंजन अघोष है?
(a) ग (b) त (c) ज (d) ढ

उत्तरमाला

1. (b) 2. (b) 3. (c) 4. (d) 5. (a) 6. (d) 7. (b)

वस्तुनिष्ठ प्रश्नावली

1. 'लिपि-चिह्नों' के क्रमबद्ध समूह को क्या कहते हैं? *(UPSSSC कनिष्ठ सहायक परीक्षा 2016)*
(a) अक्षर (b) वर्ण (c) वर्ण-समूह (d) वर्णमाला

2. कौन-सा अमानक वर्ण है?
(a) ख (b) ध (c) झ (d) भ

3. 'वर्ण' किसे कहते हैं?
(a) यह भाषा की सबसे बड़ी इकाई होती है
(b) यह भाषा की सबसे छोटी इकाई होती है
(c) इसके खण्ड हो सकते हैं
(d) इनमें से कोई नहीं

4. लेखन के आधार पर वर्णों की संख्या कितनी है?
(a) 44 (b) 55 (c) 48 (d) 52

5. हिन्दी में मूलत: कितने वर्ण हैं?
(a) 52 (b) 50 (c) 40 (d) 55

6. संयुक्त को छोड़कर हिन्दी में मूल वर्णों की संख्या है
(a) 36 (b) 44 (c) 48 (d) 53

7. हिन्दी में व्यंजन वर्णों की संख्या है
(a) 28 (b) 30 (c) 32 (d) 35

8. हिन्दी में ध्वनियाँ कितने प्रकार की होती हैं?
(a) 2 (b) 4 (c) 6 (d) 8

9. स्वर कहते हैं
(a) जिनका उच्चारण 'लघु' और 'गुरु' में होता है
(b) जिनका उच्चारण बिना अवरोध अथवा विघ्न-बाधा के होता है
(c) जिनका उच्चारण स्वरों की सहायता से होता है
(d) जिनका उच्चारण नाक और मुँह से होता है

10. हिन्दी भाषा में वे कौन-सी ध्वनियाँ हैं, जो स्वतन्त्र रूप से बोली या लिखी जाती हैं? *(उत्तराखण्ड पुलिस सब-इंस्पेक्टर परीक्षा 2011)*
(a) स्वर (b) व्यंजन (c) वर्ण (d) अक्षर

11. भाषा-विज्ञान की दृष्टि से 'ऊ' किस प्रकार का स्वर है? *(UPSSSC कनिष्ठ सहायक परीक्षा 2016)*
(a) अग्र संवृत (b) अग्र विवृत (c) पश्च संवृत (d) पश्च विवृत

12. 'ए' स्वर का प्रकार है *(CGPSC Pre 2019)*
(a) ह्रस्व स्वर (b) दीर्घ स्वर (c) मूल स्वर (d) संयुक्त स्वर

13. हिन्दी भाषा में 'ह्रस्व स्वरों' की संख्या कितनी है? *(UPSSSC कनिष्ठ सहायक परीक्षा 2016)*
(a) ग्यारह (b) चार (c) तीन (d) दो

14. प्लुत स्वर कौन-सा है? *(UPTET 2020)*
(a) ओउम् (b) अउम (c) ओम (d) ओम्

15. मात्रा के आधार पर स्वर कितने प्रकार के होते हैं? *(UPSSSC VDO 2018)*
(a) 2 (b) 3 (c) 4 (d) 5

16. जिह्वा के आधार पर स्वर कितने प्रकार के होते हैं? *(UPSSSC VDO 2018)*
(a) 2 (b) 3 (c) 4 (d) 6

17. निम्नलिखित में से कौन-सा अग्र स्वर नहीं है?
(a) अ (b) इ (c) ए (d) ऐ

18. हिन्दी में स्वरों के कितने प्रकार हैं?
(a) 1 (b) 2 (c) 3 (d) 4

19. हिन्दी वर्णमाला में 'अं' और 'अ:' क्या हैं? *(UGC Net/JRF 2012)*
(a) स्वर (b) व्यंजन (c) अयोगवाह (d) संयुक्ताक्षर

20. जिनके उच्चारण में दीर्घ स्वर से भी अधिक समय लगता है, वे कहलाते हैं
(a) मूल स्वर (b) प्लुत स्वर (c) संयुक्त स्वर (d) अयोगवाह

21. निम्नलिखित में से कौन स्वर नहीं है? *(उत्तराखण्ड पुलिस उपनिरीक्षक परीक्षा 2014)*
(a) अ (b) उ (c) ए (d) ञ

22. उच्चारण के समय जीभ की स्थिति के अनुसार स्वरों के कितने भेद किए गए हैं? *(UP TGT परीक्षा 2003)*
(a) दो (b) तीन (c) पाँच (d) सात

23. भिन्न-भिन्न स्वरों के मेल से जो स्वर उत्पन्न होता है, उसे *(CGTET 2011)*
(a) संयुक्त स्वर (b) दीर्घ स्वर (c) सन्धि स्वर (d) मूल स्वर

24. 'स्वर' किसका भेद है? *(UPTET 2018)*
(a) सन्धि (b) समास (c) वर्ण (d) लिंग

25. किस शब्द में 'ऋ' स्वर नहीं है? *(REET 2011)*
(a) कृपा (b) कृष्ण (c) दृष्टि (d) रिवाज

26. अयोगवाह कहा जाता है *(UPTET 2016, 17)*
(a) महाप्राण को (b) अनुस्वार एवं विसर्ग को
(c) संयुक्त व्यंजन को (d) अल्पप्राण को

27. 'ए' तथा 'ऐ' वर्ण क्या कहलाते हैं? *(UPTET 2016, 17)*
(a) ओष्ठ्य (b) मूर्धन्य (c) कण्ठ-तालव्य (d) नासिक्य

28. वे ध्वनियाँ जो स्वरों की सहायता के बिना उच्चरित नहीं हो सकतीं; क्या कहलाती हैं?
(a) स्वर (b) शब्द (c) व्यंजन (d) संयुक्ताक्षर

29. निम्नलिखित में से कौन वर्ण अन्त:स्थ नहीं है? *(UPPSC Pre 2016)*
(a) य (b) ह (c) र (d) व

30. उच्चारण स्थान की दृष्टि से कौन-सा विकल्प शुद्ध है? *(UPTET 2020)*
(a) स-दन्त्य (b) श-मूर्धन्य (c) ष-तालव्य (d) च-कण्ठ्य

31. निम्नलिखित में कौन-सा कथन अशुद्ध है? *(UPTET 2020)*
(a) हिन्दी में ज्ञ का उच्चारण परम्परा से भिन्न हो गया है
(b) दो महाप्राण व्यंजनों का उच्चारण एक साथ हो सकता है
(c) विसर्ग कण्ठ्य वर्ण है
(d) 'क्ष' संयुक्त व्यंजन है

32. निम्नलिखित में से कौन-सा सही है? *(UPTET 2020)*
I. अनुस्वार पूर्ण अनुनासिक ध्वनि है।
II. वर्ग का पंचमाक्षर अनुनासिक होता है।
III. अनुनासिक के उच्चारण के दौरान नाक से बहुत कम साँस निकलती है और मुँह से अधिक।

कूट
(a) केवल III (b) केवल I (c) I और II (d) I, II और III

33. दाँत और जीभ के स्पर्श से बोले जाने वाले वर्ण को क्या कहते हैं? *(UPTET 2020)*
(a) मूर्धन्य (b) कण्ठोष्ठ्य (c) दन्तोष्ठ्य (d) दन्त्य

34. निम्नलिखित ध्वनियों की निर्दिष्ट विशेषताओं में कौन-सा अशुद्ध है? *(UPTET 2020)*
(a) च-तालव्य, महाप्राण (b) म-ओष्ठ्य, सघोष
(c) त-अल्पप्राण, दन्त्य (d) ख-महाप्राण, कण्ठ्य

35. उच्चारण की दृष्टि से 'सम्बल' ध्वनि का कौन-सा वर्गीकरण है? *(UPSSSC कनिष्ठ सहायक परीक्षा 2016)*
(a) सम्पृक्त ध्वनि (b) युग्मक ध्वनि
(c) संयुक्त ध्वनि (d) द्वित्वध्वनि

36. 'ष' वर्ण *(मध्य प्रदेश समग्र सुरक्षा अधिकारी 2017)*
(a) केवल हिन्दी शब्दों में आता है (b) केवल अवधी शब्दों में आता है
(c) केवल संकर शब्दों में आता है (d) केवल संस्कृत शब्दों में आता है

37. 'न' वर्ण का उच्चारण स्थान है *(मध्य प्रदेश समग्र सुरक्षा अधिकारी 2017)*
(a) मूर्धा (b) दन्त
(c) नासिका (d) दन्त और नासिका

38. च, छ, ज, झ, ञ का उच्चारण होता है *(UPSSSC कनिष्ठ सहायक परीक्षा 2016)*
(a) ओष्ठ से (b) दन्त से
(c) तालु से (d) मूर्धा से

39. प्रत्येक वर्ग का दूसरा और चौथा वर्ण क्या कहलाता है? *(UPSSSC कनिष्ठ सहायक परीक्षा 2016)*
(a) महाप्राण व्यंजन (b) अल्पप्राण व्यंजन
(c) उत्क्षप्त व्यंजन (d) अनुनासिक व्यंजन

40. 'च' वर्ग का उच्चारण मुँह के किस भाग से होता है? *(हरियाणा पुलिस कॉन्सटेबल 2016)*
(a) कण्ठ (b) मूर्धा (c) ओष्ठ (d) तालु

41. निम्नलिखित वर्णों में से पंचम अक्षर है *(UKSSSC परीक्षा 2015)*
(a) घ (b) त (c) प (d) म

42. निम्नलिखित में से कौन-सा संयुक्त व्यंजन है? *(UKSSSC परीक्षा 2015)*
(a) स (b) ल (c) ध (d) ज्ञ

43. निम्नलिखित में से महाप्राण व्यंजन कौन-से हैं? *(UP सहायक अध्यापक 2019)*
(a) क, च, ट, त, प (b) ख, छ, ठ, थ, फ
(c) ग, ज, ड, द, ब (d) य, र, ल, व

44. निम्नलिखित में से दन्तोष्ठ्य ध्वनियाँ हैं *(उत्तराखण्ड 'समूह ग' परीक्षा 2019)*
(a) य र (b) ल व (c) प फ (d) व फ़

45. हिन्दी भाषा में स्पर्श व्यंजनों की संख्या *(UPTET 2017)*
(a) 22 (b) 23 (c) 24 (d) 25

46. निम्न में से वर्त्स्य व्यंजन कौन-सा है?
(a) न (b) त (c) स (d) ह

47. स्वर रहित 'र' का प्रयोग हुआ है *(RPSC पुलिस सब-इंस्पेक्टर परीक्षा 2011)*
(a) ट्रक में (b) पुनर्निर्माण में (c) त्राटक में (d) शत्रु में

48. निम्न में से अल्पप्राण वर्ण कौन-से हैं?
(a) अ, आ (b) क, ग (c) य, ध (d) फ, भ

49. निम्नलिखित में से कौन-सी बात गलत है? *(RPSC पुलिस सब-इंस्पेक्टर परीक्षा 2011)*
(a) 'ध' सघोष, महाप्राण दन्त्य है (b) 'ब' सघोष, ओष्ठ्य महाप्राण है
(c) 'च' अघोष, तालव्य अल्पप्राण है (d) 'ख' कण्ठ्य महाप्राण अघोष है

50. जिनके उच्चारण में स्वरतन्त्रियों में कम्पन न हो, वे कहलाते हैं
(a) घोष ध्वनियाँ (b) महाप्राण ध्वनियाँ
(c) अघोष ध्वनियाँ (d) अल्पप्राण ध्वनियाँ

51. 'प्रसन्नता' में कौन-सी ध्वनि है? *(UP TGT परीक्षा 2006)*
(a) संयुक्त ध्वनि (b) सम्पृक्त ध्वनि
(c) युग्मक ध्वनि (d) इनमें से कोई नहीं

52. निम्न में से कौन-सी महाप्राण ध्वनि नहीं है?
(a) क (b) घ (c) झ (d) य

53. अघोष वर्ण कौन-सा है? *(UPSSSC लेखपाल परीक्षा 2015)*
(a) अ (b) ज (c) ह (d) स

54. निम्न में से कौन-सा उत्क्षिप्त व्यंजन है?
(a) श, ष, स (b) य, र, ल (c) क्ष, त्र, ज्ञ (d) ड़, ढ़

55. उत्क्षिप्त ध्वनि का प्रयोग हुआ है *(RPSC पुलिस सब-इंस्पेक्टर परीक्षा 2011)*
(a) आरजू में (b) खसरा में (c) पढ़ाई में (d) जफ़र में

56. 'ज्ञ' वर्ण किन वर्णों के संयोग से बना है?
(a) ज + ञ (b) ज् + ञ (c) ज + ञ् (d) ज् + ञ्

57. क्ष, त्र और ज्ञ की गणना स्वतन्त्र वर्णों में नहीं होती, क्योंकि
(a) ये संयुक्त व्यंजन हैं
(b) इनका प्रयोग केवल तत्सम शब्दों में ही होता है
(c) ये व्यंजन 'अर्द्धस्वर' माने गए हैं
(d) ये पूर्णतः स्वतन्त्र व्यंजन हैं

58. 'क़', 'ग़', 'ज़', 'फ़' ध्वनियाँ किसकी हैं?
(a) संस्कृत की (b) अरबी-फ़ारसी (c) अंग्रेजी की (d) दक्षिणी भाषाओं की

59. 'फ़' व्यंजन है
(a) ऊष्म (b) दन्तोष्ठ्य (c) महाप्राण (d) ये सभी

60. हिन्दी शब्दकोश में 'क्ष' का क्रम किस वर्ण के बाद आता है? *(RPSC पुलिस सब-इंस्पेक्टर परीक्षा 2011)*
(a) क (b) छ (c) त्र (d) ज्ञ

61. शब्दकोश में 'श्रद्धा' शब्द किस शब्द के पहले आएगा? *(RPSC पुलिस सब-इंस्पेक्टर परीक्षा 2011)*
(a) शासन (b) शौर्य (c) श्याम (d) श्रमिक

उत्तरमाला

1. (d)	2. (c)	3. (b)	4. (d)	5. (a)	6. (c)	7. (d)	8. (a)	9. (b)	10. (a)
11. (a)	12. (b)	13. (b)	14. (a)	15. (b)	16. (b)	17. (a)	18. (c)	19. (c)	20. (b)
21. (d)	22. (b)	23. (a)	24. (c)	25. (d)	26. (b)	27. (c)	28. (c)	29. (b)	30. (a)
31. (b)	32. (c)	33. (d)	34. (a)	35. (a)	36. (d)	37. (d)	38. (c)	39. (a)	40. (d)
41. (d)	42. (d)	43. (b)	44. (d)	45. (d)	46. (a)	47. (b)	48. (b)	49. (b)	50. (c)
51. (c)	52. (a)	53. (a)	54. (d)	55. (c)	56. (b)	57. (a)	58. (b)	59. (c)	60. (a)
61. (d)									

अध्याय ~3

वर्तनी

वर्तनी सभी भाषाओं का महत्त्वपूर्ण अंग है। किसी भी भाषा की समस्त ध्वनियों को सही प्रकार से उच्चारित करने के लिए ही वर्तनी की एकरूपता स्थिर की जाती है। अतः वर्तनी का सीधा सम्बन्ध भाषागत ध्वनियों के उच्चारण से है।

- किसी भी शब्द के अक्षरों को मात्राओं सहित उच्चारित करने या लिखने के ढंग को 'वर्तनी' कहते हैं।
- उच्चारण और वर्तनी में घनिष्ठ सम्बन्ध है। जो जैसा उच्चारण करता है, वैसा ही लिखना चाहता है। इस प्रकार शुद्ध वर्तनी के लिए शुद्ध उच्चारण भी आवश्यक है।
- शब्दों की वर्तनी में अशुद्धियाँ दो प्रकार की होती हैं
  1. वर्ण सम्बन्धी 2. शब्द रचना सम्बन्धी

वर्ण सम्बन्धी अशुद्धियाँ पुनः दो प्रकार की होती हैं

(i) स्वर-मात्रा सम्बन्धी अशुद्धियाँ।

(ii) व्यंजन सम्बन्धी अशुद्धियाँ।

स्वर-मात्रा सम्बन्धी अशुद्धियाँ और उनके शुद्ध रूप

अ/आ

अशुद्ध	शुद्ध	अशुद्ध	शुद्ध
आधीन	अधीन	चहरदीवारी	चहारदीवारी
आधिकारी	अधिकारी	बांगला	बंगला
आनाधिकार	अनधिकार	हस्पताल	अस्पताल
आविस्मरणीय	अविस्मरणीय	बरात	बारात
अस्थान (जगह)	स्थान	आलावा	अलावा
अस्नान (नहाना)	स्नान	अस्थापना (प्रतिष्ठा)	स्थापना
अगामी	आगामी	असपष्ट (साफ)	स्पष्ट
अज़माइश	आज़माइश	चहिए	चाहिए
अहार	आहार	तत्कालिक	तात्कालिक
अनुषांगिक	आनुषंगिक	नदान	नादान
अनभीज्ञ	अनभिज्ञ	रमायण	रामायण
अधिशाषी	अधिशासी	नराज	नाराज
अनवेषण	अन्वेषण	ललायित	लालायित
अनाधिकृत	अनधिकृत	परलौकिक	पारलौकिक
अवश्यकता	आवश्यकता	व्यवहारिक	व्यावहारिक
अकाश	आकाश	व्यवसायिक	व्यावसायिक
अन्त्यक्षरी	अन्त्याक्षरी	संसारिक	सांसारिक
नरायण	नारायण	कल्यण	कल्याण

इ/ई

अशुद्ध	शुद्ध	अशुद्ध	शुद्ध
अतिथी	अतिथि	ब्रिटीश	ब्रिटिश
परिणती	परिणति	अशुद्धी	अशुद्धि
बहीरंग	बहिरंग	स्थायीत्व	स्थायित्व
प्रतीज्ञा	प्रतिज्ञा	पतीव्रता	पतिव्रता
अन्तीम	अन्तिम	कवीता	कविता
तिथी	तिथि	उत्पत्ती	उत्पत्ति
जलांजली	जलांजलि	विद्यार्थीयों	विद्यार्थियों
वाल्मीकी	वाल्मीकि	नीती	नीति
परीचय	परिचय	कालीदास	कालिदास
समिती	समिति	अनीवार्य	अनिवार्य
अभीलाषा	अभिलाषा	आखीर	आखिर
कोशीश	कोशिश	कोटी-कोटी	कोटि-कोटि
क्योंकी	क्योंकि	क्षत्रीय	क्षत्रिय
परीवार	परिवार	पुष्टी	पुष्टि
कृषी	कृषि	पूर्ती	पूर्ति
चरीतार्थ	चरितार्थ	सम्पत्ती	सम्पत्ति
स्थिती	स्थिति	स्वाती	स्वाति
आजीवका	आजीविका	आध्यात्मक	आध्यात्मिक
अध्यापका	अध्यापिका	मट्टी	मिट्टी
कठनाई	कठिनाई	क्षणक	क्षणिक
कुमुदनी	कुमुदिनी	जीवत	जीवित
गृहणी	गृहिणी	वाहनी	वाहिनी
नायका	नायिका	साहित्यक	साहित्यिक
मानसक	मानसिक	परिचत	परिचित
सरोजनी	सरोजिनी	परिस्थित	परिस्थिति
नीत	नीति	प्रतिनिध	प्रतिनिधि
परिमार्जत	परिमार्जित	युधिष्ठर	युधिष्ठिर
माचस	माचिस	मैथली	मैथिली
लेकन	लेकिन	रचियता	रचयिता

अशुद्ध	शुद्ध	अशुद्ध	शुद्ध
विरहणी	विरहिणी	लिखत	लिखित
उजयाला	उजियाला	शिवर	शिविर
अनुभूत	अनुभूति	मालकन	मालकिन
कौशिल्या	कौशल्या	इश्वर	ईश्वर
द्वारिका	द्वारका	अहिल्या	अहल्या
छिपकिली	छिपकली	कवियित्री	कवयित्री
फ़िज़ूल	फ़ज़ूल	प्रदर्शिनी	प्रदर्शनी
चाहिता	चाहता	वापिस	वापस
सम्पादिक	सम्पादक	संस्कृति-भाषा	संस्कृत-भाषा
हास्यात्मिक	हास्यात्मक	सामिग्री	सामग्री
शिखिर	शिखर	तिरिस्कार	तिरस्कार
पहिला	पहला	झिल्लाया	झल्लाया
रचनात्मिक	रचनात्मक	व्यवस्थापिक	व्यवस्थापक
स्त्रि	स्त्री	सन्तुलिन	सन्तुलन
अद्विातिय	अद्वितीय	निरिह	निरीह
निरसता	नीरसता	बिमारी	बीमारी
तरिका	तरीका	द्रविभूत	द्रवीभूत
पत्नि	पत्नी	दधिचि	दधीचि
परिक्षा	परीक्षा	विरहणी	विरहिणी
संगृहित	संगृहीत	रितिकाल	रीतिकाल
सूचिपत्र	सूचीपत्र	समिक्षा	समीक्षा
स्वर्गिय	स्वर्गीय	सलिका	सलीका
श्रिमान्	श्रीमान्	महादेवि	महादेवी
दिवाली	दीवाली	निमिलित	निमीलित
परिक्षण	परीक्षण	दिपिका	दीपिका
भागिरथी	भागीरथी	पिताम्बर	पीताम्बर
महिना	महीना	भस्मिभूत	भस्मीभूत
लिजिए	लीजिए	विभिषिका	विभीषिका
शताब्दि	शताब्दी	शारिरिक	शारीरिक
श्रीमति	श्रीमती	शुद्धिकरण	शुद्धीकरण
खैंचना	खींचना	सुशिल	सुशील
कृतघ्नी	कृतघ्न	वर्तनि	वर्तनी
निर्दयी	निर्दय	निरपराधी	निरपराध
जीजीविषा	जिजीविषा	निष्कपटी	निष्कपट

उ/ऊ

अशुद्ध	शुद्ध	अशुद्ध	शुद्ध
ऊत्पात	उत्पात	ऊत्थान	उत्थान
दूबारा	दुबारा	पूण्य	पुण्य
रेणू	रेणु	पुरूष	पुरुष
भानू	भानु	रूख	रुख
हिन्दोस्तान	हिन्दुस्तान	साधूवाद	साधुवाद
ऊपद्रव	उपद्रव	कूआँ	कुआँ
गोलामी	गुलामी	आधूनिक	आधुनिक
अनुदित	अनूदित	उधम	ऊधम
अनूकुल	अनुकूल	तुफान	तूफान
उँचाई	ऊँचाई	कौतुहल	कौतूहल
पुर्व	पूर्व	नुपुर	नूपुर
पुज्य	पूज्य	दुसरा	दूसरा
बुढ़ा	बूढ़ा	सुरज	सूरज
हिन्दु	हिन्दू	सिन्दुर	सिन्दूर
चित्रकुट	चित्रकूट	उर्ध्व	ऊर्ध्व

('ऋ')

अशुद्ध	शुद्ध	अशुद्ध	शुद्ध
अनुग्रहीत	अनुगृहीत	उरिण	उऋण
क्रित्रिम	कृत्रिम	त्रितीय	तृतीय
प्रक्रिति	प्रकृति	व्रक्ष	वृक्ष
प्रथक्	पृथक्	ग्रहीत	गृहीत
पैत्रिक	पैतृक	श्रिंगार	शृंगार
संग्रहीत	संगृहीत	द्रश्य	दृश्य
पृथा	प्रथा	कृया	क्रिया
तृकोण	त्रिकोण	दृष्टा	द्रष्टा
वज्र	वज्र	स्रष्टा	सृष्टा
गृाहक	ग्राहक	जाग्रत	जागृत
भृष्ट	भ्रष्ट	रिग्वेद	ऋग्वेद

('ए' 'ऐ')

अशुद्ध	शुद्ध	अशुद्ध	शुद्ध
चाहिऐ	चाहिए	ऐक	एक
ऐकान्त	एकान्त	ऐषणा	एषणा
एसा	ऐसा	एतिहासिक	ऐतिहासिक
ऐकान्तिक	एकान्तिक	एश्वर्य	ऐश्वर्य

('ओ', 'औ')

अशुद्ध	शुद्ध	अशुद्ध	शुद्ध
सरवर	सरोवर	भूगोलिक	भौगोलिक
अनेकों	अनेक	ओलाद	औलाद
मोलवी	मौलवी	प्रत्येकों	प्रत्येक
ओषधालय	औषधालय	ओरत	औरत

व्यंजन सम्बन्धी अशुद्धियाँ और उनके शुद्ध रूप

नुक्ते सम्बन्धी अशुद्धियाँ

'क़/क' सम्बन्धी अशुद्धियाँ

अशुद्ध	शुद्ध	अशुद्ध	शुद्ध
नकल	नक़ल	क़ाफी	काफी
अक्सर	अक़्सर	क़ाज	काज
इश्क	इश्क़	क़मजोर	कमजोर
मालिक़	मालिक	क़िताब	किताब
वक्त	वक़्त	कब्र	क़ब्र
शौकीन	शौक़ीन	काबू	क़ाबू
कलक्टर	क़लक्टर	मुक़म्मल	मुकम्मल
तरीका	तरीक़ा	वक़ील	वकील
मजाक	मजाक़	हक़ीम	हकीम
मौका	मौक़ा	ऐनक़	ऐनक
कमीज	कमीज़	खुराक़	खुराक
क़र्ज	कर्ज	दस्तक़	दस्तक
क़लर	कलर	अक़्ल	अक्ल

'ख़/ख' सम्बन्धी अशुद्धियाँ

अशुद्ध	शुद्ध	अशुद्ध	शुद्ध
खत	ख़त	ख़दान	खदान
खिदमत	ख़िदमत	ख़तौनी	खतौनी
खाक	ख़ाक	ख़ुन्नस	खुन्नस
खुराक	ख़ुराक	चख़ना	चखना
खामोश	ख़ामोश	चीख़ना	चीखना
खुदा	ख़ुदा	दीख़ना	दीखना
दस्तखत	दस्तख़त	सीख़ना	सीखना
दाखिल	दाख़िल	चख़	चख
बरखास्त	बरख़ास्त	चीख़	चीख
तारीख	तारीख़	दीख़	दीख
रूख	रुख़	सीख़	सीख
खजूर	ख़जूर	ख़रज	ख़र्च

ग़/ग सम्बन्धी अशुद्धियाँ

ग़रम	गरम	गलीचा	ग़लीचा
ग़ज़	गज	ग़ुजारिश	गुजारिश
ग़िरफ्तार	गिरफ्तार	ग़ुनाह	गुनाह
ग़िर्द	गिर्द	ग़ुमराह	गुमराह
ग़मला	गमला	चाराग़ाह	चारागाह
दरोगा	दारोग़ा	जाग़ीर	जागीर
पैगाम	पैग़ाम	यादग़ार	यादगार
बगैर	बग़ैर	सौदाग़र	सौदागर
सौगात	सौग़ात	गंदगी	गंदगी
चराग	चराग़	तंग़	तंग
दिमाग	दिमाग़	दंग़	दंग
बालिग	बालिग़	बंदग़ी	बंदगी
सुराग	सुराग़		

ज़/ज सम्बन्धी अशुद्धियाँ

जिन्दगी	ज़िन्दगी.	ज़हाज	जहाज़
नजर	नज़र	नाराज	नाराज़
बाजार	बाज़ार	फैयाज	फैयाज़
चीज	चीज़	जंग	ज़ंग
इज्जत	इज़्ज़त	जन्नत	जन्नत
रोजगार	रोज़गार	इज़हार	इजहार
ज़ीवन	जीवन	खंज़र	खंजर
ज़वान	जवान	मौज़ूद	मौजूद
ज़मीन	जमीन	घड़ीसाज़	घड़ीसाज
जुल्म	ज़ुल्म	जालसाज़	जालसाज
आजादी	आज़ादी	जुस्तज़ू	जुस्तजू
इंतिजार	इंतिज़ार	हर्ज़ा	हर्जा

'फ़/फ' सम्बन्धी अशुद्धियाँ

ऑफिस	ऑफ़िस	़तारीफ	तारीफ़
फिक्र	फ़िक्र	फ़व्वारा	फव्वारा
फॉर्म	फ़ॉर्म	फ़ालूदा	फालूदा
फ्रिज़	फ्रिज	सौंफ़	सौंफ
बर्फी	बर्फ़ी	फ़ुलकारी	फुलकारी

अशुद्ध	शुद्ध	अशुद्ध	शुद्ध
फीता	फ़ीता	फ़ुलवारी	फुलवारी
दफ्तर	दफ़्तर	तरफ	तरफ़
दफा	दफ़ा	अफ़वाह	अफवाह
दफन	दफ़न	अफ़सर	अफसर
अफसाना	अफ़साना	काफ़िर	काफिर
इफ्तार	इफ़्तार	सफ़ल	सफल
सफर	सफ़र	गुफ़ा	गुफा
कफ	कफ़	दफ़ा	दफा
तकलीफ	तकलीफ़	नफ़ा	नफा

'छ'/'क्ष' सम्बन्धी अशुद्धियाँ

छत्रिय	क्षत्रिय	छोभ	क्षोभ
छमा	क्षमा	प्रछेपास्त्र	प्रक्षेपास्त्र
छीण	क्षीण	रच्छा	रक्षा
छेत्र	क्षेत्र	लछमन	लक्ष्मण
शिक्शा	शिक्षा	प्रत्यछ	प्रत्यक्ष
छिप्र	क्षिप्र	क्षाता	छाता
दीक्शा	दीक्षा	लछय	लक्ष्य

'ज'/'य' सम्बन्धी अशुद्धियाँ

अजोधा	अयोध्या	जाचना	याचना
जदि	यदि	जुवती	युवती
जम	यम	जुवा	युवा
जमुना	यमुना	जोग	योग

'ट' 'ठ' सम्बन्धी अशुद्धियाँ

कनिष्ट	कनिष्ठ	झूट	झूठ
विशिष्ठ	विशिष्ट	निष्टा	निष्ठा
गरिष्ट	गरिष्ठ	पृष्ट	पृष्ठ
कष्ठ	कष्ट	प्रविष्ठ	प्रविष्ट
घनिष्ट	घनिष्ठ	श्रेष्ट	श्रेष्ठ
अंत्योष्ठि	अंत्येष्टि	बलिष्त	बलिष्ठ
क्लिष्ठ	क्लिष्ट	मुठ्ठी	मुट्ठी
इकटठा	इकट्ठा	यथेष्ठ	यथेष्ट
इष्ठ	इष्ट	रुष्ठ	रुष्ट
चेष्ठा	चेष्टा	संश्लिष्ठ	संश्लिष्ट
परिशिष्ठ	परिशिष्ट	संतुष्ठ	संतुष्ट

'ड' 'ड़' 'ढ' 'ढ़' सम्बन्धी अशुद्धियाँ

कन्नड	कन्नड़	पेड	पेड़
झाड़ू	झाड़ू	लडका	लड़का
लुड़कना	लुढ़कना	रोड़	रोड
सीड़ियाँ	सीढ़ियाँ	सोड़ा	सोडा
पढता	पढ़ता	मेढ़क	मेढक
ढ़ेर	ढेर	ढूँढना	ढूँढ़ना
चढाई	चढ़ाई	ढ़ोलक	ढोलक
उडना	उड़ना	ड़कैत	डकैत
ड़मरू	डमरू	जडत्व	जड़त्व
ढ़ीठ	ढीठ	मढना	मढ़ना

'ण' 'न' सम्बन्धी अशुद्धियाँ

अशुद्ध	शुद्ध	अशुद्ध	शुद्ध
अर्चणा	अर्चना	फागुण	फागुन
कल्यान	कल्याण	प्रनाली	प्रणाली
कृष्न	कृष्ण	प्रमान	प्रमाण
गनेश	गणेश	प्रान	प्राण
चरन	चरण	मरन	मरण
परिनाम	परिणाम	रमन	रमण
पुन्य	पुण्य	रामायन	रामायण
प्रनाम	प्रणाम	विस्मरन	विस्मरण
आभूषन	आभूषण	वीना	वीणा
भरन	भरण	दर्पन	दर्पण
कहणा	कहना	बलवाण	बलवान
गमण	गमन	संस्करन	संस्करण
संचरन	संचरण	अनुसरन	अनुसरण

'ब' 'व' सम्बन्धी अशुद्धियाँ

नबाब	नवाब	बिकट	विकट
ब्यथा	व्यथा	बिदान्	विद्वान
बनस्पति	वनस्पति	बिधि	विधि
ब्रत	व्रत	बिष	विष
बातावरण	वातावरण	बीरेन्द्र	वीरेन्द्र
वर्बर	बर्बर	बृष्टि	वृष्टि
बचन	वचन	बैदेही	वैदेही
वलि	बलि	बन्य	वन्य
ब्याधि	व्याधि	बाचाल	वाचाल
बसुधा	वसुधा	बधू	वधू
बंश	वंश	बक्र	वक्र
वालक	बालक	बैराग्य	वैराग्य

पंचमाक्षर ('ङ' 'ञ' 'ण' 'न' 'म') सम्बन्धी अशुद्धियाँ

अन्ग	अंग	झन्डा	झण्डा
कुन्डली	कुण्डली	दन्ड	दण्ड
घन्टे	घण्टे	पन्खा	पंखा
चन्चल	चंचल	पन्क	पंक
अन्डज	अण्डज	कन्ठ	कंठ
भन्डा	भण्डा	खञ्जन	खंजन
सम्पादक	संपादक	सम्भव	संभव

'य' सम्बन्धी अशुद्धियाँ

केन्द्रीयकरण	केन्द्रीकरण	मूलतयः	मूलतः
कृत्यकृत्य	कृतकृत्य	सदृश्य	सदृश
कवित्री	कवयित्री	स्वास्थ	स्वास्थ्य
मानवर	मान्यवर	सामर्थ	सामर्थ्य
राज्यसूय	राजसूय	राधेशाम	राधेश्याम
राजाभिषेक	राज्याभिषेक	उपलक्ष	उपलक्ष्य

'र' 'ड़' सम्बन्धी अशुद्धियाँ

अशुद्ध	शुद्ध	अशुद्ध	शुद्ध
किवार	किवाड़	पीरा	पीड़ा
कीचर	कीचड़	पेरा	पेड़ा
पापर	पापड़	भेरिया	भेड़िया
मात्रिभूमि	मातृभूमि	प्रन्तु	परन्तु
मिरज	मिर्च	परत्येक	प्रत्येक
छुहाड़ा	छुहारा	घबड़ाना	घबराना
टोकड़ी	टोकरी	पिंजड़ा	पिंजरा
भरकाना	भड़काना	सरक	सड़क
लरकी	लड़की	लरका	लड़का
पहार	पहाड़	परताल	पड़ताल
परमाडु	परमाणु	नड़क	नरक

'श' 'ष' 'स' सम्बन्धी अशुद्धियाँ

सिष्ट	शिष्ट	दृष्य	दृश्य
सेष	शेष	रजिष्टर	रजिस्टर
सोषण	शोषण	पोष्टमास्टर	पोस्टमास्टर
सिर्षक	शीर्षक	प्रशाद	प्रसाद
कृसी	कृषि	असोक	अशोक
कृसक	कृषक	आसा	आशा
विसिष्ठ	विशिष्ट	कुसलता	कुशलता
शंश्लेषन	संश्लेषण	कौसल्या	कौशल्या
विष्वास	विश्वास	निष्चित	निश्चित
पाष	पास	विशम	विषम
भूसन	भूषण	पुरुश	पुरुष
संकर	शंकर	जमसेदपुर	जमशेदपुर
संसोधित	संशोधित	दसमी	दशमी
समसन	श्मशान	देस	देश
सूर्पणखा	शूर्पणखा	मनुश्य	मनुष्य
सोचनीय	शोचनीय	विशाद	विषाद
उत्कर्श	उत्कर्ष	शीर्शक	शीर्षक
दुश्कर्म	दुष्कर्म	निश्फल	निष्फल
निश्काम	निष्काम	संतोश	संतोष
पुश्प	पुष्प	हर्श	हर्ष
बहिश्कार	बहिष्कार	भीस्म	भीष्म
भ्रश्ट	भ्रष्ट	वास्प	वाष्प
अभिसेक	अभिषेक	विसम	विषम
अविष्कार	आविष्कार	सुसमा	सुषमा
दुस्कर	दुष्कर	बांश	बांस
निसाद	निषाद	विकाश	विकास
अमावश्या	अमावस्या	श्वशुर	श्वसुर
कैलाश	कैलास	शंकट	संकट
कोशी	कोसी	शारांश	सारांश
तपश्या	तपस्या	शुनसान	सुनसान
नमश्कार	नमस्कार	शुशोभित	सुशोभित
पुरश्कार	पुरस्कार	समश्या	समस्या

चन्द्रबिन्दु और अनुस्वार की अशुद्धियाँ और उनके शुद्ध रूप

जांघ	जाँघ	चांद	चाँद
आंगन	आँगन	छटांक	छटाँक
नाद	नाँद	गांधी	गाँधी
अंधेरा	अँधेरा	मांद	माँद
आंधी	आँधी	जाऊंगा	जाऊँगा
ऊंचा	ऊँचा	डांट	डाँट
ऊंट	ऊँट	कहां	कहाँ
कंगना	कँगना	आंसू	आँसू
कुंवर	कुँवर	पहुंचना	पहुँचना

अशुद्ध	शुद्ध	अशुद्ध	शुद्ध
कुंवर	कुँवर	पहुंचना	पहुँचना
गूंगा	गूँगा	बंगला	बँगला
बांस	बाँस	मुंह	मुँह
सांकल	साँकल	सांड	साँड
बांध	बाँध	सिन्ह	सिंह
कांख	काँख	अँग्रेज	अंग्रेज
अन्जलि	अंजलि	कन्घा	कंघा
गूंज	गूँज	बांझ	बाँझ
छांह	छाँह	टांग	टाँग
झांसी	झाँसी	संकरा	सँकरा
दांत	दाँत	भूंकना	भूँकना
बांह	बाँह	अँधा	अंधा
महंगा	महँगा	अँकुर	अंकुर
अँक	अंके	दिनाँक	दिनांक
अँश	अंश	गूँजन	गूंजन

'अ़/'अ' सम्बन्धी अशुद्धियाँ नुक़्ता (.) सम्बन्धी अशुद्धियाँ

अजब	अ़जब	आ़दमी	आदमी
अक्ल	अ़क़्ल	अ़क़बर	अकबर
अज़ीज़	अ़जीज़	अ़क्सर	अक्सर
अदालत	अ़दालत	अ़दावत	अदावत
अ़ल्लाह	अल्लाह	अ़मानत	अमानत
मासूम	मा'सूम	ज़ागीर	जागीर
अ़लमारी	अलमारी	क़ामयाब	कामयाब

अशुद्ध	शुद्ध	अशुद्ध	शुद्ध
अ़सर	असर	जफा	जफा
अ़पील	अपील	व़फ़ा	वफा
अ़ाफ़त	आफ़त	सफ़ेदा	सफेदा

हल् सम्बन्धी अशुद्धियाँ और उनके शुद्ध रूप

(हल् होना चाहिए)

अर्थात	अर्थात्	पश्चात	पश्चात्
बुद्धिमान	बुद्धिमान्	भगवान	भगवान्
वणिक	वणिक्	सत	सत्
विधिवत	विधिवत्	शक्तिमान	शक्तिमान्
श्रीमान	श्रीमान्	महान	महान्
विद्वान	विद्वान्	श्रद्धावान	श्रद्धावान्
परिषद	परिषद्	हनुमान	हनुमान्

(हल् नहीं होना चाहिए)

च्युत्	च्युत	अष्टम्	अष्टम
भागवत्	भागवत	दशम्	दशम
पंचम्	पंचम	प्राचीनतम्	प्राचीनतम

'अः' विसर्ग (ः) सम्बन्धी अशुद्धियाँ और उनके शुद्ध रूप

प्राय	प्रायः	प्रातकाल	प्रातःकाल
दुख	दुःख	मनस्थिति	मनःस्थिति
निस्वार्थ	निःस्वार्थ	शनै शनै	शनैः शनै
निशुल्क	निःशुक्ल	दुशासन	दुःशासन

वस्तुनिष्ठ प्रश्नावली

1. इनमें से शुद्ध वर्तनी वाला शब्द कौन-सा है? *(UP UDA/LDA परीक्षा 2015)*
(a) घनिष्ट (b) गनिष्ट (c) घनिष्ठ (d) घनिश्ट

2. शुद्ध रूप है *(DSSSB असिस्टेंट टीचर परीक्षा 2015)*
(a) पैत्रिक (b) पैत्रक (c) पैतृक (d) पैर्तक

3. सही रूप है
(a) इतिहासिक (b) ऐतिहासिक (c) एतिहासिक (d) ऐतिहसिक

4. निम्नलिखित में से कौन-सा शब्द वर्तनी की दृष्टि से शुद्ध है? *(UPSSSC लेखपाल परीक्षा 2015)*
(a) प्रतिनीधी (b) प्रतिनीधि (c) प्रतिनिधी (d) प्रतिनिधि

निर्देश *(प्र.सं. 5-6) इन प्रश्नों में एक शब्द के लिए चार वर्तनी दी गई हैं, जिनमें से केवल एक शुद्ध है। उस शुद्ध वर्तनी वाले विकल्प का चयन कीजिए।*

5. (a) अभीव्यक्ति (b) अभिव्यक्ति (c) अभिव्यक्ती (d) अभिवयक्ति

6. (a) अवसिष्ट (b) अवशिष्ट (c) अवशीष्ट (d) अवषिश्ट

7. कौन-सा शब्द सही है? *(HP इलेक्शन कानूनगो परीक्षा 2010)*
(a) पूज्यनीय (b) पूजनीय (c) पुजनीय (d) पूजनिय

8. निम्नलिखित में से किसकी वर्तनी शुद्ध है? *(इग्नू बी.एड. प्रवेश परीक्षा 2010)*
(a) प्राथ्र्य (b) चर्ण (c) पूज्यनीय (d) अनुगृहीत

9. इनमें से किस शब्द की वर्तनी शुद्ध है? *(इग्नू बी.एड. प्रवेश परीक्षा 2010)*
(a) उपरोक्त (b) उपर्युक्त (c) उपरियुक्त (d) ऊपरियुक्त

10. 'औदार्य' की तरह 'व्यवहार' शब्द से कौन-सा शब्द ठीक है? *(इग्नू बी.एड. प्रवेश परीक्षा 2009)*
(a) व्यवहार्य (b) व्यावहार्य (c) व्यवहारी (d) व्यावहारिक

11. निम्नलिखित में से किस शब्द की वर्तनी अशुद्ध है?
(a) अनंग (b) परिहास (c) व्यंग (d) हास्य

12. वार्तनिक दृष्टि से अशुद्ध विकल्प चुनिए *(HTET 2018)*
(a) दुरावस्था (b) मातृभक्त (c) मनःकामना (d) अन्तर्धान

13. निम्नलिखित में से शुद्ध वर्तनी वाले शब्द का चयन कीजिए *(UPTET 2018)*
(a) शुसुप्त (b) द्रष्टा (c) रचइता (d) सृष्टा

14. निम्नांकित में वर्तनी की दृष्टि से अशुद्ध शब्द बताइए। *(UPTET 2016, 2017)*
(a) अनधिकार (b) कवयित्री (c) पुरस्कार (d) सन्यास

15. व्याकरण की दृष्टि से कौन-सा शब्द अशुद्ध है? *(UPTET 2018)*
(a) विरहणी (b) गृहिणी (c) विभीषण (d) जगद्गुरु

16. निम्नलिखित में वर्तनी की दृष्टि से कौन-सा शब्द-युग्म शुद्ध है? *(UPTET 2016)*
(a) बारात, बसंत (b) बारात, वसंत
(c) बरात, वसंत (d) बरात, बसंत

17. शुद्ध वर्तनी पहचानिए *(UPSC RO/ARO 2011)*
(a) कवयित्री (b) कवियत्री
(c) कवियित्री (d) ये सभी अशुद्ध हैं

18. शुद्ध वर्तनी वाला शब्द है *(UPSC RO/ARO 2011)*
(a) शुश्रूषा (b) सुश्रूषा (c) शुश्रुषा (d) श्रुशूषा

19. शुद्ध शब्द रूप है *(UPSC RO/ARO 2011)*
(a) दुरनिवार (b) दुर्नीवार (c) दु:निवार (d) दुर्निवार

निर्देश (प्र.सं. 20-21) *प्रत्येक प्रश्न में चार शब्द दिए गए हैं, जिनमें एक शब्द की वर्तनी अशुद्ध है। अशुद्ध वर्तनी वाला शब्द चुनिए।*

20. (a) अन्यथः (b) विशेषतः (c) सामान्यतः (d) परिणामतः
(SSC स्टेनोग्राफर परीक्षा 2010)

21. (a) भाग्याधीन (b) भामनी (c) भावना (d) भारोत्तोलन
(UP TGT चयन परीक्षा 2010)

22. 'पंचांग' शब्द में उच्चारित ध्वनियों का लेखन निम्नलिखित में से किसमें हुआ है? *(RPSC पुलिस सब-इंस्पेक्टर परीक्षा 2011)*
(a) पन्चाङ्ग (b) पञ्चान्ग (c) पञ्चाङ्ग (d) पङ्चाङ्ग

23. शुद्ध शब्द का चयन कीजिए *(UKTET 2011)*
(a) क्लेष (b) क्लेश (c) क्लेस (d) कलेस

24. शुद्ध वर्तनी का चयन कीजिए *(HTET 2015)*
(a) आनुषांगिक (b) आनुसंगिक (c) अनुसंगिक (d) आनुषंगीक

निर्देश (प्र.सं. 25-27) *निम्नलिखित शब्दों में वर्तनी के अनुसार शुद्ध शब्द का चयन कीजिए।*

25. (a) अहुण्य (b) अक्षुण्य (c) अक्षुण्ण (d) अक्ष्णुण
(UPTET 2011)

26. (a) अन्ताक्षरी (b) अन्त्याक्षरी (c) अन्तअक्षरी (d) अन्ताक्षरि

27. (a) सुषमा (b) सुशमा (c) शुषमा (d) सुसमा

28. वर्तनी की दृष्टि से शुद्ध शब्द है *(HTET 2014)*
(a) इक्षा (b) आव्हान (c) शृंगार (d) प्रत्यूस

29. अधोलिखित में से शुद्ध वर्तनी वाला शब्द है *(UPPCS Pre 2016)*
(a) रचयिता (b) अनुग्रहीत (c) अहार (d) सृष्टा

30. वर्तनी की दृष्टि से अशुद्ध शब्द है *(HTET 2014)*
(a) सदुपदेश (b) तदोपरान्त
(c) वाल्मीकि (d) अकिंचन

31. शुद्ध वर्तनी वाला शब्द है *(DSSSB असिस्टेंट टीचर परीक्षा 2015)*
(a) दर्शनाभिलासी (b) दर्शनाभिलाषी
(c) दर्शनभिलाशी (d) दर्शनभिलासी

32. शुद्ध वर्तनी वाला शब्द है
(a) अतिश्योक्ति (b) अतिशयोक्ति
(c) अतिश्योक्ती (d) अतिष्योक्ति

33. निम्नलिखित में शुद्ध शब्द नहीं है *(MP समग्र सुरक्षा अधिकारी 2017)*
(a) व्यंग्य (b) अंगुल (c) उपर्युक्त (d) आध्यात्म

34. निम्न में कौन-सा शब्द शुद्ध है? *(UPSSSC VDO 2018)*
(a) छियालीस (b) छयालीस (c) छियालिस (d) छयालिस

35. शुद्ध वर्तनी का चयन कीजिए *(UP गन्ना पर्यवेक्षक परीक्षा 2016)*
(a) अशीर्वाद (b) आशीर्वाद (c) आर्शिवाद (d) अर्शीर्वाद

36. सही वर्तनी वाले शब्द का चयन करें। *(SSC कॉन्स्टेबल GD 2018)*
(a) गगनचोबी (b) गगनचुम्भी (c) गगनचूम्बी (d) गगनचुम्बी

37. सही वर्तनी वाले शब्द का चयन करें। *(SSC कॉन्स्टेबल GD 2018)*
(a) परतीवर्ष (b) प्रतिवर्ष (c) प्रतिबर्ष (d) प्रतिवर्श

38. वर्तनी की दृष्टि से शुद्ध शब्द है *(उत्तराखण्ड 'समूह-ग' परीक्षा 2019, UPSSSC VDO 2010)*
(a) उज्जवल (b) उजज्वल (c) उज्ज्वल (d) उज्वल

39. सही वर्तनी का चयन कीजिए *(हरियाणा पुलिस कॉन्स्टेबल 2016)*
(a) ललायित (b) लालायित (c) ललाईत (d) लालाइत

40. शुद्ध वर्तनी का चयन कीजिए *(UPSSSC कनिष्ठ सहायक परीक्षा 2016)*
(a) ऋषि (b) ऋषी (c) रिषि (d) रीषि

41. निम्नलिखित में से शुद्ध रूप है *(CGPSC Pre 2019)*
(a) अंजली (b) कालीदास (c) श्राप (d) अहल्या

42. निम्न में से अशुद्ध रूप है *(CGPSC Pre 2019)*
(a) मच्छर (b) मक्खी (c) जोंक (d) छिपकलि

निर्देश (प्र.सं. 43-44) *दिए गए शब्दों की शुद्ध वर्तनी पर (✓) का चिह्न लगाइए।*

43. (a) जानहवी (b) जाहनवी
(c) जाह्नवी (d) इनमें से कोई नहीं

44. (a) दीर्घायु (b) दीरघायु (c) दीघायु (d) दीघार्यु

45. निम्नांकित शब्दों में से किस शब्द की वर्तनी शुद्ध है?
(UKSSSC 'समूह-घ' परीक्षा 2015)
(a) निरस (b) परिवारिक (c) उज्जवल (d) अतिथि

46. नीचे दिए शब्दों में से किसकी वर्तनी शुद्ध है? *(HTET 2017)*
(a) जाग्रति (b) पूज्यानीया (c) अन्तर्ध्यान (d) अभ्यारण्य

47. निम्न में से किस शब्द की वर्तनी सही है? *(UPTET 2017)*
(a) अनुग्रहीत (b) अनुगृहीत (c) अनग्रहीत (d) अनुग्रहित

48. वर्तनी की दृष्टि से कौन-सा शब्द सही है? *(CGTET 2011)*
(a) द्वन्द (b) दन्द्व (c) द्वद्व (d) द्वन्द्व

49. शब्द के सही रूप का चयन कीजिए *(REET 2011)*
(a) त्रिष्णा (b) तिरिष्णा (c) तृशणा (d) तृष्णा

निर्देश (प्र.सं. 50-55) *दिए गए विकल्पों में से शुद्ध वर्तनी वाले विकल्प का चयन कीजिए*

50. (a) श्रंगार (b) शृंगार (c) सिंगार (d) शिंगार

51. (a) अवन्नति (b) श्रृंगार (c) मुशकिल (d) मात्रभूमि
(UPSSSC VDO 2016)

52. (a) अन्तसक्ष्यि (b) अन्तरसाक्ष्य
(c) अन्त:साक्ष्य (d) इनमें से कोई नहीं

53. (a) लीपी (b) लीपि (c) लिपि (d) लिपी
(KVS LDC परीक्षा 2015)

54. (a) वरचस्व (b) वर्चस्व (c) व्रचस्व (d) वर्चश्व

55. (a) अगामी (b) आगमी (c) आगामी (d) अगमी

56. निम्नलिखित शब्दों में से शुद्ध रूप है *(UKTET 2011)*
(a) प्रज्वलित (b) प्रज्ज्वलित
(c) प्रजलित (d) प्रजवलित

57. शुद्ध शब्द छाँटिए *(RPSC पुलिस सब-इंस्पेक्टर परीक्षा 2011)*
(a) अर्न्तद्वन्द्व (b) अर्न्तदेशीय
(c) अन्तर्राष्ट्रिय (d) अन्तर्भाव

58. अशुद्ध शब्द छाँटिए *(RPSC पुलिस सब-इंस्पेक्टर परीक्षा 2011)*
(a) वाङ्मय (b) उन्नीसवीं
(c) जयोत्सना (d) पाँचवाँ

59. निम्नलिखित में से शुद्ध वर्तनी वाला शब्द है *(UPTET 2016)*
(a) अन्तर्राष्ट्रीय (b) अन्तरराष्ट्रीय
(c) अर्न्तराष्ट्रीय (d) अन्तराष्ट्रीय

60. शुद्ध वर्तनी का चयन कीजिए *(UPTET 2013)*
(a) अस्प्रस्यता (b) अस्पृष्यता
(c) अस्पृश्यता (d) अस्प्रश्यता

61. अधोलिखित शब्द का कौन-सा रूप वर्तनी की दृष्टि से शुद्ध है?
(a) प्रमात्मा (b) परमात्मा
(c) प्ररमात्मा (d) प्रमात्म

62. शब्द की सही वर्तनी है *(CGTET 2011)*
(a) सौन्दर्यवर्द्धक (b) सौन्दर्यवर्दक
(c) सौन्दर्य वर्दक्य (d) सौन्दर्यवर्धक

63. वर्तनी के अनुसार शुद्ध रूप का चयन कीजिए *(UPTET/BTET 2011)*
(a) ईर्ष्या (b) ईर्षा
(c) इर्षा (d) ईरषा

64. कौन-सी वर्तनी शुद्ध है? *(UPTET 2017)*
(a) विशेष (b) विशेश
(c) विषेष (d) बिसेष

65. दिए गए विकल्पों में से शुद्ध वर्तनी शब्द का चयन कीजिए
(a) ज़मीन (b) जमिन
(c) जीमीन (d) ज़मिन

66. शुद्ध वर्तनी चुनिए *(UP सहायक लेखाकार भर्ती परीक्षा 2015)*
(a) उपरीलिखित (b) ऊपरीलिखित
(c) उपरलिखित (d) उपरिलिखित

67. वाक्य एवं वर्तनी शुद्धि *(UP UDA/LDA परीक्षा 2015)*
(i) श्रृंगार, श्रृंखला। (ii) अनुकृति, अनुक्रिति।
(a) (i) और (ii) दोनों की वर्तनी शुद्ध हैं।
(b) केवल (i) की वर्तनी शुद्ध है।
(c) केवल (ii) की वर्तनी अशुद्ध है।
(d) (i) और (ii) दोनों की वर्तनी अशुद्ध हैं।

68. वाक्य एवं वर्तनी शुद्धि *(UP UDA/LDA परीक्षा 2015)*
(i) आसक्ति, पारितोषिक। (ii) शुश्रुषा, शुबुद्धि।
(a) केवल (i) की वर्तनी शुद्ध है।
(b) केवल (ii) की वर्तनी शुद्ध है।
(c) (i) और (ii) दोनों की वर्तनी शुद्ध हैं।
(d) (i) और (ii) दोनों की वर्तनी अशुद्ध हैं।

69. शुद्ध शब्द चुनिए *(UP UDA/LDA परीक्षा 2015)*
(a) औद्योगिक (b) ओद्योगिक
(c) औधयोगिक (d) औद्यौगीक

70. शुद्ध शब्द चुनिए *(UP UDA/LDA परीक्षा 2015)*
(a) रामायन (b) रामायण
(c) रमायन (d) रामायड़

71. सही वर्तनी है *(UP जूनियर इंजीनियर 2015)*
(a) षष्ठ (b) षष्ठम्
(c) षष्टम (d) षष्ट

72. अशुद्ध शब्द है *(UP जूनियर इंजीनियर 2015)*
(a) अनाधिकार (b) अहिल्या
(c) अन्तर्ध्यान (d) ये सभी

73. शुद्ध वर्तनी चुनिए *(UPSSSC 2015)*
(a) समसान (b) शमशान
(c) श्मशान (d) स्मशान

74. शुद्ध शब्द चुनिए *(UPSSSC 2015)*
(a) गंगा-जल (b) वे-बुनियाद
(c) बड़ा-सा (d) चौ-पाया

निर्देश (प्र.सं. 75-77) *प्रत्येक प्रश्न वाक्य में एक अधोरेखांकित शब्द है। उसके नीचे लिखे शब्दों में से तीन अशुद्ध रूप से लिखे गए हैं। चौथे शुद्ध रूप में लिखे शब्द का चयन कर उसे चिह्नित करें।*

75. उस कवित्री की कविताएँ बहुत पसन्द की गई।
(UPSSSC स्टेनोग्राफर परीक्षा 2016)
(a) कवियित्री (b) कवीत्री
(c) कवयत्री (d) कवयित्री

76. प्रधानमन्त्री की भाषा की श्रुतिलिपि उसने उसी समय ले ली।
(UPSSSC स्टेनोग्राफर परीक्षा 2016)
(a) श्रुतिलिपी (b) श्रुतलिपि
(c) श्रुतलीप (d) श्रुतलिपी

77. भग्गू सेठ तो बहुत ही दूश्चरित्र व्यक्ति है।
(UPSSSC स्टेनोग्राफर परीक्षा 2016)
(a) दुश्चरित्र (b) दुस्चरित्र
(c) दुष्चरितृ (d) दुष्चरित्र

निर्देश (प्र.सं. 78-82) *निम्नलिखित प्रश्नों में चार वैकल्पिक वर्तनी दी गई हैं। सही वर्तनी वाला शब्द चुनिए।*

78. (a) प्रिथ्वी (b) पृथ्वी (c) पृथवी (d) प्रिथवि
(UP वनरक्षक भर्ती परीक्षा 2015)

79. (a) कौतहल (b) कौतूहल (c) कौतोहल (d) कोतोहल
(UP वनरक्षक भर्ती परीक्षा 2015)

80. (a) रसायनिक (b) रासायनिक (c) रासयनीक (d) रसयनिक
(UP वनरक्षक भर्ती परीक्षा 2015)

81. (a) अष्ठ (b) अश्ट (c) अस्ट (d) अष्ट
(UP वनरक्षक भर्ती परीक्षा 2015)

82. (a) त्रिदोश (b) तिरदोष (c) तृदोष (d) त्रिदोष
(UP वनरक्षक भर्ती परीक्षा 2015)

83. दिए गए शब्दों में शुद्ध वर्तनी वाला शब्द है *(UPSSSC VDO 2015)*
(a) सर्वोतम (b) संसरिक
(c) सच्चिदानन्द (d) कीर्ती

84. शुद्ध शब्द छाँटिए *(UPSSSC 2016)*
(a) अभ्यस्थ (b) अभियस्त
(c) अभ्यस्त (d) अभयस्त

85. वर्तनी की दृष्टि से कौन-सा शब्द सही है? *(UPSSSC 2017)*
(a) स्वतंत्रय (b) स्वातंत्र्य
(c) स्वतंत्र्य (d) स्वातंतृय

86. निम्नलिखित शब्दों में से शुद्ध शब्द को पहचानिए *(UPSSSC युवा कल्याण अधिकारी 2018)*

(a) आर्शीवाद (b) आजीविका
(c) अध्यन (d) उनी

87. निम्न में वर्तनी की दृष्टि से शुद्ध शब्द है *(UPSSSC युवा कल्याण अधिकारी 2018)*

(a) अधीकार (b) अनुशरण
(c) अध्ययन (d) अगामी

88. निम्न में से वर्तनी की दृष्टि से अशुद्ध शब्द है *(UPSSSC युवा कल्याण अधिकारी 2018)*

(a) आनुषंगिक (b) आध्यात्मिक
(c) इतिहासिक (d) दायित्व

89. निम्न में वर्तनी की दृष्टि से शुद्ध शब्द है *(VDO/समाज कल्याण पर्यवेक्षक 2018)*

(a) पुज्य (b) परिक्षण
(c) प्रान (d) परीक्षा

90. निम्न में वर्तनी की दृष्टि से अशुद्ध शब्द है *(VDO/समाज कल्याण पर्यवेक्षक 2018)*

(a) प्रादेशिक (b) माधुर्य
(c) व्याप्त (d) प्रमाणिक

91. 'ईशा' का शुद्ध रूप निम्न में से कौन-सा है? *(UP बी. एड. 2019)*

(a) ईसा (b) ईषा (c) ईश (d) इशा

92. मानक वर्तनी के आधार पर शुद्ध शब्द पहचानिए। *(UP सब-इंस्पेक्टर परीक्षा 2017)*

(a) म्रत्युदंड (b) मरुत्युदण्ड
(c) मृत्यूदण्ड (d) मृत्युदंड

93. शुद्ध वर्तनी वाला शब्द छाँटिए *(UP वनरक्षक परीक्षा 2018)*

(a) परिक्षा (b) मुमूर्षु (c) मूमुर्षू (d) परीखा

94. सही वर्तनी वाला शब्द है *(UP वनरक्षक परीक्षा 2018)*

(a) सूह्द (b) शुश्रूषा
(c) श्पर्धा (d) शसीम

95. अशुद्ध शब्द कौन-सा है? *(UP वनरक्षक परीक्षा 2018)*

(a) चिह्न (b) कृप्या
(c) दवाइयाँ (d) निर्भर

96. निम्नलिखित में से शुद्ध वर्तनी वाला शब्द कौन-सा है? *(VDO/समाज कल्याण पर्यवेक्षक 2018)*

(a) अध्यन (b) अधयन
(c) अध्ययन (d) आध्यन

97. निम्नलिखित में से शुद्ध वर्तनी वाला शब्द कौन-सा है? *(VDO/समाज कल्याण पर्यवेक्षक 2018)*

(a) उत्तरदाई (b) उत्तरदायी
(c) उतरदायी (d) उत्तरदाए

98. 'ब्रह्मण' शब्द के शुद्ध रूप का चयन करें *(UP सब-इंस्पेक्टर परीक्षा 2017)*

(a) ब्राह्मण (b) ब्राह्मन
(c) ब्रह्मण (d) ब्राम्हाण

99. वर्तनी की दृष्टि से शुद्ध शब्द है *(UPPCS RO/ARO 2020)*

(a) चिन्ह (b) विवर्त
(c) अनुग्रहीत (d) विरहणी

100. शुद्ध वर्तनी वाले शब्द का चयन करें। *(UPPCS RO/ARO 2020)*

(a) ज्योतिसना (b) ज्योत्सना
(c) ज्योतसना (d) ज्योत्स्ना

101. वर्तनी की दृष्टि से कौन-सा शब्द अशुद्ध है? *(UPPCS RO/ARO 2020)*

(a) कोमलांगी (b) सम्मिलित
(c) उत्कर्षता (d) अनुगृहीत

102. शुद्ध वर्तनी वाले शब्द का चयन करें। *(UPPCS RO/ARO 2020)*

(a) दैदीप्यमान (b) देदीपमान
(c) दैदीपमान (d) देदीप्यमान

103. निम्नलिखित में से अशुद्ध वर्तनी वाला शब्द है *(UPPCS RO/ARO 2020)*

(a) कौतूहल (b) अनधिकार
(c) निरपेक्ष (d) पौराणीक

उत्तरमाला

1. (c)	2. (c)	3. (b)	4. (d)	5. (b)	6. (b)	7. (b)	8. (d)	9. (b)	10. (b)
11. (c)	12. (a)	13. (b)	14. (d)	15. (a)	16. (c)	17. (a)	18. (a)	19. (d)	20. (a)
21. (b)	22. (c)	23. (b)	24. (a)	25. (c)	26. (b)	27. (a)	28. (c)	29. (a)	30. (b)
31. (b)	32. (b)	33. (d)	34. (a)	35. (b)	36. (d)	37. (b)	38. (c)	39. (b)	40. (a)
41. (d)	42. (d)	43. (c)	44. (a)	45. (d)	46. (d)	47. (b)	48. (d)	49. (d)	50. (b)
51. (b)	52. (c)	53. (c)	54. (b)	55. (c)	56. (a)	57. (d)	58. (c)	59. (a)	60. (c)
61. (b)	62. (a)	63. (a)	64. (a)	65. (a)	66. (d)	67. (d)	68. (a)	69. (a)	70. (b)
71. (b)	72. (d)	73. (c)	74. (c)	75. (d)	76. (b)	77. (a)	78. (b)	79. (b)	80. (b)
81. (d)	82. (d)	83. (c)	84. (c)	85. (b)	86. (b)	87. (c)	88. (c)	89. (d)	90. (d)
91. (b)	92. (d)	93. (b)	94. (b)	95. (b)	96. (c)	97. (b)	98. (a)	99. (b)	100. (d)
101. (c)	102. (d)	103. (d)							

अध्याय ~4

शब्द-भेद

शब्द भाषा की प्राण वायु होते हैं। शब्दों की रचना ध्वनि और अर्थ के मेल से होती है। सार्थक शब्दों के मेल से ही वाक्यों का निर्माण होता है। अतः शब्दों के बिना भाषा का कोई स्वरूप नहीं होता।

शब्द-भेद का अर्थ एवं उनका वर्गीकरण

- ऐसी स्वतन्त्र एवं सार्थक ध्वनि जिसका निर्माण एक या अधिक वर्णों से हुआ हो, **शब्द** कहलाती है। प्रयोग के आधार पर शब्दों की भिन्न-भिन्न जातियाँ होती हैं, जिन्हें **शब्द-भेद** कहा जाता है।
- शब्द-भेद मुख्यतः **सार्थक** एवं **निरर्थक** शब्दों के आधार पर किया जाता है। सार्थक शब्द दो शब्दों 'स + अर्थक' से मिलकर बना है, जिसका अर्थ होता है अर्थ सहित अर्थात् सार्थक शब्द में शब्द के अन्दर ही उसका अर्थ निहित होता है।
  निरर्थक शब्द दो शब्दों 'निः + अर्थक' से मिलकर बना है, जिसका अर्थ—बिना अर्थ के होता है।
- हिन्दी शब्दों के वर्गीकरण को 4 भागों में बाँटा गया है

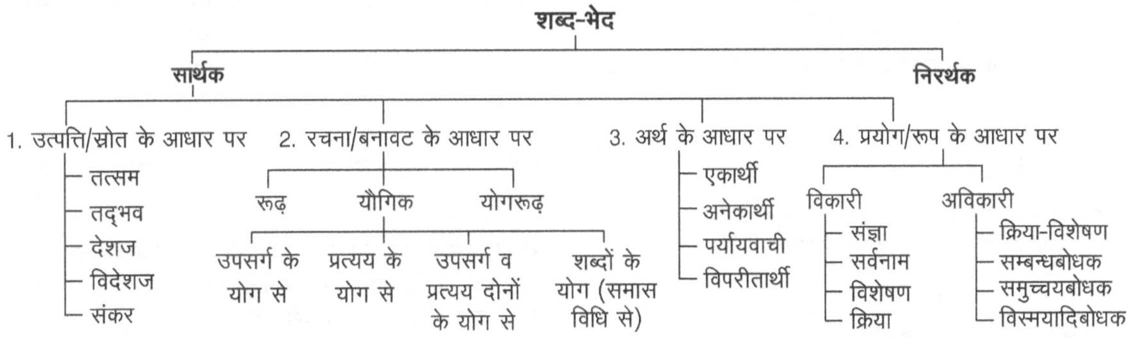

उत्पत्ति/स्रोत के आधार पर

उत्पत्ति/स्रोत के आधार पर शब्दों का वर्गीकरण 5 भागों में किया गया है

1. तत्सम
2. तद्भव
3. देशज
4. विदेशज
5. संकर

तत्सम शब्द

- तत्सम शब्द 'तत् + सम' से मिलकर बना है, जिसका अर्थ है—उसके समान अर्थात् संस्कृत के समान।
- वे शब्द जो संस्कृत भाषा से हिन्दी में आए हैं और ज्यों के त्यों प्रयुक्त हो रहे हैं, तत्सम शब्द कहलाते हैं; जैसे—घृत, पुष्प, कवि, आज्ञा, अग्नि, वायु, वत्स, भ्राता इत्यादि।

तद्भव शब्द

- तद्भव शब्द 'तत् + भव' से मिलकर बना है, जिसका अर्थ है—'उससे उत्पन्न या विकसित' अर्थात् वे शब्द जो संस्कृत से उत्पन्न या विकसित हुए हैं।
- हिन्दी भाषा में ऐसे अनेक शब्द हैं जिनका जन्म संस्कृत भाषा से हुआ है, परन्तु प्राकृत, अपभ्रंश और प्राचीन हिन्दी से गुजरने के बाद इन शब्दों में परिवर्तन हो गया।

ये परिवर्तित शब्द ही तद्भव शब्द कहलाते हैं; जैसे—

संस्कृत	प्राकृत	हिन्दी
अग्नि	अग्नि	आग
हस्त	हत्थ	हाथ
कार्य	कज्ज	काज
भ्रातृज	भतिज्ज	भतीजा
वरयात्रा	बरआत	बरात
जिह्वा	जिब्भ	जीभ

देशज शब्द

देशज (देशी) शब्द की उत्पत्ति 'देश + ज' के योग से हुई है, जिसका अर्थ है—देश में जन्मा। देशज उन शब्दों को कहते हैं, जो स्थानीय बोलचाल तथा देश की अन्य भाषाओं से गृहीत हैं; जैसे— कटोरा, कौड़ी, खिड़की, डिबिया, लोटा आदि।

महत्त्वपूर्ण देशज (देशी) शब्द सूची

लकड़ी	खिड़की	थैला	घरौंदा	पगड़ी
लुटिया	डिबिया	जूता	चिड़िया	तेंदुआ
कपास	पिल्ला	चूड़ी	रोटी	दाल
बेटा	पड़ोसी	कौड़ी	बाप	पेट
ठुमरी	डोंगी	गड़बड़ी	चालू	कसरत
खड़खड़ाना	भीड़-भाड़	लथपथ	पैसा	ढेर
खुरपा	रोड़ा	ढाँचा	गाड़ी	पेटी
फावड़ा	खलिहान	झाड़ू	मास	समय
काया	चेला	गन्ना	हुक्का	दारू
टाँग	बुलबुल	लात	हलचल	औज़ार
लोटा	भात	खड़ाऊँ	ठेस	धुआँ

विदेशज शब्द (विदेशी/आगत)

- विदेशज शब्द की उत्पत्ति 'विदेश + ज' के योग से हुई है, जिसका अर्थ है—विदेश में जन्मा अर्थात् किसी विदेशी भाषा से आए शब्द। अत: ऐसे शब्द जो अन्य किसी देश की भाषा से आए हैं, उन्हें विदेशज शब्द कहा जाता है। विदेशी भाषा से आने के कारण ही इन्हें **आगत** शब्द की संज्ञा दी जाती है।
- कुछ विदेशज शब्दों को बिना परिवर्तित किए हिन्दी भाषा में प्रयोग में लाया जाता है; जैसे— कैम्प, क्रिकेट, आर्डर आदि।
- हिन्दी भाषा में अनेक शब्द ऐसे भी हैं जो हैं तो विदेशी मूल के, किन्तु परस्पर सम्पर्क के कारण यहाँ (हिन्दी भाषा में) प्रचलित हो गए हैं। हिन्दी भाषा में विदेशज शब्द दो प्रकार के होते हैं
  1. मुस्लिम शासन के प्रभाव से आए हुए शब्द; जैसे—अरबी, फारसी, उर्दू, आदि भाषा के शब्द।
  2. यूरोपीय कम्पनियों के आगमन तथा ब्रिटिश शासन के प्रभाव से आए हुए शब्द; जैसे—अंग्रेजी भाषा के शब्द।

नीचे कुछ महत्त्वपूर्ण विदेशी शब्दों (अरबी, फ़ारसी और अंग्रेज़ी) की सूची दी गई है, जो विभिन्न प्रतियोगी परीक्षाओं की दृष्टि से उपयोगी हैं

अरबी

अल्लाह	आदमी	अदालत	अक़्ल
अज़ब	अज़ीब	इलाज	ईमान
इज़्ज़त	उम्र	एहसान	औरत
कर्ज़	कमाल	किताब	किस्मत
ख्याल	कुर्सी	जुलूस	जिस्म
जहाज़	जवाब	जलसा	ज़िक्र
तमाम	तकदीर	तारीख़	तकिया
तरक्की	दवा	दिमाग	दुनिया
नतीजा	नहर	नकल	फ़िक्र
फ़ैसला	बहस	मुहावरा	मजबूर
मुकदमा	मुश्किल	मौसम	मुसाफ़िर
राय	लिफ़ाफ़ा	बारिश	शराब
हकीम	हैज़ा	हिम्मत	हुक्म
हज़म	हक	हौंसला	शाम

फ़ारसी

आमदनी	आतिशबाज़ी	आवाज़	उम्मीद
आबरू	आवारा	आफ़त	आराम
उस्ताद	कारीगर	कमीना	किशमिश
कुश्ती	खाक	खुद	खुदा
गिरफ़्तार	गुलाब	गरम	गवाह
ख़ुराक	खामोश	चादर	चालाक
चश्मा	चेहरा	जहर	ज़ागीर
ज़ोर	ज़िन्दगी	ज़ादू	जलेबी
ज़ुरमाना	तबाह	तमाशा	तनख़ाह
तेज़	दंगल	दफ़्तर	दिल
दीवार	नापसंद	नापाक	पाजामा
पैदा	पुल	पेश	बारिश
बुखार	बर्फ़ी	लगाम	लेकिन
सरकार	शादी	सितार	सरदार
वापिस	हज़ार	फ़रिश्ता	फ़रेब

अंग्रेज़ी

अपील	कोर्ट	मजिस्ट्रेट	ज़ज़
पुलिस	टैक्स	कलेक्टर	डिप्टी
वोट	पेंशन	कॉपी	पेंसिल
पेन	पिन	पेपर	लाइब्रेरी
स्कूल	कॉलेज़	रॉकेट	डॉक्टर
कम्पाउण्डर	नर्स	ऑपरेशन	वार्ड
प्लेग	मलेरिया	कॉलरा	हार्निया
कैंसर	कालर	पैंट	हैट
बुश्शर्ट	स्वेटर	बूट	जम्पर
ब्लाउज	कप	प्लेट	जग
लैम्प	गैस	माचिस	केक
टॉफी	बिस्कुट	टोस्ट	चॉकलेट
ज़ैम	ज़ैली	ट्रेन	बस
कार	स्कूटर	साइकिल	टिकट
पार्सल	पोस्टकार्ड	मनी ऑर्डर	आफ़िस
क्लर्क	गार्ड	सिनेमा	स्टेशन

अंग्रेज़ी, अरबी, फ़ारसी विदेशी शब्दों के अतिरिक्त तुर्की, पश्तो, पुर्तगाली, फ्रेंच, डच, रूसी, चीनी और जापानी भी ऐसी विदेशी भाषाएँ हैं, जिनके शब्द हिन्दी भाषा में प्रचलित हैं। ऐसे प्रमुख शब्दों की सूची नीचे दी जा रही है

तुर्की

उर्दू	चम्मच	गनीमत	दरोगा
कैंची	चाकू	बारूद	तोप
बेगम	बहादुर	ताश	कलगी
खच्चर	सराय	कुरता	लाश

पश्तो

हड़बड़ी	बाड़	भड़ास	गटागट
अखरोट	पटाखा	डेरा	तहस-नहस
पठान	गुण्डा	खर्राटा	

पुर्तगाली

इस्त्री	इस्पात	कमीज	कमरा
अनन्नास	अलमारी	आलपिन	आया
कर्नल	काफ़ी	काजू	पिस्तौल
गोभी	गोदाम	गमला	पपीता
पादरी	फ़ीता	बाल्टी	तम्बाकू
संतरा	परात	तौलिया	मिस्त्री

अन्य भाषा के महत्त्वपूर्ण शब्द

भाषा	शब्द
फ्रेंच	कारतूस, कर्फ़्यू, कूपन, अंग्रेज़, लाम, बिगुल आदि।
डच	तुरूप, बम (टाँगे का) आदि।
रूसी	रूबल, ज़ार, मिग, वोदका, सोवियत आदि।
चीनी	चाय, लीची, चीनी, चीकू आदि।
जापानी	रिक्शा, सूनामी आदि।

नोट तुर्की, पश्तो, पुर्तगाली, फ्रेंच, डच, रूसी, चीनी और जापानी विदेशी भाषा के शब्द हिन्दी भाषा में कम प्रचलित वर्ग के अन्तर्गत समाहित किए जाते हैं। इनका प्रचलन अंग्रेज़ी, अरबी-फ़ारसी की अपेक्षा कम है।

संकर शब्द

वे शब्द जो दो भिन्न भाषाओं के शब्दों को मिलाकर बना लिए गए हों, उन्हें संकर शब्द कहते हैं; जैसे—

रेल (अंग्रेजी) + गाड़ी (हिन्दी) = रेलगाड़ी
वर्ष (संस्कृत) + गाँठ (हिन्दी) = वर्षगाँठ
जाँच (फारसी) + कर्ता (हिन्दी) = जाँचकर्ता
उड़न (हिन्दी) + तश्तरी (फारसी) = उड़नतश्तरी
रफ़ू (फ़ारसी) + चक्कर (हिन्दी) = रफ़ूचक्कर
पान (हिन्दी) + दान (फ़ारसी) = पानदान

अर्द्धतत्सम शब्द

अर्द्धतत्सम शब्द उन संस्कृत शब्दों को कहते हैं, जो प्राकृत भाषा बोलने वालों के उच्चारण से बिगड़ते-बिगड़ते कुछ और ही रूप के हो गए हैं; जैसे–बच्छ, अग्याँ, मुँह, बंस इत्यादि। इन तीनों प्रकार के शब्दों (तत्सम, तद्भव और अर्द्धतत्सम) के कुछ उदाहरण निम्न प्रकार से दिए गए हैं। इन उदाहरणों से तीनों शब्दों के भेद स्पष्ट हो जाएँगे

तद्भव	तत्सम	अर्द्धतत्सम
आन	आज्ञा	अग्याँ
बच्चा	वत्स	बच्छ
आग	अग्नि	अग्नि
काज	कार्य	कारज

रचना/बनावट के आधार पर

हिन्दी एक रचनात्मक भाषा है। रचना के आधार पर शब्दों का वर्गीकरण तीन प्रकार से किया गया है

रूढ़

- रूढ़ शब्द वे हैं, जिनका **कोई भी खण्ड सार्थक नहीं होता** और जो परम्परा से किसी विशिष्ट अर्थ में चले आ रहे हैं; जैसे—नाक, जल, आग, लाल, दीमक, कलम, चींटी, धन, दिन, रात, जग, सरल, किताब आदि।
- 'नाक' में 'ना' और 'क' खण्डों का कोई अर्थ नहीं। इसी प्रकार 'जल' शब्द में 'ज' और 'ल' खण्डों का पृथक्-पृथक् कोई अर्थ नहीं होता। रूढ़ शब्दों को **मूल** या **अयौगिक** शब्द भी कहते हैं।

यौगिक

- वे शब्द, जो **दो या दो से अधिक सार्थक शब्द-खण्डों के योग से निर्मित** होते हैं, यौगिक शब्द कहलाते हैं; जैसे–

पाठशाला = पाठ और शाला, विज्ञान = वि + ज्ञान
राजपुत्र = राजा का पुत्र, रेलगाड़ी = रेल + गाड़ी

नोट यौगिक शब्दों की रचना मुख्यतः उपसर्ग, प्रत्यय एवं समास से होती है।

योगरूढ़

- यौगिक का शाब्दिक अर्थ योग है। ऐसे शब्द जो यौगिक तो होते हैं, परन्तु उनका एक विशेष अर्थ (रूढ़) होता है, योगरूढ़ शब्द कहलाते हैं। ये सामान्य अर्थ को प्रकट न कर किसी विशेष अर्थ को प्रकट करते हैं; जैसे—लम्बोदर, जलज, चारपाई, चौपाई, दशानन, चतुर्भुज, नीलकण्ठ आदि।
- 'लम्बोदर' शब्द का अर्थ है—लम्बे उदर (पेट) वाला। इस प्रकार लम्बे उदर वाले जितने भी जीव हैं, लम्बोदर हुए। लेकिन लम्बोदर शब्द का प्रयोग केवल गणेशजी के लिए ही किया जाता है।
- इसी प्रकार 'जलज' का सामान्य अर्थ है 'जल में जन्मा' किन्तु यह विशेष अर्थ में केवल 'कमल' के लिए प्रयुक्त होता है। जल में जन्मे और किसी वस्तु को हम 'जलज' नहीं कह सकते। बहुव्रीहि समास के सभी उदाहरण मुख्यतः योगरूढ़ शब्द ही होते हैं।

मध्यान्तर प्रश्नावली

1. संस्कृत के ऐसे शब्द जिन्हें हम ज्यों-का-त्यों प्रयोग में लाते हैं, कहलाते हैं
(a) तत्सम (b) तद्भव (c) देशज (d) विदेशज

2. नीचे दिए गए विकल्पों में से तत्सम शब्द का चयन कीजिए
(a) पड़ोसी (b) गोधूम (c) बहू (d) शहीद

3. नीचे दिए गए विकल्पों में से तद्भव शब्द का चयन कीजिए
(a) बैंक (b) मुँह (c) मर्म (d) प्रलाप

4. 'वानर' का तद्भव रूप है
(a) बानर (b) बन्दर (c) बाँदर (d) बान्दर

5. 'देश में जन्मा' शब्द कहलाता है
(a) विदेशी (b) आगत
(c) देशज (d) इनमें से कोई नहीं

6. 'गाड़ी' शब्द है
(a) विदेशी (b) देशी (c) आगत (d) फ्रेंच

7. रचना के आधार पर शब्द कितने प्रकार के हैं?
(a) दो (b) तीन (c) चार (d) पाँच

8. जिन शब्दों का कोई भी खण्ड सार्थक नहीं होता, वे कहलाते हैं
(a) रूढ़ शब्द (b) यौगिक शब्द (c) योगरूढ़ शब्द (d) उपसर्ग

9. 'वैद्यशाला' शब्द है
(a) योगरूढ़ (b) यौगिक (c) अयौगिक (d) रूढ़

10. जो शब्द किसी विशेष अर्थ में प्रयुक्त होते हैं, उन्हें कहते हैं
(a) रूढ़ (b) यौगिक (c) योगरूढ़ (d) ये सभी

11. 'रूढ़' शब्द का चयन कीजिए
(a) राजनैतिक (b) चक्रपाणि (c) त्रिकोण (d) गरल

12. निम्नलिखित शब्दों में से सही यौगिक शब्द को चुनिए
(a) मेज़ (b) सहपाठी (c) चारपाई (d) घर

उत्तरमाला

1. (a) 2. (b) 3. (b) 4. (b) 5. (c)
6. (b) 7. (b) 8. (a) 9. (b) 10. (c)
11. (d) 12. (b)

अर्थ के आधार पर

अर्थ के आधार पर शब्द चार प्रकार के होते हैं

एकार्थी शब्द ऐसे शब्द जिनका प्रयोग केवल एक ही अर्थ में होता है, एकार्थी शब्द कहलाते हैं। व्यक्तिवाचक संज्ञा के शब्द एकार्थी शब्द होते हैं; जैसे—गंगा, पटना, जर्मन, मार्च, राधा आदि।

अनेकार्थी शब्द ऐसे शब्द जिनका प्रयोग एक से अधिक अर्थ के लिए होता है या जिन शब्दों के अर्थ एक से अधिक होते हैं, अनेकार्थी शब्द कहलाते हैं; जैसे—

शब्द	अर्थ
अंक	चिह्न, गिनती, भाग्य, नाटक का अध्याय।
कर्ण	कान, कुन्ती पुत्र, समकोण त्रिभुज की भुजा।
काल	समय, शत्रु, अकाल, अवसर।
धर्म	सम्प्रदाय, स्वभाव, प्रकृति, कर्त्तव्य।

समानार्थी/पर्यायवाची समानार्थी शब्द का अर्थ है— समान अर्थ वाले शब्द। हिन्दी भाषा में ऐसे अनेक शब्द हैं, जो समान अर्थ प्रकट करते हैं, उन्हें समानार्थी शब्द कहते हैं; जैसे—

शब्द	पर्यायवाची
अग्नि	आग, अनल, पावक, दहन।
उपकार	परोपकार, अच्छाई, नेकी, कल्याण।
कटु	कठोर, कड़वा, तीव्र, तेज।
झूठ	मिथ्या, मृषा, अनृत, असत्य।

विपरीतार्थी/विलोम इसका अर्थ है—उल्टा या विपरीत। किसी शब्द का उल्टा अर्थ व्यक्त करने वाला शब्द विपरीतार्थी शब्द कहलाता है; जैसे—

शब्द	विलोम	शब्द	विलोम
अन्त	आदि	उपयोग	अनुपयोग
अकाल	सुकाल	दुख	सुख

प्रयोग के आधार पर

प्रयोग के आधार पर शब्द दो प्रकार के होते हैं

विकारी शब्द

जिन शब्दों का लिंग, वचन व कारक के आधार पर रूप परिवर्तन होता है, वे विकारी शब्द कहलाते हैं; जैसे—मैं-मुझे, अच्छा-अच्छे आदि।

- लड़का काम कर रहा है → (लिंग परिवर्तन) → लड़की काम कर रही है
- लड़का भाग रहा है → (वचन परिवर्तन)→ लड़के भाग रहे हैं
- लड़के के लिए खाना लाओ→ (कारक परिवर्तन)→ लड़कों के लिए सेब लाओ।

विकारी शब्दों के अन्तर्गत संज्ञा, सर्वनाम, विशेषण, क्रिया आदि आते हैं। उदाहरणस्वरूप

1. **संज्ञा**—राम, किताब, हाथ, आम, केला, सोना, शीतल, पुलिस आदि।
2. **सर्वनाम**—यह, वह, तुम, तुम्हारा, क्या, कोई, जो, सो आदि।
3. **विशेषण**—अच्छा, खट्टा, मीठा, मोटा, चमकीला, नीला, हरा आदि।
4. **क्रिया**—हँसना, गाना, खाना, जाना, लेना, देना आदि।

अविकारी शब्द

जिन शब्दों में लिंग, वचन व कारक के आधार पर रूप परिवर्तन नहीं होता है तथा जो सदैव एक से रहते हैं, वे अविकारी शब्द (अव्यय) कहलाते हैं। ये शब्द अपने मूल रूप में ही प्रयोग होते हैं; जैसे—आज, अब, कौन, यह, किसने आदि। क्रिया-विशेषण अव्यय, सम्बन्धबोधक अव्यय, समुच्चयबोधक अव्यय, विस्मयादिबोधक अव्यय इसी के अन्तर्गत आते हैं; उदाहरणस्वरूप—

1. **क्रिया-विशेषण**—कब, कल, आज, इधर, उधर आदि।
2. **सम्बन्धबोधक**—में, से, के ऊपर, आगे की ओर, पर आदि।
3. **समुच्चयबोधक**—या, यदि, किन्तु, परन्तु, जोकि आदि।
4. **विस्मयबोधक**—ओह!, वाह!, हाय! आदि।

मध्यान्तर प्रश्नावली

1. अर्थ के आधार पर शब्द कितने प्रकार के होते हैं?
(a) 1 (b) 2 (c) 3 (d) 4

2. इनमें से कौन-सा शब्द एकार्थी शब्द है?
(a) राधा (b) कनक (c) अर्थ (d) कर

3. एकार्थी शब्द किस संज्ञा के होते हैं?
(a) व्यक्तिवाचक (b) गुणवाचक (c) भाववाचक (d) द्रव्यवाचक

4. समानार्थी शब्दों को अन्य किस नाम से जाना जाता है?
(a) पर्यायवाची (b) विलोम शब्द (c) अनेकार्थी शब्द (d) विपरीत शब्द

5. निम्न में से कौन-सा विलोम शब्द-युग्म है?
(a) संख्या-अंक (b) अच्छा-बुरा (c) गंगा-यमुना (d) सेब-अनार

6. अर्थ के आधार पर सही शब्द युग्म पहचानिए
(a) संज्ञा, विलोम, अनेकार्थी, रूढ़
(b) यौगिक, पर्यायवाची, विलोम
(c) विलोम, एकार्थी, अनेकार्थी, पर्यायवाची
(d) शंकर, देशज, विदेशज, विलोम

7. निम्न में से अनेकार्थी शब्द कौन-सा है?
(a) कनक (b) गंगा (c) सच (d) राम

8. विलोम शब्दों को अन्य किस नाम से जाना जाता है?
(a) समानार्थी (b) विपरीतार्थी (c) एकार्थी (d) पर्यायवाची

9. रूप/प्रयोग के आधार पर शब्द कितने प्रकार के होते हैं?
(a) 1 (b) 2 (c) 3 (d) 4

10. निम्न में से अविकारी शब्द है
(a) संज्ञा (b) सर्वनाम (c) विशेषण (d) क्रिया-विशेषण

11. निम्न में से विकारी शब्द कौन-सा है?
(a) विस्मयबोधक (b) समुच्चयबोधक (c) सर्वनाम (d) क्रिया-विशेषण

12. 'सफाई' किस प्रकार का शब्द है?
(a) विकारी (b) अविकारी (c) संकर (d) देशज

उत्तरमाला

1. (d) *2. (a)* *3. (a)* *4. (a)* *5. (b)*
6. (c) *7. (a)* *8. (b)* *9. (b)* *10. (d)*
11. (c) *12. (a)*

महत्त्वपूर्ण तद्भव-तत्सम शब्द सूची

तद्भव	तत्सम	तद्भव	तत्सम
	(अ)		
अंगरखा	अंगरक्षक	अढ़ाई	अर्द्धतृतीय
अंगीठी	अग्निष्ठिका	अदरक	आर्द्रक
अँगुरी	अंगुली	अधूरा	अर्द्धपूरक
अँगूठा	अंगुष्ठ	अनाड़ी	अनार्य
अंगूली	अंगुलीय	अनी	अणि
अंगोछा	अंगपौंछा	अनूठा	अनुत्थ
अंतड़ी	अंत्र	अपना	आत्मनः
अजान	अज्ञान	अनाज	अन्न
अमावस	अमावस्या	अठखेली	अष्ट
अंडी	एरंडी	अपाहज	अपादहस्त
अन्धा	अंध	अमचूर	आम्रचूर्ण
अंधेरा	अंधकार	अमी/अमिय	अमृत
अकड़ना	आकड़न	अरग	अर्क
अकाज	अकार्य	अलग	अलग्न
अकेला	एकल	अलोना	अलवण
अखरोट	अक्षोर	असाढ़	आषाढ़
अखाड़ा	अक्षवाट	असीस	आशीष
अगहन	अग्रहायन	अस्सी	आशीति
अगम	अगम्य	अस्तुति	स्तुति
अगार	आगार	अहीर	आभीर
अटारी	अट्टालिका	अहेर	आखेट
अचरज	आश्चर्य	अट्ठावन	अष्टपंचाशन
अक्ख/आखर	अक्षर	अड़सठ	अष्टषष्टि
अट्ठाईस	अष्टाविंशति	अट्ठारह	अष्टादश
अट्ठानवे	अष्टानवति	अनत	अन्यत्र
	(आ)		
आँख	अक्षि	आधा	अर्ध/अर्द्ध
आँच	अर्चि	आधीन	अधीन
आँत	आंत्र	आप	आत्मा
आँब	आमा	आम	आम्र
आँवला	आमलक	आयसु	आदेश
आँसू	अश्रु	आरसी	आदर्शिका
आग	अग्नि	आलस	आलस्य
आज	अद्य	आवाँ	आपाक
आठ	अष्ट	आस	आशा
आढ़त	आढ्यत्व	आसरा	आश्रय
आसोज	आश्विन	आखा	अखिल
	(इ/ई)		
इकट्ठा	एकत्र	इक्यासी	एकाशीति
इकतीस	एकत्रिंशत्	इतना	इयत
इकतालीस	एकचत्वारिंशत	इतवार	आदित्यवार
इकसठ	एकषष्ठि	इलायची	एला
इक्कीस	एकविंशति	इस	एतस्य
इक्यावन	एकपंचाशत्	इमली	अम्लिका
ईंट	इंष्ट/इष्टिका	ईख	ईक्ष
ईन्धन	ईंधन	ईर्षा	ईर्ष्या

तद्भव	तत्सम	तद्भव	तत्सम
	(उ/ऊ)		
उड़	उड्ड	उनतालीस	ऊनचत्वारिंशत्
उजड़	उज्जड़	उनतीस	ऊनत्रिंशत्
उँगली	अँगुलि	उन्नीस	ऊनविंशति
उगना	उद्गत	उपजना	उत्पद्यते
उगलना	उद्गलन	उबटन	उद्वर्तन
उछाह	उत्साह	उबालना	उद्वालन
उघाड़ना	उद्घाटन	उलाहना	उपालंभ
उजाला	उज्ज्वल	उल्लू	उलूक
उठ	उत्तिष्ठ	उपास	उपवास
उनचास	ऊनपंचाशत्	ऊलूखन	ओखली
ऊँचा	उच्च	ऊँट	उष्ट्र
ऊखल	उद्खल	ऊन	ऊर्णा
ऊसर	ऊषर		
	(ए/ऐ)		
एकलौता	एकल पुत्रः	ऐसा	ईदृश
एका	ऐक्य	एहवात	अविधवात्व
	(ओ, औ, ऋ)		
ओंठ	ओष्ठ	ओर	अवर
ओखल	उद्खल	ओस	अवश्याय
ओझा	उपाध्याय	ओला	उपल
औगुन	अवगुन	और	अपर
औंधा	अवमूर्ध	औचक	अकस्मात
ऋष	ऋषि		
	(क)		
कंगन	कंकण	किस	कसम
कंचन	काँचन	किसान	कृषक
कंघी	कंकती	किवाड़	कपाट
कँवल	कमल	कीड़ा	कीटक
कई	कति	कुंजी	कुञ्जिका
कचहरी	कृत्यगृह	किसन	कृष्ण
कन्धा	स्कंध	काजल	कज्जल
किरन	किरण	कुअर	कुमार
कातिक	कार्तिक	कीरति	कीर्ति
कैंची	कर्त्तरी	कछुआ	कच्छप
कुछ	किंचित्	कटहरा	काष्ठगृह
कुँवारा	कुमारकः	कटहल	कंटफल
कुआँ	कूप	कुत्ता	कुक्कुर
कठपुतली	काष्ठपुत्तलिका	कुम्हड़ा	कूष्माण्ड
कड़ाह	कटाह	कुम्हार	कुम्भकार
कड़ुआ	कटुक	कुल्हाड़ा	कुठार
कपड़ा	कर्पट	कूची	कूर्चिका
कपास	कर्पास	कूड़ा	कूट
कपूत	कुपुत्र	कूदना	कूर्दन

तद्भव	तत्सम	तद्भव	तत्सम
कपूर	कर्पूर	कूर	क्रूर
कन	कण	केकड़ा	कर्कट
कलोल	कल्लोल	के	कृते/कार्ये
कलेश	क्लेश	केला	कदली
करम	कर्म	केवट	कैवर्त्त
कर्तब	कर्त्तव्य	कैथा	कपित्थ
करोड़	कोटि	कल	कल्य
कोई	कोऽपि	कसेरा	कांस्यकार
कोख	कुक्षि	कसौटी	कर्षपट्टिका
कोठा	कोष्ठक	कहाँ	कुत्रस्थ
कहानी	कथानिका	कोठी	कोष्ठिका
कहार	स्कन्धभार	कोढ़	कुष्ठ
कान	कर्ण	कोढ़ी	कुष्ठी
काँटा	कण्टक	कोना	कोण
काम	कर्म	कोयल	कोकिल
काज	कार्य	कोस	क्रोश
काट	कर्त	कोहनी	कफोणी
काटना	कर्तन	कौड़ी	कपर्दिका
काठ	काष्ठ	कौआ	काकः
काढ़ा	क्वाथ	कौर	कवल
कान्ह	कृष्ण	क्या	किम्

(ख)

तद्भव	तत्सम	तद्भव	तत्सम
खण्डहर	खंडगृह	खाना	खादन
खज़ूर	खर्जूर	खार	क्षार
खत्री	क्षत्रिय	खीर	क्षीर
खप्पर	खर्पर	खुजली	खर्जू
खम्भा	स्तम्भ	खुर	क्षुर
खाँसी	कास	खेत	क्षेत्र
खाई	खाति	खेती	क्षेत्रित
खाट	खट्वा	खेल	खेला
खान	खनि	खोदना	क्षोदन

(ग)

तद्भव	तत्सम	तद्भव	तत्सम
गँवार	ग्रामीण	गुफा	गुहा
गड्ढा	गर्त	गुसाईं	गोस्वामी
गधा/गद्दा	गर्दभ	गूँजना	गुञ्जन
गनेश	गणेश	गेंद	कंदुक
गहरा	गभीर	गेहूँ	गोधूम
गाँठ	ग्रन्थि	गोबर	गोमय
गाँव	ग्राम	गोत	गोत्र
गागर	गर्गर	गोद	क्रोड
गात	गात्र	गोरा	गौर
गाभिन	गर्भिणी	गोह	गोधा
गाय	गो	गौना	गमन
गाहक	ग्राहक	ग्यारह	एकादश
गिनना	गणन	ग्वाल	गोपाल

(घ)

तद्भव	तत्सम	तद्भव	तत्सम
घड़ा	घट	घिसना	घृषण
घड़ी	घटिका	घी	घृत
घाम	घर्म	घुँघची	गुञ्जा
घाव	घात	घूँघट	गुंठन
घिन	घृणा	घोड़ा	घोटक

(च)

तद्भव	तत्सम	तद्भव	तत्सम
चख	चक्षु	चूना	चूर्ण
चकवा	चक्रवाक	चूमना	चुम्बन
चक्का	चक्र	चैत	चैत्र
चना	चणक	चोंच	चञ्चु
चबाना	चर्वण	चोरी	चौरिका
चमार	चर्मकार	चौ	चतुः
चाँद	चंद्र	चौक	चतुष्क
चाँदनी	चन्द्रिका	चौखट	चतुष्काठ
चाम	चर्म	चौथा	चतुर्थ
चार	चत्वारि	चौथाई	चतुर्थ भागिक
चाहे	चक्षते	चौदह	चतुर्दश
चिकना	चिक्कण	चौपाया	चतुष्पद
चिड़िया	चटिका	चौरासी	चतुरशीति
चितेरा	चित्रकार	चौंरी	चमरी
चीता	चित्रक	चुनना	चिनोति

(छ)

तद्भव	तत्सम	तद्भव	तत्सम
छत	छत्र	छाँह	छाया
छः	षष्	छाजन	छाद्य/छादन
छकड़ा	शकट	छाता	छत्रक
छक्का	षट्क	छिन	क्षण
छठा	षष्ठ	छिमा	क्षमा
छति	क्षति	छिलका	शकल
छत्तीस	षट्त्रिंशत	छुरी	क्षुरिका
छत्री	क्षत्रिय	छेद	छिद्र
छब्बीस	षट्विंशति	छेनी	छेदनी

(ज/झ)

तद्भव	तत्सम	तद्भव	तत्सम
जग	जगत	जानना	ज्ञान
जड़	जटा	जिजमान	यजमान
जत्था	यूथ	जनेऊ	यज्ञोपवीत
जब	यदा	जिस	यस्य
जम	यम	जीभ	जिह्वा
जमाई	जामाता	जीरन	जीर्ण
जम्हाई	जृम्भिका	ज़ूआ	युक्त
जमुना	यमुना	झरना	निर्झर
जलना	ज्वलन	जेठ	ज्येष्ठ
जवान	युवा	जैसा	यादृश
जहाँ	यत्र	जोग	योग
जाँघ	जंघा	जोगी	योगी
जागना	जागरण	जोड़ा	युक्त
जाड़ा	जाड्य	जूठा	जुष्ट

(ट/ठ)

तद्भव	तत्सम	तद्भव	तत्सम
टकसाल	टंकशाला	टूटना	त्रुट्यते
टिटिहरी	टिट्टिभ	ठाँव	स्थान
ठण्डा	स्तब्ध/शीत	ठाकुर	ठक्कुर

तद्भव	तत्सम	तद्भव	तत्सम
	(ड/ढ)		
डंक/डंका	दंश	डाँड़	दण्ड
डर	दर	डाइन	डाकिनी
डसना	दंशन	डाढ़	दंष्ट्रा
डण्डा	दंड	डाह	दाह
ढाई	अर्द्धतृतीय	ढीठ	धृष्ट
ढीला	शिथिल	ढौंचा	अर्द्धपंच
	(त)		
तब	तदा	तीता	तिक्त
तपसी	तपस्वी	तीसरा	त्रिसृत
तन्दुल	तन्दुल	तुम	तुषमे
तमोली	ताम्बूलिक	तुरंत	त्वरित
तमचूर	ताम्रचूड़	तू	त्वं
तलवार	तरवारि	तैंतीस	त्रित्रिंशत्
ताँबा	ताम्र	तेईस	त्रिविंशत्
ताकना	तर्कन	तेरह	त्रयोदश
ताव	ताप	तेल	तैल
तिगुना	त्रिगुण	तोंद	तुन्द
तिनका	तृण	तोल	तुल्य
तिरछा	तिरश्च	तोड़ना	त्रोटन
तिहाई	त्रिभागिका	त्योहार	तिथिवार
	(थ)		
थम्भ	स्तम्भ	थल	स्थल
थन	स्तन	थिर	स्थित
थान	स्थान	थोड़ा	स्तोक
	(द)		
दबना	दमन	दीवाली	दीपावली
दठी	दृष्ठि	दुबला	दुर्बल
दस	दश	दूज	द्वितीय
दसवाँ	दशम	दूजा	द्वितीय
दही	दधि	दूध	दुग्ध
दाँत	दन्त	दूना	द्विगुण
दाई	धात्री/धाया	दूब	दुर्वा
दाख	द्राक्षा	दूल्हा	दुर्लभ
दाढ़	दंष्ट्रा	दूसरा	द्विसत
दाद	दद्रु	देवर	द्विवर
दामाद	जामाता	दो	द्वौ
दाहिना	दक्षिण	दोना	द्रोण
दीया	दीपक	दृग	दृक्
	(ध)		
धरम	धर्म	धीरज	धैर्य
धरती	धरित्री	धुआँ	धूम
धनिया	धनिका	धूल	धूलि
धान	धान्य	धोना	धावन

तद्भव	तत्सम	तद्भव	तत्सम
	(न)		
नंगा	नग्न	नीचे	नीचैः
नखत	नक्षत्र	निठुर	निष्ठुर
नन्दोई	ननांदृपति	निडर	निर्दर
नया	नव	निभाना	निर्वहण
नब्बे	नवति	निहाई	निघाति
नरसों	अन्यपरश्व	नीचा	नीच्य
नस	नस्या	नीबू	निम्बक
नहना	नखहरण	नीम	निम्ब
नहीं	न हि	नेउता	निमन्त्रण
नाई	नापित	नेम	नियम
लाँघना	लंघन	नेवला	नकुल
नाक	नक्र	नैन	नयन
नाथ	नस्ता	नैहर	ज्ञातिगृह
निगलना	निर्गलन	नोचना	लुंचन
नारियल	नारिकेल	नेह	स्नेह
	(प)		
पंख	पक्ष	पीपल	पिप्पल
पंगत	पंक्ति	पाँव/पैर	पाद
पँछी	पक्षी	पाती	पत्रिका
पंदरह	पंचदश	पान	पर्ण
पकवान	पक्वान्न	पाना	प्रापण
पक्का	पक्व	पानी	पानीय
पचपन	पंचपंचाशत्	पापड़	पर्पट
पछतावा	पश्चात्ताप	पास	पार्श्व
पड़ना	पतन	पाहन	पाषाण
पड़िवा	प्रतिपदा	पाहुना	प्राघूर्ण
पड़ोस	प्रतिवेश	पिटारा	पिटक
पड़ोसी	प्रतिवेशी	पिसन	पिषण
पढ़	पठ	पीठ	पृष्ठ
पीठी	पिष्टिका	पीढ़ा	पीठ
पत्ता	पत्र	पीढ़ी	पीठिका
पत्थर	प्रस्तर	पीला	पीत
पनसारी	पण्यशालिक	पिय	प्रिय
पर	उपरि	पुजारी	पूजाकारी
परकोटा	परिकूट	पतोहू	पुत्रवधु
परछाई	प्रतिच्छाया	पुराना	पुरातन
परनाला	प्रणाल	पूँछ	पुच्छ
परपोता	परपौत्र	पूँजी	पुञ्ज
परपोती	परपौत्री	पूछना	प्रच्छन
परमारथ	परमार्थ	प्यास	पिपासा
परस	स्पर्श	पूरब	पूर्व
परिच्छा	परीक्षा	पूरा	पूरक
परसों	परश्व	पूस	पुष्य
पराठा	पर्पट	प्रभु	परमात्मा
पलंग	पर्यंक	पैंतालीस	पंचचत्वारिंशत्

तद्भव	तत्सम	तद्भव	तत्सम
पलड़ा	पटल	पैंतीस	पंचत्रिंशत्
पल्ला	पल्लव	पोखरा	पुष्कर
पसीना	प्रस्विन्न/स्वेद	पोता	पौत्र
पहचान	प्रत्यभिज्ञान	पोती	पौत्री
पहनना	परिधान	पन्ना	पर्ण
पहर	प्रहर	पोथी	पुस्तिका
पहला	प्रथिल	पौना	पादोन
पहरुआ	प्रहरी	पहुँच	प्रभुत्व
		(फ)	
फटिक/फिटकरी	स्फटिकी	फूटना	स्फुटन
फागुन	फाल्गुन	फुल्का	फुल्ल
फरूआ/फरसा	परशु	फूलना	फुल्लन
फाँसी	पाशिका	फोड़ा	स्फोट
		(ब)	
बँटना	बंटन	बत्ती	वर्तिका
बन्दर	वानर	बात	वार्ता
बकरा	वर्कर	बादल	वारिद
बखान	व्याख्यान	बानवे	द्विनवति
बगुला	वक	बायाँ	वाम
बनिया	वणिक	बार	द्वार
बजरंग	वज्रांग	बारह	द्वादश
बड़/बरगद	वट	बालू	बालुका
बड़ा	वृतक	बावन	द्विपंचाशत्
बढ़ई	वर्द्धकि	बावला	वातुल
बढ़ना	वर्धन	बासठ	द्विषष्ठि
बत्तीस	द्वात्रिंशत्	बिकना	विक्रयण
बनारस	वाराणसी	बिगाड़	विकार
बच्चा	वत्स	बिच्छू	वृश्चिक
बयालीस	द्वाचत्वारिंशत्	बिजली	विद्युत
बरसना	वर्षण	बिदेश	विदेश
बरस	वर्ष	बिनती	विनति
बरात	वरयात्रा	बींधना	वेधन
बसेरा	वासगृह	बीघा	विग्रह
बहन	भगिनी	बीच	वर्त्म
बहनोई	भगिनीपति	बीत	व्यतीत
बहिरा	बधिर	बुआ	पितृश्वसा
बहुत	बहुत्व	बुरा	विरूप
बहेड़ा	विभीतिक	बूँद	बिन्दु
बाट	वर्त्म	बूझना	बुध्यते
बाजा	वाद्य	बूटी	वृत्तिक
बाँका	वक्र	बेर	बदरी
बाँध	बंध	बैस	उपविष्ठ
बाँधना	बन्धन	बैन	वचन
बाँस	वंश	बेल	बलीवर्द
बाँह	बाहु	बोना	वपन
बाग	वल्गा	बौना	वामन
बाघ	व्याघ्र	बाड़ी	वाटिका
बाहर	बहिर	बन	वन

तद्भव	तत्सम	तद्भव	तत्सम
बीट	बिष्टा	बिजली	विद्युत
बिरीछ	वृच्छ	बादल	वारिद
बहू	वधू	बड़	बट
		(भ)	
भण्डार	भाण्डागार	भावज	भ्रातृजाया
भट्ठी	भ्राष्ट्रिका	भिखारी	भिक्षाकारी
भतीज	भ्रातृव्य	भी	अपि
भतीजी	भ्रातृजा	भीख	भिक्षा
भत्ता	भक्त	भीतर	अभ्यन्तर
भभूत	विभूति	भीसम	भीष्म
भरोसा	परवश्यता	भूख	बुभुक्षा
भला	भद्रक	भूखा	बुभुक्षित
भांजा	भागिनेय	भूसा	बुष
भांड	भंड/भट्ट	भूषन	भूषण
भाई	भ्रातृ	भेस	वेश
भाड़ा	भाटक	भौंरा	भ्रमर
भात	ओदन	भाभी	भ्रातृभार्या
भादों	भाद्रपद	भस्मि	भस्म
भालू	भल्लूक	भौ/भौंह	भ्रू
		(म)	
मण्डुआ	मण्डप	मूसल	मुषल
मक्खी	मक्षिका	मुँह	मुख
मच्छर	मत्सर	मुआ	मृत
मछली	मत्स्य	मुखिया	मुख्य
मजीठ	मज्जिष्ठ	मुझे	मह्यम
मिट्टी	मृत्तिका	मुट्ठी/मूठ	मुष्टि
मढ़ना	मंडन	मूँग	मुद्ग
मदारी	मन्त्रकारी	मूँछ	श्मश्रु
मसान	श्मशान	मूंड़	मुंड
महँगा	महार्घ	मूंदना	मुद्रण
महावत	महापात्र	मनिहार	मणिकार
महुआ	मधूक	मेंढ़क	मंडूक
माँग	मार्ग	मेह	मेघ
माँगना	मार्गण	मैल	मल
माई	मातृ	मोती	मौक्तिक
माखन	म्रक्षण	मोर	मयूर
मानुस	मनुष्य	मौर	मुकुट
मिर्च	मरीच	मौसी	मातृश्वसा
मिठाई	मिष्टि	मौत	मृत्यु
मीत	मित्र	मकड़ी	मर्कटी
		(य)	
यह	एष	यों	एवम्
यहाँ	अत्र	युग	जुग
जतन	यत्न	जौ	यव
जमुना	यमुना	जश	यश
जम	यम	जोगी	योगी

तद्भव	तत्सम	तद्भव	तत्सम
जोग	योग	जत्था	यूथ
जन्त्र	यन्त्र	जुग	युग
जजमान	यजमान	जोबन	यौवन

(र)

तद्भव	तत्सम	तद्भव	तत्सम
रखना	रक्षण	रीठा	अरिष्ठ
रत्ती	रक्तिका	रीता	रिक्त
रस्सी	रश्मि	रीस	ईर्ष्या
रहट	अरघट्ट	रूखा	रुक्ष
राख	क्षार	रूठा	रुष्ट
राखी	रक्षासूत	रैन	रजनी
राजपूत	राजपुत्र	रोआँ	रोम
रात	रात्रि	राच्छस/राकस	राक्षस
रानी	राज्ञी	राज्य	राष्ट्र
रोना	रुदन	रास	राशि
रीछ	ऋक्ष	रूख	वृक्ष

(ल)

तद्भव	तत्सम	तद्भव	तत्सम
लँगड़ा	लंग	लाज	लज्जा
लंगोट	लिंगपट्ट	लिपटना	लिप्त
लकड़ी	लगुड़	लीख	लिक्षा
लखपति	लक्षपति	लेई	लेपिका
लगना	लगन	लोथ	लोष्ट
लच्छा	लवगुच्छ	लोयन	लोचन
लटकना	लटन	लोहा	लौह
लड़ना	रणन	लोहार	लौहकार
लहसुन	लशुन	लौंग	लवंग
लाख	लक्ष/लाक्षा	लोमड़ी	लोमश

(व)

तद्भव	तत्सम	तद्भव	तत्सम
वह	असौ	विछोह	विक्षोभ
वैयरबानी	वीरवनिता	वधू	बहू
विआह	विवाह	विथा	व्यथा
बारात	वरयात्रा		

(श/स)

तद्भव	तत्सम	तद्भव	तत्सम
शक्कर	शर्करा	शाम	सायं
शिस्य	शिष्य	शीशम	शिंशपा
संडसी	संदंशिका	सूंड	शुण्डा
संभल	सफल	सूअर	शूकर
सकना	शक्यते	सूई	सूचिका
सगा	स्वक	सूखा	शुष्क
सच	सत्य	सूत	सूत्र
सजाना	सज्जापन	सूना/सुन्न	शून्य
सतसई	सप्तशती	सूय	सूर्य
सतहत्तर	सप्तसप्तति	सूरज	सूर्य
सताना	संतापन	सोंठ	शुंठी
सत्त	सत्व	सोंध	सुगन्ध
सत्रह	सप्रदश	सोता	स्रोत
सनीचर	शनैश्चर	सेंध	सन्धि
सत्तासी	सप्तअशीतिः	सेम	शिम्बा
सत्तू	सक्तु	सैंतालीस	सप्तचत्वारिंशत्
सपना	स्वप्न	सैंतीस	सप्तत्रिंशत्
सपूत	सुपुत्र	सोना	स्वर्ण
समझ	संबुद्धि	साहू	साधु
समेटना	समावर्तन	सिंगार	शृंगार
सयाना	सज्ञान	सिंघाड़ा	शृंगाटक
सलाई	शलाका	सिकड़ी	शृंखला/शृंखल
साँचा	सच्चक	सगुन	शगुन
सलोना	सलावण्य	सिक्ख	शिष्य
सवा	सपाद	सितार	सप्ततार
ससुर	श्वसुर	सियार	शृंगाल
ससुराल	स्वशुरालय	सौरी	प्रसूतिगृह
सहिजन	शोभांजन	सिल	शिला
सहेली	सह हेलनी	सींग	शृंग
साँई	स्वामी	सीख	शिक्षा
सांकल	शृंखला	सीढ़ी	श्रेढ़ी/श्रेणी
सांड	षण्ड	सीतल	शीतल
साँवला	श्यामल	सीधा	सिद्ध
साँस	श्वास	सीला	शीतल
साग	शाक	सीस	शीर्ष
सात	सप्त	सुघड़	सुघट
सातवाँ	सप्तम	सुथरा	सुस्थिर
साझा	सांश	सुन	श्रृणु
साठ	षष्ठि	सुनार	स्वर्णकार
साड़ी	शाटी	सुवरन	स्वर्ण
साढ़े	सार्द्ध	सुहाग	सौभाग्य
साथ	सार्थ	सोलह	षोडश
साला	श्याल	सोहन	शोभन
सावन	श्रावण	सौंप	समर्पय
सास	श्वश्रु	सौ	शत
साही	शल्यकी	सौत	सपत्नी
सराप/श्राप	शाप	सेज	शय्या

(ह)

तद्भव	तत्सम	तद्भव	तत्सम
हँसी	हास्य	हार	हारि
हड्डी	अस्थि	हीरा	हीरक
हथौड़ा	हस्त	हेठी	अधःस्थिति
हरड़	हरीतकी	हिया	हृदय
हरा	हरित	हिलना	हिल्लन
हलका	लघुक	हींग	हिंगुल
हल्दी	हरिद्रा	होंठ	ओष्ठ
हाथ	हस्त	हाट	हट्ट
हाथी	हस्ती	हितैषी	हितेच्छु

वस्तुनिष्ठ प्रश्नावली

1. तत्सम और तद्भव का कौन-सा युग्म सही है? *(UPTET 2020)*
(a) कर्हाट-कड़ाह (b) कपित्थ-कैथा (c) कुक्षि-कोख (d) 'b' व 'c' दोनों

2. निम्नलिखित में से कौन-सा शब्द तद्भव है? *(UPTET 2020)*
(a) खेत (b) त्रिकुटी (c) नाथ (d) प्रभु

3. निम्नलिखित में कौन-सा शब्द तत्सम नहीं है? *(UPSSSC Pre 2019)*
(a) परतीत (b) प्रतीत (c) प्रतिमान (d) प्रतिबिम्ब

4. निम्नलिखित में कौन-सा शब्द तद्भव है? *(UPSSSC Pre 2019)*
(a) उल्लास (b) उच्छ्वास (c) निःश्वास (d) उजास

5. निम्नलिखित में कौन-सा शब्द तत्सम नहीं है? *(CGPSC Pre 2019)*
(a) किशन (b) कटि (c) कर्क (d) कृशकाय

6. निम्नलिखित में से तत्सम शब्द है
(a) घोटक (b) कपूत (c) कोयल (d) धरम

7. निम्नलिखित में से कौन-सा शब्द तद्भव नहीं है?
(a) दाँत (b) अधर (c) आँख (d) कान

8. निम्नलिखित में से कौन-सा शब्द तत्सम नहीं है? *(UPSSSC कनिष्ठ सहायक 2019)*
(a) धृष्ट (b) पृष्ठ (c) पानिप (d) पंक

9. निम्नलिखित में से कौन-सा शब्द तत्सम नहीं है?
(a) गायक (b) नायक (c) शावक (d) उपखान

10. निम्नलिखित में तत्सम शब्द है *(UP सहायक अध्यापक 2019)*
(a) आँख (b) पाँव (c) गाँव (d) गृह

11. निम्नलिखित में कौन-सा शब्द तद्भव नहीं है? *(UPSSSC कनिष्ठ सहायक 2019)*
(a) उपज (b) तद्भव (c) उपला (d) उबाल

12. निम्नलिखित में कौन-सा शब्द तत्सम नहीं है?
(a) उर्वर (b) कोंकण (c) उलझन (d) कोण

13. इन शब्दों में से तत्सम शब्द पहचानिए *(इलाहाबाद उच्च न्यायालय परीक्षा 2018)*
(a) अज्ञानी (b) अदरक (c) किवाड़ (d) गाँव

14. इन शब्दों में से तत्सम शब्द पहचानिए *(इलाहाबाद उच्च न्यायालय परीक्षा 2018)*
(a) वधू (b) घर (c) सूत (d) दूध

15. इन शब्दों में से तद्भव शब्द पहचानिए *(इलाहाबाद उच्च न्यायालय परीक्षा 2018)*
(a) उपवास (b) शत (c) अचरज (d) वधू

16. निम्न में से कौन-सा शब्द तत्सम है? *(UPSSSC VDO 2018)*
(a) प्रिय (b) पिया (c) मोर (d) चार

17. निम्न में से कौन-सा शब्द तत्सम नहीं है? *(UPSSSC VDO 2018)*
(a) वचन (b) श्लाका (c) तिक्त (d) चार

18. 'तत्सम' का अर्थ है *(MP समग्र सुरक्षा विस्तार अधिकारी, 2017)*
(a) उसके समान
(b) किसी भाषा का वह शब्द जो अन्य भाषा में मूल रूप में प्रयुक्त हो
(c) वे संस्कृत शब्द जो हिन्दी भाषा में बिना किसी परिवर्तन के प्रयुक्त होते हैं
(d) उपरोक्त सभी

19. 'कवि' शब्द है *(MP समग्र सुरक्षा विस्तार अधिकारी, 2017)*
(a) संकर (b) तद्भव (c) देशज (d) तत्सम

20. निम्नलिखित में से कौन-सा शब्द तत्सम नहीं है? *(UPSSSC Pre 2016)*
(a) पक्ष (b) वायु (c) साईं (d) राजा

21. निम्नलिखित में से कौन-सा शब्द तत्सम नहीं है?
(a) पंख (b) अक्षर (c) कार्य (d) आज्ञा

22. संस्कृत से हिन्दी में प्रयुक्त मूल शब्द से वर्तमान स्थायी तद्भव रूप तक पहुँचने के मध्य में, संस्कृत के अशुद्ध या टूटे-फूटे स्वरूप में प्रयुक्त होने वाले शब्द क्या कहलाते हैं? *(UPSSSC कनिष्ठ सहायक 2016)*
(a) तत्सम (b) विदेशी (c) देशज (d) अर्द्ध-तत्सम

23. निम्नलिखित में से कौन-सा शब्द तत्सम है? *(UPSSSC कनिष्ठ सहायक 2016)*
(a) माँ (b) मछली (c) केला (d) अमूल्य

24. जो शब्द संस्कृत भाषा से उत्पन्न या विकसित हुए हैं, क्या कहलाते हैं? *(UPSSSC कनिष्ठ सहायक 2016)*
(a) तत्सम (b) तद्भव (c) अर्द्ध-तत्सम (d) देशज

25. निम्नलिखित विकल्पों में से तत्सम शब्द का चयन कीजिए *(UPSSSC लेखपाल परीक्षा 2015)*
(a) गहरा (b) तीखा (c) अटारी (d) निकृष्ट

26. निम्नलिखित शब्दों में से तद्भव शब्द का चयन कीजिए *(UPSSSC लेखपाल परीक्षा 2015)*
(a) आश्रम (b) प्यास (c) प्रांगण (d) उद्वेग

27. इलायची का तत्सम शब्द है *(DSSSB असिस्टेंट टीचर परीक्षा 2015)*
(a) एला (b) इला (c) अला (d) अल्ला

28. प्रस्तर का तद्भव शब्द है *(DSSSB असिस्टेंट टीचर परीक्षा 2015)*
(a) पाथर (b) पत्थर (c) पत्तर (d) फत्थर

29. निम्नलिखित में से कौन-सा शब्द तत्सम है? *(UPSSSC लेखपाल परीक्षा 2015)*
(a) आँख (b) अग्र (c) आग (d) आज

30. 'अंगीठी' का तत्सम शब्द है *(UPPSC RO/ARO 2011)*
(a) अग्निका (b) अनिष्ठका (c) अग्निष्ठिका (d) अग्निष्ठकी

31. 'गँवार' का तत्सम शब्द है
(a) मूर्ख (b) गम्भीर (c) ग्राहक (d) ग्रामीण

32. 'चोंच' का तत्सम शब्द कौन-सा है?
(a) चूँचूँ (b) चूँचुः
(c) चंचु (d) इनमें से कोई नहीं

33. नीचे दिए गए विकल्पों में से तत्सम शब्द का चयन कीजिए
(a) पड़ोसी (b) गोधूम (c) बहू (d) शहीद

34. निम्नलिखित में से कौन-सा शब्द तत्सम नहीं है? *(UPPSC RO/ARO 2011)*
(a) आँख (b) नयन (c) नेय (d) दृग

35. 'आज' का तत्सम शब्द है
(a) अजः (b) आजः (c) अद्य (d) इदम्

36. 'हल्दी' शब्द का तत्सम है *(UPPSC RO/ARO 2014)*
(a) हरदी (b) हरिद्रा (c) हल्दिका (d) हरद्रिका

37. 'शक्कर' शब्द का तत्सम रूप है
(a) शकट (b) सूगर (c) शर्करा (d) चीनी

38. 'साखी' का मूल तत्सम शब्द क्या है? *(UKTET 2015)*
(a) शिक्षा (b) साक्षी
(c) सखी (d) इनमें से कोई नहीं

39. निम्नलिखित में से कौन-सा शब्द देशज है? *(UPTET 2020)*
(a) लाश (b) धड़ाम (c) पतलून (d) औरत

40. निम्न में से कौन-सा शब्द विदेशज है? *(UPSSSC VDO 2018)*
(a) रिक्शा (b) जूता (c) तेन्दुआ (d) नव

41. निम्नलिखित में से कौन-सा शब्द विदेशी नहीं है? *(UPPSC Pre 2016)*
(a) कमर (b) कमरा (c) कमेटी (d) कान

42. व्युत्पत्ति के आधार पर 'किलकिल' कौन-सा शब्द है? *(UPSSSC कनिष्ठ सहायक 2016)*
(a) देशज (b) विदेशज (c) तत्सम (d) अर्द्ध-तत्सम

43. 'रेलगाड़ी' शब्द है
(a) देशज शब्द (b) विदेशज शब्द (c) संकर शब्द (d) तद्भव शब्द

44. निम्नलिखित में से कौन-सा शब्द देशज नहीं है? *(उपनिरीक्षक सीधी भर्ती परीक्षा 2014)*
(a) ढिबरी (b) पगड़ी (c) पुष्कर (d) ढोर

45. हिन्दी में प्रयुक्त 'तुरुप' शब्द..............है। *(DSSSB असिस्टेंट टीचर परीक्षा 2015)*
(a) अंग्रेजी (b) डच (c) रूसी (d) फ्रेंच

46. 'अगम' शब्द है *(उत्तराखण्ड बी.एड. प्रवेश परीक्षा 2010)*
(a) तत्सम (b) तद्भव (c) देशज (d) विदेशी

47. 'जाँचकर्ता' शब्द है
(a) तत्सम (b) संकर (c) आगत शब्द (d) तद्भव

48. निम्न में से कौन-सा शब्द 'देशज' नहीं है?
(a) अण्टा (b) कलाई (c) जूता (d) चमचा

49. जिन शब्दों की उत्पत्ति का पता नहीं चलता, उन्हें कहा जाता है
(a) तत्सम (b) तद्भव (c) देशज (d) यौगिक

50. स्रोत के आधार पर शब्द के कितने भेद हैं?
(a) तीन (b) दो (c) छः (d) पाँच

51. 'संकर' शब्द किसे कहते हैं? *(UTET 2014)*
(a) ग्रामीण भाषा का शब्द (b) संस्कृत भाषा का शब्द
(c) ग्रामीण व संस्कृत भाषा के कुछ विशेष शब्द
(d) दो भाषाओं के शब्दों से मिलकर बना शब्द

52. 'चाय' किस भाषा का शब्द है?
(a) चीनी (b) जापानी (c) अंग्रेजी (d) फ्रेंच

53. निम्न में से संकर शब्द का उदाहरण है
(a) वर्षगाँठ (b) लम्बोदर (c) स्टेशन (d) परमार्थ

54. निम्न में से कौन-सा शब्द तुर्की भाषा का है?
(a) चाय (b) रिक्शा (c) कमरा (d) कैंची

55. निम्नांकित शब्दों में संकर शब्द है *(UPTET 2016)*
(a) प्रकाश (b) कपूर (c) छायादार (d) पगड़ी

56. निम्न में से कौन-सा शब्द 'फ़ारसी' भाषा का है?
(a) लिफ़ाफा (b) हज़म (c) फ़िक्र (d) ज़िन्दगी

57. 'तोता' शब्द किस शब्द-भेद का रूप है?
(a) देशज (b) तद्भव (c) तत्सम (d) विदेशज

58. शब्द-रचना के आधार पर अधोलिखित में से योगरूढ़ शब्द का चयन कीजिए *(उपनिरीक्षक सीधी भर्ती परीक्षा 2014)*
(a) पवित्र (b) कुशल (c) विनिमय (d) जलज

59. अधोलिखित में 'रूढ़' शब्द कौन-सा है? *(उपनिरीक्षक सीधी भर्ती परीक्षा 2014)*
(a) मलयज (b) पंकज (c) जलज (d) वैभव

60. निम्नलिखित में कौन यौगिक शब्द है? *(SSC स्टेनोग्राफर परीक्षा 2011)*
(a) लेखक (b) पुस्तक (c) विद्यालय (d) योगी

61. 'यौगिक' शब्द कौन-सा है? *(IBPS 2012)*
(a) पंकज (b) पाठशाला (c) दिन (d) जलज

62. 'योगरूढ़' शब्द कौन-सा है? *(बैंक परीक्षा 2003)*
(a) पीला (b) घुड़सवार (c) लम्बोदर (d) नाक

63. जिस शब्द का कोई सार्थक खण्ड हो सके, उन्हें क्या कहते हैं? *(बी.एड. प्रवेश परीक्षा 2004)*
(a) रूढ़ (b) यौगिक (c) योगरूढ़ (d) मिश्रित

64. निम्न में से कौन-सा शब्द रूढ़ शब्द नहीं है?
(a) नाक (b) जल (c) आग (d) विज्ञान

65. निम्नलिखित शब्दों में से सही योगरूढ़ शब्द चुनिए
(a) लम्बोदर (b) राजकुमार (c) सामाजिक (d) कमल

66. निम्नलिखित में से 'तत्सम' शब्द है *(UPPCS RO/ARO 2020)*
(a) दही (b) जीर्ण (c) गयंद (d) गाहक

67. 'अगहन' का तत्सम रूप कौन-सा है? *(UPPCS RO/ARO 2020)*
(a) अग्रहायण (b) अगहण (c) आग्रहण (d) अग्रासन

68. निम्नलिखित में से 'तद्भव' शब्द है *(UPPCS RO/ARO 2020)*
(a) चतुर्दश (b) चतुर्थ (c) चौदह (d) चत्वारि

69. 'आभ्यंतर' का तद्भव शब्द है *(UPPCS RO/ARO 2020)*
(a) अन्दर (b) भीतर (c) बाहर (d) गहरा

70. 'कर्पट' का तद्भव रूप है *(UPPCS RO/ARO 2020)*
(a) कपट (b) कारपेट (c) कपूर (d) कपड़ा

71. निम्नलिखित में से 'तत्सम' शब्द है *(UPPCS RO/ARO 2020)*
(a) उछाह (b) उजला (c) उल्लू (d) ओष्ठ

72. 'परिवा' का तत्सम रूप है *(UPPCS RO/ARO 2020)*
(a) परवा (b) परेवा (c) प्रतिपदा (d) पड़ीवा

73. निम्नलिखित में से एक 'तद्भव' शब्द है *(UPPCS RO/ARO 2020)*
(a) आँसू (b) एकत्र (c) वानर (d) उच्च

74. 'कपित्थ' का तद्भव शब्द है *(UPPCS RO/ARO 2020)*
(a) कपूर (b) कैथा (c) केला (d) खजूर

उत्तरमाला

1. (d)	2. (a)	3. (a)	4. (d)	5. (a)	6. (a)	7. (b)	8. (c)	9. (d)	10. (d)
11. (b)	12. (c)	13. (a)	14. (a)	15. (c)	16. (a)	17. (d)	18. (d)	19. (d)	20. (c)
21. (a)	22. (d)	23. (d)	24. (b)	25. (d)	26. (b)	27. (a)	28. (b)	29. (b)	30. (c)
31. (d)	32. (c)	33. (b)	34. (a)	35. (c)	36. (b)	37. (c)	38. (b)	39. (b)	40. (a)
41. (d)	42. (a)	43. (c)	44. (c)	45. (b)	46. (c)	47. (b)	48. (d)	49. (c)	50. (d)
51. (d)	52. (a)	53. (a)	54. (d)	55. (c)	56. (d)	57. (d)	58. (d)	59. (d)	60. (c)
61. (b)	62. (c)	63. (b)	64. (d)	65. (a)	66. (b)	67. (a)	68. (c)	69. (b)	70. (d)
71. (d)	72. (b)	73. (a)	74. (b)						

अध्याय 5

सन्धि

जब दो वर्णों का मेल होता है, तो इस प्रकार बने शब्द के उच्चारण और लेखन में अन्तर हो जाता है अर्थात् शब्दों के मूल स्वरूप में भिन्नता आ जाती है। शब्दों अथवा वर्णों के ऐसे मेल से परिचित होने के लिए 'सन्धि' का ज्ञान आवश्यक होता है।

सन्धि से तात्पर्य

- सन्धि का शाब्दिक अर्थ **मेल** होता है। दो समीपवर्ती वर्णों या ध्वनियों के संयोग से होने वाले परिवर्तन या विकार को सन्धि कहते हैं।
- सन्धि करते समय कभी-कभी एक अक्षर में, कभी-कभी दोनों अक्षरों में परिवर्तन होता है। सन्धि में पहले शब्द के **अन्तिम वर्ण** तथा दूसरे शब्द के **प्रथम वर्ण** का मेल होता है;
  जैसे—सुर + इन्द्र = सुरेन्द्र विद्या + आलय = विद्यालय
- सन्धि के नियमों द्वारा बनाए गए वर्णों या शब्दों को पुन: मूल अर्थात् प्रारम्भिक अवस्था में ले आने को **सन्धि-विच्छेद** कहते हैं;
  जैसे— परिच्छेद = परि+ छेद नयन = ने + अयन आदि।
  सन्धि वहीं होती है, जहाँ ध्वनियों (वर्णों) के मेल के फलस्वरूप उनमें परिवर्तन हो। ध्वनियों के पास-पास होने पर भी यदि उनमें परिवर्तन न हो, तो उसे सन्धि नहीं बल्कि संयोग कहते हैं; जैसे—कालातीत (काल+अतीत) में सन्धि है, कालयोग (काल + योग) में नहीं।

सन्धि के प्रकार

सन्धि तीन प्रकार की होती है

स्वर सन्धि दो स्वरों के मेल से उत्पन्न विकार को स्वर सन्धि कहते हैं; जैसे—'हिम' और 'आलय' में, हिम में **अ** (स्वर वर्ण) तथा आलय में आ (स्वर वर्ण) है।

व्यंजन सन्धि सन्धि का प्रथम वर्ण यदि व्यंजन हो तो वहाँ व्यंजन सन्धि होती हैं; जैसे—'दिक्' और 'अम्बर' में, दिक् में **क** (व्यंजन वर्ण) है।

विसर्ग सन्धि सन्धि के प्रथम वर्ण में यदि विसर्ग का प्रयोग हो रहा है, तो वहाँ विसर्ग सन्धि होती है; जैसे—'नि:' और 'शब्द' में **नि:** (विसर्ग वर्ण) है।

स्वर सन्धि

- स्वर के साथ स्वर का मेल होने पर जो परिवर्तन होता है, उसे स्वर सन्धि कहते हैं; जैसे—
  देव + आलय = देवालय वीर + आंगना = वीरांगना
- स्वर सन्धि के निम्नलिखित पाँच भेद हैं
  1. दीर्घ सन्धि 2. गुण सन्धि 3. वृद्धि सन्धि
  4. यण् सन्धि 5. अयादि सन्धि

1. **दीर्घ सन्धि** इस सन्धि का सूत्र **अक: सवर्णे दीर्घ** होता है। यदि ह्रस्व ('अ', 'इ', 'उ') या दीर्घ (आ, ई, ऊ) स्वर एक-दूसरे के पश्चात् आ जाएँ तो वे मिलकर दीर्घ **आ, ई, ऊ** हो जाते हैं। इस परिवर्तन को दीर्घ सन्धि कहते हैं; जैसे—

सन्धि	**उदाहरण**
अ + अ = आ	पुष्प + अवली = पुष्पावली
	देव + अर्चन = देवार्चन
अ + आ = आ	हिम + आलय = हिमालय
	सत्य + आग्रह = सत्याग्रह
आ + अ = आ	माया + अधीन = मायाधीन
	सीमा + अंत = सीमांत
आ + आ= आ	विद्या + आलय = विद्यालय
	महा + आनंद = महानंद
इ + इ = ई	कवि + इच्छा = कवीच्छा
	मुनि + इंद्र = मुनींद्र
इ + ई = ई	हरि + ईश = हरीश
	परि + ईक्षा = परीक्षा
ई + इ = ई	मही + इन्द्र = महीन्द्र
	लक्ष्मी + इच्छा = लक्ष्मीच्छा
ई + ई = ई	नदी + ईश = नदीश
	योगी + ईश्वर = योगीश्वर
उ + उ = ऊ	सु + उक्ति = सूक्ति
	विधु + उदय = विधूदय
उ + ऊ = ऊ	सिन्धु + ऊर्मि = सिन्धूर्मि
	धातु + ऊष्मा = धातूष्मा
ऊ + उ = ऊ	भू + उद्धार = भूद्धार
ऊ +ऊ = ऊ	भू + ऊर्ध्व = भूर्ध्व

2. **गुण सन्धि** इस सन्धि का सूत्र **आद्गुण** होता है। जब अ अथवा आ के आगे 'इ' या 'ई', 'उ' या 'ऊ' तथा 'ऋ' स्वर आता है तो क्रमशः **ए, ओ** और **अर्** हो जाता है, इस परिवर्तन को गुण सन्धि कहते हैं; जैसे—

सन्धि	उदाहरण
अ + इ = ए	उप + इन्द्र = उपेन्द्र
	पुष्प + इंद्र = पुष्पेंद्र
अ + ई = ए	गण + ईश = गणेश
	सोम + ईश = सोमेश
आ +इ = ए	महा + इन्द्र = महेन्द्र
	राजा + इंद्र = राजेन्द्र
आ + ई = ए	रमा + ईश = रमेश
	महा + ईश = महेश
अ + उ = ओ	चन्द्र + उदय = चन्द्रोदय
	वीर + उचित = वीरोचित
अ + ऊ = ओ	समुद्र + ऊर्मि = समुद्रोर्मि
	सूर्य + ऊर्जा = सूर्योर्जा
आ + उ = ओ	महा + उत्सव = महोत्सव
	गंगा + उदक = गंगोदक
आ +ऊ = ओ	गंगा + ऊर्मि = गंगोर्मि
	महा + ऊर्मि = महोर्मि
अ + ऋ = अर्	देव + ऋषि = देवर्षि
आ + ऋ = अर्	महा + ऋषि = महर्षि

3. **वृद्धि सन्धि** इस सन्धि का सूत्र **वृद्धिरेचि** होता है। जब अ या आ के आगे 'ए' या 'ऐ' आता है तो दोनों का **ऐ** हो जाता है। इसी प्रकार 'अ' या 'आ' के आगे 'ओ' या 'औ' आता है तो दोनों का **औ** हो जाता है, इसे वृद्धि सन्धि कहते हैं; जैसे—

सन्धि	उदाहरण
अ + ए = ऐ	पुत्र + एषणा = पुत्रैषणा
	लोक + एषणा = लोकैषणा
अ + ऐ = ऐ	मत + ऐक्य = मतैक्य
	धन + ऐश्वर्य = धनैश्वर्य
आ + ए = ऐ	सदा + एव = सदैव
	तथा + एव = तथैव
आ + ऐ = ऐ	महा + ऐश्वर्य = महैश्वर्य
	रमा + ऐश्वर्य = रमैश्वर्य
अ + ओ = औ	जल + ओकस = जलौकस
	दंत + ओष्ठ = दंतौष्ठ
अ + औ = औ	परम + औषध = परमौषध
	परम + औदार्य = परमौदार्य
आ + ओ = औ	महा + ओषधि = महौषधि
	महा + ओज = महौज
आ + औ = औ	महा + औदार्य = महौदार्य
	महा + औषध = महौषध

4. **यण् सन्धि** इस सन्धि का सूत्र **इको यणचि** होता है। जब इ-ई, उ-ऊ तथा ऋ के आगे कोई भिन्न स्वर आता है तो ये क्रमशः य्, व् तथा र् में परिवर्तित हो जाते हैं, इस परिवर्तन को यण् सन्धि कहते हैं; जैसे—

सन्धि	उदाहरण
इ + अ = य	अति + अल्प = अत्यल्प
	अति + अधिक = अत्यधिक
इ + आ = या	इति + आदि = इत्यादि
	अति + आचार = अत्याचार
इ + उ = यु	अभि + उदय = अभ्युदय
	प्रति + उत्तर = प्रत्युत्तर
इ +ऊ = यू	नि + ऊन = न्यून
	प्रति + ऊष = प्रत्यूष
इ + ए = ये	अधि + एषणा = अध्येषणा
	प्रति + एक = प्रत्येक
ई + आ = या	देवी + आलय = देव्यालय
	सखी + आगमन = सख्यागमन
ई + ऐ = यै	देवी + ऐश्वर्य = देव्यैश्वर्य
	नदी + ऐश्वर्य = नद्यैश्वर्य
उ + अ = व	अनु + अय = अन्वय
	मनु + अन्तर = मन्वन्तर
उ +आ = वा	सु + आगत = स्वागत
	अनु + आदेश = अन्वादेश
उ + इ = वि	अनु + इत = अन्वित
	धातु + इक = धात्विक
उ + ए = वे	अनु + एषण = अन्वेषण
	प्रभु + एषणा = प्रभ्वेषणा
उ + ओ = वो	मधु + ओदन = मध्वोदन
	लघु + ओष्ठ = लघ्वोष्ठ
उ + औ = वौ	मधु + औषध = मध्वौषध
	गुरु + औदार्य = गुर्वौदार्य
ऊ + आ = वा	भू + आदि = भ्वादि
	वधू + आगमन = वध्वागमन
ऋ + अ = र	पितृ + अनुमति = पित्रनुमति
	पितृ + अनुदेश = पित्रनुदेश
ऋ + आ = रा	पितृ + आज्ञा = पित्राज्ञा
	मातृ + आज्ञा = मात्राज्ञा
ऋ + इ = रि	मातृ + इच्छा = मात्रिच्छा
	पितृ + इच्छा = पित्रिच्छा

5. **अयादि सन्धि** इस सन्धि का सूत्र **एचोवयाव** होता है। जब 'ए', 'ऐ', 'ओ' और 'औ' के बाद कोई भिन्न स्वर आता है, तो 'ए' का **अय**, 'ऐ' का **आय्**, 'ओ' का **अव्** और 'औ' का **आव्** हो जाता है; इस परिवर्तन को अयादि सन्धि कहते हैं;

जैसे—

सन्धि	उदाहरण
ए + अ = अय	ने + अयन = नयन
	चे + अयन = चयन
ऐ + अ = आय	नै + अक = नायक
	विधै + अक = विधायक
ऐ + इ = आयि	नै + इका = नायिका
	गै + इका = गायिका
ओ + अ = अव	पो + अन = पवन
	श्रो + अन = श्रवण
ओ + इ = अवि	पो + इत्र = पवित्र
	गो + इनि = गविनी
ओ + ई = अवी	गो + ईश = गवीश
	रो + ईश = रवीश
औ + अ =आव	पौ + अक = पावक
	धौ + अक = धावक
औ + इ = आवि	भौ + इनि = भाविनी
	नौ + इक = नाविक
औ + उ = आवु	भौ + उक = भावुक

व्यंजन सन्धि

व्यंजन के पश्चात् व्यंजन या स्वर का मेल होने से जो परिवर्तन होता है, उसे व्यंजन सन्धि कहते हैं; जैसे—

दिक् + गज = दिगज (क् + ग = ग्ग)

सुप + अन्त = सुबंत (प + अ = बं)

व्यंजन सन्धि के प्रमुख नियम इस प्रकार हैं

1. **वर्ग के पहले वर्ण का तीसरे वर्ण में परिवर्तन** यदि स्पर्श या वर्गीय व्यंजनों के प्रथम वर्ण; 'क्', 'च्', 'ट्', 'त्', 'प्' के आगे कोई स्वर अथवा किसी वर्ग का **तीसरा** या **चौथा** वर्ण अथवा 'य', 'र', 'ल', 'व' आए तो 'क्', 'च्', 'ट्', 'त्', 'प्' के स्थान पर उसी वर्ग का तीसरा वर्ण अर्थात् 'क' के स्थान पर '**ग**', 'च' के स्थान पर **ज**, 'ट' के स्थान पर **ड**, 'त' के स्थान पर **द** और 'प' के स्थान पर **ब** हो जाता है।

परिवर्तन

	1 वर्ण	2 वर्ण	3 वर्ण	4 वर्ण	5 वर्ण
1 वर्ग	क	क	ख	ग	घ	ड़
2 वर्ग	च	च	छ	ज	झ	ञ
3 वर्ग	ट	ट	ठ	ड	ढ	ण
4 वर्ग	त	त	थ	द	ध	न
5 वर्ग	प	प	फ	ब	भ	म

अनुनासिक वर्ण

वर्ण

जैसे—

क् का ग् होना दिक् + अम्बर = दिगम्बर्
वाक् + ईश = वागीश

च् का ज् होना अच् + अन्त = अजन्त
अच् + आदि = अजादि

ट् का ड् होना षट् + आनन = षडानन
षट् + दर्शन = षडदर्शन

त् का द् होना सत् + आचार = सदाचार
जगत् + आनन्द = जगदानन्द
उत् + योग = उद्योग

प् का ब् होना सुप् + अन्त = सुबन्त
अप् + ज = अब्ज

2. **वर्ग के पहले वर्ण का पाँचवें वर्ण में परिवर्तन** यदि स्पर्श व्यंजनों के प्रथम वर्ण अर्थात् 'क्', 'च्', 'ट्', 'त्', 'प्' के आगे कोई अनुनासिक व्यंजन (प्राय: न या म) आए तो प्रथम वर्ण के बदले उसी वर्ग का **पाँचवाँ** वर्ण 'ङ', 'ञ्', 'ण्', 'न्', 'म्'(अनुनासिक वर्ण) हो जाता है।

परिवर्तन

	1 वर्ण	2 वर्ण	3 वर्ण	4 वर्ण	5 वर्ण
1 वर्ग	क	क	ख	ग	घ	ङ
2 वर्ग	च	च	छ	ज	झ	ञ
3 वर्ग	ट	ट	ढ	ड	ढ	ण
4 वर्ग	त	त	थ	द	ध	न
5 वर्ग	प	व	फ	ब	भ	म

अनुनासिक वर्ण

वर्ण

जैसे—

क् का ङ् होना वाक् + मय = वाङ्मय
वाक् + मात्र = वाङ्मात्र

च् का ञ् होना रुच् + मय = रुञ्मय

ट् का ण् होना षट् + मास = षण्मास
षट् + मुख = षण्मुख

त् का न् होना सत् + मार्ग = सन्मार्ग
उत + नति = उन्नति

प् का म् होना अप् + मय = अम्मय

3. **'छ' सम्बन्धी नियम** जब किसी ह्रस्व या दीर्घ स्वर के आगे 'छ्' आता है तो 'छ्' के पहले **च्** आ जाता है; जैसे—

परि + छेद = परिच्छेद
आ + छादन = आच्छादन
लक्ष्मी + छाया = लक्ष्मीच्छाया
पद + छेद = पदच्छेद
गृह + छिद्र = गृहच्छिद्र

4. **'म' सम्बन्धी नियम**

- **'म' का पंचमाक्षर में परिवर्तन** यदि 'म्' के आगे कोई स्पर्श व्यंजन आए तो 'म्' के स्थान पर उसी वर्ग का **पाँचवाँ** वर्ण हो जाता है; जैसे—

  शम् + कर = शङ्कर या शंकर
  सम् + चय = संचय
  घम् + टा = घण्टा
  सम् + तोष = सन्तोष

- **'म' का अनुस्वार में परिवर्तन** यदि म के आगे कोई अन्तस्थ या ऊष्म व्यंजन आए अर्थात् 'य्', 'र्', 'ल्', 'व्', 'श्', 'ष्', 'स्', 'ह्' आए तो **म** अनुस्वार (ं) में बदल जाता है; जैसे—

  सम् + सार = संसार
  सम् + योग = संयोग
  स्वयम् + वर = स्वयंवर
  सम् + रक्षा = संरक्षा

- **'म्' में परिवर्तन न होना** 'म्' के बाद 'म' आने पर **कोई परिवर्तन नहीं** होता है; जैसे—

  सम् + मान = सम्मान
  सम् + मति = सम्मति

5. **'त्' सम्बन्धी नियम**

- यदि 'त्' या 'द्' के आगे 'ज्' या 'झ्' आए तो 'त्' या 'द्', **ज** में बदल जाता है; जैसे—

  उत् + ज्वल = उज्ज्वल
  विपद् + जाल = विपज्जाल
  सत् + जन = सज्जन
  सत् + जाति = सज्जाति
  उत् + झटिका = उज्झटिका

- यदि 'त्' या 'द्' के आगे 'श्' आए तो 'त्' या 'द्' का **च्** और 'श्' का **छ्** हो जाता है; जैसे—

  उत् + श्वास = उच्छ्वास
  तत् + शरीर = तच्छरीर

- 'त्' के बाद यदि 'ट', 'ड' हो तो 'त्' क्रमशः **ट्, ड्** में बदल जाता है; जैसे—

  उत् + डयन = उड्डयन
  बृहत् + टीका = बृहट्टीका

- 'त्' के बाद यदि 'ल्' हो तो 'त्', **ल्** में बदल जाता है; जैसे—

  तत् +लीन = तल्लीन
  उत् + लंघन = उल्लंघन

- 'त' के बाद यदि 'ह' हो तो 'त्' के स्थान पर **द्** और 'ह' के स्थान पर **ध** हो जाता है; जैसे—

  उत् + हार = उद्धार
  पद् + हति = पद्धति

- 'त्' के बाद यदि 'च', 'छ' हो तो 'त्' का **च्** हो जाता है; जैसे—

  उत् + चारण = उच्चारण
  सत् + चरित्र = सच्चरित्र

- यदि 'च्' या 'ज्' के बाद 'न्' आए तो 'न्' के स्थान पर 'ञ' हो जाता है; जैसे—

  यज् + न = यज्ञ
  याच् + न = याञ्

6. **'स' सम्बन्धी नियम** यदि 'अ', 'आ' को छोड़कर किसी भी स्वर के आगे 'स्' आता है तो बहुधा 'स्' के स्थान पर **ष्** हो जाता है; जैसे—

   अभि + सेक = अभिषेक
   वि + सम = विषम
   नि + सेध = निषेध
   सु + सुप्त = सुषुप्त

7. **ट, ठ सम्बन्धी नियम** 'ष्' के पश्चात् 'त' या 'थ' आने पर उसके स्थान पर क्रमशः **ट** और **ठ** हो जाता है; जैसे—

   आकृष् + त = आकृष्ट
   तुष् + त = तुष्ट
   पृष् + थ = पृष्ठ
   षष् + थ = षष्ठ

8. **'न' सम्बन्धी नियम** यदि 'ऋ', 'र', 'ष' के बाद 'न' आए और इनके मध्य में कोई स्वर, 'क' वर्ग, 'प' वर्ग, अनुस्वार तथा 'य', 'व', 'ह' में से कोई वर्ण आए तो 'न' का **ण** हो जाता है; जैसे—

   भर + अन = भरण
   भूष + अन = भूषण
   राम + अयन = रामायण
   परि + मान = परिमाण
   ऋ + न = ऋण

विसर्ग सन्धि

विसर्ग के साथ स्वर या व्यंजन के संयोग से जो विकार होता है, उसे विसर्ग सन्धि कहते हैं; जैसे—

मनः + हर = मनोहर
दुः + आशा = दुराशा

विसर्गों का प्रयोग संस्कृत को छोड़कर अन्य किसी भी भाषा में नहीं होता है। हिन्दी में भी विसर्गों का प्रयोग नहीं के बराबर होता है। कुछ ही शब्दों में हिन्दी भाषा में विसर्ग प्रयुक्त होते हैं; जैसे—अतः, पुनः, प्रायः, शनैः आदि।

इसके प्रमुख नियम निम्नलिखित हैं

1. **विसर्ग का श्, स् में परिवर्तन**

- यदि विसर्ग के आगे 'श', 'स' आए तो विसर्ग क्रमशः **श्, स्** में बदल जाता है; जैसे—

  निः + शंक = निश्शंक
  दुः + शासन = दुश्शासन
  निः + शब्द = निश्शब्द
  निः + सन्देह = निस्सन्देह
  निः + संग = निस्संग
  निः + स्वार्थ = निस्स्वार्थ

- यदि विसर्ग के बाद 'च-छ', 'ट-ठ' तथा 'त-थ' आए तो विसर्ग क्रमशः **श्, ष्, स्** में बदल जाते हैं; जैसे—

  निः + तार = निस्तार
  दुः + चरित्र = दुश्चरित्र
  निः + छल = निश्छल
  धनुः + टंकार = धनुष्टंकार
  निः + ठुर = निष्ठुर

2. **विसर्ग का 'ष्' में परिवर्तन** यदि विसर्ग से पहले 'इ' या 'उ' आए और बाद में क, ख, ट, ठ, प, फ में से कोई वर्ण आए तो विसर्ग **ष्** में बदल जाता है; जैसे—

   निः + कर्म = निष्कर्म
   निः + काम = निष्काम
   निः + करुण = निष्करुण
   निः + पाप = निष्पाप

निः + कपट = निष्कपट
निः + फल = निष्फल
निः + ठुर = निष्ठुर

3. **विसर्ग का लोप हो जाना**
   - यदि विसर्ग से पहले 'इ' या 'उ' हो और बाद में 'र' आए तो विसर्ग का लोप हो जाएगा और 'इ' तथा 'उ' दीर्घ **ई, ऊ** में बदल जाएँगे; जैसे—

     निः + रव = नीरव
     निः + रोग = नीरोग
     निः + रस = नीरस
   - यदि विसर्ग के बाद 'छ' हो तो विसर्ग का लोप हो जाता है तथा **च्** जुड़ जाता है; जैसे—

     छत्रः + छाया= छत्रच्छाया
     अनुः + छेद = अनुच्छेद
   - यदि विसर्ग से पहले 'अ' या 'आ' हो और विसर्ग के बाद कोई भिन्न स्वर आए तो विसर्ग का **लोप** हो जाता है; जैसे–

     अतः + एव= अतएव

4. **विसर्ग में कोई परिवर्तन न होना** यदि विसर्ग के पहले 'अ' हो तथा बाद में 'क', 'ख', 'प', 'फ' हो, तो विसर्ग में कोई विकार (परिवर्तन) नहीं होता; जैसे—

   प्रातः + काल = प्रातःकाल
   पयः + पान = पयःपान
   अन्तः + करण = अन्तःकरण

5. **विसर्ग का 'र' में परिवर्तन**
   - यदि विसर्ग से पहले 'अ' या 'आ' को छोड़कर कोई स्वर हो और बाद में वर्ग के तृतीय, चतुर्थ और पंचम वर्ण अथवा 'य', 'र', 'ल', 'व' में से कोई वर्ण हो तो विसर्ग **र** में बदल जाता है; जैसे—

     दुः + निवार = दुर्निवार
     दुः + बोध = दुर्बोध
     निः + गुण = निर्गुण
     निः + धन = निर्धन
     निः + झर = निर्झर

   यदि विसर्ग से पहले 'अ', 'आ' को छोड़कर कोई अन्य स्वर आए और बाद में कोई भी स्वर आए तो भी विसर्ग **र्** में बदल जाता है; जैसे—

   निः + आशा = निराशा   निः + ईह = निरीह
   निः +. उपाय = निरुपाय   निः + अर्थक = निरर्थक

6. **विसर्ग का 'ओ' में परिवर्तन** यदि विसर्ग से पहले 'अ' आए और बाद में 'य', 'र', 'ल', 'व' या 'ह' आए तो विसर्ग का लोप हो जाता है तथा विसर्ग **ओ** में बदल जाता है; जैसे—

   मनः + विकार = मनोविकार   मनः + रथ = मनोरथ
   पुरः + हित = पुरोहित   मनः + रम = मनोरम

हिन्दी की कुछ विशेष सन्धियाँ

हिन्दी की कुछ अपनी विशेष सन्धि हैं, इनकी रूपरेखा अभी तक विशेष रूप से स्पष्ट निर्धारित नहीं हुई है, फिर भी इनका ज्ञान हमारे लिए आवश्यक है। हिन्दी की प्रमुख विशेष सन्धियाँ निम्नलिखित हैं

1. 'जब', 'तब', 'कब', 'सब' और 'अब' आदि शब्दों के अन्त में (पीछे) 'ही' आने पर 'ह' का **भ** हो जाता है और 'ब' का लोप भी हो जाता है; जैसे—

   जब + ही = जभी   तब + ही = तभी
   कब + ही = कभी   सब + ही = सभी
   अब + ही = अभी

2. 'जहाँ', 'कहाँ', 'यहाँ', 'वहाँ' आदि शब्दों के बाद 'ही' आने पर ही (स्वर सहित) लुप्त हो जाता है और अन्तिम **ई** पर **अनुस्वार** (ं) लग जाता है; जैसे—

   यहाँ + ही = यहीं
   कहाँ + ही = कहीं
   वहाँ + ही = वहीं
   जहाँ + ही = जहीं

3. कहीं-कहीं संस्कृत के 'र्' लोप, दीर्घ और यण् आदि सन्धियों के नियम हिन्दी में नहीं लागू होते हैं; जैसे—

   अन्तर् + राष्ट्रीय = अन्तर्राष्ट्रीय
   स्त्री + उपयोगी = स्त्रियोपयोगी
   उपरि + उक्त = उपर्युक्त

कुछ महत्त्वपूर्ण सन्धि-विच्छेद

शब्द	सन्धि-विच्छेद	शब्द	सन्धि-विच्छेद
दीर्घ सन्धि			
राष्ट्राध्यक्ष	राष्ट्र + अध्यक्ष	नवांकुर	नव + अंकुर
नयनाभिराम	नयन + अभिराम	सहानुभूति	सह + अनुभूति
युगान्तर	युग + अन्तर	दीक्षान्त	दीक्षा + अन्त
शरणार्थी	शरण + अर्थी	वार्तालाप	वार्ता + आलाप
सत्यार्थी	सत्य + अर्थी	पुस्तकालय	पुस्तक + आलय
दिवसावसान	दिवस + अवसान	विकलांग	विकल + अंग
प्रसंगानुकूल	प्रसंग +अनुकूल	आनन्दातिरेक	आनन्द + अतिरेक
विद्यानुराग	विद्या + अनुराग	कामायनी	काम + अयनी
परमावश्यक	परम + आवश्यक	दीपावली	दीप +अवली
उदयाचल	उदय + अचल	दावानल	दाव + अनल
ग्रामांचल	ग्रामा + अंचल	महात्मा	महा + आत्मा
ध्वंसावशेष	ध्वंस + अवशेष	हिमालय	हिम + आलय
हस्तान्तरण	हस्त + अन्तरण	देशान्तर	देश + अन्तर
परमानन्द	परम + आनन्द	सावधान	स + अवधान
रत्नाकर	रत्न + आकर	तीर्थाटन	तीर्थ + अटन
देवालय	देव + आलय	विचाराधीन	विचार + अधीन
धर्मात्मा	धर्म + आत्मा	मुरारि	मुर + अरि
आग्नेयास्त्र	आग्नेय + अस्त्र	कुशासन	कुश + आसन
मर्मान्तक	मर्म + अन्तक	उत्तमांग	उत्तम + अंग
रामायण	राम + अयन	सावयव	स + अवयव
सुखानुभूति	सुख + अनुभूति	भग्नावशेष	भग्न + अवशेष
आज्ञानुपालन	आज्ञा +अनुपालन	धर्माधिकारी	धर्म + अधिकारी
देहान्त	देह + अन्त	जनार्दन	जन + अर्दन
गीतांजलि	गीत + अंजलि	अधिकांश	अधिक + अंश
मात्राज्ञा	मातृ + आज्ञा	गौरीश	गौरी + ईश
भयाकुल	भय + आकुल	लक्ष्मीश	लक्ष्मी + ईश
त्रिपुरारि	त्रिपुर + अरि	पृथ्वीश्वर	पृथ्वी + ईश्वर
आयुधागार	आयुध + आगार	अनूदित	अनु + उदित
स्वर्गारोहण	स्वर्ग + आरोहण	मंजूषा	मंजु + उषा
प्राणायाम	प्राण + आयाम	गुरूपदेश	गुरु + उपदेश
कारागार	कारा + आगार	साधूपदेश	साधु + उपदेश
शाकाहारी	शाक् + आहारी	बहूद्देशीय	बहु + उद्देशीय
फलाहार	फल + आहार	वधूपालम्भ	वधु + उपालम्भ
गदाघात	गदा + आघात	भानूदय	भानु + उदय
स्थानापन्न	स्थान + आपन्न	मधूत्सव	मधु + उत्सव
कंटकाकीर्ण	कंटक + आकीर्ण	बहूर्ज	बहु + उर्ज
स्नेहाकांक्षी	स्नेह + आकांक्षी	सिन्धूर्मि	सिन्धु + ऊर्मि
महामात्य	महा + अमात्य	चमूत्तम	चमू + उत्तम
चिकित्सालय	चिकित्सा + आलय	लघूत्तम	लघु + उत्तम
रचनात्मक	रचना + आत्मक	वधूल्लास	वधू + उल्लास

शब्द	सन्धि-विच्छेद	शब्द	सन्धि-विच्छेद
क्षितीन्द्र	क्षिति + इन्द्र	भ्रूर्ध्व	भ्रू + ऊर्ध्व
अधीश्वर	अधि + ईश्वर	पितृण	पितृ + ऋण
प्रतीक्षा	प्रति + ईक्षा	मातृण	मातृ + ऋण
परीक्षा	परि + ईक्षा	महीन्द्र	मही + इन्द्र
गिरीन्द्र	गिरि + इन्द्र	श्रीश	श्री + ईश
मुनीन्द्र	मुनि + इन्द्र	सतीश	सती + ईश
अधीक्षक	अधि + ईक्षक	फणीन्द्र	फणी + इन्द्र
हरीश	हरि + ईश	रजनीश	रजनी + ईश
अधीन	अधि + इन	नारीश्वर	नारी + ईश्वर
गिरीश	गिरि + ईश	देवीच्छा	देवी + इच्छा
वारीश	वारि + ईश	लक्ष्मीच्छा	लक्ष्मी + इच्छा
गणेश	गण + ईश	परमेश्वर	परम + ईश्वर
सुधीन्द्र	सुधि + इन्द्र	परोपकार	पर + उपकार
अभीष्ट	अभि + इष्ट	सूक्ति	सु + उक्ति
गुण सन्धि			
योगेन्द्र	योग + इन्द्र	शुभेच्छा	शुभ + इच्छा
मानवेन्द्र	मानव + इन्द्र	गजेन्द्र	गज + इन्द्र
मृगेन्द्र	मृग + इन्द्र	जितेन्द्रिय	जित + इन्द्रिय
पूर्णेन्द्र	पूर्ण + इन्द्र	सुरेन्द्र	सुर + इन्द्र
यथेष्ट	यथा + इष्ट	विवाहेतर	विवाह + इतर
हितेच्छा	हित + इच्छा	साहित्येतर	साहित्य + इतर
शब्देतर	शब्द + इतर	भारतेन्द्र	भारत + इन्द्र
उपदेष्टा	उप + दिष्टा	स्वेच्छा	स्व + इच्छा
अन्त्येष्टि	अन्त्य + इष्टि	बालेन्दु	बाल + इन्दु
राजर्षि	राज + ऋषि	नीलोत्पल	नील + उत्पल
देशोपकार	देश + उपकार	सूर्योदय	सूर्य + उदय
रोगोपचार	रोग + उपचार	ज्ञानोदय	ज्ञान + उदय
पुरुषोचित	पुरुष + उचित	दुग्धोपजीवी	दुग्ध + उपजीवी
अन्त्योदय	अन्त्य + उदय	वेदोक्त	वेद + उक्त
महोदय	महा + उदय	विद्योन्नति	विद्या + उन्नति
महोपदेशक	महा + उपदेशक	महोपकार	महा + उपकार
दलितोत्थान	दलित + उत्थान	सर्वोपरि	सर्व + उपरि
सोद्देश्य	स + उद्देश्य	जनोपयोगी	जन + उपयोगी
सोल्लास	स + उल्लास	भावोद्रेक	भाव + उद्रेक
धीरोद्धत	धीर + उद्धत	सर्वोत्तम	सर्व + उत्तम
मानवोचित	मानव + उचित	कथोपकथन	कथ + उपकथन
नवोन्मेष	नव + उन्मेष	नवोदय	नव + उदय
महोर्मि	महा + ऊर्मि	महोर्जा	महा + ऊर्जा
सूर्योष्मा	सूर्य + उष्मा	महोत्सव	महा + उत्सव
नवोढ़ा	नव + ऊढ़ा	क्षुधोत्तेजन	क्षुधा + उत्तेजन
देवर्षि	देव + ऋषि	महर्षि	महा + ऋषि

शब्द	सन्धि-विच्छेद	शब्द	सन्धि-विच्छेद
वृद्धि सन्धि			
प्रियैषी	प्रिय + एषी	पुत्रैषणा	पुत्र + एषणा
लोकैषणा	लोक + एषणा	देवौदार्य	देव + औदार्य
परमौषध	परम + औषध	हितैषी	हित + एषी
जलौध	जल + ओध	वनौषधि	वन + ओषधि
धनैषी	धन + एषी	महौदार्य	महा + औदार्य
विश्वैक्य	विश्व + एक्य	स्वैच्छिक	स्व + ऐच्छिक
महैश्वर्य	महा + ऐश्वर्य	अधरोष्ठ	अधर + ओष्ठ
शुद्धोधन	शुद्ध + ओधन	स्वागत	सु + आगत
यण् सन्धि			
व्याकरण	वि + आकरण	प्रत्युत्तर	प्रति + उत्तर
उपर्युक्त	उपरि + उक्त	उभ्युत्थान	अभि + उत्थान
अध्यात्म	अधि + आत्म	अत्युक्ति	अति + उक्ति
अत्युत्तम	अति + उत्तम	सख्यागमन	सखी + आगमन
स्वच्छ	सु + अच्छ	तन्वंगी	तनु + अंगी
समन्वय	सम् + अनु + अय	अन्वेषण	अनु + एषण
अभ्यास	अभि + आस	पर्यवसान	परि + अवसान
रीत्यनुसार	रीति + अनुसार	अभ्यर्थना	अभि + अर्थना
प्रत्यभिज्ञ	प्रति + अभिज्ञ	प्रत्युपकार	प्रति + उपकार
त्र्यम्बक	त्रि + अम्बक	अत्यल्प	अति + अल्प
जात्यभिमान	जाति + अभिमान	गत्यानुसार	गति + अनुसार
देव्यागमन	देवी + आगमन	गुर्वौदार्य	गुरु + औदार्य
लघ्वोष्ठ	लघु + औष्ठ	मात्रुपदेश	मातृ + उपदेश
पर्यावरण	परि + आवरण	ध्वन्यात्मक	ध्वनि + आत्मक
अभ्यागत	अभि + आगत	अत्याचार	अति + आचार
व्याख्यान	वि + आख्यान	मन्वंतर	मनु + अन्तर
अयादि सन्धि			
नायक	नै + अक	गायक	गै + अक
गायन	गै + अन	विधायक	विधै + अक
पवन	पो + अन	हवन	हो + अन
शावक	शौ + अक	श्रावण	श्रौ + अन
नाविक	नौ + इक	भावुक	भौ + उक
व्यंजन सन्धि			
ऋग्वेद	ऋक् + वेद	सद्धर्म	सत् + धर्म
जगदाधार	जगत् + आधार	उद्वेग	उत् + वेग
अजंत	अच् + अन्त	षडंग	षट् + अंग
जगदम्बा	जगत् + अम्बा	जगद्गुरु	जगत् + गुरु
जगज्जनी	जगत् + जननी	उज्ज्वल	उत् + ज्वल

शब्द	सन्धि-विच्छेद	शब्द	सन्धि-विच्छेद
सज्जन	सत् + जन	सदात्मा	सत् + आत्मा
सदानन्द	सत् + आनन्द	स्यादवाद	स्यात् + वाद
सद्वेग	सत् + वेग	छत्रच्छाया	छत्र + छाया
परिच्छेद	परि + छेद	सन्तोष	सम् + तोष
आच्छादन	आ + छादन	उच्चारण	उत् + चारण
जगन्नाथ	जगत् + नाथ	जगन्मोहिनी	जगत् + मोहिनी
उन्नयन	उत् + नयन	सन्मान	सत् + मान
सन्निकट	सम् + निकट	दण्ड	दम् + ड
सन्त्रास	सम् + त्रास	सच्चिदानन्द	सत् +चित + आनन्द
यावज्जीवन	यावत् + जीवन	तज्जन्य	तद् + जन्य
परोक्ष	पर + उक्ष	सारंग	सार + अंग
अनुषंगी	अनु + संगी	सुषुप्त	सु + सुप्त
प्रतिषेध	प्रति + सेध	षड्दर्शन	षट् + दर्शन
वागीश	वाक् + ईश	उन्मत्	उत् + मत
दिग्ज्ञान	दिक् + ज्ञान	वाग्दान	वाक् + दान
वाग्व्यापार	वाक् + व्यापार	दिग्दिगन्त	दिक् + दिगन्त
सम्यग्दर्शन	सम्यक् + दर्शन	दिग्विजय	दिक् + विजय
विसर्ग सन्धि			
निस्सहाय	निः + सहाय	तपोभूमि	तपः + भूमि
निस्सार	निः + सार	नभोमण्डल	नभः + मण्डल
निश्चल	निः + चल	तमोगुण	तमः + गुण
निष्कलुष	निः + कलुष	तिरोहित	तिरः + हित
निष्काम	निः + काम	दिवोज्योति	दिवः + ज्योति
निष्कासन	निः + कासन	यशोदा	यशः + दा
निश्चय	निः + चय	शिरोभूषण	शिरः + भूषण
दुश्चरित्र	दुः + चरित्र	मनोवांछा	मनः + वांछा
निष्प्रयोजन	निः + प्रयोजन	पुरोगामी	पुरः + गामी
निष्प्राण	निः + प्राण	मनोग्राह्य	मनः+ ग्राह्य
निष्प्रभ	निः + प्रभ	निर्मम	निः + मम
निष्पालक	निः + पालक	दुर्जन	दुः + जन
निष्पाप	निः + पाप	निराशा	निः + आशा
प्राणिविज्ञान	प्राणि + विज्ञान	निष्ठुर	निः + ठुर
योगीश्वर	योगी + ईश्वर	धनुष्टंकार	धनुः + टंकार
स्वामिभक्त	स्वामी + भक्त	दुश्शासन	दुः + शासन
युववाणी	युव + वाणी	शिरोरेखा	शिरः + रेखा
मनीष	मन + ईष	यजुर्वेद	यजुः + वेद
दुर्दशा	दुः + दशा	नमस्कार	नमः + कार
दुर्लभ	दुः + लभ	शिरस्त्राण	शिरः + त्राण
निर्भय	निः + भय	चतुस्सीमा	चतुः + सीमा
यशोगान	यशः + भूमि	आविष्कार	आविः + कार
दुस्साहस	दुः + साहस		

वस्तुनिष्ठ प्रश्नावली

1. दो वर्णों के मेल से होने वाले विकार को कहते हैं *(उपनिरीक्षक सीधी भर्ती परीक्षा 2014)*
(a) सन्धि (b) समास (c) उपसर्ग (d) प्रत्यय

2. सन्धि कितने प्रकार की होती है? *(UPSSSC VDO 2018)*
(a) दो (b) तीन (c) चार (d) छः

3. 'षण्मास' का सन्धि-विच्छेद होगा *(CGPSC Pre 2020)*
(a) षट + मास (b) षण् + मास
(c) षट् + मास (d) षन् + मास.

4. 'अ + इ = ए' स्वर सन्धि के किस भेद को व्यक्त करता है? *(उपनिरीक्षक सीधी भर्ती परीक्षा 2014)*
(a) दीर्घ सन्धि (b) गुण सन्धि
(c) वृद्धि सन्धि (d) यण् सन्धि

5. 'पवन' शब्द में सन्धि है *(उत्तराखण्ड समूह 'ग' 2019)*
(a) गुण सन्धि (b) व्यंजन सन्धि
(c) अयादि सन्धि (d) वृद्धि सन्धि

6. 'ऋग्वेद' का सन्धि-विच्छेद क्या है? *(UPTET 2020)*
(a) ऋक् + वेद (b) ऋ + वेद
(c) ऋग + वेद (d) ऋ + गवेद

7. 'उच्छिष्ट' का शुद्ध सन्धि-विच्छेद है *(UPPCS 2016)*
(a) उत + शिष्ट (b) उत् + शिष्ट
(c) उत + सिष्ट (d) उ + च्छिष्ट

8. गलत सन्धि-विच्छेद वाला विकल्प चुनिए। *(HTET 2018)*
(a) उद् + डयन = उड्डयन (b) पद् + हति = पद्धति
(c) तत् + टीका = तट्टीका (d) शरद् + उल्लास = शरदोल्लास

9. 'व्यर्थ' शब्द में किन वर्णों की सन्धि हुई है? *(UTET 2017)*
(a) व + अ (b) वि + अ (c) ई + अ (d) इ + अ

10. 'गुण स्वर सन्धि' का उदाहरण चुनिए। *(HTET 2018)*
(a) यमुनोर्मि (b) दध्योदन (c) मनोदशा (d) शिरोरेखा

11. 'यथोचित' का सही सन्धि-विच्छेद है *(UPSSSC कनिष्ठ सहायक 2020)*
(a) यथो + उचित (b) यथा + उ + चित
(c) यथा + उचित (d) यथा + ओचित

12. 'विद्यार्थी' का सही सन्धि-विच्छेद है *(UPSSSC कनिष्ठ सहायक 2020)*
(a) विद्या + रथी (b) विद्या + अर्थी
(c) विद्य + अर्थी (d) विद्या + आर्थी

13. 'नाविक' का सही सन्धि-विच्छेद है *(UPSSSC कनिष्ठ सहायक 2020)*
(a) नौ + विक (b) ना + विक (c) नौ + इक (d) न + आविक

14. 'व्यवहार' का सही सन्धि-विच्छेद है *(UPSSSC कनिष्ठ सहायक 2020)*
(a) वि + अव + हार (b) व्यय + हार
(c) व्य + वहार (d) व्य + व + हार

15. 'सावधान' का सही सन्धि-विच्छेद है *(UPSSSC कनिष्ठ सहायक 2020)*
(a) साव + धान (b) सा + वधान
(c) स + आवधान (d) स + अवधान

16. 'उड्डयन' के सन्धि-विच्छेद का सही विकल्प कौन-सा है? *(UPTET 2018)*
(a) उत् + डयन (b) उड् + डयन (c) उच्च + डयन (d) उड़ + डयन

17. 'निश्चल' का सही सन्धि-विच्छेद है *(UPSSSC कनिष्ठ सहायक 2020)*
(a) निः + चल (b) निश् + चल (c) निस् + चल (d) निः + अचल

18. 'सद्धर्म' का सही सन्धि-विच्छेद है *(UPSSSC कनिष्ठ सहायक 2020)*
(a) सद् + धर्म (b) सद् + अधर्म (c) स + द्धर्म (d) सत् + धर्म

19. सन्धि-विच्छेद सही नहीं है *(CGPSC Pre 2019)*
(a) दुस्सन्धि - दुः + सन्धि (b) कोऽपि - कः + अपि
(c) लम्बोष्ठ - लम्ब + ओष्ठ (d) पावक - पो + अक

20. स्वर सन्धि का उदाहरण नहीं है *(उत्तराखण्ड समूह-घ भर्ती परीक्षा 2019)*
(a) मतानुसार (b) जगदीश (c) अत्यन्त (d) नरेन्द्र

21. यशः + अर्थी = *(HSSC क्लर्क भर्ती परीक्षा 2019)*
(a) यर्शोथी (b) यशार्थी (c) यशोर्थी (d) यशर्थी

22. 'कुश + आसन' में सन्धि है *(उत्तराखण्ड 'समूह-ग' वन आरक्षी भर्ती परीक्षा 2019)*
(a) दीर्घ सन्धि (b) गुण सन्धि (c) वृद्धि सन्धि (d) यण् सन्धि

23. 'सदानन्द' का सन्धि-विच्छेद कीजिए। *(UPSSSC VDO 2018)*
(a) सत् + आनन्द (b) सत + आनन्द
(c) सद + आनन्द (d) सदा + आनन्द

24. 'पुस्तकालय' में कौन-सी सन्धि है? *(UPSSSC VDO 2018)*
(a) दीर्घ (b) गुण (c) वृद्धि (d) यण

25. 'अभि + उदय की सन्धि कीजिए *(UPSSSC VDO 2018)*
(a) अभ्युदय (b) अभ्योदय (c) अभीउदय (d) अभिउदय

26. 'रीत्यनुसार' का सही सन्धि-विच्छेद है *(UP लेखपाल भर्ती परीक्षा 2015)*
(a) रीत्य + अनुसार (b) रीत + अनुसार
(c) रीति + अनुसार (d) रीत्या + अनुसार

27. 'निर्धन' में कौन-सी सन्धि है? *(UP लेखपाल भर्ती परीक्षा 2015)*
(a) यण् सन्धि (b) व्यंजन सन्धि
(c) विसर्ग सन्धि (d) अयादि सन्धि

28. 'व्याख्यान' में कौन-सी सन्धि है? *(UP स्टेनोग्राफर भर्ती परीक्षा 2014)*
(a) गुण (b) दीर्घ (c) यण् (d) विसर्ग

29. 'अत्युत्तम' के सन्धि-विच्छेद का सही विकल्प चुनिए *(SSC स्टेनोग्राफर भर्ती परीक्षा 2014)*
(a) अति + युत्तम (b) अत्य + उत्तम
(c) अत्यु + उत्तम (d) अति + उत्तम

30. 'हिमांशु' शब्द का सन्धि-विच्छेद कीजिए
(a) हिम + अंशु (b) हिमा + अंशु
(c) हिम + आंशु (d) हिमांश + उ

31. 'सप्त+ऋषि' इससे बनी सन्धि है *(DSSSB असिस्टेंट टीचर परीक्षा 2015)*
(a) दीर्घ (b) यण् (c) व्यंजन (d) गुण

32. 'षट् + रिपु' इससे बनी सन्धि है *(DSSSB असिस्टेंट टीचर परीक्षा 2015)*
(a) व्यंजन (b) यण (c) वृद्धि (d) विसर्ग

33. 'प्रौढ़' का सही सन्धि-विच्छेद है *(DSSSB असिस्टेंट टीचर परीक्षा 2015)*
(a) प्रा + उढ़ (b) प्र + ऊढ़
(c) प्रौ + ढ़ (d) प्र + औढ़

34. 'कवीश्वर' शब्द का सही सन्धि-विच्छेद बताइए
(a) कवि + ईश्वर (b) कविश + वर
(c) कवि + इश्वर (d) कवी + ईश्वर

35. कौन-से शब्द में व्यंजन सन्धि है? *(अन्वेषक सीधी भर्ती परीक्षा 2014)*
(a) देवर्षि (b) जानकीश (c) वागीश (d) कवीश

36. 'पंजाब' शब्द का सही सन्धि-विच्छेद क्या है? *(अन्वेषक सीधी भर्ती परीक्षा 2014)*
(a) पंज + आब (b) पंजा + ब (c) पंच + आब (d) पंचा + ब

37. व्यंजन सन्धि के उदाहरण हैं *(बिहार पुलिस भर्ती परीक्षा 2012)*
(a) उल्लास, संगम, तथास्तु (b) सम्भावना, सद्भावना, बहिष्कार
(c) वातावरण, उल्लास, संस्कृत (d) उल्लास, संगम, सम्भावना

38. 'उच्छवास' का सही सन्धि-विच्छेद है *(UPSSSC कनिष्ठ सहायक परीक्षा 2015)*
(a) उत् + श्वास (b) उत् + छवास
(c) उच् + श्वास (d) उच् + छवास

39. 'राकेश' का सही सन्धि-विच्छेद है *(उपनिरीक्षक सीधी भर्ती परीक्षा 2014)*
(a) राके + ईश (b) राक + एश
(c) राका + ईश (d) राका + इश

40. 'भानूदय' में प्रयुक्त सन्धि का नाम है *(उपनिरीक्षक सीधी भर्ती परीक्षा 2014)*
(a) गुण सन्धि (b) दीर्घ सन्धि
(c) व्यंजन सन्धि (d) वृद्धि सन्धि

41. 'अति + आचार' सन्धि-विच्छेद है *(उपनिरीक्षक सीधी भर्ती परीक्षा 2014)*
(a) अतिचार का (b) अत्याचार का
(c) अत्यचार का (d) ये सभी

42. 'प्रत्युत्तर' का सही सन्धि-विच्छेद है *(उपनिरीक्षक सीधी भर्ती परीक्षा 2014)*
(a) प्र + त्युत्तर (b) प्रति + उत्तर
(c) प्रत + उत्तर (d) प्रत्यु +उत्तर

43. 'उच्छिष्ट' शब्द का विच्छेद है *(RPSC पुलिस सब-इंस्पेक्टर परीक्षा 2011)*
(a) उच् + छिष्ट (b) उत् + छिष्ट
(c) उत् + शिष्ट (d) उच् + शिष्ट

44. सच्चिदानन्द का विच्छेद है *(RPSC पुलिस सब-इंस्पेक्टर परीक्षा 2011)*
(a) सत् + चित् + आनन्द (b) सच्चिद् + आनन्द
(c) सच्चि + दानन्द (d) सत् + चिद् + आनन्द

45. 'अन्वेषण' का सन्धि-विच्छेद होगा *(UKTET 2011)*
(a) अन + वेषण (b) अनु + एषण
(c) अनु + ऐषण (d) अनव + एषण

46. व्यंजन सन्धि का उदाहरण है *(RPSC पुलिस सब-इंस्पेक्टर परीक्षा 2011))*
(a) उद्यत (b) परमौषध
(c) दुरुपयोग (d) तपोवन

47. गुण सन्धि का उदाहरण है *(RPSC पुलिस सब-इंस्पेक्टर परीक्षा 2011)*
(a) महर्षि (b) पावक
(c) अभ्युदय (d) मतैक्य

48. विसर्ग सन्धि का उदाहरण है *(RPSC पुलिस सब-इंस्पेक्टर परीक्षा 2011)*
(a) हरिश्चन्द्र (b) हरिशचन्द्र
(c) हरीशचन्द्र (d) दिनेशचन्द्र

निर्देश (प्र. सं. 49-51) *दिए गए सन्धि-विच्छेद में सही विकल्प चुनिए*

49. रूपान्तरण *(UP वन विभाग 2015)*
(a) रूप + अन्तरण (b) रुप + आन्तरण
(c) रुपा + अन्तरण (d) रुपा + आतरण

50. मनोयोग *(UP वन विभाग 2015)*
(a) मनोः + योग (b) मन : + योग
(c) मनः + आयोग (d) इनमें से कोई नहीं

51. 'दुराशा' *(UP वन विभाग 2015)*
(a) दुरा + आशा (b) दुरा + शा
(c) दुः + आशा (d) दुर + आशा

52. 'सच्छास्त्र' का उचित विच्छेद निम्न में से कौन-सा है?
(a) सत् + छास्त्र (b) सच् + छास्त्र
(c) सच् + शास्त्र (d) सत् + शास्त्र

53. 'निः+कलंक' का सही सन्धि शब्द कौन-सा है? *(UPSSSC लेखपाल परीक्षा 2015)*
(a) निस्कलंक (b) निश्कलंक
(c) निष्कालंक (d) निष्कलंक

54. 'पवन' का सन्धि-विच्छेद कौन-सा है? *(UPSSSC लेखपाल परीक्षा 2015)*
(a) पब + अन (b) पो + अन
(c) पव + न (d) पो + आन

55. 'उज्ज्वल' का सही सन्धि-विच्छेद होगा *(राजस्थान प्राध्यापक चयन परीक्षा 2015)*
(a) उज्+वल (b) उज्+जवल
(c) उत् +ज्वल (d) उज्+ज्वल

56. 'प्रेरणास्पद' शब्द का सन्धि-विच्छेद होगा *(राजस्थान प्राध्यापक चयन परीक्षा 2015)*
(a) प्रेरणा + आस्पद (b) प्रेरणा + अस्पद
(c) प्रेरणा+ स्पद (d) प्रेरणा + पद

57. 'योगाभ्यास' में कौन-सी सन्धि है? *(UKSSSC VDO 2017)*
(a) दीर्घ सन्धि (b) गुण सन्धि
(c) वृद्धि सन्धि (d) यण् सन्धि

58. 'मनोहर' शब्द में कौन-सी सन्धि है? *(MPPSC 2015)*
(a) स्वर सन्धि (b) व्यंजन सन्धि
(c) विसर्ग सन्धि (d) इनमें से कोई नहीं

59. 'नयन' का शुद्ध सन्धि-विच्छेद है *(UPPSC Pre 2018)*
(a) ने + अन (b) ने + अयन
(c) न + अन (d) नय + अन

60. 'अत्याचार' का सन्धि विच्छेद है *(CGPSC Pre 2015)*
(a) अति + अचार (b) अती + आचार
(c) अति + आचार (d) अतिअ + चार

61. 'तद्धित' का सन्धि-विच्छेद क्या है? *(UPTET 2020)*
(a) तत + धित (b) तद् + हित्
(c) तत् +हित (d) तद् + धित

62. 'उद्विग्न' का सन्धि-विच्छेद क्या है? *(UPTET 2020)*
(a) उद + दिग्न (b) अत + विग्न
(c) उत् +विग्न (d) उत + दिग्न

63. अ, आ के बाद
(i) इ, ई आए तो ई ई = ए (ii) उ, ऊ आए तो ऊ ऊ = ओ
(iii) ऋ आए तो 'अर्' हो जाता है। इसे कहते हैं
(a) वृद्धि सन्धि (b) गुण सन्धि
(c) अयादि सन्धि (d) दीर्घ सन्धि

64. 'मतैक्य' का सन्धि-विच्छेद है
(a) मत् + एक्य (b) मति + एक्य
(c) मत् + ऐक्य (d) मत + ऐक्य

65. इ, ई, उ, ऊ, ऋ, लृ के बाद (आगे) कोई स्वर आए तो ये क्रमशः य, व, र, ल में बदल जाते हैं। इस परिवर्तन को कहते हैं
(a) गुण (b) अयादि
(c) वृद्धि (d) यण्

66. 'बध्वागमन' का सन्धि-विच्छेद है
(a) बधु + आगमन (b) बध्व + आगमन
(c) बधू + आगमन (d) बध्वा + गमन

67. उ, ए, ऐ, ओ, औ के बाद कोई भिन्न स्वर आए तो ए = अय, ऐ = आय, ओ = अव, औ = आव हो जाता है। इस परिवर्तन को कहते हैं
(a) अयादि (b) गुण
(c) दीर्घ (d) वृद्धि

68. 'हिमालय' शब्द का सन्धि-विच्छेद है
(a) हिमा + लय (b) हिमा + अलय
(c) हिमा + आलय (d) हिम + आलय

69. 'वागीश' शब्द का सन्धि-विच्छेद है
(a) वाक् + ईश (b) वाक + ईश
(c) वाग + ईश (d) वाग + इश

70. 'वाक् + मय' का सन्धि पद होगा
(a) वाग्मय (b) वागमय (c) वाङ्मय (d) वाकमय

71. 'पद + छेद' विग्रह पद का सन्धि शब्द होगा
(a) पदछेद (b) पदछैद
(c) पदच्छेद (d) पदच्छैद

72. 'संयोग' शब्द का सन्धि-विच्छेद है
(a) सम् + योग (b) सम + योग
(c) सं + योग (d) सम्म + योग

73. 'धनुष्टंकार' शब्द का सन्धि-विच्छेद होगा
(a) धनुः + टंकार (b) धनूः + टंकार
(c) धनुष् + टंकार (d) धनुस् + टंकार

74. 'यहीं' शब्द की सन्धि है
(a) यहाँ + ही (b) याहाँ + ही
(c) यहा + ही (d) यह + ही

75. दीर्घ सन्धि, गुण सन्धि, वृद्धि सन्धि, यण् सन्धि व अयादि सन्धि—सन्धि के किस मूल भेद के अन्तर्गत सन्निहित हैं?
(a) विसर्ग सन्धि (b) व्यंजन सन्धि
(c) स्वर सन्धि (d) इनमें से कोई नहीं

76. विपत् + जाल = विपज्जाल में कौन-सी सन्धि है? *(UPSSSC कनिष्ठ सहायक 2019)*
(a) स्वर सन्धि (b) व्यंजन सन्धि
(c) वृद्धि सन्धि (d) गुण सन्धि

77. स्वर सन्धि कितने प्रकार की होती है? *(UPSSSC कनिष्ठ सहायक 2019)*
(a) दो (b) तीन (c) चार (d) पाँच

78. 'लघूर्मि में कौन-सी सन्धि है? *(CGPCS 2018)*
(a) वियोग सन्धि (b) व्यंजन सन्धि
(c) स्वर सन्धि (d) विसर्ग सन्धि

79. यण् सन्धि का उदाहरण नहीं है *(HTET 2014)*
(a) स्वल्प (b) स्वच्छ
(c) स्वागत (d) स्वांग

80. निम्नलिखित शब्दों में से किसमें स्वर सन्धि है? *(UKTET 2017)*
(a) अतएव (b) रजनीश
(c) तपोगुण (d) सदाचार

81. 'महोत्सव' का सही सन्धि-विच्छेद क्या है? *(UPTET 2016)*
(a) महा + उत्सव (b) महो + उत्सव
(c) महोत् + सव (d) महे + उत्सव

82. 'यशोदा' में प्रयुक्त सन्धि का नाम है *(UPSSSC, Lower-II 2016)*
(a) स्वर (b) व्यंजन
(c) विसर्ग (d) इनमें से कोई नहीं

उत्तरमाला

1. (a)	2. (b)	3. (c)	4. (b)	5. (c)	6. (a)	7. (b)	8. (a)	9. (d)	10. (a)
11. (c)	12. (b)	13. (c)	14. (a)	15. (d)	16. (a)	17. (a)	18. (d)	19. (d)	20. (b)
21. (b)	22. (a)	23. (a)	24. (a)	25. (a)	26. (c)	27. (c)	28. (c)	29. (d)	30. (a)
31. (d)	32. (a)	33. (b)	34. (a)	35. (c)	36. (c)	37. (d)	38. (a)	39. (c)	40. (b)
41. (b)	42. (b)	43. (c)	44. (a)	45. (b)	46. (a)	47. (a)	48. (a)	49. (a)	50. (b)
51. (c)	52. (d)	53. (d)	54. (b)	55. (c)	56. (a)	57. (a)	58. (c)	59. (a)	60. (c)
61. (c)	62. (c)	63. (b)	64. (d)	65. (d)	66. (c)	67. (a)	68. (d)	69. (a)	70. (c)
71. (c)	72. (a)	73. (a)	74. (a)	75. (c)	76. (b)	77. (d)	78. (c)	79. (d)	80. (b)
81. (a)	82. (c)								

अध्याय 6

समास

शब्द-प्रयोग में संक्षिप्तता पर बल होता है। अतः शब्दों को पास-पास लाने की प्रक्रिया से ही समास का जन्म हुआ। समास शब्द के स्तर की प्रक्रिया है। इसमें एक से अधिक शब्द मिलकर एक नए शब्द का निर्माण करते हैं।

- **समास** दो शब्दों के मेल से बना है—सम (संक्षिप्त) + आस (कथन), जिसका अर्थ होता है—संक्षिप्तीकरण करना।
- जब दो या दो से अधिक शब्दों के परस्पर सम्बन्ध के मेल से नए सार्थक शब्द का निर्माण होता है, तो उसे समास कहते हैं।
- समास के नियमों के द्वारा निर्मित पद **समस्त पद** या **सामासिक पद** कहलाता है।
- **समास विग्रह** सामासिक शब्दों के बीच के सम्बन्धों को स्पष्ट करना समास विग्रह कहलाता है। अन्य शब्दों में, किसी सामासिक पद के (समस्त पद) सभी पदों को अलग-अलग किए जाने की प्रक्रिया समास विग्रह कहलाती है; जैसे—'चरणकमल' का विग्रह है 'कमल के समान चरण' तथा 'नीलकण्ठ' का विग्रह है 'नीला है जो कण्ठ' या नीला है कण्ठ जिसका।
- समास में प्राय: दो पद **पूर्वपद** (पहला पद) तथा **उत्तरपद** (दूसरा पद) होते हैं; जैसे—'प्रतिदिन' में पूर्वपद 'प्रति' तथा उत्तरपद 'दिन' है।
- समास प्रक्रिया के द्वारा दो पदों के बीच की विभक्ति का लोप हो जाता है; जैसे—'दयासागर' एक सामासिक पद है। इसका समास विग्रह 'दया का सागर' होगा। इस उदाहरण में 'दया' और 'सागर' इन दो शब्दों का परस्पर सम्बन्ध बताने वाले 'का' प्रत्यय का लोप हो गया और एक स्वतन्त्र शब्द 'दयासागर' बन गया।

समास के प्रकार

समास के मुख्यत: छ: प्रकार होते हैं

1. अव्ययीभाव समास
2. तत्पुरुष समास
3. कर्मधारय समास
4. द्विगु समास
5. द्वंद्व समास
6. बहुव्रीहि समास

पदों की प्रधानता के अनुसार समास को निम्न भागों में विभाजित किया गया है

- पूर्वपद प्रधान — अव्ययीभाव समास
- उत्तरपद प्रधान — तत्पुरुष, द्विगु, कर्मधारय समास
- दोनों पद प्रधान — द्वंद्व समास
- दोनों पद अप्रधान — बहुव्रीहि समास (अन्य तीसरा अर्थ प्रधान)

1. अव्ययीभाव समास

जिस समास में **पूर्वपद** (पहला पद) **अव्यय तथा प्रधान** या उपसर्ग हो, अव्ययीभाव समास कहलाता है। अव्यय वह पद होता है, जिसे परिवर्तित नहीं किया जा सकता। यह वाक्य में क्रिया-विशेषण का कार्य करता है।

पहचान का नियम जहाँ वाक्य में पहला पद आ, अनु, भर, प्रति, यथा, हर आदि हो, वहाँ अव्ययीभाव समास (Adverbial Compound) होता है; जैसे—

पूर्वपद		उत्तरपद		समस्त पद	विग्रह
यथा	+	स्थान	=	यथास्थान	स्थान के अनुसार
यथा	+	समय	=	यथासमय	समय के अनुसार
प्रति	+	दिन	=	प्रतिदिन	प्रत्येक दिन
प्रति	+	कूल	=	प्रतिकूल	इच्छा के विरुद्ध
आ	+	जीवन	=	आजीवन	सम्पूर्ण जीवन
भर	+	पूर	=	भरपूर	पूरा भर के
भर	+	पेट	=	भरपेट	पेट भर के
निस्	+	संदेह	=	निस्संदेह	बिना संदेह के

2. तत्पुरुष समास

जिस समास में **पूर्वपद अप्रधान तथा उत्तरपद** (बाद वाला पद) **प्रधान** हो, तत्पुरुष समास (Determinative Compound) कहलाता है। इसमें दोनों पदों के बीच **कारक** का लोप रहता है।

तत्पुरुष समास के भेद

कारक लोप के आधार पर तथा विभक्तियों के नामों के अनुसार तत्पुरुष समास के छ: भेद हैं

(i) **कर्म तत्पुरुष** (द्वितीय तत्पुरुष) जहाँ कर्म कारक की विभक्ति 'को' का लोप हो; जैसे—

समस्त पद		विग्रह
मतदाता	=	मत को देने वाला
गिरहकट	=	गिरह को काटने वाला
ग्रामगत	=	ग्राम को गया हुआ
यशप्राप्त	=	यश को प्राप्त
ग्रन्थकार	=	ग्रन्थ को लिखने वाला
माखनचोर	=	माखन को चुराने वाला
सम्मानप्राप्त	=	सम्मान को प्राप्त
स्वर्गगत	=	स्वर्ग को गया हुआ
गगनचुम्बी	=	गगन को चूमने वाला
रथचालक	=	रथ को चलाने वाला
चिड़ीमार	=	चिड़ियों को मारने वाला
जेबकतरा	=	जेब को कतरने वाला

(ii) **करण तत्पुरुष** (तृतीय तत्पुरुष) जहाँ करण कारक की विभक्तियों 'से' एवं 'के द्वारा' का लोप हो; जैसे—

समस्त पद		**विग्रह**
जन्मजात	=	जन्म से उत्पन्न
मुँहमाँगा	=	मुँह से माँगा
गुणहीन	=	गुणों से हीन
शोकाकुल	=	शोक से आकुल
करुणापूर्ण	=	करुणा से पूर्ण
कष्टसाध्य	=	कष्ट से साध्य
शराहत	=	शर (बाण) से आहत
मनचाहा	=	मन से चाहा
भयाकुल	=	भय से आकुल
वाल्मीकिरचित	=	वाल्मीकि द्वारा रचित
सूरचित	=	सूरदास द्वारा रचित

(iii) **सम्प्रदान तत्पुरुष** (चतुर्थी तत्पुरुष) जहाँ सम्प्रदान कारक 'के लिए' चिह्न का लोप हो; जैसे—

समस्त पद		**विग्रह**
हथकड़ी	=	हाथ के लिए कड़ी
सत्याग्रह	=	सत्य के लिए आग्रह
युद्धभूमि	=	युद्ध के लिए भूमि
प्रयोगशाला	=	प्रयोग के लिए शाला
रसोईघर	=	रसोई के लिए घर
यज्ञशाला	=	यज्ञ के लिए शाला
देशार्पण	=	देश के लिए अर्पण
छात्रावास	=	छात्रों के लिए आवास
विद्यालय	=	विद्या के लिए आलय
सभाभवन	=	सभा के लिए भवन

(iv) **अपादान तत्पुरुष** (पंचमी तत्पुरुष) जहाँ अपादान कारक चिह्न 'से' (अलग होने का भाव) का लोप हो; जैसे—

समस्त पद	**विग्रह**	**समस्त पद**	**विग्रह**
धनहीन	= धन से हीन	दूरागत	= दूर से आगत
भयभीत	= भय से भीत	जलहीन	= जल से हीन
जन्मान्ध	= जन्म से अन्धा	पापमुक्त	= पाप से मुक्त
ऋणमुक्त	= ऋण से मुक्त	शोकग्रस्त	= शोक से ग्रस्त
गुणहीन	= गुण से हीन	मदांध	= मद से अन्धा
पथभ्रष्ट	= पथ से भ्रष्ट	धर्मविरत	= धर्म से विरत
रोगमुक्त	= रोग से मुक्त	राजद्रोह	= राजा से द्रोह

(v) **सम्बन्ध तत्पुरुष** (षष्ठी तत्पुरुष) जहाँ सम्बन्ध कारक चिह्न 'का', 'की', 'के' का लोप हो जाता है; जैसे—

समस्त पद		**विग्रह**
प्रेमसागर	=	प्रेम का सागर
दिनचर्या	=	दिन की चर्या
भारतरत्न	=	भारत का रत्न
भूदान	=	भू (भूमि) का दान
राष्ट्रगौरव	=	राष्ट्र का गौरव
पुष्पवर्षा	=	पुष्पों की वर्षा
उद्योगपति	=	उद्योग का पति
देशरक्षा	=	देश की रक्षा
गृहस्वामी	=	गृह (घर) का स्वामी
पराधीन	=	दूसरों के अधीन

(vi) **अधिकरण तत्पुरुष** (सप्तमी तत्पुरुष) जहाँ अधिकरण कारक चिह्न 'में', 'पर' का लोप हो; जैसे—

समस्त पद		**विग्रह**
नीतिनिपुण	=	नीति में निपुण
आत्मविश्वास	=	आत्मा पर विश्वास
घुड़सवार	=	घोड़े पर सवार
गृह प्रवेश	=	गृह में प्रवेश
पर्वतारोहण	=	पर्वत पर आरोहण
जलज	=	जल में जन्मा
आपबीती	=	आप पर बीती
ग्रामवास	=	ग्राम में वास
नरोत्तम	=	नरों में उत्तम
जलसमाधि	=	जल में समाधि

तत्पुरुष समास के उपभेद

तत्पुरुष समास के कुछ मुख्य उपभेद भी हैं

1. **नञ तत्पुरुष समास** जिस समास में 'न' पूर्वपद में निषेधसूचक या नकारात्मक शब्दों का प्रयोग हो उसे नञ् तत्पुरुष समास कहते हैं। इसमें अ, अन्, गैर, ना आदि शब्दों का प्रयोग होता है; जैसे–

असभ्य	न सभ्य
नापसंद	ना पसंद
गैरवाजिब	न वाजिब
असम्भव	न सम्भव
अनिष्ट	न इष्ट

2. **उपपद तत्पुरुष** ऐसा समास जिनका उत्तरपद भाषा में स्वतन्त्र रूप से प्रयुक्त न होकर प्रत्यय के रूप में ही प्रयोग में लाया जाता है; जैसे–

नभचर	नभ में विचरण करने वाला
स्वर्णकार	स्वर्ण (सोना) का काम करने वाला
कृतज्ञ	उपकार को मानने वाला

3. **लुप्तपद तत्पुरुष** जब किसी समास में कोई कारक चिह्न अकेला लुप्त न होकर पूरे पद सहित लुप्त हो और तब उसका सामासिक पद बने तो वह लुप्तपद तत्पुरुष समास कहलाता है; जैसे–

ऊँटगाड़ी	ऊँट से चलने वाली गाड़ी
पवनचक्की	पवन से चलने वाली चक्की
वनमानुष	वन में रहने वाला मानुष
जलपोत	जल पर चलने वाल पोत

4. **अलुक् तत्पुरुष** जिस समास में पहले शब्द के बाद कारक-चिह्न किसी-न-किसी रूप में उपस्थित हो, तो वहाँ अलुक् तत्पुरुष समास होता है; जैसे–'मृत्युंजय' में पहले शब्द 'मृत्युम्' में संस्कृत के कर्म कारक की विभक्ति 'म्' उपस्थित है; जैसे–

युधिष्ठिर	युद्ध में (युधिः) स्थिर
धनंजय	धन (कुबेर) को जय करने वाला
मनसिज	मन में (मनसि) जन्म लेने वाला
कर्मणिप्रयोग	कर्म से सम्बन्धित (कर्मणि) प्रयोग

3. कर्मधारय समास

जिस समास में **उत्तरपद प्रधान** हो तथा पूर्वपद व उत्तरपद में विशेषण-विशेष्य अथवा उपमान-उपमेय का सम्बन्ध हो, वह कर्मधारय समास (Appositional Compound) कहलाता है। इस समास में विग्रह करने पर दोनों पदों (पूर्व व उत्तरपद) के मध्य 'के समान', 'है जो' आदि आते हैं; जैसे—

विशेषण-विशेष्य

समस्त पद		विग्रह
कालीमिर्च	=	काली है जो मिर्च
नीलकमल	=	नीला है जो कमल
नीलकंठ	=	नीला है जो कंठ
महापुरुष	=	महान है जो पुरुष
महादेव	=	महान है जो देव
महावीर	=	महान है जो वीर
सज्जन	=	सत है जो जन
सद्गुण	=	सद् हैं जो गुण
पीताम्बर	=	पीत (पीला) है जो अम्बर
नील गगन	=	नीला है जो गगन
महात्मा	=	महान है जो आत्मा
लालटोपी	=	लाल है जो टोपी
पुरुषोत्तम	=	पुरुषों में है जो उत्तम
अधपका	=	आधा है जो पका
श्वेताम्बर	=	श्वेत है जो अम्बर
कृष्णसर्प	=	कृष्ण है जो सर्प

उपमान-उपमेय

समस्त पद		विग्रह
चरणकमल	=	कमल के समान चरण
चन्द्रमुखी	=	चन्द्र के समान मुख वाली
कमलनयन	=	कमल के समान नयन
घनश्याम	=	घन के समान श्याम (काला)
लौहपुरुष	=	लौह के समास पुरुष
मृगलोचन	=	मृग के समान लोचन
चन्द्रमुख	=	चन्द्र के समान मुख
कनकलता	=	कनक के समान लता
प्राणप्रिय	=	प्राणों के समान प्रिय

4. द्विगु समास

जिस समास में **उत्तरपद प्रधान** हो तथा **पूर्वपद संख्यावाचक** हो, द्विगु समास (Numeral Compound) कहलाता है; इसमें विग्रह करने पर समूह या समाहार का बोध होता है; जैसे—

समस्त पद		विग्रह
नवरत्न	=	नौ रत्नों का समूह
सप्तदीप	=	सात दीपों का समूह
सतमंजिल	=	सात मंजिलों का समूह
सप्ताह	=	सात दिनों का समूह
सप्तसिन्धु	=	सात सिन्धुओं सागरों का समूह
दोपहर	=	दो पहरों का समूह
चौराहा	=	चार राहों का समूह
त्रिलोक	=	तीन लोकों का समाहार
त्रिकोण	=	तीन कोणों का समूह
त्रिभुवन	=	तीन भुवनों का समूह
तिरंगा	=	तीन रंगों का समूह
पंचमढ़ी	=	पाँच मढ़ियों का समूह

5. द्वन्द्व समास

जिस समास में **पूर्वपद और उत्तरपद दोनों ही प्रधान** हों अर्थात् अर्थ की दृष्टि से दोनों का स्वतन्त्र अस्तित्व हो और उनके मध्य संयोजक शब्द (और, एवं, या, अथवा) का लोप हो, द्वन्द्व समास कहलाता है। अन्य शब्दों में जहाँ दो पदों के मध्य योजक चिह्न (–) का प्रयोग होता हो, तो द्वन्द्व समास (Copulative Compound) कहलाता है; जैसे—

समस्त पद		विग्रह
माता-पिता	=	माता और पिता
राम-कृष्ण	=	राम और कृष्ण
भाई-बहन	=	भाई और बहन
पाप-पुण्य	=	पाप और पुण्य
सुख-दु:ख	=	सुख और दु:ख
नदी-नाले	=	नदी और नाले
देश-विदेश	=	देश और विदेश
खरा-खोटा	=	खरा और खोटा
आचार-विचार	=	आचार और विचार
उतार-चढ़ाव	=	उतार और चढ़ाव

द्वन्द्व समास के भेद

- **इतरेतर द्वन्द्व** ऐसे द्वन्द्व समास जिनमें दो पद 'और' से जुड़े हों तथा अपना अलग अस्तित्व रखते हों 'इतरेतर द्वन्द्व' कहलाते हैं। इस समास द्वारा निर्मित पद हमेशा बहुवचन में प्रयोग होते हैं, क्योंकि ये दो या दो से अधिक पदों के मेल से बने होते हैं; जैसे–

  भाई और बहन — भाई-बहन
  लड़का और लड़की — लड़का-लड़की

- **समाहार द्वन्द्व** समाहार का शाब्दिक अर्थ समष्टि या समूह होता है। जब द्वन्द्व समास के दोनों पद 'और' समुच्चयबोधक से जुड़े होने के पश्चात् भी अपना अलग-अलग अस्तित्व न रखकर एक ही समूह का बोध कराते हैं, समाहार द्वन्द्व कहलाते हैं; जैसे–

  दाल-रोटी — अर्थात् भोजन के सभी मुख्य पदार्थ,
  धन-धनाढ़य — अर्थात् सब तरह के धनी लोग।

- **वैकल्पिक द्वन्द्व** जिस द्वन्द्व समास में दो पदों के बीच 'या' 'अथवा' आदि विकल्पसूचक अव्यय छिपे हों, उसे वैकल्पिक द्वन्द्व कहते हैं। इसमें विपरीतार्थक शब्दों का योग होता है; जैसे–दिन-रात, पाप-पुण्य आदि

6. बहुव्रीहि समास

जिस समास में न तो पूर्व पद प्रधान होता है और न ही उत्तर पद प्रधान होता है अर्थात् **कोई अन्य पद प्रधान होता है**। वह बहुव्रीहि समास (Attributive Compound) कहलाता है; जैसे—

समस्त पद		विग्रह
महात्मा	=	महान् आत्मा है जिसकी अर्थात् ऊँची आत्मा वाला
नीलकण्ठ	=	नीला कण्ठ है जिनका अर्थात् शिवजी
लम्बोदर	=	लम्बा उदर है जिनका अर्थात् गणेशजी
गिरिधर	=	गिरि को धारण करने वाले अर्थात् श्रीकृष्ण

त्रिलोचन = तीन लोचन (आँखों) वाला अर्थात् शिव
दशानन = दस हैं आनन (मुख) जिसके अर्थात् रावण
मुरधीधर = मुरली धारण करने वाला अर्थात् श्रीकृष्ण
निशाचर = निशा (रात) में विचरण करने वाला अर्थात् राक्षस
चतुर्मुख = चार हैं मुख जिसके अर्थात् ब्रह्म

समास में अन्तर

कर्मधारय और बहुव्रीहि समास में अन्तर

कर्मधारय समास में एक पद **विशेषण** या **उपमान** होता है और दूसरा पद **विशेष्य** या **उपमेय** होता है; जैसे—'लम्बोदर' में 'लम्बा' विशेषण तथा 'उदर' विशेष्य है। इसी प्रकार 'महात्मा' में 'महान' उपमान तथा 'आत्म' उपमेय है। अत: ये दोनों समास कर्मधारय समास के उदाहरण हैं।

जबकि बहुव्रीहि समास में समस्त पद ही किसी **संज्ञा के विशेषण** का कार्य करता है; जैसे—'गिरिधर', गिरि को धारण करने वाला है जो अर्थात् कृष्ण। यहाँ गिरिधर, कृष्ण (संज्ञा) का विशेषण है। इस प्रकार कह सकते हैं कर्मधारय और बहुव्रीहि समास के अन्तर को समझने के लिए इनके विग्रह पर ध्यान देना आवश्यक है; जैसे—

कमलनयन—कमल के समान नयन (कर्मधारय समास)
कमलनयन—कमल के समान नयन वाले अर्थात् विष्णु (बहुव्रीहि समास)
पीताम्बर—पीले हैं जो अम्बर (वस्त्र)—(कर्मधारय समास)
पीताम्बर—पीले अम्बर हैं जिसके अर्थात् कृष्ण—(बहुव्रीहि समास)
नीलकण्ठ—नीला है जो कण्ठ–(कर्मधारय समास)
नीलकण्ठ—नीला है कण्ठ जिसका अर्थात् शिव (बहुव्रीहि समास)

द्विगु और बहुव्रीहि समास में अन्तर

द्विगु समास का पूर्वपद (पहला पद) **संख्यावाची विशेषण** होता है, जो उत्तर पद (दूसरे पद) की संख्या बताता है। इसमें दूसरा पद विशेष्य होता है।

जबकि बहुव्रीहि समास में प्रथम पद संख्यावाचक होने के बाद भी निष्क्रिय होकर द्वितीय पद के साथ मिलकर किसी **तीसरे पद** का निर्माण करता है।

इस प्रकार बहुव्रीहि समास में समस्त पद ही विशेषण का कार्य करता है; जैसे—

चौमासा—चार मासों (महीनों) का समूह (द्विगु समास)
चौमासा—चार मासों का है जो अर्थात् वर्षा ऋतु का (बहुव्रीहि समास)
चतुर्भुज—चार भुजाओं का समूह (द्विगु समास)
चतुर्भुज—चार हैं भुजाएँ जिसकी अर्थात् विष्णु (बहुव्रीहि समास)
दशानन—दस आननों का समूह (द्विगु समास)
दशानन—दस आनन हैं जिसके अर्थात् रावण (बहुव्रीहि समास)

द्विगु और कर्मधारय में अन्तर

द्विगु समास में पहला पद **संख्यावाचक** विशेषण होता है, जो दूसरे पद की संख्या (गिनती) को बताता है। इसमें पहला पद ही **विशेषण** बनकर प्रयोग में आता है; जैसे—'नवग्रह'—नव ग्रहों का समूह।

कर्मधारय समास का एक पद विशेषण होने पर भी संख्यावाचक कभी नहीं होता है। इसमें कोई भी पद दूसरे पद का विशेषण हो सकता है; जैसे—'नवग्रह'—नव हैं जो ग्रह

त्रिभुवन—तीन भुवनों का समूह (द्विगु समास)
त्रिभुवन—तीन हैं जो भुवन (कर्मधारय समास)
नवरत्न—नौ रत्नों का समूह (द्विगु समास)
नवरत्न—नौ हैं जो रत्न (कर्मधारय समास)

सन्धि और समास में अन्तर

- सन्धि और समास दोनों का अर्थ **मेल** होता है, परन्तु सन्धि में वर्णों का (परीक्षा + अर्थी = परीक्षार्थी) [आ + अ] तथा समास में शब्दों का (प्रति + दिन = प्रतिदिन) [शब्द] मेल होता है। अत: समास में दो पदों का योग होता है जबकि सन्धि में दो वर्णों का मेल होता है।
- सन्धि में वर्णों के योग से वर्ण परिवर्तन भी होता है, जबकि समास में ऐसा नहीं होता है। समास का विग्रह होता है, जबकि सन्धि में दो पदों के बीच विच्छेद होता है।

महत्त्वपूर्ण समास विग्रह के उदाहरण

अव्ययीभाव समास

सामासिक पद	विग्रह	सामासिक पद	विग्रह
बारम्बार	बार-बार	अपादमस्तक	पद से लेकर मस्तक तक
प्रत्यक्ष	अक्षि के प्रति	घड़ी-घड़ी	घड़ी के बाद घड़ी
यथाविधि	विधि के अनुसार	निधड़क	बिना धड़क के
बेकाम	काम के बिना	निर्विवाद	बिना विवाद के
प्रत्येक	एक-एक के प्रति	प्रतिमास	हर मास
बेशर्म	बिना शर्म के	अनुकूल	मन के अनुसार
यथाकर्म	कर्म के अनुसार	सरासर	एकदम से
अकारण	बिना कारण के	बीचों-बीच	ठीक बीच में
एकाएक	अचानक ही	हाथों-हाथ	एक हाथ से दूसरे हाथ
परोक्ष	अक्षि (आँख) के परे	यशाशीघ्र	जितना शीघ्र हो
उपकूल	कूल के समीप	बार-बार	हर बार
अभूतपूर्व	जो पूर्व नहीं भूत (हुआ) है	दिनानुदिन	दिन प्रतिदिन
यावज्जीवन	जीवन पर्यंत	अनुरूप	रूप के अनुसार

तत्पुरुष समास

सामासिक पद	विग्रह	समास का नाम
अग्निपक्षी	अग्नि को भक्षण करने वाला	कर्म तत्पुरुष
गृहागत	गृह को आगत (आया हुआ)	कर्म तत्पुरुष
जलधर	जल को धारण करने वाला	कर्म तत्पुरुष
मुँहतोड़	मुँह को तोड़ने वाला	कर्म तत्पुरुष
सुख प्राप्त	सुख को प्राप्त करने वाला	कर्म तत्पुरुष
आतपजीवी	आतप (धूप) से जीने वाला	करण तत्पुरुष
अकालपीड़ित	अकाल से पीड़ित	करण तत्पुरुष
देहचोर	देह से चोर	करण तत्पुरुष
धर्मान्ध	धर्म से अंधा	करण तत्पुरुष
नियमाबद्ध	नियम से आबद्ध	करण तत्पुरुष

सामासिक पद	विग्रह	समास का नाम
गोशाला	गाय के लिए शाला	सम्प्रदान तत्पुरुष
मार्ग व्यय	मार्ग के लिए व्यय	सम्प्रदान तत्पुरुष
राहखर्च	राह के लिए खर्च	सम्प्रदान तत्पुरुष
शिवालय	शिव के लिए आलय	सम्प्रदान तत्पुरुष
फलाकांक्षी	फल के लिए आकांक्षी	सम्प्रदान तत्पुरुष
क्रियाहीन	क्रिया से हीन	अपादान तत्पुरुष
जलजात	जल से जात (उत्पन्न)	अपादान तत्पुरुष
धर्मच्युत	धर्म से च्युत	अपादान तत्पुरुष
बन्धनमुक्त	बन्धन से मुक्त	अपादान तत्पुरुष
वनरहित	वन से रहित	अपादान तत्पुरुष
आनन्दमठ	आनन्द का मठ	सम्बन्ध तत्पुरुष
त्रिपुरारि	त्रिपुर का अरि	सम्बन्ध तत्पुरुष
न्यायालय	न्याय का आलय	सम्बन्ध तत्पुरुष
प्रेमोपहार	प्रेम का उपहार	सम्बन्ध तत्पुरुष
बन्धनागार	बन्धन का आगार	सम्बन्ध तत्पुरुष
आनन्दमग्न	आनन्द में मग्न	अधिकरण तत्पुरुष
फलासक्त	फल में आसक्त	अधिकरण तत्पुरुष
रणवीर	रण में वीर	अधिकरण तत्पुरुष
गृहप्रवेश	गृह में प्रवेश	अधिकरण तत्पुरुष
अगोचर	न गोचर	नञ् तत्पुरुष
अचल	न चल	नञ् तत्पुरुष
अनभिज्ञ	न अभिज्ञ	नञ् तत्पुरुष
अनपढ़	न पढ़	नञ् तत्पुरुष
अन्याय	न न्याय	नञ् तत्पुरुष
अपवित्र	न पवित्र	नञ् तत्पुरुष
अनन्त	न अन्त	नञ् तत्पुरुष
तुलादान	तुला के बराबर करके दिया जाने वाला दान	लुप्तपद तत्पुरुष
अश्रुगैस	अश्रु लाने वाली गैस	लुप्तपद तत्पुरुष
व्यर्थ	जिसका अर्थ चला गया है	लुप्तपद तत्पुरुष
मधुमक्खी	मधु एकत्र करने वाली मक्खी	लुप्तपद तत्पुरुष
मालगाड़ी	माल ढोने वाली गाड़ी	लुप्तपद तत्पुरुष
स्वर्ग	स्वयं गमन करना	उपपद तत्पुरुष
चर्मकार	चर्म का काम करने वाला	उपपद तत्पुरुष
दिनकर	दिन को करने वाला	उपपद तत्पुरुष
नभचर	नभ में विचरण करने वाला	उपपद तत्पुरुष
स्वस्थ	स्व में स्थित रहने वाला	उपपद तत्पुरुष

कर्मधारय समास

सामासिक पद	विग्रह	सामासिक पद	विग्रह
वीरबाला	वीर है जो बाला	भक्तिसुधा	भक्ति रूपी सुधा
छुटभैया	छोटा है जो भैया	महाकवि	महान है जो कवि
मृगनयन	मृग के समान नयन	पीतसागर	पीत है जो सागर
किसलयकोमल	किसलय के समान कोमल	परमेश्वर	परम है जो ईश्वर
प्राणधन	प्राणरूपी धन	नीलोत्पल	नील है जो उत्पल (कमल)
मुखारविन्द	अरविन्द के समान मुख	संसार सागर	संसार रूपी सागर

द्विगु समास

सामासिक पद	विग्रह	सामासिक पद	विग्रह
अठन्नी	आठ आनों का समाहार	पंचपात्र	पाँच पात्रों का समाहार
अष्ठधातु	आठ धातुओं का समाहार	पंचमुख	पाँच मुख का समाहार
तिकोना	तीन कोनों का समाहार	सतसई	सात सौ (दोहा आदि) का समाहार
चौराहा	चार राहों का समाहार	चवन्नी	चार आनों का समाहार
छमाही	छः माह का समाहार	सप्तशती	सात सौ (श्लोक आदि) का समाहार

द्वन्द्व समास

सामासिक पद	विग्रह	सामासिक पद	विग्रह
घर-द्वार	घर और द्वार	गाय-बैल	गाय और बैल
घर-संसार	घर और संसार	दालरोटी	दाल और रोटी
लोटा-डोरी	लोटा और डोरी	अमीर-गरीब	अमीर और गरीब
लव-कुश	लव और कुश	राम-कृष्ण	राम और कृष्ण
नमक-मिर्च	नमक और मिर्च	भाई-बहन	भाई और बहन
भला-बुरा	भला और बुरा	माता-पिता	माता और पिता

बहुव्रीहि समास

सामासिक पद	विग्रह
वीणापाणि	वीणा है पाणि (हाथ) में जिसके अर्थात् सरस्वती
नीलाम्बर	नीला है अम्बर जिसका अर्थात् बलराम
घनश्याम	घन के समान श्याम है जो अर्थात् श्रीकृष्ण
चक्रधर	चक्र को जो धारण करता है अर्थात् विष्णु
जलज	जल में उत्पन्न होता है जो अर्थात् कमल
जलद	जल देता है जो अर्थात् बादल
खगेश	खगों का ईश है जो अर्थात् गरुड़
कपीश	कपियों (बन्दरों) में ईश है जो अर्थात् हनुमान

वस्तुनिष्ठ प्रश्नावली

1. जब प्रथम शब्द संख्यावाची और द्वितीय शब्द संज्ञा हो, तो कौन-सा समास होता है? *(UPTET 2019)*
(a) द्विगु (b) कर्मधारय (c) तत्पुरुष (d) बहुव्रीहि

2. 'आपबीती' शब्द में समास है *(UPTET 2020)*
(a) द्वन्द्व समास (b) कर्मधारय समास
(c) तत्पुरुष समास (d) द्विगु समास

3. 'धानकोठी' में कौन-सा समास है? *(CGPSC Pre 2020)*
(a) अव्ययीभाव (b) कर्मधारय
(c) तत्पुरुष (d) द्विगु

4. 'चरणकमल' में समास है *(UPPSC Pre 2018)*
(a) कर्मधारय (b) बहुव्रीहि
(c) द्वन्द्व (d) तत्पुरुष

5. इनमें से कौन-सा कथन पूरी तरह तत्पुरुष समास से सम्बन्धित है? *(UPSSSC कनिष्ठ सहायक परीक्षा 2020)*
(a) इसमें पूर्व पद प्रधान होता है
(b) इसमें पूर्व पद संख्यावाची होता है
(c) इसमें प्रायः उत्तर पद प्रधान होता है
(d) इसमें पूर्व पद अव्यय होता है

6. जिस सामासिक शब्द में पूर्व पद और उत्तर पद गौण होते हैं और कोई तीसरा पद प्रधान होता है, वहाँ कौन-सा समास होता है? *(UPSSSC कनिष्ठ सहायक परीक्षा 2020)*
(a) बहुव्रीहि (b) कर्मधारय (c) तत्पुरुष (d) द्वन्द्व

7. योगी शिवेन्द्र कुशासन पर विराजमान हैं। रेखांकित पद में समास है *(HTET 2018)*
(a) मध्यम पद लोपी तत्पुरुष (b) कर्मधारय
(c) बहुव्रीहि (d) द्वन्द्व

8. दो-या-दो से अधिक शब्दों के मेल से नए शब्द बनाने की क्रिया को .... कहते हैं। *(उत्तराखण्ड 'समूह-घ' परीक्षा 2019)*
(a) अलंकार (b) समास (c) विशेषण (d) रस

9. द्विगु समास के उदाहरण चुनिए *(उत्तराखण्ड 'समूह-घ' परीक्षा 2019)*
(a) चौमासा (b) नवरत्न (c) पंचवटी (d) ये सभी

10. 'यथासम्भव' में कौन-सा समास है? *(UPSSSC VDO 2017)*
(a) अव्ययीभाव (b) कर्मधारय (c) तत्पुरुष (d) द्विगु

11. 'देशनिकाला' का सामासिक विग्रह होगा *(मध्य प्रदेश व्यावसायिक परीक्षा 2017)*
(a) देश का निकला (b) देश में निकला
(c) देश में निकाला (d) देश से निकाला

12. 'पंचपात्र' में कौन-सा समास है? *(मध्य प्रदेश व्यावसायिक परीक्षा 2017)*
(a) कर्मधारय समास (b) द्वन्द्व समास
(c) द्विगु समास (d) तत्पुरुष समास

13. 'कर्मधारय' और 'द्विगु' समास आते हैं *(मध्य प्रदेश विस्तार अधिकारी 2017)*
(a) अव्ययीभाव समास के अन्तर्गत
(b) बहुव्रीहि समास के अन्तर्गत
(c) द्वन्द्व समास के अन्तर्गत
(d) तत्पुरुष समास के अन्तर्गत

14. 'मृगनयन' में समास है *(UPSSSC 2016)*
(a) अव्ययीभाव (b) कर्मधारय
(c) तत्पुरुष (d) द्वन्द्व

15. किस शब्द में तत्पुरुष समास है? *(UPTET 2020)*
(a) दौड़धूप (b) त्रिभुवन
(c) पीताम्बर (d) मधुमक्खी

16. निम्नलिखित में द्वन्द्व समास है *(MPPSC Pre 2016)*
(a) यथासम्भव (b) देशभक्ति
(c) देशविदेश (d) पीताम्बर

17. समास के कितने भेद हैं? *(CGPSC Pre 2020)*
(a) तीन (b) चार (c) पाँच (d) छः

18. किस समास में शब्दों के मध्य में संयोजक शब्द का लोप होता है?
(a) द्विगु (b) तत्पुरुष
(c) द्वन्द्व (d) अव्ययीभाव

19. पूर्वपद संख्यावाची शब्द है *(UPTET 2016)*
(a) अव्ययीभाव (b) द्वन्द्व
(c) कर्मधारय (d) द्विगु

20. 'अनुरूप' समस्त पद में कौन-सा समास है? *(UPTET 2016)*
(a) तत्पुरुष (b) कर्मधारय
(c) अव्ययीभाव (d) बहुव्रीहि

21. 'देशान्तर' में कौन-सा समास है? *(UPSSSC लेखपाल भर्ती परीक्षा 2015)*
(a) बहुव्रीहि (b) द्विगु
(c) द्वन्द्व (d) कर्मधारय

22. 'चौमासा' में समास है *(DSSSB असिस्टेंट टीचर परीक्षा 2015)*
(a) द्वन्द्व (b) कर्मधारय
(c) द्विगु (d) तत्पुरुष

23. 'पंचामृत' में कौन-सा समास है? *(CGPSC परीक्षा 2015)*
(a) तत्पुरुष (b) द्वन्द्व
(c) कर्मधारय (d) द्विगु

24. 'त्रिवेणी' शब्द में कौन-सा समास है? *(UPSSSC लेखपाल परीक्षा 2015)*
(a) द्वन्द्व (b) कर्मधारय
(c) बहुव्रीहि (d) द्विगु

25. 'देव जो महान् है' यह किस समास का उदाहरण है? *(UPSSSC कनिष्ठ सहायक परीक्षा 2015)*
(a) तत्पुरुष (b) अव्ययीभाव
(c) कर्मधारय (d) बहुव्रीहि

26. 'योगदान' में कौन-सा समास है? *(UPSSSC कनिष्ठ सहायक परीक्षा 2015)*
(a) बहुव्रीहि (b) अव्ययीभाव
(c) तत्पुरुष (d) कर्मधारय

27. निम्नलिखित में कर्मधारय समास किसमें है? *(उपनिरीक्षक सीधी भर्ती परीक्षा 2014)*
(a) चक्रपाणि (b) चतुर्युग
(c) नीलोत्पल (d) माता-पिता

28. 'चतुरानन' में समास है *(उपनिरीक्षक सीधी भर्ती परीक्षा 2014)*
(a) कर्मधारय (b) बहुव्रीहि (c) द्विगु (d) द्वन्द्व

29. कौन-सा शब्द बहुव्रीहि समास का सही उदाहरण है? *(उपनिरीक्षक सीधी भर्ती परीक्षा 2014)*
(a) निशिदिन (b) त्रिभुवन (c) पंचानन (d) पुरुषसिंह

30. 'चौराहा' में कौन-सा समास है? *(उपनिरीक्षक सीधी भर्ती परीक्षा 2014)*
(a) बहुव्रीहि (b) तत्पुरुष
(c) अव्ययीभाव (d) द्विगु

31. 'भाई-बहन' में कौन-सा समास है?
(a) द्वन्द्व (b) बहुव्रीहि (c) अव्ययीभाव (d) द्विगु

32. 'स्वर्णघट' का विग्रह है *(RPSC पुलिस सब-इंस्पेक्टर परीक्षा 2001)*
(a) स्वर्ण में घट (b) घट में स्वर्ण
(c) स्वर्ण का घट (d) घट के लिए स्वर्ण

33. अव्ययीभाव समास का उदाहरण है *(RPSC पुलिस सब-इंस्पेक्टर परीक्षा 2001)*
(a) लवकुश (b) भरपेट (c) त्रिभुवन (d) छत्रधारी

34. शताब्दी में समास है *(RPSC पुलिस सब-इंस्पेक्टर परीक्षा 2001)*
(a) द्वन्द्व (b) द्विगु (c) कर्मधारय (d) तत्पुरुष

35. पीताम्बर में समास है *(UP बी.एड. प्रवेश परीक्षा 2010)*
(a) तत्पुरुष (b) अव्ययीभाव (c) बहुव्रीहि (d) द्विगु

36. तत्पुरुष समास है
(a) शताब्दी (b) चौमासा (c) भाई-बहन (d) पदप्राप्त

37. 'गर्व शून्य' शब्द में समास है *(UP बी.एड. प्रवेश परीक्षा 2010)*
(a) कर्म तत्पुरुष (b) करण तत्पुरुष
(c) सम्प्रदान तत्पुरुष (d) अपादान तत्पुरुष

38. 'रसगुल्ला' में कौन-सा समास है?
(a) तत्पुरुष (b) बहुव्रीहि
(c) अव्ययीभाव (d) द्विगु

39. निम्नलिखित में से किस शब्द में समास और सन्धि दोनों हैं? *(RPSC पुलिस सब-इंस्पेक्टर परीक्षा 2011)*
(a) यज्ञशाला (b) स्वधर्म (c) जलोष्मा (d) पंकज

40. अधिकरण तत्पुरुष में *(RPSC पुलिस सब-इंस्पेक्टर परीक्षा 2011)*
(a) पहला पद प्रधान होता है (b) दूसरा पद प्रधान होता है
(c) दोनों पद प्रधान होते हैं (d) प्रथम एवं तृतीय पद प्रधान होते हैं

41. 'राजपुत्र' शब्द में कौन-सा समास है?
(a) बहुव्रीहि (b) तत्पुरुष
(c) द्विगु (d) कर्मधारय

42. 'हाथोंहाथ' शब्द में प्रयुक्त समास है *(RRBTC/EECG परीक्षा HP इलेक्शन कानूनगो 2010)*
(a) अव्ययीभाव (b) तत्पुरुष
(c) द्वन्द्व (d) द्विगु

43. 'पंचानन' में कौन-सा समास है? *(UP वन विभाग 2015)*
(a) तत्पुरुष (b) बहुव्रीहि
(c) कर्मधारय (d) द्विगु

44. 'सतसई' में कौन-सा समास है? *(CGPSC Pre 2016/UP वन विभाग 2015)*
(a) कर्मधारय (b) द्विगु
(c) द्वन्द्व (d) तत्पुरुष

45. 'गंगाजल' शब्द में समास का भेद बताइए *(UP वन विभाग 2015)*
(a) तत्पुरुष (b) द्वन्द्व
(c) अव्ययीभाव (d) कर्मधारय

46. 'वाचस्पति' किस समास का समस्तपद है? *(UPSSSC लेखपाल परीक्षा 2015)*
(a) नञ् तत्पुरुष (b) अलुक् तत्पुरुष
(c) सम्बन्ध तत्पुरुष (d) बहुव्रीहि

47. 'निर्विवाद' में समास है *(UPTET 2013)*
(a) कर्मधारय (b) अव्ययीभाव
(c) तत्पुरुष (d) बहुव्रीहि

48. निम्न में तत्पुरुष समास का उदाहरण है *(UPTET 2013)*
(a) एकतरफा (b) धनंजय
(c) आत्मनिर्भर (d) वक्रतुण्ड

49. 'उपकूल' में कौन-सा समास है? *(UPTET 2014)*
(a) द्वन्द्व (b) द्विगु
(c) अव्ययीभाव (d) तत्पुरुष

50. 'पतझड़' में समास है *(REET 2016)*
(a) करण तत्पुरुष (b) कर्म तत्पुरुष
(c) बहुव्रीहि (d) द्वन्द्व

51. 'नीलकमल' में कौन-सा समास है? *(CGPSC Pre 2020)*
(a) बहुव्रीहि (b) कर्मधारय (c) द्विगु (d) द्वन्द्व

निर्देश (*प्र.सं.* 52-53) *उपयुक्त समास चिह्नित कीजिए।*

52. पथभ्रष्ट *(UPSSSC कनिष्ठ सहायक परीक्षा 2016)*
(a) द्वन्द्व (b) तत्पुरुष
(c) कर्मधारय (d) अव्ययीभाव

53. अष्टाध्यायी *(UPSSSC कनिष्ठ सहायक परीक्षा 2016)*
(a) द्विगु (b) कर्मधारय
(c) तत्पुरुष (d) बहुव्रीहि

54. निम्नांकित में द्विगु समास नहीं है *(MPPSC Pre 2016, 15)*
(a) शताब्दी (b) नकटा
(c) अष्टभुजा (d) चतुर्भुज

55. 'मृत्युंजय' पद में कौन-सा सही है? *(UPTET 2018)*
(a) द्विगु (b) कर्मधारय
(c) बहुव्रीहि (d) द्वन्द्व

56. 'यावज्जीवन' पद में समास है *(HTET 2018)*
(a) अव्ययीभाव (b) तत्पुरुष
(c) कर्मधारय (d) बहुव्रीहि

57. निम्नांकित में से किस शब्द में तत्पुरुष समास है? *(UPTET 2017)*
(a) वाचस्पति (b) घनश्याम
(c) त्रिभुवन (d) चन्द्रशेखर

58. 'वनगमन' में समास है *(CGTET 2017)*
(a) द्वन्द्व समास (b) तत्पुरुष समास
(c) कर्मधारय (d) अव्ययीभाव समास

59. सप्तर्षि में समास है *(UPPCS 2016)*
(a) कर्मधारय (b) तत्पुरुष
(c) द्वन्द्व (d) द्विगु

60. 'अजातशत्रु' में कौन-सा समास है? *(UPTET 2016)*
(a) तत्पुरुष (b) द्वन्द्व (c) कर्मधारय (d) बहुव्रीहि

61. 'चन्द्रशेखर' शब्द में समास है *(UPTET 2013)*
(a) तत्पुरुष (b) द्विगु (c) बहुव्रीहि (d) कर्मधारय

62. निम्नलिखित में से द्विगु समास का उदाहरण है *(HTET 2012)*
(a) त्रिभुवन (b) त्रिनेत्र (c) एकदन्त (d) दशानन

63. द्विगु समास का उदाहरण है *(UPTET 2011)*
(a) माता-पिता (b) यथाशक्ति (c) नवग्रह (d) पीताम्बर

64. निम्न में से किस शब्द में बहुव्रीहि समास है? *(HTET 2014)*
(a) चौराहा (b) पंसेरी (c) शताब्दी (d) पंजाब

65. 'पॉकिटमार' शब्द में समास है *(CGTET 2011)*
(a) अव्ययीभाव (b) तत्पुरुष
(c) कर्मधारय (d) द्वन्द्व

66. निम्नांकित शब्दों में से 'सम्बन्ध बहुव्रीहि' सामासिक शब्द है
(a) दशानन (b) लुप्तपद (c) प्राप्तोदक (d) उपहृतपशु

67. कौन-सा शब्द अव्ययीभाव समास का उदाहरण है? *(UPTET 2011)*
(a) नवग्रह (b) गाँठकर (c) महात्मा (d) आमरण

68. 'यथाशीघ्र' शब्द का समास बताइए। *(UPTET 2011)*
(a) अव्ययीभाव (b) द्वन्द्व
(c) कर्मधारय (d) तत्पुरुष

69. 'जनतन्त्र' शब्द निम्नांकित में से किस समास-प्रकार के अन्तर्गत है? *(CGTET 2011)*
(a) सम्प्रदान तत्पुरुष समास (b) कर्म तत्पुरुष समास
(c) सम्बन्ध तत्पुरुष समास (d) करण तत्पुरुष समास

70. 'अष्टाध्यायी' में समास है *(BTET 2011)*
(a) द्वन्द्व (b) द्विगु
(c) तत्पुरुष (d) कर्मधारय

उत्तरमाला

1. (a)	2. (c)	3. (c)	4. (a)	5. (c)	6. (a)	7. (b)	8. (b)	9. (d)	10. (a)
11. (d)	12. (c)	13. (d)	14. (b)	15. (d)	16. (c)	17. (d)	18. (c)	19. (d)	20. (c)
21. (d)	22. (c)	23. (d)	24. (d)	25. (c)	26. (d)	27. (c)	28. (b)	29. (d)	30. (d)
31. (a)	32. (c)	33. (b)	34. (b)	35. (c)	36. (d)	37. (b)	38. (a)	39. (c)	40. (b)
41. (b)	42. (a)	43. (d)	44. (b)	45. (a)	46. (b)	47. (b)	48. (c)	49. (c)	50. (c)
51. (b)	52. (b)	53. (a)	54. (b)	55. (c)	56. (a)	57. (a)	58. (b)	59. (d)	60. (d)
61. (c)	62. (a)	63. (c)	64. (d)	65. (b)	66. (a)	67. (d)	68. (a)	69. (c)	70. (b)

अध्याय 7

उपसर्ग-प्रत्यय

किसी भी मूल शब्द के पहले या बाद में किसी शब्दांश को जोड़कर नए शब्दों का निर्माण किया जा सकता है। ये शब्दांश भाषा में स्वतन्त्र रूप से प्रयुक्त नहीं होते, इसलिए इन्हें शब्दांश कहा जाता है। पूर्व भाग में लगने वाले शब्दांश उपसर्ग तथा बाद में लगने वाले शब्दांश प्रत्यय कहलाते हैं।

उपसर्ग

- 'उपसर्ग' दो शब्दों (उप + सर्ग) के योग से निर्मित हुआ है। 'उप' का अर्थ 'समीप', 'निकट' या 'पास में' है, जबकि 'सर्ग' का अर्थ सृष्टि करना है।
- ऐसे शब्दांश जो शब्दों के प्रारम्भ (आदि) में जुड़कर उनके अर्थ में कुछ विशेषता लाते हैं या नए शब्द का निर्माण करते हैं, उपसर्ग (Prefixes) कहलाते हैं; जैसे—'हार' के पहले 'प्र' उपसर्ग लगा दिया जाए, तो नया शब्द 'प्रहार' बन गया, जिसका नया अर्थ हुआ 'मारना'।
- उपसर्ग को **आदि प्रत्यय** भी कहा जाता है, क्योंकि इसका प्रयोग शब्द के आदि (प्रारम्भ) में किया जाता है।

हिन्दी भाषा में प्रयुक्त होने वाले उपसर्ग निम्न भागों में विभक्त किए जा सकते हैं

1. संस्कृत के उपसर्ग (तत्सम्) [कुल = 22]
2. हिन्दी के उपसर्ग (तद्‌भव) [कुल = 10]
3. आगत उपसर्ग (उर्दू/अरबी-फ़ारसी/अंग्रेज़ी)

1. संस्कृत के उपसर्ग (तत्सम्)

संस्कृत के कुल 22 उपसर्ग हैं किन्तु 'निस्', 'निर्' तथा 'दुस्', 'दुर्' में कोई अन्तर नहीं होता है, अतः 'संस्कृत' भाषा के 19 उपसर्ग उन तत्सम् शब्दों के साथ प्रयुक्त होते हैं जिनका प्रयोग 'हिन्दी' भाषा में होता है, इसलिए इन्हें 'तत्सम्' उपसर्ग भी कहा जाता है।

संस्कृत के उपसर्ग

उपसर्ग	अर्थ	उदाहरण
अति	अधिक, सीमा से परे	अतिवृद्धि, अत्युक्ति, अत्याचार
अधि	अधिक, ऊपर, श्रेष्ठ समीपता	अधिकृत, अध्यवसाय, अधिकार
अनु	पीछे, क्रम, समानता	अनुमान, अनुकूल, अनुप्रास
अप	बुरा, अभाव, विपरीत	अपराध, अपहरण, अपशब्द
अभि	सामने, अधिक, अच्छा	अभिमान, अभिलाषा, अभियान
अव	पतन, हीनता	अवनति, अवगुण, अवमानना
आ	तक, सब तरफ से, ओर	आदर, आडम्बर, आचरण
उत्, उद्	ऊपर, अधिक	उद्‌भव, उत्संग, उद्‌गम, उत्पात, उत्पन्न
उप	समीप, सहायक, छोटा	उपयुक्त, उपहार, उपद्रव, उपसम्पादक
दुः (दुर्, दुस्)	बुरा, दुष्ट, कठिन	दुर्गम, दुष्कर, दुर्लंघ्य, दुर्लभ, दुर्जन
नि	बहुत-नीचे, अलावा	निवास, निवेदन, निकट, निबन्ध, निदान
निः (निस्, निर्)	बिना, बाहर, निषेध	निर्देश, निराकरण, निर्जीव, निष्काम, निःशब्द
परा	विपरीत, अनादर	पराधीन, पराकाष्ठा, परार्द्ध, परामर्श, पराविद्या
परि	चारों ओर, आस-पास	परिचय, परिणाम, परिसर, परित्याग
प्र	अधिक, ऊपर, आगे, गति	प्रणाम, प्रख्यात, प्रगति, प्रवेग, प्रयोग
प्रति	विपरीत, समान, प्रत्येक परिवर्तन	प्रतिकूल, प्रतिमूर्ति, प्रतिदिन, प्रतिहिंसा
वि	विशेष, रहित, विपरीत भिन्न	विहार, विरह, विपक्ष, वियोग, विदेश, विवाद, विमर्श
सम्	संयोग, पूर्णता	सन्तोष, संचय, सम्भाषण, सन्देश
सु	अच्छा, सरल	स्वागत, सुवासित, सुअवसर, सुकवि

2. हिन्दी के उपसर्ग (तद्‌भव)

हिन्दी के उपसर्ग मूलतः संस्कृत से ही विकसित हुए हैं। इनकी कुल संख्या 10 है, जो निम्न हैं

हिन्दी के उपसर्ग

उपसर्ग	अर्थ	उदाहरण
अ/अन्	निषेध, अभाव	अपढ़, अलग, अनाम, अजान, अथाह, अनपढ़, अनमोल, अनगढ़, अनिच्छा
अध्	आधा	अधखिला, अधपका, अधकचरा
उन	एक कम	उनचास, उनहत्तर, उनतालीस
औ (अव)	हीनता, नहीं	औघड़, औघट, अवगुण
क, कु	बुरा	कुपात्र, कुलेख कुपूत, कुचाल
स, सु	अच्छा, सहित	सगोत्र, सरस, सहित, सजग, सुकर्म, सुपूत, सुजान

उपसर्ग	अर्थ	उदाहरण
दु	बुरा, हीन	दुकाल, दुलारा, दुसाध्य
नि	नहीं, अभाव	निधड़क, निडर, निकम्मा
बिन	बिना, निषेध	बिनबादल, बिनपाए, बिनब्याहा
भर	पूरा	भरपूर, भरपेट, भरमार, भरसक

3. आगत उपसर्ग (विदेशी)

हिन्दी में विदेशी भाषाओं से आए आगत उपसर्ग मुख्यत: उर्दू (अरबी, फ़ारसी) भाषा से विकसित हुए हैं, जो निम्न हैं

उर्दू के उपसर्ग (अरबी, फ़ारसी)

उपसर्ग	अर्थ	उदाहरण
कम	थोड़ा, हीन	कमज़ोर, कमअक्ल, कमउम्र
खुश	अच्छा	खुशबू, खुशदिल, खुशहाल
गैर	नहीं, अभाव	गैरहाजिर, गैर-कानूनी, गैर-सरकारी
दर	में	दरअसल, दरमियान, दरकार
ना	अभाव	नापसन्द, नासमझ, नाराज़
ब	अनुसार में	बनाम, बदस्तूर, बदौलत
अल	निश्चित	अलबत्ता, अलमस्त, अलगरज़
बिल	के साथ	बिल्कुल, बिलआखिर, बिलवजह
बर	ऊपर, पर, बाहर	बरदाश्त, बरखास्त
फ़िल/फी	में, प्रति	फिलहाल, फ़ीआदमी
बद	बुरा	बदमाश, बदनीयत, बदतमीज़
बा	साथ	बाइंसाफ, बाकायदा, बावफा
बिला	बिना	बिलाकसूर, बिलाशक
बे	बिना	बेइमान, बेचारा
ला	बिना	लाचार, लाजबाव
सर	मुख्य	सरदार, सरताज
हम	बराबर	हमउम्र, हमवतन
हर	प्रत्येक	हररोज, हरएक

अंग्रेजी के उपसर्ग

हिन्दी में विदेशी भाषा (अंग्रेजी) से आए आगत उपसर्ग मुख्यत: निम्न हैं

अंग्रेज़ी के उपसर्ग

उपसर्ग	अर्थ	उदाहरण
सब	अधीन, नीचे	सब-जज, सब-कमेटी
डिप्टी	सहायक	डिप्टी कलेक्टर, डिप्टी रजिस्ट्रार
वाइस	सहायक	वाइसराय, वाइस चांसलर
जनरल	प्रधान	जनरल मैनेजर, जनरल सेक्रेटरी
चीफ	प्रमुख	चीफ-मिनिस्टर, चीफ-इन्जीनियर
हेड	मुख्य	हेड मास्टर, हेड क्लर्क
डबल	दुगुना	डबलरोटी, डबल बेड
फुल	पूरा	फुल शर्ट, फुल प्रूफ
हाफ	आधा	हाफ शर्ट, हाफ पैंट

प्रत्यय

- 'प्रत्यय' दो शब्दों से बना है— प्रति + अय। 'प्रति' का अर्थ है 'साथ में, पर बाद में जबकि 'अय' का अर्थ 'चलने वाला' है। अत: 'प्रत्यय' का अर्थ हुआ—शब्दों के साथ, पर बाद में चलने वाला या लगने वाला।
- ऐसे शब्दांश जो शब्दों के अन्त में जुड़कर उनके अर्थ में कुछ परिवर्तन कर देते हैं या नए शब्द का निर्माण करते हैं, प्रत्यय (Suffixes) कहलाते हैं; जैसे— सफल + ता = सफलता
  अच्छा + ई = अच्छाई

यहाँ 'ता' और 'आई' दोनों शब्दांश प्रत्यय हैं, जो 'सफल' और 'अच्छा' मूल शब्द के बाद में जोड़ दिए जाने पर 'सफलता' और 'अच्छाई' शब्द की रचना करते हैं।

प्रत्यय के भेद

प्रत्यय के दो भेद कृत् प्रत्यय व तद्धित प्रत्यय होते हैं

1. कृत् प्रत्यय

- वे प्रत्यय जो क्रिया या धातु के अन्त में प्रयुक्त होते हैं, कृत् प्रत्यय कहलाते हैं। कृत् प्रत्यय से बने शब्द कृदन्त शब्द कहलाते हैं;
- जैसे-पढ़ना (क्रियापद) + वाला (कृत् प्रत्यय) = पढ़ने वाला (कृदन्त शब्द)। कृदन्त या कृत् प्रत्यय पाँच प्रकार के होते हैं
  1. कर्तृवाचक कृदन्त
  2. कर्मवाचक कृदन्त
  3. करणवाचक कृदन्त
  4. भाववाचक कृदन्त
  5. क्रियावाचक कृदन्त
- हिन्दी एवं संस्कृत के कृत् प्रत्ययों का हिन्दी भाषा में महत्त्वपूर्ण स्थान है। हिन्दी के लगभग सभी कृत् प्रत्यय संस्कृत के कृत् प्रत्ययों से ही विकसित हुए हैं। हिन्दी एवं संस्कृत के महत्त्वपूर्ण कृत् प्रत्यय निम्नलिखित हैं

हिन्दी के कृत् प्रत्यय

प्रत्यय	मूल क्रिया	उदाहरण
अ	लूट्, खेल्	लूट, खेल
अक	लेख, पाठ	लेखक, गायक, पाठक
अन्त	लड़, पिट्	लड़न्त, पिटन्त
अन	जल्, ले	जलन, लेन
अना	पढ़, दे	पढ़ना, देना
आ	मेल, बैठ	मेला, बैठा
आई	खेल, लिख्	खेलाई, लिखाई
आऊ	टिक्, खा	टिकाऊ, खाऊ
आन	उठ्, मिल्	उठान, मिलान
आव	घुम् , जम्	घुमाव, जमाव
आवा	छल्, बहक्	छलावा, बहकावा
आवना	सुह, डर	सुहावना, डरावना
आक, आका, आकू	तैर, लड़ा, पढ़	तैराक, लड़ाका, पढ़ाकू
आप, आपा	मिल्, पुज्	मिलाप, पुजापा
आहट	घबर, झनझन	घबराहट, झनझनाहट
आस	पी, मीठा	प्यास, मिठास
ओड़, ओड़ा	भाग, हँस,	भगोड़ा, हँसोड़

प्रत्यय	मूल क्रिया	उदाहरण
औता, औती	समझ्, चुन्	समझौता, चुनौती
औना, औनी, आवनी	खेल्, मिच्, डर्	खिलौना, मिचौनी, डरावनी
इया	छल, घट	छलिया, घटिया
ई	घुड़क्, लग्	घुड़की, लगी
ऊ	मार्, काट्	मारू, काटू
एरा	लूट्, बस्	लुटेरा, बसेरा
ऐया	हँस, बच	हँसैया, बचैया
ऐत	लड़, बिगड़	लड़ैत, बिगड़ैत
का	छील, फूल	छिलका, फूलका
ना	ओढ़, पढ़	ओढ़ना, पढ़ना, खाना
नी	चट, छल	चटनी, छलनी, कहानी
वाला	जा, सो	जानेवाला, सोनेवाला

संस्कृत के कृत् प्रत्यय

प्रत्यय	मूल धातु	उदाहरण
क्तिन् (ति)	दृश्, कृ	दृष्टि, कृति
तव्य	गम्, रक्ष्	गन्तव्य, रक्षितव्य
क्त	पठ्, दा	पठित, दत्त
अनीय	कथ्, रक्ष	कथनीय, रक्षणीय
यत् (य)	लभ्, गम्	लभ्य, गम्य
तृच् (तृ)	दा, कृ	दातृ, कर्तृ
अक्	पाठ्, लेख	पाठक, लेखक
घञ्	धृ, भृ	धर, भर

2. तद्धित प्रत्यय

- वे प्रत्यय जो क्रिया या धातु को छोड़कर अन्य शब्दों; जैसे-संज्ञा, सर्वनाम, विशेषण व अव्यय में जुड़ते हैं, तद्धित प्रत्यय कहलाते हैं।
- तद्धित प्रत्यय से बने शब्द **तद्धितांत** शब्द कहलाते हैं; जैसे-नील + इमा = नीलिमा; यहाँ 'इमा' तद्धित प्रत्यय तथा 'नीलिमा' तद्धितांत शब्द है।
- हिन्दी के लगभग सभी तद्धित प्रत्यय संस्कृत के तद्धित प्रत्ययों से ही विकसित हुए हैं।
- तद्धित प्रत्यय के नौ भेद होते हैं

i. कर्तृवाचक ii. भाववाचक iii. सम्बन्धवाचक
iv. गणनावाचक v. गुणवाचक vi. स्थानवाचक
vii. सादृश्यवाचक viii. ऊनवाचक ix. स्त्रीवाचक

हिन्दी के तद्धित प्रत्यय

प्रत्यय	मूल शब्द	उदाहरण
आ	भूख, प्यास	भूखा, प्यासा
आई	विदा, ठाकुर	विदाई, ठकुराई
आलु	दया, श्रद्धा	दयालु, श्रद्धालु
आन	ऊँचा, नीचा	ऊँचान, निचान
आना	तेलंग, बघेल	तेलंगाना, बघेलाना
आर	कुम्भ, सोना	कुम्भार, सोनार
आरी, आरा	हत्या, घास	हत्यारा, घसियारा
आल, आला	ससुर, दया	ससुराल, दयाला
आवट	नीम, आम	निमावट, अमावट
आस	मीठा, खट्टा	मिठास, खटास
आहट	चिकना, कड़ुआ	चिकनाहट, कड़ुवाहट
इया	दुःख, भोजपुर	दुखिया, भोजपुरिया
इमा	लालि, अरूण	लालिमा, महिमा, अरुणिमा
इक	शरीर, धर्म	शारीरिक, नैतिक, धार्मिक
इत	पुष्प, आनन्द	पुष्पित, आनंदित, क्रोधित
ई	खेत, सुस्त	खेती, सुस्ती
ईला	रंग, जहर	रंगीला, जहरीला
उ	दया, कृपा	दयालु, कृपालु, शंकालु
ऊ	गँवार, बाज़ार	गँवारू, बाज़ारू
एरा	मामा, चाचा	ममेरा, चचेरा
एड़ी	भांग, गाँजा	भँगेड़ी, गँजेड़ी
ऐला	विष, कस	विषैला, कसैला
औती	काठ, मान	कठौती, मनौती
ओला	साँप, खाट	सँपोला, खटोला
क	ढोल, बाल	ढोलक, बालक
ऐल	झगड़ा, तोंद	झगड़ैल, तोंदैल
त	संग, रंग	संगत, रंगत
त्व	मनुष्य, पशु	मनुष्यत्व, पशुत्व
वत्	पुत्र, मातृ	पुत्रवत्, मातृवत्
पन	मैला, लड़का	मैलापन, लड़कपन
पा	बहन, बूढ़ा	बहनापा, बुढ़ापा
मान	बुद्धि, शक्ति	बुद्धिमान, शक्तिमान
हारा	लकड़ी, पानी	लकड़हारा, पनिहारा
स	उष्मा, तम	उमस, तमस
सा	पीला, नीला	पीला-सा, नीला-सा
ता	मधुर, मनुज	मधुरता, मनुजता
जा	भाव प्रधान	भतीजा, भानजा
हरा	एक, तीन	एकहरा, तिहरा
वाँ	पाँच, छः	पाँचवाँ, नौवाँ, सातवाँ
वाला	टोपी, धन	टोपीवाला, धनवाला
वान	गुण, धन, रूप	गुणवान, धनवान, रूपवान
ला	पहल, नहल	पहला, नहला
टा	रोंग, कलू	रोंगटा, कलूटा, चोट्टा
टी	चोट, लँगोट	चोटी, लँगोटी, कलूटी

संस्कृत के तद्धित प्रत्यय

प्रत्यय	मूल शब्द	उदाहरण
अ	मृदु, गुरु	मार्दव, गौरव
आयन	तिलक, वत्स	तिलकायन, वात्स्यायन
इक	मुख, मातृ	मौखिक, मातृक
इत्	पुष्प, तृषा	पुष्पित, तृषित
इम्	पश्च, अग्र	पश्चिम, अग्रिम
इमा	हरित, महा	हरीतिमा, महिमा
इय्	क्षत्र	क्षत्रिय
इष्ठ	भूमि, धर्म	भूमिष्ठ, धर्मिष्ठ
ई	वसन्त, लोभ	वसन्ती, लोभी
ईन्	काल, नव	कालीन, नवीन
ईय	मत्, नगर	मदीय, नगरीय
एय	राधा, विनिता	राधेय, वैनतेय

प्रत्यय	मूल शब्द	उदाहरण
इका	प्रकाश, काशी	प्रकाशिका, काशिका
क	बाल, नीति	बालक, नीतिक या नैतिक
तः	वस्तु, मूल	वस्तुतः, मूलतः
ता	शिशु, लघु	शिशुता, लघुता
त्व	पुरुष, स्त्री	पुरुषत्व, स्त्रीत्व
त्र	यत्, कु	यत्र, कुत्र
था	सर्व, अन्य	सर्वथा, अन्यथा
दा	फल, सर्व	फलदा, सर्वदा
धा	द्वि, बहु	द्विधा, बहुधा
मान्	शक्ति, श्री	शक्तिमान्, श्रीमान्
वान्	श्रद्धा, धन	श्रद्धावान्, धनवान्
वत्	पुत्र, ब्राह्मण	पुत्रवत्, ब्राह्मणवत्
वी	यश, तेज	यशस्वी, तेजस्वी
श	तर्क, कर्क	तर्कश, कर्कश
शः	बहु, शत	बहुशः, शतशः
सात्	आत्म, भूमि	आत्मसात्, भूमिसात्
य	सम, शरण	साम्य, शरण्य
ल	वत्स, बहु	वत्सल, बहुल
मय	तप, शान्ति	तपोमय, शान्तिमय

कृत प्रत्यय एवं तद्धित प्रत्यय में समानता एवं अन्तर

- कृत् प्रत्यय एवं तद्धित प्रत्यय में मुख्य समानता यह है कि दोनों प्रकार के प्रत्ययों से निर्मित होने वाले शब्द संज्ञा या विशेषण होते हैं।
- कृत् प्रत्यय एवं तद्धित प्रत्यय में मुख्य अन्तर यह है कि कृत् प्रत्यय मुख्यतः धातुओं में लगते हैं तथा तद्धित प्रत्यय संज्ञा, सर्वनाम, विशेषण आदि शब्दों में लगते हैं।

स्रोतों के आधार पर प्रत्ययों का विभाजन

हिन्दी भाषा के कुछ विद्वान् प्रत्यय के वर्गीकरण कृत् एवं तद्धित् प्रत्यय को सही नहीं मानते, क्योंकि हिन्दी भाषा में ऐसे अनेक प्रत्यय हैं जो धातु में जुड़ते हैं तथा संज्ञा में जुड़ते हैं; जैसे—

आई— लिखा + आई (लिखाई) —*कृत् प्रत्यय*
विदा + आई (विदाई) —*तद्धित प्रत्यय*
आहट— घबर + आहट (घबराहट) —*कृत् प्रत्यय*
चिकना + आहट (चिकनाहट) —*तद्धित प्रत्यय*

इसलिए हिन्दी भाषा के विद्वानों ने इतिहास या स्रोत के आधार पर प्रत्ययों को चार भागों में बाँटा गया है

1. देशज प्रत्यय
2. विदेशज प्रत्यय
3. तत्सम प्रत्यय
4. तद्भव प्रत्यय

1. देशज प्रत्यय

प्रत्यय	मूल शब्द	उदाहरण
अक्कड़	पी, घूम्	पिअक्कड़, घुमक्कड़
आवट	बन्, दिख्	बनावट, दिखावट
इयल	मर्, अड़	मरियल, अड़ियल
अड़	अंध्, भूख	अंधड़, भुक्खड़
आटा	फर्र्, खर्र्	फर्राटा, खर्राटा

2. विदेशज प्रत्यय

उर्दू एवं फ़ारसी के प्रत्यय

प्रत्यय	मूल शब्द	उदाहरण
आनी	बर्फ, रूह	बर्फानी, रूहानी
इयत	इंसान, खैर	इंसानियत, खैरियत
चा/ची	वाला	बगीचा, डोलची
गार	करने वाला	मद्दगार, रोजगार
गी.	भाव प्रधानता	जिंदगी, गन्दगी
मन्द	अक्ल, जरूरत	अक्लमन्द, ज़रूरतमन्द
बाज/बाजी	चाल, धोखा	चालबाज, धोखेबाज
दार	कर्म प्रधान	ईमानदार, कर्जदार
कार	पेश, काश्त	पेशकार, काश्तकार
खाना	डाक, मुर्गी	डाकखाना, मुर्गीखाना
खोर	रिश्वत, चुगल	रिश्वतखोर, चुगलखोर
दान	कलम, पान	कलमदान, पानदान
दार	फल, माल	फलदार, मालदार
आ	खराब, चश्म	खराबा, चश्मा
आब	गुल, जूल	गुलाब, जुलाब
इन्दा	बसि, चुनि	बसिन्दा, चुनिन्दा

अंग्रेजी के प्रत्यय

प्रत्यय	मूल शब्द	उदाहरण
अर	पेंट, डेंट	पेन्टर, डेन्टर
आइट	नक्सल	नक्सलाइट
इयन	द्रविड़	द्रविड़ियन
इज्म	कम्यून, बुद्ध	कम्यूनिज्म, बुद्धिज्म
इस्ट	कम्यु, सोशल	कम्युनिस्ट, सोशललिस्ट

3. तत्सम प्रत्यय

प्रत्यय	मूल शब्द	उदाहरण
आ	पूज्, कथ्	पूजा, कथा
आनी	देव, भव	देवरानी, भवानी
ईन	कुल, युग	कुलीन, युगीन
ईय	भारत, भवत्	भारतीय, भवदीय
इत	फल, पुष्प	फलित, पुष्पित
इक	लोक, वेद	लौकिक, वैदिक
कार	पत्र, लेख	पत्रकार, लेखाकार
तया	साधारण, मुख्यत्	साधारणतया, मुख्यतया
ता	कोमल, मम	कोमलता, ममता
तम	उच्च, निकट	उच्चतम, निकटतम
त्व	लघु, कवि	लघुत्व, कवित्व
आयु	अल्प, दीर्घ	अल्पायु, दीर्घायु
लु	दया, कृपा	दयालु, कृपालु
मान्	विद्या, बुद्धि	विद्यामान, बुद्धिमान
वान्	गुण, बल	गुणवान, बलवान

4. तद्भव प्रत्यय

प्रत्यय	मूल शब्द	उदाहरण
आ	सफ़ेद, चश्म	सफ़ेदा, चश्मा
आना	मर्द, मस्त	मर्दाना, मस्ताना
आनी	जिस्म, रुह	ज़िस्मानी, रुहानी
ई	खुश, दुःख	खुशी, दुःखी
इचा	बाग, दरी	बागीचा, दरीचा
कार	पेश, काश्त	पेशकार, काश्तकार
खाना	डाक, मुर्गी	डाकखाना, मुर्गीखाना
खोर	रिश्वत, चुगल	रिश्वतखोर, चुगलखोर
गी	मर्दाना, गंद	मर्दानगी, गंदगी
गार	मदद, रोज़	मददगार, रोज़गार
चा/ची	बंदूक, बाग	बंदूकची, बग़ीचा

प्रत्यय	मूल शब्द	उदाहरण
दार	फल, माल	फलदार, मालदार
दान	कलम्, पान	कलमदान, पानदान
दानी	मच्छर, साबुन	मच्छरदानी, साबुनदानी
पोश	सफ़ेद	सफ़ेदपोश
नाक	दर्द, शर्म	दर्दनाक, शर्मनाक
नामा	इकरार, फरार	इकरारनामा, फरारनामा
बाज़	चाल, मुकदमा	चालबाज़, मुकदमेबाज़
बाज़ी	धोखा, चाल	धोखेबाज़ी, चालबाज़ी
बंद	कमर, लटक	कमरबंद, लटकबंद
बार	दर, हर	दरबार, हरबार
बीन	दूर	दूरबीन

वस्तुनिष्ठ प्रश्नावली

1. उपसर्ग-प्रत्यय है
(a) शब्द (b) धातु (c) शब्दांश (d) वर्ण

2. उपसर्ग को कहते हैं
(a) अन्त्य प्रत्यय (b) आदि प्रत्यय
(c) मध्य प्रत्यय (d) इनमें से कोई नहीं

3. उपसर्ग शब्द की व्युत्पत्ति है
(a) उपर्स + ग (b) उप + सर्ग
(c) उ + पसर्ग (d) उपस + र्ग

4. उपसर्ग के नहीं किए जा सकते हैं
(a) खण्ड (b) सार्थक खण्ड
(c) निरर्थक खण्ड (d) इनमें से कोई नहीं

5. उपसर्ग का प्रयोग कहाँ होता है?
(a) शब्द के आदि में (b) शब्द के मध्य में
(c) शब्द के अन्त में (d) इनमें से कोई नहीं

6. 'उत्कर्ष' शब्द में उपसर्ग है
(a) उत (b) उत्
(c) उतक (d) इनमें से कोई नहीं

7. 'निष्कपट' शब्द में उपसर्ग है
(a) निष (b) निष् (c) निस् (d) निस

8. 'जय' शब्द में कौन-सा उपसर्ग लगाने से वह 'जय' का विलोमार्थक हो जाता है?
(a) वि (b) परि (c) परा (d) अ

9. किस शब्द में उपसर्ग का प्रयोग हुआ है?
(a) उपकार (b) लाभदायक
(c) अपनापन (d) समझदार

10. निम्नलिखित में से कौन-सा उपसर्ग रहित शब्द है?
(a) संयोग (b) विदेश
(c) अत्यधिक (d) सुरेश

11. 'अत्यन्त' में कौन-सा उपसर्ग है?
(a) अ (b) अति (c) अन्त (d) अ

12. इन्दिरा गाँधी के मन्त्रिमण्डल में मोरारजी देसाई उप-प्रधानमन्त्री भी रह चुके थे। 'उप-प्रधानमन्त्री' में प्रयुक्त उपसर्ग है
(a) तत्सम उपसर्ग (b) तद्भव उपसर्ग
(c) विदेशज उपसर्ग (d) देशज उपसर्ग

13. 'प्रत्यय' शब्द निर्मित है
(a) प्रत् + अय (b) प्रत्य + य (c) प्रति + अय (d) प्रति + य

14. 'प्रत्यय' लगाए जाते हैं
(a) शब्द के आदि में (b) शब्द के मध्य में
(c) शब्द के अन्त में (d) इनमें से कोई नहीं

15. जो शब्द के अन्त में जुड़कर उसके अर्थ या भाव में परिवर्तन कर देते हैं, उसे क्या कहते हैं?
(a) समास (b) अव्यय (c) उपसर्ग (d) प्रत्यय

16. 'कृत्' प्रत्यय किन शब्दों के साथ जुड़ते हैं?
(a) संज्ञा (b) सर्वनाम
(c) विशेषण (d) क्रिया

17. निम्नलिखित में कौन-सा पद 'इक' प्रत्यय से नहीं बना है?
(a) दैविक (b) सामाजिक
(c) भौमिक (d) इनमें से कोई नहीं

18. 'अनुज' शब्द को स्त्रीवाचक बनाने के लिए किस प्रत्यय का प्रयोग किया जाता है?
(a) आई (b) ईय (c) आ (d) ई

19. 'सनसनाहट' में कौन-सा प्रत्यय है?
(a) सन (b) सनसन (c) हट (d) आहट

20. 'दासत्व' में प्रत्यय है
(a) त्व (b) सत्व (c) व (d) तव

21. संज्ञा, सर्वनाम, विशेषण, क्रिया-विशेषण आदि के साथ लगने वाले प्रत्यय कहलाते हैं
(a) तद्धित (b) कृत् (c) स्त्री (d) ये सभी

22. किस शब्द में 'हार' प्रत्यय नहीं है? *(DSSSB असिस्टेंट टीचर परीक्षा 2015)*
(a) लुहार (b) खेवनहार (c) जाननहार (d) पालनहार

23. 'उल्लंघन' में कौन-सा उपसर्ग है? *(CGPSC परीक्षा 2014)*
(a) उल् (b) उ (c) उत् (d) न

24. 'साहित्यिक' में कौन-सा प्रत्यय है? *(CGPSC परीक्षा 2014)*
(a) इक (b) इत्यिक (c) सा (d) क

25. 'बहिर्मुखी' शब्द में कौन-सा उपसर्ग है? *(UPSSSC कनिष्ठ सहायक परीक्षा 2015)*
(a) बहिस (b) बहि (c) बहिर् (d) बहिर

26. शीला तभी नाचेगी जब उसे पूरे पैसे मिलेंगे, इस वाक्य में रेखांकित शब्द की रचना हुई है *(RPSC पुलिस सब-इंस्पेक्टर परीक्षा 2001)*
(a) तब + भी (b) तब + ही
(c) तभ + ई (d) तब + ई

27. 'गवैया' किस प्रत्यय का शुद्ध रूप है? *(उत्तराखण्ड अध्यापक पात्रता परीक्षा 2011)*
(a) कर्तृवाच्य (b) कर्मवाचक कृत् प्रत्यय
(c) करणवाचक कृत् प्रत्यय (d) भाववाचक कृत् प्रत्यय

28. किस शब्द में 'अन्' उपसर्ग का प्रयोग नहीं हुआ है? *(RPSC पुलिस सब-इंस्पेक्टर परीक्षा 2011)*
(a) अनिच्छा (b) अनुचित (c) अनुपम (d) अनुगमन

29. एक से अधिक उपसर्गों से बना शब्द है *(RPSC पुलिस सब-इंस्पेक्टर परीक्षा 2001)*
(a) असुरक्षित (b) अत्याचार
(c) अधकचरा (d) पर्यावरण

30. 'अप्रत्याशित' शब्द में मूल शब्द है *(RPSC पुलिस सब-इंस्पेक्टर परीक्षा 2011)*
(a) प्रत्याशित (b) आशा
(c) आशित (d) प्रत्य

31. निम्नलिखित में से कौन-सा शब्द प्रत्यय से बना है? *(RPSC पुलिस सब-इंस्पेक्टर परीक्षा 2011)*
(a) देहदान (b) पीकदान (c) जीवनदान (d) धनदान

32. कौन-सा शब्द प्रत्यय से नहीं बना है? *(RPSC पुलिस सब-इंस्पेक्टर परीक्षा 2011)*
(a) नवल (b) मृदुल (c) बहुत (d) निगल

33. किस शब्द में प्रत्यय नहीं है? *(RPSC पुलिस सब-इंस्पेक्टर परीक्षा 2011)*
(a) गन्तव्य (b) वैधव्य (c) ज्ञातव्य (d) द्रष्टव्य

34. किस शब्द में प्रत्यय है? *(स्टेनोग्राफर भर्ती परीक्षा 2014)*
(a) ननिहाल (b) बेहाल (c) खुशहाल (d) बहाल

35. 'स्वयंवर' शब्द में कौन-सा उपसर्ग है? *(UKTET 2011)*
(a) स्व (b) स (c) स्वयं (d) सम्

36. इनमें से एक उपसर्ग नहीं है *(हिमाचल प्रदेश (इलेक्शन कानूनगो) परीक्षा 2010)*
(a) अ (b) स (c) कु (d) ता

37. उपसर्ग युक्त शब्द है *(MPTET 2008)*
(a) आहार-विहार (b) चढ़ावा-चढ़ाई
(c) भुलावा-छलावा (d) डूबता-बहता

38. क्रिया के अन्त में लगकर बने यौगिक शब्दों को कहते हैं
(a) प्रत्यय (b) स्त्री प्रत्यय
(c) तद्धितान्त (d) कृदन्त

39. 'धुंधला' शब्द में प्रयुक्त प्रत्यय है *(बी.एड. 2004)*
(a) धुं (b) धुंध
(c) ला (d) इनमें से कोई नहीं

40. 'निर्वासित' शब्द में प्रयुक्त प्रत्यय है *(रेलवे 1997)*
(a) इक (b) नि (c) सित (d) इत

41. किस शब्द में उपसर्ग नहीं है? *(UPSSSC लोअर परीक्षा 2016)*
(a) अपवाद (b) पराजय
(c) प्रभाव (d) ओढ़ना

42. 'अभ्यागत' शब्द में उपसर्ग है *(UP वन विभाग 2015)*
(a) अभि (b) अ (c) अभ्य (d) अंभ

43. निम्नलिखित में से किस शब्द में प्रत्यय नहीं है? *(UP वन विभाग 2015)*
(a) गुणवान (b) दूजा (c) इकहरा (d) दुबला

44. उपसर्ग को कहते हैं *(UPSSSC तकनीकी परीक्षा 2016)*
(a) शब्दांश (b) वाक्यांश (c) शब्द (d) पद

45. इनमें से नया उपसर्ग नहीं है? *(UPSSSC Lower 2016)*
(a) अ (b) चिर (c) प्रति (d) इका

46. महान शब्द में 'त्व' प्रत्यय जोड़ने से शब्द बनेगा? *(UP सहायक अध्यापक भर्ती परीक्षा 2019)*
(a) महनीय (b) महत्ता (c) महत्व (d) महती

47. 'प्रत्यय' शब्द कितने शब्दों से बना है? *(CGPSC 2020)*
(a) दो (b) तीन (c) चार (d) छः

48. निम्नलिखित में से कौन-सा उपसर्ग रहित शब्द है? *(UKTET 2017)*
(a) सुयोग (b) सुरेश (c) विदेश (d) अत्यधिक

49. किस शब्द में 'अव' उपसर्ग का प्रयोग नहीं हुआ है? *(UPTET 2018)*
(a) अवनद्ध (b) अवलेह (c) अवेक्षण (d) अवधी

50. .... वे शब्दांश हैं जो किसी शब्द से पूर्व लगकर उस शब्द का अर्थ बदल देते हैं। *(उत्तराखण्ड 'समूह-घ' भर्ती परीक्षा 2019)*
(a) उपसर्ग (b) प्रत्यय (c) पद (d) पदबन्ध

51. 'अना' प्रत्यय से कौन-सा शब्द बनेगा? *(उत्तराखण्ड 'समूह-घ' भर्ती परीक्षा 2019)*
(a) भावना (b) कामना
(c) 'a' और 'b' दोनों (d) पढ़नी

52. 'अध्यक्ष' में कौन-सा उपसर्ग है? *(UPSSSC VDO परीक्षा 2018)*
(a) अभि (b) अधि (c) अत (d) अद

53. 'संग्राम' में उपसर्ग बताइए। *(UPSSSC VDO परीक्षा 2018)*
(a) सन (b) सम् (c) स (d) सत

54. 'सावधानी' में कौन-सा प्रत्यय है? *(UPSSSC VDO परीक्षा 2018)*
(a) नी (b) धानी (c) ई (d) आनी

55. 'जिन्दगी' में कौन-सा प्रत्यय है? *(UPSSSC VDO परीक्षा 2018)*
(a) गी (b) ई (c) दगी (d) यी

56. निम्नलिखित शब्दों में किसमें उपसर्ग का निर्देश अशुद्ध है? *(UPTET 2020)*
(a) निम् + अज्जित = निमज्जित (b) उत् + ग्रीव = उद्गीव
(c) अध + सेरा = अधसेरा (d) नि + खरा = निखरा

57. 'नीलिमा' शब्द में प्रयुक्त प्रत्यय है *(उत्तराखण्ड समूह-ग वन आरक्षी भर्ती परीक्षा 2019)*
(a) इमा (b) लिमा
(c) नी (d) मा

58. 'निश्चितता' मूल शब्द से जुड़े उपसर्ग-प्रत्यय सही है *(राजस्थान प्राध्यापक चयन परीक्षा 2015)*
(a) निः + चिंत + ता (b) निः + चिन्त + ता
(c) नि + चिंत + ता (d) निश् + चिंत + ता

59. 'प्राक्तन' शब्द में उपसर्ग एवं मूल शब्द का सही विकल्प है *(HTET 2014)*
(a) प्रा + तन (b) प्राक् + तन
(c) पर् + तन (d) प्रा + कतन

60. 'प्रागैतिहासिक' में किस उपसर्ग का प्रयोग हुआ है? *(UPTET 2018)*
(a) प्राक् (b) प्राग (c) प्रा (d) प्रागैति

61. 'सरकार' शब्द में कौन-सा उपसर्ग है? *(CGPSC 2018)*
(a) स (b) सर (c) कार (d) सरक

62. निम्नलिखित विकल्पों में से उपसर्ग-रहित शब्द है *(उत्तराखण्ड कनिष्ठ एवं आशुलिपिक 2019)*
(a) विज्ञान (b) अधिवक्ता
(c) प्राचार्य (d) छात्र

63. इनमें से कौन-सा शब्द 'ओड़ा' प्रत्यय से बना है? *(मध्य प्रदेश व्यावसायिक परीक्षा 2017)*
(a) हसोड़ा (b) हसोरा
(c) हंसोड (d) हँसोड़ा

64. इनमें से कौन-सा शब्द 'गार' प्रत्यय से बना शब्द है? *(मध्य प्रदेश व्यावसायिक परीक्षा 2017)*
(a) मदगर (b) मददगार
(c) कमगर (d) कामगार

65. निम्नांकित में तद्धित प्रत्ययान्त शब्द बताइए। *(UKTET 2017)*
(a) शान्त (b) निन्दित
(c) पतित (d) आदित्य

66. कृदन्त प्रत्यय किसके साथ जुड़ते हैं? *(HTET 2015)*
(a) संज्ञा (b) सर्वनाम
(c) धातु (d) विशेषण

67. सुहावना, लिखाई व छलिया में निहित प्रत्यय के लिए सही विकल्प का चयन कीजिए। *(UPSSSC कनिष्ठ सहायक व लिपिक परीक्षा 2019)*
(a) अवना, खायी, या (b) वना, आई, इया
(c) आवना, ई, या (d) आवना, आई, इया

68. 'दुरात्मा' में कौन-सा उपसर्ग है? *(UPSSSC कनिष्ठ सहायक व लिपिक परीक्षा 2019)*
(a) दुर् (b) दुरा (c) दुर (d) दुस्

69. 'टिकाऊ' में प्रत्यय है *(REET 2016)*
(a) ऊ (b) आऊ (c) वू (d) उक

70. 'सुत्' शब्द को स्त्रीवाचक बनाने के लिए किस प्रत्यय का प्रयोग होगा? *(UPTET 2014)*
(a) ई (b) ई
(c) इक (d) आ

71. निम्नलिखित प्रश्न में, चार विकल्पों में से उस विकल्प का चयन करें जो प्रत्यय से नहीं बना है। *(UP पुलिस कांस्टेबल परीक्षा 2018)*
(a) चिकनाहट (b) चाँदनी
(c) खटास (d) बखूबी

72. निम्नलिखित प्रश्न में, चार विकल्पों में से उस विकल्प का चयन करें जो सही विकल्प है। *(UP पुलिस कांस्टेबल परीक्षा 2018)*
उपसर्ग शब्द के ········ में लगते हैं।
(a) अंत (b) आरम्भ
(c) क्रिया (d) आठ

73. 'अनु' उपसर्ग से बना शब्द है *(UP पुलिस कांस्टेबल परीक्षा 2018)*
(a) अनुचर (b) अनुपमा
(c) अंतर (d) अनुत्तर

74. 'भुलक्कड़' शब्द में किस प्रत्यय का प्रयोग हुआ है? *(UP पुलिस कांस्टेबल परीक्षा 2018)*
(a) भू (b) ड
(c) अक्कड़ (d) भूल

75. 'सम्' उपसर्ग से बना शब्द है *(UP पुलिस कांस्टेबल परीक्षा 2018)*
(a) संयोग (b) सुकर्म
(c) समभाव (d) स्वयं

76. 'रंगीला' शब्द में किस प्रत्यय का प्रयोग हुआ है? *(UP पुलिस कांस्टेबल परीक्षा 2018)*
(a) गीला (b) इला
(c) ला (d) ईला

77. निम्न में से कौन-सा 'बड़प्पन' शब्द में प्रत्यय है? *(UP पुलिस सब-इंस्पेक्टर परीक्षा 2017)*
(a) अपन (b) पन
(c) प्पन (d) बड़

78. 'इक' प्रत्यय लगाने पर 'सप्ताह' का रूप क्या होगा? *(UPSSSC वनरक्षक परीक्षा 2015)*
(a) सप्ताहिक (b) साप्ताहिक
(c) साप्तहिक (d) सत्पहिक

79. 'पुस्तकीय' शब्द में प्रत्यय बताइए *(UPSSSC VDO परीक्षा 2016)*
(a) कीय (b) य
(c) ईय (d) इय

80. निम्नलिखित पद में कौन-सा पद 'वैया' प्रत्यय लगाने से बना है? *(UPSSSC लोअर 3 परीक्षा 2016)*
(a) रवैया (b) डटैया
(c) खवैया (d) बचैया

81. 'उन्नीस' शब्द में उपसर्ग है *(UPSSSC वनरक्षक परीक्षा 2015/UP बी.एड. 2019)*
(a) उत् (b) उत
(c) उन (d) उन्

82. निम्न शब्द में प्रयुक्त प्रत्यय के लिए सही विकल्प चुनिए
मच्छरदानी *(UPSSSC कम्बाइंड मेडिकल सर्विसेज कम्पिटेटिव परीक्षा 2015)*
(a) अनीय (b) अन
(c) इया (d) दानी

83. निम्न शब्द में प्रयुक्त सही उपसर्ग का चयन कीजिए
उत्कर्ण *(UPSSSC कम्बाइंड मेडिकल सर्विसेज कम्पिटेटिव परीक्षा 2015)*
(a) उत् (b) उद्
(c) उप (d) अ

84. 'कहावत' शब्द में प्रयुक्त प्रत्यय है *(UPSSSC लोअर 2 परीक्षा 2015)*
(a) हावत (b) वत (c) कह (d) आवत

85. 'हसन्ती' पद में प्रत्यय है *(सहायक अध्यापक परीक्षा 2018)*
(a) क्तिन् (b) क्त (c) शतृ (d) ल्युट्

86. 'पाठक' शब्द में कौन-सा प्रत्यय है? *(UP बी. एड. परीक्षा 2019)*
(a) क (b) अक
(c) आक (d) अ

87. 'सुशांत' शब्द में प्रयुक्त उपसर्ग और मूल शब्द के लिए सही विकल्प चुने *(UP बी. एड. परीक्षा 2019)*
(a) सू + शांत (b) सु + शांत
(c) सु + अशांत (d) सुष + अंत

88. 'परा' उपसर्ग का अर्थ है *(UPSSSC आबकारी सिपाही परीक्षा 2016)*
(a) भीतर (b) उल्टा
(c) बाहर (d) आसपास

89. 'तिराहा' इस शब्द में उपसर्ग है *(UP बी. एड. परीक्षा 2019)*
(a) ति (b) तिरा
(c) ती (d) तिर्

90. 'धड़ाक' में प्रत्यय है *(UPSSSC तकनीकी परीक्षा 2018)*
(a) अक (b) आक
(c) अप (d) ओक

91. 'सुशिक्षित' में उपसर्ग है *(UPSSSC तकनीकी परीक्षा 2018)*
(a) पर (b) सु
(c) उ (d) सी

92. उपसर्ग का प्रयोग होता है *(UPSSSC VDO परीक्षा 2018)*
(a) शब्द के आदि में (b) शब्द के मध्य में
(c) शब्द के अन्त में (d) इनमें से कोई नहीं

93. 'मिठास' शब्द में किस प्रत्यय का प्रयोग है? *(UPSSSC VDO परीक्षा 2015)*
(a) मीठा (b) ठास
(c) आस (d) प्यास

94. 'आंशिक' शब्द में प्रत्यय क्या है? *(UPSSSC VDO परीक्षा 2016)*
(a) अ (b) क
(c) इक (d) शिक

95. 'असुरक्षित' शब्द में कौन-सा उपसर्ग है? *(UPSSSC गन्ना पर्यवेक्षक परीक्षा 2016)*
(a) अ (b) सु
(c) अ + सु (d) इत

96. सुमित्रा में प्रत्यय होगा *(राजस्व निरीक्षक परीक्षा 2016)*
(a) आ (b) अ
(c) इत्रा (d) त्रा

97. 'अधिमानता' में प्रयुक्त उपसर्ग बताएँ *(UPSSSC तकनीकी परीक्षा 2016)*
(a) अ (b) अध
(c) अधि (d) ता

98. दिए गए वाक्य में एक शब्द रेखांकित है उस शब्द में प्रयुक्त उपसर्ग किस कोटि का है, चिन्हित कीजिए
"विद्यालय का <u>उपप्रधानाचार्य</u> जिम्मेदार व्यक्ति होता है।" *(UPSSSC तकनीकी परीक्षा 2016)*
(a) तत्सम उपसर्ग (b) तद्भव उपसर्ग
(c) विदेशज उपसर्ग (d) देशज उपसर्ग

99. प्रत्यय होता है *(UPSSSC तकनीकी परीक्षा 2016)*
(a) शब्दांश (b) वाक्यांश
(c) पदांश (d) पद्यांश

100. 'लोकसभा में मन्त्रियों का <u>पागलपन</u> स्पष्ट दिखाई देता है' वाक्य में रेखांकित शब्द किस कोटि का उपसर्ग है? *(UPSSSC तकनीकी परीक्षा 2016)*
(a) विदेशज (b) तत्सम
(c) देशज (d) तद्भव

101. निम्नलिखित में प्रत्यय युक्त शब्द नहीं है *(UPTET 2013)*
(a) बोली (b) भाषा
(c) पिपासा (d) अंकुर

102. 'इक' प्रत्यय के प्रयोग से बना शब्द है *(HTET 2013)*
(a) अनन्त (b) अन्वेषण
(c) अवैतनिक (d) अपेक्षा

उत्तरमाला

1. (c)	2. (b)	3. (b)	4. (b)	5. (a)	6. (b)	7. (c)	8. (c)	9. (a)	10. (d)
11. (b)	12. (a)	13. (c)	14. (c)	15. (d)	16. (d)	17. (d)	18. (c)	19. (d)	20. (a)
21. (a)	22. (a)	23. (c)	24. (a)	25. (c)	26. (b)	27. (b)	28. (d)	29. (d)	30. (b)
31. (b)	32. (d)	33. (b)	34. (c)	35. (c)	36. (d)	37. (a)	38. (d)	39. (c)	40. (d)
41. (d)	42. (a)	43. (b)	44. (a)	45. (d)	46. (c)	47. (a)	48. (b)	49. (d)	50. (a)
51. (c)	52. (b)	53. (b)	54. (c)	55. (a)	56. (a)	57. (a)	58. (a)	59. (b)	60. (a)
61. (b)	62. (d)	63. (d)	64. (b)	65. (b)	66. (c)	67. (d)	68. (a)	69. (b)	70. (d)
71. (d)	72. (b)	73. (a)	74. (c)	75. (a)	76. (d)	77. (b)	78. (b)	79. (c)	80. (c)
81. (c)	82. (d)	83. (a)	84. (d)	85. (c)	86. (b)	87. (b)	88. (b)	89. (a)	90. (b)
91. (b)	92. (a)	93. (c)	94. (c)	95. (c)	96. (a)	97. (c)	98. (a)	99. (a)	100. (c)
101. (d)	102. (c)								

अध्याय 8

पर्यायवाची शब्द

पर्यायवाची शब्द किसी भी भाषा की सबलता को दर्शाते हैं। जिस भाषा में जितने अधिक पर्यायवाची शब्द होंगे, वह उतनी ही सबल व सशक्त भाषा होगी। इस दृष्टि से संस्कृत सर्वाधिक सम्पन्न भाषा है। भाषा में पर्यायवाची शब्दों के प्रयोग से पूर्ण अभिव्यक्ति की क्षमता आती है। इन्हें प्रतिशब्द या समानार्थक शब्द भी कहा जाता है। व्यवहार में पर्याय या पर्यायवाची शब्द ही अधिक प्रचलित हैं।

पर्याय का अर्थ 'समान' होता है। अत: पर्यायवाची शब्द से तात्पर्य है—समान अर्थ वाला शब्द। अर्थ में लगभग समानता रखने वाले शब्द पर्यायवाची या समानार्थी शब्द कहलाते हैं।

महत्त्वपूर्ण पर्यायवाची शब्द

शब्द	पर्यायवाची शब्द
	(अ)
अंक	संख्या, गिनती, क्रमांक, निशान, चिह्न, छाप।
अंकुर	कोंपल, अँखुवा, कल्ला, नवोद्भिद्, कलिका, गाभ।
अंकुश	प्रतिबन्ध, रोक, दबाव, रुकावट, नियन्त्रण।
अंग	अवयव, अंश, काया, हिस्सा, भाग, खण्ड, उपांश, घटक, टुकड़ा, तन, कलेवर, शरीर, देह।
अग्नि	आग, अनल, पावक, जातवेद, कृशानु, वैश्वानर, हुताशन, रोहिताश्व, वायुसखा, हव्यवाहन, दहन, अरुण, ज्वाला।
अंचल	पल्लू, छोर, क्षेत्र, अन्त, प्रदेश, आँचल, किनारा।
अचानक	अकस्मात, अनायास, एकाएक, देवयोग।
अटल	अडिग, स्थिर, पक्का, दृढ़, अचल, निश्चल, गिरि, शैल, नग।
अठखेली	कौतुक, क्रीड़ा, खेल-कूद, चुलबुलापन, उछल-कूद, हँसी-मज़ाक।
अमृत	अमिय, पीयूष, अमी, मधु, सोम, सुधा, सुरभोग, जीवनोदक, शुभा।
अयोग्य	अनर्ह, योग्यताहीन, नालायक, नाकाबिल।
अभिप्राय	प्रयोजन, आशय, तात्पर्य, मतलब, अर्थ, मंतव्य, मंशा, उद्देश्य, विचार।
अर्जुन	भारत, गुडाकेश, पार्थ, सहस्रार्जुन, धनंजय।
अवज्ञा	अनादर, तिरस्कार, अवमानना, अपमान, अवहेलना, तौहीन।
अश्व	घोड़ा, तुरंग, हय, बाजि, सैन्धव, घोटक, बछेड़ा, रविसुत, अर्दा।
असुर	रजनीचर, निशाचर, दानव, दैत्य, राक्षस, दनुज, यातुधान, तमीचर।
अवरोध	रुकावट, विघ्न, व्यवधान, अड़ंगा।
अतिथि	मेहमान, पहुना, अभ्यागत, रिश्तेदार, नातेदार, आगन्तुक।
अतीत	पूर्वकाल, भूतकाल, विगत, गत।
अनीक	सेना, सैन्य, फौज, वाहिनी, कटक, लश्कर, अनीकिनी।

शब्द	पर्यायवाची शब्द
अनाज	अन्न, शस्य, धान्य, गल्ला, खाद्यान्न।
अनाड़ी	अनजान, अनभिज्ञ, अज्ञानी, अकुशल, अदक्ष, अपटु, मूर्ख, अल्पज्ञ, नौसिखिया, मूढ़, अबोध, नासमझ।
अनार	सुनील, वल्कफल, मणिबीज, बीदाना, दाड़िम, रामबीज, शुकप्रिय।
अनिष्ट	बुरा, अपकार, अहित, नुकसान, हानि, अमंगल।
अनुकम्पा	दया, कृपा, करम, मेहरबानी।
अनुपम	सुन्दर, अतुल, अपूर्व, अद्वितीय, अनोखा, अप्रतिम, अद्भुत, अनूठा, विलक्षण, विचित्र, निराला।
अनुसरण	नकल, अनुकृत, अनुगमन।
अपमान	अनादर, उपेक्षा, निरादर, बेइज़्ज़ती, अवज्ञा, तिरस्कार, अवमान।
अप्सरा	परी, देवकन्या, अरुणप्रिया, सुखवनिता, देवांगना, दिव्यांगना, देवबाला।
अभय	निडर, साहसी, निर्भीक, निर्भय, निश्चिन्त।
अभिजात	कुलीन, सुजात, खानदानी, उच्च, पूज्य, श्रेष्ठ।
अभिज्ञ	जानकार, विज्ञ, परिचित, ज्ञाता।
अभिमान	गौरव, गर्व, नाज, घमण्ड, दर्प, स्वाभिमान, अस्मिता, अहं, अहंकार, अहमिका, मान, मिथ्याभिमान, दंभ।
अभियोग	दोषारोपण, कसूर, अपराध, गलती, आक्षेप, आरोप, इल्ज़ाम।
अभिलाषा	कामना, मनोरथ, इच्छा, आकांक्षा, ईहा, ईप्सा, चाह, लालसा, मनोकामना।
अभ्यास	रियाज़, पुनरावृत्ति, दोहराना, मश्क।
अमर	मृत्युंजय, अविनाशी, अनश्वर, अक्षर, अक्षय।
अमीर	धनी, धनाढ्य, सम्पन्न, धनवान, पैसेवाला।
अनन्त	असंख्य, अपरिमित, अगणित, बेशुमार।
अगुआ	अग्रणी, सरदार, मुखिया, प्रधान, नायक।
अधर	रदच्छद, रदपुट, होंठ, ओष्ठ, लब।

शब्द	पर्यायवाची शब्द
अध्यापक	आचार्य, शिक्षक, गुरु, व्याख्याता, अवबोधक, अनुदेशक।
अंधकार	तम, तिमिर, ध्वान्त, अँधियारा, तिमिस्रा।
अनुरूप	अनुकूल, संगत, अनुसार, मुआफिक।
अन्तःपुर	रनिवास, भोगपुर, जनानखाना।
अदृश्य	अन्तर्धान, तिरोहित, ओझल, लुप्त, गायब।
अकाल	भुखमरी, कुकाल, दुष्काल, दुर्भिक्ष।
अशुद्ध	दूषित, गन्दा, अपवित्र, अशुचि, नापाक।
असभ्य	अभद्र, अविनीत, अशिष्ट, गँवार, उजड्ड।
अधम	नीच, निकृष्ट, पतित।
अपकीर्ति	अपयश, बदनामी, निन्दा, अकीर्ति।
अध्ययन	अनुशीलन, पारायण, पठनपाठन, पढ़ना।
अनुरोध	अभ्यर्थना, प्रार्थना, विनती, याचना, निवेदन।
अखण्ड	पूर्ण, समस्त, सम्पूर्ण, अविभक्त, समूचा, पूरा।
अपराधी	मुजरिम, दोषी, कसूरवार, सदोष।
अधीन	आश्रित, मातहत, निर्भर, पराश्रित, पराधीन।
अनुचित	नाजायज़, गैरवाजिब, बेजा, अनुपयुक्त, अयुत।
अन्वेषण	अनुसन्धान, गवेषण, खोज, जाँच, शोध।
अमूल्य	अनमोल, बहुमूल्य, मूल्यवान, बेशकीमती।
अज	ब्रह्मा, ईश्वर, दशरथ के जनक, बकरा।
अंधा	नेत्रहीन, सूरदास, अन्ध, चक्षुविहीन, प्रज्ञाचक्षु।
अनुवाद	भाषांतर, उल्था, तर्जुमा।
अरण्य	जंगल, कान्तार, विपिन, वन, कानन।
अवनति	अपकर्ष, गिराव, गिरावट, घटाव, ह्रास।
अश्लील	अभद्र, अधिभ्रष्ट, निर्लज्ज, बेशर्म, असभ्य।

(आ)

शब्द	पर्यायवाची शब्द
आकुल	व्यग्र, बेचैन, क्षुब्ध, बेकल।
आकृति	आकार, चेहरा-मोहरा, नैन-नक्श, डील-डौल।
आदर्श	प्रतिरूप, प्रतिमान, मानक, नमूना।
आलसी	निठल्ला, बैठा-ठाला, ठलुआ, सुस्त, निकम्मा, काहिल।
आयुष्मान्	चिरायु, दीर्घायु, शतायु, दीर्घजीवी, चिरंजीव।
आज्ञा	आदेश, निदेश, फ़रमान, हुक्म, अनुमति, मंजूरी, स्वीकृति, सहमति, इजाज़त।
आश्रय	सहारा, आधार, भरोसा, अवलम्ब, प्रश्रय।
आख्यान	कहानी, वृत्तांत, कथा, किस्सा, इतिवृत्त।
आधुनिक	अर्वाचीन, नूतन, नव्य, वर्तमानकालीन, नवीन, अधुनातन।
आवेग	तेज़ी, स्फूर्ति, जोश, त्वरा, तीव्र, फुरती, चपलता।
आभूषण	गहना, विभूषण, भूषण, अलंकार, जेवर, आभरण, मण्डन।
आलोचना	समीक्षा, टीका, टिप्पणी, नुक्ताचीनी, समालोचना।
आरम्भ	श्रीगणेश, शुरुआत, सूत्रपात, प्रारम्भ, उपक्रम।
आवश्यक	अनिवार्य, अपरिहार्य, ज़रूरी, बाध्यकारी।
आदि	पहला, प्रथम, आरम्भिक, आदिम।
आपत्ति	विपदा, मुसीबत, आपदा, विपत्ति।
आकाश	नभ, अम्बर, अन्तरिक्ष, आसमान, व्योम, गगन, दिव, द्यौ, पुष्कर, शून्य।
आचरण	चाल-चलन, चरित्र, व्यवहार, आदत, बर्ताव, सदाचार, शिष्टाचार।

शब्द	पर्यायवाची शब्द
आडम्बर	पाखण्ड, ढकोसला, ढोंग, प्रपंच, दिखावा।
आँख	अक्षि, नैन, नेत्र, लोचन, दृग, चक्षु, ईक्षण, विलोचन, प्रेक्षण, दृष्टि।
आँगन	प्रांगण, बगड़, बाखर, अजिर, अँगना, सहन।
आम	रसाल, आम्र, फलराज, पिकबन्धु, सहकार, अमृतफल, मधुरासव, अंब।
आनन्द	आमोद, प्रमोद, विनोद, उल्लास, प्रसन्नता, सुख, हर्ष, आह्लाद।
आशा	उम्मीद, तवक्को, आस।
आशीर्वाद	आशीष, दुआ, शुभाशीष, शुभकामना, आशीर्वचन, मंगलकामना।
आश्चर्य	अचम्भा, अचरज, विस्मय, हैरानी, ताज्जुब।
आहार	भोजन, खुराक, खाना, भक्ष्य, भोज्य।
आस्था	विश्वास, श्रद्धा, मान, कदर, महत्त्व, आदर।
आँसू	अश्रु, नेत्रनीर, नयनजल, नेत्रवारि, नयननीर।

(इ/ई)

शब्द	पर्यायवाची शब्द
इन्दिरा	लक्ष्मी, रमा, श्री, कमला।
इच्छा	लालसा, कामना, चाह, मनोरथ, ईहा, ईप्सा, आकांक्षा, अभिलाषा, मनोकामना, स्पृहा, लिप्सा।
इन्द्र	महेन्द्र, सुरेन्द्र, सुरेश, पुरन्दर, देवराज, मघवा, पाकरिपु, पाकशासन, पुरहूत।
इन्द्राणी	शची, इन्द्रवधू, महेन्द्री, इन्द्रा, पौलोमी, शतावरी, पुलोमजा।
इनकार	अस्वीकृति, निषेध, मनाही, प्रत्याख्यान।
इच्छुक	अभिलाषी, लालायित, उत्कण्ठित, आतुर।
इशारा	संकेत, इंगित, निर्देश।
इन्द्रधनुष	सुरचाप, इन्द्रधनु, शक्रचाप, सप्तवर्णधनु।
इन्द्रपुरी	देवलोक, अमरावती, इन्द्रलोक, देवेन्द्रपुरी, सुरपुर।
ईख	गन्ना, ऊख, रसडंड, रसाल, पेंड़ी, रसद।
ईमानदार	सच्चा, निष्कपट, सत्यनिष्ठ, सत्यपरायण।
ईश्वर	परमात्मा, परमेश्वर, ईश, ओम, ब्रह्म, अलख, अनादि, अज, अगोचर, जगदीश।
ईर्ष्या	मत्सर, डाह, जलन, कुढ़न, द्वेष, रश्क, विद्वेष, बैर, शत्रुता।

(उ/ऊ)

शब्द	पर्यायवाची शब्द
उचित	ठीक, सम्यक्, सही, उपयुक्त, वाजिब।
उत्कर्ष	उन्नति, उत्थान, अभ्युदय, उन्मेष।
उत्पात	दंगा, उपद्रव, फ़साद, हुड़दंग, गड़बड़, उधम।
उत्सव	समारोह, आयोजन, पर्व, त्योहार, मंगलकार्य, जलसा।
उत्साह	जोश, उमंग, हौसला, उत्तेजना।
उत्सुक	आतुर, उत्कण्ठित, व्यग्र, उत्कर्ण, रुचि, रुझान।
उदार	उदात्त, सहृदय, महामना, महाशय, दरियादिल।
उदाहरण	मिसाल, नमूना, दृष्टान्त, निदर्शन, उद्धरण।
उद्देश्य	प्रयोजन, ध्येय, लक्ष्य, निमित्त, मकसद, हेतु।
उद्यत	तैयार, प्रस्तुत, तत्पर।
उन्मूलन	निरसन, अन्त, उत्सादन।
उपकार	परोपकार, अच्छाई, भलाई, नेकी, हित, उद्धार, कल्याण।
उपस्थित	विद्यमान, हाज़िर, प्रस्तुत।
उपमा	तुलना, मिलान, सादृश्य, समानता।
उत्कृष्ट	उत्तम, श्रेष्ठ, प्रकृष्ट, प्रवर।

शब्द	पर्यायवाची शब्द
उपासना	पूजा, आराधना, अर्चना, सेवा।
उद्यम	परिश्रम, पुरुषार्थ, श्रम, मेहनत।
उजाला	प्रकाश, आलोक, प्रभा, ज्योति।
उपाय	युक्ति, ढंग, तरकीब, तरीका, यत्न, जुगत।
उपयुक्त	उचित, ठीक, वाज़िब, मुनासिब, वांछनीय।
उल्टा	प्रतिकूल, विलोम, विपरीत, विरुद्ध।
उजाड़	निर्जन, वीरान, सुनसान, बियावान।
उग्र	तेज़, प्रबल, प्रचण्ड, उत्कृष्ट, महादेव, तीव्र।
उन्नति	प्रगति, तरक्की, विकास, उत्थान, बढ़ोतरी, उठान, उत्क्रमण, चढ़ाव, आरोह।
उपवास	निराहार, व्रत, अनशन, फाँका, लंघन।
उपेक्षा	उदासीनता, विरक्ति, अनासक्ति, विराग, उदासीन, उल्लंघन।
उपहार	भेंट, सौगात, तोहफ़ा।
उपालम्भ	उलाहना, शिकवा, शिकायत, गिला।
उल्लू	उलूक, लक्ष्मीवाहन, कौशिक।
ऊँचा	उच्च, शीर्षस्थ, उन्नत, उत्तुंग।
ऊर्जा	ओज, स्फूर्ति, शक्ति।
ऊसर	अनुर्वर, सस्यहीन, अनुपजाऊ, बंजर, रेत, रेह।
ऊष्मा	उष्णता, तपन, ताप, गर्मी।
ऊँट	लम्बोष्ठ, महाग्रीव, क्रमेलक, उष्ट्र।
ऊँघ	तंद्रा, ऊँचाई, झपकी, अर्द्धनिद्रा, अलसाई।

(ऋ, ए, ऐ)

शब्द	पर्यायवाची शब्द
ऋषि	मुनि, मनीषी, महात्मा, साधु, सन्त, संन्यासी, मन्त्रदृष्टा।
ऋद्धि	बढ़ती, बढ़ोतरी, वृद्धि, सम्पन्नता, समृद्धि।
एकता	एका, सहमति, एकत्व, मेल-जोल, समानता, एकरूपता, एकसूत्रता, ऐक्य, अभिन्नता।
एहसान	आभार, कृतज्ञता, अनुग्रह।
एकांत	सुनसान, शून्य, सूना, निर्जन, विजन।
एकाएक	अकस्मात, अचानक, सहसा, एकदम।
ऐश	विलास, ऐयाशी, सुख-चैन।
ऐश्वर्य	वैभव, प्रभुता, सम्पन्नता, समृद्धि, सम्पदा।
ऐच्छिक	स्वेच्छाकृत, वैकल्पिक, अख्तियारी।
ऐब	खोट, दोष, बुराई, अवगुण, कलंक, खामी, कमी, त्रुटि।

(ओ, औ)

शब्द	पर्यायवाची शब्द
ओज	दम, ज़ोर, पराक्रम, बल, शक्ति, ताकत।
ओझल	अन्तर्ध्यान, तिरोहित, अदृश्य, लुप्त, गायब।
ओस	तुषार, हिमकण, हिमसीकर, हिमबिन्दु, तुहिनकण।
ओंठ	होंठ, अधर, ओष्ठ, दन्तच्छद, रदनच्छद, लब।
और	अन्य, दूसरा, इतर, भिन्न, अधिक, ज़्यादा, तथा।
औषधि	दवा, दवाई, भेषज, औषध।

(क)

शब्द	पर्यायवाची शब्द
कमल	सरोज, सरोरुह, जलज, पंकज, नीरज, वारिज, अम्बुज, अम्बोज, अब्ज, सतदल, अरविन्द, कुवलय, अम्भोरूह, राजीव, नलिन, पद्म, तामरस, पुण्डरीक, सरसिज, कंज।
कर्ण	अंगराज, सूर्यसुत, अर्कनन्दन, राधेय, सूतपुत्र, रविसुत, आदित्यनन्दन।
कली	मुकुल, जालक, ताम्रपल्लव, कलिका, कुड्मल, कोरक, नवपल्लव, अँखुवा, कोंपल, गुंचा।
कल्पवृक्ष	कल्पतरु, कल्पशाल, कल्पद्रुम, कल्पपादप, कल्पविटप।
कन्या	कुमारिका, बालिका, किशोरी, बाला।
कठिन	दुर्बोध, जटिल, दुरूह।
कंगाल	निर्धन, गरीब, अकिंचन, दरिद्र।
कमज़ोर	दुर्बल, निर्बल, अशक्त, क्षीण।
कुटिल	छली, कपटी, धोखेबाज़, चालबाज़।
काक	काग, काण, वायस, पिशुन, करठ, कौआ।
कुत्ता	कुक्कर, श्वान, शुनक, कूकुर।
कबूतर	कपोत, रक्तलोचन, हारीत, पारावत।
कृत्रिम	अवास्तविक, नकली, झूठा, दिखावटी, बनावटी।
कल्याण	मंगल, योगक्षेम, शुभ, हित, भलाई, उपकार।
कृषक	किसान, काश्तकार, हलधर, जोतकार, खेतिहर।
क्लिष्ट	दुरूह, संकुल, कठिन, दुःसाध्य।
कौशल	कला, हुनर, फ़न, योग्यता, कुशलता।
कर्म	कार्य, कृत्य, क्रिया, काम-काज।
कंदरा	गुहा, गुफा, खोह, दरी, विवर, गह्वर, बिल, गर्त।
कथन	विचार, वक्तव्य, मत, बयान।
कटाक्ष	आक्षेप, व्यंग्य, ताना, छींटाकशी।
कुरूप	भद्दा, बेडौल, बदसूरत, असुन्दर।
कलंक	दोष, दाग, धब्बा, लांछन, कलुषता।
कोमल	मृदुल, सुकुमार, नाजुक, नरम, सौम्य, मुलायम।
किरण	रश्मि, केतु, अंशु, कर, मरीचि, मखूख, प्रभा, अर्चि, पुंज।
कसक	पीड़ा, दर्द, टीस, दुःख।
कोयल	कोकिल, श्यामा, पिक, मदनशलाका।
कायरता	भीरुता, अपौरुष, पामरता, साहसहीनता।
कंटक	काँटा, शूल, खार।
कामदेव	मनोज, कन्दर्प, आत्मभू, अनंग, अतनु, काम, मकरकेतु, पुष्पचाप, स्मर, मन्मथ।
कार्तिकेय	कुमार, पार्वतीनन्दन, शरभव, स्कन्ध, षडानन, गुह, मयूरवाहन, शिवसुत, षड्वदन।
कटु	कठोर, कड़वा, तीखा, तेज़, तीक्ष्ण, चरपरा, कर्कश, रूखा, रुक्ष, परुष, कड़ा, सख्त।
किला	दुर्ग, कोट, गढ़, शिविर।
किंचित	कतिपय, कुछ एक, कई एक, कुछ, अल्प, ज़रा।
किताब	पुस्तक, ग्रन्थ, पोथी।
किनारा	तट, मुहाना, तीर, पुलिन, कूल। अंचल, छोर, सिरा, पर्यन्त।
कीमत	मूल्य, दाम, लागत।
कुबेर	राजराज, किन्नरेश, धनाधिप, धनेश, यक्षराज, धनद।
कुमुदनी	नलिनी, कैरव, कुमुद, इन्दुकमल, चन्द्रप्रिया।
कृष्ण	नन्दनन्दन, मधुसूदन, जनार्दन, माधव, मुरारि, कन्हैया, द्वारकाधीश, गोपाल, केशव, नन्दकुमार, नन्दकिशोर, बिहारी।

शब्द	पर्यायवाची शब्द
कृतज्ञ	आभारी, उपकृत, अनुगृहीत, ऋणी, कृतार्थ, एहसानमंद।
केला	रम्भा, कदली, वारण, अंशुमत्फला, भानुफल, काष्ठीला।
क्रोध	गुस्सा, अमर्ष, रोष, कोप, आक्रोश, ताव।
करुणा	दया, तरस, रहम, आत्मीयभाव।

(ख)

खग	पक्षी, चिड़िया, पखेरू, द्विज, पंछी, विहंग, शकुनि।
खंजन	नीलकण्ठ, सारंग, कलकण्ठ।
खंड	अंश, भाग, हिस्सा, टुकड़ा।
खल	शठ, दुष्ट, धूर्त, दुर्जन, कुटिल, नालायक, अधम।
खूबसूरत	सुन्दर, सुरम्य, मनोज्ञ, रूपवान, सौरम्य, रमणीक।
खून	रुधिर, लहू, रक्त, शोणित।
खम्भा	खम्भ, स्तूप, स्तम्भ।
खतरा	अंदेशा, भय, डर, आशंका।
खत	चिट्ठी, पत्र, पत्री, पाती।
खामोश	नीरव, शान्त, चुप, मौन।
खीझ	झुँझलाहट, झल्लाहट, खीझना, चिढ़ना।

(ग/घ)

गरुड़	खगेश्वर, सुपर्ण, वैनतेय, नागान्तक।
गौरव	मान, सम्मान, महत्त्व, बड़प्पन।
गम्भीर	गहरा, अथाह, अतल।
गाँव	ग्राम, मौजा, पुरवा, बस्ती, देहात।
गृह	घर, सदन, भवन, धाम, निकेतन, आलय, मकान, गेह, शाला।
गीदड़	शृगाल, सियार, जम्बुक।
गुप्त	निभृत, अप्रकट, गूढ़, अज्ञात, परोक्ष।
गति	हाल, दशा, अवस्था, स्थिति, चाल, रफ़्तार।
गंगा	भागीरथी, देवसरिता, मंदाकिनी, विष्णुपदी, त्रिपथगा, देवापगा, जाह्नवी, देवनदी, ध्रुवनन्दा, सुरसरि, पापछालिका।
गणेश	लम्बोदर, मूषकवाहन, भवानीनन्दन, विनायक, गजानन, मोदकप्रिय, जगवन्द्य, हेरम्ब, एकदन्त, गजवदन, विघ्ननाशक।
गज	हस्ती, सिंधुर, मातंग, कुम्भी, नाग, हाथी, वितुण्ड, कुंजर, करी, द्विप।
गधा	गदहा, खर, धूसर, गर्दभ, चक्रीवाहन, रासभ, लम्बकर्ण, बैशाखनन्दन, बेसर।
गाय	धेनु, सुरभि, माता, कल्याणी, पयस्विनी, गौ।
गुलाब	सुमना, शतपत्र, स्थलकमल, पाटल, वृन्तपुष्प।
गुनाह	गलती, अधर्म, पाप, अपराध, खता, त्रुटि, कुकर्म।
घड़ा	कलश, घट, कुम्भ, गागर, निप, गगरी, कुट।
घी	घृत, हवि, अमृतसार।
घाटा	हानि, नुकसान, टोटा।
घन	जलधर, वारिद, अंबुधर, बादल, मेघ, अम्बुद, पयोद, नीरद।
घृणा	जुगुप्सा, अरुचि, घिन, बीभत्स।
घुमक्कड़	रमता, सैलानी, पर्यटक, घुमन्तू, विचरणशील, यायावर।
घिनौना	घृण्य, घृणास्पद, बीभत्स, गन्दा, घृणित।

(च/छ)

चंदन	मंगल्य, मलयज, श्रीखण्ड।
चाँदी	रजत, रूपा, रौप्य, रूपक।
चरित्र	आचार, सदाचार, शील, आचरण।

शब्द	पर्यायवाची शब्द
चिन्ता	फ़िक्र, सोच, ऊहापोह।
चौकीदार	आरक्षी, पहरेदार, प्रहरी, गारद, गश्तकार।
चोटी	शृंग, तुंग, शिखर, परकोटि।
चक्र	पहिया, चाक, चक्का।
चिकित्सा	उपचार, इलाज, दवादारू।
चतुर	कुशल, नागर, प्रवीण, दक्ष, निपुण, योग्य, होशियार, चालाक, सयाना, विज्ञ।
चन्द्र	सोम, राकेश, रजनीश, राकापति, चाँद, निशाकर, हिमांशु, मयंक, सुधांशु, मृगांक, चन्द्रमा, कला-निधि, ओषधीश।
चाँदनी	चन्द्रिका, ज्योत्स्ना, कौमुदी, कुमुदकला, जुन्हाई, अमृतवर्षिणी, चन्द्रातप, चन्द्रमरीचि।
चपला	विद्युत, बिजली, चंचला, दामिनी, तड़ित।
चश्मा	ऐनक, उपनेत्र, सहनेत्र, उपनयन।
चाटुकारी	खुशामद, चापलूसी, मिथ्या प्रशंसा, चिरौरी, चमचागीरी।
चिह्न	प्रतीक, निशान, लक्षण, पहचान, संकेत।
चोर	रजनीचर, दस्यु, साहसिक, कभिज, खनक, मोषक, तस्कर।
छात्र	विद्यार्थी, शिक्षार्थी, शिष्य।
छाया	साया, प्रतिबिम्ब, परछाई, छाँव।
छल	प्रपंच, झाँसा, फ़रेब, कपट।
छटा	आभा, कांति, चमक, सौन्दर्य, सुन्दरता।
छानबीन	जाँच-पड़ताल, पूछताछ, जाँच, तहकीकात।
छेद	छिद्र, सूराख, रंध्र।
छली	ठग, छद्मी, कपटी, कैतव, धूर्त, मायावी।
छाती	उर, वक्ष, वक्षःस्थल, हृदय, मन, सीना।

(ज/झ)

जननी	माँ, माता, माई, मइया, अम्बा, अम्मा।
जीव	प्राणी, देहधारी, जीवधारी।
जिज्ञासा	उत्सुकता, उत्कण्ठा, कुतूहल।
जंग	युद्ध, रण, समर, लड़ाई, संग्राम।
जग	दुनिया, संसार, विश्व, भुवन, मृत्युलोक।
जल	सलिल, उदक, तोय, अम्बु, पानी, नीर, वारि, पय, अमृत, जीवक, रस, अप।
जहाज़	जलयान, वायुयान, विमान, पोत, जलवाहन।
जानकी	वैदेही, मैथिली, सीता, रामप्रिया, जनकदुलारी, जनकनन्दिनी।
जुटाना	बटोरना, संग्रह करना, जुगाड़ करना, एकत्र करना, जमा करना, संचय करना।
जोश	आवेश, साहस, उत्साह, उमंग, हौसला।
जीभ	जिह्वा, रसना, रसज्ञा, चंचला।
जमुना	सूर्यतनया, सूर्यसुता, कालिंदी, अर्कजा, कृष्णा।
ज्योति	प्रभा, प्रकाश, लौ, अग्निशिखा, आलोक।
झंडा	ध्वजा, केतु, पताका, निसान।
झरना	सोता, स्रोत, उत्स, निर्झर, जलप्रपात, प्रस्रवण, प्रपात।
झुकाव	रुझान, प्रवृत्ति, प्रवणता, उन्मुखता।
झकोर	हवा का झोंका, झटका, झोंक, बयार।
झूठ	मिथ्या, मृषा, अनृत, असत, असत्य।

शब्द	पर्यायवाची शब्द
	(ट/ठ)
टीका	भाष्य, वृत्ति, विवृति, व्याख्या, भाषांतरण।
टक्कर	भिड़ंत, संघट्ट, समाघात, ठोकर।
टोल	समूह, मण्डली, जत्था, झुण्ड, चटसाल, पाठशाला।
टीस	साल, कसक, शूल, शूक्त, चसक, दर्द, पीड़ा।
टेढ़ा	बंक, कुटिल, तिरछा, वक्र, कठिन, पेचीदा, मुश्किल, दुर्गम।
टंच	सूम, कृपण, कंजूस, निष्ठुर।
ठंड	शीत, ठिठुरन, सर्दी, जाड़ा, ठंडक।
ठेस	आघात, चोट, ठोकर, धक्का।
ठौर	ठिकाना, स्थल, जगह।
ठग	जालसाज, प्रवंचक, वंचक, प्रतारक।
ठाठ	आडम्बर, सजावट, वैभव।
ठिठोली	मज़ाक, उपहास, फ़बती, व्यंग्य, व्यंग्योक्ति।
ठगी	प्रतारणा, वंचना, मायाजाल, फ़रेब, जालसाज़।
	(ड/ढ)
डगर	बाट, मार्ग, राह, रास्ता, पथ, पंथ।
डर	त्रास, भीति, दहशत, आतंक, भय, खौफ़।
डेरा	पड़ाव, खेमा, शिविर।
डोर	डोरी, रज्जु, तांत, रस्सी, पगहा, तन्तु।
डकैत	डाकू, लुटेरा, बटमार।
डायरी	दैनिकी, दैनन्दिनी, रोज़नामचा।
ढीठ	धृष्ट, प्रगल्भ, अविनीत, गुस्ताख।
ढोंग	स्वाँग, पाखण्ड, कपट, छल।
ढंग	पद्धति, विधि, तरीका, रीति, प्रणाली, करीना।
ढाढ़स	आश्वासन, तसल्ली, दिलासा, धीरज, सांत्वना।
ढोंगी	पाखण्डी, बगुला-भगत, रंगासियार, कपटी, छली।
	(त/थ)
तन	शरीर, काया, जिस्म, देह, वपु।
तपस्या	साधना, तप, योग, अनुष्ठान।
तरंग	हिलोर, लहर, ऊर्मि, मौज, वीचि।
तरु	वृक्ष, पेड़, विटप, पादप, द्रुम, दरख्त।
तलवार	असि, खडग, सिरोही, चन्द्रहास, कृपाण, शमशीर, करवाल, करौली, तेग।
तम	अंधकार, ध्वान्त, तिमिर, अँधेरा, तमसा।
तरुणी	युवती, मनोज्ञा, सुन्दरी, यौवनवक्षी, प्रमदा, रमणी।
तारा	नखत, उड्डगण, नक्षत्र, तारक।
तम्बू	डेरा, खेमा, शिविर।
तस्वीर	चित्र, फोटो, प्रतिबिम्ब, प्रतिकृति, आकृति।
तालाब	जलाशय, सरोवर, ताल, सर, तड़ाग, जलधर, सरसी, पद्माकर, पुष्कर।
तारीफ़	बड़ाई, प्रशंसा, सराहना, प्रशस्ति, गुणगान।
तीर	नाराच, बाण, शिलीमुख, शर, सायक।
तोता	सुवा, शुक, दाडिमप्रिय, कीर, सुग्गा, रक्ततुंड।
तत्पर	तैयार, कटिबद्ध, उद्यत, सन्नद्ध।
तन्मय	मग्न, तल्लीन, लीन, ध्यानमग्न।

शब्द	पर्यायवाची शब्द
तालमेल	समन्वय, संगति, सामंजस्य।
तरकारी	शाक, सब्ज़ी, भाजी।
तूफ़ान	झंझावात, अंधड़, आँधी, प्रभंजन।
त्रुटि	अशुद्धि, भूल-चूक, गलती।
थकान	क्लान्ति, श्रान्ति, थकावट, थकन।
थोड़ा	कम, ज़रा, अल्प, स्वल्प, न्यून।
थाह	अन्त, छोर, सिरा, सीना।
थोथा	पोला, खाली, खोखला, रिक्त, छूछा।
थल	धरती, ज़मीन, पृथ्वी, भूतल, भूमि।
	(द)
दर्पण	शीशा, आइना, मुकुर, आरसी।
दास	चाकर, नौकर, सेवक, परिचारक, परिचर, किंकर, गुलाम, अनुचर।
दुःख	क्लेश, खेद, पीड़ा, यातना, विषाद, यन्त्रणा, क्षोभ, कष्ट।
दूध	पय, दुग्ध, स्तन्य, क्षीर, अमृत।
देवता	सुर, आदित्य, अमर, देव, वसु।
दोस्त	सखा, मित्र, स्नेही, अन्तरंग, हितैषी, सहचर।
द्रौपदी	श्यामा, पांचाली, कृष्णा, सैरन्ध्री, याज्ञसेनी, द्रुपदसुता, नित्ययौवना।
दासी	बाँदी, सेविका, किंकरी, परिचारिका।
दीपक	आदित्य, दीप, प्रदीप, दीया।
दुर्गा	सिंहवाहिनी, कालिका, अजा, भवानी, चण्डिका, कल्याणी, सुभद्रा, चामुण्डा।
दिव्य	अलौकिक, स्वर्गिक, लोकातीत, लोकोत्तर।
दीपावली	दीवाली, दीपमाला, दीपोत्सव, दीपमालिका।
दामिनी	बिजली, चपला, तड़ित, पीत-प्रभा, चंचला, विजय, विद्युत्, सौदामिनी।
देह	तन, रपु, शरीर, घट, काया, गात, कलेवर, तनु, मूर्ति।
दुर्लभ	अलम्भ, नायाब, विरल, दुष्प्राप्य।
दर्शन	भेंट, साक्षात्कार, मुलाकात।
दंगा	उपद्रव, फ़साद, उत्पात, उधम।
दरवाज़ा	किवाड़, पल्ला, कपाट, द्वार।
दाई	धाया, धात्री, अम्मा, सेविका।
देवालय	देवमन्दिर, देवस्थान, मन्दिर।
दृढ़	पुष्ट, मज़बूत, पक्का, तगड़ा।
दुर्गम	अगम्य, विकट, कठिन, दुस्तर।
द्विज	ब्राह्मण, ब्रह्मज्ञानी, वेदविद्, पण्डित, विप्र।
दिनांक	तारीख, तिथि, मिति।
	(ध)
धनुष	चाप, धनु, शरासन, पिनाक, कोदण्ड, कमान, विशिखासन।
धीरज	धीरता, धीरत्व, धैर्य, धारण, धृति।
धरती	धरा, धरणी, पृथ्वी, क्षिति, वसुधा, अवनी, मेदिनी।
धवल	श्वेत, सफ़ेद, उजला।
धुंध	कुहरा, नीहार, कुहासा।
ध्वस्त	नष्ट, भ्रष्ट, भग्न, खण्डित।

शब्द	पर्यायवाची शब्द
धूल	रज, खेहट, मिट्टी, गर्द, धूलि।
ध्रुव	दृढ़, अटल, स्थिर, निश्चित।
धंधा	रोज़गार, व्यापार, कारोबार, व्यवसाय।
धनुर्धर	धन्वी, तीरंदाज़, धनुषधारी, निषंगी।
धाक	रोब, दबदबा, धौंस।
धक्का	टक्कर, रेला, झोंका।

(न)

शब्द	पर्यायवाची शब्द
नदी	सरिता, दरिया, अपगा, तटिनी, सलिला, स्रोतस्विनी, कल्लोलिनी, प्रवाहिणी।
नमक	लवण, लोन, रामरस, नोन।
नया	नवीन, नव्य, नूतन, आधुनिक, अभिनव, अर्वाचीन, नव, ताज़ा।
नाश	समाप्ति, अवसान, विनाश, संहार, ध्वंस, नष्ट-भ्रष्ट।
नित्य	हमेशा, रोज़, सनातन, सर्वदा, सदा, सदैव, चिरंतन, शाश्वत।
नियम	विधि, तरीका, विधान, ढंग, कानून, रीति।
नीलकमल	इंदीवर, नीलाम्बुज, नीलसरोज, उत्पल, असितकमल, कुवलय, सौगन्धित।
नौका	तरिणी, डोंगी, नाव, जलयान, नैया, तरी।
नारी	स्त्री, महिला, रमणी, वनिता, वामा, अबला, औरत।
निन्दा	अपयश, बदनामी, बुराई, बदगोई, कुत्सा।
नैसर्गिक	प्राकृतिक, स्वाभाविक, वास्तविक।
नरेश	नरेन्द्र, राजा, नरपति, भूपति, भूपाल।
निष्पक्ष	उदासीन, अलग, निरपेक्ष, तटस्थ।
नियति	भाग्य, प्रारब्ध, विधि, भावी, दैव्य, होनी।
नक्षत्र	तारा, सितारा, खद्योत, तारक।
नाग	सर्प, विषधर, भुजंग, व्याल, फणी, फणधर, उरग।
नग	भूधर, पहाड़, पर्वत, शैल, गिरि।
नरक	यमपुर, यमलोक, जहन्नुम, दौजख।
निधि	कोष, खज़ाना, भण्डार।
नग्न	नंगा, दिगम्बर, निर्वस्त्र, अनावृत।
नीरस	रसहीन, फीका, सूखा, स्वादहीन।
नीरव	मौन, चुप, शान्त, खामोश, निःशब्द।
निरर्थक	बेमानी, बेकार, अर्थहीन, व्यर्थ।
नम	तरल, आर्द्र, भीगा, गीला, द्रवित।
निष्ठा	श्रद्धा, आस्था, विश्वास।
निर्णय	निष्कर्ष, फ़ैसला, परिणाम।
निष्ठुर	निर्दय, निर्मम, बेदर्द, बेरहम।

(प)

शब्द	पर्यायवाची शब्द
पत्थर	पाहन, प्रस्तर, संग, अश्म, पाषाण।
पति	स्वामी, कान्त, भर्तार, बल्लभ, भर्ता, ईश।
पत्नी	दुलहिन, अर्धांगिनी, गृहिणी, त्रिया, दारा, जोरू, गृहलक्ष्मी, सहधर्मिणी, सहचरी, जाया, प्राण प्रिया।
पथिक	राही, बटाऊ, पंथी, मुसाफ़िर, बटोही।
पण्डित	विद्वान्, सुधी, ज्ञानी, धीर, कोविद, प्राज्ञ।
परशुराम	भृगुसुत, जामदग्न्य, भार्गव, परशुधर, भृगुनन्दन, रेणुकातनय।
पर्वत	पहाड़, अचल, शैल, नग, भूधर, मेरू, महीधर, गिरि।
पवन	समीर, अनिल, मारुत, वात, पवमान, वायु, बयार।
पवित्र	पुनीत, पावन, शुद्ध, शुचि, साफ़, स्वच्छ।
पार्वती	भवानी, अम्बिका, गौरी, अभया, गिरिजा, उमा, सती, शिवप्रिया।
पिता	जनक, बाप, तात, गुरु, फ़ादर, वालिद।
पुत्र	तनय, आत्मज, सुत, लड़का, बेटा, औरस, पूत।
परिणय	शादी, विवाह, पाणिग्रहण।
पूज्य	आराध्य, अर्चनीय, उपास्य, वंद्य, वंदनीय, पूजनीय।
पुत्री	तनया, आत्मजा, सुता, लड़की, बेटी, दुहिता।
पृथ्वी	वसुधा, वसुन्धरा, मेदिनी, मही, भू, भूमि, इला, उर्वी, ज़मीन, क्षिति, धरती, धात्री।
प्रकाश	चमक, ज्योति, द्युति, दीप्ति, तेज़, आलोक।
प्रभात	सवेरा, सुबह, विहान, प्रातःकाल, भोर, ऊषाकाल।
प्रथा	प्रचलन, चलन, रीति–रिवाज़, परम्परा, परिपाटी, रूढ़ि।
प्रलय	कयामत, विप्लव, कल्पान्त, ग़ज़ब।
प्रसिद्ध	मशहूर, नामी, ख्यात, नामवर, विख्यात, प्रख्यात, यशस्वी, मकबूल।
प्रार्थना	विनय, विनती, निवेदन, अनुरोध, स्तुति, अभ्यर्थना, अर्चना, अनुनय।
प्रिया	प्रियतमा, प्रेयसी, सजनी, दिलरुबा, प्यारी।
प्रेम	प्रीति, स्नेह, दुलार, लाड़-प्यार, ममता, अनुराग, प्रणय।
पैर	पाँव, पाद, चरण, गोड़, पग, पद, पगु, टाँग।
प्रभा	छवि, दीप्ति, द्युति, आभा।
परतन्त्र	पराधीन, परवश, पराश्रित।
परिवार	कुल, घराना, कुटुम्ब, कुनबा।
परछाई	प्रतिच्छाया, साया, प्रतिबिम्ब, छाया, छवि।
पक्षी	विहग, निहंग, खग, अण्डज, शकुन्त, द्विज
पल	क्षण, लम्हा, दम।
पश्चात्ताप	अनुताप, पछतावा, ग्लानि, संताप।
पाश	जालबन्धन, फन्दा, बन्धन, जकड़न।
पराग	रंज, पुष्परज, कुसुमरज, पुष्पधूलि।
परिवर्तन	क्रांति, हेर-फेर, बदलाव, तब्दीली।
पड़ोसी	हमसाया, प्रतिवासी, प्रतिवेशी।
पुरातन	प्राचीन, पूर्वकालीन, पुराना।
पूजा	आराधना, अर्चना, उपासना।
प्रकाण्ड	अतिशय, विपुल, अधिक, भारी।
प्रज्ञा	बुद्धि, ज्ञान, मेधा, प्रतिभा।
प्रचण्ड	भीषण, उग्र, भयंकर।
प्रणय	स्नेह, अनुराग, प्रीति, अनुरक्ति।
प्रताप	प्रभाव, धाक, बोलबाला, इकबाल।
प्रतिज्ञा	प्रण, वचन, वायदा।
प्रेक्षागार	नाट्यशाला, रंगशाला, अभिनयशाला, प्रेक्षागृह।
प्रौढ़	अधेड़, प्रबुद्ध।
पल्लव	किसलय, घर्ण, पत्ती, पात, कोपल, फुनगी।
पांडुलिपि	हस्तलिपी, मसौदा, पाण्डुलेख।

(फ)

शब्द	पर्यायवाची शब्द
फणी	सर्प, साँप, फणधर, नाग, उरग।
फ़ौरन	तत्काल, तत्क्षण, तुरन्त।
फूल	सुमन, कुसुम, गुल, प्रसून, पुष्प, पुहुप, मंजरी, लतान्त।
फ़ौज	सेना, लश्कर, पल्टन, वाहिनी, सैन्य।
फणीन्द्र	शेषनाग, वासुकी, उरगाधिपति, सर्पराज, नागराज।

शब्द	पर्यायवाची शब्द
	(ब)
बलराम	हलधर, बलवीर, रेवतीरमण, बलभद्र, हली, श्यामबन्धु।
बाग	उपवन, वाटिका, उद्यान, निकुंज, फुलवाड़ी, बगीचा।
बन्दर	कपि, वानर, मर्कट, शाखामृग, कीश।
बट्टा	घाटा, हानि, टोटा, नुकसान।
बलिदान	कुर्बानी, आत्मोत्सर्ग, जीवनदान।
बंजर	ऊसर, परती, अनुपजाऊ, अनुर्वर।
बिछोह	वियोग, जुदाई, बिछोड़ा, विप्रलंभ।
बियावान	निर्जन, सूनसान, वीरान, उजाड़।
बंक	टेढ़ा, तिर्यक्, तिरछा, वक्र।
बहुत	ज़्यादा, प्रचुर, प्रभूत, विपुल, इफ़रात, अधिक।
बुद्धि	प्रज्ञा, मेधा, ज़ेहन, समझ, अकल, गति।
ब्रह्मा	विधि, चतुरानन, कमलासन, विधाता, विरंचि, पितामह, अज, प्रजापति, स्वयंभू।
बादल	मेघ, पयोधर, नीरद, वारिद, अम्बुद, बलाहक, जलधर, घन, जीमूत।
बाल	केश, अलक, कुन्तल, रोम, शिरोरूह, चिकुर।
बिजली	तड़ित, दामिनी, विद्युत, सौदामिनी, चंचला, बीजुरी।
बसंत	ऋतुराज, ऋतुपति, मधुमास, कुसुमाकर, माधव।
बाण	तीर, तोमर, विशिख, शिलीमुख, नाराच, शर, इषु।
बारिश	पावस, वृष्टि, वर्षा, बरसात, मेह, बरखा।
बालिका	बाला, कन्या, बच्ची, लड़की, किशोरी।
	(भ)
भगवान्	परमेश्वर, परमात्मा, सर्वेश्वर, प्रभु, ईश्वर।
भगिनी	दीदी, जीजी, बहिन।
भारती	सरस्वती, ब्राह्मी, विद्या देवी, शारदा, वीणावादिनी।
भाल	ललाट, मस्तक, माथा, कपाल।
भरोसा	सहारा, अवलम्ब, आश्रय, प्रश्रय।
भास्कर	चमकीला, आभामय, दीप्तिमान, प्रकाशवान।
भुगतान	भरपाई, अदायगी, बेबाकी।
भोला	सीधा, सरल, निष्कपट, निश्छल।
भूखा	बुभुक्षित, क्षुधातुर, क्षुधालु, क्षुधार्त।
भँवरा	भ्रमर, भृंग, मधुकर, मधुप, अलि, द्विरेफ।
भाई	अग्रज, अनुज, सहोदर, तात, भइया, बन्धु।
भाँड	विदूषक, मसखरा, जोकर।
भिक्षुक	भिखमंगा, भिखारी, याचक।
	(म)
मछली	मीन, मत्स्य, सफरी, झष, जलजीवन।
मज़ाक	दिल्लगी, उपहास, हँसी, मखौल, मसखरी, व्यंग्य, छींटाकशी।
मदिरा	शराब, हाला, आसव, मद्य, सुरा।
महादेव	शंकर, शंभू, शिव, पशुपति, चन्द्रशेखर, महेश्वर, भूतेश, आशुतोष, गिरीश।
मक्खन	नवनीत, दधिसार, माखन, लौनी।
मंगनी	वाग्दान, फलदान, सगाई।

शब्द	पर्यायवाची शब्द
मनीषी	पण्डित, विचारक, ज्ञानी, विद्वान्।
मुँह	मुख, आनन, बदन।
मित्र	सखा, दोस्त, सहचर, सुहृद।
माँ	मातु, माता, मातृ, मातरि, मैया, महतारी, अम्ब, जननी, जनयित्री, जन्मदात्री।
मैना	सारिका, चित्रलोचना, कलहप्रिया।
मंथन	बिलोना, विलोड़न, आलोड़न।
महक	परिमल, वास, सुवास, खुशबू, सुगन्ध, सौरभ।
मृत्यु	देहावसान, देहान्त, पंचतत्वलीन, निधन, मौत, इंतकाल।
माँझी	मल्लाह, नाविक, केवट।
माया	छल, छलना, प्रपंच, प्रतारणा।
माधुरी	माधुर्य, मिठास, मधुरता।
मानव	मनुज, मनुष्य, मानुष, नर, इंसान।
मोती	सीपिज, मौक्तिक, मुक्ता, शशिप्रभा।
मेंढक	दादुर, दर्दुर, मण्डूक, वर्षाप्रिय, भेक।
मोर	मयूर, नीलकण्ठ, शिखी, केकी, कलापी।
मोक्ष	मुक्ति, निर्वाण, कैवल्य, परमधाम, परमपद, अपवर्ग, सद्गति।
मन्दिर	देवालय, देवस्थान, देवगृह, ईशगृह।
मधु	शहद, बसंत-ऋतु, भुसुमासव, मकरंद, पुष्पासव।
	(य)
यम	सूर्यपुत्र, धर्मराज, श्राद्धदेव, कीनाश, शमन, दण्डधर, यमुनाभ्राता।
यत्न	प्रयत्न, चेष्टा, उद्यम।
योग्य	कुशल, सक्षम, कार्यक्षम, काबिल।
यात्रा	भ्रमण, देशाटन, पर्यटन, सफ़र, घूमना।
याद	सुधि, स्मृति, ख्याल, स्मरण।
यन्त्र	औज़ार, कल, मशीन।
यती	संन्यासी, वीतरागी, वैरागी।
युद्ध	रण, जंग, समर, लड़ाई, संग्राम।
याचिका	आवेदन-पत्र, अभ्यर्थना, प्रार्थना-पत्र।
	(र)
रक्त	खून, लहू, रुधिर, शोणित, लोहित, रोहित।
राधा	ब्रजरानी, हरिप्रिया, राधिका, वृषभानुजा।
रानी	राज्ञी, महिषी, राजपत्नी।
रावण	लंकेश, दशानन, दशकण्ठ, दशकंधर, लंकाधिपति, दैत्येन्द्र।
राज्यपाल	प्रान्तपति, सूबेदार, गवर्नर।
राय	मत, सलाह, सम्मति, मन्त्रणा, परामर्श।
रूढ़ि	प्रथा, दस्तूर, रस्म।
रक्षा	बचाव, संरक्षण, हिफ़ाजत, देखरेख।
रमा	कमला, इन्दिरा, लक्ष्मी, हरिप्रिया, समुद्रजा, चंचला, क्षीरोदतनया, पद्मा, श्री, भार्गवी।
रसना	जीभ, जबान, रसेन्द्रिय, जिह्वा, रसिका।
रविवार	इतवार, आदित्य-वार, सूर्यवार, रविवासर।
राजा	नरेन्द्र, नरेश, नृप, भूपाल, राव, भूप, महीप, नरपति, सम्राट।
रामचन्द्र	रघुवर, रघुनाथ, सीतापति, कौशल्यानन्दन, अमिताभ, राघव, रघुराज, अवधेश।

शब्द	पर्यायवाची शब्द
रात	रैन, रजनी, निशा, विभावरी, यामिनी, तमी, तमस्विनी, शर्वरी, विभा, क्षपा, रात्रि, राका।
रिपु	बैरी, दुश्मन, विपक्षी, विरोधी, प्रतिवादी, अमित्र, शत्रु।
रोना	विलाप, रोदन, रुदन, क्रंदन, विलपन।

(ल)

लक्ष्मण	अनंत, लखन, सौमित्र।
लग्न	संलग्न, सम्बद्ध, संयुक्त।
लज्जा	शर्म, हया, लाज, व्रीडा।
लहर	लहरी, हिलोर, तरंग, उर्मि।
लालसा	तृष्णा, अभिलाषा, लिप्सा, लालच।
लगातार	सतत, निरन्तर, अजस्र, अनवरत।
लता	बेल, वल्लरी, लतिका, प्रतान, वीरुध।
लघु	थोड़ा, न्यून, हल्का, छोटा।
लक्ष्मी	श्री, कमला, रमा, पद्मा, हरिप्रिया, क्षीरोद, इन्दिरा, समुद्रजा।

(व)

वर्षा	बरसात, मेह, बारिश, पावस, चौमास।
वक्ष	सीना, छाती, वक्षस्थल, उदरस्थल।
वन	अरण्य, अटवी, कानन, विपिन।
वस्त्र	परिधान, पट, चीर, वसन, कपड़ा, पोशाक, अम्बर।
विकार	विकृति, दोष, बुराई, बिगाड़।
विष	गरल, माहुर, हलाहल, कालकूट, ज़हर।
विरुद	प्रशस्ति, कीर्ति, यशोगान, गुणगान।
विविध	नाना, प्रकीर्ण, विभिन्न।
विभोर	मस्त, मुग्ध, मग्न, लीन।
विप्र	भूदेव, ब्राह्मण, महीसुर, पुरोहित, पण्डित।
विभा	प्रभा, आभा, कांति, शोभा।
विशारद	पण्डित, ज्ञानी, विशेषज्ञ, सुधी।
विलास	आनन्द, भोग, सन्तुष्टि, वासना।
व्यसन	लत, वान, टेक, आसक्ति।
वृक्ष	द्रुम, पादप, तरु, विटप।
विवाद	अनबन, झगड़ा, तकरार, बखेरा।
वंक	टेढ़ा, वक्र, कुटिल।
विपरीत	उलटा, प्रतिकूल, खिलाफ़, विरुद्ध।
व्रण	घाव, फोड़ा, ज़ख्म, नासूर।
वेश्या	गणिका, वारांगना, पतुरिया, रंडी, तवायफ़।
वसन्त	मधुमास, ऋतुराज, माधव, कुसुमाकर, कामसखा, मधुऋतु।
विद्या	ज्ञान, शिक्षा, गुण, इल्म, सरस्वती।
विधि	शैली, तरीका, नियम, रीति, पद्धति, प्रणाली, चाल।
विमल	स्वच्छ, निर्मल, पवित्र, पावन, विशुद्ध।
विष्णु	नारायण, केशव, गोविन्द, माधव, जनार्दन, विशम्भर, मुकुन्द, लक्ष्मीपति, कमलापति, चक्रपाणि, दामोदर।

(श/ष/स)

शपथ	कसम, प्रतिज्ञा, सौगन्ध, हलफ़, सौं।
शहद	मधु, मकरंद, पुष्परस, पुष्पासव।
शब्द	ध्वनि, नाद, आश्व, घोष, रव, मुखर।
शरण	संश्रय, आश्रय, त्राण, रक्षा।
शिष्ट	शालीन, भद्र, संभ्रान्त, सौम्य, सज्जन, सभ्य।

शब्द	पर्यायवाची शब्द
शेर	सिंह, नाहर, केहरि, वनराज, केशरी, मृगेन्द, शार्दूल, व्याघ्र।
शिरा	नाड़ी, धमनी, नस।
शुभ	मंगल, कल्याणकारी, शुभंकर।
शिक्षा	नसीहत, सीख, तालीम, प्रशिक्षण, उपदेश, शिक्षण, ज्ञान।
श्वेत	सफ़ेद, धवल, शुक्ल, उजला, सित।
शंकर	शिव, उमापति, शम्भू, भोलेनाथ, त्रिपुरारि, महेश, देवाधिदेव, कैलाशपति, आशुतोष।
शाश्वत	सर्वकालिक, अक्षय, सनातन, नित्य।
शिकारी	आखेटक, लुब्धक, बहेलिया, अहेरी, व्याध।
श्मशान	मरघट, मसान, दाहस्थल।
षड्यन्त्र	साज़िश, दुरभिसन्धि, अभिसन्धि, कुचक्र।
सब	अखिल, सम्पूर्ण, सकल, सर्व, समस्त, समग्र, निखिल।
संकल्प	वृत, दृढ़ निश्चय, प्रतिज्ञा, प्रण।
संग्रह	संकलन, संचय, जमाव।
संन्यासी	बैरागी, दण्डी, विरत, परिव्राजक।
सजग	सतर्क, चौकस, चौकन्ना, सावधान।
संहार	अन्त, नाश, समाप्ति, ध्वंस।
समसामयिक	समकालिक, समकालीन, समवयस्क, वर्तमान।
समीक्षा	विवेचना, मीमांसा, आलोचना, निरूपण।
समुद्र	नदीश, वारीश, रत्नाकर, उदधि, पारावार।
सखी	सहेली, सहचरी, सैरंध्री।
सज्जन	भद्र, साधु, पुंगव, सभ्य, कुलीन।
संसार	विश्व, दुनिया, जग, जगत्, इहलोक।
समाप्ति	इतिश्री, इति, अन्त, समापन।
सार	रस, सत्त, निचोड़, सत्त्व।
स्तन	पयोधर, छाती, कुच, उरस, उरोज।
सुन्दरी	ललिता, सुनेत्रा, सुनयना, विलासिनी, कामिनी।
सूची	अनुक्रम, अनुक्रमणिका, तालिका, फेहरिस्त, सारणी।
स्वर्ण	सुवर्ण, सोना, कनक, हिरण्य, हेम, कुंदन।
स्वर्ग	सुरलोक, द्युलोक, बैकुण्ठ, परलोक, दिव।
स्वच्छन्द	निरंकुश, स्वतन्त्र, निर्बंध।
स्वावलम्बन	आत्माश्रय, आत्मनिर्भरता, स्वाश्रय।
स्नेह	प्रेम, प्रीति, अनुराग, प्यार, मोहब्बत, इश्क।
सरस्वती	भारती, शारदा, वीणापाणि, गिरा, वाणी, महाश्वेता, श्री, भाष, वाक्, हंसवाहिनी, ज्ञानदायिनी, वाग्देवी।
सूर्य	सूरज, दिनकर, दिवाकर, भास्कर, रवि, नारायण, सविता, कमलबन्धु, आदित्य, प्रभाकर, मार्तण्ड।
सम्पूर्ण	पूर्ण, समग्र, सारा, पूरा, मुकम्मल।
सर्प	भुजंग, अहि, विषधर, व्याल, फणी, उरग, साँप, नाग, अहि।
सुरपुर	सुलोक, स्वर्गलोक, हरिधाम, अमरपुर, देवराज्य, स्वर्ग।
सेठ	महाजन, सूदखोर, साहूकार, ब्याजजीवी, पूँजीपति, मालदार, धनवान, धनी, ताल्लुकदार।
संध्या	निशारंभ, दिनावसान, दिनांत, सायंकाल, गोधूलि, साँझ।
स्तुति	प्रार्थना, पूजा, आराधना, अर्चना।

(ह)

शब्द	पर्यायवाची शब्द
हंस	मुक्तमुक, मराल, सरस्वतीवाहन।
हँसी	स्मिति, मुस्कान, हास्य।
हित	कल्याण, भलाई, भला, उपकार।
हक	अधिकार, स्वत्व, दावा, फ़र्ज़, उचित पक्ष।
शब्द	**पर्यायवाची शब्द**
हिमालय	हिमगिरि, हिमाद्रि, गिरिराज, शैलेन्द्र।
हनुमान	पवनसुत, महावीर, आंजनेय, कपीश, बजरंगी, मारुतिनन्दन, बजरंग।
हाथ	कर, हस्त, पाणि, भुजा, बाहु, भुजाग्र।
हाथी	गज, कुंजर, वितुण्ड, मतंग, नाग, द्विरद।
हार	पराजय, पराभव, शिकस्त, मात, माला, कण्ठहार, मोहनमाला, अंकमालिका।
हिम	तुषार, तुहिन, नीहार, बर्फ़।
हिरन	मृग, हरिण, कुरंग, सारंग।
होशियार	समझदार, पटु, चतुर, बुद्धिमान, विवेकशील।
हरि	बन्दर, इन्द्र, विष्णु, चन्द्र, सिंह।

(क्ष)

क्षेत्र	प्रदेश, इलाका, भू-भाग, भूखण्ड।
क्षणभंगुर	अस्थिर, अनित्य, नश्वर, क्षणिक।
क्षय	तपेदिक, यक्ष्मा, राजरोग।
क्षुब्ध	व्याकुल, विकल, उद्विग्न।
क्षमता	शक्ति, सामर्थ्य, बल, ताकत।
क्षीण	दुर्बल, कमज़ोर, बलहीन, कृश।

वस्तुनिष्ठ प्रश्नावली

निर्देश (प्र.सं. 1-2) *प्रश्नों में दिए गए शब्द के समानार्थक शब्द का चयन उसके नीचे दिए गए विकल्पों में से कीजिए।*

1. विप्र *(KVS PRT 2015)*
(a) निर्धन (b) धनी (c) ब्राह्मण (d) सैनिक

2. आविर्भाव
(a) मृत्यु (b) मोक्ष (c) वानप्रस्थ (d) उत्पत्ति

3. निम्नलिखित में पर्यायवाची शब्द है *(अन्वेषक सीधी भर्ती परीक्षा 2014)*
(a) अचिर, अचर (b) राधारमण, कंसनिकन्दन
(c) अम्बुज, अम्बुधि (d) नीरद, नीरज

4. कौन-सा विकल्प वैचारिक अन्तर के समानार्थी शब्दों का है?
(a) देखना, घूरना (b) बेहद, असीम
(c) जल, नीर (d) सौन्दर्य, खूबसूरती

5. 'नौका' शब्द का पर्याय बताइए।
(a) तिया (b) तरंगिणी (c) तरी (d) तरणिजा

6. 'घर' के लिए यह पर्यायवाची नहीं है
(a) गृह (b) ग्रह (c) आलय (d) निलय

7. 'पवन' का पर्यायवाची शब्द है *(सहायक उपनिरीक्षक भर्ती परीक्षा 2014)*
(a) मिलना (b) पूजना (c) समीर (d) आदर

8. 'खर' का पर्यायवाची शब्द है *(उपनिरीक्षक भर्ती परीक्षा 2014)*
(a) खरगोश (b) शशक (c) मूर्ख (d) गधा

9. अनिल पर्यायवाची है *(उपनिरीक्षक भर्ती परीक्षा 2014)*
(a) पवन का (b) चक्रवात का
(c) पावस का (d) अनल का

10. 'प्रसून' शब्द का पर्यायवाची है
(a) वृक्ष (b) पुष्प
(c) चन्द्रमा (d) अग्नि

11. 'नियति' शब्द का समानार्थी शब्द है *(उपनिरीक्षक भर्ती परीक्षा 2014)*
(a) चरित्र (b) स्वभाव
(c) भाग्य (d) कर्म

निर्देश (प्र.सं. 12-17) *प्रश्नों में दिए गए शब्दों के पर्याय (समानार्थक शब्द) के लिए चार-चार विकल्प दिए गए हैं; उचित विकल्प चुनिए।*

12. स्वच्छ *(UPSSSC लेखपाल परीक्षा 2014)*
(a) निर्मल (b) पंकिल (c) नीरज (d) नीरद

13. ग्रीष्म
(a) गर्मी (b) वर्षा (c) तपन (d) पावक

14. शाश्वत *(SSC कांस्टेबल GD 2012)*
(a) आंशिक (b) साकार (c) चिरंतन (d) लौकिक

15. सुगन्ध
(a) इत्र (b) सौरभ (c) चन्दन (d) केसर

16. जंगल
(a) बहिन (b) द्रुमदल (c) कानन (d) कुसुम

17. बादल *(SSC स्टेनोग्राफर 2015)*
(a) पयोधि (b) अंबुज (c) अंबुधि (d) पयोद

18. 'व्यवहार' और 'मत' शब्दों के सही पर्याय हैं
(a) आचार और विचार
(b) आचरण और सिद्धान्त
(c) विचार और राय
(d) बरताव और निर्णय

19. निम्न विकल्पों में से जो 'चतुर' शब्द का समानार्थी नहीं है वह छाँटिए।
(a) नागर (b) पटु
(c) देवप्रिय (d) दक्ष

20. पर्यायवाची शब्द का कौन-सा युग्म सही नहीं है?
(a) वसुमती-धरती (b) वाजि-सिंह
(c) मरीचि-किरण (d) वह्नि-आग

21. सुधाकर शब्द किसका पर्यायवाची है? *(DSSSB असिस्टेंट टीचर 2015)*
(a) सिन्धु (b) जलाशय
(c) चन्द्रमा (d) बादल

22. 'अद्भुत' शब्द का समानार्थी नहीं है (IBPS/RRB 2014)
(a) अद्वितीय (b) आश्चर्यजनक
(c) भयानक (d) अपूर्व

23. 'पापी' शब्द का समानार्थी शब्द है (IBPS/RRB 2014)
(a) पामर (b) निर्दयी
(c) कुत्सित (d) अधम पाव की

24. 'फूल' शब्द का समानार्थी नहीं है (IBPS/RRB 2014)
(a) पुष्प (b) सरोज
(c) प्रसून (d) मंजरी

25. 'मृषा' किस शब्द का पर्याय है? (CGPSC Pre 2013)
(a) मिथ्या (b) मृत्यु
(c) मुक्ति (d) मित्र

26. 'असुर' का समानार्थी है (राजस्थान BSTC/NTT 2010)
(a) पापी (b) भूत
(c) राक्षस (d) उद्दण्ड

27. 'आनन्द' का पर्यायवाची है (M.P बी.एड. प्रवेश परीक्षा 2010)
(a) सहकार (b) स्पृहा
(c) प्रमाद (d) प्रमोद

28. 'इन्द्र' का पर्यायवाची है (RRB (गोरखपुर) 2010)
(a) पुरन्दर (b) महेश
(c) महीसुर (d) देवासुर

29. 'चपला' का समानार्थी है (बिहार बी.एड. प्रवेश परीक्षा 2010)
(a) ज्वाला (b) कंजूस
(c) भामिनी (d) दामिनी

30. 'जीभ' का पर्याय है (UPPSC RO/ARO 2011)
(a) वचन (b) रसना
(c) ध्वनि (d) जीव

31. 'तरंग' किसका पर्यायवाची है?
(a) क्षीण (b) काया
(c) ऊर्मि (d) प्रतिकृति

32. 'दास' किसका पर्यायवाची है? (राजस्थान BSTC/NTT 2009)
(a)किन्नर (b) सेवक
(c)नायक (d) इनमें से कोई नहीं

33. 'माहवार' किसका पर्यायवाची है? (ग्रामीण बैंक (क्लर्क) परीक्षा 2010)
(a) महावर (b) मंगलवार
(c) प्रतिमाह (d) महावत

34. 'शिव' का पर्यायवाची है (UPPSC RO/ARO 2011)
(a) शिवालय (b) रुद्र
(c) रुद्राक्ष (d) हरि

35. 'सिवा' शब्द का पर्यायवाची है (ग्रामीण बैंक (क्लर्क) परीक्षा 2010)
(a) शंकर (b) अतिरेक
(c) रिश्तेदार (d) अलावा

36. 'सूरज' किसका पर्यायवाची है? (राजस्थान BSTC/NTT 2009)
(a) अंशुमाली (b) आदित्य
(c) भास्कर (d) ये सभी

37. 'हिरण्य' पर्यायवाची है
(a) कुरंग (b) सारंग
(c) कंचन (d) केशरी

निर्देश (प्र.सं. 38-56 तक) *निम्नलिखित प्रश्नों में प्रत्येक शब्द के साथ चार विकल्प दिए गए हैं। इनमें से तीन पर्यायवाची हैं और एक शब्द पर्यायवाची नहीं है। जो पर्यायवाची नहीं है, उसका चयन कीजिए।*

38. 'अहि' (UPPSC RO/ARO 2011)
(a) उरग (b) सरीसृप (c) पवनाश (d) सिंधुर

39. 'इन्दिरा'
(a) श्री (b) कमला (c) पद्मा (d) भारती

40. 'कर्ण'
(a) सूतपुत्र (b) धनंजय (c) राधेय (d) अंगराज

41. 'कल्पद्रुम'
(a) पारिजात (b) हरिचन्दन (c) बोधिवृक्ष (d) कल्पवृक्ष

42. 'खामोश'
(a) शान्त (b) मौन (c) नीरव (d) नीरस

43. 'चाँदनी' (UPPSC RO/ARO 2011)
(a) चन्द्रातप (b) कौमुदी (c) ज्योत्स्ना (d) मयंक

44. 'जिज्ञासा'
(a) वृत्तिका (b) उत्कण्ठा (c) उत्सुकता (d) कुतूहल

45. 'झरना'
(a) उत्स (b) स्तोत्र (c) स्रोत (d) निर्झर

46. 'तोष'
(a) तुष्टि (b) तृप्ति (c) तृष्णा (d) संतोष

47. 'थकान'
(a) श्रान्ति (b) विश्रान्ति (c) क्लान्ति (d) थकावट

48. 'दर्पण'
(a) आरसी (b) आइना (c) दर्शन (d) मुकुर

49. 'पृथ्वी'
(a) भारती (b) क्षिति (c) वसुधा (d) धरा

50. 'ब्रह्मा'
(a) प्रजापति (b) विधि (c) स्वयंभू (d) पंचानन

51. 'महादेव'
(a) हरि (b) शिव (c) नीलकण्ठ (d) आशुतोष

52. 'रात्रि'
(a) यामिनी (b) शर्वरी (c) उर्वशी (d) विभावरी

53. 'समुद्र' (UPPSC RO/ARO 2011)
(a) पयोधि (b) जलद (c) जलधि (d) वारिधि

54. 'सूर्य' (UPPSC RO/ARO 2011)
(a) प्रभाकर (b) निशाकर (c) दिनकर (d) दिनेश

55. 'सुन्दर'
(a) चारु (b) ललाम (c) मंजुल (d) मंजूषा

56. 'हिमालय' (इग्नू बी.एड. प्रवेश परीक्षा 2010)
(a) गिरिजेश (b) गिरिराज (c) नगराज (d) हिमाद्रि

57. 'शांति' शब्द का समानार्थी नहीं है (ग्रामीण बैंक ऑफिसर्स परीक्षा 2011)
(a) चुप्पी (b) मौन (c) नीरवता (d) आकाश

58. निम्नलिखित में से किस एक विकल्प में सभी शब्द पर्यायवाची नहीं हैं
(a) प्रदीप, दीपक, दिवाली, दीया
(b) अन्य, इतर, गैर, पराया
(c) असि, खंजर, तेग, शमशीर
(d) गृहिणी, दारा, पत्नी, अर्धांगिनी

59. निम्नलिखित में से किस एक विकल्प में सभी शब्द पर्यायवाची हैं?
(a) औषध, दवा, भेषज, वैद्य
(b) अलौकिक, लोकोत्तर, पीयूष, दिव्य
(c) जलाशय, सरोवर, पुष्कर, तड़ाग
(d) रीति, पद्धति, त्रास, प्रणाली

60. निम्नलिखित में से किस वर्ग में सभी शब्द पर्याय नहीं हैं?
(a) अचल, नग, गिरि, भूधर
(b) कृपाण, असि, करवाल, चन्द्रहास
(c) सरिता, तटिनी, तरंगिणी
(d) अभर, सुर, कैवल्य, देव

61. मृगेन्द्र का पर्याय है *(RPSC पुलिस सब-इंस्पेक्टर परीक्षा 2011)*
(a) अहि (b) कुरंग
(c) हय (d) शार्दूल

62. कौन-सा शब्द 'भ्रमर' का पर्यायवाची नहीं है? *(UKTET 2015)*
(a) षट्पद (b) मधुकर
(c) अलि (d) प्रभाकर

63. 'पन्नग' का समानार्थी शब्द है? *(UKTET 2015)*
(a) उरग (b) पिक
(c) पिनाक (d) केशरी

64. निम्न में से कौन-सा शब्द 'गंगा' का पर्यायवाची नहीं है?
(a) त्रिपथगा (b) अमरतरंगिनी
(c) पुष्पधन्वा (d) विष्णुपदी

65. निम्न में से 'लक्ष्मी' का पर्यायवाची शब्द कौन-सा है?
(a) श्री (b) पुष्पासव
(c) राज्ञी (d) महीसुर

निर्देश (प्र.सं. 66-67) *निम्नलिखित शब्दों के पर्यायवाची शब्द चुनिए।*

66. समुद्र *(UP लेखपाल भर्ती परीक्षा 2015)*
(a) अर्णव (b) विश्वंभर
(c) उदक (d) त्रुंग

67. सौदामनी *(UP लेखपाल भर्ती परीक्षा 2015)*
(a) द्वारा (b) विद्युत (c) गंगोत्री (d) व्यापारी

68. दिए हुए शब्दों में भिन्न अर्थ वाला शब्द है *(बी.एड. परीक्ष 2005)*
(a) तुरंग (b) मृगेन्द्र (c) मृगराज (d) व्याघ्र

69. हिमांशु का पर्यायवाची शब्द है
(a) कलकण्ठ (b) सुधाकर (c) उत्कृष्ट (d) शार्दूल

70. जाह्नवी का पर्यायवाची शब्द है
(a) संसार (b) जानने वाली (c) सुरसरि (d) जहन्नुम

71. दिए गए शब्द के पर्यायवाची शब्द का चयन करें
अमृत *(SSC कांस्टेबल GD 2018)*
(a) नीर (b) विष (c) रस (d) पीयूष

72. दिए गए शब्द के पर्यायवाची शब्द का चयन करें
प्रख्यात *(SSC कांस्टेबल GD 2018)*
(a) शोणित (b) विमुख
(c) प्रसिद्ध (d) हस्ती

73. इनमें से कौन-सा शब्द 'ज्वाला' शब्द का पर्यायवाची नहीं है, उसे पहचानिए? *(इलाहाबाद उच्च न्यायालय RO/ARO 2018)*
(a) आग (b) अग्निकानन
(c) कानन (d) अनल

74. इनमें से कौन-सा शब्द 'इच्छा' शब्द का पर्यायवाची नहीं है, उसे पहचानिए? *(इलाहाबाद उच्च न्यायालय RO/ARO 2018)*
(a) लिप्सा (b) कामना
(c) वैभवी (d) स्पृहा

75. इनमें से कौन-सा शब्द 'अश्व' शब्द का पर्यायवाची नहीं है, उसे पहचानिए? *(इलाहाबाद उच्च न्यायालय RO/ARO 2018)*
(a) सेंध (b) घोटक
(c) तुरंग (d) घोड़ा

76. कौन-सा शब्द 'अनीक' का पर्यायवाची है? *(UPSSSC VDO 2018)*
(a) अर्जुन (b) सेना
(c) अग्नि (d) घोड़ा

77. 'कपड़ा' का पर्यायवाची बताइए *(UPSSSC VDO 2018)*
(a) चलन (b) वसन
(c) गगन (d) जंगल

78. 'परशुराम' का पर्यायवाची नहीं है *(CGPSC Pre 2017)*
(a) भार्गव (b) शिवप्रिय
(c) भृगुनन्दन (d) रेणुकातनय

79. निम्नलिखित में से कौन-सा शब्द 'नम' का पर्यायवाची नहीं है? *(UPSSSC VDO 2019)*
(a) गीला (b) भीगा
(c) आर्द्र (d) आर्द्रा

80. निम्नलिखित में से कौन-सा शब्द 'डर' का पर्यायवाची नहीं है? *(UPSSSC कनिष्ठ सहायक 2019)*
(a) शीति (b) भीति
(c) भय (d) त्रास

81. निम्नलिखित में से कौन-सा शब्द 'कुशल' का पर्यायवाची नहीं है? *(UPSSSC कनिष्ठ सहायक 2019)*
(a) दक्ष (b) अक्ष
(c) निपुण (d) प्रवीण

82. निम्नलिखित में से कौन-सा शब्द 'पक्षी' का पर्यायवाची नहीं है? *(UPSSSC कनिष्ठ सहायक 2019)*
(a) द्विज (b) खग
(c) पन्थी (d) विहग

83. निम्नलिखित में से कौन-सा शब्द 'पुत्री' का पर्यायवाची नहीं है?
(a) दुहिता (b) दौहित्र
(c) तनया (d) सुता

84. निम्नलिखित में से कौन-सा शब्द 'पान' का पर्यायवाची नहीं है?
(a) पितृ (b) तांबुल
(c) नागबेल (d) मुख भूषण

85. 'कमल' का पर्यायवाची शब्द नहीं है? *(CGPSC Pre 2019)*
(a) अरविन्द (b) राजीव
(c) गिरीश (d) नीरज

86. 'आभूषण' का पर्यायवाची शब्द नहीं है? *(उत्तराखण्ड समूह-घ परीक्षा 2019)*
(a) अलंकार (b) उल्लास (c) गहना (d) विभूषण

87. 'युद्ध' का/के पर्यायवाची शब्द है/हैं *(उत्तराखण्ड समूह-घ परीक्षा 2019)*
(a) रण (b) समर (c) संग्राम (d) ये सभी

88. 'अनुपम' का/के पर्यायवाची शब्द है/हैं *(उत्तराखण्ड समूह-घ परीक्षा 2019)*
(a) अपूर्व (b) अनोखा (c) निराला (d) ये सभी

89. 'पत्नी' का पर्यायवाची शब्द नहीं है
(a) कलत्र (b) दारा (c) नंदिनी (d) प्राणप्रिया

90. 'सर्प' का पर्यायवाची बताओ *(MP व्यावसायिक परीक्षा 2017)*
(a) भुजंग (b) करि (c) वारण (d) नग

91. 'हाथी' का पर्यायवाची बताओ *(MP व्यावसायिक परीक्षा 2017)*
(a) व्याल राज (b) मकरन्द (c) मतंग (d) पन्नपति

92. कौन-सा शब्द विष्णु का पर्यायवाची नहीं है? *(UPSSSC Pre 2016)*
(a) केशव (b) चक्रपाणि
(c) दामोदर (d) मुक्तपुरुष

93. 'नलिनी, कैरव, चन्द्रप्रिया' किसके पर्यायवाची शब्द हैं? *(UPSSSC सहायक कनिष्ठ 2016)*
(a) कौमुदी (b) सौदामिनी (c) कुमुदनी (d) कुमुदकला

94. निम्नलिखित में से कौन-सा शब्द 'आसमान' का पर्यायवाची है? *(UKSSSC VDO 2015)*
(a) अनल (b) पवन (c) गगन (d) सुमन

95. निम्नलिखित में से कौन-सा शब्द सरस्वती का पर्याय नहीं है? *(UP सहायक भर्ती परीक्षा 2019)*
(a) वीणापाणि (b) भारती (c) वाग्देवी (d) जाह्नवी

96. इनमें से कौन-सा शब्द 'अरुण' का समानार्थी नहीं है? *(UPSSSC कनिष्ठ सहायक 2020)*
(a) सूर्य (b) सूर्य का सारथी
(c) कुमकुम (d) बिम्बा फल

97. इनमें से कौन-सा शब्द 'उच्च' का समानार्थी नहीं है? *(UPSSSC कनिष्ठ सहायक 2020)*
(a) टीला (b) श्रेष्ठ
(c) बड़ा (d) उठा हुआ

98. अशुद्ध पर्याय समूह का चयन करें *(UPSSSC कम्प्यूटर ऑपरेटर 2020)*
(a) अरविंद, कंज, नलिन (b) आगार, विलय, धाम
(c) दस्यु, मोषक, खनक (d) पीयूष, सुधा, दृग

99. 'मीमांसा' का सही पर्यायवाची शब्द है *(UPPCS RO/ARO 2020)*
(a) स्वरूप (b) सुविज्ञता (c) समालोचन (d) निष्क्रिय

100. 'बिजली' का पर्यायवाची शब्द है *(UPPCS RO/ARO 2020)*
(a) चमक (b) सौदामिनी
(c) प्रकाश (d) इनमें से कोई नहीं

101. निम्नलिखित में से कौन-सा शब्द 'लक्ष्मी' का पर्यायवाची नहीं है? *(UPPCS RO/ARO 2020)*
(a) रमा (b) इंदिरा (c) कमला (d) भारती

102. निम्नलिखित मे से कौन-सा शब्द 'कपड़ा' का पर्यायवाची नहीं है? *(UPPCS RO/ARO 2020)*
(a) वस्त्र (b) पट (c) वसन (d) वासन

103. निम्नलिखित में से कौन-सा शब्द 'मेघ' का पर्यायवाची नहीं है? *(UPPCS RO/ARO 2020)*
(a) पयोधर (b) जलधर (c) वारिधर (d) दामोधर

104. 'उसके प्राण-पखेरू उड़ गये।' इस वाक्य में 'पखेरू' शब्द किसका पर्यायवाची है? *(UPPCS RO/ARO 2020)*
(a) पक्षी (b) जल्दी (c) पखवाड़ा (d) पखरना

105. निम्नलिखित में से कौन-सा शब्द 'चन्द्रमा' का पर्यायवाची नहीं है? *(UPPCS RO/ARO 2020)*
(a) सुधांशु (b) सुधाकर
(c) सुधाधर (d) सलिल

106. निम्नांकित शब्दों में से एक शब्द 'माता' का पर्यायवाची नहीं है? वह है *(UPPCS RO/ARO 2020)*
(a) अम्ब (b) अम्बु
(c) अम्बा (d) जननी

उत्तरमाला

1. (c)	2. (d)	3. (b)	4. (a)	5. (c)	6. (b)	7. (c)	8. (d)	9. (a)	10. (b)
11. (c)	12. (a)	13. (a)	14. (c)	15. (b)	16. (c)	17. (d)	18. (a)	19. (c)	20. (b)
21. (c)	22. (c)	23. (b)	24. (d)	25. (a)	26. (c)	27. (d)	28. (a)	29. (d)	30. (b)
31. (c)	32. (b)	33. (c)	34. (b)	35. (d)	36. (d)	37. (c)	38. (d)	39. (d)	40. (b)
41. (c)	42. (d)	43. (d)	44. (a)	45. (b)	46. (c)	47. (b)	48. (c)	49. (a)	50. (d)
51. (a)	52. (c)	53. (b)	54. (b)	55. (d)	56. (a)	57. (d)	58. (a)	59. (c)	60. (d)
61. (d)	62. (d)	63. (a)	64. (c)	65. (a)	66. (a)	67. (b)	68. (a)	69. (b)	70. (c)
71. (d)	72. (c)	73. (c)	74. (c)	75. (a)	76. (b)	77. (b)	78. (b)	79. (d)	80. (a)
81. (b)	82. (c)	83. (b)	84. (a)	85. (c)	86. (b)	87. (d)	88. (d)	89. (c)	90. (a)
91. (c)	92. (d)	93. (c)	94. (c)	95. (d)	96. (d)	97. (c)	98. (d)	99. (c)	100. (b)
101. (d)	102. (d)	103. (d)	104. (a)	105. (d)	106. (b)				

अध्याय 9

विलोमार्थक शब्द

भाषा में भावों-विचारों की स्पष्टता के लिए विलोम शब्द का ज्ञान उपयोगी होता है; जैसे—अवरोह शब्द को 'पतन', 'नीचे गिरना' की अपेक्षा आरोह शब्द अर्थात् उल्टा कहने से अर्थ की प्रतीति और भी स्पष्टता से हो जाती है। इस प्रकार विलोम शब्दों के प्रयोग से भाषा में अभिव्यक्ति की शक्ति बढ़ जाती है।

'विलोम' शब्द का अर्थ है—उल्टा या विपरीत। अत: किसी शब्द का उल्टा अर्थ व्यक्त करने वाला शब्द विलोमार्थक शब्द कहलाता है। विलोम शब्द का अंग्रेज़ी पर्याय 'Antonyms' होता है। विलोमार्थक शब्दों को विपर्यायवाची, प्रतिलोमार्थक और विलोम शब्द भी कहते हैं।

विपरीतार्थक/विलोम शब्द की रचना

विपरीतार्थक/विलोम शब्द की रचना निम्नलिखित प्रकार से होती है

1. **उपसर्ग जोड़कर** शब्दों के साथ उपसर्ग जोड़कर विलोम शब्द बनाए जाते हैं; जैसे—यश-अपयश, मान-अपमान, राग-विराग, जय-पराजय, सापेक्ष-निरपेक्ष आदि।
2. **उपसर्ग परिवर्तन द्वारा** उपसर्ग में परिवर्तन करके विलोम शब्द बनाए जाते हैं; जैसे—आदान-प्रदान, संयोग-वियोग, सुलभ-दुर्लभ, आयात-निर्यात आदि।
3. **नञ् द्वारा** नञ् अर्थात् निषेध के द्वारा विलोम शब्द बनाए जाते हैं; जैसे—लौकिक-अलौकिक, क्षर-अक्षर, सभ्य-असभ्य, सम्भव-असम्भव आदि।
4. **प्रत्ययवत् प्रयुक्त शब्द-परिवर्तन द्वारा** शब्दों के अन्त में प्रयुक्त होने वाले प्रत्ययों में परिवर्तन करके विलोम शब्द बनाए जाते हैं; जैसे—दयापूर्ण-दयाशून्य, गतिवान-गतिहीन, केंद्राभिगामी-केंद्रापसारी, श्रीयुत-श्रीहीन आदि।
5. **लिंग परिवर्तन द्वारा** शब्दों के लिंग में परिवर्तन करके विलोम शब्द बनाए जाते हैं; जैसे—बेटा-बेटी, भाई-बहन, माता-पिता आदि।
6. **भिन्न शब्द द्वारा** अलग-अलग शब्दों के प्रयोग से भी विलोम शब्द बनते हैं; जैसे—मूक-वाचाल, लाभ-हानि, कटु-मधु, लघु-गुरु आदि।

विद्यार्थियों के अध्ययन हेतु विलोमार्थक शब्दों की सूची प्रस्तुत है

शब्द	विलोम	शब्द	विलोम
		(अ)	
अंत	आदि	अकंटक	कंटकित
अंतरंग	बहिरंग	अक्षत	विक्षत
अंतर्द्वन्द्व	बहिर्द्वन्द्व	अक्षम	सक्षम
अंतर्मुखी	बहिर्मुखी	अदृश्य	दृश्य
अंदर	बाहर	अस्तित्व	अनस्तित्व
अंधकार	प्रकाश	अर्हता	अनर्हता
अकर्मक	सकर्मक	अभिमुख	प्रतिमुख
अकाल	सुकाल	अभिप्रेत	अनभिप्रेत
अग्र	पश्च	अधिमूल्यन	अवमूल्यन
अगला	पिछला	अवर	प्रवर
अच्छा	बुरा	अवनति	उन्नति
अधम	उत्तम	अर्पण	ग्रहण
अध्यवसाय	अनध्यवसाय	अभिज्ञ	अनभिज्ञ
अधोमुखी	ऊर्ध्वमुखी	अनागत	विगत

शब्द	विलोम	शब्द	विलोम
अधोगामी	ऊर्ध्वगामी	अधिकृत	अनधिकृत
अति	अल्प	अथाह	छिछला
अथ	इति	अनाथ	सनाथ
अनुकूल	प्रतिकूल	अविचल	विचल
अर्पण	ग्रहण	अविस्मरणीय	विस्मरणीय
अनिवार्य	वैकल्पिक	अनुराग	विराग
अच्युत	च्युत	अग्रज	अनुज
अस्त	उदय	अवनि	अम्बर
अवनत	उन्नत	अस्त्रीकरण	निरस्त्रीकरण
अनुलोम	प्रतिलोम/विलोम	अवलम्ब	निरालम्ब
अमित	परिमित	अद्यत	अनुद्यत
अपकार	उपकार	अनुक्रिया	प्रतिक्रिया
अस्थिर	स्थिर	अपशकुन	शकुन
आरोह	अवरोह	अचल	चल
अपचय	उपचय	अनायास	सायास
अभिशाप	वरदान	पतन	उत्थान

शब्द	विलोम	शब्द	विलोम
अपव्यय	मितव्यय	अतिथि	अतिथेय
अनन्त	अन्त	अल्पायु	दीर्घायु
अधूरा	पूरा	अमीर	गरीब
अल्पसंख्यक	बहुसंख्यक	अपना	पराया
अल्पज्ञ	बहुज्ञ	अपेक्षा	उपेक्षा
अशक्त	सशक्त	अत्यधिक	स्वल्प
असीम	ससीम	अनुरक्ति	विरक्ति
अपराध	निरपराध	अर्जन	वर्जन
अभिसरण	अपसरण	अवकाश	अनवकाश
अवाक्	सवाक्	अक्षर	क्षर
अग्नि	जल	अमर	मर्त्य
अहिंसा	हिंसा	अर्थ	अनर्थ
अर्वाचीन	प्राचीन	अगम	सुगम
अल्पमत	बहुमत	अमृत	विष
अपमान	सम्मान	अभ्यास	अनभ्यास
अज्ञ	विज्ञ	अमावस्या	पूर्णिमा
अलभ्य	लभ्य	अनुग्रह	विग्रह
अच्छा	बुरा	अन्वय	अनन्वय
अधुनातन	पुरातन	अधिक	कम
अशन	अनशन	अक्रूर	क्रूर
असम्भव	सम्भव	अतिवृष्टि	अनावृष्टि
अभ्यस्त	अनभ्यस्त	अल्प	प्रचुर
अनुमत	अननुमत	अनिवार्य	ऐच्छिक

(आ)

शब्द	विलोम	शब्द	विलोम
आकाश	पाताल	आकर्षण	विकर्षण
आहार	निराहार	आक्रमण	प्रतिरक्षण
आगत	अनागत	आस्तिक	नास्तिक
आगामी	विगत	आत्मीय	अनात्मीय
आचार	अनाचार	आत्मविश्वास	आत्मसंशय
आदर	अनादर/निरादर	आलोक	तिमिर
आतुर	अनातुर	आवश्यक	अनावश्यक
आश्रित	अनाश्रित	आरोही	अवरोही
आध्यात्मिक	भौतिक	आय	व्यय
आविर्भाव	तिरोभाव	आयात	निर्यात
आदृत	अनादृत	आत्यन्तिक	परिमित
उत्साह	निरुत्साह	आशंका	विश्वास
आरोहण	अवरोहण	आघात	अनाघात
आग्रह	दुराग्रह	आह्वान	विसर्जन
आधार	निराधार	आकीर्ण	विकीर्ण
आग	पानी	आकस्मिक	सामयिक
आशा	निराशा	आमिष	निरामिष
आशावादी	निराशावादी	आनन्दमय	विषादपूर्ण
आशीष	अभिशाप	आभ्यन्तर	बाह्य
आगमन	प्रस्थान	आर्ष	अनार्ष
आकुंचन	प्रसारण	आराध्य	दुराध्य
आसक्त	अनासक्त	आवर्तक	अनावर्तक/विवर्तक
आहत	अनाहत	आद्य	अन्त्य
आस्था	अनास्था	आरम्भ	अन्त
आरूढ़	अनारूढ़	आहूत	अनाहूत
आज़ादी	गुलामी	आमन्त्रित	अनामन्त्रित

शब्द	विलोम	शब्द	विलोम
आदि	अन्त/अनादि	आहार्य	अनाहार्य
आवृत्त	अनावृत्त	आडम्बर	सादगी
आश्चर्य	अनाश्चर्य	आर्य	अनार्य
आर्द्र	शुष्क	आज्ञा	अवज्ञा
आरम्भ	अन्त	आदान	प्रदान
आकलन	विकलन	आदर्श	यथार्थ
आदरणीय	निरादरणीय	आच्छादित	अनाच्छादित

(इ/ई)

शब्द	विलोम	शब्द	विलोम
ईडा	निन्दा	इज्जत	बेइज्जत
इष्ट	अनिष्ट	इधर	उधर
इच्छा	अनिच्छा	इहलोक	परलोक
इति	अथ	इतिश्री	श्री गणेश
ईहा	अनीहा	ईश	अनीश
ईश्वर	अनीश्वर	ईप्सित	अनीप्सित
ईमानदार	बेईमान	ईषत्	अलम

(उ/ऊ)

शब्द	विलोम	शब्द	विलोम
उत्तम	अधम	उच्च	निम्न
उदय	अस्त	उपयुक्त	अनुपयुक्त
उपमान	व्यतिरेक	उपादेय	अनुपादेय
उत्तर	दक्षिण	उल्लास	विषाद
उत्थान	पतन	उन्मुख	विमुख
उद्घाटन	समापन	उज्ज्वल	धूमिल
उत्पत्ति	विनाश	ऊर्ध्व	अधो
उन्नयन	पलायन	उस्ताद	चेला
उर्वरा	बंजर	उत्कृष्ट	निकृष्ट
उचित	अनुचित	ऊँच	नीच
उक्त	अनुक्त	उन्मत्त	अनुन्मत्त
उत्तीर्ण	अनुत्तीर्ण	उद्भव	अवसान
उद्गम	विलय	उदात्त	अनुदात्त
उद्धत	विनत	उच्छिष्ट	अनुच्छिष्ट
उषा	संध्या	ऊधम	विनय
उदार	अनुदार/कृपण	उद्वेग	निरुद्वेग
उष्ण	शीतल	उत्तेजन	प्रशमन
उपमेय	अनुपमेय	उपसर्ग	प्रत्यय
उत्कर्ष	अपकर्ष	उपस्थित	अनुपस्थित
उन्मूलन	रोपण	उल्लंघन	अनुल्लंघन
उधार	नकद	उपार्जित	अनुपार्जित
उग्र	सौम्य	उदग्र	अनुदग्र
उदयाचल	अस्ताचल	उन्नत	अवनत
उद्यमी	निरुद्यम	उत्तरार्द्ध	पूर्वार्द्ध
उपयोग	अनुपयोग	उन्मीलन	निमीलन

(ऋ)

शब्द	विलोम	शब्द	विलोम
ऋजु	वक्र	ऋण	धन
ऋत	अनृत	ऋद्धि	विपन्न

शब्द	विलोम	शब्द	विलोम
	(ए/ऐ)		
एकत्र	विकीर्ण	एकाधिकार	सर्वाधिकार
एक	अनेक	एकेश्वरवाद	बहुदेववाद
एड़ी	चोटी	एकार्थक	अनेकार्थक
एकाग्र	चंचल	एकाग्रचित	अन्यमनस्क
एकता	अनेकता	एषणा	अनैषणा
एकांगी	अनेकांगी	एकल	समूह
एकपक्षीय	बहुपक्षीय	एकमुखी	बहुमुखी
ऐहिक	पारलौकिक	ऐन्द्री	इन्द्र
ऐतिहासिक	अनैतिहासिक	ऐच्छिक	अनैच्छिक
ऐक्य	अनैक्य	ऐश्वर्य	अनेश्वर्य
	(ओ/औ)		
ओजस्वी	निस्तेज	ओछा	गम्भीर
ओतप्रोत	विहीन	ओह	वाह
औरत	मर्द	औरस	दत्तक
औपचारिक	अनौपचारिक	औषधि	अनौषधि
औचित्य	अनौचित्य	औदार्य	अनौदार्य
औदित्य	अनौदित्य	औपन्यासिक	अनौपन्यासिक
	(क)		
कर्कश	सुशील	कापुरुष	पुरुषार्थी
कलंकित	निष्कलंक	कसूर	बेकसूर
कनिष्ठ	ज्येष्ठ	कानूनी	गैरकानूनी
काट्य	अकाट्य	कोलाहल	शान्ति
क्रय	विक्रय	कामी	ब्रह्मचारी
कुटिल	सरल	कुंठित	अकुंठित
कर्मठ	निकम्मा	कुपथ	सुपथ
कुरूप	सुरूप	कल्पनातीत	कल्पनीय
कृष्ण	शुक्ल	कुव्यवस्था	सुव्यवस्था
काल	अकाल	कुलीन	अकुलीन
कुशल	अकुशल	कमी	बाहुल्य
कृतज्ञ	अकृतज्ञ/कृतघ्न	कार्य	अकार्य
कृपा	अकृपा/कोप	करुण	निष्ठुर/निस्करुण/ अकरुण
कृत	अकृत	कटु	मधुर
कृपण	उदार/दानी	कड़ा	मुलायम
कुफल	सुफल	कपट	निष्कपट
कृश	पुष्ट	कलियुग	सतयुग
कुख्यात	विख्यात	कपूत	सपूत
कुबुद्धि	सुबुद्धि	कोमल	कठोर
कुकृति	सुकृति	कर्मण्य	अकर्मण्य
कुलटा	पतिव्रता	कर्षण	विकर्षण
क्रम	व्यतिक्रम	कुलदीप	कुलांगर
कड़वा	मीठा	कुसुम	वज्र
कीर्ति	अपकीर्ति	कृत्रिम	प्राकृत
क्रोध	क्षमा	कारण	अकारण
कल्याण	अकल्याण	क्रूर	सदय/अक्रूर
कायर	साहसी	कर्ता	अकर्ता

शब्द	विलोम	शब्द	विलोम
	(ख)		
खण्डन	मण्डन	खाली	भरा
खिलना	मुरझाना	खुशकिस्मत	बदकिस्मत
खगोल	भूगोल	खुशमिज़ाज़	बदमिज़ाज़
खरीदना	बेचना	खूबसूरत	बदसूरत
खुश	नाखुश	खास	आम
खुला	बन्द	खीझना	रीझना
खल	साधु/सज्जन	ख्यात	कुख्यात
खाद्य	अखाद्य	खेचर	भूचर
खर्च	आमदनी	खरा	खोटा
खेद	प्रसन्नता	खुशबू	बदबू
	(ग)		
गणतन्त्र	राजतन्त्र	गहन	विरल
गुप्त	प्रकट	गम्भीर	अगम्भीर
गर्म	ठण्डा	गगन	पृथ्वी
गहरा	छिछला/उथला	ग्रहण	त्याग
गति	अवरोध	गुनाहगार	बेगुनाह
गद्य	पद्य	गम्य	अगम्य
गृही/गृहस्थ	त्यागी/संन्यासी	गीला	सूखा
गृहीत	त्यक्त	गमन	आगमन
ग्राम/ग्राम्य	नगर/नागर	ग्रस्त	मुक्त
गोरी	साँवली	ग्रथित	विकीर्ण
गाढ़ा	पतला	गुरु	लघु
गौरव	लाघव	गुण	दोष
गोचर	अगोचर	गुरुत्व	लघुत्व
गरल	सुधा	गूढ़	प्रकट/अगूढ़
गरिमा	लघिमा	गीत	अगीत
गत	आगत	गेय	अगेय
गौरक्षक	गौभक्षक	ग्रीष्म	शीत
	(घ)		
घर	बाहर	घृणा	प्रेम
घटना	बढ़ना	घाटा	लाभ
घटाना	बढ़ाना	घना	विरल
घटक	समुदाय	घना	छितरा
घात	प्रतिघात	घटित	अघटित
घोषित	अघोषित	घरेलू	बाहरी
	(च/छ)		
चर	अचर	चंड	शांत
चतुर	मूढ़	चेतन	अचेतन
चढ़ाव	उतार	चिकना	खुरदरा
चल	अचल	चाहा	अनचाहा
चर्चित	अचर्चित	चैन	बेचैन
चाटुकार	स्वाभिमानी	चिन्तित	निश्चिन्त
चारु	अचारु	चिरायु	अल्पायु
चित्र	विचित्र	चिरंतन	नश्वर
चिर	अचिर	चिरस्थायी	अल्पस्थायी

शब्द	विलोम	शब्द	विलोम
चोर	साधु	चपल	स्थिर
चंचु	अयशस्वी	चेष्टा	निश्चेष्टा
छल	निश्छल	छूत	अछूत
छली	निश्छली	छोटा	बड़ा
छादन	प्रकाशन	छोरा	छोरी
छाया	आतप	छुटकारा	बन्धन
छात्र	छात्रा	छाँह	धूप
छिन्न	संलग्न/युक्त	छरहरा	मोटा-ताजा

(ज/झ)

शब्द	विलोम	शब्द	विलोम
जड़	चेतन	जाड़ा	गर्मी
जटिल	सरल	जीवन	मरण
जन्म	मृत्यु	जागरण	शयन/निद्रा
जंगम	स्थावर	जागना	सोना
जय	पराजय	ज्येष्ठ	कनिष्ठ
जाति	विजाति	ज्वार	भाटा
जागृत	सुषुप्त	ज्योति	तम
जीत	हार	जेय	अजेय
जड़ता	चेतनता	जीर्ण	अजीर्ण
जल	थल/स्थल/निर्जल	जागर	अनवधानता
जवानी	बुढ़ापा	ज़ालिम	रहमदिल
जर्जत	अक्षत	जाली	असली
जननी	जनक	झंझट	निश्चिंतता
जोड़	घटाव	झूठ	सच
झगड़ा	शान्ति	झोपड़ी	महल
झंकृत	निस्तब्ध	झकझकाहट	धुंधला
झंझा	तूफान		

(ट/ठ)

शब्द	विलोम	शब्द	विलोम
टल	अटल	टीका	भाष्य
टकसाली	सामान्य	टूटना	जुड़ना
ठहरना	जाना	ठीक	गलत
ठण्डा	गर्म	ठोस	तरल
ठाठ	सादगी	ठौर	कुठौर

(ड/ढ)

शब्द	विलोम	शब्द	विलोम
डर	निडर	डाल	पत्ती
डाह	सद्भाव	डिम्भ	निराडम्बर
डिम्ब	अक्षोभ	ढाढस	त्रास/निरुत्साह
ढंग	कुढंग/बेढंग	ढाल	तलवार
ढरना	रुकना	ढीठ	विनम्र
ढालू	समतल		

(त/थ)

शब्द	विलोम	शब्द	विलोम
तरल	ठोस	तप्त	शीतल
तरुण	वृद्ध	तृषा	तृप्ति
तट	मझधार	ताजा	बासी
तल	अतल	तीक्ष्ण	कुंठित
तन्द्रा	जागरण	तीव्र	मन्द
तृष्णा	वितृष्णा	तुलनीय	अतुलनीय
तर्कपूर्ण	कुतर्कपूर्ण	तुच्छ	महान्
तृप्त	अतृप्त	तेज	धीमा
त्यक्त	गृहीत	तेजस्वी	निस्तेज
तामसिक	सात्विक	तुकान्त	अतुकान्त
तितिक्षा	असहिष्णुता	त्वरि	मंथर
तिमिर	प्रकाश	थिर	गतिवान
थकावट	स्फूर्ति	थोक	फुटकर/खुदरा
थोड़ा	बहुत	थल	जल

(द/ध)

शब्द	विलोम	शब्द	विलोम
दयालु	निर्दयी	दास	स्वामी
दृश्य	अदृश्य	दुर्गति	सुगति
दृढ़	अदृढ़	दुश्कर	सुकर
दक्षिण	उत्तर	द्वैत	अद्वैत
दरिद्र	सम्पन्न	दुर्लभ	सुलभ
दानी	कृपण	द्वेष	सद्भावना
दिवा	रात्रि	देशभक्त	देशद्रोही
दीर्घायु	अल्पायु	दुष्प्रभाव	सुप्राप्य
दुर्बल	सबल	दाखिल	खारिज
देनदार	लेनदार	दीर्घ	ह्रस्व/लघु
दण्ड	पुरस्कार	दुराचार	सदाचार
दैत्य	देव	देह	विदेह
दाता	सूम/याचक	देव	दानव
द्वन्द्व	निर्द्वन्द्व	देय	अदेय
दुर्जन	सज्जन	देन	लेन
दुष्ट	भला	देर	सवेर/जल्दी
दूषित	स्वच्छ	दक्ष	अदक्ष
दिव्य	अदिव्य	दक्षिण	वाम
दुःशील	सुशील	धीरता	अधीरता
धरा	गगन	ध्रुव	अस्थिर
धवल	श्याम	धैर्य	अधैर्य
धनी	निर्धन	धनात्मक	ऋणात्मक
धर्म	अधर्म	धीर	अधीर
ध्वंस	निर्माण	धृष्ट	विनीत या विनम्र

(न)

शब्द	विलोम	शब्द	विलोम
नकद	उधार	न्याय	अन्याय
नश्वर	अनश्वर	न्यून	अधिक
नख	शिख	नागरिक	ग्रामीण
नवीन	प्राचीन	नर	नारी
नया	पुराना	निर्गुण	सगुण
निषिद्ध	विहित	निराशा	आशा
निश्चल	चंचल	निरोगी	रोगी
निकट	दूर	निःशुल्क	सशुल्क
निरर्थक	सार्थक	निर्दोष	सदोष
निष्काम	सकाम	नूतन	पुरातन
निर्मल	मलिन	निर्माण	विनाश
नत	उन्नत	निडर	कायर
निरक्षर	साक्षर	निर्धनता	धनाढ्यता

शब्द	विलोम	शब्द	विलोम
निरामिष	सामिष	निन्दा	स्तुति
नियमित	अनियमित	निश्चित	अनिश्चित
नियन्त्रित	अनियन्त्रित	नित्य	अनित्य
निर्भीक	भयभीत	निर्दय	सदय
निर्लज्ज	सलज्ज	नीरुजता	रुग्णता
निष्ठा	अनिष्ठा	नेकी	बदी
न्यायी	अन्यायी	नैतिक	अनैतिक
नीति	अनीति	नैसर्गिक	अनैसर्गिक
निर्दिष्ट	अनिर्दिष्ट	नमकहलाल	नमकहराम
नीरस	सरस	निष्कुलष	कलुष

(प)

पण्डित	मूर्ख	परुष	कोमल
परिचित	अपरिचित	परतन्त्र	स्वतन्त्र
प्रकट	गुप्त/अप्रकट	परिश्रम	विश्राम
प्रवेश	निकास	पारितोष	दण्ड
परमार्थ	स्वार्थ	परा	अपरा
पक्षपाती	निष्पक्ष	पेय	अपेय
पसन्द	नापसन्द	पूरा	अधूरा
प्रसारण	संकुचन	पैना	भोथरा
प्रफुल्ल	म्लान	पूर्ववर्ती	परवर्ती
प्रगति	प्रतिगमन	परिहार्य	अपरिहार्य
पक्का	कच्चा	पटु	अपटु
परोक्ष	प्रत्यक्ष/अपरोक्ष	पतन	उत्थान
प्रोत्साहित	हतोत्साहित	परिष्कृत	अपरिष्कृत
प्रधान	गौण	पार्थिव	अपार्थिव
प्रशंसा	निन्दा	पाक	नापाक
प्रत्यय	अप्रत्यय	पाप	पुण्य
प्रभु	भृत्य	प्रगल्भ	अप्रगल्भ
पवित्र	अपवित्र	प्रतिष्ठा	अप्रतिष्ठा
पुरोगामी	पश्चगामी	प्रायः	बहुधा
परिमित	अपरिमित	प्रीति	द्वेष
परिणत	अपरिणत	प्रौढ़	अप्रौढ़
पूर्ण	अपूर्ण	प्रतिपन्न	अप्रतिपन्न
पाच्य	अपाच्य	प्राकृतिक	अप्राकृतिक
पठित	अपठित	पक्ष	विपक्ष
परिग्रही	अपरिग्रही	पात्र	कुपात्र
पोषित	अपोषित	प्राचीन	आधुनिक
पृथक्	संयुक्त	पावन	अपावन
प्रजातन्त्र	राजतन्त्र	पाठ्य	अपाठ्य
पदोन्नत	पदावनत	पालक	घातक
प्रवेश	निर्गम	पारदर्शक	अपारदर्शक
प्रकाश	अन्धकार	पिता	माता
प्रतीची	प्राची	पूर्व	पश्चिम
प्रगतिशील	अप्रगतिशील	पौष्टिक	अपौष्टिक
प्रावैगिक	स्थैतिक	पूर्व (पहला)	उत्तर (बाद का)
प्रशस्त	अप्रशस्त	पूर्णिमा	अमावस्या

शब्द	विलोम	शब्द	विलोम
प्रशिक्षित	अप्रशिक्षित	पौरस्त्य/पौर्वात्य	पाश्चात्य
प्रलय	सृष्टि	परितुष्ट	कुंठित
प्रच्छन्न	अप्रच्छन्न	प्रज्ञा	अविवेक
प्रकृत	अप्रकृत	प्रत्याशित	अप्रत्याशित
प्रतिबद्ध	अप्रतिबद्ध	पतझड़	बसन्त
परिसीमन	असीमन	प्रवृत्ति	निवृत्ति

(फ/ब)

फल	अफल	फूल	काँटा
फाटक	हाटक	फुल्ल	म्लान
फैलना	सिकुड़ना	फ़िरना	स्थिर
फ़ायदा	नुकसान	फलदायक	निष्फल
फ़जीहत	इज़्ज़त	बिहान	आज
बलवान	बलहीन	बन्धन	मोक्ष/मुक्ति
बलिष्ठ	दुर्बल	वृहत	लघु
बचपन	यौवन	बहिष्कार	स्वीकार
बड़ा	छोटा	बहिरंग	अन्तरंग
बहुत	थोड़ा	बंध्या	स्वीकार
बढ़िया	घटिया	बोध्य	अबोध्य
बर्बर	सभ्य	बेडौल	सुडौल
बहुतायत	कमी	बिम्ब	प्रतिबिम्ब
बेमेल	संगत	बुढ़ापा	जवानी
बाधित	अबाधित	बुद्धिमान	मूर्ख
बन्धुत्व	शत्रुत्व	बोध	अबोध
बाढ़	सूखा		

(भ)

भगवान्	भगवती	भोला	चालाक
भय	साहस	भीषण	सौम्य
भव्य	अभव्य	भग्न	अभग्न
भद्र	अभद्र	भंगुर	अभंगुर
भक्ष्य	अभक्ष्य	भोग्य	अभोग्य
भंजक	योजक	भक्त	अभक्त
भारी	हल्का	भलाई	बुराई
भाग्य	दुर्भाग्य	भिन्न	अभिन्न
भाव	अभाव	भूत	भविष्य
भयभीत	निर्भय	भूगोल	खगोल
भ्रान्त	निर्भ्रान्त	भोगी	योगी
भूषण	दूषण	भोज्य	अभोज्य
भावी	अतीत	भौतिक	आध्यात्मिक
भला	बुरा	भाई	बहन
भेद	अभेद	भीड़	एकांत

(म)

महात्मा	दुरात्मा	मनुज	दनुज
मन्द	त्वरित	मौखिक	लिखित
मधु	तिक्त/कटु	मित	अपरिमित

शब्द	विलोम	शब्द	विलोम
ममता	निर्ममता	मुसीबत	आराम
मानव	दानव	मुख	पृष्ठ/प्रतिमुख
मानवीय	अमानवीय	मार्जित	अमार्जित
मानवता	दानवता/नृशंसता	मूढ़	ज्ञानी
मालिक	नौकर	मिलन	विरह/बिछोह
महीन	मोटा	मृदुल	कठोर
मत	विमत	मिथ्या	सत्य
मसृण	रुक्ष	मैत्री	अमैत्री
मेहमान	मेज़बान	मिश्रित	अमिश्रित
मितव्ययिता	अमितव्ययिता	मूर्त	अमूर्त
मीठा	कड़वा	मित्र	शत्रु
मुदित	खिन्न	मूल	निर्मूल
मूक	वाचाल	मूल्यवान	मूल्यहीन
महायोगी	महाभोगी	मौन	मुखर
मान	अपमान	मोक्ष	बन्धन
मिट	अमिट	मरहूम	जीवित

(य/र/ल)

शब्द	विलोम	शब्द	विलोम
यश	अपयश	योग्यता	अयोग्यता
यथार्थ	कल्पना/आदर्श	यौवन	बुढ़ापा/जरा
याद	भूल	योग्य	अयोग्य
युद्ध	शान्ति	योग	भोग/वियोग
योगी	भोगी	याचक	अयाचक
यंत्रणा	सुख	रोजगार	बेरोजगार
रत	विरत	रूढ़िबद्ध	रूढ़िमुक्त
रक्षक	भक्षक	रुक्ष	मृदु/मसृण
रचना	ध्वंस	रौद्र	अरौद्र
राग	विराग	रद्द	बहाल
राजा/राव	रंक/प्रजा	खाली	भरा
राक्षस	देवता	रुदन	हास्य
रहमदिल	बेरहम	रोगी	निरोगी
राजतन्त्र	जनतन्त्र	राहत	प्रकोप
रागी	विरागी	रिक्त	सिक्त
रात	दिन	रूप	कुरूप
रूढ़िवादी	स्वच्छन्दतावादी	रुचि	अरुचि
रंगीन	रंगहीन	लोलुप	अनासक्त
लक्ष्य	अलक्ष्य	लौकिक	पारलौकिक
लघु	दीर्घ/गुरु	लौह	अलौह
लचीला	कठोर	लाघव	गौरव
लम्बाई	चौड़ाई	लुप्त	व्यक्त/प्रकट
लाभ	हानि	लोहित	अलोहित
लिप्त	निर्लिप्त	लापरवाह	सावधान
लिखित	मौखिक	लुभावना	घिनौना
लेन	देन	लक्षित	अलक्षित
लोक	परलोक	लोकातीत	साधारण

(व)

शब्द	विलोम	शब्द	विलोम
वर्तमान	भूत	विश्लेषण	संश्लेषण
व्यस्त	अव्यस्त	व्यास	समास
व्यक्तिगत	सार्वभौम	वनस्थल	मरुस्थल

शब्द	विलोम	शब्द	विलोम
वाद	प्रतिवाद	विरत	निरत
विकारी	अविकारी	विशालकाय	क्षीणकाय
विजय	पराजय	विदग्ध	अविदग्ध
विकास	ह्रास	विचारित	अविचारित
विराट/विशाल	क्षुद्र	विबुध	अविबुध
विशेष	साधारण/सामान्य	विकृत	अविकृत
विनत	उद्दण्ड	वसन्त	पतझड़
विभव	पराभव	विकल	अविकल
वर	वधू	विद्यमान	अविद्यमान
विधवा	सधवा/सुहागिन	वर्ण्य	अवर्ण्य
विपन्न	सम्पन्न	विभक्त	अविभक्त
विदाई	स्वागत	विहित	अविहित/निषिद्ध
व्यष्टि	समष्टि	वैदिक	अवैदिक
विचलित	अविचलित	वक्ता	श्रोता
विज्ञ	अविज्ञ	विलम्ब	अविलम्ब
विपद	सपद	विनीत	धृष्ट/दुर्विनीत
विरल	सुलभ	विस्तारण	संक्षेपण
व्याप्त	अव्याप्त	विश्वास	अविश्वास
व्यग्र	अव्यग्र	विस्मरण	स्मरण
वैमनस्य	सौमनस्य	विशिष्ट	सामान्य
विश्वस्त	अविश्वस्त	वीर	कायर
विस्तीर्ण	अविस्तीर्ण	विहित	निषेध
व्यवहृत	अव्यवहृत	विद्वान्	मूर्ख
वन	मरु	वेदना	परमानन्द
वृद्ध	बालक	विनम्र	उच्छृंखल
विदेशी	स्वदेशी	विस्तृत	संक्षिप्त

(श/ष/स)

शब्द	विलोम	शब्द	विलोम
शकुन	अपशकुन	शयन	जागरण
शब्द	निःशब्द	शान्ति	अशान्ति
शक्ति	क्षीणता	शासक	शासित
शरण	अशरण	शालीन	धृष्ट
शत्रुता	मित्रता	शिख	नख
शस्त्र	अस्त्र	शोषक	पोषक
शिष्ट	अशिष्ट	शोभनीय	अशोभनीय
शिक्षित	अशिक्षित	शाश्वत	क्षणिक
शिक्षा	अशिक्षा	शाप	वरदान
शीर्ष/शिखर	तल	श्लील	अश्लील
शिष्य	गुरु	शर्मदार	बेशर्म
शीतल	उष्ण	शुष्क	आर्द्र
शुभ	अशुभ	शूर	भीरु
शुद्धि	अशुद्धि	श्वास	उच्छ्वास
शुक्ल	कृष्ण	शोहरत	बदनामी
शुल्क	निःशुल्क	शोधित	अशोधित
शुचि	अशुचि	शंक	निशंक
शेष	अशेष	शहरी	देहाती
शोभन	अशोभन	शोर	शान्ति
सभ्य	असभ्य	स्वामी	सेवक

शब्द	विलोम	शब्द	विलोम
सम्पन्न	विपन्न	स्वार्थी	परार्थी
सत्कार	तिरस्कार	स्पष्ट	अस्पष्ट
सबल	दुर्बल	संकल्प	विकल्प
समावेश	अनावेश	स्वजाति	विजाति
सनाथ	अनाथ	स्वीकृति	अस्वीकृति
सनातनी	प्रगतिवादी	सामयिक	असामयिक
ससीम	असीम	सामिष	निरामिष
सदाचार	दुराचार	साहस	भय
सरल	कठिन	सात्विक	तामसिक
सवर्ण	असवर्ण	साक्षर	निरक्षर
समूल	निर्मूल	साहचर्य	पृथक्करण
सत्य	झूठ/असत्य	सन्निविष्टन	निस्तारण
स्थिर	चंचल	सातत्य	असातत्य
सित	असित	सहयोगी	प्रतियोगी
संगत	असंगत	स्वदेश	विदेश
संपद्	विपद्	सज्जन	दुर्जन
संकोच	निःसंकोच	सत्कर्म	दुष्कर्म
संयोग	वियोग	स्थावर	जंगम
संश्लिष्ट	विश्लिष्ट	सगुण	निर्गुण
सन्त	असन्त	सृजन	विनाश
सन्धि	विग्रह	सत्	असत्
सपूत	कपूत	स्थूल	सूक्ष्म
सक्षम	अक्षम	स्वदेशी	विदेशी
सुकृति	कुकृति	सुनाम	दुर्नाम
सुदूर	निकट	सुमुख	दुर्मुख
सुमार्ग	कुमार्ग	सेवित	असेवित
सुपथ	कुपथ	स्तब्ध	अस्तब्ध
सुन्दर	कुरूप	सुसाध्य	दुःसाध्य
सुपात्र	कुपात्र	सुस्ती	चुस्ती
सुशील	दुःशील	सुसंगति	कुसंगति
सुगन्ध	दुर्गन्ध	स्खलित	अस्खलित
सुधा	गरल	स्थिरचित्त	अस्थिरचित्त
सूक्ष्म	स्थूल	सुसमय	कुसमय
सुलभ	दुर्लभ	सुलक्षण	कुलक्षण
सौम्य	उग्र	सुकाल	दुष्काल
सचेत	अचेत	सुगति	दुर्गति
सजल	निर्जल	सुधार्य	असुधार्य
सुरीति	कुरीति	सैद्धान्तिक	असैद्धान्तिक

शब्द	विलोम	शब्द	विलोम
स्पृश्य	अस्पृश्य	स्मरणीय	विस्मरणीय
सुबोध	दुर्बोध	स्वाभाविक	अस्वाभाविक
सौभाग्य	दुर्भाग्य	स्वार्थ	परमार्थ
सुमति	कुमति	सुखान्त	दुःखान्त
सुर	असुर	सुफल	कुफल
सुप्रबन्ध	कुप्रबन्ध	स्याह	सफेद
समावेशन	अनावेशन	स्निग्ध	अस्निग्ध
स्वर्ग	नरक	स्थैर्य	अस्थैर्य
सन्तोष	असन्तोष	स्वावलम्बी	परावलम्बी
सरस	नीरस	स्पर्द्धा	सहयोग
सहित	रहित	सम	विषम
सम्मुख	विमुख	संयत	असंयत

(ह)

हर्ष	विषाद	हमदर्द	बेदर्द
हमारा	तुम्हारा	हत	अहत
हँसना	रोना	हिंसा	अहिंसा
ह्रस्व	दीर्घ	हास	रुदन
हित	अहित	ह्रास	वृद्धि
हेय	ग्राह्य	हार	जीत
होनी	अनहोनी	हानि	लाभ

(क्ष/त्र/ज्ञ)

क्षर	अक्षर	क्षति	लाभ
क्षमा	दण्ड	क्षुद्र	महत्/विराट
क्षणिक	शाश्वत	क्षुब्द	शान्त
क्षय	अक्षय	क्षोभ	प्रसन्नता
क्षीण	स्वस्थ	त्रिकुटी	भृकुटी
त्रिकोण	षट्कोण	ज्ञेय	अज्ञेय
ज्ञान	अज्ञान	ज्ञानी	मूढ़/मूर्ख
ज्ञात	अज्ञात		

(श्र)

श्राप	आशीर्वाद	श्रोता	वक्ता
श्रद्धा	अश्रद्धा	श्रवण	दर्शन
श्रीमान	श्रीमती	श्रांत	प्रसन्न
शृंखला	विशृंखला	श्रव्य	दृश्य

वस्तुनिष्ठ प्रश्नावली

1. 'अध:' शब्द के साथ प्रयुक्त 'उपरि' शब्द किस प्रकार की शब्द कोटि में आएगा? *(राजस्थान अन्वेषक परीक्षा 2014)*
(a) पर्याय (b) अनेकार्थी (c) अनाधिक (d) विलोम

2. 'कृपा' किस शब्द का विलोम है? *(राजस्थान अन्वेषक परीक्षा 2014)*
(a) कोप (b) कटु (c) क्रोध (d) क्रूर

निर्देश (प्र.सं. 3-7) *में दिए गए विलोम शब्द का चयन उसके नीचे दिए गए विकल्पों में से कीजिए।*

3. अनुरक्ति
(a) आसक्ति (b) विरक्ति (c) उक्ति (d) विज्ञप्ति

4. स्वप्न *(KVS PRT 2015)*
(a) निद्रा (b) जागरण (c) ध्यान (d) मनन

5. निम्नलिखित में से विलोम शब्दों की दृष्टि से एक युग्म गलत है, वह है
(a) विधि-निषेध (b) आह्वान-विसर्जन
(c) आग्रह-विग्रह (d) अमिय-हलाहल

6. विलोम शब्द की दृष्टि से इनमें से सही युग्म है *(UPPCS RO/ARO 2020)*
(a) आकीर्ण-विकीर्ण (b) ईप्सित-अभीप्सित
(c) आदृत-निरादृत (d) दोष-सदोष

7. 'आविर्भूत' का सही विलोम शब्द है *(UPPCS RO/ARO 2020)*
(a) अनास्था (b) अनेकता (c) तिरोभूत (d) अनावृष्टि

8. 'सूक्ष्म' शब्द का विलोम है *(DSSSB असिस्टेंट टीचर परीक्षा 2015)*
(a) सूक्ष्म (b) सूक्ष्महीन (c) स्थूल (d) अस्थूल

9. 'सुस्ती' का विलोम है *(DSSSB असिस्टेंट टीचर परीक्षा 2015)*
(a) तन्दुरुस्ती (b) चुस्ती (c) ताज़गी (d) सुस्तीविहीन

10. 'मिथ्या' का विलोम शब्द कौन-सा है?
(a) आडम्बर (b) धुंधला (c) दिखाना (d) सत्य

11. 'अथ' का विलोम शब्द है *(उपनिरीक्षक सीधी भर्ती परीक्षा 2014)*
(a) अन्त (b) इति (c) अर्थ (d) अघ

12. 'शोषक' शब्द का विलोम चुनिए *(उपनिरीक्षक सीधी भर्ती परीक्षा 2014)*
(a) शोषित (b) पोषक (c) पोसक (d) पोषित

13. 'हर्ष' शब्द के लिए चार विकल्प दिए गए हैं। सही विलोम शब्द का चयन कीजिए *(उपनिरीक्षक सीधी भर्ती परीक्षा 2014)*
(a) खेद (b) वेदना (c) दु:ख (d) विषाद

निर्देश (प्र.सं. 14-16) *निम्नलिखित में दिए गए शब्द के विलोम के लिए चार-चार विकल्प प्रस्तावित हैं। उचित विकल्प का चयन कीजिए।*

14. अविश्वास *(SSC स्टेनोग्राफर परीक्षा 2012)*
(a) श्वास (b) विश्वास (c) सन्तोष (d) उच्छ्वास

15. उदय *(SSC स्टेनोग्राफर परीक्षा 2012/लेखपाल भर्ती परीक्षा 2015)*
(a) अस्त (b) लाल (c) भासित (d) बलिष्ठ

16. पुण्य *(SSC स्टेनोग्राफर परीक्षा 2012)*
(a) दोष (b) असंगति (c) पाप (d) पीड़ा

17. 'साक्षर' शब्द का विलोम क्या है? *(इलाहाबाद उच्च न्यायालय भर्ती परीक्षा 2014)*
(a) अशिक्षित (b) अनपढ़ (c) सुरक्षर (d) निरक्षर

18. 'उद्धत' शब्द का विलोम है? *(CGPSC Pre 2014)*
(a) विनय (b) अवनति (c) अनुदार (d) विनीत

19. 'आरोह' का विलोम शब्द है *(DSSSB असिस्टेंट टीचर 2015)*
(a) अवरोह (b) क्रमबद्ध (c) क्रमानुसार (d) लगातार

20. 'सन्मार्ग' शब्द का विलोम है *(UPSSSC कनिष्ठ सहायक 2020)*
(a) सहज मार्ग (b) सुमार्ग (c) अमार्ग (d) कुमार्ग

21. निम्नलिखित विकल्पों में से 'कृश' का विलोम शब्द चुनिए *(UP लेखपाल भर्ती परीक्षा 2015)*
(a) हृष्ट-पुष्ट (b) केश (c) भव (d) विटप

22. 'अल्पज्ञ' का विलोम दिए गए विकल्पों में से चुनिए *(UP लेखपाल भर्ती परीक्षा 2015)*
(a) अभिज्ञ (b) अवज्ञ (c) कृतज्ञ (d) सर्वज्ञ

23. 'अंतरंग' का विलोम शब्द है
(a) बाहरी (b) बहिरंग (c) ऊपरी (d) बाह्य

24. 'अक्षत' का विलोम है
(a) क्षति (b) चावल (c) विक्षत (d) पूर्ण

25. निम्नलिखित अनुलोम-विलोम युग्मों में से कोई एक युग्म सही नहीं है
(a) अन्तरंग-बहिरंग (b) उचित-अनुचित
(c) सुख-कष्ट (d) सुसाध्य-दु:साध्य

26. 'मसृण' का विलोम है *(UPPSC 2018)*
(a) कम (b) रुक्ष (c) साबुत (d) गाफिल

27. 'अभिज्ञ' का विलोम शब्द है *(UPPSC RO/ARO 2011)*
(a) अज्ञ (b) नज्ञ (c) प्रज्ञ (d) चतुर

28. 'निरर्थक' शब्द का विलोम शब्द है
(a) सार्थक (b) अर्थक (c) निरर्थ (d) निरक्ष

29. विलोम शब्दों के सही युग्म का चयन कीजिए। *(उत्तराखण्ड 'समूह-घ' परीक्षा2019)*

शब्द	विलोम
(a) पक्षपाती	निष्पक्ष
(b) प्राचीन	नवीन
(c) बलवान	निर्बल
(d) उपरोक्त सभी	

30. 'उद्घाटन' का विलोम शब्द है *(MP लेखपाल भर्ती परीक्षा 2010)*
(a) समाप्ति (b) लोकार्पण (c) विमोचन (d) समापन

31. 'एक' का विलोम शब्द है *(HP इलेक्शन कानूनगो परीक्षा 2010)*
(a) दो (b) अधिक (c) बहुत (d) अनेक

32. 'ऐश्वर्य' का विलोम शब्द है
(a) अनैश्वर्य (b) वैभव (c) विलासिता (d) दरिद्रता

33. 'ऋजु' का विलोम शब्द है *(UPTET 2020)*
(a) त्रिकोण (b) सरल (c) सीधा (d) वक्र

34. 'वारुण' का विलोम शब्द है *(उ.प्र. बी.एड. परीक्षा 2010)*
(a) कृतघ्न (b) कृथित (c) शीलवान (d) निष्ठुर

35. 'कृतज्ञ' का विलोम शब्द है *(UPPSC RO/ARO 2011)*
(a) कृतघ्न (b) कृतार्थ (c) निन्दक (d) प्रत्युपकार

36. 'कृत्रिम' का विलोम शब्द है *(DU बी.एड. प्रवेश परीक्षा 2009)*
(a) सहज (b) असली (c) प्राकृतिक (d) निर्मित

37. 'छिन्न' का विलोम शब्द है *(इग्नू बी.एड. प्रवेश परीक्षा 2010)*
(a) भिन्न (b) अभिन्न (c) प्रक्षिप्त (d) संलग्न

38. 'जंगम' का विलोम शब्द है *(UP कृषि विपणन बोर्ड परीक्षा 2010)*
(a) स्थावर (b) प्रवाह (c) सबल (d) दुर्बल

39. 'नैसर्गिक' का विलोम शब्द है *(राजस्थान BSTC/NTT परीक्षा 2009)*
(a) समानार्थक (b) कृत्रिम
(c) चमत्कार (d) इनमें से कोई नहीं

40. 'भोला' का विलोम है *(राजस्थान BSTC/NTT परीक्षा 2009)*
(a) चालाक (b) तेजस्वी (c) बुद्धिमान (d) चंचल

41. 'यथार्थ' का विलोम शब्द है *(UPPSC RO/ARO 2011)*
(a) कृत्रिम (b) आदर्श (c) उचित (d) अनुचित

42. 'विग्रह' का विलोम शब्द है *(UPPSC RO/ARO 2011)*
(a) सन्धि (b) अविग्रह (c) आग्रह (d) ग्रहण

43. 'संकीर्ण' का विलोम शब्द है *(UPPSC RO/ARO 2011)*
(a) संक्षेप (b) विस्तार (c) विकीर्ण (d) विस्तीर्ण

44. 'साधु' का विलोम शब्द है *(UPPSC RO/ARO 2011)*
(a) साधुनी (b) संन्यासिन (c) साध्वी (d) असाधु

45. 'आपेक्ष' का विलोम शब्द है *(उ.प्र. बी.एड. प्रवेश परीक्षा 2011)*
(a) असापेक्ष (b) निष्पक्ष (c) निरपेक्ष (d) सापेक्ष

46. 'अपेक्षा' का विलोम शब्द है *(UKTET 2011)*
(a) निन्दा (b) अनुपेक्षा (c) उपेक्षा (d) तिरस्कार

47. 'स्वाधीन' शब्द का विलोम है *(UPSSSC कनिष्ठ सहायक 2020)*
(a) स्वतन्त्र (b) स्वच्छन्द (c) पराधीन (d) निरंकुश

48. 'सृष्टि' का विलोम शब्द है *(RPSC पुलिस सब-इंस्पेक्टर परीक्षा 2011)*
(a) विनाश (b) विध्वंस (c) प्रलय (d) सृजन।

49. 'राजा' का विलोम शब्द है *(RPSC पुलिस सब-इंस्पेक्टर परीक्षा 2011)*
(a) प्रजा (b) रानी (c) सेनापति (d) रंक

50. निम्नलिखित में से कौन-सा विलोम शब्द युग्म गलत है? *(उत्तराखण्ड समूह-घ भर्ती परीक्षा 2014)*
(a) इष्ट-अनिष्ट (b) छली-निश्छल
(c) उत्कर्ष-निष्कर्ष (d) सानुनासिक-निरनुनासिक

51. निम्नलिखित में से सही विलोम शब्द-युग्म कौन-सा है? *(उत्तराखण्ड 'समूह-घ' भर्ती परीक्षा 2014)*
(a) पाठ्य-सुपाठ्य (b) नत-अवनत
(c) शिष्ट-विशिष्ट (d) संश्लिष्ट-विश्लिष्ट

52. विलोम शब्द का कौन-सा युग्म सही नहीं है? *(DSSSB असिस्टेंट टीचर 2015)*
(a) निष्पक्ष-पक्षधर (b) तिक्त-मधुर
(c) कल्पित-स्वप्निल (d) अकिंचन-सम्पन्न

निर्देश (प्र.सं. 53-66) *में दिए विलोम शब्द का चयन उसके नीचे दिए गए विकल्पों में से कीजिए।*

53. गोचर
(a) अगोचर (b) उभयचर (c) जलचर (d) नभचर

54. ज्योतिर्मय
(a) प्रकाशमय (b) तमोमय (c) विभावरी (d) शर्वरी

55. पाश्चात्य
(a) प्रतीची (b) प्राची (c) पौर्वात्य (d) प्रत्यक्ष

56. क्षमा
(a) बुरा (b) अनहित (c) दण्ड (d) प्रताड़न

57. खेचर
(a) भूचर (b) जलचर (c) परिचर (d) नभचर

58. गम्भीर
(a) शरारती (b) उत्पाती (c) वाचाल (d) सतर्क

59. अनादर *(MP उच्च न्यायालय क्लर्क/स्टेनो परीक्षा 2010)*
(a) मान (b) सम्मान (c) आदर (d) सत्कार

60. धरा
(a) क्षिति (b) इला (c) गगन (d) अन्तरिक्ष

61. इष्ट
(a) विरोधी (b) अनिष्ट (c) प्रतिद्वन्द्वी (c) शत्रु

62. कर्षण
(a) आकर्षण (b) विकर्षण (c) प्रक्षेपण (d) फेंकना

63. खण्डन
(a) एकीकरण (b) प्रस्फुटन (c) विघटन (d) मण्डन

64. 'भौतिक' का विलोम शब्द है *(UPPCS RO/ARO 2020)*
(a) आध्यात्मिक (b) दार्शनिक (c) सांस्कृतिक (d) राजनीतिक

65. 'प्राची' शब्द का विपरीतार्थक है *(UPPCS RO/ARO 2020)*
(a) उदीची (b) प्रतीची (c) नवीन (d) समीची

66. 'समष्टि' का विलोम शब्द है *(UPPCS RO/ARO 2020)*
(a) विशिष्ट (b) व्यष्टि (c) अशिष्ट (d) अपुष्टि

67. 'स्वर्ग' शब्द का विलोम है *(UPSSSC कनिष्ठ सहायक 2020)*
(a) बैकुंठ (b) देवलोक (c) नरक (d) परमधाम

68. 'राग' शब्द का विलोम है *(UPSSSC कनिष्ठ सहायक 2020)*
(a) अनुराग (b) विराग (c) आसक्ति (d) अनुरक्ति

69. 'सूक्ष्म' शब्द का विलोम है *(UPSSSC कनिष्ठ सहायक 2020)*
(a) स्थूल (b) बारीक (c) क्षीण (d) पतला

70. 'कौटिल्य' का विलोम शब्द है *(UPSSSC लेखपाल परीक्षा 2015)*
(a) मृदुलता (b) आर्तव (c) मार्दव (d) आर्जव

71. 'अवनि' का विलोम शब्द है *(UPSSSC लेखपाल परीक्षा 2015)*
(a) धरा (b) शशांक (c) अम्बर (d) सितारा

72. 'मूर्त' शब्द का विलोम है *(UPSSSC कनिष्ठ सहायक परीक्षा 2019)*
(a) अमूर्त (b) प्रतिमूर्त (c) सम्मूर्त (d) अदृष्ट

73. 'सम' शब्द का विलोम है *(UPSSSC कनिष्ठ सहायक परीक्षा 2019)*
(a) खसम (b) भसम (c) विषम (d) कसम

74. 'लोक' शब्द का विलोम है *(UPSSSC कनिष्ठ सहायक परीक्षा 2019)*
(a) द्युलोक (b) अलोक (c) विलोक (d) परलोक

75. 'सम्मुख' शब्द का विलोम है *(UPSSSC कनिष्ठ सहायक परीक्षा 2019)*
(a) विमुख (b) प्रमुख (c) पार्श्व (d) समक्ष

76. 'वक्ता' शब्द का विलोम है *(UPSSSC कनिष्ठ सहायक परीक्षा 2019)*
(a) आयोजक (b) प्रायोजक (c) श्रोता (d) व्याख्याता

77. 'आवृत' शब्द का विलोम है *(UPSSSC कनिष्ठ सहायक परीक्षा 2019)*
(a) विमोचित (b) आच्छन्न (c) परिच्छिन्न (d) अनावृत्त

78. 'उपकार' का विलोम शब्द है *(उत्तराखण्ड 'समूह-घ' भर्ती परीक्षा 2019)*
(a) परोपकार (b) अपकार (c) अहंकार (d) अहम

79. 'खोटा' शब्द का विलोम शब्द है *(HSSC क्लर्क भर्ती परीक्षा 2019)*
(a) विखोटा (b) खरा (c) अखोटा (d) छोटा

80. दिए गए शब्द का विलोम चुनें
आदि *(SSC कांस्टेबल GD परीक्षा 2018)*
(a) आरम्भ (b) बर्बादी (c) आबादी (d) अनादि

81. दिए गए शब्द का विलोम चुनें
आदान *(SSC कांस्टेबल GD 2018)*
(a) ग्रहण (b) निदान (c) प्रदान (d) नादान

82. 'पूर्ववर्ती' का विपरीतार्थक शब्द है *(उत्तराखण्ड 'समूह-ग' परीक्षा 2019)*
(a) पश्चिमवर्ती (b) दक्षिणवर्ती
(c) परवर्ती (d) इनमें से कोई नहीं

83. कौन-सा शब्द 'परमार्थ' शब्द का विलोम है, उसे पहचानिए *(इलाहाबाद उच्च न्यायालय RO/ARO परीक्षा 2018)*
(a) स्वार्थ (b) साक्षर
(c) मूर्ख (d) इनमें से कोई नहीं

84. दिए गए शब्दों में से 'आविर्भाव' शब्द का विलोम शब्द पहचानिए। *(इलाहाबाद उच्च न्यायालय RO/ARO परीक्षा 2018)*
(a) अनाविर्भव (b) भार्गव
(c) तिरोभाव (d) ग्रहणी

85. 'प्रतिकूल' का विलोम शब्द है *(UPPCS Pre 2016)*
(a) समान (b) प्रतिदर्श (c) अनुकूल (d) अनुसार

86. 'अनिवार्य' का विपरीतार्थक शब्द है
(a) निवारणीय (b) ऐच्छिक
(c) अनावश्यक (d) आवश्यक

87. 'प्रफुल्ल' का विलोम शब्द है *(CTET 2018)*
(a) करुणा (b) शोक (c) दुःख (d) विषाद

88. 'बच्चे—बूढ़े' किस शब्द युग्म के अन्तर्गत आते हैं? *(MP व्यावसायिक परीक्षा 2017)*
(a) सार्थक-निरर्थक युग्म (b) विलोम युग्म
(c) पर्याय युग्म (d) निरर्थक-निरर्थक युग्म

89. 'आदि-अन्त' किस शब्द युग्म के अन्तर्गत आते हैं? *(MP व्यावसायिक परीक्षा 2017)*
(a) सार्थक-निरर्थक युग्म (b) विलोम युग्म
(c) पर्याय युग्म (d) निरर्थक-निरर्थक युग्म

90. 'चिरंतन' का विलोम शब्द है *(MP व्यावसायिक परीक्षा 2017)*
(a) अन्त (b) आदि (c) निरन्तन (d) नश्वर

91. अशुद्ध विलोम युग्म का चयन कीजिए *(UPSSSC कम्प्यूटर ऑपरेटर 2020)*
(a) कर्कश-मधुर (b) ऐश्वर्य-अनैश्वर्य (c) ऋजु-वक्र (d) ऐहिक-लौकिक

92. 'उथला' शब्द का विलोम है *(UPSSSC कनिष्ठ सहायक 2020)*
(a) गहरा (b) छिछला (c) समतल (d) उभार

93. 'भौतिक' का विलोम निम्नलिखित में से कौन-सा है? *(HSSC कॉन्स्टेबल भर्ती परीक्षा 2016)*
(a) लौकिक (b) आध्यात्मिक (c) क्षणिक (d) जटिल

94. निम्नलिखित में से 'अनाथ' शब्द का विलोम है *(UPSSSC VDO 2015)*
(a) अन्नदाता (b) अबोध (c) सनाथ (d) दुर्बोध

95. अशुद्ध विलोम युग्म है *(HTET 2018)*
(a) संश्लेषण-विश्लेषण (b) श्लील-अश्लील
(c) सति-कुलटा (d) ससीम-असीम

96. 'ऋतु' का विलोम शब्द क्या है? *(UPTET 2018)*
(a) अनृत (b) वक्र (c) विकीर्ण (d) अनैक्य

97. 'परिसीमन' का विलोम शब्द है *(UPTET 2017)*
(a) ससीम (b) निरसीमन (c) असीमन (d) ससीमन

98. 'त्यक्त' शब्द का सही विलोम है *(REET 2016)*
(a) गृहीत (b) त्याज्य (c) तुच्छ (d) प्रिय

99. 'निषिद्ध' का विलोम शब्द है *(UKTET 2013)*
(a) विहित (b) संदिग्ध (c) अनुपयोगी (d) प्रतिबन्धित

100. अधोलिखित विलोम शब्द युग्मों में से कौन-सा सही नहीं है? *(HTET 2012)*
(a) प्रसारण-संकुचन (b) ओजस्वी-निस्तेज
(c) भिज्ञ-सभिज्ञ (d) देहाती-शहरी

101. 'क्षणिक' का सही विलोम शब्द है *(UPPCS RO/ARO 2020)*
(a) अल्प (b) शाश्वत (c) क्षर (d) विमुख

102. 'अग्रज' का विलोम शब्द है *(UPPCS RO/ARO 2020)*
(a) अक्षत (b) अतुल (c) अनुज (d) अटल

103. निम्नलिखित में से विलोम शब्दों की दृष्टि से एक युग्म गलत है, वह है *(UPPCS RO/ARO 2020)*
(a) मौन-मुखर (b) शानदार-शर्मनाक
(c) बर्बर-सभ्य (d) अनुचर-परिचर

104. विलोम शब्दों की दृष्टि से इनमें एक युग्म गलत है, वह है *(UPPCS RO/ARO 2020)*
(a) अमित-परिमित (b) सत्कार-तिरस्कार
(c) आच्छादित-परिच्छन्न (d) सुख-दुःख

उत्तरमाला

1. (d)	2. (a)	3. (b)	4. (b)	5. (c)	6. (c)	7. (c)	8. (c)	9. (b)	10. (d)
11. (b)	12. (b)	13. (d)	14. (b)	15. (a)	16. (c)	17. (d)	18. (d)	19. (a)	20. (d)
21. (a)	22. (d)	23. (b)	24. (c)	25. (c)	26. (b)	27. (a)	28. (a)	29. (d)	30. (d)
31. (d)	32. (a)	33. (d)	34. (d)	35. (a)	36. (c)	37. (d)	38. (a)	39. (b)	40. (a)
41. (b)	42. (a)	43. (d)	44. (d)	45. (c)	46. (c)	47. (c)	48. (c)	49. (d)	50. (c)
51. (b)	52. (c)	53. (a)	54. (b)	55. (c)	56. (c)	57. (a)	58. (c)	59. (c)	60. (c)
61. (b)	62. (b)	63. (d)	64. (a)	65. (b)	66. (b)	67. (c)	68. (b)	69. (a)	70. (c)
71. (c)	72. (a)	73. (c)	74. (d)	75. (a)	76. (c)	77. (d)	78. (b)	79. (b)	80. (d)
81. (c)	82. (c)	83. (a)	84. (c)	85. (c)	86. (b)	87. (d)	88. (b)	89. (b)	90. (d)
91. (d)	92. (c)	93. (b)	94. (c)	95. (c)	96. (a)	97. (c)	98. (a)	99. (a)	100. (c)
101. (b)	102. (c)	103. (d)	104. (c)						

अध्याय 10

अनेकार्थक शब्द

हिन्दी साहित्य में अनेकार्थी शब्दों का प्रयोग अधिकतर काव्य में ही मिलता है। काव्य के रसास्वादन के लिए इनका ज्ञान होना आवश्यक है। इन्हीं शब्दों द्वारा कवियों ने यमक और श्लेष अलंकारों का भरपूर प्रयोग किया है।

अनेकार्थक शब्द का अर्थ है—अनेक अर्थ वाला अर्थात् जिन शब्दों से एक से अधिक अर्थ-बोध होता है, उन्हें अनेकार्थक (Homonyms) कहते हैं। विद्यार्थियों के अध्ययन हेतु अनेकार्थक शब्दों की सूची प्रस्तुत है

शब्द	अनेकार्थक शब्द
अंक	गिनती के अंक, गोद, भाग्य, चिह्न, रूपक के दस भेदों में से एक, देह, नाटक का अध्याय।
अंकोर	दोपहरी, रिश्वत, भेंट, गोद, कलेवा।
अंग	शरीर, टुकड़ा, अवयव, भेद, पक्ष, सहायक, भाग, हिस्सा।
अक्रूर	कृष्ण के चाचा, मित्र, कोमल स्वभाव वाला।
अगोचर	अदृश्य, इन्द्रियातीत, ब्रह्म।
अचल	अटल, पहाड़, निश्चल, स्थिर, वृक्ष, पार्वती।
अज	बकरा, दशरथ के पिता, अजन्मा, शिव, ब्रह्मा, मेषराशि, जीव, कामदेव।
अजया	बकरी, भाँग, विजया।
अच्युत	स्थिर, विष्णु, कृष्ण, अपतित।
अक्षर	वर्ण, ईश्वर, आत्मा, स्थिर, शिव, विष्णु, अविनाशी।
अधर	होंठ, आकाश, अनाधार, नीच, बुरा, चंचल।
अदिति	पृथ्वी, प्रकृति, देवताओं की माता, रक्षा, देवलोक, वाणी।
अमृत	जल, दूध, अमर, अन्न, सुधा, पारा, प्रिय, सुन्दर, आत्मा, शिव, घी, धन।
अब्ज	कपूर, अरब की संख्या, कमल, चन्द्रमा, शंख।
अब्द	बादल, वर्षा, मेघ, आकाश, साल।
अपेक्षा	आशा, आवश्यकता, इच्छा, आकांक्षा, लालच, अनुरोध, भरोसा, तुलना।
अनन्त	अन्तहीन, शेषनाग, लक्ष्मण, आकाश, विष्णु।
अरस	आकाश, नीरस, आलस्य, महल, रसशून्य, अनाड़ी, सुस्ती, बेस्वाद।
अरुण	सूर्य का सारथी, लाल, सूर्य, गरुड़, तड़का, सिन्दूर, केसर।
अन्तर	फ़र्क, भीतर, अन्तरिक्ष, समय, व्यवधान।
अपवाद	किसी नियम के विपरीत, कलंक, निन्दा, विरोध, आदेश, आज्ञा।
अतिथि	मेहमान, अग्नि, अपरिचित, संन्यासी, आगन्तुक, अभ्यागत।
अर्क	सूर्य, सत्त्व, ताँबा, बिजली की चमक, स्फटिक, मदार, काढ़ा, रविवार।
अर्थ	धन, प्रयोजन, तात्पर्य, कारण, लिए, अभिप्राय, निमित्त, फल, वस्तु, प्रकार।
अलि	भ्रमर, कोयल, बिच्छू, मदिरा, कौआ, कोयल, बाँध, सेतु।
अवि	सूर्य, पहाड़, पर्वत, आक, भेड़, मेष, वायु, कम्बल।
अहि	दुष्ट, सूर्य, साँप, राहु, पृथ्वी, जल, बादल।

शब्द	अनेकार्थक शब्द
आम	सामान्य, एक फल, मामूली, अपक्व, आँव, कच्चा, आम्र।
आत्मज	पुत्र, कामदेव, बेटा।
आन	दूसरा, क्षण, शपथ, टेक, सीमा, बनावट, लज्जा, प्रतिज्ञा, विचार।
आतुर	उत्सुक, उतावला, रोगी, कमज़ोर, दु:खी, आहत, पीड़ित, व्यग्र, व्याकुल।
आदि	प्रारम्भ, प्रथम, ईश्वर, इत्यादि, पुरातन।
आराम	विश्राम, वाटिका, एक प्रकार का दण्डक वृत्त, फुलवाड़ी।
आली	सखी, पंक्ति, रेखा, सहेली, मान्यवर, गीला, नम।
आसुग	मन, वायु, वाण।
इतर	अन्य, नीच, चरस, अन्त्यज, अवशेष, बाकी, साधारण, दूसरा।
इन्दु	गणित में एक की संख्या, चन्द्रमा, कपूर।
उरु	जाँघ, विशाल, श्रेष्ठ, विस्तीर्ण, अधिक मूल्यवान, जाँच।
उर्मी	लहर, पीड़ा, तरंग, प्रकाश, वेग, भंग, भ्रान्ति, भूल।
ऐन	कस्तूरी, घर, पूर्ण, आँख, उपयुक्त, ठीक।
ओस	गीला, गोद, धरोहर, बहाना, जिमीकन्द।
कंज	कमल, सिर के बाल, अमृत, ब्रह्म, केश।
कनक	सोना, धतूरा, गेहूँ, आटा, खजूर, नागकेसर, पलास।
कर	हाथ, टैक्स, सूँड, किरण, ओला, विषय, छल, युक्ति, काम।
कल	मशीन, चैन, आने वाला कल, बीता हुआ कल, शान्ति, सुन्दर।
कन्द	जड़, मिश्री, बादल, समूह, सूरन, गाँठ, शोथ।
कटाक्ष	आक्षेप, तिरछी चितवन, व्यंग्य।
कर्ण	कान, कुन्ती का पुत्र, समकोण त्रिभुज के सामने की भुजा।
काम	कार्य, इच्छा, कामना, अनुराग, चार पुरुषार्थों में से एक पुरुषार्थ।
काल	समय, शत्रु, यमराज, अवसर, अकाल।
कुशल	चतुर, क्षेम (खैरियत), योग्य, कुश लाने वाला।
कृष्ण	भगवान् कृष्ण, काला, वेदव्यास।
केतु	एक ग्रह, ध्वजा, पुच्छल तारा, ज्ञान, प्रकाश।
कौशिक	विश्वामित्र, इन्द्र, सपेरा, उल्लू, नेवला।
खग	पक्षी, वाण, गन्धर्व, सूर्य, ग्रह, चन्द्रमा, देवता, वायु।
खर	गधा, दुष्ट, तिनका, गर्दभ, खच्चर, कौआ, रावण के भाई का नाम।

शब्द	अनेकार्थक शब्द
खल	दवा कूटने का पात्र, धतूरा, दुष्ट।
गण	समूह, छन्दों में तीन वर्णों का समूह, शिव के अनुचर।
गति	चाल, मोक्ष, हालत, गमन, परिणाम, ज्ञान, प्रमाण, मुक्ति, कर्मफल, दशा।
गुरु	शिक्षक, बड़ा, माता-पिता, भारी, छन्द में दीर्घ, मात्रा।
गोपाल	गाय पालने वाला, कृष्ण, ग्वाला, किसी लड़के का नाम।
गौतम	गौतम बुद्ध, द्रोणाचार्य का साला, भारद्वाज।
गौतमी	हल्दी, गोदावरी नदी, गोरोचन, गौतम ऋषि की पत्नी, अहिल्या, दुर्गा।
घट	शरीर, घड़ा, कम, कलश, जलपात्र, पिण्ड, मन, हृदय, न्यून।
घन	हथौड़ा, बादल, बड़ा, मेघ, समूह, विस्तार, अभ्रक।
घुटना	कष्ट सहना, साँस लेने में कठिनाई, पाँव का मध्य भाग।
चक्र	कुम्हार का चाक, विष्णु का अस्त्र, पहिया, वायु का भँवर, दल।
चक्री	विष्णु, कुम्हार, गाँव का पुरोहित, चकवा पक्षी, कौआ।
चपला	चंचल स्त्री, लक्ष्मी, बिजली, मदिरा, जीभ, भाँग।
चर	विचरण करने वाला, पशुओं के चरने का स्थान, जासूस।
चाप	धनुष, दबाव, परिधि का एक भाग, धनु राशि।
चारा	पशुओं का भोजन, उपाय, आचरण, घास, जिस वस्तु को बंसी में लगाकर मछली फँसाई जाती है।
छन्द	काव्य, बहाना, छल, मत, युक्ति, रंग-ढंग, अभिप्राय, कविता।
छाजन	छप्पर, वस्त्र, अपरस, खपरैल की छवाई, आच्छादन।
जड़	मूल, मूर्ख, हठी, अचेतन, स्तब्ध, चेष्टाहीन, मूक, गूँगा।
जर	जल, जड़, ज्वर, जरा, वृद्धावस्था।
जलज	कमल, शंख, सीप, मोती, सेवार, मछली, चंद्रमा।
जालक	झरोखा, जाल, घोंसला, गवाक्ष।
जीव	जन्तु, जीविका, बृहस्पति, जीवात्मा।
जीवन	ज़िन्दगी, वायु, जल, वृत्ति, प्राणधारण, पानी, घी, मज्जा, परमात्मा, पुत्र
जोड़	योग, मेल, गाँठ, समानता, एक ही तरह की दो वस्तुएँ।
जया	पार्वती, दुर्गा, हरी दूब, पताका, त्रयोदशी, ध्वजा, हरड़।
टीका	तिलक, व्याख्या, चेचक आदि का टीका, धब्बा, फलदान।
ठाकुर	जाति विशेष, भगवान, स्वामी, नाई, बड़ा।
ढाल	रक्षक, उतार, धातुओं की ढलाई, ढलुवाँ भूमि, ढार, प्रकार, रीति, ढंग।
तक्षक	विश्वकर्मा, बढ़ई, सूत्रधार, सर्प विशेष।
तारा	बृहस्पति की स्त्री, नक्षत्र, बालि की स्त्री, आँख के बीच की काली पुतली।
ताल	संगीत का ताल, झील, तालाब, ताड़ का वृक्ष।
तीर	बाण, नदी का किनारा, किनारा, तट, समीप।
तात	पूज्य, पिता, गुरु, मित्र, भाई।
द्रोण	द्रोणाचार्य, कौआ, दोना, नाव, मानव रहित विमान।
दहर	छोटा भाई, कुण्ड, नरक, छछून्दर, चूहा, बालक।
दिवा	दिन, दीपक, दिवस, बाईस अक्षरों का एक वर्ण वृत्त।
धन	जोड़, स्त्री, सम्पत्ति, लाभ, द्रव्य, पूँजी, चौपायों का समूह।
धर्म	सम्प्रदाय, स्वभाव, कर्त्तव्य, प्रकृति।
धारा	सन्तान, सेना, नियम, पानी का झरना, धार, झुण्ड।
नाक	स्वर्ग, इज्जत, एक फल, नासिका, अन्तरिक्ष, आकार, मान, प्रतिष्ठा।
नाग	सर्प, हाथी, बादल, नागवल्ली, एक पर्वत।
नागर	चतुर, नागरमोथा, नागरिक, सोंठ, पौर, सभ्य व्यक्ति, नारंगी।
निशाचर	राक्षस, चोर, उल्लू, सियार, सर्प, बिल्ली, प्रेत, भूत, महादेव।

शब्द	अनेकार्थक शब्द
पत्र	पत्ता, चिट्ठी, पन्ना, आवरण।
पानी	इज्जत, जल, चमक, शस्त्र की धार।
फल	परिणाम, लाभ, सन्तान, खाने वाला फल, हल।
बलि	पितरों को दिया गया भोग, एक राजा, उपहार, न्यौछावर, बलिहारी।
बहार	वसन्त, एक राग, आनन्द।
बल	शक्ति, सेना, बलराम, पार्श्व, बगल, लपेट, ऐंठन, सिकुड़न, अन्तर।
बिम्ब	छाया, चन्द्रमण्डल, बाँबी, घेरा, सूर्य।
भा	चमक, शोभा, बिजली, किरण, प्रभा, कान्ति, प्रकाश, दीप्ति।
भाव	विचार, अभिप्राय, मनोविकार, दर, श्रद्धा, अस्तित्व, सारांश।
भूत	प्रेत, पंचभूत, बीता हुआ समय, मृत शरीर, तत्त्व, सत्य।
मधु	शहद, वसन्त, पराग, चैत्रमास, ऋतु, शराब।
माधव	वसन्त ऋतु, विष्णु, बैसाख महीना, श्रीकृष्ण
मद	नशा, मस्ती, हाथी के मस्तक का स्राव, गर्व, कस्तूरी, अभिमान।
मुद्रा	सिक्का, छापा, आकृति, कुण्डल, चिह्न, अँगूठी।
मूल	पूँजी, एक नक्षत्र, जड़, कन्द, आरम्भ, पास, समीप।
रंग	सातों रंग, आनन्द, विलास, नाटक का प्रदर्शन, शोभा, सौंदर्य, प्रेम, राग
रम्भा	वेश्या, एक अप्सरा, केला, कदली, गौरी, उत्तर दिशा।
रक्त	खून, केशर, लाल, कुंकुम, ताँबा, कमल, सिन्दूर, रुधिर।
रसाल	ईख, आम, मीठा, रसीला, कटहल, गेहूँ, अमलबेंत।
राशि	समूह, मेष-वृष आदि 12 राशियाँ, ढेर, पुंज, समुच्चय।
लक्ष्य	निशाना, बहाना, उद्देश्य, लक्षणर्थ, गन्तव्य, ध्येय, मंजिल।
वंग	राँग, कपास, बंगाल प्रान्त।
वर्ण	रंग, अक्षर, चतुर्वर्ण्य, भेद, रूप।
वन	वाटिका, जंगल, पानी, भवन, काठ का पात्र।
विधि	रीति, भाग्य विधाता, ईश्वर, कार्यक्रम, योजना, प्रकार, कानून, संगति।
वृत्त	गोल-घेरा, हाल, चरित्र।
विहंग	पक्षी, वाण, बादल, विमान, सूर्य, चन्द्रमा, देवता।
शर	सरकण्डा, बाण, तीर, नरकट, जल, पाँच की संख्या, रूस।
शरभ	ऊँट, एक मृग, टिड्डी, सिंह, हाथी का बच्चा, विष्णु।
सरि	समता, माला, नदी, सरिता, बराबरी, सदृश।
सारंग	हिरन, बादल, पानी, मोर, शंख, पपीहा, हाथी, सिंह, राजहंस, भ्रमर, कपूर, कामदेव, कोयल, धनुष, मधुमक्खी, कमल, भूषण।
सार	रस, रक्षा, जुआ, लाभ, उत्तम, पत्नी का भाई, तलवार, तत्त्व।
सिता	चाँदी, चमेली, चाँदनी, शकर, गोरोचन, सफेद दूब।
सूर	वीर, अन्धा, एक कवि, सूर्य, अर्क, मदार, आचार्य, पण्डित।
सूत	बढ़ई, धागा, पौराणिक, सारथी, सूत्रकार, सूर्य, पारा।
सैन	सेना, संकेत, बाजपक्षी, इंगित, लक्षण, चिह्न।
संभव	जन्म, उपयुक्तता, घटित होना, संयोग, उत्पत्ति, आस्तित्व, समीचीनता।
हरि	विष्णु, इन्द्र, बन्दर, हवा, सर्प, सिंह, आग, कामदेव, हंस, मेंढक, चाँद, हरा रंग।
हीन	नीचा, तुच्छ, कम, रहित, छोड़ा हुआ, अल्प, निष्कपट, बुरा, शून्य।
हेम	सोना, तुषार, इज़्ज़त, पीला रंग।
हंस	आत्मा, योगी, श्वेत, घोड़ा, सूर्य, सरोवर का पक्षी।
क्षेत्र	शरीर, तीर्थ, गृह, प्रकृति, खेल, स्त्री।

वस्तुनिष्ठ प्रश्नावली

निर्देश (प्र. सं. 1-36) *सभी प्रश्नों में दिए गए शब्दों के अर्थ विकल्पों में दिए गए हैं। इनमें से कोई एक विकल्प गलत है। आपको गलत विकल्प अर्थात् जो सम्बन्धित शब्द का अर्थ नहीं है, का चयन कर चिह्नित करना है।*

1. अंक
(a) दैनन्दिनी (b) गोद (c) भाग्य (d) संख्या

2. अक्षर
(a) वर्ण (b) अक्षत (c) आत्मा (d) स्थिर

3. अज
(a) अजन्मा (b) बकरा (c) संन्यासी (d) मेष राशि

4. अधर
(a) आकाश (b) अनाधार (c) होंठ (d) पाताल

5. अपेक्षा
(a) निराशा (b) आशा (c) आवश्यकता (d) इच्छा

6. अमृत
(a) अमर (b) अनमोल (c) दूध (d) जल

7. अर्क
(a) सत्त्व (b) सूर्य (c) बुध (d) ताँबा

8. अर्थ
(a) कारण (b) प्रयोजन (c) धन (d) अन्न

9. अलि
(a) रूपसी (b) सखी (c) बिच्छू (d) भ्रमर

10. आम
(a) सामान्य (b) अप्रचलित (c) व्यापक (d) फल का नाम

11. इतर
(a) अन्य (b) चरस (c) ऊँच (d) नीच

12. उत्तर
(a) बाद में (b) श्रेष्ठ (c) उत्तर दिशा (d) प्रश्न

13. कृष्ण
(a) करोड़ (b) अंधकार (c) कौणा (d) वासुदेव पुत्र

14. कुशल
(a) क्षेम (b) क्षमा (c) चतुर (d) योग्य

15. खल
(a) दवा कूटने का पात्र (b) धतूरा
(c) केश (d) दुष्ट

16. खर
(a) दुष्ट (b) तिनका (c) गधा (d) शृगाल

17. गुरु
(a) उत्कोच (b) छन्द में दीर्घ (c) माता-पिता (d) शिक्षक

18. गोपाल
(a) ग्वाला (b) बटुक
(c) कृष्ण (d) गाय पालने वाला

19. गोली
(a) दवा की टिकिया (b) कारतूस
(c) धोखेबाज (d) खेल में गोल रक्षक

20. गौतम
(a) महात्मा बुद्ध (b) भारद्वाज
(c) द्रोणाचार्य का साला (d) महावीर

21. गौतमी
(a) वृद्धा स्त्री (b) हल्दी (c) गोरोचन (d) गोदावरी नदी

22. घुटना
(a) कष्ट सहना (b) सहनशीलता
(c) पाँव का मध्य भाग (d) साँस लेने में कठिनाई

23. चपला
(a) लक्ष्मी (b) बिजली (c) महिला (d) चंचल स्त्री

24. छन्द
(a) छल (b) बहाना (c) काव्य (d) उपाय

25. जीव
(a) निर्जीव (b) जी (c) प्राणी (d) बृहस्पति

26. जीवन
(a) वायु (b) कर्त्तव्य (c) प्राण (d) जिन्दगी

27. जलज
(a) कमल (b) शंख (c) कपोत (d) मछली

28. टीका
(a) तिलक (b) फलदान (c) व्याख्या (d) आडम्बर

29. ठाकुर
(a) सेवक (b) स्वामी (c) भगवान (d) जाति विशेष

30. तक्षक
(a) बढ़ई (b) शिलान्यास (c) विश्वकर्मा (d) सूत्रधार

31. द्विज
(a) पक्षी (b) दाँत (c) गौना (d) ब्राह्मण

32. धन
(a) सम्पत्ति (b) जोड़ (c) स्त्री (d) नरेश

33. धर्म
(a) अध्ययन (b) स्वभाव (c) प्रकृति (d) कर्त्तव्य

34. निशाचर
(a) उल्लू (b) हाथी (c) चोर (d) राक्षस

35. अनेकार्थी शब्द 'अक्ष' का आशय नहीं है
(a) भूतल (b) पहिया
(c) आँख (d) चौसर का पासा

36. अनेकार्थक शब्द 'पानी' के लिए निम्न में से गलत विकल्प का चयन कीजिए *(MP (SI) 2016)*
(a) इज़्ज़त (b) चमक
(c) संजीवनी (d) जल

37. निम्नलिखित अनेकार्थी शब्द का दूसरा अर्थ बताइए
अज-अजन्मा *(UP लेखपाल भर्ती परीक्षा 2015)*
(a) निर्भीक (b) आजीवन (c) ईश्वर (d) आजन्म

निर्देश (प्र.सं. 38-40) *निम्न प्रश्नों में अनेकार्थी शब्द दिए गए हैं। एक अर्थ शब्द के साथ ही लिखा है, दूसरा अर्थ बताइए।*

38. कनक-धतूरा
(a) सोना (b) प्रसाद (c) कसौटी (d) आभूषण

39. प्रमत्त-स्वेच्छाचारी *(UP लेखपाल भर्ती परीक्षा 2015)*
(a) उत्कृष्ट (b) उन्मत्त (c) प्रपीड़ित (d) परितप्त

40. अनेकार्थी शब्दों का कौन-सा युग्म सही नहीं है?
(a) नाना – अनेक, माँ के पिता
(b) अयन – दिशा, वन
(c) सैंधव – नमक, घोड़ा
(d) नाक – स्वर्ग, नासिव

41. 'कर' का अर्थ है *(MP व्यावसायिक परीक्षा 2017)*
(a) कल, किरण, टैक्स (b) हाथ, रात्रि, टैक्स
(c) हाथ, किरण, व्यवसाय (d) हाथ, किरण, टैक्स

42. 'आदि' का अर्थ है
(a) दूसरा (b) आखरी
(c) इनमें से कोई नहीं (d) प्रथम

43. 'सम्भव' शब्द का आशय है *(MP समग्र सुरक्षा अधिकारी परीक्षा 2017)*
(a) जन्म (b) घटित होना (c) संयोग (d) ये सभी

44. 'अगोचर' का आशय है *(MP समग्र सुरक्षा अधिकारी परीक्षा 2017)*
(a) ब्रह्म
(b) इन्द्रियातीत
(c) वह जो देखा या जाना न जा सके
(d) उपरोक्त सभी

45. 'सुधा' का अनेकार्थक शब्द क्या है? *(UPTET 2018)*
(a) बादल, बिजली (b) अमृत, पानी
(c) प्राण, प्रियतम (d) सेना, शक्ति

46. 'लक्ष्य' का अनेकार्थक शब्द है *(UPTET 2018)*
(a) निशाना, उद्देश्य (b) नाम, बल
(c) गति, चाल (d) सही, गलत

47. 'मुद्रा' शब्द का अर्थ समूह चुनिए *(REET 2016)*
(a) मोहर, छाप, सिक्का, अँगूठी
(b) चेहरे का भाव, छाप, अँगूठी, प्रति
(c) नाम, लिखना, सिक्का, छापाखाना
(d) चोट, छापा, धन, स्टाम्प

48. निम्नलिखित में से एक अनेकार्थी शब्द 'खग' का अर्थ नहीं है? *(HTET 2016)*
(a) मन (b) तीर
(c) पक्षी (d) आकाश

49. 'कनक' शब्द का अर्थ समूह चुनिए *(HTET 2014)*
(a) वृक्ष, स्वर्ण, धतूरा (b) स्वर्ण, धतूरा, गेहूँ
(c) स्त्री, पलाश, आभूषण (d) इनमें से कोई नहीं

50. 'वर्ण' शब्द का अर्थ नहीं होता है *(REET 2014)*
(a) रंग (b) आकाश
(c) जाति (d) अक्षर

51. 'द्रोण' का अर्थ है *(MP (SI) 2017)*
(a) द्रोणाचार्य, मुर्गा (b) द्रोणाचार्य, गौरेया
(c) द्रोणाचार्य, कौआ (d) द्रोणाचार्य, तोता

52. 'अचल' का अर्थ है *(MP (SI) 2017)*
(a) पेड़ गतिहीन, अटल
(b) पर्वत, गतिहीन, अटल
(c) तालाब, गतिहीन, अटल
(d) उपरोक्त में से कोई नहीं

53. 'फल' का अर्थ है *(MP (SI) 2017)*
(a) वृक्ष का फल, परिणाम, तीर का अगला भाग
(b) वृक्ष का फल, परिणाम, भाला
(c) वृक्ष का फल, परिणाम, तलवार का अगला भाग
(d) वृक्ष का फल, परिणाम, चाकू

54. अनेकार्थी शब्द 'अर्थ' का आशय नहीं है
(a) प्रतीक (b) मतलब
(c) धन (d) उद्‌देश्य

55. अनेकार्थी शब्द 'कोटि' का आशय नहीं है
(a) धनुष की नोक (b) करोड़
(c) आशीर्वाद (d) वर्ग

56. 'अज' शब्द से अभिप्राय है *(MP (SI) 2016)*
(a) ब्रह्मा, बकरा (b) अजर, अमर
(c) अजाना, दशरथ (d) ये सभी

57. निम्न में से 'हंस' शब्द का अनेकार्थी शब्द है *(MP (SI) 2016)*
(a) जीवात्मा (b) जीभ
(c) जीत (d) जन

58. 'घृणा' शब्द के सही अनेकार्थी रूप को दिए गए विकल्पों में से छाँटिए *(MP (SI) 2016)*
(a) बादल, घिन (b) इन्द्रपुत्र, बादल
(c) घिन, किरण (d) किरण, बादल

उत्तरमाला

1. (a)	2. (b)	3. (c)	4. (d)	5. (a)	6. (b)	7. (c)	8. (d)	9. (a)	10. (b)
11. (c)	12. (d)	13. (a)	14. (b)	15. (c)	16. (d)	17. (a)	18. (b)	19. (c)	20. (d)
21. (a)	22. (b)	23. (c)	24. (d)	25. (a)	26. (b)	27. (c)	28. (d)	29. (a)	30. (b)
31. (c)	32. (d)	33. (a)	34. (b)	35. (a)	36. (c)	37. (c)	38. (a)	39. (b)	40. (b)
41. (d)	42. (d)	43. (d)	44. (d)	45. (b)	46. (a)	47. (a)	48. (a)	49. (b)	50. (b)
51. (c)	52. (b)	53. (a)	54. (a)	55. (c)	56. (a)	57. (a)	58. (a)		

अध्याय 11

समोच्चारित-भिन्नार्थक शब्द

बहुत से शब्द ऐसे होते हैं जिनका उच्चारण समान-सा होता है, लेकिन उनके अर्थ अलग-अलग होते हैं, ऐसे शब्दों को समोच्चारित भिन्नार्थक शब्द कहते हैं। दूसरे शब्दों में हम इस प्रकार भी कह सकते हैं कि ऐसे शब्द, जिनकी वर्तनी (Spelling) में थोड़ा-सा अन्तर होने के कारण समानता का आभास होता है, परन्तु अर्थ की दृष्टि से उनमें कोई समानता नहीं होती है, समोच्चारित भिन्नार्थक (Paronyms) शब्द कहलाते हैं।

समोच्चारित-भिन्नार्थक शब्दों को 'युग्म-शब्द', 'समध्वन्यात्मक शब्द', 'समानाभास शब्द' भी कहते हैं; जैसे—'अनल' और 'अनिल' शब्द का उच्चारण समान-सा है, लेकिन 'अनल' का अर्थ है—'आग' और 'अनिल' का अर्थ है—'वायु'।

विद्यार्थियों के अध्ययन हेतु समोच्चारित भिन्नार्थक शब्दों की तालिका प्रस्तुत है

शब्द	अर्थ	शब्द	अर्थ
अकर	न करने योग्य	अधूत	निर्भय
आकर	खान/खदान	अवधूत	योगी
अग	सूर्य/अचल	अब्ज	कमल
अघ	पाप	अब्द	वर्ष
अचल	स्थिर	अभिराम	सुन्दर
अंचल	साड़ी का छोर/किनारा	अविराम	लगातार
अंचित	गुथा हुआ/पूजित	अपकार	बुराई
अचित्	जड़/चेतन रहित	अपमान	तिरस्कार
अजय	जो जीता न जा सके	अभिहित	पीटा गया
अजया	भाँग/बकरी	अभिहत	पुकारा गया
अतप	शीतल	अभियान	चढ़ाई
आतप	धूप	अभिमान	घमण्ड
अनल	आग	अविरोध	मेल
अनिल	वायु	अवरोध	रुकावट
अंगना	स्त्री	अविलम्ब	तुरन्त
अँगना	छोटा/आँगन	अवलम्ब	सहारा
अन्त	समाप्ति	अर्जन	संग्रह
अन्त्य	नीच	अर्चन	पूजा
अन्तर	भिन्नता	अर्घ	जलदान
अनन्तर	बाद में	अर्घ्य	पूजाद्रव्य
अपर	दूसरा	अजर	जो पुराना न हो
अपार	असीम	अजिर	आँगन
अम्बुज	कमल	अलिक	ललाट
अम्बुद	बादल	अलीक	झूठ
अंश	भाग/हिस्सा	अलि	भौंरा
अंस	कन्धा	आली	सखी
अतल	जिसका तल न हो	अवलि	पंक्ति
अतुल	जिसकी तुलना न हो	आविल	गन्दा

शब्द	अर्थ	शब्द	अर्थ
उपेक्षा	तिरस्कार/उदासीनता	अशक्त	असमर्थ
अपेक्षा	तुलना में/आशा	असक्त	उदासीन
अचार	खट्टा खाद्य पदार्थ	अपत	बिना पत्ते का
आचार	व्यवहार	अपट	वस्त्रहीन
अभ्यास	किसी काम को करना	अश्म	पत्थर
अभ्याश	निकट	अश्व	घोड़ा
अम्ब	माता	अविज्ञ	मूर्ख
अम्बु	जल	अभिज्ञ	जानकार
अगम	दुर्लभ	अभय	निर्भय
आगम	शास्त्र/उत्पत्ति	उभय	दोनों
अणी	नोंक/अनी	आहूत	बुलाया हुआ
आणि	तलवार की धार	आहूति	होम
अभिज्ञ	जानकार	आवृत्ति	दोहराना
अनभिज्ञ	अनजान	आवृत्त	घिरा हुआ
अभिसार	प्रेमी से छिपकर मिलना	आदी	अभ्यस्त
अभीसार	आक्रमण	आदि	आरम्भ
अरथी	टिकठी/झाँजी	आसकत	सुस्ती
अर्थी	चाहने वाला	आसक्त	लिप्त
अरबी	अरब की भाषा	आकर	खान
अरवी	कन्द या घुइयाँ	आकार	आकृति
अनिष्ट	बुराई/हानि	आसन्न	निकट
अनिष्ठ	निष्ठाहीन	आसन	लेटने/बैठने का वस्त्र
अमित	बहुत/अधिक	आँठी	गुठली
अमीत	दुश्मन	आँटी	सूत का लच्छा
अमूल	बेजड़	आरती	धूप-दीप दिखाना
अमूल्य	अनमोल	आरति	दुख/विरक्ति
अन्य	दूसरा	आभरण	आभूषण
अन्न	अनाज	आवरण	पर्दा/पट

शब्द	अर्थ	शब्द	अर्थ
इति	अन्त	कुम्हार	बर्तन बनाने वाला
ईति	आपदा	कुमार	बिना ब्याहा
इन्दिरा	लक्ष्मी	कृती	पुण्यात्मा/विद्वान
इन्द्रा	इन्द्राणी	कृति	रचना
इत्र	सुगन्ध	कृपाण	तलवार
इतर	दूसरा/चरस	कृपण	कंजूस
इस्तरी	प्रेस	केस	मुकदमा
स्त्री	महिला	केश	बाल
ईश	स्वामी/मालिक	केसर	जाफरान/कुमकुम
ईष	शिव का एक अनुचर	केशर	सिंह की गर्दन के बाल
ईसा	हरिष/बल/ईसा मसीह	कौशल	नैपुण्य
ईशा	ऐश्वर्य/सुख	कोशल	अवध प्रदेश
उपमान	तुलना	कौड़ी	कपर्दिका
अपमान	तिरस्कार	कोड़ी	बीस या बीस का समूह
उपल	पत्थर	कौर	ग्रास
उपला	कण्डा	कोर	किनारा
उबारना	बचाना	कपीश	हनुमान/सुग्रीव
उभारना	उकसाना/ऊँचा करना	कपिश	मटमैला
उपयुक्त	उचित	करता	करना
उपर्युक्त	ऊपर कहा गया	कर्ता	एक प्रकार का कारक
उद्धत	अक्खड़/उद्दण्ड	कथा	कहानी
उद्यत	तैयार	कत्था	खैर का सत
उपस्थिति	उपलब्धता	कड़ी	सख्त
उपस्थिति	हाजिर	कढ़ी	दही और बेसन का सालन
उत्कच	गंजा	कटिबन्ध	नाड़ा
उत्कट	तीव्र/प्रबल	कटिबद्ध	तैयार
उद्धार	कष्ट से मुक्ति	कोश	शब्द
उधार	कर्ज	कोष	खजाना
ऋत्	सत्य/मोक्ष	करण	साधन
ऋतु	मौसम	कर्ण	कान
ओटना	बिनौले अलग करना	काख	बगल
औटना	खौलने की क्रिया	काक	कौआ
ओर	तरफ	कड़ाई	कड़ापन
और	तथा	कढ़ाई	कशीदाकारी
कटौती	कमी	खर्राच	अमितव्ययी/खर्चीला
कठौती	काठ का बर्तन	खरोंच	छिल जाने का चिह्न
कीला	खूँटी/कील	ग्रह	सूर्य/चन्द्र आदि नक्षत्र
किला	गढ़	गृह	घर
कुल	वंश	गाड़ी	सवारी/यान
कूल	किनारा	गाढ़ी	घनी
कुट	किला/घर	गिरि	पर्वत
कूट	पहाड़ की चोटी/व्यंग्य	गिरी	बीज का गूदा।
कँटीला	कॉटेदार	गिरा	वाणी
कटीला	काटने वाला	गिरा	पतित
कांता	सुन्दर स्त्री	गेय	गाने वाला
कांतार	जंगल	ज्ञेय	जो जाना जा सके
कुच	स्तन	गूँथना	सानना
कूच	प्रस्थान	गूथना	पिरोना

शब्द	अर्थ	शब्द	अर्थ
चरित	जीवनी	ताक	घूरकर देखना
चरित्र	आचरण	ताख	दीवार का आला
चित्त	मन	तरणि	सूर्य
चित	पड़ा हुआ	तरणी	नाव
चिर	दीर्घ	तोष	सन्तुष्टि
चीर	कपड़ा	तोश	हिंसा
चपत	थप्पड़	तरंग	लहर
चम्पत	गायब	तुरंग	घोड़ा
चरस	गाँजा/अतर	थति	धरोहर
चरसा	चमड़े का थैला	तिथि	दिनांक
चक्रवाक	चकवा पक्षी	दशा	हालत
चक्रवात	बवण्डर	दिशा	ओर/तरफ
चिता	मुर्दा (जलने वाला)	दारू	शराब/उपचार
चिन्ता	सोचनीय भाव	दारु	लकड़ी
छात्र	विद्यार्थी	दशन	काटना
छत्र	छत	दंशन	दाँत
जूठा	उच्छिष्ट भोजन	दिया	देना
झूठा	असत्यवादी	दीया	दीपक
जरा	थोड़ा/अल्प	दिन	दिवस
जरा	बुढ़ापा	दीन	गरीब
जन्ता	चक्की	दीप	दीपक
जनता	लोग	द्वीप	टापू
जरठ	बूढ़ा	देव	देवता
जठर	पेट	दैव	भाग्य
जुड़ा	संलग्न	दारा	स्त्री
जूड़ा	केशों का बन्धन	द्वारा	मार्फत
जुआ	बैलों के कन्धे की लकड़ी	द्रव	तरल पदार्थ
जूआ	द्यूत क्रीड़ा	द्रव्य	वस्तु
जगत	संसार	धूरा	धूल
जगत	कुएँ का चबूतरा	धुरा	अक्ष
छर	छर्रों के वेग का शब्द	धान	अन्न विशेष
झर	पानी गिरने का स्थान	धन्य	सराहना
डोल	लोहे का बर्तन	नीत	लाया हुआ
डौल	ढाँचा	नीति	सदाचार पद्धति
डोंगी	छोटी नाव	नन्दी	शिवजी का बैल
ढोंगी	पाखण्डी	नान्दी	मंगलाचरण
डीठ	नजर	नाइ	तरह/समान
ढीठ	धृष्ट	नाई	बाल काटने वाला
डाल	वृक्ष की शाखा	नाड़ी	शिरा या नब्ज
ढाल	रक्षक/ढलान	नारी	स्त्री
ढलाई	ढालने की क्रिया	नित	प्रतिदिन
ढिलाई	शिथिलता	नत	झुका हुआ।
तप्त	गरम	निर्वाण	मोक्ष
तृप्त	संतुष्ट	निर्माण	बनाना
ताकत	शक्ति/बल	नावक	छोटा तीर
तखत	चारपाई	नाविक	मल्लाह
तरुण	युवा	निमित्त	हेतु
तरु	वृक्ष	नमित	झुका हुआ

शब्द	अर्थ	शब्द	अर्थ
नीर	पानी	परिणति	समाप्ति
नीड़	घोंसला	परिणत	रूपान्तरित
निसान	झण्डा	पीड़ा	दर्द
निशान	चिह्न	पीढ़ा	चौकी
निहित	छिपा हुआ/मौज	पुरी	नगरी
निहत	मारा हुआ	पूरी	पूड़ी/सम्पूर्ण
नियत	निश्चित	पूछ	पूछने की क्रिया
नियति	भाग्य	पूँछ	दुम
नीरद	बादल	प्रेषित	भेजा हुआ
नीरज	कमल	प्रोषित	प्रवासी
परुष	कठोर	फल	खाने वाला फल
पुरुष	नर/मर्द	फाल	हल की नोंक
पट	वस्त्र	फन	सर्प का फन
पट्ट	तख्ती	फन	कला/गुण
परिणाम	फल	बहु	बहुत
परिमाण	मात्रा	बहू	वधू
पास	निकट	बहन	सहोदरा
पाश	बन्धन	वहन	ढोना
प्रदीप	दीपक	बान	आदत
प्रतीप	उल्टा	बाण	तीर
प्रसाद	भोग/कृपा	बार	दफा
प्रासाद	महल	वार	दिन
प्रणाम	अभिवादन शब्द	बास	गंध
प्रमाण	सबूत	वास	निवास
पता	ठिकाना	बात	वार्ता
पत्ता	पर्ण	वात	वायु
पतन	गिरना	बाग	लगाम
पत्तन	बन्दरगाह	बाग़	उद्यान
पड़ना	गिरना	बुरा	खराब
पढ़ना	अध्ययन	बूरा	शक्कर
पथ	रास्ता	बलि	नैवेद्य/पशु बलि
पंथ	मत/सम्प्रदाय	बली	बलवान
पवन	हवा	बाड़	फसल रक्षा घेरा
पावन	पवित्र	बाढ़	प्राकृतिक आपदा
प्रवाह	बहाव	भीत	डरा हुआ
परवाह	फिक्र/ध्यान	भित्ति	दीवार
प्रदेश	प्रान्त	भुवन	संसार
परदेश	विदेश	भवन	घर
प्रचारक	प्रचार करने वाला	मणि	रत्न
परिचारक	सेवक	मणी	साँप
परिणय	विवाह	मानक	स्तर
प्रणय	प्रेम	मानिक	लाल रंग का रत्न
प्रकृत	यथार्थ	मनोज	कामदेव
प्राकृत	एक भाषा	मनोज्ञ	सुन्दर
परिहार	त्याग	मेध	यज्ञ
प्रहार	चोट	मेधा	बुद्धि

शब्द	अर्थ	शब्द	अर्थ
मेदा	पेट	स्वजन	सम्बन्धी/मित्र
मैदा	आटा	श्वजन	कुत्ते का बच्चा
तथागत	भगवान बुद्ध	साम	गेय वेद मन्त्र
यथागत	मूर्ख	शाम	सायं
रसा	तरी	संकरी	संकर का स्त्रीलिंग
रस्सा	मोटी रस्सी	सँकरी	तंग
रेखा	लकीर	श्याम	कृष्ण
लेखा	हिसाब-किताब	स्याम	एशिया का एक देश
लक्ष	लाख	संखिया	विष
लक्ष्य	ध्येय	संख्या	गिनती
बँसी	मछली का काँटा	सूत	धागा
वंशी	मुरली	सुत	बेटा
बदन	शरीर	सर्ग	अध्याय
वदन	चेहरा	स्वर्ग	तीसरा लोक
ब्याज	सूद	सती	पतिव्रता
व्याज	कपट/फरेब	शती	शताब्दी
बादी	गरिष्ठ भोजन	सप्त	सात
वादी	मुद्दई/वक्ता	शप्त	श्राप पाया हुआ
वाद	तर्क	सदेह	सशरीर
विवाद	झगड़ा	सन्देह	शक
वस्तु	चीज़	सागर	समुद्र
वास्तु	मकान	सागर	प्याला
विलक्षण	अद्भुत	सुधि	स्मरण
विचक्षण	चतुर	सुधी	समझदार
व्यग	अपंग	सजा	सजाया हुआ
व्यंग्य	परिहास	सजा	दण्ड
व्यजन	पंखा	सत्त्व	सार
व्यंजन	वर्ण/खाद्य पदार्थ	स्वत्व	अधिकार
सकल	सम्पूर्ण	हाल	समाचार
शकल	टुकड़ा	हाला	शराब
शकठ	मचान	हेम	स्वर्ण
शकट	बैलगाड़ी	हिम	बर्फ
संकर	मिश्रित	हंसी	मादा हंस
शंकर	शिवजी	हँसी	हँसने की क्रिया
शशधर	चन्द्रमा	हंसमुख	हंस का मुख
शशिधर	शिव	हँसमुख	मजाकिया
साला	पत्नी का भाई	हल्का	कम वजन
शाला	घर	हलका	क्षेत्र
शिरा	नाड़ी/नालिका	क्षत्र	मुकुट
सिरा	छोर/किनारा	क्षात्र	क्षत्रिय
शूर	वीर	क्षिति	पृथ्वी
सूर	अन्धा	क्षति	हानि
शुक्ल	सफेद	क्षमा	माफ करना
शुल्क	फीस	छमाही	छः महीने का
षष्टि	साठ	ज्ञानी	बुद्धिमान
षष्ठी	छठी	ज्ञान	बुद्धि

वस्तुनिष्ठ प्रश्नावली

निर्देश (प्र. सं. 1-70 तक) *सभी प्रश्नों के शब्द-युग्म के सही अर्थ-भेद का चयन कीजिए।*

1. अब्ज—अब्द
(a) कमल-वर्ष (b) सुन्दर-लगातार
(c) चढ़ाई-घमण्ड (d) मतलब-धन

2. अपर—अपार
(a) विस्तृत–संकुचित (b) दूसरा–असीम
(c) ऊँचा–अथाह (d) छोटा–हिस्सा

3. अम्बुज—अम्बुद
(a) बादल–कमल (b) समुद्र–बादल
(c) कमल–बादल (d) भ्रमर–मकरन्द

4. अपेक्षा—उपेक्षा
(a) ग्रहण–त्याग (b) निकट–दूर
(c) तिरस्कार–आशा (d) आशा–तिरस्कार

5. अगम—आगम
(a) दुर्लभ–उत्पत्ति (b) शास्त्र–शास्त्री
(c) उत्पत्ति–दुर्लभ (d) स्वानुभूत–अनजान

6. अवर—अपर
(a) अतिरिक्त-निम्न (b) निम्न-अन्य
(c) उच्च-निम्न (d) निम्न-उच्च

7. अभियुक्त—अभ्युक्ति
(a) वादी–प्रतिवादी (b) टिप्पणी–अपराधी
(c) अपराधी–टिप्पणी (d) अभ्यर्थी–नियोक्ता

8. अभिराम—अविराम
(a) सामर्थ्य–उन्नति (b) प्रातःकाल–सायंकाल
(c) लगातार–सुन्दर (d) सुन्दर–लगातार

9. अमित—अमीत
(a) बहुत–शत्रु (b) शत्रु–मित्र
(c) पर्याप्त–अधिक (d) अधिक–न्यून

10. अविरोध—अवरोध
(a) तुरन्त-सहारा (b) मेल-रुकावट
(c) असमर्थ-आरम्भ (d) मेल-तुरन्त

11. आभास—अभ्यास
(a) दृश्य–परिश्रम (b) अनुभूति–कसरत
(c) भ्रम–आदत (d) छाया–प्रतिछाया

12. आसन—आसन्न
(a) योग–ध्यान (b) निकट–दूर
(c) चटाई–बिछाया हुआ (d) बिछौना–निकट आया हुआ

13. आयुक्त—अयुक्त
(a) कमिश्नर–जो उचित न हो (b) अधिकारी–जो कहा न जाए
(c) अनुचित–उच्चाधिकारी (d) संलग्न–अनुचित

14. आद्य—अद्य
(a) वर्तमान–भूत (b) पहला–आज
(c) मर्यादा–अनुचित (d) प्रकाश–वर्तमान

15. आचार—आचार्य
(a) प्रकृति–पुरुष (b) शिक्षक–स्वभाव
(c) रीति-व्यवहार–विद्वान् (d) अनुष्ठान–कथावाचक

16. ईशा—ईषा
(a) महान्–तपस्वी (b) परोपकारी–प्रभुत्व
(c) त्याग–ऐश्वर्य (d) ऐश्वर्य–हल की लम्बी लकड़ी

17. उपल—उत्पल
(a) ओला–कमल (b) ऊपरी–पानी
(c) जवाब–वर्षा (d) कमल–शैवाल

18. ऋत—ऋतु
(a) मौसम–वर्षा (b) सत्य–मौसम
(c) अनित्य–सर्दी (d) ईश्वर–गर्मी

19. उपमान—उपकार
(a) उचित-भलाई (b) सत्य-साधन
(c) तुलना-भलाई (d) वाणी-पतित

20. कर्ण—करण
(a) ऊपर–कर्ता (b) ऊपरी–इन्द्रिय
(c) कोण की भुजा–कारक (d) कान–साधन

21. कंकाल—कंगाल
(a) अस्थिपंजर–दरिद्र (b) कर्कश–भिखारी
(c) अकिंचन–बेईमान (d) दरिद्रता–तुच्छता

22. कक्षा—कच्छा
(a) जाँघिया–छात्र समूह (b) छात्र समूह–जाँघिया
(c) घेरा–परिधान (d) चक्र–व्यायाम

23. कुल—कूल
(a) समस्त–शान्ति (b) योग–ठण्डा
(c) वंश–किनारा (d) ठण्डाई–योग

24. कल्मष—कुल्माष
(a) मन का मैल–सात्विक (b) पाप–पुण्य
(c) कुल्थी, उर्द–कालिख (d) कालिख–कुल्थी, उर्द

25. कृतज्ञ—कृतघ्न
(a) उपकार मानने वाला–उपकार न मानने वाला
(b) उपकारी–अपकारी
(c) अपकारी–उपकारी
(d) उपरोक्त में से कोई नहीं

26. कृपण—कृपाण
(a) तलवार–कंजूस (b) कंजूस–तलवार
(c) अपव्ययी–मितव्ययी (d) मितव्ययी–अपव्ययी

27. कटिबद्ध—कटिबन्ध
(a) करधनी–तैयार (b) तटबंध–कटुत्व
(c) तैयार–कमरबंद (d) कटुत्व–तटबंध

28. केश—केस
(a) मामला–घोड़े की गर्दन के बाल (b) केसर–कस्तूरी
(c) हल्दी–दूब (d) बाल–मुकदमा

29. खाद—खाद्य
(a) उर्वरक–खाने योग्य (b) सड़न–पथ्य
(c) पाथेय–अन्न (d) शीतलपेय–भोजन

30. गणना—गड़ना
(a) संख्या–दबाना (b) गिनती–चुभना
(c) जोड़ना–घटाना (d) योग–भोग

31. गृह—ग्रह
(a) निवास–कक्षा (b) नक्षत्र–मगरमच्छ
(c) घर–नक्षत्र (d) घड़ियाल–तारागण

32. चित्त—चित
(a) दुविधा–थका हुआ (b) पराजित–अन्तःकरण
(c) चंचल–पराजित (d) मन–पीठ के बल पड़ा हुआ

33. अण—अनु
(a) कण–पश्चात् (b) पश्चात्–कण
(c) मिट्टी–पत्थर (d) अनाज-पश्चात्

34. छत्र—क्षत्र
(a) मुकुट–छाता (b) छाता–क्षत्रिय
(c) राजा–सेनापति (d) विद्यार्थी–सैनिक

35. जर-जरा
(a) मूल–रोग (b) बुखार–जला हुआ
(c) दौलत–थोड़ा, अल्प (d) ज्वार-भाटा

36. जुड़ा-जूड़ा
(a) बन्धन–संलग्न (b) व्यसन–द्यूत क्रिया
(c) यौगिक–मिश्रण (d) संलग्न–केश बन्धन

37. तरंग—तुरंग
(a) लहर–घोड़ा (b) आवेश–त्वरित क्रिया
(c) आनन्द–हाथी (d) वैभव–तीव्रगामी

38. तृण—त्राण
(a) साधारण–शोषण (b) तिनका–मुक्ति, छुटकारा
(c) विनम्र–कुटिल (d) कुश की नोंक–आसन

39. तनु—तनू
(a) हल्का–तीक्ष्ण (b) शरीर–प्रिय
(c) पतला–शरीर, देह (d) पुत्र–पतला

40. द्वार—द्वारा
(a) प्रवेश–निकास (b) घर–गृहस्थ
(c) माध्यम–पत्नी (d) दरवाजा–माध्यम

41. धरा—धारा
(a) पृथ्वी–प्रवाह (b) आधार–आवेश
(c) रखा हुआ–तीव्र वेग (d) स्थिर–अस्थिर

42. धन—धना
(a) योग–पत्नी (b) सम्पत्ति–प्रीतम
(c) लाभ–धानी रंग (d) रुपया–भू-सम्पत्ति

43. नारी—नाड़ी
(a) मादा–कमरबन्द (करधनी) (b) महिला–जल निकास
(c) स्त्री–नब्ज (d) एक प्रकार का साग–बथुआ

44. नित—नत
(a) मोक्ष-बनाना (b) वाण-मल्लाह
(c) पानी-ताड़ का रस (d) प्रतिदिन-झुका हुआ

45. निर्वाद—निर्विवाद
(a) भ्रम, निन्दा–बिना विवाद के (b) गन्दगी–समझौता
(c) निष्कासन–भाईचारा (d) सद्‌गुण–मित्रता

46. परुष—पुरुष
(a) कायर–निडर (b) कठोर–आदमी
(c) निर्भय–बलवान (d) लचीला–बहादुर

47. प्रहार—परिहार
(a) आक्रमण–अपनाना (b) हमला–रक्षा करना
(c) मारना–त्यागना (d) उत्पीड़न–प्रतिज्ञा

48. पर्जन्य—परिजन
(a) आत्मीयजन–सामाजिक लोग (b) अन्न उगाना–आत्मीयजन
(c) सिंचाई–उपकार करना (d) मेघ–परिवार के लोग

49. यथागत—तथागत
(a) मूर्ख–भगवान् बुद्ध (b) आज्ञाकारी–भगवान् महावीर
(c) किंकर्तव्यविमूढ़–पार्श्वनाथ (d) ज्ञानी–नागार्जुन

50. सकल—शकल
(a) सफेद-फीस (b) सम्पूर्ण-टुकड़ा
(c) मचान-बैलगाड़ी (d) विष-गिनती

51. 'अम्बर-अम्बार' युग्म का सही अर्थ है
(a) अमर–अमराई (b) वस्त्र–अत्यधिक
(c) आकाश–एक फल विशेष (d) कपड़ा–सिलाई

52. 'मन्दिर-मन्दिरा' युग्म का उपयुक्त अर्थ वाला युग्म कौन है?
(a) पूजागृह–पुजारी (b) मकान–सवारी
(c) गुफा–बड़ी गुफा (d) देवालय–अश्वशाला

53. 'धात्र-धात्री' शब्द युग्म का सही अर्थ वाला विकल्प पहचानिए
(a) बर्तन–माता (b) आकाश–धरती
(c) तम्बाकू–रस कलश (d) झण्डा–धारण करने वाला

54. 'नौटंकी-नौटंका' शब्द युग्म का सही अर्थ क्या है?
(a) ड्रामा–अभिनेता (b) लोकनाट्य–अत्यन्त हल्का
(c) संगीत–धूर्तता (d) दिखावा–पहनावा

55. 'परिषद्य-परिषिक्त' शब्द युग्म का सही अर्थ है
(a) स्वीकृत–त्याज्य (b) सदन–संचालन
(c) परिषद् का सदस्य–सींचा गया (d) परिषद्–पदाधिकारी

56. 'प्रतिकूल-प्रतिकूला' शब्द युग्म का सही अर्थ वाला विकल्प चुनिए
(a) विरोधी–विरोधाभास (b) प्रतिद्वन्द्वी–सहयोगी
(c) प्रतियोगी–वियोगी (d) विपरीत–सपत्नीक

57. 'बड़ाई-बढ़ाई' शब्द युग्म का सही अर्थ है
(a) प्रशंसा–बढ़ोतरी (b) महानता–कारपेण्टर
(c) सम्मान–तक्षक (d) खुशामद–आमद

58. 'इति-ईति' शब्द युग्म का सही अर्थ है *(RPSC पुलिस सब-इंस्पेक्टर परीक्षा 2011)*
(a) समाप्त–शुभ (b) प्रारम्भ–विघ्न
(c) विघ्न–समाप्त (d) समाप्त–विघ्न

59. 'कुच-कूच' शब्द युग्म का सही अर्थ है *(RPSC पुलिस सब-इंस्पेक्टर परीक्षा 2011)*
(a) उरोज–सेना (b) सेना–स्तन
(c) उरोज–प्रस्थान (d) स्तन–कली

60. 'सम-शम' शब्द युग्म का सही अर्थ वाला युग्म है *(RPSC पुलिस सब-इंस्पेक्टर परीक्षा 2011)*
(a) शान्ति–चावल (b) शान्ति–मोक्ष
(c) चावल–शान्ति (d) समान–मोक्ष

61. 'अभय-उभय' शब्द युग्म का सही अर्थ है *(UPSSSC VDO 2018)*
(a) निर्भय-दोनों (b) हवा-अग्नि
(c) पढ़ना-पढ़ाना (d) दोनों-निर्भय

62. अलि-अली शब्द युग्म का सही अर्थ है *(UPSSSC VDO 2018)*
(a) कन्धा-हिस्सा (b) भौंरा-सखी (c) दमन-दामन (d) दसन-दर्शन

63. कपिश और कपीश का अर्थ है *(मध्य प्रदेश सूबेदार एवं उप निरीक्षक संवर्ग परीक्षा 2017)*
(a) केकड़ा और कूड़ा (b) बन्दर और बेल
(c) गर्मी और बन्दर (d) मटमैला और बन्दर

64. नीचे दिए गए शब्दों के अर्थ बताइए। *(मध्य प्रदेश सूबेदार एवं उप निरीक्षक संवर्ग परीक्षा 2017)*
'अमूल–अमूल्य'
(a) जकड़रहित–कीमत (b) जालरहित–कीमती
(c) जड़रहित–कीमती (d) जलरहित–कीमती

65. नीचे दिए गए शब्दों के अर्थ बताइए।
'असाध्य और असाधु'
(a) आसन और दुष्ट (b) कठिन और डूष्ट
(c) कठिन और दूष्ट (d) कठिन और दुष्ट
(मध्य प्रदेश सूबेदार एवं उप निरीक्षक संवर्ग परीक्षा 2017)

66. अवली और आविल का अर्थ है। *(मध्य प्रदेश सूबेदार एवं उप निरीक्षक संवर्ग परीक्षा 2017)*
(a) भंवरा और जल
(b) नदी और गन्दा
(c) पंक्ति और मित्र
(d) पंक्ति और गन्दा

67. 'अभिज्ञ—अनभिज्ञ' शब्दों का सही अर्थ बताइए। *(UPSSSC Pre 2016)*
(a) अज्ञान - ज्ञानी
(b) ज्ञानी - पढ़ना
(c) जानकार - नजानकार
(b) अगम्य - गम्य

68. शब्द-युग्म 'यदा-कदा' के सही अर्थ युग्म का चयन कीजिए *(UPSSSC कनिष्ठ सहायक 2016)*
(a) जब-तब (b) कब-तब
(c) जब-कब (d) कब-जब

69. 'नियत-नीयत' शब्द-युग्म के सही अर्थ-भेद का चयन कीजिए। *(UPSSSC कनिष्ठ सहायक 2016)*
(a) इरादा-भाग्य (b) इरादा-निश्चित
(c) निश्चित-इरादा (d) भाग्य-निश्चित

70. अधोलिखित शब्द-युग्म का सही अर्थ विकल्प चुनिए।
'अनुलम्ब–अनुलग्न' *(HTET (P-II) 2014)*
(a) ऊर्ध्वाकार-समय के अनुसार
(b) ऊपरी-जुड़ा हुआ
(c) अनिश्चित-किसी के साथ जुड़ा हुआ
(d) लम्बाई के अनुसार-शुभकाल

उत्तरमाला

1. (a)	2. (b)	3. (c)	4. (d)	5. (a)	6. (b)	7. (c)	8. (d)	9. (a)	10. (b)
11. (c)	12. (d)	13. (a)	14. (b)	15. (c)	16. (d)	17. (a)	18. (b)	19. (c)	20. (d)
21. (a)	22. (b)	23. (c)	24. (d)	25. (a)	26. (b)	27. (c)	28. (d)	29. (a)	30. (b)
31. (c)	32. (d)	33. (a)	34. (b)	35. (c)	36. (d)	37. (a)	38. (b)	39. (c)	40. (d)
41. (a)	42. (b)	43. (c)	44. (d)	45. (a)	46. (b)	47. (c)	48. (d)	49. (a)	50. (b)
51. (b)	52. (d)	53. (a)	54. (b)	55. (c)	56. (d)	57. (a)	58. (d)	59. (c)	60. (d)
61. (a)	62. (b)	63. (d)	64. (c)	65. (d)	66. (d)	67. (c)	68. (a)	69. (c)	70. (c)

अध्याय 12

वाक्यांश के लिए एक शब्द

कभी-कभी कोई वक्ता किसी बात को कहने में बहुत-से शब्दों का प्रयोग करता है और कभी-कभी उसी बात को कम-से-कम शब्दों में कह देता है। वक्ता द्वारा कम-से-कम शब्दों में अधिक-से-अधिक भावों को व्यक्त कर देना उत्तम माना जाता है, क्योंकि ऐसी भाषा प्रभावशाली होती है। भाषा को प्रभावशाली बनाने तथा विचारों की अभिव्यक्ति के लिए वाक्यांशों के लिए एक शब्द का प्रयोग बहुपयोगी होता है।

अपठित गद्यांश से सम्बन्धित सारांश, भावार्थ, आशय, मुख्यार्थ और संक्षेपण व वाक्यांश के लिए एक शब्द का ज्ञान बहुउपयोगी होता है, क्योंकि इन्हें हल करने के लिए संक्षिप्तता पर विशेष बल दिया जाता है। वाक्यांशों के लिए एक शब्द सूत्रात्मक या समास शैली पर आधारित होते हैं। छात्रों के लिए विभिन्न प्रतियोगी परीक्षाओं की दृष्टि से महत्त्वपूर्ण वाक्यांशों के लिए तालिका दी गई है

वाक्यांश	एक शब्द
(अ)	
हाथी हाँकने का लोहे का डण्डेदार हुक	अंकुश
जिसको गोद में स्थान मिला हो	अंकस्थ
गोद में सोने वाली स्त्री	अंकशायिनी
जम्हाई के साथ अंग को तानना	अँगड़ाई
शरीर के किसी अवयव का टूटना	अंगभंग
अण्डे से उत्पन्न होने वाला	अण्डज
गुरु के समीप रहने वाला विद्यार्थी	अंतेवासी
महल का भीतरी भाग	अंतःपुर
जिसका जन्म अन्त्य (छोटी) जाति में हुआ हो	अंत्यज
जो कहा न जा सके	अकथनीय
न करने योग्य	अकरणीय
जिस क्रिया का कर्म न हो	अकर्मक
जो बात न कही गई हो	अकथित
जो दण्ड पाने योग्य न हो	अदण्डनीय
जो न जाना गया हो	अज्ञात
वह रोग जिसका ठीक होना कठिन हो	असाध्य
अन्य माता से पैदा हुआ भाई	अन्योदर/सौतेला
जो अभियोग लगाए/जो शिकायत करे	अभियोगी
जो दूसरे के बलबूते पर हो	अपरबल
जो बिना ढका हो	अनावृत्त
जो दूसरों से सम्बन्धित न हो	अनन्य
जो व्यवहार में न लाया गया हो	अव्यवहृत
पूरे जीवन में	आजीवन

वाक्यांश	एक शब्द
जो पान करने योग्य नहीं है	अपेय
आवश्यकता से अधिक धन का ग्रहण न करना	अपरिग्रह
आवश्यकता या उचित मात्रा से अधिक खर्च करने वाला	अपव्ययी
थोड़ा खर्च करने वाला	अल्पव्ययी
जिसका अस्तित्व अल्पकाल तक रहे	अल्पकालिक
जिसके पास कुछ न हो	अकिंचन
मल्लयुद्ध का स्थान	अखाड़ा
जो खाने योग्य न हो	अखाद्य
पूर्व और दक्षिण का कोना	अग्निकोण
आगे का विचार करने वाला	अग्रसोची
बड़ा भाई (जिसका जन्म पहले हुआ हो)	अग्रज
जिस पर अभियोग लगाया गया हो	अभियुक्त
जिस व्यक्ति का कोई अंग टूटा या खराब हो	अपंग
जिसका जन्म बाद में हुआ हो	अनुज
जिसका खण्डन न किया जा सके	अखण्डनीय
जो गिना न जा सके	अगणित
जिसकी गिनती प्रमुख व्यक्तियों में हो	अग्रणी
जिसका ज्ञान इन्द्रियों द्वारा न हो	अगोचर/इन्द्रियातीत
जिसकी चिन्ता न हो	अचिन्त्य
जो छुआ न गया हो	अछूता
जो जीता न जा सके	अजेय
जिसका कभी जन्म न हो	अजन्मा
जिसका कोई शत्रु उत्पन्न न हुआ हो	अजातशत्रु
जिसकी समता न हो सके या जिसकी तुलना न हो सके	अतुल
सीमा का अनुचित उल्लंघन	अतिक्रमण
जिसके आने की तिथि ज्ञात न हो	अतिथि

वाक्यांश	एक शब्द
आवश्यकता से अधिक वर्षा	अतिवृष्टि
किसी बात को बढ़ा-चढ़ाकर कहना	अतिशयोक्ति
जो बीत चुका हो	अतीत
जिसका अनुभव इन्द्रियों द्वारा न किया जा सके	अतीन्द्रिय
जो कभी दिखाई न देता हो	अदृश्य
जिसके जोड़ या बराबरी का कोई न हो	अद्वितीय
जो देखा न गया हो (भाग्य)	अदृष्ट
अधिकार में आया हुआ	अधिकृत
विशेष आदेश जो किसी निश्चित अवधि तक लागू हो	अध्यादेश
पढ़ाने-लिखने का कार्य	अध्यापन
वह स्त्री जिसका पति दूसरा विवाह कर ले	अध्यूढ़ा
जिसका कहीं अन्त न होता हो	अनन्त
जो जाना न गया हो	अनवगत
जिसका कोई घर न हो	अनिकेत
जिस पर आक्रमण न किया गया हो	अनाक्रान्त
जो नियमानुकूल न हो	अनियमित
जिस पर कोई रोक-टोक न हो	अनियन्त्रित
प्रत्येक पदार्थ को क्षणिक और नश्वर मानने वाला सिद्धान्त	अनित्यवादी
जिसका जवाब न दिया गया हो	अनिस्तीर्ण
जो वचन या वाणी से न कहा जा सके	अनिर्वचनीय
जो रुका हुआ न हो	अनिरुद्ध
जिसका अन्य उपाय न हो	अनन्योपाय
जिस बच्चे के माँ-बाप न हों	अनाथ
जिसे बुलाया न गया हो	अनाहूत
बिना पलक गिराए	अनिमेष
जिसका निवारण न किया जा सके	अनिवार्य
जिसकी समानता न प्रकट की जा सके	अनुपम
जिसका अनुभव किया गया हो	अनुभूत
परम्परा से चली आई हुई बात या कथा	अनुश्रुति
जिस पर अनुग्रह किया गया हो	अनुगृहीत
जो अनुकरण योग्य हो	अनुकरणीय
जो नया न हो	अनूतन
किसी पुरुष से प्रेम करने वाली अविवाहित स्त्री	अनूढ़ा
जो किसी वस्तु या व्यक्ति के प्रति आसक्त हो	अनुरक्त
जिसका मन दूसरी ओर हो	अन्यमनस्क
जिसे पढ़ा न जा सके	अपठनीय
जिसे पढ़ा न गया हो	अपठित
जिसके फलस्वरूप अपमान होता हो	अपमानजनक
दोपहर के बाद का समय	अपराह्न
देवलोक या इन्द्रपुरी की नर्तकी	अप्सरा
जो ढीठ न हो	अप्रगल्भ
बिगड़ा हुआ शब्द	अपभ्रंश
जिसका विवाह न हुआ हो	अपरिणीत
जिसकी नाप-तौल न हो सके	अपरिमेय
साधारण या व्यापक नियम के विरुद्ध वस्तुएँ	अपवाद
जिसके बिना काम न चल सके	अपरिहार्य
जिसकी आशा न की जा सकती हो	अप्रत्याशित
जिसे पराजित न किया जा सके	अपराजेय
जो पहले न रहा हो	अपूर्व

वाक्यांश	एक शब्द
जिसके टुकड़े न हो सकें	अखण्डनीय
जो प्रमाण से सिद्ध न हो सके	अप्रमेय
जो कपड़ा न पहना गया हो	अप्रहत
जो प्रमाण देने योग्य न हो	अप्रमाण्य
जो समझा न जा सके	अबोध
जिस पर मत दे दिया गया हो	अभिमत
जो पहले न घटित हुआ हो	अभूतपूर्व
जो भेदा न जा सके	अभेद्य
न मरने वाला	अमर
जिसे मारना उचित न हो	अवध्य
जो बाँटा न गया हो	अविभक्त
सम्पूर्ण लक्ष्य पर लक्षण का घटित न होना	अव्याप्ति
जिसकी संख्या सीमित न हो	असंख्य
सौ करोड़ की संख्या	अरब
जो इस लोक का न हो	अलौकिक
कम जानने वाला	अल्पज्ञ
कम बोलने वाला	अल्पभाषी/मितभाषी
अवश्य होने वाला	अवश्यम्भावी
बिना वेतन का	अवैतनिक
जो शोक करने के योग्य न हो	अशोच्य
एक-एक अक्षर तक	अक्षरशः
जो संविधान के अनुकूल न हो	असंवैधानिक
जो बराबर न हो	असम
जिसे जाना न जा सके	अज्ञेय
जो कुछ न जानता हो	अज्ञ
जो स्त्री सूर्य भी नहीं देख पाती	असूर्यपश्या
अहंकारपूर्वक अपने को सबसे बढ़कर समझना	अहंमन्यता
जिसमें प्रतिभा का अभाव हो	अप्रतिभा
जिसका जवाब न दिया गया हो	अनिस्तीर्ण

(आ)

वाक्यांश	एक शब्द
अचानक होने वाला	आकस्मिक
भगवान के सहारे अनिश्चित आय	आकाशवृत्ति
जिस पर आक्रमण हो	आक्रान्त
वह नायिका जिसका पति परदेश से लौटा हो	आगतपतिका
जो इधर-उधर से घूमता-फिरता आ जाए	आगन्तुक
जो सूँघने योग्य हो	आघ्रेय
जो अपने आचरण से पवित्र है	आचारपूत
दूसरों के सुख के लिए आत्मसुख को त्यागना	आत्मोत्सर्ग
अपने प्राण अपने आप लेने वाला	आत्मघाती/आत्महन्ता
वह स्त्री जिसका पति आने वाला हो	आगमिस्यत्पतिका
स्वयं पर अभिमान करना	आत्माभिमान
अत्याचार करने वाला	आततायी
अतिथि की सेवा करने वाला	आतिथेयी
अतिथि की सेवा	आतिथ्य
जो जन्म लेते ही गिर या मर गया हो	आदण्डपात
आदर्शमूलक भावना को प्रश्रय देने वाला मत	आदर्शवाद
किसी मत का सर्वप्रथम प्रवर्तन करने वाला	आदि प्रवर्तक
आदि से अन्त तक	आद्यान्त

वाक्यांश	एक शब्द
देवता अथवा भूतादि के द्वारा होने वाला दुःख	आधिदैविक
जीवों या शरीरधारियों के द्वारा प्राप्त दुःख	आधिभौतिक
नवीन बनाने की क्रिया	आधुनिकीकरण
आत्मा से सम्बन्ध रखने वाला	आध्यात्मिक
जिसका अहंकार चूर हो गया हो	आन्तगर्व
परम्परा से सुना हुआ	आनुश्राविक
जो किसी वंश में बराबर होता आया हो	आनुवंशिक
जिसकी समस्त कामनाएँ पूरी हो गई हों	आप्तकाम
सिर से पैर तक	आपादमस्तक
ऐसा व्रत जो मरने पर ही समाप्त हो	आमरणव्रत
जड़ से चोटी तक	आमूलचूल
देश में विदेश से माल आने की क्रिया	आयात
रुपये-पैसे से सम्बन्ध रखने वाला	आर्थिक
आलोचना करने वाला	आलोचक
जन्म लेना और मरना	आवागमन
ईश्वर, धर्मग्रन्थ आदि में विश्वास करने वाला	आस्तिक
वह कवि जो तत्क्षण कविता कर सके	आशुकवि
आशा से परे	आशातीत
जो आशा करता हो	आशावादी
लिखने की वह कला जो बोलने के साथ ही (तीव्रगति से) लिखी जाती है	आशुलिपि

(इ/ई)

इतिहास को जानने वाला	इतिहासज्ञ; इतिहासवेत्ता
इन्द्र को जीतने वाला	इन्द्रजीत
इन्द्रियों को वश में रखने वाला	इन्द्रियजीत
जिसकी आकांक्षा हो	इष्ट
केवल इसी लोक से सम्बन्धित	इहलौकिक
जो इन्द्रियों की पहुँच से बाहर हो	इन्द्रियातीत
जिस वस्तु को चाहा गया हो	ईप्सित
जो दूसरों से ईर्ष्या करता हो	ईर्ष्यालु
पूरब और उत्तर के बीच की दिशा	ईशान

(ए/ऐ)

केवल एक आँख वाला	एकाक्ष
जिस पर किसी एक का ही अधिकार हो	एकाधिकार
व्यक्ति की इच्छा पर निर्भर	ऐच्छिक
इन्द्रियों को भ्रमित करने वाला	ऐन्द्रजालिक
इन्द्रियों से सम्बन्धित	ऐन्द्रिय
इस लोक से सम्बन्धित	ऐहिक

(उ/ऊ, औ)

सूरज के निकलने से पूर्व का काल	उषाकाल
जिसने ऋण चुका दिया हो	उऋण
सबसे ऊँचा	उच्चतम
ऊपर से नीचे लाना	उतारना/अवरोहण
जो पास हो गया हो	उत्तीर्ण
छाती के बल चलने वाला	उदक (सर्प)
जिसकी वृत्ति उदार हो	उदारचेता
ऊपर कहा गया	उपरोक्त/उपर्युक्त
पर्वत के पास की भूमि	उपत्यका

वाक्यांश	एक शब्द
जिसका उपकार किया गया हो	उपकृत
सूर्य जिस स्थान से निकलता है	उदयाचल
जिसके दाँत न जन्मे हों	उदन्त
जिसके विषय में लिखना आवश्यक हो	उल्लेखनीय
जिस भूमि में बहुत अन्न पैदा होता हो	उर्वरा
ऊपर की ओर जाने वाला	ऊर्ध्वगामी
ऊँचे स्वर से उच्चारण किया गया	ऊर्ध्वोच्चारित
जिस भूमि में कुछ न पैदा होता हो	ऊसर
विवाहित स्त्री से उत्पन्न पुत्र	औरस
जो केवल कहने सुनने के लिए हो	औपचारिक

(क/ख)

वह कथा जो जन साधारण में प्रचलित हो	किंवदन्ती
काँटों या बाधाओं से भरा हुआ	कंटकाकीर्ण
जो कहा गया है	कथित
जो फूल अभी खिला न हो	कली
कर्म करने वाला	कर्मठ
जिसे यह न सूझ पड़े कि अब क्या करना चाहिए और क्या नहीं करना चाहिए	किंकर्त्तव्यविमूढ़
जिसकी उत्पत्ति स्वभावगत न हो	कृत्रिम
जिस लड़की का विवाह न हुआ हो	कुमारी
तीक्ष्ण बुद्धि वाला व्यक्ति	कुशाग्रबुद्धि
पद, वय आदि के विचारों से अन्य की अपेक्षा छोटा	कनिष्ठ
जो अच्छे कुल में उत्पन्न हुआ हो	कुलीन
जिसे बाहरी जगत् का ज्ञान न हो	कूपमण्डूक
अहसान मानने वाला	कृतज्ञ
अहसान न मानने वाला	कृतघ्न
किसी की कृपा से परम सन्तुष्ट	कृतार्थ
जो अपने काम से जी चुराता है	कामचोर
केन्द्र से दूर जाने की प्रवृत्ति रखने वाला	केन्द्रापसारी
केन्द्र की ओर उन्मुख होने वाला	केन्द्राभिमुख
जो पाप-पुण्य से रहित हो	केवलात्मा
सुन्दर बड़े बालों वाली स्त्री	केशिनी
किसी वस्तु या बात के विषय में जानने की प्रबल इच्छा	कौतूहल/जिज्ञासा
कष्ट सहन करने वाला	कष्ट-सहिष्णु
अँधेरी रातों वाला पखवारा	कृष्णपक्ष
सूर्य या चन्द्र के समस्त मण्डल से ढक जाने वाला ग्रहण	खग्रास
खाने योग्य पदार्थ	खाद्य
आकाश में चलने वाला	खेचर/नभचर

(ग/घ)

बहुत गप्पे हाँकने वाला	गपोड़िया
जो शीघ्र न पचे	गरिष्ठ
गणित का ज्ञाता	गणितज्ञ
वह नाटक जिसमें गीत अधिक हों	गीतरूपक
गाँव में रहने वाला	ग्रामीण
जो छिपाने के योग्य हो	गोपनीय
गायों के रहने का स्थान	गौशाला/गोष्ठ

वाक्यांश	एक शब्द
परम्पराओं (रूढ़ियों) के अनुसार चलने वाला	गतानुगतिका/रूढ़िवादी
रात और संध्या के बीच की बेला	गोधूलि
हाथी का बच्चा	गजशावक/कलभ
घृणा करने योग्य	घृणास्पद
जिसकी घोषणा की गई हो	घोषित

(च/छ)

वाक्यांश	एक शब्द
चन्द्र है चूड़ा पर जिसके	चन्द्रचूड़
जो चक्र धारण करता है	चक्रधर
सम्पूर्ण पृथ्वी के राजा	चक्रवर्ती
चार मासों का समूह	चौमासा
चार पैरों वाला	चतुष्पद
जिसके हाथ में चक्र सुदर्शन है	चक्रपाणि
वह काव्य जिसमें पद्य एवं गद्य मिश्रित हो	चम्पू
ऐसा वस्त्र जो पुराना एवं फटा हुआ हो	चिरकुट
जो चर्चा का विषय हो	चर्चित
स्वार्थवश किसी का गुणगान करने वाला/चापलूसी करने वाला	चाटुकार
जिसकी चार भुजाएँ हों	चतुर्भुज
किसी वस्तु का चौथा भाग	चतुर्थांश
किसी को सावधान करने के लिए कही जाने वाली बात	चेतावनी
महीने के किसी पक्ष की चौथी तिथि	चतुर्थी/चौथ
अधिक दिनों तक जीने वाला	चिरंजीवी
बहुत दिनों तक रहने वाला	चिरस्थायी
जो हर समय दूसरों की बुराइयाँ खोजते हैं	छिद्रान्वेषी
सेना के ठहरने का स्थान	छावनी
अचानक किया जाने वाला हमला	छापा
किसी को दोषारोपण करके छेड़ना	छींटाकशी

(ज/झ)

वाक्यांश	एक शब्द
जिसकी इन्द्रियाँ वश में हों	जितेन्द्रिय
पेट की अग्नि	जठराग्नि
जल में रहने वाले जन्तु	जलचर
जल में जन्म लेने वाला/जल में पैदा होने वाला	जलज
जेठ का पुत्र	जेठौत
जानने की इच्छा वाला	जिज्ञासु
जीतने की इच्छा	जिगीषु
जीने की इच्छा	जिजीविषा
जन्म से सौ वर्ष का समय	जन्मशती
जो यान जल में चलता हो	जलयान
जोतने का काम	जुताई
जान से मारने की इच्छा	जिघांसा
बिखरे हुए बड़े-बड़े बालों वाला	झबरा
वह कपड़ा जिससे कोई चीज झाड़ी जाए	झाड़न
झीं-झीं की तेज आवाज करने वाल कीड़ा	झींगुर
झूठ बोलने वाला	झूठा

(ट/ठ)

वाक्यांश	एक शब्द
सिक्कों की ढलाई का स्थान	टकसाल
वस्तुएँ प्रदान करने की रस्म	टीका
अधिक देर तक चलने वाला	टिकाऊ
छोटे कद वाला	ठिगना
बर्तन बनाने वाला	ठठेरा

(ड/ढ)

वाक्यांश	एक शब्द
डाका डालने वाला	डकैत
डण्डी मारने वाला	डण्डीमार
अधिक डरने वाला	डरपोक
स्थल तथा जल के बड़े खण्डों को मिलाने वाला सँकरा या पतला स्थान	जलडमरूमध्य
ढिंढोरा पीटने वाला	ढिंढोरिया
ढलान वाला स्थान	ढाल
ढोंग करने वाला	ढोंगी
ढोलक बजाने वाला	ढोलकिया
ढालने का काम	ढलाई

(त/थ)

वाक्यांश	एक शब्द
तैरने, तरने या पार होने की इच्छा	तितीर्षा
अपने काम में निष्ठा से लगा हुआ	तत्पर
गुटों से अलग रहने वाला	तटस्थ
तत्त्व जानने वाला	तत्त्वविद्
त्याग करने योग्य	त्याज्य
थाने का प्रधान अधिकारी	थानेदार
चौपायों को बाँधने का स्थान	थान
पुलिस की बड़ी चौकी	थाना
जमी हुई गाढ़ी चीज की मोटी तह	थक्का

(द/ध)

वाक्यांश	एक शब्द
स्वामी के स्नेह से रहित स्त्री	दुर्भगा
जिसको पकड़ने में दिक्कतों का सामना करना पड़े	दुरभिग्रह
अनुचित बातों के लिए आग्रह	दुराग्रह
किसी काम को चित्त लगाकर करने वाला	दत्तचित्त
जो दो बार जन्म लेता हो	द्विज
जिसे कठिनता से धारण किया जा सके	दुर्वह
जिसका दमन करना कठिन हो	दुर्दम्य
वह व्यक्ति जो अपने ऋणों को चुकता करने में असमर्थ हो गया हो	दिवालिया
स्त्री और पुरुष का जोड़ा	दम्पति
गोद लिया हुआ पुत्र	दत्तक
जिसे दबाया या सताया गया हो	दलित
जंगल की आग	दावानल
संकीर्ण (संकुचित) विचारों वाला व्यक्ति	दकियानूसी
जहाँ जाना कठिन हो	दुर्गम

वाक्यांश	एक शब्द
जिसे करना कठिन हो	दुष्कर
बहुत दूर की बात सोचने वाला/देखने वाला	दूरदर्शी
वह रोग जिसमें सूर्य की तेज किरणों के कारण दिन में बहुत कम दिखाई देता हो।	दिनौंधी
यात्रियों के ठहरने के लिए धर्मार्थ बना हुआ घर	धर्मशाला
धारण करने वाला	धारक
धर्म में आस्था रखने वाला	धर्मात्मा
मछली पकड़ने/बेचने वाली जाति	धीवर
बहुत प्रचण्ड, चंचल और अपने गुणों का अपने आप वर्णन करने वाला नायक	धीरोद्धत
(न)	
जो ममत्व से रहित हो	निर्मम
जिस पर कोई कलंक न लगा हो	निष्कलंक
चन्द्रमास के किसी पक्ष की नौवीं तिथि	नवमी
हाल की ब्याही स्त्री	नवोढ़ा
निशा (रात्रि) में विचरण करने वाला	निशाचर
जिसमें तेज न हो	निस्तेज
हाल ही में उत्पन्न हुआ बालक	नवजात
जिसे किसी बात की स्पृहा (आकांक्षा) न हो	निःस्पृह
जहाँ किसी बात का डर या खतरा न हो	निरापद
जो नष्ट होने वाला हो	नश्वर
जो ईश्वर पर विश्वास न करता हो	नास्तिक
तथ्यों के आधार पर दोषारोपण	निन्दा
जिसके मन में भय न हो	निर्भीक
जिसका कोई आकार न हो	निराकार
नख से शिखा तक के सब अंग	नखशिख
मांस न खाने वाला	निरामिष
जो अक्षर भी न जानता हो	निरक्षर
जिसके हृदय में दया न हो	निर्दय
बिना पलक झपकाए	निर्निमेष
जो निन्दा के योग्य हो	निन्दनीय
जिसका कोई आधार न हो	निराधार
जो कामना रहित हो	निष्काम
जो उत्तर न दे सके	निरुत्तर
रंगमंच के पीछे का स्थान	नेपथ्य
जो देश से निकाला गया हो	निर्वासित
जिसे कोई भ्रम या सन्देह न हो	निर्भ्रान्त
जो न्याय जानता हो	नैयायिक
(प)	
पशु के ढंग का	पाश्विक
पूर्ण रूप से फूला, पका या पचा हुआ	परिपक्व
वह जो प्रार्थना करता है	प्रार्थी
जिसकी प्रताड़ना की गई हो	प्रताड़ित
प्रश्न के रूप में पूछे जाने योग्य	प्रष्टव्य
इतिहास के पूर्व काल से सम्बन्धित	प्रागैतिहासिक
अगुआ बनकर मार्ग दिखाने वाला	पथ-प्रदर्शक
परलोक से सम्बन्धित	पारलौकिक
ऐसी बुद्धि वाला जो किसी बात का हल तुरन्त निकाल सके/जिसे तुरन्त उत्तर सूझ जाए	प्रत्युत्पन्नमति
ऐसा लेख अथवा कहानियाँ जो हास्यरस से पूर्ण हों	प्रहसन
एक बार कही बात को दुहराते रहना	पिष्टपेषण
वह भावना जिसमें प्रतिकार की गन्ध हो	प्रतिचिकीर्षा
उत्तर पाने पर दिया हुआ उत्तर	प्रत्युत्तर
जो दूसरों के अधीन हो	पराधीन
जो आँखों के सामने हो	प्रत्यक्ष
जो आँख के सामने न हो	परोक्ष
सामान्य विचार-विमर्श	परामर्श
जिसके पार देखा जा सके	पारदर्शी
जिसका कारण पृथ्वी है या जो पृथ्वी से सम्बद्ध है	पार्थिव
जो प्रतिकूल पक्ष का है	प्रतिपक्षी
दोष या पाप मिटाने के लिए शास्त्रानुकूल कर्म या कृत्य	प्रायश्चित
पाने की इच्छा वाला	पिपासु
कुत्ते का बच्चा	पिल्ला
जो बात बार-बार कही जाए	पुनरुक्ति
उपकार के बदले किया गया उपकार	प्रत्युपकार
दोपहर से पहले का समय	पूर्वाह्न
किसी आदमी के निधन की वार्षिक तिथि	पुण्यतिथि
प्रकाश में लाने योग्य	प्रकाश्य
जो कहीं जाकर लौट आया हो	प्रत्यागत
वह कथन जिसका उत्तर देना पड़े	प्रहेलिका (पहेली)
किए हुए परिश्रम के बदले मिलने वाला धन	पारिश्रमिक
(फ, ब)	
फल की आकांक्षा वाला	फलासक्त
केवल फल खाकर जीवन व्यतीत करने वाला	फलाहारी
आय से अधिक व्यर्थ खर्च करने वाला	फिजूलखर्ची
घूम-फिरकर सौदा बेचने वाला	फेरीवाला
जिस कागज पर मानचित्र, विवरण या कोष्ठक अंकित हो	फलक
रात्रि के चार बजे का समय	ब्रह्ममुहूर्त
बहुत-से लोगों की मिलकर एक राय	बहुमत
अत्यधिक मूल्यवान वस्तु	बहुमूल्य
बहुत-सी भाषाओं को जानने वाला	बहुभाषाविद्
जो बालकों के लिए उपयोगी हो	बालोपयोगी
जिसकी जीविका बुद्धि के माध्यम से चलती हो	बुद्धिजीवी
(भ/म)	
किसी गूढ़ विषय की वृहत टीका	भाष्य
टूटे-फूटे पदार्थ के बचे टुकड़े	भग्नावशेष
भय उत्पन्न करने वाला	भयानक
वर्तमान से पूर्व का	भूतपूर्व

वाक्यांश	एक शब्द
भूगोल से सम्बन्ध रखने वाला	भौगोलिक
किसी बात का गूढ़ रहस्य जानने वाला	मर्मज्ञ
किसी विषय का गम्भीर मनन और विचार करने वाला	मीमांसक
मन के मलिन होने की स्थिति या भाव	मनोमालिन्य
मन के दुर्बल होने की स्थिति या भाव	मनोदौर्बल्य
वह दानी जो खुले हाथ दान करे	मुक्तहस्त
मृत्यु की इच्छा	मुमूर्षा
मधुर बोलने वाला	मृदुभाषी
मत के अनुसार चलने वाला	मतानुयायी
झूठ बोलने वाला	मिथ्यावादी/मिथ्याभाषी
जो फूल आधा खिला हो	मुकुल
मछली के समान जिसकी आँखें हों	मीनाक्षी
हिरण की आँख के समान आँखों वाली	मृगनयनी
थोड़ा और नपा-तुला भोजन करने वाला	मिताहारी
जिसके हृदय को चोट पहुँची हो	मर्माहत
वह व्यक्ति जो मार्क्स की विचारधारा को मानता हो	मार्क्सवादी

(य/र/ल)

वाक्यांश	एक शब्द
अपने युग का बहुत बड़ा व्यक्ति	युगपुरुष
लड़ाई लड़ने को उत्सुक या युद्ध की इच्छा रखने वाला	युयुत्सु
युद्ध करने की इच्छा	युयुत्सा
यश ही जिसका धन हो	यशस्वी
यन्त्र से सम्बन्धित	यान्त्रिक
जहाँ तक सम्भव हो	यथासम्भव
शक्ति के अनुसार	यथाशक्ति
जो कोई वस्तु या भिक्षा माँगता हो	याचक
जिससे रोंगटे खड़े हो जाएँ	रोमांचित
वह काव्य जिसका अभिनय हो सके	रूपक
खून से रँगा हुआ या लथ-पथ	रक्त-रंजित
वह रोग जिसमें रात को दिखाई नहीं देता	रतौंधी
राष्ट्र का प्रधान	राष्ट्रपति
पच्चीस वर्ष पूरे करने के उपलक्ष्य में होने वाला	रजत जयंती
वह व्यक्ति जो लोहे को पीटकर अपना गुजारा करता है	लोहार
वह व्यक्ति जो लकड़ियाँ काटकर अपना रोजगार करता है	लकड़हारा
लम्बे या मोटे उदर (पेट) वाला	लम्बोदर
लुभाया या ललचाया हुआ	लुब्ध
जो भूमि का लेखा-जोखा रखता हो	लेखपाल
जो लोक या संसार में न हो	लोकोत्तर
जनसाधारण के गीत	लोकगीत

(व)

वाक्यांश	एक शब्द
कन्या का विवाह कर देने का वचन देने की रस्म	वाग्दान
जिससे हिलोरें पैदा की जा सकें	विलोड़नीय
जिसे जीत लिया गया हो	विजित
जो किसी विकार से ग्रस्त हो	विकृत
भले-बुरे की पहचान का ज्ञान	विवेक
जो पत्नी को अपने साथ न रखे हो	विपत्नीक
जिसका वर्णन न हो सके	वर्णनातीत
जो दूसरे को वाणी से देने को कह चुका हो	वाग्दत्त
जिसके हाथ में वज्र हो	वज्रपाणि
बाल्यावस्था और युवावस्था के बीच का समय	वय:सन्धि
जो कोई वस्तु वहन करता है	वाहक
जो अच्छा बोलता है	वाग्मी
जो विषय विचार में आ सकता है	विचारगम्य
बिजली की तरह तीव्र वेग वाला	विद्युतवेग
किसी विषय को विशेष रूप से जानने वाला	विशेषज्ञ
वेतन पर काम करने वाला	वैतनिक
जो वचन से परे हो	वचनातीत
जो मुकदमा दायर करता है	वादी/मुद्दई
जो अपने धर्म के विपरीत आचरण करता हो	विधर्मी
बोलने की इच्छा	विवाक्षा
जो व्याकरण का ज्ञाता हो	वैयाकरण
जो बहुत और व्यर्थ बोलता हो	वाचाल
अनुचित यौन सम्बन्ध रखने वाला	व्यभिचारी
सौतेली माँ	विमाता
विपत्ति उत्पन्न करने वाला	विपत्तिजनक
जो विश्वास करने योग्य हो	विश्वसनीय
जिसका विद्या से विशेष अनुराग हो	विद्याव्यसनी

(श/स)

वाक्यांश	एक शब्द
शिव की उपासना करने वाला	शैव
जिसे शास्त्रों की अच्छी जानकारी हो	शास्त्रज्ञ
शक्ति की आराधना करने वाला	शाक्त
तरकारी और फलों का भोजन करने वाला	शाकाहारी
शरण में आया हुआ	शरणागत
शत्रु का हनन करने वाला	शत्रुघ्न
जो शरण का इच्छुक हो	शरणार्थी
सदैव रहने वाला	शाश्वत
सावधान रहने वाला व्यक्ति	सतर्क
बाएँ हाथ से कार्य करने वाला	सव्यसाची
चोरी के लिए मकान की दीवार में किया गया बड़ा-सा छेद	सेंध
अपने ही पति की अनुरागिनी स्त्री	स्वकीया
जो अपने आप उत्पन्न हुआ हो	स्वयंभू
इच्छानुसार अपना पति चुनने वाली कन्या	स्वयंवरा
अलग-अलग अवयवों को एक में जोड़ना	संश्लेषण
जो स्पष्ट किया हुआ हो	स्पष्टीकृत
वह व्यक्ति जिसके सिद्धान्त हों	सिद्धान्तवादी
जिसको एक स्थान से दूसरे पर न ले जाया जा सके	स्थावर
जो स्त्री के वशीभूत या उसके स्वभाव का हो	स्त्रैण
वे वस्तुएँ जो एक प्रकृति की हों	सजातीय
छूत या संसर्ग से फैलने वाला रोग	संक्रामक
जो पढ़ना-लिखना जानता हो	साक्षर

वाक्यांश	एक शब्द
जो आसानी से पचता हो	सुपाच्य
स्वतन्त्रता प्राप्ति के बाद	स्वातन्त्र्योत्तर
जिसे सरलता से पढ़ा जा सके	सुपाठ्य
जहाँ अनेक नदियों का मिलन हो	संगम
जो स्मरण करने योग्य हो	स्मरणीय/स्मर्तव्य
प्राणों पर संकट लाने वाला	सांघातिक
सड़ी हुई वस्तु की गंध	सड़ाँध
जहाँ मुफ्त में खाना बँटता हो	सदावर्त
एक ही जाति का	सजातीय
कुछ खास शर्तों द्वारा कोई कार्य कराने का समझौता	संविदा
सब कुछ खाने वाला	सर्वभक्षी
जिसका आचार अच्छा हो	सदाचारी
न बहुत शीत न बहुत उष्ण	समशीतोष्ण
दूसरों के स्थान पर काम करने वाला	स्थानापन्न
सबसे सम्बन्ध रखने वाला	सार्वजनिक
जो सारी पृथ्वी से सम्बन्धित हो	सार्वभौमिक
सिंह का बच्चा	सिंहशावक
सेना का संचालक	सेनापति
पसीने से युक्त	स्वेदित
अपना प्रयोजन सिद्ध करने वाला	स्वार्थी
अपने भरोसे रहने वाला	स्वावलम्बी

(ह)

जिसे देख-सुनकर हृदय फटता हो	हृदयविदारक
किसी व्यक्ति द्वारा शपथपत्र के साथ लिखा हुआ न्यायालय में प्रस्तुत पत्र	हलफ़नामा
हाथ की चतुराई	हस्तलाघव
वह सामग्री जो हवन के लिए हो	हवि
किसी वस्तु को दूसरे के हाथों देना	हस्तान्तरित
हाथ की कारीगरी	हस्तकौशल
भलाई की इच्छा रखने वाला	हितैषी

(क्ष/त्र/ज्ञ)

जिसका हाथ बहुत तेज़ चलता हो	क्षिप्रहस्त
जिसका कुछ क्षणों में ही नाश हो जाए	क्षणभंगुर
जो क्षमा पाने योग्य हो	क्षम्य
क्षमा करने वाला व्यक्ति	क्षमाशील
भूख से व्याकुल	क्षुधातुर
छुटकारा दिलाने वाला	त्राता
तीनों कालों को जानने वाला	त्रिकालज्ञ
जो तीन माह में एक बार हो	त्रैमासिक
ज्ञान प्रदान करने वाला	ज्ञानदा
बताने का काम	ज्ञापन
जो जानने योग्य हो	ज्ञेय
जो जाना जा सके	ज्ञातव्य
अपने यौवन का ज्ञान रखने वाले	ज्ञात यौवना

वस्तुनिष्ठ प्रश्नावली

निर्देश (प्र.सं. 1-8) *निम्न प्रश्नों में दिए गए वाक्यों के लिए एक शब्द का चयन कीजिए।*

1. जो पहले कभी नहीं हुआ हो *(REET 2016)*
(a) अद्भुत (b) अप्रत्याशित (c) अनुपम (d) अभूतपूर्व

2. जो सब कुछ जानता हो
(a) सर्वज्ञ (b) अज्ञ (c) विशेषज्ञ (d) कृतज्ञ

3. जिसकी गर्दन सुन्दर हो
(a) सुदर्शन (b) सुगर्दन (c) सुग्रीव (d) सुगद

4. अपनी हत्या करने वाला *(SSC कांस्टेबल GD 2018)*
(a) पराघाती (b) मित्रघाती (c) सर्वघाती (d) आत्मघाती

5. जिसे बुलाया न गया हो
(a) अनाहूत (b) अनबोला (c) अतिथि (d) अभ्यागत

6. जो आँखों के सामने न हो
(a) प्रत्यक्ष (b) अप्रत्यक्ष (c) अद्रष्टव्य (d) अपरोक्ष

7. जो कम बोलता हो *(DSSSB असिस्टेंट टीचर 2015)*
(a) अल्पभाषी (b) मितव्ययी (c) प्रत्युत्पन्नमति (d) वाचाल

8. किसी के उपकार की उपेक्षा करने वाला *(DSSSB असिस्टेंट टीचर 2015)*
(a) कृतज्ञ (b) कृतघ्न (c) अजातशत्रु (d) दूरदर्शी

9. जो हर समय अपना मतलब साधता हो, उसे क्या कहा जाता है? *(UPSSSC कनिष्ठ सहायक 2015)*
(a) स्वारथी (b) मतलबी (c) परमार्थी (d) स्वार्थी

निर्देश (प्र.सं. 10-12) *दिए गए प्रत्येक वाक्यांश के लिए एक शब्द चुनिए।*

10. समुद्र में लगने वाली आग *(SSC कांस्टेबल GD 2015)*
(a) जठराग्नि (b) वनाग्नि (c) दावाग्नि (d) वड़वाग्नि

11. मन को आनन्दित करने वाला
(a) प्रिय (b) श्रेयस् (c) मनोरंजन (d) मोहित

12. जिसको प्राप्त न किया जा सके
(a) अलभ्य (b) दुर्लभ्य (c) दुष्कर (d) दुष्प्राप्य

13. राकेश बहुत मेहनत करने वाला लड़का है। रेखांकित अंश के लिए एक शब्द बताइए *(इलाहाबाद उच्च न्यायालय 2014)*
(a) परिश्रमी (b) संघर्षरत (c) श्रमिक (d) श्रमवान

14. किस वाक्यांश के लिए दिया हुआ एक शब्द सही नहीं है? *(DSSSB असिस्टेंट टीचर 2015)*
(a) जिस स्त्री को कोई संतान न हो – बाँझ
(b) जो बहुत बोलता हो – मितभाषी
(c) क्रम के अनुसार – यथाक्रम
(d) जो स्मरण रखने योग्य है – स्मरणीय

निर्देश (प्र.सं. 15-26) *दिए गए प्रत्येक वाक्यांश के लिए शब्द दीजिए। इसके लिए चार-चार विकल्प दिए गए हैं। उचित विकल्प का चुनाव कीजिए।*

15. तेज चलने वाला *(SSC कांस्टेबल GD 2012)*
(a) गतिशील (b) चुस्त (c) कर्मठ (d) द्रुतगामी

16. बिना स्वार्थ के कार्य करने वाला
(a) सहायक (b) निःस्वार्थी (c) पुण्यात्मा (d) हितैषी

17. किसी की सहायता करने वाला
(a) सहकार (b) सहायक (c) सहृदय (d) सहचर

18. जिसका निवारण करना कठिन हो
(a) अनिवार्य (b) अपरिहार्य (c) दुर्निवार (d) अवश्यम्भावी

19. आशा जगाने वाला
(a) आशाजनक (b) आशातीत (c) आशानुगत (d) आशीष

20. जो सबके लिए हो
(a) सार्वजनिक (b) सार्वभौमिक
(c) सार्वकालिक (d) सार्वदेशिक

21. पर्वत की तलहटी *(UP लेखपाल भर्ती परीक्षा 2015)*
(a) बेसिन (b) घाटी (c) उपत्यका (d) द्रोण

22. कंजूसी से धन व्यय करने वाला
(a) मसृण (b) मितव्ययी
(c) अल्पव्ययी (d) कृपण

23. 'वीर पुत्र को जन्म देने वाली स्त्री' के लिए एक शब्द है
(a) वसुन्धरा (b) माते
(c) वीरप्रसू (d) इनमें से कोई नहीं

24. जो सबसे आगे रहता हो उसको ……… कहते हैं।
(उत्तराखण्ड 'समूह-घ' परीक्षा 2014)
(a) अग्रणी (b) अनादि
(c) अनुकरणीय (d) अवैध

25. वाक्यांश के लिए एक शब्द से सम्बन्धित कौन-सा जोड़ा गलत है?
(UPTET 2018)
(a) जिसका इलाज कठिन हो-दु:साध्य
(b) जो मनुष्यता से दूर हो-अमानुषिक
(c) जो कम खर्च करने वाला हो-अपव्ययी
(d) जो इतिहास लिखे जाने के युग से पूर्व का हो-प्रागैतिहासिक

26. निम्नलिखित वाक्यांशों के लिए एक शब्द में से कौन-सा सुमेलित नहीं है?
(UPSSSC कम्प्यूटर ऑपरेटर 2020)
(a) जो वर्णन के बाहर है- वर्णनातीत
(b) जो देखा नहीं जा सकता- अदृश्य
(c) जो आमिष नहीं खाता- सामिष
(d) जो पहरा देता है- प्रहरी

निर्देश (प्र. सं. 27-29) *इन प्रश्नों में दिए गए प्रत्येक वाक्य खण्ड के अर्थ को एक शब्द में व्यक्त करने वाला शब्द दिए गए विकल्पों में से चुनिए।*

27. रंगमंच पर पर्दे के पीछे का स्थान *(KVS PRT 2015)*
(a) पृष्ठमंच (b) दर्शकदीर्घा
(c) नाट्यस्थल (d) नेपथ्य

28. जिसके सिर पर चन्द्रमा हो
(a) चन्द्रवदन (b) चन्द्रहास
(c) चन्द्रशेखर (d) सिरमौर

29. फेंक कर चलाया जाने वाला हथियार
(a) प्रक्षिप्त (b) प्रक्लेदित (c) शस्त्र (d) अस्त्र

निर्देश (प्र.सं. 30-34) *वाक्यांशों के लिए दिए गए विकल्पों में से प्रयुक्त शब्द का चयन कीजिए।*

30. जो देखने में प्रिय लगे *(SSC कांस्टेबल GD 2018)*
(a) प्रियदर्शी (b) प्रियांशु
(c) प्रियंवदा (d) प्रियसखी

31. जो खाने योग्य न हो *(UPSSSC कनिष्ठ सहायक 2020)*
(a) अखाद्य (b) पथ्य
(c) अपाच्य (d) अलभ्य

32. विशिष्ट अवसर पर विशिष्ट लोगों के समक्ष दिया गया विद्वत्तापूर्ण भाषण
(a) सम्भाषण (b) अभिभाषण (c) अपभाषण (d) अनुभाषण

33. जिसके पास घर न हो *(UPSSSC कनिष्ठ सहायक 2020)*
(a) गृही (b) अनिकेत (c) अभिषेक (d) अकिंचन

34. 'जिसके पास कुछ न हो' उसके लिए उपयुक्त शब्द है *(HTET 2015)*
(a) अभावग्रस्त (b) अकिंचन (c) दीनहीन (d) महादीन

निर्देश (प्र.सं. 35-37) *इन प्रश्नों में दिए गए वाक्यांश के अर्थ को व्यक्त करने वाला सही शब्द दिए गए विकल्पों में से चुनिए।*

35. बिना प्रयास/परिश्रम के *(KVS PRT/LDC 2015)*
(a) आकस्मिक (b) अप्रत्याशित (c) अनायास (d) अचानक

36. जानने की इच्छा रखने वाला
(a) उत्साही (b) जिज्ञासु (c) तत्पर (d) जिज्ञासा

37. दूसरों की बात सहन करने वाला
(a) कृपालु (b) सहिष्णु (c) उदार (d) तटस्थ

38. 'शक्तिशाली, दयालु, शान्त-धीर और योद्धा नायक' के लिए एक शब्द है *(HP इलेक्शन कानूनगो परीक्षा 2015)*
(a) धीरललित (b) धीरोद्धत
(c) धीरोदात्त (d) इनमें से कोई नहीं

39. 'जो प्रमाण से सिद्ध न हो सके' के लिए एक शब्द है
(a) अप्रमाणित (b) अप्रमेय (c) अपरिमित (d) अनप्रमाणित

40. 'वन में लगने वाली आग' वाक्यांश के लिए एक शब्द है
(a) बड़वाग्नि (b) दावाग्नि (c) विरहाग्नि (d) जठराग्नि

41. 'वह नायिका जो अपने पति के परदेश में होने के कारण दु:खी हो' वह है
(a) प्रोषितपतिका (b) वियोगिनी
(c) विरहविदग्धा (d) खण्डिता

42. 'मोक्ष की इच्छा रखने वाला' वाक्यांश के लिए सार्थक शब्द है
(राजस्थान प्राध्यापक परीक्षा 2015-16)
(a) मुमुक्षु (b) मुमूर्षु (c) बुभुक्षु (d) जिगीषु

43. 'इन्द्रियों को जीत लिया हो जिसने', वाक्यांश के लिए सही विकल्प का चयन कीजिए। *(UPSSSC कनिष्ठ सहायक परीक्षा 2016)*
(a) इन्द्रजीत (b) इन्द्र
(c) जितेन्द्रिय (d) इन्द्रिपति

44. 'जिसका उपचार न हो सके' के लिए एक शब्द है
(a) दु:साध्य (b) असाध्य (c) श्रमसाध्य (d) साधनहीन

निर्देश (प्र.सं. 45-48 तक) *निम्नलिखित प्रश्नों में वाक्यांशों/अनेक शब्दों के स्थान पर एक शब्द के लिए चार-चार विकल्प दिए गए हैं। इनमें से कोई एक विकल्प सही है, आपको सही विकल्प चुनना है, वही आपका उत्तर होगा।*

45. ईश्वर को नहीं मानने वाला *(राजस्थान BSTC/NTT 2009)*
(a) आस्तिक (b) अधर्मी (c) दुराचारी (d) नास्तिक

46. ईश्वर में विश्वास करने वाला
(a) आस्तिक (b) नास्तिक
(c) भक्त (d) इनमें से कोई नहीं

47. पेट की अग्नि *(UPPSC RO/ARO 2011)*
(a) दावाग्नि (b) बड़वाग्नि
(c) जठराग्नि (d) मन्दाग्नि

48. दिशाएँ ही जिनके वस्त्र हैं *(UPPSC RO/ARO 2011)*
(a) विश्वम्भर (b) दिक्पाल (c) पैगम्बर (d) दिगम्बर

49. 'गुरु के समीप रहकर शिक्षा ग्रहण करने वाला' के लिए एक शब्द है *(HTET 2015)*
(a) गुरुकुलवासी (b) छात्रावासी
(c) अन्तेवासी (d) आश्रमवासी

50. बहुत-सी भाषाओं को जानने वाला *(उत्तराखण्ड सहायक लेखाकार परीक्षा 2010)*
(a) बहुभाषाविद् (b) बहुभाषाभाषी
(c) बहुश्रूत (d) बहुदर्शी

51. 'जो वाणी द्वारा व्यक्त न किया जा सके' *(UPTET 2016)*
(a) आत्मसाक्षात्कार (b) स्वानुभूति
(c) अनिर्वचनीय (d) रहस्य

52. पूरब और उत्तर के बीच की दिशा
(a) अग्निकोण (b) उदीची (c) प्राची (d) ईशान

53. 'जो अच्छे कुल में उत्पन्न हुआ हो' इस शब्द समूह के लिए एक शब्द क्या है? *(UPTET 2014)*
(a) कुलीन (b) समृद्ध (c) धनी (d) कृपण

54. जिसका जन्म कन्या के गर्भ से हुआ हो *(UPPSC RO/ARO 2011)*
(a) कन्यापुत्र (b) कानीन (c) अवैधपुत्र (d) कुमारीसुत

55. हवन में जलाने वाली लकड़ी *(UPPSC RO/ARO 2010)*
(a) हवन सामग्री (b) वनकाष्ठ
(c) शुष्ककाष्ठ (d) समिधा

56. सत्, रज् व तम् से परे *(MP संविदा पर्यवेक्षक परीक्षा 2010)*
(a) गुणातीत (b) गूढ़ोक्ति (c) गुढ़ोत्तर (d) गवेषण

57. आधी रात का समय *(UPPSC RO/ARO 2011)*
(a) शर्वरी (b) विभावरी (c) निशा (d) निशीथ

58. कमल से युक्त जलाशय *(UP बी.एड. 2010)*
(a) सरोवर (b) शतदल (c) नीरज (d) पद्माकर

59. 'जिसका अनुभव किया गया हो' *(RPSC पुलिस सब-इंस्पेक्टर परीक्षा 2011)*
(a) अनुभवी (b) अनुभूत
(c) अनुभवयोग्य (d) अनुभाव्य

60. 'जो बनावटी हो', वाक्यांश के लिए एक शब्द होगा *(UKSSSC VDO 2015)*
(a) प्राकृतिक (b) कृत्रिम (c) प्राकृत (d) नैसर्गिक

61. 'किसी भी पक्ष का समर्थन नहीं करने वाला' *(RPSC पुलिस सब-इंस्पेक्टर परीक्षा 2011)*
(a) निरापद (b) निष्पक्ष (c) तटस्थ (d) दत्तचित्त

62. 'युयुत्सु' का अर्थ है *(RPSC पुलिस सब-इंस्पेक्टर परीक्षा 2011)*
(a) युद्ध में अमर होने वाला (b) युद्ध की इच्छा
(c) युद्ध की इच्छा रखने वाला (d) दूसरों को रुलाने वाला

63. 'जिसमें अपमान का भाव हो, वह हँसी' क्या कहलाती है?
(a) हास (b) परिहास
(c) व्यंग्य (d) उपहास

64. 'अच्छाई और बुराई को पहचानने का गुण' कहलाता है *(RPSC पुलिस सब-इंस्पेक्टर परीक्षा 2011)*
(a) ज्ञान (b) परिज्ञान (c) विवेक (d) विद्वत्ता

65. जो क्षमा किया जा सके
(a) क्षम्य (b) अक्षम्य (c) क्षमाशील (d) क्षमाशाली

66. तर्क के द्वारा जो माना गया हो *(UPSSSC लोअर सबऑर्डिनेट 2019)*
(a) तर्कसम्मत (b) तर्कसंगत (c) तकानी (d) तटस्थ

67. 'थोड़ा खर्च करने वाला' के लिए एक शब्द है *(उत्तराखण्ड प्राविधिक शिक्षा परिषद् 2019)*
(a) अल्पव्ययी (b) अल्पक्रयी (c) अल्पज्ञ (d) अमूल्य

68. 'दूसरे के स्थान पर काम करने वाला' वाक्यांश के लिए एक शब्द है। *(उत्तराखण्ड प्राविधिक शिक्षा परिषद् 2019)*
(a) स्थान (b) स्थानान्तरण
(c) स्थानापन्न (d) अपुस्थान

69. दिए गए अनेक शब्दों के लिए एक उपयुक्त शब्द पहचानिए 'पच्चीस वर्ष पूरे करने के उपलक्ष्य में होने वाला उत्सव' *(इलाहाबाद उच्च न्यायालय RO/ARO 2018)*
(a) सुवर्ण जयन्ती (b) वीर जयन्ती
(c) कांस्य जयन्ती (d) रजत जयन्ती

70. 'जो स्त्री सूर्य भी न देख सके' के लिए एक शब्द है *(UPPSC Pre 2018)*
(a) विदुषी (b) अलक्ष्या (c) असूर्यपश्या (d) शास्त्रज्ञा

71. 'सारी पृथ्वी के राजा' को कहते हैं *(MP व्यावसायिक परीक्षा 2017)*
(a) चक्रवर्ती (b) चक्रवात (c) चौधरी (d) चक्रात

72. 'चार मासों का समूह' का समस्त पद होगा *(MP व्यावसायिक परीक्षा 2017)*
(a) चारमास (b) चौराहा (c) चौमासा (d) चार रास्ता

73. 'चार पैरों वाला' को इनमें से क्या कहते हैं? *(MP व्यावसायिक परीक्षा मण्डल 2017)*
(a) चौराहा (b) चारपैर (c) चतुष्पद (d) चरवाहा

74. जो इन्द्रियों की पहुँच से बाहर हो *(CGPSC Pre 2017)*
(a) इन्द्रियनिग्रह (b) इन्द्रियजीत (c) इच्छाधारी (d) इन्द्रियातीत

75. 'जो आँखों के सामने हो' के लिए एक शब्द बताइए। *(UPPSC Pre 2016)*
(a) सामाजिक (b) प्रत्यक्ष (c) सुलभ (d) प्रियतम

76. वाक्यांश के लिए कौन-सा शब्द अशुद्ध है? *(HTET 2014)*
(a) क्षण में या शीघ्र टूटने वाला—खण्डहर
(b) जिसकी आशा न की गई हो—अप्रत्याशित
(c) जिसे जाना न जा सके—अज्ञेय
(d) दोपहर के पहले का समय—पूर्वाह्न

77. 'एक बार कही बात को दुहराते रहना' वाक्यांश के लिए शब्द है *(UPTET 2017)*

(a) आगार (b) प्राक्कथन
(c) पिष्टपेषण (d) प्रस्तावना

78. जिसे तुरन्त उचित उत्तर सूझ जाए, उसे कहते हैं *(UTET 2013; UPTET 2011)*

(a) मेधावी (b) प्रत्युत्पन्नमति
(c) कुशाग्रबुद्धि (d) जिर्गाणु

79. 'सव्यसाची' शब्द के लिए एक वाक्य है *(HTET 2015)*

(a) सदा सत्य बोलने वाला
(b) बाएँ हाथ से कार्य करने वाला
(c) जिसने बहुत कुछ सुना हो
(d) अपनी इच्छा के अनुसार आचरण करने वाला

80. 'किसी बात का गूढ़ रहस्य जानने वाला' वाक्य के लिए एक शब्द क्या होगा? *(UPTET 2014)*

(a) मर्मज्ञ (b) सुविज्ञ (c) विद्वान् (d) निगूढ़

81. जो मुश्किल से प्राप्त हो, उसे कहते हैं *(UPSSSC कनिष्ठ सहायक परीक्षा 2020)*

(a) अलभ्य (b) सुलभ
(c) दुर्लभ (d) अलंघ्य

82. अवसर के अनुरूप बदल जाने वाले को कहते हैं *(UPSSSC कनिष्ठ सहायक परीक्षा 2020)*

(a) यथास्थितिवादी (b) आदर्शवादी
(c) भाववादी (d) अवसरवादी

83. भूमि के अन्दर की जानकारी रखने वाले को कहा जाता है *(UPSSSC कनिष्ठ सहायक परीक्षा 2020)*

(a) भूगर्भवेत्ता (b) पुरातत्ववेत्ता
(c) नृतत्वशास्त्री (d) भूकम्पवेत्ता

84. रात में विचरण करने वाले प्राणी को कहा जाता है *(UPSSSC कनिष्ठ सहायक परीक्षा 2020)*

(a) निशाकर (b) वनचर
(c) तमचोर (d) निशाचर

85. 'परम्परा से चली आ रही बात' के लिए प्रयुक्त होने वाला शब्द है *(UPPCS RO/ARO 2020)*

(a) प्रतिश्रुति (b) व्याजस्तुति
(c) अनुलोम (d) अनुश्रुति

86. 'जिसके पास कुछ न हो' वाक्यांश के लिए एक शब्द है *(UPPCS RO/ARO 2020)*

(a) अक्षम (b) अकिंचन
(c) अज्ञ (d) असमर्थ

87. 'स्वेद से उत्पन्न होने वाला' वाक्यांश के लिए एक शब्द है *(UPPCS RO/ARO 2020)*

(a) स्वेदज (b) अण्डज
(c) पिण्डज (d) उभयज

88. 'अपरिणीत' शब्द निम्नलिखित में से किस वाक्यांश के लिए प्रयुक्त होता है? *(UPPCS RO/ARO 2020)*

(a) जिसका परिणाम न निकलता हो
(b) जिसका विवाह न हुआ हो
(c) जिसका विवाह हो चुका हो
(d) जो देखने में प्रीतिकर न हो

89. 'जिसका कोई शत्रु नहीं जन्मा है' वाक्यांश के लिए एक शब्द है *(UPPCS RO/ARO 2020)*

(a) अज्ञेय (b) शत्रुजयी
(c) अजातशत्रु (d) शत्रुविहीन

90. 'खोज करने वाला' इस वाक्यांश के लिए एक शब्द है *(UPPCS RO/ARO 2020)*

(a) अन्वेषक (b) अनुपम
(c) अन्विति (d) निवेशक

91. 'जिसकी ग्रीवा सुन्दर हो' वाक्यांश के लिए एक शब्द है *(UPPCS RO/ARO 2020)*

(a) पार्थिव (b) सुग्रीव
(c) सुधीर (d) सुनील

92. 'जिसका अनुभव इन्द्रियों द्वारा न हो सके' इस वाक्यांश के लिए एक शब्द है *(UPPCS RO/ARO 2020)*

(a) जीतेन्द्र (b) अतीन्द्रिय
(c) एन्द्रिक (d) इनमें से कोई नहीं

93. वाक्यांशों और उनके लिए प्रयुक्त शब्दों के निम्नलिखित युग्मों में सही युग्म का चयन कीजिए *(UPPCS RO/ARO 2020)*

(a) जो स्त्री अभिनय करे - अभिनेता
(b) जो व्याकरण जानता हो - व्याकरणीय
(c) आँखों से परे - प्रत्यक्ष
(d) लौटकर आया हुआ - प्रत्यागत

उत्तरमाला

1. (d)	2. (a)	3. (c)	4. (d)	5. (a)	6. (b)	7. (a)	8. (b)	9. (b)	10. (d)
11. (c)	12. (a)	13. (a)	14. (b)	15. (d)	16. (b)	17. (b)	18. (c)	19. (a)	20. (a)
21. (c)	22. (b)	23. (c)	24. (a)	25. (c)	26. (c)	27. (d)	28. (c)	29. (d)	30. (a)
31. (a)	32. (a)	33. (b)	34. (b)	35. (c)	36. (b)	37. (b)	38. (c)	39. (b)	40. (b)
41. (a)	42. (a)	43. (c)	44. (b)	45. (d)	46. (a)	47. (c)	48. (d)	49. (c)	50. (a)
51. (c)	52. (d)	53. (a)	54. (b)	55. (d)	56. (a)	57. (d)	58. (d)	59. (b)	60. (b)
61. (c)	62. (c)	63. (d)	64. (c)	65. (a)	66. (a)	67. (a)	68. (c)	69. (d)	70. (c)
71. (a)	72. (c)	73. (c)	74. (d)	75. (b)	76. (a)	77. (c)	78. (b)	79. (b)	80. (a)
81. (c)	82. (d)	83. (a)	84. (d)	85. (a)	86. (b)	87. (a)	88. (b)	89. (c)	90. (a)
91. (b)	92. (b)	93. (d)							

अध्याय 13

हिन्दी व्याकरण

व्याकरण के अन्तर्गत किसी भाषा की वर्ण से लेकर वाक्य के गठन तक की सम्पूर्ण संरचनाओं तथा नियमों का अध्ययन किया जाता है तथा भाषा के शुद्ध व सार्थक प्रयोग का ज्ञान कराया जाता है।

व्याकरण का अर्थ है–व्याकृत या विश्लेषण करने वाला शास्त्र। व्याकरण वह शास्त्र है, जो किसी भाषा के स्वरूप को स्पष्ट करता है तथा उसे शुद्ध उच्चारित करने, लिखने और समझने की विधि बताता है। इसके द्वारा भाषा विशेष के वे नियम स्पष्ट किए जाते हैं, जो शिष्ट एवं सुशिक्षित जनों के भाषा-प्रयोग में दिखाई देते हैं। व्याकरण के अन्तर्गत संज्ञा, लिंग, वचन, कारक, सर्वनाम, विशेषण, क्रिया इत्यादि का वर्णन किया गया है। हिन्दी व्याकरण के अन्तर्गत इनका विशेष स्थान है।

संज्ञा

- संज्ञा का शाब्दिक अर्थ नाम है। किसी वस्तु, व्यक्ति (जिसका अस्तित्व होता है या होने की कल्पना की जा सकती है), स्थान इत्यादि के नाम को ही संज्ञा (Noun) कहा जाता है।
- अन्य शब्दों में, जिन विकारी शब्दों से किसी व्यक्ति, स्थान, प्राणी, गुण, काम, भाव इत्यादि का बोध होता है, उन्हें संज्ञा कहते हैं। इस प्रकार नाम और संज्ञा समानार्थक शब्द हैं। व्याकरण में संज्ञा शब्द ही प्रचलित है।

संज्ञा के प्रकार

अर्थ के आधार पर संज्ञा पाँच प्रकार की होती है

1. जातिवाचक संज्ञा
2. व्यक्तिवाचक संज्ञा
3. भाववाचक संज्ञा
4. समूहवाचक संज्ञा
5. द्रव्यवाचक संज्ञा

1. जातिवाचक संज्ञा

वह संज्ञा शब्द जिनसे किसी एक ही प्रकार की अनेक वस्तुओं का बोध होता है अर्थात् वे संज्ञा शब्द जहाँ एक ही शब्द से पूरी जाति का बोध हो जाता है, उन्हें जातिवाचक (Common Noun) संज्ञा कहते हैं; जैसे– घर, पहाड़, नदी, शहर, पक्षी, पशु इत्यादि।

घर कहने से सभी तरह के घरों का, पहाड़ कहने से संसार के सभी पहाड़ों का और नदी कहने से सभी नदियों का जातिगत बोध होता है। जातिवाचक संज्ञाओं की स्थितियाँ इस प्रकार हैं; जैसे–

- **वस्तुओं के नाम** मकान, कुर्सी, मेज, पुस्तक, कलम, चाकू इत्यादि।
- **पशु-पक्षियों के नाम** बैल, घोड़ा, हिरण, तोता, मैना, मोर इत्यादि।
- **प्राकृतिक तत्त्वों के नाम** बिजली, वर्षा, आँधी, तूफान, भूकम्प, ज्वालामुखी, ओला वृष्टि, हिमपात इत्यादि।
- **सम्बन्धियों, व्यवसायों, पदों और कार्यों के नाम** भाई, माँ, डॉक्टर, वकील, मन्त्री, अध्यक्ष, किसान, अध्यापक, मजदूर इत्यादि।

2. व्यक्तिवाचक संज्ञा

जिन संज्ञा शब्दों से किसी एक ही वस्तु, व्यक्ति या स्थान इत्यादि का बोध होता है, उन्हें व्यक्तिवाचक संज्ञा (Proper Noun) कहते हैं; जैसे–

- **व्यक्तियों के नाम** राम, कृष्ण, गौतम बुद्ध, हनुमान, ईसा मसीह इत्यादि।
- **फलों के नाम** आम, अमरूद, सेब, संतरा, टमाटर, मिर्च, केला इत्यादि।
- **ग्रन्थों के नाम** रामायण, रामचरितमानस, कामायनी, कुरान, साकेत इत्यादि।
- **समाचार-पत्रों के नाम** हिन्दुस्तान, दैनिक जागरण, अमर उजाला इत्यादि।
- **नदियों के नाम** गंगा, ब्रह्मपुत्र, यमुना, गोदावरी, कावेरी, सिन्धु इत्यादि।

जातिवाचक और व्यक्तिवाचक संज्ञा में अन्तर

जातिवाचक संज्ञा	कवि	स्त्री	नदी	नगर	पर्वत
व्यक्तिवाचक संज्ञा	सूरदास	राधा	यमुना	मुम्बई	हिमालय

3. भाववाचक संज्ञा

जिन संज्ञा शब्दों से किसी वस्तु के गुण, दशा, भाव या अवस्था का बोध होता है, उन्हें भाववाचक संज्ञा (Abstract Noun) कहते हैं; जैसे–

- **गुण के अर्थ में** सुन्दरता, कुशाग्रता, बुद्धिमत्ता इत्यादि।
- **अवस्था के अर्थ में** जवानी, बचपन, बुढ़ापा इत्यादि।
- **दशा के अर्थ में** उन्नति, अवनति, चढ़ाई, ढलान इत्यादि।
- **भाव के अर्थ में** मित्रता, शत्रुता, कृपणता इत्यादि।

इन शब्दों से भाव विशेष का बोध होता है। अत: ये सभी भाववाचक संज्ञा शब्द हैं। भाववाचक संज्ञाएँ मुख्यत: दो प्रकार की होती हैं

(i) **स्वतन्त्र** भाववाचक संज्ञाएँ ईर्ष्या, द्वेष, सुख, दु:ख, लोभ इत्यादि स्वतन्त्र भाववाचक संज्ञा के उदाहरण हैं। इन्हें वाक्यों में स्वतन्त्र रूप में प्रयोग किया जाता है।

(ii) **परतन्त्र** कुछ भाववाचक संज्ञाओं का निर्माण जातिवाचक संज्ञा, व्यक्तिवाचक संज्ञा, सर्वनाम, विशेषण, क्रिया तथा अव्यय में आव, अन, ई, ता, त्व, पन, आई इत्यादि प्रत्यय जोड़कर किया जाता है, इन्हें ही परतन्त्र भाववाचक संज्ञा कहते हैं; जैसे–

अपना + त्व = अपनत्व, लिखा + ई = लिखाई इत्यादि।

भाववाचक संज्ञाओं का विशिष्ट परिवर्तन

जातिवाचक संज्ञा से भाववाचक संज्ञा

जातिवाचक संज्ञा	भाववाचक संज्ञा	जातिवाचक संज्ञा	भाववाचक संज्ञा
मनुष्य	मनुष्यता/मनुष्यत्व	पुरुष	पुरुषत्व
लड़का	लड़कपन	नारी	नारीत्व

व्यक्तिवाचक संज्ञा से भाववाचक संज्ञा

व्यक्तिवाचक संज्ञा	भाववाचक संज्ञा	व्यक्तिवाचक संज्ञा	भाववाचक संज्ञा
राम	रामत्व	शिव	शिवत्व
रावण	रावणत्व	गुरु	गुरुत्व

सर्वनाम से भाववाचक संज्ञा

सर्वनाम	भाववाचक संज्ञा	सर्वनाम	भाववाचक संज्ञा
अपना	अपनापन/अपनत्व	मम	ममत्व/ममता
अहं	अहंकार	निज	निजत्व

विशेषण से भाववाचक संज्ञा

विशेषण	भाववाचक संज्ञा	विशेषण	भाववाचक संज्ञा
कठोर	कठोरता	सुन्दर	सुन्दरता/सौन्दर्य
चौड़ा	चौड़ाई	ललित	लालित्य
वीर	वीरता/वीरत्व	भोला	भोलापन

क्रिया से भाववाचक संज्ञा

क्रिया	भाववाचक संज्ञा	क्रिया	भाववाचक संज्ञा
घबराना	घबराहट	पढ़ना	पढ़ाई
खेलना	खेल	मिलना	मिलाप

अव्यय से भाववाचक संज्ञा

अव्यय	भाववाचक संज्ञा	अव्यय	भाववाचक संज्ञा
दूर	दूरी	निकट	निकटता
नीचे	नीचाई	समीप	सामीप्य

4. समूहवाचक संज्ञा

जिन संज्ञा शब्दों से एक ही जाति की वस्तुओं के समूह (समुदाय) का बोध होता है, उन्हें समूहवाचक संज्ञा (Collective Noun) कहते हैं; जैसे—

- **व्यक्तियों के समूह** कक्षा, सेना, समूह, संघ, टुकड़ी, गिरोह और दल, वर्ग, टीम, समिति, परिवार, सभा इत्यादि।
- **वस्तुओं के समूह** कुंज, ढेर, गट्ठर, गुच्छा, ताश, टी-सेट इत्यादि।

5. द्रव्यवाचक संज्ञा

जिन संज्ञा शब्दों से किसी ऐसे पदार्थ (सामग्री) या द्रव्य का बोध होता है, जिसे हम नाप-तौल सकते हैं लेकिन गिन नहीं सकते, उन्हें द्रव्यवाचक संज्ञा (Material Noun) कहते हैं; जैसे—

- **धातुओं (ठोस) के नाम** सोना, चाँदी, लोहा, ताँबा, पीतल इत्यादि।
- **पदार्थों के नाम** दूध, दही, घी, तेल, पानी इत्यादि।
- **गैसीय पदार्थों के नाम** हाइड्रोजन, ऑक्सीजन, धुआँ इत्यादि।

अत: ये सभी द्रव्यवाचक संज्ञा शब्द हैं।

संज्ञाओं के विभिन्न प्रयोग

संज्ञाओं के विभिन्न प्रयोग निम्न प्रकार हैं

जातिवाचक संज्ञा का व्यक्तिवाचक के रूप में प्रयोग

जब कोई जातिवाचक संज्ञा किसी विशेष व्यक्ति के लिए प्रयुक्त हो, तब जातिवाचक संज्ञा होते हुए भी वह व्यक्तिवाचक संज्ञा बन जाती है; जैसे—

- **पंडितजी** देश के लिए कई बार जेल गए।
- **गाँधीजी** ने देश के लिए अपना तन-मन धन लगा दिया।

यहाँ 'पंडितजी' और 'गाँधीजी' शब्द जातिवाचक होते हुए भी व्यक्ति विशेष अर्थात् पंडित जवाहरलाल नेहरू और महात्मा गाँधी के लिए प्रयुक्त हुए हैं। अत: यहाँ ये दोनों शब्द व्यक्तिवाचक हो गए हैं।

व्यक्तिवाचक संज्ञा का जातिवाचक के रूप में प्रयोग

व्यक्तिवाचक संज्ञा का प्रयोग सदा एकवचन में होता है, परन्तु जब कोई व्यक्तिवाचक संज्ञा किसी व्यक्ति विशेष का बोध न कराकर उस व्यक्ति के गुण-दोषों वाले व्यक्तियों (अन्य) का बोध कराती है, तब वह संज्ञा व्यक्तिवाचक न रहकर जातिवाचक संज्ञा बन जाती है; जैसे—

- कलियुग में **हरिश्चन्द्रों** की कमी नहीं है।

यहाँ 'हरिश्चन्द्र' व्यक्तिवाचक संज्ञा उसके 'सत्य' और 'निष्ठा' के गुण को प्रकट करने से जातिवाचक संज्ञा बन गई है।

- हमें भारत में **जयचन्दों** पर कड़ी नजर रखनी चाहिए।

यहाँ 'जयचन्द' शब्द व्यक्तिवाचक संज्ञा होते हुए भी उसके 'विश्वासघात' गुण को प्रकट करने के कारण अन्य व्यक्तियों का बोध कराती है। अत: यह जातिवाचक संज्ञा है।

द्रव्यवाचक, भाववाचक एवं समूहवाचक संज्ञाओं का प्रयोग

जातिवाचक के रूप में द्रव्यवाचक, भाववाचक और समूहवाचक संज्ञाओं का प्रयोग बहुवचन में नहीं होता, इसका कारण यह है कि जब इन्हें बहुवचन के रूप में प्रयोग करते हैं, तो ये सभी जातिवाचक संज्ञा में परिवर्तित हो जाती हैं; जैसे—

- यहाँ **तेल** बिकता है।
  उपर्युक्त उदाहरण में तेल का एकवचन में प्रयोग किया गया है। इसलिए तेल (द्रव्यवाचक संज्ञा) है।
- वहाँ अनेक प्रकार के **तेल** बिकते हैं।
  उपर्युक्त उदाहरण में तेल का बहुवचन में प्रयोग किया गया है। इसलिए तेल (जातिवाचक संज्ञा) है।
- राहुल की **चोरी** पकड़ी गई।
  उपर्युक्त उदाहरण में चोरी का एकवचन में प्रयोग किया गया है। इसलिए चोरी (भाववाचक संज्ञा) है।
- दिल्ली के वसंतकुंज में कई **चोरियाँ** हुईं।
  उपर्युक्त उदाहरण में चोरी का बहुवचन में प्रयोग किया गया है। इसलिए चोरियाँ (जातिवाचक संज्ञा) है।
- **सेना** युद्ध के लिए तैयार है।
  उपर्युक्त उदाहरण में सेना का एकवचन में प्रयोग किया गया है। इसलिए सेना (समूहवाचक संज्ञा) है।
- **सेनाओं** में भयंकर युद्ध हुआ।
  उपर्युक्त उदाहरण में सेनाओं का बहुवचन में प्रयोग किया गया है। इसलिए सेनाओं (जातिवाचक संज्ञा) है।

विशेषण का प्रयोग संज्ञा के रूप में

जहाँ विशेषण के साथ विशेष्य का अभाव हो तब उस विशेषण का प्रयोग संज्ञा के रूप में किया जाता है; जैसे—

- **राम** बहुत **अमीर** है। *(विशेष्य-राम, विशेषण-अमीर)*
- **गरीबों** की सहायता करो। *(जातिवाचक संज्ञा-गरीबों)*

(यहाँ गरीबों शब्द से समस्त गरीब व्यक्तियों का बोध हो रहा है।)

क्रिया का प्रयोग संज्ञा के रूप में

जब किसी क्रिया का प्रयोग वाक्य में संज्ञा के स्थान पर हो, तो वह क्रियार्थक संज्ञा कहलाती है; जैसे—

- **हँसना** सेहत के लिए लाभकारी होता है।
- **दौड़ना** अच्छी आदत है।

अव्यव का प्रयोग संज्ञा के रूप में

अव्यव (वाह-वाह, हाँ-हाँ, हाय-हाय) का प्रयोग कभी-कभी संज्ञा के रूप में होता है; जैसे—

- क्यों **हाय-हाय** कर रहे हो।
- मोहन के जीतने के बाद बड़ी **वाह-वाह** हो रही है।
- यहाँ 'हाय-हाय' तथा 'वाह-वाह' विस्मयादिबोधक अव्यवों का संज्ञा के रूप में प्रयोग हुआ है।

लिंग

- लिंग शब्द संस्कृत भाषा का है, जिसका शाब्दिक अर्थ 'चिह्न' है। जिस चिह्न द्वारा यह जाना जाए कि अमुक शब्द पुरुष जाति का है या स्त्री जाति का, उसे लिंग (Gender) कहते हैं।
- अन्य शब्दों में, संज्ञा के जिस रूप से पुरुषत्व या स्त्रीत्व का बोध हो, उसे लिंग कहते हैं। लिंग द्वारा ही संज्ञा, सर्वनाम, विशेषण इत्यादि शब्दों की जाति का बोध होता है। हिन्दी में लिंग दो प्रकार के होते हैं

1. पुल्लिंग

जिन संज्ञा शब्दों से यथार्थ या कल्पित पुरुषत्व का बोध होता है, उन्हें पुल्लिंग (Masculine) कहते हैं; जैसे—लड़का, बैल, घोड़ा, कुत्ता, शेर, पेड़, नगर इत्यादि।

यहाँ 'लड़का', 'बैल', 'घोड़ा' से यथार्थ पुरुषत्व तथा 'पेड़' और 'नगर' से कल्पित पुरुषत्व का बोध होता है।

2. स्त्रीलिंग

जिन संज्ञा शब्दों से यथार्थ या कल्पित स्त्रीत्व का बोध होता है, उन्हें स्त्रीलिंग (Feminine) कहते हैं; जैसे—लड़की, गाय, लता, पुरी इत्यादि।

यहाँ 'लड़की' और 'गाय' यथार्थ स्त्रीत्व का तथा 'लता' और 'पुरी' से कल्पित स्त्रीत्व का बोध होता है।

हिन्दी में लिंग निर्धारण

हिन्दी में लिंग का निर्धारण तीन प्रकार से किया गया है

1. रूप के आधार पर
2. अर्थ के आधार पर
3. प्रयोग के आधार पर

1. रूप के आधार पर

रूप का शाब्दिक अर्थ 'बनावट' है। शब्द रचना में प्रत्यय तथा स्वर के प्रयोग को आधार बनाकर शब्द के लिंग का निर्धारण होता है; जैसे—

पुल्लिंग शब्द

अकारान्त शब्द, अकारान्त भाववाचक संज्ञाएँ तथा कुछ प्रत्यय वाले शब्द पुल्लिंग होते हैं; जैसे—

- **अकारान्त शब्द**—गौरव, चन्द्रमा, कुत्ता, कपड़ा, समुद्र इत्यादि।
- **भाववाचक संज्ञा**—जिनके अन्त में भाववाचक संज्ञा (त्व, ता, य, व इत्यादि) लगी होती है; जैसे—अपनत्व, गुरुत्व, सुन्दरता इत्यादि।
- **प्रत्यय शब्द**—जिन शब्दों के अन्त में पा, पन, आव, आवा, खाना प्रत्यय जुड़े होते हैं; जैसे—दवाखाना, बचपन, मोटापा, बुलावा, जुड़ाव इत्यादि।

स्त्रीलिंग शब्द

आकारान्त शब्द, इकारान्त शब्द तथा कुछ प्रत्यय वाले शब्द स्त्रीलिंग शब्द होते हैं; जैसे—

- **आकारान्त** या **ईकारान्त** शब्द—लता, कविता, उमा इत्यादि।
- **इकारान्त/ईकारान्त** शब्द—कवि, हानि, नदी इत्यादि।
- (**नोट:** कुछ इकारान्त/ईकारान्त शब्द पुल्लिंग होते हैं; जैसे—कवि, रवि, हाथी, दही, पानी।)
- **प्रत्यय शब्द**—जिन शब्दों के अन्त में आई, इया, आवट, आहट, ता, इमा इत्यादि प्रत्यय होते हैं, वे स्त्रीलिंग होते हैं; जैसे—पढ़ाई, लुटिया, बनावट, घबराहट, मित्रता, लालिमा इत्यादि।

2. अर्थ के आधार पर

बहुत-से शब्द अर्थ की दृष्टि से तो समान होते हैं, परन्तुलिंग की दृष्टि से भिन्न होते हैं; जैसे—

पुल्लिंग	स्त्रीलिंग	पुल्लिंग	स्त्रीलिंग
दादा	दादी	अध्यापक	अध्यापिका
कवि	कवयित्री	लेखक	लेखिका
घोड़ा	घोड़ी	शेर	शेरनी
नर	मादा	श्रीमान	श्रीमती
सिंह	सिंहनी	शिष्य	शिष्या

स्त्रीलिंग एवं पुल्लिंग शब्दों का उचित प्रयोग करने से ही वाक्य शुद्ध होता है; जैसे—

- रूपा **विद्वान** है। *(अशुद्ध)*
  रूपा **विदुषी** है। *(शुद्ध)*
- रेखा अच्छी **कवि** है। *(अशुद्ध)*
  रेखा अच्छी **कवयित्री** है। *(शुद्ध)*

3. प्रयोग के आधार पर

प्रयोग के आधार पर लिंग का निर्धारण करने हेतु संज्ञा, सर्वनाम, कारक-चिह्न और विशेषण को आधार बनाया जाता है; जैसे—

- **सोहन** अच्छा लड़का है। *(पुल्लिंग-सोहन)*
- **रीमा** अच्छी लड़की है। *(स्त्रीलिंग-रीमा)*
- यह विनय की **पुस्तक** है। *(स्त्रीलिंग-पुस्तक)*
- यह विनय का **पेन** है। *(पुल्लिंग-पेन)*

शब्दों में स्त्रीलिंग एवं पुल्लिग की पहचान करना

- 'आ' प्रत्ययान्त पुल्लिंग शब्दों में 'आ' के स्थान पर 'इया' लगाने से स्त्रीलिंग बन जाते हैं; जैसे–कुत्ता-कुतिया, बूढ़ा-बुढ़िया, बछड़ा-बछिया इत्यादि।
- व्यवसायबोधक, जातिबोधक तथा उपनामवाचक शब्दों के अन्तिम स्वर का लोप करके उनमें 'इन' और 'आइन' प्रत्यय लगाने से स्त्रीलिंग बन जाता है; जैसे–धोबी-धोबिन, कहार-कहारिन, माली-मालिन, बाघ-बाघिन इत्यादि।
- कतिपय उपनामवाची शब्दों में 'आनी' प्रत्यय लगाकर स्त्रीलिंग बनाया जाता है; जैसे–देवर-देवरानी, जेठ-जेठानी, खत्री-खत्रानी इत्यादि।
- संस्कृत के 'वान' और 'मान' प्रत्ययान्त विशेषण शब्दों में 'वान' तथा 'मान' को क्रमशः 'वती' और 'मती' कर देने से स्त्रीलिंग बन जाते हैं; जैसे–पुत्रवान्-पुत्रवती, श्रीमान्-श्रीमती, बुद्धिमान्-बुद्धिमती, बलवान-बलवती, भगवान्-भगवती इत्यादि।
- संस्कृत के अकारान्त विशेषण शब्दों के अन्त में 'आ' लगा देने से स्त्रीलिंग बन जाते हैं; जैसे–प्रियतम-प्रियतमा, श्याम-श्यामा, चंचल-चंचला, आत्मज-आत्मजा, कान्त-कान्ता, सुत-सुता इत्यादि।
- जिन पुल्लिग शब्दों के अन्त में 'अक' होता है, उनमें 'अक' के स्थान पर 'इका' लगा देने से स्त्रीलिंग बन जाते हैं; जैसे–बालक-बालिका, नायक-नायिका, पालक-पालिका, सेवक-सेविका, लेखक-लेखिका इत्यादि।
- महीनों, दिनों, ग्रहों और पर्वतों के नाम पुल्लिग होते हैं; जैसे–चैत्र, बैसाख, ज्येष्ठ, आषाढ़ ···; सोमवार, मंगलवार, बुधवार, गुरुवार ···; राहु, केतु, हिमालय, विन्ध्याचल इत्यादि।
- नदियों, तिथियों तथा नक्षत्रों के नाम स्त्रीलिंग होते हैं; जैसे–गंगा, यमुना, गोदावरी, कावेरी; द्वितीया, तृतीया, चतुर्थी; अश्विनी, रोहिणी इत्यादि।
- भाषा, बोली और लिपि का नाम स्त्रीलिंग होता है; जैसे–हिन्दी, अंग्रेज़ी, रूसी, चीनी, अरबी, फ़ारसी, अवधी, बघेली, छत्तीसगढ़ी, भोजपुरी, कुमाऊँनी, गढ़वाली, देवनागरी, रोमन, कैथी, मुड़िया, खरोष्ठी, ब्राह्मी इत्यादि।
- कुछ शब्दों के लिंग निर्धारण के लिए शब्दों के साथ 'नर' या 'मादा' शब्द जोड़ देते हैं; जैसे–तोता (नर), चीता (मादा), कोयल (नर) इत्यादि।

वचन

संज्ञा, सर्वनाम, विशेषण और क्रिया के जिस रूप से एकत्व या अनेकत्व का बोध होता है, उसे वचन (Number) कहते हैं। अर्थात् वचन का सम्बन्ध विकारी शब्दों के रूप की संख्या (एक या अनेक) से है।

वचन दो प्रकार के होते हैं

1. एकवचन

शब्द के जिस रूप से एक वस्तु का बोध होता है, उसे एकवचन (Singular) कहते हैं; जैसे–नदी, लड़का, घोड़ा, कलम इत्यादि।

2. बहुवचन

शब्द के जिस रूप से अनेक वस्तुओं का बोध होता है, उसे बहुवचन (Plural) कहते हैं; जैसे–लड़के, घोड़े, कलमें, नदियाँ इत्यादि।

सामान्यतः एक संख्या के लिए एकवचन और अनेक संख्याओं के लिए बहुवचन का प्रयोग होता है।

बहुवचन बनाने में प्रयुक्त प्रत्यय

- **ए** (आकारान्त पुल्लिग) तद्भव संज्ञाओं के अन्त में यदि 'आ' के स्थान पर 'ए' कर दें, तो वह बहुवचन में परिवर्तित हो जाता है।

'ए' के प्रयोग से बने शब्द

एकवचन	बहुवचन	एकवचन	बहुवचन
घोड़ा	घोड़े	कुत्ता	कुत्ते
लड़का	लड़के	पत्ता	पत्ते

- **एँ** (अकारान्त एवं आकारान्त स्त्रीलिंग) शब्दों के अन्त में यदि एँ जोड़ दिया जाए, तो वह बहुवचन में परिवर्तित हो जाते हैं।

'एँ' के प्रयोग से बने शब्द

एकवचन	बहुवचन	एकवचन	बहुवचन
पुस्तक	पुस्तकें	सड़क	सड़कें
गाय	गायें	माता	माताएँ

- **याँ** यह ईकारान्त, इकारान्त स्त्रीलिंग शब्दों में जुड़कर उन्हें बहुवचन में परिवर्तित कर देते हैं।

'याँ' के प्रयोग से बने शब्द

एकवचन	बहुवचन	एकवचन	बहुवचन
रीति	रीतियाँ	नदी	नदियाँ
जाति	जातियाँ	लड़की	लड़कियाँ

- **ओं** कुछ एकवचन शब्दों के अन्त में ओं लगाकर भी उन्हें बहुवचन में परिवर्तित किया जा सकता है।

'ओं' के प्रयोग से बने शब्द

एकवचन	बहुवचन	एकवचन	बहुवचन
कथा	कथाओं	साधु	साधुओं
बहन	बहनों	नेता	नेताओं

- उकारान्त/ऊकारान्त स्त्रीलिंग शब्दों में 'एँ' जोड़कर बहुवचन बनाते हैं।

एकवचन	बहुवचन	एकवचन	बहुवचन
वस्तु	वस्तुएँ	वधू	वधुएँ

- कुछ शब्द जो हमेशा बहुवचन के लिए प्रयोग होते हैं।

शब्द	प्रयोग	शब्द	प्रयोग
बाल	हमने बाल कटा दिए।	दर्शन	आपके दर्शन हुए।
हस्ताक्षर	तुमने हस्ताक्षर कर दिए।	होश	वे सब होश में हैं।
आँसू	आँखों से आँसू छलक रहे हैं।	प्राण	उनके प्राण निकल गए।

- कुछ शब्द हमेशा एकवचन के लिए प्रयोग होते हैं।

शब्द	प्रयोग	शब्द	प्रयोग
सामान	सामान कहाँ गया।	जनता	जनता जवाब चाहती है।
सामग्री	हवन सामग्री लेकर आओ।	माल	माल गायब हो गया।
सोना	सोना बहुत महँगा है।	पुस्तक	यह पुस्तक मेरी है।

एकवचन के लिए बहुवचन का प्रयोग

(i) सम्मानसूचक शब्द हमेशा बहुवचन में प्रयुक्त होते हैं; जैसे—
- **गाँधीजी** सत्य और अहिंसा के पुजारी **थे**।
- **पिताजी** बाजार जा रहे **हैं**।
- **प्रधानाचार्य** जी इस सभा की अध्यक्षता **करेंगे**।

(ii) अभिमान या अधिकार प्रकट करने के लिए संज्ञा, सर्वनाम इत्यादि का प्रयोग बहुवचन में होता है; जैसे—
- हम उससे **बात नहीं करेंगे**।
- हम तुम्हें **कक्षा से निकाल देंगे**।

(iii) कभी-कभी कुछ शब्दों के बहुवचन रूप ही लोकव्यवहार में प्रयुक्त होते हैं; जैसे—तू एकवचन और तुम बहुवचन है, परन्तु एक व्यक्ति के लिए प्रायः **तुम** शब्द का ही प्रयोग किया जाता है। **तू** शब्द का प्रचलन नगण्य है।

(iv) अनेकता प्रकट करने के लिए कई संज्ञा शब्दों के साथ; लोग, गण, जन, वर्ग, वृन्द, समूह, समुदाय, जाति, दल इत्यादि शब्द जोड़ दिए जाते हैं, तो उनका प्रयोग बहुवचन में हो जाता है; जैसे—तुम लोग, प्रियजन, अध्यापक वर्ग, नारिवृन्द, जनसमूह, जनसमुदाय, पुरुष जाति, क्रान्तिदल इत्यादि।

बहुवचन के लिए एकवचन का प्रयोग

जातिवाचक संज्ञाएँ कभी-कभी एकवचन में ही बहुवचन का बोध कराती हैं; जैसे—एक किलो आलू, मुम्बई का केला, एक लाख रुपये इत्यादि।

वचन सम्बन्धी महत्त्वपूर्ण निर्देश

'प्रत्येक' तथा 'हर एक' का प्रयोग सदा एकवचन में होता है। दूसरी भाषाओं के शब्दों का प्रयोग हिन्दी व्याकरण के अनुसार होना चाहिए; जैसे—अंग्रेज़ी का Foot (फुट) एकवचन तथा Feet (फीट) बहुवचन है। हिन्दी में फुट शब्द ही चलेगा।

इसी प्रकार फ़ारसी में 'वकील' एकवचन और 'वकला' बहुवचन है, लेकिन हिन्दी में 'वकला' शब्द नहीं चलेगा। यही बात अन्य भाषाओं के शब्दों पर लागू होगी। ऐसे शब्दों का प्रयोग हिन्दी की प्रकृति और व्याकरण के अनुसार ही होगा; जैसे—

(i) सड़क बीस **फीट** चौड़ी है। *(अशुद्ध)*
सड़क बीस **फुट** चौड़ी है। *(शुद्ध)*

(ii) लखनऊ में रहीम के तीन **मकानात** हैं। *(अशुद्ध)*
लखनऊ में रहीम के तीन **मकान** हैं। *(शुद्ध)*

(iii) मेरे पास अनेक महत्त्वपूर्ण **कागजात** हैं। *(अशुद्ध)*
मेरे पास अनेक महत्त्वपूर्ण **कागज** हैं। *(शुद्ध)*

- भाववाचक तथा गुणवाचक संज्ञाओं का प्रयोग एकवचन में होता है; जैसे—मैं आपकी **सज्जनता** से प्रभावित हूँ।
- द्रव्यवाचक संज्ञाओं का प्रयोग एकवचन में होता है; जैसे—उनके पास बहुत **सोना** है, उनका बहुत-सा **धन** तिजोरी में बन्द है इत्यादि।

कारक

वाक्य में जिस शब्द का सम्बन्ध क्रिया से होता है, उसे कारक (Case) कहते हैं। अन्य शब्दों में, संज्ञा अथवा सर्वनाम का किसी भी वाक्य के अन्य पदों मुख्यतः क्रिया से जो सम्बन्ध होता है, वह कारक कहलाता है; जैसे—

- अभय ने कुत्ते को **डण्डे** से मारा।

इस वाक्य में अभय, क्रिया (मारा) का कर्ता है, 'कुत्ता' क्रिया का कर्म है, 'डण्डे से' यह क्रिया पूर्ण की गई है। अतः 'डण्डा' क्रिया का साधन होने से करण कारक है। कारक को **विभक्ति** या **परसर्ग** (बाद में जुड़ने वाले) भी कहा जाता है; ये सामान्यतः स्वतन्त्र होते हैं और संज्ञा या सर्वनाम के साथ प्रयुक्त होते हैं।

कारक के प्रकार

हिन्दी में आठ कारक माने गए हैं, जो निम्न हैं

विभक्ति	कारण	चिह्न	अर्थ
प्रथमा	कर्ता	ने	काम करने वाला
द्वितीया	कर्म	को	जिस पर काम का प्रभाव पड़े
तृतीया	करण	से, द्वारा	जिसके द्वारा कर्ता काम करे
चतुर्थी	सम्प्रदान	को, के लिए	जिसके लिए क्रिया की जाए
पंचमी	अपादान	से (अलग होना)	जिससे अलगाव हो
षष्ठी	सम्बन्ध	का, के, की	अन्य पदों से सम्बन्ध
सप्तमी	अधिकरण	में, पर	क्रिया का आधार
सम्बोधन	सम्बोधन	हे! अरे! अजी!	किसी को पुकारना, बुलाना

1. कर्ता कारक

वाक्य में जिस शब्द द्वारा काम करने का बोध होता है, उसे कर्ता कारक (Nominative) कहते हैं; जैसे—

- **राम** ने श्याम को मारा।

इस वाक्य में राम कर्ता है, क्योंकि 'मारा' क्रिया करने वाला राम ही है। इस वाक्य में कर्ता के साथ कारक चिह्न 'ने' का प्रयोग हुआ है। अतः यह कर्ता कारक है। कर्ता कारक वाक्य में बिना कारक चिह्न के भी प्रयुक्त होता है; जैसे—राम छत पर चढ़ गया।

2. कर्म कारक

वाक्य में क्रिया का प्रभाव या फल जिस शब्द पर पड़ता है, उसे कर्म (क्रिया द्वारा प्रभावित) कारक (Accusative) कहते हैं; जैसे—

- राम ने **श्याम** को मारा।

यहाँ कर्ता राम है और उसके 'मारने' का फल श्याम पर पड़ता है। अतः श्याम कर्म है। यहाँ श्याम के साथ कारक चिह्न 'को' का प्रयोग हुआ है। अतः यह कर्म कारक है।

3. करण कारक

करण का शाब्दिक अर्थ 'साधन' है। संज्ञा का वह रूप जिससे किसी क्रिया के साधन का बोध हो, उसे करण (क्रिया का उपकरण) कारक (Instrumental) कहते हैं; जैसे—

- शिकारी ने शेर को **बन्दूक** से मारा।

इस वाक्य में बन्दूक द्वारा शेर को मारने का उल्लेख है। अतः यहाँ 'बन्दूक' करण कारक है। करण कारक के अन्य चिह्न 'से', 'के द्वारा', 'के कारण', 'के साथ', 'के बिना' इत्यादि हैं।

4. सम्प्रदान कारक

सम्प्रदान का शाब्दिक अर्थ 'देना' है। जब वाक्य में किसी को कुछ दिया जाए या किसी के लिए कुछ किया जाए, तो वहाँ सम्प्रदान कारक (Dative) होता है; जैसे—

- उसने **विद्यार्थी** को पुस्तक दी।

वाक्य में विद्यार्थी को कुछ दिया गया है इसलिए 'विद्यार्थी' सम्प्रदान है और इसका चिह्न 'को' है। अतः यहाँ सम्प्रदान कारक है।

5. अपादान कारक

अपादान का शाब्दिक अर्थ 'अलगाव' होता है। संज्ञा या सर्वनाम के जिस रूप से दूर होने, निकलने, डरने, रक्षा करने, विद्या सीखने, तुलना करने का भाव प्रकट होता है, उसे अपादान कारक (Ablative) कहते हैं; जैसे—

- मैं **अल्मोड़ा से** आया हूँ।

उपर्युक्त उदाहरण में कर्ता 'मैं' अल्मोड़ा से अलग हुआ है और 'से' (अलग होने का भाव) कारक चिह्न का प्रयोग हुआ है। अत: यहाँ अपादान कारक है।

6. सम्बन्ध कारक

संज्ञा या सर्वनाम के जिस रूप से किसी अन्य शब्द के साथ सम्बन्ध या लगाव प्रतीत हो, उसे सम्बन्ध कारक (Genitive) कहते हैं। सम्बन्ध कारक का प्रयोग हमेशा विभक्ति के साथ ही होता है। सम्बन्ध कारक का प्रयोग निम्नलिखित स्थितियों में होता है; जैसे—

- अनीता **सुरेश की बहन** है।
- **नेताजी का लड़का** बदमाश है।

उपर्युक्त उदाहरण में 'की' एवं 'का' कारक चिह्न का प्रयोग सम्बन्ध दर्शाने के लिए हुआ है। अत: यहाँ सम्बन्ध कारक है।

7. अधिकरण कारक

संज्ञा या सर्वनाम के जिस रूप से क्रिया के आधार, स्थान, समय, अवसर का बोध होता है, उसे अधिकरण कारक (Locative) कहते हैं; जैसे—

- वह **तीन दिन** में आएगा।
- **छोटी-सी बात पर** मत लड़ो।

उपर्युक्त उदाहरणों में 'में,' 'पर' कारक चिह्नों का प्रयोग हुआ है। अत: यहाँ अधिकरण कारक है।

8. सम्बोधन कारक

संज्ञा के जिस रूप से किसी को पुकारने, चेतावनी देने या सम्बोधित करने का बोध होता है, उसे सम्बोधन कारक (Vocative) कहते हैं। सम्बोधन कारक की कोई विभक्ति नहीं होती है। इसे प्रकट करने के लिए **हे, अरे, अजी, रे** इत्यादि शब्दों का प्रयोग होता है; जैसे—

- **हे राम!** रक्षा करो।
- **अजी**, सुनते हो।

कर्म कारक और सम्प्रदान कारक में अन्तर

- दोनों कारकों में 'को' परसर्ग (कारक चिह्न) का प्रयोग होने पर भी दोनों में अन्तर है।
- वह शब्द जिस पर कर्ता द्वारा की गई क्रिया पर फल पड़ता है कर्म कारक कहलाता है; जैसे—

  राम ने **श्याम को बुलाया**।

  यहाँ 'को' परसर्ग का फल श्याम पर पड़ता है।
- सम्प्रदान कारक में देने या उपकार का भाव मुख्य होता है; जैसे—

  मालिक ने नौकर को धन दिया।

  यहाँ देने का प्रभाव सम्प्रदान कारक को प्रकट कर रहा है।

करण कारक और अपादान कारक में अन्तर

- करण और अपादान कारकों में 'से' कारक चिह्न का प्रयोग किया जाता है, इसके बाद भी इन दोनों में मुख्य अन्तर है। करण क्रिया का साधन या उपकरण है; जबकि अपादान से अलग होने का भाव प्रकट होता है।
- कर्ता कार्य पूर्ण करने के लिए जिस उपकरण या साधन का प्रयोग करता है, उसे करण कारक कहते हैं; जैसे—

  मैं **चाकू से फल** काटता हूँ।

यहाँ चाकू से काटने का कार्य हुआ है। अत: चाकू शब्द का प्रयोग करण कारक में हुआ है।

- अपादान कारक में अलग होने का भाव निहित रहता है; जैसे—

  रोहन गाँव से चला गया।

यहाँ अपादान कारक गाँव में माना जाएगा न कि रोहन में, क्योंकि जो अलग होता है उसमें अपादान कारक नहीं माना जाता, बल्कि जिस स्थान या वस्तु से वह अलग हुआ है, उसमें अपादान कारक माना जाता है।

मध्यान्तर प्रश्नावली

1. संज्ञा किसे कहते हैं?
(a) स्थान के नाम को (b) वस्तु के नाम को (c) प्राणी के नाम को (d) ये सभी

2. जातिवाचक संज्ञा शब्द है
(a) डॉक्टर (b) कामायनी (c) सुशील (d) बचपन

3. 'मिठास' शब्द है
(a) व्यक्तिवाचक (b) जातिवाचक (c) भाववाचक (d) समूहवाचक

4. 'महात्म्य' शब्द है
(a) क्रिया (b) विशेषण (c) क्रिया-विशेषण (d) भाववाचक

5. निम्नलिखित विकल्पों में से किस विकल्प में सभी शब्द समूहवाचक संज्ञाएँ हैं?
(a) सेना, कक्षा, सभा (b) अध्यापक, मिठाई, समाचार (c) पशु, मानव, अच्छा (d) चोरी, गुरुता, साधु

6. निम्नलिखित में से कौन-सा शब्द व्यक्तिवाचक संज्ञा से सम्बन्धित है?
(a) आगरा (b) गरीब (c) पानी (d) बचपन

7. संज्ञा के जिस रूप से पुरुषत्व या स्त्रीत्व का बोध हो, उसे क्या कहते हैं?
(a) वचन (b) कारक (c) लिंग (d) क्रिया

8. हिन्दी भाषा में लिंग के कितने भेद हैं?
(a) तीन (b) दो (c) चार (d) पाँच

9. कवि का स्त्रीलिंग रूप होगा
(a) कवित्री (b) लेखिका (c) कवीत्री (d) कवयित्री

10. छात्र ने परीक्षा उत्तीर्ण की। (रेखांकित शब्द का स्त्रीलिंग लिखिए)
(a) छात्रों (b) छात्रा (c) छात्राएँ (d) छात्री

11. हिन्दी में वचन के कितने भेद हैं?
(a) एक (b) तीन (c) दो (d) चार

12. किस वाक्य में वचन का सही प्रयोग हुआ है?
(a) मेरी होश उड़ गई। (b) हमारे होश उड़ गई। (c) मैं होश उड़ गया। (d) मेरे होश उड़ गए।

13. वाक्य में क्रिया का सम्बन्ध किससे होता है?
(a) लिंग (b) वचन (c) कारक (d) इनमें से कोई नहीं

14. हिन्दी में कितने कारक हैं?
(a) दस (b) नौ (c) सात (d) आठ

15. 'राम **ने** श्याम को मारा।' वाक्य में कौन-सा कारक है?
(a) कर्ता (b) कर्म (c) करण (d) अपादान

उत्तरमाला

1. (d)	2. (a)	3. (c)	4. (d)	5. (a)
6. (a)	7. (c)	8. (b)	9. (d)	10. (b)
11. (c)	12. (d)	13. (c)	14. (d)	15. (a)

सर्वनाम

सर्वनाम का शाब्दिक अर्थ सबका नाम है। संज्ञा के स्थान पर जिन शब्दों का प्रयोग किया जाता है, उन्हें 'सर्वनाम' (Pronoun) कहते हैं; जैसे—

- **राजीव** देर से घर पहुँचा, क्योंकि **उसकी** ट्रेन देर से चली थी।

इस वाक्य में 'उसकी' का प्रयोग 'राजीव' के लिए हुआ है, अत: 'उसकी' शब्द सर्वनाम कहा जाएगा। हिन्दी में सर्वनामों की संख्या 11 है, जो निम्न प्रकार हैं; मैं, तू, आप, यह, वह, जो, सो, कोई, कुछ, कौन, क्या।

सर्वनाम के भेद

व्यावहारिक आधार पर सर्वनाम के निम्नलिखित छ: भेद हैं

1. पुरुषवाचक सर्वनाम
2. निजवाचक सर्वनाम
3. प्रश्नवाचक सर्वनाम
4. सम्बन्धवाचक सर्वनाम
5. निश्चयवाचक सर्वनाम
6. अनिश्चयवाचक सर्वनाम

1. पुरुषवाचक सर्वनाम

वह सर्वनाम जो पुरुष या स्त्री के नाम के स्थान पर प्रयुक्त होते हैं, पुरुषवाचक सर्वनाम (Personal Pronoun) कहलाते हैं। ये तीन प्रकार के होते हैं;

पुरुषवाचक सर्वनाम	परिभाषा व उदाहरण
उत्तम पुरुष	जिन सर्वनामों का प्रयोग वक्ता (बोलने वाला) अपने लिए करता है, उन्हें उत्तम पुरुषवाचक (First Person) सर्वनाम कहते हैं; जैसे–**मैं, मेरा, हम, मुझे, हमारी, मुझको** इत्यादि।
मध्यम पुरुष	जिन सर्वनामों का प्रयोग श्रोता (सुनने वाले) के लिए किया जाता है, उन्हें मध्यम पुरुषवाचक (Second Person) सर्वनाम कहते हैं; जैसे–**तुम, तू, आप, तुमने, आपने, तुम्हें** इत्यादि।
अन्य पुरुष	जिन सर्वनामों का प्रयोग किसी अन्य व्यक्ति के लिए किया जाता है, उन्हें अन्य पुरुषवाचक (Third Person) सर्वनाम कहते हैं; जैसे–**यह, वह, ये, वे, उनको, उन्हें** इत्यादि।

2. निजवाचक सर्वनाम

जिन शब्दों का प्रयोग वक्ता स्वयं के लिए करता है और जो सर्वनाम प्रथम पुरुष, द्वितीय पुरुष, तृतीय पुरुष में निजत्व (आप) का बोध कराते हैं, उन्हें निजवाचक सर्वनाम (Reflexive) कहते हैं; जैसे—

- मैं **अपने आप** ही आया हूँ।
- मैं **अपने आप** काम कर लूँगा।
- **आप** भला तो जग भला।

निजवाचक सर्वनाम 'आप' का प्रयोग निम्नलिखित अर्थों में होता है

(i) निजवाचक 'आप' का प्रयोग किसी संज्ञा या सर्वनाम के अवधारण (निश्चय) के लिए होता है; जैसे—
  - मैं और आप वहीं से आए हैं।

(ii) निजवाचक 'आप' का प्रयोग दूसरे व्यक्ति के निराकरण के लिए भी होता है; जैसे—
  - उन्होंने मुझे रहने को कहा और आप चलते बने।

(iii) सर्वसाधारण के अर्थ में भी 'आप' का प्रयोग होता है; जैसे—
  - अपने से बड़ों की आज्ञा का पालन करना चाहिए।

(iv) अवधारण के अर्थ में कभी-कभी 'आप' के साथ 'ही' जोड़ा जाता है; जैसे—
  - 'मैं यह काम 'आप ही' कर लूँगा।

3. प्रश्नवाचक सर्वनाम

प्रश्न पूछने के लिए जिन सर्वनाम शब्दों का प्रयोग किया जाता है, उन्हें प्रश्नवाचक सर्वनाम (Interrogative Pronoun) कहते हैं; जैसे—कौन, क्या, कहाँ।

- **कौन** शोर कर रहा है?
- उसे **क्या** हो गया है?
- तुम **कहाँ** रहते हो?

4. सम्बन्धवाचक सर्वनाम

वाक्य में संज्ञा या सर्वनाम के साथ सम्बन्ध प्रदर्शित करने के लिए जिस सर्वनाम का प्रयोग किया जाता है; उसे सम्बन्धवाचक सर्वनाम (Relative Pronoun) कहते हैं; जैसे—उसकी, जिसकी, जो, सो।

- **जिसकी** लाठी **उसकी** भैंस।
- **जो** देता है **सो** लेता है।
- **जो** कहा गया **वही** करो।

5. निश्चयवाचक सर्वनाम

जिन सर्वनाम शब्दों से किसी निश्चित वस्तु (निकट अथवा दूर) का बोध होता है, उन्हें निश्चयवाचक सर्वनाम (Demonstrative Pronoun) या संकेतवाचक सर्वनाम कहते हैं; जैसे—यह, वह, ये, वे।

- **यह** उपयोगी साधन है।
- **ये** भ्रष्टाचार के प्रबल विरोधी हैं।
- **वह** बहुत सुन्दर है।
- **वे** अच्छे लोग नहीं हैं।

6. अनिश्चयवाचक सर्वनाम

जिन सर्वनाम शब्दों से किसी निश्चित वस्तु का बोध न हो, उन्हें अनिश्चयवाचक (Indefinite Pronoun) सर्वनाम कहते हैं; जैसे—कोई, कुछ।

- **कोई** आ रहा है।
- वह **कुछ** लाया था।

सर्वनामों में अन्तर

पुरुषवाचक सर्वनाम और निश्चयवाचक सर्वनाम में अन्तर

पुरुषवाचक सर्वनाम में वक्ता अर्थात् बोलने वाला व्यक्ति जिन शब्दों का प्रयोग स्वयं के लिए करता हो अथवा दूसरों को सम्बोधित करने के लिए करता हो या किसी तीसरे अन्य व्यक्ति के विषय में संकेत करते हुए उन शब्दों का प्रयोग करता हो, तो वहाँ पुरुषवाचक सर्वनाम होता है; जैसे—

- **मैं** आज घूमने जाऊँगा।
  यहाँ वक्ता 'मैं' का प्रयोग स्वयं के लिए प्रयोग कर रहा है अर्थात् उत्तम पुरुष।
- **तुम** कहाँ जा रहे हो?
  यहाँ वक्ता 'तुम' का प्रयोग सामने वाले व्यक्ति के लिए कर रहा है, अर्थात् मध्यम पुरुष।
- **वह** आज मेरे घर आएगा।
  यहाँ वक्ता 'वह' का प्रयोग किसी अन्य व्यक्ति के लिए कर रहा है अर्थात् अन्य पुरुष।
- निश्चयवाचक सर्वनाम किसी व्यक्ति या वस्तु की ओर संकेत करते हैं; जैसे—वह घर की ओर जा रहा है।

पुरुषवाचक सर्वनाम और निजवाचक सर्वनाम में अन्तर

पुरुषवाचक सर्वनाम के उदाहरण

- **आप** आजकल क्या कर रहे हैं? *(आप-मध्यम पुरुष)*
- **आप** बड़े धैर्यवान हैं। *(आप-अन्य पुरुष)*

निजवाचक सर्वनाम के उदाहरण

- मैं अपने **आप** खा लूँगा। *(आप-प्रथम पुरुष)*
- वह **आप** ही चला जाएगा। *(आप-अन्य पुरुष)*

सर्वनाम के प्रयोग सम्बन्धी निर्देश

- स्त्रीलिंग और पुल्लिग के आधार पर सर्वनाम में परिवर्तन नहीं होता; जैसे– 'यह', 'वह', 'मैं', 'तुम' इत्यादि स्त्रीलिंग और पुल्लिग दोनों में समान रहते हैं; जैसे–
  - वह खाती है।
- वचन और कारक के आधार पर सर्वनामों में रूपान्तर होता है; जैसे–मैं-हम, तू-तुम, मेरा-हमारा; आप-आपने, आपसे, आपको, आपके लिए इत्यादि।
- सर्वनाम जिस संज्ञा के स्थान पर प्रयुक्त होता है, उसी के अनुसार लिंग और वचन चलते हैं।
- उत्तम पुरुष सम्बन्ध कारक के चिह्न 'का', 'की', 'के' क्रमशः 'रा', 'रे' के रूप में बदल जाते हैं।
- 'मैं', 'तू', 'यह', 'वह' विभक्ति रहित सर्वनाम कर्ता कारक के बहुवचन में क्रमशः 'हम', 'तुम', 'ये', 'वे' के रूप में परिवर्तित हो जाते हैं।

विशेषण

जो शब्द संज्ञा या सर्वनाम की विशेषता बताते हैं, उन्हें विशेषण (Adjective) कहते हैं। विशेषण जिसकी विशेषता बताता है, उसे विशेष्य कहते हैं। विशेषणों की विशेषता बताने वाले शब्द प्रविशेषण कहलाते हैं; जैसे—

- राम बहुत **तेज** दौड़ता है।

दिए गए उदाहरण में **राम** संज्ञा शब्द है, जिसकी विशेषता **तेज़** दौड़ने से है। अत: यहाँ **तेज़** विशेषण है। विशेषण (तेज़), राम की विशेषता बता रहा है। अत: **राम** विशेष्य है। यहाँ 'बहुत' शब्द विशेषण 'तेज' की विशेषता बता रहा है। अत: यह प्रविशेषण है। विशेषण के चार प्रमुख भेद हैं

1. गुणवाचक विशेषण

जिन शब्दों द्वारा संज्ञा के गुण अथवा दोष का बोध होता है, उन्हें 'गुणवाचक विशेषण' (Adjective of Quality) कहते हैं। गुणवाचक विशेषण के प्रमुख रूप निम्नलिखित हैं

- **भाव** शूरवीर, कायर, बलवान, दयालु, निर्दयी, अच्छा, बुरा इत्यादि।
- **काल** अगला, पिछला, नया, पुराना इत्यादि।
- **स्थान** ग्रामीण, शहरी, मैदानी, पहाड़ी, पंजाबी, बिहारी इत्यादि।
- **आकार** टेढ़ा-मेढ़ा, सुन्दर, भद्दा, लम्बा, ऊँचा, नीचा, चौड़ा इत्यादि।
- **समय** प्रात:कालीन, मासिक, त्रैमासिक, साप्ताहिक, दैनिक इत्यादि।
- **दशा** स्वस्थ, अस्वस्थ, रोगी, निरोग, दुबला, कमजोर, बलिष्ठ इत्यादि।
- **रंग** लाल, हरा, पीला, नीला, काला, सफेद, बैंगनी, नारंगी इत्यादि।

2. परिमाणवाचक विशेषण

जिन विशेषण शब्दों द्वारा संज्ञा की मात्रा (नाप-तौल) का बोध होता है, उन्हें 'परिमाणवाचक विशेषण' (Adjective of Quantity) कहते हैं। परिमाणवाचक विशेषण दो प्रकार के होते हैं

(i) **निश्चित परिमाणवाचक** जिन विशेषण शब्दों से संज्ञा की निश्चित मात्रा का बोध होता है, उन्हें 'निश्चित परिमाणवाचक' (Quantity) विशेषण कहते हैं; जैसे—**एक लीटर** दूध, **दस मीटर** कपड़ा, **एक किलो** आलू इत्यादि।

(ii) **अनिश्चित परिमाणवाचक** जिन विशेषण शब्दों से संज्ञा की अनिश्चित मात्रा का बोध होता है, उन्हें 'अनिश्चित परिमाणवाचक' विशेषण कहते हैं; जैसे—**थोड़ा** दूध, **कुछ** शहद, **बहुत** पानी, **अधिक** पैसा इत्यादि।

3. संख्यावाचक विशेषण

जिन विशेषण शब्दों से संज्ञा की संख्या का बोध होता है, उन्हें संख्यावाचक विशेषण (Adjective of Number) कहते हैं; जैसे—**एक** मेज, **चार** कुर्सियाँ, **दस** पुस्तकें, **कुछ** रुपए इत्यादि।

संख्यावाचक विशेषण दो प्रकार के होते हैं

(i) **निश्चित संख्यावाचक** जिन विशेषण शब्दों से निश्चित संख्या का बोध होता है, उन्हें 'निश्चित संख्यावाचक' विशेषण कहते हैं; जैसे—एक, दूसरा, तीसरा, दोनों, तीनों, प्रति, प्रत्येक, हर-एक, एक-एक इत्यादि।

विशेषण	उदाहरण
पूर्णांकवाचक	एक, दो, चार, आठ, दस इत्यादि।
अपूर्णांकवाचक	आधा, सवा, डेढ़, पौना, ढाई इत्यादि।
कर्मवाचक	दूसरा, पाँचवाँ, आठवाँ, दसवाँ इत्यादि।
आवृत्तिवाचक	दोगुना, तिगुना, सौगुना इत्यादि।
समुदायवाचक	दोनों, तीनों, पाँचों, सातों इत्यादि।
विभागबोधक	एक-एक, दस-दस घोड़े, प्रत्येक इत्यादि।

(ii) **अनिश्चित संख्यावाचक** जिन विशेषण शब्दों से अनिश्चित संख्या का बोध होता है, उन्हें 'अनिश्चित संख्यावाचक' विशेषण कहते हैं; जैसे—**थोड़े** आदमी, **कुछ** रुपए इत्यादि।

4. सार्वनामिक विशेषण

जो सर्वनाम शब्द संज्ञा के लिए विशेषण का काम करते हैं, उन्हें 'सार्वनामिक विशेषण' (Demonstrative Adjective) कहते हैं। 'यह', 'वह', 'जो', 'कौन', 'क्या', 'कोई', 'ऐसा', 'ऐसी', 'वैसा', 'वैसी' इत्यादि ऐसे सर्वनाम हैं, जो संज्ञा शब्दों के पहले प्रयुक्त होकर विशेषण का कार्य करते हैं, इसलिए इन्हें सार्वनामिक विशेषण कहते हैं; जैसे—

- **वह** लड़का बदमाश है।
- **इस** परीक्षार्थी ने नकल की है।

सार्वनामिक विशेषण	उदाहरण
निश्चयवाचक सार्वनामिक विशेषण	यह, वह, ये, वे।
अनिश्चयवाचक सार्वनामिक विशेषण	कोई, कुछ।
सम्बन्धवाचक सार्वनामिक विशेषण	जो, सो।
प्रश्नवाचक सार्वनामिक विशेषण	कौन, क्या।

जब ये सर्वनाम अकेले प्रयुक्त होते हैं, तो वे केवल सर्वनाम होते हैं; जैसे—

- वह घर चला गया।

विशेषण की तुलनावस्था

विशेषण संज्ञा शब्दों की विशेषता बताते हैं। यह विशेषता किसी में सामान्य, किसी में कुछ अधिक और किसी में सबसे अधिक होती है। विशेषणों के इसी उतार-चढ़ाव को तुलना कहा जाता है। इस प्रकार, दो या दो-से-अधिक वस्तुओं या भावों के गुण, मान इत्यादि के मिलान या तुलना करने वाले विशेषण को तुलनात्मक विशेषण कहते हैं। हिन्दी में तुलनात्मक विशेषण की तीन अवस्थाएँ हैं

1. मूलावस्था (Positive Degree)
2. उत्तरावस्था (Comparative Degree)
3. उत्तमावस्था (Superlative Degree)

तुलनात्मक विशेषण की दृष्टि से विशेषणों की अवस्थाएँ

मूलावस्था	उत्तरावस्था	उत्तमावस्था
अधिक	अधिकतर	अधिकतम
उच्च	उच्चतर	उच्चतम
कोमल	कोमलतर	कोमलतम
गुरु	गुरुतर	गुरुतम
निकट	निकटतर	निकटतम
निम्न	निम्नतर	निम्नतम
बृहत्	बृहत्तर	बृहत्तम
महत्	महत्तर	महत्तम
सुन्दर	सुन्दरतर	सुन्दरतम
लघु	लघुतर	लघुतम

विशेषण सम्बन्धी महत्त्वपूर्ण निर्देश

विशेषण का प्रयोग करते समय निम्नलिखित बातों को ध्यान में रखना चाहिए

- हिन्दी में विशेषण शब्दों के आगे विभक्ति चिह्न नहीं लगते; जैसे—वीर मनुष्य, अच्छे घर का।
- विशेषण के लिंग, वचन और कारक वही होते हैं, जो विशेष्य के; जैसे—अच्छे विद्यार्थी, अच्छा विद्यार्थी। आकारान्त विशेषण स्त्रीलिंग में ईकारान्त हो जाते हैं; जैसे—काला घोड़ा, काली घोड़ी, अच्छा लड़का, अच्छी लड़की इत्यादि।
- पुल्लिंग आकारान्त विशेषण का अन्तिम 'आ' कर्ता कारक, एकवचन को छोड़कर अन्य सब कारकों में 'ए' हो जाता है; जैसे—अच्छे लड़के को।
- संस्कृत विशेषणों के रूप हिन्दी में विशेष्य के लिंग के अनुसार कभी नहीं बदलते और कभी बदल जाते हैं; जैसे—सुन्दर काया, सुशील लड़की इत्यादि।
- ऐसे विशेषण जो विशेष्य से ठीक पहले आते हैं, उन्हें उद्देश्य विशेषण कहते हैं। वे विशेषण जो विशेष्य के ठीक बाद आते हैं, उन्हें विधेय विशेषण कहते हैं।

क्रिया

- जिन शब्दों से किसी कार्य का होना या करना समझा जाए, उन्हें 'क्रिया' (Verb) कहते हैं; जैसे—पढ़ना, खाना, लिखना, चलना, दौड़ना, हँसना इत्यादि।
- हिन्दी में क्रिया के रूप लिंग, वचन और पुरुष के अनुसार बदलते हैं।
- क्रिया के मूल रूप को धातु कहते हैं। धातु के आगे **ना** जोड़ने से क्रिया का सामान्य रूप बन जाता है; जैसे—
  पढ़ धातु में ना जोड़ने से पढ़ना बन जाता है, इसी प्रकार लिख + ना = लिखना; चल + ना = चलना इत्यादि।
- धातु के दो रूप होते हैं
  (i) **मूल धातु** को स्वतन्त्र धातु भी कहते हैं, क्योंकि यह अन्य किसी शब्द पर निर्भर नहीं होती है; जैसे—हस, खा, पी इत्यादि।
  (ii) **यौगिक धातु** को संयुक्त धातु भी कहते हैं, क्योंकि यह एक या दो धातुओं द्वारा अथवा संज्ञा, विशेषण में प्रत्यय लगाने से बनती है।

प्रयोग के आधार पर क्रिया के भेद

कर्म के अनुसार क्रिया के मुख्य रूप से दो भेद हैं

1. सकर्मक क्रिया

जिन क्रियाओं के कार्य का फल (प्रभाव) कर्ता को छोड़कर कर्म पर पड़ता है उन्हें 'सकर्मक क्रिया' कहते हैं; जैसे—

- अध्यापक ने **लड़के को पीटा**।

इस वाक्य में अध्यापक (कर्ता) द्वारा 'पीटने' के कार्य का फल लड़के (कर्म) पर पड़ा। अतः इस वाक्य में सकर्मक क्रिया है।

सकर्मक क्रियाएँ दो प्रकार की होती हैं

(i) **एककर्मक सकर्मक क्रिया**

ऐसी क्रियाएँ जिनका एक ही कर्म हो एककर्मक सकर्मक क्रिया कहलाती हैं: जैसे—

- राजन आम खाता है।
- सीमा दूध पीती है।

इन वाक्यों में आम और दूध कर्म है।

(ii) **द्विकर्मक सकर्मक क्रिया**

द्विकर्मक का अर्थ होता है—दो कर्म वाला या दो कर्म सहित। जिस क्रिया के साथ दो कर्मों के पूर्ण होने का पता चलता है उसे द्विकर्मक क्रिया कहते हैं। इसमें हमेशा पहला क्रम प्राणीवाचक तथा दूसरा क्रम निर्जीव होता है; जैसे—

- सोहन ने **गुरुजी को प्रणाम** किया। *(दो क्रम-गुरुजी, प्रणाम)*
- श्याम अपने **भाई के साथ टीवी** देख रहा है। *(दो क्रम-भाई, टीवी)*
- राहुल ने **गौरव को चाय** पिलाई। *(दो क्रम-गौरव, चाय)*

अपूर्ण सकर्मक क्रिया

- जिस सकर्मक क्रिया का पूरा आशय स्पष्ट करने के लिए वाक्य में कर्म के साथ अन्य संज्ञा या विशेषण का प्रयोग पूर्ति के रूप में होता है, उसे अपूर्ण सकर्मक क्रिया कहते हैं; जैसे–राजा ने गंगाधर को मन्त्री बनाया।
- वाक्य में 'बनाया' सकर्मक क्रिया का कर्म 'गंगाधर' है, किन्तु इतने मात्र से इस कर्म का आशय स्पष्ट नहीं होता। उसका आशय स्पष्ट करने के लिए उसके साथ 'मन्त्री', संज्ञा भी प्रयुक्त होती है। इस वाक्य में 'बनाया' अपूर्ण सकर्मक है, 'गंगाधर' कर्म है और 'मन्त्री' शब्द कर्म-पूर्ति है।

2. अकर्मक क्रिया

जिन क्रियाओं के कार्य का फल कर्ता में ही रहता है, उन्हें 'अकर्मक क्रिया' कहते हैं; जैसे—

- **विद्यार्थी पढ़ता** है।

इस वाक्य में 'पढ़ना' क्रिया का फल विद्यार्थी (कर्ता) पर पड़ता है। अतः इस वाक्य में अकर्मक क्रिया है। जिन धातुओं का प्रयोग अकर्मक और सकर्मक दोनों रूपों में होता है, उन्हें उभयविध धातु कहते हैं।

अपूर्ण अकर्मक क्रिया

- जिस क्रिया से पूर्ण अर्थ का बोध कराने के लिए कर्ता के अतिरिक्त अन्य व्याकरणिक इकाइयों; जैसे-संज्ञा या विशेषण की आवश्यकता पड़ती है, उसे अपूर्ण अकर्मक क्रिया कहते हैं। अपूर्ण अकर्मक क्रिया का अर्थ पूर्ण करने के लिए जो संज्ञा या विशेषण जोड़ा जाता है, उसे पूर्ति कहते हैं; जैसे–वह मनुष्य बुद्धिमान है।
- वाक्य में 'वह मनुष्य है' से अभीष्ट अर्थ स्पष्ट नहीं होता है। अभीष्ट अर्थ जानने के लिए यदि पूछा जाए, वह मनुष्य क्या है, तो उत्तर मिलेगा बुद्धिमान। इस प्रकार प्रयुक्त वाक्य 'मनुष्य' अपूर्ण अकर्मक क्रिया है तथा 'बुद्धिमान' पूर्ति है।

व्युत्पत्ति/रचना के आधार पर क्रिया के भेद

व्युत्पत्ति/रचना के अनुसार क्रिया के दो भेद हैं

1. मूल (रूढ़) क्रिया

जो क्रिया मूल धातु से बनती है, उसे मूल (रूढ़) क्रिया कहते हैं; जैसे—लिखना, हँसना, रोना इत्यादि ये सभी क्रियाएँ लिख, हँस, रो इत्यादि मूल धातुओं से बनी हैं।

2. यौगिक क्रिया

यौगिक का शाब्दिक अर्थ है—अनेक तत्त्वों के योग से बनी। यह मूल क्रिया में प्रत्यय लगाकर, कई क्रियाओं को संयुक्त करके अथवा संज्ञा और विशेषण में प्रत्यय लगाकर बनाई जाती है; जैसे—बताना (नामधातु क्रिया), हँसाना (नामधातु क्रिया), पढ़ाना (प्रेरणार्थक क्रिया) इत्यादि। यौगिक क्रिया के निम्न भेद होते हैं

(i) नामधातु क्रिया (ii) प्रेरणार्थक क्रिया
(iii) पूर्णकालिक क्रिया (iv) संयुक्त क्रिया
(v) अनुकरणात्मक क्रिया।

(i) नामधातु क्रिया

ऐसी धातु जिनका निर्माण संज्ञा, सर्वनाम अथवा विशेषण से होता है, उन्हें 'नामधातु क्रिया' कहते हैं; जैसे—

- **संज्ञा से** बात से बतियाना, हाथ से हथियाना, दु:ख से दु:खाना, लाज से लजाना।
- **विशेषण से** गर्म से गरमाना, चिकना से चिकनाना।

कुछ नामधातुओं के उदाहरण इस प्रकार हैं

संज्ञा नामधातु

संज्ञा	नामधातु	नामधातु क्रिया
शर्म	शर्मा	शर्माना
लोभ	लुभा	लुभाना
माटी	मटिया	मटियाना
बात	बतिया	बतियाना
झूठ	झूठ	झूठलाना

सर्वनाम नामधातु

सर्वनाम	नामधातु	नामधातु क्रिया
अपना	अपना	अपनाना

विशेषण नामधातु

विशेषण	नामधातु	नामधातु क्रिया
लज्जा	लजा	लजाना
चिकना	चिकना	चिकनाना
लालच	लालच	ललचाना
फिल्म	फिल्मी	फिल्माना

(ii) प्रेरणार्थक क्रिया

जिन क्रियाओं से यह बोध होता है कि कर्ता स्वयं कार्य न करके किसी दूसरे को कार्य करने के लिए प्रेरित करता है, उन्हें 'प्रेरणार्थक क्रिया' कहते हैं; जैसे—

- **रोहन** राधा से **खाना पकवाता** है।

यहाँ पहला कर्ता रोहन तथा दूसरा कर्ता राधा है। इस उदाहरण में राधा खाना पका तो रही है, लेकिन उसे कार्य करने की प्रेरणा रोहन से मिल रही है। जो कर्ता दूसरे कर्ता को प्रेरित करता है, उसे **प्रेरक कर्ता** एवं जिसको प्रेरित किया जाता है, उसे **प्रेरित कर्ता** कहते हैं। उपर्युक्त उदाहरण में रोहन प्रेरक कर्ता तथा राधा प्रेरित कर्ता है।

प्रेरणार्थक क्रिया बनाने के प्रमुख नियम इस प्रकार हैं

- मूल द्वि-अक्षरी धातुओं में 'आना' तथा 'वाना' जोड़ने से प्रेरणार्थक क्रियाएँ बनती हैं; जैसे—
  पढ़ (पढ़ना)—पढ़ाना-पढ़वाना, चल (चलना)—चलाना-चलवाना इत्यादि।
- द्वि-अक्षरी धातुओं में 'ऐ' या 'ओ' को छोड़कर दीर्घ स्वर ह्रस्व हो जाता है; जैसे—
  जीत (जीतना)—जिताना, जितवाना,
  लेट (लेटना)—लिटाना, लिटवाना इत्यादि।
- तीन अक्षर वाली धातुओं में भी 'आना' और 'वाना' जोड़कर प्रेरणार्थक क्रियाएँ बनाई जाती हैं लेकिन ऐसी धातुओं से बनी प्रेरणार्थक क्रियाओं के दूसरे 'अ' अनुच्चरित रहते हैं; जैसे—
  समझ (समझना), समझाना, समझवाना।
  बदल (बदलना)—बदलाना, बदलवाना इत्यादि।
- 'खा', 'आ', 'जा' इत्यादि एकाक्षरी आकारान्त 'जी', 'पी', 'सी' इत्यादि ईकारान्त, 'चू', 'छू-ये दो ऊकारान्त; 'खे' 'दे', 'ले' और 'से'-चार एकारान्त: 'खो', 'हो', 'धो', 'बी', 'ढो', 'रो' तथा 'सो'-इन ओकारान्त धातुओं में 'लाना', 'लवाना', 'वाना' इत्यादि प्रत्यय आवश्यकतानुसार लगाए जाते हैं; जैसे—
  जी (जीना)—जिलाना, जिलवाना।
  पी (पीना)—पिलाना, पिलवाना।

(iii) पूर्वकालिक क्रिया

पूर्वकालिक क्रिया की मुख्य पहचान यह होती है कि इसमें दो क्रियाएँ होती हैं, एक क्रिया पहले (पूर्व) होती है और दूसरी क्रिया बाद (अन्त) में होती है। जो क्रिया पूर्व में होती है, उसे **समायिका क्रिया** कहते हैं। पूर्वकालिक क्रिया की मुख्य पहचान है कि इसमें क्रिया में कर, करके, ते, ही इत्यादि शब्द जुड़े होते हैं; जैसे—

- राम के **दादाजी खाना खाकर घूमने गए**।
- सीता **चारपाई पर जाते ही सो गई**।

(iv) संयुक्त क्रिया

दो या दो-से-अधिक क्रियाओं के योग से जो पूर्ण क्रिया बनती है, उसे 'संयुक्त क्रिया' कहते हैं; जैसे—

- राम **खाना खा चुका**।

इस वाक्य में 'खाना' और 'चुका' दो क्रियाओं के योग से पूर्ण क्रिया बनी है। अत: यहाँ संयुक्त क्रिया है।

संयुक्त क्रियाएँ अभ्यास, अनिष्टता, अनुमति, अवकाश, आरम्भ, आवश्यकता, इच्छा, निरन्तर, समाप्ति इत्यादि अर्थों में प्रयुक्त होती हैं।

(v) अनुकरणात्मक क्रियाएँ

किसी वास्तविक या कल्पित ध्वनि के अनुकरण से बनने वाली क्रियाओं को अनुकरणात्मक क्रियाएँ कहते हैं; जैसे-खटखट से खटखटाना, भनभन से भनभनाना, थपथप से थपथपाना तथा झनझन से झनझनाना।

अर्थ की दृष्टि से क्रिया के भेद

अर्थ की दृष्टि से क्रिया के निम्नलिखित भेद हैं

1. **आरम्भबोधक संयुक्त क्रिया** जिन संयुक्त क्रियाओं से हमें पता चले की क्रिया आरम्भ होने वाली है, उसे आरम्भबोधक संयुक्त क्रिया कहते हैं; जैसे—
   - वह **नाचने लगी**।
   - मेरे घर से निकलते ही **बरसात होने लगी**।
   - राम **खेलने लगा**।

2. **समाप्तिबोधक संयुक्त क्रिया** जिन संयुक्त क्रियाओं से मुख्य क्रिया के समापन का पता चले, उसे समाप्तिबोधक संयुक्त क्रिया कहते हैं; जैसे—
   - वह **सो चुका** है।
   - राम **खा चुका** है।
   - राम ने **पुस्तक पढ़ ली**।
3. **अवकाशबोधक संयुक्त क्रिया** जिन संयुक्त क्रियाओं से किसी क्रिया को निष्पन्न करने के लिए अवकाश का बोध कराया जाए, उसे अवकाशबोधक संयुक्त क्रिया कहते हैं; जैसे—
   - वह बहुत **मुश्किल से सो पाया** है।
4. **अनुमतिबोधक संयुक्त क्रिया** जिन संयुक्त क्रियाओं से किसी क्रिया को करने की अनुमति दिए जाने का पता चले, उसे अनुमतिबोधक संयुक्त क्रिया कहते हैं; जैसे—
   - मुझे **सोने दो**।
   - मुझे **कहने दो**।
5. **नित्यताबोधक संयुक्त क्रिया** जिन संयुक्त क्रियाओं से किसी क्रिया की नित्यता का या उसके समाप्त न होने का पता चले, उसे नित्यताबोधक संयुक्त क्रिया कहते हैं; जैसे—
   - नदी **बह रही है**।
   - पेड़ **बढ़ता गया**।
6. **आवश्यकताबोधक संयुक्त क्रिया** जिन संयुक्त क्रियाओं से किसी क्रिया की आवश्यकता का या कर्त्तव्य का पता चले, उसे आवश्यकताबोधक संयुक्त क्रिया कहते हैं; जैसे—
   - मुझे यह काम करना पड़ता है, तुम्हें यह काम **करना चाहिए**।
7. **निश्चयबोधक संयुक्त क्रिया** जिन संयुक्त क्रियाओं से मुख्य क्रिया के व्यवहार की निश्चयता का पता चले, उसे निश्चयबोधक संयुक्त क्रिया कहते हैं; जैसे—
   - वह बीच में ही बोल उठा—मैं मार बैठूँगा।
8. **इच्छाबोधक संयुक्त क्रिया** जिन संयुक्त क्रियाओं से क्रिया के करने की इच्छा का पता चले, उसे इच्छाबोधक संयुक्त क्रिया कहते हैं; जैसे—
   - वह **घर आना चाहता है**।
9. **अभ्यासबोधक संयुक्त क्रिया** जिन संयुक्त क्रियाओं से क्रिया को करने के अभ्यास का पता चले, उसे अभ्यासबोधक संयुक्त क्रिया कहते हैं। जब सामान्य भूतकाल की क्रियाओं में 'करना' क्रिया लगा दी जाती है तब अभ्यासबोधक संयुक्त क्रिया बनती है; जैसे—
   - वह **हमेशा पढ़ा करता है**।
   - राधा रात्रि में **हमेशा डायरी लिखा करती है**।
10. **शक्तिबोधक संयुक्त क्रिया** जिन संयुक्त क्रियाओं से क्रिया को करने के लिए शक्ति का पता चलता है, उसे शक्तिबोधक क्रिया कहते हैं; जैसे—
    - मैं **लिख सकता** हूँ।
    - मैं **पढ़ सकता** हूँ।
11. **पुनरुक्त संयुक्त क्रिया** जब दो समान ध्वनि वाली क्रियाओं के जुड़ने का पता चलता है उसे पुनरुक्त संयुक्त क्रिया कहते हैं; जैसे—
    - वह **खेला-कूदा करता है**।

क्रियाओं के अन्य भेद

क्रियाओं के अन्य (Secondary) भेद निम्नलिखित हैं

क्रिया के भेद	उदाहरण
सहायक क्रिया	सहायक क्रिया मुख्य क्रिया के साथ प्रयुक्त होकर अर्थ को स्पष्ट एवं पूर्ण करने में सहायक होती है; जैसे— • मैं घर जाता हूँ। इस वाक्य में 'जाना' मुख्य क्रिया है और 'हूँ' सहायक क्रिया है।
क्रियार्थक क्रिया	क्रिया के इस रूप से भविष्य में होने वाले व्यापार का बोध होता है, किन्तु इसका प्रयोग मुख्य क्रिया के पहले होता है, इसलिए इसे क्रियार्थक क्रिया कहते हैं। यह पूर्वकालिक क्रिया के ठीक विपरीत है; जैसे— • वह खेलने मैदान गया। • वह पढ़ने विद्यालय गया। इन उदाहरणों में 'खेलने' तथा 'पढ़ने' क्रियार्थक क्रियाएँ हैं।

वाच्य

क्रिया के जिस रूप से यह पता चले कि किसी वाक्य में कर्ता, कर्म या भाव में किसी एक की प्रधानता है, उसे वाच्य (Voice) कहते हैं। वाच्य तीन प्रकार के होते हैं

1. कर्तृवाच्य

क्रिया के जिस रूप में कर्ता की प्रधानता रहती है और क्रिया का सीधा तथा प्रधान सम्बन्ध कर्ता से होता है, उसे कर्तृवाच्य कहते हैं। इस वाच्य में क्रिया के **लिंग** और **वचन** कर्ता के अनुसार होते हैं; जैसे—

- **राम** पत्र **लिखता** है।
- **रीता** पत्र **लिखती** है।
- **लड़के** पत्र **लिखते** हैं।

इन वाक्यों में कर्ता की प्रधानता है तथा क्रिया के लिंग और वचन कर्ता के अनुसार हैं। कर्तृवाच्य में सकर्मक क्रिया के भी वाक्य होते हैं और अकर्मक क्रिया के भी; जैसे—

- **सकर्मक कर्तृवाच्य**—गोपाल पुस्तक पढ़ता है।
- **अकर्मक कर्तृवाच्य**—बालक सोता है।

2. कर्मवाच्य

क्रिया के जिस रूप में कर्म की प्रधानता होती है और क्रिया का सीधा सम्बन्ध कर्म से होता है, उसे कर्मवाच्य कहते हैं। इस वाच्य में क्रिया के **लिंग** और **वचन** कर्म के अनुसार होते हैं; जैसे—

- राम से **पत्र लिखा जाता** है।
- श्याम से **गाना गाया जाता** है।

इस वाक्य में 'लिखा जाता है' क्रिया का सीधा सम्बन्ध 'पत्र' (कर्म) से है। अत: यह वाक्य कर्मवाच्य है। इस वाच्य में सकर्मक क्रिया के ही वाक्य होते हैं, अकर्मक क्रिया के नहीं।

3. भाववाच्य

क्रिया के जिस रूप में भाव की प्रधानता होती है और क्रिया का सीधा सम्बन्ध **भाव** से होता है, उसे 'भाववाच्य' कहते हैं। यह केवल अकर्मक क्रिया के ही वाक्यों में प्रयुक्त होता है; जैसे—

- सोहन से **गाया नहीं जाता**।
- राधा से **बैठा नहीं जाता**।

इन वाक्यों में भाव की ही प्रधानता है। अत: ये वाक्य भाववाच्य हैं।

कर्मवाच्य और भाववाच्य में अन्तर

कर्मवाच्य	भाववाच्य
कर्मवाच्य में कर्म की प्रधानता होती है इसलिए इसमें कर्म अवश्य होता है।	भाववाच्य में कर्म नहीं होता है, क्योंकि उसमें भाव प्रमुख होता है।
इसमें 'जा' क्रिया का प्रयोग वैकल्पिक रूप में होता है; जैसे- 'रमेश के द्वारा दरवाजा खोला गया'	इसमें 'जा' का प्रयोग अनिवार्य रूप से होता है; जैसे- 'साधना से पढ़ा नहीं जाता'।
इस वाच्य में सदैव सकर्मक क्रिया के ही वाक्य होते हैं।	इस वाच्य में केवल अकर्मक क्रिया के ही वाक्य प्रयुक्त होते हैं।
इसमें 'नहीं' शब्द का प्रयोग नहीं किया जाता है।	इसमें अधिकतर 'नहीं' शब्द का प्रयोग किया जाता है।

वाच्य परिवर्तन

1. कर्तृवाच्य से कर्मवाच्य बनाना

कर्तृवाच्य से कर्मवाच्य में रूपान्तरण करने के लिए निम्नलिखित परिवर्तन करने होते हैं

- कर्तृवाच्य के मुख्य कर्ता के साथ 'से'/'द्वारा' विभक्ति जोड़कर उसे करण-कारक बना दिया जाता है; जैसे—राधा-राधा से, सचिन-सचिन से, मैंने-मुझसे या मेरे द्वारा, मित्र-मित्र द्वारा इत्यादि।
- क्रिया का प्रयोग कर्म के लिंग पुरुष और वचन के अनुसार करके 'जा' धातु को उचित रूप देकर जोड़ देते हैं।
- इसमें साधारण क्रिया को संयुक्त में बदला जाता है।
- कर्म के साथ कोई परसर्ग हो तो उसे हटा दिया जाता है।
- कर्तृवाच्य की मुख्य क्रिया को सामान्य भूतकाल में परिवर्तित किया जाता है; जैसे—

कर्तृवाच्य	कर्मवाच्य
अब आप गाना गाएँ।	अब आपके द्वारा गाना गाया जाए।
दादाजी अखबार पढ़ते हैं।	दादाजी द्वारा अखबार पढ़ा गया।
माँ ने खाना पका लिया है।	माँ द्वारा खाना पका लिया जाता है।
छात्र पाठ याद करते हैं।	छात्रों द्वारा पाठ याद किया जाता है।
मजदूरों ने सड़क बना दिया है।	मजदूरों द्वारा सड़क बना दी गई।
चलो, खाना खाते हैं।	चलो खाना खाया जाए।

2. कर्तृवाच्य से भाववाच्य बनाना

कर्तृवाच्य से भाववाच्य में रूपान्तरण करने के लिए निम्नलिखित परिवर्तन करने होते हैं

- कर्तृवाच्य के मुख्य कर्ता के साथ 'से'/'द्वारा' विभक्ति जोड़कर उसे करण-कारण बना दिया जाता है; जैसे—मोहन-मोहन से, नीलिमा-नीलिमा से, मैंने-मुझसे या मेरे द्वारा आदि।
- मुख्य क्रिया को सामान्य क्रिया एवं अन्य पुरुष पुल्लिंग एकवचन में स्वतन्त्र रूप में रखा जाता है।
- कर्तृवाच्य की मुख्य क्रिया को भाववाच्य में सामान्य भूतकाल में बदलकर 'जाना' क्रिया का रूप काल के अनुरूप प्रयोग करते हैं।

कर्तृवाच्य	भाववाच्य
पक्षी रात में सोते हैं।	पक्षियों से रात में सोया जाता है।
गर्मियों में लोग खूब नहाते हैं।	गर्मियों में लोगों से खूब नहाया जाता है।
बच्चे शान्त नहीं रह सकते।	बच्चों से शान्त नहीं रहा जाता।
हम नहीं हँस सकते।	हमसे हँसा नहीं जाता।
चलो, अब सोते हैं।	चलो, अब सोया जाए।
अब चलते हैं।	अब चला जाय।

3. कर्मवाच्य से कर्तृवाच्य बनाना

कर्मवाच्य से कर्तृवाच्य में रूपान्तरण करने के लिए निम्नलिखित बातों का ध्यान रखना चाहिए

- कर्ता के अपने चिह्न (ने) आवश्यकतानुसार लगाने चाहिए।
- यदि वाक्य की क्रिया वर्तमान एवं भविष्यत् की है तो कर्तानुसार क्रिया की रूप रचना रखनी चाहिए।
- भूतकाल की सकर्मक क्रिया रहने पर कर्म के लिंग, वचन के अनुसार क्रिया को रखना चाहिए; जैसे—

कर्मवाच्य	कर्तृवाच्य
मुझसे यह दृश्य नहीं देखा गया।	मैं यह दृश्य नहीं देख सका।
मजदूरों से पत्थर नहीं तोड़े जा रहे।	मजदूर पत्थर नहीं तोड़ रहे।
लड़कियों द्वारा गीत गाए जा रहे हैं।	लड़कियाँ गीत गा रही हैं।
मुझसे अखबार पढ़ा नहीं जाता।	मैं अखबार नहीं पढ़ सकता।
किसान द्वारा खेत में खाद डाली जाती है।	किसान खेत में खाद डालते हैं।
छात्रों को प्रार्थना स्थल पर इकट्ठा किया	छात्रों को प्रार्थना स्थल पर इकट्ठा कीजिए।

वाच्य के प्रयोग

क्रिया के पुरुष, लिंग और वचन कहीं **कर्ता** के अनुसार होते हैं, कहीं **कर्म** के अनुसार और कहीं **क्रिया** के अनुसार होते हैं। अतः क्रिया का प्रयोग तीन प्रकार से होता है

1. **कर्तरि प्रयोग** जिस वाक्य में क्रिया के पुरुष, लिंग और वचन **कर्ता** के अनुसार होते हैं, वहाँ क्रिया के इस प्रयोग को 'कर्तरि प्रयोग' कहते हैं; जैसे—
   - राहुल अच्छी **पुस्तकें** पढ़ता है। *(क्रिया कर्ता के अनुसार)*
2. **कर्मणि प्रयोग** जिस वाक्य में क्रिया के पुरुष, लिंग और वचन **कर्म** के अनुसार होते हैं, वहाँ क्रिया के इस प्रयोग को 'कर्मणि प्रयोग' कहते हैं; जैसे—
   - गीता को पुस्तक **पढ़नी** पड़ेगी। *(क्रिया कर्म के अनुसार)*
3. **भावे प्रयोग** जिस वाक्य में क्रिया के पुरुष, लिंग और वचन कर्ता के अनुसार न होकर सदैव अन्य पुरुष, पुल्लिग तथा एकवचन में हों, तब 'भावे प्रयोग' होता है; जैसे—
   - मुझसे **चला** नहीं जाता। *(क्रिया भाव के अनुसार)*

मध्यान्तर प्रश्नावली

1. संज्ञा के स्थान पर प्रयुक्त होने वाले शब्दों को क्या कहते हैं?
(a) विशेषण (b) सर्वनाम (c) क्रिया (d) कारक

2. हिन्दी में सर्वनामों की कितनी संख्या है?
(a) बारह (b) ग्यारह (c) तेरह (d) दस

3. 'मोहन प्रकाशजी ...... हिन्दी पढ़ाते हैं' इस वाक्य में रिक्त स्थान की पूर्ति अन्यपुरुषवाचक सर्वनाम से करें।
(a) मुझे (b) तुम्हें (c) उन्हें (d) हमें

4. 'मुझे' शब्द किस प्रकार का सर्वनाम है?
(a) उत्तम पुरुष (b) मध्यम पुरुष
(c) अन्य पुरुष (d) इनमें से कोई नहीं

5. निश्चयवाचक सर्वनाम कौन-सा है?
(a) कौन (b) कुछ (c) कोई (d) वह

6. जो शब्द संज्ञा व सर्वनाम की विशेषता बताते हैं, उन्हें क्या कहते हैं?
(a) अव्यय (b) क्रिया (c) कारक (d) विशेषण

7. निम्नलिखित में से विशेष्य क्या है?
(a) संज्ञा (b) सर्वनाम (c) कारक (d) 'a' और 'b'

8. प्रविशेषण किसे कहते हैं?
(a) विशेषण की विशेषता बताने वाला शब्द
(b) विशेष्य के पहले लगने वाला शब्द
(c) विशेष्य की विशेषता बताने वाला शब्द
(d) विधेय की विशेषता बताने वाला शब्द

9. विशेषण कितने प्रकार के होते हैं?
(a) तीन (b) चार (c) छः (d) पाँच

10. निम्नलिखित में से कौन-सा शब्द गुणवाचक है?
(a) यह (b) थोड़ा (c) दस (d) कपटी

11. क्रिया का रूप किसके अनुसार बदलता है?
(a) वचन (b) लिंग (c) पुरुष (d) ये तीनों

12. क्रिया का मूल रूप क्या है?
(a) धातु (b) कारक
(c) क्रिया-विशेषण (d) इनमें से कोई नहीं

13. कर्म के अनुसार क्रिया के कितने भेद हैं?
(a) तीन (b) दो
(c) चार (d) पाँच

14. किस वाक्य में सकर्मक क्रिया है?
(a) सीता हँसती है। (b) मोहन जाता है।
(c) राधा दौड़ती है। (d) राम फल खाता है।

15. किस वाक्य में अकर्मक क्रिया है?
(a) गीता खाना पकाती है। (b) श्याम पत्र लिखता है।
(c) सीता गाती है। (d) माता फल काटती हैं।

उत्तरमाला

1. (b)	*2. (b)*	*3. (d)*	*4. (a)*	*5. (d)*
6. (d)	*7. (d)*	*8. (a)*	*9. (b)*	*10. (d)*
11. (d)	*12. (a)*	*13. (b)*	*14. (d)*	*15. (c)*

काल

काल (Tense) क्रिया के उस रूप को कहते हैं, जिससे उसके करने या होने के समय तथा पूर्णता या अपूर्णता का ज्ञान होता है। काल के तीन भेद हैं

1. वर्तमान काल (Present Tense)
2. भूतकाल (Past Tense)
3. भविष्यत् काल (Future Tense)

1. वर्तमान काल

क्रिया के जिस रूप से वर्तमान समय में क्रिया का होना पाया जाए, उसे वर्तमान काल (Present Tense) कहते हैं।

वर्तमान काल के छः भेद हैं

वर्तमान काल के भेद	परिभाषा व उदाहरण
सामान्य वर्तमान	क्रिया का वह रूप जिससे वर्तमान काल में क्रिया का होना पाया जाए, सामान्य वर्तमान कहलाता है; जैसे– • लड़का पढ़ता है।
संदिग्ध वर्तमान	क्रिया का वह रूप जिससे वर्तमान काल में क्रिया के होने में सन्देह पाया जाए, उसे संदिग्ध वर्तमान कहते हैं; जैसे– • राम पढ़ता होगा।
अपूर्ण वर्तमान	क्रिया के जिस रूप से वर्तमान काल में क्रिया की अपूर्णता का बोध होता है, उसे अपूर्ण वर्तमान कहते हैं; जैसे– • वह पढ़ रहा है।
पूर्ण वर्तमान	क्रिया का वह रूप जिससे वर्तमान काल में कार्य की पूर्ण सिद्धि का बोध होता है; जैसे– • सीता ने पुस्तक पढ़ी है।
तात्कालिक वर्तमान	क्रिया का वह रूप जिससे यह पता चले कि क्रिया वर्तमान काल में हो रही है; जैसे– • मैं गा रहा हूँ।
सम्भाव्य वर्तमान	क्रिया का वह रूप जिससे वर्तमान काल में कार्य पूरा होने की सम्भावना रहती है; जैसे– • सम्भवतः वह लिखता हो।

2. भूतकाल

क्रिया के जिस रूप से कार्य की समाप्ति का बोध हो, उसे भूतकाल (Past Tense) कहते हैं। दूसरे शब्दों में, जिस क्रिया से बीते हुए समय में क्रिया का होना पाया जाता है, उसे भूतकाल कहते हैं। भूतकाल के छः भेद हैं

भूतकाल के भेद	परिभाषा व उदाहरण
सामान्यभूत	क्रिया के जिस रूप से बीते हुए समय का निश्चित ज्ञान न हो, उसे सामान्यभूत कहते हैं; जैसे– • श्याम गया।
आसन्नभूत	क्रिया के जिस रूप से क्रिया के व्यापार का समय आसन्न (निकट) ही समाप्त समझा जाए, उसे आसन्नभूत कहते हैं; जैसे– • सीता आ चुकी है।
अपूर्णभूत	क्रिया के जिस रूप से यह जाना जाए कि क्रिया भूतकाल में हो रही थी, लेकिन उसकी समाप्ति का पता न चले, उसे 'अपूर्णभूत' कहते हैं; जैसे– • सितार बज रहा था।
पूर्णभूत	क्रिया के जिस रूप से बीते समय में कार्य की समाप्ति का पूर्ण बोध होता है, उसे पूर्णभूत कहते हैं; जैसे– • मैं खाना खा चुका था।

भूतकाल के भेद	परिभाषा व उदाहरण
संदिग्धभूत	क्रिया के जिस रूप से बीते हुए समय में कार्य के पूर्ण होने या न होने में सन्देह होता है, उसे संदिग्धभूत (Doubtful Past) कहते हैं; जैसे– • श्याम ने गाया होगा।
हेतुहेतुमद्भूत	क्रिया के जिस रूप से यह पता चले कि क्रिया भूतकाल में होने वाली थी पर किसी कारणवश न हो सकी, उसे हेतुहेतुमद्भूत (Conditional Past) कहते हैं; जैसे– • यदि वह पढ़ता तो परीक्षा में उत्तीर्ण हो जाता।

3. भविष्यत् काल

क्रिया के जिस रूप से भविष्य में होने वाली क्रिया का बोध हो, उसे भविष्यत् काल (Future Tense) कहते हैं। भविष्यत् काल के तीन भेद हैं

भविष्यत् काल के भेद	परिभाषा व उदाहरण
सामान्य भविष्यत्	क्रिया के जिस रूप से भविष्य में होने वाले कार्य के सम्बन्ध में जानकारी हो अथवा यह व्यक्त हो कि क्रिया सामान्यतः भविष्य में होगी, उसे सामान्य भविष्यत् कहते हैं; जैसे– • लता गीत गाएगी।
सम्भाव्य भविष्यत्	क्रिया का वह रूप जिससे कार्य होने की सम्भावना का बोध हो, उसे सम्भाव्य भविष्यत् कहते हैं; जैसे– • सम्भव है कि वह कल जाएगा।
हेतुहेतुमद् भविष्यत्	क्रिया का वह रूप जिससे भविष्य में एक समय में एक क्रिया का होना दूसरी क्रिया पर निर्भर हो, हेतुहेतुमद् भविष्यत् कहलाता है; जैसे– • राम गाए तो मैं बजाऊँ।

अव्यय

अव्यय दो शब्दों 'अ + व्यय' से मिलकर बना है, जिसका अर्थ है—जो व्यय न हो अर्थात् जिसमें कोई परिवर्तन न हो, उसे अव्यय (Indeclinables) कहते हैं। इसे **अविकारी** शब्द भी कहते हैं, क्योंकि इसमें किसी प्रकार का विकार नहीं होता; जैसे—जब, तब, इधर, उधर, यहाँ, वहाँ, किन्तु, परन्तु, बल्कि, इसलिए, अतः, और, तथा, एवं, कब, वह, आदि। अव्यय चार प्रकार के होते हैं

1. क्रिया-विशेषण
2. सम्बन्धबोधक
3. समुच्चयबोधक
4. विस्मयादिबोधक

1. क्रिया-विशेषण

जो शब्द क्रिया की विशेषता प्रकट करते हैं, उन्हें 'क्रिया-विशेषण' (Adverb) कहते हैं। क्रिया-विशेषण को **अविकारी विशेषण** भी कहते हैं; जैसे—

- **धीरे** चलो।

वाक्य में 'धीरे' शब्द 'चलो' क्रिया की विशेषता बताता है। अतः 'धीरे' शब्द क्रिया-विशेषण है। इसके अतिरिक्त क्रिया-विशेषण दूसरे क्रिया-विशेषण की भी विशेषता बताता है; जैसे—

- वह **बहुत धीरे** चलता है।

इस वाक्य में 'बहुत' क्रिया-विशेषण है और यह दूसरे क्रिया-विशेषण 'धीरे' की विशेषता बतलाता है।

अर्थ की दृष्टि से क्रिया-विशेषण के भेद

अर्थ की दृष्टि से क्रिया-विशेषण के चार भेद हैं

स्थानवाचक

जिन शब्दों से क्रिया में स्थान सम्बन्धी विशेषता प्रकट हो, उन्हें स्थानवाचक क्रिया-विशेषण कहते हैं; जैसे—यहाँ, वहाँ, जहाँ, तहाँ, कहाँ, वहीं, कहीं, हर जगह, सर्वत्र, बाहर-भीतर, आगे-पीछे, ऊपर-नीचे, कहीं-कहीं, अन्यत्र इत्यादि। स्थानवाचक क्रिया-विशेषण से 'कहाँ' का उत्तर मिलता है।

स्थानवाचक के दो भेद माने जाते हैं

(i) **स्थितिवाचक** यहाँ, वहाँ, भीतर, बाहर इत्यादि।

(ii) **दिशावाचक** इधर, उधर, दाएँ, बाएँ इत्यादि।

कालवाचक

जिन शब्दों से क्रिया में समय सम्बन्धी विशेषता प्रकट हो, उन्हें कालवाचक क्रिया विशेषण कहते हैं; जैसे—अब, कब, तब, जब; आज, कल, परसों; सुबह, दोपहर, शाम; अभी-अभी, कभी-कभी, कभी न कभी, सदा, सर्वदा, सदैव; पहले, पीछे, नित्य, ज्यों ही, त्यों ही, एक बार, पहली बार, आजकल, घड़ी-घड़ी, रातभर, दिनभर, क्षणभर, कितनी देर में, शीघ्र, जल्दी, बार-बार इत्यादि। कालवाचक क्रिया-विशेषण से 'कब' का उत्तर मिलता है।

कालवाचक के तीन उपभेद माने जाते हैं

(i) **समयवाचक** आज, कल, अभी, तुरन्त, परसों इत्यादि।

(ii) **अवधिवाचक** अभी-अभी, रातभर, दिनभर, आजकल, नित्य इत्यादि।

(iii) **बारम्बारतावाचक** हर बार, कई बार, प्रतिदिन इत्यादि।

परिमाणवाचक

जिन शब्दों से क्रिया की परिमाण (नाप-तौल) सम्बन्धी विशेषता प्रकट होती है, उन्हें परिमाणवाचक क्रिया विशेषण कहते हैं; जैसे—इतना, उतना, कितना, जितना, थोड़ा-थोड़ा, बारी-बारी, क्रमशः, कम, अधिक, ज्यादा, पर्याप्त, काफी, केवल, जरा, बस, लगभग, कुछ, बिल्कुल, कहाँ तक, जहाँ तक, पूर्णतया इत्यादि। परिमाणवाचक क्रिया-विशेषण से 'कितना' का उत्तर मिलता है।

परिमाणवाचक के पाँच भेद माने जाते हैं

(i) **अधिकताबोधक** बहुत, खूब, अत्यन्त, अति इत्यादि

(ii) **न्यूनताबोधक** ज़रा, थोड़ा, किंचित, कुछ इत्यादि

(iii) **पर्याप्तिबोधक** बस, यथेष्ट, काफ़ी, ठीक इत्यादि

(iv) **तुलनाबोधक** कम, अधिक, इतना, उतना इत्यादि

(v) **श्रेणीबोधक** बारी-बारी, तिल-तिल, थोड़ा-थोड़ा इत्यादि

रीतिवाचक

जिन शब्दों से क्रिया की रीति सम्बन्धी विशेषता प्रकट होती है, उन्हें रीतिवाचक क्रिया-विशेषण कहते हैं। रीतिवाचक क्रिया-विशेषणों की संख्या बहुत बड़ी है। जिन क्रिया-विशेषणों का समावेश दूसरे वर्गों में नहीं हो सकता, उनकी गणना इसी में की जाती है। रीतिवाचक क्रिया-विशेषण से 'कैसे' का उत्तर मिलता है। रीतिवाचक क्रिया-विशेषण को निम्नलिखित भागों में बाँटा जा सकता है

- **प्रकारबोधक** ऐसे, कैसे, वैसे, मानो, अचानक, धीरे-धीरे, स्वयं, परस्पर, आपस में, यथाशक्ति, फटाफट, झटपट, आप ही आप इत्यादि।
- **निश्चयबोधक** निःसन्देह, अवश्य, बेशक, सही, सचमुच, जरूर, अलबत्ता, दरअसल, यथार्थ में, वस्तुतः इत्यादि।
- **अनिश्चयबोधक** कदाचित्, शायद, सम्भव है, हो सकता है, प्रायः यथासम्भव इत्यादि।

- **स्वीकारबोधक** हाँ, हाँ जी, ठीक, सच इत्यादि।
- **निषेधबोधक** न, नहीं, गलत, मत, झूठ इत्यादि।
- **कारणबोधक** इसलिए, क्यों, काहे को इत्यादि।
- **अवधारणबोधक** तो, ही, भी, मात्र, भर, तक इत्यादि।

रूप/रचना की दृष्टि से क्रिया-विशेषण के भेद

रूप/रचना की दृष्टि से क्रिया-विशेषण के दो भेद होते हैं

(i) **मूल क्रिया-विशेषण** जो क्रिया-विशेषण किसी दूसरे शब्द से नहीं बने, बल्कि स्वतन्त्र रूप वाले होते हैं, उन्हें मूल क्रिया-विशेषण कहते हैं; जैसे-नहीं, दूर, फिर, ठीक, आज, बस, इधर इत्यादि।

(ii) **यौगिक क्रिया-विशेषण** जो क्रिया-विशेषण किसी दूसरे शब्द की सहायता से बनते हैं, उन्हें यौगिक क्रिया-विशेषण कहते हैं; जैसे-यहाँ पर, मन से, हर बार, यहाँ तक इत्यादि। यौगिक क्रिया-विशेषण तीन प्रकार से बनते हैं

- शब्द भेदों में प्रत्यय या शब्दांश जोड़कर—रातभर, नियम से इत्यादि।
- शब्दों की द्विरुक्ति से—पल-पल, अभी-अभी इत्यादि।
- भिन्न-भिन्न शब्दों के मेल से—घर-बाहर, सुबह-शाम इत्यादि।

2. सम्बन्धबोधक

जिन अविकारी शब्दों से संज्ञा या सर्वनाम का सम्बन्ध वाक्य के दूसरे शब्दों से प्रकट होता है, उन्हें 'सम्बन्धबोधक अव्यय' (Preposition) कहते हैं; जैसे—

- **मैं गोपाल** के **बिना** नहीं जाऊँगा।

इस वाक्य में 'बिना' शब्द 'गोपाल' और 'मैं' के बीच सम्बन्ध प्रकट करता है। अत: बिना शब्द सम्बन्धबोधक अव्यय है।

सम्बन्धबोधक अव्ययों का वर्गीकरण तीन आधारों पर किया गया है

प्रयोग के आधार पर

सम्बन्धबोधक अव्यय का प्रयोग तीन प्रकार से होता है

अव्यय	प्रयोग
विभक्ति सहित	जिन अव्यय शब्दों का प्रयोग कारक विभक्तियों (ने, को, से इत्यादि) के साथ होता है; उन्हें विभक्ति सहित सम्बन्धबोधक अव्यय कहते हैं; जैसे—यथा, पास, लिए इत्यादि।
विभक्ति रहित	जिस अव्यय का प्रयोग बिना कारक विभक्तियों के होता है, उसे विभक्ति रहित सम्बन्धबोधक अव्यय कहते हैं; जैसे—रहित, सहित इत्यादि।
उभयविधि	जिस अव्यय का प्रयोग विभक्ति सहित और विभक्ति रहित दोनों प्रकार से होता है, उसे उभयविधि सम्बन्धबोधक कहते हैं; जैसे—द्वारा, बिना इत्यादि।

अर्थ के आधार पर

सम्बन्धबोधक अव्यय तेरह प्रकार के होते हैं

अव्यय	प्रयोग
कालवाचक	जिन अव्यय शब्दों से **समय** का बोध होता है, उन्हें 'कालवाचक सम्बन्धबोधक अव्यय' कहते हैं; जैसे—के आगे, के पीछे, के बाद में, के पश्चात्, उपरान्त इत्यादि।
स्थानवाचक	जिन अव्यय शब्दों से **स्थान** का बोध हो उन्हें स्थानवाचक सम्बन्धबोधक अव्यय कहते हैं; जैसे—के आगे, के पीछे, ऊपर, नीचे, सामने, निकट, भीतर इत्यादि।
दिशावाचक	जिन अव्यय शब्दों से किसी **दिशा** का बोध होता है, उन्हें दिशावाचक सम्बन्धबोधक अव्यय कहते हैं; जैसे—की ओर, तरफ, के आस-पास, के प्रति, के आर-पार इत्यादि।
साधनवाचक	जिन अव्यय शब्दों से किसी **साधन** का बोध होता है, उन्हें साधनवाचक सम्बन्धबोधक अव्यय कहते हैं; जैसे— माध्यम, मार्फ़त, द्वारा, सहारे, ज़रिए इत्यादि।
कारणवाचक/हेतु वाचक	जिन अव्यय शब्दों से किसी **कारण** का बोध होता है, उन्हें कारणवाचक सम्बन्धबोधक अव्यय कहते हैं, इसे 'हेतु वाचक' भी कहा जाता है; जैसे—कारण, हेतु, वास्ते, निमित्त, ख़ातिर इत्यादि।
सादृश्यवाचक	जिन अव्यय शब्दों से **समानता** का बोध होता है, उन्हें सादृश्यवाचक सम्बन्धबोधक अव्यय कहते हैं; जैसे—के समान, की तरह, के जैसा, वैसा ही इत्यादि।
विरोधवाचक	जिन अव्यय शब्दों से प्रतिकूलता या **विरोध** का बोध होता है, उन्हें विरोधवाचक सम्बन्धबोधक अव्यय कहते हैं; जैसे—के विरुद्ध, के प्रतिकूल, के विपरीत, से उल्टा इत्यादि।
संग्रहवाचक	जिन अव्यय शब्दों से किसी **संग्रह** का पता चलता है, उन्हें संग्रहवाचक सम्बन्धबोधक अव्यय कहते हैं; जैसे—तक, पर्यन्त, भर, मात्र इत्यादि।
विषयवाचक	जिन अव्यय शब्दों से विषय का बोध हो, उन्हें विषयवाचक सम्बन्धबोधक अव्यय कहते हैं; जैसे—के लेखे, की बावत, के भरोसे, निस्बत, के मद्दे इत्यादि।
विनिमयवाचक	जिन अव्यय शब्दों से विनिमय का बोध हो, उन्हें विनिमयवाचक सम्बन्धबोधक अव्यय कहते हैं; जैसे—के बदले, की जगह, के एवज में इत्यादि।
व्यतिरेकवाचक	जिन अव्यय शब्दों से व्यतिरेक (अभाव या अन्त) का बोध हो, उन्हें व्यतिरेकवाचक सम्बन्धबोधक अव्यय कहते हैं; जैसे—के बिना, के अलावा, के सिवा, के अतिरिक्त इत्यादि।
साहचर्यवाचक	जिन अव्यय शब्दों से सहचर (साथ) का बोध हो, उन्हें सहचरवाचक सम्बन्धबोधक अव्यय कहते हैं; जैसे—के संग, साथ, के सहित, समेत इत्यादि।
तुलनावाचक	जिन अव्यय शब्दों से तुलना का बोध हो, उन्हें तुलनावाचक सम्बन्धबोधक अव्यय कहते हैं; जैसे—की अपेक्षा, बनिस्पत, के सामने इत्यादि।

व्युत्पत्ति या रूप के आधार पर

सम्बन्धबोधक अव्यय दो प्रकार के होते हैं, जो निम्न हैं

मूल सम्बन्धबोधक	जो अव्यय किसी दूसरे शब्द के योग से नहीं बनते अपितु अपने मूलरूप में ही रहते हैं, उन्हें मूल सम्बन्धबोधक अव्यय कहते हैं; जैसे—बिना, समेत, तक इत्यादि।
यौगिक सम्बन्धबोधक	जो अव्यय संज्ञा, विशेषण, क्रिया इत्यादि के योग से बनते हैं, उन्हें यौगिक सम्बन्धबोधक अव्यय कहते हैं; जैसे—पर्यन्त (परि + अन्त)।

3. समुच्चयबोधक

जो अव्यय क्रिया या संज्ञा की विशेषता न बतलाकर शब्दों, वाक्यांशों अथवा वाक्यों को जोड़ने का कार्य करते हैं, उन्हें 'समुच्चयबोधक अव्यय' (Conjunction) कहते हैं; जैसे—

- **अखिल और सुहेल** कॉलेज को **जाते हैं।**

इस वाक्य में 'और' शब्द अखिल और सुहेल को क्रिया 'जाते हैं' से जोड़ता है इसलिए यहाँ 'और' शब्द समुच्चयबोधक है।

प्रयोग की दृष्टि से समुच्चयबोधक अव्यय के भेद

प्रयोग की दृष्टि से समुच्चयबोधक अव्यय के दो भेद हैं

(i) **समानाधिकरण समुच्चयबोधक** जो अव्यय दो या दो-से-अधिक पदों, शब्दों या वाक्यों का संयोजन-विभाजन करते हैं, उन्हें समानाधिकरण समुच्चयबोधक कहते हैं। इसके चार भेद निम्न हैं

संयोजक	तथा, एवं, और, व, या इत्यादि।
विभाजक	अथवा, या, वा, किंवा, कि, चाहे, नहीं तो इत्यादि।
विरोधदर्शक	वरन्, मगर, किन्तु, परन्तु, लेकिन पर इत्यादि।
परिणामदर्शक	अतः, अतएव, इसलिए इत्यादि।

(ii) **व्यधिकरण समुच्चयबोधक** जो अव्यय मुख्य वाक्य से एक या एक से अधिक आश्रित वाक्यों को जोड़ने का कार्य करते हैं, उन्हें व्यधिकरण समुच्चयबोधक अव्यय कहते हैं। इसके चार भेद हैं

कारणवाचक	इसलिए, कि, जो कि, क्योंकि इत्यादि।
उद्देश्यवाचक	ताकि, जो, इसलिए, कि इत्यादि।
संकेतवाचक	यदि तो, जो तो, यद्यपि, तथापि इत्यादि।
स्वरूपवाचक	अर्थात्, मानो, यानि, कि, जो इत्यादि।

रचना की दृष्टि से समुच्चयबोधक अव्यय के भेद

रचना की दृष्टि से समुच्चयबोधक अव्यय के दो भेद हैं

(i) **रूढ़ समुच्चयबोधक अव्यय** इसके अन्तर्गत और, एवं, कि, यदि इत्यादि आते हैं।

(ii) **यौगिक समुच्चयबोधक अव्यय** इसके अन्तर्गत क्योंकि, यद्यपि, तथापि, न ····· न, जो ···· तो, यदि ···· तो इत्यादि आते हैं।

4. विस्मयादिबोधक

जिन अव्यय शब्दों से हर्ष, विस्मय, शोक, लज्जा, ग्लानि इत्यादि मनोभाव प्रकट होते हैं, उन्हें विस्मयादिबोधक (Interjection) अव्यय कहते हैं; जैसे—

- हाय! वह चल बसा।, वाह! क्या मौसम है।

विस्मयादिबोधक निम्नलिखित प्रकार के होते हैं

हर्षबोधक	अहा! वाह! वाह-वाह इत्यादि।
शोकबोधक	हाय! हा! ऊँह! उफ! त्राहि-त्राहि इत्यादि।
प्रशंसाबोधक	शाबाश! खूब! इत्यादि।
तिरस्कारबोधक	राम-राम! थू-थू! छिः!-छिः! धत्! धिक् इत्यादि।
आश्चर्यबोधक	अरे! हैं! ऐ! ओह! इत्यादि।
क्रोधबोधक	अबे! पाजी! अजी! इत्यादि।
व्यथाबोधक	हाय रे! बाप रे! अरे दादा! ऊँह इत्यादि।
विनयबोधक	जी! जी हाँ! हजूर! साहब इत्यादि।
स्वीकारबोधक	ठीक! हाँ-हाँ! अच्छा! बहुत अच्छा इत्यादि।

निपात

निपात का प्रयोग अव्ययों के लिए होता है। इनका कोई लिंग, वचन नहीं होता। निपातों का प्रयोग निश्चित शब्द या पूरे वाक्य को श्रव्य भावार्थ प्रदान करने के लिए होता है। निपात सहायक शब्द होते हुए भी वाक्य के अंग नहीं होते। निपात का कार्य शब्द समूह को बल प्रदान करना भी है।

निपात के निम्नलिखित प्रकार हैं

- **स्वीकृतिबोधक** हाँ, जी, जी हाँ।
- **नकारबोधक** जी नहीं, नहीं।
- **निषेधात्मक** मत।
- **प्रश्नबोधक** क्या।
- **विस्मयादिबोधक** क्या, काश।
- **तुलनाबोधक** सा।
- **आदरबोधक** जी।
- **बलप्रदायक** तो, ही, भी, तक, भर, सिर्फ, केवल।
- **अवधारणाबोधक** ठीक, करीब, लगभग, तकरीबन।

पद-परिचय

वर्णों का सार्थक समूह 'शब्द' कहलाता है, किन्तु जब उन्हीं शब्दों को विभक्तियों के साथ वाक्य में प्रयुक्त किया जाता है, तब वे शब्द 'पद' कहलाते हैं; जैसे— राम, पुस्तक, बच्चे, केला इत्यादि।

- **राम** पढ़ता है।
- उसने नई **पुस्तक** खरीदी।
- **बच्चे** खेल रहे हैं।
- वह **हँस** रहा है।

पद-परिचय से तात्पर्य है—पदों का विश्लेषण। वाक्य में प्रयुक्त पदों का व्याकरणिक परिचय ही **पद-परिचय** कहलाता है। इसे 'पद व्याख्या' या 'पदान्वय' भी कहा जाता है। अन्य शब्दों के साथ किसी वाक्य में प्रयुक्त संज्ञा, सर्वनाम, विशेषण, क्रिया-विशेषण, सम्बन्धबोधक, समुच्चयबोधक अथवा विस्मयादिबोधक इत्यादि शब्दों का जिस रूप में प्रयोग हुआ है, उन्हें स्पष्ट करना ही पद-परिचय कहलाता है। किसी पद का परिचय देने के लिए उस शब्द अथवा पद का भेद, उपभेद, लिंग, वचन, कारक, कर्ता इत्यादि के सम्बन्ध का परिचय दिया जाता है।

पद-परिचय करते समय निम्नलिखित बातों का ध्यान रखा जाना अत्यन्त आवश्यक है

- प्रत्येक पद को अलग-अलग करना चाहिए।
- प्रत्येक पद के प्रकार बताने चाहिए।
- वाक्य में उसका दूसरे पदों से सम्बन्ध बताना चाहिए।
- वाक्य में उसका कार्य बताना चाहिए।

पद-परिचय के भेदों का उदाहरण सहित विवरण

1. **संज्ञा भेद** (जातिवाचक, व्यक्तिवाचक एवं भाववाचक) लिंग, वचन, कारक, क्रिया तथा अन्य शब्दों से उसका सम्बन्ध; जैसे—
   - <u>गौरव</u> <u>हास्य की</u> एक <u>पुस्तक</u> पढ़ता है।

   गौरव व्यक्तिवाचक संज्ञा, पुल्लिंग, एकवचन, कर्ता कारक
   हास्य की भाववाचक संज्ञा, पुल्लिंग, एकवचन, सम्बन्ध कारक
   पुस्तक जातिवाचक संज्ञा, स्त्रीलिंग, एकवचन, कर्म कारक

2. **सर्वनाम भेद** (पुरुषवाचक, निश्चयवाचक, अनिश्चयवाचक, सम्बन्धवाचक, प्रश्नवाचक एवं निजवाचक) लिंग, वचन, कारक या अन्य शब्दों से उसका सम्बन्ध; जैसे—
   - <u>मैं</u> <u>तुमसे</u> <u>कुछ</u> पूछूँगा।

   मैं पुरुषवाचक सर्वनाम (उत्तम पुरुष), एकवचन, पुल्लिंग, कर्ता कारक
   तुमसे पुरुषवाचक सर्वनाम (मध्यम पुरुष), स्त्रीलिंग-पुल्लिंग दोनों लिंगों में सम्भव, एकवचन, करण कारक
   कुछ अनिश्चयवाचक सर्वनाम, पुल्लिंग, एकवचन, कर्म कारक

3. **विशेषण भेद** (गुणवाचक, संख्यावाचक, परिमाणवाचक एवं सार्वनामिक) लिंग, वचन, कारक, विशेषणानुसार विशेष्य; जैसे—
   - मेरे बगीचे में <u>दो</u> <u>नीले</u> फूल हैं।

दो संख्यावाचक विशेषण (निश्चित), 'फूल' विशेष्य
नीले गुणवाचक विशेषण, बहुवचन, पुल्लिंग

4. **क्रिया भेद** (अकर्मक एवं सकर्मक) धातु, वाच्य, काल (भूतकाल, वर्तमानकाल एवं भविष्यत् काल–उपभेद सहित) लिंग, वचन, कर्ता, कर्म इत्यादि से सम्बन्ध; जैसे–
   - जब वह स्टेशन पहुँचा, तब गाड़ी चल रही थी।

   पहुँचा अकर्मक क्रिया, सामान्य भूतकाल, पुल्लिंग, एकवचन, कर्तृवाच्य
   चल रही थी सकर्मक क्रिया, अपूर्ण भूतकाल, स्त्रीलिंग, एकवचन, कर्तृवाच्य (संयुक्त क्रिया भी)

5. **क्रिया-विशेषण भेद** (स्थानवाचक, कालवाचक, रीतिवाचक एवं परिमाणवाचक) उस क्रिया का निर्देश, जिसकी विशेषता बताई जा रही है; जैसे–
   - जब खाओ, कम बोलो।

   जब कालवाचक क्रिया-विशेषण, 'खाओ' क्रिया का विशेषण
   कम परिमाणवाचक क्रिया-विशेषण, 'बोलो' क्रिया का विशेषण

6. **सम्बन्धबोधक भेद** जिन पदों अथवा उपवाक्यों का सम्बन्ध बताया जा रहा है; जैसे–
   - वह खुशी के मारे चीख पड़ा।

   के मारे कारणवाचक सम्बन्धबोधक अव्यय (सम्बन्धी शब्द 'खुशी')

7. **समुच्चयबोधक भेद** (संयोजक एवं विभाजक) जोड़ने वाले शब्दों अथवा वाक्यों का निर्देश; जैसे–
   - वह आया और मैं चला गया।

   और समुच्चयबोधक, समानाधिकरण

8. **विस्मयादिबोधक भाव** (हर्ष, शोक, घृणा, भय, विस्मय, क्रोध इत्यादि) जिस किसी को भी प्रकट कर रहा है, उसका निर्देश; जैसे–
   - आह! कितना सुन्दर दृश्य है।

   आह! विस्मयादिबोधक (हर्षसूचक)

9. **निपात** (स्वीकृतिबोधक, नकारबोधक, निषेधात्मक, प्रश्नबोधक, विस्मयादिबोधक, तुलनाबोधक, अवधारणाबोधक, आदरबोधक, बलप्रदायक) इनके प्रयोग से वाक्य का समग्र (सम्पूर्ण/पूरा) अर्थ प्रभावित होता है; जैसे–
   - सुरेश ने ही मुझे मारा।

   ही निपात (बलप्रदायक)

मध्यान्तर प्रश्नावली

1. क्रिया के जिस रूप से उसके होने का समय तथा उसकी पूर्णता या अपूर्णता का बोध होता है, उसे क्या कहते हैं?
(a) काल (b) अव्यय (c) निपात (d) विशेषण

2. काल के बोध का सम्बन्ध किससे है?
(a) वचन (b) क्रिया (c) संज्ञा (d) अव्यय

3. काल के कितने भेद हैं?
(a) तीन (b) दो (c) चार (d) पाँच

4. भूतकाल के कितने भेद हैं?
(a) सात (b) पाँच (c) आठ (d) छः

5. 'श्याम ने गाना गाया होगा'। वाक्य में प्रयुक्त है?
(a) आसन्नभूत (b) संदिग्धभूत
(c) पूर्णभूत (d) सामान्य भूत

6. जिन शब्दों का रूप सदैव समान रहता है, उन्हें ······ कहते हैं।
(a) अव्यय (b) वचन
(c) क्रिया (d) लिंग

7. अव्यय कितने प्रकार के होते हैं?
(a) तीन (b) चार (c) पाँच (d) दो

8. 'धीरे चलो'–में अव्यय का कौन-सा प्रकार है?
(a) क्रिया-विशेषण (b) सम्बन्धबोधक
(c) समुच्चयबोधक (d) विस्मयादिबोधक

9. किस वाक्य में परिमाणवाचक क्रिया-विशेषण है?
(a) खेल का मैदान लम्बा है।
(b) पंकज अच्छा गायक है।
(c) मैं सफेद कमीज़ नहीं पहनता।
(d) इस बार बारिश में बहुत ओले पड़े।

10. निम्नलिखित में से कौन-सा शब्द कालवाचक क्रिया-विशेषण है?
(a) बारी-बारी (b) भीतर
(c) आज (d) यथासम्भव

उत्तरमाला

1. (a)	*2. (b)*	*3. (a)*	*4. (d)*	*5. (b)*
6. (a)	*7. (b)*	*8. (a)*	*9. (d)*	*10. (c)*

वस्तुनिष्ठ प्रश्नावली

1. 'खूँटी' शब्द का बहुवचन बताइए *(लेखपाल भर्ती परीक्षा 2015)*
(a) खूँटियाँ (b) खुँटियाँ (c) खूटियों (d) खूँटिया

2. 'हमारी अध्यापिका आज नहीं आएँगी' इस वाक्य का पुल्लिंग वाक्य कौन-सा है? *(स्टेनोग्राफर परीक्षा 2014, UP सहायक शिक्षक 2019)*
(a) हमारा अध्यापक आज नहीं आएगा।
(b) हमारी अध्यापक आज नहीं आएगी।
(c) हमारे अध्यापक आज नहीं आएगा।
(d) हमारे अध्यापक आज नहीं आएँगे।

3. 'कवि' का स्त्रीलिंग रूप क्या है? *(उत्तर प्रदेश सहायक अध्यापक 2019)*
(a) कवियित्री (b) कवयित्री (c) कवित्री (d) कवयित्रि

4. इनमें से कौन-सा शब्द स्त्रीलिंग है? *(स्टेनोग्राफर परीक्षा 2014)*
(a) क्रोध (b) बुढ़ापा (c) छाया (d) चयन

5. 'एक' का बहुवचन क्या है? *(स्टेनोग्राफर परीक्षा 2014)*
(a) बहुत (b) अनेक (c) ज्यादा (d) दो

6. 'पुस्तक' का बहुवचन क्या है? *(स्टेनोग्राफर परीक्षा 2014)*
(a) पुस्तकें (b) पुस्तकों (c) पुसतकें (d) पुस्तकाएँ

7. 'कव्वाली' शब्द में कौन-सा लिंग है? *(UPSSSC 2019)*
(a) पुल्लिग (b) स्त्रीलिंग (c) नपुंसकलिंग (d) उभयलिंग

8. निम्नलिखित में से कौन-सा शब्द एकवचन तथा बहुवचन दोनों में प्रयोग हो सकता है? *(UPTET 2020)*
(a) मुनि (b) बेटा (c) लड़का (d) बालिका

9. चिड़िया का बहुवचन रूप है *(DSSSB असिस्टेंट टीचर परीक्षा 2015)*
(a) चिड़ियाँ (b) चिड़ियों (c) चिड़ियाएँ (d) चिड़िया

10. 'आयुष्मान' का स्त्रीलिंग क्या है? *(UPTET 2020)*
(a) आयुष्मती (b) आयुष्यमयी (c) आयुषी (d) आयुष्मयी

11. निम्नलिखित में से कौन-सा शब्द पुल्लिग है? *(UPTET 2020)*
(a) कढ़ी (b) चील (c) सन्तान (d) सरसों

12. निम्नलिखित वाक्यों में से किसमें पूर्व-कालिक क्रिया है? *(DSSSB असिस्टेंट टीचर परीक्षा 2015)*
(a) उसने नहाकर भोजन किया (b) वह धीरे-धीरे खा रहा था
(c) उसने मुझे पुस्तक सौंपी (d) वह शाम को पहुँचेगा

13. पुल्लिग-स्त्रीलिंग शब्द-युग्म की दृष्टि से कौन-सा युग्म अशुद्ध है? *(DSSSB असिस्टेंट टीचर परीक्षा 2015)*
(a) कर्ता-कत्री (b) नेता-नेत्री
(c) धाता-धात्री (d) दाता-दात्री

14. निम्नलिखित में कौन-सा शब्द युग्म गलत है? *(DSSSB असिस्टेंट टीचर परीक्षा 2015)*
(a) चिड़िया-चिड़ियाँ (b) तिथि-तिथियाँ
(c) नदी-नदियाँ (d) जनता-जनताएँ

15. 'नरेश सो रहा था' वाक्य में कौन-सा काल है? *(DSSSB असिस्टेंट टीचर परीक्षा 2015)*
(a) पूर्ण भूत (b) अपूर्ण भूत
(c) आसन्न भूत (d) सामान्य भूत

16. निम्नांकित में कौन-सा शब्द स्त्रीलिंग नहीं है? *(CGPSC Pre 2014)*
(a) सन्तान (b) सवारी (c) बुलबुल (d) भेड़िया

17. निम्नलिखित में स्त्रीलिंग शब्द है *(उत्तराखण्ड 'समूह-ग' परीक्षा 2019)*
(a) संविधान (b) प्रवेश (c) परिवहन (d) गवेषणा

18. 'चाकू' शब्द का बहुवचन होगा *(UPSSSC लेखपाल परीक्षा 2015)*
(a) चाकू (b) चाकूएँ (c) चाकुओं (d) चाकुओ

19. 'विद्वान्' शब्द का स्त्रीलिंग क्या होगा? *(UPSSSC लेखपाल परीक्षा 2015)*
(a) विधावंक्ती (b) विदुषी (c) विद्वन्ती (d) विद्यामती

20. 'वह अगले साल आएगा' इस वाक्य में कौन-सा कारक है? *(UPSSSC लेखपाल परीक्षा 2015)*
(a) कर्म कारक (b) अपादान कारक
(c) सम्बन्ध कारक (d) अधिकरण कारक

21. निम्नलिखित में से किस वाक्य में भविष्यत्काल है? *(UPSSSC लेखपाल परीक्षा 2015)*
(a) मैं आपका आभारी हूँ (b) मैं आपकी प्रतीक्षा करूँगा
(c) मैंने एक पेड़ काट लिया (d) मैं पुस्तक पढ़ने वाला था

22. निम्नलिखित शब्दों में से स्त्रीलिंग शब्द बताइए। *(UPSSSC लेखपाल परीक्षा 2015)*
(a) दही (b) मसि (c) सिरका (d) आसव

23. निम्न में कौन-सा शब्द पुल्लिग है? *(UPSSSC VDO 2018)*
(a) आशा (b) कष्ट (c) क्षमा (d) सेना

24. 'डण्डा' शब्द का बहुवचन क्या होगा? *(CGPSC Pre 2019)*
(a) डण्डे (b) डण्डा
(c) डण्डा मन (d) बहुत सारे डण्डे

25. 'चारपाई पर भाई साहब बैठे हैं' इस वाक्य में 'चारपाई' किस कारक में है? *(उपनिरीक्षक सीधी भर्ती 2014)*
(a) करण (b) सम्प्रदान (c) अधिकरण (d) कर्म

26. हिन्दी में 'मैं' का बहुवचन है *(UPSSSC 2019)*
(a) हम (b) हम दोनों (c) हम सब (d) हम लोग

27. पुल्लिग संज्ञा के स्थान पर स्त्रीलिंग कर देने से 'काला' विशेषण का क्या रूप होगा? *(UPSSSC कनिष्ठ सहायक परीक्षा 2019)*
(a) काले (b) काला (c) कालों (d) काली

28. निम्नलिखित में विकारी शब्द कौन-सा है? *(उपनिरीक्षक सीधी भर्ती 2014)*
(a) आज (b) यथा (c) परन्तु (d) लड़का

29. वह एक सप्ताह बाद आया' इस वाक्य में कौन-सा शब्द क्रिया-विशेषण है? *(UPSSSC VDO 2018)*
(a) वह (b) एक (c) बाद (d) आया

30. क्रिया का मूल रूप कहलाता है *(उपनिरीक्षक सीधी भर्ती 2015)*
(a) धातु (b) कारक
(c) क्रिया-विशेषण (d) इनमें से कोई नहीं

31. 'अविकारी' शब्द होता है *(उपनिरीक्षक सीधी भर्ती 2014)*
(a) संज्ञा (b) सर्वनाम
(c) अव्यय (d) विशेषण

32. 'स्त्री कपड़ा सीती है।' यह वाक्य ……………… वाच्य में है। *(HSSSC क्लर्क भर्ती परीक्षा 2019)*
(a) कर्म (b) भाव
(c) कर्ता (d) इनमें से कोई नहीं

33. निम्नलिखित में से किस वाक्य में सकर्मक क्रिया है? *(CGPSC 2013)*
(a) राम दौड़ा (b) मैं रुक गया
(c) उसने कार बेच दी (d) राहुल सो गया

34. निम्नलिखित में से कर्तृवाच्य का वाक्य बताइए *(CGPSC 2013)*
(a) तुलसीदास ने रामचरितमानस लिखी।
(b) राम द्वारा रावण को मारा गया।
(c) आज टहलने चला जाए।
(d) छात्रों द्वारा फुटबाल खेली जाती है।

35. निम्नलिखित में से कौन-सा शब्द उभयलिंगी है? *(CGPSC 2013)*
(a) डॉक्टर (b) विद्वान् (c) अभिनेत्री (d) गायक

36. 'परिश्रमी' शब्द में कौन-से विशेषण का बोध होता है? *(UKTET 2011)*
(a) गुणवाचक (b) संख्यावाचक (c) परिमाणवाचक (d) सार्वनामिक

37. वे अविकारी शब्द जो वाक्यों, वाक्यांशों अथवा एकाधिक शब्दों को जोड़ते हैं, कहलाते हैं *(UPTET 2016)*
(a) सम्बन्धवाचक शब्द (b) विस्मयादिबोधक शब्द
(c) क्रिया-विशेषण शब्द (d) समुच्चयबोधक शब्द

38. 'जटिल' विशेषण के लिए निम्नलिखित में से उपयुक्त संज्ञा होगी *(RPSC पुलिस सब-इंस्पेक्टर परीक्षा 2011)*
(a) दृष्टि (b) प्रश्न (c) समस्या (d) स्थिति

39. जातिवाचक संज्ञा से भाववाचक संज्ञा के युग्मों से असत्य युग्म का चयन कीजिए। *(UKTET 2011)*

	शब्द	भाववाचक संज्ञा
(a)	इन्सान	इन्सानियत
(b)	कुमार	कौमार्य
(c)	जवान	जवानी
(d)	नर	नारी

40. 'वह द्वार-द्वार भीख माँगता चलता है' वाक्य में कौन-सा कारक है? *(UPTET 2020)*
(a) सम्बन्ध (b) सम्बोधन (c) अधिकरण (d) अपादान

41. निम्नलिखित विकल्पों में से अकर्मक क्रिया है *(UK 'समूह-ग' परीक्षा 2019)*
(a) पढ़ना (b) हँसना (c) लिखना (d) खाना

42. सम्प्रदान कारक का उदाहरण चुनिए। *(UK 'समूह-घ' परीक्षा 2019)*
(a) चिड़िया पेड़ पर बैठी है
(b) अध्यापक ने छात्रों के लिए पुस्तक लिखी
(c) ये मेरे मित्र हैं
(d) वह नदी से जल लाया है

43. वह कौन-सा शब्द है, जो प्राय: बहुवचन में प्रयुक्त होता है? *(UKTET 2011)*
(a) देव (b) छात्र (c) नक्षत्र (d) प्राण

44. निम्नांकित में अविकारी शब्द है *(UPTET 2015)*
(a) नारी (b) सरदी (c) परन्तु (d) मीठा

45. 'गोरस' शब्द संज्ञा का कौन-सा प्रकार है? *(CGPSC Pre 2020)*
(a) द्रव्यवाचक (b) समूहवाचक
(c) भाववाचक (d) जातिवाचक

46. क्रिया से बनने वाली भाववाचक संज्ञा है *(UPTET 2015)*
(a) थकावट (b) बुराई
(c) आलस्य (d) बुढ़ापा

47. 'यह समस्या मैं <u>आप</u> ही हल कर लूँगा' रेखांकित पद का सर्वनाम भेद बताइए। *(HTET 2018)*
(a) सम्बन्धवाचक (b) पुरुषवाचक
(c) निजवाचक (d) निश्चयवाचक

48. <u>ऊँचाइयाँ</u> नापनी हैं, तो पर्वतों की सैर करो। रेखांकित पद का संज्ञा भेद इंगित कीजिए। *(HTET 2018)*
(a) भाववाचक संज्ञा (b) समूहवाचक संज्ञा
(c) व्यक्तिवाचक संज्ञा (d) जातिवाचक संज्ञा

49. रमेश <u>कल</u> दिल्ली जाएगा। इस वाक्य में रेखांकित शब्द है *(RPSC पुलिस सब-इंस्पेक्टर परीक्षा 2011)*
(a) संज्ञा (b) क्रिया विशेषण
(c) संज्ञा विशेषण (d) कर्म

50. 'ध्यानपूर्वक' शब्द है *(RPSC पुलिस सब-इंस्पेक्टर परीक्षा 2011)*
(a) परिमाणवाचक क्रिया-विशेषण (b) कालवाचक क्रिया-विशेषण
(c) स्थानवाचक क्रिया-विशेषण (d) रीतिवाचक क्रिया-विशेषण

51. 'राम घर गया <u>और</u> श्याम बाजार गया'। इस वाक्य में रेखांकित शब्द है *(RPSC पुलिस सब-इंस्पेक्टर परीक्षा 2011)*
(a) विकल्पसूचक (b) परिणामदर्शक
(c) संयोजक (d) कारणबोधक

52. 'वह बहुत अच्छा लड़का है' वाक्य में 'वह' कौन-सा सर्वनाम है?
(a) निजवाचक (b) सम्बन्धवाचक
(c) अनिश्चयवाचक (d) निश्चयवाचक

53. 'हिनहिनाना' शब्द है *(UKSSSC, VDO 2015)*
(a) संज्ञा (b) सर्वनाम
(c) विशेषण (d) क्रिया-विशेषण

54. हिन्दी में 'दाम' शब्द है *(मध्य प्रदेश समग्र सुरक्षा परीक्षा 2017)*
(a) बहुवचन (b) द्विवचन
(c) एकवचन (d) इनमें से कोई नहीं

55. '<u>कोई</u> बच्चा नहीं खेलेगा।' रेखांकित शब्द क्या है? *(उत्तर प्रदेश वन विभाग 2015)*
(a) परिमाणवाचक विशेषण (b) गुणवाचक विशेषण
(c) सार्वनामिक विशेषण (d) सर्वनाम

56. 'चाँदनी चौक' में कौन-सी संज्ञा है? *(UPTET 2020)*
(a) द्रव्यवाचक (b) भाववाचक
(c) व्यक्तिवाचक (d) जातिवाचक

57. 'आगरा' का बहुवचन होगा *(REET 2011)*
(a) आगरे (b) आगरों
(c) आगरें (d) बहुवचन नहीं होगा

58. अकारान्त स्त्रीलिंग शब्द का बहुवचन बनाने के लिए क्या किया जाता है? *(UPSSSC 2019)*
(a) अन्त्य स्वर के बदले 'ओं' कर देते हैं
(b) अन्त्य स्वर के साथ 'अयें' लगा देते हैं
(c) अन्त्य स्वर के बदले 'ऐं' कर देते हैं
(d) अन्त्य स्वर के बदले 'आएँ' कर देते हैं

59. विशेषण से निर्मित भाववाचक संज्ञा पद नहीं है *(HTET 2018)*
(a) आत्मीयता (b) नैपुण्य
(c) धैर्यवत्ता (d) सारल्य

60. 'मनोहर जीवनभर पूरा सुख भोगता रहा' इसमें कौन-सा विशेषण है? *(UPTET 2020)*
(a) संख्यावाचक विशेषण (b) सार्वनामिक विशेषण
(c) गुणवाचक विशेषण (d) परिमाणवाचक विशेषण

61. निम्नलिखित विकल्पों में किस विकल्प में विशेषण का निर्देश अशुद्ध है? *(UPTET 2020)*
(a) दूसरा—क्रमवाचक (b) ढाई—अपूर्णांक बोधक
(c) छब्बीस—पूर्णांक बोधक (d) वह नौकर—कोई विशेषण नहीं है

62. अधोलिखित में से कौन-सा युग्म विशेषण नहीं है? *(UPPCS 2016)*
(a) छोटा-बड़ा (b) हरा-पीला
(c) दो-तीन (d) राम-लक्ष्मण

63. 'वह स्वत: ही जान जाएगा' में वह सर्वनाम है *(REET 2011)*
(a) पुरुषवाचक सर्वनाम (b) निजवाचक सर्वनाम
(c) सम्बन्धवाचक सर्वनाम (d) अनिश्चयवाचक सर्वनाम

64. 'आप भला तो जग भला' वाक्य में सर्वनाम के किस भेद का बोध होता है? *(UPTET 2020)*
(a) अनिश्चयवाचक सर्वनाम (b) निजवाचक सर्वनाम
(c) सम्बन्धवाचक सर्वनाम (d) प्रश्नवाचक सर्वनाम

65. 'राम सो रहा है' इस वाक्य में कौन-सी क्रिया है? *(UPSSC VDO 2018)*
(a) अकर्मक (b) सकर्मक
(c) प्रेरणार्थक (d) द्विकर्मक

66. अधोलिखित किस वाक्य में अकर्मक क्रिया है? *(UPPCS Pre 2016)*
(a) मैं पुस्तक पढ़ता हूँ (b) ये चीजें तुम्हारा जी ललचाती हैं
(c) श्याम सोता है (d) वह अपना सिर खुजलाता है

67. निम्नलिखित वाक्यों में से किसमें प्रेरणार्थक क्रिया का प्रयोग नहीं है? *(UPPCS Pre 2016)*
(a) पिता उसे पढ़ाते हैं (b) राम नहीं पढ़ता
(c) ये अध्यापक से पढ़वाते हैं (d) अध्यापक परिश्रम कराते हैं

68. 'राम आम खाता है' में वाच्य का कौन-सा रूप है? *(UPTET 2020)*
(a) भाववाच्य (b) कर्मवाच्य
(c) कर्तृवाच्य (d) उभयवाच्य

69. निम्न में भाव वाच्य का उदाहरण है *(UPTET 2020)*
I. उससे बैठा नहीं जाता।
II. राम से खाया नहीं जाता।
III. राम पत्र लिखता है।
IV. सीता पुस्तक पढ़ती है।

कूट
(a) I, II और IV (b) I, II, III और IV
(c) I, II और III (d) I और II

70. किस कारक की विभक्ति पूर्व में लगती है *(MP समग्र सुरक्षा विस्तार अधिकारी परीक्षा 2017)*
(a) अधिकरण (b) सम्बन्ध
(c) सम्प्रदान (d) सम्बोधन

71. 'लड़का पत्थर फेंकता है।' यह वाक्य······कारक के लिए उदाहरण है। *(HSSSC क्लर्क परीक्षा 2019)*
(a) कर्म (b) कर्ता
(c) सम्बन्ध (d) करण

72. 'से (अलगाव)' किस विभक्ति का बोधक चिह्न है? *(UPSSSC कनिष्ठ सहायक परीक्षा 2016)*
(a) सम्प्रदाान (b) कर्म
(c) अधिकरण (d) अपादान

73. 'सेनाएँ युद्ध क्षेत्र से आगे बढ़ी' इस वाक्य में सम्बन्धवाचक शब्द बताइए। *(UPSSSC VDO 2018)*
(a) सेनाएँ (b) युद्ध क्षेत्र
(c) आगे (d) बढ़ी

74. 'वह आया और मैं गया' इस वाक्य में समुच्चयबोधक शब्द बताइए। *(UPSSSC VDO 2018)*
(a) वह (b) आया
(c) और (d) गया

75. 'वे रिश्ता बनाते थे, तो तोड़ते नहीं थे।' *(उत्तराखण्ड 'समूह-ग' परीक्षा 2019)*
(a) संज्ञा (b) सर्वनाम
(c) समुच्चयबोधक (d) विस्मयबोधक

76. निम्नलिखित में से किस वाक्य में परिमाणवाचक क्रिया-विशेषण है? *(UPSSSC कनिष्ठ सहायक परीक्षा 2016)*
(a) इस बार बारिश में बहुत ओले पड़े
(b) यह लड़की सुन्दर है
(c) मैदान हरा-भरा है
(d) तुम अच्छे खिलाड़ी हो

77. मनोभावों को प्रकट करने वाले वे अविकारी शब्द, जिनका वाक्य से कोई सम्बन्ध नहीं रहता, कहलाते हैं *(UPSSSC कनिष्ठ सहायक परीक्षा 2016)*
(a) विकल्पबोधक अव्यय
(b) समुच्चयबोधक अव्यय
(c) विस्मयादिबोधक अव्यय
(d) अनुबद्धबोधक अव्यय

78. निम्नांकित में अविकारी शब्द है *(UPTET 2016)*
(a) नारी (b) सर्दी
(c) परन्तु (d) मीठा

79. जिन शब्दों का प्रयोग वाक्य को श्रव्य भावार्थ और बल प्रदान करने के लिए होता है, लेकिन वे वाक्य के अंग नहीं होते, क्या कहलाते हैं? *(UPSSSC कनिष्ठ सहायक परीक्षा 2016)*
(a) निर्विभक्तिक (b) यौगिक
(c) मौलिक (d) निपात

80. 'मैंने तो कुछ नहीं किया' वाक्य में 'तो' व्याकरण की दृष्टि से क्या है? *(UTET 2013)*

(a) क्रिया-विशेषण (b) कर्ता
(c) कारक (d) निपात

81. 'मेरे लड़के ने मेरी आज्ञा का पालन नहीं किया' वाक्य में 'लड़के' के विषय में कौन-सा विकल्प अशुद्ध है? *(UPTET 2020)*

(a) कर्ता (b) पुल्लिंग
(c) एकवचन (d) बहुवचन

82. यह पुस्तक किसकी है? में रेखांकित का पद परिचय दीजिए। *(UPTET 2018)*

(a) सार्वनामिक विशेषण (पुस्तक विशेष्य), एकवचन, स्त्रीलिंग
(b) सर्वनाम, एकवचन, स्त्रीलिंग
(c) गुणवाचक विशेषण (पुस्तक विशेष्य), एकवचन
(d) सम्बोधन अव्यय

83. ये फल उसके लिए हैं। इस वाक्य में रेखांकित अंश है *(HTET 2015)*

(a) अन्य पुरुष, एकवचन, सम्प्रदान
(b) मध्यम पुरुष, बहुवचन, कर्ता
(c) मध्यम पुरुष, एकवचन, सम्प्रदान
(d) उत्तम पुरुष, एकवचन, सम्प्रदान

84. 'जो क्रिया अभी हो रही है' उसे कहते हैं *(UPPSC 2018)*

(a) अपूर्ण वर्तमान
(b) सामान्य वर्तमान
(c) सन्दिग्ध वर्तमान
(d) सन्दिग्ध भूत

85. 'मैं खाना खा चुका हूँ'-इस वाक्य में भूतकालिक भेद इंगित कीजिए। *(RRB 2001)*

(a) सामान्य भूत (b) पूर्ण भूत
(c) आसन्न भूत (d) सन्दिग्ध भूत

86. 'मेरा बड़ा बेटा भारत आ रहा है'-रेखांकित पदबन्ध का नाम है

(a) संज्ञा पदबन्ध (b) सर्वनाम पदबन्ध
(c) क्रिया-विशेषण पदबन्ध (d) विशेषण पदबन्ध

87. 'नीलिमा धीरे-धीरे चलते हुए घर जा पहुँची' रेखांकित पदबन्ध कौन-सा है?

(a) क्रिया पदबन्ध
(b) क्रिया-विशेषण पदबन्ध
(c) संज्ञा पदबन्ध
(d) सर्वनाम पदबन्ध

88. निम्नलिखित वाक्यों में से सर्वनाम पदबन्ध कौन-सा है?

(a) मंच पर नृत्य करने वाला आज नहीं आएगा
(b) मोहन चाय पीकर चला गया
(c) बस फुटपाथ पर चढ़ गई
(d) उसने साँप को पीट-पीटकर मार डाला

89. अधोलिखित किस वाक्य में अकर्मक क्रिया है? *(UPPSC 2020)*

(a) रामू खाना खा रहा है
(b) चालक गाड़ी चलाता है
(c) श्याम हँसता है
(d) माँ स्वेटर बुनती है

उत्तरमाला

1. (a)	2. (d)	3. (b)	4. (c)	5. (b)	6. (a)	7. (b)	8. (a)	9. (a)	10. (a)
11. (c)	12. (a)	13. (a)	14. (d)	15. (b)	16. (d)	17. (d)	18. (a)	19. (b)	20. (d)
21. (b)	22. (b)	23. (b)	24. (a)	25. (c)	26. (a)	27. (d)	28. (d)	29. (c)	30. (a)
31. (c)	32. (c)	33. (c)	34. (a)	35. (a)	36. (a)	37. (d)	38. (c)	39. (d)	40. (c)
41. (b)	42. (b)	43. (d)	44. (c)	45. (a)	46. (a)	47. (c)	48. (a)	49. (b)	50. (d)
51. (c)	52. (d)	53. (d)	54. (a)	55. (c)	56. (c)	57. (d)	58. (b)	59. (c)	60. (c)
61. (d)	62. (d)	63. (a)	64. (b)	65. (a)	66. (c)	67. (b)	68. (c)	69. (d)	70. (d)
71. (a)	72. (d)	73. (c)	74. (c)	75. (c)	76. (a)	77. (c)	78. (c)	79. (d)	80. (d)
81. (d)	82. (a)	83. (a)	84. (a)	85. (c)	86. (a)	87. (b)	88. (a)	89. (c)	

अध्याय ~14

विराम-चिह्न

अपने भावों या विचारों को स्पष्ट करने के लिए हमें रुकना पड़ता है, यही विराम होता है। इस विराम को प्रकट करने के लिए हम विभिन्न विराम-चिह्नों का प्रयोग करते हैं। इस प्रकार की रुकावट या विराम, साँस लेने के अतिरिक्त अर्थ की स्पष्टता के लिए भी आवश्यक है।

- विराम का शाब्दिक अर्थ रुकना या ठहरना है। वाक्यों को लिखते समय उनमें विराम या ठहराव को जिन चिह्नों द्वारा प्रकट किया जाता है, उन्हें विराम-चिह्न (Punctuation) कहते हैं।
- विराम-चिह्न के प्रयोग से वाक्य अर्थपूर्ण एवं स्पष्ट हो जाता है। इनके अनुचित प्रयोग से अर्थ का अनर्थ भी हो जाता है; जैसे—
  1. गाड़ी रोको मत, जाने दो।
  2. गाड़ी रोको, मत जाने दो।
- उपर्युक्त उदाहरणों में अल्प-विराम का स्थान परिवर्तन होते ही वाक्यों के अर्थों में परिवर्तन हो गया। प्रथम वाक्य में रोको मत के बाद अल्प विराम लगाया गया है, जिसके द्वारा गाड़ी को न रोकने के लिए कहा गया है। दूसरे वाक्य में रोको के बाद अल्प विराम लगाया गया है, जिसका अर्थ प्रथम वाक्य के विपरीत हो गया है। यहाँ गाड़ी को रोकने के लिए कहा गया है।

अत: विराम-चिह्नों के विषय में व उनके प्रयोग के सन्दर्भ में पूर्ण जानकारी होना अत्यावश्यक है।

प्रमुख विराम चिह्न

- उन्नीसवीं शताब्दी में पूर्वार्द्ध तक हिन्दी तथा अन्य भारतीय भाषाओं में विराम-चिह्नों के रूप में एक पाई (।) तथा दो पाई (।।) का प्रयोग होता था। कलकत्ता में फोर्ट विलियम कॉलेज की स्थापना के बाद अंग्रेज़ों के सम्पर्क में आने के कारण उन्नीसवीं शताब्दी के अन्त तक अंग्रेज़ी के ही बहुत-से विराम-चिह्न हिन्दी में आ गए।
- बीसवीं शताब्दी के आरम्भ से हिन्दी में विरामादि चिह्नों का व्यवस्थित प्रयोग होने लगा और आज हिन्दी व्याकरण में उन्हें पूर्ण मान्यता प्राप्त है।

हिन्दी के प्रमुख विराम-चिह्न

नाम	चिह्न
पूर्ण विराम-चिह्न (Sign of full-stop)	।
अर्द्ध विराम-चिह्न (Sign of semi colon)	;
अल्प विराम-चिह्न (Sign of comma)	,
प्रश्नवाचक चिह्न (Sign of interrogation)	?
विस्मयादिबोधक चिह्न (Sign of exclamation)	!
उद्धरण चिह्न (Sign of inverted commas)	(" ") (' ')
निर्देशक (Sign of dash)	—
रेखा चिह्न (Sign of Line)	_____
विवरण चिह्न (Sign of colon dash)	:–
अपूर्ण विराम-चिह्न (Sign of colon)	:
योजक विराम-चिह्न (Sign of hyphen)	-
कोष्ठक (Brackets)	() {} []
संक्षेपसूचक/लाघव चिह्न (Sign of abbreviation)	o/,/.
लोपसूचक चिह्न (Sign of elimination)	+ × + × + /..../----
प्रतिशत चिह्न (Sign of percentage)	%
समानतासूचक चिह्न (Sign of equality)	=
तारक चिह्न/पाद-टिप्पणी चिह्न (Sign of foot note)	*
त्रुटिबोधक चिह्न (Sign of error; indicator)	^

नोटः हिन्दी के विराम-चिह्नों में फुल स्टॉप (.) के अतिरिक्त शेष सभी विराम-चिह्न वही प्रयोग किए गए हैं, जो अंग्रेजी भाषा में हैं। हिन्दी में फुल स्टाप के स्थान पर खड़ी पाई (।) का प्रयोग किया जाता है।

विराम-चिह्नों का प्रयोग

नीचे दिए गए विराम-चिह्नों का प्रयोग हिन्दी भाषा में निम्न प्रकार किया जाता है

पूर्ण विराम (।) का प्रयोग

पूर्ण विराम (Full Stop) का अर्थ है—भली-भाँति ठहरना। जहाँ वाक्य की गति अन्तिम रूप ले ले अर्थात् विचार के तार टूट जाएँ, वहाँ पूर्ण विराम का प्रयोग होता है।

हिन्दी में सबसे अधिक प्रयोग इस चिह्न का किया जाता है। सामान्यत: पूर्ण विराम का प्रयोग निम्नलिखित स्थितियों में होता है

1. प्रश्नवाचक और विस्मयादिबोधक वाक्यों को छोड़कर शेष सभी वाक्यों के अन्त में पूर्ण विराम का प्रयोग होता है; जैसे—
   - यह पुस्तक अच्छी है।
   - गीता खेलती है।
   - बालक लिखता है।

2. किसी व्यक्ति या वस्तु का सजीव वर्णन करते समय वाक्यांशों के अन्त में भी पूर्ण विराम का प्रयोग होता है; जैसे—
   - मुस्कुराता चेहरा।
   - स्फूर्तिमय काया।
   - मनमोहक नेत्र।
3. मुख्यत: दोहा, श्लोक आदि की प्रथम पंक्ति में एक पूर्ण विराम (।) व दूसरी पंक्ति में दो पूर्ण विरामों (।।) का प्रयोग किया जाता है; जैसे—
   - परहित सरिस धरम नहिं भाई।
     परपीड़ा सम नहिं अधमाई।।

अर्द्ध विराम (;) का प्रयोग

अर्द्ध विराम (Semicolon) का अर्थ है—आधा विराम। जहाँ पूर्ण विराम की तुलना में कम रुकना होता है, वहाँ अर्द्ध विराम का प्रयोग होता है। सामान्यत: अर्द्ध विराम का प्रयोग निम्नलिखित स्थितियों में होता है

1. जहाँ संयुक्त वाक्यों के मुख्य उपवाक्यों में परस्पर विशेष सम्बन्ध नहीं होता है, वहाँ अर्द्ध विराम द्वारा उन्हें अलग किया जाता है; जैसे—
   - उसने अपने माल को बचाने के लिए अनेक उपाय किए, परन्तु वे सब निष्फल हुए।
2. मिश्र वाक्यों में प्रधान वाक्य के साथ पार्थक्य प्रकट करने के लिए अर्द्ध विराम का प्रयोग किया जाता है; जैसे—
   - जब मेरे पास रुपये होंगे; तब मैं आपकी सहायता करूँगा।
3. अनेक उपाधियों को एक साथ लिखने तथा उनमें पार्थक्य प्रकट करने के लिए इसका प्रयोग होता है; जैसे—
   - डॉ. अशोक जायसवाल, बी.ए.; पी.एच.डी.; डी.लिट्.।

अल्प विराम (,) का प्रयोग

अल्प विराम (Comma) का अर्थ है- न्यून ठहराव। वाक्य में जहाँ बहुत ही कम ठहराव होता है, वहाँ अल्प विराम का प्रयोग होता है। इस चिह्न का प्रयोग सर्वाधिक होता है। सामान्यत: अल्प विराम का प्रयोग निम्नलिखित स्थितियों में होता है

1. जहाँ एक तरह के अनेक शब्द, वाक्यांश या वाक्य एक साथ आते हैं, तब उनके बीच अल्प विराम का प्रयोग होता है। साथ ही अन्तिम शब्द से पूर्व 'और' का प्रयोग किया जाता है; जैसे—
   - रमेश, सुरेश, महेश और वीरेन्द्र घूमने गए।
2. जहाँ भावातिरेक के कारण वाक्य में शब्दों की पुनरावृत्ति होती है, वहाँ अल्प विराम का प्रयोग होता है; जैसे—
   - सुनो, सुनो, ध्यान से सुनो, कोई गा रहा है।
3. सम्बोधन के समय जिसे सम्बोधित किया जाता है, उसके बाद अल्प विराम का प्रयोग होता है; जैसे—
   - वीरेन्द्र, तुम यहीं ठहरो।
4. औपचारिक पत्रों में भी सम्बोधन से पूर्व अल्प विराम का प्रयोग किया जाता है; जैसे—महोदय, मान्यवर आदि।
5. जब हाँ अथवा नहीं को शेष वाक्य से पृथक् किया जाता है, तो उसके बाद अल्प विराम का प्रयोग होता है; जैसे—
   - हाँ, मैं कविता करूँगा।
6. पर, परन्तु, इसलिए, अत:, क्योंकि, बल्कि, तथापि, जिससे आदि समुच्चयबोधक शब्दों के पूर्व अल्प विराम का प्रयोग होता है; जैसे—
   - वह विद्यालय न जा सका, क्योंकि अस्वस्थ था।
7. उद्धरण से पूर्व 'कि' के लोप के लिए अल्प विराम का प्रयोग होता है; जैसे—
   - राम ने श्याम से कहा, "अपना काम करो।" (*कि का लोप*)
8. यह, वह, तब, तो, और, अब आदि के लोप होने पर वाक्य में अल्प विराम का प्रयोग होता है; जैसे—
   - जब जाना ही है, जाओ। (*'तो' का लोप*)
   - मैं जो बोलता हूँ, ध्यान से सुनो। (*'वह' का लोप*)
   - वह शहर से कब लौटेगा, कहा नहीं जा सकता। (*'यह' का लोप*)
9. बस, हाँ, नहीं, वस्तुत:, अच्छा, वास्तव में आदि से आरम्भ होने वाले वाक्यों में इनके पश्चात् अल्प विराम का प्रयोग होता है; जैसे—
   - वास्तव में, मनोबल सफलता की कुंजी है।
   - हाँ, मुझे ज्ञात है।
   - नहीं, रोहन को वहाँ नहीं जाना चाहिए था।
10. दिनांक के साथ महीने का नाम लिखने के बाद तथा सन्, संवत् के पूर्व अल्प विराम का प्रयोग किया जाता है; जैसे—
    - 2 अक्टूबर, 1869 ई. को गाँधी जी का जन्म हुआ।
11. अंकों को लिखते समय भी अल्प विराम का प्रयोग किया जाता है; जैसे— 5, 6, 7, 8, 10, 20, 30, 40, 50, 60, 70, 80, 90, 100, 1000 आदि।

प्रश्नवाचक चिह्न (?) का प्रयोग

जब किसी वाक्य में प्रश्नात्मक भाव हो, उसके अन्त में प्रश्नवाचक चिह्न (?) लगाया जाता है। प्रश्नवाचक चिह्न का प्रयोग निम्नलिखित स्थितियों में होता है

1. प्रश्नवाचक चिह्न (Mark of Interrogation) का प्रयोग प्रश्नवाचक वाक्यों के अन्त में किया जाता है; जैसे—
   - तुम्हारा क्या नाम है?
   - वह कहाँ रहता है?
2. प्रश्नवाचक चिह्न का प्रयोग अनिश्चय की स्थिति में किया जाता है; जैसे—
   - आप सम्भवत: दिल्ली के निवासी हैं?
3. व्यंग्य करने की स्थिति में भी प्रश्नवाचक चिह्न का प्रयोग होता है; जैसे—
   - घूसखोरी नौकरशाही की सबसे बड़ी देन है, है न?
4. जहाँ शुद्ध-अशुद्ध का सन्देह उत्पन्न हो, तो उस पर या उसकी बगल में कोष्ठक लगाकर उसके अन्तर्गत प्रश्नवाचक चिह्न लगा दिया जाता है; जैसे—
   - हिन्दी की पहली कहानी 'ग्यारह वर्ष का समय' (?) मानी जाती है।

ऐसे वाक्य जिनमें प्रश्नवाचक चिह्न का प्रयोग नहीं होता

- अप्रत्यक्ष कथन वाले प्रश्नवाचक वाक्यों के अन्त में प्रश्नवाचक चिह्न नहीं लगाया जाता; जैसे-
  मैं यह नहीं जानता कि मैं क्या चाहता हूँ।
- जिन वाक्यों में प्रश्न आज्ञा के रूप में हों, उन वाक्यों में प्रश्नवाचक चिह्न नहीं लगाया जाता है; जैसे-
  महाराष्ट्र की राजधानी बताओ।

विस्मयादिबोधक चिह्न (!) का प्रयोग

आश्चर्य, करुणा, घृणा, भय, विषाद, विस्मय आदि भावों की अभिव्यक्ति के लिए विस्मयादिबोधक चिह्न (Mark of Exclamation) का प्रयोग होता है। इसका प्रयोग निम्नलिखित स्थितियों में होता है

1. विस्मयादिबोधक चिह्न का प्रयोग हर्ष, घृणा, आश्चर्य आदि भावों को व्यक्त करने वाले शब्दों के साथ होता है; जैसे—
   - अरे! वह अनुत्तीर्ण हो गया।
   - वाह! तुम धन्य हो।
2. विनय, व्यंग्य, उपहास इत्यादि के व्यक्त करने वाले वाक्यों के अन्त में पूर्ण विराम के स्थान पर विस्मयादिबोधक चिह्न का प्रयोग होता है; जैसे—
   - आप तो हरिश्चन्द्र हैं! (*व्यंग्य*)
   - हे भगवान! दया करो! (*विनय*)
   - वाह! वाह! फिर साइकिल चलाइए! (*उपहास*)

उद्धरण चिह्न ('....') ("....") का प्रयोग

उद्धरण चिह्न (Inverted Commas) दो प्रकार के होते हैं—इकहरे ('....') और दोहरे ("....") उद्धरण चिह्नों का प्रयोग निम्नलिखित स्थितियों में होता है

1. किसी लेख, कविता, समाचार-पत्र और पुस्तक इत्यादि का शीर्षक लिखने में इकहरे उद्धरण चिह्न का प्रयोग होता है; जैसे—
   - मैंने तुलसीदास जी कृत ग्रंथ 'रामचरितमानस' पढ़ा है।
2. जब किसी शब्द की विशिष्टता अथवा विलगता सूचित करनी होती है, तो इकहरे उद्धरण चिह्न का प्रयोग होता है; जैसे—
   - खाना का अर्थ 'घर' होता है।
3. उद्धरण के अन्तर्गत कोई दूसरा उद्धरण होने पर इकहरे उद्धरण चिह्न का प्रयोग होता है; जैसे—
   - डॉ. वर्मा ने कहा है, "निराला जी की कविता 'वह तोड़ती पत्थर' बड़ी मार्मिक है।"
4. जब किसी कथन या वाक्य को उसकी यथास्थिति या उसके पूर्व की स्थिति (ज्यों का त्यों) में ही प्रयोग किया जाता है, तब दोहरे उद्धरण चिह्न का प्रयोग होता है; जैसे—
   - सरदार पूर्णसिंह का कथन है
     "हल चलाने वाले और भेड़ चराने वाले स्वभाव से ही साधु होते हैं।"

निर्देशक (—) का प्रयोग

किसी विषय-विचार अथवा विभाग के मन्तव्य को सुस्पष्ट करने के लिए निर्देशक चिह्न (Dash) या रेखिका चिह्न का प्रयोग किया जाता है। निर्देशक चिह्न सामान्यत: योजक चिह्न से बड़ा होता है। निर्देशक या रेखिका का प्रयोग निम्नलिखित स्थितियों में होता है

1. किसी के द्वारा कहे गए कथन या लिखे गए कथन से पहले रेखिका का प्रयोग किया जाता है; जैसे—
   - तुलसी ने कहा है—"परहित सरिस धरम नहिं भाई।"
2. विवरण प्रस्तुत करने के पहले निर्देशक (रेखिका) का प्रयोग किया जाता है; जैसे—
   - रचना के आधार पर शब्द तीन प्रकार के होते हैं—रूढ़, यौगिक और योगरूढ़।
3. जैसे, यथा और उदाहरण आदि शब्दों के बाद रेखिका का प्रयोग होता है; यथा-उदाहरण—
   - संस्कृति की 'स' ध्वनि फ़ारसी में 'ह' हो जाती है; जैसे—असुर > अहुर।
4. वाक्य में टूटे हुए विचारों को जोड़ने के लिए रेखिका का प्रयोग होता है; जैसे—
   - आज ऐसा लग रहा है—मैं घर पहुँच गया हूँ।
5. किसी कविता या अन्य रचना के अन्त में रचनाकार का नाम देने से पूर्व रेखिका का प्रयोग होता है; जैसे—
   - शायद समझ नहीं पाओ तुम, मैं कितना मज़बूर हूँ।
     मन है पास तुम्हारे लेकिन, रहता इतनी दूर हूँ।—***ओंकारनाथ वर्मा***
6. संवादों को लिखने के लिए निर्देशक चिह्न का प्रयोग किया जाता है; जैसे—
   - सुरेश— क्या तुम स्कूल आओगे?
   - रमेश— हाँ।
7. सूची बनाने से पूर्व भी निर्देशक चिह्न का प्रयोग किया जाता है; जैसे—
   - प्रतियोगिता में सफल होने वाले विद्यार्थियों की सूची इस प्रकार है—सुमित, राघव, मोहन और रोहित।

रेखा चिह्न (—)

जिन शब्दों पर विशेष रूप से बल दिया जाता है या शब्दों को अलग से प्रदर्शित करने के लिए उनके नीचे एक लम्बी रेखा खींच दी जाती है जैसे—कोरोना वायरस का प्रकोप जारी है।

विवरण चिह्न (:—) का प्रयोग

सामान्यत: विवरण चिह्न (Sign of Colon Dash) का प्रयोग निर्देशक चिह्न की भाँति ही होता है। विशेष रूप से जब किसी विवरण को प्रारम्भ करना होता है अथवा किसी कथन को विस्तार देना होता है तब विवरण चिह्न का प्रयोग किया जाता है; जैसे—

1. निम्नलिखित विषयों में किसी एक पर निबन्ध लिखिए :-
   (क) साहित्य और समाज (ख) भाषा और व्याकरण (ग) देशाटन (घ) विज्ञान वरदान है या अभिशाप (ङ) नई कविता।
2. जयशंकर प्रसाद ने कहा है:—'जीवन विश्व की सम्पत्ति है।'
3. किसी वस्तु का सविस्तार वर्णन करने में विवरण चिह्न का प्रयोग होता है; जैसे:— इस देश में कई बड़ी-बड़ी नदियाँ हैं; जैसे:— गंगा, सिन्धु, यमुना, गोदावरी आदि।

अपूर्ण विराम (:) का प्रयोग

अपूर्ण विराम (Sign of Colon) चिह्न विसर्ग की तरह दो बिन्दुओं के रूप में होता है, इसलिए कभी-कभी विसर्ग का भ्रम होता है, फलत: इसका प्रयोग कम होता है। अपूर्ण विराम का स्वतन्त्र प्रयोग किसी शीर्षक को उसी के आगे स्पष्ट करने में होता है; जैसे—

- कामायनी : एक अध्ययन।
- विज्ञान : वरदान या अभिशाप

योजक चिह्न (-) का प्रयोग

दो शब्दों में परस्पर सम्बन्ध स्पष्ट करने के लिए तथा उन्हें जोड़कर लिखने के लिए योजक चिह्न का प्रयोग किया जाता है। योजक चिह्न को विभाजक चिह्न भी कहते है। हिन्दी में अल्प विराम के बाद योजक चिह्न का अधिक प्रयोग होता है।

योजक चिह्न (Sign of Hypen) का प्रयोग निम्नलिखित परिस्थितियों में किया जाता है

1. दो विलोम शब्दों के बीच योजक चिह्न का प्रयोग होता है; जैसे—
   - रात-दिन, यश-अपयश, आना-जाना।
2. द्वन्द्व समास के बीच योजक चिह्न का प्रयोग होता है; जैसे—
   - माता-पिता, भाई-बहन, गुरु-शिष्य।

3. दो समानार्थी शब्दों की पुनरुक्ति के बीच में भी इसका प्रयोग होता है; जैसे—घर-घर, रात-रात्रि, धन-दौलत, रुपया-पैसा।
4. जब विशेषण पदों का प्रयोग संज्ञा के अर्थ में होता है; जैसे—
   - भूखा-प्यासा, थका-माँदा, लूला-लँगड़ा
5. गुणवाचक विशेषण के साथ यदि **सा**, **सी** का संयोग हो, तो उनके बीच योजक-चिह्न का प्रयोग होता है; जैसे—
   - छोटा-सा घर, नन्हीं-सी बच्ची, बड़ा-सा कष्ट।
6. दो प्रथम-द्वितीय प्रेरणार्थक के योग के बीच भी योजक चिह्न का प्रयोग होता है; जैसे—
   - करना-करवाना
   - जीतना-जितवाना
   - पीना-पिलवाना

कोष्ठक ( ), { }, [ ] का प्रयोग

कोष्ठकों (Sign of Brackets) का प्रयोग निम्नलिखित स्थितियों में होता है

1. जब किसी भाव या शब्द की व्याख्या करना चाहते हैं, किन्तु उस अंश को मूल वाक्य से अलग ही रखना चाहते हैं, तो छोटे कोष्ठक ( ) का प्रयोग किया जाता है। साथ ही छोटे कोष्ठक ( ) का प्रयोग कठिन शब्दों के अर्थ को स्पष्ट करने के लिए भी किया जाता है; जैसे—
   - उन दिनों मैं सेठ जयदयाल हाईस्कूल (अब इण्टर कॉलेज) में हिन्दी अध्यापक था।
   - अर्जुन, कर्ण के सामर्थ्य (शक्ति) से भली-भाँति परिचित था।
2. नाटक या एकांकी में निर्देश देने के लिए कोष्ठक का प्रयोग होता है; जैसे—
   - मन्त्री (राजा से धीरे से)- यह व्यक्ति जासूस प्रतीत होता है।
   - रोहन कक्षा में प्रवेश करता है (चेहरे पर हल्की मुस्कान के साथ)
3. किसी वर्ग के उपवर्गों, विषय, विभाग को लिखते समय वर्णों या संख्याओं को कोष्ठक में लिखा जाता है; जैसे—
   - (क)(ख)
   - (1) (2)
   - 1. 2.
4. प्राय: बड़े [ ] और मझोले { } कोष्ठकों का उपयोग गणित के कोष्ठक वाले प्रश्नों को हल करने के लिए किया जाता है।

संक्षेपसूचक/लाघव चिह्न (o) का प्रयोग

संक्षेपसूचक चिह्न (Sign of Abbreviation) का प्रयोग किसी नाम या शब्द के संक्षिप्त रूप के साथ होता है; जैसे—डॉक्टर के लिए (डॉ.), प्रोफेसर या प्रोपराइटर के लिए (प्रो.), पण्डित के लिए (पं.), मास्टर ऑफ आर्ट्स के लिए (एम.ए.) और डॉ. ऑफ फिलॉसफी के लिए (पी-एच.डी.) आदि।

(शून्य अधिक स्थान घेरता है, अत: इसके स्थान पर बिन्दु (.) का भी प्रयोग किया जाता है।)

लोपसूचक चिह्न (× × × ×/..../----) का प्रयोग

जब किसी अवतरण का पूरा उद्धरण न देकर कुछ अंश छोड़ दिया जाता है, तब लोपसूचक चिह्न (Mark of Omission) का प्रयोग किया जाता है; जैसे—

- सच-सरासर-सच, आज देश का हर नेता ...... है।
- मैं टिकट ले आऊँगा पर ---- मैं साथ नहीं चलूँगा।

प्रतिशत चिह्न (%) का प्रयोग

सौ (100) संख्या के अन्तर्गत, जिस संख्या को प्रदर्शित करना होता है, उसके आगे प्रतिशत चिह्न (Percentage) का प्रयोग किया जाता है; जैसे—

- सभा में 25% स्त्रियाँ थीं।
- 30% छूट के साथ पुस्तक की 50 प्रतियाँ भेज दें।

समानतासूचक/तुल्यतासूचक चिह्न (=) का प्रयोग

किसी शब्द का अर्थ अथवा भाषा के व्याकरणिक विश्लेषण में समानता सूचक चिह्न का प्रयोग किया जाता है; जैसे—

- कृतघ्न = उपकार न मानने वाला।
- अग्रज = जो पहले जन्मा हो।

तारक/पाद चिह्न (*) का प्रयोग

किसी विषय के बारे में विशेष सूचना या निर्देश देना हो, तो ऊपर तारक चिह्न लगा दिया जाता है और फिर पृष्ठ के अधोभाग में रेखा के नीचे तारक चिह्न लगाकर उसका विवरण दिया जाता है, जिसे पाद-टिप्पणी (Foot Note) कहा जाता है; जैसे—

- रामचरितमानस* हमारे देश में अत्यन्त लोकप्रिय ग्रन्थ है।

* *रामचरितमानस से हमारा तात्पर्य तुलसीदास विरचित राम-कथा पर आधारित महाकाव्य से है।*

त्रुटिबोधक या हंसपद चिह्न (∧) का प्रयोग

अक्षर, पद, पद्यांश या वाक्य के छूट जाने पर छूटे अंश को उस वाक्य के ऊपर लिखने हेतु वाक्य के अंश के नीचे त्रुटि या हंसपद चिह्न (Sing of Caret) का प्रयोग किया जाता है; जैसे—

- राम ने खाना $\overset{\text{नहीं}}{\wedge}$ खाया।
- 2 अक्टूबर को गाँधी $\overset{\text{जयंती}}{\wedge}$ होती है।

गौण विराम चिह्न

- **पुनरुक्तिसूचक** (Mark of Repetition) („ „) इस चिह्न का प्रयोग ऊपर लिखे किसी शब्द या वाक्य की पुनरुक्ति से बचने के लिए किया जाता है; जैसे-राकेश तिवारी, कक्षा सातवीं
  राकेश " " "
- **योग चिह्न** (Plus Mark) (+) इस चिह्न का प्रयोग दो या अधिक शब्दों को जोड़ने में किया जाता है। विशेषकर सन्धि को दर्शाने तथा शब्द की व्युत्पत्ति बताने में इसका प्रयोग होता है; जैसे-सूर्य + उदय, उप + मान आदि।
- **गोली** (Bullet) (•) इस चिह्न का प्रयोग मुख्य बात या तथ्यों को सारांश रूप देने में किया जाता है; जैसे- • 'रामचरितमानस' तुलसीदास की प्रसिद्ध रचना है।
- **तिर्यक रेखा** (Oblique/Slash) (/) इस चिह्न का प्रयोग 'या, अथवा' के अर्थ में तथा कविता की पंक्ति को अलग-अलग करने में होता है; जैसे-रति/अनुराग।
- **समाप्तिसूचक** (Finish Mark) (–0–, • • •, ✶✶✶, □ □ □) इस चिह्न का प्रयोग बड़े लेख, कहानी, अध्याय या पुस्तक की समाप्ति का बोध कराने में होता है; जैसे-इस तरह कहानी का अन्त सुखद रहा। –0–

वस्तुनिष्ठ प्रश्नावली

1. नीचे लिखे वाक्यों में से किसमें विराम-चिह्नों का सही प्रयोग हुआ है? ***(UKTET 2011)***

(a) हाँ, मैं सच कहता हूँ बाबूजी। माँ बीमार है। इसलिए मैं नहीं गया।
(b) हाँ मैं सच कहता हूँ। बाबूजी, माँ बीमार है। इसलिए मैं नहीं गया।
(c) हाँ, मैं सच कहता हूँ, बाबू जी, माँ बीमार है, इसलिए मैं नहीं गया।
(d) हाँ, मैं सच कहता हूँ, बाबू जी। माँ बीमार है इसलिए मैं नहीं गया।

2. विरामादि चिह्नों की दृष्टि से कौन-सा वाक्य शुद्ध है? ***(UKTET 2011)***

(a) पिता ने पुत्र से कहा–देर हो रही है, कब आओगे
(b) पिता ने पुत्र से कहा–देर हो रही है, कब आओगे?
(c) पिता ने पुत्र से कहा–''देर हो रही है, कब आओगे?''
(d) पिता ने पुत्र से कहा, ''देर हो रही है कब आओगे।

3. जहाँ वाक्य की गति अन्तिम रूप ले ले, विचार के तार एकदम टूट जाएँ, वहाँ किस चिह्न का प्रयोग किया जाता है?

(a) योजक (b) उद्धरण चिह्न
(c) अल्प विराम (d) पूर्ण विराम

4. किस वाक्य में विरामादि चिह्नों का सही प्रयोग हुआ है?

(a) आप मुझे नहीं जानते! महीने में मैं दो दिन ही व्यस्त रहता हूँ।
(b) आप, मुझे नहीं जानते? महीने में मैं, दो दिन ही व्यस्त रहता हूँ
(c) आप मुझे, नहीं जानते, महीने में मैं! दो दिन ही व्यस्त रहता हूँ
(d) आप मुझे नहीं, जानते; महीने में मैं दो दिन ही व्यस्त रहता हूँ?

5. किस वाक्य में विरामादि चिह्नों का सही प्रयोग हुआ है?

(a) मैं मनुष्य में, मानवता देखना चाहता हूँ। उसे देवता बनाने की मेरी इच्छा नहीं।
(b) मैं मनुष्य में मानवता देखना चाहता हूँ। उसे देवता बनाने की, मेरी इच्छा नहीं।
(c) मैं मनुष्य में मानवता, देखना चाहता हूँ। उसे देवता बनाने की मेरी इच्छा नहीं।
(d) मैं, मनुष्य में मानवता देखना चाहता हूँ। उसे देवता बनाने की मेरी इच्छा नहीं।

6. पूर्ण विराम के स्थान पर एक अन्य चिह्न भी प्रचलित है, वह है

(a) अल्प विराम (b) योजक चिह्न (c) फुलस्टॉप (d) विवरण चिह्न

7. जब से हिन्दी में अन्तर्राष्ट्रीय अंकों 1, 2, 3, 4, 5, 6, 7, 8, 9, 0 का प्रयोग आरम्भ हुआ, तब से '।' के स्थान पर किसका प्रयोग होने लगा है?

(a) अर्द्ध विराम (b) अल्प विराम (c) विस्मयादिबोधक (d) फुलस्टॉप

8. प्रश्नवाचक तथा विस्मयादिबोधक को छोड़कर सभी वाक्यों के अन्त में प्रयुक्त होता है

(a) पूर्ण विराम (b) अर्द्ध विराम (c) उद्धरण चिह्न (d) विवरण चिह्न

9. किस वाक्य में विराम-चिह्नों का सही प्रयोग हुआ है?

(a) राम, मोहन, घर, पर्वत; संज्ञाएँ। यह, वह, तुम, मैं; सर्वनाम। लिखना, गाना, दौड़ना; क्रियाएँ।
(b) राम, मोहन, घर, पर्वत संज्ञाएँ; यह, वह, तुम, मैं सर्वनाम; लिखना, गाना, दौड़ना क्रियाएँ
(c) राम-मोहन, घर-पर्वत संज्ञाएँ! यह-वह-तुम-मैं सर्वनाम! लिखना-गाना-दौड़ना संज्ञाएँ।
(d) राम मोहन घर पर्वत संज्ञाएँ। यह वह तुम मैं सर्वनाम। लिखना, गाना, दौड़ना क्रियाएँ।

10. जहाँ पूर्ण विराम की अपेक्षा कम रुकना अपेक्षित हो, वहाँ ……… चिह्न का प्रयोग किया जाता है।

(a) अर्द्ध विराम (b) अल्प विराम
(c) संक्षेप चिह्न (d) कोष्ठक

11. ऐसे उपवाक्यों के बीच जो परस्पर सम्बद्ध होने पर भी स्वतन्त्र वाक्य प्रतीत होते हैं, वहाँ किस चिह्न का प्रयोग होता है?

(a) पूर्ण विराम (b) अर्द्ध विराम
(c) अल्प विराम (d) निर्देश चिह्न

12. जहाँ पर अल्प विराम के प्रयोग से भ्रान्ति होने की सम्भावना हो, वहाँ पर किस चिह्न का प्रयोग अनिवार्य हो जाता है?

(a) अर्द्ध विराम (b) विस्मयादिबोधक
(c) प्रश्नवाचक (d) योजक

13. पूर्ण विराम के बाद सर्वाधिक प्रयुक्त होने वाला विराम-चिह्न है

(a) विस्मयादिबोधक (b) प्रश्नवाचक
(c) अल्प विराम (d) अर्द्ध विराम

14. वाक्य में जहाँ सबसे कम रुकना पड़ता हो, वहाँ प्रयुक्त होता है

(a) विवरण निर्देश (b) निर्देश चिह्न
(c) अर्द्ध विराम (d) अल्प विराम

15. एक ही वाक्य या वाक्यांश में एक ही तरह के पद, शब्द, पदबन्ध या वाक्यांश एक साथ आने पर ……… लगाया जाता है।

(a) अल्प विराम (b) अर्द्ध विराम
(c) पूर्ण विराम (d) विस्मयादिबोधक

16. निषेधसूचक 'नहीं' और स्वीकारसूचक 'हाँ' के बाद कुछ लिखना हो, तो कौन-सा चिह्न प्रयुक्त किया जाएगा?

(a) पूर्ण विराम (b) अल्प विराम
(c) अर्द्ध विराम (d) इनमें से कोई नहीं

17. समुच्चयबोधक अव्यय का लोप होने पर प्रयुक्त होता है

(a) पूर्ण विराम (b) अर्द्ध विराम
(c) अल्प विराम (d) अविराम

निर्देश (प्र.सं. 18 से 22 तक) *प्रत्येक प्रश्न में जिस विकल्प में विराम-चिह्नों का सही प्रयोग हुआ है, उसका चयन कीजिए।*

18. (a) कह सकते हैं कि वाक्य, अनुशासित शब्दों की व्यवस्थित कड़ी है।
(b) कह सकते हैं, ''कि वाक्य अनुशासित शब्दों की कड़ी है!''
(c) कह सकते हैं कि; वाक्य अनुशासित शब्दों की कड़ी है।
(d) कह सकते हैं–कि वाक्य अनुशासित शब्दों-की-कड़ी है।

19. (a) घर जाकर, उसने नहाया। कपड़े धोए। और सारे घर की सफाई की।
(b) घर जाकर उसने नहाया, कपड़े धोए और सारे घर की सफाई की।
(c) घर जाकर उसने–नहाया–कपड़े–धोए और, सारे घर की सफाई की।
(d) घर, जाकर, उसने नहाया; कपड़े धोए और सारे घर की सफाई की

20. (a) राम की पत्नी दोनों बच्चे और नौकर घूमने गए हैं।
(b) राम की पत्नी : दोनों बच्चे : और नौकर घूमने गए हैं।
(c) राम की पत्नी, दोनों बच्चे और नौकर घूमने गए हैं।
(d) राम, की पत्नी दोनों, बच्चे और नौकर, घूमने गए हैं।

21. (a) जीना, मरना, सुख, दु:ख, हानि, लाभ और होनी, अनहोनी लगे ही रहते हैं।
(b) जीना मरना; सुख दु:ख; हानि लाभ और होनी, अनहोनी; लगे ही रहते हैं।
(c) जीना मरना, सुख दु:ख, हानि-लाभ और होनी-अनहोनी लगे ही रहते हैं।
(d) जीना-मरना, सुख-दु:ख, हानि-लाभ और होनी, अनहोनी लगे ही रहते हैं।

22. (a) नहीं, यह मुझसे न होगा। (b) नहीं यह, मुझसे न होगा।
(c) नहीं! यह मुझसे न होगा? (d) नहीं! यह मुझसे न होगा

23. एक व्यक्ति से प्रश्न किए जाने पर उत्तर नहीं मिलता या गलत उत्तर मिलता है तो दूसरे से प्रश्न किए जाने पर वाक्यांश में कौन-सा चिह्न लगाया जाता है?
(a) प्रश्नवाचक (b) विस्मयवाचक
(c) पूर्ण विराम (d) अर्द्ध विराम

24. विनय, व्यंग्य, उपहास को व्यक्त करने के लिए किस विराम-चिह्न का प्रयोग किया जाता है?
(a) प्रश्नवाचक (b) विस्मयादिबोधक
(c) पूर्ण विराम (d) अल्प विराम

25. दो विपरीतार्थक शब्दों के बीच किस चिह्न का प्रयोग होता है?
(a) योजक (b) विस्मयादि (c) अल्प विराम (d) अर्द्ध विराम

26. जब दो शब्दों में एक सार्थक और दूसरा निरर्थक हो तब वहाँ लगाया जाता है
(a) उद्धरण चिह्न (b) योजक चिह्न
(c) प्रश्नवाचक चिह्न (d) विस्मयादिसूचक चिह्न

27. जब दो संयुक्त क्रियाएँ एक साथ प्रयुक्त हों तो कौन-सा चिह्न लगाया जाता है?
(a) अल्प विराम (b) पूर्ण विराम
(c) योजक (d) इनमें से कोई नहीं

28. किस वाक्य में विराम-चिह्न का गलत प्रयोग हुआ है? ***(RPSC पुलिस सब-इंस्पेक्टर परीक्षा 2011)***
(a) बुद्ध ने घर-घर जाकर उपदेश दिए
(b) उसके पास कपड़ा-लत्ता कुछ है भी या नहीं
(c) विराम-चिह्नों का प्रयोग सही नहीं हुआ है
(d) पिता-पुत्र में झगड़ा हो गया

29. निम्न में से कौन-सा विराम-चिह्न अंग्रेजी भाषा में प्रचलित नहीं है?
(a) ; (b) , (c) ! (d) ।

30. निम्नलिखित में से कौन-सा योजक चिह्न है? ***(UPTET 2019)***
(a) । (b) , (c) – (d) " "

31. विराम-चिह्न की दृष्टि से कौन-सा वाक्य अशुद्ध है? ***(UPTET 2018)***
(a) नहीं कल मैं तुम्हारे घर नहीं आ सकूँगा।
(b) मैं क्या कहता?
(c) महक रागिनी, श्वेता आदि भी आई हैं; ये सब अब गाना गाएँगी।
(d) उसने पूछा, ''तुम कहाँ थे?''

32. विराम चिह्न (;) का नाम है ***(UPTET 2011)***
(a) अर्द्धविराम (b) विराम (c) अल्पविराम (d) हंसपद

33. विराम-चिह्न के सत्य युग्म का चयन कीजिए ***(UK 'समूह-घ' परीक्षा 2019)***
(a) विस्मय सूचक – (!) (b) इत्यादि-चिह्न – (.......)
(c) अर्द्ध विराम – (;) (d) ये सभी

34. सामासिक पदों/पुनरुक्त/युग्म शब्दों के मध्य प्रयोग किया जाता है। ***(UPSSSC Pre 2016)***
(a) अल्प विराम (b) अर्द्ध विराम
(c) योजक चिह्न (d) उद्धरण चिह्न

35. विराम-चिह्न की दृष्टि से कौन-सा वाक्य अशुद्ध है? ***(UPTET 2018)***
(a) वह ईमानदार, परिश्रमी, कर्मठ और मृदुभाषी है।
(b) उसके पास धन-वैभव, नौकर-चाकर आदि सभी कुछ था।
(c) हाँ मेरा यही विचार है।
(d) आप हमारे घर आना चाहते हैं, तो आइए ठहरना चाहते हैं, तो ठहरिए।

36. आकाश-पाताल के बीच लगने वाला (–) चिह्न है ***(UPTET 2018)***
(a) अल्पविराम (b) विस्मयादिबोधक
(c) योजक चिह्न (d) उद्धरण चिह्न

37. निम्नलिखित वाक्य में एक विराम चिह्न का लोप है वह विराम चिह्न कौन-सा है? वाक्य है ***(CGTET 2011)***
आप एक ऐसे मनुष्य की खोज कराइए, जिसने कभी दु:ख का नाम न सुना हो
(a) अर्द्ध विराम (b) आश्चर्यसूचक
(c) अल्पविराम (d) पूर्णविराम

38. किसी कठिन शब्द को स्पष्ट करने के लिए किस विराम चिह्न का प्रयोग होता है ***(REET 2011)***
(a) विवरण चिह्न (b) निर्देशक
(c) कोष्ठक (d) उप विराम

39. किसी के कथन को उद्धृत करते समय किस विराम चिह्न का प्रयोग किया जाता है? ***(REET 2011)***
(a) विस्मयादिबोधक (b) अवतरण का उद्धरण चिह्न
(c) प्रश्नवाचक चिह्न (d) निर्देशक चिह्न

उत्तरमाला

1. (c)	2. (c)	3. (d)	4. (a)	5. (b)	6. (c)	7. (d)	8. (a)	9. (b)	10. (a)
11. (b)	12. (a)	13. (c)	14. (d)	15. (a)	16. (b)	17. (c)	18. (a)	19. (b)	20. (c)
21. (c)	22. (a)	23. (c)	24. (b)	25. (a)	26. (b)	27. (d)	28. (c)	29. (d)	30. (c)
31. (a)	32. (a)	33. (d)	34. (c)	35. (c)	36. (c)	37. (d)	38. (c)	39. (b)	

अध्याय ~ 15

वाक्य (वर्गीकरण और वाक्यान्तरण)

भाषा हमारे भावों-विचारों की अभिव्यक्ति का माध्यम है। भाषा की रचना वर्णों, शब्दों और वाक्यों से होती है। दूसरे शब्दों में-वर्णों से शब्द, शब्दों से वाक्य और वाक्यों से भाषा का निर्माण हुआ है। इस प्रकार वाक्य शब्दों के समूह का नाम है, लेकिन सभी प्रकार के शब्दों को एक स्थान पर रखकर वाक्य नहीं बना सकते।

वाक्य

सार्थक शब्दों का वह व्यवस्थित रूप जिसमें एक पूर्ण अर्थ की प्रतीति होती है, वाक्य कहलाता है।

वाक्य के तत्त्व

वाक्य के मुख्य तत्त्व छ: हैं

1. **सार्थकता** वाक्य के उचित अर्थ को समझने के लिए सार्थक शब्दों का प्रयोग किया जाता है। यदि वाक्य में सार्थकता नहीं होगी; तो वाक्य की अभिव्यक्ति सही नहीं है;
   - जैसे—**राम रोटी पीता है।**

   यहाँ 'रोटी पीना' सार्थकता का बोध नहीं कराता, क्योंकि रोटी खाई जाती है। सार्थकता की दृष्टि से यह वाक्य अशुद्ध माना जाएगा। सार्थकता की दृष्टि से सही वाक्य है—**राम रोटी खाता है।**
2. **क्रम/पदक्रम** सार्थक शब्दों को भाषा के नियमों के अनुरूप क्रम में रखना चाहिए। वाक्य में शब्दों के अनुकूल पदक्रम के अभाव में अर्थ का अनर्थ हो जाता है;
   - जैसे—**नाव में नदी है।**

   इस वाक्य में सभी शब्द सार्थक हैं, फिर भी पदक्रम के अभाव में वाक्य गलत है। सही पदक्रम करने पर **नदी में नाव है** वाक्य बन जाता है, जो शुद्ध है।
3. **योग्यता** वाक्य में प्रसंग के अनुकूल भावों का बोध कराने वाली योग्यता या क्षमता होनी चाहिए। इसके अभाव में वाक्य अशुद्ध हो जाता है;
   - जैसे—**हिरण उड़ता है।**

   यहाँ पर **हिरण** और **उड़ने** की परस्पर योग्यता नहीं है, अत: यह वाक्य अशुद्ध है। यहाँ पर **उड़ता** के स्थान पर **चलता** या **दौड़ता** लिखें, तो वाक्य शुद्ध हो जाएगा।
4. **आकांक्षा** आकांक्षा का तात्पर्य जिज्ञासा अथवा इच्छा से है। वाक्य भाव की दृष्टि से इतना पूर्ण होना चाहिए कि उसके अर्थ को समझने के लिए कुछ जानने की इच्छा या आवश्यकता न हो।
   अर्थात् वाक्य में किसी ऐसे शब्द या समूह की कमी न हो जिसके बिना अर्थ स्पष्ट न होता हो;
   - जैसे—**खाना खाता है।**

   इस वाक्य में क्रिया के कर्ता को जानने की जिज्ञासा होगी। अत: यह वाक्य **रोहन खाना खाता है** इस प्रकार पूर्ण होगा।
5. **आसक्ति/निकटता** आसक्ति का अर्थ है 'समीपता'। वाक्यों को लिखते एवं बोलते समय उनमें समीपता या निकटता होना अति आवश्यक है, क्योंकि रुक-रुक कर लिखे गए अथवा बोले गए शब्दों से वाक्य अर्थपूर्ण नहीं होता।
6. **अन्वय** अन्वय का तात्पर्य शब्दों के मेल से है। पदों में व्याकरण की दृष्टि से लिंग, पुरुष, वचन, काल, कारक आदि का सामंजस्य होना चाहिए। अन्वय के अभाव में भी वाक्य अशुद्ध हो जाता है;
   - जैसे—**नेताजी का लड़का का हाथ में बन्दूक था।**

   इस वाक्य में भाव तो स्पष्ट है लेकिन व्याकरणिक सामंजस्य नहीं है। अत: यह वाक्य अशुद्ध है। यदि इसे **नेताजी के लड़के के हाथ में बन्दूक थी,** लिखें तो वाक्य व्याकरणिक दृष्टि से शुद्ध होगा।

वाक्य के अंग

वाक्य के दो प्रमुख अंग होते हैं

1. **उद्देश्य** वाक्य में जिसके बारे में कुछ बताया जाता है, उसे उद्देश्य (Subject) कहते हैं। इन वाक्यों में कर्ता और कर्ता के विस्तार का वर्णन किया जाता है। उद्देश्य एक शब्द या एक से अधिक शब्दों का भी हो सकता है; जैसे—
   - **राम** खेलता है।
   - **रेणु का भाई अनुभव** बहुत तेज दौड़ता है।

   उपर्युक्त वाक्यों में 'राम' और 'रेणु का भाई अनुभव' के विषय में बताया गया है। अत: 'राम' और 'रेणु का भाई अनुभव' यहाँ उद्देश्य रूप में प्रयुक्त हुए हैं। ये दोनों यहाँ कर्ता हैं।
2. **विधेय** वाक्य में उद्देश्य के विषय में जो कुछ कहा जाता है, उसे विधेय (Predicate) कहते हैं। अन्य शब्दों में, वाक्य के उद्देश्य (कर्ता) को अलग करने के पश्चात् वाक्य में जो भी शेष बचता है वह विधेय कहलाता है; जैसे—
   - बच्चे **फल खाते हैं।**
   - राहुल **क्रिकेट मैच देख रहा है।**

   उपर्युक्त वाक्यों में **फल खाते हैं** और **क्रिकेट मैच देख रहा है** वाक्यांश क्रमश: बच्चे तथा राहुल के बारे में कहे गए हैं। अत: स्थूलांकित वाक्यांश विधेय रूप में प्रयुक्त हुए हैं।

   आज्ञासूचक वाक्यों में उद्देश्य छिपा हुआ होता है, परन्तु विधेय उपस्थित रहता है; जैसे—खड़े रहो।

   इस वाक्य में जिसे आज्ञा दी गई है, वह उद्देश्य (तुम/आप) छिपा हुआ है।

वाक्यों का वर्गीकरण

वाक्यों का वर्गीकरण दो आधारों पर किया गया है

रचना के आधार पर

रचना के आधार पर वाक्य तीन प्रकार के होते हैं

1. **सरल/साधारण वाक्य** वे वाक्य जिनमें एक उद्देश्य तथा एक विधेय और एक ही क्रिया (किया, करेगा, करता आदि) हो वह सरल या साधारण वाक्य (Simple Sentence) कहलाते हैं;
   - जैसे—**श्याम खाता है।**

   इस वाक्य में एक ही कर्ता (उद्देश्य) 'श्याम' तथा एक ही क्रिया (विधेय) 'खाता' है। अत: यह वाक्य सरल या साधारण वाक्य है।
2. **मिश्र वाक्य** वे वाक्य, जिनमें एक साधारण वाक्य हो तथा उसके अधीन या आश्रित दूसरा उपवाक्य हो, जो आपस में कि, क्योंकि, जैसा-वैसा, जितना-उतना, जो, जब-कब, जहाँ-वहाँ, यद्यपि/यदि, अगर, तथापि आदि से जुड़ा हो उसे मिश्र वाक्य (Complex Sentence) कहते हैं;
   - जैसे—**श्याम ने लिखा है कि वह कल आ रहा है।**

   वाक्य में 'श्याम ने लिखा है'—प्रधान उपवाक्य, 'वह कल आ रहा है' आश्रित उपवाक्य है तथा दोनों समुच्चयबोधक अव्यय **कि** से जुड़े हैं, अत: यह मिश्र वाक्य है।
3. **संयुक्त वाक्य** वे वाक्य, जिनमें एक से अधिक प्रधान उपवाक्य हों (चाहे वह मिश्र वाक्य हों या साधारण वाक्य) और वे संयोजक अव्ययों (और, एवं, तथा, या, अथवा, इसलिए, अत:, किन्तु, परन्तु, लेकिन पर आदि) द्वारा जुड़े हों, संयुक्त वाक्य (Compound Sentence) कहलाते हैं;
   - जैसे—**वह लखनऊ गया और शॉल ले आया।**

   इस वाक्य में दोनों ही प्रधान उपवाक्य हैं तथा **और** संयोजक द्वारा जुड़े हैं। अत: यह संयुक्त वाक्य है।

रचना के आधार पर वाक्य के भेद एवं उनकी पहचान नीचे दी गई तालिकानुसार समझी जा सकती है

वाक्य के भेद	पहचान	उदाहरण
सरल वाक्य	एक उद्देश्य + एक विधेय = सरल वाक्य	सूर्योदय (उद्देश्य) होने पर कुहासा जाता रहा। (विधेय) — **सरल वाक्य**
मिश्र वाक्य	प्रधान उपवाक्य + आश्रित उपवाक्य = मिश्र वाक्य **मिलाने वाले शब्द** (कि, जो वह, जितना ... उतना,) (जैसे... वैसे..., जब... तब... ,) (जहाँ..., वहाँ..., अगर, यदि, आदि)	जैसे ही सूर्योदय हुआ (प्रधान उपवाक्य) वैसे ही कुहासा जाता रहा। (आश्रित उपवाक्य) यहाँ जैसे - - - वैसे (प्रधान उपवाक्य और आश्रित उपवाक्य को मिलाने वाले शब्द)
संयुक्त वाक्य	सरल वाक्य + सरल वाक्य = संयुक्त वाक्य **जोड़ने वाले शब्द** (और, एवं, तथा, या, अथवा, इसलिए, फिर, भी, किन्तु, परन्तु, लेकिन, पर, अत:, नहीं तो आदि।)	सूर्योदय हुआ (**सरल वाक्य**) और (**योजक शब्द**) कुहासा जाता रहा। (**सरल वाक्य**)

अर्थ के आधार पर

अर्थ के आधार पर वाक्य आठ प्रकार के होते हैं, जिनका विवरण इस प्रकार है

1. **विधिवाचक/विधानवाचक वाक्य** वे वाक्य, जिनसे क्रिया के होने या कराने का बोध होता है, विधिवाचक/विधानवाचक वाक्य (Assertive Sentence) कहलाते हैं; जैसे—
   - श्याम आया।
   - तुम लोग जा रहे हो।
2. **निषेधवाचक वाक्य** वे वाक्य, जिनसे किसी बात या कार्य के न होने अथवा इनकार किए जाने का बोध होता है, निषेधवाचक वाक्य (Negative Sentence) कहलाते हैं; जैसे—
   - राम नहीं पढ़ता है।
   - मैं यह कार्य नहीं करूँगा।
3. **आज्ञावाचक वाक्य** वे वाक्य, जिनसे किसी प्रकार की आज्ञा, उपदेश या प्रार्थना का बोध होता है, आज्ञावाचक वाक्य (Imperative Sentence) कहलाते हैं; जैसे—
   - श्याम पानी लाओ।
   - कृपया घर आ जाइए।
4. **विस्मयवाचक वाक्य** वे वाक्य, जिनसे किसी प्रकार का विस्मय, हर्ष, दु:ख, आश्चर्य, क्रोध आदि का बोध होता है, विस्मयवाचक वाक्य (Exclamatory Sentence) कहलाते हैं; जैसे—
   - अरे! वह उत्तीर्ण हो गया।
   - अहा! कितना सुन्दर दृश्य है।
5. **सन्देहवाचक वाक्य** वे वाक्य, जिनसे किसी प्रकार के सन्देह या भ्रम का बोध होता है, सन्देहवाचक वाक्य (Sentence Indicating Doubt) कहलाते हैं; जैसे—
   - वह अब जा चुका होगा।
   - महेश पढ़ा-लिखा है या नहीं।
6. **इच्छावाचक वाक्य** वे वाक्य, जिनसे किसी प्रकार की इच्छा, आशीष और शुभकामना का बोध होता है, इच्छावाचक वाक्य (Illative Sentence) कहलाते हैं; जैसे—
   - ईश्वर आपकी यात्रा सफल करे।
   - आप जीवन में उन्नति करें।
7. **संकेतवाचक वाक्य** वे वाक्य, जिनसे किसी प्रकार के संकेत या इशारे का बोध होता है, संकेतवाचक वाक्य (Conditional Sentence) कहलाते हैं; जैसे—
   - जो परिश्रम करेगा वह सफल होगा।
   - अगर वर्षा होगी तो फसल भी अच्छी होगी।
8. **प्रश्नवाचक वाक्य** वे वाक्य, जिनसे किसी प्रश्न के पूछे जाने का बोध होता है, प्रश्नवाचक वाक्य (Interrogative Sentence) कहलाते हैं; जैसे—
   - आपका क्या नाम है?
   - तुम किस कक्षा में पढ़ते हो?

उपवाक्य

जिन क्रियायुक्त पदों से आंशिक भाव व्यक्त होता है, उन्हें उपवाक्य (Clause) कहते हैं; जैसे—'यदि वह कहता', 'यद्यपि वह अस्वस्थ था' आदि।

उपवाक्य के भेद

उपवाक्य के मुख्यत: दो भेद आश्रित उपवाक्य एवं प्रधान उपवाक्य होते हैं।

1. आश्रित उपवाक्य

- ऐसे वाक्य जिनका अर्थ किसी प्रधान (मुख्य) वाक्य पर आश्रित रहता है, आश्रित उपवाक्य कहलाते हैं।
- आश्रित उपवाक्य प्रधान उपवाक्य के बिना पूरा अर्थ नहीं दे सकते और इन्हें स्वतन्त्र भी नहीं लिखा जा सकता;
  जैसे—**यदि सोहन आ जाए तो मैं उसके साथ चलूँ।**
  यहाँ 'यदि सोहन आ जाए' आश्रित उपवाक्य है तथा 'मैं उसके साथ चलूँ' प्रधान उपवाक्य है।
- आश्रित उपवाक्यों को पहचानना अत्यन्त सरल है। जो उपवाक्य कि, जिससे कि, ताकि, ज्यों ही, जितना, ज्यों, क्योंकि, चूँकि, यद्यपि, यदि, जब तक, जब, जहाँ तक, जहाँ, जिधर, चाहे, मानो, कितना भी आदि शब्दों से आरम्भ होते हैं वे आश्रित उपवाक्य हैं।

आश्रित उपवाक्य तीन प्रकार के होते हैं, जिनकी पहचान निम्न प्रकार से की जा सकती है

(i) **संज्ञा उपवाक्य** जो आश्रित उपवाक्य संज्ञा की तरह प्रयोग हों, उन्हें 'संज्ञा उपवाक्य' कहते हैं। अन्य शब्दों में, ऐसे आश्रित उपवाक्य जो प्रधान उपवाक्य की क्रिया के उद्देश्य (कर्ता), कर्म, पूरक क्रिया, सर्वनाम के स्थान पर प्रयुक्त हो, वे संज्ञा उपवाक्य कहलाते हैं;

- जैसे—मोहन ने कहा कि **मैं अभी खेलूँगा।**

यहाँ 'कि मैं अभी खेलूँगा' संज्ञा उपवाक्य है।

पहचान का नियम—संज्ञा उपवाक्य का प्रारम्भ **कि** से होता है।

(ii) **विशेषण उपवाक्य** जो आश्रित उपवाक्य विशेषण की तरह प्रयोग हों, उन्हें विशेषण आश्रित उपवाक्य कहते हैं। अन्य शब्दों में, जब कोई आश्रित उपवाक्य प्रधान वाक्य की संज्ञा पद की विशेषता बताते हैं, तब उन्हें विशेषण आश्रित उपवाक्य कहते हैं;

- जैसे—मैंने एक बच्चे को देखा **जो बहुत नटखट था।**

यहाँ 'जो बहुत नटखट था' विशेषण आश्रित उपवाक्य है।

पहचान का नियम—विशेषण उपवाक्य का प्रारम्भ **जो** अथवा इसके किसी रूप (जिसे, जिसको, जिसने, जिनको आदि) से होता है।

(iii) **क्रिया-विशेषण उपवाक्य** जो उपवाक्य क्रिया-विशेषण की तरह प्रयोग हों, उन्हें क्रिया-विशेषण उपवाक्य कहते हैं। अन्य शब्दों में, जो आश्रित उपवाक्य मुख्य उपवाक्य की क्रिया की काल, स्थान, कारण, परिणाम आदि से सम्बद्ध विशेषता बताएँ, उन्हें क्रिया-विशेषण आश्रित उपवाक्य कहते हैं;

- जैसे—**जब रजनी पढ़ रही थी तब** मैं सो रही थी।

यहाँ 'जब रजनी पढ़ रही थी' क्रिया-विशेषण उपवाक्य है।

पहचान का नियम-क्रिया-विशेषण उपवाक्य का प्रारम्भ **जब, जहाँ, जैसे** आदि से होता है।

2. प्रधान उपवाक्य

जो उपवाक्य पूरे वाक्य से पृथक् भी लिखा जाए तथा जिसका अर्थ किसी दूसरे पर आश्रित न हो अर्थात् जो स्वतन्त्र हो, उसे प्रधान उपवाक्य कहते हैं।

वाक्यों का रूपान्तरण

किसी वाक्य में अर्थ परिवर्तन किए बिना उसकी संरचना में परिवर्तन की प्रक्रिया वाक्यों का रूपान्तरण कहलाती है। एक प्रकार के वाक्य को दूसरे प्रकार के वाक्यों में बदलना वाक्य परिवर्तन या वाक्य रचनान्तरण कहलाता है।

वाक्य परिवर्तन की प्रक्रिया में इस बात का विशेष ध्यान रखना चाहिए कि वाक्य का केवल प्रकार बदला जाए, उसका अर्थ या काल आदि नहीं।

वाक्य परिवर्तन सम्बन्धी नियम

- वाक्य परिवर्तन में केवल वाक्य रचना बदलनी चाहिए, वाक्य का अर्थ नहीं।
- सरल वाक्यों को मिश्र या संयुक्त वाक्य बनाते समय कुछ शब्द या सम्बन्धबोधक अव्यय अथवा योजक आदि से जोड़ना;
  जैसे-क्योंकि, कि, और, इसलिए, तब आदि।
- संयुक्त/मिश्र वाक्यों को सरल वाक्यों में बदलते समय योजक शब्दों या सम्बन्धबोधक अव्ययों का लोप करना।

सरल वाक्य से मिश्र वाक्य में परिवर्तन

- लड़के ने अपना दोष मान लिया। (सरल वाक्य)
  लड़के ने माना कि दोष उसका है। (मिश्र वाक्य)
- राम मुझसे घर आने को कहता है। (सरल वाक्य)
  राम मुझसे कहता है कि मेरे घर आओ। (मिश्र वाक्य)
- मैं तुम्हारे साथ खेलना चाहता हूँ। (सरल वाक्य)
  मैं चाहता हूँ कि तुम्हारे साथ खेलूँ। (मिश्र वाक्य)
- आप अपनी समस्या बताएँ। (सरल वाक्य)
  आप बताएँ कि आपकी समस्या क्या है। (मिश्र वाक्य)
- मुझे पुरस्कार मिलने की आशा है। (सरल वाक्य)
  आशा है कि मुझे पुरस्कार मिलेगा। (मिश्र वाक्य)
- महेश सेना में भर्ती होने योग्य नहीं है। (सरल वाक्य)
  महेश इस योग्य नहीं है कि सेना में भर्ती हो सके। (मिश्र वाक्य)
- राम के आने पर मोहन जाएगा। (सरल वाक्य)
  जब राम जाएगा तब मोहन आएगा। (मिश्र वाक्य)
- मेरे बैठने की जगह कहाँ है? (सरल वाक्य)
  वह जगह कहाँ है जहाँ मैं बैठूँ? (मिश्र वाक्य)
- मैं तुम्हारे साथ व्यापार करना चाहता हूँ। (सरल वाक्य)
  मैं चाहता हूँ कि तुम्हारे साथ व्यापार करूँ। (मिश्र वाक्य)
- श्याम ने आगरा जाने के लिए टिकट लिया। (सरल वाक्य)
  श्याम ने टिकट लिया ताकि वह आगरा जा सके। (मिश्र वाक्य)
- मैंने एक घायल हिरन देखा। (सरल वाक्य)
  मैंने एक हिरण देखा जो घायल था। (मिश्र वाक्य)
- मुझे उस कर्मचारी की कर्तव्यनिष्ठा पर सन्देह है। (सरल वाक्य)
  मुझे सन्देह है कि वह कर्मचारी कर्तव्यनिष्ठ है। (मिश्र वाक्य)
- बुद्धिमान व्यक्ति किसी से झगड़ा नहीं करता है। (सरल वाक्य)
  जो व्यक्ति बुद्धिमान है वह किसी से झगड़ा नहीं करता है। (मिश्र वाक्य)
- यह किसी बहुत बुरे आदमी का काम है। (सरल वाक्य)
  वह कोई बुरा आदमी है जिसने यह काम किया है। (मिश्र वाक्य)
- न्यायाधीश ने कैदी को हाज़िर करने का आदेश दिया। (सरल वाक्य)
  न्यायाधीश ने आदेश दिया कि कैदी हाज़िर किया जाए। (मिश्र वाक्य)

सरल वाक्य से संयुक्त वाक्य में परिवर्तन

- पैसा साध्य न होकर साधन है। (सरल वाक्य)
  पैसा साध्य नहीं है, किन्तु साधन है। (संयुक्त वाक्य)
- दोनों में से कोई काम पूरा नहीं हुआ। (सरल वाक्य)
  न एक काम पूरा हुआ न दूसरा। (संयुक्त वाक्य)
- पंगु होने के कारण वह घोड़े पर नहीं चढ़ सकता। (सरल वाक्य)
  वह पंगु है इसलिए घोड़े पर नहीं चढ़ सकता। (संयुक्त वाक्य)
- परिश्रम करके सफलता प्राप्त करो। (सरल वाक्य)
  परिश्रम करो और सफलता प्राप्त करो। (संयुक्त वाक्य)
- रमेश दण्ड के भय से झूठ बोलता रहा। (सरल वाक्य)
  रमेश को दण्ड का भय था, इसलिए वह झूठ बोलता रहा। (संयुक्त वाक्य)
- वह खाना खाकर सो गया। (सरल वाक्य)
  उसने खाना खाया और सो गया। (संयुक्त वाक्य)
- उसने गलत काम करके अपयश कमाया। (सरल वाक्य)
  उसने गलत काम किया और अपयश कमाया। (संयुक्त वाक्य)

संयुक्त वाक्य से सरल वाक्य में परिवर्तन

- सूर्योदय हुआ और कुहासा जाता रहा। (संयुक्त वाक्य)
  सूर्योदय होने पर कुहासा जाता रहा। (सरल वाक्य)
- जल्दी चलो, नहीं तो पकड़े जाओगे। (संयुक्त वाक्य)
  जल्दी न चलने पर पकड़े जाओगे। (सरल वाक्य)
- वह धनी है पर लोग ऐसा नहीं समझते। (संयुक्त वाक्य)
  लोग उसे धनी नहीं समझते। (सरल वाक्य)
- वह अमीर है फिर भी सुखी नहीं है। (संयुक्त वाक्य)
  वह अमीर होने पर भी सुखी नहीं है। (सरल वाक्य)
- बाँस और बाँसुरी दोनों नहीं रहेंगे। (संयुक्त वाक्य)
  न रहेगा बाँस न बजेगी बाँसुरी। (सरल वाक्य)
- राजकुमार ने भाई को मार डाला और स्वयं राजा बन गया। (संयुक्त वाक्य)
  भाई को मारकर राजकुमार राजा बन गया। (सरल वाक्य)

संयुक्त वाक्य से मिश्र वाक्य में परिवर्तन

- काम पूरा कर डालो नहीं तो जुर्माना होगा। (संयुक्त वाक्य)
  यदि काम पूरा नहीं करोगे तो जुर्माना होगा। (मिश्र वाक्य)
- इस समय सर्दी है इसलिए कोट पहन लो। (संयुक्त वाक्य)
  क्योंकि इस समय सर्दी है, इसलिए कोट पहन लो। (मिश्र वाक्य)
- वह मरणासन्न था, इसलिए मैंने उसे क्षमा कर दिया। (संयुक्त वाक्य)
  मैंने उसे क्षमा कर दिया, क्योंकि वह मरणासन्न था। (मिश्र वाक्य)
- वक्त निकल जाता है पर बात याद रहती है। (संयुक्त वाक्य)
  भले ही वक्त निकल जाता है, फिर भी बात याद रहती है। (मिश्र वाक्य)
- जल्दी तैयार हो जाओ, नहीं तो बस चली जाएगी। (संयुक्त वाक्य)
  यदि जल्दी तैयार नहीं होओगे तो बस चली जाएगी। (मिश्र वाक्य)
- इसकी तलाशी लो और घड़ी मिल जाएगी। (संयुक्त वाक्य)
  यदि इसकी तलाशी लोगे तो घड़ी मिल जाएगी। (मिश्र वाक्य)
- सुरेश या तो स्वयं आएगा या तार भेजेगा। (संयुक्त वाक्य)
  यदि सुरेश स्वयं न आया तो तार भेजेगा। (मिश्र वाक्य)

मिश्र वाक्य से सरल वाक्य में परिवर्तन

- ज्यों ही मैं वहाँ पहुँचा त्यों ही घण्टा बजा। (मिश्र वाक्य)
  मेरे वहाँ पहुँचते ही घण्टा बजा। (सरल वाक्य)
- यदि पानी न बरसा तो सूखा पड़ जाएगा। (मिश्र वाक्य)
  पानी न बरसने पर सूखा पड़ जाएगा। (सरल वाक्य)
- उसने कहा कि मैं निर्दोष हूँ। (मिश्र वाक्य)
  उसने अपने को निर्दोष बताया। (सरल वाक्य)
- यह निश्चित नहीं है कि वह कब आएगा? (मिश्र वाक्य)
  उसके आने का समय निश्चित नहीं है। (सरल वाक्य)
- जब तुम लौटकर आओगे तब मैं जाऊँगा। (मिश्र वाक्य)
  तुम्हारे लौटकर आने पर मैं जाऊँगा। (सरल वाक्य)
- जहाँ राम रहता है वहीं श्याम भी रहता है। (मिश्र वाक्य)
  राम और श्याम साथ ही रहते हैं। (सरल वाक्य)
- आशा है कि वह साफ बच जाएगा। (मिश्र वाक्य)
  उसके साफ बच जाने की आशा है। (सरल वाक्य)

मिश्र वाक्य से संयुक्त वाक्य में परिवर्तन

- वह उस स्कूल में पढ़ा जो उसके गाँव के निकट था। (मिश्र वाक्य)
  वह स्कूल में पढ़ा और वह स्कूल उसके गाँव के निकट था। (संयुक्त वाक्य)
- मुझे वह पुस्तक मिल गई है जो खो गई थी। (मिश्र वाक्य)
  वह पुस्तक खो गई थी परन्तु मुझे मिल गई है। (संयुक्त वाक्य)
- जैसे ही उसे तार मिला वह घर से चल पड़ा। (मिश्र वाक्य)
  उसे तार मिला और वह तुरन्त घर से चल पड़ा। (संयुक्त वाक्य)
- काम समाप्त हो जाए तो जा सकते हो। (मिश्र वाक्य)
  काम समाप्त करो और जाओ। (संयुक्त वाक्य)
- आश्चर्य है कि वह हार गया। (मिश्र वाक्य)
  वह हार गया परन्तु यह आश्चर्य है। (संयुक्त वाक्य)
- जैसा बोओगे वैसा काटोगे। (मिश्र वाक्य)
  जो जैसा बोएगा वैसा ही काटेगा। (संयुक्त वाक्य)

विधानवाचक वाक्य से निषेधवाचक वाक्य में परिवर्तन

- यह प्रस्ताव सभी को मान्य है। (विधानवाचक वाक्य)
  इस प्रस्ताव के विरोधाभास में कोई नहीं है। (निषेधवाचक वाक्य)
- तुम असफल हो जाओगे। (विधानवाचक वाक्य)
  तुम सफल नहीं हो पाओगे। (निषेधवाचक वाक्य)
- शेरशाह सूरी एक बहादुर बादशाह था। (विधानवाचक वाक्य)
  शेरशाह सूरी कायर बादशाह नहीं था। (निषेधवाचक वाक्य)
- रमेश सुरेश से बड़ा है। (विधानवाचक वाक्य)
  रमेश सुरेश से छोटा नहीं है। (निषेधवाचक वाक्य)
- शेर गुफा के अन्दर रहता है। (विधानवाचक वाक्य)
  शेर गुफा के बाहर नहीं रहता है। (निषेधवाचक वाक्य)
- मुझे सन्देह हुआ कि यह पत्र आपने लिखा। (विधानवाचक वाक्य)
  मुझे विश्वास नहीं हुआ कि यह पत्र आपने लिखा। (निषेधवाचक वाक्य)
- मुगल शासकों में अकबर श्रेष्ठ था। (विधानवाचक वाक्य)
  मुगल शासकों में अकबर से बढ़कर कोई नहीं था। (निषेधवाचक वाक्य)

निश्चयवाचक वाक्य से प्रश्नवाचक वाक्य में परिवर्तन

- आपका भाई यहाँ नहीं है। (निश्चयवाचक)
  आपका भाई कहाँ है? (प्रश्नवाचक)
- किसी पर भरोसा नहीं किया जा सकता। (निश्चयवाचक)
  किस पर भरोसा किया जाए? (प्रश्नवाचक)
- गाँधीजी का नाम सबने सुन रखा है। (निश्चयवाचक)
  गाँधीजी का नाम किसने नहीं सुना? (प्रश्नवाचक)
- तुम्हारी पुस्तक मेरे पास नहीं है। (निश्चयवाचक)
  तुम्हारी पुस्तक मेरे पास कहाँ है? (प्रश्नवाचक)
- तुम किसी न किसी तरह उत्तीर्ण हो गए। (निश्चयवाचक)
  तुम कैसे उत्तीर्ण हो गए? (प्रश्नवाचक)
- अब तुम बिल्कुल स्वस्थ हो गए हो। (निश्चयवाचक)
  क्या तुम अब बिल्कुल स्वस्थ हो गए हो? (प्रश्नवाचक)
- यह एक अनुकरणीय उदाहरण है। (निश्चयवाचक)
  क्या यह अनुकरणीय उदाहरण नहीं है? (प्रश्नवाचक)

विस्मयादिबोधक वाक्य से विधानवाचक वाक्य में परिवर्तन

- वाह! कितना सुन्दर नगर है! (विस्मयादिबोधक)
  बहुत ही सुन्दर नगर है। (विधानवाचक वाक्य)
- काश! मैं जवान होता। (विस्मयादिबोधक)
  मैं चाहता हूँ कि मैं जवान होता। (विधानवाचक वाक्य)
- अरे! तुम फेल हो गए। (विस्मयादिबोधक)
  मुझे तुम्हारे फेल होने पर आश्चर्य हो रहा है। (विधानवाचक वाक्य)

पदबन्ध

अनेक पदों के योग से बना वाक्यांश, जो एक ही पद का कार्य करता है, पदबन्ध (Pharse) कहलाता है। अन्य शब्दों में, पदबन्ध वाक्य का एक अंश होता है। जब एक से अधिक पद मिलकर एक व्याकरणिक इकाई का काम करते हैं, उसी बँधी हुई इकाई को 'पदबन्ध' कहा जाता है;

- जैसे—सड़क पर गिरा हुआ थैला राम का है।

इस वाक्य में 'सड़क पर गिरा हुआ थैला' में पाँच पद हैं, परन्तु ये साथ मिलकर एक ही व्याकरणिक इकाई अर्थात् **संज्ञा** (थैला) के रूप में प्रयोग हो रहे हैं। अत: यह पूरा अंश एक पदबन्ध है;

- जैसे—यमुना बहती चली जा रही है।

इस वाक्य में 'बहती चली जा रही है' में चार पद हैं, परन्तु ये साथ मिलकर एक ही व्याकरणिक इकाई अर्थात् **क्रिया** (बहती) के रूप में प्रयोग हो रहे हैं;

- जैसे—राम परिश्रमी तथा शान्त स्वभाव का व्यक्ति है।

इस वाक्य में 'परिश्रमी तथा शान्त स्वभाव' में चार पद हैं, परन्तु ये साथ मिलकर एक ही व्याकरणिक इकाई अर्थात् **विशेषण** (परिश्रमी तथा शान्त) का कार्य कर रहे हैं;

- जैसे—चिड़ियाँ चूँ-चूँ करती हुई उड़ रही हैं।

इस वाक्य में भी 'चूँ-चूँ करती हुई' में चार पद हैं, परन्तु ये साथ मिलकर एक ही व्याकरणिक इकाई अर्थात् **क्रिया-विशेषण** (चूँ-चूँ) का कार्य कर रही हैं।

पदबन्ध के प्रकार

पदबन्ध मुख्य रूप से पाँच प्रकार के होते हैं

1. संज्ञा पदबन्ध

संज्ञा पद के स्थान पर प्रयुक्त होने वाले पदबन्ध 'संज्ञा पदबन्ध' कहलाते हैं। इसकी पहचान यह है कि इसमें शीर्ष शब्द या पदबन्ध का अन्तिम शब्द संज्ञा पद होता है तथा शेष पद उस पर आश्रित होते हैं; जैसे—

- विदेश में रहने वाले मेरे चाचा जी ने मुझे बुलाया है।
- गाड़ी से गिरकर घायल हुआ लड़का ठीक हो गया।
- श्याम का बड़ा भाई रमेश कल आया था।
- तताँरा की तलवार एक विलक्षण रहस्य थी।
- पीली बस फुटपाथ पर चढ़ गई।

उपर्युक्त वाक्यों में रेखांकित शब्द 'संज्ञा पदबन्ध' के उदाहरण हैं। इन सभी वाक्यों में शेष पद रेखांकित वाले भाग पर आश्रित हैं।

2. सर्वनाम पदबन्ध

सर्वनाम पद के स्थान पर प्रयुक्त होने वाले पदबन्ध और जो पदबन्ध वाक्य में सर्वनाम का कार्य करते हैं वे सर्वनाम पदबन्ध कहलाते हैं; जैसे—

- जो स्त्री आज सुबह आई थी वह बीमार है।
- मंच पर नृत्य करने वाला आज नहीं आएगा।
- बड़ों की सेवा करने वाले तुम सचमुच सम्माननीय हो।
- वह भागा-भागा वहाँ पहुँच जाता।

उपर्युक्त वाक्यों में रेखांकित शब्द 'सर्वनाम पदबन्ध' के उदाहरण हैं।

3. क्रिया पदबन्ध

क्रिया पद के स्थान पर प्रयुक्त होने वाले पदबन्ध 'क्रिया पदबन्ध' कहलाते हैं। इस पदबन्ध में मुख्य क्रिया का प्रयोग वाक्य के प्रारम्भ में ही किया जाता है, इसके बाद अन्य क्रियाएँ मिलकर एक पूर्ण इकाई का निर्माण करती हैं। इस पदबन्ध के शीर्ष में क्रिया होती है; जैसे—

- बड़े भैया कल ही दिल्ली चले गए थे।
- मोहन नदी में डूब गया।
- मोहन शर्बत पीकर चला गया।
- आयुष सुरभि का चुटकुला सुनकर हँसता रहा।

उपर्युक्त वाक्यों में रेखांकित शब्द 'क्रिया पदबन्ध' के उदाहरण हैं।

4. विशेषण पदबन्ध

वे पदबन्ध जो विशेषण पद के स्थान पर प्रयुक्त होते हैं, विशेषण पदबन्ध कहलाते हैं। अन्य शब्दों में, ऐसे पदबन्ध जिनका शीर्ष या अन्तिम शब्द यदि विशेषण है और अन्य सभी पद उस पर आश्रित हैं, विशेषण पदबन्ध कहलाते हैं; जैसे—

- महेश बहुत दुर्जन, बेइमान और कामचोर युवक है।
- फल बेचने वाला व्यक्ति आज बीमार है।
- सफ़ेद साड़ी पहने हुए महिला घर में घुस गई।
- सुनीता परिश्रमी और होशियार लड़की है।
- उसकी कल्पना में वह एक अद्भुत साहसी युवक था।

उपर्युक्त में रेखांकित शब्द 'विशेषण पदबन्ध' के उदाहरण हैं।

5. क्रिया-विशेषण (अव्यय) पदबन्ध

क्रिया-विशेषण पद के स्थान पर प्रयुक्त होने वाले पदबन्ध 'क्रिया विशेषण पदबन्ध' कहलाते हैं। क्रिया का विशेषण रूप होने के कारण इसका प्रयोग क्रिया से पहले किया जाता है। इसमें क्रिया-विशेषण शीर्ष स्थान पर रहता है एवं अन्य पद उस पर आश्रित होते हैं; जैसे—

- भाभी जल्दी-जल्दी चलकर छत पर पहुँची।
- मोहन धीरे-धीरे चलकर थक गया।
- फल बेचने वाला व्यक्ति बात-बात पर झगड़ने लगता है।
- अरुणिमा धीरे-धीरे चलते हुए वहाँ जा पहुँची।
- उसने साँप को पीट-पीटकर मार डाला।

उपर्युक्त वाक्यों में रेखांकित शब्द 'क्रिया-विशेषण पदबन्ध' के उदाहरण हैं।

शीर्ष पद

पदबन्ध के अन्तर्गत एक 'शीर्ष पद' होता है, जो अन्य पदों का आधार केन्द्र होता है। शेष पद उस पर आश्रित होते हैं और वे 'आश्रित पद' कहलाते हैं;

जैसे—'संकटमोचन हनुमान' में 'हनुमान' शीर्ष पद है और 'संकटमोचन' आश्रित पद है।

शीर्ष पद की पहचान

सर्वप्रथम यह समझा जाना आवश्यक है कि वह पदबन्ध संज्ञा का कार्य कर रहा है या विशेषण, क्रिया, सर्वनाम या क्रिया-विशेषण का। पद की जगह न्यूनतम एक पद को रखकर देखना चाहिए कि कौन-सा पद वाक्य के पद के अर्थ की संगति को बनाए रखता है। यही उसका शीर्ष पद कहलाएगा;

जैसे—''संकटमोचन हनुमान संजीवनी बूटी लाए।'' यहाँ 'हनुमान संजीवनी बूटी लाए' भी संगत है। इसलिए 'हनुमान', 'संकटमोचन हनुमान' पदबन्ध का शीर्ष पद है।

वस्तुनिष्ठ प्रश्नावली

1. वाक्य के गुणों में सम्मिलित नहीं है
(a) लयबद्धता (b) सार्थकता
(c) क्रमबद्धता (d) आकांक्षा

2. 'नाव में नदी है'—इस वाक्य में किस वाक्य गुण का अभाव है?
(a) आकांक्षा (b) क्रम
(c) योग्यता (d) आसक्ति

3. वाक्य गुण 'आसक्ति' का अर्थ है
(a) व्याकरणानुकूल (b) क्रमबद्धता
(c) योग्यता (d) समीपता

4. वाक्यों का वर्गीकरण कितने आधारों पर किया गया है? *(UPSSSC कनिष्ठ सहायक परीक्षा 2016)*
(a) दो (b) चार (c) आठ (d) तीन

5. वे वाक्य सरल वाक्य कहलाते हैं, जिनमें *(UPSSSC कनिष्ठ सहायक परीक्षा 2016)*
(a) एक से अधिक प्रधान उपवाक्य हों
(b) एक साधारण और दूसरा आश्रित उपवाक्य हो
(c) एक ही उद्देश्य और एक ही विधेय हो
(d) आश्रित उपवाक्य समुच्चयबोधक अव्यय से जुड़े हों

6. मिश्र वाक्य कहते हैं
(a) जिनमें एक कर्ता और एक ही क्रिया होती है
(b) जिनमें एक से अधिक प्रधान उपवाक्य हों
(c) जिनमें एक साधारण वाक्य तथा उसके अधीन दूसरा उपवाक्य हो
(d) उपरोक्त में से कोई नहीं

7. जिन वाक्यों में एक-से-अधिक प्रधान उपवाक्य हों और वे संयोजक अव्यय द्वारा जुड़े हों, उसे कहते हैं
(a) विधिवाचक (b) सरल वाक्य
(c) मिश्र वाक्य (d) संयुक्त वाक्य

8. अर्थ के आधार पर वाक्यों के भेद बताइए। *(UPSSSC Pre 2016)*
(a) दो (b) चार
(c) छः (d) आठ

9. प्रश्नवाचक चिह्न का प्रयोग किस वाक्य में होगा? *(UPPSC Pre 2018)*
(a) मोहन ने पूछा राम की वय (आयु) कितनी है
(b) सीता जानना चाहती है, भाई घर कब आएगा
(c) मोहन बाजार गया था
(d) मोहन को बाजार क्यों जाना था

10. जिन वाक्यों से किसी कार्य या बात करने का बोध होता है, उन्हें कहते हैं
(a) आज्ञावाचक (b) विधानवाचक
(c) इच्छावाचक (d) संकेतवाचक

11. जिन वाक्यों से किसी बात या कार्य न होने का बोध होता है, उन्हें कहते हैं
(a) आज्ञावाचक (b) विस्मयवाचक
(c) निषेधवाचक (d) संकेतवाचक

12. 'श्याम स्कूल जाओ'-वाक्य है
(a) विधानवाचक (b) निषेधवाचक (c) संकेतवाचक (d) आज्ञावाचक

13. 'राम ने कहा गाड़ी पलट गई' *(CGTET 2017)*
(a) सरल वाक्य है (b) द्वित्व वाक्य है
(c) संयुक्त वाक्य है (d) मिश्र वाक्य है

14. 'अहा! कितना सुन्दर दृश्य है'—वाक्य किस प्रकार का है?
(a) निषेधवाचक (b) विस्मयवाचक (c) इच्छावाचक (d) आज्ञावाचक

15. 'रमेश पढ़ा-लिखा है या नहीं'—वाक्य है
(a) विधानवाचक (b) इच्छावाचक (c) सन्देहवाचक (d) आज्ञावाचक

16. 'पिता ने समझाया कि सदा सत्य बोलना चाहिए।' यह वाक्य उदाहरण है *(UPTET 2016)*
(a) सरल वाक्य का (b) इच्छावाचक वाक्य का
(c) मिश्र वाक्य का (d) आज्ञावाचक वाक्य का

17. 'आपका भविष्य उज्ज्वल हो'—वाक्य है
(a) इच्छावाचक (b) आज्ञावाचक
(c) विधानवाचक (d) संकेतवाचक

18. 'जो पढ़ेगा वह उत्तीर्ण होगा'—वाक्य है
(a) सन्देहवाचक (b) संकेतवाचक
(c) आज्ञावाचक (d) विधानवाचक

19. निम्न में से कौन-सा वाक्य मिश्र वाक्य नहीं है? *(UPSSSC कनिष्ठ सहायक परीक्षा 2015)*
(a) मैंने एक पुस्तक खरीदी जो नई है।
(b) यह वही बच्चा है जिसे बैल ने मारा।
(c) एक विज्ञान गोष्ठी हुई जिसमें अनेक वक्ता बोले।
(d) वह परिश्रमी ही नहीं वरन् ईमानदार भी है।

20. निम्नलिखित विकल्पों में से दिए गए वाक्य का सही वाक्य भेद पहचानिए। *(UPSSSC मंडी परिषद् 2019)*
'पुस्तक बाजार में बहुत महँगी थी, इसलिए पुस्तकालय से ले ली।'
(a) विधानवाचक वाक्य (b) सरल वाक्य
(c) मिश्र वाक्य (d) संयुक्त वाक्य

21. निम्नलिखित में से कौन-सा मिश्र वाक्य है? *(UPTET परीक्षा 2020)*
(a) उसमें न पत्ते थे, न फूल थे
(b) वह उड़ती हुई चिड़िया पहचानता है
(c) यज्ञदत्त देवदत्त को व्याकरण पढ़ाता है
(d) मैंने सुना है कि आपके देश में अच्छा राजप्रबन्ध है

22. संयुक्त वाक्य पहचानिए
(a) उत्तर देने का यह ढंग ठीक नहीं है
(b) उसे गर्व है कि वह उच्चकुल में पैदा हुआ
(c) दवा लो और बुखार कम हो जाएगा
(d) उपरोक्त सभी

23. इनमें से विधानवाचक वाक्य कौन-सा है?
(a) यह एक अनुकरणीय उदाहरण नहीं है।
(b) इस बात से किसी को इनकार नहीं है।
(c) मुझे कौन वोट नहीं देगा?
(d) यह बात सभी को स्वीकार्य है।

24. 'शायद' में भी वाक्य है *(KVS परीक्षा 2011)*
(a) सन्देहवाचक (b) संकेतवाचक
(c) इच्छार्थक (d) विधानवाचक

25. वाक्य के घटक या अंग होते हैं *(UPSSSC कनिष्ठ सहायक परीक्षा 2015)*
(a) उद्देश्य और विधेय (b) कर्ता और क्रिया
(c) कर्म और क्रिया (d) कर्म और विशेषण

26. संरचना के आधार पर किए गए वाक्य के वर्गीकरण में इनमें से कौन-सा प्रकार नहीं है? *(REET 2016)*
(a) सरल वाक्य (b) मिश्र वाक्य
(c) आज्ञार्थक वाक्य (d) संयुक्त वाक्य

27. निम्नलिखित में से क्रिया-विशेषण उपवाक्य है *(RPSC पुलिस सब-इंस्पेक्टर परीक्षा 2011)*
(a) मेरे पास एक गुड़िया है जो नाचती है
(b) मेरी इच्छा है कि मैं एक उपन्यास लिखूँ
(c) जब बारिश हो रही थी तब मैं घर में था
(d) कविता ने कहा कि सुनीता ने शादी कर ली

28. 'हाथी जंगल में रहते हैं'—यह वाक्य है *(MPTET 2011)*
(a) विधानवाचक (b) अनिश्चयवाचक
(c) निषेधवाचक (d) प्रश्नवाचक

29. 'वह हार गया परन्तु यह आश्चर्य है'—यह वाक्य है *(MPTET 2011)*
(a) मिश्र वाक्य (b) सरल वाक्य
(c) संयुक्त वाक्य (d) इनमें से कोई नहीं

30. निम्नलिखित में से इच्छार्थक वाक्य है *(RPSC पुलिस सब-इंस्पेक्टर परीक्षा 2011)*
(a) सौरभ को बुलाओ (b) तुम्हारा मंगल हो
(c) तुमने सुना होगा (d) आज विद्यालय में अवकाश है

31. 'मैं आपसे सहमत नहीं हूँ'—वाक्य है
(a) विधानवाचक (b) इच्छावाचक
(c) सन्देहवाचक (d) निषेधवाचक

32. वाक्य और उसके भेद से सम्बन्धित कौन-सा जोड़ा गलत है?
(a) बच्चे नाश्ता करके विद्यालय गए – सरल वाक्य *(UPTET 2018)*
(b) जो प्रथम आएगा वह पुरस्कार पाएगा – मिश्र वाक्य
(c) नेता ने भाषण दिया और चला गया – संयुक्त वाक्य
(d) लक्ष्मी गई और सोफिया आ गई – सरल वाक्य

33. 'आपके अवकाश का क्या हुआ?' कैसा वाक्य है? *(इग्नू बी.एड. प्रवेश परीक्षा 2010)*
(a) सन्देहवाचक (b) प्रश्नवाचक
(c) इच्छावाचक (d) विधिवाचक

34. 'राकेश आया होगा'—वाक्य है
(a) विस्मयवाचक (b) इच्छावाचक
(c) सन्देहवाचक (d) संकेतवाचक

35. 'जो गरीबों की सहायता करते हैं वे धर्मात्मा होते हैं'—वाक्य है
(a) सरल वाक्य (b) मिश्र वाक्य
(c) संयुक्त वाक्य (d) इनमें से कोई नहीं

36. 'राजनीति अब एक व्यवसाय बन गई है, जो अनैतिकता के आधार पर चलती है।' यह किस प्रकार का वाक्य है? *(UPTET 2016)*
(a) सरल वाक्य (b) संयुक्त वाक्य
(c) मिश्र वाक्य (d) इनमें से कोई नहीं

37. आज्ञावाचक वाक्य को चिह्नित कीजिए *(इग्नू बी.एड. प्रवेश परीक्षा 2011)*
(a) उसने दरवाजा खोला (b) उसके द्वारा दरवाजा खोला गया
(c) जल्दी दरवाजा खोलो (d) क्या वह दरवाजा खोल पाएगा?

38. मिश्र वाक्य को चिह्नित कीजिए *(HTET 2010)*
(a) आपने ऐसा क्यों किया?
(b) उसने कहा कि आज छुट्टी हो जाएगी।
(c) वाह! आप एम.पी. हो गए।
(d) बालक आया और मेरे पास बैठ गया।

39. संकेतवाचक वाक्य चुनिए *(उ.प्र. बी.एड. प्रवेश परीक्षा 2011)*
(a) ईश्वर सर्वशक्तिमान है
(b) ईश्वर का वास प्रत्येक हृदय में है
(c) ईश्वर करे आप जल्दी स्वस्थ हो जाएँ
(d) ईश्वर की माया कहीं धूप कहीं छाया

40. मयंक सुन्दर है, वह हँसमुख भी है—इस वाक्य का सरल वाक्य में रूपान्तर होगा *(RPSC पुलिस सब-इंस्पेक्टर 2011)*
(a) मयंक सुन्दर है तथा हँसमुख भी है
(b) मयंक सुन्दर है, लेकिन हँसमुख है
(c) मयंक सुन्दर और हँसमुख है
(d) मयंक सुन्दर भी है और हँसमुख भी

41. छात्रों ने परिश्रम किया, वे उत्तीर्ण हो गए—इस वाक्य का 'मिश्र वाक्य' में रूपान्तरण होगा *(RPSC पुलिस सब-इंस्पेक्टर 2011)*
(a) छात्रों ने परिश्रम किया और उत्तीर्ण हो गए
(b) परिश्रम करने वाले छात्र उत्तीर्ण हो गए
(c) जिन छात्रों ने परिश्रम किया वे उत्तीर्ण हो गए
(d) छात्र परिश्रम करके उत्तीर्ण हो गए

42. "वह लाचार है, क्योंकि वह अन्धा है।" इस वाक्य में कौन-सा अव्यय है? *(UPSSSC लेखपाल परीक्षा 2015)*
(a) संकेतवाचक (b) कारणवाचक
(c) परिणामवाचक (d) सम्बन्धवाचक

43. 'छात्र ने परिश्रम नहीं किया इसलिए वह अनुत्तीर्ण हो गया' यह वाक्य है *(UK वन आरक्षी 2020)*
(a) सरल वाक्य (b) जटिल वाक्य
(c) संयुक्त वाक्य (d) निरर्थक वाक्य

44. इस वाक्य को संयुक्त वाक्य में बदलिए *(MP व्यावसायिक परीक्षा मण्डल 2017)*
(a) कठोर बनो परन्तु सहृदय बनो (b) कठोर होते हुए सहृदय बनो
(c) कठोर बनते हुए सहृदय बनो (d) कठोर और सहृदय बनो

45. वाक्य भेद के आधार पर वाक्य का नाम बताइए। *(MP व्यावसायिक परीक्षा मण्डल 2017)*
'मैंने उसे बहुत समझाया, परन्तु वह नहीं समझी।'
(a) मिश्रित वाक्य (b) निषेधात्मक वाक्य
(c) संयुक्त वाक्य (d) सरल वाक्य

46. अर्थ के आधार पर वाक्य का कौन-सा भेद इनमें से नहीं है? *(REET 2016)*
(a) विस्मयबोधक (b) विधानवाचक
(c) मिश्र (d) प्रश्नात्मक

47. 'मेरा छोटा भाई प्रशान्त धार्मिक पुस्तकें अधिक पढ़ता है' इस वाक्य में विधेय का विस्तार है *(REET 2016)*
(a) छोटा भाई (b) धार्मिक पुस्तकें अधिक
(c) मेरा भाई प्रशान्त (d) पढ़ता है

48. 'कठोर बनो परन्तु दयालु रहो'.........वाक्य है। *(CGPSC (Pre) 2015)*
(a) विधिवाचक (b) विधानवाचक
(c) इच्छावाचक (d) उद्‌गारवाचक

49. वाक्य का नाम बताइए *(MP व्यावसायिक मण्डल परीक्षा 2017)*
'रमेश ने बताया कि वह घर जा रहा है।
(a) विधि वाचक वाक्य (b) मिश्रित वाचक वाक्य
(c) संयुक्त वाक्य (d) सरल वाक्य

50. 'वह इतना कमजोर है कि चल भी नहीं सकता।' में 'कि चल भी नहीं सकता', है *(UK 'समूह-ग' परीक्षा 2019)*
(a) विशेषण उपवाक्य (b) संज्ञा उपवाक्य
(c) क्रिया-विशेषण उपवाक्य (d) सरल वाक्य

51. 'पानी न बरसता, तो धान सूख जाता।' किस प्रकार का वाक्य है? *(UPSSSC 2019)*
(a) आज्ञावाचक (b) संकेतवाचक
(c) सन्देहवाचक (d) इच्छावाचक

52. पदबन्ध के कितने प्रकार हैं?
(a) तीन (b) चार
(c) पाँच (d) सात

53. निम्नलिखित में से कौन-सा पदबन्ध का भेद नहीं है?
(a) विशेषण पदबन्ध (b) उपवाक्य पदबन्ध
(c) अव्यय पदबन्ध (d) क्रिया पदबन्ध

54. संज्ञा अथवा सर्वनाम की विशेषता बताने वाले पद-समूह को क्या कहा जाता है?
(a) संज्ञा पदबन्ध (b) सर्वनाम पदबन्ध
(c) विशेषण पदबन्ध (d) क्रिया-विशेषण पदबन्ध

55. 'देशभक्ति और साहस सुभाषचन्द्र बोस के व्यक्तित्व की प्रमुख विशेषताएँ थीं।'-रेखांकित पदबन्ध का उचित भेद बताइए
(a) क्रिया-विशेषण पदबन्ध (b) संज्ञा पदबन्ध
(c) विशेषण पदबन्ध (d) क्रिया पदबन्ध

56. निम्नलिखित वाक्यों में से क्रिया पदबन्ध का उदाहरण कौन-सा है?
(a) कक्षा नायक बुद्धिमान लड़का है
(b) जोर-जोर से रोता हुआ बालक चुप हो गया
(c) आपके परिवार में से कोई समय पर नहीं पहुँचा
(d) आजकल वह मेरी दुकान की सफाई कर रहा है

57. 'नल से पानी लगातार बहता रहता है'-प्रस्तुत वाक्य में क्रिया-विशेषण पदबन्ध कौन-सा है?
(a) लगातार (b) नल से पानी
(c) बहता रहता है (d) नल से पानी लगातार

58. निम्नलिखित वाक्यों में संज्ञा पदबन्ध कौन-सा है?
(a) नन्दनन्दन कृष्ण ने पूतना को मारा
(b) सोहन पुस्तक पढ़ता है
(c) योग्य पिता की सन्तान भी योग्य होती है
(d) सोहन भागकर घर पहुँचा

59. 'सुबह-सुबह दौड़ना स्वास्थ्य के लिए अच्छा होता है।'-रेखांकित पदबन्ध का भेद कौन-सा है?
(a) सर्वनाम पदबन्ध (b) क्रिया पदबन्ध
(c) संज्ञा पदबन्ध (d) क्रिया-विशेषण पदबन्ध

60. निम्नलिखित वाक्यों के रेखांकित पदों में सर्वनाम पदबन्ध कौन-सा है?
(a) विरोध करने वाले लोगों में से आज कोई नहीं बोला
(b) इतने परिश्रम से कार्य करने वाले तुम असफल नहीं हो सकते
(c) विदेश से आए उन युवकों में कुछ हिन्दीभाषी है
(d) उपरोक्त सभी

उत्तरमाला

1. (a)	2. (b)	3. (d)	4. (a)	5. (c)	6. (c)	7. (d)	8. (d)	9. (d)	10. (b)
11. (c)	12. (d)	13. (d)	14. (b)	15. (c)	16. (c)	17. (a)	18. (b)	19. (d)	20. (d)
21. (d)	22. (c)	23. (d)	24. (a)	25. (a)	26. (c)	27. (c)	28. (a)	29. (c)	30. (b)
31. (d)	32. (d)	33. (b)	34. (c)	35. (b)	36. (c)	37. (c)	38. (b)	39. (c)	40. (c)
41. (c)	42. (b)	43. (c)	44. (a)	45. (c)	46. (c)	47. (b)	48. (c)	49. (b)	50. (c)
51. (b)	52. (c)	53. (b)	54. (c)	55. (c)	56. (d)	57. (a)	58. (a)	59. (c)	60. (d)

अध्याय ~ 16

वाक्यगत अशुद्धियाँ और उनका शोधन

त्रुटिहीन तथा शुद्ध अभिव्यक्ति के लिए भाषागत वाक्य-रचना से सम्बन्धित विशेष नियम होते हैं। इन्हीं के आधार पर भाषाई शुद्धता को परिपूर्णता मिलती है। भाषा के शुद्ध संयमित प्रयोग से शिष्टाचार, सहयोग, आत्मीयता, प्रेम सदृश जैसे अनेक सद्गुणों का विकास होता है।

वाक्य भाषा की मुख्य इकाई है। इसलिए वाक्य का शुद्ध होना आवश्यक है। वाक्य लिखते समय निम्नलिखित बातों को ध्यान में रखना आवश्यक है

- वाक्य रचना में संज्ञा, सर्वनाम, कर्म, विशेषण, क्रिया-विशेषण, वचन, लिंग, कारक का प्रयोग आवश्यकतानुसार होना चाहिए।
- वाक्य में अपेक्षित पदक्रम का प्रयोग होना चाहिए।
- विराम-चिह्नों का सही प्रयोग होना चाहिए।
- शब्दों का प्रयोग सन्दर्भ के अनुसार होना चाहिए।
- वाक्य में भाषा का प्रयोग तर्कसंगत और सार्थक होना चाहिए।
- ऐसे दो पर्यायवाची शब्दों का प्रयोग न हो जो एक ही अर्थ के वाचक हों।
- कोई भी वाक्य समाज, धर्म, इतिहास के विरुद्ध नहीं होना चाहिए।
- मुहावरों और लोकोक्ति का प्रयोग सन्दर्भ के अनुसार होना चाहिए।

हिन्दी में वाक्यगत अशुद्धियाँ

हिन्दी में निम्न प्रकार की वाक्यगत अशुद्धियाँ होती हैं

- व्याकरण की अशुद्धियाँ
- अनावश्यक शब्द प्रयोग की अशुद्धियाँ
- शब्द ज्ञान सम्बन्धी अशुद्धियाँ
- शब्द निर्माण की अशुद्धियाँ
- वर्तनीगत अशुद्धियाँ

व्याकरण की अशुद्धियाँ

संज्ञा, लिंग, वचन, कारक, सर्वनाम, विशेषण, क्रिया, क्रिया-विशेषण, अव्यय, पदक्रम आदि से सम्बन्धित अशुद्धियों को व्याकरण की अशुद्धियाँ कहते हैं। व्याकरण की अशुद्धियों के कुछ उदाहरण निम्नलिखित हैं

संज्ञा सम्बन्धी

अशुद्ध	शुद्ध
ये **लड़किए** परीक्षा में प्रथम आई है।	यह **लड़की** परीक्षा में प्रथम आई है।
आज **घोड़ा दौड़** भी होगी।	आज **घुड़दौड़** भी होगी।
चिड़ियामार पक्षी बेचता है।	**चिड़ीमार** पक्षी बेचता है।
लौहार लोहा का सामान बनाता है।	**लुहार लोहे** का सामान बनाता है।
क्या कुछ **अशगुन** हो गया?	क्या कुछ **अपशकुन** हो गया?
भिखारिणी को देखकर दया आ गई।	**भिखारिन** को देखकर दया आ गई।
अल्मोड़े की बालमिठाई मशहूर है।	**अल्मोड़ा** की बालमिठाई मशहूर है।
अपने **घोड़ा** का इलाज करो।	अपने **घोड़े** का इलाज करो।
वह **आगरे** से है।	वह **आगरा** से है।
वह अंग्रेज़ी बोलने की **कसरत** कर रहा है।	वह अंग्रेज़ी बोलने का **अभ्यास** कर रहा है।
आपने वहाँ जाकर बड़ी **अशुद्धि** की।	आपने वहाँ जाकर बड़ी **गलती** की।
कामायनी एक **उपन्यास** है।	कामायनी एक **महाकाव्य** है।
गड़ित मेरा प्रिय विषय है।	**गणित** मेरा प्रिय विषय है।
'सेवासदन' **मुन्सी प्रेमचन्द्र** का उपन्यास है।	'सेवासदन' **मुंशी प्रेमचन्द** का उपन्यास है।

लिंग सम्बन्धी

अशुद्ध	शुद्ध
कल विद्यालय बन्द **रहेगी**।	कल विद्यालय बन्द **रहेगा**।
कृष्ण और राधा मधुवन में **गई**।	कृष्ण और राधा मधुवन में **गए**।
आपकी लिखावट बहुत **अच्छा** है।	आपकी लिखावट बहुत **अच्छी** है।
दही बहुत **खट्टी** है।	दही बहुत **खट्टा** है।
सुधा बड़ी **बुद्धिमान** है।	सुधा बड़ी **बुद्धिमती** है।
सभी स्त्रियाँ **गुणवान** नहीं होती हैं।	सभी स्त्रियाँ **गुणवती** नहीं होती हैं।
उसके मन में लालच बहुत बढ़ **रही** है।	उसके मन में लालच बहुत बढ़ **रहा** है।
सभा को अनेक **विद्वान** महिलाओं ने सम्बोधित किया।	सभा को अनेक **विदुषी** महिलाओं ने सम्बोधित किया।
सुरेश **का** आदत **बड़ा** खराब है।	सुरेश **की** आदत **बड़ी** खराब है।
पुत्री **आयुष्मान्** भव।	पुत्री! **आयुष्मती** भव।

अशुद्ध	शुद्ध
'कल्याणी' इस महाकाव्य की **नायकी** है।	'कल्याणी' इस महाकाव्य की **नायिका** है।
आपके काम करने **का** विधि **अच्छा** है।	आपके काम करने **की** विधि **अच्छी** है।
तुम्हारी कल कब **आएगी?**	**तुम्हारा** कल कब **आएगा**?
कोयल मीठे स्वर में बोल **रहा** है।	कोयल मीठे स्वर में बोल **रही** है।
कौआ बोल **रही** है।	कौआ बोल **रहा** है।
उसके सामने **मेरी** होश उड़ **गई**।	उसके सामने **मेरे** होश उड़ **गए**।
महारानी **धनवान** है।	महारानी **धनवती** है।
कमरे में बन्दूक **रखा** है।	कमरे में बन्दूक **रखी** है।
राजा और रानी भोजन **कर रही हैं**।	राजा और रानी भोजन **कर रहे हैं**।

वचन सम्बन्धी

अशुद्ध	शुद्ध
प्यास से मेरे होंठ सूख **रहा है**।	प्यास से मेरे होंठ सूख **रहे हैं**।
पिताजी **आ रहा है**।	पिताजी **आ रहे हैं**।
चार **आदमी** ने नगर की यात्रा की।	चार **आदमियों** ने नगर की यात्रा की।
हमारी कमीज में पाँच **बटनें** हैं।	हमारी कमीज में पाँच **बटन** हैं।
पाँच किलो आलुओं के दाम पचास रुपये हैं।	**पाँच किलो आलू** के दाम पचास रुपये हैं।
उसने **चार-पाँच जलेबी** खाईं।	उसने **चार-पाँच जलेबियाँ** खाईं।
मैं **मोटरसाइकिलों** पर सवार होकर गया।	मैं **मोटरसाइकिल** पर सवार होकर गया।
खगवृन्द **कलरव कर रहा था**।	खगवृन्द **कलरव कर रहे थे**।
दस सिपाही **एक साथ आ रहा है**।	दस सिपाही **एक साथ आ रहे हैं**।
आज चेला भी गुरु **का** कान काट रहा है।	आज चेला भी गुरु **के** कान काट रहा है।
अपनी-अपनी **पुस्तकें** लाओ।	अपनी-अपनी **पुस्तक** लाओ।
प्रेमचन्द ने **अनेकों** उपन्यास लिखे।	प्रेमचन्द ने **अनेक** उपन्यास लिखे।
महाभारत **अट्ठारह** दिनों तक चलता रहा।	महाभारत **अट्ठारह दिन** तक चलता रहा।
हमारे **सामानों** का ध्यान रखना।	हमारे **सामान** का ध्यान रखना।
वह मेरे घर **कई दिनों** तक रहा।	वह मेरे घर **कई दिन** तक रहा।

कारक सम्बन्धी

अशुद्ध	शुद्ध
आप अपनी साइकिल **को** भी लाए हैं।	आप अपनी साइकिल भी लाए हैं।
अतुल घर नहीं है।	अतुल घर **में** नहीं है।
कवि सम्मेलन का दायित्व **आपके ऊपर** है।	कवि सम्मेलन का दायित्व **आप पर** है।
जनता **के अन्दर** असन्तोष है।	जनता **में** असन्तोष है।
आपने यह काम करना है।	**आपको** यह काम करना है।
आपके हाथ **में** कुछ नहीं आया।	आपके हाथ कुछ नहीं आया।
वह चाँद **को** देखता है।	वह चाँद देखता है।
आपके नए पते **से** पत्र भेजा है।	आपके नए पते **पर** पत्र भेजा है।
तुमको क्या कहें?	**तुम्हें** क्या कहें?
मैंने अपनी आँखों **की** वह घटना देखी।	मैंने अपनी आँखों **से** वह घटना देखी।
गंगा हिमालय **पर से** निकलती है।	गंगा हिमालय **से** निकलती है।
लड़का पेड़ **पर** गिरा।	लड़का पेड़ **से** गिरा।
इस बात मैं अच्छी तरह समझता हूँ।	इस बात **को** मैं अच्छी तरह समझता हूँ।

अशुद्ध	शुद्ध
उसने यही कहना था।	**उसको** यही कहना था।
फोड़े **में** मरहम लगाओ।	फोड़े **पर** मरहम लगाओ।

सर्वनाम सम्बन्धी

अशुद्ध	शुद्ध
वह बड़े विद्वान् व्यक्ति हैं।	**वे** बड़े विद्वान् व्यक्ति हैं।
पिताजी **तुम कहाँ जा रहे हो**?	पिताजी **आप कहाँ जा रहे हैं**?
आप **आपके** विद्यालय जाएँ।	आप **अपने** विद्यालय जाएँ।
उसके पास जो कलम है **यह** हमारा है।	उसके पास जो कलम है **वह** हमारा है।
दूध में **कौन** पड़ गया?	दूध में **क्या** पड़ गया?
वहाँ **क्या** जा रहा है?	वहाँ **कौन** जा रहा है?
सन्दूक में **कौन-कौन-सी** वस्तुएँ हैं?	सन्दूक में **क्या-क्या** वस्तुएँ हैं?
हम **हमारे** घर जाएँगे।	हम **अपने** घर जाएँगे।
उनने हमारे यहाँ चाय पिया।	**उन्होंने** हमारे यहाँ चाय पी।
मैंने अल्मोड़ा जाना है।	**मुझे** अल्मोड़ा जाना है।
वह वही लड़का है जो कल मिला था।	**यह** वही लड़का है जो कल मिला था।
गीता आई और कहा।	गीता आई और **उसने** कहा।
यह **उन्हें** समझ में नहीं आएगा।	यह **उनकी** समझ में नहीं आएगा।
यह **जो** कलम है गोपाल की है।	यह कलम गोपाल की है।
यह मेरा भाई है **यह** मेरे साथ रहता है।	यह मेरा भाई है **जो** मेरे साथ रहता है।
वह सब अच्छे आदमी हैं।	**वे** सब अच्छे आदमी हैं।

विशेषण सम्बन्धी

अशुद्ध	शुद्ध
अधिकांश लोगों का यही हाल है।	**अधिकतर** लोगों का यही हाल है।
आकाश बहुत **ऊँचा** है।	आकाश बहुत **विशाल** है।
सभी लोग **अपना** काम करें।	सभी लोग **अपना-अपना** काम करें।
किसी **और** लड़के को बुलाओ।	किसी **दूसरे** लड़के को बुलाओ।
निरपराधी को दण्ड देना पाप है।	**निरपराध** को दण्ड देना पाप है।
यह **हमारा वाला** घर है।	यह **हमारा** घर है।
मेरे घर **सुपुत्री** का जन्म हुआ है।	मेरे घर **पुत्री** का जन्म हुआ है।
निराला की दशा **गम्भीर** थी।	निराला की दशा **चिन्ताजनक** थी।
नीरज की **सौभाग्यवती** कन्या का विवाह कल होगा।	नीरज की **सौभाग्यकांक्षिणी** कन्या का विवाह कल होगा।
रमा ने उस दृश्य का सुन्दर चित्रण **उपस्थित** किया।	रमा ने उस दृश्य का सुन्दर चित्रण किया।
छोटी-छोटी बालक स्कूल जा रहे हैं।	**छोटे-छोटे** बालक स्कूल जा रहे हैं।
मन्त्री जी की **चिन्ताजनक** मुद्रा देखकर मैं बहुत प्रभावित हुआ।	मन्त्री जी की **गम्भीर** मुद्रा देखकर मैं बहुत प्रभावित हुआ।
उसे बहुत **वजन** दु:ख हुआ।	उसे **बहुत** दु:ख हुआ।
आपकी कविता **श्रेष्ठतम** है।	आपकी कविता **श्रेष्ठ** है।
यहाँ **कोई एक भी व्यक्ति** नहीं है।	यहाँ कोई व्यक्ति नहीं है।
पठित समाज में अंधविश्वास नहीं है।	**शिक्षित समाज** में अंधविश्वास नहीं है।
दुर्घटना में **हताहत हुए** लोगों की मरहम-पट्टी की गई।	दुर्घटना में **हताहत** लोगों की मरहम-पट्टी की गई।

क्रिया सम्बन्धी

अशुद्ध	शुद्ध
क्या **यह सम्भव हो सकता है**?	क्या **यह सम्भव** है?
मैं इसका कारण **दे सकता** हूँ।	मैं इसका कारण **बता सकता** हूँ।
वहाँ अकस्मात् **अट्टहास हो उठा**।	वहाँ अकस्मात् **अट्टहास हुआ**।
तुम चार बजे तक मेरी **प्रतीक्षा देखना**।	तुम चार बजे तक मेरी **प्रतीक्षा करना**।
इस कथन **का** स्पष्टीकरण **करने** की आवश्यकता है।	इस कथन **के** स्पष्टीकरण की आवश्यकता है।
पुस्तक मेज पर **डाल दो**।	पुस्तक मेज पर **रख दो**।
मैंने बहुत **परिश्रम उठाकर** धन कमाया है।	मैंने बहुत **परिश्रम करके** धन कमाया है।
वह डरकर **दौड़ खड़ा हुआ**।	वह डरकर **भाग खड़ा हुआ**।
उसने नहाकर **भोजन खाया**।	उसने नहाकर **भोजन किया**।
आप इन्हें इतना परेशान क्यों **बना** रहे हैं?	आप इन्हें इतना परेशान क्यों **कर** रहे हैं?

क्रिया-विशेषण सम्बन्धी

अशुद्ध	शुद्ध
यह पुस्तक **विद्वत्तापूर्ण** लिखी गई है।	यह पुस्तक **विद्वत्तापूर्वक** लिखी गई है।
यह कार्य आपके स्वभाव के **अनुरूप** है।	यह कार्य आपके स्वभाव के **अनुकूल** है।
आपकी आज्ञा के **अनुकूल** कार्य होगा।	आपकी आज्ञा के **अनुसार** कार्य होगा।
आप इस कार्य को **सरलतापूर्ण** कर सकता हैं।	आप इस कार्य को **सरलता से/सरलतापूर्वक** कर सकते हैं।
आपसे मिलकर **महानतम्** प्रसन्नता हुई।	आपसे मिलकर **अत्यन्त** प्रसन्नता हुई।

अव्यय सम्बन्धी

अशुद्ध	शुद्ध
यह पाप है या कि पुण्य।	यह पाप है **या** पुण्य/यह पाप है कि पुण्य।
सीता **तथा** गीता और राधा एक साथ पढ़ती हैं।	सीता, गीता और राधा एक साथ पढ़ती हैं।
शिक्षक ने छात्रों से कहा कि भारत **उनका** देश है।	शिक्षक ने छात्रों से कहा कि भारत **हमारा** देश है।
यदि वह आता **तब** मैं जाता।	यदि वह आता **तो** मैं जाता।
वह आ जाए तो **कैसी रहेगी**?	वह आ आए तो **कैसा रहेगा**?
जब मैं पढ़ता हूँ **जभी** तुम आ जाते हो।	जब मैं पढ़ता हूँ **तभी** तुम आ जाते हो।
ज्यों ही मैं स्टेशन पहुँचा **वैसे ही** गाड़ी चल दी।	ज्यों ही मैं स्टेशन पहुँचा **त्यों ही** गाड़ी चल दी।

पदक्रम-सम्बन्धी

अशुद्ध	शुद्ध
कई बैंक के कर्मचारियों ने प्रदर्शन किया	**बैंक के कई कर्मचारियों** ने प्रदर्शन किया।
कुंभ के मेले में **चार दिल्ली** के व्यक्ति भी थे।	कुंभ के मेले में **दिल्ली के चार** व्यक्ति भी थे।
मंत्री जी ने मुख्य अतिथि को **एक फूलों की माला** पहनाई।	मंत्री जी ने मुख्य अतिथि को **फूलों की एक माला** पहनाई।
यहाँ **ताजे गन्ने का रस** बिकता है।	यहाँ **गन्ने का ताजा रस** बिकता है।

मध्यान्तर प्रश्नावली

निर्देश *सभी प्रश्नों में चार-चार वाक्य दिए गए हैं, इनमें से एक वाक्य सही है। सही वाक्य चुनिए।*

1. (a) सीता ने गीत की दो-चार लड़ियाँ गाई।
(b) नगर की सारी जनता भूखी है।
(c) मुझे सफल होने की निराशा है।
(d) कृषि हमारी व्यवस्था की रीढ़ है।

2. (a) इस समस्या की औषध उसके पास है।
(b) प्रेम करना तलवार की धार पर चलना है।
(c) वह मेरे शब्दों पर ध्यान नहीं देता।
(d) जिसकी लाठी उसकी भैंस वाली कथा चरितार्थ होती है।

3. (a) दही बहुत खट्टा है। (b) रेखा खेलने जाता है।
(c) लड़की ने जोर से हँस दी। (d) सुधा विद्वान् लड़की है।

4. (a) रमेश का आदत बहुत गंदा है। (b) देश के सम्मान की रक्षा करो।
(c) परीक्षा की प्रणाली बदलना चाहिए। (d) सभी स्त्रियाँ गुणवान हैं।

5. (a) इस विषय पर एक भी अच्छी पुस्तकें नहीं है।
(b) मैंने अनेक लोगों से चर्चा की है।
(c) प्रेमचंद ने अनेकों कहानियाँ लिखी हैं।
(d) सबों ने यह राय दी।

6. (a) वह दस आम लेकर आया। (b) वह दस आमों को लेकर आया।
(c) वह दसों आमों को लेकर आया। (d) वह दसियों आम को लेकर आया।

7. (a) बच्चे छत पर खेल रहे हैं। (b) बच्चे घर पर हैं।
(c) आपने यह कार्य करना है। (d) मैंने घर जाना है।

8. (a) वह तारों को देखता है। (b) अजय स्कूल पर नहीं है।
(c) गंगा हिमालय से निकलती है। (d) उसकी तो आँखों में पर्दा लगा है।

9. (a) मेरे से मत पूछो। (b) मेरे को मत पूछो।
(c) मुझे मत पूछो। (d) मुझसे मत पूछो।

10. (a) आप अपना कार्य कीजिए। (b) आप आपके विद्यालय जाइए।
(c) यह उन्हें समझ में नहीं आएगा। (d) वह सब भले लोग हैं।

उत्तरमाला

1. (b)	*2. (b)*	*3. (a)*	*4. (b)*	*5. (b)*
6. (a)	*7. (a)*	*8. (c)*	*9. (d)*	*10. (a)*

अनावश्यक शब्द प्रयोग की अशुद्धियाँ

इन अशुद्धियों का सम्बन्ध शब्दों के अनावश्यक एवं अनपेक्षित प्रयोग से है। इस प्रकार जब अनावश्यक शब्द का प्रयोग किया जाता है, तो वाक्य के अर्थ में नीरसता उत्पन्न हो जाती है। अनावश्यक शब्द प्रयोग की अशुद्धियों के कुछ उदाहरण निम्नलिखित हैं

अशुद्ध	शुद्ध
कुछ लोग परस्पर **आपस** में बातें कर रहे थे।	कुछ लोग परस्पर बातें कर रहे थे।
मैंने उनकी बात पर आपत्ति **प्रकट** की।	मैंने उनकी बात पर आपत्ति की।
वह **समस्त** प्राणिमात्र का हितैषी है।	वह प्राणिमात्र का हितैषी है।
सभी छात्रों में गोपाल **बहुत** श्रेष्ठ है।	सभी छात्रों में गोपाल श्रेष्ठ है।
नेताजी को सब **कोई** जानते हैं।	नेताजी को सब जानते हैं।
व्यापारी ने सारा माल मनोहर के हाथ **में** बेच दिया है।	व्यापारी ने सारा माल मनोहर के हाथ बेच दिया है।

अशुद्ध	शुद्ध
कवि ने प्रकृति की **सुन्दर** शोभा का वर्णन किया है।	कवि ने प्रकृति की शोभा का वर्णन किया है।
पत्र किसके नाम **पर** लिखा गया है?	पत्र किसके नाम लिखा गया है?
इस समय बच्चे स्कूल **को** जा रहे हैं।	इस समय बच्चे स्कूल जा रहे हैं।
तब **शायद** यह काम **अवश्य** हो जाएगा।	तब यह काम अवश्य हो जाएगा।
मुझसे यह काम सम्भव नहीं **हो सकता**।	मुझसे यह काम सम्भव नहीं।
कृपया आप ही यह **बताने का अनुग्रह** करें।	कृपया आप ही यह बताएँ।
हमारे यहाँ **तरुण** नवयुवकों की शिक्षा की अच्छी व्यवस्था है।	हमारे यहाँ नवयुवकों की शिक्षा की अच्छी व्यवस्था है।
जवाहरलाल नेहरू भारत के **प्रमुख** प्रधानमन्त्री थे।	जवाहरलाल नेहरू भारत के प्रथम प्रधानमन्त्री थे।
वह नगर का **बढ़िया** सर्वोत्तम खिलाड़ी है।	वह नगर का सर्वोत्तम खिलाड़ी है।
तमाम देशभर में बात फैल गई है।	देशभर में बात फैल गई है।
न जाने कितने बेशुमार जीव पैदा होते हैं।	न जाने कितने जीव पैदा होते हैं।
केवल पाँच रुपये **मात्र** दीजिए।	केवल पाँच रुपये दीजिए।
उसका **आचरण स्वभाव** अच्छा है।	उसका आचरण अच्छा है।
पर्वतों में हिमालय सबसे **बहुत** ऊँचा है।	पर्वतों में हिमालय सबसे ऊँचा है।
आप **सब लोग** विश्राम करें।	आप सब विश्राम करें।
आपस में मिलकर **परस्पर** सहयोग करो।	आपस में मिलकर सहयोग करो।
खिलाड़ियों में रामू **बहुत बहुत** श्रेष्ठ है।	खिलाड़ियों में रामू श्रेष्ठ है।
वह लड़का **विलाप** करके **रोने** लगा।	वह लड़का रोने लगा।
आपको **उचित न्याय** मिलेगा।	आपको न्याय मिलेगा।
सभा में **प्रायः** सभी उपस्थित थे।	सभा में सभी उपस्थित थे।
मैं **सायंकाल के समय** बाजार गया।	मैं सायंकाल बाजार गया।
वह **लगभग** गायब हो गया।	वह गायब हो गया।
दिल्ली के **अन्दर** में मलेरिया का प्रकोप है।	दिल्ली में मलेरिया का प्रकोप है।
किसी **भी** लड़के को बुला लें।	किसी लड़के को बुला लें।
आपका **गुप्त रहस्य** कौन जान सकता है?	आपका रहस्य कौन जान सकता है?
इस पेंटिंग में **मुगलकालीन समय की** संस्कृति का चित्रण है।	इस पेंटिंग में मुगलकालीन संस्कृति का चित्रण है।
यही कारण है कि देश की एक भाषा न होने के कारण भावात्मक एकता नहीं है।	देश में एक भाषा न होने के कारण भावात्मक एकता नहीं है।
जहाँ तक हमारा विचार तो यही है।	हमारा विचार तो यही है।
किसी भी साहित्यकार की एक विशेषता यह भी है।	साहित्यकार की एक विशेषता यह भी है।
मैं केवल इतना जानता **ही** जानता हूँ।	मैं केवल इतना जानता हूँ।
शराब **पीना** विष से भयंकर है।	शराब विष से भयंकर है।
यह चीज़ सपने में भी **मिलना** दुर्लभ है।	यह चीज़ सपने में भी दुर्लभ है।
सिवाय आपको छोड़कर सभी आए थे।	आपको छोड़कर सभी आए थे।
उसे **लगभग** शत-प्रतिशत अंक मिले।	उसे शत-प्रतिशत अंक मिले।
आप **कभी किसी समय** वहाँ हो आते।	आप किसी समय वहाँ हो आते।
मैं उस समय **लगभग** सो रहा था।	मैं उस समय सो रहा था।
अब आज से ऐसी गलती मत करना।	अब ऐसी गलती मत करना।
जो धन का लालची है, **फिर** वह साधु नहीं है।	जो धन का लालची है, वह साधु नहीं है।

शब्द ज्ञान सम्बन्धी अशुद्धियाँ

इन अशुद्धियों का सम्बन्ध शब्दों के चुनाव से है। हम बोलते व लिखते समय वाक्यों में शब्द का गलत चुनाव कर लेते हैं और तब शब्द चयन की अशुद्धियाँ होती हैं। शब्द चयन की अशुद्धियों के कुछ उदाहरण निम्नलिखित हैं

अशुद्ध	शुद्ध
मन की चंचलता घटने पर **एकाग्रचित्तता** बढ़ती है।	मन की चंचलता घटने पर **एकाग्रता** बढ़ती है।
इस पुस्तक की यही **अच्छाई** है।	इस पुस्तक की यही **विशेषता** है।
आपके कथन से मुझे **शक्ति** मिली है।	आपके कथन से मुझे **बल** मिला है।
रंगशाला में **नाटक का खेल** हुआ।	रंगशाला में **नाटक खेला गया**।
गले में पराधीनता की बेड़ियाँ पड़ गईं।	**पैरों** में पराधीनता की बेड़ियाँ पड़ गईं।
आयकर जमा करने में ही तुम्हारी **अच्छाई** है।	आयकर जमा करने में ही तुम्हारी **भलाई** है।
कार्यक्रम की **सभापति** श्रीमती रेखा जैन है	कार्यक्रम की **सभानेत्री** श्रीमती रेखा जैन हैं।
चिड़ियाँ **बोल** रही हैं।	चिड़ियाँ **चहक** रही हैं।
प्रेम करना तलवार की **नोंक** पर चलना है।	प्रेम करना तलवार की **धार** पर चलना है।
छात्रों में पारस्परिक **युद्ध** हो गया।	छात्रों में पारस्परिक **लड़ाई** हो गई।
स्वनिर्मित गीत की दो-चार **लड़ियाँ** सुनाओ।	**स्वरचित** गीत की दो-चार **कड़ियाँ** सुनाओ।
सफलता के मार्ग में कुछ **संकट** हैं।	सफलता के मार्ग में कुछ **बाधाएँ** हैं।
शोक है कि मैं आपकी सहायता न कर सका।	**खेद** है कि मैं आपकी सहायता न कर सका।
उसे भाषा-विज्ञान का अच्छा **बोध** है।	उसे भाषा-विज्ञान का अच्छा **ज्ञान** है।
जीवन और साहित्य का **घोर** सम्बन्ध है।	जीवन और साहित्य का **घनिष्ठ** सम्बन्ध है।
मेरे लिए गणित **कठोर** विषय है।	मेरे लिए गणित **कठिन** विषय है।
महात्मा जी अपना **भावी** जीवन यहीं बिताएँगे।	महात्मा जी अपना **शेष** जीवन यहीं बिताएँगे।
मन्त्री जी के निधन से **अपूर्ण** क्षति हुई है।	मन्त्री जी के निधन से **अपूरणीय** क्षति हुई है।
निदेशक महोदय **अत्यन्त** सख्त हैं।	निदेशक महोदय **बहुत** सख्त हैं।
मैं आपके **प्रतिकूल** कुछ भी नहीं कहूँगा।	मैं आपके **विरुद्ध** कुछ भी नहीं कहूँगा।
हम अपने वचन पर **स्थायी** हैं।	हम अपने वचन पर **दृढ़** हैं।
मेरा आपसे **आग्रहपूर्ण** निवेदन है कि....	मेरा आपसे **आग्रहपूर्वक** निवेदन है कि....
पुस्तक के **छपित** मूल्य पर 10% छूट मिलेगी।	पुस्तक के **मुद्रित** मूल्य पर 10% छूट मिलेगी।
मेरी शंकाओं का **निराकरण** हो जाना चाहिए।	मेरी शंकाओं का **समाधान** हो जाना चाहिए।
श्री नरेन्द्र मोदी भारत सरकार के **मुख्यमन्त्री** हैं।	श्री नरेन्द्र मोदी भारत सरकार के **प्रधानमन्त्री** हैं।
रिज़र्व बैंक के **राज्यपाल** ने सम्बोधित किया।	रिज़र्व बैंक के **गवर्नर** ने सम्बोधित किया।
गुण्डों ने चौराहे पर **रुधिर** कर दिया।	गुण्डों ने चौराहे पर **खून** कर दिया।
दुकानदार का **गणित** कर दो।	दुकानदार का **हिसाब** कर दो।
मैं आपके सुखी जीवन की **आकांक्षा** करता हूँ।	मैं आपके सुखी जीवन की **कामना** करता हूँ।

अशुद्ध	शुद्ध
दीन-दु:खियों पर **कृपा** करो।	दीन-दु:खियों पर **दया** करो।
शिखा को अपने सौन्दर्य पर **गौरव** है।	शिखा को अपने सौन्दर्य पर **गर्व** है।
इस बाल्टी में बीस लीटर पानी भरने की **योग्यता** है।	इस बाल्टी में बीस लीटर पानी भरने की **क्षमता** है।
हमारे कॉलेज में कॉमर्स की **विद्या** दी जाती है।	हमारे कॉलेज में कॉमर्स की **शिक्षा** दी जाती है।
दूध की **नाप** होती है।	दूध की **माप** होती है।
कपड़े की **माप** होती है।	कपड़े की **नाप** होती है।
आप अपराधी के **प्रतिकूल** गवाही दें।	आप अपराधी के **विरुद्ध** गवाही दें।
उसने दण्ड **देने** का काम किया है।	उसने दण्ड **पाने** का काम किया है।
आपको हिन्दी का अच्छा **बोध** है।	आपको हिन्दी का अच्छा **ज्ञान** है।
गरमी के कारण पथिक पेड़ की **परछाई** में बैठ गया।	गरमी के कारण पथिक पेड़ की **छाया** में बैठ गया।
आप **पानी-पान** करें।	आप **जल-पान** करें।
सागर **अधिक** गहरा है।	सागर **बहुत** गहरा है।
मैंने उसकी बात पर **परेशानी** की।	मैंने उसकी बात पर **आपत्ति** की।
बरछी **शस्त्र** और बन्दूक **अस्त्र** है।	बरछी **अस्त्र** और बन्दूक **शस्त्र** है।
आपको ऐसा नहीं **बोलना** चाहिए।	आपको ऐसा नहीं **कहना** चाहिए।
रामदयाल की शैक्षिक **क्षमता** हाईस्कूल है।	रामदयाल की शैक्षिक **योग्यता** हाईस्कूल है।
समारोह में मुख्य अतिथि को अभिनन्दन पत्र **प्रदान** किया गया।	समारोह में मुख्य अतिथि को अभिनन्दन पत्र **भेंट** किया गया।
भारत **विकासशाली** देश है।	भारत **विकासशील** देश है।
आपने नौकरी पाने का एक अच्छा **संयोग** खो दिया।	आपने नौकरी पाने का एक अच्छा **अवसर** खो दिया।
वाल्मीकि ने रामायण की रचना **लिखी**।	वाल्मीकि ने रामायण की रचना **की**।
अनुशासनहीनता एक **गहरी** समस्या है।	अनुशासनहीनता एक **विकट** समस्या है।

शब्द निर्माण की अशुद्धियाँ

हिन्दी भाषा में शब्दों का निर्माण कई प्रकार से होता है। लिखते व बोलते समय जब हम शब्द निर्माण सम्बन्धी नियमों का अनुपालन नहीं करते तो वहाँ शब्द निर्माण सम्बन्धी अशुद्धियाँ उत्पन्न हो जाती हैं। शब्द निर्माण की अशुद्धियों के कुछ उदाहरण निम्नलिखित हैं

अशुद्ध	शुद्ध
भारत सबसे बड़ा **लोकतंत्रिक** देश है।	भारत सबसे बड़ा **लोकतान्त्रिक** देश है।
समस्या का **तत्कालिक** समाधान करें।	समस्या का **तात्कालिक** समाधान करें।
गिरीश जी **लब्धप्रतिष्ठित** नेता हैं।	गिरीश जी **लब्धप्रतिष्ठ** नेता हैं।
इस इमारत की **इतिहासिकता** संदिग्ध है।	इस इमारत की **ऐतिहासिकता** संदिग्ध है।
आपकी **मनोकामना** पूरी हो।	आपकी **मनःकामना** पूरी हो।
महात्मा जी **यावत्‌जीवन** काशी में रहे।	महात्मा जी **यावज्जीवन** काशी में रहे।
संगम तट पर भिखारियों की **बाहुल्यता** है।	संगम तट पर भिखारियों का **बाहुल्य** है।
श्रद्धामान् को ही ज्ञान की प्राप्ति होती है।	**श्रद्धावान्** को ही ज्ञान की प्राप्ति होती है।
भगवान् श्रीकृष्ण को **योगीराज** कहा जाता है।	भगवान् श्रीकृष्ण को **योगिराज** कहा जाता है।
उसकी **बुद्धिमानता** सराहनीय है।	उसकी **बुद्धिमत्ता/बुद्धिमानी** सराहनीय है।
अजोध्या सिंह उपाध्याय 'हरीऔध' 'वैदेही वनवास' के रचनाकार हैं।	**अयोध्या सिंह उपाध्याय 'हरिऔध'** 'वैदेही वनवास' के रचनाकार हैं।
बिनय पतृका तुलसीदास की **स्रेस्ठ** रचना है।	**विनय पत्रिका** तुलसीदास की **श्रेष्ठ** रचना है।
नारद अस्म्रति में **बिधवा** को **पुर्नबियाह** की अनुमति दी गई है।	**'नारद स्मृति'** में **विधवा** को **पुनर्विवाह** की अनुमति दी गई है।
मेरी प्रथम **न्युक्ति कष्टम** अधिकारी पद पर हुई थी।	मेरी प्रथम **नियुक्ति कस्टम** अधिकारी पद पर हुई थी।
अन्तर्साक्ष्य के आधार पर सूर जन्मांध नहीं थे।	**अन्तःसाक्ष्य** के आधार पर सूर जन्मांध नहीं थे।
उपन्यासकार की जीवनी **बहिर्साक्ष्य** पर आधारित है।	उपन्यासकार की जीवनी **बहिःसाक्ष्य** पर आधारित है।
यह भारत का **आँतरिक** मामला है।	यह भारत का **आन्तरिक** मामला है।
स्वालम्बन पर प्राण निछावर।	**स्वावलम्बन** पर प्राण निछावर।
निस्वार्थ सेवा का आनन्द ही कुछ और है।	**निःस्वार्थ** सेवा का आनन्द ही कुछ और है।
आप मेरे **पितावत पूज्यनीय** हैं।	आप मेरे **पितृवत पूजनीय** हैं।
बँगला, उड़िया, असमी आदि **प्रदेशिक** भाषाएँ हैं।	बँगला, उड़िया, असमी आदि **प्रादेशिक** भाषाएँ हैं।
राधा **कृशांगिनी** बाला है।	राधा **कृशांगी** बाला है।
इसका **उत्तरदाई** कौन है?	इसका **उत्तरदायी** कौन है?
उन दिनों मैं **पहाण** पर **स्वस्थता** लाभ **पृाप्त** कर रहा था।	उन दिनों मैं **पहाड़** पर **स्वास्थ्य** लाभ **प्राप्त** कर रहा था।
प्रायः लोग **देहिक** सुख चाहते हैं।	प्रायः लोग **दैहिक** सुख चाहते हैं।
उपरिउक्त वाक्य की **पुनर्रचना** कीजिए।	**उपर्युक्त** वाक्य की **पुनःरचना** कीजिए।
उनकी भाषा **सर्ल** और **सुबोधपूर्ण** है।	उनकी भाषा **सरल** और **सुबोध** है।
मैं किसी **आवश्यकीय** कार्य से **बजार** गया था।	मैं किसी **आवश्यक** कार्य से **बाज़ार** गया था।
मैं आपकी **चातुर्यता** से प्रभावित हूँ।	मैं आपकी **चतुरता** से प्रभावित हूँ। अथवा मैं आपके **चातुर्य** से प्रभावित हूँ।

वर्तनीगत अशुद्धियाँ

वर्तनीगत अशुद्धियाँ दो प्रकार की होती हैं

1. **स्वर सम्बन्धी अशुद्धियाँ** वे अशुद्धियाँ जो बोलते व लिखते समय अ, आ, इ, ई, उ, ऊ, ए, ऐ, ओ, औ आदि हिन्दी वर्णमाला के स्वरों से सम्बन्धित होती हैं, स्वर सम्बन्धी अशुद्धियाँ कहलाती हैं। स्वर सम्बन्धी अशुद्धियों के कुछ उदाहरण निम्नलिखित हैं

अशुद्ध	शुद्ध
महंत जी को **आध्यात्म** का अच्छा ज्ञान है।	महंत जी को **अध्यात्म** का अच्छा ज्ञान है।
महादेवि आधुनीक युग की मीरा हैं।	**महादेवी आधुनिक** युग की मीरा हैं।

अशुद्ध	शुद्ध
मेरा **परिक्षा-परणाम** कल घोषित होगा।	मेरा **परीक्षा-परिणाम** कल घोषित होगा।
अहिल्या का उद्धार राम ने किया था।	**अहल्या** का उद्धार राम ने किया था।
धोबन अपनी **पड़ोसन** के बच्चों को प्यार करने लगी।	**धोबिन** अपनी **पड़ोसिन** के बच्चों को प्यार करने लगी।
श्रीलंका **भरत** के **आधीन** था।	श्रीलंका **भारत** के **अधीन** था।
वाल्मीकी संस्कृत के **आदिकवी** माने जाते हैं।	**वाल्मीकि** संस्कृत के **आदिकवि** माने जाते हैं।
विधाएक जी **अगामी** रविवार को आएँगे।	**विधायक** जी **आगामी** रविवार को आएँगे।
मेरी **अवाज** संसद में गूँजेगी।	मेरी **आवाज़** संसद में गूँजेगी।
जब गरीब **जगेगा** तब **क्रान्ती** होगी।	जब गरीब **जागेगा** तब **क्रान्ति** होगी।
होली में **कूर्ता-पजामा** पहनूँगा।	होली में **कुर्ता-पाजामा** पहनूँगा।
दिपावलि हिन्दुओं का प्रमुख **त्यौहर** है।	**दीपावली** हिन्दुओं का प्रमुख **त्योहार** है।
मुझे **राहूल** का पता **मालुम** है।	मुझे **राहुल** का पता **मालूम** है।
उनके **तलाब** में सुन्दर-सुन्दर **मछलीयाँ** है।	उनके **तालाब** में सुन्दर-सुन्दर **मछलियाँ** हैं।
बदाम का तेल त्वचा और **बालौ** के लिए **बहूत गूणकरी** है।	**बादाम** का तेल त्वचा और **बालों** के लिए **बहुत गुणकारी** है।
जपान में **भुकम्प** और **सूनामी** से जन-धन की भारी **क्षती** हुई है।	**जापान** में **भूकम्प** और **सुनामी** से जन-धन की भारी **क्षति** हुई है।
बच्चों ! तुम **उधम क्यूँ** मचा रहे हो?	बच्चों ! तुम **ऊधम क्यों** मचा रहे हो?
भारत **समृद्धशाली** देश है।	भारत **समृद्धिशाली** देश है।
उद्यौगिक क्रान्ति सर्वप्रथम **इग्लेड** में हुई थी।	**औद्योगिक** क्रान्ति सर्वप्रथम **इंग्लैण्ड** में हुई थी।
कालीदास की **ऊपमायें** बेजोड़ हैं।	**कालिदास** की **उपमाएँ** बेजोड़ हैं।
रत्नवलि, नागानंद और **प्रीयदर्शका** 'हर्ष' की **रचनयें** हैं।	**रत्नावली**, नागानंद और **प्रियदर्शिका** 'हर्ष' की **रचनाएँ** हैं।
कामाएनी उच्च **कोटी** का काव्य है।	**कामायनी** उच्च **कोटि** का काव्य है।
प्रमाणिक पुस्तकों का **अध्यन** करें।	**प्रामाणिक** पुस्तकों का **अध्ययन** करें।
बजार से **आइना** लाओ।	**बाज़ार** से **आईना** लाओ।
मुझे **स्वनिर्मीत मिठाईयां** पसन्द हैं।	मुझे **स्वनिर्मित मिठाइयाँ** पसन्द हैं।
गोपाल को **परिक्षा** में अच्छे **अँक** मिले।	गोपाल को **परीक्षा** में अच्छे **अंक** मिले।
गरीबों के लिए **निशुल्क** शिक्षा **कि** व्यवस्था है।	गरीबों के लिए **नि:शुल्क** शिक्षा **की** व्यवस्था है।
'यशोधरा' **मैथलीशरण** गुप्त की श्रेष्ठ रचना है।	'यशोधरा' **मैथिलीशरण** गुप्त की श्रेष्ठ रचना है।
हिन्दी का **व्यवहारिक** ज्ञान अपेक्षित है।	हिन्दी का **व्यावहारिक** ज्ञान अपेक्षित है।

2. **व्यंजन सम्बन्धी अशुद्धियाँ** वे अशुद्धियाँ जो बोलते व लिखते समय क, ख, ग, प, फ, य, र, ल आदि हिन्दी वर्णमाला के व्यंजनों से सम्बन्धित होती हैं, व्यंजन सम्बन्धी अशुद्धियाँ कहलाती हैं। व्यंजन सम्बन्धी अशुद्धियों के कुछ उदाहरण निम्नलिखित हैं

अशुद्ध	शुद्ध
प्रातः **प्राड़ायाम** करो।	प्रातः **प्राणायाम** करो।
मैं **तुमारी इक्षा** पूरी करूँगा।	मैं **तुम्हारी इच्छा** पूरी करूँगा।
शरोबर में कमल के **पुस्प** खिले हैं।	**सरोवर** में कमल के **पुष्प** खिले हैं।
हिन्दी भाषा का **श्रोत संस्क्रत** है।	हिन्दी भाषा का **स्रोत संस्कृत** है।
हमारा **संघटन** मजबूत है।	हमारा **संगठन** मज़बूत है।
सोहन **जबरजस्त** आदमी है।	सोहन **ज़बरदस्त** आदमी है।
भगवान् **भाष्कर** को **प्रड़ाम** करो।	भगवान् **भास्कर** को **प्रणाम** करो।
हिन्दी संघ की **राज्यभासा** है।	हिन्दी संघ की **राजभाषा** है।
वरिष्ट अधिकारी से **सम्पेक** करो।	**वरिष्ठ** अधिकारी से **सम्पर्क** करो।
हमें अपना **आर्शीवाद** दें।	हमें अपना **आशीर्वाद** दें।
आपका **स्वास्थ** कैसा है?	आपका **स्वास्थ्य** कैसा है?
अपनी **सब्द-सामर्थ** बढ़ाएँ।	अपनी **शब्द-सामर्थ्य** बढ़ाएँ।
दलाईलामा **अधात्मिक** धर्म-गुरु हैं।	दलाईलामा **आध्यात्मिक** धर्म-गुरु हैं।
यह कर्मचारी-हित पर **कुटाराघात** है।	यह कर्मचारी-हित पर **कुठाराघात** है।
निबन्ध में **संसोधन** किया है।	निबन्ध में **संशोधन** किया है।
आपका सामान **सुरच्छित** रहेगा।	आपका सामान **सुरक्षित** रहेगा।
बालक बहुत **उछृंखल** है।	बालक बहुत **उच्छृंखल** है।
कौव्वा कॉव-कॉव करता है।	**कौआ काँव-काँव** करता है।
आपका **भविस्य उज्जवल** हो।	आपका **भविष्य उज्ज्वल** हो।
माता-पिता **पूज्यनीय** हैं।	माता-पिता **पूजनीय** हैं।
दुरबासा ऋषि ने शकुन्तला को **श्राप** दे दिया।	**दुर्वासा** ऋषि ने शकुन्तला को **शाप** दे दिया।
सूर्य और पृथ्वी के पाँच-पाँच **परियायवाची** लिखें।	सूर्य और पृथ्वी के पाँच-पाँच **पर्यायवाची** लिखें।
अपना **कुसलछेम** अवश्य लिखना।	अपना **कुशलक्षेम** अवश्य लिखना।
उसको **दुसाध्य** बीमारी है।	उसको **दुस्साध्य** बीमारी है।
स्वास्थ के लिए **स्वक्ष** जल आवश्यक है।	**स्वास्थ्य** के लिए **स्वच्छ** जल आवश्यक है।
सेठजी गल्ले का **व्योपार** करते हैं।	सेठजी गल्ले का **व्यापार** करते हैं।
सन्तोस का फल मीठा होता है।	**सन्तोष** का फल मीठा होता है।
नखलऊ उत्तर प्रदेश की **राज्यधानी** है।	**लखनऊ** उत्तर प्रदेश की **राजधानी** है।
ईश्वर **सवका भाग-बिधाता** है।	ईश्वर **सबका भाग्य-विधाता** है।
नेताजी का **प्रतिद्वन्दी** आया है।	नेताजी का **प्रतिद्वन्द्वी** आया है।
उन्हें **यथेष्ठ** लाभ मिला।	उन्हें **यथेष्ट** लाभ मिला।
मठ्ठा उदर के लिए लाभकारी है।	**मट्ठा** उदर के लिए लाभकारी है।
तुमारी कच्छा में कितने **क्षात्र** हैं?	**तुम्हारी कक्षा** में कितने **छात्र** हैं?
नियमों का **उलंघन** न करें।	नियमों का **उल्लंघन** न करें।
गीता ने अग्नि **प्रजवलित** किया।	गीता ने अग्नि **प्रज्वलित** की।
मजदूरों का **शोशड़** न करो।	मजदूरों का **शोषण** न करो।

मध्यान्तर प्रश्नावली

निर्देश *(प्र. सं. 1 से 10) सभी प्रश्नों में चार-चार वाक्य दिए गए हैं, इनमें से एक वाक्य सही है। सही वाक्य चुनिए।*

1. (a) बाण बड़ा उपयोगी अस्त्र है।
(b) तुम्हे इस काम के लिए अच्छाई मिलेगी।
(c) रघुराम राजन रिज़र्व बैंक के राज्यपाल हैं।
(d) मेरे पिताजी अत्यन्त सख्त मिज़ाज के हैं।

2. (a) लाठी बड़ा उपयोगी अस्त्र है।
(b) मेरे लिए अंग्रेज़ी सरस विषय है।
(c) गरीबों पर कृपा करो।
(d) मैंने उसकी बात पर आपत्ति की।

3. (a) चिड़ियाँ कूक रही है।
(b) आपने पानी-पान कर लिया।
(c) तुलसीदास ने रामचरितमानस की रचना लिखी।
(d) श्रेया प्रतिदिन गाने का रियाज़ करती है।

4. (a) वह मेरे विरुद्ध कुछ नहीं कहेगा।
(b) मैंने उसकी बात पर परेशानी की।
(c) भारत विकासशाली देश है
(d) आपको ऐसा नहीं बोलना चाहिए।

5. (a) राजेश नित्य दण्ड पेलता है। (b) राजेश नित्य दण्ड मारता है।
(c) राजेश नित्य दण्ड उठाता है। (d) राजेश नित्य दण्ड खेलता है।

6. (a) सरक पर दाएँ-बाएँ देख कर चलना चाहिए।
(b) शरक पर दाएँ-बाएँ देखकर चलना चाहिए।
(c) सड़क पर दाएँ-बाएँ देखकर चलना चाहिए।
(d) सढ़क पर दाएँ-बाएँ देखकर चलना चाहिए।

7. (a) दीवार बहुत ऊँची है। (b) दिवार बहुत ऊँची है।
(c) दिवाल बहुत ऊँची है। (d) दीवाल बहुत ऊँची है।

8. (a) हमें बड़ों का समान करना चाहिए।
(b) हमें बड़ों का सम्मान करना चाहिए।
(c) हमें बड़ों का सामान करना चाहिए।
(d) हमें बड़ों का सम्मन करना चाहिए।

9. (a) कविता की भाषा सरल, सहज और सुबोधपूर्ण है।
(b) कविता की भाषा सरलतापूर्ण, सहज और सुबोधक है।
(c) कविता की भाषा सरल, सहजपूर्वक और सुबोधपूर्ण है।
(d) कविता की भाषा सरल, सहज और सुबोध है।

10. (a) उपरोक्त रचना प्रासंगिक है।
(b) उपर्युक्त रचना प्रासंगिक है।
(c) उपरियुक्त रचना प्रासंगिक है।
(d) उपरिउक्त रचना प्रासंगिक है।

उत्तरमाला

1. (a)	*2. (d)*	*3. (d)*	*4. (a)*	*5. (a)*
6. (c)	*7. (a)*	*8. (b)*	*9. (d)*	*10. (b)*

वस्तुनिष्ठ प्रश्नावली

1. निम्नांकित में शुद्ध वाक्य छाँटिए *(CDS 2014)*
(a) रेखा ने भोजन कर ली है। (b) रेखा भोजन कर ली है।
(c) रेखा भोजन कर ली। (d) रेखा ने भोजन किया है।

2. सही वाक्य है *(DSSSB असिस्टेंट टीचर परीक्षा 2015)*
(a) सीता ने अपनी सहेलियों को बुलाई।
(b) सीता ने अपनी सहेलियों को बुलाईं।
(c) सीता ने अपनी सहेलियों को बुलाए।
(d) सीता ने अपनी सहेलियों को बुलाया।

3. निम्नलिखित में कौन-सा वाक्य अशुद्ध है? *(UPSSSC परीक्षा 2016)*
(a) यह एक गम्भीर समस्या है। (b) मुझे बड़ी भूख लगी है।
(c) मैंने राम से पूछा। (d) वह घर गया

4. सही वाक्य क्या है? *(UPSSSC लेखपाल परीक्षा 2015)*
(a) वह सप्रमाण सहित अपनी बात बताएगा।
(b) वह प्रमाण सहित अपनी बात बताएगा।
(c) वह सप्रमाण के साथ अपनी बात बताएगा।
(d) वह प्रमाण के सहित अपनी बात बताएगा।

निर्देश (प्र.सं. 5-8) *प्रश्नों में चार वाक्यों में तीन त्रुटिपूर्ण हैं। त्रुटिरहित वाक्य छाँटकर उसे चिह्नित करें।*

5. (a) एक गीतों की पुस्तक ला दीजिए। *(UPSSSC कनिष्ठ सहायक परीक्षा 2015)*
(b) एक गीत की पुस्तक ला दीजिए।
(c) गीतों की एक पुस्तक ला दीजिए।
(d) गीतों की एक पुस्तकें ला दीजिए।

6. (a) मैं पूरी रात में जागता रहा। *(UPSSSC कनिष्ठ सहायक परीक्षा 2015)*
(b) मैं सारी रात जागता रहा।
(c) मैं सारी रात भर जागता रहा।
(d) मैं पूरी रात भर जागता रहा।

7. (a) जब तक मैं न आऊँ उस समय तब तुम पढ़ते रहना।
(b) जब तक मैं नहीं आऊँ तब तक तुम पढ़ते रहना।
(c) जब तक मैं नहीं आऊँ उस समय तक तुम पढ़ते रहनां
(d) जब तक मैं न आऊँ तब तक तुम पढ़ते रहना।

8. (a) यह काम मैं आसानीपूर्वक कर सकता हूँ।
(b) यह काम मैं आसानी के साथ कर सकता हूँ।
(c) यह काम मैं आसानी सहित कर सकता हूँ।
(d) यह काम मैं आसानी से कर सकता हूँ।

निर्देश (प्र.सं. 9-14) *निम्नलिखित प्रश्नों में कौन-सा वाक्य शुद्ध है?*

9. (a) वह सब लोग भले हैं।
(b) भीड़ में चार जयपुर के व्यक्ति थे।
(c) मनुष्य ईश्वर की उत्कृष्टतम कृति है।
(d) वह सारे गुप्त रहस्य प्रकट कर देगा।

10. (a) राम को अनुत्तीर्ण होने की आशंका है।
(b) राम को अनुत्तीर्ण होने का शक है।
(c) जंगल में प्रातःकाल के समय बहुत सुहावना दृश्य होता है।
(d) मेरे से मत पूछो।

11. (a) बन्दूक एक उपयोगी अस्त्र है। (b) यह मेरा पुस्तक है।
(c) इन्हें एक पुत्र है। (d) भारत में अनेकों जातियाँ हैं।

12. (a) रागिनी अपने आप चली गई। (b) रागिनी खुद चली गई।
(c) रागिनी अपने से ही चली गई। (d) रागिनी आपके आप चली गई।

13. (a) आपने आपके घर जाएँ। (b) आप ही आपके घर जाएँ।
(c) आप अपने घर जाएँ। (d) आप आपकी घर जाएँ।

14. शुद्ध वाक्य छाँटिए
(a) नेताजी को आज वहाँ जाना है। (b) नेताजी ने आज वहाँ जाना है।
(c) आज वहाँ नेताजी ने जाना है। (d) वहाँ आज नेताजी ने जाना है।

निर्देश (प्र.सं. 15-18) *प्रश्नों में दिए गए वाक्यों में से शुद्ध वाक्य का चयन कीजिए।*

15. (a) मैंने तेरे को बोला था। (b) मैंने तुमको कहा था।
(c) मैंने तुमसे कहा था। (d) मैंने तेरे से कहा था।

16. (a) आज बेहद गर्मी है। (b) आज बेशुमार गर्मी है।
(c) आज अधिक गरमी है। (d) आज अनाधिक गरमी है।

17. (a) मैं मेरा काम करता हूँ। (b) मैं मेरी काम करता हूँ।
(c) मैं अपुन का काम करता हूँ। (d) मैं अपना काम करता हूँ।

18. (a) फल बच्चे को काटकर खिलाओ।
(b) बच्चे को काटकर फल खिलाओ।
(c) बच्चे को फल काटकर खिलाओ।
(d) काटकर फल बच्चे को खिलाओ।

19. निम्नलिखित में से अशुद्ध वाक्य है
(a) वहाँ बहुत से पशु और पक्षी उड़ते और चरते हुए दिखाई दिए।
(b) देश भर में यह बात फैल गई।
(c) बाघ और बकरी एक घाट पर पानी पीते हैं।
(d) न जाने कितने जीव पैदा होते हैं।

20. वाक्य शुद्ध है *(UPTET 2016)*
(a) मोहन और गीता गा रही है
(b) गीता और मोहन गा रहा है
(c) मोहन और गीता गा रहे हैं
(d) मोहन और गीता गा रही है

21. 'उसे मृत्युदण्ड की सजा मिली' प्रस्तुत वाक्य की अशुद्धि स्पष्ट करें *(UPPSC Pre 2018)*
(a) संस्कृत के शब्दों को प्रयोग हुआ है।
(b) विदेशी शब्द 'सजा' का प्रयोग हुआ है।
(c) दण्ड और सजा समानार्थी शब्दों का प्रयोग हुआ है।
(d) कोई अशुद्धियाँ नहीं है।

22. दिए गए वाक्यों में कौन-सा वाक्य सर्वाधिक सही है? *(UPTET 2013)*
(a) यद्यपि तुम अजनबी हो, परन्तु मैं तुम्हें अपना मानता हूँ।
(b) यद्यपि तुम अजनबी हो, मैं तुम्हें अपना मानता हूँ।
(c) यद्यपि तुम अजनबी हो, किन्तु मैं तुम्हें अपना मानता हूँ।
(d) यद्यपि तुम अजनबी हो, तथापि मैं तुम्हें अपना मानता हूँ।

निर्देश (प्र.सं. 23-25) *निम्नलिखित वाक्यों के जिस अंश में त्रुटि है उसका चयन कीजिए।*

23. बुरा-से-बुरा व्यक्ति भी सम्मान और प्रशंसा पाना चाहता है *(SSC कांस्टेबल GD 2015)*
(a) सम्मान और प्रशंसा। (b) बुरा-से-बुरा व्यक्ति भी।
(c) कोई त्रुटि नहीं। (d) पाना चाहता है।

24. शीर्षक को चयन करते समय अवतरण में निहित भावों और विचारों की परख कर लेनी चाहिए।
(a) अवतरण में निहित।
(b) कोई त्रुटि नहीं।
(c) भावों और विचारों की परख कर लेनी चाहिए।
(d) शीर्षक को चयन करते समय।

25. खुले हुए भोजन पर मक्खियाँ हर क्षण भिनभिनाती हुई रहती हैं। *(SSC कांस्टेबल GD 2015)*
(a) भिनभिनाती हुई रहती हैं (b) खुले हुए भोजन पर
(c) कोई त्रुटि नहीं (d) मक्खियाँ हर क्षण

निर्देश (प्र.सं. 26-27) *दिए गए वाक्यों में रेखांकित खण्ड को प्रतिस्थापित करने के लिए सबसे उपयुक्त विकल्प का चयन करें।*

26. जैसे ही मैंने शेर देखा, डर के मारे <u>मेरा तो प्राण निकल गया।</u> *(SSC कांस्टेबल GD 2015)*
(a) मेरा तो प्राण निकल गई। (b) प्राण मेरे तो निकल गए।
(c) मेरे तो प्राण निकल गया। (d) मेरे तो प्राण निकल गए।

27. मेरे <u>दादाजी की चित्र बहुत पुराना है।</u> यह चित्र मुझे बहुत प्रिय है।
(a) दादाजी का चित्र बहुत पुराना है।
(b) दादाजी की चित्र बहुत पुरानी है।
(c) दादाजी का चित्र बहुत पुरानी है।
(d) चित्र बहुत पुराना दादाजी को है।

28. कौन-सा वाक्य शुद्ध है? *(UPTET 2017)*
(a) खेतों में लम्बे-लम्बे घास उग आए।
(b) परशुराम की क्रोधाग्नि ने क्षत्रियों को जला दिया।
(c) गलियों को चौड़ा करना आवश्यक है।
(d) वृक्षों पर कोयल कूक रही है।

निर्देश (प्र.सं. 29-33) *निम्नलिखित वाक्यों के जिस भाग में त्रुटि है उसका चयन कीजिए।*

29. शीला/अस्वस्थ होने के लिए/आज विद्यालय नहीं गई/कोई त्रुटि नहीं *(SSC कांस्टेबल GD 2012)*
(a) शीला। (b) अस्वस्थ होने के लिए।
(c) आज विद्यालय नहीं गई। (d) कोई त्रुटि नहीं।

30. सड़क में/बारिश का पानी/भर गया है/कोई त्रुटि नहीं
(a) सड़क में (b) बारिश का पानी
(c) भर गया है। (d) कोई त्रुटि नहीं

31. आकाश में/बादल/गरजा रहे हैं/कोई त्रुटि नहीं *(SSC कांस्टेबल GD 2012)*
(a) आकाश में (b) बादल (c) गरजा रहे हैं (d) कोई त्रुटि नहीं

32. विद्यालय में/जलपान को/उत्तम प्रबन्ध है/कोई त्रुटि नहीं। *(UPSSSC लेखपाल परीक्षा 2015)*
(a) विद्यालय में (b) जलपान को
(c) उत्तम प्रबन्ध है (d) कोई त्रुटि नहीं है

33. मुझे/रेलगाड़ी में यात्रा करना/अच्छी लगती है/कोई त्रुटि नहीं *(UPSSSC लेखपाल परीक्षा 2015)*
(a) मुझे। (b) रेलगाड़ी में यात्रा करना।
(c) अच्छी लगती है। (d) कोई त्रुटि नहीं।

34. कौन-सा वाक्य अशुद्ध है? *(अन्वेषक सीधी भर्ती परीक्षा 2015)*
(a) साहित्य और जीवन का अभिन्न सम्बन्ध है।
(b) श्रीकृष्ण के अनेकों नाम हैं।
(c) हमारे शिक्षक प्रश्न करते हैं।
(d) यह काम आप पर निर्भर है।

35. मैं तुम्हारे घर आया, किन्तु तुम मिले नहीं थे। अशुद्ध वाक्य का शुद्ध रूप बतलाइए। *(अन्वेषक सीधी भर्ती परीक्षा 2014)*
(a) मैं तुम्हारे घर आया; पर तुम थे नहीं
(b) मैं तुम्हारे घर गया कि तुम नहीं मिले
(c) मैं तुम्हारे घर आया; और तुम, वहाँ नहीं थे
(d) मैं तुम्हारे घर गया; पर तुम वहाँ नहीं थे

निर्देश (प्र.सं. 36-40) *निम्नलिखित प्रश्न में तीन वाक्यांश दिए गए हैं। त्रुटि वाले वाक्यांश को चुनिए और उसके अनुरूप (a), (b), (c) पर चिह्न लगाइए। यदि वाक्य त्रुटिहीन हो, तो (d) पर चिह्न लगाइए।*

36. (a) 'रामचरितमानस' भक्तिकाल (b) की सबसे श्रेष्ठतम
(c) रचना मानी जाती है। (d) कोई त्रुटि नहीं
(UPSSSC कनिष्ठ सहायक परीक्षा 2016)

37. (a) ठण्ड के दिनों में (b) प्रातःकाल के समय
(c) सर्दी काफी बढ़ जाती है। (d) कोई त्रुटि नहीं
(UPSSSC कनिष्ठ सहायक परीक्षा 2016)

38. (a) जब मोहन सभा स्थल (b) पर पहुँचा तब सभा
(c) विसर्जन हो चुकी थी। (d) कोई त्रुटि नहीं

39. (a) मैं जिस बस से (b) जा रहा था वह
(c) बहुत भरी हुई थी (d) कोई त्रुटि नहीं

40. (a) उसने लिखा था कि (b) उसकी दुकान पर शुद्ध गाय
(c) का घी मिलता है। (d) कोई त्रुटि नहीं

41. सही रूप है *(DSSSB स्पेशल एजुकेशन 2015)*
(a) पिताजी मुझे कुछ रुपये दिए। (b) पिताजी ने मुझे कुछ रुपया दिए।
(c) पिताजी ने मुझे कुछ रुपये दिए। (d) पिताजी ने मुझे कुछ रुपया दिए।

42. सही रूप है
(a) उनके पास बहुत सोने हैं। (b) उनके पास बहुत सोना हैं।
(c) उनके पास बहुत सोना है। (d) उनके पास बहुत सोने है।

43. शुद्ध वाक्य छाँटिए *(RPSC पुलिस सब-इंस्पेक्टर परीक्षा 2011)*
(a) आज रविवार का दिन है।
(b) कल रविवार का दिन था।
(c) रविवार का दिन बहुत मजेदार होता है।
(d) रविवार को हम दिन में सिनेमा देखते हैं।

44. शुद्ध वाक्य छाँटिए *(RPSC पुलिस सब-इंस्पेक्टर परीक्षा 2011)*
(a) पिछले सोमवार को स्कूल बन्द है।
(b) पिछले सोमवार को स्कूल बन्द रहेगा।
(c) पिछले सोमवार को स्कूल बन्द होना है।
(d) पिछले सोमवार को स्कूल बन्द था।

45. इस वाक्य के अशुद्ध भाग का चयन कीजिए
(RPSC पुलिस सब-इंस्पेक्टर परीक्षा 2011)
(a) तुष्टीकरण करने की (b) नीति अपना कर
(c) न तो व्यक्ति आगे बढ़ सकता है (d) और न राष्ट्र आगे बढ़ सकता है

46. 'मैं इतना मीठा चाय नहीं पी सकता' इस वाक्य में दोष है
(RPSC पुलिस सब-इंस्पेक्टर परीक्षा 2011)
(a) अन्विति का (b) पदक्रम का
(c) क्रिया का (d) सर्वनाम का

47. 'मैंने यह कुर्सी सौ रुपये की खरीदी है' इस वाक्य में दोष है
(RPSC पुलिस सब-इंस्पेक्टर परीक्षा 2011)
(a) विशेषण का (b) क्रिया का
(c) परसर्ग का (d) क्रिया-विशेषण का

48. इस वाक्य के अशुद्ध भाग का चयन कीजिए
(RPSC पुलिस सब-इंस्पेक्टर परीक्षा 2011)
(a) जो स्त्री अपनी (b) नौकरी को परिवार से
(c) अधिक महत्त्व देती है (d) वह विवाह नहीं करती

49. शुद्ध वाक्य छाँटिए *(RRB ASM परीक्षा 2010)*
(a) लहराते खेत हरे-भरे (b) हरे-भरे लहराते खेत
(c) खेत हरे-भरे लहराते (d) हरे लहराते खेत भरे

50. शुद्ध वाक्य छाँटिए *(RPSC सब इंस्पेक्टर परीक्षा 2011)*
(a) उसकी आयु तीस वर्ष है इस समय
(b) इस समय उसकी अवस्था तीस वर्ष है
(c) तीस वर्ष की अवस्था है इस समय उसकी
(d) इस समय तीस वर्ष की अवस्था है उसकी

51. शुद्ध वाक्य का चयन कीजिए *(UPSSSC लेखपाल परीक्षा 2011)*
(a) मध्यकालीन युग में कलाओं की बहुत उन्नति हुई।
(b) साहब ने किसी को अन्दर न जाने दिया जाए।
(c) इस मोहन की आयु 20 वर्ष है।
(d) वे चाहे भले ही न आएँ, पर तुम्हें आना होगा।

52. शुद्ध वाक्य का चयन कीजिए *(UPSSSC लेखपाल परीक्षा 2015)*
(a) इस ग्रन्थ का निर्माण तुलसीदास ने किया।
(b) समाज की वर्तमान दिशा चिन्ताजनक है।
(c) मैंने तरह-तरह के रेशम के कपड़े पसन्द किए।
(d) तुम्हारी दृष्टि तुम्हारी पुस्तक पर होनी चाहिए।

53. शुद्ध वाक्य का चयन कीजिए *(UPSSSC लेखपाल परीक्षा 2015)*
(a) माता-पिता की शुश्रूषा करनी चाहिए।
(b) तुफान आने का सन्देह है।
(c) अनेक निरपराध दण्ड के भागी हुए।
(d) इसके मात्र दो कारण हो सकते हैं।

54. निम्नलिखित में से शुद्ध वाक्य का चयन कीजिए
(UPSSSC कनिष्ठ सहायक परीक्षा 2019)
(a) गन्दा पानी उबालकर पिएँ।
(b) पड़ोसी ने मुझे स्वतन्त्रता दिवस की बधाई दिया।
(c) यमुना का पानी गन्दा और प्रदूषित है।
(d) बच्चा लोग क्रिकेट खेलता है।

55. निम्नलिखित में से शुद्ध वाक्य का चयन कीजिए
(UPSSSC कनिष्ठ सहायक परीक्षा 2019)
(a) सीधी लकीर खींचना बहुत कठिन है।
(b) जंक फूड से मोटापा बढ़ती है।
(c) हरा पेड़ ऑक्सीजन देते हैं।
(d) मेरे घर में तुम्हारी स्वागत है।

56. दिए गए वाक्य में रेखांकित खण्ड को प्रतिस्थापित करने के लिए सबसे उपयुक्त विकल्प का चयन करें। <u>वक्ताओं ने श्रोताओं की मन मोह लिया।</u> *(SSC कांस्टेबल GD 2019)*
(a) श्रोताओं को मन मोह लिया। (b) श्रोताओं के मन मोह लिया।
(c) श्रोताओं का मन मोह लिया। (d) श्रोताओं से मन मोह लिया।

57. दिए गए वाक्य का वह भाग ज्ञात करें जिसमें कोई त्रुटि है। भारत की संस्कृति कृषक-संस्कृति है और भारतीय किसान बड़ा कठोरता जीवन जीता है। *(SSC कांस्टेबल GD 2019)*
(a) भारत की संस्कृति।
(b) कृषक-संस्कृति है।
(c) और भारतीय किसान
(d) बड़ा कठोरता जीवन जीता है।

58. 'नौ बजने को दस मिनट है।' इस वाक्य का शुद्ध रूप क्या होगा?
(MP व्यावसायिक सब इंस्पेक्टर परीक्षा 2017)
(a) नौ बज कर दस मिनट है। (b) नौ बजने में दस मिनट है।
(c) नौ बजने तक दस मिनट है। (d) नौ बजने पर दस मिनट है।

59. 'पेड़ों पर मैना बैठी है' इस वाक्य का शुद्ध रूप क्या होगा?
(MP व्यावसायिक सब इंस्पेक्टर परीक्षा 2017)
(a) पेड़ पर मैना बैठी है।
(b) पेड़ों पर मैना बैठे है।
(c) पेड़ों पर मैनों बैठी है।
(d) पेड़ों में मैना बैठी है।

60. 'कंचन एक कृशंगिनी युवती है।' इस वाक्य में कौन-सी अशुद्धि है?
(UPSSSC कनिष्ठ सहायक परीक्षा 2016)
(a) शब्द चयन सम्बन्धी अशुद्धि।
(b) वर्तनीगत अशुद्धि।
(c) व्याकरण अशुद्धि।
(d) शब्द-निर्माण की अशुद्धि।

61. निम्नलिखित में से शुद्ध वाक्य का चयन कीजिए
(UPSSSC कनिष्ठ सहायक परीक्षा 2020)
(a) बाल पक जाने से कोई अनुभवी नहीं हो जाता।
(b) बाल पक जाने से लोग अनुभवी हो जाता है।
(c) बाल पक जाने से ही लोग अनुभवी होता है।
(d) बाल पक जाने से लोगों का अनुभव बढ़ते है।

62. निम्नलिखित में से शुद्ध वाक्य का चयन कीजिए
(UPSSSC कनिष्ठ सहायक परीक्षा 2020)
(a) कृपया करके खुले पैसे दें।
(b) कृपया खुले पैसे देने की कृपा करें।
(c) कृपया खुले पैसे दें।
(d) कृपया करके खुले पैसे देने की कृपा करें।

63. निम्नलिखित में से शुद्ध वाक्य का चयन कीजिए
(UPSSSC कनिष्ठ सहायक परीक्षा 2020)
(a) चिड़िया ने दनादन पाँच दाना चुग गई।
(b) चिड़िया दनादन पाँचों दाने चुग गई।
(c) चिड़िया दनादन पाँच दाना चुग लिए।
(d) चिड़िया दनादन पाँच दाना चुग गई।

64. निम्नलिखित में से शुद्ध वाक्य का चयन कीजिए
(UPSSSC कनिष्ठ सहायक परीक्षा 2020)
(a) भारत में चंद्रयान-2 लॉन्च की है।
(b) भारत ने चंद्रयान-2 लॉन्च की है।
(c) भारत ने चंद्रयान-2 लॉन्च किए हैं।
(d) भारत ने चंद्रयान-2 लॉन्च किया है।

65. निम्नलिखित में से शुद्ध वाक्य का चयन कीजिए
(UPSSSC कनिष्ठ सहायक परीक्षा 2020)
(a) बतखों का झुण्ड पानी में तैर रहा था।
(b) बतखों के झुण्ड पानी में तैर रहा था।
(c) बतखों का झुण्ड पानी में तैर रहे थे।
(d) बतखों का झुण्ड पानी में तैरते थे।

66. निम्नलिखित में से शुद्ध वाक्य का चयन कीजिए
(UPSSSC कनिष्ठ सहायक परीक्षा 2020)
(a) नदियों के पानियों से सिंचाई की जाती है।
(b) नदियों के पानियों से सिंचाइयाँ की जाती है।
(c) नदियों के पानी से सिंचाइयाँ की जाती है।
(d) नदियों के पानी से सिंचाई की जाती है।

67. निम्नलिखित में से एक शुद्ध वाक्य है, वह है
(UPSSSC कनिष्ठ सहायक परीक्षा 2020)
(a) प्रत्येक विद्यार्थी को चाहिए कि वह हिन्दी की अनेक पुस्तकें पढ़े।
(b) हरेक विद्यार्थी को चाहिए कि वह हिन्दी की अनेक पुस्तकें पढ़े।
(c) हरेक विद्यार्थी को चाहिए कि वह हिन्दी की अनेकों पुस्तकें पढ़े।
(d) हरेक विद्यार्थियों को चाहिए कि वह हिन्दी की अनेकों पुस्तकें पढ़े।

68. निम्नलिखित में से एक वाक्य अशुद्ध है, वह है
(a) मोहन गेहूँ पिसवाने चक्की पर गया है।
(b) निर्दय व्यक्ति से मित्रता नहीं करनी चाहिए।
(c) उसके घर के पास एक मिठाई की दुकान है।
(d) उपरोक्त कथन असत्य है।

69. निम्नलिखित वाक्यों में शुद्ध वाक्य है
(a) मुझसे यह काम सम्भव नहीं हो सकता।
(b) वह बिल्कुल भी बात नहीं करना चाहता।
(c) यह कविता अनेक भाव प्रकट करती है।
(d) इन दोनों में केवल यही अन्तर है।

70. निम्नलिखित में से एक वाक्य शुद्ध है, वह है
(a) इसके बावजूद भी हमसे हिन्दी लिखने में बहुत भूल हो जाती है।
(b) इसके बावजूद भी हमसे हिन्दी लिखने में बहुत भूलें हो जाती हैं।
(c) इसके बावजूद भी हम लोगों से हिन्दी लिखने में बहुत भूल हो जाती है।
(d) इसके बावजूद हम लोगों से हिन्दी लिखने में बहुत भूलें हो जाती हैं।

71. अशुद्ध वाक्य का चयन कीजिए।
(a) पुलिस द्वारा डाकुओं का पीछा किया गया।
(b) देश की वर्तमान मौजूदा हालात ठीक नहीं है।
(c) मैं पुस्तकालय में नित्य समय पर पहुँचता हूँ।
(d) तुम चिन्ता न करों, मैं कोई न कोई रास्ता निकालूँगा।

उत्तरमाला

1. (d)	2. (d)	3. (b)	4. (b)	5. (c)	6. (b)	7. (d)	8. (d)	9. (c)	10. (a)
11. (a)	12. (a)	13. (c)	14. (a)	15. (c)	16. (a)	17. (d)	18. (c)	19. (a)	20. (c)
21. (c)	22. (d)	23. (b)	24. (d)	25. (a)	26. (d)	27. (a)	28. (c)	29. (b)	30. (a)
31. (c)	32. (b)	33. (c)	34. (b)	35. (d)	36. (b)	37. (b)	38. (c)	39. (d)	40. (b)
41. (c)	42. (c)	43. (d)	44. (d)	45. (a)	46. (a)	47. (c)	48. (a)	49. (b)	50. (b)
51. (d)	52. (a)	53. (a)	54. (a)	55. (a)	56. (c)	57. (d)	58. (b)	59. (a)	60. (b)
61. (a)	62. (c)	63. (b)	64. (d)	65. (a)	66. (d)	67. (a)	68. (c)	69. (c)	70. (c)
71. (b)									

अध्याय~17

रिक्त स्थानों की पूर्ति

विभिन्न प्रतियोगी परीक्षाओं में कुछ प्रश्न रिक्त स्थानों की पूर्ति से सम्बन्धित पूछे जाते हैं। इन प्रश्नों में वाक्य या अनुच्छेद में रिक्त स्थान होता है, उसकी पूर्ति के लिए चार विकल्प दिए जाते हैं, जिनमें एक विकल्प सही होता है। यदि सही विकल्प रिक्त स्थान पर रख दिया जाए, तो वह वाक्य सार्थक बन जाता है।

रिक्त स्थानों की पूर्ति सम्बन्धित नियम

रिक्त स्थानों की पूर्ति सम्बन्धित नियम निम्नलिखित हैं

- वाक्य के भाव/अर्थ को समझना चाहिए। वाक्य में प्रयोग किए गए शब्दों की प्रकृति देखिए, वे संस्कृतनिष्ठ या अरबी-फ़ारसी-उर्दू के हो सकते हैं। आपको जिन शब्दों का चयन करना है, वह उनसे मेल खाता होना चाहिए।
- दिए गए शब्दों के अर्थों को व उनकी ध्वनि को ध्यान से समझिए।
- वाक्य में प्रयुक्त क्रिया को ध्यान से देखिए, उसके लिंग और वचन का ध्यान रखिए।
- जिन शब्दों को आप सही समझ रहे हैं, मन-ही-मन उन्हें रिक्त स्थानों पर रख कर देखिए, अनुचित शब्द वाक्य में सदैव ही अटपटा लगता है।
- यदि शब्द को रिक्त स्थान में रखने के बाद वाक्य को पढ़ने में सहजता रहे और अर्थ बन जाए, तो आपने सही शब्द का चयन किया है।
- शब्दों की सही पहचान होने पर ही रिक्त स्थान सहजता से भरे जा सकते हैं। अत: हमें विलोम शब्द, पर्यायवाची शब्द, अनेकार्थी शब्द, समोच्चारित, भिन्नार्थक शब्द आदि का गहन अध्ययन करना चाहिए।

वस्तुनिष्ठ प्रश्नावली

वाक्य में रिक्त स्थानों की पूर्ति सम्बन्धित प्रश्न

निर्देश (प्र. सं. 1 से 14 तक) *निम्नलिखित वाक्यों में रिक्त स्थानों की पूर्ति के लिए चार-चार विकल्प दिए गए हैं। उपयुक्त विकल्प का चयन करके रिक्त स्थान भरिए।*

1. माताजी को ....। *(SSC कांस्टेबल GD परीक्षा 2012)*
(a) परिणाम (b) परिमाण (c) प्रमाण (d) प्रणाम

2. जो व्यक्ति सन्तुष्ट जीवन व्यतीत करना चाहते हैं, उन्हें किसी दूसरे के कार्य से .... नहीं करनी चाहिए।
(a) ईर्ष्या (b) तत्परता (c) तीव्रता (d) शीघ्रता

3. मैं यह सोच भी नहीं सकता था कि तुम ऐसा जघन्य........ करोगे।
(a) अपराध (b) प्रयास (c) व्यवहार (d) व्यवसाय

4. विकास के लिए आर्थिक .... आवश्यक होती है। *(UPSSSC कनिष्ठ सहायक परीक्षा 2015)*
(a) सक्षमता (b) बहुलता (c) विविधता (d) आत्मनिर्भरता

5. जिसे उचित उत्तर सूझ जाए वह .... कहलाता है।
(a) आशुकवि (b) प्रत्युत्पन्नमति (c) प्रतिभाशाली (d) प्रज्ञावान

6. शास्त्र से हमें किसी विषय का ज्ञान विधिपूर्वक होता है और कला से हम उस विषय का .... सीखते हैं।
(a) प्रयोग (b) संयोग (c) उपयोग (d) ज्ञान

7. अंग्रेज़ी में काम करने का अभ्यास होने के कारण अधिकारी व कर्मचारी हिन्दी में अपना काम करने में .... हैं।
(a) झिझकते (b) शर्माते (c) घबराते (d) डरते

8. प्राचीन काल में मध्य प्रदेश धार्मिक, सांस्कृतिक, आर्थिक और राजनैतिक क्रियाकलापों का मुख्य .... रहा है।
(a) बाजार (b) घर (c) क्षेत्र (d) केन्द्र

9. सरकार की नीति है कि हिन्दी के प्रयोग को प्रेरणा, प्रोत्साहन व .... से बढ़ाया जाए।
(a) दबाव (b) सद्भावना (c) दण्ड (d) धन

10. सच्चरित्र व्यक्तियों की आत्मकथा अन्य व्यक्तियों के लिए .... का स्रोत बन जाती है।
(a) दर्शन (b) भावना (c) प्रेरणा (d) ऊर्जा

11. ऐसा व्यक्ति, जिसके आने का दिन, दिनांक और समय पहले से निश्चित नहीं होता, ········ कहलाता है।
(a) असामयिक (b) अभ्यागत
(c) गणमान्य (d) अतिथि

12. स्वतन्त्रता के उपरान्त हमने ज्ञान और विज्ञान के ········ में प्रगति की है।
(a) पक्ष (b) स्रोत
(c) क्षेत्र (d) रूप

13. वह ········ पूर्वक सबके सामने झुक गया।
(a) साग्रह (b) निग्रह
(c) विनय (d) सदय

14. मुझे इस कार्यक्रम का ········ नहीं पहुँचा।
(a) खबर (b) निमन्त्रण
(c) पत्रव्यवहार (d) जानकारी

निर्देश *(प्र. सं. 15 से 35 तक) दिए गए वाक्यों में रिक्त स्थानों की पूर्ति के लिए चार-चार विकल्प दिए गए हैं। उपयुक्त विकल्प का चयन करके रिक्त स्थान भरिए।*

15. साम्प्रदायिकता राष्ट्रीय एकता के लिए ········ है।
(a) वरदान (b) अभिशाप
(c) परिताप (d) पश्चात्ताप

16. हैजा एक ········ रोग है। *(कांस्टेबल GD परीक्षा 2015)*
(a) अभिक्रामक (b) संक्रामक
(c) अतिक्रामक (d) आक्रामक

17. अथक परिश्रम और सतत ········ चरमसीमा प्राप्त कर सकता है।
(a) अव्यवसाय (b) व्यवसाय
(c) मनमाने व्यवहार से (d) सभवाय

18. मदर टेरेसा का ········ संसार भर में फैला हुआ है। *(इलाहाबाद उच्च न्यायालय 2014)*
(a) प्रेम (b) समाचार
(c) यश (d) प्रभाव

19. भगवान बड़े दयालु हैं, ········ सबकी सुनते हैं।
(a) वे (b) वह
(c) ये (d) आप

20. महात्मा बुद्ध करुणा के साक्षात् ········ थे।
(a) अपरिग्रह (b) अनुग्रह
(c) विग्रह (d) परिग्रह

21. उस स्त्री के ········ ने सभी का हृदय द्रवित कर दिया।
(a) संलाप (b) आलाप
(c) एकालाप (d) विलाप

22. हमारा देश धीरे-धीरे आत्मनिर्भरता के ········ की ओर बढ़ रहा है।
(a) उद्देश्य (b) मकसद
(c) लक्ष्य (d) गन्तव्य

23. आप पधारिए और ········ ग्रहण कीजिए।
(a) आसन्न (b) व्यसन
(c) असन (d) आसन

24. गाँधी जी का अर्थशास्त्र धर्म और ········ पर आधारित है।
(a) प्रशासन (b) अहिंसा
(c) न्याय (d) यश

25. ···दृष्टि राष्ट्रीयता का आधार है। *(UPSSSC कनिष्ठ सहायक परीक्षा 2015)*
(a) धर्मानुसार (b) धर्मनिरपेक्ष
(c) धर्मसम्मत (d) धर्मसापेक्ष

26. लोकतन्त्र राज्य जनता में राष्ट्रीय भावना ········ रूप में जागृत करता है।
(a) अनिरंजित (b) स्वाभाविक
(c) संकीर्ण (d) अस्वाभाविक

27. उसका हृदय इतना कोमल है कि मित्र तो क्या वह अपने ········ को भी चोट नहीं पहुँचा सकता। *(UPSSSC लेखपाल परीक्षा 2015)*
(a) सहयोगी (b) विपक्षी
(c) प्रतिरोधी (d) शत्रु

28. ताजमहल वास्तुकला की मुगल शैली के स्मारकों में श्रेष्ठतम ········ है।
(a) स्मारक (b) कृति
(c) इमारत (d) मस्जिद

29. ईश्वर की भक्ति ही, सौभाग्यशाली बनने का ········ होना चाहिए।
(a) उद्देश्य (b) साधन
(c) कारण (d) हेतु

30. इस संसार में चरित्र से बढ़कर कोई और ········ गुण नहीं है।
(a) बड़ा (b) श्रेष्ठ
(c) बेहतर (d) ऊँचा

31. काम ऐसा करो जिससे सबका ········ हो।
(a) उपकार (b) नुकसान
(c) भला (d) इलाज

32. शरतचन्द्र की ········ ज्योत्स्ना शीतलता भरी थी।
(a) ठण्डी (b) शीतल
(c) बर्फीली (d) विमल

33. देश की ······ के लिए भारतीय जनता ने बड़े-बड़े बलिदान दिए हैं।
(a) सुरक्षा (b) प्रगति
(c) आज़ादी (d) उन्नति

34. आवेदन लिखते समय शब्दों के ····· में बहुत सावधानी बरतनी चाहिए।
(a) उपयोग (b) प्रयोग
(c) संयोग (d) सुयोग

35. विद्वान अपने गुणों के कारण ········ होते हैं।
(a) कुख्यात (b) विख्यात
(c) बड़े (d) जाने

निर्देश *(प्र.सं. 36 से 43 तक) वाक्य में स्थूलांकित शब्द के उपयुक्त 'विलोम' द्वारा पूर्ति की जानी है, इसके लिए चार-चार विकल्प प्रस्तावित हैं। उचित विकल्प का चयन कीजिए।*

36. मोहन की कविता **मौलिक** न होकर ·········· है।
(a) अमूल्य (b) अनमोल
(c) काल्पनिक (d) अनूदित

37. ईश्वर की कृपा से **मूक** भी ·········· हो सकता है।
(a) बधिर (b) पंगु (c) वाचाल (d) विज्ञ

38. कानून की **अनभिज्ञता** क्षम्य नहीं होती, इसलिए उसकी ·········· आवश्यक है। *(उ.प्र. बी.एड. प्रवेश परीक्षा 2008)*
(a) अभिज्ञता (b) बहुज्ञता
(c) विज्ञता (d) अल्पज्ञता

39. प्राय: निबन्ध **समास** शैली में और उपन्यास .... शैली में लिखे जाते हैं। *(उ.प्र. बी.एड. प्रवेश परीक्षा 2007)*
(a) सन्धि (b) विक्षेप
(c) व्यास (d) धारा

40. आजकल **निजी** क्षेत्र के विकास पर अधिक बल दिया जा रहा है तथा ..... क्षेत्र की उपेक्षा की जा रही है। *(उ.प्र. बी.एड. प्रवेश परीक्षा 2007)*
(a) सरकारी (b) सार्वजनिक
(c) सार्वभौमिक (d) व्यावसायिक

41. प्रत्येक मनुष्य के जीवन में **अनुरक्ति** तथा .... के क्षण आते-जाते रहते हैं। *(उ.प्र. बी.एड. प्रवेश परीक्षा 2005)*
(a) संसक्ति (b) विमुक्ति
(c) विरक्ति (d) आसक्ति

42. दसवीं की परीक्षा में कतिपय विषय **अनिवार्य** हैं, तो कतिपय .... हैं। *(उ.प्र. बी.एड. प्रवेश परीक्षा 2007)*
(a) वैकल्पिक (b) अनावश्यक
(c) अपरिहार्य (d) प्रासंगिक

43. व्यक्ति की **संकीर्णता** की तुलना में .... अधिक व्यावहारिक होती है।
(a) विकीर्णता (b) उदारता
(c) समानता (d) संकुलता

निर्देश (प्र. सं. 44-51) *में दिए गए वाक्यों के रिक्त स्थानों की पूर्ति उचित विकल्प चुनकर कीजिए।*

44. घर आया .... भी नहीं निकाला जाता।
(a) मेहमान (b) कुत्ता
(c) रिश्तेदार (d) ब्राह्मण

45. धोए जो सौ बार तौ .... होय न श्वेत। *(इग्नू बी.एड. प्रवेश परीक्षा 2011)*
(a) कपड़ा (b) आदमी
(c) काजर (d) गन्दा

46. श्रद्धा एक सामाजिक .... है। *(उ.प्र. बी.एड. प्रवेश परीक्षा 2011)*
(a) भाव (b) प्रभाव
(c) विभाव (d) अनुभाव

47. आप जो कुछ पढ़ें उसको .... का अभ्यास करें।
(a) स्मरण (b) विस्मरण
(c) लिखने (d) रटने

48. मिलों के .... के लिए जीवन का अर्थ है कि जीवनपर्यन्त एक निरर्थक यान्त्रिक क्रिया की बुद्धिहीन अनवरत् आवृत्ति करते जाना। *(ग्रामीण बैंक परीक्षा 2011)*
(a) श्रमिक (b) मालिक
(c) बोध (d) परिणाम

49. जीवन में अपने परिश्रम में सफलता का .... न पाकर हताश लोग सस्ते मनोरंजन में सांत्वना खोजते हैं। *(ग्रामीण बैंक परीक्षा 2011)*
(a) पसीना (b) मोल
(c) बोध (d) परिणाम

50. शायद संसार के सभी देशों में ऐसा लोक-विश्वास है कि सीपी को कान से लगाकर सुनें, तो उसमें .... का स्वर सुना जा सकता है। *(ग्रामीण बैंक परीक्षा 2011)*
(a) हृदय (b) प्रेम
(c) सागर (d) बादल

51. जैसे ही अध्यापक महोदय आए, कक्षा............हो गई। *(SSC कांस्टेबल GD 2018)*
(a) भक्त (b) जंगली
(c) शान्त (d) पागल

निर्देश (प्र.सं. 52-57) रिक्त स्थान को भरने के लिए सबसे उपयुक्त शब्द का चयन करें।

52. कोयल............रही है। *(SSC कांस्टेबल GD 2018)*
(a) महक (b) बहक
(c) भौंक (d) कूक

53. विकास..........कमाने वाला सदस्य है। *(SSC कांस्टेबल GD 2018)*
(a) कहाँ (b) घर
(c) विदेश (d) एकमात्र

54. मीनाक्षी को अपने किए की........मिलेगी। *(SSC कांस्टेबल GD 2018)*
(a) कुल्हाड़ी (b) सजा
(c) गुड़िया (d) पुरस्कार

55. पारस्परिक कौशल का उद्देश्य कार्यकुशलता में सुधार करना एवं ....को अधिक मूल्यवान बनाना है। *(CGPSC 2015)*
(a) नियोक्ता
(b) कर्मचारी
(c) ग्राहक
(d) डॉक्टर

56. एक सफल टीम लीडर अपने सदस्यों को ....श्रोता के रूप में चाहता है। *(CGPSC 2015)*
(a) प्रशंसात्मक
(b) निष्क्रिय
(c) सक्रिय
(d) नाममात्र का

57. ''यदि चादर के बाहर............पसारोगे तो पछताओगे।'' *(हरियाणा बी.एड. 2008)*
(a) हाथ (b) बाजू
(c) टाँग (d) पैर

उत्तरमाला

1. (d)	2. (a)	3. (a)	4. (a)	5. (b)	6. (c)	7. (a)	8. (d)	9. (b)	10. (c)
11. (d)	12. (c)	13. (c)	14. (b)	15. (b)	16. (b)	17. (b)	18. (c)	19. (a)	20. (a)
21. (d)	22. (c)	23. (d)	24. (c)	25. (b)	26. (b)	27. (d)	28. (c)	29. (b)	30. (b)
31. (c)	32. (d)	33. (c)	34. (b)	35. (b)	36. (c)	37. (c)	38. (a)	39. (c)	40. (a)
41. (c)	42. (a)	43. (a)	44. (a)	45. (c)	46. (a)	47. (c)	48. (a)	49. (d)	50. (c)
51. (c)	52. (d)	53. (d)	54. (b)	55. (b)	56. (c)	57. (d)			

अध्याय ~ 18

क्रम व्यवस्थापन

व्यवस्थापन का अर्थ है-व्यवस्था करना। हिन्दी व्याकरण में शब्दों और वाक्यों को क्रम के अनुसार व्यवस्थित या एकीकृत करने की प्रक्रिया क्रम व्यवस्थापन कहलाती हैं।

विभिन्न प्रतियोगी परीक्षाओं में 'क्रम व्यवस्थापन' सम्बन्धी प्रश्न पूछे जाते हैं। ऐसे प्रश्नों में अव्यवस्थित क्रम को सुव्यवस्थित करना होता है। क्रम व्यवस्थापन पर आधारित प्रश्न दो प्रकार से पूछे जाते हैं—'वाक्य-क्रम व्यवस्थापन' और 'अनुच्छेद-क्रम व्यवस्थापन।'

वाक्य-क्रम व्यवस्थापन के प्रश्नों में अव्यवस्थित वाक्यांशों से एक सही क्रमबद्ध वाक्य बनाना होता है।

अनुच्छेद-क्रम व्यवस्थापन के प्रश्नों में अव्यवस्थित वाक्यों से एक सही क्रमबद्ध अनुच्छेद बनाना होता है। परीक्षा में, एक क्रमबद्ध सही वाक्य को छः हिस्सों में बाँट दिया जाता है। पहला, छठा हिस्सा तो सही स्थान पर रहता है, जबकि बीच के चार हिस्सों को ऊपर-नीचे कर देते हैं और परीक्षार्थियों से अपेक्षा रखी जाती है कि वह उन ऊपर-नीचे किए गए चार वाक्य खण्डों को उनकी मूल स्थिति में रख वाक्य को सही रूप दें।

क्रम-व्यवस्थापन सम्बन्धित नियम

- प्रश्न में दिए गए संख्या (1) वाले वाक्य को ध्यान में रखकर उसे आगे दिए गए (य), (र), (ल) तथा (व) वाले वाक्य खण्डों के साथ जोड़िए।
- प्रश्न में दिए गए वाक्य (1) व (6) के स्थान में परिवर्तन नहीं करना चाहिए।
- प्रत्येक वाक्य का एक प्रवाह होता है। जैसे ही आप (1) को सही वाक्य-खण्ड से जोड़ेंगे, वाक्य के अर्थ का प्रवाह आरम्भ हो जाएगा, जिसे आप सरलता से अनुभव कर सकते हैं।
- याद रखिए, बेमेल वाक्य/वाक्यांश आपको सदैव अटपटा-सा लगेगा; क्योंकि सरलता, सहजता और प्रवाह को अनुभव किया जा सकता है।
- पहले और दूसरे वाक्य-खण्डों के मिलते ही शेष दो वाक्य खण्ड/वाक्य तो सरलता से मिल ही जाते हैं।

वस्तुनिष्ठ प्रश्नावली

वाक्य-क्रम व्यवस्थापन सम्बन्धी प्रश्न

निर्देश (प्र. सं. 1-29) *निम्नलिखित वाक्यों में उनके प्रथम तथा अंतिम अंश संख्या 1 और 6 के अन्तर्गत दिए गए हैं। बीच वाले चार अंश (य), (र), (ल), (व) के अन्तर्गत बिना क्रम के हैं। चारों अंशों को उचित क्रमानुसार व्यवस्थित कर सही विकल्प चुनिए।*

1. (1) सामान्य व्यक्ति
(य) तो असीम सुख और सन्तोष का
(र) अपने प्रेम की सीमा रेखा अपने परिवार
(ल) लेकिन यदि इसका क्षेत्र और व्यापक किया जा सके
(व) प्रियजन व मित्रों तक सीमित रखते हैं
(6) आनन्द प्राप्त हो सकता है।
(a) ल व र य (b) र व ल य
(c) व य र ल (d) य र ल व

2. (1) भारत की लोकतान्त्रिक
(य) केन्द्रीय तथा राज्य (र) व्यवस्था केवल
(ल) सरकारों तक ही (व) सीमित नहीं है
(6) स्थानीय स्तर पर भी वह लोकतान्त्रिक है।
(a) र य ल व (b) ल र व य
(c) य र ल व (d) व र ल य

3. (1) प्राचीन परम्परा के अनुसार
(य) सारी रात होता है (र) जिसमें शहर के लोग
(ल) मणिपुरी नृत्य में रास (व) एकत्र होकर
(6) रास का आनन्द लेते हैं।
(a) य र ल व (b) ल य र व
(c) य व र ल (d) ल र य व

4. (1) मुरली की स्वर लहरी पर
(य) चुम्बक की भाँति गोपिकाएँ (र) नृत्य करते हुए
(ल) खिंची चली आती हैं (व) और कृष्ण के चारों ओर
(6) सुध-बुध खो बैठती हैं।
(a) व ल य र (b) र ल व य
(c) य ल व र (d) य र ल व

5. (1) भरतनाट्यम् नर्तकी का शृंगार
(य) की जाती है कि उसका रूप
(र) सूक्ष्मता व चतुरता से
(ल) लावण्य व आकर्षण अपने
(व) व साज-सज्जा इतनी सावधानी
(6) चरम सौन्दर्य पर पहुँच जाता है।
(a) य र ल व (b) य व र ल
(c) य व ल र (d) व र य ल

6. (1) सिर्फ धुंधला-सा
(य) संघर्ष अन्तर्द्वन्द्व और ताप जैसे
(र) संवेदन इतना अवश्य था कि जैसे बर्फ की सिल के
(ल) वैसे ही हिमालय की शीतलता माथे को छू रही है और
(व) सामने खड़े होने पर मुँह पर ठण्डी-ठण्डी भाप लगती है
(6) नष्ट हो रही है। *(SSC हिन्दी अनुवादक परीक्षा 2009)*
(a) र व य ल (b) य र ल व (c) व ल र य (d) ल य र व

7. (1) पौराणिक दृष्टान्त के अनुसार
(य) कदाचित् इसीलिए वैष्णव भक्तों ने
(र) भगवान विष्णु ने लोगों को
(ल) मोहिनी का रूप धारण किया था
(व) आकृष्ट करने के लिए
(6) इस नृत्य-नाटिका को 'मोहिनीअट्टम्' की संज्ञा से विभूषित किया।
(a) य र ल व (b) र व ल य (c) ल व य र (d) र य व ल

8. (1) क्रोध से मूढ़ता
(य) भ्रम से बुद्धि का नाश होता है (र) स्मृति में भ्रम होता है,
(ल) उत्पन्न होती है, मूढ़ता से (व) और बुद्धि नष्ट होने से
(6) प्राणी स्वयं नष्ट हो जाता है।
(a) व ल र य (b) र ल व य (c) ल र य व (d) य र ल व

9. (1) यदि हम सम्पूर्ण विश्व की खोज करें
(य) के लिए जिसे
(र) ऐसे देश का पता लगाने
(ल) शक्तिशाली और सुन्दर बनाया है
(व) प्रकृति ने सर्वसम्पन्न
(6) तो मैं भारतवर्ष की ओर संकेत करूँगा।
(a) ल य व र (b) व ल य र (c) य र ल व (d) र य व ल

10. (1) भाग्य के भरोसे
(य) भाग्य भी सोया (र) बाँधकर खड़े होने पर
(ल) रहता है और हिम्मत (व) बैठे रहने पर
(6) भाग्य भी उठ खड़ा होता है।
(a) व य ल र (b) ल र य व (c) य र ल व (d) र ल व य

11. (1) अच्छी तरह सोचना
(य) काम को पूरा करना (र) उत्तम है और अच्छी तरह
(ल) अच्छी योजना बनाना (व) बुद्धिमत्ता है
(6) सबसे अच्छी बुद्धिमत्ता है।
(a) य र ल व (b) व ल र य (c) व य र ल (d) र व य ल

12. (1) मैं कोई काम
(य) प्रार्थना के बिना (र) के लिए प्रार्थना
(ल) नहीं करता, मेरी आत्मा (व) उतनी ही अनिवार्य है
(6) जितना शरीर के लिए भोजन।
(a) र ल व य (b) व ल र य (c) य ल र व (d) ल र व य

13. (1) हमारी प्रार्थना
(य) सर्व-सामान्य की भलाई (र) क्योंकि ईश्वर
(ल) के लिए होनी चाहिए (व) जानता है कि
(6) हमारे लिए अच्छा क्या है?
(a) र ल य व (b) व र ल य (c) ल र व य (d) य ल र व

14. (1) लोकतन्त्र में सरकार
(य) निश्चित एवं (र) होती है
(ल) जब जनता का मत (व) तब मजबूत
(6) निर्णयात्मक होता है।
(a) व र ल य (b) य र ल व (c) ल य र व (d) र य ल व

15. (1) बुद्धिमान के पास थोड़ा-सा धन
(य) बढ़ता रहता है
(र) हो तो वह भी
(ल) काम करते हुए संयम के द्वारा
(व) वह दक्षतापूर्वक
(6) सर्वत्र प्रतिष्ठा प्राप्त कर लेता है।
(a) र य व ल (b) य र ल व (c) ल व र य (d) व य ल र

16. (1) पुरुषार्थ उसी में है
(य) जो संकट (र) निर्णय लेने
(ल) की घड़ी में (व) में कोई
(6) संकोच नहीं करता।
(a) य र ल व (b) य ल र व
(c) ल व र य (d) व र ल य

17. (1) पुरुषार्थ करने पर
(य) जपने वाले को
(र) दरिद्रता नहीं रहती,
(ल) मौन होने से कलह नहीं होता
(व) पाप नहीं लगता
(6) और जागने वाले के निकट भय नहीं आता।
(a) य र ल व (b) ल व य र
(c) र य व ल (d) व ल र य

18. (1) जो मनुष्य दूसरों की जीविका का
(य) कराते हैं और मित्रों में
(र) हैं दूसरों की स्त्री या पति से वियोग
(ल) भेद-भाव उत्पन्न करते हैं
(व) नाश करते हैं, दूसरों का घर उजाड़ते
(6) वे अवश्य नरक में जाते हैं।
(a) व र ल य (b) र ल व य (c) य र ल व (d) व र य ल

19. (1) मानव जीवन का उद्देश्य
(य) उपाय पारमार्थिक भाव से (र) और उसकी सिद्धि का
(ल) आत्मदर्शन है (व) मुख्य एवं एकमात्र
(6) जीव मात्र की सेवा करना है।
(a) ल र व य (b) र य ल व (c) व ल र य (d) य र ल व

20. (1) आण्विक अस्त्रों के विरोध में
(य) उद्घाटन करते हुए राजेन्द्र बाबू ने भारत को
(र) अपनी सेनाएँ विघटित कर दे तो
(ल) यह सुझाव दिया था कि यह देश
(व) दिल्ली में जो सार्वभौम समारोह हुआ था, उसका
(6) इससे संसार को एक नया रास्ता मिल सकता है।
(a) र व य ल (b) ल य र व (c) व य ल र (d) य ल व र

21. (1) आचार्य हजारी प्रसाद द्विवेदी
(य) और नवयुग की चेतना लेकर निबन्ध के
(र) एवं विचारात्मक कोटियों में रखे जा सकते हैं जो
(ल) प्राचीन सांस्कृतिक परम्परा का गम्भीर ज्ञान
(व) क्षेत्र में अवतरित हुए तथा इनके निबन्ध भावात्मक
(6) इनके व्यक्तित्व की छाप लिए हुए हैं।
(SSC हिन्दी अनुवादक परीक्षा 2005)
(a) व र ल य (b) य र ल व (c) र व य ल (d) ल य व र

22. (1) जाति देश और काल की सीमाओं में
(य) साहित्यिक मूल्यांकन प्रस्तुत करेंगे, तो
(र) सामयिक आवश्यकता-रागात्मक एकता
(ल) साहित्य के उद्देश्य तथा
(व) बँधे रहकर यदि हम
(6) से ही दूर जा पड़ेंगे। *(SSC हिन्दी अनुवादक परीक्षा 2005)*
(a) व य ल र (b) ल र य व
(c) व र ल य (d) य ल र व

23. (1) सच्ची बात तो यह है कि
(य) वह अपना मनोरंजन संगीत और अभिनय जैसे
(र) किसी भी युग का प्राणी ऐसा नीरस
(ल) आनन्ददायक साधनों के
(व) और हृदयहीन नहीं होता कि
(6) द्वारा नहीं करता। *(SSC हिन्दी अनुवादक परीक्षा 2005)*
(a) य र ल व (b) र व य ल
(c) ल व र य (d) व र ल य

24. (1) बहुत दिनों की इच्छा
(य) अभी तक पूरी नहीं हुई (र) ठीक जिसके चरित में
(ल) एक मानव-चरित लिखूँ (व) चरित नायक नहीं मिल रहा था
(6) नायकत्व प्रधान हो। *(SSC हिन्दी अनुवादक परीक्षा 2005)*
(a) य ल व र (b) ल र व य
(c) र ल व य (d) व य र ल

25. (1) स्वप्न में देखा
(य) आकाश की नीली लता में सूर्य, चन्द्र और ताराओं के फूल
(र) पृथ्वी की लता पर पृथ्वी के फूल
(ल) हाथ जोड़े खिले हुए एक अज्ञात शक्ति की समीर से हिल रहे हैं
(व) हाथ जोड़े आकाश को
(6) नमस्कार कर रहे हैं। *(SSC हिन्दी अनुवादक परीक्षा 2005)*
(a) र ल य व (b) ल य र व
(c) र व य ल (d) य ल र व

26. (1) मनुष्य पाँव से चलता है
(य) समुदाय से चलता है (र) तब उसे जीवन कहते हैं
(ल) प्राणों से चलता है (व) तब उसे यात्रा कहते हैं
(6) तब उसे समाज कहते हैं। *(SSC हिन्दी अनुवादक परीक्षा 2005)*
(a) व ल र य (b) य र ल व (c) र ल व य (d) ल य र व

27. (1) संक्षेपत: कहा जा सकता है कि
(य) अनायास ही मानव-जीवन की सर्वोपयोगी
(र) सरस साधन काव्य ही है, जिसका
(ल) चारों पदार्थों की प्राप्ति का सुलभ तथा
(व) अनुशीलन करने पर अल्पबुद्धि वाले प्राणी भी
(6) वस्तुओं को प्राप्त कर सकते हैं। *(SSC हिन्दी अनुवादक परीक्षा 2005)*
(a) र य व ल (b) ल र व य
(c) य र ल व (d) व ल र य

28. (1) गत अस्सी वर्षों के
(य) हमारे दिमाग को इतना भोथरा
(र) सुकुमार दुनिया हमारी पथराई आँखों के
(ल) बना दिया है कि संस्कृति की
(व) राजनीतिक आर्थिक संघर्षों ने
(6) सामने आकर भी नहीं आ पाती। *(SSC हिन्दी अनुवादक परीक्षा 2005)*
(a) ल र य व (b) र ल य व
(c) व य ल र (d) य र ल व

29. (1) मनोविनोद की क्षमता से युक्त होने के
(य) जहाँ एक ओर हास्य कविता की लोकप्रियता बढ़ी है
(र) कि उसमें घटिया और भौंडी बातों के समावेश से
(ल) और इसीलिए कवि-सम्मेलनों के आश्रय में विकसित होने के कारण
(व) वहीं दूसरी ओर एक हानि यह भी हुई है
(6) सूक्ष्म और परिष्कृत हास्य का स्तर गिर गया है। *(SSC हिन्दी अनुवादक परीक्षा 2005)*
(a) य र ल व (b) र व ल य
(c) व य र ल (d) ल य व र

निर्देश (प्र.सं. 30-36) *निम्नलिखित वाक्यों में उनके प्रथम तथा अन्तिम अंश संख्या 1 और 6 के अन्तर्गत दिए गए हैं। बीच वाले चार अंश (य), (र), (ल), (व) के अन्तर्गत बिना क्रम के हैं। चारों अंशों को उचित क्रमानुसार व्यवस्थित कर उचित विकल्प चुनें।* *(UPSSSC कनिष्ठ सहायक परीक्षा 2005)*

30. (1) कुल मिलाकर आत्मरक्षा
(य) की रपट तथा पुलिस अधिकारियों की
(र) बातों से यही निष्कर्ष सामने आता है कि
(ल) छात्राओं की आत्मरक्षा के लिए सुरक्षा के तरीकों में
(व) के मामले में महिला आयोग
(6) निपुण किया जाता है।
(a) व य र ल (b) य र ल व
(c) ल य र व (d) र ल व य

31. (1) तब चेचक के समानान्तर
(य) एक और बीमारी थी गौशीतला,
(र) इसका शिकार हो जाता और उसके
(ल) आम धारणा थी कि बीमार गाय का दूध पीने वाला
(व) प्राय: यह रोग गाय के थनों में होता है,
(6) हाथों में छोटे घाव व फुन्सियाँ हो जाती हैं।
(a) य ल र व (b) य र व ल
(c) र य ल व (d) य व ल र

32. (1) देश में सन्तुलित क्षेत्रीय विकास
(य) केन्द्र सरकार द्वारा उन उद्यमों में
(र) योजनागत और योजनेत्तर संसाधनों द्वारा
(ल) सरकारी क्षेत्र के उपक्रमों के द्वारा
(व) की प्रगति का सबसे महत्त्वपूर्ण कारण
(6) सीधे निवेश किया जाना है।
(a) व ल र य (b) र व य ल
(c) व ल य र (d) य ल र व

33. (1) राज्यों को विभिन्न योजनाओं के लिए
(य) जो संसाधन दिए जाते हैं (र) योजना आयोग के माध्यम से
(ल) देश के विभिन्न भागों का (व) उनका उद्देश्य
(6) सन्तुलित क्षेत्रीय विकास करना है।
(a) य ल व र (b) ल व य र
(c) व य ल र (d) र य व ल

34. (1) एक
(य) एक राष्ट्रीय चेतना (र) की समष्टि ही
(ल) लेकर रहने वाले व्यक्तियों (व) भौगोलिक सीमा में
(6) देश है। *(उ.प्र. वन विभाग परीक्षा 2015)*
(a) य र ल व (b) य ल व र
(c) व य ल र (d) व र ल य

35. (1) निस्संदेह

(य) पिछले कुछ वर्षों में (र) यह संतोष का विषय है कि
(ल) लोगों का रुझान बढ़ा है (व) शास्त्रीय संगीत में

(6) और उपेक्षा भाव कम हुआ है।

(a) र य व ल (b) य र व ल
(c) र य ल व (d) य व र ल

36. (1) जिस प्रकार

(य) दहकना है उसी प्रकार (र) उसके स्वभाव का
(ल) मनुष्य का धर्म (व) अग्नि का धर्म

(6) पर्याय होना चाहिए।

(a) व य ल र (b) ल य व र
(c) व य र ल (d) र ल य व

निर्देश (प्र. सं. 37-41) *निम्नलिखित वाक्यों में उनके प्रथम तथा अंतिम अंश संख्या 1 और 6 के अन्तर्गत दिए गए हैं। बीच वाले चार अंश (य), (र), (ल), (व) के अन्तर्गत बिना क्रम के हैं। चारों अंशों को उचित क्रमानुसार व्यवस्थित कर सही विकल्प चुनिए।*

37. (1) समय को परखने वाला

(य) और समय की (र) रंक से धनाढ्य
(ल) करोड़पति से भिखारी (व) उपेक्षा करने वाला

(6) हो जाता है।

(a) ल य र व (b) र य व ल
(c) ल र य व (d) र ल य व

38. (1) भारतीय गाँवों के *(UPSSSC कनिष्ठ सहायक परीक्षा 2016)*

(य) अभी भारत सरकार को (र) सुधार के लिए
(ल) और राज्य सरकारों को (व) बहुत प्रयत्न

(6) करना होगा।

(a) र य ल व (b) र य व ल
(c) ल य र व (d) ल र य व

39. (1) समाचार-पत्रों में *(UPSSSC कनिष्ठ सहायक परीक्षा 2016)*

(य) प्रकाशित विज्ञापनों (र) आवश्यक तथा उत्तमोत्तम
(ल) पदार्थों से (व) द्वारा लोग उपयोगी,

(6) परिचित होते हैं।

(a) र ल य व (b) य र ल व
(c) य व र ल (d) र य व ल

40. (1) प्राचीन काल में *(UPSSSC कनिष्ठ सहायक परीक्षा 2016)*

(य) अनेक पुस्तकें उपलब्ध कराना
(र) जिससे एक व्यक्ति
(ल) पुस्तकें हस्तलिखित होती थीं
(व) के लिए विविध विषयों पर

(6) बड़ा कठिन था।

(a) ल र व य (b) य व ल र
(c) ल व र य (d) य र ल व

41. (1) भारत जैसे *(UPSSSC कनिष्ठ सहायक परीक्षा 2016)*

(य) देशों के लिए (र) कुटीर उद्योग
(ल) अधिक जनसंख्या वाले (व) अत्यन्त उपयोगी सिद्ध

(6) हो सकता है।

(a) र व य ल (b) ल र य व
(c) य र व ल (d) ल य र व

अनुच्छेद-क्रम व्यवस्थापन सम्बन्धी प्रश्न

नीचे दिए गए प्रत्येक प्रश्न में अनुच्छेद के पहले और अंतिम भागों को क्रमश: (1) और (6) की संख्या दी गई है। इनके बीच में आने वाले चार वाक्य को (य), (र), (ल), (व) की संख्या दी गई है। ये चारों वाक्य उचित क्रम में नहीं हैं। इन्हें ध्यान से पढ़कर दिए गए विकल्पों में से उचित क्रम चुनिए तथा सही अनुच्छेद का निर्माण कीजिए।

42. (1) नखधर मनुष्य अब एटम बम पर भरोसा करके आगे की ओर चल पड़ा है

(य) अब भी वह याद दिला देती है कि
(र) अब भी प्रकृति मनुष्य को उसके भीतर वाले अस्त्र से वंचित नहीं कर सकी है।
(ल) पर उसके नाखून अब भी बढ़ रहे हैं।
(व) तुम्हारे नाखून को भुलाया नहीं जा सकता।

(6) तुम वही लाख वर्ष पहले के नख-दन्तावलम्बी जीव हो, पशु के साथ एक सतह पर विचरने वाले और चरने वाले।

(SSC हिन्दी अनुवादक परीक्षा 2006)

(a) ल र व य (b) य र ल व
(c) र ल य व (d) व य र ल

43. (1) सच्चे वीर पुरुष धीर, गम्भीर और आज़ाद होते हैं

(य) उनके मन की गम्भीरता और शान्ति समुद्र की तरह विशाल और गहरी होती है।
(र) सच है कि सच्चे वीरों की नींद आसानी से नहीं खुलती
(ल) रामायण में वाल्मीकि ने कुम्भकर्ण की गाढ़ी नींद में वीरता का चिह्न दिखलाया है।
(व) वे कभी चंचल नहीं होते।

(6) वे सत्त्वगुण के क्षीर समुद्र में ऐसे डूबे रहते हैं कि उनको दुनिया की खबर ही नहीं होती।

(a) र ल व य (b) य व ल र
(c) ल य व र (d) व ल र य

44. (1) भाषा को सीखना उसके साहित्य को मानना है

(य) जब हम साहित्य के स्वर में बोलते हैं तब वे स्वर दुस्तर समुद्रों पर सेतु बाँधकर
(र) और साहित्य को जानना मानव-एकता की स्वानुभूति है
(ल) दुर्लंघ्य पर्वतों को राजपथ बनाकर
(व) मनुष्य की सुख-दु:ख की कथा

(6) मनुष्य तक अनायास पहुँचा देते हैं।

(SSC हिन्दी अनुवादक परीक्षा 2006)

(a) ल र व य (b) व र य ल
(c) र य ल व (d) य र ल व

45. (1) दहेज प्रथा का जन्म पुरानी सामाजिक प्रथाओं में ढूँढा जा सकता है।

(य) उसे नई गृहस्थी बसानी होती है।
(र) विवाह के बाद लड़की नए घर में जाती है।
(ल) अपना नया घोंसला बनाने में उसे अधिक असुविधा न हो, इसलिए उसे कुछ उपहार देने का रिवाज था।
(व) उपहार में उसे गृहस्थी में काम आने वाली वस्तुएँ स्वेच्छा से दी जाती थीं, कोई बाध्यता नहीं होती थी।

(6) पर धीरे-धीरे इसमें बुराइयाँ आती गईं।

(a) ल य र व (b) व र य ल
(c) य र ल व (d) र य ल व

46. (1) कला के सम्बन्ध में हमारा दृष्टिकोण
(य) ईमानदारी के प्रति ही आग्रहशील होना चाहिए
(र) वस्तुत: कलात्मक सौन्दर्य केवल कल्पना विलास
(ल) आदर्श अथवा यथार्थ सम्बन्धी पूर्वाग्रहों के स्थान पर अनुभूति की
(व) अथवा यथार्थ के प्रत्यांकन में निहित न होकर
(6) इन दोनों के समन्वय में निहित है। *(SSC हिन्दी अनुवादक परीक्षा 2006)*
(a) ल य र व (b) य र ल व (c) र ल य व (d) व र ल य

47. (1) हिन्दी साहित्य के इतिहास का कालविभाजन कालक्रम की दृष्टि से चार कालों—आदि, पूर्व मध्य, उत्तर मध्य और आधुनिक में किया जाता है।
(य) अपभ्रंश काल में जैन, नाथ, सिद्ध कवियों द्वारा लिखित जो सामग्री उपलब्ध है, उसे वे साहित्य की कोटि में रखने को तैयार नहीं हैं।
(र) इसलिए वे आदिकाल को 'वीरगाथा काल' कहना उचित समझते हैं।
(ल) पं. रामचन्द्र शुक्ल ने काल क्रम से विभाजित इन कालखण्डों का नामकरण इस प्रकार किया—आदिकाल को अपभ्रंश काव्य और देशभाषा काव्य में विभाजित करके देशभाषा काव्य को 'वीरगाथा' नाम दिया।
(व) उनके अनुसार देशभाषा काव्य की वीरगाथात्मकता समूचे आदिकाल की साहित्यिक प्रवृत्ति है।
(6) पूर्व-मध्यकाल को वे भक्तिकाल, उत्तर मध्यकाल को रीतिकाल और आधुनिक काल को गद्यकाल कहना उचित समझते हैं।
(a) य र ल व (b) ल य व र
(c) र ल व य (d) व र ल य

48. (1) साहस और आत्मविश्वास के साथ जीना ही सच्चा जीवन है।
(य) ऐसे व्यक्ति के सामने पहाड़ भी अपना सिर झुका लेते हैं।
(र) एक बार असफल होने पर भी नई उमंग, नए विश्वास व नए साहस से फिर प्रयत्न करता है।
(ल) और दुराशा उसके पास तक नहीं फटकती।
(व) साहसी व्यक्ति कभी-भी अपना कर्म नहीं छोड़ता।
(6) ऐसे ही व्यक्ति अपने राष्ट्र व समाज के नेता होते हैं। *(SSC हिन्दी अनुवादक परीक्षा 2006)*
(a) र ल व य (b) ल र व य (c) व र य ल (d) य र ल व

49. (1) छायावादी युग प्रधानत: मुक्तक गीतों का युग है।
(य) रामकुमार वर्मा के गीत भी लोकप्रिय हुए हैं।
(र) चित्रमयी कल्पना तथा लाक्षणिक प्रतीकात्मक शैली को अपनाकर छायावादी कवियों ने कविता को सजीव और सरस बना दिया।
(ल) निराला और महादेवी के काव्य में गीति का सुन्दर विधान है।
(व) ये मुक्तक गीत गेय तथा संगीतात्मक हैं।
(6) भावानुकूल छंद चयन करने में भी उन्होंने अपनी मौलिकता का प्रदर्शन किया है।
(a) ल य र व (b) य र ल व (c) र य ल व (d) व ल य र

50. (1) मानस-सिन्धु में उठने वाली स्मृति-तरंगें
(य) जो कभी हमारे थे
(र) पर वे अपनी मूक भाषा में एक सन्देश हमें दे जाती हैं
(ल) और उन क्षणों को
(व) काल के विषम तट से टकराकर विलीन भले ही हो जाएँ
(6) पुनर्जीवित-सा कर जाती हैं। *(SSC हिन्दी अनुवादक परीक्षा 2006)*
(a) व र ल य (b) य र ल व
(c) र ल व य (d) ल य र व

51. (1) रेखाचित्र शब्द अंग्रेजी के 'स्केच' शब्द का हिन्दीकृत रूप है तथा दो शब्दों 'रेखा' और 'चित्र' के योग से बना है।
(य) रेखाचित्र में चित्रकला तथा साहित्य का सुन्दर सामंजस्य दिखलाई पड़ता है।
(र) इसमें शब्दों की कलात्मक रेखाओं के द्वारा किसी व्यक्ति, वस्तु अथवा घटना के बाह्य तथा आन्तरिक स्वरूप का शब्द चित्र इस प्रकार प्रस्तुत किया जाता है कि पाठक के हृदय में उसका सजीव तथा यथार्थ चित्र अंकित हो जाता है।
(ल) रेखाचित्रकार शब्द शिल्पी होता है तथा चुने हुए शब्दों एवं विशिष्ट वाक्यों के द्वारा एक काल्पनिक, किन्तु सजीव चित्र प्रस्तुत करता है।
(व) जिस प्रकार चित्रकार तूलिका तथा रंगों के माध्यम से किसी सजीव चित्र का निर्माण करता है, उसी प्रकार रेखाचित्रकार शब्दों के द्वारा ऐसा भावपूर्ण चित्र प्रस्तुत करता है, जो उसकी वास्तविक संवेदना को मूर्त रूप प्रदान करने में सफल होता है।
(6) इसमें लेखक की निजी अनुभूति यथार्थ रूप से अभिव्यक्त होती है।
(a) य र ल व (b) र य व ल (c) व र ल य (d) ल र य व

52. (1) भू-धर और सागर के बीच अपनापन खोजने में सरिता को जो कठिनाई होती है
(य) वह बेचारी बार-बार अपने गंतव्य को भूलती-सी
(र) पछाड़ें खाकर लोट-लोट जाना चाहती है
(ल) मरुस्थल की अनन्त प्यास बुझाने के लिए
(व) इसे आज तक कोई नहीं जान पाया
(6) पर स्वयं अपनी ही बनाई तटों की कारा में बहने के लिए विवश है। *(SSC हिन्दी अनुवादक परीक्षा 2006)*
(a) ल र य व (b) र ल व य (c) व य ल र (d) य र ल व

53. (1) रिपोर्ताज मूलत: फ्रांसीसी शब्द है और अंग्रेजी के 'रिपोर्ट' शब्द का पर्यायवाची तथा साहित्यिक नाम है।
(य) इसमें कुछ महत्त्वपूर्ण घटनाओं तथा पाठकों की विशिष्टताओं का निजी सूक्ष्म निरीक्षण के आधार पर मनोवैज्ञानिक विवेचन तथा विश्लेषण होता है।
(र) वह इस प्रकार लिखता है कि वह जो कुछ लिख रहा है मानो उसका आँखों देखा ही हो।
(ल) रिपोर्ताज के लेखक को अपने वर्ण्य विषय का पूर्ण ज्ञान होता है।
(व) रिपोर्ताज में किसी घटना का इस प्रकार वर्णन किया जाता है कि पाठक उससे प्रभावित हो जाता है।
(6) इसकी शैली विवरणात्मक तथा वर्णनात्मक होती है, जिसमें सरलता, रोचकता, आत्मीयता तथा प्रभावपूर्णता का विशेष महत्त्व होता है।
(a) ल र व य (b) र ल य व (c) य र ल व (d) व ल र य

54. (1) यदि वह विज्ञान का विद्यार्थी है
(य) यदि वह संस्कृत का आचार्य शास्त्री है
(र) किन्तु दोनों दूसरों का उपकरण ही बन सकते हैं
(ल) तो वह कुशल शिल्पी बन सकता है
(व) तो वह पौरोहित्य या अध्यापन का कार्य कर सकता है।
(6) और समाज और राजनीति के संचालन में वह अपने को असमर्थ पाते हैं। *((SSC हिन्दी अनुवादक परीक्षा 2006)*
(a) ल य व र (b) य र ल व
(c) र व य ल (d) व ल र य

55. (1) गद्य की नवीन विधाओं में निबन्ध सर्वाधिक महत्त्वपूर्ण तथा विकसित है।
(य) आलोचकों ने निबन्ध को गद्य की कसौटी माना है।
(र) गद्य की भाषा की अभिव्यंजना शक्ति का सबसे अधिक प्रसार इसी विधा में होता है।
(ल) निबन्ध का प्रयोग दार्शनिक तथा बौद्धिक अभिव्यक्ति के लिए होता था, किन्तु आधुनिक हिन्दी निबन्ध संस्कृत के निबन्ध से पूर्णतः भिन्न है तथा अंग्रेज़ी के 'एस्से' के अधिक निकट है।
(व) इसके विषय की सीमा मानव जीवन के समान ही विस्तृत है।
(6) यद्यपि इसमें बुद्धि तत्त्व की प्रधानता रहती है तथापि उसका सम्बन्ध हृदय तत्त्व से बना रहता है।
(a) र य व ल (b) य ल र व (c) ल व य र (d) व र ल य

56. (1) स्वतन्त्रता के बाद हमारे इतिहासकारों को समझना चाहिए था
(य) भारत के इतिहास का रूप ही बदल दिया
(र) तथा हमारे अन्दर हीनता की भावना उत्पन्न करने के लिए
(ल) कि अंग्रेजों ने अपने आपको
(व) मुगलों का कानूनी उत्तराधिकारी सिद्ध करने के लिए
(6) आधुनिक इतिहासकारों को नए इतिहास की खोज करनी चाहिए।
(SSC हिन्दी अनुवादक परीक्षा 2006)
(a) व ल र य (b) र ल व य (c) ल व र य (d) य र ल व

57. (1) कहानी आधुनिक साहित्य की सबसे अधिक लोकप्रिय विधा है।
(य) इसका शीर्षक आकर्षक तथा रोचक होता है तथा कहानी के मूलभाव अथवा संवेदना की व्यंजना करने में समर्थ होता है।
(र) कहानी कलात्मक छोटी रचना होती है, जो छोटी होते हुए बड़े-से-बड़े भाव की व्यंजना भी करने में समर्थ होती है।
(ल) कहानी तथा उपन्यास की कला एक-दूसरे से भिन्न हैं।
(व) इसका लक्ष्य किसी पात्र, घटना, भाव, संवेदना आदि की मार्मिक अभिव्यंजना करना होता है।
(6) इसका आरम्भ तथा अन्त कलात्मक तथा प्रभावपूर्ण होता है।
(a) ल र व य (b) य र ल व (c) र ल य व (d) व य ल र

58. (1) क्रोध अत्यन्त कठोर होता है।
(य) लेकिन मौन वह मन्त्र है, जिसके आगे उसकी सारी शक्ति विफल हो जाती है।
(र) वह मौन को सहन नहीं कर सकता।
(ल) वह देखना चाहता है कि मेरा एक-एक वाक्य निशाने पर बैठता है या नहीं।
(व) उसकी शक्ति अपार है, ऐसा कोई घातक अस्त्र नहीं है जिससे बढ़कर काट करने वाले मन्त्र उसकी शस्त्रशाला में न हों।
(6) मौन उसके लिए अजेय है। *(SSC हिन्दी अनुवादक परीक्षा 2006)*
(a) ल र व य (b) य व र ल (c) र ल व य (d) व र ल य

59. (1) संस्मरण का अर्थ है—'सम्यक् स्मरण' अर्थात् संस्मरण में लेखक स्वयं अपनी अनुभव की हुई किसी वस्तु, व्यक्ति तथा घटना का आत्मीयता तथा कलात्मकता के साथ विवरण प्रस्तुत करता है।
(य) रेखाचित्र में किसी के चरित्र का कलात्मक चित्र प्रस्तुत किया जाता है, किन्तु संस्मरण में किसी के चरित्र का यथातथ्य रूप प्रदर्शित किया जाता है।
(र) इसमें किसी विशिष्ट व्यक्ति का स्वरूप, आकार-प्रकार, रूप-रंग, स्वभाव, भाव-भंगिमा व्यवहार, जीवन के प्रति दृष्टिकोण, अन्य व्यक्तियों के साथ सम्बन्ध, बातचीत आदि सभी बातों का विश्वसनीय रूप में आत्मीयता के साथ वर्णन होता है।
(ल) इसमें लेखक अपनी अपेक्षा उस व्यक्ति को अधिक महत्त्व देता है, जिसका वह संस्मरण लिखता है।
(व) इसका सम्बन्ध प्रायः महापुरुषों से होता है।
(6) हिन्दी के प्रमुख संस्मरण लेखकों में श्रीनारायण चतुर्वेदी, बनारसी दास चतुर्वेदी, पद्मसिंह शर्मा आदि हैं।
(a) य र ल व (b) व ल र य
(c) र ल व य (d) ल व य र

60. (1) भारत कृषि-प्रधान देश है।
(य) कृषि हमारे देश के अर्थतन्त्र की रीढ़ है।
(र) यहाँ के लगभग सत्तर प्रतिशत निवासियों का व्यवसाय कृषि है।
(ल) इसी पर हमारे अन्य उद्योगों का विकास निर्भर है।
(व) यही कारण है कि हमारी विभिन्न आर्थिक समस्याएँ कृषि समस्या से जुड़ी हैं।
(6) उन्हीं में से एक खाद्य समस्या भी है।
(SSC हिन्दी अनुवादक परीक्षा 2006)
(a) ल य व र (b) व ल र य
(c) र य ल व (d) य र ल व

61. (1) गद्यकाव्य 'गद्य' तथा 'काव्य' के बीच की विधा है।
(य) इसमें गद्य के माध्यम से किसी भावपूर्ण विषय की काव्यात्मक अभिव्यक्ति होती है।
(र) इसमें विचारों की अभिव्यक्ति की अपेक्षा भावों की सरस अभिव्यक्ति की ओर लेखक का अधिक ध्यान रहता है।
(ल) इसमें लेखक अपने हृदय की संवेदना की अभिव्यक्ति इस प्रकार करता है कि पाठक उसे पढ़कर रसमय हो जाता है।
(व) इसका गद्य भी सामान्य गद्य से अधिक सरस, भावात्मक, अलंकृत, संवेदनात्मक तथा संगीतात्मक होता है।
(6) यह निबन्ध की अपेक्षा संक्षिप्त वैयक्तिक तथा एकतथ्यता लिए होता है।
(a) ल र य व (b) र ल व य
(c) य र ल व (d) य व ल र

62. (1) जीवन एक संघर्ष है।
(य) असहाय स्थिति में भी संघर्ष में कूदा जा सकता है।
(र) मान लिया कि आपके पास साधनों का अभाव है, लेकिन आप तो हैं।
(ल) भले ही आप कमजोर हैं, लेकिन विपदाओं से भिड़ने का, कुछ न कुछ करने का साहस तो आप में है।
(व) इस संघर्ष में अपने आप को असहाय समझना और संघर्ष से मुँह मोड़ लेना उचित नहीं है।
(6) यही बहुत है।
(a) र ल व य (b) य र व ल
(c) व य र ल (d) य व र ल

63. (1) सांस्कृतिक वैविध्य के बारे में सोचना होगा।
(य) इसे चिन्तक के स्तर पर देखा जा सकता है।
(र) संस्कृति के अन्तर्गत अनेक समानताएँ हैं।
(ल) यही विविधता में एकता है।
(व) यह हमें अलग-अलग नहीं बनाती।
(6) यह हमारी एक बड़ी शक्ति है।
(उत्तराखण्ड पुलिस उपनिरीक्षक परीक्षा 2014)
(a) व र य ल (b) व ल र य
(c) य व र ल (d) र व ल य

64. (1) हमारा देश त्योहारों का देश है।
(य) ये त्योहार उल्लास जगाते हैं।
(र) यहाँ अनेक त्योहार मनाए जाते हैं।
(ल) समन्वय की भावना भी उत्पन्न करते हैं।
(व) जनमानस में देश-भक्ति जगाते हैं।
(6) इन अवसरों पर हम सब खुशियाँ मनाते हैं।
(a) र ल व य (b) र य व ल (c) ल व य र (d) व य र ल

65. (1) आचार्य रामचन्द्र शुक्ल गम्भीर विचारक थे।
(य) परिणामत: उन्होंने अपने निबन्धों में जिस भी विषय को उठाया, उसके नए आयामों का उद्घाटन किया।
(र) उन्होंने अपने निबन्धों में इन तीनों का सामंजस्य स्थापित किया।
(ल) उनका अध्ययन गहन एवं विस्तृत था।
(व) उनका जीवनानुभव ठोस था।
(6) भाव या मनोविकार निबन्ध इसका स्पष्ट प्रमाण है।
(a) ल व र य (b) व ल र य (c) य व र ल (d) य ल व र

66. (1) हमें यह समझ लेना चाहिए कि
(य) एक सुन्दर स्वरूप है और यह भी मानना होगा कि
(र) धर्म की भाषा अधिक स्पष्ट, मूर्त और परिष्कृत
(ल) होती गई है और इसके लिए बहुत हद तक
(व) धर्म मानव जाति की मूलभूत अनुभूतियों का
(6) विज्ञान ही उत्तरदायी है।
(a) य र ल व (b) र ल व य (c) व य र ल (d) व य ल र

निर्देश (प्र.सं. 67-69) *निम्नलिखित वाक्यों में उनके प्रथम तथा अन्तिम अंश संख्या 1 और 6 के अन्तर्गत दिए गए हैं। बीच वाले चार अंश (य), (र), (ल), (व) बिना क्रम हैं। चारों अंशों को उचित क्रमानुसार व्यवस्थित कर उचित विकल्प चुनें।* ***(UPSSSC लेखपाल परीक्षा 2015)***

67. (1) मजदूरों की बस्तियों में
(य) वहाँ के बेकार रहने वाले व्यक्तियों के
(र) व्यक्तियों के अपेक्षाकृत अनजान होने के
(ल) और कल्याणकारी कार्यकलापों के न होने से
(व) तथा मनोरंजन, शिक्षा आदि की सुविधाओं
(6) बिगड़ने की सम्भावना बनी रहती है।
(a) य ल र व (b) व ल य र
(c) र व ल य (d) ल र व य

68. (1) अपने सुधी पाठकों के लिए हम आज से
(य) ताकि इसकी ऐतिहासिक गरिमा अक्षुण्ण रहे
(र) 'चन्द्रकान्ता' उपन्यास का अविकाल रूप प्रस्तुत कर रहे हैं।
(ल) किसी फिल्मी अनुवाद का परिवर्तित होकर नहीं।
(व) और नई पीढ़ी तक यह अपने मूलरूप में जाए,
(6) अतएव हमने इसको उसी रूप में रहने दिया है, जैसे यह था।
(a) य र ल व (b) र ल य व
(c) र य व ल (d) ल य व र

69. (1) दूरदर्शन पर प्रदर्शित दो धारावाहिक
(य) लोग इनकी पहले से प्रतीक्षा करते रहते हैं
(र) इतने लोकप्रिय रहे हैं कि
(ल) और इन्हें देखने के लिए
(व) पहले 'रामायण' और अब 'महाभारत'
(6) अपने सारे काम-काज छोड़ देते हैं।
(a) ल व य र
(b) र य ल व
(c) य व ल र
(d) व र य ल

70. हिन्दी के एक पूर्ण वाक्य को चार भागों में बाँट दिया गया है। आपको चारों भागों को चुनकर सही क्रम में लगाना है
1. परन्तु अधिक संगठित और शक्तिशाली भी है
2. विश्वासराव को तथागत की विशाल सेना का अनुमान था
3. नहीं होगा, क्योंकि तथागत की सेना न केवल संख्या में अधिक है
4. और उसने विचार बना लिया था कि ये साधारण युद्ध
(इलाहाबाद उच्च न्यायालय RO/ARO 2019)
(a) 4, 3, 2, 1 (b) 2, 3, 1, 4
(c) 2, 4, 1, 3 (d) 2, 4, 3, 1

उत्तरमाला

1. (b)	2. (a)	3. (b)	4. (c)	5. (d)	6. (a)	7. (b)	8. (c)	9. (d)	10. (a)
11. (b)	12. (c)	13. (d)	14. (a)	15. (a)	16. (b)	17. (c)	18. (d)	19. (a)	20. (c)
21. (d)	22. (a)	23. (b)	24. (a)	25. (d)	26. (a)	27. (b)	28. (c)	29. (d)	30. (a)
31. (d)	32. (a)	33. (d)	34. (c)	35. (a)	36. (a)	37. (b)	38. (a)	39. (c)	40. (a)
41. (d)	42. (a)	43. (b)	44. (c)	45. (d)	46. (a)	47. (b)	48. (c)	49. (d)	50. (a)
51. (b)	52. (c)	53. (d)	54. (a)	55. (b)	56. (c)	57. (d)	58. (a)	59. (b)	60. (c)
61. (d)	62. (c)	63. (d)	64. (b)	65. (a)	66. (c)	67. (c)	68. (c)	69. (d)	70. (d)

अध्याय~19

मुहावरे

मुहावरे भाषा की लाक्षणिकता के महत्त्वपूर्ण उदाहरण हैं। भाषा की समृद्धि और उसकी अभिव्यक्ति क्षमता के विकास हेतु मुहावरों का प्रयोग उपयोगी होता है। भाषा में इनके प्रयोग से सजीवता और प्रवाहमयता आ जाती है, फलस्वरूप पाठक या श्रोता शीघ्र ही प्रभावित हो जाता है। जिस भाषा में इनका जितना अधिक प्रयोग होगा, उसकी अभिव्यक्ति क्षमता उतनी ही प्रभावपूर्ण व रोचक होगी।

मुहावरा

'मुहावरा' शब्द अरबी भाषा से लिया गया है, जिसका अर्थ है 'अभ्यास होना' या 'उत्तर देना'। इस प्रकार मुहावरा शब्द अपने-आप में स्वयं मुहावरा है, क्योंकि यह अपने सामान्य अर्थ को छोड़कर असामान्य अर्थ प्रकट करता है। वाक्यांश शब्द से स्पष्ट है कि मुहावरा संक्षिप्त होता है, परन्तु अपने इस संक्षिप्त रूप में ही किसी बड़े विचार या भाव को प्रकट करता है।

जैसे एक मुहावरा है-**काठ का उल्लू**। इसका अर्थ यह नहीं कि 'लकड़ी का उल्लू' बना दिया गया है, अपितु इससे यह अर्थ निकलता है कि जो उल्लू (मूर्ख) काठ का है, वह हमारे किस काम का, उसमें सजीवता तो है ही नहीं। इस प्रकार हम इसका अर्थ लेते हैं–'महामूर्ख' से।

हिन्दी के महत्त्वपूर्ण मुहावरे तथा उनके अर्थ

(अ/आ)

- *अंक में समेटना* — गोद में लेना, आलिंगनबद्ध करना
- *अंकुश लगाना* — पाबन्दी या रोक लगाना
- *अंकुश न मानना* — न डरना
- *अंग बन जाना* — सदस्य बनना या हो जाना
- *अंग लगाना* — आलिंगन करना
- *अंग न समाना* — अत्यन्त प्रसन्न होना
- *अंग-अंग ढीला होना* — बहुत थक जाना
- *अंग टूटना* — थकावट से शरीर में दर्द होना
- *अँगूठा दिखाना* — इनकार करना
- *अँगूठे पर मारना* — परवाह न करना
- *अँगूठी का नगीना* — सजीला और सुन्दर
- *अंधे की लकड़ी* — एक मात्र सहारा
- *अंधे के आगे रोना* — व्यर्थ प्रयत्न करना
- *अंधे के हाथ बटेर लगना* — अनायास ही मिलना
- *अँधेरे घर का उजाला* — इकलौता बेटा
- *अंधेर नगरी* — जहाँ धाँधली हो
- *अंधाधुंध लुटाना* — बहुत अपव्यय करना
- *अन्धा बनाना* — मूर्ख बनाकर धोखा देना
- *अक्ल के अंधे* — मूर्ख, बुद्धिहीन
- *अक्ल खर्च करना* — समझ को काम में लाना
- *अक्ल पर पत्थर पड़ना* — कुछ समझ में न आना
- *अक्ल के पीछे लट्ठ लिए फिरना* — मूर्खतापूर्ण कार्य करना
- *अक्ल का अंधा/अक्ल का दुश्मन होना* — महामूर्ख होना
- *अक्ल के घोड़े दौड़ाना* — केवल कल्पनाएँ करते रहना
- *अक्ल चरने जाना* — बुद्धिमत्ता गायब हो जाना
- *अपनी खिचड़ी अलग पकाना* — अलग-थलग रहना, किसी की न मानना
- *अपनी खाल में मस्त रहना* — अपनी दशा से सन्तुष्ट रहना
- *अपनी हाँकना* — आत्म श्लाघा करना/अपनी ही बात को महत्ता देना
- *अपना उल्लू सीधा करना* — स्वार्थ सिद्ध करना
- *अपना सा मुँह लेकर रह जाना* — लज्जित होना
- *अपने मुँह मियाँ मिट्ठू बनना* — आत्मप्रशंसा करना
- *अन्न-जल उठना* — प्रस्थान करना, एक स्थान से दूसरे स्थान पर चले जाना
- *अन्न का टन्न करना* — बनी चीज को बिगाड़ देना
- *अन्न-जल बदा होना* — कहीं का जाना और रहना अनिवार्य हो जाना
- *अन्न न लगना* — खाकर-पीकर भी मोटा न होना
- *अंगारे उगलना* — क्रोध में लाल-पीला होना
- *अंगारे बरसना* — कड़ी धूप होना
- *अंगारों पर पैर रखना* — स्वयं को खतरे में डालना
- *आँख लगना* — झपकी आना
- *आँखों से गिरना* — आदर भाव घट जाना
- *आँखों पर चर्बी चढ़ना* — अहंकार से ध्यान तक न देना
- *आँखें नीची होना* — लज्जित होना
- *आँखें मूँदना* — मर जाना

- *आँखों का पानी ढलना* — निर्लज्ज होना
- *आँख का काँटा* — बुरा होना
- *आँख में खटकना* — बुरा लगना
- *आँख का उजाला* — अति प्रिय व्यक्ति
- *आँख मारना* — इशारा करना
- *आँखों पर परदा पड़ना* — धोखा होना
- *आँखें बिछाना* — स्वागत, सम्मान करना
- *आँखों में धूल डालना* — धोखा देना
- *आँख में घर करना* — हृदय में बसना
- *आँख लगाना* — बुरी अथवा लालचभरी दृष्टि से देखना
- *आँखें ठण्डी करना* — प्रिय-वस्तु को देखकर सुख प्राप्त करना
- *आँखें फाड़कर देखना* — आश्चर्य से देखना
- *आँखें चार करना* — आमना-सामना करना
- *आँखें फेरना* — उपेक्षा करना
- *आँख भरकर देखना* — इच्छा भर देखना
- *आँख खिल उठना* — प्रसन्न हो जाना
- *आँख चुराना* — कतराना/सामने आने से परहेज़ करना
- *आँख का काजल चुराना* — सामने से देखते-देखते माल गायब कर देना
- *आँख निकलना* — विस्मय होना
- *आँखों में धूल झोंकना* — धोखा देना
- *आँखें दिखाना* — डराने-धमकाने के लिए रोष भरी दृष्टि से देखना
- *आँखें तरेरना* — क्रोध से देखना
- *आँखों का तारा* — अत्यन्त प्रिय
- *आँखों में खून उतरना* — अत्यधिक क्रोधित होना
- *आकाश में उड़ना* — कल्पना क्षेत्र में घूमना
- *आकाश-पाताल एक करना* — कठिन परिश्रम करना
- *आकाश-कुसुम होना* — दुर्लभ होना
- *आकाश से बातें करना* — काफी ऊँचा होना
- *आसमान सिर पर उठाना* — उपद्रव मचाना
- *आसमान से तारे तोड़ना* — असम्भव काम करना
- *आसमान से गिरकर खजूर के पेड़ पर अटकना* — एक विपत्ति के बाद दूसरी विपत्ति आना
- *आसमान टूटना* — विपत्ति आना
- *आग पर तेल छिड़कना* — और भड़काना
- *आग पर पानी डालना* — झगड़ा मिटाना
- *आग-पानी या आग और फूस का बैर होना* — स्वाभाविक शत्रुता होना
- *आग लगाकर तमाशा देखना* — लड़ाई कराकर प्रसन्न होना
- *आग बबूला होना* — अत्यधिक क्रोधित होना
- *आटे दाल की फ़िक्र होना* — जीविका की चिन्ता होना
- *आटे दाल का भाव मालूम होना* — वास्तविकता का पता चलना
- *आटा गीला होना* — कठिनाई में पड़ना
- *अधर में लटकना या झूलना* — दुविधा में पड़ा रह जाना
- *अंटी मारना* — कम तौलना
- *अर्श से फर्श तक* — आकाश से भूमि तक
- *अलबी-तलबी धरी रह जाना* — निष्प्रभावी होना
- *अस्ति-नास्ति में पड़ना* — दुविधा में पड़ना
- *अन्दर होना* — जेल में बन्द होना
- *अरमान निकालना* — इच्छाएँ पूरी करना
- *आँचल में बाँधना* — ध्यान में रखना
- *आगा पीछा करना* — हिचकिचाना
- *आवाज़ उठाना* — विरोध में कहना
- *आस्तीन का साँप* — विश्वासघाती मित्र
- *आठ-आठ आँसू रोना* — बहुत पश्चात्ताप करना
- *आसन डोलना* — विचलित होना
- *आधी जान सूखना* — अत्यन्त भय लगना
- *आपे से बाहर होना* — क्रोध से अपने वश में न रहना
- *आधा तीतर आधा बटेर* — बेमेल चीजों का सम्मिश्रण
- *आव देखा न ताव* — बिना सोचे-विचारे
- *आप मरे जग प्रलय* — मृत्यु उपरान्त मनुष्य का सब कुछ छूट जाना
- *आड़े हाथों लेना* — खरी-खोटी सुनाना
- *अड़ियल टट्टू* — जिद्दी/रुक कर काम करने वाला
- *अड्डे पर चहकना* — अपने घर पर रौब दिखाना
- *आगे का पैर पीछे पड़ना* — विपरीत गति या दशा में पड़ना
- *अंगूर खट्टे होना* — अप्राप्त वस्तु की उपेक्षा करना
- *अल्लाह मियाँ की गाय* — सरल प्रकृति वाला
- *अंतड़ियों में बल पड़ना* — संकट में पड़ना

(इ/ई)

- *इधर-उधर की हाँकना* — अप्रासंगिक बातें करना
- *इधर की उधर करना* — चुगली करके भड़काना
- *इज़्ज़त उतारना* — सम्मान को ठेस पहुँचाना
- *इतिश्री करना* — कर्त्तव्य पूरा करना/सुखद अन्त होना
- *इशारों पर नाचना* — गुलाम बनकर रह जाना
- *इन्द्र की परी* — अत्यन्त सुन्दर स्त्री
- *इन तिलों में तेल नहीं* — किसी भी लाभ की आशा न करना
- *ईंट से ईंट बजाना* — नष्ट-भ्रष्ट कर देना
- *ईंट का जवाब पत्थर से देना* — दुष्ट के साथ दुष्टता करना
- *ईद का चाँद होना* — बहुत दिनों बाद दिखाई देना
- *ईंट-ईंट बिक जाना* — सर्वस्व नष्ट हो जाना
- *ईमान देना/बेचना* — झूठ बोलना अथवा अपने धर्म, सिद्धान्त आदि के विरुद्ध आचरण करना

(उ/ऊ)

- *उँगली उठाना* — इशारा करना, आलोचना करना
- *उँगली पर नचाना* — वश में रखना
- *उँगलियों पर गिनने योग्य* — संख्या में न्यूनतम/बहुत थोड़े
- *उँगली पकड़ते ही पहुँचा पकड़ना* — अल्प सहारा पाकर सम्पूर्ण की प्राप्ति हेतु उत्साहित होना
- *उल्टी गंगा बहाना* — नियम के विरुद्ध कार्य करना
- *उल्टी खोपड़ी होना* — ऐसा व्यक्ति जो उचित ढंग के विपरीत आचरण करता हो
- *उल्टी पट्टी पढ़ाना* — बहकाना
- *उड़ती चिड़िया पहचानना* — दूरदर्शी होना
- *उजाला करना* — कुल का नाम रोशन करना
- *उल्लू बोलना* — उजाड़ होना
- *उल्टे छुरे से मूँडना* — किसी को मूर्ख बनाकर उससे धन ऐंठना या अपना काम निकालना
- *उन्नीस-बीस होना* — दो वस्तुओं में थोड़ा बहुत अन्तर होना
- *उड़न छू होना* — गायब हो जाना

- *उबल पड़ना* — एकदम गुस्सा हो जाना
- *उल्टी माला फेरना* — अहित सोचना
- *उखाड़-पछाड़ करना* — त्रुटियाँ दिखाकर कटूक्तियाँ करना
- *उम्र का पैमाना भर जाना* — जीवन का अन्त नज़दीक आना
- *ऊँचे-नीचे पैर पड़ना* — बुरे काम में फँसना
- *ऊँट की चोरी झुके-झुके* — किसी निन्दित, किन्तु बड़े कार्य को गुप्त ढंग से करने की चेष्टा करना
- *ऊधौ का लेना न माधौ का देना* — किसी से किसी प्रकार का सम्बन्ध न रखना

(ए/ऐ)

- *एक ही लकड़ी से हाँकना* — अच्छे-बुरे की पहचान न करना
- *एक ही थैली के चट्टे-बट्टे होना* — सभी का एक जैसा होना
- *एक म्यान में दो तलवारें* — एक वस्तु या पद पर दो शक्तिशाली व्यक्तियों का अधिकार नहीं हो सकता
- *एक ढेले से दो शिकार* — एक कार्य से दो उद्देश्यों की पूर्ति करना
- *एक की चार लगाना* — छोटी बातों को बढ़ाकर कहना
- *एक आँख से देखना* — सबको बराबर समझना
- *एक-एक नस पहचानना* — सब कुछ समझना
- *एक पंथ दो काज* — एक कार्य के साथ दूसरा कार्य भी पूरा करना
- *एक और एक ग्यारह होते हैं* — संघ में बड़ी शक्ति है
- *एड़ियाँ घिसना / रगड़ना* — सिफ़ारिश के लिए चक्कर लगाना
- *एड़ी-चोटी का पसीना एक करना* — घोर परिश्रम करना
- *ऐसी-तैसी करना* — दुर्दशा करना
- *ऐबों पर परदा डालना* — अवगुण छुपाना

(ओ/औ)

- *ओखली में सिर देना* — जानबूझकर अपने को जोखिम में डालना
- *ओस पड़ जाना* — लज्जित होना
- *ओले पड़ना* — विपत्ति आना
- *औने-पौने करना* — जो कुछ मिले उसे उसी मूल्य पर बेच देना
- *औंधे मुँह गिरना* — पराजित होना
- *औंधी खोपड़ी* — मूर्ख होना
- *औकात पहचानना* — यह जानना कि किसमें कितनी सामर्थ्य है
- *और का और हो जाना* — पहले जैसा ना रहना, बिल्कुल बदल जाना

(क)

- *कंधा देना* — अरथी में कंधा लगाना/सहारा देना
- *कंधे से कंधा छिलना* — भारी भीड़ होना
- *कंचन बरसना* — अधिक आमदनी होना
- *कच्चा चिट्ठा खोलना* — सब भेद खोल देना
- *कच्चा खा/चबा जाना* — पूरी तरह नष्ट कर देने की धमकी देना
- *कब्र में पाँव लटकना* — वृद्ध या जर्जर हो जाना/मरने के करीब होना
- *कलेजे पर पत्थर रखना* — धैर्य धारण करना
- *कलेजे का टुकड़ा* — बहुत प्यारा
- *कलेजे पर साँप लोटना* — ईर्ष्या से कुढ़ना
- *कलेजा धक से रह जाना* — डर जाना
- *कलेजा ठण्डा होना* — मन को शान्ति मिलना
- *कलेजा मुँह को आना* — दुःख होना/घबरा जाना
- *कलम का धनी* — अच्छा लेखक
- *कली खिलना* — खुश होना
- *कान में तेल डालना* — चुप्पी साधकर बैठे रहना
- *कान भरना* — चुगली करना
- *कान का कच्चा* — किसी भी बात पर विश्वास कर लेना
- *कान गरम करना* — दण्ड देना
- *कान कतरना* — अधिक होशियार हो जाना
- *कान पर जूँ तक न रेंगना* — बिलकुल ध्यान न देना
- *कान काटना* — चालाकी में बढ़कर होना
- *कान खड़े होना* — आशंका या खटका होने पर चौकन्ना होना
- *कान खाना/खा जाना* — ज़्यादा बातें करके कष्ट पहुँचाना
- *कान में डाल देना* — सुना देना या अवगत कराना
- *कुत्ते की मौत मरना* — बुरी मौत मरना
- *कुत्ते की दुम* — वैसे का वैसा
- *कौड़ी के मोल* — व्यर्थ होकर रह जाना
- *कौड़ी-कौड़ी पर जान देना* — कंजूस होना
- *कूच कर जाना* — चले जाना
- *कूच का डंका बजना* — सेना का युद्ध के लिए निकलना
- *कूपमण्डूक* — सीमित ज्ञान
- *कुएँ में ही भाँग पड़ना* — सभी लोगों की मति भ्रष्ट होना
- *कुआँ खोदना* — हानि पहुँचाना
- *काँटों पर लेटना* — बेचैन होना
- *काँटा दूर होना* — बाधा दूर होना
- *कच्ची गोली खेलना* — अनुभवहीन होना
- *कोढ़ में खाज होना* — एक दुःख पर दूसरा दुःख होना
- *काटने दौड़ना* — चिड़चिड़ाना/क्रोध करना
- *काम तमाम करना* — मार डालना
- *कीचड़ उछालना* — बदनाम करना
- *कट जाना* — अलग होना
- *कदम उखड़ना* — भाग खड़े होना
- *किए कराए पर पानी फेरना* — बिगाड़ देना
- *काफ़ूर होना* — गायब हो जाना
- *काजल की कोठरी* — कलंक लगने का स्थान
- *कागजी घोड़े दौड़ाना* — केवल लिखा-पढ़ी करते रहना
- *कागज काले करना* — अनावश्यक लिखना
- *काला नाग* — खोटा या घातक व्यक्ति
- *किरकिरा हो जाना* — विघ्न पड़ना
- *काया पलट जाना* — और ही रूप हो जाना
- *काले कोसों* — बहुत दूर
- *कलम तोड़ देना/कर रख देना* — प्रभावपूर्ण लेखन करना
- *कसर लगना* — हानि या क्षति होना
- *कमर कसना* — तैयार होना
- *कलई खुलना* — भेद खुलना या रहस्य प्रकट होना
- *कसौटी पर कसना* — परखना
- *कहते न बनना* — वर्णन न कर पाना
- *काठ मार जाना* — स्तब्ध रह जाना
- *कालिख पोतना* — बदनामी करना
- *किताब का कीड़ा* — हर समय पढ़ाई में लगा रहने वाला
- *किराए का टट्टू होना* — कम मजदूरी वाला अयोग्य व्यक्ति
- *किला फ़तेह करना* — विजय पाना/विकट या कठिन कार्य पूरा कर डालना

- *किस्सा खड़ा करना* — कहानी गढ़ना
- *कील काँटे से लैस* — पूरी तरह तैयार
- *कुठाराघात करना* — बड़ी हानि पहुँचाना
- *कोल्हू का बैल होना* — निरन्तर काम में लगे रहना
- *कौए उड़ाना* — बेकार के काम करना
- *कंगाली में आटा गीला* — अभाव में भी अभाव
- *किस्मत फूटना* — बुरे दिन आना

(ख)

- *खून खुश्क होना* — भयभीत होना
- *खून के घूँट पीना* — बुरी लगने वाली बात को सह लेना
- *खून पीना* — तंग करना/मार डालना
- *खून सफेद हो जाना* — दया न रह जाना
- *खून-पसीना एक करना* — कठिन परिश्रम करना
- *खून खौलना* — गुस्सा चढ़ना
- *खून सवार होना* — किसी को मार डालने के लिए उद्यत होना
- *खरी-खोटी सुनाना* — बुरा-भला कहना
- *खीरा-ककड़ी समझना* — दुर्बल और तुच्छ समझना
- *खरा खेल फर्रूखाबादी* — निष्कपट व्यवहार
- *ख्याली पुलाव पकाना* — कल्पनाएँ करना
- *खाक में मिलना* — पूर्णत: नष्ट होना
- *खाक छानना* — दर-दर भटकना
- *खालाजी का घर* — जहाँ मनमानी चले
- *खिचड़ी पकाना* — गुप्त मन्त्रणा करना
- *खेल-खेल में* — आसानी से
- *खेत रहना* — युद्ध में मारा जाना
- *खोपड़ी को मान जाना* — बुद्धि का लोहा मानना
- *खाल उधेड़ना* — कड़ा दण्ड देना
- *खुले हाथ* — उदारता से
- *खूँटे के बल कूदना* — कोई सहारा मिलने पर अकड़ना

(ग/घ)

- *गले का हार होना* — अत्यन्त प्रिय होना
- *गड़े मुर्दे उखाड़ना* — पुरानी बातों पर प्रकाश डालना
- *गढ़ जीतना* — कठिन कार्य पूरा होना
- *गिरगिट की तरह रंग बदलना* — किसी बात पर स्थिर न रहना
- *गुरु घण्टाल* — बहुत धूर्त
- *गुस्सा नाक पर रहना* — जल्दी क्रोधित हो जाना
- *गुस्सा पी जाना* — क्रोध रोकना
- *गूलर का फूल* — असम्भव बात/अदृश्य होना
- *गाँठ बाँधना* — याद रखना
- *गोबर गणेश* — बुद्धू
- *गाल फुलाना* — रूठना
- *गाल बजाना* — डींग हाँकना
- *गँवार की अक्ल गर्दन में* — मूर्ख को दण्ड मिले, तभी होश में आता है।
- *गीदड़-भभकी* — दिखावटी क्रोध
- *गागर में सागर भरना* — थोड़े में बहुत कुछ कहना
- *गोल कर जाना* — गायब कर देना
- *घड़ों पानी पड़ना* — बहुत लज्जित होना
- *घोड़े बेचकर सोना* — निश्चिन्त होकर सोना
- *घोड़े पर चढ़े आना* — उतावली में होना
- *घोड़े दौड़ाना* — अत्यधिक कोशिश करना
- *घर फूँक तमाशा देखना* — अपना नुकसान करके आनन्द मनाना
- *घर काटे खाना* — मन न लगना/सूनापन अखरना
- *घर में गंगा बहना* — अनायास लाभ प्राप्त होना
- *घर का न घाट का* — कहीं का नहीं

- *घट में बसना* — मन में बसना
- *घाट-घाट का पानी पीना* — बहुत अनुभव प्राप्त करना
- *घाव पर नमक छिड़कना* — दु:खी को और दु:खी करना
- *घास छीलना* — व्यर्थ समय बिताना
- *घात लगाना* — ताक में रहना/उचित अवसर की प्रतीक्षा में रहना
- *घी के दीए जलाना* — खुशियाँ मनाना
- *घी खिचड़ी होना* — खूब मिल-जुल जाना
- *घिग्घी बँधना* — डर के कारण बोल न पाना
- *घाव हरा करना* — भूले दु:ख की याद दिलाना
- *घुटने टेकना* — अपनी हार/असमर्थता स्वीकार करना

(च)

- *चक जमाना* — पूरी तरह से अधिकार या प्रभुत्व स्थापित होना
- *चंगुल में फँसना* — मीठी-मीठी बातों से वश में करना
- *चाँदी का जूता मारना* — रिश्वत या घूस देना
- *चाँद पर थूकना* — भले व्यक्ति पर लाँछन लगाना
- *चाँद खुजलाना* — पिटने की इच्छा होना
- *चार चाँद लगना* — शोभा बढ़ जाना
- *चित्त पर चढ़ना* — सदा स्मरण रहना
- *चादर से बाहर पाँव पसारना* — सीमा के बाहर जाना
- *चुल्लू भर पानी में डूब मरना* — शर्म के मारे मुँह न दिखाना
- *चूलें ढीली करना* — अधिक परिश्रम के कारण बहुत थकावट होना
- *चुटिया हाथ में होना* — संचालन-सूत्र हाथ में होना, पूर्णत: नियन्त्रण में होना
- *चेरी बनाना/बना लेना* — दास या गुलाम बना लेना
- *चूना लगाना* — धोखा देना
- *चारपाई से लगना* — बीमारी से उठ न पाना
- *चण्डाल चौकड़ी* — निकम्मे बदमाश लोग
- *चार दिन की चाँदनी* — कम दिनों का सुख
- *चल बसना* — मर जाना
- *चींटी के पर निकलना* — मरने के दिन निकट आना
- *चोली दामन का साथ* — अत्यन्त निकटता
- *चैन की बंशी बजाना* — मौज़ करना
- *चिराग तले अँधेरा* — अपना दोष स्वयं दिखाई नहीं देता
- *चोर की दाढ़ी में तिनका* — अपराधी सदैव सशंक रहता है
- *चेहरे पर हवाइयाँ उड़ना* — आश्चर्य
- *चूड़ियाँ पहनना* — कायर होना

(छ)

- *छक्के छूटना* — हिम्मत हारना
- *छक्के छुड़ाना* — हिम्मत पस्त करना
- *छक्का-पंजा भूलना* — कुछ भी याद न रहना
- *छप्पर फाड़कर देना* — अनायास ही धन की प्राप्ति

- *छाती पर मूँग दलना* — निरन्तर दु:ख देना
- *छाती भर आना* — दिल पसीजना
- *छाँह न छूने देना* — पास तक न आने देना
- *छठी का दूध याद दिलाना* — संकट में डाल देना
- *छूमन्तर होना* — गायब हो जाना
- *छाती ठोंकना* — साहस दिखाना

(ज/झ)

- *जान के लाले पड़ना* — जान पर संकट आ जाना
- *जान में जान आना* — चैन मिलना
- *जान हथेली पर रखना* — प्राणों की परवाह न करना
- *जबान कैंची की तरह चलना* — बढ़-चढ़कर तीखी बातें करना
- *जबान में लगाम न होना* — बिना सोचे समझे बिना लिहाज के बातें करना
- *जलती आग में घी डालना* — क्रोध भड़काना
- *जड़ जमना* — अच्छी तरह प्रतिष्ठित या प्रस्थापित होना
- *जहर का घूँट पीना* — कड़ी और कड़वी बात सुनकर भी चुप रहना
- *जिगरी दोस्त* — घनिष्ठ मित्र
- *ज़िन्दगी के दिन पूरे करना* — कठिनाई में समय बिताना
- *जीती मक्खी निगलना* — जान बूझकर अन्याय सहना
- *जी चुराना* — किसी काम या परिश्रम से बचने की चेष्टा करना
- *जी खट्टा होना* — विरक्त होना/खराब अनुभव होना
- *जी भर आना* — दु:खी होना
- *ज़मीन पर पैर न रखना* — अकड़कर चलना
- *जोड़-तोड़ करना* — उपाय करना
- *जली-कटी सुनाना* — बुरा-भला कहना
- *जूतियाँ चाटना* — चापलूसी करना
- *जितने मुँह उतनी बातें* — एक ही विषय पर अनेक मत होना
- *जोंक होकर लिपटना* — बुरी तरह पीछे पड़ना
- *जहर उगलना* — कड़वी बातें करना
- *झण्डा गाड़ना* — अधिकार जमाना
- *झकझोर देना* — हिला देना/पूर्णत: त्रस्त कर देना
- *झाँव-झाँव होना* — जोरों से कहा-सुनी होना
- *झाड़ू फिरना/ फिर जाना* — नष्ट करना
- *झुरमुट मारना* — बहुत से लोगों का घेरा बनाकर खड़े होना
- *झूमने लगना* — आनन्द-विभोर हो जाना

(ट/ठ)

- *टिप्पस लगाना* — सिफारिश करवाना
- *टूट पड़ना* — आक्रमण करना
- *टेढ़ी खीर* — कठिन काम या बात
- *टका-सा जवाब देना* — साफ़ इनकार कर देना
- *टाट उलटना* — दिवाला निकलना
- *टोपी उछालना* — बेइज़्ज़ती करना
- *टाँग अड़ाना* — व्यवधान डालना
- *टाँय-टाँय फिस होना* — काम बिगड़ जाना
- *ठण्डे कलेजे से* — शान्त होकर/शान्त भाव से
- *ठूँठ होना* — निष्प्राण होना
- *ठन-ठन गोपाल* — पैसा पास न होना
- *ठौर-ठिकाने लगना* — आश्रय मिलना
- *ठीकरा फोड़ना* — दोष लगाना

(ड/ढ)

- *डंक मारना* — घोर कष्ट देना
- *डंका बजना* — ख्याति होना
- *डंड पेलना* — निश्चिन्ततापूर्वक जीवनयापन करना
- *डाली देना* — अधिकारियों को प्रसन्न रखने के लिए कुछ भेंट देना
- *डींग मारना* — अनावश्यक बातें कहना
- *डूबना-उतराना* — संशय में रहना
- *डेढ़ चावल की खिचड़ी पकाना* — बहुमत से अलग रहना
- *डेढ़ बीता कलेजा करना* — अत्यधिक साहस दिखाना
- *ढोंग रचना* — किसी को मूर्ख बनाने के लिए पाखण्ड करना
- *ढिंढोरा पीटना* — प्रचार करना
- *ढाई दिन की बादशाहत* — थोड़े समय के लिए पूर्ण अधिकार मिलना

(त/थ)

- *तीन-तेरह करना* — पृथकता की बात करना
- *तीन-पाँच करना* — टाल-मटोल करना
- *तंग आ जाना* — परेशान हो जाना
- *तकदीर का खेल* — भाग्य में लिखी हुई बात
- *ताक पर रखना* — व्यर्थ समझकर दूर हटाना
- *तीसमार खाँ बनना* — अपने को शूरवीर समझ बैठना
- *तिल का ताड़ बनाना* — किसी बात को बढ़ा-चढ़ाकर कहना
- *तार-तार होना* — पूरी तरह फट जाना
- *तेली का बैल* — हर समय काम में लगे रहना
- *तुर्की-ब-तुर्की बोलना* — जैसे को तैसा
- *तालू से जीभ न लगना* — बोलते रहना
- *तूती बोलना* — रौब जमाना
- *तेल की कचौड़ियों पर गवाही देना* — सस्ते में काम करना
- *तालू में दाँत जमना* — विपत्ति या बुरा समय आना
- *तेवर चढ़ना* — गुस्सा होना
- *तारे गिनना* — रात को नींद न आना
- *तलवे चाटना* — खुशामद करना
- *थाली का बैंगन* — ढुलमुल विचारों वाला/सिद्धान्तहीन व्यक्ति
- *थुड़ी-थुड़ी होना* — बदनामी होना
- *थैली का मुँह खोलना* — खुले दिल से व्यय करना
- *थूककर चाटना* — कही हुई बात से मुकर जाना
- *थाह लेना* — किसी गुप्त बात का भेद जानना

(द/ध)

- *दंग रह जाना* — अत्यधिक चकित रह जाना
- *दाँतों तले उँगली दबाना* — आश्चर्यचकित होना
- *दाल में काला होना* — सन्देह होना
- *दुम दबाकर भागना/भाग जाना/भाग खड़े होना* — चुपचाप भाग जाना
- *दूध का दूध और पानी का पानी* — पूर्ण न्याय करना
- *दूध का धुला होना* — बहुत पवित्र होना
- *दूध के दाँत न टूटना* — ज्ञान व अनुभव न होना
- *दो नावों पर सवार होना* — दुविधापूर्ण स्थिति में होना या खतरे में डालना
- *द्वार झाँकना* — दान, भिक्षा आदि के लिए किसी के दरवाजे पर जाना
- *दिन-रात एक करना* — प्रयास करते रहना
- *दिन दूनी रात चौगुनी होना* — बहुत शीघ्र उन्नति करना
- *दिन पहाड़ होना* — कार्य के अभाव में समय गुजारना

- *दिन में तारे दिखाई देना* — बुद्धि चकराने लगना
- *दिनों का फेर होना* — भाग्य का चक्कर
- *दिमाग दिखाना* — अहम् भाव प्रदर्शित करना
- *दिमाग आसमान पर चढ़ना* — बहुत घमण्ड होना
- *दाँत काटी रोटी* — घनिष्ठ मित्रता
- *दाँत खट्टे करना* — पराजित करना
- *दाँत पीसकर रह जाना* — क्रोध रोक लेना
- *दाना पानी उठना* — जगह छोड़ना
- *दिल का गुबार निकालना* — मन की बात कह देना
- *दिल भर आना* — शोकाकुल होना या भावुक होना
- *दिल में फफोले पड़ना* — अत्यन्त कष्ट होना
- *दाहिना हाथ* — बहुत बड़ा सहायक होना
- *दमड़ी के तीन होना* — सस्ते होना
- *दम भरना* — भरोसा करना
- *दर-दर की ठोकरें खाना* — बहुत कष्ट उठाना
- *दाल जूतियों में बँटना* — अनबन होना
- *देवता कूच कर जाना* — घबरा जाना
- *दो दिन का मेहमान* — जल्दी मरने वाला
- *दमड़ी के लिए चमड़ी उधेड़ना* — छोटी-सी बात के लिए अधिक माँग करना या दण्ड देना
- *दुम दबाकर भागना* — डरकर कुत्ते की भाँति भागना
- *धोती ढीली होना* — घबरा जाना
- *धौंस जमाना* — रौब दिखाना/आतंक जमाना
- *ध्यान टूटना* — एकाग्रता भंग होना
- *ध्यान रखना* — देखभाल करना/सावधान रहना
- *धज्जियाँ उड़ाना* — दुर्गति करना
- *धूप में बाल सफ़ेद होना* — अनुभवहीन होना

(न)

- *नाक भौं चढ़ाना* — असन्तोष प्रकट करना
- *नाक में नकेल डालना* — वश में करना
- *नाक कटना* — इज़्ज़त चली जाना
- *नाक रगड़ना* — बहुत विनती करना
- *नाक का बाल होना* — अत्यन्त प्रिय होना
- *नाको-चने चबाना* — बहुत तंग होना
- *नंगा कर देना* — वास्तविकता प्रकट करना/असलियत खोलना
- *नंगे हाथ* — खाली हाथ
- *नमक-मिर्च लगाना* — बढ़ा-चढ़ाकर कहना/कमी निकालना
- *निन्यानवे के फेर में पड़ना* — धन संग्रह की चिन्ता में पड़ना/लोभ में पड़ना
- *नौ दो ग्यारह होना* — भाग जाना
- *नाच नचाना* — मनचाही करना/परेशान करना
- *नीला-पीला होना* — गुस्सा होना
- *नीचा दिखाना* — अपमानित करना
- *नमक अदा करना* — उपकारों का बदला चुकाना
- *नकेल हाथ में होना* — वश में होना
- *नहले पर दहला मारना* — करारा जवाब देना
- *नानी याद आना* — मुसीबत का एहसास होना
- *नस-नस पहचानना* — किसी के अवांछित व्यवहार को विस्तार से जानना
- *नाव में धूल उड़ाना* — व्यर्थ बदनाम करना

(प)

- *पत्थर की लकीर होना* — स्थिर होना या दृढ़ विश्वास होना
- *पहाड़ टूट पड़ना* — मुसीबत आना
- *पाँचों उँगली घी में होना* — पूर्ण लाभ में होना
- *पानी उतर जाना* — लज्जित हो जाना
- *पानी-पानी होना* — शर्मसार होना
- *पानी में आग लगाना* — असम्भव कार्य करना
- *पेट में दाढ़ी होना* — चालाक होना
- *पेट में चूहे दौड़ना* — भूख लगना
- *पेट का पानी न पचना* — अत्यन्त अधीर होना
- *पेट का हल्का* — बात को अपने तक छिपा न सकने वाला
- *पीठ में छुरा भोंकना* — विश्वासघात करना
- *पीठ पर हाथ रखना* — पक्ष मज़बूत बनाना
- *पीठ दिखाना* — पराजय स्वीकार करना
- *पैरों पर खड़ा होना* — स्वावलम्बी होना
- *पाँव तले ज़मीन खिसकना* — घबरा जाना
- *पाँव फूँक-फूँक कर रखना* — सतर्कता से कार्य करना
- *पाँव उखड़ जाना* — पराजित होकर भाग जाना
- *पगड़ी रखना* — इज़्ज़त रखना
- *पत्थर पर दूब जमना* — अप्रत्याशित घटित होना
- *पापड़ बेलना* — विषम परिस्थितियों से गुज़रना
- *पटरी बैठना* — अच्छे सम्बन्ध होना
- *पंख न मारना* — पहुँच न होना

(फ)

- *फ़रिश्ता निकलना* — बहुत भला और परोपकारी सिद्ध होना
- *फिकरा कसना* — व्यंग्य करना
- *फीका लगना* — घटकर या हल्का प्रतीत होना
- *फूटी आँखों न भाना* — बिल्कुल अच्छा न लगना
- *फूला न समाना* — बहुत प्रसन्न होना
- *फूल सूँघकर रह जाना* — अत्यन्त थोड़ा भोजन करना
- *फूलकर कुप्पा होना* — बहुत प्रसन्न होना
- *फूँक-फूँक कर कदम रखना* — अत्यन्त सतर्कता के साथ काम करना
- *फूँक मारना* — किसी को चुपचाप बहकाना
- *फावड़ा चलाना* — मेहनत करना
- *फट पड़ना* — एकदम गुस्से में हो जाना

(ब/भ)

- *बाल-बाल बचना* — किसी संकट से किसी प्रकार बचना/मुश्किल से बच पाना
- *बाल बाँका न होना* — कुछ भी हानि या कष्ट न होना
- *बालू में से तेल निकालना* — असम्भव को सम्भव कर देना
- *बंटाधार होना* — चौपट या नष्ट होना
- *बहती गंगा में हाथ धोना* — बिना प्रयास ही यश पाना
- *बाग-बाग होना* — अति प्रसन्न होना
- *बीड़ा उठाना* — दृढ़ संकल्प करना
- *बेपर की उड़ाना* — अफवाहें फैलाना/निराधार बातें चारों ओर करते फिरना
- *बट्टा लगाना* — दोष या कलंक लगना
- *बाँछें खिलना* — अत्यन्त प्रसन्न होना
- *बखिया उधेड़ना* — भेद खोलना
- *बच्चों का खेल* — सरल काम

- *बाएँ हाथ का खेल* — अति सरल काम
- *बात का धनी होना* — वचन का पक्का होना
- *बेसिर पैर की बात करना* — व्यर्थ की बातें करना
- *बछिया का ताऊ* — अत्यधिक मूर्ख व्यक्ति
- *बड़े घर की हवा खाना* — जेल जाना
- *बेपेंदी का लोटा* — अपनी बात पर स्थिर न रहना
- *बल्लियाँ उछलना* — बहुत खुश होना
- *बावन तोले पाव रत्ती* — बिल्कुल ठीक हिसाब
- *बाज़ार गर्म होना* — काम-धंधा तेज़ होना
- *बात ही बात में* — तुरन्त/अतिशीघ्र
- *बात न पूछना* — आदर न करना
- *बरस पड़ना* — अति क्रुद्ध होकर डाँटना
- *बिल्ली के गले में घण्टी बाँधना* — स्वयं को संकट में डालना
- *भण्डा फोड़ना* — रहस्य खोलना/भेद प्रकट करना
- *भविष्य पर आँख होना* — आगे का जीवन सुधारने के लिए प्रयत्नशील रहना
- *भिरड़ के छत्ते में हाथ डालना* — जान-बूझकर संकट अपने पीछे लगाना
- *भीगी बिल्ली बनना* — डर जाना
- *भूमिका निभाना* — निष्ठापूर्वक अपने काम का निर्वाह करना
- *भेड़िया धसान* — अंधानुकरण
- *भाड़े का टट्टू* — पैसे लेकर ही काम करने वाला
- *भाड़ झोंकना* — समय व्यर्थ खोना
- *भैंस के आगे बीन बजाना* — बेसमझ आदमी को उपदेश देना
- *भागीरथ प्रयत्न करना* — कठोर परिश्रम

(म)

- *मुँह पर नाक न होना* — कुछ भी लज्जा या शर्म न होना
- *मुँह में पानी आना* — लालच भरी दृष्टि से देखना/खाने हेतु लालच
- *मुँह बनाना* — खीझ प्रकट करना
- *मुँह काला करना* — कलंकित करना
- *मुँह की खाना* — हार जाना/अपमानित होना
- *मुँह पकड़ना* — बोलने न देना
- *मुँह धो रखना* — आशा रखना
- *मुख से फूल झड़ना* — मधुर वचन बोलना
- *मन के लड्डू खाना* — व्यर्थ की आशा पर प्रसन्न होना
- *मन ही मन में रह जाना* — इच्छाएँ पूरी न होना
- *मन मैला करना* — खिन्न होना
- *मीठी छुरी चलाना* — प्यार से मारना/विश्वासघात करना
- *मुट्ठी गरम करना* — रिश्वत देना
- *मुट्ठी में करना* — वश में करना
- *मीनमेख निकालना* — त्रुटि निकालना
- *मंच पर आना* — सामना करना
- *मिट्टी का माधो* — मूर्ख
- *मक्खी नाक पर न बैठने देना* — इज़्ज़त खराब न होने देना
- *मोहर लगा देना* — पुष्टि करना
- *मीठी छुरी चलाना* — विश्वासघात करना
- *मैदान मारना* — विजय प्राप्त करना
- *मुहर्रमी सूरत* — शोक मनाने वाला चेहरा
- *मक्खी मारना* — बेकार बैठे रहना
- *माथे पर शिकन न आना* — कष्ट में थोड़ा भी विचलित न होना
- *माथे पर शिकन आना* — मुखाकृति से अप्रसन्नता/रोष आदि प्रकट होना
- *म्याऊँ का ठौर पकड़ना* — खतरे में पड़ना

(य/र)

- *यम की यातना* — असह्य कष्ट
- *यमराज का द्वार देख आना* — मरकर जीवित हो जाना
- *युग बोलना* — बहुत समय बाद होना
- *युधिष्ठिर होना* — अत्यन्त सत्य-प्रिय होना
- *रफ़ूचक्कर होना* — भाग जाना
- *राई का पहाड़ बनाना* — बढ़ा-चढ़ाकर कहना
- *रातों की नींद हराम होना* — चिन्ता, भय, दुःख आदि के कारण रातभर नींद न आना
- *रीढ़ टूटना* — आधारहीन रहना
- *रोंगटे खड़ा होना* — भय से रोमांचित हो जाना
- *रास्ते पर लाना* — सुधार करना
- *रो-धोकर दिन काटना* — जैसे-तैसे जीवन व्यतीत करना
- *रंग में भंग होना* — आनन्द में विघ्न आना
- *रंग लाना* — हालात पैदा करना
- *रंग बदलना* — बदलाव होना
- *रँगा सियार* — धोखेबाज़ होना
- *रास्ता नापना* — चले जाना

(ल/व)

- *लंगोटी बिकवाना* — दरिद्र कर देना
- *लंगोटिया यार* — बचपन का मित्र
- *लंगोटी में फाग खेलना* — दरिद्रता में आनन्द मनाना
- *लकीर का फकीर होना* — रूढ़िवादी होना
- *लेने के देने पड़ना* — लाभ के बदले हानि
- *लासा लगाना* — किसी को फँसाने की युक्ति करना
- *लोहे के चने चबाना* — कठिनाइयों का सामना करना
- *लौ लगाना* — मग्न हो जाना/आसक्त हो जाना
- *ललाट में लिखा होना* — भाग्य में लिखा होना
- *लम्बी तानकर सोना* — निष्क्रिय होकर बैठना
- *लाल-पीला होना* — गुस्से में होना
- *लल्लो-चप्पो करना* — चिकनी-चुपड़ी बातें करना
- *लहू के आँसू पीना* — दुःख सह लेना
- *लुटिया डुबोना* — कार्य खराब कर देना
- *वकालत करना* — पक्ष का समर्थन करना
- *वक्त की आवाज़* — समय की पुकार
- *वारी हो जाना* — न्योछावर हो जाना
- *विधि बैठना* — युक्ति सफल होना/संगति बैठना
- *विष उगलना* — क्रोधित होकर बोलना
- *विष की गाँठ* — उपद्रवी/हानि पहुँचाने वाला
- *विष घोलना* — गड़बड़ पैदा करना/ईर्ष्या पैदा करना

(श्र/श/स)

- *श्रीगणेश करना* — कार्य आरम्भ करना
- *शहद लगाकर चाटना* — किसी व्यर्थ की वस्तु को सँभालकर रखना
- *शैतान के कान कतरना/काटना* — बहुत चालाक होना
- *शान में बट्टा लगना* — शान घटना
- *शेर की सवारी करना* — खतरनाक कार्य करना
- *शेर और बकरी का एक घाट पर पानी पीना* — ऐसी स्थिति होना जिसमें दुर्बल को सबल का कुछ भी भय न हो

- *शिकंजा कसना* — नियन्त्रण और कठोर करना
- *सिर आँखों पर* — विनम्रता तथा सम्मानपूर्वक ग्रहण करना
- *सिर ऊँचा करना* — सम्मान बढ़ाना
- *सिर पर भूत सवार होना* — धुन लग जाना
- *सिर पर कफ़न बाँधना* — बलिदान देने के लिए तैयार होना
- *सिर गंजा करना* — बुरी तरह पीटना
- *सिर पर पाँव रखकर भागना* — तुरन्त भाग जाना
- *सिर उठाना* — विरोध करना
- *सिर मुँड़ाते ओले पड़ना* — काम शुरू होते ही बाधा आना
- *सिर पर हाथ होना* — सहारा होना
- *सिर झुकाना* — पराजय स्वीकार करना
- *सिर खपाना* — व्यर्थ ही सोचना
- *सोने की चिड़िया* — बहुत कीमती वस्तु
- *सफ़ेद झूठ* — सर्वथा असत्य
- *साँप को दूध पिलाना* — शत्रु पर दया करना
- *साँप सूँघना* — निष्क्रिय या बेदम हो जाना
- *साँप, छछूँदर की गति होना* — असमंजस की दशा होना
- *समझ पर पत्थर पड़ना* — विवेक खो देना
- *साँच को आँच नहीं* — सच बोलने वाले को किसी का भय नहीं
- *सूरज को दीपक दिखाना* — किसी व्यक्ति की तुच्छ प्रशंसा करना
- *संसार से उठना* — मर जाना
- *सब्जबाग दिखाना* — लालच देकर बहकाना
- *सिट्टी-पिट्टी गुम होना* — होश उड़ जाना
- *सिक्का जमाना* — प्रभाव स्थापित करना
- *सेमल का फूल होना* — थोड़े दिनों का अस्तित्व होना
- *सूखते धान पर पानी पड़ना* — दशा सुधरना
- *सुई की नोंक के बराबर* — ज़रा-सा

(ह)

- *हाथ खाली होना* — पैसा न होना
- *हाथ खींचना* — सहायता बन्द कर देना
- *हाथ का मैल* — तुच्छ और त्याज्य वस्तु
- *हाथ को हाथ न सूझना* — घना अँधेरा होना
- *हाथ-पैर मारना* — कोशिश करना
- *हाथ डालना* — शुरू करना
- *हाथ साफ़ करना* — बेईमानी से लेना या चोरी करना
- *हाथों हाथ रखना* — देखभाल के साथ रखना
- *हाथ धो बैठना* — किसी व्यक्ति या वस्तु को खो देना
- *हाथों के तोते उड़ जाना* — होश हवास खो जाना
- *हाथ पीले कर देना* — लड़की की शादी कर देना
- *हाथ-पाँव फूल जाना* — डर से घबरा जाना
- *हाथ मलना या हाथ मलते रह जाना* — पश्चाताप करना
- *हाथ पर हाथ धरे रहना* — बेकाम रहना
- *हाथी के पैर में सबका पैर* — बड़ी चीज के साथ छोटी का साहचर्य
- *हाल पतला होना* — दयनीय दशा होना
- *हवाई किले बनाना* — कोरी कल्पना करना
- *हथियार डालना* — संघर्ष बन्द कर देना
- *हक्का-बक्का रह जाना* — अचम्भे में पड़ जाना

वस्तुनिष्ठ प्रश्नावली

1. मुहावरा है
(a) एक वाक्यांश (b) एक पूर्ण वाक्य
(c) निरर्थक शब्द समूह (d) सार्थक शब्द समूह

2. 'मुहावरा' शब्द है
(a) अरबी भाषा का (b) फ़ारसी भाषा का
(c) उर्दू भाषा का (d) हिन्दी भाषा का

3. मुहावरे का प्रयोग वाक्य में किया जाता है
(a) भाषा में सजीवता लाने के लिए
(b) भाषा का सौन्दर्य बढ़ाने के लिए
(c) भाषा को आकर्षक बनाने के लिए
(d) भाषा में आडम्बर या चमत्कार के लिए

4. मुहावरे का अक्षय कोष है
(a) हिन्दी और उर्दू भाषा के पास (b) हिन्दी और फ़ारसी भाषा के पास
(c) हिन्दी और अरबी भाषा के पास (d) इनमें से कोई नहीं

5. 'आधा तीतर आधा बटेर' मुहावरे का अर्थ है
(a) आधी-आधी चीजों को साथ रखना
(b) बेमेल चीजों का सम्मिश्रण
(c) सुमेल चीजों को बटोरना
(d) आधी-आधी चीजों को मिलाकार एक करना

6. 'कलेजे पर पत्थर रखना' का अर्थ है
(a) घोर दु:ख या शोक को कठोर हृदय के साथ सहन करना
(b) पहले जैसा न रहना
(c) धोखा खाना
(d) क्रोध में आकर किसी को मिटा देना

7. 'गुदड़ी का लाल' मुहावरे का अर्थ है
(a) असुविधाओं में उन्नत होने वाला (b) गरीबी में घिरा होना
(c) गुदड़ी का लाल रंग का होना (d) महत्त्वपूर्ण व्यक्ति होना

8. निम्नलिखित में से किस मुहावरे का अर्थ शर्मिंदा होना नहीं है? *(UPSSSC कंप्यूटर ऑपरेटर परीक्षा 2020)*
(a) पानी-पानी होना (b) अपना-सा मुँह लेकर रह जाना
(c) टका-सा मुँह लेकर रहना (d) मुँह में पानी आना

9. 'आदमी बनना' मुहावरे का उपयुक्त अर्थ है *(UPSSSC कनिष्ठ सहायक परीक्षा 2019)*
(a) किसी अन्य जीव का आदमी में परिवर्तित होना
(b) आदमी जैसा दिखना
(c) अच्छा व्यवहार सीखना
(d) कृत्रिम ढंग से आदमी का प्रतिरूप बनाना

10. राई का पहाड़ बनाना मुहावरे का अर्थ क्या है? *(UPSI पुलिस परीक्षा 2017)*
(a) बढ़ा चढ़ा कर कहना (b) असम्भव कार्य करना
(c) कलंकित करना (d) पुष्टि करना

11. 'किताब का कीड़ा होना' का उपयुक्त अर्थ है *(UPSSSC कनिष्ठ सहायक परीक्षा 2019)*
(a) बहुमूल्य वस्तु को नष्ट करने वाला (b) अनुपयुक्त जगह रहने वाला
(c) बहुत अधिक पढ़ने वाला (d) ज्ञान का दुश्मन

12. 'कच्चा चिट्ठा खोलना' का उपयुक्त अर्थ है *(UPSSSC कनिष्ठ सहायक परीक्षा 2019)*
(a) सारा भेद खोल देना (b) कच्चे काम को पक्का करना
(c) भेद छिपाना (d) कान का कच्चा होना

13. दाँतों तले उँगली दबाना *(उपनिरीक्षक सीधी भर्ती परीक्षा 2014)*
(a) आश्चर्य करना (b) हीनता प्रकट करना
(c) बहुत हैरान होना (d) मुसीबत में पड़ना

14. "मनोज ने तो अपने बाल धूप में सफेद किए हैं" का आशय है *(RPSC पुलिस सब-इंस्पेक्टर परीक्षा 2011)*
(a) मनोज बहुत समझदार है (b) मनोज बूढ़ा हो गया है
(c) मनोज अब तक मूर्ख है (d) मनोज ने उम्र भर परिश्रम किया है

15. निम्नलिखित में से उस विकल्प का चयन करें जो 'अक्ल पर पत्थर पड़ना' मुहावरे का अर्थ व्यक्त करता है? *(SSC कांस्टेबल GD भर्ती परीक्षा 2019)*
(a) घायल होना (b) अक्ल को पत्थर से मारना
(c) बुद्धि भ्रष्ट हो जाना (d) अक्ल को पत्थर पर रखना

16. निम्नलिखित में से उस विकल्प का चयन करें जो 'आँखों में धूल झोंकना' मुहावरे का अर्थ व्यक्त करता है। *(SSC कांस्टेबल GD भर्ती परीक्षा 2019)*
(a) धोखा देना (b) अपमानित करना
(c) आँखों से धूल उड़ाना (d) घायल करना

17. 'गंगाजली उठाना' मुहावरे का अर्थ है *(CGPSC 2013)*
(a) गंगा नहाना (b) एक पात्र में गंगाजल भरना
(c) कसम खाना (d) बड़बोलापन

18. 'सिर आँखों पर बैठाना' इस मुहावरे का अर्थ है *(HSSC क्लर्क भर्ती परीक्षा 2019)*
(a) बहुत सम्मान देना (b) बगावत करना
(c) जबरदस्ती का लगाव (d) पास आकर बैठना

19. "घड़ों पानी पड़ जाना" का सही अर्थ है *(CGPSC Pre 2020)*
(a) स्नान करना (b) परेशान करना
(c) अत्यन्त लज्जित होना (d) सिर पर पानी डालना

20. 'आँख खुलना' मुहावरे का सही अर्थ है *(UPSSSC कनिष्ठ सहायक परीक्षा 2020)*
(a) ज्ञान होना (b) भ्रम में पड़ना
(c) आँख किरकिराना (d) लज्जा दूर होना

21. नीचे दिए गए मुहावरों में से कौन-सा मुहावरा, दर्शाए गए व्यवहार का सबसे सटीक वर्णन करता है? *(इलाहाबाद उच्च न्यायालय RO/ARO परीक्षा 2018)*
कुछ लोगों की सोच तो साधारण होती है; मगर उनका मुँह हमेशा चलता रहता है।
(a) मन-मन भाए मुण्डी हिलाए (b) नाच ना जाने आँगन टेढ़ा
(c) जितनी लम्बी चादर उतने लम्बे पैर (d) अधजल गगरी छलकत जाए

22. रवि का मन आज पढ़ाई में नहीं लग रहा था उसे आज चाट पकोड़ी खाने का मन था, वो अपनी माँ के पास गया और बोला, "माँ, तुम आज बहुत सुन्दर दिख रही हो।" *(इलाहाबाद उच्च न्यायालय RO/ARO परीक्षा 2018)*
कौन-सा मुहावरा रवि के इस व्यवहार को सबसे बखूबी दर्शाता है?
(a) मन-मन भाए मुण्डी हिलाए (b) नाच ना जाने आँगन टेढ़ा
(c) अपना उल्लू सीधा करना (d) ना नौ मन तेल होगा ना राधा नाचेगी

23. 'सिर पर सवार रहना' मुहावरे का अर्थ है *(UPTET 2020)*
(a) पीछे पड़ना (b) मरने-मारने पर उतारू होना
(c) भाग जाना (d) बाधक होना

24. 'आँख उठाकर न देखना' का सही अर्थ है *(CGPSC Pre 2019)*
(a) पलकें बन्द रखना (b) आँख न खोलना
(c) उपेक्षा करना (d) तपस्या करना

25. 'मिट्टी का माधो' होने का अर्थ है *(UPTET 2020)*
(a) समझदार होना (b) बहुत ही मूर्ख
(c) कृष्णा की मूर्ति (d) मिट्टी की मूर्ति

26. नीचे दिए गए वाक्य के लिए सही मुहावरा बताइए।
'युवकों को......होने पर ही विवाह करना चाहिए।' *(मध्य प्रदेश व्यावसायिक परीक्षा 2017)*
(a) अपने पैरों पर दोड़ने योग्य (b) अपने पैर पसारने के बाद
(c) अपने पैरों पर खड़े (d) अपने मुँह मिया मिट्ठू

27. 'आँखों का पानी ढलकना' *(DSSSB 2015/UPSSSC/वन रक्षक परीक्षा 2015)*
(a) अत्यन्त प्रिय होना (b) बेशर्म बन जाना
(c) अक्ल आ जाना (d) धोखा देना

28. आकाश से बातें करना *(DSSSB 2015)*
(a) असम्भव काम कर दिखाना (b) घमण्ड करना
(c) काफी ऊँचा होना (d) आकाशवाणी में काम करना

29. नीचे दिए गए मुहावरे का अर्थ बताइए।
'दाग लगना' *(मध्य प्रदेश व्यावसायिक परीक्षा 2017)*
(a) स्पष्ट कहना (b) कलंक लगना
(c) बहुत रुलाना (d) हर सम्भव कष्ट देना

30. 'कान फूँकना' का अर्थ है *(CGPCS 2017)*
(a) चौकन्ना करना (b) गुरुमन्त्र देना
(c) जादू-टोना करना (d) चुगली करना

31. नीचे दिए गए वाक्य के लिए सटीक मुहावरा बताइए। *(मध्य प्रदेश व्यावसायिक परीक्षा 2017)*
'बहुत अधिक परिश्रम करने वाला'
(a) कोल्हू का बैल (b) बैलगाड़ी का बैल
(c) मेहनती (d) कामकाजी

32. नीचे दिए गए वाक्य के लिए सही मुहावरा बताइए। *(मध्य प्रदेश व्यावसायिक परीक्षा 2017)*
'राम उससे जब पुस्तक माँगने लगा तो वह.......करने लगा।'
(a) अना-कनी (b) आना-कनी
(c) आना-कानी (d) काना-कानी

33. नीचे दिए गए वाक्य के लिए सही मुहावरा बताइए। *(मध्य प्रदेश व्यावसायिक परीक्षा 2017)*
'कुर्सी की होड़ ने सरकार को जनता की.....।'
(a) ठोकरों में गिरा दिया (b) पैरों में गिरा दिया
(c) आँखों में गिरा दिया (d) आँखों में बिठा दिया

34. 'गोल कर जाना' मुहावरे का सही अर्थ है
(a) मोटा होना (b) भाग जाना
(c) गुस्सा होना (d) गायब कर देना

35. निम्न में से कौन-सा युग्म गलत है? *(UPTET 2018)*
(a) लुटिया डूबना-सारा काम चौपट होना
(b) सब्ज बाग दिखलाना-हरा-भरा करना
(c) मुट्ठी गरम करना-रिश्वत देना
(d) माई का लाल-साहसी व्यक्ति

36. 'सावधान करना' के अर्थ में मुहावरा है *(UPSSSC 2017)*
(a) आँख दिखाना (b) कान खोलना
(c) ओंठ चबाना (d) खून पीना

37. 'अँगूठा चूसना' के लिए सही विकल्प है *(मध्य प्रदेश समग्र सुरक्षा परीक्षा 2017)*
(a) खुशामद करना (b) सम्मान करना
(c) बहुत विनय प्रकट करना (d) ये सभी

38. नीचे पंक्तियों के सामने उनके अर्थ लिखे हैं। इनमें से गलत अर्थ वाली पंक्ति छाँटिए *(RPSC पुलिस सब-इंस्पेक्टर परीक्षा 2011)*
(a) लंगोटी में फाग खेलना – दरिद्रता में आनन्द
(b) गाल बजाना – डींग मारना
(c) पटरी बैठना – विचार मिलना
(d) कौड़ी का तीन – बहुत अच्छा होना

39. "बेवकूफ मत समझना ...." वाक्य को पूरा करो। *(RPSC पुलिस सब-इंस्पेक्टर परीक्षा 2011)*
(a) मैं भी उल्टी गंगा बहाना जानता हूँ
(b) मैंने कच्ची गोलियाँ नहीं खेली हैं
(c) मैं दुःखती रग पर हाथ रख सकता हूँ
(d) मैं भी दिन में तारे देख सकता हूँ

40. 'गरीब के घर में गुणवान का उत्पन्न होना' के लिए उपयुक्त विकल्प होगा। *(CGTET 2017)*
(a) गुदड़ी का लाल (b) छप्पर फाड़ के देना
(c) घी के दीए जलाना (d) दिन दूना रात चौगुना

41. निम्नलिखित युग्मों में से कौन-सा गलत है? *(UPTET 2018)*
(a) लोहा लेना-सामना करना
(b) रास्ता नापना-आकलन करना
(c) रग-रग जानना-अच्छी तरह से परिचित होना
(d) शैतान के कान काटना-बहुत चतुर होना

42. 'अपना उल्लू सीधा करना' मुहावरे का अर्थ है *(UKSSSC VDO 2015)*
(a) अपना मतलब निकालना (b) कार्य पूरा हो जाना
(c) दूसरे से कार्य करवाना (d) अपना कार्य पूरा करना

43. 'गाँठ का पूरा' मुहावरे का क्या अर्थ है? *(UPTET 2018/UP नलकूप चालक 2018)*
(a) ईमानदार (b) दुकानदार (c) लापरवाह (d) मालदार

44. 'पाखण्डी व्यक्ति' के लिए उपयुक्त मुहावरा है *(REET 2016)*
(a) बछिया के ताऊ (b) बगुला भगत
(c) पैंतरेबाज (d) माई का लाल

45. 'त्रिशंकु होना' का उपयुक्त अर्थ है *(UPSSSC कनिष्ठ सहायक परीक्षा 2020)*
(a) चारों ओर ध्यान होना (b) किसी ओर का न रहना
(c) तीन ओर ध्यान देना (d) केवल ऊपर देखना

46. तलवार की धार पर चलना *(UP वन विभाग 2015)*
(a) नुकीला होना (b) पराजित कर देना
(c) ईर्ष्या करना (d) कठिन कार्य करना

47. विहंगम दृष्टि *(UPSSSC कनिष्ठ सहायक परीक्षा 2016)*
(a) तीखी नजर (b) मन्द नजर (c) सरसरी नजर (d) गहरी नजर

48. काटो तो खून नहीं *(UPSSSC कनिष्ठ सहायक परीक्षा 2016)*
(a) बिल्कुल निर्जीव हो जाना (b) भय के कारण स्तब्ध हो जाना
(c) गुस्सा शान्त हो जाना (d) पीड़ा शान्त हो जाना

49. एक आँख न भाना *(UPSSSC कनिष्ठ सहायक परीक्षा 2016)*
(a) विरक्त होना (b) तटस्थ होना
(c) बिल्कुल अच्छा न लगना (d) उपेक्षा करना

50. उँगली उठाना *(UPSSSC कनिष्ठ सहायक परीक्षा 2016)*
(a) अपना महत्त्व व्यक्त करना (b) दोष की ओर संकेत करना
(c) अस्वीकार करना (d) क्षमा करना

51. 'नई ज़मीन तोड़ना' के चार अर्थ दिए गये हैं, सही का चयन कीजिए *(UPPGT हिन्दी परीक्षा 2013)*
(a) पुराने को मिटाना (b) लिखे हुए को काटना
(c) अनूठा प्रयोग (d) बड़ी लकीर खींचना

52. 'सोने में सुगन्ध' मुहावरा का सही अर्थ है *(UPPGT हिन्दी परीक्षा 2010)*
(a) सुन्दर वस्तु में और गुण होना (b) सुगन्ध से युक्त आभूषण
(c) सुन्दर आभूषण होना (d) सुगन्धित सोना

53. 'कान का कच्चा होना' मुहावरे का अर्थ है *(UP राजस्व निरीक्षक परीक्षा 2014)*
(a) बहरा होना
(b) सुनी-सुनायी बातों पर विश्वास करना
(c) सभी पर अविश्वास करना
(d) कम सुनायी देना

54. 'घुटने टेकना' मुहावरे का अर्थ है: *(UP राजस्व निरीक्षक परीक्षा 2014)*
(a) घुटने में दर्द होना (b) दुःखी होना
(c) हार मान लेना (d) विजय प्राप्त करना

55. 'खिचड़ी पकाना' मुहावरे का अर्थ है: *(UP राजस्व निरीक्षक परीक्षा 2014)*
(a) भोजन बनाना (b) चावल-दाल मिलाकर बनाना
(c) किसी षड्यन्त्र की तैयारी करना (d) किसी के लिए खाना पकाना

56. 'औंधी खोपड़ी' मुहावरे का अर्थ है *(UPTET 2013)*
(a) मूर्ख होना (b) कुछ निर्णय न कर पाना
(c) किंकर्त्तव्यविमूढ़ होना (d) झगड़ालू होना

57. 'आँखे फेर लेना' का अर्थ है *(HTET 2013)*
(a) दूसरी तरफ देखना
(b) किसी और की चाहत
(c) उदासीन हो जाना (प्रतिकूल हो जाना)
(d) नाराज हो जाना

58. 'नाक का बाल होना' मुहावरे का अर्थ है *(UPTET 2014)*
(a) अधिक समीप होना (b) कष्ट होना
(c) अधिक प्रिय होना (d) पालतू होना

59. 'कलेजे पर साँप लोटना' मुहावरे का अर्थ है *(UPPCS Pre 2015)*
(a) दुःखी होना (b) ईर्ष्या से जल उठना
(c) दुश्मनी निकालना (d) दीनता प्रकट करना

60. 'अपना हाथ जगन्नाथ' का अर्थ है *(RTET 2011)*
(a) मनमानी करना
(b) अपना हाथ पूज्यनीय होता है
(c) अपने आप से काम करना ही उपयुक्त होता है
(d) अपने हाथ से दान करना

61. 'अवसर का लाभ उठाना' के लिए उपयुक्त है *(RTET 2011)*
(a) बहती गंगा में हाथ धोना (b) आकाश-पाताल एक करना
(c) फूले न समाना (d) अंगारों पर पैर रखना

62. 'बाधा डालना' मुहावरे का अर्थ है *(RTET 2011)*
(a) पाला पड़ना (b) रोड़ा अटकाना
(c) बरस पड़ना (d) दाँतों में जीभ होना

63. 'पारा उतरना' मुहावरे का अर्थ है *(HTET 2013)*
(a) तापमान कम होना (b) क्रोध कम होना
(c) बुखार उतरना (d) सर्दी पड़ना

64. 'खेत रहना' मुहावरे का शाब्दिक अर्थ है *(UPPGT हिन्दी 2002)*
(a) सम्पत्ति का बचा रह जाना (b) इज्जत बच जाना
(c) वीरगति को प्राप्त हो जाना (d) शत्रु से मुकाबला होना

65. 'चाँद पर थूकना' मुहावरे का आशय है *(UP NT परीक्षा 2006)*
(a) असम्भव काम करना (b) निरर्थक काम करना
(c) सौन्दर्य का अनादर करना (d) सम्माननीय का अनादर करना

66. 'जूतियों में दाल बाँटना' मुहावरे का सही अर्थ है *(UPPGT हिन्दी परीक्षा 2000)*
(a) दुःखी होना (b) अपमान करना
(c) चापलूसी करना (d) लड़ाई-झगड़ा हो जाना

67. 'पौ बारह होना' मुहावरे का सही अर्थ है *(UPSDI परीक्षा 2006/ UPSSSC परिचालक परीक्षा 2015)*
(a) सब तरह की सुख-सुविधाओं का होना
(b) उपद्रव करना
(c) पलायन करना
(d) प्रयासरत करना

68. 'नक्कारखाने में तूती की आवाज' मुहावरा का अभिप्राय है
(a) तूती की आवाज सबसे ऊँची होती है *(UPSDI परीक्षा 2006)*
(b) नक्कारखाने में तूती नहीं बोलती
(c) नकारे लोगों की सर्वत्र तूती बोलती रहती है
(d) समर्थ व्यक्ति के सामने असमर्थ व्यक्ति का प्रभाव नहीं पड़ता

69. कौन मुहावरा नहीं है? *(RTET 2011)*
(a) लाल पीला रहना (b) सब्ज बाग दिखाना
(c) पीला मुँह करना (d) हरा ही हरा सूझना

70. 'गड़े मुर्दे उखाड़ना' का अभिप्राय है *(RTET 2011)*
(a) व्यर्थ श्रम करना (b) कब्रिस्तान में शरीर उखाड़ना
(c) अन्तिम संस्कार करना (d) पुरानी बातों को दुहराना

71. 'अंडे सेना' मुहावरे का अर्थ है *(UP राजस्व निरीक्षक परीक्षा 2014)*
(a) मुर्गी का चूजों के ऊपर बैठना (b) स्वावलम्बी होना
(c) स्वार्थ सिद्ध करना (d) घर में बेकार बैठना

72. 'जूतम पैजार' मुहावरे का अर्थ है *(UP राजस्व निरीक्षक परीक्षा 2014)*
(a) लड़ाई-झगड़ा होना (b) लूट मचाना
(c) छीनाझपटी करना (d) किसी वस्तु की बहुतायत

73. 'सिर से पानी गुजर जाना' मुहावरे का उपयुक्त अर्थ क्या है? *(UPPCS Pre 2014)*
(a) गहरे पानी में स्नान करना (b) सहनशीलता की सीमा टूट जाना
(c) अच्छी प्रकार से सिर धोना (d) डूबने से बच जाना

74. दुर्घटना का दृश्य देखकर नीलिमा का <u>कलेजा पसीज</u> गया। *(UPTGT 2004)*
(a) दिल बैठ जाना (b) हालत खराब होना
(c) गर्मी लगना (d) दया उत्पन्न होना

75. मन्त्री के आने पर जनता ने उन्हें <u>आँख उठाकर भी नहीं देखा</u>। *(UPTGT 2004)*
(a) चुप रहना (b) जी चुराना
(c) ध्यान तक न देना (d) अनसुनी करना

76. महाराज दशरथ <u>यथा नाम तथा गुण</u> थे। *(UPTGT 2004)*
(a) नाम मात्र की उपयोगिता (b) जैसा नाम वैसा ही गुण
(c) उपयोगिता विहीन (d) गुणवान

77. बार-बार <u>नाक रगड़ने</u> पर भी पुलिस ने अशोक को नहीं छोड़ा।
(a) विनती करना (b) खुशामद करना *(UPTGT 2004)*
(c) अधीन होना (d) बीमार पड़ना

78. 'बेटा समय रहते न पढ़े तो भविष्य में बुरी तरह पछताओगे'—वाक्य में 'बुरी तरह पछताओगे' के स्थान पर यह मुहावरा आ सकता है *(UPNT 2006)*
(a) अंगारों पर लोटोगे (b) आठ-आठ आँसू रोओगे
(c) अंचरा पसारोगे (d) कुएँ में गिरोगे

79. 'भारत के अतुलित धन वैभव पर अंग्रेजों ने दाँत गड़ा दिये'—वाक्य में प्रयुक्त 'दाँत गड़ा दिये' का अर्थ है *(UPNT 2006)*
(a) किसी वस्तु को गलत ढंग से पाने की गहरी चाह
(b) दूसरे की वस्तु देखकर ललचा जाना
(c) दूसरे की वस्तु चुराने की चेष्टा करना
(d) धोखे से दूसरे की वस्तु लेना

निर्देश *(प्र. सं. 80-82) निम्नलिखित मुहावरों के लिए उचित विकल्प चुनिए।*

80. गंगा नहाना *(UPSSSC परिचालक भर्ती परीक्षा 2015)*
(a) पवित्र होना (b) कार्य पूरा कर निश्चिन्त होना
(c) नदी में स्नान करना (d) प्रशंसा करना

81. आँख लगना *(UPSSSC परिचालक भर्ती परीक्षा 2015)*
(a) आशंका होना (b) मृत्यु होना
(c) नींद आना (d) प्रेम होना

82. जूते चाटना *(UPSSSC लेखपाल भर्ती परीक्षा 2015)*
(a) इधर-उधर घूमना (b) घूस देना
(c) जूतों को चमकदार बनाना (d) खुशामद करना

निर्देश *(प्र. सं. 83-84) निम्नलिखित मुहावरों के लिए उपयुक्त विकल्प चुनिए।*

83. थाली का बैंगन *(UPSSSC वन रक्षक परीक्षा 2015)*
(a) अधिक चिकना (b) चौड़ा होना
(c) गोल होना (d) सिद्धान्तहीन व्यक्ति

84. 'आँसू पीकर रह जाना' मुहावरे का सही अर्थ है *(UPSSSC कनिष्ठ सहायक परीक्षा 2020)*
(a) आँसू बहने न देना
(b) अन्न के अभाव में आँसू से भूख मिटाना
(c) गुस्सा होना
(d) चुपचाप दुःख सह लेना

85. 'अक्ल का दुश्मन' मुहावरे का अर्थ है *(UPSSSC VDO 2015)*
(a) मित्र (b) महापंडित (c) महामूर्ख (d) शत्रु

86. 'आँखों में धूल झोंकना' मुहावरे का अर्थ है *(UPSSSC गन्ना पर्यवेक्षक परीक्षा 2016)*
(a) धोखा खाना (b) धोखा देना
(c) होली खेलना (d) आँख में धूल डालना

निर्देश *(प्र. सं. 87-88) नीचे दिए गए मुहावरों के चार-चार वैकल्पिक अर्थ दिए गए हैं। इनमें से सही अर्थ का चयन कर उसे चिह्नित करें।*

87. मुँह की खाना *(UPSSSC स्टेनोग्राफर 2016)*
(a) भोजन खा लेना (b) भाग जाना
(c) हार जाना (d) गिर पड़ना

88. डपोरशंख *(UPSSSC स्टेनोग्राफर 2016)*
(a) विशेष तरह का शंख (b) बे सिर-पैर की बातें करने वाला
(c) बहुत बड़ी गिनती (d) भारतीय शंख

89. 'शैतान की आँत'—इस मुहावरे का उपयुक्त अर्थ है *(UPSSSC अमीन परीक्षा 2016)*
(a) अत्यन्त धूर्त व्यक्ति (b) बहुत लम्बी वस्तु
(c) अत्यन्त नगण्य वस्तु (d) अत्यन्त लाभदायक वस्तु

90. 'द्रौपदी का चीर' का अर्थ है *(UPSSSC VDO 2016)*
(a) नारी का अपमान करना (b) शर्मनाक कार्य
(c) कभी समाप्त न होना (d) सुन्दर स्त्री

91. ''कूपमंडूक होना'' का अर्थ है *(UPSSSC VDO 2016)*
(a) कुएँ में गिरना (b) मूर्ख होना
(c) मात देना (d) सीमित ज्ञान/सीमित अनुभव होना

92. 'छक्का-पंजा करना' मुहावरे का सही अर्थ है *(UPSSSC जूनियर इंजीनियर/तकनीकी परीक्षा 2016)*
(a) झगड़ा लगाना (b) ओछी हरकत से कार्य सिद्ध करना
(c) चापलूसी करना (d) नारदगीरी करना

93. ''अन्धे को दीपक दिखाना'' मुहावरे का सही अर्थ चुनिए *(UPSSSC आबकारी सिपाही परीक्षा 2016)*
(a) अन्धे का रास्ता रोशन करना (b) नासमझ को उपदेश देना
(c) नासमझ को रोशनी देना (d) अन्धे की सहायता करना

94. 'गूलर का फूल होना' मुहावरे का सही अर्थ है *(UPSSSC VDO 2016)*
(a) फूल की तरह खिलना (b) अति प्रसन्न होना
(c) दुर्लभ वस्तु (d) सुगन्धित होना

95. 'अंग-अंग फूले न समाना' मुहावरे का सही अर्थ है *(UP व्यायाम प्रशिक्षक एवं क्षेत्रीय युवा कल्याण एवं प्रादेशिक विकास दल अधिकारी 2018)*
(a) गुस्सा होना (b) दुःखी होना
(c) बहुत आनन्दित होना (d) बीमारी होना

96. 'अंगारों पर पैर रखना' मुहावरे का सही अर्थ क्या है? *(UP व्यायाम प्रशिक्षक एवं क्षेत्रीय युवा कल्याण एवं प्रादेशिक विकास दल अधिकारी 2018)*
(a) मूर्ख होना (b) समझदार होना
(c) नुकसान होना (d) जोखिम मोल लेना

97. 'शोक करना' के लिए मुहावरा है *(UP विधान भवन रक्षक व वनरक्षक 2018)*
(a) सिर भारी होना (b) सिर चढ़ना
(c) सिर पीटना (d) सिर पर सवार होना

98. 'आसमान फट जाना' मुहावरे का सही अर्थ है *(UPSSSC VDO/ समाज कल्याण अधिकारी 2018)*
(a) असम्भव काम होना (b) बहुत शोर करना
(c) चुगली करना (d) अचानक आफत आ पड़ना

99. 'स्वावलम्बी होने' के लिए सही मुहावरा है *(UPSSSC VDO/ समाज कल्याण अधिकारी 2018)*
(a) पौ बारह होना (b) पानी फेर देना
(c) पैरों पर खड़ा होना (d) फूँक-फूँक कर पैर रखना

100. उसने तो मेरी <u>आँखें खोल दी</u> रेखांकित मुहावरे का अर्थ होगा *(UPSSSC VDO/ समाज कल्याण अधिकारी 2018)*
(a) भ्रम दूर करना (b) किसी बात पर ध्यान न देना
(c) स्वागत के लिए राह देखना (d) अन्धकार दूर करना

101. 'गुड़ गोबर कर देना'—मुहावरे का उचित अर्थ बताइए। *(UP VDO/ समाज कल्याण पर्यवेक्षक 2018)*
(a) कोई बखेड़ा खड़ा करना
(b) गायब कर देना
(c) बना बनाया काम बिगाड़ देना
(d) अपनी हानि करके मौज उड़ाना

102. 'हथियार डाल देना'—मुहावरे का सही अर्थ बताइए। *(UP VDO/ समाज कल्याण पर्यवेक्षक 2018)*
(a) मात्र कल्याण करते रहना (b) हथियार गिरा देना
(c) हथियार उठा लेना (d) हार मान लेना

103. सुमेलित कीजिए

	सूची-I (मुहावरा)		सूची-II (अर्थ)
A.	कान लगाना	1.	ध्यान देना
B.	कान खड़े करना	2.	चौकन्ना होना
C.	आँख लगाना	3.	निगाह रखना
D.	आँखें खुलना	4.	सजग होना

कूट

	A	B	C	D
(a)	3	4	2	1
(b)	1	2	3	4
(c)	1	2	4	3
(d)	3	1	4	2

104. 'अँगुली उठाना' मुहावरे का अर्थ निम्न विकल्पों में से कौन-सा है? *(UP बी.एड. 2019)*
(a) दोष निकालना (b) दोष न निकालना
(c) दोष निगलना (d) दोषी को निकालना

105. मुहावरे का युक्तियुक्त अर्थ नहीं है
(a) छठी का राजा-कठिन परिश्रम करने वाला
(b) पेंदे के बल बैठना-पराभव मानना
(c) छाती उमड़ आना-प्रेम या करुणा से गदगद होना
(d) चादर से बाहर पैर फैलाना-मर्यादा का उल्लंघन करना

106. उस विकल्प का चयन करें जो दिए गए मुहावरे का सही अर्थ है।
माथे पर बल पड़ना। *(UP मण्डी परिषद् 2018)*
(a) सिर दर्द होना (b) पसंद करना
(c) गुस्सा करना (d) असन्तोष प्रकट करना

107. उस विकल्प का चयन करें जो दिए गए मुहावरे का सही अर्थ है।
आठ-आठ आँसू रोना। *(UP मण्डी परिषद् 2018)*
(a) पछताना (b) बहुत अधिक विलाप करना
(c) आश्चर्यचकित होना (d) गिन चुनकर रोना

108. उस विकल्प का चयन करें जो दिए गए मुहावरे का सही अर्थ है।
कमर टूटना। *(UP मण्डी परिषद् 2018)*
(a) निराश होना (b) जीत जाना
(c) कमर टूट जाना (d) चोट लगना

109. निम्न में 'गाल-बजाना' मुहावरे का अर्थ है
(a) ज्यादा आवाज करना (b) सोने जाना
(c) व्यर्थ की बातें करना (d) ढोल बजाना

110. 'दर-दर भटकना' किस मुहावरे का सटीक अर्थ है?
(a) खाक छानना (b) गोल कर जाना
(c) नौ दो ग्यारह होना (d) घाट-घाट का पानी पीना

111. 'किनारे लगना' मुहावरे का उपयुक्त अर्थ है *(UPSSSC कनिष्ठ सहायक परीक्षा 2019)*
(a) किसी कार्य का समाप्त होना
(b) डूबने से बचना
(c) लहरों द्वारा किसी वस्तु को किनारे फेंकना
(d) नदी पार करने में असफल होना

112. 'खेह खाना' मुहावरे का अर्थ है
(a) खाने का लालची होना (b) आसान समझना
(c) बुरी दशा में रहना (d) चालाक होना

113. 'गले के नीचे उतरना' मुहावरे का अर्थ है
(a) पचाना (b) खो जाना
(c) हजम करना (d) समझ में आना

114. 'बालू से तेल निकालना' मुहावरे का अर्थ है
(a) शीघ्र नष्ट होने वाली वस्तु (b) असम्भव काम करना
(c) पूर्णतः स्वस्थ होना (d) बहुत साधन सम्पन्न होना

115. 'बाँछें खिलना' से आशय है
(a) फसल में फलियाँ आ जाना (b) अत्यन्त प्रसन्न होना
(c) काम पूरा हो जाना (d) खिलखिलाकर हँसना

निर्देश (*प्र. सं.* 116-121) *निम्नलिखित मुहावरों के लिए उचित विकल्प चुनिए।*

116. केर-बेर का संग होना
(a) समन्वय होना
(b) गलत काम होना
(c) असम्भव काम होना
(d) विरुद्ध स्वभाव वालों का एक साथ मिलना

117. घर-घर में माटी के चूल्हे होना
(a) प्रत्येक परिवार में बँटवारा होता है
(b) सब जगह क्लेश है
(c) सब समान होना
(d) मिट्टी का चूल्हा आसानी से बना लिया जाता है

118. भात सड़ना
(a) बिरादरी से निकालना
(b) लापरवाह होना
(c) आवश्यकता से अधिक भोजन तैयार होना
(d) बासी भोजन

119. अँगारों पर पैर रखना
(a) जानबूझकर खतरे का काम करना
(b) होली के अवसर पर किए जाने वाले कृत्य
(c) असम्भव काम करना
(d) नखरे करना

120. खरा खेल फर्रुखाबादी
(a) फर्रुखाबाद में खेला जाने वाला एक खेल
(b) धोखाधड़ी
(c) सच्चा काम
(d) कथनी और करनी में अन्तर

121. हाथ का मैल
(a) मेहनत की कमाई (b) अत्यन्त तुच्छ वस्तु
(c) सहज प्राप्त वस्तु (d) परमात्मा की देन

122. सर्वनाश कर देना (सही मुहावरे पर निशान लगाओ)
(a) ईंट से ईंट बजा देना (b) इतिश्री कर देना
(c) नामोनिशान मिटा देना (d) उपरोक्त में से कोई नहीं

123. 'बुद्धिमान होने का गर्व' अर्थबोधक मुहावरा है
(a) अक्ल पर पत्थर पड़ना (b) अक्ल के घोड़े दौड़ाना
(c) अक्ल का दुश्मन (d) अक्ल का पुतला

124. 'बहुत कष्ट होना' अर्थ के लिए निकटतम मुहावरा है
(a) छाती फटना (b) छाती पीटना
(c) छाती पर धर कर ले जाना (d) छाती पर मूँग दलना

125. 'उड़ती चिड़ियाँ के पंख गिनना' मुहावरा का सही अर्थ होगा *(UP SDI 2006)*
(a) अनुभवी होना (b) वाक्चतुर होना
(c) प्रतिभाशाली होना (d) असम्भव कार्य करना

126. 'नक्कारखाने में तूती की आवाज' मुहावरा का अभिप्राय है *(UP SDI 2006)*
(a) तूती की आवाज सबसे ऊँची होती है
(b) नक्कारखाने में तूती नहीं बोलती
(c) नकारे लोगों की सर्वत्र तूती बोलती रहती है
(d) समर्थ व्यक्ति के सामने असमर्थ व्यक्ति का प्रभाव नहीं पड़ता

127. 'जूतियों में दाल बाँटना' मुहावरे का सही अर्थ है *(UP TGT Hindi 2000)*
(a) दुःखी होना (b) अपमान करना
(c) चापलूसी करना (d) लड़ाई-झगड़ा हो जाना

128. 'सब्जबाग दिखाना' मुहावरा का अर्थ है *(UP SDI 2006)*
(a) बाग में घूमने जाना (b) साग-सब्जी पैदा करना
(c) प्रलोभन देना (d) भयभीत करना

129. 'निन्यानवे के फेर में पड़ना' का अर्थ है
(a) किसी कार्य को पूरा न करना
(b) वास्तविकता से भिन्न स्थिति
(c) धन संग्रह की चिन्ता में पड़ना
(d) अनुभवहीन होना

130. 'भारत के अतुलित धन वैभव पर अंग्रेजों ने दाँत गड़ा दिये'-वाक्य में प्रयुक्त 'दाँत गड़ा दिये' का अर्थ है *(UPNT 2006)*
(a) किसी वस्तु को गलत ढंग से पाने की गहरी चाह
(b) दूसरे की वस्तु देखकर ललचा जाना
(c) दूसरे की वस्तु चुराने की चेष्टा करना
(d) धोखे से दूसरे की वस्तु लेना

उत्तरमाला

1. (a)	2. (a)	3. (a)	4. (a)	5. (b)	6. (a)	7. (a)	8. (d)	9. (c)	10. (a)
11. (c)	12. (a)	13. (a)	14. (c)	15. (c)	16. (a)	17. (c)	18. (a)	19. (c)	20. (a)
21. (d)	22. (c)	23. (a)	24. (c)	25. (b)	26. (c)	27. (b)	28. (c)	29. (b)	30. (b)
31. (a)	32. (c)	33. (c)	34. (d)	35. (b)	36. (b)	37. (d)	38. (d)	39. (b)	40. (a)
41. (b)	42. (a)	43. (d)	44. (b)	45. (b)	46. (d)	47. (c)	48. (b)	49. (c)	50. (b)
51. (c)	52. (a)	53. (b)	54. (c)	55. (c)	56. (a)	57. (c)	58. (c)	59. (b)	60. (c)
61. (a)	62. (b)	63. (b)	64. (c)	65. (a)	66. (d)	67. (a)	68. (d)	69. (c)	70. (d)
71. (d)	72. (a)	73. (b)	74. (d)	75. (c)	76. (b)	77. (a)	78. (b)	79. (b)	80. (b)
81. (c)	82. (d)	83. (d)	84. (d)	85. (c)	86. (b)	87. (c)	88. (b)	89. (b)	90. (c)
91. (d)	92. (b)	93. (b)	94. (c)	95. (c)	96. (d)	97. (c)	98. (d)	99. (c)	100. (a)
101. (c)	102. (d)	103. (d)	104. (a)	105. (c)	106. (d)	107. (a)	108. (a)	109. (c)	110. (a)
111. (a)	112. (c)	113. (d)	114. (b)	115. (b)	116. (d)	117. (c)	118. (a)	119. (a)	120. (c)
121. (c)	122. (c)	123. (d)	124. (a)	125. (d)	126. (d)	127. (d)	128. (c)	129. (c)	130. (b)

अध्याय ~20

कहावतें/लोकोक्तियाँ

लोकोक्ति/कहावत का जन्म लोक द्वारा होता है। ये किसी घटना पर आधारित होती हैं। लोकोक्तियाँ एक भाषा-भाषियों की सांस्कृतिक विरासत होती है। ये सारगर्भित एवं साभिप्राय होती हैं। इनका मुख्य गुण सजीवता होता है इसलिए ये आम आदमी की ज़बान पर चढ़ी होती हैं। इनके प्रयोग से भाषा के सौन्दर्य में वृद्धि होती है।

लोकोक्ति का अर्थ है—लोक (संसार) में प्रचलित उक्ति अर्थात् कहावतें। 'कहावतें' हिन्दी-भाषा का शब्द है। इसका अर्थ होता है 'कही हुई बातें।' यदि हम इसके अर्थ पर विचार करते हैं तो स्पष्ट हो जाता है कि प्रत्येक कही हुई बात कहावत नहीं होती, बल्कि जिस कहावत में जीवन के अनुभव का सार-संक्षेपण चमत्कृत ढंग से किया जाए, उसे कहावत के अन्तर्गत माना जाता है।

उदाहरणार्थ रवीश ने कहा, **मैं अकेला ही कुआँ खोद लूँगा।** इस पर सभी ने रवीश की हँसी उड़ाते हुए कहा, व्यर्थ की बातें करते हो, **अकेला चना भाड़ नहीं फोड़ता**। यहाँ कहावत का प्रयोग किया गया है, जिसका अर्थ है ''एक व्यक्ति के करने से कोई कठिन काम पूरा नहीं होता।''

कहावत को 'सूक्ति', 'सुभाषित' और 'लोकोक्ति' भी कहते हैं। इनमें से कहावत शब्द ही उपयुक्त है, क्योंकि सूक्ति या सुभाषित का अर्थ है—सुन्दर उक्ति या बात। लोकोक्ति शब्द इसलिए उपयुक्त नहीं है, क्योंकि लोकोक्ति का अर्थ- ''लोक(जनसाधारण) की उक्ति होता है।''

मुहावरा और कहावत में अन्तर

मुहावरा	कहावत
• मुहावरा एक वाक्यांश होता है।	• कहावत एक वाक्य होता है।
• मुहावरे का स्वतन्त्र रूप में प्रयोग नहीं होता।	• कहावत का स्वतन्त्र रूप में प्रयोग होता है।
• मुहावरे में उद्‌देश्य, विधेय का बन्धन नहीं होता, लेकिन अर्थ की स्पष्टता के लिए इसका प्रयोग किया जाता है।	• कहावत में उद्‌देश्य और विधेय का पूर्ण विधान होता है, इसलिए अर्थ स्वतः स्पष्ट हो जाता है।
• मुहावरे किसी बात को कहने का तरीका अथवा पद्धति है।	• कहावत उस कथन में व्यक्त किए गए विचार अथवा अनुभव का मूल है।
• मुहावरे में काल, वचन तथा पुरुष के अनुरूप परिवर्तन हो जाता है।	• कहावत में उसके रूप में किसी प्रकार का परिवर्तन नहीं होता।
• मुहावरा का प्रयोग लाक्षणिक अर्थ व्यक्त करने के लिए होता है।	• कहावत का प्रयोग अन्योक्ति अथवा अप्रस्तुत व्यंजना के लिए होता है।

हिन्दी की महत्त्वपूर्ण कहावतें/लोकोक्ति व उनके अर्थ

(अ)

- *अंधों में काना राजा* — मूर्खों के मध्य कुछ चतुर।
- *अंधे को अंधा कहने से बुरा लगता है* — कटु वचन सत्य होने पर भी बुरा लगता है।
- *अंधे की लकड़ी* — बेसहारे का सहारा।
- *अंधा बाँटे रेवड़ी फिर-फिर अपनों को दे* — स्वार्थी व्यक्ति पक्षपात करता है।
- *अंधा सिपाही कानी घोड़ी, विधि ने खूब मिलाई जोड़ी* — दोनों साथियों में एक से अवगुण।
- *अंधी पीसे कुत्ता खाय* — जब कार्य कोई करे उसका फायदा दूसरा व्यक्ति उठाए।
- *अंधेर नगरी चौपट राजा* — अन्याय का बोलबाला।
- *अपनी-अपनी ढपली, अपना-अपना राग* — मनमानी।
- *अपनी करनी पार उतरनी* — अपने किए का फल भोगना।
- *अपनी पगड़ी अपने हाथ* — अपने सम्मान को बनाए रखना अपने ही हाथ में है।
- *अपनी छाछ को कोई खट्टा नहीं कहता* — अपनी चीज को कोई बुरा नहीं बताता।
- *अपनी चिलम भरने को मेरा झोंपड़ा जलाते हो* — अपने अल्प लाभ के लिए दूसरे की भारी हानि करते हो।
- *अपनी नींद सोना, अपनी नींद जागना* — पूर्ण स्वतन्त्र होना।
- *अपनी टाँग उघारिये आपहि मरिए लाज* — अपने घर की बात दूसरों से कहने पर बदनामी होती है।
- *अपनी गली में कुत्ता भी शेर होता है* — अपने घर में, क्षेत्र में सभी जोर बताते हैं।
- *अपना सोना खोटा तो परखैया का क्या दोष* — हममें ही कमजोरी हो तो बताने वालों का क्या दोष।
- *अपना हाथ जगन्नाथ* — स्वयं का काम स्वयं करना अच्छा होता है।
- *अपना रख पराया चख* — निजी वस्तु की रक्षा एवं अन्य वस्तु का उपभोग।

- *अपने झोंपड़े की खैर मनाओ* — अपनी कुशल देखो।
- *अब पछताए होत क्या जब चिड़िया चुग गई खेत* — अवसर निकल जाने के बाद पछताना व्यर्थ होता है।
- *अब की अब के साथ, जब की जब के साथ* — सदा वर्तमान की ही चिन्ता करनी चाहिए।
- *अभी दिल्ली दूर है* — अभी कसर है।
- *अढ़ाई दिन की बादशाहत* — थोड़े दिन की शान-शौकत।
- *अधजल गगरी छलकत जाए* — कम ज्ञान, धन, सम्मान वाले व्यक्ति अधिक प्रदर्शन करते हैं।
- *अक्ल बड़ी या भैंस* — शारीरिक बल से बौद्धिक बल अधिक अच्छा होता है।
- *अन्त भला तो सब भला* — परिणाम अच्छा हो जाए तो सब कुछ अच्छा माना जाता है।
- *अटकेगा सो भटकेगा* — दुविधा या सोच विचार में पड़ोगे तो काम नहीं होगा।
- *अच्छी मति जो चाहो बूढ़े पूछन जाओ* — बड़े-बूढ़ों की सलाह से कार्य सिद्ध हो सकते हैं।
- *अस्सी की आमद नब्बे खर्च* — आय से अधिक खर्च।
- *अटका बनिया देय उधार* — स्वार्थी और मज़बूर व्यक्ति अनचाहा कार्य भी करता है।

(आ)

- *आ पड़ोसन लड़ें* — बिना बात झगड़ा करना।
- *आ बैल मुझे मार* — जानबूझकर आफत मोल लेना
- *आम के आम गुठलियों के दाम* — दुहरा फायदा।
- *आम खाने से काम, पेड़ गिनने से क्या काम* — अपने मतलब की बात करो।
- *आई तो रोज़ी नहीं तो रोज़ा* — कमाया तो खाया नहीं तो भूखे।
- *आई है जान के साथ जाएगी जनाजे के साथ* — आजीवन किसी चीज़ से पिण्ड न छूटना।
- *आई मौज़ फ़कीर की दिया झोंपड़ा फूँक* — मौजी और विरक्त आदमी।
- *आँख का अंधा नाम नयनसुख* — नाम के विपरीत गुण।
- *आँख के अंधे गाँठ के पूरे* — मूर्ख किन्तु धनी।
- *आगे नाथ न पीछे पगहा* — बिल्कुल स्वतन्त्र।
- *आगे जाए घुटने टूटे, पीछे देखे आँखें फूटे* — जिधर जाएँ उधर ही मुसीबत।
- *आदमी पानी का बुलबुला है* — मनुष्य जीवन नाशवान है।
- *आदमी की दवा आदमी है* — मनुष्य ही मनुष्य की सहायता करता है।
- *आए थे हरि भजन को ओटन लगे कपास* — जब कोई व्यक्ति किसी अच्छे कार्य के लिए जाता है, किन्तु बुरे कामों में फँस जाता है; तब यह कहावत कही जाती है।
- *आटे के साथ घुन भी पिस जाता है* — अपराधी की संगति से निरपराध भी दण्ड का भागी बनता है।
- *आधी छोड़ सारी को धावै, आधी मिलै न पूरी पावै* — अधिक लोभ करने से हानि ही होती है।
- *आप न जावै सासुरे औरों को सिख देत* — कोई कार्य स्वयं तो न करे पर दूसरों को सीख दे।
- *आया है सो जाएगा राजा रंक फकीर* — सबको मरना है।
- *आसमान पर थूका मुँह पर आता है* — बड़े लोगों की निन्दा करने से अपनी ही बदनामी होती है।
- *आठ कनौजिये नौ चूल्हे* — अलगाव की स्थिति।

(इ/ई)

- *इधर न उधर, यह बला किधर* — अचानक विपत्ति आ जाना।
- *इधर कुआँ उधर खाई* — हर तरफ़ मुसीबत।
- *इतना खाएँ जितना पचे* — सीमा के अन्दर कार्य करना चाहिए।
- *इस हाथ दे उस हाथ ले* — कर्म का फल शीघ्र मिलता है।
- *इसके पेट में दाढ़ी है* — उम्र कम बुद्धि अधिक।
- *इमली के पात पर दण्ड पेलना* — सीमित साधनों से बड़ा कार्य करने का प्रयास करना।
- *इन तिलों में तेल नहीं* — किसी भी लाभ की संभावना न होना।
- *ईंट की देवी माँगे का प्रसाद* — जैसा व्यक्ति वैसी आवभगत।
- *ईश्वर की माया कहीं धूप कहीं छाया* — संसार में कहीं दु:ख है कहीं सुख है।

(उ/ऊ)

- *उसी की जूती उसी का सिर* — जिसकी करनी उसी को फल मिलता है।
- *उगले तो अंधा, खाए तो कोढ़ी* — दुविधा में पड़ना।
- *उल्टे बाँस बरेली को* — विपरीत कार्य करना।
- *ऊँट किस करवट बैठता है* — न जाने भविष्य में क्या होगा।
- *ऊधौ का लेन न माधौ का देन* — किसी से कोई वास्ता न रखना।

(ए/ऐ)

- *एक अनार सौ बीमार* — एक ही वस्तु के अनेक आकांक्षी।
- *एक तो करेला दूजे नीम चढ़ा* — दोहरा कटुत्व।
- *एक सड़ी मछली सारे तालाब को गन्दा कर देती है* — अच्छे समाज को एक बुरा व्यक्ति कलंकित कर देता है।
- *एक हाथ से ताली नहीं बजती* — झगड़े में दोनों पक्षों की गलती होती है।
- *एक पन्थ दो काज/एक ढेले से दो शिकार* — एक उपाय से दो कार्यों का होना।
- *एक आँख से रोवे, एक आँख से हँसे* — दिखावटी रोना।
- *एक टकसाल के ढले हैं* — सब एक जैसे हैं।
- *एक मुँह दो बात* — अपनी बात से पलट जाना।
- *एक और एक ग्यारह होते हैं* — एकता में बल है।
- *ऐसे बूढ़े बैल को कौन बाँध भुस देय* — बूढ़ा और बेकार आदमी दूसरे पर बोझ हो जाता है।

(ओ/औ)

- *ओखली में सर दिया तो मूसलों से क्या डरना* — जब कार्य करना ही है तो आने वाली कठिनाइयों से नहीं डरना चाहिए।
- *ओछे की प्रीति बालू की भीति* — दुष्ट व्यक्तियों की मित्रता क्षणिक होती है।
- *ओस चाटे प्यास नहीं बुझती* — बहुत कम वस्तु से आवश्यकता की पूर्ति नहीं होती।

(क)

- *कोयला होय न उजला सौ मन साबुन धोय* — दुष्ट व्यक्ति की प्रकृति में कोई परिवर्तन नहीं होता उसे चाहे कितनी ही सीख दी जाए।
- *कोयले की दलाली में हाथ काले* — बुरी संगति का परिणाम बुरा होता है।
- *कुत्ते भौंकते रहते हैं और हाथी चलता जाता है* — महान् व्यक्ति छोटी-सी नुक्ता-चीनी पर ध्यान नहीं देता है।
- *कुत्ता भी दुम हिलाकर बैठता है* — सफ़ाई सबको पसन्द होती है।
- *काम का ना काज का दुश्मन अनाज का* — निकम्मा व्यक्ति।

- *काम को काम सिखाता है* — काम करते-करते आदमी होशियार हो जाता है।
- *कहाँ राजा भोज कहाँ गंगू तेली* — अत्यधिक अन्तर।
- *काठ की हाण्डी बार-बार नहीं चढ़ती* — अन्याय बार-बार नहीं चलता।
- *कर सेवा खा मेवा* — अच्छे कार्य का फल अच्छा मिलता है।
- *कभी घना-घना, कभी मुट्ठी भर चना, कभी वह भी मना* — जो मिले उसी में सन्तुष्ट रहना चाहिए।
- *कब्र में पाँव लटकाए बैठा है* — मरने वाला है।
- *कमली ओढ़ने से फकीर नहीं होता* — ऊपरी वेशभूषा से किसी के अवगुण नहीं छिप जाते।
- *कोठी वाला रोवे छप्पर वाला सोवै* — अधिक धन चिन्ता का कारण होता है।
- *कहे खेत की, सुने खलिहान की* — कहा कुछ गया और समझा कुछ गया।
- *कहने से कुम्हार गधे पर नहीं चढ़ता* — हठी पुरुष समझाने से दूसरों का कहना नहीं मानता।
- *कोऊ नृप होय हमें का हानी* — किसी के पद, धन या अधिकार मिलने से हम पर कोई प्रभाव नहीं होता।
- *कौआ चला हंस की चाल* — दूसरों की नकल पर चलने से असलियत नहीं छिपती तथा हानि उठानी पड़ती है।
- *कुएँ की मिट्टी कुएँ में ही लगती है* — लाभ जहाँ से होता है, वहीं खर्च हो जाता है।
- *कुंजड़ा अपने बेरों को खट्टा नहीं बताता* — कोई अपने माल को खराब नहीं कहता।
- *किया चाहे चाकरी राखा चाहे मान* — स्वाभिमान की रक्षा नौकरी में नहीं हो सकती।
- *कखरी लरका गाँव गोहार* — वस्तु के पास होने पर दूर-दूर उसकी तलाश करना।
- *काला अक्षर भैंस बराबर* — निरक्षर व्यक्ति।
- *कानी के ब्याह को सौ जोखो* — पग-पग पर बाधाएँ।

(ख)

- *खरबूजे को देखकर खरबूजा रंग बदलता है* — एक को देखकर दूसरे में परिवर्तन आता है।
- *खुदा की लाठी में आवाज़ नहीं होती* — कोई नहीं जानता कि भगवान कब, कैसे, क्यों दण्ड देता है।
- *खुदा गंजे को नाखून नहीं देता* — अयोग्य को अधिकार नहीं मिलता।
- *खेत खाए गदहा, मारा जाए जुलाहा* — जब किसी व्यक्ति के अपराध पर किसी अन्य को दण्ड मिलना।
- *खोदा पहाड़ निकली चुहिया* — अधिक कार्य का अत्यल्प फल।
- *खाक डाले चाँद नहीं छिपता* — अच्छे आदमी की निंदा करने से कुछ नहीं बिगड़ता।
- *खग ही जाने खग की भाषा* — सब अपने-अपने सम्पर्क के लोगों का हाल समझते हैं।
- *खरी मज़ूरी चोखा काम* — पूरी मज़दूरी देने पर ही काम अच्छा होता है।
- *खुशामद से ही आमद है* — खुशामद से ही धन आता है।
- *खूँटे के बल बछड़ा कूदे* — किसी की शह पाकर ही आदमी अकड़ दिखाता है।

(ग)

- *गुड़ खाए गुलगुलों से परहेज* — बनावटी त्याग।
- *गंगा गए गंगादास जमुना गए जमुनादास* — जो व्यक्ति सामने आए उसकी प्रशंसा करना/सिद्धांतहीन/अवसरवादी व्यक्ति
- *गंगा का आना हुआ और भागीरथ को यश* — काम तो होना ही था, यश किसी को मिल गया।
- *गवाह चुस्त मुद्दई सुस्त* — जिसका काम है वो आलस्य में रहे और दूसरे फुर्ती दिखाएँ।
- *गोदी में बैठकर दाढ़ी नोचे* — भला करने वाले के साथ दुष्टता करना।
- *गधा धोने से बछड़ा नहीं हो जाता है* — किसी भी उपाय से स्वभाव नहीं बदलता।
- *गीदड़ की शामत आए तो गाँव की ओर भागे* — विपत्ति में बुद्धि काम नहीं करती।
- *गरजै सो बरसै नहीं* — डींग हाँकने वाले काम नहीं करते।

(घ)

- *घर का भेदी लंका ढावे* — घर का रहस्य जानने वाला बड़ा घातक होता है।
- *घर आए कुत्ते को भी नहीं निकालते* — घर में आने वाले का सत्कार करना चाहिए।
- *घर की मुर्गी दाल बराबर* — अपने घर के गुणी व्यक्ति का सम्मान न करना।
- *घर खीर तो बाहर भी खीर* — सम्पन्नता में सर्वत्र प्रतिष्ठा मिलती है।
- *घोड़ा घास से यारी करे तो खाए क्या* — व्यापार में रिश्तेदारी नहीं निभाई जाती।
- *घोड़ों को घर कितनी दूर* — पुरुषार्थी के लिए सफलता सरल है।
- *घोड़े को लात, आदमी को बात* — दुष्ट से कठोरता का और सज्जन से नम्रता का व्यवहार करें।
- *घायल की गति घायल जाने* — जो कष्ट भोगता है वही दूसरे के कष्ट को समझ सकता है।

(च, छ)

- *चमड़ी जाय पर दमड़ी न जाय* — बहुत कंजूस होना।
- *चार दिन की चाँदनी फिर अँधेरी रात* — अल्प समय के लिए लाभ।
- *चोर की दाढ़ी में तिनका* — अपराधी सदा सशंकित रहता है।
- *चोर-चोर मौसरे भाई* — एक पेशे वाले आपस में नाता जोड़ लेते हैं।
- *चोर के पैर नहीं होते* — अपराधी अशक्त होता है।
- *चोरी और सीना जोरी* — दोषी भी हो घुड़की भी दे।
- *चोरी का माल मोरी में* — गलत ढंग से कमाया धन ऐसे ही बर्बाद होता है।
- *चूहों की मौत बिल्ली का खेल* — किसी को कष्ट देकर मौज़ करना।
- *चूहे का बच्चा बिल खोदता है* — जाति स्वभाव में परिवर्तन नहीं होता।
- *चींटी की मौत आती है तो पर निकलते हैं* — घमण्ड विनाश का कारण है।
- *चिकने घड़े पर पानी नहीं ठहरता* — निर्लज्ज पर उपदेशों का असर नहीं पड़ता।
- *चिराग में बत्ती और आँख में पट्टी* — शाम होते ही सोने लगना।
- *चुपड़ी और दो-दो* — अच्छी चीज और वह भी बहुतायत में।
- *छछूँदर के सिर पर चमेली का तेल* — किसी व्यक्ति को ऐसी वस्तु की प्राप्ति हो, जिसके लिए वह सर्वथा अयोग्य हो।
- *छोटा मुँह बड़ी बात* — छोटे लोगों का बढ़-चढ़कर बोलना।

(ज)

- *जान बची लाखों पाए* — किसी झंझट से मुक्ति।
- *जान मारे बनिया पहचान मारे चोर* — बनिया और चोर जान पहचान वाले को ही ज़्यादा ठगते हैं।
- *जान है तो जहान है* — जीवन ही सब कुछ है।
- *जैसे साँपनाथ वैसे नागनाथ* — दोनों एक समान।

- *जैसे कन्ता घर रहे वैसे रहे परदेश* — निकम्मा आदमी घर में हो या बाहर कोई अन्तर नहीं।
- *जैसा करोगे वैसा भरोगे* — अपनी करनी का फल मिलता है।
- *जैसा मुँह वैसा थप्पड़* — जो जिसके योग्य हो उसे वही मिलता है।
- *जैसा देश वैसा भेष* — किसी स्थान का पहनावा, उस क्षेत्र विशेष के अनुरूप होता है।
- *जल में रहकर मगर से बैर* — बड़ों से शत्रुता नहीं चलती।
- *जब तक साँस तब तक आस* — आशा जीवनपर्यन्त बनी रहती है।
- *जहाँ न जाए रवि वहाँ जाए कवि* — कवि की कल्पना अनन्त होती है।
- *जहाँ जाय भूखा वहाँ पड़े सूखा* — दु:खी कहीं भी आराम नहीं पा सकता।
- *जहाँ मुर्गा नहीं होता क्या सवेरा नहीं होता* — किसी एक की वजह से संसार का काम नहीं रुकता।
- *जिसका खाइये उसका गाइये* — जिससे लाभ हो उसी का पक्ष लें।
- *जिसका काम उसी को साजै* — जो काम जिसका है वही उसे ठीक तरह से कर सकता है।
- *जिसकी लाठी उसकी भैंस* — जबर्दस्त का बोल-बाला।
- *जितने मुँह उतनी बातें* — एक ही बात पर भिन्न-भिन्न कथन।
- *जितना गुड़ डालो, उतना ही मीठा* — जितना खर्च करोगे वस्तु उतनी ही अच्छी मिलेगी।
- *जितनी चादर देखो उतने पैर पसारो* — अपनी आमदनी के हिसाब से खर्च करो।
- *जिस थाली में खाना उसी में छेद करना* — जो उपकार करे उसका अहित करना।
- *जाकै पैर न फटे बिवाई वह क्या जाने पीर पराई* — स्वयं दु:ख भोगे बिना दूसरे के दर्द का एहसास नहीं होता।
- *जाय लाख रहे साख* — इज़्ज़त रहनी चाहिए व्यय कुछ भी हो जाए।
- *जिन ढूँढा तिन पाइया गहरे पानी पैठ* — जो संकल्पशील होते हैं, वे कठिन परिश्रम करके अपने लक्ष्य को प्राप्त कर लेते हैं।
- *जस दूल्हा तस बनी बरात* — जैसा मुखिया वैसे ही अन्य साथी।
- *जीभ जली और स्वाद भी कुछ न आया* — बदनामी भी हुई और लाभ भी नहीं मिला।
- *जड़ काटते जाना और पानी देते रहना* — ऊपर से प्रेम दिखाना, अप्रत्यक्ष में हानि पहुँचाते रहना।
- *ज्यों-ज्यों भीजे कामरी त्यों-त्यों भारी होय* — जैसे-जैसे समय बीतता है जिम्मेदारियाँ बढ़ती जाती हैं।

(झ, ट, ठ, ड, ढ़)

- *झूठ के पाँव नहीं होते* — झूठ बोलने वाला एक बात पर नहीं टिकता।
- *झोंपड़ी में रह, महलों का ख़्वाब देखें* — सामर्थ्य से बढ़कर चाह रखना।
- *टके की मुर्गी नौ टके महसूल* — कम कीमती वस्तु अधिक मूल्य पर देना।
- *टके का सब खेल* — धन-दौलत से ही सब कार्य सिद्ध होते हैं।
- *ठोक बजा ले चीज, ठोक बजा दे दाम* — अच्छी वस्तु का अच्छा मूल्य।
- *ठोकर लगे तब आँख खुले* — कुछ गँवाकर ही अक्ल आती है।
- *डण्डा सबका पीर* — सख्ती करने से लोग नियंत्रित होते हैं।
- *डायन को दामाद प्यारा* — अपना सबको प्यारा होता है।
- *ढाक के तीन पात* — सदैव एक-सी स्थिति में रहने वाला।
- *ढोल के भीतर पोल/ढोल में पोल* — केवल ऊपरी दिखावा।

(त, थ)

- *तलवार का घाव भरता है, पर बात का घाव नहीं भरता* — मर्मभेदी बात आजीवन नहीं भूलती।
- *तेली का तेल जले, मशालची का दिल जले* — जब कोई व्यक्ति किसी की सहायता करता है, तो जलन अन्य व्यक्ति को होती है।
- *तिरिया बिन तो नर है ऐसा, राह बटोही होवे जैसा* — बिना स्त्री के पुरुष का कोई ठिकाना नहीं।
- *तू डाल-डाल, मैं पात-पात* — एक से बढ़कर दूसरा चालाक।
- *तख्त या तख्ता* — शान से रहना या भूखो मरना।
- *तुम्हारे मुँह में घी-शक्कर* — तुम्हारी बात सच हो।
- *तेल देखो तेल की धार देखो* — सावधानी और धैर्य से काम लो।
- *थूक से सत्तू सानना* — कम सामग्री से काम पूरा करना।
- *थोथा चना बाजे घना* — अकर्मण्य अधिक बात करता है।
- *थोड़ी पूँजी धणी को खाय* — अपर्याप्त पूँजी से व्यापार में घाटा होता है।

(द, ध)

- *दुविधा में दोनों गए माया मिली न राम* — अस्थिर विचार वाला व्यक्ति कुछ भी नहीं कर पाता है।
- *दूध का जला छाछ भी फूँक-फूँककर पीता है* — ठोकर खाने के बाद आदमी सावधान हो जाता है।
- *दूध पिलाकर साँप पोसना* — शत्रु का उपकार करना।
- *दुधारू गाय की लात सहनी पड़ती है* — जिससे कुछ पाना होता है, उसकी धौंस डपट सहन करनी पड़ती है।
- *दूर के ढोल सुहावने* — दूर से ही कुछ चीजें अच्छी लगती हैं।
- *दाल भात में मूसलचन्द* — दो के बीच अनावश्यक व्यक्ति का हस्तक्षेप करना।
- *दाने-दाने पर मुहर* — हर व्यक्ति का अपना भाग्य।
- *दाम सँवारे काम* — पैसा सब काम करता है।
- *दूसरे की पत्तल लम्बा-लम्बा भात* — दूसरे की वस्तु अच्छी लगती है।
- *दोनों दीन से गए पाण्डे हलुआ मिला न माँडे* — किसी तरफ़ के न होना।
- *दो मुल्लों में मुर्गी हलाल* — दो को दिया काम बिगड़ जाता है।
- *धन्ना सेठ के नाती बने हैं* — अपने को अमीर समझते हैं।
- *धूप में बाल सफेद नहीं किए हैं* — सांसारिक अनुभव बहुत हैं।

(न)

- *नंगा क्या नहायेगा, क्या निचोड़ेगा* — जिसके पास कुछ है ही नहीं, वह क्या अपने पर खर्च करेगा और क्या दूसरों पर।
- *न नौ मन तेल होगा, न राधा नाचेगी* — काम न करने के उद्देश्य से असम्भव बहाने बनाना/ऐसी शर्त पर काम स्वीकार करना जो पूरी न हो सके।
- *नाच न आवे आँगन टेढ़ा* — जब कोई व्यक्ति दूसरों के दोष निकालकर अपनी अयोग्यता को छिपाने का प्रयास करता है।
- *नीम न मीठा होय सींचो गुड़ घी-से* — बुरे लोगों का स्वभाव नहीं बदलता, प्रयास चाहे जैसा किया जाए।
- *नाक दबाने से मुँह खुलता है* — कठोरता से कार्य सिद्ध होता है।
- *नक्कारखाने में तूती की आवाज* — बड़ों के बीच में छोटे आदमी की कौन सुनता है।

- *नदी नाव संयोग* — कभी-कभी मिलना।
- *नकटा बूचा सबसे ऊँचा* — निर्लज्ज आदमी सबसे बड़ा है।
- *नेकी कर और कुएँ में डाल* — भलाई का काम करके फल की आशा मत करो।
- *नौ नकद, न तेरह उधार* — नकद का काम उधार के काम से अच्छा है।
- *नया नौ दिन पुराना सौ दिन* — पुरानी चीजें ज्यादा दिन चलती हैं।

(प)

- *पाँचों उँगलियाँ बराबर नहीं होतीं* — सभी के गुण समान नहीं होते, उनमें कुछ न कुछ अन्तर होता है।
- *पाँचों सवारों में मिलना* — अपने को बड़े व्यक्तियों में गिनना।
- *पत्नी टटोले गठरी और माँ टटोले अंतड़ी* — पत्नी देखती है कि मेरे पति के पास कितना धन है और माँ देखती है कि मेरे बेटे का पेट अच्छी तरह भरा है या नहीं।
- *पढ़े फ़ारसी बेचे तेल यह देखो कुदरत का खेल* — योग्यतानुसार कार्य न मिलना।
- *पराधीन सपनेहुँ सुख नाहीं* — पराधीनता सदैव दु:खदायी होती है।
- *पराये धन पर लक्ष्मी नारायण* — दूसरे के धन पर गुलछर्रे उड़ाना।
- *पानी पीकर जात पूछते हो* — काम करने के बाद उसके अच्छे-बुरे पहलुओं पर विचार करना।

(फ, ब)

- *फ़कीर की सूरत ही सवाल है* — फ़कीर कुछ माँगे या न माँगे, यदि सामने आ जाए तो समझ लेना चाहिए कि कुछ माँगने ही आया।
- *फलेगा सो झड़ेगा* — उन्नति के पश्चात् अवनति अवश्यम्भावी है।
- *बन्दर क्या जाने अदरक का स्वाद* — जब कोई व्यक्ति ज्ञान के अभाव में किसी वस्तु की कद्र नहीं करता है।
- *बनिया मीत न वेश्या सती* — बनिया किसी का मित्र नहीं होता और वेश्या चरित्रवान नहीं होती।
- *बीती ताहि बिसार दे आगे की सुधि लेय* — जो कुछ हो चुका है उसे भूलकर भविष्य के लिए सँभल जाना चाहिए।
- *बोया पेड़ बबूल का आम कहाँ ते होय* — बुरे कर्मों का परिणाम अच्छा नहीं हो सकता।

(भ, म)

- *भीगी बिल्ली बताना* — बहाना बनाना।
- *भूल गए राग रंग, भूल गए छकड़ी, तीन चीज याद रहीं नून तेल लकड़ी* — जब कोई स्वतन्त्र प्रकृति का व्यक्ति बुरी तरह से गृहस्थी के चक्कर में पड़ जाता है।
- *भैंस के आगे बीन बजे, भैंस खड़ी पगुराय* — मूर्ख अच्छी वस्तु की कद्र नहीं करते, मूर्खों को उपदेश देना व्यर्थ है।
- *मन चंगा तो कठौती में गंगा* — यदि मन शुद्ध है तो तीर्थाटन आवश्यक नहीं है।
- *मान न मान मैं तेरा मेहमान* — जबर्दस्ती गले पड़ना।
- *मुल्ला की दौड़ मस्जिद तक* — सीमित क्षेत्र तक पहुँच।
- *मेरी ही बिल्ली और मुझसे म्याऊँ* — आश्रयदाता को ही रॉब दिखाना।

(य, र, ल, व)

- *यह मुँह और मसूर की दाल* — जब कोई व्यक्ति अपनी योग्यता से अधिक पाने की अभिलाषा करता है तब यह कहावत चरितार्थ होती है।
- *रस्सी जल गई पर ऐंठन नहीं गई* — स्वाभिमानी व्यक्ति बुरी अवस्था को प्राप्त होने पर भी अपनी शान नहीं छोड़ता है।
- *राम नाम जपना, पराया माल अपना* — ऊपर से भक्त, भीतर से ठग होना।
- *लकड़ी के बल बन्दर नाचे* — दुष्ट लोग भय से ही काम करते हैं।
- *वही मन, वही चालीस सेर* — बात एक ही है, दोनों बातों में कोई अन्त नहीं।

(श, स, ह)

- *शक्ल चुड़ैल की, मिज़ाज परियों का* — बेकार का नखरा।
- *शेख़ी सेठ की, धोती भाड़े की* — कुछ न होने पर भी बड़प्पन दिखाना।
- *सब धान बाइस पंसेरी* — अच्छे-बुरे को एक समान समझना।
- *सीधी उँगली से घी नहीं निकलता* — हमेशा सीधेपन से कार्य नहीं होता है।
- *सूरदास खल कालो कामरि चढ़े न दूजौ रंग* — दुष्ट व्यक्ति अपनी दुष्टता नहीं छोड़ता।
- *सौ सुनार की एक लुहार की* — निर्बल की सौ चोटों की अपेक्षा बलवान की एक चोट काफी होती है।
- *सहज पके सो मीठा होय* — ठीक समय लेकर किया गया कार्य अच्छा होता है।
- *समय चूकि पुनि का पछिताने* — अवसर चले जाने पर पछताने का कोई लाभ नहीं होता।
- *सावन हरे न भादो सूखा* — सदा एक-सा रहना।
- *हाथ कंगन को आरसी क्या* — प्रत्यक्ष को प्रमाण की क्या आवश्यकता।
- *होनहार बिरवान के होत चीकने पात* — बचपन से ही अच्छे लक्षणों का दिखाई देना।
- *हाथी के दाँत दिखाने के और, खाने के और होते हैं* — कथनी और करनी में अंतर।
- *हथेली पर सरसों नहीं उगती* — कोई भी कार्य बिना एक प्रक्रिया और समय के पूर्ण नहीं होता।

वस्तुनिष्ठ प्रश्नावली

1. कहावत को कहते हैं
(a) लोकोक्ति, (सूक्ति, सुभाषित), कही हुई बातें
(b) बढ़ा-चढ़ा कर कहना
(c) छोटे से वाक्यांश में कुछ कहना
(d) उपरोक्त में से कोई नहीं

2. 'एक अनार सौ बीमार' कहावत का अर्थ है *(UP SI पुलिस परीक्षा 2017)*
(a) अत्यन्त कम (b) हर हाल में मुसीबत
(c) एक ही वस्तु के अनेक आकांक्षी (d) दुहरा फायदा

3. 'जल में रहकर मगर से बैर' कहावत का अर्थ है
(a) अपराधी हमेशा शंकित रहता है (b) बड़ों से शत्रुता नहीं चलती
(c) मगरमच्छ से दुश्मनी (d) जल में मगर के साथ रहना

4. 'जस दूल्हा तस बनी बारात' कहावत का अर्थ है
(a) जिससे लाभ हो उसी का पक्ष लें
(b) जो जिसके योग्य हो उसे वही मिलता है
(c) लालच में कोई काम करना
(d) जैसा मुखिया वैसे ही अन्य साथी

5. 'नाच न आवे आँगन टेढ़ा' कहावत का अर्थ है
(a) बुरे लोगों का स्वभाव नहीं बदलता
(b) नाचने का मन नहीं होना
(c) अपने दोष (अयोग्यता) को छिपाने के लिए दूसरों के दोष निकालना
(d) सीधे आँगन में नाचने की इच्छा

6. 'दूध का दूध पानी का पानी' कहावत का अर्थ है
(a) दूध में पानी मिला होना (b) असम्भव कार्य हो जाना
(c) दो को दिया काम बिगड़ जाता है (d) ठीक-ठाक न्याय हो जाना

7. 'दूर के ढोल सुहावने' कहावत का अर्थ है
(a) ढोल को दूर रखना (b) ढोल को अपने पास से हटा देना
(c) दूर की वस्तु अच्छी लगना (d) ढोल के बारे में दूर की सोचना

8. 'पढ़े फ़ारसी बेचे तेल यह देखो कुदरत का खेल' कहावत का अर्थ है।
(a) फ़ारसी पढ़े-लिखे तेल बेचते हैं
(b) कुदरत के खेल में फ़ारसी तेल बेचते हैं
(c) योग्यतानुसार कार्य न मिलना
(d) सभी के गुण समान नहीं होते

9. बोया पेड़ बबूल का आम कहाँ से खाय लोकोक्ति का अर्थ है *(UPSI पुलिस परीक्षा 2017, UP VDO/समाज कल्याण पर्यवेक्षक 2018)*
(a) बबूल का पेड़ आम के पेड़ जैसा होता है
(b) बबूल का पेड़ आम के पेड़ से अच्छा होता है
(c) बुरे कर्मों की अपेक्षा कलंकित होना अधिक बुरा है
(d) बुरे कर्मों का परिणाम, अच्छा नहीं हो सकता

10. 'यह मुँह और मसूर की दाल' कहावत का अर्थ है
(a) मसूर की दाल का महँगा होना
(b) मूर्ख अच्छी वस्तु की कद्र नहीं करते
(c) अपने को बड़े व्यक्तियों में गिनना
(d) अपनी योग्यता से अधिक पाने की उम्मीद

11. 'छछूँदर के सिर पर चमेली का तेल' का अर्थ है *(UPTET 2020, NVS प्रवक्ता परीक्षा 2014)*
(a) मिथ्या आडम्बर
(b) अयोग्य व्यक्ति को अच्छी चीज देना
(c) योग्य व्यक्ति को अच्छी चीज देना
(d) अधिक पाने का लालच करना

12. 'घाट-घाट का पानी पीना' लोकोक्ति का उपयुक्त अर्थ है *(UPTET 2020)*
(a) अनेक क्षेत्रों का अनुभव
(b) जीवन में स्थिरता का अभाव
(c) दर-दर भटकना
(d) परोपकार के लिए यहाँ-वहाँ घूमना

13. 'भई गति साँप छछूँदर केरी' *(UPSSSC कनिष्ठ सहायक परीक्षा 2019)*
(a) शिकार की स्थिति (b) आक्रामक स्थिति
(c) हास्यास्पद स्थिति (d) असमंजस की स्थिति

14. 'कठोर परिश्रम के बिना जीवन में सफलता नहीं मिलती' इस सन्देश की व्यंजक उक्ति इनमें से है *(RPSC पुलिस सब-इंस्पेक्टर परीक्षा 2011)*
(a) बालू से तेल निकालना
(b) खोदा पहाड़ निकली चुहिया
(c) जिन खोजा तिन पाइया गहरे पानी पैठ
(d) नौ दिन चले अढ़ाई कोस

15. 'विपत्ति के समय थोड़ी-सी सहायता भी बहुत बड़ी होती है' इस भाव की व्यंजक पंक्ति है *(RPSC पुलिस सब-इंस्पेक्टर परीक्षा 2011)*
(a) चार दिन की चाँदनी फिर अँधेरी रात
(b) आम के आम गुठलियों के दाम
(c) चुपड़ी और दो-दो
(d) डूबते को तिनके का सहारा

16. 'आँधी आवे बैठ गँवाने' लोकोक्ति का उपयुक्त अर्थ है *(UPSSSC कनिष्ठ सहायक परीक्षा 2020)*
(a) संकट से मुँह फेरना
(b) विपरीत परिस्थिति में उपयुक्त समय आने का इंतजार करना
(c) विपत्ति से टकराने का हौसला रखना
(d) आँधी के बाद पानी बरसने का इंतजार करना

17. 'एक दिन का पाहुना, दूजे दिन अनखावना' *(RPSC पुलिस सब-इंस्पेक्टर परीक्षा 2011)*
(a) दामाद को ससुराल में अधिक दिन नहीं रहना चाहिए
(b) मेहमान थोड़े ही समय में शैतान बन जाता है
(c) अतिथि ज्यादा दिन नहीं रहता
(d) अतिथि को कम समय में ही चले जाना चाहिए

18. 'खिसियानी बिल्ली खम्भा नोचे' का अर्थ है *(UPSSSC लेखपाल परीक्षा 2015)*
(a) अपने से बड़ों पर क्रोध करना
(b) कायरतापूर्ण व्यवहार करना
(c) किसी बात पर शर्मिन्दा होकर क्रोध करना
(d) अपनी शर्म छिपाने के लिए व्यर्थ झुँझलाना

19. 'काठ की हाण्डी बार-बार नहीं चढ़ती' का अर्थ है *(UPSSSC लेखपाल परीक्षा 2015)*

(a) दुर्भाग्य की मार बार-बार नहीं होती
(b) बुरे दिन हमेशा नहीं रहते
(c) छल-कपट का व्यवहार हमेशा नहीं चलता
(d) लकड़ी का बर्तन अग्नि से जल सकता है

20. 'देशी मुर्गी विलायती बोल' कहावत/लोकोक्ति का सही अर्थ दिए गए विकल्पों में से चुनिए *(KVS PRT 2015)*

(a) कम कीमत में अच्छी वस्तु (b) उम्मीद से बढ़कर
(c) बेमेल बातों का मेल (d) अनोखी चीज देखना

21. 'अपनी-अपनी ढपली, अपना-अपना राग' लोकोक्ति का अर्थ है। *(उत्तराखण्ड 'समूह-घ' परीक्षा 2019)*

(a) सबका अपना मत (b) अपना कार्य निष्ठा से करना
(c) दूसरे का कार्य निष्ठा से करना (d) गाकर नृत्य करना

22. 'न सावन सूखे न भादो हरे' कहावत का अर्थ है

(a) सदैव एक सी मानसिक स्थिति में होना
(b) सदैव सुखी रहना
(c) सदैव प्रसन्न रहना
(d) सुख-दुःख का भेद न जानना

23. 'एक तो करेला, दूजे नीम चढ़ा' लोकोक्ति का अर्थ है *(CGPSC Pre 2019, KVS/PRT 2015)*

(a) करेले की बेल नीम पर चढ़ाई जाती है
(b) करेले और नीम पास-पास उगते हैं
(c) गुणी की अच्छी संगत में पड़कर और गुणवान हो जाना
(d) बुरे का बुरी संगत में पड़कर और बुरा हो जाना

24. 'जिन ढूँढा तिन पाइयाँ गहरे पानी पैठ' लोकोक्ति का अर्थ है *(CGPSC 2017)*

(a) परिश्रम का फल गहरे पानी में मिलता है
(b) परिश्रम का फल अवश्य मिलता है
(c) परिश्रम का फल कभी-कभी मिलता है
(d) परिश्रम का फल भाग्य से मिलता है

25. 'नीम हकीम खतरे जान' लोकोक्ति का अर्थ है *(उपनिरीक्षक सीधी भर्ती परीक्षा 2014)*

(a) नीम का पत्ता चबाना (b) नीम से हकीमी करना
(c) खतरनाक चीज (d) अल्प-ज्ञान भयंकर

26. 'तन पर नहीं लत्ता, पान खाए अलबत्ता' लोकोक्ति का अर्थ है

(a) बहुत गरीब होना (b) व्यर्थ का प्रदर्शन
(c) एक साथ दो लाभ (d) बुरी आदत का शिकार

27. 'तू डाल-डाल, मैं पात-पात' लोकोक्ति का अर्थ है *(उपनिरीक्षक सीधी भर्ती परीक्षा 2014)*

(a) दोनों विद्वान् (b) दोनों मूर्ख (c) दोनों तत्वज्ञ (d) दोनों चालाक

28. 'आँख के अंधे गाँठ के पूरे' लोकोक्ति का सही अर्थ है *(CGPSC Pre 2017)*

(a) गुण के विरुद्ध नाम का होना
(b) किसी तरह की जिम्मेदारी का न होना
(c) मूर्ख धनवान
(d) डींग हाँकना

29. तुलसीदास का कथन 'ढोल गँवार, शूद्र, पशु, नारी, ये सब ताड़न के अधिकारी' किस लोकोक्ति का समर्थन करता है? *(अन्वेषक सीधी भर्ती परीक्षा 2014)*

(a) आमी, नींबू, बनिया। चापें तें रस देय
(b) बाँमन कुकुर, नाऊ। आप जाति देखि गुर्राऊ
(c) ऊँचजाति बतिअवले। नीचजाति लतिअवले
(d) तीन कनौजिया तेरह चूल्हा

30. 'ऊँट के मुँह में जीरा' लोकोक्ति का अर्थ है *(UPSSSC लेखपाल परीक्षा 2015/TGT परीक्षा 2014)*

(a) बहुत बड़े प्राणी को भोजन बनाना
(b) बहुत अधिक खाने वाले को बहुत कम देना
(c) जानवर को दवाई देना
(d) बड़े प्राणी को सांत्वना देना

निर्देश (प्र. सं. 31-32) *निम्नलिखित लोकोक्तियों के लिए उपयुक्त विकल्प चुनिए।*

31. 'विनाशकाले विपरीत बुद्धि' लोकोक्ति का अर्थ है

(a) बुद्धि से विनाश नहीं होता
(b) हमेशा बुद्धि से कार्य करना चाहिए
(c) विपरीत बुद्धि सही नहीं होती
(d) प्रतिकूल समय पर बुद्धि भी विपरीत हो जाती है

32. 'बन्दर क्या जाने अदरक का स्वाद' *(UP वन विभाग 2015)*

(a) बन्दर के लिए अदरक विष है
(b) बन्दर को खाँसी-जुकाम नहीं होता
(c) मूर्ख अच्छी वस्तु की कद्र नहीं करता
(d) बन्दर को अदरक पसन्द नहीं

33. 'आए थे हरि भजन को ओटन लगे कपास'-लोकोक्ति का सही अर्थ है।

(a) साधुओं की संगति छोड़ देना
(b) वांछित कार्य को छोड़कर अन्य कार्य में लग जाना
(c) भक्ति छोड़कर व्यापार करने लगना
(d) गृहस्थी के झंझटों में फँस जाना

34. लोकोक्ति और उसके अभिप्राय का कौन-सा जोड़ा गलत है? *(UPTET 2018)*

(a) ओस चाटे प्यास नहीं बुझती – बड़े काम के लिए विशेष प्रयत्न की जरूरत होती है
(b) कढ़ाही से गिरा, चूल्हे में पड़ा – एक आपत्ति से छूटकर दूसरी विपत्ति में पड़ना
(c) घी भी खाओ और पगड़ी भी रक्खो – इतना खर्च करो कि इज्जत बनी रहे
(d) काठ की हाँडी बार-बार चूल्हे पर नहीं चढ़ती – काठ की हाँडी बार-बार जल जाती है

35. निम्नलिखित में लोकोक्ति कौन सी है? *(UPTET 2013)*

(a) आसमान पर थूकना (b) उल्टा चोर कोतवाल को डाँटे
(c) गूलर का फूल होना (d) कोढ़ में खाज होना

36. स्थिति में परिवर्तन न होने के भाव को व्यक्त करने वाली सही कहावत है *(UPTET 2016)*

(a) जस दूल्हा तस बनी बारात
(b) न सुख में मोटे न दुःख में दुबले
(c) न गरजे न बरसे वही धूप की धूप
(d) वही ढाक के तीन पात

37. 'हाथ कंगन को आरसी क्या' का सही अर्थ है? *(KVS PRT 2015)*

(a) गुणी को आडम्बर की जरूरत नहीं
(b) धनी के लिए पैसे का महत्त्व नहीं
(c) प्रत्यक्ष के लिए प्रमाण की आवश्यकता नहीं
(d) बलवान को सहयोगी की जरूरत नहीं

38. पत्थर को जोंक नहीं लगती *(UPSSSC कनिष्ठ सहायक परीक्षा 2016)*

(a) मजबूत चीज आसानी से खराब नहीं होती
(b) दो धूर्तों में प्रायः टकराव नहीं होता
(c) हठी पर कोई प्रभाव नहीं होता
(d) सबल का शोषण नहीं होता

39. 'हृदय पवित्र तो सब कुछ ठीक' के अर्थ में लोकोक्ति है *(UPSSSC 2016)*
(a) मान न मान मैं तेरा मेहमान (b) मार-मार कर हकीम बनाना
(c) पराए धन पर लक्ष्मीनारायन (d) मन चंगा तो कठौती में गंगा

40. 'एक तवे की रोटी, क्या छोटी क्या मोटी' लोकोक्ति का तात्पर्य है *(UKSSSC VDO 2015)*
(a) तवे की रोटी (b) सभी एक-समान
(c) सभी श्रेष्ठ (d) रोटी के प्रकार

41. 'खरबूजे को देख खरबूजा रंग बदलता है'-लोकोक्ति का अर्थ है *(UKPCS 2012)*
(a) संगति का प्रभाव अवश्य पड़ता है
(b) प्रयत्न ज्यादा पर लाभ थोड़ा
(c) कपटपूर्ण व्यवहार
(d) किए का फल भोगना पड़ेगा

42. 'पगड़ी रख, घी चख' लोकोक्ति का अर्थ है *(UPPSC Pre 2018)*
(a) मान-सम्मान से ही जीवन का आनन्द है
(b) पढ़-लिखकर भी अनुभवहीन
(c) निर्लज्ज होकर कुछ पाना
(d) बदनामी से बुरा नेकनामी

43. 'हृदय सम्राट' लोकोक्ति का अर्थ है *(CGPSC Pre 2017)*
(a) मनमौजी व्यक्ति (b) शक्तिशाली व्यक्ति
(c) उदार हृदय वाला व्यक्ति (d) अत्यन्त प्रिय

44. 'अशर्फियाँ लुटें : कोयलों पर मुहर' इस कहावत का अर्थ क्या है? *(अन्वेषक सीधी भर्ती परीक्षा 2014)*
(a) मूल्यवान वस्तु की अपेक्षा तुच्छ वस्तु का ध्यान
(b) छोटी वस्तु की सुरक्षा में अधिक व्यय
(c) सम्पूर्ण लाभ स्वयं उठाना
(d) आय से अधिक व्यय

45. 'कार्य करने के बाद उसके बारे में जाँच करना' का अर्थ वाली कहावत है *(HTET 2013)*
(a) साँप निकलने पर लकीर पीटते रहना
(b) पानी पीकर जाति पूछना
(c) अब पछताए होत क्या जब चिड़िया चुग गई खेत
(d) उपर्युक्त सभी

46. 'कभी नाव गाड़ी पर कभी गाड़ी नाव पर' लोकोक्ति का सही आशय है *(UPSDI 2006)*
(a) संघर्ष होना
(b) एक दूसरे की सहायता करना
(c) भलाई करना
(d) एक-से स्वभाव वाले होना

47. 'एक हाथ से ताली नहीं बजती' लोकोक्ति का अभिप्राय है *(UPSDI 2006)*
(a) शत्रुता दोनों पक्षों की गलती से होती है
(b) संघर्ष बराबरी वाले दो पक्षों में होना चाहिए
(c) एक आदमी से काम नहीं चलता
(d) सराहना हेतु दोनों ने ताली बजाई

48. 'जितने मुँह उतनी बातें' का अर्थ है
(a) बहुत ज्यादा बातूनी होना
(b) झूठ बोलना
(c) एक ही बात पर अनेक कथन
(d) उपरोक्त में से कोई नहीं

49. 'न नौ मन तेल होगा न राधा नाचेगी' का भाव है
(a) काम न करने का बहाना बनाना
(b) खूब काम करना
(c) काम से दिल ऊबना
(d) काम में आलस्य करना (न पूरी होने वाली शर्त)

50. 'आठ कनौजिया नौ चूल्हे' लोकोक्ति का अर्थ क्या होता है? *(UPSSSC सहायक लेखाकार परीक्षा 2015)*
(a) मस्त रहना (b) फाँका करना
(c) अलगाव की स्थिति (d) सम्पन्नता की स्थिति

51. 'खुदा गंजे को नाखून न दें' लोकोक्ति का अभिप्राय है *(UPSDI 2006)*
(a) छोटे आदमी का प्रेम अस्थिर होता है
(b) लज्जित होकर दूसरे पर क्रोध न निकाले
(c) एक दोष पहिले से था, दूसरा और आ गया
(d) अत्याचारी को शक्ति नहीं मिलनी चाहिए

52. 'समय के अनुसार काम करना चाहिए' अर्थ की बोधक लोकोक्ति है *(UPNT 2006)*
(a) जैसी बहै बयार, पीठ तब तैसी दीजै
(b) जाके पांव न फटी बिवाई, सो क्या जाने पीर पराई
(c) ऊँगली पकड़ कर पहुँचा पकड़ना
(d) का बरसा जब कृषि सुखाने

53. 'नौ दिन चले अढ़ाई कोस' से तात्पर्य है *(UPTGT 2010)*
(a) नौ दिन में अढ़ाई कोस चलना
(b) धीरे-धीरे चलना (बहुत सुस्त होना)
(c) चलने की कोशिश करना
(d) अधिक परिश्रम का थोड़ा फल मिलना

54. 'आँख के अन्धे नाम नयनसुख' का सही अर्थ है *(UPSDI 2006)*
(a) गुणों के विरुद्ध नाम का होना
(b) बुद्धिहीन किन्तु पर्याप्त धनवान
(c) अन्धा आदमी प्रायः गुणवान होता है
(d) एक आँख के अन्धे को भी सभी सुखद अनुभव हो सकते हैं

55. 'कोयले की दलाली में हाथ काले' का अर्थ है *(HTET 2013)*
(a) कोयले का व्यापार मत करो
(b) कोयले की दलाली में हाथ गंदे हो जाते हैं
(c) दलाली नहीं करनी
(d) खराब काम का परिणाम भी खराब ही होता है

56. जहाँ न पहुँचे रवि, वहाँ पहुँचे कवि *(UPPGT 2000)*
(a) कवि बहुत तर्कशील होते हैं (b) कवि बहुत भावप्रवण होते हैं
(c) कवि बहुत विचारशील होते हैं (d) कवि बहुत कल्पनाशील होते हैं

57. 'बाँझ क्या जाने प्रसव की पीड़ा' का अर्थ है *(UP राजस्व निरीक्षक परीक्षा 2014)*
(a) दूसरों का दुःख-दर्द नहीं समझना
(b) सहानुभूति नहीं दिखाना
(c) सन्तानहीन होना
(d) जिस पर बीतती है, वहीं जानता है

58. 'अकेला चना भाड़ नहीं फोड़ता' का अर्थ है *(UP राजस्व निरीक्षक परीक्षा 2014)*
(a) एक चना किसी काम का नहीं
(b) एक चना शक्तिहीन होता है
(c) अकेला व्यक्ति शक्तिशाली नहीं होता
(d) एक चने से भूख नहीं मिटती

59. हथेली पर सरसों नहीं जमती का अर्थ है *(रेलवे 2010, 04)*
(a) सरसों के लिए जमीन चाहिए, हथेली नहीं
(b) हर काम में मनमानी नहीं चल सकती
(c) काम के लिए समय चाहिए, जब चाहो तभी काम नहीं हो सकता
(d) सफलता समय पर आती है

60. गए थे रोज़ा छुड़ाने, नमाज गले पड़ी का अर्थ है *(रेलवे 2000)*
(a) मुश्किल में पड़ जाना
(b) कष्ट पहुँचाना
(c) ग़रीब हो जाना
(d) उपकार करने के बदले स्वयं को दुःख भोगना पड़ा

61. गंगा गए गंगादास, जमुना गए जमुनादास का अर्थ है *(रेलवे 2000)*
(a) अपने-अपने घर जाना
(b) अपना-अपना काम करना
(c) किसी की नहीं सुनना
(d) जिसका कोई दृढ़ सिद्धान्त नहीं होता

62. सिर सहलाए भेजा खाए का अर्थ है
(a) एकदम निकट आकर शोरगुल करना
(b) किसी के सिर पर सवार हो जाना
(c) दोस्त बनकर हानि पहुँचाना
(d) चापलूसों के कहने को करना

63. सौ सयाने एक मत का अर्थ है *(बैंक परीक्षा 2002)*
(a) कुछ भी निश्चय न कर पाना
(b) ज्यादा चालाक बनना
(c) अच्छे विचारों में भिन्नता होना
(d) बुद्धिमानों के विचार एक-से होते हैं

64. तन पर नहीं लत्ता पान खाए अलबत्ता का अर्थ है *(बैंक परीक्षा 2002, 10)*
(a) बहुत ग़रीब होना (b) झूठा दिखावा करना
(c) एक साथ दो लाभ होना (d) बुरी आदत का शिकार

65. गुरु गुड़ चेला चीनी का अर्थ है *(बैंक परीक्षा 2002)*
(a) गुरु हमेशा सर्वोपरि होता है (b) गुरु से चेले का आगे बढ़ जाना
(c) चेले द्वारा महान कार्य करना (d) गुरु के कथानुसार कार्य करना

66. तबेली की बला बन्दर के सिर का अर्थ है
(a) किसी की शिकायत दूसरों से करना
(b) एक-दूसरे से लड़वाना
(c) किसी का अपराध दूसरे के सिर
(d) अपना दोष दूसरों के सिर मढ़ना

67. फिसल पड़े तो हर गंगे का अर्थ है *(सब इंस्पेक्टर परीक्षा 2002)*
(a) मजबूरी में काम पड़ना
(b) नुक़सान उठाना
(c) एक साथ दो काम करना
(d) विपत्ति पड़ने पर ईश्वर का स्मरण करना

68. अन्धा पावै आँखें तो पतियाय का अर्थ है *(रेलवे 2001)*
(a) सबसे मूल्यवान वस्तु प्राप्त करके प्रसन्न होना
(b) अभीष्ट की प्राप्ति होने पर विश्वास का जमना
(c) असम्भव की चाह होना
(d) असम्भव को सम्भव कर दिखाना

69. उधो का लेना न माधो को देना का अर्थ है *(UP निर्वाचन आयोग परीक्षा 2001)*
(a) अपने काम से काम (b) भक्ति भाव से दूर रहना
(c) हिसाब साफ रखना (d) सबसे अलग रहना

70. कहाँ राजा भोज कहाँ गंगू तेली का अर्थ है *(रेलवे 2000)*
(a) ऊटपटांग बात करना
(b) राजा और सामान्य व्यक्ति की तुलना
(c) राजा भोज और गंगू तेली के बीच तुलना करने का प्रयास
(d) आकाश-पाताल का अन्तर होना

71. आप डूबे तो जग डूबा का अर्थ है *(PCS 2003)*
(a) बुरा आदमी सबको बुरा कहता है
(b) मरने के बाद कौन देखने आता है कि क्या हुआ
(c) अपनी हानि होने पर दूसरों को भी हानि पहुँचाना
(d) सबको अपने समान समझना

72. तेल देखो तेल की धार देखो का अर्थ है *(PCS 2003)*
(a) लापरवाही से नुक़सान होता है
(b) तेल की धार देखकर तेल का परीक्षण करना
(c) काम करते समय उसकी पहचान करना
(d) रुख पहचानना

73. ओखली में सिर दिया तो मूसलों से क्या डर का अर्थ है *(अनुवादक परीक्षा 2005)*
(a) मूर्ख के साथ मित्रता करने पर हानि ही होती है
(b) मुसीबतों से घबराना किसी भी प्रकार से उचित नहीं
(c) ओछे व्यक्ति किसी को लाभ नहीं पहुँचा सकते
(d) कठिन काम शुरू करने पर कष्ट तो सहन करने ही पड़ते हैं

74. उपाय वही सफ़ल और श्रेष्ठ है जिसका लोहा विरोधी को भी मानना पड़े के लिए सही लोकोक्ति है
(a) आधा तीतर आधा बटेर (b) चमत्कार को नमस्कार
(c) जादू वही जो सिर चढ़कर बोले (d) इनमें से कोई नहीं

75. कुम्हार अपना ही घड़ा सराहता है, का अर्थ है
(a) अपनी ही प्रशंसा करना
(b) अपनी बनाई हुई वस्तु सबको अच्छी लगती है
(c) किसी को बोलने नहीं देना
(d) दूसरों की वस्तु को तुच्छ समझना

76. घर का जोगी जोगड़ा, आन गाँव का सिद्ध का अर्थ है
(a) घर के ज्ञानी को सम्मान नहीं
(b) घर-घर में मिट्टी के चूल्हे
(c) घर की मुर्गी दाल बराबर
(d) घर का भेदी लंका ढाहे

77. टूट चाप नहिं जुरै रिसाने का अर्थ है
(a) टूटा धनुष क्रोध करने से नहीं जुड़ता
(b) चिन्ता छोड़ो सुख से जिओ
(c) नुक़सान के लिए परेशान नहीं होना चाहिए
(d) नुक़सान हो जाने पर क्रोध करना व्यर्थ है

78. पुचकारा कुत्ता सिर चढ़े का अर्थ है
(a) पुचकारने पर कुत्ता भी प्यार दिखाता है
(b) ओछे लोग मुँह लगाने पर अनुचित लाभ उठाते हैं
(c) ओछे लोग ही इस जमाने में तरक्क़ी कर सकते हैं
(d) नगण्य व्यक्ति को कभी अपमानित नहीं करना चाहिए

79. तीन दिन मेहमान चौथे दिन हैवान का अर्थ है
(a) आतिथ्य थोड़े दिन का ही अच्छा होता है
(b) अतिथि का कभी अनादर नहीं करना चाहिए
(c) मेहमान भी कभी-कभी शैतान बन जाते हैं
(d) ससुराल में दामाद को अधिक दिन नहीं रहना चाहिए

80. जैसी बहे बयार, पीठ तब तैसी दीजे का अर्थ है
(a) समय का रुख देख़कर काम करना चाहिए
(b) राजनीति में दल-बदल करते रहना चाहिए
(c) ऐसा काम करना चाहिए जिससे संकट में न फँसा जाए
(d) पवन की तरह कभी शीत और कभी उष्ण होना चाहिए

81. चूहे के चाम से नगाड़े नहीं मढ़े जाते का अर्थ है *(UPSSSC वनरक्षक परीक्षा 2015)*
(a) कंजूसी करना (b) सीमित साधनों से काम चलाना
(c) छोटा होकर बड़ा काम करना (d) सीमित साधनों से बड़े काम नहीं होते

82. अंधे के हाथ बटेर लगना का अर्थ है *(UPSSSC वनरक्षक परीक्षा 2015)*
(a) अंधा भी अपना लक्ष्य प्राप्त कर सकता है
(b) अंधेरे में कोई वस्तु मिल जाना
(c) अपात्र को बड़ी सफलता मिलना
(d) मुसीबत पर मुसीबत आना

83. 'खग जाने खग की भाषा' लोकोक्ति का उचित अर्थ, नीचे दिए विकल्पों में से बताइए *(UPSSSC VDO 2015)*
(a) पक्षियों की तरह बोलना
(b) पक्षियों की भाषा न जानना
(c) पक्षी अपनी भाषा स्वयं समझते हैं
(d) समान प्रवृत्ति वाले लोग एक-दूसरे को सराहते हैं

84. नीचे लोकोक्तियाँ और उनके अर्थ दिए गए हैं। इनमें गलत अर्थ वाली लोकोक्ति का चयन कीजिए। *(UPSSSC VDO 2016)*
(a) आगे नाथ न पीछे पगहा – बन्धनहीन
(b) तीन तेरह होना – संगठित होना
(c) एक टकसाल के ढले हैं – सब एक जैसे हैं
(d) आँख के अन्धे गाँठ के पूरे – मूर्ख लेकिन धनवान

85. 'होनहार बिरवान के होत चीकने पात' लोकोक्ति का सही अर्थ है *(UPSSSC युवा कल्याण अधिकारी 2018)*
(a) होनहार बालक सुंदर होता है।
(b) सुंदर बालक होनहार होता है।
(c) होनहार बालक के गुण बचपन से ही दिखाई देने लगते हैं।
(d) होनहार बालक सुंदर नहीं होता है।

86. 'एक से बढ़कर दूसरे' का अर्थ व्यक्त करने के लिए सही लोकोक्ति है *(UPSSSC युवा कल्याण अधिकारी 2018)*
(a) समरथ को नहिं दोष गोसाई
(b) सेर को सवा सेर
(c) सइया भये कोतवाल अब डर काहे का
(d) सखी न सहेली, भली अकेली

87. 'लाभ ही लाभ' अर्थ के लिए सही लोकोक्ति है *(UPSSSC VDO/समाज कल्याण पर्यवेक्षक 2018)*
(a) पाँचों उँगलियाँ घी में
(b) पाँचों उँगलियाँ बराबर नहीं होती
(c) नेकी कर और कुएँ में डाल
(d) नेकी और पूछ-पूछ

88. निम्नलिखित में से कौन-सी कहावत का अर्थ है—'कहीं ठिकाना न होना'? *(UP बी. एड. 2019)*
(a) दोनों नावों पर पैर रखना (b) न सावन हरा न भादो सूखा
(c) न रहेगा बाँस न बजेगी बाँसुरी (d) इनमें से कोई नहीं

89. उस विकल्प का चयन करें जो दी गई लोकोक्ति का सही अर्थ है।
आँख का अंधा गाँठ का पूरा *(UP मंडी परिषद् 2018)*
(a) अच्छा व्यक्ति (b) मूर्ख धनी
(c) सोच समझकर करना (d) कठोर व्यक्ति

90. आग लगने पर कुआँ खोदना — लोकोक्ति का सही अर्थ होगा *(UPSSSC VDO/समाज कल्याण पर्यवेक्षक 2018)*
(a) जल्दी से कार्य करना
(b) संकट के समय बचाव के लिए सोचना
(c) मुसीबत आने से घबरा जाना
(d) कुआँ खोदकर पुण्य कमाना

91. 'चिराग तले अँधेरा' लोकोक्ति का उपयुक्त अर्थ है *(UPSSSC कनिष्ठ सहायक परीक्षा 2020)*
(a) अपने आसपास की परवाह न करना
(b) जहाँ जरूरी हो वहीं उजाला करना
(c) दूसरे लोगों का ध्यान रखना
(d) निकट के दोष को न देख पाना

92. 'आसमान से गिरा खजूर पर अटका' लोकोक्ति का उपयुक्त अर्थ है *(UPSSSC कनिष्ठ सहायक परीक्षा 2020)*
(a) बाधा-मुक्त होना
(b) एक नई मुसीबत में पड़ना
(c) मुसीबत ही मुसीबत
(d) मुसीबत में किसी का सहारा मिलना

93. 'नेकी कर दरिया में डाल' लोकोक्ति का उपयुक्त अर्थ है *(UPSSSC कनिष्ठ सहायक परीक्षा 2020)*
(a) मदद करके मदद की उम्मीद करना
(b) उपकार करके उपकार की बात को भूल जाना
(c) घृणा के बदले प्रेम करना
(d) कष्ट सहकर परोपकार करना

उत्तरमाला

1. (a)	2. (c)	3. (b)	4. (d)	5. (c)	6. (d)	7. (c)	8. (c)	9. (d)	10. (d)
11. (b)	12. (a)	13. (d)	14. (c)	15. (d)	16. (b)	17. (d)	18. (c)	19. (c)	20. (d)
21. (a)	22. (a)	23. (d)	24. (b)	25. (d)	26. (b)	27. (d)	28. (c)	29. (c)	30. (b)
31. (d)	32. (c)	33. (b)	34. (d)	35. (b)	36. (d)	37. (c)	38. (c)	39. (d)	40. (b)
41. (a)	42. (c)	43. (c)	44. (a)	45. (d)	46. (b)	47. (a)	48. (c)	49. (d)	50. (c)
51. (d)	52. (a)	53. (b)	54. (a)	55. (d)	56. (d)	57. (d)	58. (c)	59. (c)	60. (d)
61. (d)	62. (c)	63. (d)	64. (b)	65. (b)	66. (c)	67. (a)	68. (b)	69. (a)	70. (d)
71. (a)	72. (d)	73. (d)	74. (c)	75. (b)	76. (a)	77. (d)	78. (b)	79. (a)	80. (a)
81. (d)	82. (c)	83. (d)	84. (b)	85. (c)	86. (b)	87. (a)	88. (d)	89. (b)	90. (b)
91. (d)	92. (b)	93. (b)							

अध्याय ~21

रस

रस काव्य की आत्मा है। संस्कृत में कहा गया है कि 'रसात्मकम् वाक्यम् काव्यम्' अर्थात् रसयुक्त वाक्य ही काव्य है। काव्य में रस का वही स्थान है जो शरीर में आत्मा का है। रस अन्तःकरण की वह शक्ति है जिसके कारण इन्द्रियाँ अपना कार्य करती हैं। रस आनन्द रूप है और यही आनन्द विशाल व विराट का अनुभव है।

- रस (Sentiments) का शाब्दिक अर्थ 'आनन्द' है। किसी भी काव्य अथवा साहित्य को पढ़ने, सुनने या नाटक आदि को देखने से मन में जो आनन्द की अनुभूति होती है, उसे ही 'रस' कहते हैं। रस को काव्य की आत्मा/प्राणतत्व भी कहा जाता है।
- सर्वप्रथम **आचार्य भरतमुनि** ने अपने प्रसिद्ध ग्रन्थ नाट्यशास्त्र में रसों की विवेचना की थी, इन्हें **रस सम्प्रदाय के प्रवर्तक** भी कहा जाता है।

रस के अंग/अव्यव

रस के मुख्य रूप से चार अंग माने जाते हैं, जो निम्न प्रकार हैं

1. **स्थायी भाव** अर्थात् भाव की प्रधानता। हृदय में मूलरूप से विद्यमान रहने वाले भावों को स्थायी भाव कहते हैं। स्थायी भाव को रसों का आधार माना गया है। एक-रस के अर्थ में अर्थात् मूल भाव में एक ही स्थायी भाव रहता है। बाद के कुछ आचार्यों ने 9 स्थायी भावों में 2 स्थायी भावों को और जोड़ दिया, जिससे इनकी संख्या 11 हो गई। स्थायी भावों की संख्या 9 है, इसलिए इन्हें **नवरस** भी कहा जाता है।

रसों के स्थायी भाव

रस	स्थायी भाव
श्रृंगार रस	रति
हास्य रस	हास (हँसी)
करुण रस	शोक (दुख)
वीर रस	उत्साह
रौद्र रस	क्रोध
भयानक रस	भय
बीभत्स रस	जुगुप्सा/घृणा
अद्भुत रस	विस्मय/आश्चर्य
शान्त रस	निर्वेद
वत्सल्य रस	वात्सल्य रति
भक्ति रस	देव रति/अनुराग

2. **विभाव** जो व्यक्ति, वस्तु या परिस्थितियाँ स्थायी भावों को उद्दीपन या जागृत करती हैं, उन्हें विभाव कहते हैं। विभाव दो प्रकार के होते हैं
   - **आलम्बन विभाव** जिन वस्तुओं या विषयों पर आलम्बित होकर (सहारा पाकर) स्थायी भाव उत्पन्न होते हैं, उन्हें आलम्बन विभाव कहते हैं; जैसे—नायक-नायिका।
     आलम्बन विभाव के भी दो भेद होते हैं
     (i) **आश्रय** जिस व्यक्ति के मन में रति आदि भाव उत्पन्न होते हैं, उसे आश्रय कहते हैं।
     (ii) **विषय** जिस वस्तु या व्यक्ति के लिए आश्रय के मन में भाव उत्पन्न होते हैं, उसे विषय कहते हैं।
   - **उद्दीपन विभाव** स्थायी भाव को उद्दीपन या तीव्र करने वाले कारण उद्दीपन विभाव होते हैं। नायक-नायिका का रूप सौन्दर्य, पात्रों की चेष्टाएँ, ऋतु, उद्यान, चाँदनी, देश-काल आदि उद्दीपन विभाव होते हैं।
3. **अनुभाव** मन के भावों को प्रकट करने वाले शारीरिक विकार को अनुभाव कहते हैं। अनुभाव की संख्या 8 है; जो निम्न प्रकार हैं
   (i) स्तम्भ (ii) स्वेद (iii) रोमांच (iv) स्वर-भंग (v) कम्प (vi) विवर्णता (रंगहीनता) (vii) अश्रु (viii) प्रलय (संज्ञाहीनता)।
4. **संचारी या व्यभिचारी भाव** मन में उत्पन्न होने वाले अस्थिर मनोविकारों को संचारी भाव कहते हैं। संचारी भावों की संख्या 33 है; जो निम्न प्रकार हैं

संचारी भाव

1. हर्ष	2. विषाद	3. त्रास	4. लज्जा (व्रीड़ा)	5. ग्लानि
6. चिन्ता	7. शंका	8. असूया	9. अमर्ष	10. मोह
11. गर्व	12. उत्सुकता	13. उग्रता	14. चपलता	15. दीनता
16. जड़ता	17. आवेग	18. व्याधि (रोग)	19. धृति	20. मति
21. विबोध	22. वितर्क	23. श्रम	24. आलस्य	25. निद्रा
26. स्वप्न	27. स्मृति	28. मद	29. उन्माद	30. मरण।
31. अपस्मार (मूर्च्छा)		32. निर्वेद (अपने को कोसना या धिक्कारना)		
33. अवहित्था (हर्ष आदि भावों को छिपाना)				

रस के प्रकार

रसों की संख्या को लेकर अनेक मतभेद रहे हैं। भरत मुनि ने रसों की संख्या 8 मानी है। पण्डितराज जगन्नाथ ने रसों की संख्या 9 मानी है। कुछ विद्वानों ने रसों की संख्या 11 मानी है। प्रमुख रसों का विवरण इस प्रकार है

शृंगार रस

आचार्य भोजराज ने शृंगार को **रसराज** कहा है। शृंगार रस का आधार स्त्री-पुरुष का पारस्परिक आकर्षण है, जिसे काव्यशास्त्र में **रति** स्थायी भाव कहते हैं। शृंगार रस में सुखद और दुःखद दोनों प्रकार की अनुभूतियाँ होती हैं। शृंगार रस के दो भेद होते हैं। जिनका वर्णन इस प्रकार है

(i) **संयोग शृंगार** जहाँ नायक-नायिका के संयोग या मिलन का वर्णन होता है, वहाँ संयोग शृंगार होता है;

जैसे—

"कहत, नटत, रीझत, खीझत, मिलत, खिलत, लजियात।
भरै भौन मैं करत हैं, नैनन् हीं सब बात।"

उपर्युक्त उदाहरण में बिहारी कवि ने एक नायक-नायिका के प्रेमपूर्ण चेष्टाओं का बड़ा वर्णन किया है। अत: यहाँ संयोग शृंगार है।

(ii) **वियोग या विप्रलम्भ शृंगार** जहाँ वियोग की अवस्था में नायक-नायिका के प्रेम का वर्णन होता है, वहाँ वियोग या विप्रलम्भ शृंगार होता है;

जैसे—

"मधुबन तुम क्यों रहत हरे, बिरह बियोग स्याम
सुन्दर के ठाढ़े क्यौं न जरें।"

उपर्युक्त उदाहरण में सूरदास जी ने कृष्ण के वियोग में राधा के मनोभावों एवं दुख का वर्णन किया है। अत: यहाँ वियोग शृंगार है।

हास्य रस

जब किसी व्यक्ति की विकृत वेशभूषा, क्रियाकलाप, हाव-भाव आदि को देखकर मन में जो उल्लास उत्पन्न होता है, उसे हास्य रस कहते हैं;

जैसे—

"जेहि दिसि बैठे नारद फूली। सो दिसि तेहि न विलोकी भूली।।
पुनि पुनि मुनि उकसहिं अकुलाहीं। देखि दसा हरिगन मुसकाहीं।।"

*यहाँ **स्थायी भाव** हास तथा **संचारी भाव** हर्ष, चपलता, उत्सुकता आदि हैं।*

करुण रस

जब किसी प्रिय व्यक्ति, वस्तु की हानि से अथवा अपनों से बिछुड़ जाने या दूर चले जाने से मन एवं हृदय में जो वेदना या दु:ख होता है, उसे करुण रस कहते हैं। इस रस में नि:श्वास होना, छाती पीटना, रोना, भूमि पर गिरना आदि का भाव व्यक्त होता है;

जैसे—

"सोक बिकल सब रोवहिं रानी। रूपु सीलु बलु तेजु बखानी।।
करहिं बिलाप अनेक प्रकारा। परहिं भूमितल बारहिं बारा।।"

*यहाँ **स्थायी भाव** शोक तथा **संचारी भाव** मोह, उद्वेग, भूमि पर गिरना आदि हैं।*

वीर रस

जब युद्ध अथवा किसी कठिन कार्य को करने के लिए मन में जो **उत्साह** की भावना विकसित होती है, उसे वीर रस कहा जाता है। इस रस में शत्रु पर विजय प्राप्त करने, यश प्राप्त करने आदि के भाव को व्यक्त किया जाता है;

जैसे—

"मैं सत्य कहता हूँ सखे! सुकुमार मत मानो मुझे।
यमराज से भी युद्ध में प्रस्तुत सदा जानो मुझे।।
हे सारथे! हैं द्रोण क्या? आवें स्वयं देवेन्द्र भी।
वे भी न जीतेंगे समर में आज क्या मुझसे कभी।।"

*यहाँ **स्थायी भाव** उत्साह तथा **संचारी भाव** गर्व, हर्ष, उत्सुकता आदि हैं।*

रौद्र रस

विरोधी पक्ष द्वारा किसी व्यक्ति, देश, समाज या धर्म का अपमान या अपकार करने से उसकी प्रतिक्रिया में जो क्रोध उत्पन्न होता है, उसे रौद्र रस कहते हैं;

जैसे—

श्री कृष्ण के सुन वचन, अर्जुन क्रोध से जलने लगे।
सब शोक अपना भूलकर, करतल युगल मलने लगे।।

*यहाँ **स्थायी भाव** क्रोध तथा **संचारी भाव** अमर्ष-उग्रता, आवेग, कम्प आदि हैं।*

भयानक रस

जब किसी भयानक व्यक्ति, वस्तु, जीव आदि को देखने या उससे सम्बन्धित वर्णन करने से तथा किसी अनिष्टवादी घटना का स्मरण करने से मन में जो व्याकुलता से **भय** उत्पन्न होता है उसे ही भयानक रस कहते हैं;

जैसे—

"एक ओर अजगरहि लखि, एक ओर मृगराय।
विकल बटोही बीच ही, परयो मूर्च्छा खाय।।"

*यहाँ भय **स्थायी भाव** तथा **संचारी भाव** आवेग, त्रास आदि हैं।*

वीभत्स रस

वीभत्स रस का स्थायी भाव **जुगुप्सा** या **घृणा** है। जब किसी घृणित वस्तु, व्यक्ति को देखकर, उनके सम्बन्ध में विचार करके या उनके सम्बन्ध में सुनकर मन में उत्पन्न होने वाली घृणा को ही वीभत्स रस कहते हैं;

जैसे—

"सिर पर बैठ्यो काग आँख दोउ खात निकारत।
खींचत जीभहिं स्यार अतिहि आनन्द उर धारत।।
गीध जाँघ को खोदि खोदि कै मांस उपारत।
स्वान आंगुरिन काटि-काटि कै खात विदारत।।"

*यहाँ **स्थायी भाव** जुगुप्सा या घृणा तथा **संचारी भाव**, मोह, ग्लानि, आवेग, व्याधि आदि हैं।*

अद्भुत रस

जब किसी अलौकिक, आश्चर्यजनक दृश्य या वस्तु को देखकर सहसा विश्वास नहीं होता और मन में आश्चर्य (विस्मय) का भाव उत्पन्न हो, उसे ही अद्भुत रस कहते हैं;

जैसे—

"अम्बर में कुन्तल जाल देख, पद के नीचे पाताल देख,
मुट्ठी में तीनों काल देख, मेरा स्वरूप विकराल देख,
सब जन्म मुझी से पाते हैं, फिर लौट मुझी में आते हैं।"

*यहाँ **स्थायी भाव** विस्मय और **संचारी भाव** भ्रम, औत्सुक्य, चिन्ता, त्रास आदि हैं।*

शान्त रस

जब तत्व ज्ञान की प्राप्ति अथवा संसार से वैराग्य होने पर परमात्मा के वास्तविक रूप का ज्ञान होने पर मन को जो शान्ति मिलती है तब शान्त रस की उत्पत्ति होती है। अन्य शब्दों में, जहाँ न दुःख होता है, न द्वेष होता है, मन सांसारिक कार्यों से मुक्त हो जाता है और मनुष्य वैराग्य प्राप्त कर लेता है उसे शान्त रस कहते हैं;

जैसे—

"सुत वनितादि जानि स्वारथरत न करु नेह सबही ते।
अन्तहिं तोहि तजेंगे पामर! तू न तजै अबही ते।।
अब नाथहिं अनुराग जाग जड़, त्यागु दुरदसा जीते।
बुझै न काम अगिनि 'तुलसी' कहुँ विषय भोग बहु घी ते।।"

*यहाँ **स्थायी भाव** निर्वेद तथा **संचारी भाव** धृति, मति, विमर्श आदि हैं।*

वात्सल्य रस

वात्सल्य रस का सम्बन्ध छोटे बालक-बालिकाओं के प्रति माता-पिता एवं सगे-सम्बन्धियों का प्रेम एवं ममता के भाव से है। हिन्दी कवियों में सूरदास ने वात्सल्य रस को पूर्ण प्रतिष्ठा दी है। तुलसीदास की विभिन्न कृतियों के बालकाण्ड में वात्सल्य रस की सुन्दर रचना की गई है;

जैसे—

"किलकत कान्ह घुटुरुवनि आवत।
मनिमय कनक नन्द के आँगन बिम्ब पकरिबे धावत।।
कबहुँ निरखि हरि आप छाँह को कर सो पकरन चाहत।
किलकि हँसत राजत द्वै दतियाँ पुनि पुनि तिहि अवगाहत।।"

*यहाँ **स्थायी भाव** वत्सलता या स्नेह तथा **संचारी भाव** हर्ष, गर्व, उत्सुकता हैं।*

भक्ति रस

इसका स्थायी भाव देव रति अर्थात् ईश्वर के प्रति प्रेम है। भक्ति रस शान्त रस से भिन्न है। शान्त रस जहाँ निर्वेद या वैराग्य की ओर ले जाता है वहीं भक्ति रस ईश्वर की भक्ति या ईश्वर के प्रति प्रेम की ओर ले जाता है। भक्ति रस के पाँच भेद हैं—शान्त, प्रीति, प्रेम, वत्सल और मधुर;

जैसे—

"मेरे तो गिरिधर गोपाल दूसरो न कोई।
जाके सिर मोर मुकुट मेरो पति सोई।।
साधुन संग बैठि बैठि लोक-लाज खोई।
अब तो बात फैल गई जाने सब कोई।।"

*यहाँ **स्थायी भाव** ईश्वर विषयक रति तथा **संचारी भाव** हर्ष, निर्वेद आदि हैं।*

वस्तुनिष्ठ प्रश्नावली

1. रस सिद्धान्त के आदि प्रवर्तक कौन हैं?
(a) भरतमुनि (b) भानुदत्त (c) विश्वनाथ (d) भामह

2. आचार्य भरत ने कितने रसों का उल्लेख किया है?
(a) सात (b) आठ (c) नौ (d) दस

3. काव्यशास्त्र में हास्य के कितने भेद माने गए हैं?
(a) छः (b) सात (c) चार (d) दो

4. काव्यशास्त्र के अनुसार रसों की सही संख्या है
(a) आठ (b) नौ (c) दस (d) ग्यारह

5. संचारी भावों की संख्या है
(a) 27 (b) 29 (c) 31 (d) 33

6. भक्ति रस की स्थापना किसने की?
(a) भरत ने (b) विश्वनाथ ने (c) रूपगोस्वामी ने (d) मम्मट ने

7. सात्विक अनुभाव कितने हैं?
(a) दो (b) चार (c) छः (d) आठ

8. निर्जन नटि-नटि पुनि लजियावै। छिन रिसाई छिन सैन बुलावे।।
इस चौपाई में कौन-सा रस है?
(a) संयोग शृंगार (b) वियोग शृंगार (c) करुण रस (d) अद्‌भुत रस

9. आचार्य भरत ने सर्वाधिक सुखात्मक रस किसे माना है?
(a) शृंगार रस (b) हास्य रस (c) वीर रस (d) शान्त रस

10. आलम्बन तथा उद्‌दीपन द्वारा आश्रय के हृदय में स्थायी भाव जागृत होने पर आश्रय में जो चेष्टाएँ होती हैं, उन्हें क्या कहते हैं?
(a) विभाव (b) अनुभाव (c) उद्‌दीपन (d) संचारी भाव

11. मज्जा मांस रुधिर पतनारे। सूनि मिचली कस होइ निहारे।।
पंक्ति में कौन-सा रस है?
(a) रौद्र (b) अद्‌भुत (c) वीभत्स (d) भयानक

12. वीभत्स रस का स्थायीभाव है
(a) निर्वेद (b) विस्मय (c) क्रोध (d) जुगुप्सा

13. सर्वाधिक प्राचीन सम्प्रदाय कौन है?
(a) रीति (b) रस (c) वक्रोक्ति (d) अलंकार

14. जग असार संकट पुनि नाना। विकल विरत चित साधु समाना।।
उपर्युक्त पंक्तियों में कौन-सा रस है?
(a) वात्सल्य रस (b) वीर रस
(c) शान्त रस (d) करुण रस

15. असूया क्या है?
(a) एक काव्य दोष (b) एक काव्य गुण
(c) एक अलंकार (d) एक संचारी भाव

16. अखियाँ हरि दरसन की भूखी। *(UPSSSC लेखपाल परीक्षा 2015)*
कैसे रहें रूप रस राँची, ए बतियाँ सुनि रूखीं।
उपरोक्त पंक्तियों में कौन-सा रस है?
(a) संयोग शृंगार रस (b) वीर रस
(c) वियोग शृंगार रस (d) शान्त रस

17. करुण रस का स्थायी भाव क्या है? *(UPSSSC लेखपाल परीक्षा 2015)*
(a) शोक (b) रति (c) हास्य (d) उत्साह

18. शान्त रस का स्थायी भाव है *(UPSSSC कनिष्ठ सहायक परीक्षा 2015)*
(a) शृंगार (b) ग्लानि
(c) निर्वेद (d) रति

19. स्थायी भावों की कुल संख्या है *(उपनिरीक्षक सीधी भर्ती परीक्षा 2014)*
(a) 12 (b) 13 (c) 14 (d) 9

20. विस्मय स्थायी भाव किस रस में होता है? *(उपनिरीक्षक सीधी भर्ती परीक्षा 2014)*
(a) हास्य (b) शान्त (c) अद्‌भुत (d) वीर

21. ''वरदन्त की पंगति कुन्दकली अधराधर पल्लव लोचन की।
चपला चमकै घन बीच जगै छवि मोतिन माल अमोलन की।।
घुँघरारि लटैं लटकैं मुख ऊपर कुण्डल लाल कपोलन की।
निवछावर प्राण करैं 'तुलसी' बलि जाऊँ ललाइन बोलन की।।''
इस पद्यांश में कौन-सा रस है? *(UPTET 2020)*
(a) वात्सल्य (b) करुण (c) शान्त (d) शृंगार

22. ''किलक झरे मैं नेह निहारूँ/इन दाँतों पर मोती वारूँ।।''
इन पंक्तियों में रस है
(a) वीर (b) वात्सल्य (c) शान्त (d) शृंगार

23. रस का नाम बताओ। *(मध्य प्रदेश व्यावसायिक परीक्षा 2017)*
''बिंध्य के बासी उदासी तपोब्रतधारी महा बिनु नारि दुखारे।
गोतमतीय तरी, तुलसी, सो कथा सुनि भे मुनिबृन्द सुखारे।।
है हैं सिला सब चन्द्रमुखी परसे पद-मंजुल-कंज तिहारे।
कीन्ही भली रघुनायकजू करुना करि कानन को पगु धारे।।''
(a) हास्य रस (b) शृंगार रस (c) वीर रस (d) करुण रस

24. रस का नाम बताइए। *(मध्य प्रदेश व्यावसायिक परीक्षा 2017)*
''जथा पंख बिनु खग अति दीना। मनि बिनु फन करिबर कर हीना।।
अस मम जीवन बन्धु बिन तोही। जौ जड़ दैव जियावह मोही।।''
(a) शान्त रस (b) भक्ति रस (c) वीर रस (d) करुण रस

25. वात्सल्य रस की सर्वप्रथम चर्चा किसने की?
(a) भरत (b) मम्मट (c) अभिनवगुप्त (d) विश्वनाथ

26. 'विस्मय' कौन-सा भाव है? *(DSSSB 2015)*
(a) संचायी (b) स्थायी (c) विभाव (d) अनुभाव

27. 'वाक्यं रसात्मकं काव्यम्' किसका कथन है? *(UPTET 2017)*
(a) विश्वनाथ (b) मम्मट (c) राजशेखर (d) जगन्नाथ

28. ''एक ओर अजगरहिं लखि एक ओर मृगराय।
विकल बटोही बीच ही पर्यो मूरछा खाय।।'' *(UPTET 2017)*
इन पंक्तियों में प्रयुक्त रस है
(a) रौद्र रस (b) वीर रस (c) भयानक रस (d) करुण रस

29. सही विकल्प चुनिए।
भाव दशा के कारण वचन में आए परिवर्तन को ………….. कहते हैं।
(a) वाचिक उद्दीपन (b) वाचिक अनुभाव
(c) वाचिक विभव (d) वाचिक आलम्बन

30. रस ………….. ब्रह्म है।
(a) विचार (b) मूर्त (c) आनन्द (d) आहार

31. 'रौद्र' रस का स्थायी भाव क्या है? *(UPSSSC लेखपाल परीक्षा 2015)*
(a) क्रोध (b) भय (c) उत्साह (d) विस्मय

32. जुगुप्सा का स्थायी भाव किस रस से सम्बन्धित है?
(a) रौद्र रस (b) वीभत्स रस
(c) अद्भुत रस (d) करुण रस

33. 'जहाँ सुमति तहँ संपति नाना, जहाँ कुमति तहँ विपति निदाना'
पद में कौन-सा रस है? *(UPTET 2016)*
(a) करुण (b) भयानक (c) शृंगार (d) शान्त

34. रसों की उदित और उद्दीप्त करने वाली सामग्री क्या कहलाती है?
(a) विभाव (b) अनुभाव (c) स्थायीभाव (d) संचारीभाव

35. रस का नाम बताइए *(मध्य प्रदेश व्यावसायिक परीक्षा 2017)*
''प्रिय-पति वह मेरा प्राण प्यारा कहाँ है।
दुख-जलधि निमग्रा का सहारा कहाँ है।
अब तक जिसको मैं देख के जी सकी हूँ।
वह हृदय हमारा नेत्र-तारा कहाँ है।।''
(a) हास्य रस (b) शृंगार रस (c) वीर रस (d) करुण रस

36. ''बोरौ सबै रघुवंश कुठार की धार में बारन बजि सरत्थहिं।
बान की वायु उड़ाव के लच्छन लच्छ करौं अरिहा समरत्थहिं।''
इन काव्य पंक्तियों में कौन-सा रस है? *(UPTET 2016)*
(a) रौद्र रस (b) भयानक रस (c) वीभत्स रस (d) वीर रस

37. उत्साह स्थायी भाव जब विभाव, अनुभाव और संचारी भावों में परिपुष्ट होकर आस्वाद्य हो जाता है, तब कौन-सा रस होता है?
(a) शृंगार रस (b) रौद्र रस (c) वीर रस (d) करुण रस

38. ''मेरे तो गिरिधर गोपाल दूसरो न कोई।
जाके सिर मोर मुकुट मेरो पति सोई।।''
उपरोक्त पंक्तियों में कौन-सा रस है?
(a) शान्त (b) शृंगार (c) करुण (d) हास्य

39. ''शोभित कर नवनीत लिए
घुटरुनि चलत रेनु तन मण्डित मुख दधि लेप किए।''
उपरोक्त पंक्तियों में कौन-सा रस है?
(a) वात्सल्य (b) करुण (c) शृंगार (d) शान्त

40. किस रस को रसराज कहा जाता है? *(UPSSSC 2017)*
(a) हास्य (b) शृंगार (c) वीर (d) शान्त

41. शान्त रस का स्थायी भाव…………है। *(UP बी.एड. 2019)*
(a) भक्ति (b) वत्सल (c) निर्वेद (d) जुगुप्सा

42. अँखिया हरि दरसन की भूखी। *(UPSSSC लेखपाल परीक्षा 2015)*
कैसे रहें रूप रस राँची, ए बतियाँ सुनि रूखीं।
उपरोक्त पंक्तियों में कौन-सा रस है?
(a) वीर रस (b) वियोग शृंगार रस
(c) शान्त रस (d) संयोग शृंगार रस

43. करुण रस का स्थायीभाव क्या है? *(UPSSSC लेखपाल परीक्षा 2015)*
(a) उत्साह (b) शोक (c) रति (d) हास्य

44. चमक उठी सन सत्तावन में वो तलवार पुरानी थी—रस भेद बताइए। *(UP पुलिस कांस्टेबल परीक्षा 2018)*
(a) भक्ति रस (b) वीर रस (c) हास्य रस (d) शृंगार रस

उत्तरमाला

1. (a)	2. (b)	3. (a)	4. (b)	5. (d)	6. (c)	7. (d)	8. (a)	9. (b)	10. (b)
11. (c)	12. (d)	13. (b)	14. (c)	15. (d)	16. (c)	17. (a)	18. (c)	19. (d)	20. (c)
21. (a)	22. (b)	23. (a)	24. (d)	25. (b)	26. (b)	27. (a)	28. (c)	29. (b)	30. (c)
31. (a)	32. (b)	33. (d)	34. (a)	35. (d)	36. (a)	37. (c)	38. (b)	39. (a)	40. (b)
41. (c)	42. (b)	43. (b)	44. (b)						

अध्याय ~22

छन्द

छन्द काव्य सौन्दर्य का एक महत्त्वपूर्ण अंग है। छन्द में मात्राओं और वर्णों की विशेष व्यवस्था तथा संगीतात्मक लय और गति की योजना रहती है। हिन्दी में विशेषतः काव्य में छन्दों का बहुत महत्त्व है।

छन्द से तात्पर्य

- छन्द शब्द की उत्पत्ति संस्कृत की **छद्** धातु से हुई है, जिसका शाब्दिक अर्थ है प्रसन्न अर्थात् आह्लादित करना। जब वर्णों या मात्राओं की नियमित संख्या के विन्यास से किसी काव्य में प्रसन्नता उत्पन्न होती है, तो उसे छन्द कहते हैं। अन्य शब्दों में, निश्चित चरण, वर्ण, मात्रा, क्रम, यति, गति, तुक और गण आदि के द्वारा नियोजित रचना को छन्द कहते हैं।
- छन्द को **पिंगल** नाम से भी जाना जाता है। इसका सर्वप्रथम विवरण **ऋग्वेद** से प्राप्त होता है। हिन्दी साहित्य में छन्दशास्त्र की दृष्टि से प्रथम कृति 'छन्दमाला' है। जिस प्रकार व्याकरण गद्य का महत्त्वपूर्ण भाग है उसी प्रकार छन्दशास्त्र पद्य का महत्त्वपूर्ण भाग है।

छन्द के भाग (अंग)

छन्द के प्रमुख अंग निम्नलिखित हैं

1. चरण 2. वर्ण 3. मात्रा 4. संख्या एवं क्रम
5. यति (विराम) 6. गति 7. तुक 8. गण

चरण

- छन्द पंक्तियों का समूह होता है जिसके 4 भाग होते हैं और प्रत्येक पंक्ति में समान वर्ण या मात्राएँ होती हैं। इन्हीं पंक्तियों को चरण या पाद या पद कहते हैं।
- चरण मुख्यतः दो प्रकार **सम** एवं **विषम** चरण होते हैं। छन्द के प्रथम-तृतीय चरण को **विषम** तथा दूसरे-चौथे चरण को **सम** कहते हैं।
- हिन्दी में कुछ छन्दों में चरण चार होते हैं; परन्तु उन्हें लिखा दो ही पंक्तियों में जाता है; जैसे—सोरठा, दोहा आदि। इस प्रकार के छन्द की प्रत्येक पंक्ति को 'दल' कहा जाता है।
- कुछ छन्दों को 6 पंक्तियों में लिखा जाता है। इस प्रकार के छन्द दो प्रकार के छन्दों से बनते हैं; जैसे—कुण्डलिया छन्द (दोहा + रोला), छप्पय (रोला + उल्लाला आदि।)

वर्ण

किसी भी एक स्वर वाली ध्वनि को **वर्ण** कहते हैं। वर्ण (अक्षर) ध्वनि की मूल इकाई है। जिन ध्वनियों में स्वर नहीं होता उन्हें वर्ण नहीं माना जाता। उदाहरण के लिए; हलन्त वाले शब्द; जैसे—अहम् का 'म्' वर्ण नहीं माना जाता, संयुक्ताक्षर वाले शब्द का पहला अक्षर जैसे—सत्य का 'त' वर्ण नहीं माना जाता। वर्ण दो प्रकार के होते हैं

लघु (ह्रस्व) वर्ण

जिन वर्णों के उच्चारण में एक मात्रा काल का समय लगता है, उन्हें लघु (ह्रस्व) वर्ण कहते हैं। लघु वर्ण के लिए । (**एक पाई रेखा**) चिह्न प्रयुक्त किया जाता है। लघु वर्ण में निम्नलिखित को शामिल किया जाता है

- अ, इ, उ, ऋ, कि, नु, पृ।
- संयुक्ताक्षर वाले वर्ण; जैसे—सत्य (यहाँ त्य-संयुक्त व्यंजन है)
- चँन्द्रबिन्दु (ँ) वाले वर्ण; जैसे—हँसना, चाँदनी आदि।
- हलन्त् (्) वाले वर्ण; जैसे—सुखद्, अहम्, अर्थात् आदि।

नोट: दो लघु वर्ण मिलकर एक गुरु के बराबर माने जाते हैं।

दीर्घ (गुरु) वर्ण

जिन वर्णों में लघु वर्णों की अपेक्षा बोलने में अधिक समय अर्थात् दो मात्रा का समय लगता है, उन्हें दीर्घ (गुरु) वर्ण कहते हैं। दीर्घ वर्ण के लिए ऽ (**एक वर्तुल रेखा**) चिह्न प्रयुक्त किया जाता है। दीर्घ वर्ण में निम्नलिखित को शामिल किया जाता है

- आ, ई, ऊ, ए, ऐ, ओ, औ, की, कू।
- अनुस्वार (ं) वाले वर्ण; जैसे—अंग, भंग आदि।
- विसर्ग (:) वाले वर्ण; जैसे—छः, अधः आदि।
- संयुक्ताक्षर का पूर्ववर्ती वर्ण; जैसे—अष्टम का 'अ' दीर्घ वर्ण माना जाता है।
- हलन्त वाले शब्द; जैसे—सुखद् में हलन्त् वाले वर्ण के पहले का वर्ण 'ख' दीर्घ वर्ण माना जाता है।

लघु वर्ण, दीर्घ वर्ण व मात्राओं को दिए गए उदाहरण की सहायता से समझा जा सकता है

उदाहरण: **मेरी भव बाधा हरौ, राधा नागरि सोय।** में वर्णों और मात्राओं की गणना करें।

1	2	= 2 वर्ण	1	2	3	4	5	6	7	8	9	10	11	12	13	14	15	= 15 वर्ण
मे	री		मे	री	भ	व	बा	धा	ह	रौ	रा	धा	ना	ग	रि	सो	य	
ए	ई		ए	ई	अ	अ	आ	आ	अ	औ	आ	आ	आ	अ	इ	ओ	अ	
ऽ	ऽ		ऽ	ऽ	।	।	ऽ	ऽ	।	ऽ	ऽ	ऽ	ऽ	।	।	ऽ	।	
2	2	= 4 मात्रा	2	2	1	1	2	2	1	2	2	2	2	1	1	2	1	= 24 मात्राएँ

मात्रा

- वर्णों के उच्चारण में जो समय लगता है, उसे 'मात्रा' कहते हैं।
- लघु वर्णों की मात्रा **एक** और गुरु वर्णों की मात्राएँ **दो** होती हैं।
- इस तरह मात्राएँ दो प्रकार की होती हैं
  (i) **लघु (ह्रस्व)** (।)— अ, इ, उ, ऋ (एक मात्रा)
  (ii) **दीर्घ (गुरु)** (ऽ)— आ, ई, ऊ, ए, ऐ, ओ, औ (दो मात्रा)

संख्या एवं क्रम

- वर्ण या मात्रा की व्यवस्था को 'क्रम' कहते हैं अर्थात् गुरु और लघु के सही स्थान निर्धारण को क्रम कहते हैं।
- वर्णों एवं मात्राओं की गणना को संख्या कहते हैं।

यति (विराम)

- छन्दों को पढ़ते समय बीच-बीच में कुछ रुकना पड़ता है। इन्हीं विराम स्थलों को 'यति' कहते हैं। सामान्यत: छन्द के चार चरण होते हैं और प्रत्येक चरण के अन्त में 'यति' होती है।
- छोटे छन्दों में यति चरण के अन्त में होती है, जबकि बड़े छन्दों में एक ही चरण में एक से अधिक यति होती है।
- यति को विभिन्न चिह्नों; जैसे—(,), (।), (।।), (?) आदि द्वारा दर्शाया जाता है।

गति

- 'गति' का अर्थ 'लय' है। छन्दों को पढ़ते समय मात्राओं के लघु अथवा दीर्घ होने के कारण जो विशेष प्रवाह उत्पन्न होता है, उसे ही 'गति' (लय) कहते हैं।
- मात्राओं की संख्या, लघु तथा गुरु का गति में विशेष महत्त्व होता है। मात्राओं की संख्याओं में उतार-चढ़ाव से गति में अवरोध उत्पन्न होता है।

तुक

- छन्द के प्रत्येक चरण के अन्त में स्वर-व्यंजन की समानता को 'तुक' कहते हैं।
- जिस छन्द में तुक नहीं मिलता है, उसे **अतुकान्त** और जिसमें तुक मिलता है, उसे **तुकान्त** छन्द कहते हैं।

गण

- तीन वर्णों के समूह को 'गण' कहते हैं। गणों की संख्या 8 है—यगण, मगण, तगण, रगण, जगण, भगण, नगण और सगण।
- इन गणों के नाम रूप **यमाताराजभानसलगा** सूत्र द्वारा सरलता से ज्ञात हो जाते हैं।
- सूत्र में पहले आठ वर्णों से गण का तथा अन्तिम वर्ण (ल-लघु, गा-गुरु) से मात्रा का ज्ञान होता है। गणों के नाम, सूत्र, चिह्न और उदाहरण इस प्रकार हैं

गण	सूत्र	चिह्न	उदाहरण
यगण	यमाता	।ऽऽ	बहाना
मगण	मातारा	ऽऽऽ	आज़ादी
तगण	ताराज	ऽऽ।	बाज़ार
रगण	राजभा	ऽ।ऽ	नीरजा
जगण	जभान	।ऽ।	महेश
भगण	भानस	ऽ।।	मानस
नगण	नसल	।।।	कमल
सगण	सलगा	।।ऽ	ममता

छन्द के प्रकार

छन्द तीन प्रकार के होते हैं—

(1) वर्णिक (2) मात्रिक (3) मुक्तक या स्वच्छन्द।

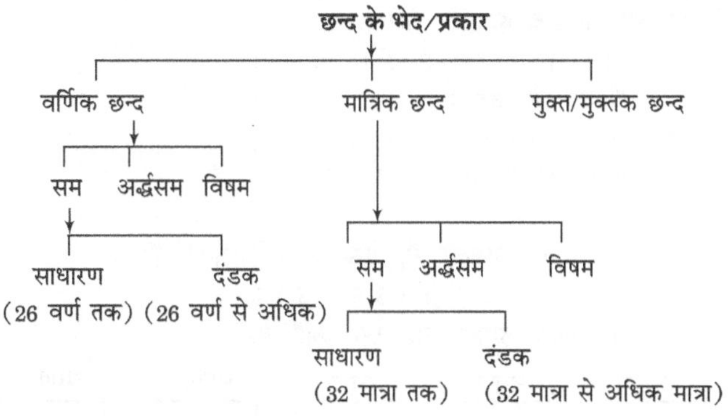

1. वर्णिक छन्द

जिन छन्दों की रचना वर्णों की गणना के आधार पर की जाती है और लघु-गुरु का क्रम समान होता है, उन्हें वर्णिक छन्द कहते हैं। वर्णिक छन्दों के सभी चरणों में वर्णों व मात्राओं की संख्या समान रहती है। वर्णिक छन्द के मुख्य उदाहरण निम्न हैं

वर्ण संख्या	वर्णिक छन्द	वर्ण संख्या	वर्णिक छन्द
8 वर्ण	प्रमाणिका	19 वर्ण	स्रग्धरा
11 वर्ण	स्वागता, भुजंगी, शालिनी, इन्द्रवज्रा, दोधक	21 वर्ण	शार्दूलविक्रीडित
12 वर्ण	वंशस्थ, भुजंगप्रयात, द्रुतविलम्बित, त्रोटक	22-26 वर्ण	सवैया
14 वर्ण	वसन्ततिलका	31 वर्ण	घनाक्षरी
15 वर्ण	मालिनी	32 वर्ण	देवघनाक्षरी
16 वर्ण	पंचचामर, चंचला	31-33 वर्ण	कवित्त/मनहरण
17 वर्ण	मन्दाक्रान्ता, शिखरिणा		

यहाँ इन्द्रवज्रा व मालिनी छन्द को वर्णों की गणना के आधार पर उदाहरण सहित समझाया गया है

इन्द्रवज्रा

इसके प्रत्येक चरण में **11** वर्ण होते हैं, पाँचवें या छठे वर्ण पर यति होती है। इसमें दो तगण (ऽऽ।, ऽऽ।), एक जगण (।ऽ।) तथा अन्त में दो गुरु (ऽऽ) होते हैं; जैसे—

ऽ ऽ । ऽ ऽ । । ऽ । ऽ ऽ
"जो मैं नया ग्रन्थ, विलोकता हूँ, —*प्रथम चरण*
ऽ ऽ । ऽ ऽ । । ऽ । ऽ ऽ
भाता मुझे सो, नव मित्र सा है। —*द्वितीय चरण*
ऽ ऽ । ऽ ऽ । । ऽ । ऽ ऽ
देखूँ उसे मैं, नित सार वाला, —*तृतीय चरण*
ऽ ऽ । ऽ ऽ ऽ । । ऽ । ऽ ऽ
मानो मिला मित्र, मुझे पुराना।" —*चतुर्थ चरण*

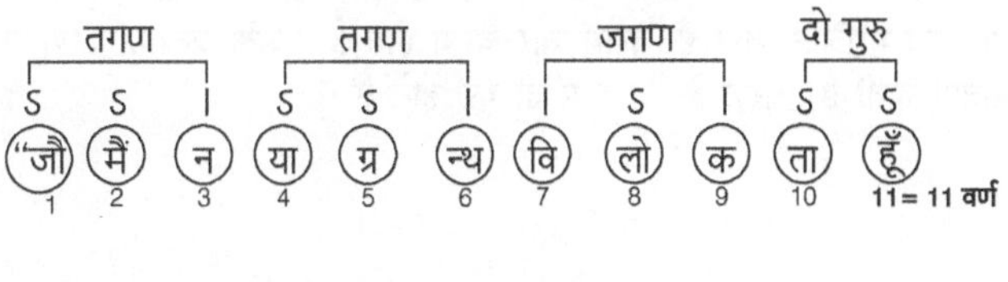

मालिनी

इस छन्द में 15 वर्ण होते हैं तथा आठवें व सातवें वर्ण पर यति होती है। इसके प्रत्येक चरण में दो नगण (।।।, ।।।), एक मगण (ऽऽऽ) तथा दो यगण (।ऽऽ, ।ऽऽ) होते हैं अर्थात् जिस छन्द के प्रत्येक चरण में न, न, म, य, य गण होते हैं, वहाँ मालिनी छन्द होता है; जैसे—

।। ।। ।।ऽऽ ऽ। ऽऽ ।ऽ ऽ
"प्रिय पति वह मेरा, प्राण प्यारा कहाँ है?
।। ।।।।ऽऽ ऽ ।ऽऽ।ऽ ऽ
दुःख जलधि निमग्ना का सहारा कहाँ है?
।।।। ।।ऽ ऽऽ। ऽ ऽ।ऽ ऽ
अब तक जिसको मैं, देख के जी सकी हूँ;
।। ।।। ।ऽऽ ऽ।ऽऽ ।ऽ ऽ
वह हृदय हमारा, नेत्र-तारा कहाँ है?"

नगण			नगण			मगण			यगण			यगण		
।	।	।	।	।	।	ऽ	ऽ	ऽ	।	ऽ	ऽ	।	ऽ	ऽ
प्रि	य	प	ति	व	ह	मे	रा	प्रा	ण	प्या	रा	क	हाँ	है
1	2	3	4	5	6	7	8	9	10	11	12	13	14	15

(वर्णों की संख्या)

2. मात्रिक छन्द

यह छन्द मात्रा की गणना पर आश्रित रहता है, इसलिए इसका नामक मात्रिक छन्द है। जिन छन्दों में मात्राओं की समानता के नियम का पालन किया जाता है किन्तु वर्णों की समानता पर ध्यान नहीं दिया जाता, उन्हें मात्रिक छन्द कहा जाता है। इन छन्दों में गति का महत्त्वपूर्ण स्थान होता है, क्योंकि इसमें लघु व गुरु वर्ण का स्थान निश्चित नहीं होता।

मात्रिक छन्द के भेद

1. **सम** छन्द के चार चरण होते हैं और चारों की मात्राएँ या वर्ण समान ही होते हैं; जैसे—चौपाई, इन्द्रवज्रा आदि
2. **अर्द्धसम** छन्द के पहले और तीसरे तथा दूसरे और चौथे चरणों की मात्राओं या वर्णों में परस्पर समानता होती है; जैसे-दोहा, सोरठा आदि।
3. **विषम** नाम से ही स्पष्ट है। इसमें चार से अधिक, छः चरण होते हैं और वे एक समान (वजन के) नहीं होते; जैसे-कुण्डलियाँ, छप्पय आदि।

प्रमुख मात्रिक छन्द के उदाहरण निम्न हैं

- **सम मात्रिक छन्द** इस छन्द के उदाहरण अहीर (11 मात्रा), तोमर (12 मात्रा), मानव (14 मात्रा), अरिल्ल, पद्धरि/पद्धटिका, चौपाई (सभी 16 मात्रा), पीयूषवर्ष, सुमेरु (दोनों 19 मात्रा), राधिका (22 मात्रा), रोला, दिक्पाल, रूपमाला (सभी 24 मात्रा), गीतिका (26 मात्रा), सरसी (27 मात्रा), सार (28 मात्रा), हरिगतिका (28 मात्रा), ताटंक (30 मात्रा), वीर या आल्हा (31 मात्रा) आदि छन्द हैं।
- **अर्द्धसम मात्रिक छन्द** इस छन्द के उदाहरण बरवै (विषम चरण में 12 मात्रा, सम चरण में 7 मात्रा), दोहा (विषम 13, सम 11), सोरठा (दोहा का उल्टा), उल्लाला (विषम 15, सम 13) आदि छन्द है।
- **विषम मात्रिक छन्द** इस छन्द के उदाहरण कुण्डलिया (दोहा + रोला), छप्पय (रोला + उल्लाला) आदि छन्द हैं।

चौपाई

यह **सम मात्रिक छन्द** है, इसमें चार चरण होते हैं। इसके प्रत्येक चरण में 16 मात्राएँ होती हैं। चरण के अन्त में दो गुरु होते हैं; जैसे—

ऽ।। ।। ।। ।।। ।ऽऽ —16 मात्राएँ
"बंदउँ गुरु पद पदुम परागा, — *प्रथम (विषम) चरण*
।।। ।ऽ। ।।। ।।ऽऽ —16 मात्राएँ
सुरुचि सुवास सरस अनुरागा। —*द्वितीय (सम) चरण*
।।। ऽ।।। ऽ।। ऽऽ —16 मात्राएँ
अमिय मूरिमय चूरन चारू, —*तृतीय (विषम) चरण*
।।। ।।। ।।।। ।।ऽऽ —16 मात्राएँ
समन सकल भवरुज परिवारु ।।" —*चतुर्थ (सम) चरण*

रोला (काव्यछन्द)

यह चार चरण वाला **सम मात्रिक** छन्द है। इसके प्रत्येक चरण में 24 मात्राएँ होती हैं तथा 11 व 13 मात्राओं पर 'यति' होती है। इसके चारों चरणों की ग्यारहवीं मात्रा लघु रहने पर इसे **काव्यछन्द** भी कहते हैं;
जैसे—

ऽऽ।। ।।ऽ। ।।। ।। ।।ऽ।। ऽ —24 मात्राएँ
नीलाम्बर परिधान, हरित पट पर सुंदर है। —*प्रथम चरण*
ऽ।ऽ। ।।।।। ऽ।ऽ ऽऽ।। ऽ —24 मात्राएँ
सूर्य-चन्द्र युग-मुकुट, मेरग्ला रत्नाकार है।। —*द्वितीय चरण*
।।ऽ ऽ।।ऽ। ऽ। ऽऽऽ।। ऽ —24 मात्राएँ
नदियाँ प्रेम-प्रवाह, फूल तारा-मंडल हैं। —*तृतीय चरण*
ऽऽ।। ।।ऽ। ऽ।।। ऽऽ।। ऽ —24 मात्राएँ
बंदीजन खगवृन्द, शेष-फन सिंहासन है। —*चतुर्थ चरण*

हरिगीतिका

यह चार चरण वाला **सम मात्रिक** छन्द है। इसके प्रत्येक चरण में 28 मात्राएँ होती हैं, अन्त में लघु और गुरु होता है तथा 16 व 12 मात्राओं पर यति होती है; जैसे—

।। ऽ। ऽ।। ।।। ऽ।। ।।। ऽ।। ऽ।ऽ —28 मात्राएँ
"मन जाहि राँचउ मिलहि सोवर, सहज सुन्दर साँवरो। —*प्रथम चरण*
।।ऽ ।ऽ। ।ऽ। ऽ। ।ऽ। ऽ।। ऽ।ऽ —28 मात्राएँ
करुना निधान सुजान सीलु, सनेह जानत रावरो।। —*द्वितीय चरण*
।। ऽ। ऽ। ।ऽ।।। ।। ।।। ।। ।।।। ।ऽ —28 मात्राएँ
इहि भाँति गौरि असीस सुनि सिय, सहित हिय हरषित अली। —*तृतीय चरण*
।।ऽ ।ऽ।। ऽ। ।। ।। ।।। ।। ऽ।।ऽ —28 मात्राएँ
तुलसी भवानिहिं पूजि पुनि, पुनि मुदित मन मंदिर चली ।।" *चतुर्थ चरण*

गीतिका

यह **सम मात्रिक** छन्द है। गीतिका में 26 मात्राएँ होती हैं, 14 व 12 मात्राओं पर यति होती है। चरण के अन्त में लघु-गुरु होना आवश्यक है; जैसे—

ऽ। ऽऽ ऽ।ऽऽ ऽ।ऽ ।।ऽ ।ऽ —26 मात्राएँ
"साधु-भक्तों में सुयोगी, संयमी बढ़ने लगे। —*(प्रथम चरण)*
ऽ।ऽ ऽ ऽ।ऽ ऽ ऽ।ऽ ।।ऽ ।ऽ —26 मात्राएँ
सभ्यता की सीढ़ियों पै, सूरमा चढ़ने लगे ।। —*(द्वितीय चरण)*
ऽ।ऽऽ ऽ ।ऽऽ ऽ। ऽ ।।ऽ ।ऽ —26 मात्राएँ
वेद-मन्त्रों को विवेकी, प्रेम से पढ़ने लगे। —*(तृतीय चरण)*
ऽ।ऽ ऽ ऽ।ऽ ऽ ऽ। ऽ ।।ऽ ।ऽ —26 मात्राएँ
वंचकों की छातियों में शूल-से गड़ने लगे।" —*(चतुर्थ चरण)*

वीर (आल्हा)

यह भी **सम मात्रिक** छन्द है। वीर छन्द के प्रत्येक चरण में 16 व 15 मात्राओं पर यति देकर 31 मात्राएँ होती हैं तथा अन्त में गुरु-लघु होना आवश्यक है; जैसे—

। । । । S SS। । । । । ।	—16 मात्राएँ
"हिमगिरि के उत्तुंग शिखर पर,	
S। । S S S। । S।	—15 मात्राएँ
बैठ शिला की शीतल छाँह।	—प्रथम चरण
। । । S। SS । । S S	—16 मात्राएँ
एक पुरुष भीगे नयनों से,	
। । । S S । । । । S।	—15 मात्राएँ
देख रहा था प्रलय-प्रवाह ।।"	—द्वितीय चरण

दोहा

यह **अर्द्धसम मात्रिक** छन्द है। इसमें 24 मात्राएँ होती हैं। इसके विषम चरण (प्रथम व तृतीय) में 13-13 तथा सम चरण (द्वितीय व चतुर्थ) में 11-11 मात्राएँ होती हैं; जैसे—

SS । । SS । S	—13 मात्राएँ
"मेरी भव बाधा हरौ,	—प्रथम चरण
S S S। । S।	—11 मात्राएँ
राधा नागरि सोय।	—द्वितीय चरण
S ।। S SS ।S	—13 मात्राएँ
जा तन की झाँई परे,	—तृतीय चरण
S। ।।। ।। S।	—11 मात्राएँ
स्याम हरित दुति होय।।"	—चतुर्थ चरण

सोरठा

यह भी **अर्द्धसम मात्रिक** छन्द है। यह दोहा का विलोम है। इसमें चार चरण होते हैं। इसके प्रथम व तृतीय चरण में 11-11 और द्वितीय व चतुर्थ चरण में 13-13 मात्राएँ होती हैं। इसमें कुल मात्राएँ 24 होती हैं; जैसे—

। । S। । S S।	—11 मात्राएँ
"सुनि केवट के बैन,	—प्रथम चरण
S। ।SS ।।।S	—13 मात्राएँ
प्रेम लपेटे अटपटे।	—द्वितीय चरण
।।S ।।S S।	—11 मात्राएँ
बिहँसे करुना ऐन,	—तृतीय चरण
।।। S।S ।।। ।।	—13 मात्राएँ
चितइ जानकी लखन तन।।"	—चतुर्थ चरण

उल्लाला

यह भी **अर्द्धसम मात्रिक** छन्द है। इसके प्रथम और तृतीय चरण में 15-15 मात्राएँ होती हैं तथा द्वितीय और चतुर्थ चरण में 13-13 मात्राएँ होती हैं; जैसे—

S ।।।S।S S। S	—15 मात्राएँ
हे शरणदायिनी देवि तू,	—प्रथम चरण
।।S ।।S S।S	—13 मात्राएँ
करती· सबका त्राण है।	—द्वितीय चरण
S S।S। SS। ।।	—15 मात्राएँ
हे मातृभूमि! संतान हम,	—तृतीय चरण
S ।।S S S।S	—13 मात्राएँ
तू जननी, तू प्राण है।	—चतुर्थ चरण

बरवै

यह भी **अर्द्धसम मात्रिक** छन्द है। बरवै के प्रथम और तृतीय चरण में 12 तथा द्वितीय और चतुर्थ चरण में 7 मात्राएँ होती हैं, इस प्रकार इसकी प्रत्येक पंक्ति में 19 मात्राएँ होती हैं; जैसे—

।।S S। S। ।।	—12 मात्राएँ
"तुलसी राम नाम सम,	—प्रथम चरण
S। । S।	—7 मात्राएँ
मीत न आन।	—द्वितीय चरण
S ।।S। S।।।	—12 मात्राएँ
जो पहुँचाव रामपुर,	—तृतीय चरण
।। ।।S।	—7 मात्राएँ
तनु अवसान ।।'	—चतुर्थ चरण

छप्पय (रोला + उल्लाला)

यह छः चरण वाला **विषम मात्रिक** छन्द है। इसके प्रथम चार चरण **रोला** के 24-24 मात्राएँ तथा अन्तिम दो चरण **उल्लाला** 26 या 28 मात्राओं के होते हैं। इसके प्रथम व तृतीय चरण में 15-15 व द्वितीय और चतुर्थ चरण में 13-13 मात्राएँ होती हैं। इसमें कुल मात्राएँ 28 होती हैं।

इसके प्रत्येक चरण का अन्तिम शब्द समान रहता है—

SS।। ।।S। ।।। ।।।। S।। S = 24 मात्राएँ

'नीलाम्बर परिधान हरित पट पर सुन्दर है।
सूर्य-चन्द्र युग मुकुट मेखला रत्नाकर है।
नदियाँ प्रेम-प्रवाह, फूल तारा मण्डल है।
बन्दी जन खगवृन्द शेष फन सिंहासन है।] रोला (प्रथम चार चरण)

।।S ।।S। ।S। S ।।SS ।। S। S = 28 मात्राएँ

करते अभिषेक पयोद हैं बलिहारी इस वेष की।
हे मातृभूमि तू सत्य ही, सगुण मूर्ति सर्वेश की।।"] उल्लाला (अन्तिम दो चरण)

कुण्डलिया (दोहा + रोला)

यह छः चरण वाला **विषम मात्रिक** छन्द है। इसके प्रत्येक चरण में 24 मात्राएँ होती हैं। इसके प्रथम दो चरण **दोहा** और अन्तिम चार चरण **रोला** के होते हैं।

ये दोनों छन्द कुण्डली के रूप में एक दूसरे से गुँथे रहते हैं, इसीलिए इन्हें कुण्डलिया छन्द कहते हैं; इसकी मुख्य पहचान यह है कि जिस शब्द से यह प्रारम्भ होती है, समाप्त भी उसी शब्द से होती है। जैसे—

।।SSSS।SSSS ।। S। = 24 मात्राएँ

"पहले दो दोहा रहैं, रोला अन्तिम चार।
रहें जहाँ चौबीस कला, कुण्डलिया का सार।] दोहा (प्रथम दो चरण)

S।।S S S। ।।।S ।S ।SS

कुण्डलिया का सार, चरण छः जहाँ बिराजे।
दोहा अन्तिम पाद, सुरोला आदिहि छाजे।
पर सबही के अन्त शब्द वह ही दुहराले।
दोहा का प्रारम्भ, हुआ हो जिससे पहले।"] रोला (अन्तिम चार चरण)

3. मुक्त/मुक्तक छन्द

मुक्त छन्द को आधुनिक युग की देन माना जाता है। चरणों की अनियमितता, असमानता तथा भावों के अनुकूल यति विधान ही मुक्त छन्द की विशेषता होती है। इसमें वर्णों और मात्राओं की गिनती नहीं होती है। मुक्तक छन्द को स्वच्छन्द भी कहा जाता है।

वस्तुनिष्ठ प्रश्नावली

1. हिन्दी साहित्य में छन्दशास्त्र की दृष्टि से पहली कृति कौन-सी है?
(a) छन्दमाला (b) छन्दसार
(c) छन्दोर्णव पिंगल (d) छन्दविचार

2. छन्द को पढ़ते समय आने वाले विराम को क्या कहते हैं? *(UPSSSC VDO 2016)*
(a) गति (b) यति (c) तुक (d) गण

3. गणों की सही संख्या है
(a) छः (b) आठ (c) दस (d) बारह

4. दोहा और सोरठा किस प्रकार के छन्द हैं?
(a) समवर्णिक (b) सममात्रिक (c) अर्द्धसममात्रिक (d) विषम मात्रिक

5. दोहा और रोला के संयोग से बनने वाला छन्द है *(PGT परीक्षा 2011)*
(a) पीयूष वर्ष (b) तोटक (c) छप्पय (d) कुण्डलिया

6. ''बन्दउँ गुरुपद कंज कृपा सिन्धु नररूप हरि।
महामोहतम पुंज, जासु वचन रविकर निकर।।''
उपरोक्त पंक्तियों में छन्द है *(TGT परीक्षा 2011)*
(a) सोरठा (b) दोहा (c) बरवै (d) रोला

7. ''कहते हुए यों उत्तरा के नेत्र जल से भर गए।
हिम के कणों से पूर्ण मानो हो गए पंकज नए।।''
उपरोक्त पंक्तियों में छन्द है
(a) बरवै (b) चौपाई (c) गीतिका (d) सोरठा

8. ''सेस महेश गणेश सुरेश, दिनेसहु जाहि निरन्तर गावैं।
नारद से सुक व्यास रटैं, पचि हारे तऊ पुनि पार न पावै।।''
उपरोक्त पंक्तियों में छन्द है
(a) मालती (b) वंशस्थ (c) शिखरिणी (d) मन्दाक्रान्ता

9. शिल्पगत आधार पर दोहे का उल्टा छन्द है
(a) रोला (b) चौपाई (c) सोरठा (d) बरवै

10. वसन्ततिलका के प्रत्येक चरण में वर्ण होते हैं
(a) 11 (b) 13 (c) 15 (d) 14

11. चार चरणों में समान मात्राओं वाले छन्द को क्या कहते हैं?
(a) सम मात्रिक छन्द (b) विषम मात्रिक छन्द
(c) अर्द्धसम मात्रिक छन्द (d) ये सभी

12. दोहा छन्द में कितने चरण होते हैं? *(UP पुलिस कांस्टेबल परीक्षा 2018)*
(a) दो (b) छह (c) तीन (d) चार

13. लौकिक संस्कृत के छन्दों का जन्मदाता किसे माना गया है?
(a) भरतमुनि (b) केशव (c) अभिनव गुप्त (d) वाल्मीकि

14. चौपाई छन्द की विशेषताएँ हैं
1. दोनों चरणों में 16-16 मात्राएँ 2. पहले-दूसरे चरण में 15-16 मात्राएँ
3. चरण के अन्त में दो गुरु वर्ण 4. अन्तिम चरण में एक गुरु वर्ण
उपर्युक्त में से सही कथन है
(a) 1 व 2 (b) 1 व 4 (c) 1 व 3 (d) 3 व 4

15. छन्द कितने प्रकार के होते हैं?
(a) चार (b) तीन (c) पाँच (d) दो

16. कोई भी छन्द विभक्त रहता है
(a) यति में (b) चरणों में
(c) 'a' और 'b' दोनों (d) इनमें से कोई नहीं

17. निम्न पंक्तियों में कौन-सा छन्द है?
''झिल्ली झनकाएँ पिक, चातक पुकारैं बन।
मोरिन गुटाएँ उठै, जुगनु चमकि चमकि।।''
(a) मालिनी (b) घनाक्षरी (c) गीतिका (d) मन्दाक्रान्ता

18. निम्नलिखित में सम मात्रिक छन्द है
(a) सोरठा (b) दोहा (c) चौपाई (d) ये सभी

19. ''मूक होई वाचाल, पंगु चढ़ै गिरिवर गहन।
जासु कृपा सो दयाल, द्रवहूँ सकल कलिगाल दहन।।''
उपरोक्त पंक्तियों में कौन-सा छन्द है?
(उपनिरीक्षक सीधी भर्ती परीक्षा 2014)
(a) दोहा (b) सोरठा (c) सवैया (d) चौपाई

20. ''तीन बरस तक कुत्ता जीवे, सौ तेरह तक जीयै सियार।
बरस अठारह छत्री जीवे, आगे जीवन को धिक्कार।''
उपरोक्त पंक्तियों में छन्द है *(उपनिरीक्षक सीधी भर्ती परीक्षा 2014)*
(a) सवैया (b) आल्हा (c) छप्पय (d) घनाक्षरी

21. सही विकल्प बताइए
'छन्द' शब्द का मुख्य अर्थ 'बन्धन' है। ....
आदि नियमों पर आधारित काव्य-रचना को छन्द कहा जाता है।
(मध्य प्रदेश व्यावसायिक परीक्षा 2017)
(a) गति, तुक, छात्र, विराम (b) गति, तुक, मात्रा, विराम
(c) गति, तुक, मात्रा, विश्राम (d) गीत, तुक, मात्रा, विराम

22. निम्नलिखित में से कौन-सा छन्द प्रकार नहीं है?
(UPSSSC कनिष्ठ सहायक परीक्षा 2016)
(a) चौपाई (b) दोहा (c) सोरठा (d) दृष्टान्त

23. 'चौपाई' छन्द के प्रत्येक चरण में कितनी मात्राएँ होती हैं?
(UKSSSC VDO 2015)
(a) 15 (b) 18 (c) 14 (d) 16

24. 'साधु-भक्तों में सुयोगी, संयमी बढ़ने लगे' में छन्द है
(इग्नू बी.एड. प्रवेश परीक्षा 2019)
(a) बरवै (b) सोरठा (c) गीतिका (d) छप्पय

25. दोहा छन्द के प्रत्येक चरण में कितनी मात्राएँ होती हैं?
(छत्तीसगढ़ पटवारी भर्ती परीक्षा 2019)
(a) क्रमशः 13, 11, 13, 11 (b) क्रमशः 13, 13, 11, 11
(c) क्रमशः 11, 13, 11, 13 (d) क्रमशः 11, 11, 13, 13

26. रोला के प्रत्येक चरण में कितनी मात्राएँ होती हैं?
(a) 14 (b) 21 (c) 24 (d) 34

27. निम्नांकित पद्य किस छन्द में है?
''नवल सुन्दर श्याम शरीर की
सजल नीरद सी कल कान्ति थी।'' *(UPTET 2017)*
(a) मालिनी (b) इन्द्रवज्रा
(c) द्रुतविलम्बित (d) शालिनी

28. "श्री गुरु चरन सरोज रज, निज मन मुकुर सुधार।
बरनौ रघुवर विमल जस, जो दायक फल चार।।"
में छन्द है *(UPTET 2016, 14)*
(a) दोहा (b) सोरठा (c) रोला (d) बरवै

29. 'सुनु सिय सत्य असीस हमारी।
पूजहिं मन कामना तुम्हारी।।'
उपरोक्त पंक्तियों में छन्द है *(उपनिरीक्षक सीधी भर्ती परीक्षा 2014)*
(a) बरवै (b) सोरठा (c) दोहा (d) चौपाई

30. "रहिमन पानी राखिए, बिन पानी सब सून।
पानी गए न उबरे, मोती मानुष चून।।"
उपरोक्त पंक्तियों में छन्द है *(DSSSB 2015)*
(a) सोरठा (b) दोहा (c) चौपाई (d) बरवै

31. छन्द में प्रयुक्त अक्षर को क्या कहा जाता है? *(UP पुलिस कांस्टेबल परीक्षा 2018)*
(a) व्यंजन (b) चरण (c) मात्रा (d) वर्ण

32. छन्दशास्त्र में वर्ण हैं
(a) तीन प्रकार के (b) दो प्रकार के
(c) चार प्रकार के (d) इनमें से कोई नहीं

33. शिखरिणी छन्द है
(a) वार्णिक (b) अर्द्ध मात्रिक (c) सम मात्रिक (d) विषम मात्रिक

34. अर्द्धसम मात्रिक जाति का छन्द है
(a) रोला (b) दोहा (c) चौपाई (d) कुण्डलिया

35. "अवधि शिला का उर पर था गुरु भार।
तिल-तिल काट रही थी दृग जल धार।।"
उपरोक्त पंक्तियों में छन्द है
(a) दोहा (b) सोरठा (c) रोला (d) बरवै

36. "हम जो कुछ देख रहें है, सुन्दर है सत्य नहीं है।
यह दृश्य जगत भासित है, बिन कर्म शिवत्व नहीं है।"
उपर्युक्त काव्य पंक्तियों में कौन-सा छन्द है?
(a) 14-14 मात्राओं की यति से 28 मात्राओं वाला मात्रिक छन्द
(b) 10-10 वर्णों की यति से 20 वर्णों वाला वार्णिक छन्द
(c) 13-13 मात्राओं की यति से 26 मात्राओं वाला मात्रिक छन्द
(d) 15-15 मात्राओं की यति से 30 मात्राओं वाला मात्रिक छन्द

37. वीर या आल्हा किस जाति का छन्द है?
(a) वार्णिक (b) मात्रिक
(c) अर्द्धसम मात्रिक (d) सममात्रिक

38. मन्दाक्रान्ता छन्द है
(a) मात्रिक (b) सम मात्रिक
(c) वर्णिक (d) इनमें से कोई नहीं

39. चार चरण वाला सममात्रिक छन्द जिसमें 28 मात्राएँ होती हैं, वह है
(a) सोरठा (b) कुण्डलिया (c) हरिगीतिका (d) रोला

40. जिस छन्द में चार चरण और प्रत्येक चरण में 16 मात्राएँ होती हैं, वह कहलाता है *(UPSSSC VDO 2015)*
(a) दोहा (b) सोरठा (c) रोला (d) चौपाई

41. निम्न में सम मात्रिक छन्द का कौन-सा उदाहरण है? *(जूनियर इंजीनियर/तकनीकी परीक्षा 2016)*
(a) दोहा (b) सोरठा (c) चौपाई (d) ये सभी

42. निम्न पंक्तियों में कौन-सा छन्द है?
"शशि से सखियाँ विनती करती,
टुक मंगल हो विनती करती।
हरि के पद-पंकज देखन दै,
पदि मोटक माहिं निहारन 'दै।।
(a) त्रोटक छन्द (b) भुजंगी छन्द (c) रोला छन्द (d) छप्पय छन्द

43. किस छन्द में 26 मात्राएँ होती हैं तथा 14-12 पर यति होती है? *(UPSSSC VDO 2016)*
(a) वीर (b) सोरठा (c) गीतिका (d) छप्पय

44. छप्पय किस प्रकार का छन्द है? *(UPSSSC कम्बाइंड मेडिकल सर्विसेज कम्पिटेटिव परीक्षा 2015)*
(a) सम (b) विषम
(c) अर्द्धसम (d) इनमें से कोई नहीं

45. लालदेह लाली लसे, अरु धरि लाल लंगूर।
ब्रज देह दानव दलन, जय जय जय कपि सूर।।
प्रस्तुत पंक्तियों में कौन-सा छन्द है?
(a) सोरठा (b) चौपाई (c) दोहा (d) बरवै

46. बिना बिचारे जब काम होगा, कभी न अच्छा परिणाम होगा। प्रस्तुत पंक्तियों में कौन-सा छन्द है?
(a) सोरठा (b) मालिनी (c) दोहा (d) उपेन्द्रवज्रा

47. 'छन्दशास्त्र के आदि प्रणेता थे *(UPSSSC सम्मिलित सहायक लेखाकार परीक्षा 2016)*
(a) बिहारी (b) वाल्मीकि ऋषि (c) पिंगल ऋषि (d) केशवदास

48. छन्द से सम्बन्धित गणों की सही संख्या है *(UPSSSC आबकारी सिपाही परीक्षा 2016)*
(a) छः (b) सात (c) आठ (d) दस

49. अपभ्रंश काव्य का सुप्रसिद्ध छन्द कौन-सा है?
(a) कडवक (b) पद्धरि (c) रास (d) इहा

50. वह सम मात्रिक छन्द जिसके प्रत्येक चरण में 24-24 मात्राएँ हों तथा प्रत्येक चरण में 11वीं एवं 13वीं मात्रा पर यति होती हो, कौन-सा छन्द कहा जायेगा?
(a) रोला (b) सोरठा (c) सवैया (d) कवित्त

उत्तरमाला

1. (a)	2. (b)	3. (b)	4. (c)	5. (d)	6. (a)	7. (c)	8. (a)	9. (c)	10. (d)
11. (a)	12. (d)	13. (d)	14. (c)	15. (b)	16. (c)	17. (b)	18. (c)	19. (b)	20. (b)
21. (b)	22. (d)	23. (d)	24. (c)	25. (a)	26. (c)	27. (c)	28. (a)	29. (d)	30. (b)
31. (d)	32. (b)	33. (a)	34. (b)	35. (d)	36. (a)	37. (d)	38. (c)	39. (c)	40. (d)
41. (c)	42. (a)	43. (c)	44. (b)	45. (c)	46. (d)	47. (c)	48. (c)	49. (a)	50. (a)

अध्याय ~23

अलंकार

काव्य में भाषा को सुसज्जित, सुन्दर और आकर्षक बनाने के लिए जिन विशेष शब्दार्थ का प्रयोग होता है या जिन उपकरणों, शैलियों से काव्य की सुन्दरता बढ़ती है, वे अलंकार कहलाते हैं।

अलंकार से तात्पर्य

अलंकार शब्द की उत्पत्ति 'अलम्' धातु में 'कार' प्रत्यय लगाने से हुई है। अलम् का शाब्दिक अर्थ 'आभूषण' है। जिस प्रकार आभूषणों से शरीर की सुन्दरता बढ़ती है, ठीक उसी प्रकार अलंकारों के प्रयोग से काव्य की शोभा बढ़ती है। अन्य शब्दों में काव्य की शोभा बढ़ाने वाले तत्त्वों को **अलंकार** कहते हैं। अलंकार के चार भेद हैं

1. शब्दालंकार 2. अर्थालंकार 3. उभयालंकार 4. पाश्चात्य अलंकार

1. शब्दालंकार

काव्य में शब्दगत चमत्कार को शब्दालंकार कहते हैं। शब्दालंकार काव्य के शब्दों पर आश्रित होता है। शब्दालंकार मुख्य रूप से सात हैं, जो निम्न प्रकार हैं

(i) अनुप्रास (ii) यमक (iii) श्लेष (iv) वक्रोक्ति (v) पुनरुक्तिप्रकाश (vi) पुनररूक्तिवदाभास (vii) वीप्सा

अनुप्रास

जहाँ काव्य में एक या अनेक व्यंजन वर्णों की पास-पास तथा क्रमानुसार आवृत्ति हो, उसे 'अनुप्रास अलंकार' कहते हैं; जैसे—

चारु चन्द्र की चंचल किरणें, खेल रही थी जल-थल में।

उपर्युक्त पंक्ति में **च** वर्ण की आवृत्ति पास-पास तथा क्रमानुसार हो रही है। अतः यहाँ अनुप्रास अलंकार है।

अनुप्रास अलंकार के पाँच भेद होते हैं, जो निम्नलिखित हैं

अलंकार	परिभाषा	उदाहरण
छेकानुप्रास	जहाँ एक या अनेक वर्णों की एक ही क्रम में एक बार आवृत्ति हो, वहाँ छेकानुप्रास अलंकार होता है।	*''रीझि रीझि, रहसि रहसि हँसि हँसि उठे, साँसैं भरि आँसू भरि कहत दई दई।''* • यहाँ 'रीझि-रीझि', 'रहसि-रहसि', 'हँसि-हँसि तथा 'दई-दई' में व्यंजन वर्णों की आवृत्ति समान क्रम व स्वरूप में हुई है इसलिए यहाँ छेकानुप्रास अलंकार है।
वृत्यानुप्रास	जहाँ एक या अनेक व्यंजनों की अनेक बार स्वरूपतः व क्रमतः आवृत्ति हो, वहाँ वृत्यानुप्रास अलंकार होता है।	*'कंकन, किंकिनि, नूपुर, धुनि, सुनि'* • यहाँ पर 'न' की क्रमगत आवृत्ति पाँच बार हुई है और स्वरूपतः आवृत्ति (नि) तीन बार हुई है। अतः यहाँ वृत्यानुप्रास है।
श्रुत्यानुप्रास	जहाँ एक ही उच्चारण स्थान से बोले जाने वाले वर्णों की आवृत्ति होती है, वहाँ श्रुत्यानुप्रास अलंकार होता है।	*'तुलसीदास सीदति निसिदिन देखत तुम्हार निठुराई'* • यहाँ 'त', 'द', 'स', 'न' एक ही उच्चारण स्थान (दन्त्य से उच्चारण) से उच्चरित होने वाले वर्णों की कई बार आवृत्ति हुई है, अतः यहाँ श्रुत्यानुप्रास अलंकार है।
अन्त्यानुप्रास	जहाँ पद के अन्त के एक ही वर्ण और एक ही स्वर की आवृत्ति हो, वहाँ अन्त्यानुप्रास अलंकार होता है।	*''जय हनुमान ज्ञान गुन सागर। जय कपीश तिहुँ लोक उजागर''।।* • यहाँ दोनों पदों के अन्त में 'आगर' की आवृत्ति हुई है, अत अन्त्यानुप्रास अलंकार है।
लाटानुप्रास	जहाँ समानार्थक शब्दों या वाक्यांशों की आवृत्ति हो परन्तु अर्थ में अन्तर हो, वहाँ लाटानुप्रास अलंकार होता है।	*''पूत सपूत, तो क्यों धन संचय? पूत कपूत, तो क्यों धन संचय''?* • यहाँ प्रथम और द्वितीय पंक्तियों में एक ही अर्थ वाले शब्दों का प्रयोग हुआ है परन्तु प्रथम और द्वितीय पंक्ति में अन्तर स्पष्ट है, अतः यहाँ लाटानुप्रास अलंकार है।

यमक

यमक का शाब्दिक अर्थ 'युग्मक अर्थात् जोड़ा' है। जहाँ एक शब्द या शब्द समूह की एक साथ या अलग-अलग पद में आवृत्ति हो किन्तु उनका अर्थ प्रत्येक बार भिन्न हो, वहाँ यमक अलंकार होता है। यमक अलंकार में शब्द की दो बार आवृत्ति होती है;
जैसे—

"जेते तुम तारे, तेते नभ में न तारे हैं"

उपर्युक्त पंक्ति में 'तारे' शब्द दो बार आया है परन्तु दोनों का अर्थ भिन्न-भिन्न है। प्रथम का अर्थ 'तारण करना' या 'उद्धार करना' है और द्वितीय 'तारे' का अर्थ 'तारागण' (आकाशीय) है, अत: यहाँ यमक अलंकार है।

श्लेष

श्लेष का शाब्दिक अर्थ होता है—चिपका हुआ। जहाँ एक शब्द जोड़े के रूप में उपस्थित न होकर अलग-अलग कथन में उपस्थित होता है और प्रत्येक बार उसका अर्थ अलग होता है। वहाँ श्लेष अलंकार होता है;
जैसे—

"रहिमन पानी राखिए बिन पानी सब सून।
पानी गए न ऊबरै, मोती मानुष चून।।"

उपर्युक्त पंक्तियों में यहाँ 'पानी' के तीन अर्थ हैं—मोती के अर्थ में चमक, मानुष के अर्थ में प्रतिष्ठा और चून के अर्थ में जल है, अत: यहाँ श्लेष अलंकार है।

वक्रोक्ति

जहाँ पर वक्ता (बोलने वाला) द्वारा किसी भिन्न अभिप्राय से व्यक्त किए गए कथन का श्रोता (सुनने वाला) अपने अनुसार भिन्न अर्थ की कल्पना कर लेता है, वहाँ वक्रोक्ति अलंकार होता है। इसके दो भेद हैं—श्लेष वक्रोक्ति और काकु वक्रोक्ति।

- **श्लेष वक्रोक्ति** जहाँ श्रोता, वक्ता के कथन से अपनी रुचि या परिस्थिति के अनुकूल भिन्न अर्थ ग्रहण करता है, वहाँ श्लेष वक्रोक्ति अलंकार होता है;
  जैसे—

  को तुम हो इत आये कहा,
  घनश्याम हो तू कितू बरसों।

  उपर्युक्त पंक्तियों में घनश्याम के दो अर्थ हैं— श्री कृष्णा और काले बादल। यहाँ श्रोता ने घनश्याम का अर्थ श्रीकृष्ण न ग्रहण न करके काले बादल ग्रहण किया है। अत: यहाँ घनश्याम के दो अर्थ होने के कारण श्लेष वक्रोक्ति अलंकार है।
- **काकु वक्रोक्ति** जहाँ किसी कथन का कण्ठ की ध्वनि के कारण दूसरा अर्थ निकलता है, वहाँ काकु वक्रोक्ति अलंकार होता है;
  जैसे—

  उसने कहा : जाओ मत, बैठो यहाँ।
  मैंने सुना : जाओ, मत बैठो।

उपर्युक्त पंक्तियों में उच्चारण के कारण वक्ता ने कुछ और कहा और श्रोता ने कुछ और समझ लिया। वक्ता ने रुकने के लिए कहा जबकि श्रोता ने समझा कि उसे जाने के लिए कहा जा रहा। अत: उच्चारण के कारण वक्ता और श्रोता द्वारा अलग-अलग अर्थ ग्रहण किया गया इसलिए यहाँ काकु वक्रोक्ति अलंकार है।

पुनरुक्तिप्रकाश

पुनरुक्ति का शाब्दिक अर्थ है—'पुन: दोहराना'। जब किसी काव्य में सौन्दर्यता उत्पन्न करने के लिए एक ही शब्द को दो बार दोहराया जाता है, वहाँ पुनरुक्तिप्रकाश अलंकार होता है। इस अलंकार में शब्द की आवृत्ति तो दो बार होती है, परन्तु उसके अर्थ में कोई परिवर्तन नहीं होता;
जैसे—

"ठौर-ठौर विहार करती सुन्दरी
सुरनारियाँ।"

उपर्युक्त पंक्तियों में 'ठौर-ठौर' की आवृत्ति में पुनरुक्तिप्रकाश है। दोनों 'ठौर' का अर्थ 'जगह-जगह' है, परन्तु पुनरुक्ति से कथन में बल आ गया है।

पुनरुक्तिवदाभास

जहाँ कथन में पुनरुक्ति का आभास होता है, वहाँ पुनरुक्तिवदाभास अलंकार होता है;
जैसे—

"पुनि फिरि राम निकट सो आई।"

उपर्युक्त पंक्ति में 'पुनि' और 'फिरि' का समान अर्थ प्रतीत होता है, परन्तु पुनि का अर्थ-पुन: (फिर) है और 'फिरि' का अर्थ लौटकर होने से यहाँ पुनरुक्तिवदाभास अलंकार है।

वीप्सा

जब किसी काव्य में आदर, हर्ष, शोक, आश्चर्य, घृणा, मन के भाव आदि को को प्रकट करने के लिए एक शब्द की पुनरावृत्ति होती है, तो वहाँ वीप्सा अलंकार होता है;
जैसे—

बार-बार गर्जन वर्षण है मूसलधार,
हृदय थाम लेता संसार सुन-सुन घोर वज्र हुंकार।

उपर्युक्त पंक्तियों में 'बार-बार' और 'सुन-सुन' की पुनरावृत्ति हुई है (एक ही शब्द एक से अधिक बार) जिससे वर्ण और बादलों का प्रभाव और भी गहरा हो गया है।

2. अर्थालंकार

साहित्य में अर्थगत चमत्कार को अर्थालंकार कहते हैं अर्थात् जहाँ पर अर्थ के कारण किसी काव्य के सौन्दर्य में वृद्धि होती है, वहाँ अर्थालंकार होता है। अर्थालंकार काव्य के अर्थ पर आश्रित होते हैं।

अर्थालंकार के प्रमुख भेद, उपमा, रूपक, उत्प्रेक्षा, भ्रान्तिमान, सन्देह, दृष्टान्त, अतिशयोक्ति, विभावना, अन्योक्ति, विरोधाभास, विशेषोक्ति, प्रतीप तथा अर्थान्तरन्यास हैं।

उपमा

समान धर्म के आधार पर जहाँ एक वस्तु की समानता या तुलना किसी दूसरी वस्तु से की जाती है, वहाँ उपमा अलंकार होता है।

उपमा के चार अंग हैं

(i) **उपमेय** वर्णनीय वस्तु जिसकी उपमा या समानता दी जाती है, उसे 'उपमेय' कहते हैं; जैसे—सीता का मुख चन्द्रमा के समान सुन्दर है। वाक्य में 'मुख' की चन्द्रमा से समानता बताई गई है, अत: मुख उपमेय है।

(ii) **उपमान** जिससे उपमेय की समानता या तुलना की जाती है, उसे उपमान कहते हैं; जैसे—मुख (उपमेय) की समानता चन्द्रमा से की गई है, अत: चन्द्रमा उपमान है।

(iii) **साधारण धर्म** जिस गुण के लिए उपमा दी जाती है, उसे साधारण धर्म कहते हैं। उक्त उदाहरण में 'सुन्दरता' के लिए उपमा दी गई है, अत: 'सुन्दरता' साधारण धर्म है।

(iv) **वाचक शब्द** जिस शब्द के द्वारा उपमा दी जाती है, उसे वाचक शब्द कहते हैं। उपर्युक्त उदाहरण में 'समान' शब्द वाचक है। इसके अतिरिक्त ऐसा, जैसा, सा, सदृश आदि शब्द वाचक शब्द के उदाहरण हैं।

उपमा के भेद

- **पूर्णोपमा** जहाँ उपमा के चारों अंग विद्यमान हों, वहाँ पूर्णोपमा अलंकार होता है; जैसे– ''प्रातः नभ था बहुत नीला शंख जैसे''।
  उपर्युक्त काव्य पंक्ति में 'प्रातःकालीन नभ' उपमेय है, शंख उपमान है, 'नीला साधारण' धर्म है और 'जैसे' वाचक शब्द है। यहाँ उपमा के चारों अंग उपस्थित हैं, अतः यहाँ पूर्णोपमा अलंकार होगा।
- **लुप्तोपमा** जहाँ उपमा के एक या अनेक अंगों का अभाव हो, वहाँ लुप्तोपमा अलंकार होता है; जैसे–

  मखमल के झूले पड़े, हाथी सा टीला
- उपर्युक्त काव्य पंक्ति में 'टीला' उपमेय है, 'हाथी' उपमान एवं 'सा' वाचक है, किन्तु इसमें साधारण धर्म नहीं है। वह छिपा हुआ है। कवि का आशय है ''मखमल के झूले पड़े विशाल हाथी सा टीला'' यहाँ 'विशाल' जैसा कोई साधारण धर्म लुप्त है, अतः इस प्रकार के उपमा का प्रयोग लुप्तोपमा अलंकार कहलाता है।
- **मालोपमा** जहाँ किसी कथन में एक ही उपमेय के अनेक उपमान होते हैं, वहाँ मालोपमा अलंकार होता है; जैसे–

  काम-सा रूप, प्रताप दिनेश-सा
  सोम सा सील है राम महीप का।

  उपर्युक्त उदाहरण में 'राम' उपमेय है, किन्तु उपमान, साधारण धर्म और वाचक शब्द तीन हैं-काम सा रूप, दिनेश सा प्रताप और सोम सा शील। इस प्रकार जहाँ उपमेय और उपमान अनेकों हों, वहाँ मालोपमा अलंकार होता है।

रूपक

जहाँ उपमेय में उपमान का निषेधरहित आरोप हो अर्थात् उपमेय और उपमान को एक रूप कह दिया जाए, वहाँ रूपक अलंकार होता है;
जैसे–

पायो जी मैंने राम रतन धन पायो।

उपर्युक्त पंक्ति में राम रतन को ही धन कहा गया है। यहाँ उपमेय और उपमान (धन) में अन्तर स्पष्ट नहीं (राम रतन) हो पा रहा है। 'राम रतन' उपमेय पर 'धन' उपमान का आरोप है तथा दोनों में भिन्नता है। अतः यहाँ रूपक अलंकार है।

उत्प्रेक्षा

जहाँ उपमेय में उपमान की सम्भावना व्यक्त की जाए, वहाँ उत्प्रेक्षा अलंकार होता है। इसमें जनु, मनु, मानो, जानो, इव जैसे वाचक शब्दों का प्रयोग होता है। उत्प्रेक्षा के तीन भेद हैं—वस्तूत्प्रेक्षा, हेतूत्प्रेक्षा और फलोत्प्रेक्षा।
जैसे–

सिर फट गया उसका वहीं।
मानो अरुण रंग का घड़ा हो।

उपर्युक्त पंक्तियों में सिर के लाल रंग का घड़ा होने की कल्पना की जा रही है। यहाँ सिर-उपमेय है एवं लाल रंग का घड़ा उपमान है। उपमेय में उपमान के होने की कल्पना की जा रही है। अतः यहाँ उत्प्रेक्षा अलंकार है।

भ्रान्तिमान

जहाँ समानता के कारण एक वस्तु में किसी दूसरी वस्तु का भ्रम हो, वहाँ भ्रान्तिमान अलंकार होता है;
जैसे–

जान स्याम घन स्याम को, नाच उठे वन-मोर

उपर्युक्त पंक्ति में श्री कृष्ण को देखकर उनके साँवलेपन के कारण वन के मोरों को काले बादल होने का भ्रम होता है और वे वर्षा होने वाली है ऐसा समझकर मोर नाचने लगते हैं, अतः यहाँ भ्रान्तिमान अलंकार है।

सन्देह

जहाँ अति सादृश्य के कारण उपमेय और उपमान में अनिश्चय की स्थिति बनी रहे अर्थात् जब उपमेय में अन्य किसी वस्तु का संशय उत्पन्न हो जाए, तो वहाँ सन्देह अलंकार होता है;
जैसे–

"सारी बीच नारी है या नारी बीच सारी है,
कि सारी की नारी है कि नारी की ही सारी।"

उपर्युक्त पंक्तियों में नारी और साड़ी में सन्देह बना हुआ है। साड़ी के बीच नारी है या नारी के बीच साड़ी है इसका निश्चय नहीं हो पाने के कारण यहाँ सन्देह अलंकार है।

दृष्टान्त

जहाँ किसी बात को स्पष्ट करने के लिए सादृश्यमूलक दृष्टान्त अर्थात् उदाहरण सहित प्रस्तुत किया जाता है, वहाँ दृष्टान्त अलंकार होता है;
जैसे–

जो रहीम उत्तम प्रकृति का कर सकत कुसंग।
चंदन विष व्यापत नहीं लिपटे रहत भुजंग।

उपर्युक्त पंक्तियों में कहा गया है कि जो मनुष्य उत्तम प्रकृति का होता है उस पर कोई दुष्ट व्यक्ति का प्रभाव नहीं पड़ता है। जिस प्रकार चन्दन के वृक्ष पर विषधारी सर्प लिपटे रहते हैं किन्तु उसकी सुगन्ध पर कोई प्रभाव नहीं पड़ता है। यहाँ पर पहली पंक्ति की बात को दूसरी पंक्ति के उदाहरण के साथ प्रस्तुत किया गया, अतः यहाँ दृष्टान्त अलंकार है।

अतिशयोक्ति

जहाँ किसी विषयवस्तु का लोकमर्यादा के विरुद्ध बढ़ा-चढ़ाकर वर्णन किया जाता है, वहाँ अतिशयोक्ति अलंकार होता है;
जैसे–

"हनुमान की पूँछ में, लगन न पाई आग।
सारी लंका जरि गई, गए निशाचर भाग।"

उपर्युक्त पंक्तियों में हनुमान की पूँछ में आग लगने के पहले ही सारी लंका का जलना और राक्षसों के भागने का बढ़ा-चढ़ाकर वर्णन होने से अतिशयोक्ति अलंकार है।

विभावना

जहाँ कारण के बिना कार्य के होने का वर्णन हो, वहाँ विभावना अलंकार होता है;
जैसे–

"बिनु पग चलइ सुनइ बिनु काना। कर बिनु करम करै विधि नाना।।
आनन रहित सकल रस भोगी। बिनु बानी वक्ता बड़ जोगी।।"

उपर्युक्त पंक्तियों में पैरों के बिना चलना, कानों के बिना सुनना, बिना हाथों के विविध कार्य करना, बिना मुख के सभी वस्तुओं को ग्रहण करना और वाणी के बिना वक्ता होने का उल्लेख होने से विभावना अलंकार है।

अन्योक्ति

जहाँ किसी वस्तु या व्यक्ति को लक्ष्य कर कही जाने वाली बात दूसरे के लिए कही जाए, वहाँ अन्योक्ति अलंकार होता है;
जैसे–

"फूलों के आसपास रहते हैं। फिर भी काँटे उदास रहते हैं।।"

उपर्युक्त पंक्तियों में फूलों और काँटों के माध्यम से मनुष्य को लक्षित किया गया है। इसमें फूल 'सुख-सुविधा' का प्रतीक है और काँटे 'दुःख' का प्रतीक है। अतः यहाँ सभी प्रकार की सुख-सुविधाएँ होते हुए भी दुःखी प्राणियों का वर्णन किया गया है। अतः यहाँ अन्योक्ति अलंकार है।

विरोधाभास

जहाँ वास्तविक विरोध न होने पर भी विरोध का आभास हो, वहाँ विरोधाभास अलंकार होता है;
जैसे—

"या अनुरागी चित्त की, गति समुझै नहिं कोय।
ज्यों ज्यों बूड़ै स्याम रंग, त्यों त्यों उजलों होय।।"

उपर्युक्त पंक्तियों में कवि यह कहना चाहता है कि हमारे अनुरागी मन की गति को कोई भी नहीं समझ सकता है, क्योंकि यह जैसे-जैसे कृष्ण भक्ति के रंग में डूबता जाता है, वैसे-वैसे ही उसके विकार दूर होते चले जाते हैं।

यहाँ कोई भी सामान्य बुद्धि का पाठक यह विरोध कर सकता है कि जो काले रंग में डूबता है, वह उज्ज्वल कैसे हो सकता है। इस प्रकार विरोध का आभास होने के कारण यहाँ विरोधाभास अलंकार माना जाता है।

विशेषोक्ति

जहाँ कारण के रहने पर भी कार्य नहीं होता है, वहाँ विशेषोक्ति अलंकार होता है;
जैसे—

दो-दो मेघ बरसते मैं प्यासी की प्यासी।
नीर भरे नित प्रति रहै, तऊ न प्यास बुझाई।।

उपर्युक्त पंक्तियों में यह कहा गया है कि दो-दो मेघ बरस रहे हैं फिर भी मैं प्यासी की प्यासी हूँ। यहाँ पर कारण तो है कि वर्षा हो रही है, परन्तु प्यास नहीं बुझ रही है अर्थात् कार्य शुरू तो हुआ, परन्तु उस कार्य का कोई मोल नहीं है इसलिए यहाँ पर विशेषोक्ति अलंकार है।

प्रतीप

प्रतीप का शाब्दिक अर्थ है—'उल्टा या विपरीत'। जहाँ उपमेय का कथन उपमान के रूप में तथा उपमान का उपमेय के रूप में किया जाता है, वहाँ प्रतीप अलंकार होता है;
जैसे—

"उतरि नहाए जमुन जल, जो शरीर सम स्याम"

उपर्युक्त पंक्ति में यमुना के श्याम जल की समानता रामचन्द्र के शरीर से देकर उसे उपमेय बना दिया है, अतः यहाँ प्रतीप अलंकार है।

अर्थान्तरन्यास

जहाँ किसी सामान्य बात का विशेष बात से तथा विशेष बात का सामान्य बात से समर्थन किया जाए, वहाँ अर्थान्तरन्यास अलंकार होता है;
जैसे—

बड़ें न हूजे गुनन बिनु, निरद बड़ाई पाय।
कहत धतूरे सों कनक, गहनो गढ़ा न जाय।।

उपर्युक्त पंक्तियों में सामान्य कथन-'कोई भी मनुष्य चाहे कितना बड़ा ही यश क्यों न प्राप्त कर ले, परन्तु बिना गुणों के महान नहीं बन सकता' का समर्थन विशेष जैसे—'धतूरे को कनक (सोना) कहने से वह सोना नहीं बन जाता और न ही उससे गहनें बनाए जा सकते है' से किया गया है।

3. उभयालंकार

जो शब्द और अर्थ दोनों में चमत्कार की वृद्धि करते हैं, उन्हें उभयालंकार कहते हैं। इसके दो भेद हैं

(i) **संकर** जहाँ पर दो या अधिक अलंकार आपस में 'नीर-क्षीर' के समान रूप से घुले-मिले रहते हैं, वहाँ 'संकर' अलंकार होता है;
जैसे—

सठ सुधरहिं सत संगति पाई।
पारस-परस कुधातु सुहाई।

उपर्युक्त पंक्तियों में 'पारस-परस' में अनुप्रास तथा यमक दोनों अलंकार इस प्रकार मिले हैं कि पृथक् करना सम्भव नहीं है, अतः यहाँ 'संकर' अलंकार है।

(ii) **संसृष्टि** जहाँ दो अथवा दो से अधिक अलंकार परस्पर मिलकर भी स्पष्ट रहे अर्थात् उनकी पहचान में किसी भी प्रकार की कोई कठिनाई नहीं होती वहाँ 'संसृष्टि' अलंकार होता है;
जैसे—

भूपति भवनु सुभायँ सुहाव।
सुरपति सदनु न परतर पावा।
मनिमय रचित चारु चौबारे।
जनु रतिपति निज हाथ सँवारे।।

उपर्युक्त पंक्तियों में प्रथम दो चरणों में प्रतीप अलंकार है तथा बाद के दो चरणों में उत्प्रेक्षा अलंकार। यहाँ प्रतीप और उत्प्रेक्षा की संसृष्टि है। अतः यहाँ संसृष्टि अलंकार है।

4. पाश्चात्य अलंकार

हिन्दी साहित्य पर पाश्चात्य प्रभाव पड़ने के फलस्वरूप पाश्चात्य अलंकारों का समावेश हुआ है। प्रमुख पाश्चात्य अलंकार मानवीकरण, भावोक्ति, ध्वन्यात्मकता और विरोध चमत्कार है।

परीक्षा की दृष्टि से मानवीकरण अलंकार ही महत्त्वपूर्ण है, इसलिए यहाँ उसी का विवरण दिया गया है।

मानवीकरण

जहाँ प्राकृतिक वस्तुओं; जैसे-पेड़, पौधे, बादल आदि में मानवीय भावनाओं का वर्णन हो या निर्जीव वस्तुओं की सजीव के रूप में चित्रित किया गया हो वहाँ मानवीकरण अलंकार होता है;
जैसे—

फूल हँसे कलियाँ मुसकाई।

उपर्युक्त पंक्ति में फूलों के हँसने और कलियों के मुस्कुराने का वर्णन किया गया है, परन्तु ये सब मानवीय क्रियाएँ हैं। यहाँ प्रकृति के माध्यम से मानवीय भावों को चित्रित किया गया है। अतः यहाँ मानवीकरण अलंकार है।

वस्तुनिष्ठ प्रश्नावली

1. 'सन्देसनि मधुबन-कूप भरे' में कौन-सा अलंकार है? *(उत्तराखण्ड समूह-ग भर्ती परीक्षा 2014)*
(a) उपमा (b) अतिशयोक्ति
(c) अनुप्रास (d) इनमें से कोई नहीं

2. 'काली घटा का घमण्ड घटा' उपरोक्त पंक्ति मे कौन-सा अलंकार है? *(UPSSSC लेखपाल परीक्षा 2015)*
(a) रूपक (b) यमक (c) उपमा (d) उत्प्रेक्षा

3. ''अम्बर-पनघट में डुबो रही, तारा-घट ऊषा-नागरी'' में कौन-सा अलंकार है? *(UPTET 2018/UPSSSC लेखपाल परीक्षा 2015)*
(a) यमक (b) रूपक (c) उपमा (d) उत्प्रेक्षा

4. 'उदित उदय-गिरि मंच पर रघुबर बाल पतंग' में कौन-सा अलंकार है? *(CGPSC Pre 2013)*
(a) उपमा (b) रूपक (c) उत्प्रेक्षा (d) भ्रान्तिमान

5. 'खिली हुई हवा आई फिरकी सी आई, चली गई' पंक्ति में अलंकार है *(UPSSSC कनिष्ठ सहायक परीक्षा 2015)*
(a) सम्भावना (b) उत्प्रेक्षा (c) उपमा (d) अनुप्रास

6. ''पापी मनुज भी आज मुख से, राम नाम निकालते'' इस काव्य पंक्ति में अलंकार है *(UPSSC कनिष्ठ सहायक परीक्षा 2015)*
(a) विभावना (b) उदाहरण (c) विरोधाभास d) दृष्टान्त

7. ''दिवसावसान का समय मेघमय आसमान से उतर रही है
वह संध्या सुन्दरी परी-सी धीरे-धीरे-धीरे।''
उपरोक्त पंक्तियों में अलंकार है *(उपनिरीक्षक सीधी भर्ती परीक्षा 2014)*
(a) उपमा (b) रूपक
(c) यमक (d) इनमें से कोई नहीं

8. ''तरनि तनूजा तट तमाल तरुवर बहु छाए।''
उपरोक्त पंक्तियों में कौन-सा अलंकार है? *(उपनिरीक्षक सीधी भर्ती परीक्षा 2014/UPTET 2014)*
(a) यमक (b) उत्प्रेक्षा (c) उपमा (d) अनुप्रास

9. 'अब रही गुलाब में अपत कटीली डार।'
उपरोक्त पंक्ति में अलंकार है *(उपनिरीक्षक सीधी भर्ती परीक्षा 2014)*
(a) रूपक (b) यमक (c) अन्योक्ति (d) पुनरुक्ति

10. ''पट-पीत मानहुँ तड़ित रुचि, सुचि नौमि जनक सुतावरं।''
उपरोक्त पंक्ति में अलंकार है *(उपनिरीक्षक सीधी भर्ती परीक्षा 2014)*
(a) उपमा (b) रूपक (c) उत्प्रेक्षा (d) उदाहरण

11. 'राम सों राम सिया सों सिया।'
उपरोक्त पंक्ति में अलंकार है *(उपनिरीक्षक सीधी भर्ती परीक्षा 2014)*
(a) रूपक (b) उत्प्रेक्षा (c) उपमा (d) यमक

12. 'जेते तुम तारे, तेते नभ में न तारे हैं।'
उपरोक्त पंक्तियों में अलंकार है
(a) विरोधाभास (b) विशेषोक्ति
(c) विभावना (d) यमक

13. 'नवजीवन दो घनश्याम हमें' में अलंकार है
(a) यमक (b) श्लेष (c) वीप्सा (d) अनुप्रास

14. 'केकी रव की नुपूर ध्वनि सुन जगती जगती की भूख प्यास' में अलंकार है
(a) अन्योक्ति (b) श्लेष (c) यमक (d) दृष्टान्त

15. 'विरमौ-विरमौ तात तनिक, अव सुनन हेतु बल नाहिं' में अलंकार है
(a) यमक (b) श्लेष (c) वीप्सा (d) अनुप्रास

16. 'रघुपति राघव राजाराम' में अलंकार है
(a) वीप्सा (b) पुनरुक्ति (c) विरोधाभास (d) अनुप्रास

17. कै कै कारन रोवै बाला। जनु टूटै मोतिन्ह कै माला।।
उपरोक्त पंक्ति में अलंकार है
(a) उपमा (b) उत्प्रेक्षा (c) रूपक (d) सन्देह

18. जहाँ देखने सुनने में तो निन्दा-सी प्रतीत होती है पर होती है प्रशंसा, वहाँ कौन-सा अलंकार होता है?
(a) असंगत (b) व्याजस्तुति (c) पर्यायोक्ति (d) वक्रोक्ति

19. 'उल्का सी रानी दिशा दीप्त करती थी' पंक्ति में कौन-सा अलंकार है? *(UPTET, 2016)*
(a) यमक (b) रूपक (c) उत्प्रेक्षा (d) उपमा

20. ''अधरों पर अलि मँडराते, केशों पर मुग्ध पपीहा''
(a) सन्देह (b) भ्रान्तिमान (c) वीप्सा (d) उत्प्रेक्षा

21. 'चरर मरर खुल गए अरर रवस्फुटों से' में कौन-सा अलंकार है?
(a) अनुप्रास (b) यमक (c) श्लेष (d) उत्प्रेक्षा

22. ''बड़े न हुजे गुनन बिनु विरद बड़ाई पाय।
कहत धतूरे सों कनक, गहनों गढ़ो न जाय।।''
उपरोक्त पंक्तियों में अलंकार है
(a) श्लेष (b) विरोधाभास (c) अर्थान्तरन्यास (d) वक्रोक्ति

23. ''बिटपी बिटपी बँधी पड़ी रह गई मोह के पाश में''
इस पंक्ति में अलंकार है
(a) वृत्यानुप्रास (b) श्रुत्यानुप्रास (c) अन्त्यानुप्रास (d) लाटानुप्रास

24. जहाँ सामान्य बात का विशेष बात से तथा विशेष बात का सामान्य बात से समर्थन किया जाए वहाँ होता है
(a) तद्गुण (b) संकर (c) अर्थान्तरन्यास (d) श्लेष

25. जहाँ उपमेय में उपमान की सम्भावना की जाए, वहाँ अलंकार होता है
(a) उपमा (b) उत्प्रेक्षा (c) रूपक (d) भ्रान्तिमान

26. 'बीती विभावरी जागरी अम्बर पनघट में डुबो रही ताराघट उषा नागरी' पंक्ति में कौन-सा अलंकार है? *(UPTET 2020)*
(a) यमक (b) उपमा (c) रूपक (d) उत्प्रेक्षा

27. ''बिन घनस्याम धाम-धाम ब्रज मण्डल में, उधौ नित बसति बहार बरसा की है।'' इस पंक्ति में प्रयुक्त अलंकार है *(UPTET 2020)*
(a) रूपक (b) श्लेष (c) यमक (d) उपमा

28. ''रहिमन पानी राखिए बिन पानी सब सून।
पानी गए न ऊबरे मोती मानस चून।।''
उपरोक्त दोहे में कौन-सा अलंकार है? *(UPTET 2020)*
(a) रूपक (b) उपमा (c) श्लेष (d) उत्प्रेक्षा

29. सही विकल्प चुनिए।
'......... और शब्द चयन में विशेष ध्यान देने से कविता भाव सम्प्रेषण में सहायक होती है।' *(मध्य प्रदेश व्यावसायिक परीक्षा 2017)*
(a) सर्वनाम (b) अलंकारों के सार्थक प्रयोग
(c) संज्ञा के सार्थक प्रयोग (d) विशेषण

30. ''सारंग लै सारंग चली कई सारंग की ओट सारंग झीनो पाइकें सारंग कई गई चोट।'' *(UPSSSC कनिष्ठ सहायक परीक्षा 2016)*
(a) श्लेष अलंकार (b) यमक अलंकार
(c) रूपक अलंकार (d) उत्प्रेक्षा अलंकार

31. 'उपमा' अलंकार किस अलंकार का उपभेद है? *(UKSSSC VDO 2015)*
(a) प्रश्नालंकार (b) श्लेषालंकार (c) अर्थालंकार (d) शब्दालंकार

32. 'चरण-कमल बन्दौ हरिराई।'
उपरोक्त पंक्ति में अलंकार है *(UPTET 2016)*
(a) उत्प्रेक्षा (b) यमक (c) रूपक (d) उपमा

33. किस पंक्ति में अपह्नुति अलंकार है? *(UPPSSC राजस्व निरीक्षक 2014)*
(a) इसका मुख चंदू के समान है (b) चंदू इसके मुख के समान है
(c) इसका मुख ही चंदू है (d) यह चंदू नहीं मुख है

34. ''तुम मांसहीन, तुम रक्तहीन, है अस्थिशेष तुम अस्थिहीन, तुम शुद्ध-बुद्ध आत्मा केवल, हे चिर पुराण हे चिर नवीन।'' *(UPTET 2019)*
उपरोक्त पंक्तियों में कौन-सा अलंकार प्रयुक्त हुआ है?
(a) विरोधाभास (b) विशेषण विपर्यय
(c) मानवीकरण (d) दृष्टान्त

35. 'दीप-सा मन जल चुका।'
इस पंक्ति में वाचक शब्द है
(a) दीप (b) मन (c) सा (d) जल चुका

36. 'उसका मुख चन्द्रमा के समान सुन्दर है।' इस वाक्य में साधारण धर्म है
(a) मुख (b) चन्द्रमा (c) के समान (d) सुन्दर

37. जहाँ एक शब्द या शब्द समूह अनेक बार आए किन्तु उनका अर्थ प्रत्येक बार भिन्न हो वहाँ अलंकार है
(a) यमक (b) श्लेष (c) वीप्सा (d) अनुप्रास

38. ''जदपि सुजाति सुलच्छनी, सुबरन सरस सुवृत।
भूषण बिनु न बिराजई, कविता बनिता मित्त''
अलंकार को परिभाषित करने वाली उपरोक्त पंक्तियाँ किस कवि की हैं?
(a) केशवदास (b) बिहारीलाल (c) सेनापति (d) आचार्य दण्डी

39. ''बाँधा था विधु को किसने, इन काली जंजीरों से।
मणिवाले फणियों का मुख क्यों भरा हुआ हीरों से।''
इन काव्य-पंक्तियों में कौन-सा अलंकार है?
(UPSSSC कनिष्ठ सहायक परीक्षा 2020, 19)
(a) अनुप्रास (b) श्लेष (c) यमक (d) अतिशयोक्ति

40. अलंकार का नाम बताइए
''हनुमान की पूँछ में लगन न पाई आग।
लंका सिगरी जल गई, गए निसाचर भाग।''
(मध्य प्रदेश व्यावसायिक परीक्षा 2017)
(a) अतिशयोक्ति अलंकार (b) सन्देह अलंकार
(c) उत्प्रेक्षा अलंकार (d) अन्योक्ति अलंकार

41. अलंकार का नाम बताइए। *(मध्य प्रदेश व्यावसायिक परीक्षा 2017)*
''प्रिय-प्रवास की बात चलत ही,
सूखी गया तिय कोमल गात।'' *(मध्य प्रदेश व्यावसायिक परीक्षा 2017)*
(a) अतिशयोक्ति अलंकार (b) सन्देह अलंकार
(c) उत्प्रेक्षा अलंकार (d) अन्योक्ति अलंकार

42. ''तीन बेर खाती थी वे तीन बेर खाती हैं'' में अलंकार है
(a) अनुप्रास (b) श्लेष (c) यमक (d) अन्योक्ति

43. ''अधोमुख रहति, उरध नहिं' चितवत, ज्यों गथ हारे थकित जुआरी।
छूटे चिहुर बदन कुम्हिलानो, ज्यों नलिनी हिमकट की मारी।।''
उपरोक्त पंक्तियों में अलंकार है
(a) अनुप्रास (b) उत्प्रेक्षा (c) रूपक (d) उपमा

44. ''नहिं पराग नहिं' मधुर मधु, नहिं विकास इहि काल।
अली कली ही सों बिंध्यौ, आगे कौन हवाल।।''
उपरोक्त पंक्तियों में अलंकार है?
(a) रूपक (b) श्लेष (c) अन्योक्ति (d) उत्प्रेक्षा

45. 'दीप सा हिय जल रहा है, कह दो तुम्हीं कैसे बुझाऊँ' में अलंकार है
(a) लुप्तोपमा (b) मालोपमा (c) पूर्णोपमा (d) उपमेयोपमा

46. ''तन्त्रीनाद कवित्त रस, सरस राग रतिरंग।
अनबूड़े बूड़े तिरे, जे बूड़े सब अंग।''
उपरोक्त पंक्तियों में अलंकार है
(a) परिसंख्या (b) विभावना (c) विरोधाभास (d) असंगति

47. ''रहिमन जो गति दीप की, कुल कपूत गति सोय।
बारे उजियारै लगै, बढ़े अँधेरो होय।।''
उपरोक्त पंक्तियों में अलंकार है
(a) उपमा (b) रूपक (c) यमक (d) श्लेष

48. ''ध्वनि मयी कर के गिरि-कन्दरा,
कलित-कानन-केलि-निकुंज को।''
उपरोक्त पंक्तियों में अलंकार है।
(a) छेकानुप्रास (b) वृत्यानुप्रास (c) लाटानुप्रास (d) यमक

49. ''कुन्द इन्दु सम देह, उमर रमन वरुण अमन'' में कौन-सा अलंकार है?
(a) श्लेष (b) उपमा (c) अनुप्रास (d) रूपक

50. जहाँ बिना कारण के कार्य का होना पाया जाए, वहाँ कौन-सा अलंकार होता है?
(a) विरोधाभास (b) विशेषोक्ति (c) विभावना (d) भ्रान्तिमान

51. जहाँ उपमेय में अनेक उपमानों की शंका होती है, वहाँ कौन-सा अलंकार होता है?
(a) यमक (b) श्लेष (c) सन्देह (d) भ्रान्तिमान

52. ''पूत कपूत तो क्यों धन संचय।
पूत सपूत तो क्यों धन संचय।।''
उपरोक्त पंक्तियों में कौन-सा अलंकार है?
(a) छेकानुप्रास (b) लाटानुप्रास (c) वृत्यानुप्रास (d) अन्त्यानुप्रास

53. निम्नलिखित पंक्तियों में कौन-सा अलंकार है? *(UPTET 2013)*
''फूले कास सकल महि छाई।
जनु बरसा रितु प्रकट बुढ़ाई।।''
(a) उपमा (b) उत्प्रेक्षा (c) रूपक (d) श्लेष

54. 'हरि-पद कोमल कमल से' इस पद में अलंकार है *(UPTET 2013)*
(a) उपमा (b) रूपक (c) प्रतीप (d) उत्प्रेक्षा

55. 'तरनि-तनूजा तट तमाल तरुवर बहु छाए' में कौन-सा अलंकार है? *(UPTET 2014)*
(a) अनुप्रास (b) यमक (c) उत्प्रेक्षा (d) उपमा

56. 'उसी तपस्वी से लम्बे थे, देवदार दो चार खड़े' इस पंक्ति में कौन-सा अलंकार है? *(UTET 2016)*
(a) उपमा (b) प्रतीप (c) रूपक (d) उत्प्रेक्षा

57. 'नवल सुन्दर श्याम-शरीर की, सजल नीरद-सी कल-कान्ति थी।' में कौन-सा अलंकार है? *(UPTET 2014)*
(a) उपमा (b) रूपक (c) श्लेष (d) उत्प्रेक्षा

58. कूलन में केलि में कछारन में कुंजन में क्यारिन में कलित कलीन किलकंत है। इस काव्य-पंक्ति में कौन-सा अलंकार है? *(UPSSSC कनिष्ठ सहायक परीक्षा 2020)*
(a) अनुप्रास (b) रूपक (c) यमक (d) श्लेष

59. माला फेरत जुग भया, फिरा न मन का फेर।
कर का मनका डारि दे, मन का मनका फेर।
इस दोहे में कौन-सा अलंकार है? *(UPSSSC कनिष्ठ सहायक परीक्षा 2020)*
(a) रूपक (b) अनुप्रास (c) उपमा (d) यमक

60. 'काव्य की शोभा बढ़ाने वाले धर्मों को अलंकार कहते हैं।' इस उक्ति में प्रयुक्त 'धर्म' शब्द का क्या अर्थ है? *(UPSSSC कनिष्ठ सहायक परीक्षा 2020)*
(a) मजहब (b) गुण (c) सत्कर्म (d) कर्त्तव्य

61. 'कनक कनक ते सौगुनी मादकता अधिकाय। वा खाए बोराए जग या देखे बौराए।।' दिए गए दोहे में किस अलंकार को दर्शाया गया है? *(UP पुलिस सब-इंस्पेक्टर परीक्षा 2017)*
(a) उपमा (b) यमक (c) अनुप्रास (d) अन्योक्ति

62. जहाँ उपमेय में उपमान की सम्भावना प्रकट की जाती है, वहाँ ...... अलंकार होता है। दिए गए विकल्पों में से सही का चयन करें। *(UP पुलिस सब-इंस्पेक्टर परीक्षा 2017)*
(a) अनुप्रास (b) विभावना (c) उत्प्रेक्षा (d) श्लेष

63. इनमें से कौन-सा विकल्प 'शब्दालंकार' का भेद नहीं है? *(UP पुलिस सब-इंस्पेक्टर परीक्षा 2017)*
(a) यमक (b) श्लेष (c) रूपक (d) अनुप्रास

64. 'मैया मैं तो चन्द्र-खिलौना लैहों।' पंक्ति में कौन-सा अलंकार है? *(UP पुलिस सब-इंस्पेक्टर परीक्षा 2017)*
(a) रूपक (b) उत्प्रेक्षा (c) श्लेष (d) यमक

65. काली घटा का घमंड घटा—अलंकार बताइए *(UP पुलिस कांस्टेबल परीक्षा 2018)*
(a) यमक (b) उपमा (c) अनुप्रास (d) रूपक

66. ''वृन्दावन बिहर फिरें, राधा नन्द किशोर।
जलद दामिनी जानि संग, डोलैं बोलैं मोर।।
पंक्ति में कौन-सा अलंकार है?
(a) अतिश्योक्ति अलंकार (b) श्लेष अलंकार
(c) भ्रान्तिमान अलंकार (d) संदेह अलंकार

67. 'पीपर पात सरिस मन डोला' में अलंकार है
(a) उत्प्रेक्षा (b) रूपक (c) यमक (d) उपमा

68. ''आगे नदिया पड़ी अपार, घोड़ा कैसे उतरे पार।
राणा ने देखा इस पार, तब तक चेतक था उस पार।।''
दी गई पंक्तियों में कौन-सा अलंकार है? *(UP पुलिस सब-इंस्पेक्टर परीक्षा 2017)*
(a) अतिशयोक्ति (b) उपमा (c) उत्प्रेक्षा (d) अनुप्रास

69. ''कौन रोक सकता है उसकी गति?
गरज उठते जब मेघ, कौन रोक सकता विपुल नाद?''
पंक्तियों का रचनानुसार अलंकार पहचानिए। *(UP पुलिस सब-इंस्पेक्टर परीक्षा 2017)*
(a) अर्थ श्लेष अलंकार (b) प्रश्न अलंकार
(c) वीप्सा अलंकार (d) शब्द श्लेष अलंकार

70. ''तुलसी मन-मन्दिर में बिहरै'', यह पंक्ति किस अलंकार से अलंकृत की गई है? *(UP पुलिस सब-इंस्पेक्टर परीक्षा 2017)*
(a) मानवीकरण (b) रूपक (c) पुनरुक्ति प्रकाश (d) उपमा

71. ...... बताते हैं कि यहाँ शब्दों में चमत्कार है तथा ...... बताते हैं कि यहाँ अर्थ में अद्भुत सौन्दर्य है। *(UP पुलिस सब-इंस्पेक्टर परीक्षा 2017)*
(a) यमक, शब्दालंकार (b) रूपक, उपमा
(c) शब्दालंकार, अर्थालंकार (d) अनुप्रास, श्लेष

72. ''......'', यह पंक्ति यमक अलंकार का भेद नहीं है। *(UP पुलिस सब-इंस्पेक्टर परीक्षा 2017)*
(a) सूरज है जग का बुझा-बुझा
(b) तीर बेर खाती थीं वो तीन बेर खाती हैं
(c) कर का मनका डारि दे मन का मनका फेर
(d) खगकुल कुल-कुल-सा बोल रहा

73. ''......'', यह पंक्ति अनुप्रास अलंकार का उदाहरण है। *(UP पुलिस सब-इंस्पेक्टर परीक्षा 2017)*
(a) देखिए, फूल-सी बच्ची
(b) नवजीवन दो घनश्याम हमें
(c) चरण कमल बंदौ हरि राई
(d) तरनि तनूजा तट तमाल तरुवर बहु छाए

74. 'चारु चन्द्र की चंचल किरणें खेल रही हैं जल थल में' में कौन-सा अलंकार है? *(UP बी. एड. 2019)*
(a) उपमा (b) श्लेष (c) यमक (d) अनुप्रास

75. ''खिली हुई हवा आई फिरकी सी आई, चल गई''—पंक्ति में अलंकार है *(UPSSSC कनिष्ठ सहायक परीक्षा 2015)*
(a) उपमा (b) अनुप्रास (c) सम्भावना (d) उत्प्रेक्षा

उत्तरमाला

1. (b)	2. (b)	3. (b)	4. (a)	5. (c)	6. (c)	7. (a)	8. (d)	9. (c)	10. (c)
11. (d)	12. (d)	13. (b)	14. (c)	15. (c)	16. (d)	17. (b)	18. (b)	19. (d)	20. (b)
21. (a)	22. (c)	23. (b)	24. (c)	25. (b)	26. (c)	27. (b)	28. (c)	29. (b)	30. (b)
31. (c)	32. (c)	33. (d)	34. (a)	35. (c)	36. (d)	37. (a)	38. (a)	39. (d)	40. (a)
41. (a)	42. (c)	43. (b)	44. (c)	45. (c)	46. (c)	47. (d)	48. (b)	49. (b)	50. (c)
51. (c)	52. (b)	53. (b)	54. (a)	55. (a)	56. (b)	57. (a)	58. (a)	59. (d)	60. (b)
61. (b)	62. (c)	63. (c)	64. (a)	65. (a)	66. (c)	67. (d)	68. (a)	69. (b)	70. (b)
71. (c)	72. (a)	73. (d)	74. (d)	75. (a)					

अध्याय ~24

पत्र-लेखन

भाषा के माध्यम से जो मानव-व्यवहार होता है उसमें पत्र एक महत्त्वपूर्ण माध्यम है। पत्र-लेखन एक कला है, जो दो व्यक्तियों के विचारों को साहित्यिक तकनीक में समेट कर प्रस्तुत करती है। पत्र मनुष्य के विचारों का आदान-प्रदान सरल, सहज, लोकप्रिय तथा सशक्त माध्यम से करता है।

पत्र व्यक्ति के सुख-दुःख का सजीव संवाहक होने के साथ यह पत्र-लेखक के व्यक्तित्व का प्रतिबिम्ब भी होता है। निजी जीवन से लेकर व्यापार को बढ़ाने अथवा कार्यालय/संस्थानों में परस्पर सम्पर्क का साधन पत्र ही है।

पत्र की विशेषताएँ

पत्र की निम्नलिखित विशेषताएँ होती हैं

- **भाषा की संक्षिप्तता** पत्र लेखन में अपने भावों एवं विचारों को संक्षिप्त रूप में अभिव्यक्त किया जाना चाहिए। पत्र में अनावश्यक रूप से विस्तार नहीं दिया जाना चाहिए। पत्र में व्यर्थ के शब्दों से भी बचा जाना आवश्यक है।
- **क्रमबद्धता** पत्र लेखन करते समय क्रमबद्धता का ध्यान रखा जाना अति आवश्यक है, जो बात पत्र में पहले लिखी जानी चाहिए उसे पत्र में प्रारम्भ में तथा बाद में लिखी जाने वाली बात को अन्त में ही लिखा जाना चाहिए।
- **भाषा की स्पष्टता एवं सरलता** पत्र की भाषा पूरी तरह सरल व स्पष्ट होनी चाहिए। भाषा में स्पष्टता का गुण न होने पर पत्र पढ़ने वाला पत्र-लेखक के भावों को समझ नहीं पाएगा। स्पष्टतः पत्र लिखते समय प्रचलित शब्दों एवं सरल वाक्यों का प्रयोग किया जाना चाहिए।
- **प्रभावपूर्ण शैली** पत्र की भाषा शैली प्रभावपूर्ण होनी चाहिए, जिससे पाठक पत्र-लेखक के भावों को सरलता से समझ सके। पत्र की भाषा मौलिक होनी चाहिए तथा अनावश्यक शब्दों का प्रयोग नहीं करना चाहिए।
- **उद्देश्यपूर्ण** पत्र इस प्रकार लिखा जाना चाहिए, जिससे पाठक की हर जिज्ञासा शान्त हो जाए। पत्र अधूरा नहीं होना चाहिए। पत्र में जिन बातों का उल्लेख किया जाना निश्चित हो उसका उल्लेख पत्र में निश्चित तौर पर किया जाना चाहिए।

पत्र के प्रकार

पत्रों को मुख्यतः दो वर्गों में विभाजित किया जाता है, जो निम्नलिखित हैं

1. अनौपचारिक पत्र
2. औपचारिक पत्र

अनौपचारिक पत्र

सगे-सम्बन्धियों, मित्रों, रिश्तेदारों, परिचितों आदि को लिखे गए पत्र अनौपचारिक पत्र कहलाते हैं, इन्हें 'व्यक्तिगत पत्र' भी कहा जाता है। इनमें व्यक्तिगत प्रवृत्तियों, सुख-दुःख, हर्ष, उत्साह, बधाई, शुभकामना आदि का वर्णन किया जाता है। अनौपचारिक पत्रों की भाषा आत्मीय व हृदय को स्पर्श करने वाली होती है।

अनौपचारिक पत्र के भाग

1. **प्रेषक का पता** अनौपचारिक पत्र लिखते समय सर्वप्रथम प्रेषक का पता लिखा जाता है। यह पता पत्र के बायीं ओर लिखा जाता है।
2. **तिथि-दिनांक** प्रेषक के पते के ठीक नीचे बायीं ओर तिथि लिखी जाती है। यह तिथि उसी दिवस की होनी चाहिए, जब पत्र लिखा जा रहा है।
3. **सम्बोधन** तिथि के बाद जिसे पत्र लिखा जा रहा है, उसे सम्बोधित किया जाता है। सम्बोधन का अर्थ है- किसी व्यक्ति को पुकारने के लिए प्रयुक्त शब्द। सम्बोधन के लिए प्रिय, पूज्य, स्नेहिल, आदरणीय आदि सूचक शब्दों का प्रयोग किया जाता है।
4. **अभिवादन** सम्बोधन के बाद नमस्कार, सादर प्रणाम, चरण-स्पर्श आदि रूप में अभिवादन लिखा जाता है।
5. **विषय-वस्तु** अभिवादन के बाद मूल विषय-वस्तु को क्रम से लिखा जाता है। जहाँ तक सम्भव हो अपनी बात को छोटे-छोटे परिच्छेदों में लिखने का प्रयास करना चाहिए।
6. **स्वनिर्देश/अभिनिवेदन** इसके अन्तर्गत प्रसंगानुसार 'आपका', 'भवदीय', 'शुभाकांक्षी' आदि शब्दों का प्रयोग किया जाता है।
7. **हस्ताक्षर** पत्र में अभिनिवेदन के पश्चात् अपना नाम लिखा जाता है अथवा हस्ताक्षर किए जाते हैं।

अनौपचारिक पत्र के सम्बोधन, अभिवादन तथा अभिनिवेदन

पत्र पाने वाले के साथ सम्बन्ध	*सम्बोधन*	*अभिवादन*	*स्वनिर्देश/अभिनिवेदन*
अपने से बड़े सम्बन्धी (माता, पिता, बड़ा भाई, बड़ी बहन, शिक्षक इत्यादि)	पूजनीया (माता), पूज्य (पिता), आदरणीय, पूजनीय, आदरणीया (माता, बहन)	चरण स्पर्श, सादर प्रणाम	आज्ञाकारी, स्नेहकांक्षी, प्यारा इत्यादि।
अपने से छोटे सम्बन्धी (छोटा भाई, छोटी बहन, पुत्र, पुत्री, भतीजा, भतीजी इत्यादि)	चिरंजीवी, प्रिय, केवल नाम	शुभाशीर्वाद, प्रसन्न रहो	शुभेच्छु, शुभाकांक्षी, हितैषी इत्यादि।
मित्र, सहपाठी	प्रिय, मित्रवर, केवल नाम	सप्रेम नमस्कार, नमस्ते	तुम्हारी सहृदय, मित्र इत्यादि
विदेशी मित्र	प्रिय, मित्र	नमस्ते	आपका, आपका मित्र
अपरिचित पुरुष	महाशय, श्रीमान (नाम), महोदय	नमस्ते, नमस्कार	आपका भवदीय, भवदीया, हितैषी
अपरिचित महिला	श्रीमती (नाम), महोदया	नमस्ते, नमस्कार	भवदीय, हितैषी

अनौपचारिक/व्यक्तिगत पत्र के प्रकार

अनौपचारिक/व्यक्तिगत पत्र के प्रमुख प्रकार निम्नलिखित हैं

1. सलाह सम्बन्धी पत्र
2. बधाई सम्बन्धी पत्र
3. निमन्त्रण सम्बन्धी पत्र
4. कुशल क्षेम सम्बन्धी पत्र
5. शोक सम्बन्धी पत्र
6. अभिप्रेरणा सम्बन्धी पत्र
7. खेद सम्बन्धी पत्र
8. धन्यवाद सम्बन्धी पत्र

सलाह सम्बन्धी पत्र

- **अपनी छोटी बहन को समय का सदुपयोग करने की सलाह देते हुए पत्र लिखिए।**

18, जीवन नगर,
गाजियाबाद।

दिनांक 19-3-20XX

प्रिय कुसुमलता,
शुभाशीष।

आशा करता हूँ कि तुम सकुशल होगी। छात्रावास में तुम्हारा मन लग गया होगा और तुम्हारी दिनचर्या भी नियमित चल रही होगी। प्रिय कुसुम, तुम अत्यन्त सौभाग्यशाली लड़की हो, जो तुम्हें बाहर रहकर अपना जीवन सँवारने का अवसर प्राप्त हुआ है, परन्तु वहाँ छात्रावास में इस आज़ादी का तुम दुरुपयोग मत करना। बड़ा भाई होने के नाते मैं तुमसे यह कहना चाहता हूँ कि तुम समय का भरपूर सदुपयोग करना। तुम वहाँ पढ़ाई के लिए गई हो। इसलिए ऐसी दिनचर्या बनाना, जिसमें पढ़ाई को सबसे अधिक महत्त्व मिले।

यह सुनहरा अवसर जीवन में फिर वापस नहीं आएगा। इसलिए समय का एक-एक पल अध्ययन में लगाना। मनोरंजन एवं व्यर्थ की बातों में ज़्यादा समय व्यतीत न करना। अपनी रचनात्मक रुचियों का विस्तार करना। खेल-कूद को भी पढ़ाई जितना ही महत्त्व देना।

आशा करता हूँ तुम मेरी बातों को समझकर अपने समय का उचित प्रकार सदुपयोग करोगी तथा अपनी दिनचर्या का उचित प्रकार पालन करके परीक्षा में प्रथम स्थान प्राप्त करोगी।

शुभकामनाओं सहित।
तुम्हारा भाई,
कैलाश

बधाई सम्बन्धी पत्र

- **अपने मित्र को वार्षिक परीक्षा में प्रथम स्थान पर उत्तीर्ण होने के उपलक्ष्य में बधाई पत्र लिखिए।**

40/3, नेहरू विहार, झाँसी।

दिनांक 16-3-20XX

प्रिय मित्र शेखर,
जय हिन्द!

15 मार्च, 20XX के समाचार-पत्र में तुम्हारी सफलता का सन्देश पढ़ने को मिला। यह जानकर मुझे बहुत खुशी हुई कि तुमने जिला स्तर पर 12वीं कक्षा में प्रथम स्थान प्राप्त किया है।

प्रिय शेखर, मुझे तुम से यही आशा थी। तुम्हारी पढ़ाई के प्रति निष्ठा और लगन को देखकर मुझे पूर्ण विश्वास हो गया था कि 12वीं कक्षा की परीक्षा में तुम अपने विद्यालय तथा परिवार का नाम अवश्य रोशन करोगे। परमात्मा को कोटि-कोटि धन्यवाद कि उसने तुम्हारे परिश्रम का उचित फल दिया है।

मेरे दोस्त, अपनी इस शानदार सफलता पर मेरी हार्दिक बधाई स्वीकार करो। मैं उस परमपिता परमेश्वर से प्रार्थना करता हूँ कि जीवन में सफलता इसी प्रकार तुम्हारे चरण चूमती रहे तथा तुम जीवन में उन्नति के पथ पर अग्रसर रहो।

मुझे पूरी आशा है कि इसके पश्चात् होने वाली कॉलेज की आगामी परीक्षाओं में भी तुम इसी प्रकार उच्च सफलता प्राप्त करोगे तथा जिनका परिणाम इससे भी शानदार रहेगा। मेरी शुभकामनाएँ सदैव तुम्हारे साथ हैं।

शुभकामनाओं सहित।
तुम्हारा अभिन्न मित्र
मोहन राकेश

निमन्त्रण सम्बन्धी पत्र

- **अपने जन्मदिन पर आयोजित कार्यक्रम में किसी संगीतकार को बुलवाने का आग्रह करते हुए अपने बड़े भाई को पत्र लिखिए।**

145, ज्वाला नगर,
नई दिल्ली।

दिनांक 20 सितम्बर, 20XX

आदरणीय भैया,
सादर प्रणाम।

मैं यहाँ कुशलपूर्वक रहते हुए आप सभी की कुशलता की कामना करता हूँ। मेरी पढ़ाई व्यवस्थित ढंग से चल रही है। मैं दुर्गापूजा की छुट्टी में घर आऊँगा तथा अपना जन्मदिन मनाने के उपरान्त वापस लौटूँगा।

मैं अपने जन्मदिन (8 अक्टूबर) के अवसर पर कुछ गीत-संगीत कार्यक्रम का आयोजन करवाना चाहता हूँ, ताकि मेरे परिचितों को अधिक आनन्द आए और वे इसे कुछ दिनों तक याद भी रख सकें।

मेरी इच्छा है कि किसी स्तरीय गायक एवं संगीतकार से जन्मदिन के कार्यक्रम के लिए बात करके, उसे सुनिश्चित कर दिया जाए। वह कोई बहुत लोकप्रिय या प्रसिद्ध संगीतकार न हो, लेकिन बजट के अन्तर्गत एक अच्छा संगीतकार अवश्य हो, जिससे सुनने वालों को स्वस्थ एवं सुकून देने वाला मनोरंजन प्राप्त हो सके। इसमें आपकी तथा घर के अन्य लोगों की सहमति अति आवश्यक है।

आशा करता हूँ कि जन्मदिन के लिए निर्धारित व्यय में ही यह कार्यक्रम सम्भव हो जाएगा। शेष मिलने पर। घर के सभी लोगों को मेरा यथोचित अभिवादन।

आपका अनुज
राकेश

कुशल क्षेम सम्बन्धी पत्र

- **अपने परिवार से अलग रहकर नौकरी कर रहे पिता का हाल-चाल जानने के लिए पत्र लिखिए।**

20/3, रामनगर,
कानपुर।

दिनांक 15-3-20XX

पूज्य पिताजी,
सादर चरण-स्पर्श।

कई दिनों से आपका कोई पत्र प्राप्त नहीं हुआ। हम सब यहाँ कुशलपूर्वक रहकर भगवान से आपकी कुशलता एवं स्वास्थ्य के लिए सदा प्रार्थना करते हैं। पिताजी, मैंने घर की सारी ज़िम्मेदारियाँ सम्भाल ली हैं। घर एवं बाहर के अधिकांश काम अब मैं ही करता हूँ।

सलोनी आपको बहुत याद करती है। वह हर समय पापा-पापा की रट लगाए रहती है। इस बार घर आते समय उसके लिए गुड़िया का उपहार लेते आइएगा। आप अपनी सेहत का ख्याल रखना। समय पर खाना, समय पर सोना। यदि आपको तनिक भी अस्वस्थता महसूस हो तो डॉक्टर से परामर्श कर तुरन्त ही अपना उचित इलाज करवाना।

आपके पत्र की प्रतीक्षा में।

आपका पुत्र,
विजय मोहन

शोक सम्बन्धी पत्र

- **अपने मित्र को उनकी पुत्र-वधू की असामयिक मृत्यु होने पर शोक प्रकट करते हुए शोक-पत्र लिखिए।**

15, स्वरूप नगर,
पीलीभीत।

दिनांक 1-4-20XX

प्रिय बिष्ट जी,

आपकी पुत्र-वधू की असामयिक मृत्यु की सूचना पाकर अपार दुःख हुआ। मृत्यु पर किसी का वश नहीं है। आप धैर्य धारण करें।

मेरी परमपिता परमात्मा से प्रार्थना है कि वह दिवंगत आत्मा को शान्ति तथा शोक संतप्त परिवार को शोक वहन करने की शक्ति प्रदान करें।

भवदीय
उमेश सिंह

अभिप्रेरणा सम्बन्धी पत्र

- **डांस प्रतियोगिता में चयन न होने पर मित्र को अभिप्रेरणा देते हुए पत्र लिखिए।**

ई, 550 यमुना विहार,
दिल्ली।

दिनांक 21 मार्च, 20XX

प्रिय मित्र आकाश,
जय हिन्द!

आज सुबह मुझे तुम्हारे बड़े भाई से यह जानकारी मिली कि सोनी चैनल पर आने वाले एक डांस रियलिटी शो के 'ऑडिशन' में सफल न होने के कारण तुम काफ़ी उदास हो।

मित्र, व्यक्ति के जीवन में सफलता-असफलता लगी रहती है। मैंने तुम्हारा नृत्य देखा है। तुम्हारे नृत्य में विविधता है। तुम प्रतिभाशाली हो। एक ऑडिशन में असफल हो गए तो क्या! आगे बहुत-से नए डांस शो शुरू होने वाले हैं। इनमें तुम जैसे प्रतिभाशाली प्रतिभागियों को पूरा मौका मिलेगा।

मैं उम्मीद करता हूँ कि तुम इस असफलता को जीवन का एक अनुभव मान आगे और मेहनत करोगे और तब ऑडिशन में नहीं, बल्कि शो में सर्वश्रेष्ठ डांसर का खिताब जीत परिवार का नाम रोशन करोगे।

शुभकामनाओं सहित।

तुम्हारा मित्र,
विशाल

खेद सम्बन्धी पत्र

- **अपने चाचा जी को पत्र लिखिए, जिसमें पर्वतीय स्थलों पर घूमने हेतु चाचा जी के आमन्त्रण पर न पहुँच पाने के लिए खेद प्रकट किया हो।**

15, महेन्द्रगढ़,
राजस्थान।

दिनांक 16 अगस्त, 20XX

पूजनीय चाचा जी,
सादर चरण स्पर्श।

पिछले दिनों मुझे आपका पत्र मिला। पत्र में आपने मुझे हिमाचल आकर घूमने का निमन्त्रण दिया है। इसके लिए मैं आपका धन्यवाद करना चाहूँगा।

चाचा जी, मेरी तमन्ना भी हिमाचल घूमने की है। वहाँ की पर्वतों से घिरी सुन्दर, आकर्षक वादियों का मैं भी आनन्द उठाना चाहता हूँ।

मेरे कई दोस्त हिमाचल घूम कर आ चुके हैं। उनके मुँह से मैंने वहाँ की काफ़ी तारीफ़ सुनी है। मेरा भी मन है कि मैं भी वहाँ आकर आपके साथ हिमाचल घूमकर वहाँ की वादियों का आनन्द लूँ, किन्तु मुझे खेद है कि मैं अभी वहाँ नहीं आ सकता। अगले महीने मेरी अर्द्धवार्षिक की परीक्षाएँ होने वाली हैं। इस समय मेरा पूरा ध्यान उन्हीं परीक्षाओं की तैयारी पर है। मैं परीक्षाओं में अच्छे अंक प्राप्त करना चाहता हूँ।

चाचा जी, परीक्षाओं के बाद दशहरा की छुट्टियों में मैं हिमाचल अवश्य आना चाहूँगा।

चाची जी को चरण-स्पर्श, रोहन-मोहन को प्यार।

आपका भतीजा,
राजेश कुमार

धन्यवाद सम्बन्धी पत्र

- आपकी खोई हुई वस्तु लौटाए जाने हेतु उस व्यक्ति को धन्यवाद करते हुए पत्र लिखिए।

15, संजय एन्क्लेव,
जहाँगीरपुरी,
दिल्ली।

दिनांक 21 मई, 20XX

आदरणीय विनोद जी,
सादर नमस्कार।
आपको पत्र लिखकर मैं स्वयं को धन्य मान रहा हूँ। आप जैसे ईमानदार व्यक्ति आज के युग में बहुत ही कम देखने को मिलते हैं। आपने मेरी खोई हुई अटैची लौटाकर मुझ पर बहुत बड़ा उपकार किया है। जब से मेरी अटैची गुम हुई थी, मेरी दिनचर्या ही अस्त-व्यस्त हो गई थी। मानसिक तनाव अत्यधिक बढ़ गया था, क्योंकि उसमें कार्यालय के पचास हज़ार रुपये के साथ-साथ कुछ महत्त्वपूर्ण फाइलें भी थीं।

रेलवे स्टेशन पर खोई इस अटैची के वापस मिलने की मैं उम्मीद ही खो चुका था। किन्तु उस दिन जब मैं रुपयों का प्रबन्ध करने घर से निकलने ही वाला था कि वह अटैची हाथ में लिए आपका छोटा भाई मेरे पास आया। मुझे लगा मानो यह कोई स्वप्न हो और अटैची हाथ में लिए कोई देवदूत आया हो। अपने सामान के मिल जाने पर जो खुशी मुझे हुई उसे शब्दों में बयाँ करना असम्भव है। वास्तव में, आप जैसे लोगों के बल पर ही इस दुनिया में ईमानदारी शेष है।

मैंने अटैची देख ली है। सभी चीज़ें यथावत हैं। मैं आप जैसे ईमानदार व्यक्ति का तहेदिल से शुक्रिया अदा करता हूँ। आपकी ईमानदारी ने मेरे बुझे मन में एक नवीन उत्साह का संचार किया है। आपका आभार व्यक्त करने के लिए मुझे शब्द नहीं मिल पा रहे हैं। हृदय से मैं आपकी मंगल कामना करता हूँ।

धन्यवाद।
भवदीय
के.के. वर्मा

औपचारिक पत्र

प्रधानाचार्य, पदाधिकारियों, व्यापारियों, ग्राहक, पुस्तक विक्रेता, सम्पादक आदि को लिखे गए पत्र औपचारिक पत्र कहलाते हैं। औपचारिक पत्र उन लोगों को लिखे जाते हैं, जिनसे हमारा निजी या पारिवारिक सम्बन्ध नहीं होता। इसमें शालीन भाषा तथा शिष्ट शैली का प्रयोग किया जाता है। औपचारिक पत्र के अन्तर्गत प्रार्थना पत्र, शिकायती पत्र, व्यावसायिक पत्र, सम्पादकीय पत्र तथा आवेदन पत्र का वर्णन किया गया है।

औपचारिक पत्र के भाग

1. **पत्र भेजने वाले (प्रेषक) का पता** औपचारिक पत्र लिखते समय सर्वप्रथम पत्र भेजने वाले का पता लिखा जाता है। प्रेषक का पता बायीं ओर लिखा जाता है।
2. **तिथि/दिनांक** प्रेषक के पते के ठीक नीचे जिस दिन पत्र लिखा जा रहा है उस दिन की दिनांक लिखी जाती है।
3. **पत्र प्राप्त करने वाले का पता** दिनांक के बाद जिसे पत्र लिखा जा रहा है उसका पता, पद आदि का वर्णन किया जाता है।
4. **विषय** जिस सन्दर्भ में पत्र लिखा जा रहा है, उसे संक्षिप्त में विषय के रूप में लिखा जाता है।
5. **सम्बोधन** सभी औपचारिकताओं के बाद पत्र-प्राप्तकर्ता के लिए महोदय, महोदया, मान्यवर आदि सम्बोधन के रूप में लिखा जाता है।
6. **विषय-वस्तु** सम्बोधन के पश्चात् पत्र की मूल विषय-वस्तु को लिखा जाता है। विषय-वस्तु में प्रत्येक बात के लिए अलग-अलग अनुच्छेदों का प्रयोग किया जाता है।
7. **अभिवादन के साथ समाप्ति** पत्र की समाप्ति पर पत्र प्राप्तकर्ता का अभिवादन किया जाता है।
8. **स्वनिर्देश/अभिनिवेदन** पत्र के अन्त में पत्र लिखने वाले का नाम आदि का वर्णन किया जाता है तथा आवश्यकता पड़ने पर हस्ताक्षर भी किए जाते हैं।

औपचारिक पत्र के सम्बोधन, अभिवादन तथा अभिनिवेदन

पत्र के प्रकार	पत्र पाने वाले	सम्बोधन	स्वनिर्देश/अभिनिवेदन
आवेदन-पत्र/प्रार्थना-पत्र	प्रधानाचार्य, सम्बन्धित अधिकारी	महोदय, महोदया, मान्यवर	आपका, कृपाकांक्षी, भवदीय
शिकायती पत्र	सम्बन्धित अधिकारी	महोदय, महाशय	भवदीय
कार्यालयी पत्र (सरकारी पत्र)	सम्बन्धित अधिकारी	मान्यवर, महोदय	भवदीय, विनीत
सम्पादकीय पत्र	सम्पादक	महोदय	भवदीय
व्यावसायिक पत्र	पुस्तक विक्रेता, बैंक प्रबन्धक, व्यावसायिक संस्था	श्रीमान, महोदय	भवदीय, आपका

औपचारिक पत्रों के प्रकार

1. प्रार्थना-पत्र
2. शिकायती पत्र
3. व्यावसायिक पत्र
4. सम्पादकीय पत्र
5. आवेदन पत्र

प्रार्थना-पत्र

सामान्यत: स्कूल एवं कॉलेज के छात्र-छात्राओं द्वारा अपने अधिकारियों को लिखे जाने वाले पत्र प्रार्थना-पत्र की श्रेणी में आते हैं। छात्र-छात्राएँ अपने महाविद्यालय के प्राचार्य, विश्वविद्यालय के कुलपति, कुलसचिव, शिक्षा सचिव, शिक्षा मन्त्री को पत्र के माध्यम से अपनी तथा सामूहिक समस्याओं से अवगत कराते हैं।

- अपने विद्यालय के प्रधानाचार्य को छात्रवृत्ति प्राप्त कराने का आग्रह करते हुए प्रार्थना-पत्र लिखिए।

424, शालीमार बाग,
दिल्ली।

दिनांक 18 जुलाई, 20XX

सेवा में,
श्रीमान प्रधानाचार्य,
आदर्श माध्यमिक विद्यालय,
सिद्धार्थ नगर,
आगरा।

विषय छात्रवृत्ति प्राप्त करने के लिए प्रार्थना-पत्र।

मान्यवर,
सविनय निवेदन यह है कि मैं दसवीं कक्षा का छात्र हूँ। मैं सदा विद्यालय में अच्छे अंकों के साथ उत्तीर्ण होता हूँ। पिछले कई वर्षों से मैं लगातार प्रथम आ रहा हूँ। इसके अतिरिक्त मैं भाषण-प्रतियोगिताओं, वाद-विवाद प्रतियोगिताओं में कई बार विद्यालय के लिए जोनल एवं राष्ट्रीय स्तर पर इनाम जीत कर लाया हूँ। खेल-कूद में भी मेरी गहन रुचि है। मैं स्कूल की क्रिकेट टीम का कप्तान भी हूँ। सभी अध्यापक मेरी प्रशंसा करते हैं।

मुझे अत्यन्त दुःख के साथ आपको बताना पड़ रहा है कि मेरे पिताजी को एक असाध्य रोग ने आ घेरा है, जिसके कारण घर की आर्थिक स्थिति सही नहीं है। पिताजी स्कूल से मेरा नाम कटवाना चाहते हैं। वे मेरा मासिक-शुल्क देने में असमर्थ हैं।

मैंने अपनी पाठ्य-पुस्तकें तो खरीद ली हैं, लेकिन शेष व्यय के लिए आपसे नम्र निवेदन है कि मुझे तीन सौ रुपये मासिक की छात्रवृत्ति देने की कृपा करें, जिससे मैं अपनी पढ़ाई सुचारु रूप से चला सकूँ।

यह छात्रवृत्ति आपकी मेरे प्रति विशेष कृपा होगी। मैं आपको विश्वास दिलाता हूँ कि मैं खूब मेहनत से पढ़ूँगा और इस स्कूल का नाम रोशन करूँगा।

धन्यवाद।

आपका आज्ञाकारी शिष्य
विशाल
कक्षा-दसवीं
अनुक्रमांक-15

- **अपने विद्यालय के प्रधानाचार्य को पत्र लिखिए, जिसमें कम्प्यूटर शिक्षा की व्यवस्था करने के लिए प्रार्थना की गई हो।**

642, मुखर्जी नगर,
दिल्ली।

दिनांक 21 जुलाई, 20XX

सेवा में,
श्रीमान प्रधानाचार्य,
रा.उ.मा. बाल विद्यालय,
गणेशपुर,
रुड़की।

विषय कम्प्यूटर शिक्षा की व्यवस्था हेतु प्रार्थना-पत्र।

महोदय,
सविनय निवेदन है कि हम दसवीं कक्षा के छात्र यह अनुभव करते हैं कि आज के कम्प्यूटर युग में प्रत्येक व्यक्ति को कम्प्यूटर की जानकारी होनी चाहिए। हम देख भी रहे हैं कि दिनोंदिन कम्प्यूटर शिक्षा की माँग बढ़ती जा रही है। ऐसे में हमारे उज्ज्वल भविष्य के लिए भी कम्प्यूटर का ज्ञान होना अनिवार्य है।
अतः आपसे प्रार्थना है कि कृपा करके हमारे विद्यालय में कम्प्यूटर शिक्षा आरम्भ करें। हम आपके प्रति कृतज्ञ होंगे। आशा है, आप हमारे अनुरोध को स्वीकार करेंगे।

धन्यवाद।

प्रार्थी
क.ख.ग.
कक्षा-दसवीं 'अ'

शिकायती-पत्र

किसी विशेष कार्य, समस्या अथवा घटना की शिकायत करते हुए सम्बन्धित अधिकारी को लिखा गया पत्र 'शिकायती-पत्र' कहलाता है। शिकायती पत्र लिखते समय इस बात का ध्यान रखना चाहिए कि जिस सम्बन्ध में शिकायत की जा रही है, उसका स्पष्ट रूप से उल्लेख किया जाना चाहिए। शिकायत हमेशा विनम्रता के साथ प्रस्तुत की जानी चाहिए।

- **अपने मुहल्ले के पोस्टमैन की कार्यशैली का वर्णन करते हुए पोस्टमास्टर को शिकायती-पत्र लिखिए।**

15, ढूंगाधारा,
अल्मोड़ा (उत्तराखण्ड)।

दिनांक 13-4-20XX

सेवा में,
पोस्ट मास्टर,
उप-डाकघर पोखर खाली, अल्मोड़ा।

विषय पोस्टमैन की कार्यशैली के सम्बन्ध में।

महोदय,
मैं आपका ध्यान मुहल्ला ढूंगाधारा के पोस्टमैन की कर्त्तव्य-विमुखता की ओर आकर्षित करना चाहता हूँ। इस मुहल्ले के निवासियों की शिकायत है कि यहाँ डाक कभी भी समय से नहीं बँटती है। अतः यहाँ के निवासियों को बड़ी असुविधा होती है। आपसे निवेदन है कि इस मामले की जानकारी प्राप्त करके उचित कार्यवाही करने की कृपा करें, ताकि इस समस्या का निराकरण हो सके।

सधन्यवाद।

भवदीय
प्रमोद पन्त

- **माल प्राप्त न होने पर रेल विभाग के प्रबन्धक को शिकायत करते हुए पत्र लिखिए।**

राज क्लॉथ एम्पोरियम,
नन्द नगरी, दिल्ली।

दिनांक 26-5-20XX

सेवा में,
मण्डल रेल प्रबन्धक,
दिल्ली रेल मण्डल, दिल्ली।

विषय माल की प्राप्ति न होने के सम्बन्ध में।

महोदय,
हमने दिनांक 15 मई, 20XX को दिल्ली रेलवे स्टेशन स्थित पार्सल घर से चार बण्डल सूती कपड़ा मै. बजाज एण्ड कम्पनी, कानपुर को भेजने के लिए पैसेन्जर रेलगाड़ी से बुक करवाया था, जिसका R/R नं. 55/XX है। यह माल अभी तक अपने गन्तव्य तक नहीं पहुँचा है।
आपसे अनुरोध है कि कृपया जाँच-पड़ताल कर एक हफ्ते के अन्दर हमें यह बताएँ कि इस माल का क्या हुआ। यदि माल गलती से कहीं ओर पहुँच गया हो, तो माल को शीघ्रातिशीघ्र उक्त गंतव्य तक पहुँचाने की व्यवस्था करें।

धन्यवाद।

भवदीय,
हस्ताक्षर ....
(दीपक श्रीवास्तव)
प्रबन्धक
राज क्लॉथ एम्पोरियम

व्यावसायिक-पत्र

आजकल व्यापार तथा व्यवसाय में काफी वृद्धि होने के कारण व्यावसायिक-पत्रों में भी वृद्धि होती जा रही है। दो व्यापारिक संस्थाओं अथवा व्यापारिक संस्था और ग्राहक के मध्य होने वाला पत्र-व्यवहार व्यावसायिक पत्राचार कहलाता है। व्यावसायिक पत्र-लेखन भी एक कला है, इसकी विशिष्ट शैली होती है। इन पत्रों में शिष्टता, सहजता, सहृदयता के दर्शन होते हैं। व्यापारिक पत्रों में सामान मँगवाने, उनकी जानकारी, शिकायतें तथा शिकायतों के निवारण जैसे विषय होते हैं।

व्यावसायिक-पत्रों के कुछ उदाहरण निम्नलिखित हैं

- **आपको कुछ पुस्तकों की आवश्यकता है। नागरी प्रचारिणी सभा वाराणसी के व्यवस्थापक को सूचित करते हुए शीघ्र पुस्तक भिजवाने हेतु एक पत्र लिखिए।**

19-कौशलपुरी,
कानपुर।

दिनांक 15-5-20XX

सेवा में,
सर्वश्री व्यवस्थापक,
नागरी प्रचारिणी सभा,
वाराणसी (उ.प्र.)।

विषय पुस्तकें मँगवाने हेतु।

महोदय,
निवेदन है कि मुझे निम्नलिखित पुस्तकों की आवश्यकता है। कृपया इन्हें शीघ्र ही वी.पी. डाक द्वारा ऊपर लिखे पते पर भेज दें। वी.पी. आते ही छुड़ा ली जाएगी।

पुस्तक का नाम	लेखक	प्रतियाँ
हिन्दी शब्दानुशासन	आचार्य किशोरीदास वाजपेयी	एक प्रति
हिन्दी व्याकरण	पं. कामताप्रसाद गुरु	एक प्रति
हिन्दी का सरल भाषा विज्ञान	गोपाल लाल खन्ना	एक प्रति
चरित चर्चा और जीवन दर्शन	डॉ. सम्पूर्णानन्द	एक प्रति
हिन्दी साहित्य का इतिहास	आचार्य रामचन्द्र शुक्ल	एक प्रति

सधन्यवाद।
भवदीय
नन्द कुमार

- **पुस्तक भण्डार के प्रबन्धक की ओर से पुस्तकों के ऑर्डर की आपूर्ति में असमर्थता प्रकट करते हुए पत्र लिखिए।**

विद्या पुस्तक भण्डार,
विद्या विहार,
दिल्ली।

दिनांक 20-5-20XX

सेवा में,
बुक प्वाइण्ट,
मुखर्जी नगर,
दिल्ली।

विषय पुस्तकों के ऑर्डर की आपूर्ति में असमर्थता हेतु।

महोदय,
आपके दिनांक 13 मई, 20XX के ऑर्डर के लिए धन्यवाद, किन्तु हमें खेद के साथ कहना पड़ रहा है कि आपने जिन पुस्तकों का ऑर्डर दिया है, उनका स्टॉक खत्म हो चुका है।

हमने ये पुस्तकें पुनर्मुद्रण हेतु भेजी हुई हैं, जो सम्भवतः 15 दिन में बिक्री हेतु तैयार हो जाएँगी। हमने आपका ऑर्डर अपनी 'ऑर्डर फाइल' में सुरक्षित रख लिया है, जैसे ही पुस्तकें तैयार हो जाएँगी, आपको भेज दी जाएँगी।

असुविधा के लिए खेद है।
सदैव आपकी सेवा में तत्पर।

धन्यवाद।
भवदीय,
हस्ताक्षर ....
(विशाल गुप्ता)
विक्रय प्रबन्धक
(विद्या पुस्तक भण्डार)

सम्पादकीय-पत्र

समाचार-पत्र एवं पत्रिकाएँ हमारे ज्ञानवर्द्धन, बौद्धिक तुष्टि और मनोरंजन के साधन हैं। इनमें हमारे जीवन के विभिन्न पहलुओं से सम्बन्धित अनेक सूचनाएँ, विज्ञापन और सुझाव भी प्रकाशित होते रहते हैं। हमें लेख, कविता और कहानी आदि प्रकाशित कराने, सामाजिक एवं राजनीतिक समस्याओं को प्रकाशित कराकर जन-जन तक पहुँचाने के लिए सम्पादक से सम्पर्क करना पड़ता है।

इसके लिए हमें समाचार-पत्र के सम्पादक को पत्र लिखना पड़ता है, ऐसे पत्र सम्पादकीय-पत्र कहलाते हैं। ऐसे पत्र एक विशिष्ट शैली में लिखे जाते हैं। यह पत्र सम्पादक को सम्बोधित होते हैं, जबकि मुख्य विषय-वस्तु जन सामान्य को लक्षित करके लिखा जाता है। सम्पादकीय-पत्र के कुछ उदाहरण निम्नलिखित हैं

- **अपने शहर में उत्पन्न पानी की समस्या की ओर ध्यान आकर्षित कराते हुए किसी समाचार-पत्र के सम्पादक को पत्र लिखिए।**

12, पन्त सदन, ढूँगाधारा,
अल्मोड़ा (उत्तराखण्ड)।

दिनांक 15-1-20XX

सेवा में,
सम्पादक महोदय,
दैनिक 'स्वतन्त्र भारत'
विधानसभा मार्ग,
लखनऊ (उ.प्र.)।

विषय अल्मोड़ा में पानी की समस्या।

महोदय,
आपके दैनिक समाचार-पत्र में 'अल्मोड़ा में पानी की समस्या' पर अपने विचार प्रकाशनार्थ भेज रहा हूँ। आशा है आप इसे प्रकाशित कर हमें अनुगृहीत करेंगे।

पिछले दो सप्ताह से यहाँ पानी की बड़ी समस्या हो गई है। नलों में पानी नहीं आता है। यदि आता भी है तो बहुत कम मात्रा में आता है। एक बाल्टी पानी के लिए काफ़ी समय बर्बाद हो जाता है।

स्रोतों पर बड़ी भीड़ होती है, पानी की पूर्ति न होने से घण्टों इन्तज़ार करना पड़ता है। आजकल अल्मोड़ा में ऐसा लग रहा है जैसे पानी का अकाल पड़ गया हो। जल विभाग के कर्मचारियों से सम्पर्क करने पर कोई सन्तोषजनक उत्तर नहीं मिलता है। कर्मचारी बात को लापरवाही से टाल देते हैं।

अतः अधिकारी वर्ग से निवेदन है कि नगरवासियों की कठिनाइयों को ध्यान में रखते हुए जलापूर्ति की उचित व्यवस्था कराने की कृपा करें, जिससे समय पर पानी मिल सके।

भवदीय
मुकेश श्रीवास्तव

- **देश में बढ़ रही कन्या-भ्रूण हत्या पर चिंता व्यक्त करते हुए किसी प्रतिष्ठित समाचार-पत्र के सम्पादक को पत्र लिखिए।**

142, पटेल नगर,
नई दिल्ली।

दिनांक 15-3-20XX

सेवा में,
सम्पादक महोदय,
नवभारत टाइम्स,
नई दिल्ली।

विषय कन्या-भ्रूण हत्या की बढ़ती प्रवृत्ति के सन्दर्भ में।

महोदय,
आपके लोकप्रिय समाचार-पत्र के माध्यम से मैं देश में बढ़ रही कन्या भ्रूण हत्या की प्रवृत्ति की ओर ध्यान आकर्षित करना चाहती हूँ। अनेक लोग गर्भ में ही लिंग

परीक्षण करवाकर कन्या-भ्रूण होने की स्थिति में इसे मार डालते हैं, गर्भ में ही कन्या-भ्रूण की हत्या कर दी जाती है।

ऐसा करने वाले केवल गरीब या निर्धन एवं अशिक्षित लोग ही नहीं होते, बल्कि समाज का पढ़ा-लिखा एवं धनी वर्ग भी इसमें बराबरी की हिस्सेदारी करता है।

समाज का यह दृष्टिकोण अत्यन्त रूढ़िवादी एवं पिछड़ा है, जिसे किसी भी स्थिति में बढ़ावा नहीं मिलना चाहिए।

समाज के बौद्धिक एवं तार्किक लोगों का कर्त्तव्य है कि वे सरकार एवं प्रशासन के साथ मिलकर कन्या-भ्रूण हत्या को अन्जाम देने वाले या उसका समर्थन करने वाले लोगों के विरुद्ध कठोर कार्यवाही करें, जिससे समाज का सन्तुलन एवं समग्र विकास सम्भव हो सके।

धन्यवाद।

भवदीया

ऋतिका

आवेदन–पत्र

आवेदन-पत्र किसी फर्म-अधिकारी या किसी मन्त्रालय, विभाग या कार्यालय के अधिकारी को लिखे जाते हैं। स्कूल अथवा कॉलेज के प्रबन्धक अथवा प्रधानाचार्य को लिखे गए पत्र भी आवेदन-पत्र कहलाते हैं। चूँकि, आवेदन-पत्र अधिकारियों को लिखे जाते हैं। अतः इन्हें 'आधिकारिक-पत्र' भी कहा जाता है। आवेदन-पत्रों का प्रारूप अन्य पत्रों से भिन्न होता है।

आवेदन-पत्र के कुछ उदाहरण निम्नलिखित हैं

- **राजकीय संग्रहालय अल्मोड़ा में हिन्दी आशुलिपिक पद के लिए आवेदन पत्र लिखिए।**

3, शान्ति निकेतन,
नैनीताल-2 (उत्तराखण्ड)।

दिनांक 17-1-20XX

सेवा में,
निदेशक,
राजकीय संग्रहालय,
अल्मोड़ा (उत्तराखण्ड)।

विषय हिन्दी आशुलिपिक पद हेतु आवेदन पत्र।

महोदय,
आपके द्वारा 15 जनवरी, 20XX के दैनिक 'हिन्दुस्तान' में प्रकाशित विज्ञापन के अनुसार मैं 'हिन्दी आशुलिपिक' के पद के लिए अपनी सेवाएँ प्रस्तुत करता हूँ। मेरी योग्यता तथा अनुभव इस प्रकार हैं

शैक्षिक योग्यताएँ

1. हाईस्कूल यू.पी. बोर्ड	प्रथम श्रेणी	2005
2. इण्टरमीडिएट यू.पी. बोर्ड	द्वितीय श्रेणी	2007
3. बी.ए. कुमाऊँ वि.वि.	द्वितीय श्रेणी	2009
4. आई.टी.आई. (हिन्दी आशुलिपि)	बी ग्रेड	2012

व्यावहारिक योग्यताएँ

1. हिन्दी आशुलिपि गति 120 शब्द प्रति मिनट।
2. हिन्दी टंकण गति 30 शब्द प्रति मिनट।
3. अंग्रेजी टंकण गति 40 शब्द प्रति मिनट।

अनुभव

मैंने विगत 18 महीनों तक उपनिदेशक पशुपालन विभाग नैनीताल के कार्यालय में हिन्दी आशुलिपिक के पद पर कार्य किया है।

योग्यता और अनुभव के अतिरिक्त मुझे पाठ्येतर कार्यकलापों में बड़ी रुचि रही है। मैं फुटबाल का अच्छा खिलाड़ी हूँ और कॉलेज की टीम का विश्वविद्यालय प्रतियोगिता में प्रतिनिधित्व कर चुका हूँ।

यदि उक्त पद पर सेवा करने का सुअवसर मिला तो मैं आपको आश्वासन देता हूँ कि अपने कार्य एवं व्यवहार से सदैव आपको सन्तुष्ट रखूँगा।

प्रमाण-पत्रों की अनुप्रमाणित प्रतिलिपियाँ इस आवेदन-पत्र के साथ संलग्न हैं।

संलग्नक संख्या 7

भवदीय

सुरेश सक्सेना

- **दिल्ली पब्लिक लाइब्रेरी में पुस्तकालय सहायक के लिए आवेदन-पत्र लिखिए।**

508, इंदिरा विकास कालोनी,
दिल्ली।

दिनांक 25 मार्च, 20XX

सेवा में,
निदेशक महोदय,
दिल्ली पब्लिक लाइब्रेरी,
टाउन हाल, चाँदनी चौक,
नई दिल्ली।

विषय पुस्तकालय सहायक पद हेतु आवेदन-पत्र।

महोदय,
दिनांक 24 मार्च, 20XX के दैनिक समाचार-पत्र 'हिन्दुस्तान टाइम्स' में प्रकाशित विज्ञापन के माध्यम से ज्ञात हुआ है कि आपके प्रतिष्ठित पुस्तकालय संस्थान में सहायक का एक पद रिक्त है। इस पद हेतु मैं अपना जीवन-वृत्त आपको भेज रही हूँ। मेरा विवरण निम्नलिखित है

नाम : अर्चना गुप्ता
पिता का नाम : श्री विकास गुप्ता
जन्म तिथि : 27 नवम्बर, 19XX
जन्म-स्थान : बी 16/1, इन्दिरा विकास कालोनी, दिल्ली–110009

शैक्षणिक योग्यताएँ

1. हाईस्कूल	केन्द्रीय माध्यमिक शिक्षा बोर्ड	2005	50%
2. इण्टरमीडिएट	केन्द्रीय माध्यमिक शिक्षा बोर्ड	2007	65%
3. स्नातक	केन्द्रीय माध्यमिक शिक्षा बोर्ड	2009	55%
4. डिप्लोमा पुस्तकालय विज्ञान (एक वर्षीय)	अन्नामलाई विश्वविद्यालय, तमिलनाडु	2012	62%

कार्यानुभव

गत तीन वर्ष से ज्योति मॉडल स्कूल आदर्श नगर, दिल्ली में पुस्तकालय सहायक के पद पर कार्यरत हूँ।

मुझे विश्वास है, आप मुझे एक बार सेवा का सुअवसर अवश्य प्रदान करेंगे।

धन्यवाद।

भवदीया

हस्ताक्षर.....

अर्चना गुप्ता

वस्तुनिष्ठ प्रश्नावली

1. पत्र को मुख्यत: कितने वर्गों में विभाजित किया जाता है?
(a) दो (b) तीन (c) चार (d) पाँच

2. निम्नलिखित में से कौन-सी पत्र लेखन की विशेषता नहीं है?
(a) प्रभावपूर्ण शैली (b) सरलता
(c) विस्तारपूर्ण वर्णन (d) क्रमबद्धता

3. पत्र-लेखन में सम्बोधन किसे कहा जाता है?
(a) प्रेषक का पता (b) प्राप्तकर्ता का पता
(c) हाशिए (d) प्राप्तकर्ता के प्रति सम्मान या संवेदना

4. अनौपचारिक पत्रों को.........भी कहा जाता है।
(a) पारिवारिक पत्र (b) असामाजिक पत्र
(c) व्यक्तिगत पत्र (d) कार्यालयी पत्र

5. अनौपचारिक पत्रों गें सर्वप्रथम क्या लिखा जाता है?
(a) दिनांक (b) अभिवादन (c) प्रेषक का पता (d) सम्बोधन

6. अनौपचारिक पत्र की समाप्ति करते हुए अन्त में क्या लिखा जाता है?
(a) अभिनिवेदन (b) हस्ताक्षर
(c) प्रेषक का पता (d) अभिवादन

7. अनौपचारिक पत्र में प्रेषक का पता किस ओर लिखा जाता है?
(a) ऊपर दाईं ओर (b) नीचे दाईं ओर
(c) ऊपर बाईं ओर (d) नीचे बाईं ओर

8. अभिषेक द्वारा अपने छोटे भाई को समय का सदुपयोग करने की सलाह देते हुए पत्र लिखा गया। यह पत्र किस वर्ग में आएगा?
(a) व्यापारिक पत्र (b) आमन्त्रण पत्र (c) बधाई पत्र (d) अनौपचारिक पत्र

9. एक पिता द्वारा छात्रावास में रह रहे बेटे का उत्साहवर्द्धन करते हुए लिखा जाने वाला पत्र किस श्रेणी में आएगा?
(a) औपचारिक पत्र (b) अनौपचारिक पत्र
(c) निमन्त्रण पत्र (d) व्यावसायिक-पत्र

10. औपचारिक पत्र किन्हें लिखे जाते हैं?
(a) प्रधानाचार्य (b) पदाधिकारी
(c) सम्पादक (d) ये सभी

11. औपचारिक पत्र में दिनांक कहाँ लिखी जाती है?
(a) पत्र के आरम्भ में (b) पत्र के अन्त में
(c) प्रेषक के पते के नीचे (d) प्रेषक के पते के ऊपर

12. कक्षा बारह के छात्र ने अपना पुस्तक शुल्क माफ करने के लिए प्रधानाचार्य को पत्र लिखा। यह पत्र किस वर्ग में आएगा?
(a) कार्यालयी पत्र (b) व्यापारिक पत्र
(c) आवेदन-पत्र (d) व्यावसायिक-पत्र

13. किसी कम्पनी में नौकरी पाने हेतु लिखा जाने वाला पत्र किस श्रेणी में आएगा?
(a) अनौपचारिक पत्र (b) निमन्त्रण पत्र
(c) व्यावसायिक पत्र (d) आवेदन पत्र

14. जिला स्वास्थ्य अधिकारी को नगर की सफाई व चिकित्सा सुविधा की माँग करते हुए लिखा जाने वाला पत्र किस वर्ग में आएगा?
(a) प्रार्थना पत्र (b) शिकायती-पत्र (c) व्यापारिक पत्र (d) आवेदन पत्र

15. भारत मेडिकल स्टोर, आजादपुर को खराब दवाइयाँ भेजने के कारण होने वाले नुकसान से सम्बन्धी पत्र किस वर्ग में आएँगे?
(a) व्यापारिक पत्र (b) आवेदन-पत्र
(c) सम्पादकीय पत्र (d) शिकायती पत्र

16. अपने विद्यालय की किसी मनोरंजन घटना का वर्णन करते हुए मित्र को लिखा गया पत्र किस कोटि के अन्तर्गत आएगा? ***(UPSSSC 2019)***
(a) शासकीय (b) अर्धशासकीय (c) वैयक्तिक (d) व्यावसायिक

17. पत्र के सम्बन्ध में निम्नलिखित में से किसको 'अभिवादन' कहते हैं? ***(UPSSSC 2019)***
(a) पिता-पुत्र (b) शुभाशीष
(c) प्रिय पुत्र (d) आपका स्नेहाकांक्षी

18. कक्षा दस के छात्र ने अपना अनुपस्थिति दण्ड माफ करने के लिए प्रधानाध्यापक को पत्र लिखा। उसका यह पत्र किस वर्ग में आएगा? ***(UPSSSC VDO 2018)***
(a) निमन्त्रण पत्र (b) आवेदन पत्र
(c) व्यावसायिक पत्र (d) व्यापारिक पत्र

19. औपचारिक पत्र के प्रारम्भ में इनमें से कौन-सा विकल्प नहीं होगा? ***(UPSSSC मण्डी परिषद् 2019)***
(a) विषय (b) पता (c) अभिवादन (d) दिनांक

20. व्यवसाय सम्बन्धी पत्र में सम्बोधन क्या होगा? ***(UPSSSC मण्डी परिषद् 2019)***
(a) आदरणीय (b) महोदय (c) परमपूज्य (d) प्रिय

21. बस स्टैण्ड के पास आवारा लड़कों के व्यवहार को बताते हुए तथा उनके खिलाफ छेड़खानी के विरुद्ध एफआईआर दर्ज करवाने के लिए किसे आवेदन-पत्र लिखेंगे? ***(UPSSSC मण्डी परिषद् 2019)***
(a) थानाध्यक्ष महोदय (b) संस्थापक महोदय
(c) बस स्टैण्ड अधिकारी (d) अधिकारी महोदय

22. वैयक्तिक-पत्र किनके मध्य लिखा जाता है? ***(UPSSSC 2016)***
(a) व्यवसायियों के मध्य (b) सरकारी अधिकारियों के मध्य
(c) सगे सम्बन्धियों-मित्रों के मध्य (d) पाठक और सम्पादक के मध्य

23. विभिन्न पत्रों में अभिनिवेदन के रूप में लिखा जाता है ***(UPSSSC 2016)***
(a) आपका (b) भवदीय (c) शुभेच्छु (d) शुभचिन्तक

24. निम्नलिखित में से कौन-सा 'अनौपचारिक पत्र' का उदाहरण है? ***(UPSSSC कनिष्ठ सहायक परीक्षा 2016)***
(a) मोहल्ले में बिजली की समस्या के लिए जिलाधिकारी को लिखा गया पत्र
(b) बहन के विवाह में शामिल होने के लिए मित्र को लिखा गया पत्र
(c) गाँव में पुस्तकालय खुलवाने हेतु जिला परिषद् को लिखा गया पत्र
(d) प्रधानाचार्य को दो दिनों के अवकाश के लिए प्रार्थना-पत्र

उत्तरमाला

1. (a)	2. (c)	3. (d)	4. (c)	5. (c)	6. (b)	7. (c)	8. (d)	9. (b)	10. (d)
11. (c)	12. (c)	13. (d)	14. (a)	15. (d)	16. (c)	17. (b)	18. (b)	19. (c)	20. (b)
21. (a)	22. (c)	23. (b)	24. (b)						

अध्याय~25

सरकारी कार्यालयों के पत्र, टिप्पण और आलेखन

सरकारी पत्र-व्यवहार की अपनी कुछ विशेषताएँ होती हैं, जिनके अनुसार लेखक को पूर्व प्रचलित प्रणाली का अनुसरण करना होता है। इसके लिए सरकारी कार्यालयों की पत्र-लेखन पद्धति का ज्ञान आवश्यक है।

सरकारी कार्यालयों में कार्य संचालन का सबसे उत्तम माध्यम पत्र-व्यवहार ही है। इन कार्यालयों में प्रयुक्त होने वाले पत्रों को कार्यालयीय पत्र (Official Letter) कहते हैं। इनका प्रयोग दो विदेशी सरकारों के मध्य, केन्द्रीय सरकार और प्रादेशिक सरकारों के मध्य, सचिवालय के अधीन कार्यालयों के मध्य, एक संस्था और उसके अधीन कर्मचारियों इत्यादि के मध्य होता है।

कार्यालयी पत्रों में औपचारिक और शालीन भाषा-शैली होती है तथा तथ्यों, तर्कों और नियमों के आधार पर विनय तथा विरोध व स्वीकार तथा नकार होता है। टिप्पण (Noting) एवं आलेखन (Drafting) कार्यालयी पत्रों के ही भाग हैं।

टिप्पण

टिप्पण सरकारी कार्यालयों में कार्य सम्पादन का एक माध्यम है। कार्यालयों में आए हुए विचाराधीन पत्रों को निपटाने के लिए लिपिक अथवा अधिकारियों के द्वारा पूर्व सन्दर्भ, वर्तमान तथ्य और आवश्यक सुझावों का उल्लेख करते हुए अधिकारी के अन्तिम निर्णय लेने की दिशा में दी गई अभ्युक्तियाँ टिप्पण (Noting) कहलाती हैं।

अन्य शब्दों में, ''किसी भी विचाराधीन पत्र के निस्तारण को सुगम और सरल बनाने के लिए जो टिप्पणी लिखी जाती है, वह टिप्पण कहलाती है।''

टिप्पण लिखते समय निम्न बातों का ध्यान रखना चाहिए

1. विस्तृत टिप्पण कार्य मूलपत्र पर कभी नहीं करना चाहिए, बल्कि अलग कागज़ पर लगभग ढाई इंच का हाशिया छोड़कर ही करना चाहिए, जिससे अधिकारी उस पर अपने आदेश अनुदेश लिख सकें। दिनचर्यात्मक संक्षिप्त टिप्पण मूल पत्र के हाशिये पर ही कर दिया जाता है।
2. टिप्पण का प्रस्तुतीकरण इस प्रकार करना चाहिए कि पत्रबन्ध (फाइल) में पत्रों का जो क्रम है, उसी क्रम में टिप्पण भी होना चाहिए।
3. टिप्पण में सर्वप्रथम सम्बन्धित पत्र की पत्र-संख्या, दिनांक और पत्र व्यवहार का विवरण लिख देना चाहिए। टिप्पण में पहले वाद विषय, फिर विभिन्न दृष्टिकोण और अन्त में सुझावों का उल्लेख करना चाहिए।
4. टिप्पण को आवश्यकतानुसार अनुच्छेदों में विभाजित करके लिखना चाहिए। प्रथम अनुच्छेद को छोड़कर शेष सभी अनुच्छेदों को संख्याबद्ध कर देना चाहिए।
5. टिप्पण में जिन पत्रों या पूर्व आदेशों का सन्दर्भ देना हो तो उसे हाशिये में लिख देना चाहिए। टिप्पण संक्षिप्त तथा विषयानुकूल होना चाहिए।
6. टिप्पण सदैव तटस्थ भाव से अन्य पुरुष में लिखना चाहिए। टिप्पण की भाषा सरल, स्पष्ट, संयत और विनम्र होनी चाहिए।
7. टिप्पण की समाप्ति पर टिप्पणकर्ता को नीचे बायीं ओर अपना संक्षिप्त हस्ताक्षर करना चाहिए तथा हस्ताक्षर के नीचे दिनांक भी अंकित करना चाहिए।
8. टिप्पण के नीचे बायीं ओर का स्थान उच्च अधिकारी के लिए छोड़ देना चाहिए। उच्च अधिकारी हस्ताक्षर में अपना पूरा नाम और हस्ताक्षर के नीचे दिनांक भी अंकित करेंगे।

- राजकीय औद्योगिक प्रशिक्षण संस्थान के प्रधानाचार्य द्वारा प्रशिक्षण एवं सेवायोजन निदेशालय के भवनों की मरम्मत एवं अनुरक्षण हेतु लिखे गए मूल पत्र पर टिप्पण तैयार कीजिए।

मूल पत्र

कार्यालय प्रधानाचार्य,
राजकीय औद्योगिक प्रशिक्षण संस्थान,
अल्मोड़ा।

पत्र संख्या औ.प्र.सं. (अ) 7/5/20XX

दिनांक 25-6-20XX

सेवा में,
निदेशक,
प्रशिक्षण एवं सेवायोजन निदेशालय,
लखनऊ (उ.प्र.)।

विषय भवनों की मरम्मत एवं अनुरक्षण।

महोदय,

उपरोक्त विषय की ओर आपका ध्यान आकर्षित करते हुए निवेदन है कि इस संस्थान के अधोलिखित भवन अत्यन्त जीर्ण स्थिति में हैं तथा इनकी तुरन्त मरम्मत की आवश्यकता है। इन भवनों का विवरण निम्न प्रकार है

1. हिन्दी आशुलिपि व्यवसाय का भवन
2. अंग्रेज़ी आशुलिपि व्यवसाय का भवन
3. इलेक्ट्रॉनिक व्यवसाय का भवन
4. टर्नर व्यवसाय का भवन।

इस सम्बन्ध में ₹ 1,00,000 का विस्तृत अनुमानक संलग्न करते हुए यह भी स्पष्ट किया जाता है कि यदि भवनों का जीर्णोद्धार तुरन्त ही न किया गया तो आगामी बरसात में प्रशिक्षार्थियों को इन भवनों में बैठाकर प्रशिक्षण देना सम्भव नहीं हो पाएगा। आगामी बरसात से अधिक क्षतिग्रस्त हो जाने के फलस्वरूप उक्त भवनों के गिर जाने की आशंका है।

इस सम्बन्ध में आपसे अनुरोध है कि संलग्न अनुमानक को पारित कर तुरन्त ही मरम्मत हेतु अनुमति प्रदान करने का कष्ट करें।

भवदीय
(राजीव चौहान)
प्रधानाचार्य।

टिप्पण

पत्र क्रमांक 3/2 वि. 20XX

दिनांक 30-6-20XX

निदेशक

संलग्न अनुमानक, जो ₹ 50,00,000 मात्र का है, राजकीय औद्योगिक प्रशिक्षण संस्थान अल्मोड़ा से चालू वित्तीय वर्ष में, चार भवनों की मरम्मत हेतु प्राप्त हुआ है, जो इस टिप्पणी के साथ प्रस्तुत है

1. अनुमानक निर्धारित मानदण्ड के अनुसार बनाया गया है।
2. रा. औ. प्रशि. संस्थान, अल्मोड़ा ने पिछले वर्ष भवनों की मरम्मत के लिए जो पैसा खर्च किया है, वर्तमान अनुमानक भी उन्हीं दरों के अनुरूप है।
3. प्रधानाचार्य ने तुरन्त मरम्मत न होने पर भवनों के गिर जाने की आशंका व्यक्त की है।
4. चालू वित्तीय वर्ष में उपर्युक्त कार्य हेतु बजट का आवण्टन उपलब्ध है। आदेशार्थ प्रस्तुत।

हस्ताक्षर ....
सहायक
दिनांक ....

आलेखन / प्रारूपण

सरकारी कार्यालयों में पत्र-व्यवहार की पद्धतियों के अनुसार पत्रों का प्रारूप या आलेख (Draft) तैयार किया जाना ही आलेखन कहलाता है। इसे 'प्रालेखन' या 'प्रारूपण' या 'मसौदा' भी कहा जाता है। आलेखन के अन्तर्गत निम्न पत्रों का प्रारूप अथवा आलेख तैयार करना बताया गया है

1. सरकारी-पत्र	2. शासनादेश
3. अर्द्ध-शासकीय पत्र	4. गैर-सरकारी पत्र
5. अनुस्मारक-पत्र	6. कार्यालय आदेश
7. ज्ञापन	8. परिपत्र या गश्तीपत्र
9. आरोप-पत्र	10. संकल्प या प्रस्ताव
11. अधिसूचना	12. प्रेस विज्ञप्ति
13. प्रतिवेदन	14. ई-पत्र या ई-मेल

सरकारी-पत्र

सरकारी कार्यालयों में प्रयुक्त होने वाले पत्रों के विभिन्न प्रारूपों में सरकारी-पत्र (Official Letter) का प्रयोग सबसे अधिक होता है। एक सरकारी अधिकारी, दूसरे सरकारी अधिकारी, किसी व्यक्ति, फर्म, संस्था अथवा अन्य व्यावसायिक संगठन को सरकारी कार्य हेतु जो पत्र लिखता है, उसे सरकारी-पत्र कहते हैं।

सरकारी-पत्र लिखते समय निम्न बातों का ध्यान रखना चाहिए

1. सर्वप्रथम कागज़ के शीर्ष पर पत्र संख्या लिखनी चाहिए। पत्र जिस पत्र-बन्ध (फाइल) से भेजा जा रहा है, उसकी संख्या ही पत्र संख्या होती है। कभी-कभी कार्यालय अथवा विभाग का उल्लेख करने के बाद पत्र संख्या अंकित की जाती है। कहीं-कहीं प्रेषिती का पता लिखने के उपरान्त पत्र संख्या और दिनांक लिखने की परम्परा है।
2. पत्र संख्या लिखने के उपरान्त प्रेषक के कार्यालय का नाम लिखना चाहिए। इसके बाद बायीं ओर स्थान और दिनांक लिखे जाते हैं।
3. कार्यालय नाम लिखने के बाद बायीं ओर प्रेषक का नाम तथा पद लिखना चाहिए।
4. इसके उपरान्त बायीं ओर 'सेवा में' लिखकर प्रेषिती का पद और पता लिखना चाहिए।
5. प्रेषिती का पता लिखने के बाद पत्र के विषय को ही वाक्य में लिख देना चाहिए।
6. इन पत्रों में सम्बोधन के लिए 'महोदय' शब्द का प्रयोग किया जाता है।
7. इसके उपरान्त पत्र का मुख्य प्रतिपाद्य होता है। यदि पत्र का सम्बन्ध पिछले पत्र-व्यवहार से है तो संक्षेप में उसका भी उल्लेख करना चाहिए। इसके बाद पत्र की विषय-वस्तु को सरल, सुस्पष्ट भाषा में लिखकर निष्कर्ष एवं सुझाव भी प्रस्तुत करना चाहिए।
8. पत्र की समाप्ति पर बायीं ओर स्वनिर्देश के लिए 'भवदीय' या 'आपका विश्वासपात्र' लिखना चाहिए। इसके नीचे (प्रेषक) अधिकारी के हस्ताक्षर होते हैं, हस्ताक्षर के नीचे अधिकारी का नाम और पद लिखा जाता है।
9. यदि पत्र के साथ संलग्नक भेजते हैं तो उनका उल्लेख भी करना चाहिए।
10. मूल पत्र की प्रतिलिपियाँ जिन-जिनको भेजी जा रही हैं, उसका भी उल्लेख करना चाहिए।

- सरकारी कर्मचारियों की सुविधा को ध्यान में रखते हुए भारत सरकार के गृह मन्त्रालय की ओर से आलेख प्रस्तुत कीजिए, जिसमें अन्तिम शनिवार के बजाय दूसरे शनिवार की छुट्टी दिए जाने के विषय में विचार किया गया हो।

पत्र संख्या 1/5/20XX

भारत सरकार,
गृह मन्त्रालय,
नई दिल्ली।

दिनांक 12 मई, 20XX

प्रेषक,
श्रीकृष्ण,
उपसचिव,
भारत सरकार।

विषय अन्तिम शनिवार के बजाय दूसरे शनिवार की छुट्टी।

महोदय,

कुछ समय से भारत सरकार के सामने यह प्रश्न विचाराधीन था कि वेतन कमीशन की सिफ़ारिशों पर प्रत्येक मास एक शनिवार को जो छुट्टी दी जाती है वह अन्तिम शनिवार को दी जाए या इससे पहले किसी शनिवार को। सरकारी कर्मचारियों की सुविधा को ध्यान में रखते हुए यह निश्चय किया गया है कि अन्तिम शनिवार के बजाय दूसरे शनिवार को ही छुट्टी दी जाए। यह व्यवस्था भारत सरकार के कर्मचारियों के मान्यता प्रदान एसोसिएशनों के साथ विचार-विमर्श करने के बाद की गई है। यह व्यवस्था दिनांक ····· से लागू होगी।

हस्ताक्षर ····················
(श्रीकृष्ण)
उपसचिव,
भारत सरकार

शासनादेश

सरकार द्वारा लिए गए किसी निर्णय से अधीन कार्यालयों को अवगत कराने के लिए सचिवालय द्वारा जो पत्र भेजे जाते हैं, शासनादेश (Government Order) कहलाते हैं। शासनादेश को 'राजाज्ञा' और संक्षेप में 'जी.ओ' भी कहते हैं। प्रमुख कार्यालयाध्यक्षों और विभागाध्यक्षों आदि को भेजे जाने वाले शासनादेश, 'परिपत्र-शासनादेश' कहलाते हैं। शासनादेश पत्रों आरम्भ 'मुझे यह कहने का निर्देश हुआ है कि ········' जैसे उपवाक्य से किया जाता है। सचिवालय के सभी पत्र उत्तम पुरुष में लिखे जाते हैं।

- एक शासनादेश प्रस्तुत कीजिए, जिसमें अतिरिक्त जिला अधिकारी को राज्यपाल के आदेश के अन्तर्गत चपरासी के पद को अस्थायी रूप से स्वीकृत किया गया हो।

पत्र संख्या 256/4-2-5

प्रेषक,
उपसचिव,
उत्तर प्रदेश शासन।

दिनांक 14 मई, 20XX

सेवा में,
अतिरिक्त जिला अधिकारी,
सीतापुर (उ.प्र.)

विषय चपरासी के पद को अस्थायी रूप से स्वीकृत करने हेतु।

महोदय,

आपके पत्र संख्या-2450/4-3-2 (1)/20XX दिनांक 4-4-20XX के सन्दर्भ में मुझे कहने का निर्देश हुआ है कि राज्यपाल महोदय नियोजन कार्यालय के अन्तर्गत एक चपरासी (वेतनमान 4450-5250) के पद को सहर्ष अस्थायी रूप से स्वीकृत करते हैं। यह पद 28-2-20XX तक अथवा उससे पूर्व किसी भी समय बिना नोटिस के समाप्त किया जा सकता है।

उक्त पद का लेखा शीर्षक 299 विशेष एवं पिछड़े हुए क्षेत्रों आयोजनागत-क नियोजन ठ पर्वतीय क्षेत्र के अन्तर्गत मान्य होगा। यह स्वीकृति वित्त अनुभाग के पत्र संख्या-245/3-4-1 (2) /2011-20XX दिनांक 2-1-20XX को सहमति से जारी की गई है।

हस्ताक्षर
(उपसचिव)
उत्तर प्रदेश शासन

अर्द्ध-शासकीय/अर्द्ध-सरकारी पत्र

सरकारी अधिकारियों के मध्य, सरकारी काम से व्यक्तिगत शैली में लिखे जाने वाले पत्रों को अर्द्ध-शासकीय/अर्द्ध-सरकारी पत्र (Semi-Official Letter) कहते हैं। इन पत्रों में व्यक्तिगत पत्रों की भाँति आत्मीयता एवं भावुकता के दर्शन होते हैं। अर्द्ध-शासकीय पत्र निम्नलिखित परिस्थितियों में लिखे जाते हैं

1. जब कोई अधिकारी किसी दूसरे अधिकारी का ध्यान किसी बात की ओर विशेष रूप से आकृष्ट करना चाहता है।
2. जब किसी पत्र की विषय-वस्तु को गोपनीय रखना होता है।
3. जब तत्काल कार्यवाही या स्पष्टीकरण की आवश्यकता होती है।
4. जब किसी अधिकारी को अपने अधीन कर्मचारी की, वरिष्ठ अधिकारी से शिकायत करनी होती है अथवा उसे किसी विशेष आदेश/निर्देश देने हेतु सुझाव देना होता है।
5. जब किसी सम्मानित अधिकारी या व्यक्ति को किसी उत्सव, समारोह या सभा की अध्यक्षता अथवा सम्बोधन हेतु आमन्त्रित करना होता है।

अर्द्ध-शासकीय पत्र लिखते समय निम्न बातों का ध्यान रखना चाहिए

1. अर्द्ध-सरकारी पत्र में सबसे ऊपर पत्र संख्या का उल्लेख अवश्य किया जाना चाहिए।
2. उसके बाद पत्र भेजने वाले अधिकारी का नाम बाद में मन्त्रालय अथवा विभाग का नाम लिखते हुए दायीं ओर पत्र लिखने की तिथि अंकित की जाती है। चूँकि यह एक प्रकार का व्यक्तिगत पत्र भी होता है, इसलिए इसमें पत्र-प्राप्तकर्ता के सम्बोधन में प्रिय, महोदय आदि आदर सूचक शब्दों का प्रयोग किया जाता है।
3. यदि पत्र लेखक चाहे तो मूल पत्र लिखने से पहले 'विषय' लिख सकता है।
4. अर्द्ध-सरकारी पत्रों को लिखने की शुरुआत शासनादेश अथवा कार्यालय आदेश पत्रों की तरह, 'मुझे यह कहने का निर्देश हुआ है ·····' जैसे वाक्य से नहीं होती। इसकी शुरुआत पूरी तरह अनौपचारिक होती है।
5. इन पत्रों में 'मुझे आपको यह सूचित करते हुए ······' अथवा 'मुझे आपको यह बताते हुए ·····' जैसे वाक्यों से शुरुआत की जाती है।
6. पत्र के अन्त में 'भवदीय' के स्थान पर 'आपका सद्भावी या 'भवन्निष्ठ' लिखा जाता है।
7. इसके अतिरिक्त इसमें सम्बन्धित अधिकारी का नाम प्रेषक के हस्ताक्षर के बायीं ओर लिखा जाता है।

- भारत सरकार के मानव संसाधन विकास मन्त्रालय की ओर से उप-नियन्त्रक तथा महालेखाकार को अर्द्ध-सरकारी पत्र लिखिए, जिसमें साहित्य-सृजन और कृति के प्रकाशन के सन्दर्भ में उनके विचारों की माँग की गई हो।

पत्र संख्या–56/11

रमेश गौतम
अवर सचिव

मानव संसाधन विकास मन्त्रालय,
भारत सरकार,
नई दिल्ली।
दिनांक 26 मार्च, 20XX

प्रिय अग्रवाल जी,

कृपया अपने अर्द्ध-सरकारी पत्र सं. 65/4 दिनांक 15 अप्रैल, 20XX का सन्दर्भ लें, जिसमें सरकारी कर्मचारियों को साहित्य-सृजन और कृति के प्रकाशन के लिए मंजूरी देने की बात उल्लिखित की गई है।

इस विषय से सम्बद्ध नियमों के प्रारूप की एक प्रति संलग्न करते हुए मैं आपसे निवेदन करना चाहता हूँ कि इसे पढ़कर कृपया मुझे यथाशीघ्र अपने विचारों से अवगत कराएँ। इन नियमों को अन्तिम रूप देने के लिए अगले महीने के प्रथम सप्ताह में एक अन्तर्विभागीय बैठक का विचार है।

सधन्यवाद।

आपका सद्भावी,
हस्ताक्षर ......
रमेश गौतम

श्री रामेन्द्र अग्रवाल
उप-नियन्त्रक तथा महालेखाकार,
भारत सरकार, नई दिल्ली।

गैर-सरकारी पत्र

जब सचिवालय के एक विभाग को दूसरे विभाग से कोई पूछताछ करनी हो अथवा निर्देश लेने या देने हों तब गैर-सरकारी पत्र (Unofficial Letter) का उपयोग किया जाता है। इसमें सबसे ऊपर पत्रांक व दिनांक का उल्लेख रहता है। सम्बोधन के स्थान पर उस विभाग का नाम लिख दिया जाता है, जिससे निर्देश लेना हो। स्वनिर्देश शब्द 'भवदीय' आदि का भी प्रयोग नहीं किया जाता है, केवल प्रेषक के हस्ताक्षर, पद व विभाग का उल्लेख रहता है।

- **राज्य सरकार के अधीन महाविद्यालयों में तदर्थ रूप से नियुक्त प्रवक्ताओं की सूची अविलम्ब भेजे जाने हेतु शिक्षा अनुभाग को एक गैर-सरकारी पत्र लिखिए।**

गैर-सरकारी पत्रांक 350/सा. प्र./दिनांक 3 जनवरी, 20XX

शिक्षा (ख) अनुभागः कृपया इस विभाग के अनुस्मारक पत्र संख्या 301/15 दिनांक 13 दिसम्बर, 20XX का अवलोकन करें तथा राज्य सरकार के अधीन महाविद्यालयों में तदर्थ रूप से नियुक्त प्रवक्ताओं की सूची अविलम्ब भेजें।

ज्योति स्वरूप गुप्त
सहायक सचिव
प्रशासन विभाग

अनुस्मारक–पत्र

जब किसी पत्र/अर्द्ध–सरकारी पत्र का उत्तर समयावधि में नहीं प्राप्त होता है तो सम्बन्धित अधिकारी को पुन: याद दिलाने के लिए जो पत्र लिखा जाता है, उसे अनुस्मारक पत्र (Reminder) कहते हैं। इसे अनुस्मरण पत्र या ध्यानाकर्षण पत्र भी कहते हैं। अनुस्मारक-पत्र में मूल पत्र में अपेक्षित कार्यवाही का उल्लेख कर दोहरान कर देना चाहिए।

- **श्रम विभाग, प्रशिक्षण एवं सेवायोजन निदेशालय की ओर से औद्योगिक प्रशिक्षण संस्थान बरेली को एक अनुस्मारक-पत्र लिखिए, जिसमें तदर्थ नियुक्त अनुदेशकों की सूची एवं उनका विवरण पुनः माँगा गया हो।**

पत्र संख्या 61/371

प्रेषक,
मैकूलाल सन्त,
निदेशक।

दिनांक 20.07. 20XX

सेवा में,
प्रधानाचार्य
औद्योगिक प्रशिक्षण संस्थान,
बरेली।

विषय तदर्थ नियुक्त अनुदेशकों की सूची एवं उनका विवरण भेजने हेतु।

महोदय,

मैं आपका ध्यान इस निदेशालय के पत्र संख्या 60/370 दिनांक 12.6.20XX की ओर आकर्षित कराना चाहता हूँ, जिसमें तदर्थ नियुक्त अनुदेशकों की सूची एवं उनका विवरण माँगा गया था। कृपया उक्त सूची एवं विवरण शीघ्र ही भेजने का कष्ट करें।

भवदीय
हस्ताक्षर ....
(मैकूलाल सन्त)
निदेशक

कार्यालय आदेश

सरकारी कार्यालयों के कर्मचारियों से सम्बन्धित नियम अथवा सूचना के लिए जो पत्र लिखे जाते हैं, कार्यालय आदेश (Office Order) कहलाते हैं। सामान्यत: कार्यालय आदेश का प्रयोग, नियुक्ति, पदोन्नति, अर्जित अवकाश, स्थानान्तरण एवं कार्यालय कार्य सम्पादन सम्बन्धी नियम आदि के लिए किया जाता है। इसमें सम्बोधन और स्वनिर्देश नहीं होता है।

कार्यालय आदेश को लिखते समय निम्न बातों का ध्यान रखना चाहिए

1. सर्वप्रथम अन्य प्रारूपों की तरह कार्यालय का नाम, पत्रांक तथा दिनांक लिखना चाहिए।
2. इसके बाद बीच में पत्र में कार्यालय आदेश शीर्षक लिखकर रेखांकित कर देना चाहिए।
3. कार्यालय आदेश से सम्बन्धित समस्त कर्मचारियों का नीचे उल्लेख करना चाहिए।

- **श्रम विभाग उ.प्र. की ओर से एक कार्यालय आदेश प्रस्तुत कीजिए जिसमें कार्यालय के अनुदेशक का अर्जित अवकाश स्वीकृत किया गया हो।**

पत्र संख्या व्य. प./3005-8/XX

श्रम विभाग,
उत्तर प्रदेश सरकार
हरदोई।

दिनांक 26-5-20XX

कार्यालय आदेश

श्री गुरुनारायण शुक्ल अनुदेशक (टर्नर) को उनके आवेदन पत्र दिनांक 25-5-20XX के सन्दर्भ में दिनांक 1-6-20XX से 12-6-20XX तक 12 दिनों का अर्जित अवकाश (E.L.) स्वीकृत किया जाता है।

श्री शुक्ल अवकाश का उपभोग करने से पूर्व अपना कार्य-भार श्री सी. बी. जोशी अनुदेशक (टर्नर) को सौंप दें।

हस्ताक्षर ....
(बाबूराम वर्मा)
प्रधानाचार्य

प्रतिलिपि प्रेषित

1. श्री गुरुनारायण शुक्ल अनुदेशक (टर्नर) रा. औ. प्र. सं. हरदोई।
2. श्री सी. बी. जोशी अनुदेशक (टर्नर) रा. औ. प्र. सं. हरदोई।
3. कार्यदेशक औ. प्र. सं. हरदोई।

ज्ञापन

ज्ञापन (Memorandum) का अर्थ है ज्ञान कराना, अत: इसे 'स्मृति पत्र' भी कहते हैं। इसका प्रारूप कार्यालय आदेश की भाँति होता है। ज्ञापन के दो प्रकार होते हैं—सामान्य ज्ञापन और कार्यालय ज्ञापन।

सामान्य विषय-वस्तु वाले ज्ञापन, सामान्य ज्ञापन कहलाते हैं। इनका प्रेषक सामान्य अधिकारी या निजी व्यक्ति होता है। कार्यालय ज्ञापन अधीन कार्यालयों या कर्मचारियों से सम्बन्धित विशिष्ट कार्यालयीय पत्र होता है। इसका प्रेषक सरकारी अधिकारी होता है। ज्ञापन का प्रयोग निम्नलिखित परिस्थितियों में होता है

1. पत्रों की प्राप्ति स्वीकार करने के लिए।
2. केन्द्रीय या राज्य सरकारों के विभिन्न मन्त्रालयों या विभागों के बीच पत्र व्यवहार करने के लिए।
3. अधीन अधिकारियों या कर्मचारियों को ऐसी सूचना देने के लिए, जिसे कार्यालय का आदेश नहीं कहा जा सकता है।
4. अधीन अधिकारियों, कर्मचारियों के कार्य में शिकायत या कमी होने पर उन्हें चेतावनी देने के लिए व उनसे स्पष्टीकरण माँगने के लिए।
5. प्रार्थना-पत्रों, नियुक्ति के लिए आवेदन पत्रों का उत्तर देने के लिए।

ज्ञापन को लिखते समय निम्न बातों का ध्यान रखना चाहिए

1. अन्य आलेखों की भाँति इसमें भी सर्वप्रथम पत्र संख्या, कार्यालय का नाम तथा दिनांक लिखना चाहिए।
2. पत्र के बीच में 'ज्ञापन' शीर्षक लिखकर रेखांकित कर देना चाहिए।
3. ज्ञापन में 'सम्बोधन' और 'स्वनिर्देश' नहीं होता है। इसमें विषय लिखा जाता है। इनकी रचना अन्य पुरुष में होती है।

4. ज्ञापन के अन्त में बायीं ओर प्रेषक का नाम, पद और पता लिख देना चाहिए।
5. ज्ञापन के अन्त में बायीं ओर प्रेषक का नाम, पद और पता लिख देना चाहिए।
6. एक सामान्य ज्ञापन तैयार कीजिए, जिसमें प्रशिक्षण एवं सेवायोजन निदेशालय के संयुक्त निदेशक की ओर से अ.ब.स. पद के लिए साक्षात्कार का आयोजन किया गया हो।

पत्र संख्या 57/24

प्रशिक्षण एवं सेवायोजन निदेशालय,
श्रम विभाग, लखनऊ (उत्तर प्रदेश)

दिनांक 28-4-20XX

ज्ञापन

विषय अ. ब.स. पद के लिए साक्षात्कार का आयोजन।

श्री रामकृष्ण शर्मा को उनके प्रार्थना पत्र दिनांक 12-4-20XX के सन्दर्भ में सूचित किया जाता है कि वे साक्षात्कार हेतु दिनांक 30-4-20XX को प्रातः 10 बजे इस कार्यालय में उपस्थित हों। अपने प्रमाण-पत्रों की मूल प्रतियाँ अवश्य लाएँ। इस सम्बन्ध में उन्हें किसी प्रकार का यात्रा-भत्ता आदि देय नहीं होगा।

हस्ताक्षर..............
कमल किशोर शुक्ल
संयुक्त निदेशक

परिपत्र या गश्ती पत्र

जब कोई सरकारी पत्र या ज्ञापन एक साथ अनेक विभागों, अधिकारियों या कर्मचारियों को भेजा जाता है, तो उसे परिपत्र या गश्ती पत्र (Circular) कहते हैं। परिपत्र की प्रमुख विशेषता यही है कि प्रेषक एक ही अधिकारी होता है और पाने वाले (प्रेषिती) अनेक होते हैं।

परिपत्र या गश्ती पत्र लिखते समय निम्न बातों का ध्यान रखना चाहिए

1. सर्वप्रथम पत्र के शीर्षक में 'परिपत्र संख्या' लिखनी चाहिए।
2. प्रेषिती का पता लिखते समय सभी पत्र वालों को एक साथ बहुवचन में सम्बोधित करना चाहिए; जैसे—सभी मन्त्रालय और विभाग भारत सरकार, समस्त जिला अधिकारी बिहार सरकार, 'औद्योगिक प्रशिक्षण संस्थानों के सभी प्रधानाचार्य' इत्यादि।
3. परिपत्रों में सम्बोधन पुल्लिग एवं स्त्रीलिंग, दोनों में होता है; जैसे—'महोदय/ महोदया'।
4. परिपत्र, सरकारी पत्र, ज्ञापन, कार्यालय आदेश, अनुस्मारक आदि के रूप में हो सकता है। जिस रूप में परिपत्र लिखना हो उसी प्रारूप के अनुसार आलेखन सम्बन्धी नियमों का पालन करना चाहिए।

- भारतीय स्टेट बैंक के कार्यालय के स्थानान्तरण के सम्बन्ध में ग्राहकों को सूचित करते हुए परिपत्र लिखिए।

भारतीय स्टेट बैंक
राजा की मण्डी,
आगरा (उ.प्र.)।

दिनांक 18 अप्रैल, 20XX

परिपत्र

विषय कार्यालय स्थानान्तरण हेतु।

महोदय,

आपको सूचित करते हुए हमें अत्यन्त हर्ष हो रहा है कि हमने अपनी शाखा 10, जीवनी मण्डी, आगरा स्थित अपने नव-निर्मित भवन में स्थानान्तरित करने का निर्णय लिया है।

उक्त नव-निर्मित भवन आकार में बड़ा एवं आधुनिक सुविधाओं से सुसज्जित एवं पूर्णतया वातानुकूलित है। इस भवन में हमने प्रतीक्षारत् ग्राहकों के बैठने के लिए उत्तम प्रकार के आरामदेह फर्नीचर की व्यवस्था की है।

अब आप हमारे नए पते पर ही पत्र-व्यवहार करें। आपको सर्वोत्कृष्ट सेवा प्रदान करना ही हमारा ध्येय है।

ग्राहकों की सेवा, मुस्कान के साथ।

धन्यवाद।

भवदीय,
हस्ताक्षर .....
(विष्णु कुमार)
प्रबन्धक,
भारतीय स्टेट बैंक

आरोप-पत्र

जब कोई अधिकारी या कर्मचारी नियमों की अवहेलना करता है, कार्य को सुचारु रूप से नहीं करता है, तो उसके विरुद्ध कार्रवाई करने के लिए वरिष्ठ अधिकारी द्वारा उसे जो पत्र दिया जाता है, उसे आरोप-पत्र (Charge Sheet) कहते हैं। वरिष्ठ अधिकारी अपने अधीन अधिकारियों या कर्मचारियों को आरोप-पत्र तभी दे सकता है, जब उसके पास आरोपों के लिखित प्रमाण हों।

आरोप-पत्र लिखते समय निम्न बातों का ध्यान रखना चाहिए

1. सर्वप्रथम अन्य आलेखों की भाँति पत्रांक, दिनांक और कार्यालय का नाम लिखना चाहिए।
2. इसके उपरान्त बीच में आरोप-पत्र शीर्षक लिखकर रेखांकित कर देना चाहिए।
3. जिस अधिकारी या कर्मचारी को आरोप-पत्र देना है उसका नाम, पद और पता बायीं ओर लिखना चाहिए।
4. आरोप-पत्र में 'सम्बोधन' और 'स्वनिर्देश' नहीं होता है।
5. प्रेषिती का नाम, पद और पता लिखने के बाद प्रमाणों सहित आरोपों का क्रमवार उल्लेख करना चाहिए।
6. पत्र की समाप्ति पर अधिकारी के हस्ताक्षर होते हैं। हस्ताक्षर के नीचे नाम और पद लिखना चाहिए।

- आर.एम.पी. महाविद्यालय के लेखाकार की असामाजिक कार्यशैली के विरुद्ध कार्यालय प्रबन्धक द्वारा लगाए गए आरोप का वर्णन करते हुए एक आरोप-पत्र तैयार कीजिए।

कार्यालय प्रबन्धक
आर. एम. पी. महाविद्यालय, सीतापुर

पत्र संख्या 341/71

दिनांक 20 फरवरी, 20XX

आरोप-पत्र

श्री अब्दुल हमीद
लेखाकार,
आर.एम.पी महाविद्यालय,
सीतापुर।

आपके विरुद्ध निम्नलिखित आरोप लगाए जाते हैं

1. आप प्रधानाचार्य के आदेशों की अवहेलना करते हैं। परिणामतः आपके द्वारा किया जाने वाला कोई भी कार्य न तो समय से पूर्ण हो रहा है और न यथासमय आप किसी कार्य को करते हैं। प्रमाण के लिए अग्रलिखित का अवलोकन करें
   (क) प्रधानाचार्य का आपको सम्बोधित ज्ञापन संख्या ······· दिनांक ·········।
   (ख) प्राध्यापकों की एरियर बीजक संख्या ·········।

2. प्राध्यापकों के साथ भी आपका व्यवहार शोभनीय नहीं है। इसके प्रमाण निम्नलिखित हैं
   (क) समस्त प्राध्यापकों की सामूहिक शिकायत जो मुझे मिली है। (प्रति संलग्न)
   (ख) दिनांक 26-2-20XX को श्री रामप्रकाश सिंह, प्रवक्ता राजनीति शास्त्र विभाग से आपका अशिष्ट व्यवहार, जिसकी पुष्टि सभी प्राध्यापकों एवं छात्र-संघ ने की है।
3. कार्यालय में आप यथासमय नहीं पहुँचते हैं, जिसके प्रमाण में आप नित्यप्रति की उपस्थिति पंजिका का अवलोकन करें, जिसमें प्रधानाचार्य द्वारा आपके कॉलम (खाने) में क्रॉस लगाया है। आपने बाद में क्रॉस पर हस्ताक्षर किए हैं। प्रधानाचार्य ने उपस्थिति पंजिका निरीक्षण (चैकिंग) का समय 10.30 बजे प्रत्येक दिन अपने हस्ताक्षर के नीचे अंकित किया है। इससे स्पष्ट है कि आप हमेशा 10.30 के बाद ही महाविद्यालय आते हैं। इस सम्बन्ध में आपको कई पत्र भी दिए गए हैं, परन्तु आपने अपनी प्रवृत्ति में सुधार लाने का प्रयत्न नहीं किया है।
4. पिछले माह इस महाविद्यालय के लेखा-अभिलेखों का निरीक्षण एकाउण्टेण्ट जनरल इलाहाबाद की ऑडिट पार्टी ने किया, जिसमें निम्नलिखित कमियाँ पाई गईं
   (क) कार्यालय-कार्य हेतु खरीदी गई लेखन सामग्री को स्थानीय खरीद रजिस्टर में नहीं अंकित किया गया है तथा सीधे बिल पारित करवाकर वाउचर कैश कराए गए हैं।
   (ख) आपने जनवरी माह में ₹ 800.00 मात्र के डाक-टिकट, डाकघर से खरीदने के वाउचर कैश किए हैं। डाक-टिकट-रजिस्टर देखने से पता चला है कि इस माह में शासकीय डाक-टिकट कार्यालय में पर्याप्त मात्रा में उपलब्ध थे।
   (ग) छात्रों की फीस का हिसाब देखने पर पता चला है कि समस्त छात्रों के नाम ₹ 10,30,960 की रसीदें कटी हैं, जबकि कैश बुक में केवल ₹ 9,30,000 की धनराशि अंकित है।

उपरोक्त आरोपों के उत्तर में आपको जो भी कहना हो, उसे लिखित रूप में प्रमाण सहित, इस आरोप-पत्र के प्राप्त होने के 15 दिन के अन्दर अधोहस्ताक्षरकर्ता को प्रस्तुत करें, अन्यथा यह माना जाएगा कि इस सन्दर्भ में आपको कुछ भी नहीं कहना है और उपरोक्त आरोप सत्य हैं तथा तद्नुसार आपके विरुद्ध आवश्यक कार्यवाही की जाएगी।

हस्ताक्षर ....
(श्याम किशोर मिश्र)
प्रबन्धक।

संकल्प या प्रस्ताव

संकल्प या प्रस्ताव (Resolution) का प्रयोग सरकार की नीति सम्बन्धी घोषणा करने के लिए, जाँच आयोगों की नियुक्ति अथवा समितियों या आयोगों के महत्त्वपूर्ण प्रतिवेदनों के परिणामों की घोषणा के लिए होता है। इसमें स्वनिर्देश और सम्बोधन नहीं होता है। संकल्प में अन्य आलेखों की भाँति संख्या, दिनांक तथा विभागीय सचिव या अधिकारी के हस्ताक्षर होते हैं। संकल्प चार भागों में प्रकाशित किया जाता है

पहले भाग में संकल्प की आवश्यकता या उद्देश्य का उल्लेख रहता है। **दूसरे भाग** में मूल तथ्यों का समावेश रहता है। संकल्प के **तीसरे भाग** में सरकारी निर्णय का उल्लेख होता है और **चौथे भाग** में उन व्यक्तियों के नाम होते हैं, जिनके पास संकल्प की प्रतिलिपि भेजी जाती है। यदि संकल्प राजपत्र (गजट) में प्रकाशित होता है, तो उसका भी उल्लेख कर दिया जाता है।

- **उत्तर प्रदेश शासन के विधि मन्त्रालय द्वारा एक संकल्प तैयार कीजिए, जिसमें वर्तमान समय की आवश्यकताओं को देखते हुए विधि निर्माण आदि से सम्बन्धित कमियों में सुधार सम्बन्धी सुझाव प्रस्तुत किए गए हों।**

उत्तर प्रदेश के राजपत्र (गजट) में प्रकाशनार्थ

पत्र संख्या 355/12

दिनांक 12 मार्च, 20XX

उत्तर प्रदेश शासन,
विधि मन्त्रालय, लखनऊ।

संकल्प

वर्तमान समय की आवश्यकताओं को देखते हुए यह अनुभव किया जा रहा है कि विधि निर्माण आदि के सम्बन्ध में कुछ कमियाँ हैं, जिनमें सुधार की बड़ी आवश्यकता है। अतः उत्तर प्रदेश सरकार ने एक समिति गठन करने का निश्चय किया है, जो कानूनों के सुधार के लिए अपने सुझाव देगी। समिति में सरकारी तथा गैर-सरकारी उच्च कोटि के विधिवेत्ताओं को रखा जाएगा।

सुविख्यात विधिशास्त्री श्री महेश चन्द्र शर्मा को समिति का अध्यक्ष बनाया गया है, श्री रामपाल सिंह एवं ज्ञानेन्द्र वर्मा समिति के सदस्य होंगे। समिति कानूनी अव्यवस्था को दूर करने पर विचार करेगी और अपना प्रतिवेदन उत्तर प्रदेश सरकार को वर्ष 20XX के अन्दर प्रस्तुत कर देगी।

आदेश

यह आदेश दिया जाता है कि इस संकल्प की एक-एक प्रति निम्नलिखित व्यक्तियों के पास भेज दी जाए

1. श्री महेशचन्द्र शर्मा 2. श्री रामपाल सिंह 3. श्री ज्ञानेन्द्र वर्मा।

जन साधारण की सुविधा एवं जानकारी के लिए यह आदेश जारी किया जाता है कि इस संकल्प को उत्तर प्रदेश के राजपत्र (गजट) में प्रकाशित कर दिया जाए।

(दीप नारायण)
सचिव,
उत्तर प्रदेश सरकार।

अधिसूचना

राजपत्रित अधिकारियों की नियुक्ति, आदेश, पदोन्नति, स्थानान्तरण और उनके अवकाश की स्वीकृति की सूचनाओं को राजपत्र (गजट) में प्रकाशित करने के लिए अधिसूचना (Notification) का प्रयोग किया जाता है। इसके अतिरिक्त सरकारी अधिकारियों को नए अधिकार सौंपने अथवा उनके अधिकारों को वापस लेने के लिए नए नियमों, उपनियमों व आदेशों को लागू करने के लिए भी अधिसूचना का प्रयोग किया जाता है। इसमें अन्य आलेखों की भाँति संख्या, दिनांक तथा विभागीय सचिव या अधिकारी के हस्ताक्षर होते हैं। सामान्यत: इसमें सम्बोधन और स्वनिर्देश नहीं होता है।

भारत सरकार के गजट 'भारतीय राजपत्र' के चार भाग हैं तथा प्रत्येक भाग के भी चार-चार अनुभाग हैं। उसके प्रत्येक एक भाग के अनुभाग के लिए विषय निश्चित होते हैं।

अधिसूचना में सर्वप्रथम उस राजपत्र (गजट) का नाम, भाग एवं अनुभाग संख्या, जिसमें अधिसूचना प्रकाशित होनी है, लिखना चाहिए। अधिसूचना की प्रतिलिपियाँ जिन-जिन व्यक्तियों के पास भेजी जानी हैं उनका नाम व पता नीचे बायीं ओर अंकित करना चाहिए। यदि अधिसूचना का प्रकाशन विशेष गजट में होता है, तो ऐसी अधिसूचना पर संयुक्त सचिव के हस्ताक्षर या स्वीकृति होनी चाहिए।

- उत्तर प्रदेश सरकार के श्रम मन्त्रालय द्वारा अधिसूचना जारी करते हुए आई.ए.एस अधिकारी के स्थानान्तरण का उल्लेख कीजिए

अधिसूचना

(उत्तर प्रदेश सरकार के राजपत्र के भाग-1 अनुभाग-2 में प्रकाशनार्थ)

दिनांक 25 मई, 20XX

उत्तर प्रदेश सरकार

श्रम मन्त्रालय, लखनऊ।

पत्र संख्या 40/12 के अन्तर्गत श्री रामपाल आई. ए. एस., जो इस समय प्रशिक्षण एवं सेवायोजन निदेशालय उत्तर प्रदेश, लखनऊ में निदेशक के पद पर कार्यरत् हैं; का स्थानान्तरण अधिकारी सीतापुर के पद पर किया गया है, को आदेश दिया जाता है कि श्री रामपाल आगामी दिनांक 30 मई, 20XX के पूर्व अपना कार्यभार ग्रहण कर लें।

कार्यभार ग्रहण करने की अवधि से श्रम मन्त्रालय की उत्तर प्रदेश के राजपत्र (गजट) में प्रकाशित पूर्व अधिसूचना संख्या 39/12 दिनांक 2 अगस्त, 20XX रद्द की जाती है।

हस्ताक्षर

(कृपा शंकर)

सचिव,

उत्तर प्रदेश सरकार।

प्रेस-विज्ञप्ति

सरकार समय-समय पर सरकारी आदेश, प्रस्ताव अथवा निर्णय समाचार-पत्रों में प्रकाशित करने के लिए भेजती है, इसे ही प्रेस विज्ञप्ति (Press Communiquee or Press Note) कहा जाता है।

प्रेस-विज्ञप्ति के दो रूप हैं—प्रेस कम्यूनीक और प्रेस नोट। प्रेस कम्यूनीक में औपचारिकता अधिक होती है। इसे सम्पादक को बिना किसी संशोधन के ज्यों का त्यों प्रकाशित करना पड़ता है, जबकि 'प्रेस नोट' में सम्पादक अपनी टिप्पणी लगा सकता है अथवा उसकी भाषा आदि में आवश्यक संशोधन भी कर सकता है।

प्रेस-विज्ञप्ति लिखते समय निम्न बातों का ध्यान रखना चाहिए

1. प्रेस-विज्ञप्ति में सर्वप्रथम उसके छपने का दिनांक तथा समय का उल्लेख करना चाहिए, इससे प्रेस निर्धारित समय और दिनांक से पूर्व प्रकाशित नहीं कर सकता है।
2. प्रेस-विज्ञप्ति के विषय का संक्षिप्त एवं स्पष्ट शीर्षक लिखना चाहिए।
3. इसके पश्चात् विषय का पूर्ण विवरण दिया जाना चाहिए। अन्त में यह आज्ञा होती है कि सम्बन्धित प्रेस-विज्ञप्ति को सूचना निदेशक के पास भेज दिया जाए।
4. प्रेस-विज्ञप्ति की प्रतियाँ जिन-जिन व्यक्तियों को प्रेषित की जानी हैं उनका भी उल्लेख होना चाहिए।
5. प्रेस-विज्ञप्ति में सबसे ऊपर दायीं ओर 'प्रकाशनार्थ/प्रसारणार्थ' लिखा जाता है।

- प्रधान सूचना निदेशक, भारत सरकार की ओर से एक प्रेस-विज्ञप्ति तैयार कीजिए, जिसमें भारत और रूस के व्यापारिक सम्बन्ध बताए गए हों।

प्रेस-विज्ञप्ति

प्रकाशनार्थ/प्रसारणार्थ

दिनांक 28 जनवरी, 20XX

भारत और रूस के बीच व्यापारिक सम्बन्ध

रूस और भारत के बीच व्यापारिक सम्बन्ध दृढ़ करने के लिए आज दिनांक 25 जनवरी, 20XX को प्रातः दस बजे भारत और रूस के व्यापार मन्त्रियों के बीच नई दिल्ली में एक समझौते पर हस्ताक्षर हुए, जिसके अनुसार दोनों देशों ने परस्पर व्यापार को बढ़ावा देने के लिए एक-दूसरे देश से आयात की जाने वाली सामग्रियों पर लगने वाले शुल्क की दर ········ % कम कर दी हैं। इन देशों की सरकारों को विश्वास है कि इससे व्यापारिक सम्बन्ध के साथ-साथ उनके पारस्परिक, राजनीतिक और सांस्कृतिक सम्बन्ध भी सुदृढ़ होंगे।

प्रधान सूचना निदेशक, भारत सरकार, नई दिल्ली को उपरोक्त विज्ञप्ति प्रचार और प्रकाशन के लिए भेजी जाती है।

हस्ताक्षर...............

सचिव, भारत सरकार

प्रतिवेदन

प्रतिवेदन (Report) शब्द अंग्रेज़ी के 'रिपोर्ट' शब्द का हिन्दीकृत रूप है। रिपोर्ट शब्द सामान्यतः 'शिकायत' के अर्थ में प्रचलित है। कोई भी व्यक्ति यदि नियम-विरुद्ध कार्य करता है तो उसकी लिखित सूचना सम्बन्धित अधिकारी को दी जाती है, जिसे रिपोर्ट कहने की परिपाटी है। प्रतिवेदन मुख्यतः दो प्रकार के होते हैं

1. **विवरणात्मक प्रतिवेदन** किसी कार्य, योजना, घटना अथवा स्थिति का प्रतिवेदन 'विवरणात्मक प्रतिवेदन' कहलाता है; जैसे—किसी शिविर के आयोजन का, किसी संस्था की वार्षिक उपलब्धियों का, किसी परिषद् के कार्य-कलापों आदि का प्रतिवेदन।
2. **शिकायती प्रतिवेदन** जब कोई अधिकारी, कर्मचारी या सामान्य व्यक्ति नियम विरुद्ध कार्य करता है, तो उसके विरुद्ध, सम्बन्धित अधिकारी को जो प्रतिवेदन दिया जाता है, उसे शिकायती प्रतिवेदन कहते हैं।

- सेठ जयदयाल इण्टर कॉलेज, बिसवाँ द्वारा किए गए विभिन्न कार्य-कलापों का वर्णन करते हुए एक प्रतिवेदन तैयार कीजिए।

सेठ जयदयाल इण्टर कालेज, बिसवाँ का

वार्षिक प्रतिवेदन (20XX-XX)

विद्यालय का इतिहास तथा प्रगति

यह विद्यालय 1885 ई. में श्रीमान् सेठ जयदयाल जी की उदारता से खुला था। सेठ जयदयाल जी ने मुक्तहस्त से धन खर्च करके इस विद्यालय के भवन का निर्माण कराया था।

तेरह वर्ष बाद सेठ जी ने अपनी रियासत का एक बड़ा भाग इस विद्यालय के नाम दान कर दिया था, जिसकी विधिवत् रजिस्ट्री 7 मई, 19XX में बिसवाँ में हुई थी। सेठ जी आजीवन इस विद्यालय के विकास में लगे रहे और विद्यालय के निमित्त धन देते रहे।

इस विद्यालय में इण्टरमीडिएट तक शिक्षा प्रदान की जाती है। इण्टर कक्षाओं के कला संकाय में हिन्दी, संस्कृत, अंग्रेज़ी, अर्थशास्त्र, नागरिकशास्त्र, इतिहास और समाजशास्त्र तथा विज्ञान संकाय में गणित, भौतिक विज्ञान और रसायन विज्ञान की शिक्षा दी जाती है।

हाईस्कूल में विज्ञान संकाय में जीव-विज्ञान की भी शिक्षा प्रदान की जाती है। विद्यालय के मुख्य भवन में 32 कमरे हैं। प्रधानाचार्य कक्ष और कार्यालय कक्ष से मिला हुआ विशाल हॉल है। इन्हीं के साथ पुस्तकालय, वाचनालय कक्ष, एनसीसी कक्ष तथा चित्रकला-कक्ष है। विद्यालय के मुख्य भवन में ही एक अध्यापक कक्ष, हाईस्कूल जीव-विज्ञान प्रयोगशाला एवं विज्ञान प्रयोगशाला है।

इण्टमीडिएट भौतिक विज्ञान प्रयोगशाला और रसायन प्रयोगशाला मुख्य भवन में ही उत्तर-पूर्व में स्थित हैं। कार्यालय कक्ष के ऊपर एक सुन्दर अतिथि-गृह भी है। खेल-कूद के लिए विद्यालय के सामने एक विशाल मैदान है।

प्रधानाचार्य

सेठ जयदयाल इण्टर कालेज,

बिसवाँ (सीतापुर), उत्तर प्रदेश।

ई-पत्र या ई-मेल

ई-मेल (E-mail) दो शब्दों के मेल से बना है—'ई + मेल'। 'ई' से अभिप्राय है—इलेक्ट्रॉनिक जबकि 'मेल' का हिन्दी पर्याय है—डाक। इस प्रकार कहा जा सकता है कि विद्युत के वेग के समान भेजी जाने वाली डाक, इलेक्ट्रॉनिक मेल अथवा ई-मेल कहलाती है।

आज कम्प्यूटर के दौर में ई-मेल के द्वारा ऑनलाइन-पत्र भेजे जाते हैं। ऑनलाइन भेजे जाने वाले पत्र कुछ ही मिनट में अपने गन्तव्य तक पहुँच जाते हैं। इस प्रकार पत्र को इण्टरनेट की सहायता से ई-मेल के द्वारा प्राप्तकर्ता तक पहुँचाना **ऑनलाइन पत्र** या **ई-पत्र** कहलाता है।

ऑनलाइन पत्र भेजने के लिए भेजने वाले (Sender) और प्राप्त करने वाले (Receiver) के पास अपनी वैध ई-मेल आइडी होनी अनिवार्य है। ई-मेल के द्वारा न सिर्फ सन्देशों का, बल्कि डिजिटल दस्तावेजों, वीडियो आदि को अटैच (संलग्न) करके किसी दूसरे ई-मेल पते पर भेजा एवं प्राप्त किया जाता है।

वर्तमान समय में अनेकों वेबसाइट हैं, जो ई-मेल आइडी बनाने की सुविधा उपलब्ध कराती हैं; जैसे—जी-मेल, याहू, रेडिफ मेल, हॉट मेल आदि।

ई-मेल पते के तीन घटक (Factor) होते हैं—यूजर नेम (उपयोगकर्ता का नाम), प्रतीक (@) एवं डोमेन नेम (जी-मेल, याहू, हॉट मेल आदि।) उदाहरण के लिए snehagupta@gmail.com ; यहाँ snehagupta यूजर नेम है, @ अपने आप में प्रतीक है, जबकि gmail.com डोमेन नेम है।

ई-मेल के मुख्य भाग

ई-मेल को सिलसिलेवार क्रम में प्रस्तुत किया जाता है अथवा लिखा जाता है, वे ई-मेल के भाग कहलाते हैं। सामान्यत: ई-मेल के भाग निम्नलिखित होते हैं

1. **आरम्भ** (Start) ई-मेल के प्रारम्भ में सन्देश प्राप्तकर्ता का पता लिखा जाता है। 'To' के अन्तर्गत जिस व्यक्ति को ई-मेल भेजा जा रहा है, उसका ई-मेल पता लिखा जाता है;
   जैसे—To : nehasharma@gmail.com

   यदि एक से अधिक अर्थात् तीन व्यक्तियों को ई-मेल भेजना है तो To में जाकर ई-मेल आइडी का प्रयोग कर तीनों को ई-मेल भेज सकते हैं। 'To' करने से तीनों में से किसी को भी यह ज्ञात नहीं हो पाएगा कि अन्य दो व्यक्ति कौन हैं? जिन्हें यह ई-मेल भेजा गया है।

   CC का अर्थ कार्बन कॉपी (Carbon Copy) है। इसके अन्तर्गत यदि एक व्यक्ति को ई-मेल भेजना है और यदि आप चाहते हैं कि अन्य दो लोगों को यह पता रहे क्या भेजा है तब अन्य दो लोगों का ई-मेल पता CC में डाल सकते हैंद्ध जिससे सबका ई-मेल भी एक-दूसरे को दिख जाएगा।

   BCC का अर्थ ब्लाइंड कार्बन कॉपी (Blind Carbon Copy) है। BCC करने से ई-मेल जिस-जिस को किया गया है वह किसी को भी ज्ञात नहीं होता है, गुप्त रहता है।
2. **विषय** (Subject) ई-मेल के दूसरे भाग विषय अथवा सब्जेक्ट के अन्तर्गत जिस सन्देश को लिखा जा रहा है, उसे संक्षेप में इसके अन्तर्गत बताया जाता है; जैसे—होली की शुभकामनाएँ।
3. **सन्देश** (Message) इसके अन्तर्गत मूल विषय का विस्तारपूर्वक वर्णन किया जाता है। मूल विषय ध्यानपूर्वक इसके अन्तर्गत लिखा जाता है तथा अनुच्छेदों (पैराग्राफ) के मध्य थोड़ी जगह भी छोड़ी जाती है।
4. **अटैचमेण्ट** (Attachment) सन्देश प्रेषित करते समय यदि किसी दस्तावेज को सन्देश अथवा पत्र आदि के साथ संलग्न करना होता है तो अटैचमेण्ट के द्वारा उसे सन्देश अथवा पत्र के साथ भेजा जाता है। ध्यान रहे अटैचमेण्ट का प्रयोग तभी किया जा सकता है जब वह दस्तावेज कम्प्यूटर में सुरक्षित (सेव) हो।
5. **अन्त** (End) ई-मेल में अन्त में जब सन्देश लिखा जा चुका हो तथा आवश्यकता पड़ने पर अटैचमेण्ट लगाई जा चुकी हो तत्पश्चात् सम्बन्धित व्यक्ति को सन्देश प्रेषित करने के लिए सेंड (Send) के विकल्प का प्रयोग किया जाता है। सेंड के एक क्लिक करने से प्रस्तुत ई-मेल सम्बन्धित व्यक्ति/व्यक्तियों तक पहुँच जाएगी, जिसका ई-मेल लिखा गया है।

ई-मेल के प्रकार

ई-मेल का प्रयोग वैयक्तिक अथवा निजी प्रयोग हेतु किया जाता है तथा व्यापार एवं कार्यालय के प्रयोग हेतु अपनी शिकायत, समस्या, उत्पाद खरीदने आदि के लिए भी किया जाता है। इस प्रकार ई-मेल के दो प्रकार होते हैं

(i) औपचारिक ई-मेल (Formal E-mail)

(ii) अनौपचारिक ई-मेल (Informal E-mail)

औपचारिक ई-मेल

औपचारिक ई-मेल उन लोगों को भेजे जाते हैं, जिनसे हमारा कोई निजी या पारिवारिक सम्बन्ध नहीं होता।

ई-मेल (E-mail) करते समय ध्यान रखने योग्य बातें निम्न हैं

1. सर्वप्रथम यह जाँच कर लें कि जिसे मेल कर रहे हैं उसकी ई-मेल आईडी सही हो।
2. औपचारिक ई-मेल भेजते समय ई-मेल प्राप्तकर्ता के लिए श्रीमान्, महोदय आदि आदरसूचक शब्दों का प्रयोग किया जाता है।
3. औपचारिक ई-मेल करते समय विषय-वस्तु को कम शब्दों में लिखने का प्रयास करना चाहिए।
4. अनुच्छेद (Pharagraph) के बीच में उचित स्थान (Space) दिया जाना चाहिए।
5. ई-पत्र लिखते समय आवश्यकता पड़ने पर महत्त्वपूर्ण बातों के लिए बुलेट्स आदि का प्रयोग किया जा सकता है।
6. ई-मेल द्वारा भेजे गए औपचारिक पत्र में आदर सहित आदि लिखकर पत्र का अन्त या समापन करना चाहिए।
7. ई-मेल भेजने से पूर्व अन्त में ध्यानपूर्वक पुन: ई-मेल को पढ़ लेना चाहिए।

औपचारिक ई-मेल का उदाहरण निम्नलिखित है

- ए.टी.एम कार्ड न मिलने की शिकायत सम्बन्धी ई-पत्र लिखिए।

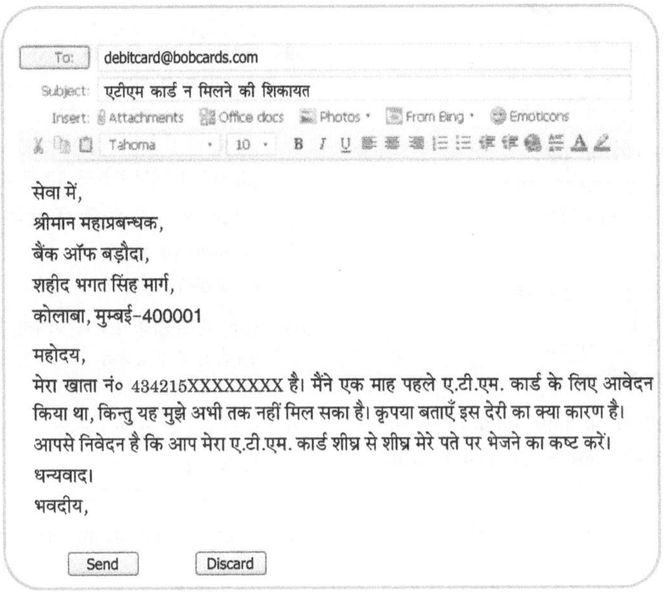
To: debitcard@bobcards.com
Subject: एटीएम कार्ड न मिलने की शिकायत
Insert: Attachments Office docs Photos From Bing Emoticons
Tahoma 10

सेवा में,
श्रीमान महाप्रबन्धक,
बैंक ऑफ बड़ौदा,
शहीद भगत सिंह मार्ग,
कोलाबा, मुम्बई-400001

महोदय,
मेरा खाता नं० 434215XXXXXXXX है। मैने एक माह पहले ए.टी.एम. कार्ड के लिए आवेदन किया था, किन्तु यह मुझे अभी तक नहीं मिल सका है। कृपया बताएँ इस देरी का क्या कारण है। आपसे निवेदन है कि आप मेरा ए.टी.एम. कार्ड शीघ्र से शीघ्र मेरे पते पर भेजने का कष्ट करें।
धन्यवाद।
भवदीय,

Send Discard

अनौपचारिक ई-मेल

अपने सगे-सम्बन्धियों, मित्रों, पारिवारिक सदस्यों को सुख-दु:ख, हर्ष, उत्साह, निमन्त्रण, शुभकामनाओं आदि को भेजने व प्राप्त करने वाले ऑनलाइन पत्र अथवा सन्देश को अनौपचारिक ई-मेल की श्रेणी में रखा जाता है।

अनौपचारिक ई-मेल का उदाहरण निम्नलिखित है

- मित्र को अच्छे अंक प्राप्त करने की बधाई देते हुए ई-पत्र लिखिए।

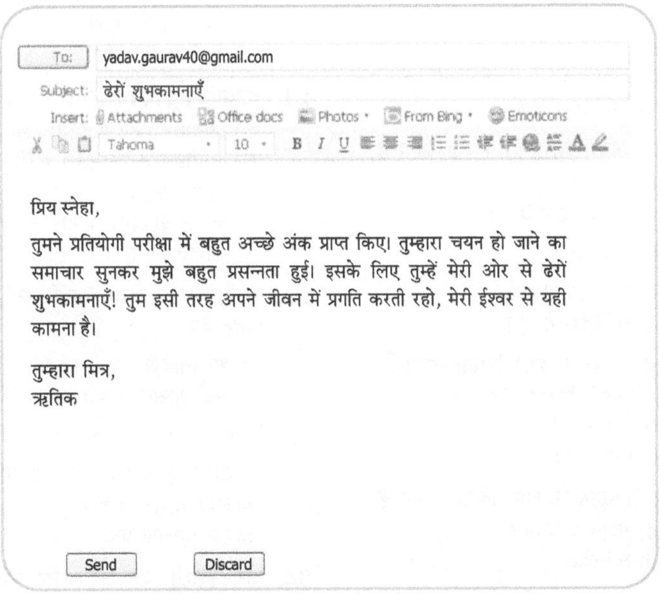
To: yadav.gaurav40@gmail.com
Subject: ढेरों शुभकामनाएँ
Insert: Attachments Office docs Photos From Bing Emoticons
Tahoma 10

प्रिय स्नेहा,
तुमने प्रतियोगी परीक्षा में बहुत अच्छे अंक प्राप्त किए। तुम्हारा चयन हो जाने का समाचार सुनकर मुझे बहुत प्रसन्नता हुई। इसके लिए तुम्हें मेरी ओर से ढेरों शुभकामनाएँ! तुम इसी तरह अपने जीवन में प्रगति करती रहो, मेरी ईश्वर से यही कामना है।

तुम्हारा मित्र,
ऋतिक

Send Discard

वस्तुनिष्ठ प्रश्नावली

1. कार्यालयीय कार्य में Noting का अर्थ क्या है?
(a) टिप्पण लिखना (b) मसौदा लिखना
(c) ज्ञापन लिखना (d) सूचना लिखना

2. 'अवलोकनार्थ' प्रस्तुत अभ्युक्ति किस वर्ग की है?
(a) सूक्ष्म टिप्पण (b) अनुभागीय टिप्पण
(c) सामान्य टिप्पण (d) सम्पूर्ण टिप्पण

3. 'मिनट' किसे कहते हैं?
(a) मन्त्री, प्रधानमन्त्री और राष्ट्रपति के द्वारा लिखी गई टिप्पणी
(b) अति महत्त्वपूर्ण व्यक्तियों की दिनचर्या
(c) मन्त्री, प्रधानमन्त्री और राष्ट्रपति की कार्य योजना
(d) मन्त्री, प्रधानमन्त्री और राष्ट्रपति का मौखिक आदेश

4. किसी भी विचाराधीन पत्र के निस्तारण के लिए लिखी जाने वाली अभ्युक्ति को टिप्पणी कहते हैं तो टिप्पणी लिखने की कला या प्रक्रिया को क्या कहेंगे?
(a) कार्यवाही (b) प्रक्रिया (c) टिप्पण (d) आलेखन

5. कार्यालय टिप्पणी का प्रयोग होता है
(a) स्थानान्तरण की सूचना हेतु
(b) किसी कार्यालय के कर्मचारी पर टिप्पणी हेतु
(c) किसी निर्णय तक पहुँचने के लिए विद्यमान नियमों के अनुरूप विचार हेतु
(d) किसी कर्मचारी को चेतावनी देने हेतु

6. कर्मचारियों के उपार्जित अवकाश की स्वीकृति हेतु निकाला जाने वाला पत्र कहलाता है
(a) परिपत्र (b) कार्यालय आदेश
(c) कार्यालय टिप्पणी (d) अनुस्मारक

7. सरकारी पत्रों में क्या अनावश्यक है?
(a) स्पष्टता एवं शुद्धता (b) क्रमबद्धता
(c) संक्षिप्तता (d) व्यक्तिगत शैली

8. सरकारी पत्रों में सम्बोधन के लिए किन शब्दों का प्रयोग किया जाता है?
(a) महोदय/महोदया (b) प्रिय श्री ....
(c) भवदीय/आप का विश्वासपात्र (d) आपका शुभचिन्तक

9. सरकारी पत्र में विषय का उल्लेख किया जाता है
(a) सम्बोधन के उपरान्त (b) सम्बोधन से पूर्व
(c) पत्रांक व दिनांक के उपरान्त (d) स्वनिर्देश के पूर्व

10. राजस्थान सरकार के कार्यालयीय पत्रों में सबसे ऊपर लिखा जाता है
(RPSC पुलिस सब-इंस्पेक्टर परीक्षा 2011)
(a) पत्रक्रमांक व दिनांक (b) विभाग का नाम
(c) पत्र का सन्दर्भ (d) प्रेषिती का पदनाम

11. सरकारी पत्र में प्रेषिती का पद व पता लिखने के बाद लिखा जाता है
(a) पत्र संख्या (b) स्थान व दिनांक
(c) विषय (d) स्वनिर्देश

12. सरकारी पत्रों में स्वनिर्देश के लिए किस शब्द का प्रयोग किया जाता है?
(a) महोदय (b) माननीय
(c) शुभचिन्तक (d) भवदीय

13. सचिवालय के सभी पत्र
(a) उत्तम पुरुष में लिखे जाते हैं। (b) मध्यम पुरुष में लिखे जाते हैं।
(c) अन्य पुरुष में लिखे जाते हैं। (d) तीनों पुरुष में लिखे जाते हैं।

14. शासनादेश (G.O.) का आरम्भ किस उपवाक्य से किया जाता है?
(a) आपके पत्रांक .... दिनांक ....के सम्बन्ध में निवेदन है कि....
(b) मुझे यह कहने का निर्देश हुआ है कि ....
(c) विनम्र निवेदन है कि ....
(d) सर्वसाधारण को सूचित किया जाता है कि ....

15. व्यक्तिगत शैली में लिखे जाने वाले शासकीय पत्र को क्या कहते हैं?
(a) कार्यालय आदेश (b) कार्यालय ज्ञापन
(c) अर्द्धशासकीय पत्र (d) राजाज्ञा या शासनादेश

16. अर्द्ध-शासकीय पत्र में प्रेषिती की सम्बोधन शैली होती है
(a) सेवा में निदेशक (b) सेवा में श्री शर्मा जी
(c) प्रिय योगेश जी (d) महामहिम राज्यपाल

17. किस प्रारूप में 'सम्बोधन' और 'स्वनिर्देश' नहीं होता?
(a) ज्ञापन (b) सरकारी पत्र
(c) अर्द्ध-शासकीय पत्र (d) अनुस्मारक

18. अधिसूचना की समाप्ति पर स्वनिर्देश के स्थान पर होता है
(RPSC पुलिस सब-इंस्पेक्टर परीक्षा 2011)
(a) भवदीय
(b) हस्ताक्षर एवं पदनाम-सचिव/उपसचिव
(c) मन्त्री के हस्ताक्षर एवं विभाग का नाम
(d) आपका शुभेच्छु

19. निम्नलिखित में कौन कार्यालयीय प्रारूप नहीं है?
(a) सरकारी पत्र (b) कार्यालय आदेश
(c) अनुस्मारक पत्र (d) आवेदन पत्र

20. अर्द्ध-शासकीय पत्र में प्रेषिती का नाम, पद और पता लिखा जाता है
(a) सम्बोधन से पहले (b) पत्रांक, दिनांक से पहले
(c) स्वनिर्देश से पहले (d) पत्र के नीचे बायीं ओर

21. कार्यालय ज्ञापन के सम्बन्ध में कौन-सा कथन असत्य है?
(a) सम्बोधन और स्वनिर्देश अवश्य होता है।
(b) सम्बोधन व स्वनिर्देश नहीं होता है।
(c) वाक्यों की रचना सदैव अन्य पुरुष (Third Person) में होती है।
(d) ज्ञापन के अन्त में नीचे बायीं ओर प्रेषिती का नाम, पद और पता अंकित किया जाता है।

22. स्वनिर्देश के लिए 'भवन्निष्ठ' शब्द का प्रयोग किस प्रारूप में किया जाता है?
(a) शासनादेश (b) परिपत्र
(c) अर्द्ध-शासकीय पत्र (d) कार्यालय आदेश

23. किस प्रारूप में पत्र की समाप्ति पर 'आदर सहित' या 'सादर' जैसे शिष्टाचारयुक्त शब्दों का प्रयोग किया जाता है?
(a) अर्द्ध-शासकीय पत्र (b) परिपत्र या गश्ती पत्र
(c) ध्यानाकर्षण पत्र (d) अध्यादेश

24. जब किसी पत्र का उत्तर उचित समयावधि में नहीं मिलता है, तो सम्बन्धित अधिकारी को पुनः याद दिलाने के लिए किस प्रारूप का प्रयोग किया जाता है?
(a) आदेश (Order)
(b) ध्यानाकर्षण (Reminder)
(c) ज्ञापन (Memorandum)
(d) कार्यालय आदेश (Office order)

25. ध्यानाकर्षण पत्र (Reminder) का एक अन्य नाम है
(a) आवेदन पत्र (b) ज्ञापन
(c) अनुस्मारक (d) चेतावनी

26. जब कोई कार्यालयीय पत्र एक साथ अनेक राज्यों, मन्त्रालयों, विभागों, अधिकारियों अथवा कर्मचारियों को भेजा जाता है तो उसे कहते हैं
(a) परिपत्र या गश्ती पत्र (Circular)
(b) सूचना (Notice)
(c) अधिसूचना (Notification)
(d) शुद्धिपत्र (Amendment)

27. जब सचिवालय के एक विभाग द्वारा दूसरे विभाग से अनौपचारिक रूप से कुछ पूछताछ करना अथवा कोई निर्देश लेना या देना होता है, तो किस प्रारूप का प्रयोग किया जाता है?
(a) सरकारी पत्र (Official letter)
(b) गैर-सरकारी पत्र (U.O.L.)
(c) कार्यालय आदेश (Office order)
(d) परिपत्र (Circular letter)

28. संचार क्रान्ति के फलस्वरूप किस प्रारूप का प्रयोग अब बन्द हो गया है?
(a) अधिसूचना (b) घोषणा
(c) तार (d) रेडियोग्राम

29. अनुस्मारक के बारे में कौन-सी बात गलत है? *(RPSC पुलिस सब-इंस्पेक्टर परीक्षा 2011)*
(a) अनुस्मारक में पूर्व पत्र का सन्दर्भ होता है।
(b) इसमें प्रतिलिपि देने का प्रावधान नहीं होता है।
(c) इसकी भाषा अपेक्षाकृत कठोर होती है।
(d) अनुस्मारक गजट में प्रकाशित होता है।

30. जब कोई मन्त्रालय अपने ही प्रभागों, अनुभागों एवं शाखाओं के साथ पत्र-व्यवहार करता है, तो ऐसे पत्र को क्या कहा जाता है?
(a) अधिसूचना (b) परिपत्र
(c) कार्यालय ज्ञापन (d) ज्ञापन

31. किसी राजपत्रित अधिकारी की नियुक्ति, पदोन्नति, अवकाश-स्वीकृति और उनके स्थानान्तरण की सूचना को राजपत्र में प्रकाशित करने के लिए किस पत्र का प्रयोग किया जाता है? *(UPSSSC TA 2019)*
(a) परिपत्र (b) शासनादेश
(c) अधिसूचना (d) कार्यालय स्मृति-पत्र

32. निम्न में से कौन-सा कार्यालयी पत्र नहीं है? *(UPSSSC TA 2019)*
(a) प्रार्थना-पत्र (b) प्रेस-विज्ञप्ति
(c) सम्पादक के नाम पत्र (d) निमन्त्रण पत्र

33. जब कोई सरकारी पत्र, कार्यालय ज्ञापन या ज्ञापन एक साथ अनेक प्रेषितियों को भेजा जा रहा हो, तब उसे क्या कहा जाता है? *(UPSSSC VDO 2019)*
(a) कार्यालय ओदश (b) अधिसूचना
(c) अनुस्मारक (d) परिपत्र

34. निम्नलिखित में से किसका प्रयोग अधिकतर भारतीय गजटों में प्रकाशित सरकारी नियम, आदेश आदि की सूचना के प्रसंग में होता है? *(UPSSSC 2018)*
(a) पत्र (b) परिपत्र
(c) अधिसूचना (d) कार्यालय ओदश

35. कार्यालय आदेश में अधिकारी का हस्ताक्षर किस स्थान पर आएगा? *(UPSSSC VDO 2018)*
(a) नीचे दाहिनी ओर (b) नीचे बाईं ओर
(c) ऊपर दाहिनी ओर (d) ऊपर बाईं ओर

36. शासकीय पत्र में पत्र संख्या के नीचे बायीं ओर क्या लिखा जाता है? *(UPSSSC गन्ना पर्यवेक्षक 2019)*
(a) दिनांक
(b) सेवा में
(c) प्राप्तकर्ता का पदनाम
(d) प्रेषक पदाधिकारी का नाम, पदनाम

37. अधिसूचना के सन्दर्भ में कौन-सा कथन गलत है? *(UPSSSC गन्ना पर्यवेक्षक 2019)*
(a) सामान्यतः यह गजट में प्रकाशित होती है।
(b) इनमें प्रेषक का उल्लेख होता है।
(c) ये राष्ट्रपति अथवा राज्यपाल की ओर से जारी की गई मानी जाती है।
(d) इसे विज्ञप्ति भी कहा जाता है।

38. दैनिक हिन्दुस्तान में संवाददाता के पद के लिए किसे आवेदन-पत्र लिखेंगे? *(UPSSSC मण्डी परिषद् 2018)*
(a) कार्यकारी महोदय (b) प्रचारक महोदय
(c) सम्पादक महोदय (d) अधिकारी महोदय

39. वह पत्र जिसके द्वारा याद दिलाया जाता है कि अमुक पत्र के उत्तर की प्रतीक्षा है, क्या कहलाता है
(a) अनुस्मारक (b) संकल्प
(c) परिपत्र (d) आरोप-पत्र

40. जब किसी पत्र को उसके मूल रूप में आगे किसी अधिकारी को भेजना हो, तो कैसे भेजेंगे?
(a) पृष्ठांकन के साथ (b) प्रतिवेदन के साथ
(c) ज्ञापन के साथ (d) अधिसूचना जारी करके

उत्तरमाला

1. (a)	2. (c)	3. (a)	4. (c)	5. (c)	6. (b)	7. (d)	8. (a)	9. (b)	10. (b)
11. (c)	12. (d)	13. (a)	14. (b)	15. (c)	16. (c)	17. (a)	18. (b)	19. (d)	20. (d)
21. (a)	22. (c)	23. (a)	24. (b)	25. (c)	26. (a)	27. (b)	28. (c)	29. (d)	30. (d)
31. (c)	32. (d)	33. (d)	34. (c)	35. (a)	36. (d)	37. (b)	38. (d)	39. (a)	40. (b)

अध्याय~26

मानक वाक्यांश, अभिव्यक्तियाँ एवं पारिभाषिक शब्दावली

राजकीय प्रशासन में तथा अन्य संस्थानों में हिन्दी तथा अंग्रेजी दोनों भाषाओं का प्रयोग किया जाता है। अतः इन दोनों भाषाओं की मूलभूत अभिव्यक्तियाँ, मानक वाक्यांश तथा पारिभाषिक शब्दावलियों से परिचित होना अपरिहार्य है।

टिप्पण और आलेखन में सरलता, स्पष्टता और एकरूपता लाने के उद्देश्य से 'वैज्ञानिक एवं तकनीकी शब्दावली आयोग' भारत सरकार ने 'मानक वाक्यांश एवं अभिव्यक्तियों" का निर्धारण किया है। कार्यालयी कार्य संचालन में इन वाक्यांशों और अभिव्यक्तियों के प्रयोग से टिप्पण एवं आलेखन में पूर्णता, स्पष्टता, शुद्धता, संक्षिप्तता और एकरूपता का समावेश होगा और कार्य करने एवं निर्णय लेने में भ्रम की सम्भावना ही नहीं रह जाएगी। शासकीय कार्य सम्पादन में निपुणता के लिए मानक वाक्यांश एवं अभिव्यक्तियों का ज्ञान अनिवार्य है। सामान्यतः कुछ परीक्षाओं में मानक वाक्यांश, अभिव्यक्ति व पारिभाषिक शब्दावली से सम्बन्धित एक से दो प्रश्न पूछे जाते हैं।

मानक वाक्यांश एवं अभिव्यक्ति से सम्बन्धित शब्दावली

A

Abide by	पालन करना
Above cited/Above quoted	ऊपर दिया हुआ/उपरिउद्धृत
Above given	उपरिलिखित
Above mentioned	उपर्युक्त
Above resolution be published in the gazette	उपर्युक्त संकल्प भारत के राजपत्र में प्रकाशित किया जाए
Above said	उपर्युक्त
A brief history of the case is as follows	मामले का संक्षिप्त इतिवृत्त इस प्रकार है
A brief note is placed below	संक्षिप्त नोट नीचे लिखा है
A brief summary of the case is given below	मामले का सारांश नीचे दिया गया है
Acceded to	स्वीकार किया गया
Acceptance is awaited	स्वीकृत की प्रतीक्षा में
Accepted for payment	भुगतान के लिए स्वीकृत
Accord approval/sanction to......	कृपया.......को अनुमोदित/स्वीकृत करें
Accordingly	तद्नुसार
According to	के अनुसार
According to convenience	सुविधानुसार
Acknowledgement has already been sent	पावती पहले ही भेजी जा चुकी है
Acknowledge receipt	पावती दें/प्राप्ति सूचना भेजें
Acting in good faith	सद्भाव से कार्य करते हुए
Acting in official capacity	पद की हैसियत से कार्य करते हुए
Action as at 'A' above	ऊपर 'क' के अनुसार कार्रवाई की जाए
Action at once please	कृपया तुरन्त कार्रवाई करें
Action has already been taken in the matter	इस मामले में कार्रवाई की जा चुकी है
Action has not yet been initiated	कार्रवाई अभी शुरू नहीं की गई है
Action is required to be taken early	शीघ्र कार्रवाई अपेक्षित है
Action may be taken as proposed	यथा प्रस्तावित कार्रवाई की जाए
Action may be taken accordingly	तद्नुसार कार्रवाई की जाए
Act of misconduct	कदाचार
Acts of commission and omission	कृताकृत
Address all concerned	सम्बन्धित सभी को लिखा जाए
Ad interim	विज्ञापन अन्तरिम
Administrative approval may be obtained	प्रशासनिक अनुमोदन प्राप्त किया जाए
Admit an appeal	अपील ग्रहण करें
Advise accordingly	तद्नुसार सूचित करें
After perusal	देख लेने के बाद/अवलोकन के बाद
Aid and advise	सहायता और सलाह
All concerned should note	सर्व सम्बन्धित नोट करें
Appear for interview	साक्षात्कार के लिए उपस्थित हों
As amended	यथा संशोधित
As laid down	यथा निर्धारित
As recommended	यथा संस्तुत/सिफ़ारिश के अनुसार

B

Background of the case	मामले की पृष्ठभूमि
Back to work	काम पर लौटें
Backward reference	पूर्व सन्दर्भ
Balance at credit	जमा खाते शेष
Balance in hand	रोकड़ बाकी
Banking and treasury arrangement	बैंकिंग और कोष व्यवस्था
Ban on creation of posts	पदों के सृजन पर रोक
Barred by limitation	तमादी/परिसीमा-वर्जित
Barred by time	काल-वर्जित/समय-वर्जित
Beat the record	रिकॉर्ड तोड़ना/कीर्तिमान स्थापित करना
Beg to state	निवेदन है
Bench and bar	न्यायाधीश और अधिवक्ता
Benefit of doubt	सन्देह लाभ
Best price obtainable	अधिकतम प्राप्य मूल्य
Beyond reasonable doubt	उचित सन्देह से परे
Beyond the said period	उक्त अवधि के बाद
Bring into notice	ध्यान में लाना
Bring into operation	चालू करना/अमल में लाना
Brought forward (b/f)	अग्रानीत
Brought over	आगे ले जाया गया
Budget provision exists	बजट में व्यवस्था है
By all means	निस्सन्देह/अवश्यमेव/हर तरह से
By any means	किसी भी प्रकार से
By authority of	के प्राधिकार से
By virtue of	के नाते/की हैसियत से

C

Call for an explanation	जवाब तलब किया जाए
Call upon to show cause	कारण बताने को कहा जाए
Carried down	अधोनीत/तलशेष
Carried forward	अग्रेनीत
Carry out	पालन करना
Carry over	अग्रेनयन
Case has been closed	मामला समाप्त कर दिया गया है
Case is resubmitted as directed on prepare	पूर्व पृष्ठ पर निर्देशानुसार मामला पुनः प्रस्तुत है
Cases for disposal	निपटान के लिए मामले
Case under investigation	मामले की जाँच-पड़ताल की जा रही है
Cash and carry	नकद दो और माल लो
Charge handed over	कार्यभार सौंप दिया
Checked and found correct	जाँच की और सही पाया
Circulate and then file	सम्बद्ध व्यक्तियों को दिखाकर फाइल कर दीजिए
Cited above	ऊपर उद्धृत
Collection of arrears	बकाया वसूली
Come into force	लागू होना
Come into operation	चालू होना/प्रवर्तन में आना
Comply with	अनुपालन करना, पालन करना
Copy enclosed	प्रतिलिपि संलग्न है

D

Date and time of receipt	पावती मिलने की तारीख और समय
Day to day administrative work	दैनन्दिन प्रशासनिक कार्य, नित्य का प्रशासनिक कार्य
Day to day work	दैनन्दिन कार्य
Dear madam	प्रिय महोदया
Dear sir	प्रिय महोदय
Debarred from service	सेवा से वर्जित
Deduction at source	स्रोत पर कटौती
Deemed to be	समझा जाएगा
Deficit budget	घाटे का बजट
Delay regretted	विलम्ब के लिए खेद है
Demi-official (D.O.)	अर्द्ध-शासकीय/अर्द्ध-सरकारी (अ.स.)
Deputation of officers on shorter contract	अल्पकालिक संविदा पर अधिकारियों की प्रतिनियुक्ति
Deputation to foreign service	इतर विभागीय सेवा में प्रतिनियुक्ति
Detailed enquiry	व्यापक/ब्यौरेवार जाँच
Detention in custody	अभिरक्षा/हिरासत में रखना
Detrimental to the interest of	के लिए अहितकर
Devoid of	से रहित/के बिना
Discrepancy may be reconciled	विसंगति का समाधान कर लिया जाए
Discretionary power	विवेकाधिकार
Dispense with	अलग करना
Dispose of	निपटाना
Draft reply is put up for approval	उत्तर का प्रारूप/मसौदा अनुमोदन के लिए प्रस्तुत है

E

Early action in the matter requested	अनुरोध है कि इस मामले में शीघ्र कार्रवाई करें
Early orders are solicited	शीघ्र आदेश देने का अनुग्रह करें
Errors and omissions	भूल-चूक
Examination of witness	साक्षी की परीक्षा
Exigencies of administrative work	प्रशासनिक कार्य की तात्कालिक आवश्यकताएँ
Exigencies of public service	लोक सेवा की तात्कालिक आवश्यकताएँ
Ex-parte judgement	एकपक्षीय निर्णय
Expedite action	कार्रवाई शीघ्र करें/कार्रवाई में शीघ्रता करें
Explained in your letter	आपके पत्र में स्पष्ट किया गया
Explanation from the defaulter may be obtained	चूककर्ता से जवाब तलब किया जाए
Explanation may be called for	जवाब तलब किया जाए
Extension of leave	छुट्टी बढ़ाना
Extension of posts	पदों की अवधि बढ़ाना

F

Failing which	ऐसा न करने पर
Fair and equitable	उचित और साम्ययुक्त
File copy	फाइल प्रति
File an appeal	अपील फाइल करना

Final withdrawal for house building purposes	गृह-निर्माण हेतु अन्तिम आहरण
Follow up action	अनुवर्ती कार्रवाई
For advice	परामर्श के लिए
For and against	पक्ष और विपक्ष में
For and on behalf of	के लिए और की ओर से
For approval	अनुमोदनार्थ/अनुमोदन के लिए
For charitable purpose	पुण्यार्थ/पुनीत कार्य के लिए
For consideration	विचारार्थ
For disposal	निपटान के लिए
For expression of opinion	मत प्रकट करने के लिए
For favourable action	अनुकूल कार्रवाई के लिए
For favour of doing the needful	आवश्यक कार्रवाई करने की कृपा करें
For favour of necessary action	आवश्यक कार्रवाई के लिए
For favour of orders	आदेशार्थ
For further action	आगे की कार्रवाई के लिए/अगली कार्रवाई के लिए
For guidance	मार्गदर्शन के लिए
For information	सूचनार्थ/सूचना के लिए
Form and content	रूप और अन्तर्वस्तु
For onward transmission	आगे भेजने के लिए
For personal	अवलोकनार्थ
Forwarded and recommended	अग्रेषित और संस्तुत

G/H

Give details	विस्तृत जानकारी दें
Give effect to	कार्यान्वित करें
Grant of special pay	विशेष वेतन की स्वीकृति
Guardian ad litem	वादार्थ अभिभावक
Habitual defaulter	आदतन चूककर्ता
Half-yearly return	अर्द्ध-वार्षिक विवरणी
Hard and fast rule	कठोर नियम
Has no comments to make	कोई टिप्पणी नहीं करनी है
Having regard to	ध्यान में रखते हुए/ध्यान में रखकर
Here-in-after	इसके पश्चात्
Here-in-before	इससे पहले/इससे पूर्व
Highly objectionable	अत्यन्त आपत्तिजनक
His request be acceded to	उसकी प्रार्थना स्वीकार की जाए
Hold in abeyance	प्रास्थगित रखना
Hold lien on post	पद पर पुनर्ग्रहणाधिकार होना
Hold over	1. स्थगित करना, रोक लेना, उठा रखना 2. अतिधारण करना
Housing allowance in lieu of rent free quarters	निःशुल्क आवास के बदले आवास भत्ता

I/J

I agree with 'A' above	मैं ऊपर 'क' से सहमत हूँ
I am desired to say	मुझे निवेदन करने के लिए कहा गया है
I am directed to	मुझे निदेश हुआ है
I am to add	मुझे यह भी लिखना है
I am to say	मुझे यह कहना है कि
I authorise you	मैं आपको प्राधिकार देता हूँ
I beg to submit	निवेदन है कि
I deemed fit	यदि उचित समझें
I fully agree with the office note	कार्यालय की टिप्पणी से मैं पूर्णतया सहमत हूँ
I have been directed to inform you/request you/ask you	मुझे निदेश हुआ है कि मैं आपको सूचित करूँ/आपसे निवेदन करूँ/आपसे पूछूँ
I have the honour to say	सादर निवेदन है
Illegal transaction	अवैध सौदे
In abeyance	प्रास्थगित
In absence of information	सूचना के अभाव में
In accordance with	के अनुसार
In addition to	के अतिरिक्त
In advance	पहले से/अग्रिम रूप से
In anticipation of	की प्रत्याशा में
In anticipation of your approval	आपके अनुमोदन की प्रत्याशा में
In as much as	जहाँ तक कि
In bold letters	मोटे अक्षरों में
In camera	बन्द कमरे में
In compliance with	का पालन करते हुए/के अनुपालन में
In confirmation of	की पुष्टि में
In conformity with	के अनुरूप
Judicial officer	न्यायिक अधिकारी
Just below	ठीक नीचे
Justification for the proposal	प्रस्ताव का औचित्य
Just now	अभी/तुरन्त

K/L

Keep in abeyance	प्रास्थगित रखें
Keeping in view	को ध्यान में रखते हुए
Keep pending	लम्बित रखा जाए/निर्णयार्थ रोके रखा जाए
Keep with the file	इसे मिसिल के साथ रखिए
Knowingly and unlawfully	जानबूझकर और अवैध रूप से
Laid down in	में निर्धारित
Lay before	सक्षम रखना/सामने प्रस्तुत करना
Lay down	निर्धारित करना
Leave not due	अशोध्य अवकाश/अदेय अवकाश
Leave not earned	अवकाश अर्जित नहीं
Leave of absence	अनुपस्थिति की अनुमति
Leave on average pay	औसतन वेतन पर अवकाश
Leave on half-average pay	अर्द्ध-औसतन वेतन पर अवकाश
Leave on medical ground	चिकित्सा आधार पर अवकाश
Leave preparatory to retirement	सेवानिवृत्ति पूर्व अवकाश
Leave to appeal	अपील के लिए अनुमति
Line of action	कार्रवाई दिशा
Lowest price	निम्नतम मूल्य

M

Made to order	आदेशानुसार निर्मित
Matter is under consideration	विषय विचाराधीन है/मामला विचाराधीन है
Matter of fact	तथ्यतः/तथ्य की बात
May be considered	विचार किया जाए

May be excused	क्षमा किया जाए/क्षमा करें
May be filed	फाइल कर दिया जाए
May be informed accordingly	तद्नुसार सूचित कर दिया जाए
May be obtained	प्राप्त किया जाए/प्राप्त करें
May be passed for payment	भुगतान के लिए पास करें
May be permitted	अनुमति दी जाए/अनुमति दें
May be regretted	खेद प्रकट किया जाए
May be requested to clarify	से स्पष्टीकरण की प्रार्थना करें
May be returned when done with	काम हो जाने पर लौटा दें
May be treated as urgent	इसे अति आवश्यक समझा जाए
May deem necessary	आवश्यक समझें
May please see	कृपया देखें
Mentioned above	उपर्युक्त/उपरिलिखित
My dear	प्रिय

N

Necessary steps should be taken	आवश्यक कदम उठाए जाएँ
Needful done	आवश्यक कार्रवाई की जा चुकी है/अपेक्षित कार्रवाई हो चुकी है
Needs no comment	टिप्पणी की आवश्यकता नहीं
No action necessary	कोई कार्रवाई आवश्यक नहीं
No action required	कोई कार्रवाई नहीं, किसी कार्रवाई की आवश्यकता नहीं
No admission	प्रवेश-निषेध/अन्दर आना मना है
No bar	कोई रोक नहीं
No demand certificate	बेबाकी प्रमाण-पत्र/बेबाकी पत्र
No entry for vehicles	गाड़ियों का आना मना है
No instructions	कोई अनुदेश नहीं/कोई हिदायत नहीं
No objection certificate	अनापत्ति प्रमाण-पत्र
No profit, no loss	न लाभ न हानि/हानि-लाभ रहित
Notice in writing	लिखित सूचना
Notified for general information	सार्वजनिक की जानकारी के लिए अधिसूचित
Not payable before	के पूर्व अदेय
Not traceable	पता नहीं लग रहा है
Not transferable	अहस्तान्तरणीय
Not withstanding	के होने पर भी/के होते हुए भी
Not withstanding any thing to the contrary	किसी प्रतिकूल बात के होते हुए भी

O

Objectionable action	आपत्तिजनक कार्य
Observations made above	ऊपर कही हुई बातें/उपर्युक्त विचार
Obtain formal sanction	औपचारिक मंजूरी प्राप्त करें
Office to note and comply	कार्यालय ध्यान दे और पालन करे
Of no avail	व्यर्थ/निष्फल/निष्प्रयोजन
Okay (O.K.)	सब ठीक/अच्छा
On account of	के कारण
On an average	औसतन
On behalf of	की ओर से
On compassionate grounds	अनुकम्पा के आधार पर
On demand	माँगने पर
On deputation	प्रतिनियुक्ति पर
On duty	ड्यूटी पर/काम पर
On grounds of	के आधार पर
On hire purchase basis	भाड़ा-क्रय आधार पर
On medical ground	बीमारी के कारण
On merits	गुणावगुण के आधार पर
On no account	किसी भी अवस्था में नहीं
On or about	को या उसके आसपास
On or after the day	उस दिन या उसके पश्चात्
On probation	परिवीक्षाधीन/परखाधीन
On special duty	विशेष ड्यूटी पर
On temporary basis	अस्थायी आधार पर
On the advice of	की सलाह पर
On the contrary	इसके प्रतिकूल/इसके विपरीत
On the receipt of	के मिलने पर
On the subject noted above	उपर्युक्त विषय पर
Order may be issued	आदेश जारी कर दिया जाए
Out today	आज ही भेजिए

P

Paper for disposal	निपटाने के लिए कागज़
Paper Under Consideration (P.U.C.)	विचाराधीन कागज़
Passed for payment	भुगतान के लिए पास किया
Payable to bearer	वाहक को देय/धारक को देय
Pay self	स्वयं देय
Pending the conclusion of enquiry	जाँच समाप्त होने तक
Per bearer	वाहक द्वारा
Pertaining to	से सम्बन्धित/के सम्बन्ध में
Paced at the disposal of	को सौंपा गया/को सुलभ किया गया
Please acknowledge receipt	कृपया पावती भेजें/कृपया प्राप्ति की सूचना दें
Please put up with previous papers	कृपया इसे पिछले कागज़-पत्रों के साथ प्रस्तुत करें
Please see for precedent	नज़ीर के लिए कृपया देखिए, पूर्व उदाहरण के लिए कृपया देखिए
Please sign in hindi	कृपया हिन्दी में हस्ताक्षर करें
Please speak	बात कीजिए
Please treat this as strictly confidential	इसे सर्वथा गोपनीय समझें
Please use hindi in correspondence	कृपया पत्राचार में हिन्दी का प्रयोग करें

Q/R

Question does not arise	प्रश्न नहीं उठता
Question of propriety	औचित्य का प्रश्न
Quotations from	से लिए गए उद्धरण
Quoted below	नीचे उद्धृत
Reference is invited to	को देखिए, को देखने का कष्ट करें
Referred to above	उपरिनिर्दिष्ट
Referred to as	के नाम से निर्दिष्ट
Reinstated in service	नौकरी बहाल की गई

Relevant papers be put up	सम्बन्धित कागज़-पत्र प्रस्तुत किए जाएँ
Reluctant to do	करने को अनिच्छुक
Remain in force	लागू रहना/प्रवृत्त रहना
Reminder may be sent	अनुस्मारक भेजा जाए/स्मरण पत्र भेज दें
Repugnant to the context	प्रसंग के विरुद्ध/प्रसंग के प्रतिकूल
Required to be ratified	अनुसमर्थन अपेक्षित है
Required to be rectified	परिशोधन अपेक्षित है
Respectfully I beg to say	सादर निवेदन है
Retrospective effect can not be given to this order	इस आदेश को पूर्वप्रभावी नहीं किया जा सकता
Return to file (paper) may kindly be expedited	कृपया फ़ाइल/मिसिल (कागज़-पत्र) शीघ्र वापस करें
Return of the file may be awaited	मिसिल/फ़ाइल की प्रतीक्षा की जाए
Reversion to a lower post	निचले पद पर प्रत्यावर्तन/पदावनति

S

Sanctioned as proposed	प्रस्ताव के अनुसार मंज़ूर
Sanction is hereby accorded to	इसके द्वारा मंज़ूरी दी जाती है
Score out whichever is not appropriated	जो लागू न हो उसे काट दें
Secret instructions issued	गुप्त अनुदेश जारी किए गए हैं
Seen and passed on to...	देख लिया और .... को भेज दिया
Seen and returned	देखकर वापस किया जाता है/देखा और वापस किया
Seen and spoken	देख लिया और बात कर ली
Seen, file with previous papers	देख लिया,पहले के कागज़ों के साथ फ़ाइल कर दीजिए
Seen, thanks	देख लिया, धन्यवाद
Self contained note	स्वतः पूर्ण टिप्पणी
Self explanatory	स्वतः स्पष्ट
Service conditions are not satisfactory	सेवा-स्थिति सन्तोषप्रद नहीं है
Shall not be questioned on any ground	किसी भी आधार पर आपत्ति नहीं की जाएगी
Show cause as to why strict action should not be take	इस बात का कारण बताएँ कि सख्त कार्रवाई क्यों न की जाए?
Shri ...... is offered a post of	श्री .... को .... पद की नियुक्ति का प्रस्ताव भेजा जाता है
Side by side	साथ-साथ
Signed, sealed and delivered	हस्ताक्षरित, मोहरबन्द और सुपुर्द किए

T

Take for granted	मान लेना/मानकर चलना
Take over	ले लेना/ग्रहण करना
Take over charge	कार्यभार ग्रहण करना
Take recourse	का सहार लेना/का आश्रय लेना
Take such measures	ऐसे उपाय करें
The file in question is not traceable	सन्दर्भित फ़ाइल नहीं मिल रही है
The file in question is placed below	अपेक्षित फ़ाइल नीचे रखी है
Then and there	तत्काल वहीं
The proposal is quite in order	यह प्रस्ताव बिल्कुल नियमानुकूल है
The required papers are placed below	अपेक्षित कागज़-पत्र नीचे रखे हैं
These papers may be shown to... for information and guidance	इन कागज़-पत्रों को सूचना और मार्गदर्शन के लिए .....को दिखाया जाए
This is to certify	प्रमाणित किया जाता है
This is to inform	सूचना दी जाती है
This office has no information in this respect	इस कार्यालय को इस सम्बन्ध में कोई जानकारी नहीं है
Through oversight	नज़र चूक जाने से/भूल जाने से
Through proper channel	उचित माध्यम से
Till further orders	अन्य आदेश होने तक
Timely compliance may be ensured	समय पर अनुपालन सुनिश्चित कर लिया जाए
To	सेवा में
To adjourn sine die	अनिश्चित काल के लिए स्थगित करना
To impose fine	जुर्माना करना
To the contrary	इसके विपरीत/इसके प्रतिकूल
To the point	सुसंगत/प्रासंगिक

U

Ultimately it has to be done	अन्ततः यह करना ही होगा
Uncalled for	1. अनाहूत, अयाचित 2. अनुचित
Under consideration	विचाराधीन
Under developed	अल्पविकसित
Under dispute	विवादग्रस्त
Under his signature and seal	उनके हस्ताक्षर मुहर सहित
Under intimation to this office	इस कार्यालय को सूचना देते हुए
Undermentioned	निम्नलिखित
Under one's hand	अपने हस्ताक्षर सहित
Under one's hand and seal	अपने हस्ताक्षर व मुहर सहित
Under reference	प्रसंगाधीन
Undersigned is directed to acknowledge the receipt of your letter no. ... dated ...	अधोहस्ताक्षरी को निदेश हुआ है कि आपके दिनांक ...... के पत्रांक .... की पावती भेजी जाए
Under the auspices of	के तत्वावधान में/के संरक्षण में
Undue interference	अनुचित हस्तक्षेप
Unless the context otherwise required	जब तक प्रसंग के अनुसार अन्यथा अपेक्षित न हो
Until further order (s)	दूसरा आदेश मिलने तक/अगले आदेश होने तक
Up to the mark	स्तरीय
Up to date	अद्यतन
Urgently required	पूर्वव्यापी/तुरन्त चाहिए

V/W

Valedictory address	समापन/विदाई भाषण
Verified and found correct	पड़ताल की और ठीक पाया
Vide letter no......	पत्रांक ....देखिए/पत्र संख्या .... देखिए
Waiting list may be renewed	प्रतीक्षा-सूची को नवीकृत किया जाए
We are not concerned with this	इसका हमसे सम्बन्ध नहीं है

Weekly arrears statement for the week ending ...... is submitted for perusal	को समाप्त होने वाले सप्ताह के बकाया काम का साप्ताहिक विवरण अवलोकनार्थ प्रस्तुत है
We need not pursue the matter further	हमें इस विषय पर और कार्रवाई करने की आवश्यकता नहीं है
Whichever is earlier	जो भी पहले हो/जो भी पहले घटित हो
Will you please state	कृपया बताएँ
With a view to	की दृष्टि से
With compliments from	समादर सहित
With concurrence of	की सहमति से
With due regard to	का सम्यक् ध्यान रखते हुए
With effect from...	.... से/ ..... से प्रभावी
With full particulars	पूरे ब्यौरे सहित/पूरे विवरण के साथ
Without any further reference	बिना किसी और परामर्श के
Without delay	अविलम्ब
Without fail	अवश्य/बिना चूक
With reference to	के सम्बन्ध में/के प्रसंग में/के सिलसिले में
With reference to his application dated...Shri...is offered a post of	श्री ..... के तारीख के आवेदन पत्र के प्रसंग में उन्हें-पद की नियुक्ति का प्रस्ताव भेजा जाता है
With regards	सादर
With regard to	के बारे में/के सम्बन्ध में
With respects	सादर/सम्मान के साथ
With respect to	के सम्बन्ध में
With retrospect effect	पूर्वव्यापी प्रभाव सहित

Y

You are hereby authorised to	आपको इसके द्वारा यह प्राधिकार दिया जाता है
You may kindly report for duty on...	कृपया आप ...... को ड्यूटी पर आएँ
You may take necessary action accordingly	आप तद्नुसार आवश्यक कार्रवाई करें
Yours faithfully	भवदीय
Yours sincerely	आपका
Yours truly	आपका

महत्त्वपूर्ण पारिभाषिक शब्दावली

Abandonment	परित्याग
Abbreviation	संक्षेपण
Abeyance	आस्थगन
Abridge	संक्षेप करना
Abstract	सार
Abuse	दुरुपयोग
Acceptance	स्वीकृति
Accessory	(वि.) उपसाधक (सं.) उपसाधक लेखा, खाता, हिसाब
Account Joint	संयुक्त लेखा, संयुक्त खाता
Account Book	लेखा बही
Accountant	लेखपाल, लेखाकार
Account General	महालेखापाल, लेखाकार
Accounting	लेखाविधि
Accreditation	प्रत्यायन
Accuse	अभियोग लगाना
Accrue	अर्जन करना
Acknowledge (fact etc.)	अभिस्वीकार करना/मानना/काबूल करना
Acknowledgement	पावती/प्राप्तिसूचना/अभिस्वीकृत
Acknowledgement due	रसीदी/पावती-सहित
Act	1. कार्य, 2. अधिनियम
Acting	(वि.) कार्यकारी/(स.) अभिनय
Acting allowance	कार्यकारी भत्ता
Action	कार्यवाही/कार्रवाई
Addendum	संयोजिनी/अनुशेष
Additional	(वि.) अपर/अतिरिक्त
Adjourn/adjournment	स्थगित करना/रोकना/स्थगन
Administration	प्रशासन
Administrator	प्रशासी/प्रशासकीय
Admissible	ग्राह्य/स्वीकार्य
Advance	अग्रिम/पेशगी
Advertisement	विज्ञापन
Adviser (Advisor)	सलाहकार
Advisory Committee	सलाहकार समिति
Affidavit	शपथ-पत्र/हलफनामा
Agenda	कार्य-सूची/कार्यक्रम
Agent	अभिकर्ता/एजेण्ट
Ballot	1. मतपत्र, मतपर्ची, 2. गुप्त मतदान
Ban	प्रतिबन्ध/रोक/पाबन्दी
Bill	1. विपत्र, बिल, 2. हुण्डी, 3. विधेयक
Black list	काली सूची
Black market	चोर बाजार/काला बाजार
Block	खण्ड, ब्लॉक
Bonafide	1. वास्तविक, असली, 2. हुण्डी, 3. सद्भावी
Blue print	रूप-रेखा/नीला नक्शा/खाका
Bond	बन्ध पत्र/बॉण्ड निकाय
Body	निकाय
Bonus	बोनस
Breach of confidence	विश्वास भंग
Breach of contract	संविदा भंग
Brief	1. पक्षपत्र, 2. पक्षकथन, ब्रीफ
Budget	बजट/आयव्ययक
Bureau	ब्यूरो/कार्यालय/केन्द्र
Bursar	वर्सेर/कोषाधीक्षक
Cabinet	मन्त्रिमण्डल
Cadre	संवर्ग/कॉडर
Campus	परिसर
Candidate	अभ्यर्थी/प्रार्थी/उम्मीदवार
Career	वृत्ति/जीविका/जीवन
Caretaker	रखवाल/अवधायक
Case	केस/मामला/उदाहरण/विषय/प्रकरण
Cashier	रोकड़िया
Causal leave	आकस्मिक छुट्टी
Ceiling (as of price)	उच्चतम सीमा
Central Government	केन्द्रीय सरकार
Censure	निन्दा

Census	जनगणना
Centre	केन्द्र
Certificate	प्रमाण-पत्र
Chairman	सभापति/अध्यक्ष
Challan	चालान
Character Certificate	चरित्र प्रमाण-पत्र
Charge	1. (स.) आरोप 2. (क्रि.) आरोप
Charge Sheet	आरोप-पत्र/फर्द/जुर्म
Circular	गश्ती चिट्ठी/परिचय
Civic	नागरिक
Civil	सिविल/दीवानी
Civil Court	दीवानी अदालत
Civil engineer	सिविल इंजीनियर/सिविल अभियन्ता
Civil judge	सिविल न्यायाधीश
Decentralisation	विकेन्द्रीकरण
Decorum	शिष्टता/शालीनता
De facto	वस्तुतः
Defendant	प्रतिवादी
Defy	अवज्ञा करना
Defaulter	बाकीदारी/चूक करने वाला
Defer	आस्थागत करना
Degradation	पद घटाना/ग्रेड घटाना
Demand	अभियाचना/माँग
Demotion	पदावनति
Demurrage	विलम्ब शुल्क/डेमरेज
Department	विभाग
Depressed class	दलित वर्ग/शोषित वर्ग
Deputation	प्रतिनियुक्ति/शिष्टमण्डल
Design	अभिकल्प/अभिकल्पना/डिजाइन/रूपांकन
Despatch	(सं.) प्रेषण रवानगी/(क्रि.) प्रेषित करना/ रवाना करना
Despatch clerk	प्रेषण-क्लर्क
Dispatcher	प्रेषक/भेजने वाला
Directive	निदेश
Director	निदेशक/संचालक
Director General	महानिदेशक
Directorate	निदेशालय/संचालनालय
Duty Leave	कार्यार्थ छुट्टी
Deputy Minister	उपमन्त्री
Earmark	चिह्नित करना/अलग करना
Earnest Money	बयाना/अग्रिम धन
Effective	प्रभावी/कार्यकारी
Eligible	पात्र
Eligibility	पात्रता
Embassy	राजदूतावास
Emergency	आपात/आपातिक/आपातस्थिति
Employ	नियुक्त करना/नियोजित करना/प्रयोग करना/ काम में लाना
Employee	कर्मचारी
Employment	नौकरी/रोजगार/नियोजन
Enforce	प्रवर्तन करना/प्रवर्तन कराना
Enquiry	पूछताछ/जाँच
Extra duty allowance	अतिरिक्त ड्यूटी-भत्ता
Estimate	(सं.) प्राक्कलन/आकलन/अनुमान/(कि.) आकलन करना/आँकना/कूतना
Executive Officer	कार्यपालक अधिकारी
Executive Engineer	कार्यपालक इंजीनियर/कार्यपालक अभियन्ता
Exempt	विमुक्त करना/छूट देना/माफी देना
Earned Leave	अर्जित छुट्टी
Extraordinary leave	असाधारण छुट्टी
Faculty	संकाय
File	1. (सं.) संचिका मिसिल, फाइल, 2. (कि.) फाइल करना, दाखिल करना
Finance	(सं.) वित्त, (कि.) रुपया-पैसा लगाना
Financial	वित्तीय/वित्त-सम्बन्धी
Financial year	वित्तीय वर्ष-वित्तवर्ष
Formal	औपचारिक
Fund	निधि
Gazetted	राजपत्रित
Gazetted Officer	राजपत्रित अधिकारी
Gazetted Post	राजपत्रित पद
Governor	1. राज्यपाल, गवर्नर 2. अभिशासक, शासक
Government	शासन/सरकार
Grant	अनुदान
Head Clerk	प्रधान लिपिक/प्रधान क्लर्क/बड़ा बाबू
Headquarters	मुख्यालय/हैडक्वार्टर
Honorary	अवैतनिक/मानद
Identification	पहचान/शिनाख्त
Identity Card	पहचान-पत्र
Illegitimate	अवैध/नाजायज
Incentive	प्रोत्साहन
Index	सूचक/अनुक्रमणी
Informal	अनौपचारिक
Inspector	निरीक्षक
Insured letter	बीमा किया हुआ पत्र
Intelligence-Bureau	गुप्तचर विभाग
Interim	अन्तरिम
Invoice	बीजक
Job work	छुटपुट काम/फुटकर काम
Joining date	कार्यग्रहण-तारीख/कार्यारम्भ-तारीख
Judgement	निर्णय
Judicial	न्यायिक/अदालती
Judicial enquiry	अदालती जाँच
Judiciary	न्यायपालिका
Jurisdiction	अधिकार क्षेत्र/अधिकारिता
Junior (as in Junior Inspector)	कनिष्ठ/अवर
Leave	1. छुट्टी, अवकाश, 2. अनुमति
Ledger	खाता
Legal Adviser	विधि-सलाहकार
Lessee	पट्टेदार
Liaison Officer	सम्पर्क अधिकारी

License (Licence)	अनुज्ञप्ति/लाइसेन्स-प्राप्त
Licensed	अनुज्ञप्त/अनुज्ञापित/लाइसेन्स-प्राप्त
Magistrate	मजिस्ट्रेट
Mailing list	डाक-सूची
Maintenance	रख-रखाव/अनुरक्षण, रखना
Major	1. वयस्क, प्राप्तवय, बालिग, 2. मुख्य, 3. मेजर
Management	प्रबन्ध
Manager	प्रबन्धक/मैनेजर/व्यवस्थापक
Mandate	अधिदेश (जनादेश)
Mayor	महापौर/मेयर
Medical aid	चिकित्सा-सहायता
Minister	मन्त्री
Minister of State	राज्यमन्त्री
Medical leave	चिकित्सा-छुट्‌टी
Motion of Confidence	विश्वास प्रस्ताव
Municipal Corporation	नगर-निगम
National	(वि.) राष्ट्रीय, (सं.) राष्ट्रिक
Nationalisation	राष्ट्रीयकरण
Neutral	तटस्थ
No-confidence Motion	अविश्वास प्रस्ताव
No-objection Certificate	अनापत्ति (प्रमाण-पत्र)
Nominee	नामिति/मनोनीत व्यक्ति/नामित व्यक्ति
Notice	सूचना/नोटिस
Notification	अधिसूचना
Nullify	अकृत करना/बातिल करना
Oath	शपथ
Oath Commissioner	शपथ-आयुक्त
Objection	आपत्ति
Offender	अपराधी
Office	1. कार्यालय, दफ्तर, 2. पद
Officer	अधिकारी/अफसर
Official	1. शासकीय, सरकारी, 2. आधिकारिक
Officiating	स्थानापन्न
Overtime allowance	समयोपरि भत्ता/अतिरिक्त समय भत्ता
Pannel	पैनल/नामिका
Parliament	संसद
Parliamentary	संसदीय
Pass	(सं.) 1. पास, 2. पारण (कि.) 1. पास करना 2. पार जाना, गुजरना
Passport	पारपत्र/पासपोर्ट
Planning	1. योजना, 2. आयोजना
Planning Commission	योजना आयोग
Police	आरक्षी/पुलिस
Police Inspector (Inspector of Police)	पुलिस-निरीक्षक
Post	1. पद, 2. डाक, 3. केन्द्र, 4. चौकी
Posting	तैनाती/पद-स्थापना
Postpone	स्थगित करना
Permissible	अनुमेय/अनुज्ञेय
Precedence	पूर्वता/अग्रता/मिसाल
Procedure	कार्यविधि/प्रक्रिया
Proceedings	कार्यवाही
Prime Minister	प्रधानमन्त्री
Quorum	कोरम/गणपूर्ति
Receipt	1. आय, 2. पावती, प्राप्ति, 3. रसीद
Recommendation	संस्तुति/सिफारिश/अभिशंसा
Record	अभिलेख, रिकार्ड
Recruit	रंगरूट/भर्ती करना (क्रि.)
Recruitment	भर्ती
Recruitment Officer	भर्ती अधिकारी
Recurring	आवर्ती/आवर्तक
Recurring grant	आवर्ती अनुदान
Regional	क्षेत्रीय
Registered	पंजीकृत/पंजीबद्ध/रजिस्ट्रीशुदा
Registrar	पंजीयक/पंजीकार/रजिस्ट्रार/कुल-सचिव (विश्वविद्यालय में)
Reservation	आरक्षण
Resident	आवासी/आवासिक
Responsibility	उत्तरदायित्व/दायित्व/जिम्मेदारी
Routine	नेमी/दस्तूरी/नैत्यिक
Secretary	सचिव
Section	1. अनुभाग, 2. धारा
Security officer	सुरक्षा अधिकारी
Senior	ज्येष्ठ/वरिष्ठ
Seniority	ज्येष्ठता/वरिष्ठता
Sine die	अनिश्चित काल के लिए
Standing	स्थायी
Statutory	विधिक/सांविधिक/कानूनी
Subordinate	अधीन/अधीनस्थ/मातहत
Superintendent	अधीक्षक
Supplementary	अनुपूरक
Supply	(सं.) पूर्ति/प्रदाय/(कि.) पूर्ति/प्रदाय
Support	समर्थन
Technical	तकनीकी
Technique	तकनीक
Tender	(सं.) 1. टेण्डर, निविदा, (कि.) 2. टेण्डर देना, 3. देना, प्रस्तावित करना
Term	1. अवधि, मियाद, शर्त, निबन्धन, 2. शब्द
Training	प्रशिक्षण/ट्रेनिंग
Transport	परिवहन
Travelling allowance	यात्रा-भत्ता
Treasurer	कोषपाल
Treasury	कोष/खजाना
Typist	टंकक/टाइपिस्ट/टाइपकार
Under	1. अधीन, अवर, 2. कम, न्यून
Undertaking	उपक्रम/वचन/वचन बन्ध/जिम्मा लेना
Unit	1. एकक, 2. मात्रक, 3. इकाई, यूनिट
Unofficial	अशासनिक/अशासकीय/अनौपचारिक/गैर-सरकारी
Vacancy	रिक्ति, रिक्तता
Verification	सत्यापन
Vice-Chancellor	कुलपति
Vice-Chairman	उपाध्यक्ष/उपसभापति

वस्तुनिष्ठ प्रश्नावली

1. शीघ्र सम्पादित करने के लिए उपयुक्त शब्द है *(RPSC पुलिस सब-इंस्पेक्टर परीक्षा 2011)*
(a) Expedite (b) Urgently (c) Quickness (d) Fastness

2. विमुक्त करना या छूट देना के लिए उपयुक्त शब्द है
(a) Execution (b) Exempt (c) Exemption (d) Exhibition

3. 'Amendment' के लिए उपयुक्त शब्द है
(a) परिवर्तन (b) परामर्श (c) संशोधन (d) विनियन्त्रण

4. 'Draft for approval' का अर्थ है
(a) अनुमोदित प्रारूप (b) अनुमोदित टिप्पणी
(c) अनुमोदनार्थ प्रारूप (d) अनुमोदनार्थ पत्र

5. 'As verbally instructed' का सही अर्थ है
(a) मौखिक अनुदेशानुसार (b) त्वरित कार्रवाई
(c) अधोनीत (d) अग्रेनीत

6. 'Case under investigation' का अर्थ है
(a) मामले की जाँच-पड़ताल हो चुकी है
(b) मामले की जाँच-पड़ताल की जा रही है
(c) जाँच की और सही पाया
(d) मामले का निर्णय सुरक्षित है

7. 'Muster roll' का अर्थ है *(RPSC पुलिस सब-इंस्पेक्टर परीक्षा 2011)*
(a) कर्मचारी पत्रक (b) उपस्थिति पंजिका
(c) कर्मचारी उपस्थिति (d) मनरेगा पंजिका

8. 'Continue in office' का सही अर्थ है
(a) स्थायी कर्मचारी (b) पद पर बने रहना
(c) कार्यालय में समयबद्धता (d) कार्य में निपुणता

9. 'Day to day administrative work' का सही अर्थ है
(a) प्रशासनिक कार्य की अनिवार्यता (b) प्रशासनिक कार्य की पूर्णता
(c) दैनन्दिन प्रशासनिक कार्य (d) प्रशासनिक कार्य की निरन्तरता

10. 'Draft as amended is put up' का अर्थ है
(a) यथा संशोधित प्रारूप प्रस्तुत
(b) अनुमोदनार्थ प्रारूप प्रस्तुत
(c) अनुमोदित प्रारूप प्रस्तुत किया जाए
(d) उपरोक्त में से कोई नहीं

11. 'Natural justice' का आशय है *(RPSC पुलिस सब-इंस्पेक्टर परीक्षा 2011)*
(a) प्रकृति का न्याय (b) प्रकृति विषयक न्याय
(c) नैसर्गिक न्याय (d) निसर्गतः न्याय

12. 'Explanation from the defaulter may be obtained' का अर्थ है
(a) चूककर्ता से जवाब तलब किया जाए
(b) विसंगति का समाधान कर लिया जाए
(c) विधिवत् पालन किया जाए
(d) शीघ्र कार्रवाई की जाए

13. 'For favour of necessary action' का अनुवाद है
(a) मत प्रकट करने के लिए (b) आवश्यक कार्रवाई के लिए
(c) पुनीत कार्य के लिए (d) कठोर कार्रवाई के लिए

14. 'Habitual defaulter' का हिन्दीकृत नाम है
(a) निष्ठा संदिग्ध है (b) विलम्ब से आने वाला
(c) आदतन चूककर्ता (d) कार्य को टालने वाला

15. 'In order of merit' का अर्थ है
(a) योग्यता क्रम से (b) वरिष्ठता क्रम से
(c) व्यवस्थित क्रम से (d) सद्‌भाव के रूप में

16. 'Superannuation' का अर्थ है *(RPSC पुलिस सब-इंस्पेक्टर परीक्षा 2011)*
(a) पदमुक्ति (b) अधिवार्षिकी (c) बर्खास्त (d) सेवा-अवधि

17. 'Supervision' का अर्थ है
(a) पर्यवेक्षक (b) पर्यवेक्षण (c) निवर्तन (d) अधिक्रमण

18. 'Verification' का पर्याय है
(a) सतर्कता (b) मूल्यांकन (c) सत्यापन (d) निगरानी

19. 'Agreement' का सही अर्थ है
(a) निविदा (b) संविदा (c) बन्धपत्र (d) अनुबन्ध पत्र

20. 'Allegation' की सही हिन्दी है
(a) आरोप (b) अभियोग (c) दोषसिद्धि (d) संहिता

21. 'Report' के लिए उपयुक्त शब्द है
(a) प्रत्यावेदन (b) प्रतिवेदन (c) निवेदन (d) प्रार्थना

22. 'Behaviour' के लिए सर्वाधिक उपयुक्त शब्द कौन है?
(a) चरित्र (b) रवैया (c) व्यवहार (d) बर्ताव

23. 'Communication' के लिए सबसे उपयुक्त शब्द कौन-सा है? *(TGT 2011)*
(a) अधिसूचना (b) घोषणा (c) सूचना (d) संसूचना

24. 'Division' के लिए सर्वाधिक उपयुक्त शब्द कौन-सा है?
(a) प्रभाग (b) अनुभाग (c) विभाग (d) स्कन्ध

25. 'Minutes' के लिए सबसे उपयुक्त शब्द चुनिए
(a) कार्यसूची (b) कार्यवृत्त (c) उद्धरण (d) प्रतिवेदन

26. 'Pension' का सही अर्थ है
(a) उपदान (b) मानदेय (c) निवृत्तिका (d) वेतन

27. 'अपरिहार्य' का अंग्रेजी पर्याय है *(RPSC पुलिस सब-इंस्पेक्टर परीक्षा 2011)*
(a) Necessity (b) Justified (c) Urgent (d) Unavoidable

28. 'Revision' का हिन्दी पर्याय है
(a) पुनरावलोकन (b) अवलोकन (c) पुनरीक्षण (d) निरीक्षण

29. 'Resolution' का हिन्दी पर्याय है
(a) उपस्ताव (b) संकल्प/प्रस्ताव (c) सम्मति (d) अनुमति

30 'Agenda' का हिन्दी पर्याय है *(RPSC पुलिस सब-इंस्पेक्टर परीक्षा 2011)*
(a) कार्यवृत्त (b) कार्यसूची (c) कार्यकारी (d) कार्यकाल

31. 'Seminar' का सही अर्थ है
(a) संगोष्ठी (b) बैठक (c) समारोह (d) सम्मेलन

32. 'Conference' का हिन्दी पर्याय है
(a) बैठक (b) सम्मेलन (c) समारोह (d) वार्तालाप

33. 'Honorarium' का अर्थ है *(RPSC पुलिस सब-इंस्पेक्टर परीक्षा 2011)*
(a) पारिश्रमिक (b) मानदेय (c) भुगतान (d) वेतन स्थिरीकरण

34. 'This may be treated most urgent' का अनुवाद है *(RPSC पुलिस सब-इंस्पेक्टर परीक्षा 2011)*
(a) यह अत्यावश्यक रहा है (b) इसे आवश्यक समझा जाए
(c) यह आवश्यक मान्य है (d) इसे अत्यावश्यक माना जा सकता है

35. 'Random sample survey' का अर्थ है
(RPSC पुलिस सब-इंस्पेक्टर परीक्षा 2011)
(a) अनियमित बानगी निरीक्षण (b) अनियमित बानगी सर्वेक्षण
(c) अनियत बानगी निरीक्षण (d) यादृच्छिक बानगी सर्वेक्षण

36. 'Matter may be referred D.M.' का अनुवाद है
(RPSC पुलिस सब-इंस्पेक्टर परीक्षा 2011)
(a) इस विषय में जिला अधिकारी को लिखा जाए
(b) इस विषय पर जिला अधिकारी से निर्देश प्राप्त किए जा सकते हैं
(c) इस विषय पर जिला अधिकारी का सन्दर्भ आवश्यक है
(d) इस विषय को जिला अधिकारी को सन्दर्भित करना है

37. 'May be passed for payment' का अनुवाद है
(RPSC पुलिस सब-इंस्पेक्टर परीक्षा 2011)
(a) भुगतान लिया जाए
(b) आगे भुगतान किया जा सकता है
(c) भुगतान के लिए पारित किया जाए
(d) पारित करने के लिए भुगतान किया जाए

38. पारिभाषिक शब्दावली है
(a) शब्द कोश में संगृहीत शब्द
(b) पारिभाषिक शब्दों का संग्रह
(c) सुनिश्चित अर्थों में प्रयुक्त होने वाले शब्द
(d) दो अर्थों वाले शब्द

39. पारिभाषिक शब्द
(a) एक निश्चित अर्थ नहीं रखता है।
(b) एक निश्चित अर्थ रखता है।
(c) लक्षणा व्यंजना से उसका कोई भी अर्थ निकल सकता है।
(d) उसका प्रयोग सरकारी काम-काज में नहीं किया जा सकता है।

40. पारिभाषिक शब्दावली की आवश्यकता होती है
(a) केवल उच्च शिक्षा के लिए
(b) केवल सरकारी काम के लिए
(c) जनता के लिए
(d) शिक्षा एवं सरकारी काम के लिए

41. पारिभाषिक शब्दावली के निर्माण का अधिकार है
(a) किसी व्यक्ति को (b) किसी संस्था को
(c) किसी विश्वविद्यालय को (d) केन्द्रीय सरकार को

42. पारिभाषिक शब्दावली की आवश्यकता हुई है
(a) तकनीकी विषयों की शिक्षा के लिए
(b) सरकारी काम में एकरूपता बनाए रखने के लिए
(c) एक समान आधिकारिक शब्दावली का प्रयोग निश्चित करने के लिए तथा अपनी भाषा के प्रयोग के लिए
(d) उपरोक्त सभी

43. पारिभाषिक शब्दावली के स्रोत हैं
(a) एक (b) तीन
(c) चार (d) दस

44. पारिभाषिक शब्दावली बनाने का काम व्यक्तिगत तौर पर सर्वप्रथम आरम्भ करने वाले व्यक्ति थे
(a) हजारी प्रसाद द्विवेदी (b) रामचन्द्र शुक्ल
(c) भारतेन्दु (d) डॉ. रघुबीर

45. पारिभाषिक शब्दावली तैयार करने वाली सरकारी संस्था है
(a) केन्द्रीय हिन्दी संस्थान
(b) केन्द्रीय हिन्दी निदेशालय
(c) वैज्ञानिक तथा तकनीकी शब्दावली का स्थायी आयोग
(d) हिन्दी शिक्षण योजना

46. सही विकल्प बताइए।
ज्ञान की किसी विशेष विधा (कार्यक्षेत्र) में प्रयोग किए जाने वाले शब्दों को ···कहते हैं। *(मध्य प्रदेश व्यावसायिक परीक्षा 2017)*
(a) अनेकार्थी शब्द (b) पारिभाषिक शब्दावली
(c) मुहावरा (d) पर्यायवाची शब्द

47. 'रिक्ति' को अंग्रेजी में कहते हैं *(मध्य प्रदेश व्यावसायिक परीक्षा 2017)*
(a) VACSEEN (b) VACATION (c) VACUUM (d) VACANCY

48. 'वृत्ति अथवा मजदूरी' को अंग्रेजी में क्या कहते हैं
(मध्य प्रदेश व्यावसायिक परीक्षा 2017)
(a) WAGE (b) WAST (c) WATE (d) WOGE

निर्देश (प्र. सं. 49-57) *निम्नलिखित पारिभाषिक शब्दों के सही तथा गलत दोनों हैं। गलत अर्थों का चयन कीजिए।*

49. Address
(a) पता (b) सूचना (c) अभिभाषण (d) सम्बोधन

50. Assemble
(a) जुटना (b) इकट्ठा करना
(c) जोड़ना (d) ऊपर-नीचे करना

51. Audience
(a) श्रोता (b) दर्शक (c) सुनवाई (d) पढ़ना

52. Care
(a) सावधानी (b) परवाह (c) देखभाल (d) देखना

53. Capital
(a) पूँजी (b) राजधानी (c) मूल (d) दण्डनीय

54. Condition
(a) शर्त (b) अनुकूल (c) स्थिति (d) दशा

55. Composition
(a) रचना (b) सम्मिश्रण (c) प्रशमन (d) विश्लेषण

56. Clearance
(a) समाशोधन (b) निकासी (c) अनुमति (d) अस्वीकृति

57. Chairman
(a) अध्यक्ष (b) सभापति (c) ग्रामपति (d) प्रधान

उत्तरमाला

1. (a)	2. (b)	3. (c)	4. (c)	5. (a)	6. (b)	7. (b)	8. (b)	9. (c)	10. (a)
11. (c)	12. (a)	13. (b)	14. (c)	15. (a)	16. (a)	17. (b)	18. (c)	19. (d)	20. (a)
21. (b)	22. (c)	23. (d)	24. (a)	25. (b)	26. (c)	27. (d)	28. (a)	29. (b)	30. (b)
31. (a)	32. (b)	33. (b)	34. (b)	35. (b)	36. (a)	37. (c)	38. (c)	39. (b)	40. (d)
41. (d)	42. (d)	43. (c)	44. (d)	45. (c)	46. (b)	47. (d)	48. (a)	49. (b)	50. (d)
51. (d)	52. (d)	53. (c)	54. (d)	55. (d)	56. (d)	57. (d)			

अध्याय~27

अपठित लेखांश व काव्यांश

'अपठित' अंग्रेज़ी भाषा के 'Unseen' शब्द का हिन्दीकृत रूप है। अपठित से अभिप्राय गद्य या पद्य के एक ऐसे अवतरण से है, जिसे पहले देखा या पढ़ा न गया हो अर्थात् वह सर्वथा नया हो। ऐसे अवतरण प्रायः पाठ्यक्रमेतर पुस्तकों, समाचार-पत्रों, विभिन्न पत्र-पत्रिकाओं से चयनित कर लिए जाते हैं।

किसी भी अवतरण को पढ़कर विधिवत् समझना और उससे सम्बन्धित प्रश्नों के उत्तर अपने शब्दों में देना समर्थ, जागरूक और संवेदनशील पाठक के लिए ही सम्भव है। अपठित लेखांश सम्बन्धी कई प्रकार के प्रश्न हो सकते हैं; जैसे व्याख्या, सारांश, भावार्थ, आशय, मुख्यार्थ, संक्षेपण, विशिष्ट शब्दों या अंशों के अर्थ, अवतरण से सम्बन्धित प्रश्न, शीर्षक निर्धारण और प्रतियोगी परीक्षा में पूछे जाने वाले बहुविकल्पीय प्रश्न आदि।

अपठित लेखांश हल करते समय ध्यान रखने योग्य बातें

- सर्वप्रथम अवतरण को भली-भाँति पढ़कर उसके मूलभाव को अच्छी तरह समझ लेना चाहिए। लेखांश के मूलभावों, महत्त्वपूर्ण विचारों और विशिष्ट शब्दों को रेखांकित कर लेना चाहिए।
- कभी-कभी अवतरण में क्लिष्ट शब्दों, वाक्यांशों या वाक्यों की व्याख्या पूछी जाती है। ऐसे शब्द, वाक्यांश या वाक्य प्रायः रेखांकित, तारांकित अथवा स्थूलांकित अक्षरों में होते हैं। ये मूलभाव को स्पष्ट करने में सहायक होते हैं, अतः इन पर विशेष ध्यान दें।
- प्रश्नों के उत्तर प्रसंग और प्रकरण के अनुकूल ही संक्षिप्त, स्पष्ट और सरल भाषा में प्रस्तुत करने चाहिए। प्रश्नों के उत्तर में अपनी ओर से कुछ भी नहीं जोड़ना चाहिए और न ही कोई उदाहरण आदि देना चाहिए। प्रायः अपठित का शीर्षक पूछा जाता है। शीर्षक सदैव मूल अवतरण के केन्द्रीय भाव के आधार पर ही निर्धारित करना चाहिए।

लेखांश 1

वैसे तो आतंकवाद के प्रमुख कारण राजनीतिक स्वार्थ, सत्ता लोलुपता एवं धार्मिक कट्टरता हैं, किन्तु नक्सलवाद जैसे सामाजिक विद्रोह की स्थिति में देखा जाए, तो आतंकवाद के अन्य सामाजिक कारण भी हैं, जिनमें बेरोजगारी एवं गरीबी प्रमुख हैं।

विश्व के अधिकतर आतंकवादी संगठन युवाओं की गरीबी एवं बेरोजगारी का लाभ उठाकर ही उन्हें आतंकवाद के अंधे कुएँ में कूदने के लिए उकसाने में सफल रहते हैं। आतंकवाद के कुपरिणामस्वरूप अब तक दुनिया के कई राजनयिकों सहित लाखों मासूमों एवं निर्दोष लोगों की जानें जा चुकी हैं तथा लाखों लोग विकलांग एवं अनाथ बन चुके हैं। आतंकवाद के सन्दर्भ में सर्वाधिक बुरी बात यह है कि कोई नहीं जानता कि आतंकवादियों का अगला निशाना कौन होगा? इसलिए आतंकवाद ने आज लोगों के जीवन को असुरक्षित बना दिया है। यह मानव-जाति के लिए कलंक बन चुका है।

दुनिया भर के लाखों आतंकवादियों को न तो गिरफ्तार कर जेल भेजा जा सकता है और न ही उन सबको मौत की सजा देना इस समस्या का समाधान होगा। आतंकवाद की समस्या का सही समाधान यही हो सकता है कि जिन कारणों से इसमें वृद्धि हो रही है, उन्हें दूर करने का प्रयास किया जाए। जम्मू-कश्मीर में आतंकवाद की समस्या के समाधान के लिए भारत सरकार को कड़े कदम उठाने होंगे एवं पाकिस्तानी घुसपैठ को रोकते हुए इस राज्य पर अपनी प्रशासनिक पकड़ मजबूत करनी होगी तथा आवश्यकता पड़ने पर पाकिस्तान से द्विपक्षीय वार्ता के अतिरिक्त युद्ध के लिए भी तैयार रहना होगा। कुल मिलाकर यही निष्कर्ष निकलता है कि आतंकवाद की समस्या के समाधान के लिए पूरे विश्व को मिलकर एक व्यापक रणनीति पर कार्य करना ही वर्तमान समय की माँग है। आतंकवाद आज वैश्विक समस्या का रूप ले चुका है, इसलिए इसका सम्पूर्ण समाधान अन्तर्राष्ट्रीय सहयोग एवं प्रयासों से ही सम्भव है। इसमें संयुक्त राष्ट्र संघ, इण्टरपोल एवं अन्तर्राष्ट्रीय न्यायालय को अपनी महत्त्वपूर्ण भूमिका निभानी होगी।

प्रश्न

1. लेखांश में लेखक किस अन्तर्राष्ट्रीय समस्या पर बात कर रहा है?
(a) लेखक आतंकवाद को विश्व के लिए एक खतरा बता रहा है।
(b) बेरोजगारी और भुखमरी की समस्या ने आतंकवाद को जन्म दिया।
(c) आतंकी संगठनों के असली चेहरे को उजागर किया।
(d) लेखक नक्सलवाद की समस्या कैसे समाप्त हो, के विषय में बात कर रहा है।

2. निम्नलिखित कथनों पर विचार करें
1. आतंकवाद आज एक वैश्विक समस्या बन चुका है, जिसका समाधान अन्तर्राष्ट्रीय सहयोग से सम्भव है।
2. भारत भी पाकिस्तान समर्थित आतंकवाद से जूझ रहा है।
3. आतंकवाद के कारण लोग असुरक्षित जीवन जीने को मजबूर हैं।
4. आतंकवाद गिरफ्तारी और सजा से ही समाप्त होना सम्भव है।

उपरोक्त में से कौन-सा/से कथन सही है/हैं?
(a) केवल 1 (b) केवल 2 (c) 1, 2 और 3 (d) 1, 2, 3 और 4

3. लेखांश में आतंकवाद से निपटने का बेहतर उपाय क्या सुझाया गया है?
1. बहुपक्षीय वार्ताओं के लिए तैयार रहना।
2. वैश्विक स्तर पर व्यापक रणनीति।
3. अन्तर्राष्ट्रीय सहयोग।
4. पुलिस सुधार तथा प्रशासनिक मजबूती।

उपरोक्त में से कौन-सा/से कथन सही है/हैं?

(a) 1, 2 और 3
(b) 2, 3 और 4
(c) 1, 2, 3 और 4
(d) 1, 3 और 4

4. लेखक ने आतंकवाद के उत्पन्न होने के किस कारण को अधिक रेखांकित किया है?

(a) राजनीतिक स्वार्थ, सत्ता आकांक्षा तथा धार्मिक कट्टरता है।
(b) गरीबी और बेरोजगारी के कारण युवा वर्ग आतंकवाद की ओर प्रेरित होता है।
(c) आतंकवाद सामाजिक विषमता के कारण उत्पन्न हुआ सामाजिक विद्रोह है।
(d) विकसित देशों द्वारा शोषण जिसके विरुद्ध पिछड़े देशों द्वारा सबक सिखाने का प्रयास।

उत्तर

1. (a) लेखक ने आतंकवाद को किसी एक देश की समस्या नहीं, अपितु सम्पूर्ण विश्व के लिए एक चुनौती माना है, जिसके विभिन्न सामाजिक, आर्थिक एवं राजनैतिक पक्ष हैं।
2. (a) लेखक के अनुसार, आतंकवाद की समस्या को केवल सैनिक कार्यवाही के माध्यम से समाप्त नहीं किया जा सकता, बल्कि वैश्विक सहयोग आवश्यक है।
3. (b) लेखांशानुसार, आतंकवाद का समाधान अन्तर्राष्ट्रीय प्रयासों के साथ-साथ पुलिस तथा प्रशासनिक सुधार द्वारा सम्भव प्रतीत होता है न कि आतंकवादियों के विरुद्ध एकतरफा कार्यवाही द्वारा।
4. (a) लेखक के अनुसार, यद्यपि आतंकवाद के प्रमुख कारणों में बेरोजगारी, गरीबी आदि तर्क व्यापक तौर पर जिम्मेदार होते हैं, लेकिन जो सबसे प्रमुख कारण है वह है–राजनीतिक स्वार्थ, सत्ता लोलुपता एवं धार्मिक कट्टरता। राजनीतिक स्वार्थ में ही लोग बेरोजगारी एवं गरीबी को मुद्दा बनाते हुए सत्ता की प्राप्ति करते हैं और धार्मिक कट्टरता के माध्यम से ही अन्धविश्वास को फैलाते हैं। इसके माध्यम से वह आतंकवादी गतिविधियों को भी अंजाम देते हैं।

काव्यांश 2

यह मजदूर, जो जेठ मास के इस निर्धूम अनल में
कर्ममग्न है अविकल दग्ध हुआ पल-पल में
यह मजदूर, जिसके अंगों पर लिपटी एक लँगोटी,
यह मजदूर, जर्जर कुटिया में जिसकी वसुधा छोटी,
किस तप में तल्लीन यहाँ है भूख-प्यास को जीते,
किस कठोर साधना में इसके युग के युग हैं बीते।

प्रश्न

1. मजदूर किस ऋतु में कार्य में मग्न है?

(a) ग्रीष्मकालीन ऋतु
(b) शीतकालीन ऋतु
(c) वर्षा ऋतु
(d) बसंत ऋतु

2. निम्नलिखित कथनों में से कौन-सा कथन असत्य है?

(a) मजदूर जेठ माह की धूप में काम कर रहा है।
(b) मजदूर पेड़ की छाँव में बैठा है।
(c) मजदूर के शरीर पर केवल एक लँगोटी है।
(d) मजदूर भूख-प्यास को दबाए अपने काम में तल्लीन है।

3. मजदूर कहाँ रहता है?

(a) मजदूर एक बड़ी-सी झोंपड़ी में रहता है।
(b) मजदूर एक बड़े मकान में रहता है।
(c) मजदूर एक सुदृढ़ झोंपड़ी में रहता है।
(d) मजदूर एक टूटी-फूटी छोटी झोंपड़ी में रहता है।

4. 'कर्ममग्न है अविकल दग्ध हुआ पल-पल में' का आशय है

(a) मजदूर कड़ी धूप से व्याकुल है, परन्तु फिर भी अपने कार्य में रत है।
(b) मजदूर कड़ी धूप से व्याकुल हो एक पेड़ की छाँव में बैठकर अपने कार्य में रत है।
(c) मजदूर कड़ी धूप से तपता हुआ भी बिना व्याकुल हुए अपने कार्य में रत है।
(d) मजदूर ने कड़ी धूप से व्याकुल होकर अपना कार्य रोक दिया है।

5. उपर्युक्त काव्यांश का उचित शीर्षक होगा

(a) कर्मशील मजदूर
(b) गरीब मजदूर
(c) भूखा-प्यासा मजदूर
(d) मजदूर की दशा

उत्तर

1. (a) काव्यांश में मजदूर ग्रीष्मकालीन ऋतु में कार्य में मग्न है। जेठ मास को गर्मी का महीना भी कहा जाता है। अतः मजदूर गर्मी के महीने में अपना कार्य कर रहा है।
2. (b) काव्यांश के आधार पर कह सकते हैं कि 'मजदूर पेड़ की छाँव में बैठा है' यह कथन असत्य है, क्योंकि वह बैठा नहीं है बल्कि अत्यंत भीषण गर्मी में भी कार्य कर रहा है।
3. (d) काव्यांश के अनुसार, मजदूर एक टूटी-फूटी झोंपड़ी में रहता है। उसके पास रहने के लिए बड़ा मकान या सुदृढ़ झोंपड़ी नहीं है।
4. (c) 'कर्ममग्न है अविकल दग्ध हुआ पल में' पंक्ति का आशय है कि मजदूर कड़ी धूप में तपता हुआ भी बिना व्याकुल हुए अपने कार्य में रत है।
5. (a) प्रस्तुत काव्यांश का सर्वाधिक उचित शीर्षक 'कर्मशील मजदूर' होगा, क्योंकि काव्यांश में मजदूर की कर्मशील प्रवृत्ति पर प्रकाश डाला गया है, वह भीषण गर्मी में भी मग्न होकर अपना कार्य कर रहा है।

वस्तुनिष्ठ प्रश्नावली

निर्देश *(प्र. सं. 1-5) दिए गए लेखांश को पढ़कर नीचे दिए गए प्रश्नों के उत्तर दीजिए।*

लेखांश 1

कुन्ती अपने लाड़ले लाल को, अपने हृदय के टुकड़े को, अपने प्यारे नवजात शिशु को नदी में छोड़कर लौट आई। वह छोटी नदी थी। वायु अनुकूल थी, दैव की गति जानी नहीं जाती। वह नदी चम्बल नदी में जाकर मिलती है। अब शिशु की पिटारी बहती-बहती चम्बल नदी में आ गई। इटावे के पास चम्बल नदी आकर यमुना में मिलती है। अत: चम्बल के प्रवाह के साथ वह भी यमुना में आ गई और यमुना के साथ प्रयाग की ओर बढ़ी। तीर्थराज प्रयाग में जाकर यमुना, गंगा में मिल जाती है। अत: अब वह मंजूषा शिशु को लेकर काशी की ओर बहने लगी। उसके साथ न कोई मल्लाह था न पथ प्रदर्शक। भाग्य उसे स्वयं ही बहाकर ले जा रहा था। काशीपुरी, पाटलिपुत्र आदि राज्यों की सीमा को पार करती हुई गंगा के प्रवाह के साथ वह मंजूषा बिना किसी रुकावट के आगे बढ़ी चली जा रही थी। आगे चलकर वह अंग देश की सीमा में पहुँची। अब मानो उसकी यात्रा समाप्त होगी उसी समय चम्पा नगरी के राजा अधिरथ अपनी स्त्री राधा और अपने सेवकों के सहित गंगा स्नान करने आए थे। उन्होंने दूर से इस सुन्दर-सी पेटी को जाह्नवी की लहरों के साथ क्रीड़ा करते देखा। अन्त में उन्होंने अपने सेवकों को आज्ञा दी-सामने यह जो मंजूषा बहती जा रही है, उसे पकड़ कर लाओ। *(UPSSSC VDO 2018)*

1. कुन्ती अपने नवजात सुकुमार शिशु को कहाँ छोड़कर आई थी?
(a) तालाब (b) नदी
(c) समुद्र (d) कुआँ

2. मंजूषा को कौन लेकर जा रहा था?
(a) सेवक (b) मल्लाह
(c) पथप्रदर्शक (d) भाग्य

3. राजा अधिरथ ने सेवकों को क्या आज्ञा दी थी?
(a) मंजूषा को लाने की (b) शिशु को लाने की
(c) सेना को लाने की (d) राधा को लाने की

4. चम्पा नगरी के राजा किसके साथ गंगा-स्नान करने आए थे?
(a) राधा और सेवक (b) सेना और सेवक
(c) राधा और सेना (d) सेना और शिशु

5. अधिरथ ने जान्हवी की लहरों के साथ किसे क्रीड़ा करते देखा था?
(a) कुन्ती के पुत्र को (b) पेटी को
(c) छोटे शिशु को (d) सेवक को

निर्देश *(प्र. सं. 6-7) दिए गए लेखांश को पढ़कर नीचे दिए गए प्रश्नों के उत्तर दीजिए।*

लेखांश 2

हमारा जीवन पाखण्डमय बन गया है और हम इसके बिना नहीं रह सकते हैं। अपने सार्वजनिक जीवन अथवा निजी जीवन में कहीं भी देखें हम एक-दूसरे को छलने की कला का खुलकर उपयोग करते हैं, इसके बावजूद यह विश्वास करते हैं कि हम ऐसा कुछ भी नहीं कर रहे हैं।

हम इस प्रकार की भाषा का प्रयोग करते हैं, जिसकी उस अवसर पर कोई आवश्यकता नहीं होती। हम किसी भी बात को यह जानते हुए कि वह सही या सत्य नहीं है, लेकिन उसके प्रति निष्ठा या विश्वास इस तरह प्रकट करते हैं कि जैसे हमारे लिए वही एकमात्र सत्य है। हम सब यह इसलिए सरलता से कर लेते हैं, क्योंकि आज पाखण्ड एवं दिखावा हमारे जीवन का एक अभिन्न अंग बन गया है। आज हम लोगों में से अधिकांश की स्थिति मुँह में कुछ और मन में कुछ और वाली बन गई है। *(UPTET 2019)*

6. हमने जीवन का अभिन्न अंग किसे बना लिया है?
(a) भाषा को (b) पाखण्ड और दिखावे को
(c) निष्ठा एवं विश्वास को (d) सरलता को

7. छलने की कला का हम किस प्रकार उपयोग करते हैं?
(a) खुलकर (b) आवश्यकतानुसार
(c) पूरी निष्ठा से (d) सरलता से

निर्देश *(प्र. सं. 8-9) दिए गए लेखांश को पढ़कर नीचे दिए गए प्रश्नों के उत्तर दीजिए।*

लेखांश 3

हम इस बात को जानते हैं कि तुम हमारे प्रेम के कारण वनवास के कष्टों को सहन करने के लिए तैयार हो, लेकिन घर पर रहकर हमारे साथ स्नेह की तुम और भी अधिक रक्षा कर सकती हो। सबसे बड़ी बात यह है कि हमारे न रहने पर माँ जब व्याकुल होगी, तब तुम सन्तोषजनक बातें कहकर उन्हें समझाना लेकिन सीता पर इन बातों का कुछ भी प्रभाव न पड़ा। सीता साधारण स्त्री न थीं, वह अपने कर्त्तव्य को समझती थीं। इसलिए इन सभी बातों के उत्तर देकर वह वनवास के लिए अपनी इच्छा को तोड़ न सकीं।

यहाँ यह बात बताने की आवश्यकता नहीं है कि सीता को जो यह अमर कीर्ति प्राप्त हुई, प्रत्येक स्त्री के लिए वह प्रात: स्मरणीय हो सकी इसका कारण यह नहीं है कि वह राजा जनक की बेटी थीं और राजा दशरथ की पुत्रवधू थीं। रामचन्द्र की पत्नी होना भी उनका कोई विशेष कारण नहीं है। उस कीर्ति का एकमात्र कारण है अपने धर्म और कर्त्तव्य के लिए उनका कष्ट सहना।

अपनी सत्य-निष्ठा और धर्म-परायणता, चरित्र-बल और कष्ट सहने के लिए उनको जो अमर कीर्ति संसार के इतिहास में मिल सकी, उसको बताने की आवश्यकता नहीं। *(UPSSSC Pre 2016)*

8. सीता जी को अमर कीर्ति किस कारण प्राप्त हुई?
(a) राजा जनक की पुत्री होने के कारण
(b) राजा दशरथ की पुत्रवधू होने के कारण
(c) रानी कौशल्या की सेवा करने के कारण
(d) अपने धर्म और कर्त्तव्य के लिए उनका कष्ट सहना

9. उपरोक्त लेखांश का शीर्षक बताइए।
(a) सीता का त्याग (b) सीता की सेवा-भावना
(c) धर्म और कर्त्तव्य-परायण सीता (d) सीता का समर्पण

निर्देश *(प्र. सं. 10-12) दिए गए लेखांश को पढ़कर नीचे दिए गए प्रश्नों के उत्तर दीजिए।*

लेखांश 4

तत्परता हमारी सबसे मूल्यवान सम्पत्ति है। इसके द्वारा विश्वसनीयता प्राप्त होती है। वे लोग, जो सदैव जागरूक रहते हैं, तत्काल कर्मरत हो जाते हैं और जो समय के पाबन्द हैं, वे सर्वत्र विश्वास के पात्र समझे जाते हैं। वे मालिक, जो स्वयं कार्य-तत्पर होते हैं, अपने कर्मचारियों के लिए प्रेरणा का स्रोत बनते हैं और काम की उपेक्षा करने वालों के लिए अंकुश का काम करते हैं। वे अनुशासन का साधन भी बनते हैं। इस प्रकार अपनी उपयोगिता और सफलता में

अभिवृद्धि करने के साथ-साथ वे दूसरों की उपयोगिता और सफलता के भी साधन बनते हैं। एक आलसी व्यक्ति हमेशा ही अपने कार्य को भविष्य के लिए स्थगित करता जाता है, वह समय से पिछड़ता जाता है और इस प्रकार अपने लिए ही नहीं दूसरों के लिए भी विक्षोभ का कारण बनता है। उसकी सेवाओं का कोई आर्थिक मूल्य नहीं समझा जाता। कार्य के प्रति उत्साह और उसे शीघ्रता से सम्पन्न करना कार्य-तत्परता के दो प्रमुख उत्पादान हैं, जो समृद्धि की प्राप्ति में उपयोगी बनते हैं।

(UPSSSC कनिष्ठ सहायक परीक्षा 2016)

10. उपरोक्त लेखांश का उपयुक्त शीर्षक दीजिए।

(a) कार्य-कुशलता
(b) कार्य-उपयोगिता
(b) कार्य-तत्परता
(d) जागरूकता

11. जीवन में सफल सिद्ध होने के लिए आवश्यक उपादानों में से एक प्रमुख उपादान क्या है?

(a) कार्य की आर्थिक समझ (b) जागरूकता
(c) अनुशासन (d) तत्परता

12. लेखांश का उचित संक्षेपण कौन-सा होगा?

(a) तत्परता हमारी मूल्यवान निधि है। इससे हम तत्पर होकर कार्य करते हैं और समय पर कार्य करके सफलता प्राप्त करते हैं।
(b) जागरूक व्यक्ति सदैव उत्साहित होकर तत्परता से अपने कार्य में जुट जाते हैं और अनुशासित होकर उसे समय पर पूरा करने का प्रयास करते हैं। समय पर कार्य करने से वे अपने कार्यक्षेत्र में सभी के विश्वासपात्र बन जाते हैं और यही विश्वसनीयता सफलता का साधन बनती है। यही तत्परता सफलता और समृद्धि का प्रमुख उपादान है।
(c) सफलता के लिए तत्परता का होना आवश्यक है। अनुशासन में रहकर कार्य समय से पूरा करके सफलता मिलती है।
(d) उत्साह और शीघ्रता कार्य-तत्परता के दो प्रमुख उपादान हैं, जो जागरूक होकर कार्य करने को बाध्य करते हैं, जिससे कार्य समयानुसार पूरा होता है और सफलता मिलती है।

निर्देश (*प्र. सं.* 13-17) *दिए गए लेखांश को पढ़कर नीचे दिए गए प्रश्नों के उत्तर दीजिए।*

लेखांश 5

राष्ट्र के सर्वांगीण विकास के लिए चरित्र निर्माण परम आवश्यक है। जिस प्रकार वर्तमान में भौतिक निर्माण का कार्य अनेक योजनाओं के माध्यम से तीव्र गति के साथ सम्पन्न हो रहा है, वैसे ही वर्तमान की सबसे बड़ी आवश्यकता यह है कि देशवासियों के चरित्र निर्माण के लिए भी प्रयत्न किया जाए। उत्तम चरित्रवान व्यक्ति ही राष्ट्र की सर्वोच्च सम्पदा है। जनतन्त्र के लिए तो यह एक महान कल्याणकारी योजना है। जन-समाज में राष्ट्र, संस्कृति, समाज एवं परिवार के प्रति हमारा क्या कर्त्तव्य है इसका पूर्ण रूप से बोध कराना एवं राष्ट्र में व्याप्त समग्र भ्रष्टाचार के प्रति निषेधात्मक वातावरण का निर्माण करना ही चरित्र निर्माण का प्रथम सोपान है। पाश्चात्य शिक्षा और संस्कृति के प्रभाव से आज हमारे मस्तिष्क में भारतीयता के प्रति 'हीन भावना' उत्पन्न हो गई है। चरित्र निर्माण, जोकि बाल्यावस्था से ही ऋषिकुल, गुरुकुल, आचार्यकुल की शिक्षा के द्वारा प्राचीन समय से किया जाता था, आज की लॉर्ड मैकाले की शिक्षा पद्धति से संचालित स्कूलों एवं कॉलेजों के लिए एक हास्यास्पद विषय बन गया है। आज यदि कोई पुरातन संस्कारी विद्यार्थी संध्यावन्दन या शिक्षा-सूत्र रखकर भारतीय संस्कृतिमय जीवन बिताता है, तो अन्य छात्र उसे 'बुद्धू' या अप्रगतिशील कहकर उसका मजाक उड़ाते हैं। आज हम अपने भारतीय आदर्शों का परित्याग करके पश्चिम के अन्धानुकरण को ही प्रगति मान बैठे हैं। इसका घातक परिणाम चारित्र्य-दोष के रूप में आज देश में सर्वत्र दृष्टिगोचर हो रहा है। *(UPSSSC कनिष्ठ सहायक परीक्षा 2016)*

13. चरित्र निर्माण की परम आवश्यकता है

(a) राष्ट्र के सर्वांगीण विकास के लिए
(b) राष्ट्र की योजनाओं के संचालन के लिए
(c) मानवमात्र के कल्याण के लिए
(d) समाजोपयोगी कार्यों के लिए

14. जनतन्त्र के लिए लाभकारी हो सकते हैं

(a) धनवान व्यक्ति (b) उत्तम चरित्रवान व्यक्ति
(c) शक्तिशाली सिपाही (d) निष्ठावान श्रमिक

15. उन्नत राष्ट्र के लिए विकास का प्रथम सोपान है

(a) जनता में साम्प्रदायिक सद्भाव
(b) राजनीतिक के कुशल दाँव-पेंच
(c) चरित्र निर्माण के लिए शैक्षिक वातावरण
(d) भ्रष्टाचार के प्रति निषेधात्मक वातावरण

16. अप्रगतिशील रूप में मजाक उड़ाया जाता है, जो

(a) सत्संग में अधिक समय नहीं बिताता है
(b) धार्मिक वातावरण में जीवन बिताता है
(c) भारतीय संस्कृतिमय जीवन बिताता है
(d) पाश्चात्य संस्कृति को हृदय से अपनाता है

17. भारतीयता के प्रति हीन भावना का कारण है

(a) लॉर्ड मैकाले की शिक्षा पद्धति
(b) प्राचीन गुरुकुल की शिक्षा पद्धति
(c) वर्तमान वैज्ञानिक शिक्षा पद्धति
(d) पुरातन संस्कारी संस्कृतिमय जीवन

निर्देश (*प्र. सं.* 18-22) *दिए गए लेखांश को पढ़कर नीचे दिए गए प्रश्नों के उत्तर दीजिए।*

लेखांश 6

देश की उन्नति के लिए गाँधीजी ने ग्रामोन्नति को सर्वोपरि माना है। भारतीय ग्राम, भारत की प्राचीन सभ्यता व संस्कृति के प्रतीक हैं। ग्राम ही भारतवर्ष की आत्मा है और सम्पूर्ण भारत उनका शरीर। शरीर की उन्नति आत्मा की स्वस्थ होने पर ही सम्पूर्ण शरीर में नवचेतना व नवशक्ति का संचार होता है। आज भी भारत की 60% जनसंख्या गाँवों में ही बसती है।

गाँधीजी कहा करते थे ''भारत का हृदय गाँवों में बसता है। गाँवों की उन्नति से ही भारत की उन्नति हो सकती है। गाँवों में ही सेवा और परिश्रम के अवतार किसान बसते हैं।''

अत: भारत की उन्नति नगरों की उन्नति पर नहीं अपितु गाँवों की उन्नति पर निर्भर करती है। अत: ग्रामोन्नति का कार्य देशोन्नति का कार्य है। महाकवि सुमित्रानन्दन पन्त ने 'भारतमाता ग्रामवासिनी' नामक कविता में ठीक ही कहा है कि भारतवर्ष का वास्तविक स्वरूप गाँवों में है। *(MPPSC Pre 2015)*

18. भारतीय ग्राम किसके प्रतीक हैं?

(a) यूरोप की प्राचीन सभ्यता के
(b) भारत की प्राचीन संस्कृति के
(c) भारत की प्राचीन सभ्यता व संस्कृति के
(d) उपरोक्त में से कोई नहीं

19. शरीर में चेतना व शक्ति का संचार कब होता है?

(a) जब शरीर स्वस्थ हो (b) जब लोग स्वस्थ हों
(c) जब आत्मा स्वस्थ हो (d) जब कोई भी स्वस्थ न हो

20. किसानों को क्या बताया गया है?

(a) उन्नति का प्रतीक (b) आलसियों का अवतार
(c) सेवा और परिश्रम का अवतार (d) इनमें से कोई नहीं

21. भारत की उन्नति निर्भर करती है

(a) महानगरों की उन्नति पर (b) शहरों की उन्नति पर
(c) कस्बों की उन्नति पर (d) ग्रामों की उन्नति पर

22. 'ग्रामोन्नति' शब्द बना है

(a) ग्रामो + न्नति (b) ग्रामो + नति
(c) ग्रामोन्न + ति (d) ग्राम + उन्नति

निर्देश (*प्र. सं. 23-27*) *दिए गए लेखांश को पढ़कर नीचे दिए गए प्रश्नों के उत्तर दीजिए।*

लेखांश 7

तेंदुए बाघ से ज्यादा चालाक होते हैं। जिम कॉर्बेट ने कहा था कि सब कुछ कहने और करने के बाद भी बाघ सज्जन है। तेंदुए की बाघ की अपेक्षा गाँव अथवा घरों में भी प्रवेश करने की सम्भावना ज्यादा है।

वह झोंपड़ी की बगल में लेटा हुआ इसका इन्तजार करता है कि कब एक खतरे से अंजान बच्चा बाहर आए और तब वह उसको गर्दन से दबोच ले। कोई भी आवाज नहीं होगी और बच्चा यूँ ही गायब हो जाएगा।

एक बाघ बच्चे के लिए अपने को कभी-कभार तकलीफ नहीं देगा, क्योंकि उसके लिए यह बहुत कम है। यह व्यय-लाभ का प्रश्न है। बाघ बच्चे को पकड़ने और मारने में जितनी ऊर्जा व्यय करेगा उसकी अपेक्षा उसे बहुत कम भोजन उपलब्ध होगा। इसके बजाय वह एक भैंसे अथवा किसी खुर वाले जंगली शिकार को मारेगा, जिससे उसको काफी अधिक मात्रा में भोजन उपलब्ध होगा।

एक बाघ का वजन 180-230 किग्रा होता है, जबकि तेंदुआ लगभग 50 किग्रा के आसपास। अपने सामान्य भोजन; जैसे कि कुत्ते, बकरियाँ और मुर्गे आराम से सुलभ होने पर भी, तेंदुए बच्चों को उठाने पर उतर आते हैं।

(MPPSC Pre 2017)

23. बाघ एक बच्चे के बजाय एक भैंसे को मारेगा

(a) क्योंकि एक भैंसे को मारना आसान है।
(b) क्योंकि एक बच्चे को मारना कठिन है।
(c) क्योंकि बाघ चालाक नहीं होते।
(d) क्योंकि बाघ, बच्चे को पकड़ने और मारने में जितनी ऊर्जा खर्च करेगा, उसकी अपेक्षा उसे बहुत कम भोजन मिलेगा।

24. तेंदुए बच्चों को उठाने पर उतर आते हैं

(a) जब सामान्य भोजन उपलब्ध नहीं होता
(b) सामान्य भोजन उपलब्ध होने के बावजूद
(c) जब बाघ, भैंसों का शिकार करते हैं
(d) जब वे गाँव में प्रवेश करते हैं

25. निम्न कथनों में से कौन-सा असत्य है?

(a) बाघों की गाँव अथवा घरों में भी प्रवेश करने की सम्भावना अधिक होती है।
(b) तेंदुओं की गाँव अथवा घरों में भी प्रवेश करने की सम्भावना अधिक होती है।
(c) बाघ बच्चों का शिकार शायद ही करेगा।
(d) तेंदुओं का सामान्य भोजन कुत्ते, बकरियाँ और मुर्गे होते हैं।

26. जिम कॉर्बेट ने कहा था कि

(a) तेंदुए चालाक जानवर हैं। (b) बाघ चालाक जानवर है।
(c) तेंदुए सज्जन हैं। (d) बाघ सज्जन है।

27. तेन्दुए

(a) केवल बच्चों को खाते हैं।
(b) केवल कुत्तों और बकरियों को खाते हैं।
(c) केवल मुर्गों को खाते हैं।
(d) कुत्ते, बकरियों, मुर्गों और बच्चों को खाते हैं।

निर्देश (*प्र. सं. 28-32*) *दिए गए लेखांश को पढ़कर नीचे दिए गए प्रश्नों के उत्तर दीजिए।*

लेखांश 8

उष्णकटिबन्धीय कीटों के विभिन्न समूहों में तितलियों और चींटियों को वर्गीकरण विज्ञान में, शायद सबसे अच्छी तरह से जाना जाता है, जबकि तितलियाँ पर्यावरण बदलाव की सबसे अच्छी संकेतक हो सकती हैं, वयस्क तितलियाँ केवल कुछ पारिस्थितिक उपयुक्त स्थान को भरती हैं। अधिकांश प्रजातियाँ परागणकर्ता अथवा सफाई करने वाली होती हैं।

इसके विपरीत, चींटियाँ किसी भी पारिस्थितिक व्यवस्था में एक बहुत अधिक परिवर्तनशील भूमिका निभाती हैं। चींटियों को अधिकांश स्थलीय जगत को चलाने में एक मुख्य मिट्टी को उलट-पलट करने वाली और ऊर्जा चैनल को देने वाली माना जाता है। किसी भी स्थलीय पारिस्थितिक व्यवस्था में, चींटियाँ भी परभक्षी, परागणकर्ता, फसल काटने वाली और अपघटनकर्ता की भूमिका निभाती हैं। *(MPPSC Pre 2017)*

28. निम्न में से कौन-सा कथन सत्य है?

(a) चींटियाँ और तितलियाँ दोनों परागणकर्ता की भूमिका निभाती हैं
(b) तितलियाँ परागणकर्ता की भूमिका निभाती हैं, पर चींटियाँ नहीं
(c) चींटियाँ परागणकर्ता की भूमिका निभाती हैं पर तितलियाँ नहीं
(d) न ही चींटियाँ और न तितलियाँ परागणकर्ता की भूमिका निभाती हैं

29. तितलियाँ

(a) वर्गीकरण विज्ञान में अच्छी तरह से नहीं जानी जाती हैं।
(b) पर्यावरण बदलाव की अच्छी संकेतक हैं।
(c) परभक्षी, परागणकर्ता, फसल काटने वाली और अपघटनकर्ता होती हैं।
(d) अधिकांश स्थलीय व्यवस्था को चलाती हैं।

30. चींटियों को अधिकांश स्थलीय व्यवस्था को चलाने वाला माना जाता, क्योंकि

(a) वे परागणकर्ता और सफाई करने वाली होती हैं।
(b) वे वर्गीकरण विज्ञान में अच्छी तरह से जानी जाती हैं।
(c) वे पारिस्थितिक व्यवस्था में एक परिवर्तनशील भूमिका निभाती हैं।
(d) वे मुख्य रूप से मिट्टी को उलट-पलट करने वाली और ऊर्जा चैनल को देने वाली होती हैं।

31. चींटियाँ और तितलियाँ

(a) पर्यावरण बदलाव की अच्छी संकेतक हैं।
(b) उष्णकटिबन्धीय कीट हैं।
(c) वर्गीकरण विज्ञान में अच्छी तरह से नहीं जानी जाती हैं।
(d) पारिस्थितिक व्यवस्था में कोई भूमिका नहीं निभाती हैं।

32. तितलियों की अधिकांश जातियाँ परागणकर्ता और सफाई करने वाली होती हैं। अत:

(a) वे चींटियों की अपेक्षा, पारिस्थितिक व्यवस्था में एक परिवर्तनशील भूमिका निभाती हैं।
(b) वे अधिकांश स्थलीय व्यवस्था को चलाती हैं।
(c) उनको वर्गीकरण विज्ञान में अच्छी तरह से जाना जाता है।
(d) वे केवल कुछ ही पारिस्थितिक उपयुक्त स्थान को भरती हैं।

निर्देश (*प्र. सं. 33-37*) *दिए गए लेखांश को पढ़कर नीचे दिए गए प्रश्नों के उत्तर दीजिए।*

लेखांश 9

भारत के विभिन्न भागों में, आम लोगों ने जिस वीरता का प्रदर्शन किया वह अभूतपूर्व था। निहत्थे पुरुष और महिलाएँ लम्बे जुलूसों में पुलिस स्टेशनों पर कब्जा करने के लिए पंक्तिबद्ध होकर आगे बढ़े जबकि उन पर भारतीय पुलिसकर्मियों द्वारा गोली चलाई गईं। गोलियों से बहुतायत में जान से मारे गए, बहुत से घायल हो गए; फिर भी थोड़ी रुकावट के बाद जुलूस आगे बढ़ता गया। एक घटना में, एक वृद्ध महिला स्वेच्छा से जुलूस के आगे-आगे राष्ट्रीय ध्वज लेकर मार्च कर रही थी। वह तीन

गोलियाँ खाकर भी मरते समय तक ध्वज को ऊँचा करके उठाए रही। उसने ऐसा इसलिए किया, क्योंकि वह युवा पुरुषों को प्राण निछावर नहीं करने देना चाहती थी जब तक कि उसकी उम्र वाले लोग जिन्दा थे। *(MPPSC Pre 2016)*

33. निहत्थे पुरुष और महिलाएँ लम्बे जुलूसों में पंक्तिबद्ध होकर आगे बढ़े
(a) राष्ट्रीय ध्वज को कब्जे में लेने के लिए
(b) भारतीय पुलिसकर्मियों को गोली मारने के लिए
(c) पुलिस स्टेशनों पर कब्जा करने के लिए
(d) जुलूसों में थोड़े समय के लिए रुकावट पैदा करने के लिए

34. निहत्थे पुरुषों और महिलाओं पर किसके द्वारा गोली चलाई गई?
(a) जो लोग राष्ट्रीय ध्वज को ऊँचा उठाकर पकड़े हुए थे
(b) सेना
(c) ब्रिटिश
(d) भारतीय पुलिसकर्मी

35. लेखांश में 'बहुतायत' शब्द का क्या अर्थ है?
(a) संगीत (b) ढोल की आवाज
(c) बहुत-से (d) जुलूस

36. वृद्धि महिला ने अपने प्राण दे दिए, क्योंकि
(a) उसे एहसास नहीं था कि भारतीय पुलिसकर्मी उसे गोली मार देंगे।
(b) उसके बच्चों ने उसे मजबूर किया था।
(c) वह युवा लोगों को मरने नहीं देना चाहती थी,जब तक कि उसकी उम्र के वृद्ध लोग जिन्दा थे।
(d) जुलूस में रुकावट पैदा की गई थी।

37. जब बहुत-से लोग गोली से मारे गए और घायल हो गए, तो उसके बाद
(a) जुलूस एकदम से रुक गया
(b) जुलूस में केवल वृद्ध लोग बचे
(c) जुलूस में केवल नेता लोग थे और साधारण लोग नहीं बचे
(d) जुलूस थोड़ी रुकावट के बाद फिर से आरम्भ हो गया

निर्देश *(प्र. सं. 38-42) दिए गए लेखांश को पढ़कर नीचे दिए गए प्रश्नों के उत्तर दीजिए।*

लेखांश 10

जल का जीवन से बहुत महत्त्वपूर्ण सम्बन्ध है। हमारे शरीर में तीन भाग, पानी का है। उसी प्रकार धरती पर तीन भाग जल का है। जल के कारण हरियाली है और हरियाली से ऑक्सीजन प्राप्त होती है, परन्तु आजकल लोग इण्डस्ट्रीज तथा रिहायशी भवनों के नाम पर एवं गलत निर्णयों के कारण हरियाली का विनाश कर रहे हैं तथा जल का धरती से गलत दोहन किया जा रहा है। 'जल ही जीवन है' और 'बिन पानी सब सून' यानी जल के बिना हम जीवन की कल्पना ही नहीं कर सकते। जल के बिना सारी पृथ्वी का पर्यावरण प्रदूषित हो जाएगा तथा पृथ्वी रहने लायक नहीं रहेगी। इस कारणवश पृथ्वी मानव विहीन हो जाएगी।

(मध्य प्रदेश व्यावसायिक परीक्षा 2017)

38. दिए गए लेखांश का उचित शीर्षक लिखिए।
(a) जल का महतवया (b) जल का महत्त्व
(c) जल का महत् (d) जाल का महत्त्व

39. धरती पर कितना भाग पानी है?
(a) दो भाग (b) चार भाग
(c) तीन भाग (d) पाँच भाग

40. हरियाली किसके कारण होती है?
(a) जल के कारण (b) पौधों के कारण
(c) तालाबों के कारण (d) नालियों के कारण

41. हरियाली के विनाश का क्या कारण है?
(a) इण्डस्ट्रीज, रिहायशी भवनों के नाम पर, जल का धरती से गलत दोहन एवं गलत निर्णय के कारण हरियाली का विनाश हो रहा है।
(b) इण्डस्ट्रीज, रिहायशी भवनों के नाम पर, जल का धरती से गलत दोहन एवं गलत निर्णयों के कारण जल का विनाश हो रहा है।
(c) इण्डस्ट्रीज, रिहायशी भवनों के नाम पर, पेड़-पौधों का धरती से गलत दोहन एवं गलत निर्णयों के कारण हरियाली का विनाश हो रहा है।
(d) सड़कों भवनों के नाम पर, जल का धरती से गलत दोहन एवं गलत निर्णयों के कारण हरियाली का विनाश हो रहा है।

42. ऑक्सीजन हमें कहाँ से प्राप्त होती है?
(a) हमें हरियाली से ऑक्सीजन प्राप्त होती है।
(b) हमें जल से ऑक्सीजन प्राप्त होती है।
(c) हमें प्रदूषण कम होने से ऑक्सीजन प्राप्त होती है।
(d) हमें फूलों से ऑक्सीजन प्राप्त होती है।

निर्देश *(प्र. सं. 43-48) दिए गए लेखांश को पढ़कर नीचे दिए गए प्रश्नों के उत्तर दीजिए।*

लेखांश 11

विश्व में हर व्यक्ति सुख चाहता है, लेकिन इसकी प्राप्ति का मन्त्र वह नहीं जानता। भौतिक सुखों को ही सच्चा सुख मानने की भूल वह करता चला आ रहा है। संसार में प्रत्येक सम्बन्ध के साथ संयोग-वियोग जुड़ा हुआ है, दिन के साथ रात, सुख के साथ दु:ख, लाभ के साथ हानि, मान के साथ अपमान जुड़ा हुआ है यदि कोई विषय ऐसा है, जिसके साथ कुछ भी नहीं जुड़ा है, तो वह है आनन्द। यह अन्त:करण का विषय है, पराश्रित नहीं है। संवेदनशील व्यक्ति ही आनन्द की अनुभूति कर सकता है। सुखी होने के लिए दूसरों को सुखी देखकर सुख का अनुभव करना व दु:खियों को देखकर करुणा से द्रवित होना आवश्यक है। संवेदनाशून्य व्यक्ति कभी सुखी नहीं हो सकते। जो कर्म को कर्त्तव्य समझकर निष्ठापूर्वक करते हैं, वे ही आनन्द की अनुभूति कर सकते हैं। सच्चा सुख आसक्ति के त्याग में है, कर्म के त्यागने में नहीं। कर्म से प्राप्त होने वाले फल के प्रति आसक्ति त्यागने पर ही व्यक्ति सुखी जीवन व्यतीत कर सकता है।

43. संसार में प्रत्येक मनुष्य क्या चाहता है?
(a) कार, बंगला और शान-शौकत (b) यश की प्राप्ति
(c) रुपयों का ढेर (d) सुख

44. जो भाव पराश्रित न होकर स्वयं के अन्त:करण से जुड़ा हो, है
(a) हास्य-विनोद (b) आनन्द
(c) अपमान (d) असहयोग

45. आनन्द की अनुभूति करने के लिए क्या आवश्यक है?
(a) विद्वता (b) अपरिग्रहता (c) सहिष्णुता (d) संवेदनशीलता

46. संवेदनशीलता क्या है?
(a) दूसरों को दु:खी देखकर सुख अनुभव करना
(b) दूसरों को सुखी देखकर दु:ख अनुभव करना
(c) दूसरों को सुखी देखकर सुख व दु:खी देखकर करुणा का अनुभव करना
(d) उपरोक्त में से कोई नहीं

47. सुखी जीवन का मन्त्र क्या है?
(a) कर्म का त्याग (b) गृहस्थ जीवन का त्याग
(c) आलस्य का त्याग (d) आसक्ति का त्याग

48. मनुष्य किसे सच्चा सुख मानने की भूल करता रहता है?
(a) अपमान (b) संवेदनशीलता (c) भौतिक सुख (d) आलस्य

निर्देश *(प्र. सं. 49-53) दिए गए काव्यांश को पढ़कर नीचे दिए गए प्रश्नों के उत्तर दीजिए।*

काव्यांश 12

हवा हूँ, हवा मैं बसन्ती हवा हूँ
सुनो बात मेरी बड़ी बावली हूँ
बड़ी मस्तमौला।
नहीं कुछ फिकर है बड़ी ही निडर हूँ
जिधर चाहती हूँ उधर घूमती हूँ
मुसाफिर अजब हूँ **(मध्य प्रदेश व्यावसायिक परीक्षा 2017)**

49. हवा अपना परिचय किस प्रकार दे रही है?
(a) हवा अपना परिचय बसन्ती हवा के रूप में दे रही है।
(b) हवा अपना परिचय गर्मी के रूप में दे रही है।
(c) हवा अपना परिचय हवा के रूप में दे रही है।
(d) हवा अपना परिचय पूर्वी हवा के रूप में दे रही है।

50. इस काव्यांश का शीर्षक बताइए
(a) पूर्वी हवा (b) पश्चिमी हवा (c) बसन्ती हवा (d) बेफिक्र हवा

51. हवा की क्या-क्या विशेषता बताई गई हैं?
(a) हवा बुद्धिमान, मस्तमौला, बेफिक्र, निडर, स्वच्छन्द और इधर-उधर घूमने वाली अनोखी मुसाफिर है।
(b) हवा बावली, मस्तमौला, बेफिक्र, निडर, स्वच्छन्द और इधर-उधर घूमने वाली अनोखी मुसाफिर है।
(c) हवा बावली, मस्तमौला, बेफिक्र, निडर, स्वच्छन्द और इधर-उधर न घूमने वाली अनोखी मुसाफिर है।
(d) हवा बावली, मस्तमौला, बेफिक्र, निडर, स्वच्छन्द और इधर-उधर घूमने वाली अनदेखी मुसाफिर है।

52. बसन्ती हवा को मस्तमौला क्यों कहा गया है?
(a) क्योंकि वह फिक्र के साथ डर पूर्वक इधर-उधर घूमती रहती है।
(b) क्योंकि वह बिना फिक्र के निडरतापूर्वक घूमती नहीं है।
(c) क्योंकि वह बिना फिक्र के निडरतापूर्वक इधर-उधर नहीं घूमती रहती है।
(d) क्योंकि वह बिना फिक्र के निडरतापूर्वक इधर-उधर घूमती रहती है।

53. बसन्ती हवा को एक अजीब मुसाफिर की संज्ञा क्यों दी गई है?
(a) क्योंकि वह सभी जगह पर निखर रूप से मन मुताबिक घूमती है।
(b) क्योंकि वह सभी जगह पर निडर और स्वतन्त्र रूप से मन मुताबिक नहीं घूमती है।
(c) क्योंकि वह सभी जगह पर निडर और स्वतन्त्र रूप से मन मुताबिक घूमती है।
(d) क्योंकि वह कुछ जगह पर निडर और स्वतन्त्र रूप से मन मुताबिक घूमती है।

निर्देश *(प्र. सं. 54-63) दिए गए लेखांश को पढ़कर नीचे दिए गए प्रश्नों के उत्तर दीजिए।*

लेखांश 13

एक गाँव में अलगू चौधरी और जुम्मन शेख नामक दो मित्र रहते थे। दोनों की मित्रता गाढ़ी थी। जुम्मन शिक्षित था, अलगू धनवान। जुम्मन की एक बूढ़ी मौसी विधवा थी। वह नि:सन्तान थी, पर थी मिल्कियत वाली। उसने चारों ओर आँख उठाकर देखा, जुम्मन के सिवा कहीं उसका कोई अपना नजर न आया। मौसी ने जुम्मन के नाम अपनी मिल्कियत रजिस्ट्री कर दी। जुम्मन ने वादा किया कि वह आजीवन मौसी को खाना-कपड़ा देगा। पर रजिस्ट्री होते ही जुम्मन ने रंग बदला। वह मौसी जो पहले सर पर बैठी थी; अब पैरों तले कुचली जाने लगी। बूढ़ी मौसी ने समझा कि वह सब जुम्मन की पत्नी की बदमाशी है। उसने जुम्मन से शिकायत की, जुम्मन चुप रहा। तब मौसी का माथा ठनका। उसने जुम्मन को पंचायत की धमकी दी। बूढ़ी मौसी हाथ में लकड़ी लिए आसपास के गाँवों में पंचों के पास दौड़ती रही। सबके सामने उसने दु:ख के आँसू बहाए। अलगू इस झगड़े से अलग रहना चाहता था, पर बूढ़ी मौसी उसे बीच में घसीटना चाहती थी। अलगू ने मौसी से कहा, "जुम्मन मेरा मित्र है, उससे बिगाड़ नहीं कर सकता।" मौसी ने कहा, "तो क्या बिगाड़ के डर से ईमान की बात न कहोगे?" इस ललकार को सुनकर अलगू के भीतर सोया हुआ धर्मज्ञान जाग पड़ा। उसने पंचायत में सम्मिलित होने की स्वीकृति दे दी। प्रश्न यह उठा कि सरपंच किसे बदा जाए, जुम्मन ने इस प्रश्न का निपटारा मौसी के हाथ ही छोड़ दिया। मौसी ने अलगू को सरपंच बदा। लोगों ने समझा कि अब जुम्मन की विजय निश्चित है। अलगू जुम्मन का मित्र है। उसका फैसला जुम्मन के पक्ष में होगा। पर, सरपंच के पद पर बैठते ही अलगू का उत्तरदायित्व ज्ञान जाग पड़ा। वह भूल गया कि जुम्मन उसका दोस्त है। उसने सत्य और न्याय का पक्ष लिया। उसका फैसला बूढ़ी मौसी के पक्ष में हुआ। उसने फैसला किया—"खालाजान को माहवार खर्च दिया जाए, अगर जुम्मन को खर्च देना मंजूर न हो तो हिब्बानामा रद्द समझा जाए।"

(नर्मदा मालवा ग्रामीण बैंक क्लर्क परीक्षा 2010)

54. किसकी मौसी विधवा थी?
1. अलगू चौधरी की 2. जुम्मन शेख की
3. किसी की नहीं
(a) 1 (b) 2 (c) 3 (d) 1 और 2

55. पंचायत में सम्मिलित होने की स्वीकृति किसने दी थी?
(a) जुम्मन ने (b) अलगू ने
(c) मौसी ने (d) गाँव के एक आदमी ने

56. अलगू चौधरी और जुम्मन शेख .... और एक .... रहते थे।
(a) पड़ोसी थे, घर में (b) पड़ोसी थे, गाँव में
(c) दो मित्र थे, गाँव में (d) दो दुश्मन थे, गाँव में

57. निम्नलिखित में से निश्चित रूप से क्या सत्य है?
(a) अलगू और जुम्मन के बीच दुश्मनी थी।
(b) जुम्मन मौसी का एकमात्र बेटा था।
(c) मौसी मिल्कियत वाली थी।
(d) मौसी एक युवा विधवा थी।

58. तो क्या बिगाड़ के डर से ईमान की बात न कहोगे? यह किसने कहा था?
(a) अलगू ने (b) जुम्मन ने (c) मौसी ने (d) सरपंच ने

59. जुम्मन......... था, अलगू......... था।
(a) धनी, पढ़ा-लिखा (b) अनपढ़, धनी
(c) धनी, अनपढ़ (d) शिक्षित, धनवान

60. मौसी ने किसे पंच बदा?
(a) जुम्मन को (b) साहूकार को
(c) अलगू को (d) एक किसान को

61. किसका फैसला किसके पक्ष में हुआ?
(a) अलगू का जुम्मन के पक्ष में (b) जुम्मन का अलगू के पक्ष में
(c) साहूकार का अलगू के पक्ष में (d) अलगू का मौसी के पक्ष में

62. मौसी ने किसको अपनी मिल्कियत की रजिस्ट्री की?
(a) जुम्मन के नाम (b) अलगू के नाम
(c) साहूकार के नाम (d) पड़ोसी के नाम

63. 'मौसी का माथा ठनका' का अर्थ है
(a) मौसी को दया आई (b) मौसी के सिर में तेज दर्द हुआ
(c) मौसी को क्रोध आया (d) इनमें से कोई नहीं

निर्देश (*प्र. सं.* 64-73) *दिए गए लेखांश को पढ़कर नीचे दिए गए प्रश्नों के उत्तर दीजिए।*

लेखांश 14

अलग-अलग घरों से निकलकर आने वाले बालकों ने बस में एक जीवन्त वातावरण बना डाला। ढेर सारे किस्से, तरह-तरह के अनुभव, मार्ग के खेतों, पेड़ों और पक्षियों का अवलोकन, रेत के टीलों का सौन्दर्य, मुँह से निकले गीतों के स्वर और मस्ती से सबका मिल-जुलकर एक साथ गाना-सचमुच पता ही नहीं लगा कि कब भालेरी आ गया? बस अड्डे पर रुकते ही सामने कुआँ था, जिस पर हवा से चलने वाला पम्प लगा था। काफ़ी ऊँचा पनचक्की की किस्म का वह संयन्त्र बालकों के लिए एक आकर्षण था। हो-हो करते चट से भागते हुए वे लोग कुएँ पर जा पहुँचे, वहाँ के मिस्त्री ने उन्हें सारी प्रक्रिया समझाई कि किस तरह हवा में घूमती चक्की से अपने आप धीरे-धीरे कुएँ से पानी निकलता रहता है और सीमेण्ट की बनी उन कुण्डियों में पहुँचता रहता है, जिन पर शीशे के मोटे-मोटे काँच लगे हैं और तेज़ धूप की वजह से जिनके भीतर का पानी गरम होता रहता है और भाप उठकर शीशों से टकराती हुई अलग नालियों से होती हुई मीठे पानी के रूप में बाहर एक हौज में जमा होती रहती है।

बात बहुत छोटी थी, पर देखने के साथ ही छात्रों को विज्ञान के एक सिद्धान्त का साधारणीकरण हो गया। बच्चों ने वहाँ के मिस्त्री जी से खोद-खोदकर अनेकानेक प्रश्न पूछे। अनेक जानकारियाँ बटोरीं। उन्होंने कुएँ का खारा पानी पीया। हौज में गिरने वाले मीठे पानी को चखा। एक ने पूछा कि कितने घण्टों में कितने गैलन पानी कुण्डियों में जमा होता है और उसमें से कितनी मात्रा में मीठा पानी प्राप्त होता है? दूसरे ने पूछा कि खारे पानी से दाँत पीले होते हैं और मीठे पानी से? तीसरे की जिज्ञासा थी कि तब तो आप यहाँ सब्जियों की फसल भी ले सकते हैं।

(दिल्ली विश्वविद्यालय बी.एड. प्रवेश परीक्षा *2009*)

64. 'वे लोग कुएँ तक पहुँच गए' वाक्य में 'वे' सर्वनाम किसके लिए प्रयुक्त हुआ है?
(a) सभी के लिए (b) मिस्त्रियों के लिए
(c) बच्चों के लिए (d) अध्यापकों के लिए

65. 'जिन पर शीशे के मोटे-मोटे काँच लगे हैं' वाक्य में 'जिन' सर्वनाम किसके लिए प्रयुक्त हुआ है?
(a) नालियों के लिए (b) हौज के लिए
(c) संयन्त्र की पत्तियों के लिए (d) सीमेण्ट की कुण्डियों के लिए

66. कुएँ का पानी 'भाप' किसके द्वारा बन रहा था?
(a) बिजली द्वारा (b) पनचक्की द्वारा
(c) धूप द्वारा (d) हवा द्वारा

67. मीठा पानी कहाँ जमा हो रहा था?
(a) हौज में (b) नालियों में (c) कुएँ में (d) कुण्डियों में

68. 'तेजी से' के अर्थ में कौन-सा शब्द सूचक है?
(a) भागते हुए (b) चट से
(c) निकलकर आए (d) ढेर सारे

69. बच्चों का स्वाभाविक गुण क्या है?
(a) गप्पें मारना (b) इधर-उधर की हाँकना
(c) किस्से बनाना (d) अनुभव बाँटना

70. 'कब भालेरी आ गया' वाक्य किसका सूचक है?
(a) प्रश्न पूछने के भाव का (b) भालेरी पहुँचने का
(c) भालेरी उतरने का (d) समय पता न चलने का

71. बच्चों के आकर्षण का केन्द्र क्या है?
(a) पक्षियों का अवलोकन (b) अनुभवों को बाँटना
(c) गीत गाना (d) कुएँ पर लगा पम्प

72. कुएँ के पानी के मीठा होने का क्या कारण है?
(a) यन्त्र द्वारा पानी को छानना
(b) पानी का भाप बनना
(c) नमक का सोख जाना
(d) चक्की द्वारा पानी को चलाना

73. बच्चों द्वारा पूछे गए प्रश्न उनके किस स्वभाव का प्रतीक है?
(a) प्रश्न पूछने की आदत का
(b) जानकारी इकट्ठी करने का
(c) जिज्ञासा का
(d) प्रयोजनात्मक कार्य को पूरा करने का

निर्देश (*प्र. सं.* 74-79) *दिए गए काव्यांश को पढ़कर नीचे दिए गए प्रश्नों के उत्तर दीजिए।*

काव्यांश 15

ऐसा है आवेश देश में जिसका पार नहीं।
देखा माता का ऐसा **रक्तिम श्रृंगार** नहीं।
कण्ठ-कण्ठ में गान उमड़ते माँ के वन्दन के।
कण्ठ-कण्ठ में गान उमड़ते माँ के अर्चन के।
शीश-शीश में भाव उमड़ते माँ पर अर्पण के।
प्राण-प्राण में भाव उमड़ते **शोणित तर्पण** के।
जीवन की धारा में देखी ऐसी धार नहीं।
सत्य अहिंसा का व्रत अपना कोई पाप नहीं।
विश्व मैत्री का व्रत भी कोई अभिशाप नहीं।
यही सत्य है सदा असत की टिकती चाप नहीं।
सावधान हिंसक! प्रतिहिंसा की कोई माप नहीं।
कोई भी प्रस्ताव पराजय का स्वीकार नहीं।
ऐसा है आवेश देश में जिसका पार नहीं।

(हरियाणा विद्यालय (मास्टर/मिस्ट्रेट) पात्रता परीक्षा *2009*)

74. उपरोक्त काव्यांश में किसके 'आवेश' का उल्लेख हुआ है?
(a) माता के (b) देश के
(c) शत्रु के (d) इनमें से कोई नहीं

75. कवि के मतानुसार असत्य है
(a) स्थायी (b) व्रत
(c) अभिशाप (d) अस्थायी

76. 'रक्तिम श्रृंगार' का अर्थ है
(a) वीर सपूतों का रक्त बलिदान करना
(b) रक्त बहाना
(c) शत्रु का खून बहाना
(d) उपरोक्त में से कोई नहीं

77. 'शोणित तर्पण' का अर्थ है
(a) खून बहाकर आक्रमणकारी पित्तरों का श्राद्ध करना
(b) शत्रु का शोषण करना
(c) दु:खी होकर श्राद्ध करना
(d) वीर सपूतों का रक्त बलिदान करना

78. काव्यांश में 'माता' प्रतीक है
(a) देवी की (b) विश्वमैत्री की
(c) सत्य-अहिंसा की (d) राष्ट्र (देश) की

79. प्रस्तुत काव्यांश किस रस से सम्बन्धित है?
(a) मैत्री रस से (b) भक्ति रस से
(c) वीर रस से (d) इनमें से कोई नहीं

निर्देश *(प्र. सं. 80-84) दिए गए लेखांश को पढ़कर नीचे दिए गए प्रश्नों के उत्तर दीजिए।*

लेखांश 16

शासन की पहुँच प्रवृत्ति और निवृत्ति की बाहरी व्यवस्था तक ही होती है। उनके मूल या मर्म तक उनकी गति नहीं होती। भीतरी या सच्ची प्रवृत्ति-निवृत्ति को जागरित रखने वाली शक्ति कविता है, जो धर्म-क्षेत्र में शक्ति भावना को जगाती रहती है। भक्ति धर्म की रसात्मक अनुभूति है। अपने मंगल और लोक के मंगल का संगम उसी के भीतर दिखाई पड़ता है। इस संगम के लिए प्रकृति के क्षेत्र के बीच मुनष्य को अपने हृदय के प्रसार का अभ्यास करना चाहिए। जिस प्रकार ज्ञान नरसत्ता के प्रसार के लिए है उसी प्रकार हृदय भी। रागात्मिका वृत्ति के प्रसार के बिना विश्व के साथ जीवन का प्रकृत सामंजस्य घटित नहीं हो सकता। जब मनुष्य के सुख और आनन्द का मेल शेष प्रकृति के सुख-सौन्दर्य के साथ हो जाएगा, जब उसकी रक्षा का भाव तृणगुल्म, वृक्ष-लता, पशु-पक्षी, कीट-पतंग, सबकी रक्षा के भाव के साथ समन्वित हो जाएगा, तब उसके अवतार का उद्देश्य पूर्ण हो जाएगा और वह जगत् का सच्चा प्रतिनिधि हो जाएगा। काव्य योग की साधना इसी भूमि पर पहुँचाने के लिए हैं।

80. कविता की गति कहाँ तक होती है?
(a) निवृत्ति के मूल तक
(b) प्रवृत्ति और निवृत्ति की भीतरी व्यवस्था तक
(c) प्रवृत्ति और निवृत्ति की बाहरी व्यवस्था तक
(d) प्रवृत्ति के मर्म तक

81. व्यापक मंगल भाव का संगत कहाँ दिखाई पड़ता है?
(a) शासन (b) भक्ति में
(c) धर्म में (d) कविता में

82. जीवन में स्वाभाविक सामंजस्य कैसे सम्भव है?
(a) रागात्मिका वृत्ति के प्रसार से
(b) सुख और आनन्द से
(c) प्रकृति के सौन्दर्य में
(d) आत्ममंगल में

83. मनुष्य जगत का सच्चा प्रतिनिधि कैसे बन सकता है?
(a) मनुष्य के मंगल और शेष प्रकृति के कल्याण-भाव से
(b) मनुष्य को सुख-आनन्द देने से
(c) प्रकृति के रक्षा-भाव से
(d) मनुष्येतर प्राणियों के कल्याण से

84. 'काव्य-योग की साधना' से आशय है
(a) वैयक्तिक सुख-दुःख (b) प्रकृति प्रेम
(c) लोकमंगल (d) रसात्मक अनुभूति

निर्देश *(प्र. सं. 85-89) दिए गए लेखांश को पढ़कर नीचे दिए गए प्रश्नों के उत्तर दीजिए।*

लेखांश 17

व्यक्ति-सम्बन्ध हीन सिद्धान्त-मार्ग निश्चयात्मकता बुद्धि को चाहे व्यक्त हो, पर प्रवर्तक मन को अव्यक्त रहते हैं। वे मनोरंजनकारी तभी लगते हैं, जब किसी व्यक्ति के जीवन क्रम के रूप में देखे जाते हैं। शील की विभूतियाँ अनन्त रूपों में दिखाई पड़ती हैं। मनुष्य जाति ने जब से होश सँभाला, तब से वह इन अनन्त रूपों को महात्माओं के आचरणों तथा आख्यानों और चरित्र-सम्बन्धी पुस्तकों में देखती चली आ रही है। जब इन रूपों पर मनुष्य मोहित होता है, तब सात्विक शील की ओर आप से आप आकर्षित होता है। शून्य सिद्धान्त वाक्यों में कोई आकर्षण-शक्ति या प्रवृत्तिकारणी क्षमता नहीं होती। 'सदा सत्य बोलो', 'दूसरों की भलाई करो', 'क्षमा करना सीखो'—ऐसे-ऐसे सिद्धान्त वाक्य किसी को बार-बार बकते सुना वैसा ही क्रोध आता है जैसे किसी बेहुदे की बात सुनकर। जो इस प्रकार की बातें करता चला जाए उससे चट कहना चाहिए—'बस चुप रहो, तुम्हें बोलने की तमीज़ नहीं, तुम बच्चों या कोलभीलों के पास जाओ। ये बातें हम पहले से जानते हैं। मानव-जीवन के बीच हम इसके सौन्दर्य का विकास देखना चाहते हैं। यदि तुम्हें दिखाने की प्रतिभा या शक्ति हो तो दिखाओ, नहीं तो चुपचाप अपना रास्ता लो।' गुण प्रत्यक्ष नहीं होता, उसके आश्रय और परिणाम प्रत्यक्ष होते हैं। अनुभवात्मक मन को आकर्षित करने वाले आश्रय और परिणाम हैं, गुण नहीं। ये ही अनुभूति के विषय हैं। अनुभूति पर प्रवृत्ति और निवृत्ति निर्भर हैं। अनुभूति मन की पहली क्रिया है, संकल्प-विकल्प दूसरी। अत: सिद्धान्त-पथों के सम्बन्ध में जो आनन्दानुभव करने की बातें हैं, जो अच्छी लगने की बातें हैं, वे पथिकों में तथा उनके चारों ओर पाई जाएगी। सत्पथ के दीपक उन्हीं के हाथ में हैं—या वे ही सत्पथ के दीपक हैं। सत्वोन्मुख प्राणियों के लिए ऐसे पथिकों के सामीप्य-लाभ की कामना करना स्वाभाविक ही है।

85. मनुष्य सात्विक शील की ओर आप ही आप आकर्षित कब होता है?
(a) जब शील की विभूतियों के अनन्त रूपों पर मोहित होता है।
(b) शून्य सिद्धान्त वाक्यों को सुनकर।
(c) जब वह काव्य गुणों को पढ़ता है।
(d) निश्चात्मक बुद्धि का जब उदय होता है।

86. प्रवृत्ति और निवृत्ति किस पर निर्भर है?
(a) कविता के आस्वादन पर (b) कविता के गुणों पर
(c) अनुभूति पर (d) महात्माओं के आचरण पर

87. मन की दूसरी क्रिया क्या है?
(a) अनुभूति (b) सौन्दर्य
(c) प्रत्यक्षानुभूति (d) संकल्प-विकल्प

88. व्यक्ति-सम्बन्धहीन सिद्धान्त मार्ग मनोरंजनकारी कब लगते हैं?
(a) निश्चयात्मक बुद्धि के अभाव में
(b) सिद्धान्तकारी वाक्यों को सुनकर
(c) जब वे किसी व्यक्ति के जीवन क्रम के रूप में देखे जाते हैं
(d) सत्वोन्मुख प्राणियों के वचन सुनकर

89. मानव-जीवन के बीच हम किस सौन्दर्य का विकास देखना चाहते हैं?
(a) संकल्प-विकल्प का
(b) सिद्धान्त-वाक्यों में निहित बातों का
(c) बच्चों को अच्छे-अच्छे सिद्धान्त वाक्य सुनाने का
(d) गुण-कथन का परिकल्पना

निर्देश *(प्र. सं. 90-94) दिए गए लेखांश को पढ़कर नीचे दिए गए प्रश्नों के उत्तर दीजिए।*

लेखांश 18

बिम्बविधान बहुत से विशृंखला क्षणों का एक समुच्च होता है। उसका आधार जीवन और जगत की 'अनेकता' में है। इसके विपरीत प्रतीक किसी सूक्ष्म और गहरी 'एकता' का बोधक होता है। इसलिए प्रतीकों की योजना में जाने-अनजाने एक तार्किक संगति अवश्य रहती है, परन्तु बिम्बविधान में तार्किक संगति का पाया जाना लगभग असम्भव है और यदि पाई भी जाती है, तो वह उसकी तीव्रता को कम करती है, बढ़ाती नहीं। प्रतीक का स्रोत कवि के व्यक्तिगत अनुषंगों में हो सकता है, परन्तु उसका आकलन आनुषंगिक नियमों के आधार पर नहीं होता। उसके निर्माण में अज्ञात रूप से ही सही, एक प्रकार की अन्तर्दृष्टि या सूक्ष्म बौद्धिक प्रेरणा अवश्य रहती है, परन्तु बिम्ब का सम्पूर्ण ढाँचा आनुषंगिक नियमों के द्वारा बुना जाता है। इसलिए उसके संघटन में प्राय: अबौद्धिकता, अन्तर्विरोध और व्यतिक्रम पाया जाता है। प्रतीक मूर्त और अमूर्त दोनों ही हो सकते हैं। इसके विपरीत बिम्ब के लिए, ज्ञानेन्द्रिय के किसी भी स्तर पर मूर्त होना आवश्यक है। यह मूर्तता केवल दृष्टि-विषयक ही नहीं होती, नाद, घ्राण और स्वादपरक भी हो सकती है।

प्रतीक किसी वस्तु का चित्रांकन नहीं करता, केवल संकेत द्वारा उसकी किसी विशेषता को ध्वनित करता है। इसलिए प्रतीक का ग्रहण सन्दर्भ से अलग और एकान्त रूप से भी सम्भव हो सकता है पर बिम्ब की प्रेषणीयता उसके पूरे सन्दर्भ के साथ होती है। *(UGC Net 2018)*

90. प्रतीक के आकलन का आधार क्या है?
(a) वस्तु का चित्रांकन करना
(b) ज्ञानेन्द्रिय के स्तर पर अनिवार्यतः मूर्त होना
(c) व्यक्तिगत अनुषंग
(d) अन्तर्दृष्टि या सूक्ष्म बौद्धिक प्रेरणा

91. निम्नलिखित में से कौन-सा कथन सही है?
(a) बिम्ब की मूर्तता केवल दृष्टि-विषयक होती है।
(b) मूर्तता नाद, घ्राण या स्वाद से सम्बन्धित नहीं होती है।
(c) बिम्ब ज्ञानेन्द्रिय से असम्बद्ध होता है।
(d) बिम्ब का ज्ञानेन्द्रिय के किसी स्तर पर मूर्त होना अनिवार्य है।

92. निम्नलिखित में से कौन-सा कथन सही है?
(a) तार्किक संगति बिम्ब की तीव्रता को बढ़ाती है।
(b) प्रतीकों में तार्किक संगति का अभाव होता है।
(c) बिम्ब का ढाँचा आनुषंगिक नियमों द्वारा बुना जाता है।
(d) बिम्ब के संघटन में अबौद्धिकता, अन्तर्विरोध और व्यतिक्रम नहीं होता।

93. निम्न में से कौन-सा कथन सही नहीं है?
(a) प्रतीक में तार्किक संगति अवश्य रहती है।
(b) प्रतीक संकेत द्वारा वस्तु की विशेषता ध्वनित करता है।
(c) प्रतीक का ग्रहण सन्दर्भ में अलग एकान्त रूप में सम्भव है।
(d) प्रतीक का आधार जीवन की अनेकता है।

94. निम्नलिखित में से कौन-सा कथन सही है?
(a) बिम्ब की प्रेषणीयता उसके पूरे सन्दर्भ के साथ होती है।
(b) बिम्बविधान बहुत-से विशृंखला क्षणों का समुच्चय नहीं है।
(c) बिम्ब ज्ञानेन्द्रिय के स्तर पर मूर्त नहीं होता।
(d) बिम्बविधान में तार्किक संगति रहती है।

निर्देश *(प्र. सं. 95-99) दिए गए लेखांश को पढ़कर नीचे दिए गए प्रश्नों के उत्तर दीजिए।*

लेखांश 19

सौन्दर्य किसे कहते हैं? प्रकृति, मानव-जीवन तथा ललित कलाओं के आनन्ददायक गुण का नाम सौन्दर्य है। इसकी स्थापना पर आपत्ति यह की जाती है कि कला में कुरूप और असुन्दर को भी स्थान मिलता है; दुःखान्त नाटक देखकर हमें वास्तव में दुःख होता है; साहित्य में वीभत्स का भी चित्रण होता है; उसे सुन्दर कैसे कहा जा सकता है? इस आपत्ति का उत्तर यह है कि कला में कुरूप और असुन्दर विवादी स्वरों के समान हैं जो राग के रूप को निखारते हैं। वीभत्स का चित्रण देखकर हम उससे प्रेम नहीं करने लगते; हम उस कला से प्रेम करते हैं जो हमें वीभत्स से घृणा करना सिखाती है। वीभत्स से घृणा करना सुन्दर कार्य है या असुन्दर? जिसे हम कुरूप, असुन्दर और वीभत्स कहते हैं, कला में उसकी परिणति सौन्दर्य में होती है। दुःखान्त नाटकों में हम दूसरों का दुःख देखकर द्रवित होते हैं। हमारी सहानुभूति अपने तक अथवा परिवार और मित्रों तक सीमित न रहकर एक व्यापक रूप ले लेती है। मानव-करुणा के इस प्रसार को हम सुन्दर कहेंगे या असुन्दर? सहानुभूति की इस व्यापकता से हमें प्रसन्न होना चाहिए या अप्रसन्न? दुःखान्त नाटकों अथवा करुणा रस के साहित्य से हमें दुःख की अनुभूति होती है, किन्तु यह दुःख अमिश्रित और निरपेक्ष नहीं होता। उस दुःख में वह आनन्द निहित होता है जो करुणा के प्रसार से हमें प्राप्त होता है। इसके सिवा इस तरह के साहित्य में हम बहुधा मनुष्य को विषम परिस्थितियों से वीरतापूर्ण संघर्ष करते हुए पाते हैं। संघर्ष का यह उदात्त भाव दुःख की अनुभूति को सीमित कर देता है। वीर मनुष्यों को यह संघर्ष हमें अपनी परिस्थितियों के प्रति सजग करता है, उनकी पराजय भी प्रबुद्ध दर्शकों तथा पाठकों के लिए चुनौती का काम करती है। उनकी वेदना हमारे लिए प्रेरणा बन जाती है। आनन्द को इस व्यापक रूप में लें, उसे इन्द्रियजन्य सुख का पर्यायवाची ही न मान लें, तो हमें करुणा और वीभत्स के चित्रण में सौन्दर्य के अभाव की प्रतीति न होगी। *(UGC Net 2017)*

95. साहित्य में वीभत्स का भी चित्रण सुन्दर होता है, क्योंकि
(a) वीभत्स को ही काव्यशास्त्र में प्रमुख रस माना गया है।
(b) कला में असुन्दर और कुरूप का सौन्दर्य में रूपान्तरण होता है।
(c) कला वीभत्स से घृणा करना नहीं सिखाती।
(d) वीभत्स का चित्रण आकर्षक होता है।

96. इनमें से कौन-सा कथन सही है?
(a) वीर मनुष्यों की पराजय आनन्द का मूल कारण है।
(b) दुःखान्त नाटकों में सहानुभूति के स्वजनों तक सीमित न रहने से मानव करुणा का प्रसार होता है।
(c) दुःखान्त नाटक दूसरों के दुःख से जुड़े होने के कारण हमारे दुःख का कारण नहीं बनते।
(d) प्रबुद्ध दर्शक और पाठक दुःख को एक सीमित भाव मानते हैं।

97. इनमें से कौन-सा कथन सही नहीं है?
(a) वीर मनुष्यों की वेदना समाज के लिए प्रेरणा बन जाती है।
(b) करुण रस साहित्य में मनुष्य प्रायः विपरीत स्थितियों में संघर्षरत होता है।
(c) संघर्ष का औदात्य दुःख को सीमित करता है।
(d) दुःख में आनन्द की अनुपस्थिति होती है।

98. दुःखान्त नाटकों में सौन्दर्य की उपस्थिति का आधार क्या है?
(a) इनमें कुरूप और असुन्दर को महत्त्व दिया जाता है।
(b) सभी दुःखान्त नाटक प्रायः महान् होते हैं।
(c) दुःखान्त नाटकों में मानव करुणा का प्रसार होता है।
(d) दुःखान्त नाटकों में नाटककार स्वानुभूति का चित्रण करता है।

99. करुण रस के साहित्य में आनन्द निहित होता है, क्योंकि
(a) आनन्द मात्र इन्द्रिय-जन्य सुख है।
(b) साहित्य में करुण रस अपरिहार्य है।
(c) इस साहित्य के मूल में सहानुभूति की व्यापकता है।
(d) साहित्य में दुःख की निरपेक्ष स्थिति है।

निर्देश *(प्र. सं. 100-104) दिए गए लेखांश को पढ़कर नीचे दिए गए प्रश्नों के उत्तर दीजिए।*

लेखांश 20

स्वामी विवेकानन्द ने भारत के पुनर्निर्माण में कार्यरत् मनुष्य के लिए जिन मुख्य बातों पर बल दिया था, वे हैं—चरित्र, आध्यात्मिकता, आत्मविश्वास और अन्ततः सबके प्रति प्रेम, विशेषतः दरिद्र, अशिक्षित तथा पद-दलितों के लिए। यह कार्य वास्तव में महान् है, किन्तु दृढ़ इच्छा के सामने कुछ नहीं टिक सकता।

भारतीयों में भारत माता के प्रति देशभक्ति की भावना जाग्रत करने के लिए स्वामी विवेकानन्द ने कहा था, "तुम मत भूलना कि तुम्हारी स्त्रियों का आदर्श सीता, सावित्री, दमयन्ती हैं। मत भूलना कि तुम्हारा जीवन अपने व्यक्तिगत सुख के लिए नहीं है—मत भूलना कि नीच, अज्ञानी, दरिद्र तुम्हारा रक्त और तुम्हारे भाई हैं।" पं. जवाहर लाल नेहरू का कथन स्मरणीय है, जो उन्होंने एक बार स्वामी विवेकानन्द को श्रद्धांजलि देते हुए कहा था—"अतीत में संलग्न तथा भारतीय धरोहर के प्रति गर्व से परिपूर्ण होते हुए भी विवेकानन्द जीवन की समस्याओं के प्रति आधुनिक धारणा रखते थे तथा भारत के अतीत एवं वर्तमान के मध्य सेतु की भाँति थे। "प्रत्यक्ष अथवा परोक्ष रूप से उन्होंने आज के भारत को अत्यन्त

प्रभावित किया है। हमारी युवा पीढ़ी स्वामी जी से लाभान्वित होगी, जिनकी वाणी प्रज्ञा एवं शक्ति से ओत-प्रोत हैं।'' स्वामी जी ने एक अधैर्यवान शिष्य को समझाया कि ''श्रद्धावान बन, वीर्यवान बन, आत्मज्ञान प्राप्त कर। यही मेरी इच्छा एवं आशीर्वाद है। श्रद्धा का अभिप्राय कई बातों से है। पहली है आत्मश्रद्धा (आत्मविश्वास), दूसरी है हमारी सांस्कृतिक धरोहर के प्रति श्रद्धा।'' ''हमारी मातृभूमि का केन्द्र, प्राण-पखेरू धर्म में तथा केवल धर्म में ही है। मातृ देवो भव, पितृ देवो भव, आचार्य देवो भव—इन पर श्रद्धा वान, वीर्यवान भव।'' तुम्हारे अन्दर पूर्ण शक्ति निहित है। तुम सब कुछ करने में समर्थ हो। इस शक्ति को पहचानो, उठो और अपना अन्तस्थ ब्रह्मभाव अभिव्यक्त करो·····वीर बनो, वीर बनो। मानव केवल एक बार ही मरता है। सारी शक्ति तुम्हारे अन्दर है। बल ही जीवन है, दुर्बलता मृत्यु·····शैशव से ही तुम्हारे मस्तिष्क में सकारात्मक सशक्त एवं परोपकारी विचार प्रविष्ट होने चाहिए।

(उत्तर प्रदेश बी.एड. प्रवेश परीक्षा *2007*)

100. जीवन अपने 'व्यक्तिगत सुख के लिए न होने' से स्वामी जी का क्या अभिप्राय है?

(a) दूसरों का जीवन सुखी बनाना
(b) अपने सुख की अपेक्षा निर्बल एवं दरिद्र देशवासियों को सुखी रखने का प्रयास करना चाहिए
(c) देशभक्त का जीवन दुःखदायी होना
(d) देशभक्त का सुखी न होना

101. विवेकानन्द अतीत एवं वर्तमान के मध्य सेतु की भाँति थे, क्योंकि वे

(a) भारतीय संस्कृति पर गर्व करते हुए भी आधुनिक विचारधारा का यथावश्यक लाभ उठाने में तत्पर रहते थे।
(b) पुरातन एवं आधुनिक विचारधारा का सहअस्तित्व चाहते थे।
(c) बीते हुए समय की तथा वर्तमान समस्याओं को एक नजर से देखते थे।
(d) चाहते थे कि हम आज की समस्याओं तथा पिछली बातों का समन्वय करें।

102. 'अन्तस्थ ब्रह्मभाव की अभिव्यक्ति है' से अभिप्रेत है

(a) मन में ब्रह्म के विषय में विचार लाना
(b) परमात्मा को बाहर खोजने की अपेक्षा अपने ही अन्दर उस सर्वशक्तिमान का अनुभव करना
(c) भगवान् को अपना सहयोगी समझना
(d) भगवान् को पूरे मन से पुकारना

103. स्वामी जी ने पुनर्निर्माण कार्य हेतु गुणों पर ध्यान दिया, क्योंकि वे

(a) ऐसे कार्यकर्ताओं से परिचित थे।
(b) पुनर्निर्माण के कार्य में सफलता हेतु कार्यरत् व्यक्ति में इन गुणों का होना परम आवश्यक समझते थे।
(c) स्वयं ऐसे गुणवान थे।
(d) अपने सहयोगियों पर विशेष ध्यान रखते थे।

104. स्वामी जी पुनर्निर्माण कार्यरत् व्यक्ति में किस गुण का होना परम आवश्यक मानते थे?

(a) चरित्र निर्माण (b) शिक्षा प्रसार में रुचि
(c) सबके प्रति प्रेम (d) दृढ़ इच्छा

निर्देश *(प्र. सं. 105-109) दिए गए लेखांश को पढ़कर नीचे दिए गए प्रश्नों के उत्तर दीजिए।*

लेखांश 21

''फल की विशेष आसक्ति से कर्म के लाघव की वासना उत्पन्न होती है; चित्त में यही आता है कि कर्म बहुत कम या बहुत सरल करना पड़े और फल बहुत-सा मिल जाए। श्रीकृष्ण ने कर्म-मार्ग से फलासक्ति की प्रबलता हटाने का बहुत ही स्पष्ट उपदेश दिया; पर उनके समझाने पर भी भारतवासी इस वासना से ग्रस्त होकर कर्म से तो उदास हो बैठे और फल के इतने पीछे पड़े कि गली में ब्राह्मण को एक पेठा देकर पुत्र की आशा करने लगे, चार आने रोज का अनुष्ठान कराके व्यापार से लाभ, शत्रु पर विजय, रोग से मुक्ति, धन-धान्य की वृद्धि तथा और भी न जाने क्या-क्या चाहने लगे। आसक्ति प्रस्तुत या उपस्थित वस्तु में ही ठीक कही जा सकती है। कर्म सामने उपस्थित रहता है। इससे आसक्ति उसी में चाहिए। फल दूर रहता है, इससे उसकी ओर कर्म का लक्ष्य काफी है। जिस आनन्द से कर्म की उत्तेजना होती है और जो आनन्द कर्म करते समय तक बराबर चला चलता है उसी का नाम उत्साह है।''

(UGC Net 2017)

105. ''फल की विशेष आसक्ति से कर्म के लाघव की वासना उत्पन्न होती है।'' इस कथन के माध्यम से लेखक कहना चाहता है कि

(a) कर्म करते समय फल के बारे में नहीं सोचना चाहिए।
(b) फल के बारे में अधिक आसक्ति से कर्म करने में रुचि घटती है।
(c) फल के बारे में अधिक आसक्ति से कर्म के प्रति उत्साह में इजाफा होता है।
(d) फल के लालच में जल्दी-जल्दी कर्म करना दुर्घटना का कारण हो सकता है।

106. ''श्रीकृष्ण ने कर्म मार्ग से फलासक्ति की प्रबलता हटाने का बहुत ही स्पष्ट उपदेश दिया था।'' से तात्पर्य है

(a) श्रीकृष्ण ने कहा था कि सिर्फ कर्म करते जाओ और फल की चिन्ता न करो।
(b) श्रीकृष्ण ने कहा था कि कर्म करते जाओ फल की चिन्ता न करो।
(c) श्रीकृष्ण ने कहा था कि यदि तुम निष्ठापूर्वक कर्म करोंगे तो फल अवश्य मिलेगा।
(d) श्रीकृष्ण ने कहा था कि फल में आसक्ति की अधिकता कर्म के प्रति उत्साह में बाधक होती है।

107. ''आसक्ति प्रस्तुत या उपस्थित वस्तु में ठीक कही जा सकती है।'' क्योंकि

(a) जो प्रस्तुत नहीं है उसकी इच्छा संकट का कारण बन सकती है।
(b) जो प्रस्तुत नहीं है उसमें रुचि पैदा नहीं हो सकती है।
(c) कर्म प्रस्तुत होता है इसलिए उसके प्रति रुचि स्वाभाविक है।
(d) अप्रस्तुत की आकांक्षा मानसिक स्वास्थ्य की पहचान नहीं है।

108. चार आने रोज का अनुष्ठान कराके व्यापार से लाभ की आशा करना गीता के विरुद्ध क्यों है?

(a) इसमें वासना मिली हुई है।
(b) इसमें कम खर्च करके ज्यादा प्राप्त करने की लालसा है।
(c) इस कर्म में उत्साह के साथ लोभ जुड़ा है।
(d) इसके पीछे अन्धविश्वास है।

109. दिए गए लेखांश में 'फल की विशेष आसक्ति' से लेखक का क्या अभिप्राय है?

(a) कर्म के प्रति अत्यधिक अनुराग
(b) फल के प्रति अत्यधिक लोभ
(c) कर्म और फल दोनों के प्रति अत्यधिक लोभ
(d) कर्म के प्रति अनुराग और फल के प्रति उदासीनता

निर्देश *(प्र. सं. 110-114) दिए गए काव्यांश को पढ़कर नीचे दिए गए प्रश्नों के उत्तर दीजिए।*

काव्यांश 22

विषुवत रेखा का वासी जो, जीता है नित हॉफ-हॉफ कर
रखता है अनुराग अलौकिक, वह भी अपनी मातृभूमि पर
ध्रुववासी, जो हिम में तम में, जी लेता है कॉप-कॉपकर
वह भी अपनी मातृभूमि पर, कर देता है प्राण निछावर
तुम तो हे प्रिय बन्धु! स्वर्ग-सी, सुखद सकल विभवों की आकर
धरा शिरोमणि मातृभूमि में, धन्य हुए जीवन पाकर
तुम जिसका जल-अन्न ग्रहण कर, बड़े हुए लेकर जिसका रज,

तन रहते कैसे तज दोगे, उसको हे वीरों के वंशज
जब तक साथ एक भी दम हो, हो अवशिष्ट एक भी धड़कन
रखो आत्म-गौरव से ऊँची, पलकें ऊँचा सिर ऊँचामन।

110. वीरों के वंशज किसे कहा गया है?
(a) ध्रुववासियों को (b) विषुवत रेखावासियों को
(c) भारतीयों को (d) इनमें से कोई नहीं

111. 'तुम तो हे प्रिय बन्धु! स्वर्ग-सी' में अलंकार है
(a) उपमा (b) रूपक
(c) यमक (d) उत्प्रेक्षा

112. ध्रुववासी रहते हैं
(a) जहाँ अधिक गरमी पड़ती है।
(b) जहाँ अधिक सर्दी पड़ती है।
(c) जहाँ वर्षा अधिक होती है।
(d) जहाँ चारों तरफ बरफ़ ही बरफ़ होती है।

113. प्रस्तुत काव्यांश का उचित शीर्षक होगा
(a) मातृभूमि (b) स्वदेश-प्रेम
(c) वीर पुरुष (d) वीर प्रसूता

114. काव्यांश का मूलभाव है
(a) लोगों में देशप्रेम की भावना में वृद्धि करना।
(b) पृथ्वी के विभिन्न स्थानों पर रहने वाले व्यक्तियों के जीवन-यापन का वर्णन करना।
(c) भारत भूमि का गुणगान एवं मातृभूमि से लगाव रखते हुए स्वाभिमान से जीना।
(d) पृथ्वी ने अनेक वीरों को जन्म दिया है, इस विषय पर वीरों की प्रशंसा करना।

निर्देश (प्र. सं. 115-118) *दिए गए लेखांश को पढ़कर नीचे दिए गए प्रश्नों के उत्तर दीजिए।*

लेखांश 23

उत्साह की गिनती अच्छे गुणों में होती है। किसी भाव के अच्छे या बुरे होने का निश्चय अधिकतर उसकी प्रवृत्ति के शुभ या अशुभ परिणाम के विचार से होता है। वही उत्साह जो कर्त्तव्य कर्मों के प्रति इतना सुन्दर दिखाई पड़ता है। अकर्त्तव्य कर्मों की ओर होने पर वैसा श्लाघ्य नहीं प्रतीत होता। आत्मरक्षा, पर-रक्षा, देश-रक्षा आदि के निमित्त साहस की जो उमंग देखी जाती है उसके सौन्दर्य तक परपीड़न, डकैती आदि कर्मों का साहस कभी नहीं पहुँच सकता। यह बात होते हुए भी विशुद्ध उत्साह या साहस की प्रशंसा संसार में थोड़ी बहुत होती ही है। अत्याचारियों या डाकुओं के शौर्य और साहस की कथाएँ भी लोग तारीफ करते हुए सुनते हैं।

अब तक उत्साह का प्रधान रूप ही हमारे सामने रहा जिसमें साहस का पूरा योग रहता है। पर कर्म मात्र के सम्पादन में जो तत्परतापूर्ण आनन्द देखा जाता है, यह भी उत्साह ही कहा जाता है। सब कर्मों में साहस अपेक्षित नहीं होता, पर थोड़ा-बहुत आराम, विश्राम, सुभीते इत्यादि का त्याग सबमें करना पड़ता है और कुछ नहीं तो उठकर बैठना, खड़ा होना या दस-पाँच कदम चलना ही पड़ता है। जब तक आनन्द का लगाव किसी क्रिया व्यापार या उसकी भावना के साथ नहीं दिखाई पड़ता तब तक उसे उत्साह की संज्ञा प्राप्त नहीं होती। यदि किसी प्रिय मित्र के आने का समाचार पाकर हम चुपचाप ज्यों के त्यों आनन्दित होकर बैठे रह जाएँ या थोड़ा हँस भी दें तो हमारा उत्साह नहीं कहा जाएगा। हमारा उत्साह तभी कहा जाएगा जब हम अपने मित्र का आगमन सुनते ही उठ खड़े होंगे। उससे मिलने के लिए दौड़ पड़ेंगे और उसके ठहरने आदि के प्रबन्ध में प्रसन्नमुख इधर-उधर आते-जाते दिखाई देंगे। प्रयत्न और कर्म-संकल्प उत्साह नामक आनन्द के नित्य लक्षण हैं।
(RPSC पुलिस सब इंस्पेक्टर परीक्षा 2011)

115. किस प्रकार के कर्म करने से उत्साह सुन्दर प्रतीत होता है?
(a) कठिन (b) सरल (c) कर्त्तव्य (d) अकर्त्तव्य

116. कर्म सम्पादन में देखा गया तत्परतापूर्ण आनन्द क्या कहलाता है?
(a) उत्साह (b) वीरता (c) शौर्य (d) साहस

117. किसी मित्र से मिलने के लिए दौड़ पड़ना कहलाता है
(a) अच्छे गुण (b) उत्साह (c) औपचारिकता (d) सदाचार

118. लेखांश का उचित शीर्षक है
(a) साहस और हम (b) कर्त्तव्यपरायणता
(c) उत्साह का स्वरूप (d) सद्‌गुण

निर्देश (प्र. सं. 119-123) *दिए गए लेखांश को पढ़कर नीचे दिए गए प्रश्नों के उत्तर दीजिए।*

लेखांश 24

जातियाँ इस देश में अनेक आई हैं। लड़ती-झगड़ती भी रही हैं, फिर प्रेमपूर्वक बस भी गई हैं। सभ्यता की नाना सीढ़ियों पर खड़ी और नाना ओर मुख करके चलने वाली इन जातियों के लिए एक सामान्य धर्म खोज निकालना कोई सहज बात नहीं थी। भारतवर्ष के ऋषियों ने अनेक प्रकार से अनेक ओर से इस समस्या को सुलझाने की कोशिश की थी। पर एक बात उन्होंने लक्ष्य की थी। समस्त वर्णों और समस्त जातियों का एक सामान्य आदर्श भी है। वह है अपने ही बन्धनों से अपने को बाँधना। मनुष्य पशु से किस बात में भिन्न है? आहार, निद्रा आदि पशु सुलभ स्वभाव उसके ठीक वैसे ही हैं, जैसे अन्य प्राणियों के, लेकिन फिर भी पशु से भिन्न है। उसमें संयम है, दूसरों के सुख-दु:ख के प्रति संवेदना है, श्रद्धा है, तप है, त्याग है। यह मनुष्य के स्वयं के उद्‌भावित बन्धन हैं। इसलिए मनुष्य झगड़े-टंटे को अपना आदर्श नहीं मानता, गुस्से में आकर चढ़-दौड़ने वाले अविवेकी को बुरा समझता है और वचन, मन और शरीर से किए गए असत्याचरण को गलत आचरण मानता है। यह किसी खास जाति या वर्ण या समुदाय का धर्म नहीं है। वह मनुष्य मात्र का धर्म है। गौतम ने ठीक ही कहा था कि मनुष्य की मनुष्यता यही है कि यह सबके दु:ख-सुख को सहानुभूति के साथ देखता है। यह आत्मनिर्मित बन्धन ही मनुष्य को मनुष्य बनाता है। अहिंसा सत्य और अक्रोधमूलक धर्म का मूल उक्त यही है। मुझे आश्चर्य होता है कि अनजाने में भी हमारी भाषा से यह भाव कैसे रह गया है। लेकिन मुझे नाखून के बढ़ने पर आश्चर्य हुआ था। अज्ञान मनुष्य को सर्वत्र पछाड़ता है और आदमी है कि सदा उससे लोहा लेने को कमर कसे है। ***(RPSC पुलिस सब इंस्पेक्टर परीक्षा 2011)***

119. अहिंसा सत्य और अक्रोधमूलक धर्म का उक्त क्या है?
(a) आत्मनिर्मित बन्धन (b) असत्याचरण
(c) सद्‌विचार (d) परोपकार

120. देश में आने वाली विभिन्न जातियों ने क्या खोज निकाला था?
(a) सामान्य धर्म (b) सुख-शान्ति
(c) धन-सम्पदा (d) जीवन-पथ

121. किन्होंने यह खोजा कि सभी जातियों का एक सामान्य आदर्श है?
(a) नेताओं ने (b) आम लोगों ने
(c) ऋषियों ने (d) महिलाओं ने

122. मनुष्य को मनुष्य कौन बनाता है?
(a) सत्याचरण (b) सदाचार
(c) परोपकार (d) आत्मनिर्मित बन्धन

123. आदमी को सर्वत्र कौन पछाड़ता है?
(a) अहं (b) क्रोध
(c) अज्ञान (d) निराशा

निर्देश (प्र. सं. 124-127) *दिए गए लेखांश को पढ़कर नीचे दिए गए प्रश्नों के उत्तर दीजिए।*

लेखांश 25

अकेला अध्यापक बालक के सम्पूर्ण विकास के लिए सब कुछ नहीं कर सकता। उसको सफलता तब मिलती है जब समाज उसकी सहायता करे। जिस प्रदेश में कलह मचा रहता हो, जिस समाज में गरीब अमीर, ऊँच-नीच की विषमता पुकार-पुकार कर द्वन्द्व और प्रतियोगिता को प्रोत्साहन दे रही हो, जिस राष्ट्र की नीति शोषण पर खड़ी हो, उसके अध्यापक भला क्या करें?

जिन घरों में दाल-रोटी का ठिकाना न हो, पिता मद्यप और माता स्वैरिणी हो, माँ-बाप में मार-पीट और गाली-गलौच मची रहती हो, उसके बच्चों को पालने में ही मानस-विष दे दिया जाता है। तंग गलियों और गंदे घरों में रहने वाले, जो छोटेपन से ही अश्लीलता और अभद्रता में पले हों, सौन्दर्य को जल्दी समझ नहीं पाते। फिर भी अध्यापक परिस्थितियों को दोष देकर बैठा नहीं रह सकता। उसको तो अपना कर्त्तव्य पालन करना ही है।

(उत्तराखण्ड अध्यापक पात्रता परीक्षा *2011*)

124. बच्चों को संस्कारवान् बनाने का प्रथम दायित्व किसका है?
(a) माता-पिता का (b) समाज का
(c) शासन का (d) शिक्षक का

125. उपरोक्त लेखांश में किसके कर्त्तव्य को मुख्य माना गया है?
(a) समाज (b) राज्य
(c) अध्यापक (d) बालक

126. 'स्वैरिणी' का क्या अर्थ है?
(a) मनमानी करने वाली
(b) व्यभिचारिणी
(c) बुरा व्यवहार करने वाली
(d) सीधी और सरल

127. 'मानस-विष' देने का क्या अभिप्राय है?
(a) जहर पिला देना (b) मार डालना
(c) बुरा व्यवहार करना (d) अपराधी बना देना

निर्देश (प्र. सं. 128-132) *दिए गए लेखांश को पढ़कर नीचे दिए गए प्रश्नों के उत्तर दीजिए।*

लेखांश 26

डॉ. रामकुमार वर्मा ने ऐतिहासिक एवं समस्यामूलक एकांकियों की रचना की है। उनके एकांकियों का मूल स्वर आदर्शवादी हैं। प्रेम, सेवा, उदारता, त्याग और बलिदान की भावनाओं से ओत-प्रोत इन ऐतिहासिक एकांकियों में भारत के अतीत गौरव को प्रस्तुत करते हुए राष्ट्रीयता की भावना जगाने का प्रयास किया गया है। समस्यामूलक एकांकियों में वर्मा जी ने शिक्षित मध्यमवर्गीय दम्पतियों की अनेक समस्याओं— प्रेम, सेक्स, सन्देह, दम्भ आदि को कथानक का विषय बनाया है, किन्तु उनकी परिणति आदर्श में हुई है, क्योंकि उनके एकांकियों की नायिकाएँ अन्ततः अपने पति के सम्मान की रक्षा करती हुई दिखाई पड़ती हैं यथा 'रेशमी टाई' की ललिता और 'एक्ट्रेस' एकांकी की नायिका प्रभात कुमारी।

अतिशय आदर्शवादिता के कारण वर्मा जी के एकांकी यथार्थ से दूर हो गए जान पड़ते हैं, किन्तु एकांकी शिल्प की दृष्टि से वे हिन्दी के युग प्रवर्तक एकांकी माने जा सकते हैं। आरम्भ, कुतूहल, संकलन त्रय, चरम सीमा आदि तत्त्व उनके एकांकियों में बड़ी सूक्ष्मता से विद्यमान हैं। रंगमंचीयता एवं अभिनेयता के गुणों से भी उनके एकांकी सम्पन्न हैं तथा उनमें सरसता के साथ-साथ शिल्प की प्रौढ़ता भी विद्यमान है। वस्तुतः एकांकी कला को चरम यौवन पर पहुँचाने का श्रेय डॉ. रामकुमार वर्मा को ही दिया जाता है। ***(UKTET 2015)***

128. उक्त लेखांश का उपयुक्त शीर्षक क्या होगा?
(a) डॉ. वर्मा की लेखन शैली
(b) डॉ. रामकुमार वर्मा के एकांकी
(c) डॉ. रामकुमार वर्मा के नाटकों में राष्ट्रीयता
(d) डॉ. वर्मा के एकांकियों में रंगमंचीयता

129. उक्त लेखांश में प्रयुक्त शैली है
(a) विवरणात्मक (b) विवेचनात्मक (c) आलोचनात्मक (d) गवेषणात्मक

130. डॉ. रामकुमार वर्मा के एकांकियों का मूल स्वर है
(a) यथार्थवादी (b) आदर्शवादी
(c) आदर्शोन्मुखी यथार्थवादी (d) इनमें से कोई नहीं

131. रंगमंचीयता एवं अभिनेयता की दृष्टि से वर्मा जी के एकांकी
(a) सफल हैं (b) असफल हैं
(c) सम्पादन मांगते हैं (d) इनमें से कोई नहीं

132. वर्मा जी के समस्यामूलक एकांकियों में चित्रण किया गया है
(a) शिक्षित मध्यमवर्गीय दम्पतियों की समस्या का
(b) राजनीतिक समस्या का
(c) शोषण की समस्या का
(d) सामाजिक समस्या का

निर्देश (प्र. सं. 133-139) *दिए गए काव्यांश को पढ़कर नीचे दिए गए प्रश्नों के उत्तर दीजिए।*

काव्यांश 27

जग-जीवन में जो चिर महान्,
सौन्दर्यपूर्ण और सत्यप्राण,
मैं उसका प्रेमी बनूँ नाथ!
जिससे मानव-हित हो समान!
जिससे जीवन में मिले शक्ति
छूटे भय-संशय, अंधभक्ति,
मैं वह प्रकाश बन सकूँ नाथ!
मिल जावे जिसमें अखिल व्यक्ति!

133. कवि ने 'चिर महान्' किसे कहा है?
(a) मानव को (b) ईश्वर को
(c) जो सत्य और सुन्दर से सम्पूर्ण हो (d) शक्ति को

134. कवि कैसा प्रकाश बनना चाहता है?
(a) जिससे सब तरफ उजाला हो जाए
(b) अज्ञान का अंधकार दूर हो जाए
(c) जो जीने की शक्ति देता है
(d) जिसमें मनुष्य सभी भेदभाव भुलाकर एक हो जाते हैं

135. कवि ने 'अखिल व्यक्ति' का प्रयोग क्यों किया है?
(a) कवि समस्त विश्व के व्यक्तियों की बात करना चाहता है।
(b) कवि अमीर लोगों की बात कहना चाहता है।
(c) कवि भारत के व्यक्तियों की ओर संकेत करना चाहता है।
(d) कवि ब्रह्मज्ञानी बनना चाहता है।

136. कविता के किस अंश में तर्कहीन आस्था का उल्लेख हुआ है?
(a) छूटे भय-संशय, अंध-भक्ति
(b) मिल जावें जिसमें अखिल व्यक्ति!
(c) मैं वह प्रकाश बन सकूँ नाथ!
(d) जिससे मानव-हित हो समान!

137. कवि ने कविता की पंक्तियों के अन्त में विस्मयादि बोधक चिह्न का प्रयोग क्यों किया है?
(a) कविता को तुकान्त बनाने के लिए
(b) कवि अपनी इच्छा प्रकट कर रहा है
(c) इससे कविता का सौन्दर्य बढ़ता है
(d) पूर्ण विराम की लीक से हटने के लिए

138. कविता का मूलभाव क्या है?
(a) कल्याण (b) अमरदान की प्राप्ति
(c) विश्व-परिवार की भावना (d) सत्य की प्राप्ति

139. 'प्रेमी' शब्द का पर्यायवाची नहीं है
(a) अनुरागी (b) स्नेही
(c) प्रियतम (d) दुलारा

निर्देश (प्र. सं. 140-145) *दिए गए लेखांश को पढ़कर नीचे दिए गए प्रश्नों के उत्तर दीजिए।*

लेखांश 28

शिक्षा को वैज्ञानिक और प्राविधिक मूलाधार देकर हमने जहाँ भौतिक परिवेश को पूर्णतया परिवर्तित कर दिया है और जीवन को अप्रत्याशित गतिशीलता दे दी है, वहाँ साहित्य, कला, धर्म और दर्शन को अपनी चेतना से बहिष्कृत कर मानव विकास को एकांगी बना दिया है। पिछली शताब्दी में विकास के सूत्र प्रकृति के हाथ से निकलकर मनुष्य के हाथ में पहुँच गए हैं, विज्ञान के हाथ में पहुँच गए है और इस बन्द गली में पहुँचने का अर्थ मानव जाति का नाश भी हो सकता है। इसलिए नैतिक और आत्मिक मूल्यों को साथ-साथ विकसित करने की आवश्यकता है, जिससे विज्ञान हमारे लिए भस्मासुर का हाथ न बन जाए। व्यक्ति की क्षुद्रता यदि राष्ट्र की क्षुद्रता बन जाती है, तो विज्ञान भस्मासुर बन जाता है। इस सत्य को प्रत्येक क्षण सामने रखकर ही अणु-विस्फोट को मानव प्रेम और लोकहित की मर्यादा दे सकेंगे। अपरिसीम भौतिक शक्तियों का स्वामी मानव आज अपने व्यक्तित्व के प्रति आस्थावान नहीं है और प्रत्येक क्षण अपने अस्तित्व के सम्बन्ध में शंकाग्रस्त है।
(UPSSSC लेखपाल भर्ती परीक्षा 2015)

140. आज का मानव अपने व्यक्तित्व और अस्तित्व के प्रति इसलिए शंकालु है, क्योंकि
(a) वह विज्ञान की विध्वंसक शक्तियों से भयभीत है।
(b) उसका आत्मविश्वास लुप्त होता जा रहा है।
(c) मानव ईश्वर के प्रति आस्थावान नहीं है।
(d) वह सीमित भौतिक शक्तियों का स्वामी है।

141. हमारी विज्ञानाधृत शिक्षा की सर्वाधिक महत्त्वपूर्ण देन है
(a) जीवन का एकांगी विकास
(b) गतिशील जीवन का प्रत्यावर्तन
(c) जीवन का अपरिसीम भौतिक विकास
(d) जीवन का सर्वांगीण विकास

142. मानव जीवन को भस्मासुर बनने से कैसे रोक सकता है?
(a) प्रकृति-जगत का पूर्ण स्वामित्व प्राप्त करके
(b) मानव सभ्यता का विनाश करके
(c) भौतिक जीवन-मूल्यों का निर्धारण करके
(d) नैतिक-आत्मिक मूल्यों को विकसित करके

143. आधुनिक मानव विकास को सर्वांगीण नहीं कहा जा सकता, क्योंकि
(a) साहित्य, धर्म, कला आदि मानव चेतना से निर्वासित हैं।
(b) जीवन में आधातीत गतिशीलता का समावेश नहीं हुआ।
(c) विकास के सूत्र मानव के हाथ में हैं।
(d) भौतिक परिवेश पूर्णतया परिवर्तित हो गया है।

144. अणु-विस्फोट को मानवतावाद की मर्यादा देना तभी सम्भव है, जब व्यक्ति की
(a) क्षुद्र भावनाओं का उन्नयन हो।
(b) उदात्त भावनाओं को विकसित किया जाए।
(c) क्षुद्रता को राष्ट्र की क्षुद्रता न बनने दिया जाए।
(d) क्षुद्रता जब राष्ट्र की क्षुद्रता बन जाए।

145. रामवृक्ष बेनीपुरी की रचना 'माटी की मूरतें' किस साहित्यिक विधा से सम्बन्धित है?
(a) यात्रावृत्तान्त (b) उपन्यास
(c) रेखाचित्र (d) नाटक

निर्देश (प्र. सं. 146-150) *दिए गए लेखांश को पढ़कर नीचे दिए गए प्रश्नों के उत्तर दीजिए।*

लेखांश 29

समय का आदर करना ही उसका सदुपयोग करना है। जो व्यक्ति समय की सही कीमत जान लेता है, वही जीवन में सफलता प्राप्त कर पाता है। यह धन से भी अधिक महत्त्वपूर्ण है। धन खोने पर वापस पाया जा सकता है, परन्तु बीता हुआ समय नहीं लौटाया जा सकता है। छात्रों के जीवन में इसका अधिक महत्त्व है। जो छात्र इस उम्र में समय की कद्र करना सीख जाते हैं, वे भविष्य में तरक्की की ऊँचाइयों को छू लेते हैं। चाणक्य, गाँधी जी, अशोक आदि ने समय का सदुपयोग कर अपने पैरों के निशान छोड़ दिए। जीवन का प्रत्येक क्षण भविष्य का निर्माता है। जो लोग इसके महत्त्व को नहीं समझ पाते, वे केवल हाथ मलते रह जाते हैं। हम चाहे विश्राम कर लें परन्तु समय कभी विश्राम नहीं करता। समय के प्रति सजगता मानव जीवन के लिए उपयोगी है। अत: छात्रों को समय की कीमत पहचानकर इसका सार्थक उपयोग करना चाहिए।
(UPSSSC मण्डी परिषद 2019)

146. 'समय का सदुपयोग' का क्या अर्थ है?
(a) उसको सम्भालकर रखना
(b) उसे व्यर्थ न करना
(c) उसका अनादर करना
(d) उसे व्यर्थ करना

147. छात्रों के लिए समय का सदुपयोग अधिक आवश्यक क्यों है?
(a) जो इसकी महत्ता समझते हैं वे सफल होते हैं।
(b) सदुपयोग करने से सदा विफल होते हैं।
(c) कभी भी सफल नहीं होते हैं।
(d) सदा पीछे रहते हैं।

148. समय धन से अधिक महत्त्वपूर्ण क्यों है?
(a) समय वापस मिल जाएगा पर धन नहीं
(b) बहुत मेहनत से मिलता है
(c) धन वापस मिल जाएगा पर समय नहीं
(d) समय नहीं मिलता

149. निम्न में से कौन-सा विकल्प 'सजगता' का पर्यायवाची नहीं है?
(a) प्रमाद (b) सतर्कता
(c) होशियारी (d) चौकन्नापन

150. इस लेखांश का सबसे उपयुक्त शीर्षक बताएँ
(a) जीवन और समय
(b) छात्र जीवन और समय
(c) छात्र जीवन
(d) समय का अनुपयोग

निर्देश (*प्र. सं.* 151-153) *दिए गए लेखांश को पढ़कर नीचे दिए गए प्रश्नों के उत्तर दीजिए।*

लेखांश 30

शीलयुक्त व्यवहार मनुष्य की प्रकृति और व्यक्तित्व को उद्घाटित करता है। उत्तम, प्रशंसनीय और पवित्र आचरण ही शील है। शीलयुक्त व्यवहार प्रत्येक व्यक्ति के लिए हितकर है। इससे मनुष्य की ख्याति बढ़ती है। शीलवान व्यक्ति सबका हृदय जीत लेता है। शीलयुक्त व्यवहार से कटुता दूर भागती है। इससे आशंका और सन्देह की स्थितियाँ कभी उत्पन्न नहीं होतीं। इससे ऐसे सुखद वातावरण का सृजन होता है, जिसमें सभी प्रसन्नता का अनुभव करते हैं। शीलवान व्यक्ति अपने सम्पर्क में आने वाले सभी लोगों को सुप्रभावित करता है। शील इतना प्रभुत्वपूर्ण होता है कि किसी कार्य के बिगड़ने की नौबत नहीं आती। अधिकारी-अधीनस्थ, शिक्षक-शिक्षार्थी, छोटों-बड़ों आदि सभी के लिए शीलयुक्त व्यवहार समान रूप से आवश्यक है। शिक्षार्थी में यदि शील का अभाव है तो वह अपने शिक्षक से वांछित शिक्षा प्राप्त नहीं कर सकता। शीलवान अधिकारी या कर्मचारी में आत्मविश्वास की वृद्धि स्वत: ही होने लगती है और साथ ही उनके व्यक्तित्व में शालीनता आ जाती है। इस अमूल्य गुण की उपस्थिति में अधिकारी वर्ग और अधीनस्थ कर्मचारियों के बीच, शिक्षकगण और विद्यार्थियों के बीच तथा शासक और शासित के बीच मधुर और प्रगाढ़ सम्बन्ध स्थापित होते हैं और प्रत्येक वर्ग की कार्यकुशलता में वृद्धि होती है। इस गुण के माध्यम से छोटे-से-छोटा व्यक्ति बड़ों की सहानुभूति अर्जित कर लेता है। शील कोई दुर्लभ और दैवी गुण नहीं है। इस गुण को अर्जित किया जा सकता है। पारिवारिक संस्कार इस गुण को विकसित और विस्तारित करने में बहुत बड़ी भूमिका अदा करते हैं। ***(UPSSSC 2018)***

151. निम्नलिखित में से कौन-सा कथन शील के सम्बन्ध में गलत है?
(a) शीलयुक्त व्यवहार से सुखद वातावरण का निर्माण होता है।
(b) शील एक दैवी गुण है।
(c) पारिवारिक संस्कार शील को विकसित करने में महत्त्वपूर्ण भूमिका निभाते हैं।
(d) शीलयुक्त व्यवहार छोटों-बड़ों में समान रूप से आवश्यक है।

152. लेखांश में रेखांकित अंश की उचित व्याख्या होगी
(a) शील प्रभु द्वारा दिया जाता है।
(b) किसी कार्य के बिगड़ने पर शील प्रभुत्व स्थापित कर लेता है।
(c) जहाँ शील का प्रभुत्व होता है वहाँ कोई कार्य बिगड़ने नहीं पाता।
(d) जहाँ कार्य बिगड़ता है वहाँ शील का प्रभुत्व होता है।

153. लेखांश में कौन-सा शब्द 'दुष्प्रभावित' का विलोम है?
(a) कुप्रभावित (b) प्रगाढ़ (c) सुप्रभावित (d) आशंका

निर्देश (*प्र. सं.* 154-156) *दिए गए लेखांश को पढ़कर नीचे दिए गए प्रश्नों के उत्तर दीजिए।*

लेखांश 31

आनन्द और खुशी की खोज में हम सारा जीवन लगे रहते हैं। बाह्य शिष्टाचारों से खुशी तो प्राप्त होती है, किन्तु वह क्षणिक होती है। आत्मिक खुशी तो हमें अपने अन्दर ही तलाशनी होती है। हमारे अन्त:करण में आनन्द का सरोवर और खुशी का खजाना सदैव विद्यमान रहता है। ये यादों और अनुभूतियों का वह भण्डारघर है, जहाँ हमारा अन्त:करण आज तक की सभी यादों और अनुभूतियों को संग्रहीत करके रखता है। यह बहुत बुद्धिमान और चतुर है। यह आपका आज्ञाकारी दास भी है। इसके विशाल संग्रह में से आत्मिक आनन्द को प्राप्त करना है तो इसे उसी दिशा में निर्देशित करना होगा। बाह्य मन को कुछ देर के लिए शान्त, स्थिर और गतिहीन कीजिए और अन्तर्मन को निर्देश दीजिए कि वह अपने संग्रह में से नकारात्मक यादों-अनुभूतियों को मिटाकर आपके लिए आनन्द के अनमोल सच्चे मोती निकालकर लाए। निरन्तर अपने अन्त:करण को यही आज्ञा देते रहिए और धीरे-धीरे वह कब आपको आत्मिक आनन्द और जीवन-स्फूर्ति से सराबोर कर देगा, आपको पता भी नहीं चलेगा। ***(UPSSSC AG TA 2019)***

154 उपरोक्त लेखांश को ध्यान से पढ़िए और उपरोक्त शीर्षक का चयन कीजिए
(a) आनन्द की खोज (b) अन्तर्मन-यादों का भण्डारघर
(c) अन्तर्मन (d) अन्तर्मन की शक्ति

155. उपरोक्त लेखांश को ध्यान से पढ़िए और उपयुक्त उत्तर का चयन कीजिए अन्तर्मन से आत्मिक आनन्द कैसे मिलता है?
(a) अन्तर्मन समझता है कि हमें आनन्द चाहिए।
(b) अन्तर्मन नकारात्मकता को मिटाकर सकारात्मकता से मन को शान्त कर देता है, जिससे आत्मिक आनन्द मिलता है।
(c) अन्तर्मन में केवल अच्छी यादें संग्रहीत रहती हैं, उन्हीं को वापस कर देता है।
(d) अन्तर्मन सदैव अच्छे काम करता है।

156. उपरोक्त लेखांश को ध्यानपूर्वक पढ़िए और उसका सही सारांश बताइए
(a) जब अन्तर्मन को प्रतिदिन शान्त, स्थिर और खुश रहने का निर्देश मिलता है तो वह एक आज्ञाकारी किन्तु समझदार सेवक की तरह मन की सारी नकारात्मक गतिविधियों को हटाता जाता है और अच्छी और सुखद अनुभूतियों को प्रवाहित करने लगता है। मन शान्त होने से आनन्द का अनुभव होने लगता है और धीरे-धीरे यही आनन्द भाव स्थायी हो जाता है।
(b) जब अन्तर्मन को प्रतिदिन शान्त, स्थिर और खुश रहने का निर्देश मिलता है तो वह एक आज्ञाकारी किन्तु समझदार सेवक की तरह मन में आनन्द भर देता है।
(c) अन्तर्मन को निर्देश मिलने से मन शान्त हो जाता है और आनन्द का अनुभव होने लगता है।
(d) अन्तर्मन में बहुत शक्ति होती है। वह हमारे निर्देशानुसार मन के बुरे विचार हटाकर अच्छे विचारों से भर देता है जिससे खुशी मिलती है।

निर्देश (*प्र. सं.* 157-159) *दिए गए लेखांश को पढ़कर नीचे दिए गए प्रश्नों के उत्तर दीजिए।*

लेखांश 32

भारतीय दर्शन सिखाता है कि जीवन का एक आशय और लक्ष्य है। आशय की खोज हमारा दायित्व है और अन्त में उस लक्ष्य को प्राप्त कर लेना हमारा विशेषाधिकार है। इस प्रकार दर्शन जो कि आशय को उद्घाटित करने की कोशिश करता है और जहाँ तक उसे इसमें सफलता मिलती है, वह इस लक्ष्य तक अग्रसर होने की प्रक्रिया है। कुल मिलाकर आखिर यह लक्ष्य क्या है? इस अर्थ में यथार्थ की प्राप्ति वह है, जिसमें पा लेना केवल जानना नहीं है, बल्कि उसी का अंश हो जाना है। इस उपलब्धि में बाधा क्या है? बाधाएँ कई हैं, पर इनमें प्रमुख है-अज्ञान। अशिक्षित आत्मा नहीं है, यहाँ तक कि यथार्थ संसार भी नहीं है और अपनी शिक्षा से उसे उस अज्ञान से मुक्ति दिलाता है, जो यथार्थ दर्शन नहीं होने देता। इस प्रकार एक दार्शनिक होना एक बौद्धिक अनुगमन करना नहीं है, बल्कि एक शक्तिप्रद अनुशासन पर चलना है, क्योंकि सत्य की खोज में लगे हुए सही दार्शनिक को अपने जीवन को इस प्रकार आचरित करना पड़ता है ताकि उस यथार्थ से एकाकार हो जाए जिसे वह खोज रहा है। वास्तव में यही जीवन का एकमात्र सही मार्ग है और सभी दार्शनिकों को इसका पालन करना होता है और दार्शनिक ही नहीं, बल्कि सभी मनुष्यों के दायित्व और नियति एक ही है। ***(UPSSSC 2018)***

157. उपरोक्त लेखांश का समुचित शीर्षक चुनिए।
(a) जीवन का एक आशय (b) मनुष्य की नियति
(c) भारतीय दर्शन और जीवन (d) अज्ञान से मुक्ति

158. उपरोक्त लेखांश का संक्षेपण कीजिए।

(a) दर्शन जीवन का एकमात्र सही मार्ग है और सभी दार्शनिकों को इसका पालन करना होता है और दार्शनिक ही नहीं, बल्कि सभी मनुष्यों को, क्योंकि सभी मनुष्यों के दायित्व और नियति एक ही है।

(b) भारतीय दर्शन सिखाता है कि जीवन का एक आशय और लक्ष्य है, आशय की खोज हमारा दायित्व है और अन्त में उस लक्ष्य को प्राप्त कर लेना हमारा विशेषाधिकार है।

(c) दर्शन जो कि आशय को उद्घाटित करने की कोशिश करता है और जहाँ तक उसे इसमें सफलता मिलती है, वह इस लक्ष्य तक अग्रसर होने की प्रक्रिया है।

(d) भारतीय दर्शन जीवन के लक्ष्य की खोज करके उसे पाने की प्रक्रिया भी बताता है। लक्ष्य को पा लेना उसे केवल जानना नहीं है, बल्कि उसका अंश हो जाना है। इस उपलब्धि में प्रमुख बाधा है-अज्ञान, जिसे दर्शन ही दूर कर सकता है। इस प्रकार दार्शनिक को स्वयं अनुशासित होना पड़ता है ताकि वह यथार्थ से एकाकार हो जाए। इसी नाते अनुशासित आचरण का पालन सभी मनुष्यों को करना होता है।

159. उपरोक्त लेखांश के आधार पर बताइए कि यथार्थ की प्राप्ति में प्रमुख बाधा क्या है?

(a) अज्ञान (b) दायित्व
(c) नियति (d) अनुशासन

निर्देश (*प्र. सं.* 160-162) *दिए गए लेखांश को पढ़कर नीचे दिए गए प्रश्नों के उत्तर दीजिए।*

लेखांश 33

अनन्त रूपों में प्रकृति हमारे सामने आती है-कहीं मधुर, सुसज्जित या सुन्दर रूप में, कहीं रूखे, बेड़ौल या कर्कश रूप में; कहीं भव्य, विशाल या विचित्र रूप में और कहीं उग्र रूप में; कराल या भयंकर रूप में। सच्चे कवि का हृदय उसके उन सब रूपों में लीन होता है, क्योंकि उसके अनुराग का कारण अपना खास सुखभोग नहीं, बल्कि चिरसाहचर्य द्वारा प्रतिष्ठित वासना है, जो केवल प्रफुल्ल प्रसून प्रसाद के सौरभ-संचार, मकरंदलोलुप मधुकर के गुंजार, कोकिलकूजित निकुंज और शीतल सुखस्पर्श समीर की ही चर्चा किया करते हैं, वे विषयी या भोगलिप्सु हैं। इसी प्रकार जो केवल मुक्ताभासहिमि बिन्दुमण्डित मरकताभ शाद्धलजाल, अत्यन्त विशाल गिरिशिखर से गिरते जलप्रपात की गम्भीर गति से उठी हुई सीकरनीहारिका के बीच विविधवर्ण स्फुरण की विशालता, भव्यता और विचित्रता में ही अपने हृदय के लिए कुछ पाते हैं वे तमाशबीन हैं, सच्चे भावुक या सहृदय नहीं। प्रकृति के साधारण, असाधारण सब प्रकार के रूपों को रखने वाले वर्णन हमें वाल्मीकि, कालिदास, भवभूति इत्यादि संस्कृत के प्राचीन कवियों में मिलते हैं। पिछले खेवे के कवियों ने मुक्तक रचना में तो अधिकतर प्राकृतिक वस्तुओं का अलग-अलग उल्लेख केवल उद्दीपन की दृष्टि से किया है। प्रबन्ध रचना में थोड़ा-बहुत संश्लिष्ट चित्रण किया है, वह प्रकृति की विशेष रूपविभूति को लेकर ही।

(UPSSSC VDO 2019)

160. उपरोक्त लेखांश के लिए उचित शीर्षक बताइए।

(a) प्रकृति का रूप (b) कवि और प्रकृति
(c) सच्चा कवि (d) प्रकृति का सौन्दर्य

161. उपरोक्त लेखांश के आधार पर बताइए कि प्रकृति के साधारण, असाधारण सब प्रकार के रूपों को रखने वाले वर्णन हमें कहाँ देखने को मिलते हैं?

(a) प्रबन्ध रचना में
(b) मुक्तक रचना में
(c) पिछले खेवे के कवियों में
(d) वाल्मीकि, कालिदास, भवभूति इत्यादि संस्कृत के प्राचीन कवियों म

162. उपरोक्त लेखांश का संक्षेपण कीजिए

(a) सच्चे कवि का हृदय प्रकृति के सभी रूपों में लीन होता है, क्योंकि उसके अनुराग का कारण अपना खास सुखभोग नहीं, बल्कि चिरसाहचर्य द्वारा प्रतिष्ठित वासना है।

(b) जो केवल मुक्ताभासहिम बिन्दुमण्डित मरकताभ शाद्धलजाल, अत्यन्त विशाल गिरिशिखर से गिरते जलप्रपात की गम्भीर गति से उठी हुई सीकरनीहारिका के बीच विविधवर्ण स्फुरण की विशालता, भव्यता और विचित्रता में ही अपने हृदय के लिए कुछ पाते हैं वे तमाशबीन हैं, सच्चे भावुक या सहृदय नहीं।

(c) प्रकृति के दो रूप हैं; एक सुन्दर, दूसरा बेड़ौल। सच्चे कवि का हृदय दोनों में रमता है, किन्तु जो प्रकृति के बाहरी सौन्दर्य का चयन अथवा उसकी रहस्यमयता का उद्घाटन करता रह गया, वह कवि नहीं है। प्रकृति के सच्चे रूपों का चित्रण संस्कृत के प्राचीन कवियों में मिलता है। प्रबन्ध काव्यों में उसका संश्लिष्ट वर्णन हुआ है।

(d) पिछले खेवे के कवियों ने मुक्तक रचना में तो अधिकतर प्राकृतिक वस्तुओं का अलग-अलग उल्लेख केवल उद्दीपन की दृष्टि से किया है। प्रबन्ध रचना में थोड़ा-बहुत संश्लिष्ट चित्रण किया है, वह प्रकृति की विशेष रूपविभूति को लेकर ही।

उत्तरमाला

1. (b)	2. (d)	3. (a)	4. (a)	5. (b)	6. (b)	7. (a)	8. (d)	9. (c)	10. (c)
11. (d)	12. (d)	13. (a)	14. (b)	15. (d)	16. (c)	17. (a)	18. (c)	19. (c)	20. (c)
21. (d)	22. (d)	23. (d)	24. (b)	25. (a)	26. (d)	27. (d)	28. (a)	29. (b)	30. (d)
31. (b)	32. (d)	33. (c)	34. (d)	35. (c)	36. (c)	37. (d)	38. (b)	39. (c)	40. (a)
41. (b)	42. (a)	43. (d)	44. (b)	45. (d)	46. (c)	47. (d)	48. (c)	49. (a)	50. (c)
51. (b)	52. (d)	53. (c)	54. (b)	55. (b)	56. (c)	57. (c)	58. (c)	59. (d)	60. (c)
61. (d)	62. (a)	63. (d)	64. (c)	65. (d)	66. (c)	67. (a)	68. (b)	69. (d)	70. (d)
71. (d)	72. (b)	73. (c)	74. (b)	75. (a)	76. (a)	77. (d)	78. (d)	79. (c)	80. (b)
81. (d)	82. (a)	83. (a)	84. (c)	85. (a)	86. (c)	87. (d)	88. (c)	89. (b)	90. (d)
91. (d)	92. (c)	93. (d)	94. (a)	95. (b)	96. (b)	97. (d)	98. (c)	99. (c)	100. (b)
101. (a)	102. (b)	103. (b)	104. (d)	105. (b)	106. (d)	107. (c)	108. (a)	109. (b)	110. (c)
111. (a)	112. (d)	113. (b)	114. (c)	115. (c)	116. (a)	117. (b)	118. (c)	119. (a)	120. (a)
121. (c)	122. (d)	123. (c)	124. (a)	125. (a)	126. (b)	127. (d)	128. (b)	129. (c)	130. (b)
131. (a)	132. (a)	133. (b)	134. (d)	135. (a)	136. (a)	137. (b)	138. (c)	139. (d)	140. (a)
141. (a)	142. (d)	143. (a)	144. (c)	145. (c)	146. (b)	147. (a)	148. (c)	149. (a)	150. (b)
151. (b)	152. (c)	153. (c)	154. (a)	155. (b)	156. (d)	157. (c)	158. (b)	159. (a)	160. (b)
161. (d)	162. (c)								

अध्याय~28

हिन्दी साहित्य के स्मरणीय तथ्य

हिन्दी साहित्य विशाल और समृद्ध है। यह ऐतिहासिक, सामाजिक, सांस्कृतिक आदि की दृष्टि से बहुत महत्त्वपूर्ण होता है। यहाँ परीक्षोपयोगी हिन्दी साहित्य के महत्त्वपूर्ण तथ्यों पर संक्षिप्त रूप से प्रकाश डाला गया है।

हिन्दी साहित्य के इतिहास लेखन की परम्परा

हिन्दी साहित्य के इतिहास लेखन का वास्तविक सूत्रपात 19वीं शताब्दी से माना जाता है। मध्यकाल में भी कुछ रचनाएँ; जैसे-चौरासी वैष्णवन की वार्ता, दो सौ बावन वैष्णवन की वार्ता एवं भक्तमाल इत्यादि मिलती हैं, परन्तु इनमें कालक्रमानुसार वर्णन नहीं मिलता। अत: इन्हें हिन्दी साहित्य के इतिहास ग्रन्थ में शामिल नहीं किया जा सकता।

प्रमुख हिन्दी साहित्य के इतिहास ग्रन्थ निम्नलिखित हैं

- हिन्दी साहित्य के इतिहास लेखन की परम्परा की शुरुआत फ्रेंच विद्वान 'गार्सा द तासी' ने 'इस्त्वार द-ला लितरेत्यूर ऐन्दुई ऐन्दुस्तानी' 1839 ई. में की।
- इसके पश्चात् दूसरा प्रयास शिवसिंह सेंगर ने 'शिवसिंह सरोज' द्वारा 1883 ई. में लिखकर किया।
- सर जॉर्ज ग्रियर्सन ने 'द मॉडर्न वर्नाक्यूलर लिटरेचर ऑफ हिन्दुस्तान' 1889 ई. में लिखा।
- मिश्र बन्धुओं ने 'मिश्रबन्धु विनोद' की वर्ष 1913 में रचना की।
- आचार्य रामचन्द्र शुक्ल ने वर्ष 1929 में 'हिन्दी साहित्य का इतिहास' ग्रन्थ लिखा।
- डॉ. रामकुमार वर्मा ने 'हिन्दी साहित्य का आलोचनात्मक इतिहास' वर्ष 1938 में लिखा।
- आचार्य हजारी प्रसाद द्विवेदी ने 'हिन्दी साहित्य की भूमिका' वर्ष 1940 में लिखी।
- डॉ. गणपति चन्द्रगुप्त ने 'हिन्दी साहित्य का वैज्ञानिक इतिहास' वर्ष 1965 में लिखा।

हिन्दी साहित्य का इतिहास व उनके लेखक

	पुस्तक का नाम	लेखक	पुस्तक का संक्षिप्त विवरण
1.	इस्त्वार द-ला लितरेत्यूर ऐन्दुई ऐन्दुस्तानी (हिन्दी कवियों का इतिहास-दो भागों में)	गार्सा-द-तासी (फ्रेंच लेखक)	पहला भाग 1839 ई. में तथा दूसरा भाग 1846 ई. में छपा। 1871 ई. में दूसरा संस्करण तीन भागों में छपा। इसमें हिन्दू-मुस्लिम कवियों और कवयित्रियों का अंग्रेजी वर्णक्रम से विवरण दिया गया। 70 के लगभग हिन्दी कवियों का विवरण।
2.	भाषा काव्य संग्रह	पं. महेश दत्त शुक्ल	1873 ई. में नवल किशोर प्रैस, लखनऊ से प्रकाशित। इसमें कुछ प्राचीन कवियों की कविताओं का संग्रह और उनकी संक्षिप्त जीवनियाँ थीं।
3.	शिवसिंह सरोज	शिवसिंह सेंगर	1883 ई. में उन्नाव जिले के शिवसिंह सेंगर द्वारा लिखित। एक हजार के लगभग हिन्दी कवियों और उनकी रचनाओं का परिचय। इसी ग्रन्थ के आधार पर सर जॉर्ज ग्रियर्सन ने 'मॉर्डन वर्नाक्यूलर लिटरेचर ऑफ हिन्दुस्तान' लिखा।
4.	हिन्दी-कोविद-ग्रन्थ-माला (भाग 2)	बाबू श्यामसुन्दर दास	भारतेन्दु कालीन 80 कवियों का रचना-संकेतों सहित परिचय। वर्ष 1909 तथा 1914 में प्रकाशित।
5.	मिश्र बन्धु-विनोद	कृष्ण बिहारी मिश्र, शुक देव बिहारी मिश्र, गणेश बिहारी मिश्र	वर्ष 1913 में तीन भागों तथा वर्ष 1934 में चौथे भाग का प्रकाशन। हिन्दी कवियों का प्रथम विराट एवं व्यवस्थित इतिवृत्तात्मक ग्रन्थ। कवियों के विवरण के साथ साहित्य के विविध अंगों पर प्रकाश डाला। लगभग 5000 कवियों का विवरण। प्राचीन काव्य परम्परा के आदर्शों पर वर्गीकरण।
6.	कविता कौमुदी (भाग 2)	पं. रामनरेश त्रिपाठी	वर्ष 1917 में प्रकाशित। प्रथम भाग में भारतेन्दु से पूर्व के 89 कवियों और रचनाओं का परिचय, दूसरे में 49 आधुनिक कवियों और उनकी रचनाओं का विवरण।
7.	ए स्कैच ऑफ हिन्दी लिटरेचर	एडविन ग्रीव्स	वर्ष 1918 में प्रकाशित। इसमें 112 पृष्ठ हैं और 5 भागों में विभक्त हैं।

	पुस्तक का नाम	लेखक	पुस्तक का संक्षिप्त विवरण
12.	हिन्दी भाषा और साहित्य	डॉ. श्यामसुन्दर दास	वर्ष 1930 में प्रकाशित। कवियों का विवरण मात्र व भाषा विज्ञान।
13.	भारतीय इतिहास पर हिन्दी का प्रभाव	पं. शुकदेव बिहारी मिश्र	वर्ष 1930-31 (भाषण जो बाद में पुस्तकार प्रकाशित)
14.	हिन्दी भाषा और उसके साहित्य का विकास	पं. अयोध्या सिंह उपाध्याय 'हरिऔध'	वर्ष 1929-30 (भाषण जो पुस्तकार छपे, 719 पृष्ठ भाषा और साहित्य पर अच्छी आलोचना)।
15.	हिन्दी साहित्य का विवेचनात्मक इतिहास	डॉ. सूर्यकान्त शास्त्री	वर्ष 1930 में प्रकाशित, हिन्दी साहित्य की विश्वजनीन भावनाओं की दृष्टि से तुलना।
16.	हिन्दी का इतिहास	पं. रमाशंकर शुक्ल 'रसाल'	वर्ष 1931 में प्रकाशित, केवल उपलब्ध सामग्री का संग्रह किया।
17.	हिन्दी साहित्य का संक्षिप्त इतिहास	डॉ. श्यामसुन्दर दास	वर्ष 1931 उस व्यापक अर्थ में नहीं लिया गया।
18.	आधुनिक हिन्दी साहित्य का इतिहास	कृष्ण शंकर शुक्ल	वर्ष 1934 में प्रकाशित। आधुनिक कवियों और साहित्यकारों का साहित्यिक परिचय दिया।
19.	हिन्दी साहित्य का आलोचनात्मक इतिहास	डॉ. रामकुमार वर्मा	वर्ष 1938 में प्रकाशित। चारण और धार्मिक काल का वर्णन है।
20.	हिन्दी साहित्य का सुबोध इतिहास	बाबू गुलाब राय	वर्ष 1938 उपयोगी कला, शरीर रक्षा, प्राणि शास्त्र।
21.	हिन्दी साहित्य का इतिहास	मिश्र बन्धु	वर्ष 1939 में प्रकाशित। आंग्ल प्रभाव से पूर्व का व्यवस्थित इतिहास।
22.	हिन्दी साहित्य की भूमिका	पं. हजारी प्रसाद द्विवेदी	वर्ष 1940 समाज शास्त्र, शिक्षा, धर्म, समालोचना।
23.	हिन्दी के निर्माता	डॉ. श्यामसुन्दर दास	वर्ष 1941 और अन्य भाषाओं के साहित्य का।
24.	खड़ी बोली हिन्दी का इतिहास	ब्रज रत्न दास	वर्ष 1941 अध्ययन शामिल है।
25.	हिन्दी भाषा और साहित्य का इतिहास	आचार्य चतुरसेन	वर्ष 1946 में प्रकाशित सर्वतोभावेन व्यापक अर्थों में प्रकाशित, परिपूर्ण हिन्दी साहित्य का सर्वप्रथम इतिहास, सब विषयों को लिया है, भाषा और लिपि के प्रसंग भी हैं।
26.	हिन्दी साहित्य का इतिहास	ब्रज रत्न दास	जिसमें जीवन चरित, इतिहास, भूगोल, विज्ञान।
27.	हिन्दी साहित्य का गद्यकाल	पं. गणेश प्रसाद द्विवेदी	देश-दर्शन, भाषा-शास्त्र, ललित कला।

कालों का नामकरण

साहित्येतिहासकारों द्वारा दिए गए भिन्न-भिन्न नामों के पश्चात् जो सर्वमान्य नाम हैं, वे निम्नलिखित हैं

1. **आदिकाल** (1000-1350 ई.) हिन्दी साहित्येतिहास के विभिन्न कालों के नामकरण का प्रथम श्रेय जार्ज ग्रियर्सन को है।

   हिन्दी साहित्येतिहास के आरम्भिक काल के नामकरण का प्रश्न विवादास्पद है। इस काल को ग्रियर्सन ने 'चारण काल', मिश्र बन्धु ने 'आरम्भिक काल', महावीर प्रसाद द्विवेदी ने 'बीज वपन काल', शुक्ल ने 'आदिकाल; वीर गाथाकाल', राहुल सांस्कृत्यायन ने 'सिद्ध—सामन्त काल', राम कुमार वर्मा ने 'सन्धिकाल' व 'चारण काल', हजारी प्रसाद द्विवेदी ने 'आदिकाल' की संज्ञा दी है।
2. **भक्तिकाल** (1350-1650 ई.) इस काल को 'हिन्दी साहित्य का स्वर्ण काल' कहा जाता है। भक्ति काल के उदय के बारे में सबसे पहले जार्ज ग्रियर्सन ने मत व्यक्त किया। वे इसे 'ईसाइयत की देन' मानते हैं। ताराचंद के अनुसार भक्ति काल का उदय 'अरबों की देन' है। भक्तिकाल को मिश्र बन्धु ने 'माध्यमिक काल', आचार्य रामचन्द्र शुक्ल, डॉ. राजकुमार वर्मा, हजारी प्रसाद द्विवेदी ने 'भक्तिकाल' तथा डॉ. गणपति चन्द्रगुप्त ने 'पूर्व मध्यकाल' कहा है।
3. **रीतिकाल** (1650-1850 ई.) इस काल को मिश्र बन्धु ने 'अलंकृत काल', आचार्य राम प्रसाद शुक्ल, डॉ. रामकुमार वर्मा, हजारी प्रसाद द्विवेदी ने 'रीतिकाल' तथा विश्वनाथ त्रिपाठी ने 'शृंगारकाल' कहा है।
4. **आधुनिक काल** (1850 ई. से अब तक) भारतेन्दु युग का नामकरण हिन्दी नवजागरण के अग्रदूत भारतेन्दु हरिश्चन्द्र के नाम पर किया गया है। भारतेन्दु युग की प्रवृत्तियाँ थीं—नवजागरण, सामाजिक चेतना, भक्ति भावना, शृंगारिकता, रीति निरूपण, समस्या-पूर्ति। उक्त नाम ही अब सभी जगह स्वीकार किए जाते हैं। इतिहास ग्रन्थों में इन्हीं का प्रयोग होता है। इस काल को मिश्र बन्धु ने 'वर्तमान काल', आचार्य रामचन्द्र शुक्ल ने 'गद्यकाल' तथा हजारी प्रसाद द्विवेदी ने 'आधुनिक काल' कहा है।

हिन्दी के प्रमुख रचनाकार और उनकी रचनाएँ

आदिकाल

हिन्दी साहित्य के इतिहास में 8वीं शताब्दी से लेकर 14वीं शताब्दी के मध्य काल तक के समय को आदिकाल कहा जाता है। इस काल में साहित्य मुख्यत: चार रूपों में मिलता है—सिद्ध साहित्य तथा नाथ साहित्य, जैन साहित्य, चारणी साहित्य, प्रकीर्णक साहित्य। इस युग के प्रमुख रचनाकार तथा उनकी रचनाएँ निम्नलिखित हैं

आदिकाल

रचनाकार	रचनाएँ	रचनाकाल	विषय
दलपति विजय	खुमान रासो	नवीं शती	चित्तौड़ नरेश खुमान की वीरता का वर्णन है।
रोड कवि	राउलवेल	दसवीं शती	गद्य-पद्य मिश्रित चम्पू काव्य, नायिका राउलवेल के नखशिख सौन्दर्य का शृंगारिक वर्णन है।
नल्हसिंह भाट	विजयपाल रासो (अप्राप्त)	ग्यारहवीं शती	विजयगढ़ के शासक विजयपाल के शौर्य एवं पराक्रम का वर्णन है।
चन्दबरदाई	पृथ्वीराज रासो	बारहवीं शती	पृथ्वीराज चौहान की वीरता का वर्णन है।
नरपति नाल्ह	बीसलदेव रासो	बारहवीं शती	लौकिक विरह सन्देश काव्य, अजमेर के चौहान राजा बीसलदेव तथा रानी राजमती के प्रेम और विरह का वर्णन है।
भट्ट केदार	जयचन्द प्रकाश (अप्राप्त)	बारहवीं शती	महाराज जयचन्द की वीरता का वर्णन है।
मधुकर	जयमयंक जसचन्द्रिका (अप्राप्त)	बारहवीं शती	महाराज जयचन्द के पराक्रम का वर्णन है।
दामोदर शर्मा	उक्ति-व्यक्ति-प्रकरण	बारहवीं शती	गद्य-पद्य मिश्रित व्याकरण ग्रन्थ
जगनिक	परमाल रासो (आल्हाखण्ड)	तेरहवीं शती	महोबा के राजा परमालदेव के सामन्त आल्हा और ऊदल की वीरता का वर्णन है।
अब्दुर्रहमान	संदेश रासक	तेरहवीं शती	यह तीन क्रमों में विभाजित 223 छंदों का सन्देश काव्य है।
अमीर खुसरो	खालिकबारी नूह सिपिहर पहेलियाँ, मुकरियाँ, दो सखुनें आवाज़-ए-खुसरवी	तेरहवीं शती तेरहवीं शती तेरहवीं शती तेरहवीं शती	हिन्दी-फ़ारसी शब्दकोश भारतीय बोलियों का वर्णन लोकरंजक और शिक्षाप्रद संगीत प्रधान है।
अज्ञात कवि	वसन्त विलास	तेरहवीं-चौदहवीं शती के मध्य	शृंगारपरक सरस ब्रजभाषा काव्य जिसमें स्त्रियों पर वसन्त के प्रभाव का वर्णन है।
विद्यापति	पदावली कीर्तिलता कीर्तिपताका	चौदहवीं शती चौदहवीं शती चौदहवीं शती	राधा-कृष्ण के लौकिक प्रेम का वर्णन है। ऐतिहासिक महत्त्व का प्रबन्ध-काव्य, इसमें कीर्ति सिंह की वीरता का वर्णन है। अभी तक सूचना मात्र है।
ज्योतिरीश्वर ठाकुर	वर्ण रत्नाकर	चौदहवीं शती	हिन्दू दरबार और भारतीय जीवन पद्धति का चित्रण है।
कुशलराय वाचक	ढोला मारू-रा-दूहा	पन्द्रहवीं शती	लौकिक विरह सन्देश-काव्य (मुख्यत: यह 11वीं सदी) (कवि कल्लोत की रचना है। इसमें कुशलराय वाचक ने कुछ चौपाइयाँ जोड़कर इसका विस्तार किया)।
स्वयंभू	पउमचरिउ		रामकथा महाकाव्य

भक्तिकाल (सन्त काव्य)

आदिकाल के बाद के युग को भक्तिकाल कहा जाता है। इस काल की समयावधि संवत् 1343 ई. से संवत् 1643 ई. तक मानी जाती है। इसे पूर्व मध्यकाल भी कहा जाता है। जॉर्ज ग्रियर्सन ने इसे स्वर्णकाल की संज्ञा दी है।

भक्तिकाल को दो भागों में विभाजित किया गया है—सगुण भक्ति तथा निर्गुण भक्ति। सगुण भक्ति की दो उपशाखाएँ–रामाश्रयी शाखा तथा कृष्णाश्रयी शाखा हैं। निर्गुण भक्ति की दो उपशाखाएँ—ज्ञानाश्रयी शाखा तथा प्रेमाश्रयी शाखा हैं।

भक्तिकाल के प्रमुख रचनाकार तथा उनकी रचनाएँ निम्नलिखित हैं

संत काव्य

रचनाकार	रचनाएँ	वर्ण्य विषय
नामदेव	अभंगपद	डॉ. भगीरथ मिश्र ने 'सन्त नामदेव की हिन्दी पदावली' (1964) तथा रामचन्द्र मिश्र ने 'सन्त रामदेव और हिन्दी पद साहित्य' नाम से सम्पादन किया है।
कबीर	बीजक (साखी, सबद और रमैनी)	कबीर के काव्य का संकलन सबसे पहले उनके शिष्य धरम दास ने 'बीजक' नाम से किया था। इसके उपरान्त डॉ. श्यामसुन्दर दास ने 'कबीर-ग्रन्थावली', डॉ. पारसनाथ तिवारी ने 'कबीर ग्रन्थावली' (1961), अयोध्यासिंह उपाध्याय हरिऔध ने 'कबीर वचनावली' (1946) नाम से कबीर की रचनाओं का सम्पादन किया है।
गुरु नानकदेव	जपुजी, असादीवार, रहिरास, सोहिला, नसीहतनामा	गुरु नानकदेव की रचनाओं का संकलन डॉ. जयराम मिश्र ने 'नानकवाणी', डॉ. मनमोहन सहगल ने 'श्री गुरु ग्रन्थ साहिब' (पहली, दूसरी सैंची) (1978, 1980) नाम से सम्पादित किया है।
रैदास (रविदास)	रविदास की बानी, रविदास के पद	इनकी कुछ रचनाएँ श्री गुरु ग्रन्थ साहिब में संकलित हैं। इसमें 18 हजार चौपाईयाँ संगृहीत हैं। यह प्रणामी सम्प्रदाय
मलूकदास	ज्ञानबोध, रामावतार लीला, ध्रुवचरित	ज्ञानबोध में ज्ञान, भक्ति और वैराग्य का तथा रामावतार लीला में रामवन की कथा का विस्तृत वर्णन है।
दादूदयाल	हरडेबानी	दादूदयाल की रचनाओं का संकलन रज्जबदास तथा जगन्नाथ ने 'हरडेबानी' नाम से किया। बाद में परशुराम चतुर्वेदी ने 'दादू ग्रन्थावली' नाम से सम्पादन किया।
सुन्दरदास	सुन्दरविलास, सुन्दर ग्रन्थावली (भाग 1, 2)	सुन्दरदास की रचनाओं का संकलन है।
जगजीवन दास	ज्ञानप्रकाश, महाप्रलय, प्रथम ग्रन्थ	—
सहजोबाई	सहजप्रकाश, सोलह, तत्त्व निर्माण	—
अक्षर अनन्य	महिमा समुद्र, सिद्धान्तबोध, प्रेम-दीपिका, ज्ञानयोग, पंचासिका	—

सूफी काव्य

रचनाकार	रचनाएँ	रचनाकाल	वर्ण्य विषय
असाइत	हंसावली	1370 ई.	गुजराती मिश्रित पश्चिमी हिन्दी में रचित प्रेमकथा
मुल्ला दाऊद	चन्दायन	1379 ई.	लोरिक और चन्दा की लोककथा के माध्यम से प्रेम के महत्त्व का चित्रण, इसे **लोरकहा** भी कहते हैं।
ईश्वरदास	सत्यवती कथा	1500 ई.	सत्यवती कथा सौन्दर्य, प्रेम, विरह निरूपण, तत्कालीन बादशाह का उल्लेख; अवधी भाषा, दोहा-चौपाई शैली आदि की दृष्टि से हिन्दी प्रेमाख्यान परम्परा का उच्चकोटि का काव्य है।
कुतुबन	मृगावती	1501 ई.	मृगावती और राजकुँवर की लौकिक प्रेमकथा के द्वारा अलौकिक प्रेम का वर्णन है।
मलिक मोहम्मद 'जायसी'	पद्मावत	1520 ई. (947 हिजरी)	राजा रतनसेन और पद्मावती की प्रेमकथा के द्वारा अलौकिक प्रेम का चित्रण, अवधी का प्रथम महाकाव्य है।
	आखिरी कलाम	936 हिजरी	इसमें क़यामत का वर्णन तथा मोहम्मद साहब के महत्त्व का प्रतिपादन है।
	अखरावट	–	इसमें देवनागरी वर्णमाला के एक-एक वर्ण (अक्षर) को लेकर सैद्धान्तिक बातें कही गई हैं।
मंझन	मधुमालती	1545 ई.	मधुमालती और मनोहर की प्रेमकथा के द्वारा अलौकिक प्रेम का वर्णन है।
उसमान	चित्रावली	1613 ई.	सुजान और चित्रावली की प्रेमकथा के माध्यम से प्रेम और विरह के महत्त्व का प्रतिपादन है।
शेख़नबी	ज्ञानदीप	1619 ई.	ज्ञानदीप और देवयानी की प्रेमकथा का वर्णन है।
नूर मोहम्मद	इन्द्रावती	1707 ई.	सभी पात्रों का प्रतीक रूप में चित्रण करते हुए आध्यात्मिक संकेत दिया गया है।
कासिम शाह	हंस जवाहिर	1736 ई.	हंस और रानी जवाहिर की प्रेमकथा का वर्णन है।
नूर मोहम्मद	अनुराग बाँसुरी	1764 ई.	प्रेमकथा के माध्यम से इस्लामी धर्म का प्रचार (दोहे की जगह बरवै छन्द का प्रयोग) किया गया है।
निसार	यूसुफ जुलेखा	–	शामी परम्परा से कथानक लेकर प्रेम के महत्त्व का प्रतिपादन किया गया है।
नसीर	प्रेमदर्पण	–	यूसुफ जुलेखा की ही प्रेमकथा वर्णित है।

राम काव्य

रचनाकार	रचना	रचनाकाल	वर्ण्य विषय
रामानन्द	रामरक्षास्तोत्र	अज्ञात	हिन्दी में रामभक्ति परम्परा का आरम्भ है।
विष्णुदास	रामायण कथा	1442 ई.	हिन्दी में लिखा गया प्रथम रामकथा काव्य है।
अग्रदास	ध्यानमंजरी	अज्ञात	राम तथा अन्य भाइयों के सौन्दर्य वर्णन के साथ सरयू और अयोध्या का वर्णन है।
ईश्वरदास	भरतमिलाप	1444 ई.	राम को वनवास होने पर भरत और राम के मिलन का प्रसंग वर्णित है।
	अंगद पैज	1444 ई.	रावण के दरबार में अंगद का पैर जमाने का चित्रण है।
तुलसीदास	रामचरितमानस	1574 ई.	भगवान राम का सम्पूर्ण जीवन चरित्र वर्णित है। यह हिन्दी का सर्वाधिक लोकप्रिय ग्रन्थ है।
	रामलला नहछू	1586 ई.	रामविवाह के समय यज्ञोपवीत संस्कार के अवसर पर नहछू का वर्णन है।
	वैराग्य संदीपनी	1612 ई.	तुलसीदास ने इस कृति को 'अखिल ज्ञान का सार' कहा है। इसमें सन्त स्वभाव, सन्त महिमा का वर्णन तथा नीति, भक्ति, रामनाम महात्म्य सम्बन्धी दोहे हैं।
	दोहावली	1583 ई.	नीति, भक्ति, रामनाम महात्म्य सम्बन्धी दोहे संगृहीत हैं।
	बरवै रामायण	1612 ई.	रामकथा सम्बन्धी मार्मिक प्रसंगों का वर्णन है।
	पार्वती मंगल	1586 ई.	शिव-पार्वती के विवाह का वर्णन है।
	जानकी मंगल	1586 ई.	राम-सीता के विवाह का वर्णन है।
	रामाज्ञा प्रश्न	1612 ई.	शुभ-अशुभ शकुन विचार हेतु लिखा राम काव्य है।
	कृष्णगीतावली	1571 ई.	श्रीकृष्ण का बालचरित्र, गोपिका-प्रेम और मथुरा गमन का चित्रण है।
	गीतावली	1571 ई.	मुक्तकों में रामकथा वर्णित है। कथा सात काण्डों में विभक्त है।
	कवितावली	1612 ई.	कवित्त छन्द में रामकथा का वर्णन है। रामकथा सात काण्डों में विभक्त है।
	विनय-पत्रिका	1585 ई.	व्यक्तिगत एकांतिक अनुभूतियों की अभिव्यक्ति की दृष्टि से 'विनय-पत्रिका' भक्ति काव्य में अनूठी है। इसमें 280 पद, भाषा ब्रज और शान्त रस की प्रधानता है।
नाभादास	भक्तमाल	1585 ई.	दो सौ भक्तों का चरित्र-वर्णन है।
	अष्टयाम	1585 ई.	रामभक्ति विषयक माधुर्य उपासना के पद संगृहीत है।
केशवदास	रामचन्द्रिका	1601 ई.	वाल्मीकि रामायण के आधार पर रामकथा वर्णित है।
प्राणचन्द चौहान	रामायण महानाटक	1610 ई.	संवाद शैली में रामकथा का चित्रण है।
हृदयराम	हनुमन्नाष्टक	1623 ई.	संस्कृत के हनुमन्नाष्टक के आधार पर सवैया छन्द में रचित नाटक है।
लालदास	अवधविलास	1643 ई.	रामजन्म से वन-गमन तक की कथा वर्णित है।
सेनापति	कवित्त रत्नाकर	1649 ई.	इस ग्रन्थ की चौथी पाँचवीं तरंगों में रामकथा वर्णित है।
माधवदास	अध्यात्म रामायण	1624 ई.	संस्कृत की अध्यात्म रामायण पर आधारित रामकथा वर्णन है।
	रामरासो	1618 ई.	रामकथा की मुख्य घटनाओं, जीवन-प्रसंगों और चारित्रिक विशेषताओं का वर्णन है।
रामप्रिया शरण दास	सीतायन	1703 ई.	सीताजी को प्रधानता देकर रामकथा का वर्णन है।

कृष्ण काव्य

रचनाकार	रचना	रचनाकाल	वर्ण्य विषय
सूरदास	सूरसागर	1530-1547 ई.	श्रीमद्भागवत की पद्धति पर द्वादश स्कन्धों में कृष्ण भक्ति का सर्वश्रेष्ठ काव्य है।
	सूरसारावली	1548 ई.	सूरसागर की विषयानुक्रमणिका
	साहित्यलहरी	1550 ई.	सुप्रसिद्ध दृष्टकूट पदों का संकलन (नायिका भेद सम्बन्धी श्रृंगार ग्रन्थ)
परमानन्द दास	परमानन्द सागर	1550 ई.	कृष्ण के मथुरागमन से भँवर गीत तक के प्रसंग का चित्रण है।
नन्ददास	अनेकार्थ मंजरी	1553-1583 ई.	पर्यायकोश ग्रन्थ
	मानमंजरी	1553-1583 ई.	अमरकोश के आधार पर पर्यायवाची शब्दों का संकलन है।
	रसमंजरी	1553-1583 ई.	नायिका भेद सम्बन्धी श्रृंगार ग्रन्थ
	भँवरगीत	1553-1583 ई.	भ्रमरगीत परम्परा का उच्चकोटि का काव्यग्रन्थ है।
	रासपंचाध्यायी	1553-1583 ई.	श्रीकृष्ण की रासलीला का वर्णन कोमल संगीतात्मक पदावली में किया गया है। इसे हिन्दी का गीत गोविन्द कहा जाता है। यह खण्ड काव्य है।
	रूपमंजरी	1553-1583 ई.	रूपमंजरी और कृष्ण की प्रेमगाथा
	विरहमंजरी	1553-1583 ई.	विरह के भेदों का काव्यशास्त्रीय विवेचन
	श्याम सगाई	1553-1583 ई.	राधा-कृष्ण की सगाई का रोचक चित्रण
	सुदामा चरित	1553-1583 ई.	सुप्रसिद्ध कृष्ण और सुदामा की कथा का वर्णन
	रुक्मिणी मंगल	1553-1583 ई.	रुक्मणि हरण और कृष्ण के साथ उनके विवाह का वर्णन

रचनाकार	रचना	रचनाकाल	वर्ण्य विषय
नन्ददास	सिद्धान्तपंचाध्यायी	1553-1583 ई.	कृष्ण और गोपियों की रासलीला का आध्यात्मिक वर्णन
	दशम् स्कन्धभाषा	1553-1583 ई.	श्रीमद्भागवत के स्कन्ध का दोहा-चौपाई में रूपान्तरण
	गोवर्धन लीला	1553-1583 ई.	श्रीकृष्ण की विविध लीलाओं एवं कृष्ण चरित का गुणगान
	नन्ददास पदावली	1553-1583 ई.	बारह प्रकरणों में राधा-कृष्ण सम्बन्धी विविध प्रकरण
कृष्णदास	जुगलमान चरित	1553-1583 ई.	राधा-कृष्ण के प्रेम का शृंगारपरक चित्रण
निम्बार्काचार्य	वेदान्त पारिजात सौरभ	1553-1583 ई.	ब्रह्मसूत्र पर वृत्ति
	दशश्लोकी	1553-1583 ई.	दस श्लोकों में भक्ति सिद्धान्त प्रतिपादक रचना
श्रीभट्ट	युगलशतक	1553-1583 ई.	राधा-कृष्ण की युगल लीलाओं का वर्णन
हितहरिवंश	हितचौरासी	1553-1583 ई.	राधा-कृष्ण का प्रेम, नित्य विहार, रासलीला आदि का शृंगारिक वर्णन
	स्फुटवाणी	1553-1583 ई.	राधा-भक्ति, जीवनोद्देश्य आदि विषयों पर स्फुट रचनाएँ
ध्रुवदास	बयालीस लीला	1603-1643 ई.	राधा-कृष्ण की विभिन्न लीलाओं का वर्णन
	सिद्धान्त विचार	1603-1643 ई.	भक्ति-सिद्धान्त विवेचन
	भक्तनामावली	1603-1643 ई.	संक्षेप में अनेक भक्तों का परिचयात्मक वर्णन
स्वामी हरिदास	सिद्धान्त के पद	1603-1643 ई.	भक्ति के सिद्धान्तों का वर्णन
	केलिमाल	1603-1643 ई.	श्री श्यामाकुंज बिहारी की विविध लीलाओं का 110 पदों में सुन्दर चित्रण
मीराबाई	नरसीजी का मायरा	1528-1543 ई.	नरसीजी की भक्ति का वर्णन
	गीतगोविन्द टीका	1528-1543 ई.	गीतगोविन्द की भाषा टीका
	राग सोरठा पद-संग्रह	1528-1543 ई.	मीरा, कबीर, नानकदेव के पद
	स्फुट पद	1528-1543 ई.	मीरा के कृष्ण-भक्तिपरक पद ('मीरा पदावली' नाम से प्रकाशित)
नरोत्तमदास	सुदामाचरित	–	भागवतम् में वर्णित सुदामा प्रसंग पर आधारित रचना
रसखान	सुजान रसखान	1583 ई.	राधा-कृष्ण की रूपमाधुरी लीला सम्बन्धी, भक्ति, प्रेम-परक प्रसंग
	दानलीला	1583-1626 ई. के मध्य	राधा-कृष्ण के पौराणिक प्रसंग पर आधारित 11 छन्दों की रचना है।
	अष्टयाम	1583-1626 ई. के मध्य	श्रीकृष्ण के प्रातः जागरण से रात्रिशयन पर्यन्त दिनचर्या का वर्णन
	प्रेम-वाटिका	1614 ई.	राधा-कृष्ण को मालिन-माली मानकर प्रेम के गूढ़ तत्त्व का सूक्ष्म निरूपण
रहीम	दोहावली	1583-1626 ई. के मध्य	नीति सम्बन्धी दोहों का संकलन
	शृंगार सोरठ	1583-1626 ई. के मध्य	कृष्ण के रूप सौन्दर्य तथा गोपी-विरह का निरूपण
	बरवै नायिका भेद	1583-1626 ई. के मध्य	
	मदनाष्टक	1583-1626 ई. के मध्य	कृष्ण का रूपलावण्य, मुरली का सम्मोहक प्रभाव, गोपियों की विरह वेदना का चित्रण
गंग कवि	गंग कवित्त	1583-1626 ई. के मध्य	शृंगार, भक्ति, नीति, राजप्रशस्तिपरक रचनाएँ

रीतिकाल

रीतिकाल की समय सीमा 1650 से 1850 ई. मानी गई है। इस काल में हिन्दी कविता में एक नया मोड़ आया। तात्कालिक दरबारी संस्कृति और संस्कृत साहित्य से इस काल की कविता को उत्तेजना मिली। रीतिकाल के अधिकांश कवि दरबारी थे। इस काल के कवियों को तीन भागों में विभाजित किया गया—रीतिबद्ध, रीतिसिद्धि, रीतिमुक्त। इस काल के प्रमुख कवि तथा उनकी रचनाएँ निम्नलिखित हैं

रीतिकाल

रचनाकार	रचना/रचनाकाल	वर्ण्य विषय
कृपाराम	हिततरंगिणी (1541 ई.)	नायिका भेद विवेचन
केशवदास	कविप्रिया (1601 ई.)	काव्यदोष, कवियों के गुण-दोष, अलंकार, बारहमासा आदि
	रसिक प्रिया (1591 ई.)	रस एवं नायिका भेद
	वीरदेव सिंह चरित (1607 ई.)	ओरछा नरेश राजवीर सिंह देव बुन्देल का चरित्र
	रतनबावनी (1607 ई.)	मधुकरशाह के पुत्र रत्नसेन के वीरोत्साह का वर्णन
	जहाँगीर जस-चन्द्रिका (1612 ई.)	जहाँगीर की प्रशस्ति
	विज्ञानगीता (1610 ई.)	संस्कृत 'प्रबोधचन्द्रोदय' का पद्यानुवाद
चिन्तामणि	रसविलास (1630-80 ई.)	भानुदत्त की 'रसमंजरी' और 'रसतरंगिणी' तथा विश्वनाथ के साहित्य दर्पण का प्रभाव है।
	शृंगारविलास (1630-80 ई.)	नायिका भेद विवेचन
	कविकुल कल्पतरु (1630-80 ई.)	सर्वांगनिरुपक विवेचन
	रामायण (1630-80 ई.)	रामकथा वर्णन
	रामाश्वमेध (1630-80 ई.)	रामकथा का अश्वमेध प्रसंग
	छन्दविचार पिंगल (1630-80 ई.)	कृष्ण चरित्र के माध्यम से छन्द-विवेचन

रचनाकार	रचना/रचनाकाल	वर्ण्य विषय
सुखदेव मिश्र	रस रत्नाकर (1633-1703 ई.)	रसविवेचन
	रसार्णव (1633-1703 ई.)	नवरस वर्णन
	वृत्त विचार (1633-1703 ई.)	छन्द-विवेचन
	अध्यात्म प्रकाश (1633-1703 ई.)	शंकराचार्य के आध्यात्मिक विचारों का विवेचन
कुलपति मिश्र	रस रहस्य (1660-1700 ई.)	सर्वांगनिरूपण
	संग्राम सार (1660-1700 ई.)	महाभारत के द्रोण पर्व का पद्यबद्ध अनुवाद
कविवर देव	भाव विलास (1689 ई.)	नवरस और अलंकार विवेचन
	शब्द रसायन (1689-1767 ई.) काव्य रसायन	काव्य रूप, शब्द शक्ति, रस, नायक-नायिका भेद रीति, गुण आदि विवेचन
	सुख सागर तरंग (1689-1767 ई.)	नायक-नायिका भेद, शृंगार रस के कवित्त सवैया
	अष्टयाम (1689-1767 ई.)	नायक-नायिकाओं के आठों पहर के विलासों का वर्णन
मतिराम	ललित ललाम (1661-64 ई.)	अलंकार विवेचन
	रसराज (1633-43 ई.)	शृंगार रस विवेचन
	मतिराम सतसई (1681 ई.)	शृंगार रस विषयक दोहा ग्रन्थ
	छन्दसार संग्रह (वृत्तकौमुदी) (1701 ई.)	छन्द विवेचन
तोष कवि	सुधानिधि (1634 ई.)	सर्वरस निरूपण
जसवन्त सिंह	भाषा भूषण (1650-85 ई.)	अलंकार, रस, नायिका भेद विवेचन
	प्रबन्ध चन्द्रोदय (1650-85 ई.) नाटक	संस्कृत के प्रबन्ध चन्द्रोदय नाटक का ब्रजभाषा में पद्यानुवाद
सोमनाथ	रस पीयूष निधि (1737 ई.)	सर्वांग निरूपण
	शृंगार विलास (1725-60 ई.)	शृंगार रस, नायक-नायिका भेद का विवेचन
	सुजान विलास (1730 ई.)	सिंहासन बत्तीसी का पद्यानुवाद
	पंचाध्यायी	प्रबन्धकाव्य
	माधव विनोद (नाटक) (1752 ई.)	मालती माधव के आधार पर रचित प्रेम प्रबन्ध
भिखारीदास	काव्य निर्णय (1725-60 ई.)	काव्यप्रयोजन, काव्यहेतु, शब्दशक्ति, गुण-दोष आदि का विवेचन
	रससारांश (1725-60 ई.)	नवरस विवेचन
	शृंगार निर्णय (1725-60 ई.)	नायक-नायिका भेद
	छन्दोर्णवपिंगल (1725-60 ई.)	छन्द निरूपण ग्रन्थ
	शब्दनाम कोश (1725-60 ई.)	शब्दकोश
	विष्णुपुराण (1725-60 ई.)	विष्णुपुराण का भाषानुवाद
	शतरंज शतिका (1725-60 ई.)	शतरंज खेल सम्बन्धी
भूषण	शिवराज भूषण (1673 ई.)	शिवाजी की प्रशस्ति एवं अलंकार निरूपण
	शिवाबावनी	शिवाजी की प्रशस्ति
	छत्रसाल दशक	छत्रसाल की प्रशस्ति
पद्माकर	पद्माभरण (1810 ई.)	अलंकारों का विवेचन
	जगद्विनोद (1803-21 ई.)	नवरस विवेचन, नायक-नायिका भेद
	प्रबोधपचासा (1803-21 ई.)	संसार की जटिलता और क्षणभंगुरता का वर्णन
	गंगालहरी (1803-21 ई.)	गंगाजी पर स्तुति
	राम-रसायन (1803-21 ई.)	रामकथा पर आधारित ग्रन्थ
	हिम्मत बहादुर विरुदावली (1792 ई.)	आश्रयदाता हिम्मत बहादुर की वीरता का ओजपूर्ण वर्णन
	प्रताप सिंह विरुदावली (1803-21 ई.)	राज प्रताप सिंह की वीरता का वर्णन
मुरलीधर भूषण	छन्दोहृदय प्रकाश (1666 ई.)	विस्तृत एवं व्यवस्थित छन्द-विवेचन
कालिदास त्रिवेदी	वरवधू विनोद (1662 ई.)	नखशिख तथा नायिका-भेद विवेचन
कुमारमणि	रसिकरंजन (1708 ई.)	संस्कृत काव्य का सूक्ति संग्रह
	रसिकरसाल (1719 ई.)	काव्यांग विवेचन
लाल कवि	छत्रप्रकाश	राजा छत्रसाल का जीवन-चरित्र (दोहा-चौपाई में)
दूलह	कविकुल कण्ठाभरण	115 अलंकारों का विवेचन
रसलीन	अंग दर्पण (1737 ई.)	नखशिख वर्णन
	रसप्रबोध (1742 ई.)	रस के अंगों का विस्तृत वर्णन
रसिक गोविन्द	गोविन्दानन्दघन (1801 ई.)	रस के लक्षण, नायक-नायिका भेद, गुण, दोष, अलंकार-विवेचन
	पिंगल	छन्द-विवेचन

रचनाकार	रचना/रचनाकाल	वर्ण्य विषय
जगत सिंह	साहित्य सुधानिधि	काव्य का सर्वांगनिरूपण
जनराज	कविता रस विनोद	काव्य का सर्वांगनिरूपण
	काम कल्पतरु (1891)	आयुर्वेद से सम्बन्धित
गोप कवि	रामचन्द्रभूषण	अलंकार-विवेचन
	रामचन्द्राभरण	ओरछा नरेश पृथ्वी सिंह के आश्रय में अलंकार निरूपण
प्रताप साही	व्यंग्यार्थ कौमुदी (1825 ई.)	व्यंग्यार्थ महत्त्व, शब्द-शक्ति, अलंकार, नायक-नायिका भेद
	काव्य विलास (1829 ई.)	काव्य लक्षण, काव्य प्रयोजन, काव्य हेतु, काव्य भेद, शब्द-शक्ति, गुण-दोष निरूपण
ग्वाल कवि	साहित्यानन्द (1824 ई.)	काव्य का सर्वांगनिरूपण
	कवि दर्पण	काव्य-दोष
	रसिकानन्द (1847 ई.)	नायक-नायिका भेद, रस विवेचन
	प्रस्तार प्रकाश	छन्द-निरूपण
	यमुना लहरी (1822 ई.)	यमुना की स्तुति
	गोपी पच्चीसी	प्रबन्ध काव्य
	विजय विनोद	प्रबन्ध काव्य
	हम्मीर हठ (1824 ई.)	हम्मीर की वीरता का वर्णन
	भक्त भावन (1862 ई.)	भक्ति, शृंगार और नीति सम्बन्धी रचनाओं का संग्रह
बेनी प्रवीन	नवरस तरंग (1817 ई.)	नवरस विवेचन
अमीरदास	ब्रजविलास सतसई (1832 ई.)	शृंगार, भक्ति, नीति विषयक 701 दोहों का संकलन
	सभामंडन (1827 ई.)	काव्य प्रयोजन, काव्य हेतु, काव्य भेद, शब्दार्थ-वृत्ति, ध्वनि, भाव, रस, गुण, नायक-नायिका भेद
	वृत्त चन्द्रोदय (1830 ई.)	40 मात्रिक और 61 वर्णिक छन्दों का निरूपण
	श्रीकृष्ण साहित्य सिन्धु	पाँच तरंगों में काव्य स्वरूप, शब्द-शक्ति, ध्वनि भेद, रस, नायक-नायिका भेद, दोष, अलंकार आदि का निरूपण
	शेर सिंह प्रकाश (1840 ई.)	पाँच शब्दालंकार और 65 अर्थालंकारों के विवेचन में शेरसिंह की प्रशस्ति
याकूब खाँ	रसभूषण (1812 ई)	नायक-नायिका भेद, नवरस विवेचन
सूदन	सुजानचरित	भरतपुर नरेश सुजान सिंह की वीर प्रशस्ति
जोधराज	हम्मीर रासो (1818 ई.)	महाराजा हम्मीर के चरित्र का छप्पय पद्धति में वर्णन
हरिनाथ	अलंकार दर्पण	86 दोहों में अलंकारों के लक्षण और 40 छन्दों में सभी लक्षणों के उदाहरण
चन्द्रशेखर बाजपेयी	हम्मीर हठ	हम्मीर की शौर्यगाथा
	रसिक विनोद (1886 ई.)	नवरस विवेचन
	नखशिख	राधाजी के नख-शिख का रूप वर्णन
माखन कवि	छन्द विलास (1702 ई.)	छन्द विवेचन
बिहारी	बिहारी सतसई (1662 ई.)	अलंकार, रस, भाव, नायिका भेद आदि को ध्यान में रखकर दोहों की रचना
सेनापति	कवित्त रत्नाकर (1649 ई.)	श्लेष अलंकार, शृंगार, ऋतु वर्णन, रामचरित और रामभक्ति वर्णन। इसमें पाँच तरंग और तीन सौ चौरानवें छन्द हैं।
	काव्यकल्पद्रुम	यह ग्रन्थ अप्राप्य है। अनेक विद्वान 'काव्यकल्पद्रुम' और 'कवित्त-रत्नाकर' को एक ही काव्यकृति मानते हैं।
रसनिधि	रतन हजारा	बिहारी सतसई के अनुकरण पर शृंगार, भक्ति, नीति विषयक दोहे
कृष्ण कवि	सतसई की टीका (1725 ई.)	कवित्त सवैया छन्द में सतसई की टीका
नेवाज	शकुन्तला नाटक	यह नाटक न होकर काव्य ग्रन्थ है। इसमें भावों का मार्मिक चित्रण है।
हठीजी	श्रीराधा सुधाशतक (1780 ई.)	राधा के वर्णन में राजसी ठाठ-बाट और विलास का वर्णन
द्विजदेव	शृंगार लतिका	रस, अलंकार, नायिका भेद के लक्षणों को ध्यान में रखकर उदाहरण प्रस्तुत किए गए हैं। वसन्त पर रचित 33 पद्यों में हृदय की अन्तर्दशाओं का मार्मिक उद्घाटन रस, अलंकार, नायिका भेद के लक्षणों को ध्यान में रखकर उदाहरण प्रस्तुत किए गए हैं, शृंगार एवं प्रकृति वर्णन।
घनानन्द	सुजानहित	कवित्त-सवैयों में लौकिक शृंगार-वर्णन
	इश्कलता	पंजाबी और उर्दू शब्दों का आधिक्य, प्रेम के उदात्त रूप का वर्णन, विषय-विप्रलम्भ, शृंगार एवं वियोग
	वियोगवेलि	शृंगार की सभी अवस्थाओं का चित्रण
	प्रीतिपावस	वर्षा-वर्णन
	यमुनायश	यमुना महात्म्य

रचनाकार	रचना/रचनाकाल	वर्ण्य विषय
	वृन्दावनसत	वृन्दावन महात्म्य
	प्रेम-पत्रिका	श्रीकृष्ण के नाम पद्यबद्ध पत्र
	सरसवसन्त	एक लम्बी कविता है।
	पदावली	श्रीकृष्ण-विनय-भक्ति के पद, गो-चारण, वंशीवादन, होली, रास सम्बन्धी पद
	कृष्णकौमुदी	श्रीकृष्ण की लीलाओं का वर्णन
आलम	माधवानलकामकन्दकला	प्रेमाख्यानक प्रबन्ध काव्य
	आलमकेलि	लौकिक प्रेम की भावनात्मक और परम्परामुक्त अभिव्यक्ति। इसका मूल वर्ण्य शृंगार और भक्ति है।
	श्यामसनेही	प्रबन्ध काव्य, रुक्मिणी के विवाह का वर्णन
	सुदामाचरित	कृष्णभक्तिपरक काव्य
बोधा	विरहवारीश	माधवानल कामकन्दला की प्रेमकथा बोधा और सुभान के संवाद के रूप में है।
	विरही सुभान दम्पति विलास (इश्कनामा)	प्रेम विषयक मुक्तक-संग्रह
ठाकुर	ठाकुर ठसक	प्रेम के पंथ को वर्ण्य विषय बनाकर उसका स्वछन्द वर्णन
	ठाकुर शतक	प्रेम का स्वछन्द वर्णन
गिरिधर कविराय	कुण्डलियाँ (1743 ई.)	नीति विषयक कुण्डलियाँ
वृन्द	वृन्दसतसई (1704 ई.)	नीतिपरक दोहे
	भावपंचाशिका (1680 ई.)	शृंगार के विभिन्न भावों के अनुसार सरस छन्द
	बारहमासा (1668 ई.)	बारह महीनों का सुन्दर वर्णन
	शृंगार शिक्षा (1691 ई.)	आभूषण और शृंगार के साथ नायिका वर्णन
	नयनपचीसी (1686 ई.)	नेत्रों द्वारा विभिन्न भावों का चित्रण
	पवनपचीसी (1691 ई.)	षड्ऋतुओं का स्वरूप और प्रभाव
	यमकसतसई (1706 ई.)	शृंगार और भक्तिपरक छन्दों में यमक अलंकार का विवेचन
रामसहाय दास	रामसतसई	'बिहारी सतसई' के अनुकरण पर सतसई ग्रन्थ
दीनदयाल गिरि	अन्योक्तिकल्पद्रुम	लौकिक विषयों पर अन्योक्तियाँ
	अनुराग बाग	कृष्ण वियोग में श्लेषमय षड्ऋतुओं का वर्णन
	दृष्टान्त तरंगिणी	पंचतन्त्र पर आधारित नीतिपरक छन्द
बैताल	विक्रमसतसई	नीतिपरक कुण्डलिया
रहीम	बरवै नायिका-भेद	बरवै छन्द में नायिका भेद
	नगरशोभा	विभिन्न जाति की नायिकाओं का वर्णन
विश्वनाथ सिंह	आनन्द रघुनन्दन	ब्रजभाषा का प्रथम नाटक
रघुराज सिंह	रामस्वयंवर	रामकथा पर आधारित प्रबन्ध-काव्य

आधुनिक काल

1850 ई. से अब तक के समय को आधुनिक काल माना जाता है। हिन्दी साहित्य का आधुनिक काल भारत के इतिहास के बदलते हुए स्वरूप से प्रभावित था। इस काल को छः भागों में बाँटा जाता है—भारतेन्दु युग, द्विवेदी युग, छायावादी युग, प्रगतिवाद, प्रयोगवाद, नई कविताएँ। इस काल के प्रमुख रचनाकार तथा उनकी रचनाएँ निम्नलिखित हैं

आधुनिक काल

लेखक	रचनाएँ
भारतेन्दु हरिश्चन्द्र	प्रेममालिका, प्रेम सरोवर, गीत गोविन्दानन्द, वर्षा विनोद, प्रेम विनय पचासा, प्रेम फुलवारी, वेणुगीत आदि
श्रीधर पाठक	भारतोत्थान, भारत प्रशंसा, जॉर्जवन्दना, बालविधवा, वनाष्टक (1912), कश्मीर सुषमा (1904), देहरादून (1915), भारतगीत (1928) गोखले गुनाष्टक (1915), धन विनय (1900), गुनवंत हेमंत (1900)
अयोध्यासिंह उपाध्याय 'हरिऔध'	प्रियप्रवास (1914), पद्यप्रसून (1925), रसकलश (1931), चुभते चौपदे, चोखे चौपदे (1932), बोलचाल, वैदेही वनवास (1940)
मैथिलीशरण गुप्त	रंग में भंग (1905), जयद्रथ वध (1910), भारत-भारती (1912), पंचवटी (1925), झंकार (1929), साकेत (1931), यशोधरा (1932), द्वापर (1936), जयभारत (1952), विष्णुप्रिया (1957)
रामनरेश त्रिपाठी	मिलन (1917), पथिक (1920), मानसी (1927), स्वप्न (1929)
मुकुटधर पाण्डेय	पूजा-फूल (1916), शैलबाला (1916), लच्छमा (1917), परिश्रम (1917), हृदयदान (1918)
जगन्नाथ दास रत्नाकर	उद्धवशतक (1929), गंगावतरण (1923), शृंगार लहरी, हरिश्चन्द्र, हिंडोला (1894), रत्नाष्टक, गंगालहरी, विष्णुलहरी
बालकृष्ण शर्मा 'नवीन'	उर्मिला (1957), कुंकुम (1939), अपलक, रश्मि रेखा, क्वासि, हम विषपायी जनम के
सुभद्रा कुमारी चौहान	'त्रिधारा' और 'मुकुल' (1930) में कविताएँ संकलित हैं, 'वीरों का कैसा हो वसन्त' और 'झाँसी की रानी कविता' अति प्रसिद्ध हैं, 'मेरा नया बचपन', 'बालिका का परिचय' और 'इसका रोना' कविताओं में घरेलू जीवन के मनोरम दृश्य हैं।

लेखक	रचनाएँ
जयशंकर प्रसाद	उर्वशी (1909), वनमिलन (1909), प्रेमराज्य (1909), अयोध्या का उद्धार (1910), शोकोच्छवास (1910), वभ्रुवाहन (1911), कानन कुसुम (1913), प्रेम-पथिक (1913), करुणालय (1913), महाराणा का महत्त्व (1914), झरना (1918), आँसू (1925), लहर (1933), कामायनी (1935)
सुमित्रानन्दन पन्त	छायावादी–गिरजे का घण्टा (1916), उच्छ्‌वास (1920), ग्रन्थि (1920), वीणा (1918), पल्लव (1926), गुंजन (1932) प्रगतिवादी–युगान्त (1936), युगवाणी (1939), ग्राम्या (1940) अध्यात्मवादी या दार्शनिक–स्वर्णकिरण (1947), स्वर्णधूलि (1947), युगान्तर (1948), उत्तरा (1949), रजत शिखर (1951), शिल्पी (1952), अतिमा (1955), सौवर्ण्य (1957), वाणी (1958), कला और बूढ़ा चाँद, लोकायतन (1964)
सूर्यकान्त त्रिपाठी 'निराला'	अनामिका (1923), परिमल (1929), तुलसीदास (1934), गीतिका (1936), कुकुरमुत्ता (1942), अणिमा (1943), बेला (1943), अपरा (1946), नए पत्ते (1946), अर्चना (1950), आराधना (1953), गीतगुंज (1954), सांध्य-काकली (मरणोपरान्त) 1954 से 1958 तक की रचनाओं का संकलन। राम की शक्ति पूजा, शिवाजी का पत्र, वन बेला, सरोज-स्मृति लम्बी कविताएँ हैं। मास्कोडायलाग्स, गर्म पकौड़ी, प्रेम संगीत व्यंग्य कविताएँ हैं। 'तुलसीदास', 'खण्ड काव्य' तथा 'पंचवटी प्रसंग' काव्य नाटक हैं।
महादेवी वर्मा	नीहार (1930), रश्मि (1932), नीरजा (1935), संध्यागीत (1936), यामा (1936), दीपशिखा (1942), सप्तपर्णा (1960)
माखनलाल चतुर्वेदी	हिमकिरीटिनी (1943), हिमतरंगिनी (1949), माता (1951), युगचरण (1956), समर्पण, वेणु लो गूँजे धरा (1960), मरण-ज्वार (1963), बीजुरी काजल आँज रही आदि कविता संग्रह हैं।
रामधारी सिंह 'दिनकर'	रेणुका (1935), हुंकार (1938), सामधेनी (1947), कलिंग विजय, मेरे स्वदेश, रसवन्ती, द्वन्द्वगीत, कुरुक्षेत्र, उर्वशी, रश्मिरथी, परशुराम की प्रतीक्षा, इतिहास के आँसू, धूप और धुआँ, दिल्ली, नीम के पत्ते, नील कुसुम, नए सुभाषित, कोयला और कवित्व, हारे को हरिनाम इत्यादि।
सच्चिदानन्द हीरानन्द वात्स्यायन 'अज्ञेय'	भग्नदूत (1933), चिन्ता (1942) 'प्रयोगवादी–इत्यलम् (1946)' सावनमेघ, हरी-घास पर क्षणभर (1949), बावरा अहेरी (1954), इन्द्रधनुष रौंदे हुए ये (1957), अरी ओ करुणा प्रभामय (1959), आँगन के पार द्वार (1961), कितनी नावों में कितनी बार (1967), सागर मुद्रा, क्योंकि मैं उसे पहले जानता हूँ, पहले मैं सन्नाटा बुनता हूँ, महावृक्ष के नीचे, नदी की बांक पर छाया इत्यादि, असाध्यवीणा (अज्ञेय की लम्बी कविता है।)
गजानन माधव 'मुक्तिबोध'	चाँद का मुँह टेढ़ा है (1964), भूरी-भूरी खाकधूल (1980) अन्धेरे में, ब्रह्मराक्षस, चम्बल की घाटी, उपकृत हूँ, नक्षत्र खण्ड, मेरे मित्र मेरे सहचर, ओ काव्यात्मन् फणिधर, एक अरूप शून्य के प्रति, विक्षुब्ध बुद्धि के मारक स्वर, एक नीली आग, जिन्दगी बुरादा तो बनेगी ही, लाल सलाम, क्रान्ति, सूखे कठोर नंगे पहाड़ इत्यादि चर्चित कविताएँ हैं।
नागार्जुन	युगधारा (1953), सतरंगे पंखों वाली (1959), प्यासी पथराई आँखें (1962), तालाब की मछलियाँ (1975), खिचड़ी, विप्लव देखा हमने (1980), तुमने कहा था (1980), पुरानी जूतियों का कोरस (1983), भस्मांकुर (1971), हजार-हजार बाँहों वाली (1981) इत्यादि।
नरेश मेहता	मुक्तक काव्य–दूसरे सप्तक में संकलित कविताएँ, बनपाँखी सुनो (1954), बोलने दो चीड़ को (1962), मेरा समर्पित एकान्त (1963), उत्सव, तुम मेरा मौन हो (1982), अरण्या (1985) खण्ड काव्य–संशय की एक रात (1962), महाप्रस्थान (1965), प्रवाद-पर्व (1977), शबरी, प्रार्थना पुरुष (1986)
भवानी प्रसाद मिश्र	गीत फरोश (1930-45), चकित है दुःख (65 कविताएँ), अँधेरी कविताएँ (1968), गाँधी पंचशती (1969), बुनी हुई रस्सी (1971), खुशबू के शिलालेख (1973), व्यक्तिगत (1974)
सर्वेश्वर दयाल सक्सेना	काठ की घंटियाँ (1949-57), बाँस का पुल (1958-63), एक सूनी नाव (1963-66), गर्म हवाएँ (1966-69), कुआनो नदी (1969-73), जंगल का दर्द (1974-76), खूँटियों पर टँगे लोग (1976-81), कोई मेरे साथ चले (1985)
सुदामा प्रसाद पाण्डेय 'धूमिल'	संसद से सड़क तक (1972), कल सुनना मुझे (1976), सुदामा पाण्डेय का जनतन्त्र इनके काव्य संकलन हैं। बीस साल बाद, अकाल दर्शन, मोचीराम, कवि (1970), कुत्ता, मुनासिब कार्रवाई, प्रौढ़ शिक्षा, मकान, भाषा की रात, पटकथा, शहर का व्याकरण, सच्ची बात, हमारी-सम्भावनाओं के बीच इनकी ख्याति प्राप्त कविताएँ हैं।
धर्मवीर भारती	अन्धा युग (1954), कनुप्रिया (1959), ठण्डा लोहा (1946), सात गीत वर्ष (1996)
हरिवंश राय 'बच्चन'	मधुशाला (1935), मधुबाला, मधुकलश, निशा निमन्त्रण (1938), एकान्त संगीत, आकुल अन्तर, सतरंगिनी, नीड़ का निर्माण फिर फिर, आज कितनी, प्रणय-पत्रिका (1955), वासनामय चाँदनी है, बंगाल का अकाल (1946), खादी के फूल, सूत की माला, बुद्ध और नाचघर (1958), त्रिभंगिमा (1961), चार खेमे चौंसठ खूँटे, रंग बरसे भीगे चुनरवाली।
केदारनाथ अग्रवाल	फूल नहीं रंग बोलते हैं (1965), आग का आईना (1970), देश-देश की कविताएँ (1978), गुलमेहँदी (1978), पंख और पतझर (1979), हे मेरी तुम (1981), मार प्यार की थापें (1981), कहें केदार खरी-खरी (1983), बम्बई का रक्त स्नान (1983), जमुनजल तुम (1984), अपूर्वा (1984), बोल-बोल अबोल (1985), जो शिलाएँ तोड़ते हैं (1985)
शमशेर बहादुर सिंह	'दूसरा सप्तक' में संकलित (21 कविताएँ), कुछ कविताएँ (1959), कुछ और कविताएँ (1961), चुका भी नहीं हूँ मैं (1975), बात बोलेगी (1981), इतने पास अपने (1985), काल तुझसे होड़ है मेरी (1988)
गिरिजाकुमार माथुर	मंजीर (1941), भाषा और निर्माण (1946), धूप के धान (1956), शिलापंख चमकीले (1961), जो बँध नहीं सका (1968), छाया मत छूना मत (1978), जन्म-कैद (रेडियो काव्य नाटक 1957), पृथ्वीकल्प आदि।
रघुवीर सहाय	सीढ़ियों पर धूप में (1960), आत्महत्या के विरुद्ध (1967), हँसो जल्दी हँसो (1975), बड़ी हो रही है लड़की, काला नंगा पैदल बच्चा, आज का पाठ है, लोग भूल गए हैं (1982), कुछ पते कुछ चिट्ठियाँ (1989), एक समय था (1994)
विजयदेव नारायण साही	मछलीघर (1966), साखी (1983), संवाद तुमसे (1990), आवाज हमारी जाएगी। (1995)

लेखक	रचनाएँ
कुँवर नारायण	चक्रव्यूह (1956), परिवेश: हम-तुम (1961), आत्मजयी (आख्यानक खण्डकाव्य 1965), कोई दूसरा नहीं (1993)
केदारनाथ सिंह	जमीन पक रही है, यहाँ से देखो, अकाल में सारस, बाघ, रोटी या बैल
डॉ. रामदरश मिश्र	पक गई धूप, कन्धे पर सूरज, दिन तक नदी बन गया
आलोक धन्वा	जनता का आदमी, गोली दागो पोस्टर
मंगलेश डबराल	घर का रास्ता, पहाड़ पर लालटेन

आधुनिक काल के प्रमुख निबन्ध

लेखक	रचनाएँ
भारतेन्दु हरिश्चन्द्र	कश्मीर कुसुम, बादशाह दर्पण, उदयपुरोदय, तदीय सर्वस्व, सूर्योदय, ईश्वर बड़ा विलक्षण है, एक अद्भुत अपूर्व स्वप्न, स्वर्ग में सभा विचार
प्रतापनारायण मिश्र	निबन्ध नवनीत, प्रताप पीयूष, खुशामद, माता का स्नेह, आँसू, लक्ष्मी, कालचक्र का चक्कर, आत्मगौरव इत्यादि।
महावीरप्रसाद द्विवेदी	म्युनिसपैलिटी के कारनामे, आत्म निवेदन, प्रभात, सुतापराधे जनकस्य दण्ड, रसज्ञरंजन, संचयन, साहित्य सीकर, विचार-विमर्श, कवि और कविता
सरदार पूर्णसिंह	आचरण की सभ्यता, मजदूरी और प्रेम, सच्ची वीरता, कन्यादान, पवित्रता इत्यादि।
बाबू श्यामसुन्दर दास	समाज और साहित्य, कला का विवेचन, कर्त्तव्य और सभ्यता, साहित्यालोचन
आचार्य रामचन्द्र शुक्ल	भय और क्रोध, ईर्ष्या, घृणा, उत्साह, श्रद्धाभक्ति, करुणा, लज्जा और ग्लानि, लोभ और प्रीति इत्यादि, चिन्तामणि (तीन भागों में संकलित)
गुलाब राय	ठलुआ क्लब, फिर निराश क्यों, मेरी असफलताएँ, मन की बातें, मेरा मकान, मेरे नपिताचार्य, मेरी दैनिकी का एक पृष्ठ, प्रीति-भोज इत्यादि
पदुमलाल पुन्नालाल बख्शी	अतीत स्मृति, उत्सव, श्रद्धांजलि के दो फूल आदि।
माखनलाल चतुर्वेदी	अमीर इरादे गरीब इरादे (1960), साहित्य देवता
रामवृक्ष बेनीपुरी	माटी की मूरतें (1941-45), वन्दे वाणी विनायकौ (1953-54), गेहूँ और गुलाब (1950) आदि।
इलाचन्द्र जोशी	साहित्य सर्जना (1938), विवेचना (1943), विश्लेषण (1953), साहित्य चिन्तन (1934), देखा-परखा (1957)
यशपाल	न्याय का संघर्ष (1940), बात-बात में बात (1950), देखा-सोचा-समझा (1951) आदि।
हजारीप्रसाद द्विवेदी	अशोक के फूल (1948), कल्पलता (1951), मध्यकालीन धर्मसाधना (1952), विचार और वितर्क (1957), विचार प्रवाह (1959), कुटज (1964), साहित्य सहचर (1965), आलोकपर्व (1972) इत्यादि।
जैनेन्द्र	प्रस्तुत प्रश्न (1936), जड़ की बात (1945), पूर्वोदय (1951), साहित्य का श्रेय और प्रेय (1953), मन्थन (1953), सोच-विचार (1953), काम, प्रेम और परिवार (1953), इतस्ततः (1963), समय और हम (1964), परिप्रेक्ष्य (1977), साहित्य और संस्कृति (1979)
आचार्य नन्ददुलारे बाजपेयी	हिन्दी साहित्य : बीसवीं शताब्दी (1942), आधुनिक साहित्य (1950), नया साहित्य नए प्रश्न (1955), राष्ट्रभाषा की समस्याएँ (1961), नई कविता (1976), रस सिद्धान्त (1977), हिन्दी साहित्य का आधुनिक युग (1978), आधुनिक साहित्य : सृजन और समीक्षा (1978), रीति और शैली (1979)
कन्हैयालाल मिश्र 'प्रभाकर'	नई पीढ़ी नए विचार (1950), जिन्दगी मुस्कराई (1954), बाजे पायलिया के घुँघरू (1957), माटी हो गई सोना (1957), महके आँगन चहके द्वार, क्षण बोले कण मुस्काए, अनुशासन की राह में, जिन्दगी लहलहायी
महादेवी वर्मा	शृंखला की कड़ियाँ (1942), क्षणदा (1957), साहित्यकार की आस्था तथा अन्य निबन्ध (1964), सम्भाषण (1975), भारतीय संस्कृति के स्वर (1984), संकल्पिता (1968)
रामधारी सिंह 'दिनकर'	मिट्टी की ओर (1946), अर्द्धनारीश्वर (1952), रेती के फूल (1954), हमारी सांस्कृतिक एकता (1956), वेणुवन (1958), उजली आग (1956), राष्ट्रभाषा और राष्ट्रीय एकता (1956), धर्म नैतिकता और विज्ञान (1959), वटपीपल (1961), साहित्यमुखी (1968), आधुनिकता बोध (1973)
अज्ञेय	त्रिशंकु (1945), सबरंग कुछ राग (1956), आत्मनेपद (1960), आलबाल (1971), लिखि कागद कोरे (1972), अद्यतन (1977), जोग लिखी (1977), स्रोत और सेतु (1978), युग सन्धियों पर (1982), धार और किनारे (1982), कहाँ है द्वारका (1982), छाया का जंगल (1984), स्मृति छन्दा (1989), अरे यायावर रहेगा याद।
डॉ. रामविलास शर्मा	प्रगति और परम्परा (1949), साहित्य और संस्कृति (1949), भाषा साहित्य और संस्कृति (1954), प्रगतिशील साहित्य की समस्याएँ (1954), लोक जीवन और साहित्य (1955), स्वाधीनता और राष्ट्रीय साहित्य (1956), आस्था और सौन्दर्य (1961), साहित्य-स्थायी मूल्य और मूल्यांकन (1981), भारतेन्दु युग और हिन्दी भाषा की विकास परम्परा (1985), परम्परा का मूल्यांकन (1981), भाषा युगबोध और कविता (1981), कथा विवेचन और गद्यशिल्प (1982), विरामचिह्न (1985)
डॉ. विजयेन्द्र स्नातक	चिन्तन के क्षण (1966), विचार के क्षण (1970), विमर्श के क्षण (1979)
डॉ. नगेन्द्र	विचार और अनुभूति (1949), आधुनिक हिन्दी कविता की मुख्य प्रवृत्तियाँ (1951), विचार-विश्लेषण (1955), विचार और विवेचन (1959), अनुसन्धान और आलोचना (1961), आलोचक की आस्था (1966), आस्था के चरण (1968)
प्रभाकर माचवे	सन्तुलन (1954), खरगोश के सींग (1951), बेरंग (1955)

लेखक	रचनाएँ
हरिशंकर परसाई	पगडंड़ियों का जमाना (1966), जैसे उनके दिन फिरे (1963), सदाचार का ताबीज (1967), अपनी-अपनी बीमारी (1972), वैष्णव की फिसलन (1976), विकलांग श्रद्धा का दौर (1980), बेईमानी की परत (1983), आवारा भीड़ के खतरे (1998), पाखण्ड का अध्यात्म (1998), ठिठुरता हुआ गणतन्त्र (1970)
नामवर सिंह	बकलमखुद (1951), वाद-विवाद संवाद (1989), छायावाद (1955), दूसरी परम्परा की खोज (1982)
विद्यानिवास मिश्र	छितवन की छाँह (1953), हल्दी दूब (1955), कदम की फूली डाल (1956), तुम चन्दन हम पानी (1957), आँगन का पंछी और बंजारा मन (1963), मेरे राम का मुकुट भीग रहा है (1974), कौन तू फुलवा बीननिहारि (1980), नैरन्तर्य और चुनौती (1988), भाव पुरुष श्रीकृष्ण (1990), सोऽहम् (1991), पीपल के बहाने (1994), भारतीय चिन्तनधारा (1995), लोक और लोक का स्वर (2000), थोड़ी-सी जगह दें (2004)
धर्मवीर भारती	ठेले पर हिमालय (1958), पश्यन्ती (1969), कहनी-अनकहनी (1970), कुछ चेहरे कुछ चिन्तन (1995), शब्दिता (1997)
विवेकी राय	किसानों का देश (1956), गाँवों की दुनिया (1957), त्रिधारा (1958), फिर बैतलवा डाल पर (1962), जुलूस रूका है (1977), गँवई गन्ध गुलाब (1980), नया गाँव नाम (1984), आम रास्ता नहीं है (1988), आस्था और चिन्तन (1991), जगत तपोवन सो कियो (1995), वनतुलसी की गन्ध (2002), जीवन अज्ञात गणित है (2004)
शिवप्रसाद सिंह	शिखरों के सेतु (1962), कस्तूरी मृग (1972), चतुर्दिक (1972), मानसी गंगा (1986), किस-किस को नमन करूँ (1987), क्या कहूँ कुछ कहा न जाए (1995), खालिस मौज में (1998)
कुबेरनाथ राय	प्रिया-नीलकण्ठी (1968), आखेटक (1970), गन्धमादन (1972), विषाद योग (1973), निषाद बाँसुरी (1974), पर्ण मुकुट (1978), महाकवित की तर्जनी (1979), कामधेनु (1980), मन पवन की नौका (1982), किरात नदी में चन्द्रमधु (1983), दृष्टि अनिसार (1984), मराल (1993), उत्तर कुरु (1994), वाणी का क्षीर सागर (1998), अन्धकार में अग्नि शिखा (1998), आगम की नाव (2002)
डॉ. कृष्ण बिहारी मिश्र	बेहया का जंगल (1981), मकान उठ रहे हैं (1990), सम्बुद्धि (1997), आँगन की तलाश (1999)
रमेश चन्द्र शाह	रचना के बदले (1967), शैतान के बहाने (1980), आडू का पेड़ (1984), सबद निरन्तर (1987), भूलने के विरुद्ध (1990), पढ़ते-पढ़ते (1990), स्वाधीन देश में (1995), स्वधर्म और कालगति (1996)
रवीन्द्रनाथ त्यागी	खुली धूप में नाव पर (1963), भित्तिचित्र (1966), मल्लिनाथ की परम्परा (1969), कृष्णवाहन की कथा (1971), देवदारु के पेड़ (1973), इतिहास का शव (1993), पूरब खिले पलाश (1998), कबूतर, कौए और तोते (2001)
शरद जोशी	जीप पर सवार इल्लियाँ (1971), हम भ्रष्टन के भ्रष्ट हमारे (1971), रहा किनारे बैठ (1972), तिलस्म (1973), दूसरी सतह (1975), यत्र तत्र सर्वत्र (2000)
नरेन्द्र कोहली	एक और लाल तिकोन (1970), जगाने का अपराध (1973), आधुनिक लड़की की पीड़ा (1978), परेशानियाँ (1987), गणतन्त्र का गणित (1997)
गोपाल चतुर्वेदी	अफसर की मौत (1985), दुम की वापसी (1987), फाइल पढ़ि-पढ़ि (1991), दाँत में फँसी कुर्सी (1996), राम झरोखा बैठि कै (2001), भारत और भैंस (2003), फार्म हाउस के लोग (2004), जुगाड़पुर के जुगाडू (2005)
ज्ञान चतुर्वेदी	दंगे में मुर्गा (1998), प्रेत कथा, बिसात बिछी है, खामोश/नंगे हमाम में हैं (2003), जो घर फूँके (2006)

आधुनिक काल के प्रमुख नाटक

लेखक	रचनाएँ
महाराज विश्वनाथ सिंह	आनन्द रघुनन्दन (1833-45 के मध्य)
अमानत	इन्दरसभा (1853)
गिरिधर दास	नहुष (1857)
राजा लक्ष्मण सिंह	शकुन्तला (1862)
श्रीनिवास दास	तप्तासंवरण, (1883) रणधीर प्रेममोहिनी (1878), संयोगिता स्वयंवर (1885)
भारतेन्दु हरिश्चन्द्र	अनूदित नाटक–विद्यासुन्दर (1868), रत्नावली, पाखण्ड विडम्बन (1872), धनंजय-विजय (1837), कर्पूरमंजरी (1875), भारत-जननी (1877), मुद्राराक्षस (1878), दुर्लभबन्धु (1880) मौलिक नाटक–वैदिकी हिंसा हिंसा न भवति (1883), सत्य हरिश्चन्द्र, श्रीचन्द्रावली (1876), विषस्य-विषमौषधम् (1876), भारत-दुर्दशा (1880), नीलदेवी (1881), अन्धेर नगरी (1881), सती प्रताप (1883), प्रेम-जोगिनी (1875)
प्राणचन्द चौहान	रामायण महानाटक
शीतला प्रसाद त्रिपाठी	जानकीमंगल (प्रथम अभिनीत नाटक)
राधाकृष्ण दास	दु:खिनीबाला (1880), महारानी पद्मावती (1882), धर्मालाप (1885), महाराणा प्रताप (1897)
किशोरीलाल गोस्वामी	मयंक मंजरी(1891), प्रणयिनी-प्रणय
शिवनन्दन सहाय	कृष्ण-सुदामा नाटक
प्रतापनारायण मिश्र	संगीत शाकुन्तल

लेखक	रचनाएँ
बदरीनारायण चौधरी 'प्रेमघन'	भारत सौभाग्य (1889)
बालकृष्ण भट्ट	दमयन्ती स्वयंवर (1892), नल-दमयन्ती (1897), जैसा काम वैसा परिणाम (1877), आचार विडम्बन
अयोध्यासिंह उपाध्याय 'हरिऔध'	प्रद्युम्न विजय (1893), रुक्मिणी परिणय (1894)
राधाचरण गोस्वामी	अमरसिंह राठौर (1895)
देवकीनन्दन खत्री	सीताहरण, रामलीला (1879)
नारायणप्रसाद 'बेताब'	कृष्ण-सुदामा, गोरखधन्धा, मीठा जहर, रामायण नाटक, सम्पूर्ण नाटक, महाभारत
आगा हश्र कश्मीरी	अछूता दामन, असीरे हिर्स, खूबसूरत बला, चण्डीदास नाटक, जहरी साँप, भीष्म प्रतिज्ञा, बिल्व-मंगल, यहूदी की लड़की
आनन्द प्रकाश कपूर	कलियुग नाटक (1912), संसार स्वप्न (1913), सुनहरा विष (1919)
माखनलाल चतुर्वेदी	कृष्णार्जुन युद्ध (1918)
जयशंकर 'प्रसाद'	सज्जन (1910), कल्याणी परिणय, प्रायश्चित्त (1913), करुणालय (1913), राज्यश्री (1914), विशाख (1921), अजातशत्रु (1922), कामना (1927), जनमेजय का नागयज्ञ (1926), स्कन्दगुप्त (1928), एक घूँट (1930), चन्द्रगुप्त (1931), ध्रुवस्वामिनी (1933)
हरिकृष्ण 'प्रेमी'	स्वर्ण विहान (1930), रक्षाबन्धन (1934), पाताल विजय (1936), प्रतिशोध (1937), शिवसाधना (1937), आहुति, स्वप्नभंग, विषपान
लक्ष्मीनारायण मिश्र	अशोक (1927), संन्यासी (1929), मुक्ति का रहस्य (1932), राक्षस का मन्दिर (1932), राजयोग (1934), सिन्दूर की होली (1934), आधी रात (1934), अपराजित, चक्रव्यूह (1954), वितस्ता की लहरें (1953), गंगा द्वार (1974)
परिपूर्णानन्द वर्मा	वीर अभिमन्यु नाटक
वियोगी हरि	छद्मयोगिनी, प्रबुद्ध यामुन अथवा यमुनाचार्य चरित (1929)
सेठ गोविन्द दास	कर्त्तव्य (1936), कर्ण (1942), शशिगुप्त (1942), हिंसा और अहिंसा, स्नेह या स्वर्ग (1946)
किशोरीदास बाजपेयी	सुदामा (1934)
रामनरेश त्रिपाठी	सुभद्रा (1924), जयन्त (1934)
प्रेमचन्द	संग्राम (1922), कर्बला (1928)
उपेन्द्रनाथ 'अश्क'	अंजों दीदी (1954), अन्धीगली, पैंतरे, सूखी डाली, तौलिए, कस्बे के क्रिकेट-क्लब का उद्घाटन, कैद, उड़ान, लौटता हुआ दिन, जय-पराजय, छठा बेटा, स्वप्न
विश्वम्भरनाथ शर्मा 'कौशिक'	अत्याचार का परिणाम (1921), हिन्दू विधवा नाटक (1935)
गोविन्दबल्लभ पन्त	कंजूस की खोपड़ी (1923), नरमाला (1925), अंगूर की बेटी (1937), सुहाग बिन्दी (1940), ययाति (1951)
बेचन शर्मा 'उग्र'	चुम्बन (1937), डिक्टेटर (1937)
मैथिलीशरण गुप्त	अनघ (1928), गीतिनाट्य
हरिकृष्ण प्रेमी	स्वर्ण विहान (1930), रक्षाबंधन (1934), पातालविजय (1936), शिवसाधना (1937), प्रतिशोध (1937)
भगवतीचरण वर्मा	तारा
उदयशंकर भट्ट	मत्स्यगन्धा (1937), विश्वामित्र (1938)
जी.पी. श्रीवास्तव	उलटफेर (1918), दुमदार आदमी (1919), मरदानी औरत (1920), विवाह विज्ञापन (1927), मिस अमेरिकन (1929), गड़बड़झाला (1919), नाक में दम उर्फ जवानी बनाम बुढ़ापा उर्फ मियाँ की जूती मियां के सिर (1926), भूलचूक (1928), चोर के घर छिछोर (1933), चाल बेढब (1934), साहित्य का सपूत (1934), स्वामी चौखटानन्द (1936)
विष्णु प्रभाकर	डॉक्टर (1958), समाधि, कुहासा और किरण (1915), अब और नहीं (1981), युगे-युगे क्रान्ति (1969), टूटते परिवेश (1974), श्वेत कमल (1984)
जगदीश चन्द्र माथुर	कोणार्क (1951), शारदीया (1959), पहला राजा (1969), दशरथ नन्दन (1974), रघुकुलरीति (1985)
धर्मवीर भारती	अन्धा युग (1955)
डॉ. लक्ष्मीनारायण लाल	अन्धा कुआँ (1955), मादा कैक्टस (1959), तीन आँखों वाली मछली (1960), सुन्दर रस, सूखा-सरोवर (1960), रक्तकमल (1962), रातरानी (1962), दर्पण (1963), सूर्यमुख (1968), कलंकी (1969), मिस्टर अभिमन्यु (1971), कर्फ्यू (1972), अब्दुल्ला दीवाना (1973), राम की लड़ाई (1979), सगुन पक्षी (1977), पंच पुरुष (1978), गंगा माटी
मोहन राकेश	आषाढ़ का एक दिन (1958), लहरों के राजहंस (1963), आधे-अधूरे (1969)
अमृतराय	चिंदियों की एक झालर (1969), शताब्दी, हम लोग
सुमित्रानन्दन पन्त	रजतशिखर, शिल्पी, सौवर्ण
दुष्यन्त कुमार	एक कण्ठ विषपायी (1963)

लेखक	रचनाएँ
चन्द्रगुप्त विद्यालंकार	अशोक (1935), रेवा (1935)
विनोद रस्तोगी	आजादी के बाद, नया हाथ, जनतन्त्र ज़िन्दाबाद
नरेश मेहता	सुबह के घण्टे, खण्डित यात्राएँ
मन्नू भण्डारी	बिना दीवार का घर (1965)
शिव प्रसाद सिंह	घाटियाँ गूँजती हैं
ज्ञानदेव अग्निहोत्री	नेफा की एक शाम, शुतुरमुर्ग
विपिन कुमार	तीन अपाहिज (1963)
गिरिराज किशोर	नरमेघ
सुरेन्द्र वर्मा	द्रौपदी (1970), सेतुबन्ध (1972), आठवाँ सर्ग (1976), छोटे सैयद बड़े सैयद (1982)
सर्वेश्वरदयाल सक्सेना	बकरी (1974), लड़ाई, कल भात आएगा, अब गरीबी हटाओ
भीष्म साहनी	हानुश, कबिरा खड़ा बाजार में
मणिमधुकर	रसगन्धर्व (1975), बुलबुल सराय (1978), खेला पोलमपुर (1979), दुलारी बाई (1978), इकतारे की आँख (1980)
मुद्राराक्षस	मरजीवा, तेन्दुआ, तिलचट्टा, गुफाएँ, योर्स फेथफुली, आला अफसर (1979), संतोला (1980)
सुशील कुमार सिंह	सिंहासन खाली है, चार यारों की यार, नागपाश
शंकर शेष	एक और द्रोणाचार्य (1977), खजुराहो का शिल्पी, फन्दी, बन्धन अपने-अपने, घरौंदा (1978), अरे मायावी सरोवर (1980)
मृदुला गर्ग	एक और अजनबी (1978), जादू का कालीन (1939)
बृजमोहन शाह	त्रिशंकु
बलराज पण्डित	पाँचवाँ सवार
कमलेश्वर	अधूरी आवाज
शरद जोशी	एक था गधा उर्फ अलादाद खाँ (1980), अन्धों का हाथी (1980)
हमीदुल्ला	दरिन्दे, उत्तर उर्वशी
हबीब तनवीर	आगरा बाजार, राजा चम्बा और चार भाई, गाँव के नांव ससुरार मोर नांव दामाद, ख्याल ठाकुर पृथ्वीपाल सिंह, चरनदास चोर

आधुनिक काल के प्रमुख एकांकी नाटक

लेखक	रचनाएँ
भुवनेश्वर	कारवाँ (1935), श्यामा, एक साम्यहीन साम्यवादी, शैतान, प्रतिमा का विवाह, स्ट्राइक, लॉटरी, ऊसर, पतित, ताँबे के कीड़े, सिकन्दर, आजादी की नींद, रोशनी, आग तथा खामोशी
रामकुमार वर्मा	बादल की मृत्यु (1930), पृथ्वीराज की आँखें, औरंगजेब की आखिरी रात, रेशमी टाई, चारुमित्रा, रूपरंग, सप्तकिरण, कौमुदी महोत्सव, ऋतुराज, रजतरश्मि, दस मिनट, मयूरपंख, दीपदान, कामकंदला, बापू, इन्द्रधनुष
उपेन्द्रनाथ 'अश्क'	देवताओं की छाया में, चरवाहे, तूफान से पहले, कैद और उड़ान, अधिकार का रक्षक, स्वर्ग की झलक, साहब को जुकाम है, जोंक, पर्दा उठाओ : पर्दा गिराओ, सूखी डाली, भँवर, लक्ष्मी का स्वागत, पापी, बतसिया, जीवन साथी
उदयशंकर भट्ट	एक ही कब्र में (1936), आदिम युग, समस्या का अन्त, आज का आदमी, स्त्री का हृदय, पर्दे के पीछे, दस हजार
सेठ गोविन्ददास	स्पर्धा (1935), बुद्ध की शिष्या, नानक की नमाज, मैत्री, मानववमन, ईद और होली, हंगर स्ट्राइक, सच्चा कांग्रेसी कौन?
जगदीश चन्द्र माथुर	मेरी बाँसुरी (1936), भोर का तारा, कलिंग विजय, रीढ़ की हड्डी, मकड़ी का जाला, खण्डहर, कबूतरखाना
डॉ. लक्ष्मीनारायण लाल	मड़वे का भोर, अन्धा कुआँ, ताजमहल के आँसू, पर्वत के पीछे, नाटक बहुरंगी और दूसरा दरवाजा
विष्णु प्रभाकर	लिपस्टिक की मुस्कान, दृष्टि की खोज, बीमार, साँप और सीढ़ी, सीमा-रेखा।
वृन्दावन लाल वर्मा	लो भाई पंचो लो, कश्मीर का काँटा
भगवतीचरण वर्मा	चौपाल, सबसे बड़ा आदमी
नरेश मेहता	सुबह के घण्टे
जैनेन्द्र कुमार	टकराहट
हरिकृष्ण 'प्रेमी'	मातृ मन्दिर, राष्ट्र मन्दिर, मान मन्दिर, न्याय मन्दिर, वाणी मन्दिर
धर्मवीर भारती	नदी प्यासी थी
मोहन राकेश	अण्डे के छिलके

आधुनिक काल के प्रमुख उपन्यास

लेखक	रचनाएँ
श्रद्धाराम फुल्लौरी	भाग्यवती (1877 ई.)
श्रीनिवास दास	परीक्षागुरु (1882 ई.)
भारतेन्दु हरिश्चन्द्र	पूर्णप्रकाश, चन्द्रप्रभा
बालकृष्ण भट्ट	रहस्य कथा, नूतन ब्रह्मचारी (1886), सौ अजान एक सुजान (1892)
राधाकृष्ण दास	निःसहाय हिन्दू (1890)
देवदत्त	सच्चा मित्र
लोचन प्रसाद पाण्डेय	दो मित्र
लज्जाराम शर्मा	आदर्श दम्पति, धूर्त रसिक लाल (1890)
गोपाल राम गहमरी	अद्‌भुत लाश (1896), गुप्तचर (1899), बेकसूर की फाँसी (1900), खूनी कौन (1900), मायाविनी (1901), जासूस की भूल (1901), चक्करदार चोरी (1901), किले में खून (1910), भोजपुर की ठगी (1911), गुप्तभेद (1913)
अयोध्यासिंह उपाध्याय 'हरिऔध'	अधखिला फूल, ठेठ हिन्दी का ठाठ
किशोरीलाल गोस्वामी	सौभाग्यश्री (1890), लवंगलता (1890), गुलबहार का आदर्श भ्रातृप्रेम, सुल्तान रजिया बेगमवा रंगमहल में हलाल, नवलखाहार, कनक-कुसुमवा मस्तानी, तारा व क्षत्रकुल कमलिनी, हीराबाई वा बेहया का बुर्का, लखनऊ के कब्र वा शाही महलसरा, सोना और सुगन्ध वा पन्नाबाई, तिलस्मी शीशमहल, राजकुमारी
देवकीनन्दन खत्री	चन्द्रकान्ता (1882), चन्द्रकान्ता सन्तति 24 भाग (1896), नरेन्द्रमोहिनी (1893), वीरेन्द्र वीर (1895), कुसुम कुमारी (1899), भूतनाथ (1906)
ठाकुर जगमोहन सिंह	श्यामास्वप्न (1888)
हरिकृष्ण जौहर	कुसुमलता, कमलकुमारी, भयानक खून, मयंक मोहिनी, निराला नकाबपोश
ब्रजनन्दन सहाय	सौन्दर्योपासक, राजेन्द्रमालती, अरण्यबाला
रामलाल वर्मा	पुतलीमहल (1908)
मुंशी प्रेमचन्द	सेवासदन (1918), प्रेमाश्रम (1922), रंगभूमि (1925), कायाकल्प (1926), निर्मला (1927), गबन (1931), कर्मभूमि (1933), गोदान (1935), वरदान (1921), प्रतिज्ञा (1929), कायाकल्प (1926), मंगलसूत्र (अपूर्ण)
जयशंकर 'प्रसाद'	कंकाल (1929), तितली (1934), इरावती (अपूर्ण)
विश्वम्भरनाथ शर्मा 'कौशिक'	माँ (1929), भिखारिनी (1929)
चतुरसेन शास्त्री	हृदय की परख (1918), व्यभिचार (1924), हृदय की प्यास (1932), अमर अभिलाषा (1933), आत्मदाह (1936), पूर्णाहुति, रक्त की प्यास, अपराजिता, वयंरक्षामः, वैशाली की नगरवधू, सोमनाथ, आलमगीर आदि।
शिवपूजन सहाय	देहाती दुनिया (1926)
बेचन शर्मा 'उग्र'	चन्द हसीनों के खतूत (1927), दिल्ली का दलाल (1927), बुधुवा की बेटी (1928), शराबी (1930), सरकार तुम्हारी आँखों में (1937), जीजाजी (1943), घण्टा (1945)
ऋषभचरण जैन	मास्टर साहब, गदर, चाँदनी रात, वेश्यापुत्र, मन्दिरदीप, चम्पाकली
भगवती प्रसाद बाजपेयी	मीठी चुटकी, अनाथ पत्नी, प्रेमपथ, लालिमा, पतिता की साधना, पिपासा, दो बहनें, त्यागमयी, निमन्त्रण, गुप्तधन, चलते-चलते, पतवार, यथार्थ के आगे, सूनी राह, उनसे कहना, दरार और धुआँ, टूटा टी सेट इत्यादि।
जैनेन्द्र कुमार	परख (1929), सुनीता (1935), त्यागपत्र (1937), कल्याणी, सुखदा, विवर्त, जयवर्धन, मुक्तिबोध
भगवतीचरण वर्मा	पतन (1927), चित्रलेखा (1934), तीन वर्ष (1936), टेढ़े-मेढ़े रास्ते, आखिरी दाँव, भूले-बिसरे चित्र (1959), सामर्थ्य और सीमा, रेखा, सबहि नचावत राम गुसाईं
उपेन्द्रनाथ 'अश्क'	गिरती दीवारें (1947), गर्म राख (1952), बड़ी-बड़ी आँखें (1954), पत्थर अल पत्थर (1957)
सुमित्रानन्दन पन्त	हार (1960)
सूर्यकान्त त्रिपाठी 'निराला'	अप्सरा (1931), अलका (1933), प्रभावती (1936), निरुपमा (1936)
सियारामशरण गुप्त	गोद (1932), अन्तिम आकांक्षा (1934), नारी (1937)
अज्ञेय	शेखर : एक जीवनी (1941), नदी के द्वीप (1951), अपने-अपने अजनबी (1961)
इलाचन्द्र जोशी	घृणामयी (1929), संन्यासी (1941), पर्दे की रानी (1941), प्रेत और छाया, निर्वासित (1946), मुक्तिपथ (1950), जिप्सी, जहाज का पंछी (1955), ऋतुचक्र, भूत का भविष्य (1973)
यशपाल	दादा कामरेड (1941), देशद्रोही (1943), पार्टी कामरेड (1946), मनुष्य के रूप (1949), झूठा-सच (दो भागों में 1958)
रामेश्वर शुक्ल 'अंचल'	चढ़ती धूप (1945), नई इमारत (1946), उल्का (1947), मरुप्रदीप (1951)

लेखक	रचनाएँ
अमृतलाल नागर	नवाबी मसनद, सेठ बाँकेमल, महाकाल (1946), बूँद और समुद्र (1956), शतरंज के मोहरे (1959), सुहाग के नूपुर (1960), अमृत और विष (1966), एकदा नैमिषारण्य (1972), मानस का हंस (1972)
वृन्दावन लाल वर्मा	विराटा की पद्मिनी (1936), झाँसी की रानी (1946), कचनार (1948), मृगनयनी (1950), अहिल्याबाई (1955), माधोजी सिंधिया (1957), भुवनविक्रम (1957)
आचार्य हजारी प्रसाद द्विवेदी	बाणभट्ट की आत्मकथा (1946), चारुचन्द्र लेख (1963), पुनर्नवा (1973), अनामदास का पोथा (1976)
राहुल सांकृत्यायन	सिंह सेनापति, जय यौधेय, वोल्गा से गंगा तक
रांगेय राघव	मुर्दों का टीला (1948), कब तक पुकारूँ (1957), मेरी भवबाधा हरो, विषादमठ, लखिमा की आँखें, देवकी का बेटा, यशोधरा जीत गई, अन्धेरे के जुगनूँ
मुक्तिबोध	विपात्र
नागार्जुन	बलचनमा (1952), रतिनाथ की चाची, नई पौध, बाबा बटेसर नाथ, दुःखमोचन, वरुण के बेटे, कुम्भीपाक, उग्रतारा
फणीश्वरनाथ 'रेणु'	मैला आँचल (1954), परती परिकथा, दीर्घतपा, जुलूस, कितने चौराहे, कलंक-मुक्ति, पतिव्रता, पल्टू बाबू रोड
उदयशंकर भट्ट	सागर लहरें और मत्स्य (1956)
शानी	काला जल, साँप और सीढ़ी, नदियाँ और सीपियाँ
भैरव प्रसाद गुप्त	सती मैया का चौरा, मशाल, गंगा मैया
राही मासूम रजा	आधा गाँव, टोपी शुक्ला, नीम का पेड़, सीन-75, असन्तोष के दिन, ओस की बूँद, कटरा बी आरजू
शिवप्रसाद सिंह 'रुद्र'	अलग-अलग वैतरणी, बहती गंगा, गली आगे मुड़ती है
रामदरश मिश्र	पानी की प्राचीर, जल टूटता हुआ, सूखता हुआ तालाब
राजेन्द्र अवस्थी	जंगल के फूल, जाने कितनी आँखें, बीमार शहर
धर्मवीर भारती	गुनाहों का देवता, सूरज का सातवाँ घोड़ा
देवराज	पथ की खोज, बाहर-भीतर, रोड़े और पत्थर, अजय की डायरी, मैं, वे और आप
मन्मथनाथ गुप्त	बहता पानी (1955)
काशीनाथ सिंह	अपना मोर्चा, काशी का अस्सी
अमृतराय	बीज, नागफनी का देश, हाथी के दाँत
लक्ष्मीनारायण लाल	मनवृन्दावन, धरती की आँखें, काले फूलों का पौधा, हरा समन्दर गोपी चन्दर, रूपाजीवा, प्रेम, बड़ी चम्पा छोटी चम्पा
राजेन्द्र यादव	उखड़े हुए लोग, प्रेत बोलते हैं, शह और मात, अनदेखे अनजाने पुल
मन्नू भण्डारी	आपका बंटी, महाभोज, एक इंच मुस्कान (सहयोगी लेखक राजेन्द्र यादव)
गिरिधर गोपाल	चाँदनी रात के खण्डहर
सर्वेश्वर दयाल सक्सेना	सोया हुआ जल, पागल कुत्तों का मसीहा, अँधेरे पर अँधेरा, उड़ते हुए रंग
नरेश मेहता	डूबते मस्तूल, प्रथम फाल्गुन, धूमकेतु, नदी यशस्वी है, यह पथ बन्धु था, उत्तरकथा
मोहन राकेश	अन्धेरे बन्द कमरे (1961), न आने वाला कल, नीली बाँहों की रोशनी में, काँपता हुआ दरिया, कई एक अकेले, अन्तराल
निर्मल वर्मा	लाल टीन की छत, रात का रिपोर्टर, वे दिन, एक चिथड़ा सुख
श्रीलाल शुक्ल	रागदरबारी, विश्रामपुर का सन्त, सीमाएँ टूटती हैं, आदमी का जहर, अज्ञातवास
भीष्म साहनी	तमस, झरोखे, कड़ियाँ, बसन्ती
गिरिराज किशोर	जुगलबन्दी, ढाई घर, यथा प्रस्तावित, चिड़ियाघर, साहब, मात्राएँ, पहला गिरमिटिया
कृष्णा सोबती	सूरजमुखी अँधेरे के, डार से बिछुड़ी, मित्रोमरजानी, यारों के यार, दिलोदानिश, हम हशमत, जिन्दगीनामा
उषा प्रियंवदा	पचपन खम्भे लाल दीवार
रमेश बख्शी	अठारह सूरज के पौधे
विष्णु प्रभाकर	निशिकान्त, तट के बन्धन, अर्द्धनारीश्वर, स्वप्नमयी
राजकमल चौधरी	मछली मरी हुई
श्रीकान्त वर्मा	दूसरी बार
महेन्द्र भल्ला	एक पति के नोट्स
जगदम्बा प्रसाद दीक्षित	मुरदाघर
देवराज	दोहरी आग की लपट
मुद्राराक्षस	अचला एक मनःस्थिति
कान्ता भारती	रेत की मछली

लेखक	रचनाएँ
मृदुला गर्ग	चितकोबरा, उसके हिस्से की धूप, वंशज, कठगुलाब, मैं और मैं
मधुकर सिंह	सबसे बड़ा छल
गोविन्द मिश्र	लाल-पीली जमीन
जगदीशचन्द्र	मुट्ठीभर कांकर
शरतचन्द्र	श्रीकान्त, देवदास, चरित्रहीन, गृहदाह, परिणीता
कमलेश्वर	डाक बँगला, काली आँधी, समुद्र में सोता हुआ आदमी, सुबह दोपहर शाम, एक सड़क सत्तावन गलियाँ
शैलेश मटियानी	आकाश कितना अनन्त है, मुठभेड़, सर्पगन्धा, डेरे वाले, बावन नदियों का संगम, चन्द औरतों का शहर, किस्सा नर्मदा बेन गंगूबाई, बोरीबली से बोरीबन्दर तक, उगते सूरज की कृपा
विमल मित्र	मुजरिम हाजिर है, कैसे-कैसे सच, मन क्यों उदास है, हम चाकर रघुनाथ के
ममता कालिया	बेघर (1971), नरक दर नरक (1975), प्रेम कहानी (1980), दुक्खम-सुक्खम (2009)
प्रभा खेतान	आओ पें पें घर चलें (1990), तालाबन्दी (1991), छिन्नमस्ता (1993), अपने-अपने चेहरे (1993), पीली आँधी (1996)
नासिरा शर्मा	सात नदियाँ एक समुन्दर (1984), शाल्मली (1987), ठीकरे की मँगनी (1989), जिन्दा-मुहावरे (1993), अक्षयवट (2003), कुइयांजान (2003)
मृणाल पाण्डेय	पटरंग पुराण (1983), रास्तों पर भटकते हुए (2000)
लता शर्मा	सही नाम के जूते (2009)
विभूतिनारायण राय	घर (1982), किस्सा लोकतन्त्र (1983), शहर के कर्फ्यू (1986), तबादला (2001), प्रेम की भूतकथा (2009)
अलका सरावगी	कलिकथा वाया बाईपास (1998), शेष कादम्बरी (2001)

आधुनिक काल के प्रमुख कहानी

लेखक	रचनाएँ
इंशाअल्ला खाँ	रानी केतकी की कहानी (1872)
किशोरीलाल गोस्वामी	इन्दुमती (1900), गुलबहार, चन्द्रिका
माधवराव सप्रे	एक टोकरी भर मिट्टी (1901)
भगवान दास	प्लेग की चुड़ैल (1902)
रामचन्द्र शुक्ल	ग्यारह वर्ष का समय (1903)
गिरिजादत्त बाजपेयी	पंडित और पंडितानी (1903)
राजेन्द्रबाला घोष (बंग महिला)	दुलाईवाली (1907)
चन्द्रधर शर्मा 'गुलेरी'	उसने कहा था (1915)
विश्वम्भर शर्मा 'कौशिक'	रक्षाबन्धन (1912), ताई, चित्रशाला, गल्पमन्दिर, मंगली, प्रेम प्रतिमा, मणिमाला कल्लोल
जयशंकर प्रसाद	ग्राम (1911), प्रतिध्वनि (1926), आकाशदीप (1929), आँधी (1931), इन्द्रजाल (1936), खण्डहर की लिपि, पत्थर की पुकार, उस पार का योगी, प्रतिमा, कला, देवदासी, मधुवा, सालवती, देवरथ, पुरस्कार, गुण्डा, विराम-चिन्ह, पाप की पराजय, स्वर्ग के खण्डहर, छोटा जादूगर, दासी, वृत्तभंग इत्यादि।
प्रेमचन्द	सौत (1815), पंचपरमेश्वर (1916), बलिदान (1918), आत्माराम (1920), बूढ़ी काकी (1921), विचित्र होली (1921), गृहदाह (1922), हार की जीत (1922), परीक्षा (1923), आपबीती (1923), उद्धार (1924), सवा सेर गेहूँ (1924), शतरंज के खिलाड़ी (1925), माता का हृदय (1925), कजाकी (1926), सुजान भगत (1927), इस्तीफा (1928), अलग्योझा (1929), पूस की रात (1930), तावान (1931), होली का उपहार (1931), ठाकुर का कुआँ (1932), बेटों वाली विधवा (1932), ईदगाह (1933), नशा (1934), बड़े भाई साहब (1934), कफन (1936), दिल की रानी, सारंगा सदावृक्ष, मैकू, नमक का दरोगा, मोटेराम शास्त्री
सुदर्शन	हार की जीत, तीर्थयात्रा, सुदर्शन सुधा, पुष्पलता, गल्पमंजरी, सुप्रभात, परिवर्तन, पनघट, कवि की स्त्री
चतुरसेन शास्त्री	दुखवा मैं कासों कहूँ मोरी सजनी, प्रबुद्ध, आम्रपाली, भिक्षुराज, बावर्चिन, वाण-वधू, हल्दीघाटी में, ककड़ी की कीमत
पाण्डेय बेचन शर्मा 'उग्र'	चिनगारियाँ (1923), शैतान मण्डली (1924), इन्द्रधनुष (1927), बलात्कार (1927), चाकलेट (1928), दोजख की आग (1929), निर्लज्जा
जैनेन्द्र	खेल (1928), फाँसी (1929), वातायन (1930), नीलमदेश की राजकन्या (1933), एक रात (1934), दो चिड़ियाँ (1935), पाजेब (1942), जयसन्धि (1949)
यशपाल	पिंजरे की उड़ान (1939), ज्ञानदान (1939), अभिशप्त (1943), तर्क का तूफान (1944), भस्मावृत्त चिंगारी (1946), वो दुनिया (1948), फूलों का कुर्ता (1949), धर्मयुद्ध (1950), उत्तराधिकारी (1951), चित्र का शीर्षक (1951), उत्तमी की माँ (1955), सच बोलने की भूल (1962), खच्चर और आदमी (1965), भूख के तीन दिन (1968)
इलाचन्द्र जोशी	धूपरेखा (1938), दीवाली और होली (1942), रोमांटिक छाया (1943), आहुति (1945), खण्डहर की आत्माएँ (1948), डायरी के नीरस पत्र (1951), कँटीले फूलों के लजीले काँटे (1957)

लेखक	रचनाएँ
अज्ञेय	विपथगा (1937), परम्परा (1940), कोठरी की बात (1945), शरणार्थी (1948), जयदोल (1951), अमरबल्लरी (1954), ये तेरे प्रतिरूप (1961)
उपेन्द्रनाथ 'अश्क'	अंकुर, नासूर, डावी, पिंजरा, गोखरू (1933-36), छींटे (1949), सत्तर श्रेष्ठ कहानियाँ (1958), पलंग (1961), आकाशचारी (1966)
विष्णु प्रभाकर	धरती अब भी घूम रही है, साँचे और कला (1962), पुल टूटने से पहले (1977), मेरा वतन (1980), खिलौने (1981), एक और कुन्ती (1985), जिन्दगी एक रिहर्सल (1986)
भीष्म साहनी	भाग्यरेखा (1953), पहला पाठ (1957), भटकती राख (1966), पटरियाँ (1973), वाङ्चू (1978), शोभायात्रा (1981), निशाचर (1983), पाली (1989), डायन (1998), चीफ की दावत, अमृतसर आ गया है, ओ हरामजादे, वाङ्चू और त्रास
मुक्तिबोध	काठ का सपना (1967), सतह से उठता आदमी (1971)। 'नई जिन्दगी', 'जलना', 'पक्षी और दीमक', 'विपात्र'
भैरव प्रसाद गुप्त	मुहब्बत की राहें (1945), फरिश्ता (1946), बिगड़े हुए दिमाग (1948), इन्सान (1950), सितार के तार (1951), बलिदान की कहानियाँ (1951), मंजिल (1951), महफिल (1958), सपने का अन्त (1961), आँखों का सवाल (1965), मंगली की टिकुली (1982), आप क्या कर रहे हैं (1983)
अमरकान्त	जिन्दगी और जोंक, देश के लोग, मौत का नगर, मित्र मिलन, कुहासा, एक धनी व्यक्ति का बयान (1997), सुख और दुःख का साथ (2002)। 'दोपहर का भोजन', 'डिप्टीकलक्टरी'
राजेन्द्र यादव	देवताओं की मूर्तियाँ (1952), खेल खिलौने (1954), जहाँ लक्ष्मी कैद है (1957), अभिमन्यु की आत्महत्या (1959), छोटे-छोटे ताजमहल (1962), किनारे-से-किनारे तक (1963), टूटना (1966), अपने पार (1968), ढोल और अन्य कहानियाँ (1972), हासिल तथा अन्य कहानियाँ (2006)
मोहन राकेश	इन्सान के खण्डहर (1950), नए बादल (1957), जानवर और जानवर (1958), एक और जिन्दगी (1961), फौलाद का आकाश (1966)
कमलेश्वर	राजा निरबंसिया (1957), कस्बे का आदमी (1958), खोई हुई दिशाएँ (1963), मांस का दरिया (1966), बयान (1973), आजादी मुबारक (2002)। खोई हुई दिशाएँ, जॉर्ज पंचम की नाक, अपना एकान्त, मानसरोवर के हंस, इतने अच्छे दिन, कितने पाकिस्तान।
धर्मवीर भारती	मुर्दों का गाँव (1946), स्वर्ग और पृथ्वी (1949), चाँद और टूटे हुए लोग (1955), बन्द गली का आखिरी मकान (1969), नई कहानी के दौर में, गुल्कीबन्नो
निर्मल वर्मा	परिन्दे (1960), जलती झाड़ी (1965), पिछली गर्मियों में (1968), बीच बहस में (1973), कव्वे और कालापानी (1983), सूखा तथा अन्य कहानियाँ (1995)
फणीश्वरनाथ 'रेणु'	ठुमरी (1959), आदिम रात्रि की महक (1967), अग्निखोर (1973), एक श्रावणी दोपहर की धूप (1984), अच्छे आदमी (1986)। इनकी ख्याति का आधार 'तीसरी कसम उर्फ मारे गए गुलफाम' रही है। 'रसप्रिया', 'ठुमरी', 'अग्निखोर', 'आदिम रात्रि की महक
शिवप्रसाद सिंह	आर-पार की माला (1955), कर्मनाशा की हार (1958), इन्हें भी इन्तजार हैं (1961), मुरदासराय (1966), अन्धेरा हँसता है (1975), भेड़िये (1977)
गंगा प्रसाद विमल (अ-कहानी आन्दोलन के पुरस्कारकर्ता)	विध्वंस (1965), शहर में (1966), बीच की दरार (1968), अतीत में कुछ (1972), कोई शुरुआत (1973), खोई हुई थाती (1975)
रवीन्द्र कालिया (अ-कहानी आन्दोलन)	नौ साल छोटी पत्नी (1969), काला रजिस्टर (1972), गरीबी हटाओ (1976), चकैया नीम (1979)
शेखर जोशी	दाज्यू (1953), कोसी का घटवार (1957), अप्रतीक्षित (1958), सहयात्री (1959), प्रश्नवाचक आकृतियाँ (1961), समर्पण (1961), मृत्यु (1961), दौड़ (1965), रास्ते (1965), बदबू, साथ के लोग (1967), हलवाहा (1981), मेरा पहाड़ (1989), नौरंगी बीमार है (1990), डांगरी वाले (1994)
ज्ञान रंजन	फेन्स के इधर-उधर (1968), यात्रा (1971), क्षणजीवी (1977), सपना नहीं (1977)। आपकी 'घण्टा', 'बहिर्गमन' और 'अनुभव'
काशीनाथ सिंह (प्रगतिशील चेतना के प्रतिबद्ध लेखक)	लोग बिस्तरों पर (1968), सुबह का डर (1975), आदमीनामा (1978), नई तारीख (1979), कल की फटेहाल कहानियाँ (1980), सदी का सबसे बड़ा आदमी (1986)
दूधनाथ सिंह ('अ-कहानी' आन्दोलन के पक्षधर)	सपाट चेहरे वाला आदमी (1967), सुखान्त (1971), पहला कदम (1976), माई का शोकगीत (1992), नमो अंधकारः (1998), धर्म क्षेत्रे-कुरुक्षेत्रे (2002), निष्कासन (2002)। इनकी 'विजेता', 'कबन्ध', 'रीछ', 'सुखान्त' और 'प्रतिशोध'
गिरिराज किशोर	चार मोती बेआब (1963), नीम के फूल (1964), पेपरवेट (1967), शहर-दर-शहर (1976), हम प्यार कर लें (1980), वल्दरोजी (1989), गाना बड़े गुलाम अली खाँ का (1985), यह देह किसकी है (1990), आन्द्रे की प्रेमिका तथा अन्य कहानियाँ (1995)
रमेश चन्द्र शाह	जंगल में आग (1979), मुहल्ले का रावण (1982), मानपत्र (1992), थियेटर (1995)
गोविन्द मिश्र	नए-पुराने माँ-बाप (1973), अन्तःपुर (1976), रगड़ खाती आत्माएँ (1978), धाँसू (1978), अपाहिज (1980), खुद के खिलाफ (1981), खाक इतिहास (1984), पगला बाबा (1987), आसमान कितना नीला (1992), हवाबाज (1998), मुझे बाहर निकालो (2004)
महीप सिंह ('सचेतन कहानी' आन्दोलन के पुरस्कारकर्ता)	सुबह के फूल (1932), उजाले के उल्लू (1964), घिराव (1968), कुछ और कितना (1973), कितने सम्बन्ध (1979), दिल्ली कहाँ है (1985)
कामतानाथ	छुट्टियाँ (1977), तीसरी साँस (1977), सब ठीक हो जाएगा (1983), शिकस्त (1992), रिश्ते-नाते (1998)

लेखक	रचनाएँ
विवेकी राय	नयी कोयल (1975), गूँगा जहाज (1977), बेटे की बिक्री (1981), कालातीत (1982), चित्रकूट के घाट पर (1988), सर्कस (2005)
संजीव	'अपराध' (पुरस्कृत तथा चर्चित कहानी है), तीस साल का सफरनामा (1981), प्रेतमुक्ति (1991), दुनिया की सबसे हसीन औरत (1993), ब्लैकहोल (1997), खोज (1999), गति का पहला सिद्धान्त (2004), गुफा का आदमी (2006)
राकेश वत्स ('सक्रिय कहानी' आन्दोलन के पुरस्कारकर्ता)	अतिरिक्त तथा अन्य कहानियाँ (1970), अन्तिम प्रजापति (1975), अभियुक्त (1979), शुरुआत (1980), एक बुद्ध और (1986)
से.रा. यात्री (समान्तर कहानी आन्दोलन के समर्थ कहानीकार)	दूसरे चेहरे (1980), केवल पिता (1978), अकर्मक क्रिया (1981)
बादशाह हुसैन रिज़वी	टूटता हुआ भय (1986), पीड़ा गनेशिया की (1994), चार मेहराबों वाली दालान (2006)
बदी उज्जमाँ	अनित्य (1970), पुल टूटते हुए (1973), चौथा ब्राह्मण (1976)
अब्दुल बिस्मिल्लाह	टूटा हुआ पंख, कितने-कितने सवाल (1984), रैन बसेरा (1989), अतिथि देवो भव (1990), रफ-रफ मेल (2000)
नरेन्द्र कोहली	परिणति (1969), कहानी का अभाव (1977), दृष्टि देश में एकाएक (1979), सम्बन्ध (1980), शटल (1982)
उदय प्रकाश	दरियाई घोड़ा, तिरिछ (1989), और अन्त में प्रार्थना (1994), पाल गोमरा का स्कूटर (1997), पीली छतरी वाली लड़की (2001), दत्तात्रेय का दुःख (2002)
शिवमूर्ति	कसाईबाड़ा (1980), केसर कस्तूरी (1991)
शैलेन्द्र सागर	इस जुनून में (1989), मकान ढह रहा है (1993), माटी (2000), आमीन (2002), प्रतिरोध (2009)
शिवानी	लाल हवेली (1965), पुष्पहार (1969), अपराधिनी (1972), रथ्या (1976), स्वयंसिद्धा (1977), रति विलाप (1977), पुष्पहार (1978)
कृष्णा सोबती	मित्रो मरजानी (लम्बी कहानी है। अतः इसे लघु उपन्यास भी कहा जा सकता है), बादलों के घेरे में (1980)
मन्नू भण्डारी	यही सच है (1966), मैं हार गई (1957), एक प्लेट सैलाब (1968), तीन निगाहों की एक तस्वीर (1968), त्रिशंकु (1978)
उषा प्रियंवदा	'वापसी' (कहानी ख्याति का आधार बनी), जिन्दगी और गुलाब के फूल (1961), फिर वसन्त आया (1961), एक कोई दूसरा (1966), कितना बड़ा झूठ (1972)
ममता कालिया	छुटकारा (1969), सीट नं. (1978), एक अदद औरत (1979), प्रतिदिन (1983), उसका यौवन (1985), बोलने वाली औरत (2000), मुखौटा (2000)
मृदुला गर्ग	कितनी कैदें (1975), टुकड़ा-टुकड़ा आदमी (1977), डिफोडिल जल रहे हैं (1978), ग्लेशियर से (1980), उर्फ सैम (1986), समागम (1996), मेरे देश की मिट्टी अहा (2001)
चित्रा मुद्‌गल	जहर ठहरा हुआ (1980), लाक्षागृह (1982), अपनी वापसी (1983), जगदम्बा बाबू गाँव आ रहे हैं (1992), जिनावर (1996), भूख (2001), लपटें (2002) आँवा।
राजी सेठ	अन्धे मोड़ के आगे (1979), तीसरी हथेली (1981), यात्रामुक्त (1987), दूसरे देशकाल में (1992), यह कहानी नहीं (1998), गमे हयात ने मारा (2006)
मैत्रेयी पुष्पा	चिन्हार (1991), ललमनियाँ (1996), गोमा हँसती है (1998)
मेहरुन्निसा परवेज	आदम और हव्वा (1972), टहनियों पर धूप (1977), फाल्गुनी (1978), गलत पुरुष (1978), अन्तिम चढ़ाई (1982), अम्मा (1997), समर (1999), लाल गुलाब (2006)
नासिरा शर्मा	शामी कागज, पत्थर गली (1986), संगसार (1993), इब्नेमरियम (1994), सबीना के चालीस चोर (1997), खुदा की वापसी (1998), इन्सानी नस्ल (2001), दूसरा ताजमहल (2002)

हिन्दी के प्रमुख आत्मकथा लेखक एवं उनकी कृतियाँ

आत्मकथा लेखक	कृतियाँ
दयानन्द सरस्वती	जीवन चरित्र (1860)
सत्यानन्द अग्निहोत्री	मुझमें देव जीवन का विकास (1910)
भवानी दयाल संन्यासी	प्रवासी की कहानी (1939)
श्यामसुन्दर दास	मेरी आत्म कहानी (1941)
गुलाबराय	मेरी असफलताएँ (1941)
हरिभाऊ उपाध्याय	साधना के पथ पर (1946)
राहुल सांकृत्यायन	मेरी जीवन यात्रा (1946)
डॉ. राजेन्द्र प्रसाद	आत्मकथा (1947)
बलराज साहनी	मेरी फिल्मी आत्मकथा (1947)
वियोगी हरि	मेरा जीवन प्रवाह (1948)
भारतेन्दु	कुछ आप बीती कुछ जग बीती
यशपाल	सिंहावलोकन (तीन खण्ड क्रमशः 1951, 1952, 1955)
स्वामी सत्यदेव परिव्राजक	स्वतन्त्रता की खोज में (1951)
गंगाप्रसाद उपाध्याय	जीवन चक्र (1954)
पदुमलाल पुन्नालाल बख्शी	मेरी अपनी कथा (1958)
सेठ गोविन्ददास	आत्मनिरीक्षण (तीन भाग, 1958)
चतुरसेन शास्त्री	यादों की परछाइयाँ (1960), मेरी आत्म कहानी (1963)
देवराज उपाध्याय	बचपन के वो दिन, यौवन के द्वार पर
पाण्डेय बेचन शर्मा 'उग्र'	अपनी खबर (1960)
चतुरसेन शास्त्री	मेरी आत्मकहानी (1963)
उपेन्द्रनाथ अश्क	ज्यादा अपनी कम परायी (1959), चेहरे अनेक (1977)
सन्तराम बीए	मेरे जीवन के अनुभव (1963)
डॉ. भुवनेश्वर प्रसाद मिश्र	जीवन के चार अध्याय (1967)
हरिवंशराय बच्चन	क्या भूलूँ क्या याद करूँ (1969), नीड़ का निर्माण फिर (1970), बसेरे से दूर (1978), दशद्वार से सोपान तक (1985) (चार खण्डों में)
बृन्दावन लाल वर्मा	अपनी कहानी (1970)
रामावतार अरुण	अरुणायन (1974)
सूर्य प्रसाद दीक्षित	निराला की आत्मकथा (1970)
डॉ. राम विलास शर्मा	घर की बात (1983), अपनी धरती अपने लोग (तीन खण्डों में)
श्री विष्णु चन्द्र शर्मा	मुक्तिबोध की आत्मकथा (1984)
शिवपूजन सहाय	मेरा जीवन (1985)
अमृतलाल नागर	टुकड़े-टुकड़े दास्तान (1986)
डॉ. नगेन्द्र	अर्धकथा (1988)
कन्हैयालाल मिश्र 'प्रभाकर'	तपती पगड़ण्डियों पर यात्रा (1989)
फणीश्वरनाथ 'रेणु'	आत्मपरिचय (1988)
रामदरश मिश्र	सहचर है समय (1991), फुर्सत के दिन (2000)
कमलेश्वर	गर्दिश के दिन (1980), आत्मकथा (तीन खण्डों में जो मैंने किया (1992), यादों के चिराग (1997), जलती हुई नदी (1999)
मूलचन्द अग्रवाल	पत्रकार की आत्मकथा
गोपाल प्रसाद व्यास	कहो व्यास कैसी कटी (1994)
नागार्जुन	विषकीट (1999)
रवीन्द्र कालिया	गालिब छुटी शराब (2000)
भगवतीचरण वर्मा	कहि न जाय का कहिए (2001)
राजेन्द्र यादव	मुड़-मुड़ कर देखता हूँ (2001), देहरि भई विदेस (2005)
अखिलेश	और वह जो यथार्थ था (2001)
भीष्म साहनी	आज के अतीत (2003)
अशोक बाजपेयी	पाव भर जीरे में ब्रह्मभोज (2003)
स्वदेश दीपक	मैंने माण्डू नहीं देखा (2003)
विष्णु प्रभाकर	पंखहीन, मुक्त गगन में और पंछी उड़ गया (2004)
रवीन्द्रनाथ त्यागी	वसंत से पतझर तक (2005)
मिथिलेश्वर	पानी बिन मीन पियासी
विश्वनाथ प्रसाद तिवारी	दिनरैन (2014)
गोपीचन्द नारंग	सफ़र आशना (2014)
ए.पी.जे. अब्दुल कलाम	अग्नि की उड़ान टर्निंग पॉइण्ट्स (2015)
हंसराज रहबर	मेरे सात जन्म (तीन खण्डों में)

महिला रचनाकारों की आत्मकथाएँ

आत्मकथा लेखक	कृतियाँ
अनीता राकेश	सतरें और सतरें
चन्द्रकान्ता	हाशिए की इबारतें
शिवानी	सुनहु तात यह अकथ कहानी (1998)
पद्मा सचदेव	बूँद बावड़ी (1999)
शीला झुनझुनवाला	कुछ कही कुछ अनकही (2000)
मैत्रेयी पुष्पा	कस्तूरी कुण्डल बसै (2002), गुड़िया भीतर गुड़िया (2012)
मन्नू भण्डारी	एक कहानी यह भी, कली यह भी (2007)
चन्द्रकिरण सौनरिक्सा	पिंजरे में मैना (2010)
कृष्णा अग्निहोत्री	लगता नहीं है दिल मेरा (1997), और ... और ... औरत (2010)
प्रभा खेतान	अन्या से अनन्या (2010)
ममता कालिया	कितने शहरों में कितनी बार (2011)
जोहरा सहगल	करीब से (2013)
राजी सेठ	जहाँ से उजास (2013)
रमणिका गुप्ता	आपहुदरी (2014)
निर्मला जैन	जमाने में हम (2015)
जानकी देवी बजाज	मेरी जीवन यात्रा
प्रतिभा अग्रवाल	दस्तक जिन्दगी की, मोड़ जिन्दगी का
कुसुम अन्सल	जो कहा नहीं गया

दलित लेखकों की आत्मकथाएँ

आत्मकथा लेखक	कृतियाँ
डी.आर. जाटव	मेरा सफर मेरी मंजिल
माता प्रसाद	झोंपड़ी से राजभवन (2002)
नवेन्दु महर्षि	इंसान से ईश्वर तक, मेरे मन की बाइबिल, रुकी हुई रोशनी (2011), मेरा बचपन मेरा संघर्ष (2012)
भालचन्द्र मुणगेकर	मेरी हकीकत (2010)
बराक ओबामा (अमेरिका के राष्ट्रपति)	पिता से मिले सपने (2009)
सुशीला टाकभौरे	शिकंजे का दर्द (2012)
तुलसीराम	मुर्दहिया (2012), मणिकर्णिका (2013)
बलवीर माधोपुरी	छंग्यारुख (2012)
कौशल्या वैसन्त्री	दोहरा अभिशाप
दया पवार	अछूत (2011)
भगवान दास	मैं भंगी हूँ (1981)
मोहनदास नैमिषराय	अपने-अपने पिंजरे' भाग-1 (1995), अपने-अपने पिंजरे भाग-2 (2000)
ओमप्रकाश वाल्मीकि	जूठन (1997)
सूरजपाल चौहान	तिरस्कृत (2002), संतप्त (2006)
रूपनारायण सोनकर	नागफनी (2005)
श्योराज सिंह बेचैन	मेरा बचपन मेरे कन्धों पर (2009)
डॉ. धर्मवीर	मेरी पत्नी और भेड़िया (2009)
शरण कुमार लिंबाले	अक्करमाशी
रमाशंकर आर्य	घुटन
लक्ष्मण गायकवाड़	उचक्का (2011)

हिन्दी के प्रमुख जीवनीकार एवं उनकी जीवनियाँ

जीवनी लेखक	जीवनियाँ
भारतेन्दु हरिश्चन्द्र	बादशाह दर्पण, पंच पवित्रात्मा
रामविलास शर्मा	निराला की साहित्य साधना
अमृतराय	कलम का सिपाही (1962)
शान्ति जोशी	पन्त की जीवनी
विष्णु प्रभाकर	आवारा मसीहा (1974)
भगवती प्रसाद सिंह	मनीषी की लोकयात्रा
घनश्याम दास बिड़ला	बापू (1940), मेरे जीवन में गाँधी जी (1975)
काका कालेलकर	बापू की झाँकियाँ (1948)
सुमंगल प्रकाश	बापू के कदमों में (1950)
डॉ. राजेन्द्र प्रसाद	चम्पारन में महात्मा गाँधी (1919), बापू के कदमों में (1950)
रतनलाल बंसल	अमर शहीद चन्द्रशेखर आजाद (1946)
द्वारका प्रसाद शर्मा	भीष्म पितामह (1940)
जीवनलाल प्रेम	गुरु गोविन्द सिंह (1945)
चन्द्रबली त्रिपाठी	धर्मराज युधिष्ठिर
शिवरानी देवी (मुंशी प्रेमचन्द की पत्नी)	प्रेमचन्द घर में (1949)
मदनगोपाल	कलम का मजदूर (1965)
गंगाप्रसाद पाण्डेय	महाप्राण निराला
प्रतिभा अग्रवाल	प्यारे हरिश्चन्द्रजू (1997)

जीवनी लेखक	जीवनियाँ
सुलोचना रांगेय राघव	रांगेय राघव : एक-अंतरंग परिचय (1997)
मदनमोहन ठाकौर	'राजेन्द्र यादव-मार्फत मदनमोहन ठाकौर' (1999)
बिन्दु अग्रवाल	स्मृति के झरोखे में (1999) (भारत भूषण अग्रवाल के जीवन पर आधारित)
महिमा मेहता	उत्संव पुरुष : नरेश मेहता (2003)
कुमुद नागर	वटवृक्ष की छाया में (2004) (अमृतलाल नागर के जीवन पर आधारित)
जैनेन्द्र कुमार	अकाल पुरुष गाँधी (1968)
शिवकुमार कौशिक	प्रियदर्शिनी इन्दिरा गाँधी (1970)
शान्ति जोशी	सुमित्रानन्दन पन्त : जीवन और साहित्य
जगदीश चन्द्र माथुर	जिन्होंने जीना जाना (1954) (इसमें 12 प्रसिद्ध व्यक्तियों-सात साहित्यकारों, दो राजनेताओं, एक विचारक, एक कलाकार और एक अभिनेत्री का जीवन चरित्र प्रस्तुत किया गया है)
नाभादास	भक्तमाल (1585)
गोसाई गोकुलनाथ	चौरासी वैष्णवन की वार्ता, दो सौ वैष्णवन की वार्ता
गोपाल शर्मा शास्त्री	दयानन्द दिग्विजय (1881)
रमाशंकर व्यास	नेपोलियन बोनापार्ट का जीवन चरित्र (1883)
कार्तिक प्रसाद खत्री	महाराज विक्रमादित्य (1883), अहिल्याबाई (1887), छत्रपति शिवाजी का जीवन चरित्र (1890), मीराबाई का जीवन चरित्र (1893)
राधाकृष्ण दास	श्री नागरीदास जी का जीवन चरित्र (1894), कविवर बिहारीलाल (1895), सूरदास (1900), भारतेन्दु हरिश्चन्द्र का जीवन चरित्र (1904)
सम्पूर्णानन्द	महाराज छत्रसाल (1916), चेतसिंह और काशी का विद्रोह (1919), महादजी सिन्धिया (1920), सम्राट हर्षवर्द्धन (1920), सम्राट अशोक (1924), धर्मवीर गाँधी (1914)
मन्मथनाथ गुप्त	चन्द्रशेखर आजाद (1938), गुरुनानक (1938)
महावीर प्रसाद द्विवेदी	प्राचीन पण्डित और कवि (1918), सुकवि संकीर्तन (1924), चरितचर्चा (1929)
गौरीशंकर हीराचन्द ओझा	कर्नल जेम्स टॉड (1902)
बालमुकुन्द गुप्त	प्रतापनारायण मिश्र (1907)
बाबू श्यामसुन्दर दास	हिन्दी कोविद रत्नमाला (प्रथम भाग-1909, द्वितीय भाग-1914), हिन्दी के चालीस साहित्यकारों की जीवनियाँ
आचार्य रामचन्द्र शुक्ल	बाबू राधाकृष्ण दास (1913)
बनारसीदास चतुर्वेदी	कविरत्न सत्यनारायण जी की जीवनी (1926)
गणेश शंकर विद्यार्थी	श्री गाँधी (1931)
सीताराम चतुर्वेदी	महामना पण्डित मदनमोहन मालवीय (1937)
शिवरानी देवी	प्रेमचन्द घर में (1949)
छविनाथ पाण्डेय	नेताजी सुभाष (1946)
शिव प्रसाद सिंह	उत्तरयोगी : श्री अरविन्द (1972)
विष्णु चन्द्र शर्मा	अग्निसेतु (1954) (बांग्ला के विद्रोही कवि नजरुल इस्लाम के जीवन पर आधारित), समय साम्यवादी (1997) (राहुल सांकृत्यायन के जीवन पर आधारित)
शोभाकान्त	बाबूजी (1991) (नागार्जुन के जीवन पर आधारित)
तेज बहादुर चौधरी	मेरे बड़े भाई शमशेरजी (1995)
कमला सांकृत्यायन	महामानव महापण्डित (1955) (राहुल सांकृत्यायन के जीवन पर आधारित)

रेखाचित्र

रचनाकार	रचना
पद्मसिंह शर्मा	पद्मपराग (1929)
श्रीराम शर्मा	बोलती प्रतिमा (1937), अतीत के चलचित्र (1941), स्मृति की रेखाएँ (1947), पथ के साथी (1956), मेरा परिवार (1972), स्मारिका (1971)
रामवृक्ष बेनीपुरी	माटी की मूरतें (1946), लालतारा (1941), गेहूँ और गुलाब (1950), मील के पत्थर (1957)
गुलाब राय	ठलुआ क्लब
डॉ. रामविलास शर्मा	पंचरत्न
डॉ. नगेन्द्र	चेतना के बिम्ब (1967)
विनय मोहन शर्मा	रेखा और रंग (1955)
उपेन्द्रनाथ अश्क	रेखाएँ और चित्र (1955)
देवेन्द्र सत्यार्थी	रेखाएँ बोल उठीं (1949)
जगदीश चन्द्र माथुर	दस तस्वीरें (1963)
शिवपूजन सहाय	वे दिन वे लोग (1965)
सेठ गोविन्द दास	स्मृतिकण (1959)
कृष्णा सोबती	हमहशमत (1977)
डॉ. रामविलास शर्मा	विराम चिह्न (1985)
प्रतापनारायण टण्डन	रेखाचित्र (1959)
विष्णु प्रभाकर	दहकती भट्ठी

संस्मरण

रचनाकार	रचना
महावीर प्रसाद द्विवेदी	अनुमोदन का अन्त (1905) सभा की सत्यता (1907) विज्ञानाचार्य वसु का मन्दिर
बालमुकुन्द गुप्त	हरिऔधजी के संस्मरण
राहुल सांकृत्यायन	मेरे बचपन की स्मृतियाँ (1955) मेरे असहयोग के साथी (1956)
उपेन्द्रनाथ अश्क	मन्टो मेरा दुश्मन (1956) ज्यादा अपनी कम परायी (1959)
इलाचन्द्र जोशी	कुछ संस्मरण मेरे प्रारम्भिक जीवन की स्मृतियाँ
रामवृक्ष बेनीपुरी	जंजीरें और दीवारें (1957)
कन्हैयालाल मिश्र 'प्रभाकर'	जिन्दगी मुस्कराई (1953)
हरिवंशराय बच्चन	नए-पुराने झरोखे (1962)
भगवतीचरण वर्मा	अतीत के गर्त से
फणीश्वरनाथ 'रेणु'	वन तुलसी की गन्ध (1984)
भगवती शरण सिंह	रस गगन गुफा में
काशीनाथ सिंह	याद हो कि न याद हो (1992)
अमृतराय	जिनकी याद हमेशा रहेगी (1992)
प्रकाशवती पाल	लाहौर से लखनऊ तक
दूधनाथ सिंह	लौट आओ धार
रवीन्द्र कालिया	सृजन के सहयात्री
विद्यानिवास मिश्र	चिड़िया रैनबसेरा
विष्णु प्रभाकर	कुछ शब्दः कुछ रेखाएँ (1965)
हजारी प्रसाद द्विवेदी	मृत्युंजन रवीन्द्र
भगवत शरण उपाध्याय	मैंने देखा
अज्ञेय	आत्मनेपद अरे यायावर रहेगा याद गाँधी : कुछ स्मृतियाँ

हिन्दी के प्रमुख लेखक एवं उनके यात्रावृत्त

लेखक	यात्रावृत्त
सत्यदेव परिव्राजक	मेरी कैलाश यात्रा (1915), मेरी जर्मन यात्रा (1926), मेरी पाँचवीं जर्मन यात्रा (1955)
भारतेन्दु हरिश्चन्द्र	सरयू पार की यात्रा, मेंहदावल की यात्रा, मेरी लखनऊ यात्रा
भगवतशरण उपाध्याय	कलकत्ता से पेकिंग (1953), वह दुनिया में (1952), सागर की लहरों पर (1959)
राहुल सांकृत्यायन	मेरी तिब्बत यात्रा (1937), मेरी लद्दाख यात्रा (1939), किन्नर देश में (1948), रूस में पच्चीस मास (1947), घुमक्कड़शास्त्र (1949), राहुल यात्रावली (1949), यात्रा के पन्ने (1952), एशिया के दुर्गम खण्डों में (1956), चीन में कम्यून (1959), चीन में क्या देखा (1960)
ओमप्रकाश मन्त्री	माओं के देश में पाँच साल (1968)
पण्डित सूर्यनारायण व्यास	सागर प्रवास (1940), आवारे की यूरोप यात्रा (1940)
डॉ. सत्यनारायण	यूरोप के झरोखे में (1940), युद्ध यात्रा (1940)
सेठ गोविन्द दास	सुदूर दक्षिण पूर्व (1951), पृथ्वी परिक्रमा (1954)
यशपाल	राहबीती (1956), लोहे की दीवार के दोनों ओर (1953)
स्वामी सत्यभक्त	मेरी अफ्रीका यात्रा (1955)
रामधारी सिंह दिनकर	देश-विदेश (1957), मेरी यात्राएँ (1970)
ब्रजकिशोर नारायण	नन्दन से लन्दन (1957)
भुवनेश्वर प्रसाद भुवन	आँखों देखा यूरोप
अज्ञेय	एक बूँद सहसा उछली (1960), अरे यायावर रहेगा याद (1953)
गोपालव्यास	अरबों के देश में (1960)
प्रभाकर माचवे	गोरी नजरों में हम (1969)
विष्णु प्रभाकर	हँसते निर्झर : दहकती भट्टी (1966), हिमालय (1982), हमसफर मिलते रहे (1996)
डॉ. नगेन्द्र	अप्रवासी की यात्राएँ (1972)
राजेन्द्र अवस्थी	सैलानी की डायरी (1977)
अनन्त गोपाल शेवड़े	दुनिया रंग-बिरंगी (1978)
गोविन्द मिश्र	धुन्ध भरी सुर्खी (1979)
शिवानी	यात्रिक (1980)
मुनि क्रान्ति सागर	खोज की पगडण्डियाँ, खण्डहरों का वैभव
प्रभाकर द्विवेदी	पार उतरि कहं जइ हौ
नासिरा शर्मा	जहाँ फव्वारे लहू रोते हैं (2003)
कृष्णा सोबती	बुद्ध का कमण्डल : लद्दाख (2013)
उर्मिलेश	क्रिस्टेनिया मेरी जान (2016)
डॉ. रघुवंश	हरी घाटी

लेखक	यात्रावृत्त
काका कालेलकर	हिमालय की यात्रा, सूर्योदय का देश
शंकर	ए पार बंगला ओ पार बंगला
कन्हैयालाल मणिकलाल मुंशी	बद्रीनाथ की ओर
निर्मल वर्मा	चीड़ों पर चाँदनी (1964)
मोहन राकेश	आखिरी चट्टान तक (1953)
ज्ञानरंजन	कबाड़खाना
पंकज बिष्ट	खरामा-खरामा
निर्मला जैन	दिल्ली : शहर-दर-शहर
इन्दु जैन	पत्रों की तरह चुप (1987)
कृष्णदत्त पालीवाल	जापान में कुछ दिन (2003)
नरेश मेहता	कितना अकेला आकाश (2003)
पद्मा सचदेव	मैं कहती हूँ आँखिन देखी (2014)
मधु कांकरिया	बुद्ध, बारूद और पहाड़

रिपोर्ताज

रचनाकार	रचना
शिवदान सिंह चौहान	लक्ष्मीपुरा
रांगेय राघव	तूफानों के बीच
मदन्त आनन्द कौसल्यायन	वे लड़ेंगे हजारों साल, देश की मिट्टी बुलाती है
धर्मवीर भारती	युद्धयात्रा (1972)
कन्हैयालाल मिश्र 'प्रभाकर'	क्षण बोले कण मुस्काए
शमशेर बहादुर सिंह	प्लाट का मोर्चा
विवेकी राय	जुलूस रुका है (1977) ऋण जल धन जल (1977) नेपाली क्रान्ति (1978)
फणीश्वरनाथ 'रेणु'	श्रुत-अश्रुत पूर्व (1984)
प्रकाशचन्द्र गुप्त	बंगाल का अकाल अल्मोड़े का बाजार स्वराज्य भवन
जगदीश चन्द्र जैन	पेकिंग की डायरी
प्रभाकर माचवे	प्रभाकर जब पाताल गए
लक्ष्मीचन्द्र जैन	कागज की किश्तियाँ

हिन्दी के प्रमुख डायरी लेखक एवं उनकी डायरियाँ

डायरी लेखक	डायरी
श्रीराम शर्मा	सेवाग्राम डायरी (1946)
घनश्यामदास बिड़ला	डायरी के पन्ने
डॉ. धीरेन्द्र वर्मा	मेरी कॉलेज डायरी (1954)
भारतेन्दु हरिश्चन्द्र	हिन्दी नई चाल में ढली (1873)
सियाराम शरण गुप्त	दैनिकी
सच्चिदानन्द हीरानन्द वात्स्यायन 'अज्ञेय'	एक बूँद सहसा उछली (1960) (इसमें बर्लिन की डायरी के कुछ अंश उद्धृत हैं)
हरिवंशराय बच्चन	प्रवास की डायरी (1971)
रामधारी सिंह दिनकर	दिनकर की डायरी (1973)
रघुवीर सहाय	दिल्ली मेरा परदेश (1976)
राजेन्द्र अवस्थी	सैलानी की डायरी (1976)
गजानन माधव 'मुक्तिबोध'	एक साहित्यिक की डायरी (1964)
मोहन राकेश	मोहन राकेश की डायरी (1985)
रवीन्द्र कालिया	स्मृतियों की जन्मपत्री (1979)
रामविलास शर्मा	पंचरत्न (1980)
फणीश्वरनाथ रेणु	वनतुलसी की गन्ध (1984)
श्रीकान्त वर्मा	श्रीकान्त वर्मा की डायरी (1978)
जमनालाल बजाज	जमनालाल बजाज की डायरी (1966)
शान्ता कुमार	एक मुख्यमन्त्री की डायरी (1977)
जयप्रकाश नारायण	मेरी जेल डायरी (1975-77)
कमलेश्वर	देश-देशान्तर (1992)
डॉ. नामवर सिंह (सम्पादक)	मलयज की डायरी (2000)
बिशन टण्डन	आपातकाल की डायरी (भाग एक 2002, भाग-दो 2005)
डॉ. नरेश मोहन	साथ-साथ मेरा साया (2003)
विवेकी राय	मनबोध मास्टर की डायरी (1984)
कृष्ण बलदेव वैद	ख्वाब है दीवानें का (2005)
जाबिर हुसैन	डोला बीबी की मजार, जो आगे है, अतीत का चेहरा लोगाँ, एक नदी रेत भरी
मधु कांकरिया	बंजारा मन और बन्दिशें, शहर-शहर जादू
सुधा अरोड़ा	जिंदा जुनूनों का कॉलेज
देवराज	अजय की डायरी (डायरी शैली का उपन्यास)
राजेन्द्र यादव	शह और मात (डायरी शैली का उपन्यास)
जैनेन्द्र	जयवर्द्धन (डायरी शैली का उपन्यास)
श्रीलाल शुक्ल	मकान (डायरी शैली का उपन्यास)
रमेश चन्द्र शाह	अकेला मेला (2011), इस खिड़की से (2012), आज और सभी (2013), जंगल जूही (2014)
रामदरश मिश्र	आते जाते दिन
तेजिन्दर	डायरी सागा-सागा
श्री रामेश्वरम टाण्टिया	क्या खोया क्या पाया
सीताराम केसरिया	एक कार्यकर्ता की डायरी दो भाग
अजीत कुमार	अंकित होने दो
उपेन्द्रनाथ अश्क	ज्यादा अपनी कम पराई

आलोचना

आलोचक	रचनाएँ
भारतेन्दु	नाटक
कृष्ण बिहारी मिश्र	देव और बिहारी
बाबू गुलाबराय	काव्य के रूप, नवरस, सिद्धान्त और अध्ययन
बाबू श्यामसुन्दर दास	रूपक रहस्य, भाषा रहस्य, साहित्यालोचन
रामचन्द्र शुक्ल	भ्रमरगीत सार, तुलसीदास, जायसी ग्रन्थावली की भूमिका, रस-मीमांसा, काव्य में रहस्यवाद, कविता क्या है?
नन्द दुलारे बाजपेयी	हिन्दी साहित्य : बीसवीं शताब्दी, नए प्रश्न, आधुनिक साहित्य

आलोचक	रचनाएँ
शान्तिप्रिय द्विवेदी	हमारे साहित्य निर्माता, कविता और काव्य, साहित्यिकी
निराला	पन्त और पल्लव, रवीन्द्र कविता कानन
हजारी प्रसाद द्विवेदी	कबीर, सूर साहित्य, हिन्दी साहित्य की भूमिका, हिन्दी साहित्य का आदि काल
इलाचन्द्र जोशी	साहित्य सर्जना, विवेचना, विश्लेषण, देखा-परखा
रामविलास शर्मा	भारतेन्दु युग और हिन्दी भाषा की विकास परम्परा, नई कविता और अस्तित्ववाद
शिवदान सिंह चौहान	प्रगतिवाद, साहित्य की परख, हिन्दी साहित्य के अस्सी वर्ष, साहित्यानुशीलन, आलोचना के मान
नेमिचन्द्र जैन	अधूरे साहित्यकार, रंग परम्परा, जनान्तिक
अमृतराय	नई समीक्षा, सहचिन्तन, विचारधारा और साहित्य
डॉ. नामवर सिंह	छायावाद, इतिहास और आलोचना, कविता के नए प्रतिमान, दूसरी परम्परा की खोज, वाद-विवाद संवाद, आधुनिक साहित्य की प्रवृत्तियाँ
डॉ. मैनेजर पाण्डेय	साहित्य और इतिहास दृष्टि, शब्द और कर्म, आलोचना और सामाजिकता
शम्भूनाथ	दिनकर : कुछ पुनर्विचार, साहित्य और जनसंघर्ष
गिरिजाकुमार माथुर	नई कविता : सीमाएँ और सम्भावनाएँ
लक्ष्मीकान्त वर्मा	नए कविता के प्रतिमान
विजयदेव नारायण साही	छठवाँ दशक, साहित्य क्यों, लघुमानव के बहाने हिन्दी कविता पर एक बहस
रामस्वरूप चतुर्वेदी	हिन्दी नवलेखन, भाषा और संवेदना, कामायनी का पुनर्मूल्यांकन, कविता यात्रा, आधुनिक कविता यात्रा
मलयज	कविता से साक्षात्कार
परमानन्द श्रीवास्तव	नई कविता का परिप्रेक्ष्य, दूसरा सौन्दर्य शास्त्र क्यों
प्रभाकर श्रोत्रिय	कविता की तीसरी आँख
विश्वनाथ प्रसाद तिवारी	नए साहित्य का तर्कशास्त्र
अशोक बाजपेयी	कुछ पूर्वाग्रह कविता का गल्प, कवि कह गया है
नन्दकिशोर आचार्य	अज्ञेय की काव्य तितीर्षा, साहित्य का स्वभाव

प्रमुख पत्र-पत्रिकाएँ और सम्पादक

पत्रिकाएँ	सम्पादक
उदन्त मार्तंड (1826)	जुगलकिशोर
बंगदूत (1829)	राजा राममोहन राय
बनारस अखबार (1854)	राजा शिवप्रसाद 'सितारे हिन्द'
समाचार सुधावर्षण (1854)	श्यामसुन्दर सेन
प्रजाहितैषी (1855)	राजा लक्ष्मण सिंह
कविवचन सुधा (1867)	भारतेन्दु हरिश्चन्द्र
हरिश्चन्द्र मैगजीन (1873)	भारतेन्दु हरिश्चन्द्र
बालाबोधिनी (1874)	भारतेन्दु हरिश्चन्द्र
हिन्दी प्रदीप (1877)	बालकृष्ण भट्ट
भारत-मित्र (1877)	बालमुकुन्द गुप्त
ब्राह्मण (1883)	प्रतापनारायण मिश्र
आनन्द कादम्बिनी (1881)	बद्रीनारायण चौधरी 'प्रेमघन'
नागरी नीरद (1893)	बद्रीनारायण चौधरी 'प्रेमघन'
भारतेन्दु (1883)	राधाचरण गोस्वामी

पत्रिकाएँ	सम्पादक
इन्दु (1883)	अम्बिका प्रसाद गुप्त, रूपनारायण पाण्डेय
प्रताप (1913)	गणेशशंकर विद्यार्थी
प्रभा (1913)	कालूराम, बालकृष्ण शर्मा 'नवीन', माखन लाल चतुर्वेदी
कर्मवीर (1919)	माखनलाल चतुर्वेदी
माधुरी (1922)	प्रेमचन्द
मतवाला (1923)	निराला
सुधा (1929)	दुलारे लाल भार्गव, निराला
हंस (1930)	प्रेमचन्द
हिन्दुस्तानी (1931)	रामचन्द्र टण्डन
जागरण (1932)	प्रेमचन्द
भारत (1933)	नन्ददुलारे वाजपेयी
साहित्य संदेश (1937)	बाबू गुलाब राय
रूपाभ (1938)	सुमित्रानन्दन पन्त
हिन्दी अनुशीलन (1943)	धीरेन्द्र वर्मा
प्रतीक (1947)	अज्ञेय
कल्पना (1949)	आर्येन्द्र शर्मा
धर्मयुग (1950)	धर्मवीर भारती
आलोचना (1951)	शिवदान सिंह चौहान, चार सदस्यीय सम्पादक मण्डल (धर्मवीर भारती, रघुवंश, बृजेश्वर वर्मा, विजयदेव नारायण साही), नामवर सिंह
वसुधा (1953)	राजेश्वर प्रसाद गुरु, हरिशंकर परसाई
नए पत्ते (1953)	लक्ष्मीकान्त शर्मा
नई कविता (1954)	डॉ. जगदीश गुप्त
ज्ञानोदय (1955)	कन्हैयालाल मिश्र 'प्रभाकर'
निकष (1956)	धर्मवीर भारती
कृति (1958)	नरेन्द्र मेहता, श्रीकान्त वर्मा
समालोचक (1958)	डॉ. रामविलास शर्मा
पहल (1960)	ज्ञानरंजन
दस्तावेज (1978)	विश्वनाथ प्रसाद तिवारी
वर्तमान साहित्य (1984)	विभूति नारायण
हंस (पुनर्प्रकाशन) (1986)	राजेन्द्र यादव
वागर्थ (1995)	प्रभाकर श्रोत्रिय
साहित्य अमृत (1995)	विद्यानिवास मिश्र
कथादेश (1997)	हरिनारायण
तद्भव (1999)	अखिलेश
बहुवचन (1999)	अशोक बाजपेयी
कथाक्रम (2000)	शैलेन्द सागर
परख (2000)	कृष्ण मोहन
पुस्तकवार्ता (2001)	राकेश श्रीमान
नया ज्ञानोदय (2002)	रवीन्द्र कालिया
वाक् (2007)	सुधीश पचौरी
पाखी (2008)	अपूर्व जोशी
पुस्तक संस्कृति (2016)	बलदेव भाई शर्मा

साहित्यकारों के आश्रयदाता

साहित्यकार	आश्रयदाता
आदिकाल	
अमीर खुसरो	बलबन
चन्दबरदायी	महाराज पृथ्वीराज चौहान
जगनिक	परमार्दिदेव (परमाल)
पुष्पदंत	कृष्णराज तृतीय (राष्ट्रकूट वंश के राजाधिराज), महामात्य नन्न
भक्तिकाल	
कुतुबन	बादशाह हुसैन शाह (जौनपुर)
रीतिकाल	
आलम	शाहजादा मुअज्जम (औरंगजेब का द्वितीय पुत्र)
केशवदास	इन्द्रजीत (ओरछा नरेश के भाई)
कुलपति मिश्र	रामसिंह (जयपुर नरेश के पुत्र)
करन कवि	महाराज हिन्दूपति सिंह (पन्ना नरेश)
गुमान मिश्र	राजा अकबर अली खाँ (पिहानी)
घनानन्द	मुहम्मदशाह रंगीला
चिन्तामणि	भोंसला राजा मकरंद शाह (नागपुर)
ठाकुर (बुन्देलखण्डी)	राजा केसरी सिंह राजा पारीछत
देव	आजमशाह, भवानीदत्त वैश्य, कुशल सिंह, राजा (सेठ) भोगीलाल, राजा उद्योत सिंह, अली अकबर खाँ, राजा मोतीलाल
पद्माकर	महाराजा रघुनाथ राव (नागपुर), हिन्दूपति सिंह (पन्ना), राजा प्रतापसिंह (जयपुर)
बैताल	राजा विक्रमसिंह (चरखारी)
बोधा (बुद्धिसेन)	पन्ना नरेश महाराज खेत सिंह
ब्रह्मदत्त	बाबू दीपनारायण सिंह (काशी नरेश के अनुज)
बेनी प्रवीन	नवल कृष्ण उर्फ ललन
बेनी बंदीजन	महाराज टिकैतराय
भिखारीदास	हिन्दूपति सिंह
भूषण	छत्रपति महाराज शिवाजी महाराज छत्रसाल (पन्ना नरेश)
मतिराम	महाराज भावसिंह (बूँदी नरेश)
मण्डन	राजा मंगल सिंह
रतन कवि	राजा फतहसाही (श्रीनगर गढ़वाल)
लाल कवि (गोरेलाल)	महाराज छत्रसाल (बुन्देला)
वृंद कवि	महाराज जसवंत सिंह (जोधपुर), औरंगजेब, रूपसिंह (किशनगढ़)
'रसलीन' सैयद गुलाम नबी	सफदरजंग
सोमनाथ	प्रताप सिंह
सूदन	सुजान सिंह उर्फ सूरजमल (भरतपुर)
सुरति मिश्र	मुहम्मदशाह (दिल्ली)
हितवृन्दावन दास 'चाचा'	बहादुर सिंह (महाराज नागरीदास जी के भाई)

साहित्यकारों के उपनाम

वास्तविक नाम	उपनाम
अबुल हसन यमीनुद्दीन खुसरो	अमीर खुसरो, तोता-ए-हिन्द
आचार्य महावीर प्रसाद द्विवेदी	आत्माराम
आचार्य हेमचन्द्र	कलिकाल सर्वज्ञ
आनन्दीलाल	जैनेन्द्र
अवतार सिंह संधू	पाश
अब्दुर्रहीम खानखाना	रहीम
अम्बिकादत्त	व्यास
उदयनाथ (कालिदास त्रिवेदी के पुत्र)	कवीन्द्र
उपेन्द्रनाथ	अश्क
इब्राहीम शाह	शेख फरीद
केशवदास	कठिन काव्य का प्रेत
कैलाश सक्सेना	कमलेश्वर
केदारनाथ अग्रवाल	केन का कवि
कान्तानाथ पाण्डेय	चोंच
कुमार विकल	धूमधर्मी कविताओं का कवि
कन्हैयालाल मिश्र	प्रभाकर
केदारनाथ मिश्र	प्रभात
कृष्णदेव प्रसाद गोड़	बेढ़ब बनारसी
कबीर	वाणी का डिक्टेटर
कृष्ण बलदेव	वैद
कुलदीप सिंह	शमशेर बहादुर सिंह
किशोरीदास बाजपेयी	हिन्दी का पाणिनि
गिरिजा कुमार माथुर	ऐन्द्रियता का कवि
गोपालराम	गहमरी
गिरधर दास	गोपालदत्त
गोरखनाथ	जहरपीर
गयाप्रसाद शुक्ल	त्रिशूल/सनेही
गोपालदास	नीरज
गोपाल सिंह	नेपाली
गिरिजा कुमार घोष	पार्वती नन्दन
गजानन माधन	मुक्तिबोध/फैंटसी का कवि
गोरेलाल पुरोहित	लाल कवि
गुलशेर खाँ	शानी
गौरापंत	शिवानी
गिरिधर शर्मा	नवरत्न
चन्द्रधर शर्मा	गुलेरी
चन्दबरदायी	चंद
चण्डीप्रसाद	हृदयेश
चन्द्रभूषण त्रिवेदी	रमई काका
जयशंकर प्रसाद	आधुनिक कविता के सुमेरु, कलाधर/प्रसाद
जगन्नाथ दास 'रत्नाकर'	जकी/रत्नाकर
जनार्दन प्रसाद झा	द्विज

वास्तविक नाम	उपनाम
जगन्नाथ प्रसाद	मिलिन्द
जगदम्बा प्रसाद	हितैषी
जैनेन्द्र	हिन्दी का शरत
तुलसीदास	कवि शिरोमणि/मानस का हंस
तिरूमल्लै नम्बाकम् वीर राघवाचार्य (टी. एन. वी. राघवाचार्य)	रांगेय राघव
दुष्यंत कुमार	अनुरागी, गजल सम्राट, परदेशी
देवेन्द्र शर्मा	इन्द्र
दत्तात्रेय बालकृष्ण कालेलकर	काका कालेलकर
देवदत्त	देव
धनपत राय (प्रेमचन्द)	कथा/कहानी सम्राट, कलम का मजदूर/ सिपाही, नवाबराय/प्रेमचन्द, भारत का मैक्सिम गोर्की, उपन्यास सम्राट
निम्बार्क	आरुणि
नाथूराम शर्मा	कविता कामिनी कान्त/भारतेन्दु प्रज्ञेन्दु/शंकर
नन्ददास	जड़िया
नलिन विलोचन शर्मा, केसरी कुमार, नरेश कुमार	नकेल
नारायण दास	नाभादास
नरहरि बन्दीजन	महापात्र
नन्ददुलारे वाजपेयी	सौष्ठववादी/स्वच्छन्दतावादी आलोचक
पुष्पदंत	अपभ्रंश का भवभूति, अभिमानमेरू
पाण्डेय बेचन शर्मा	अष्टावक्र, उग्र
पूर्णशंकर शुक्ल	नरेश मेहता
पण्डित मदन मोहन मालवीय	मकरंद
पृथ्वी सिंह	रसनिधि
पुरुषोत्तम दास टण्डन	राजर्षि
प्रताप नारायण मिश्र	हिन्दी का एडीसन
पुरुषोत्तम टण्डन	हिन्दी का प्रहरी
फणीश्वरनाथ	रेणु
बालकृष्ण शर्मा	नवीन
बदरीनारायण चौधरी	प्रेमघन
बख्शी हंसराज श्रीवास्तव	प्रेमसखी
बालकृष्ण भट्ट	हिन्दी का स्टील/मोटेंन
बुलाकीराम	बुल्ला साहब
बुद्धिसेन	बोधा
भारतेन्दु हरिश्चन्द्र	कलियुग का कन्हैया
भिखारीदास	दास
भवानी प्रसाद मिश्र	सहजता का कवि
भूषण	हिन्दू जाति का प्रतिनिधि कवि
भगवानदीन	लाला
मध्वाचार्य	आनन्दतीर्थ
महादेवी वर्मा	आधुनिक युग की मीरा

वास्तविक नाम	उपनाम
माखनलाल चतुर्वेदी	एक भारतीय आत्मा
महेशदास भट्ट	कविराय/ब्रह्म/बीरबल
मलिक मुहम्मद	जायसी
मैथिलीशरण गुप्त	दद्दा
महाराजा मानसिंह	द्विजदेव
महाराज सांवत सिंह	नागरीदास
मैथिलीशरण गुप्त	मधुप
मोटुरि सत्यनारायण	दक्षिण का टण्डन
मतिराम	पुराने पथ का पथिक
महावीर प्रसाद द्विवेदी	भुजंगभूषण भट्टाचार्य/सुकवि किंकर
मनीराम	भूषण
महेन्द्र कुमारी	मन्नू भंडारी
मोहनलाल महतो	वियोगी
मदन वात्स्यायन	सिंदरी का कवि
यारमुहम्मद	यारी साहब
रामेश्वर शुक्ल	अंचल
रामधारी सिंह दिनकर	अधैर्य का कवि, अनल कवि, दिनकर
रसखान	अमृत की वर्षा करने वाला कवि
राजाराम शुक्ल	एक राष्ट्रीय आत्मा
रामवृक्ष बेनीपुरी	कलम का जादूगर
रामकुमार	कृषक
रामनाथ	ज्योतिषी
राजेन्द्रबाला घोष	बंग महिला
राजा गुरुदत्त सिंह	भूपति
रामप्रकाश शंखधर	मधूरेश
रमाशंकर शुक्ल	रसाल
रायदेवी प्रसाद	पूर्ण
रामचन्द्र शुक्ल	मुनि मार्ग के हिमायती
राजा शिवप्रसाद सिंह	सितारे-हिन्द
लोचन प्रसाद पाण्डेय	काव्य विनोद
लाला ठाकुरदास बुन्देलखण्डी	ठाकुर
लक्ष्मीनिवास सिंह	मदन वात्स्यायन
लक्ष्मीनारायण	सुधांशु
लक्ष्मीशंकर मिश्र	निशंक
लक्ष्मणसिंह बिष्ट	बटरोही
विश्वम्भर मिश्र	चैतन्य महाप्रभु
वासुदेव सिंह	त्रिलोचन
विद्यापति	कोकिल, अभिनव जयदेव, मैथिलकोकिल
विश्वम्भरनाथ शर्मा	कौशिक
वृन्दावन लाल वर्मा	बुन्देलखण्ड का चंदबरदायी
विद्यानिवास मिश्र	भ्रमरानन्द/परम्परा जीवी
वैद्यनाथ मिश्र	नागार्जुन/यात्री
वृंदावन	वृंद
शिव प्रसाद मिश्र	काशिकेय
श्यामलाल गुप्त	पार्षद

वास्तविक नाम	उपनाम
शाह कुंदन लाल	ललित किशोरी, ललित माधुरी
शिवमंगल सिंह	सुमन
शरतचन्द्र	अवारा मसीहा
श्यामसुन्दर दास	बाबू साहब
शिव प्रसाद मिश्र	रुद्र
शिवपूजन सहाय	भाषा का जादूगर, शिव
श्यामबिहारी, गणेशबिहारी और शुकदेव बिहारी (तीनों मिश्र)	मिश्रबन्धु
सच्चिदानन्द हीरानन्द वात्स्यायन	अज्ञेय, कठिन गद्य का प्रेत, कुट्टिचातन, निजता की सुरक्षा का प्रतिनिधि कवि
स्वयंभू	अभ्रंश का वाल्मीकि/कालिदास
सेठ गोविन्द दास	कोशल केसरी
सुमित्रानन्दन पन्त	गोसाईं दत्त/पन्त, कल्पना का लाडला, प्रकृति का सुकुमार कवि
सुदामा पाण्डेय	धूमिल, संघर्ष का कवि
सूर्यकान्त त्रिपाठी	निराला/महाप्राण/गरगज सिंह वर्मा
सदासुख लाल	नियाज
सूरदास	पुष्टिमार्ग का जहाज, खंजन नयन/वात्सल्य सम्राट्
सत्यनारायण	ब्रजकोकिल/कविरत्न
सआदत हसन	मण्टो
सेवाराम यात्री	यात्री
सैयद इब्राहिम	रसखान
सैयद गुलाब नबी	रसलीन
हरिप्रसाद द्विवेदी	वियोगीहरि
हरिवंशराय बच्चन	क्षयीरोमांस का कवि/बच्चन, हालावादी कवि
हरनामदास	भदन्त आनन्द कौसल्यायन
डॉ. हजारी प्रसाद द्विवेदी	व्योमकेश शास्त्री
हजरत अली मुहिब खाँ	प्रीतम
हजारी प्रसाद द्विवेदी	वैद्यनाथ द्विवेदी (बचपन का नाम)
हरिश्चन्द्र	भारतेन्दु/रसा
हरिकृष्ण	प्रेमी
श्रीकृष्ण तिवारी (बाल साहित्यकार)	राष्ट्रबन्धु
श्रीराम वर्मा	अमरकान्त
श्रद्धाराम	फुल्लौरी
श्रीनारायण चतुर्वेदी	भैया साहब

हिन्दी प्रचारक संस्थाएँ

संस्था का नाम	स्थापना वर्ष
फोर्ट विलियम कॉलेज, कोलकाता	वर्ष 1801
विक्टोरिया नाटक मण्डली, मुम्बई	वर्ष 1871
तदीय समाज	वर्ष 1873
भाषा संवर्धिनी सभा, अलीगढ़	वर्ष 1877
हिन्दी उद्धारिणी प्रतिनिधि मध्य सभा प्रयाग, इलाहाबाद	वर्ष 1884
इण्डियन प्रेस इलाहाबाद	वर्ष 1884
रामलीला नाटक मण्डली, इलाहाबाद	वर्ष 1889
नागरी प्रचारिणी सभा, वाराणसी	वर्ष 1893
सरस्वती पत्रिका	वर्ष 1900
भारतेन्दु नाटक मण्डली, वाराणसी	वर्ष 1906
हिन्दी नाट्य परिषद्, कोलकाता	वर्ष 1906
हिन्दी नाट्य समिति, इलाहाबाद	वर्ष 1908
नागरी नाटक मंडली, वाराणसी	वर्ष 1908
हिन्दी साहित्य सम्मेलन प्रयाग, इलाहाबाद	वर्ष 1910
दक्षिण भारत हिन्दी प्रसार सभा, चेन्नई	वर्ष 1915
गुजरात शिक्षा परिषद्, भड़ौच	वर्ष 1917
हिन्दी साहित्य सम्मेलन, इन्दौर	वर्ष 1918
राष्ट्रभाषा प्रचार सभा, मणिपुर	वर्ष 1918
अखिल भारतीय संगीत परिषद्	वर्ष 1919
गुजरात विद्यापीठ, अहमदाबाद	वर्ष 1920
हिन्दुस्तानी एकेडेमी, इलाहाबाद	वर्ष 1927
हिन्दी विद्यापीठ देवघर, झारखण्ड	वर्ष 1929
उत्कल प्रान्तीय राष्ट्रभाषा प्रचार सभा, कटक	वर्ष 1933
ओडिशा राष्ट्रभाषा परिषद्, जगन्नाथपुरी	वर्ष 1933
नागरी लिपि सुधार समिति	वर्ष 1935
प्रगतिशील लेखक संघ, लखनऊ	वर्ष 1936
राष्ट्रभाषा प्रचार समिति, वर्धा (महाराष्ट्र)	वर्ष 1936
दक्षिण भारत हिन्दी प्रचार सभा, एर्णाकुलम	वर्ष 1936
राष्ट्रभाषा प्रचार समिति वर्धा की शाखा, जम्मू-कश्मीर	वर्ष 1936
असम राष्ट्रभाषा समिति, गुवाहाटी	वर्ष 1938
दक्षिण भारत हिन्दी प्रचार सभा, हैदराबाद	वर्ष 1938
बम्बई हिन्दी विद्यापीठ, मुम्बई	वर्ष 1938
ज्ञानलता मण्डल	वर्ष 1942
इण्डियन पीपुल्स थियेटर एसोसिएशन	वर्ष 1942
परिमल	वर्ष 1944
प्रकाशन विभाग	वर्ष 1944
राष्ट्रभाषा परिषद्, पुणे	वर्ष 1945
नागरी प्रचारिणी लिपि समिति	वर्ष 1945
देवनागरी लिपि सुधार समिति	वर्ष 1947
बिहार राष्ट्रभाषा परिषद्	वर्ष 1947
फिल्म प्रभाग	वर्ष 1948
बिहार राष्ट्रभाषा परिषद्, पटना	वर्ष 1950
हिन्दी साहित्य अकादमी	वर्ष 1953
संगीत नाटक अकादमी	वर्ष 1953
थियेटर यूनिट, मुम्बई	वर्ष 1954
राजभाषा आयोग	वर्ष 7 जून, 1955
अनामिका, कोलकाता	वर्ष 1955
पत्र सूचना कार्यालय, नई दिल्ली	वर्ष 1956
नेशनल बुक ट्रस्ट	वर्ष 1957
आकाशवाणी	वर्ष 1957
नया थियेटर, दिल्ली	वर्ष 1959
राष्ट्रीय नाट्य विद्यालय, नई दिल्ली	वर्ष 1959
केन्द्रीय हिन्दी निदेशालय, नई दिल्ली	वर्ष 1960
वैज्ञानिक एवं तकनीकी शब्दावली आयोग, नई दिल्ली	वर्ष 1961

संस्था का नाम	स्थापना वर्ष
केन्द्रीय हिन्दी समिति, नई दिल्ली	वर्ष 1967
केन्द्रीय अनुवाद ब्यूरो, नई दिल्ली	वर्ष 1971
राजभाषा विभाग	वर्ष 1975
राजभाषा विधायी आयोग	वर्ष 1975
दूरदर्शन	वर्ष 1976
महात्मा गाँधी अन्तर्राष्ट्रीय हिन्दी विश्वविद्यालय, वर्धा	वर्ष 8 जनवरी, 1997
विश्व हिन्दी सचिवालय, मॉरिशस	वर्ष 12 नवम्बर, 2002

हिन्दी साहित्य में सर्वप्रथम

- हिन्दी का प्रथम कवि — *सरहपाद (8वीं शताब्दी)*
- हिन्दी की प्रथम रचना — *श्रावकाचार (देवसेन)*
- हिन्दी का प्रथम मौलिक नाटक — *नहुष (गोपाल चन्द्र)*
- हिन्दी का प्रथम उपन्यास — *परीक्षागुरु (श्रीनिवास दास)*
- हिन्दी की प्रथम आत्मकथा — *अर्द्धकथानक (बनारसी दास जैन)*
- हिन्दी की प्रथम जीवनी — *दयानन्द दिग्विजय (गोपाल शर्मा)*
- हिन्दी का प्रथम रिपोर्ताज — *लक्ष्मीपुरा (शिवदान सिंह चौहान)*
- हिन्दी का प्रथम यात्रा संस्मरण — *लन्दन यात्रा (महादेवी वर्मा)*
- हिन्दी की प्रथम मौलिक कहानी — *इन्दुमती (किशोरी लाल गोस्वामी)*
- हिन्दी की प्रथम वैज्ञानिक कहानी — *चन्द्रलोक की यात्रा (केशव प्रसाद सिंह)*
- हिन्दी का प्रथम गद्य काव्य — *साधना (रायकृष्ण दास)*
- हिन्दी खड़ी बोली का प्रथम काव्य ग्रन्थ — *एकांतवासी योगी (श्रीधर पाठक)*
- हिन्दी की प्रथम अतुकान्त रचना — *प्रेमपथिक (जयशंकर प्रसाद)*
- हिन्दी छायावाद का प्रथम काव्य-संग्रह — *झरना (जयशंकर प्रसाद)*
- शुद्ध एवं परिमार्जित खड़ी बोली के प्रथम लेखक — *राम प्रसाद निरंजनी*
- हिन्दी खड़ी बोली का प्रथम गद्य ग्रन्थ — *भाषा योगवशिष्ठ*
- हिन्दी खड़ी बोली के प्रथम प्रतिष्ठित कवि — *अमीर खुसरो*
- हिन्दी साहित्य का प्रथम महाकाव्य — *पृथ्वीराज रासो (चन्दबरदाई)*
- हिन्दी का प्रथम बड़ा महाकाव्य — *पद्मावत (जायसी)*
- हिन्दी खड़ी बोली का प्रथम महाकाव्य — *प्रियप्रवास (हरिऔध)*
- हिन्दी खड़ी बोली गद्य की प्रथम रचना — *चन्द छन्द बरनन की महिमा (गंग कवि)*
- दक्षिण भारत में हिन्दी खड़ी बोली में साहित्य-सृजन करने वाले प्रथम साहित्यकार — *मुल्ला वजही*
- हिन्दी में 'प्रयोगवाद' शब्द का सर्वप्रथम प्रयोगकर्ता — *नन्द दुलारे वाजपेयी*
- हिन्दी का प्रथम गीतिनाट्य — *करुणालय (जयशंकर प्रसाद)*
- हिन्दी में दोहा-चौपाई का सर्वप्रथम प्रयोगकर्ता — *सरहपाद*
- हिन्दी रीतिकाव्य का प्रथम ग्रन्थ — *हिततरंगिनी (कृपाराम)*
- हिन्दी का प्रथम अभिनीत नाटक — *जानकी-मंगल (शीतला प्रसाद त्रिपाठी)*
- गीति काव्य शब्द का सर्वप्रथम प्रयोग — *'कुसुममाला' की भूमिका में (लोचन प्रसाद पाण्डेय)*
- हिन्दी की प्रथम एकांकी — *'एक घूँट' (जयशंकर प्रसाद)*
- हिन्दी काव्यशास्त्र की प्रथम पुस्तक — *साहित्य लहरी (सूरदास)*
- हिन्दी के प्रथम सूफी कवि — *असायत (कुछ कवि चन्दायन को भी मानते हैं)*
- हिन्दी में सूफी प्रेमाख्यान का प्रथम काव्य — *'चन्दायन' (मुल्ला दाऊद)*
- हिन्दी में छन्दशास्त्र की प्रथम रचना — *छन्दमाला*
- हिन्दी में रीति सिद्धान्त के प्रथम प्रस्तोता — *आचार्य केशवदास*
- हिन्दी में प्रथम गीत रचनाकार — *विद्यापति*
- प्रथम विश्व हिन्दी-सम्मेलन — *(वर्ष 1975, नागपुर)*
- हिन्दी में 'स्वच्छन्दतावाद' शब्द का सर्वप्रथम प्रयोगकर्ता — *मुकुटधर पाण्डेय*
- हिन्दी में 'नई कविता' शब्द का सर्वप्रथम नामकरणकर्ता — *अज्ञेय*
- हिन्दी का प्रथम रेखाचित्र संकलन — *'पद्मपराग' (पद्मसिंह शर्मा)*
- हिन्दी आलोचना की प्रथम पुस्तक — *हिन्दी कालिदास की आलोचना*
- हिन्दी में प्रथम तुलनात्मक आलोचना — *बिहारी और सादी की तुलनात्मक आलोचना (पद्मसिंह शर्मा)*
- हिन्दी के प्रथम मार्क्सवादी आलोचक — *डॉ. शिवदान सिंह चौहान*
- प्रगतिशील लेखक संघ के प्रथम सभापति — *मुंशी प्रेमचन्द*
- राजभाषा आयोग के प्रथम अध्यक्ष — *बाल गंगाधर खरे*
- हिन्दी का प्रथम साप्ताहिक पत्र — *उदन्त मार्तण्ड*
- हिन्दी का प्रथम दैनिक पत्र — *समाचार सुधावर्षण*
- हिन्दी की प्रथम पत्रिका — *संवाद कौमुदी*
- हिन्दी साहित्य परिषद् के प्रथम अध्यक्ष — *पुरुषोत्तम दास टण्डन*
- हिन्दी नाटक का प्रथम सैद्धान्तिक ग्रन्थ — *'रूपक रहस्य' (श्यामसुन्दर दास)*
- हिन्दी साहित्य के लिए प्रथम ज्ञानपीठ पुरस्कार — *सुमित्रानन्दन पन्त (चिदम्बरा)*
- हिन्दी साहित्य के लिए प्रथम साहित्य अकादमी पुरस्कार — *माखनलाल चतुर्वेदी (हिमतरंगिणी)*
- हिन्दी साहित्य के लिए प्रथम व्यास सम्मान — *डॉ. रामविलास शर्मा (भारत के भाषा परिवार और हिन्दी)*
- हिन्दी के लिए प्रथम सरस्वती सम्मान — *डॉ. हरिवंश राय बच्चन (आत्मकथा)*
- मुंशी प्रेमचन्द का प्रथम उपन्यास — *प्रेमा (1907)*
- मुंशी प्रेमचन्द की प्रथम कहानी — *पंच परमेश्वर (1916)*
- जयशंकर प्रसाद की प्रथम कहानी — *ग्राम (1911)*
- जयशंकर प्रसाद का प्रथम ऐतिहासिक नाटक — *राज्यश्री (1915)*
- महादेवी वर्मा का प्रथम काव्य-संग्रह — *नीहार (1930)*
- निराला की प्रथम काव्य रचना — *जूही की कली (1918)*
- हिन्दी का प्रथम व्याकरण — *'हिन्दुस्तानी ग्रामर' (1698) लेखक - जे.जे. केटेलर (डच भाषा में)*
- हिन्दी भाषा में लिखा गया प्रथम व्याकरण — *'हिन्दी व्याकरण' (1827 ई.) लेखक-पादरी एम.टी. आदम*
- हिन्दी का प्रथम व्यवस्थित व्याकरण — *'भाषा चन्द्रोदय' (1855) लेखक-पं. श्रीलाल*
- हिन्दी की प्रथम कवयित्री — *मीराबाई*
- तार सप्तक की एक मात्र महिला कवयित्री — *शकुन्तला माथुर*
- रामचन्द्र शुक्ल की प्रथम सैद्धान्तिक आलोचनात्मक कृति — *काव्य में रहस्यवाद*
- जैनेन्द्र का प्रथम उपन्यास — *परख (1929)*
- फणीश्वरनाथ 'रेणु' का प्रथम उपन्यास — *मैला आँचल*
- अज्ञेय का प्रथम उपन्यास — *शेखर : एक जीवनी*
- इलाचन्द्र जोशी का प्रथम उपन्यास — *घृणामयी*
- अज्ञेय का प्रथम काव्य संग्रह — *भग्नदूत (1933)*
- भगवती चरण वर्मा का प्रथम उपन्यास — *चित्रलेखा (1939)*
- हिन्दी में साधारणीकरण के सम्बन्ध में प्रथम चिन्तनकर्ता — *रामचन्द्र शुक्ल*

अष्टछाप के कवि व उनके गुरु

कवि	गुरु	कवि	गुरु
सूरदास	बल्लभाचार्य	छीतस्वामी	विट्ठलनाथ
कुम्भनदास	बल्लभाचार्य	गोविन्दस्वामी	विट्ठलनाथ
परमानन्द दास	बल्लभाचार्य	चतुर्भुजस्वामी	विट्ठलनाथ
कृष्णदास	बल्लभाचार्य	नन्ददास	विट्ठलनाथ

भक्ति सम्प्रदाय व उनके प्रवर्तक

सम्प्रदाय	प्रवर्तक
श्री सम्प्रदाय (रामानुज सम्प्रदाय)	रामानुज
सनक सम्प्रदाय	निम्बार्क
रुद्र सम्प्रदाय	विष्णुस्वामी
ब्राह्म सम्प्रदाय (द्वैत सम्प्रदाय)	मध्वाचार्य
रामावत सम्प्रदाय	रामानन्द
विश्नोई सम्प्रदाय	जम्भनाथ
उदासी सम्प्रदाय	श्रीचन्द
स्मार्त सम्प्रदाय	शंकराचार्य
राधावल्लभी सम्प्रदाय	हितहरिवंश
हरिदासी (सखी) सम्प्रदाय	स्वामी हरिदास
चैतन्य या गौड़ीय सम्प्रदाय	चैतन्य महाप्रभु
दास्यभावभक्ति या शरणागतिपरक भक्ति	रामानुजाचार्य
पुष्टि मार्ग	बल्लभाचार्य

प्रमुख दर्शन व उनके प्रवर्तक

दर्शन	प्रवर्तक
अद्वैतवाद	शंकराचार्य
विशिष्टाद्वैतवाद	रामानुजाचार्य
द्वैतवाद	मध्वाचार्य
द्वैताद्वैतवाद	निम्बार्क
शुद्धाद्वैतवाद	बल्लभाचार्य
मीमांसा दर्शन	जैमिनी
सांख्य दर्शन	कपिलमुनि
योग दर्शन	पतंजलि
न्याय दर्शन	अक्षपाद गौतम
वैशेषिक दर्शन	कणाद
लोकायत/बार्हस्पत्य या चार्वाक दर्शन	चार्वाक
जैन दर्शन (स्यादवाद)	पार्श्वनाथ
संघातवाद (क्षणिकवाद)	गौतम बुद्ध
वेदान्त दर्शन या उत्तर मीमांसा	बादरायण

प्रमुख गुरु-शिष्य

गुरु	शिष्य
गोविन्द योगी	शंकराचार्य
मत्स्येन्द्रनाथ/मछन्दरनाथ	गोरखनाथ
यादव प्रकाश	रामानुजाचार्य
नारद मुनि	निम्बार्काचार्य
राघवानन्द	रामानन्द
रामानन्द	अनन्तादास, सुखानन्द, सुरसुरानन्द, नरहर्यानन्द, भावानन्द, पीपा, कबीर, सेना, धन्ना, रैदास, पद्मावती, सुरसरी
विष्णुस्वामी	बल्लभाचार्य
रैदास	मीराबाई
नरहरिदास (नरहर्यानन्द)	तुलसीदास
अग्रदास	नाभादास
शेख मोहिदी	जायसी
हाजी बाबा	उसमान
महावीर प्रसाद द्विवेदी	मैथिलीशरण गुप्त, प्रेमचन्द, निराला

रीतिकालीन कवियों का वर्गीकरण

रीतिबद्ध कवि	केशवदास, चिन्तामणि, मतिराम, देव, रसलीन, मुबारक बिलग्रामी, जान (नियामत खाँ), तोष, यशवन्त सिंह, भूषण, कुलपति मिश्र, याकूब खाँ, पद्माकर, सुरति मिश्र, सोमनाथ, भिखारीदास, दूलह, ग्वाल, प्रताप साही इत्यादि।
रीतिसिद्ध कवि	सेनापति, बिहारी, बेनी, कृष्णकवि, रसनिधि, पजनेस, द्विजदेव इत्यादि।
रीतिमुक्त कवि	घनानन्द, आलम, शेख, ठाकुर बुन्देलखण्डी, बुद्धिसेन या बोधा इत्यादि।

आधुनिक काव्य के कवियों का वर्गीकरण

भारतेन्दु युगीन कवि	भारतेन्दु हरिश्चन्द्र, बदरीनारायण चौधरी 'प्रेमघन', प्रतापनारायण मिश्र, राधाकृष्ण दास, अम्बिका दत्त व्यास आदि।
द्विवेदी युगीन कवि	महावीर प्रसाद द्विवेदी, श्रीधर पाठक, अयोध्यासिंह उपाध्याय 'हरिऔध', मैथिलीशरण गुप्त, नाथूराम शर्मा 'शंकर', जगन्नाथदास 'रत्नाकर', गयाप्रसाद शुक्ल 'सनेही', बालकृष्ण शर्मा 'नवीन' इत्यादि।
छायावादी कवि	जयशंकर प्रसाद, सूर्यकान्त त्रिपाठी 'निराला', सुमित्रानन्दन पंत, महादेवी वर्मा, रामकुमार वर्मा, उदयशंकर भट्ट 'वियोगी', लक्ष्मीनारायण मिश्र, जनार्दन प्रसाद झा 'द्विज' इत्यादि।
राष्ट्रवादी सांस्कृतिक कवि	माखनलाल चतुर्वेदी, सियाराम शरण गुप्त, सुभद्रा कुमारी चौहान, रामधारी सिंह दिनकर, बालकृष्ण शर्मा नवीन, सोहनलाल द्विवेदी, श्याम नारायण पाण्डेय आदि।
उन्मुक्त प्रेममार्गी कवि	हरिवंशराय बच्चन (हालावाद), भगवती चरण वर्मा, नरेन्द्र शर्मा, रामेश्वर शुक्ल अंचल (मांसलवाद)।
प्रगतिवादी कवि	केदारनाथ अग्रवाल, रामविलास शर्मा, नागार्जुन, रांगेय राघव, शिव मंगल सिंह 'सुमन', त्रिलोचन इत्यादि।

तारसप्तक के कवि

तारसप्तक (1943)	गजानन माधव 'मुक्तिबोध', नेमिचन्द जैन, भारत भूषण अग्रवाल, प्रभाकर माचवे, गिरिजाकुमार माथुर, डॉ. रामविलास शर्मा और अज्ञेय
दूसरा सप्तक (1951)	रघुवीर सहाय, धर्मवीर भारती, नरेश मेहता, शमशेर बहादुर सिंह, भवानी प्रसाद मिश्र, शकुन्तला माथुर और हरिनारायण व्यास
तीसरा सप्तक (1959)	कीर्ति चौधरी, प्रयाग नारायण त्रिपाठी, केदारनाथ सिंह, कुँवर नारायण, विजयदेव नारायण साही, सर्वेश्वर दयाल सक्सेना और मदन वात्स्यायन
चौथा सप्तक (1979)	राजेन्द्र किशोर, श्रीराम वर्मा, सुमन राजे, नन्दकिशोर आचार्य, स्वदेश भारती, राजकुमार अम्बुज और अवधेश कुमार
प्रपद्यवादी (नकेनवादी) कवि	नलिन विलोचन शर्मा, केसरी कुमार, नरेश कुमार
युयुत्सावादी कवि	शलभ श्रीराम
प्रतिबद्ध कविता के कवि	परमानन्द श्रीवास्तव

साहित्य अकादमी पुरस्कार

क्र.	रचना	रचनाकार	वर्ष
1.	हिमतरंगिनी (काव्य)	माखनलाल चतुर्वेदी	1955
2.	पद्मावत संजीवनी व्याख्या	वासुदेवशरण अग्रवाल	1956
3.	बौद्धधर्म दर्शन	आचार्य नरेन्द्रदेव	1957
4.	मध्य एशिया का इतिहास	राहुल सांकृत्यायन	1958
5.	संस्कृति के चार अध्याय	रामधारी सिंह 'दिनकर'	1959
6.	कला और बूढ़ा चाँद (काव्य)	सुमित्रानन्दन पन्त	1960
7.	भूले बिसरे चित्र (उपन्यास)	भगवतीचरण वर्मा	1961
8.	कलम का सिपाही (जीवनी)	अमृतराय	1963
9.	आँगन के पार द्वार (काव्य)	अज्ञेय	1964
10.	रससिद्धान्त (समीक्षा)	डॉ. नगेन्द्र	1965
11.	मुक्तिबोध (उपन्यास)	जैनेन्द्र	1966
12.	अमृत और विष (उपन्यास)	अमृतलाल नागर	1967
13.	दो चट्टानें (काव्य)	हरिवंशराय 'बच्चन'	1968
14.	रागदरबारी (उपन्यास)	श्रीलाल शुक्ल	1969
15.	निराला की साहित्य साधना (आलोचना)	डॉ. रामविलास शर्मा	1970
16.	कविता के नए प्रतिमान (आलोचना)	डॉ. नामवर सिंह	1971
17.	बुनी हुई रस्सी (काव्य)	भवानी प्रसाद मिश्र	1972
18.	आलोक पर्व (निबन्ध)	हजारी प्रसाद द्विवेदी	1973
19.	मिट्टी की बारात (काव्य)	शिवमंगल सिंह सुमन	1974
20.	तमस (उपन्यास)	भीष्म साहनी	1975
21.	तेरी मेरी उसकी बात (उपन्यास)	यशपाल	1976
22.	चुका भी नहीं हूँ मैं (काव्य)	शमशेर	1977
23.	उतना बस सूरज हूँ (काव्य)	भारत भूषण अग्रवाल	1978
24.	कल सुनना मुझे (काव्य)	धूमिल	1979
25.	ज़िन्दगीनामा जिन्दारुख (उपन्यास)	कृष्णा सोबती	1980
26.	ताप के ताए हुए दिन (काव्य)	त्रिलोचन	1981
27.	विकलांग श्रद्धा का दौर (व्यंग्य)	हरिशंकर परसाई	1982
28.	खूँटियों पर टँगे लोग (काव्य)	सर्वेश्वर दयाल सक्सेना	1983
29.	लोग भूल गए हैं (काव्य)	रघुवीर सहाय	1984
30.	कौवे और काला पानी (काव्य)	निर्मल वर्मा	1985
31.	अपूर्व (काव्य)	केदारनाथ अग्रवाल	1986
32.	मगध (काव्य)	श्रीकान्त वर्मा	1987
33.	अरण्य (काव्य)	नरेश मेहता	1988
34.	अकाल में सारस (काव्य)	केदारनाथ सिंह	1989
35.	नीला चाँद (उपन्यास)	शिवप्रसाद सिंह	1990
36.	मैं वक्त के हूँ सामने (काव्य)	गिरिजाकुमार माथुर	1991
37.	ढाई घर (उपन्यास)	गिरिराज किशोर	1992
38.	अर्द्धनारीश्वर (उपन्यास)	विष्णु प्रभाकर	1993
39.	कहीं नहीं वहीं (काव्य)	अशोक वाजपेयी	1994
40.	कोई दूसरा नहीं (काव्य)	कुँवर नारायण	1995
41.	मुझे चाँद चाहिए (उपन्यास)	सुरेन्द्र वर्मा	1996
42.	अनुभव के आकाश में चाँद (काव्य)	लीलाधर जगूड़ी	1997
43.	नए इलाके में (काव्य)	अरुण कमल	1998
44.	दीवार में एक खिड़की रहती थी (उपन्यास)	विनोद कुमार शुक्ल	1999
45.	हम जो देखते हैं (काव्य)	मंगलेश डबराल	2000
46.	कलिकथा : वाया बाईपास (उपन्यास)	अलका सरावगी	2001
47.	दो पंक्तियों के बीच (काव्य)	राजेश जोशी	2002
48.	कितने पाकिस्तान (उपन्यास)	कमलेश्वर	2003
49.	दुष्चक्र में स्रष्टा (काव्य)	वीरेन डंगवाल	2004
50.	क्याप (उपन्यास)	मनोहर श्याम जोशी	2005
51.	संशयात्मा (काव्य)	ज्ञानेन्द्रपति	2006
52.	इन्हीं हथियारों से	अमरकान्त	2007
53.	कोहरे में कैद रंग (उपन्यास)	गोविन्द मिश्र	2008
54.	हवा में हस्ताक्षर (काव्य)	कैलाश वाजपेयी	2009
55.	मोहनदास (महाकाव्यात्मक कहानी)	उदय प्रकाश	2010
56.	रेहन पर रघु (उपन्यास)	काशीनाथ सिंह	2011
57.	पत्थर फेंक रहा हूँ (कविता संग्रह)	चन्द्रकान्त देवताले	2012
58.	मिलजुल मन (उपन्यास)	मृदुला गर्ग	2013
59.	विनायक (उपन्यास)	रमेश चन्द्र शाह	2014
60.	आग की हँसी (काव्य)	राम दरश मिश्र	2015
61.	पारिजात (उपन्यास)	नासिरा शर्मा	2016
62.	विश्व मिथक सरित सागर (कोश)	रमेश कुंतल मेघ	2017
63.	पोस्ट बॉक्स नं. 203 नाला सोपारा (उपन्यास)	चित्रा मुद्गल	2018
64.	छीलते हुए अपनो को (कविता)	नंदकिशोर आचार्य	2019

व्यास सम्मान

क्र.	रचना	रचनाकार	वर्ष
1.	भारत के भाषा परिवार और हिन्दी	डॉ. रामविलास शर्मा	1991
2.	नीला चाँद (उपन्यास)	शिवप्रसाद सिंह	1992
3.	मैं वक्त के हूँ सामने (काव्य)	गिरिजाकुमार माथुर	1993
4.	सपना अभी भी (काव्य)	धर्मवीर भारती	1994
5.	आत्मजयी (काव्य)	कुँवर नारायण	1995
6.	हिन्दी साहित्य और संवेदना का विकास	डॉ. रामस्वरूप चतुर्वेदी	1996
7.	उत्तर कबीर व अन्य कविताएँ (काव्य)	केदारनाथ सिंह	1997
8.	पाँच आँगनों वाला घर (उपन्यास)	गोविन्द मिश्र	1998
9.	विश्रामपुर का सन्त (उपन्यास)	श्रीलाल शुक्ल	1999
10.	पहला गिरमिटिया (उपन्यास)	गिरिराज किशोर	2000
11.	आलोचना का पक्ष (आलोचना)	रमेश चन्द्र शाह	2001
12.	पृथ्वी का कृष्ण पक्ष (काव्य)	कैलाश वाजपेयी	2002
13.	आवाँ (उपन्यास)	चित्रा मुद्गल	2003
14.	कठगुलाब (उपन्यास)	मृदुला गर्ग	2004
15.	कथा सतीसर (उपन्यास)	चन्द्रकान्ता	2005
16.	कविता का अर्थात् (आलोचना)	परमानन्द श्रीवास्तव	2006
17.	समय-सरगम (उपन्यास)	कृष्णा सोबती	2007
18.	एक कहानी यह भी (आत्मकथा)	मन्नू भण्डारी	2008
19.	इन्हीं हथियारों से (उपन्यास)	अमरकान्त	2009
20.	फिर भी कुछ रह जाएगा (काव्य)	विश्वनाथ तिवारी	2010
21.	आम के पत्ते (कविता संग्रह)	रामदरश मिश्र	2011
22.	न भूतो न भविष्यन्ति (उपन्यास)	नरेन्द्र कोहली	2012
23.	व्योमकेश दरवेश (संस्मरण)	विश्वनाथ त्रिपाठी	2013
24.	प्रेमचन्द की कहानियों का काल क्रमानुसार अध्ययन (आलोचना)	कमल किशोर गोयनका	2014
25.	क्षमा (काव्य)	सुनीता जैन	2015
26.	काटना शमी का वृक्षः पद्यपंखुरी की धार से (उपन्यास)	सुरेन्द्र वर्मा	2016
27.	दुक्खम-सुक्खम (उपन्यास)	ममता कालिया	2017
28.	जितने लोग उतने प्रेम (काव्य)	लीलाधर जगूड़ी	2018
29.	कागज की नाव (उपन्यास)	नासिरा शर्मा	2019

ज्ञानपीठ पुरस्कार
(वर्ष 1984 के बाद से यह पुरस्कार लेखक के समग्र योगदान पर दिया जाता है)

क्र.	रचना	रचनाकार	वर्ष
1.	चिदम्बरा	सुमित्रानन्दन पन्त	1968
2.	उर्वशी	रामधारी सिंह 'दिनकर'	1972
3.	कितनी नावों में कितनी बार	अज्ञेय	1978
4.	यामा	महादेवी वर्मा	1982
5.	सम्पूर्ण साहित्य	नरेश मेहता	1992
6.	सम्पूर्ण साहित्य	निर्मल वर्मा (पंजाबी लेखक गुरदयाल सिंह के साथ संयुक्त रूप से)	1999
7.	सम्पूर्ण साहित्य	कुँवरनारायण	2005
8.	सम्पूर्ण साहित्य	श्रीलाल शुक्ल और अमरकान्त (संयुक्त रूप से)	2009
9.	अकाल में सारस	केदारनाथ सिंह	2013
10.	मराठी साहित्य	भालचन्द्र नेमाड़े	2014
11.	गुजराती साहित्य	रघुवीर चौधरी	2015
12.	सम्पूर्ण साहित्य	कृष्णा सोबती	2017
13.	अंग्रेजी साहित्य	अमिताव घोष	2018
14.	मलयालम साहित्य	अक्किम अचुथन नम्बूदरी	2019

प्रमुख साहित्यिक सूक्तियाँ

आदिकाल

- जहाँ मन पवन न संचरइ, रवि ससि नाहिं पवेस — *सरहपा*
- अवधू रहिया हाटे वाटे रूप विरष की छाया।
  तजिया काम क्रोध लोभ मोह संसार की माया।। — *गोरखनाथ*
- पुस्तक जल्हण हत्थ दै, चलि गज्जन नृप काज — *चन्दबरदाई*
- मनहु कला ससभान कला सोलह सो बन्निय — *चन्दबरदाई*
- बारह बरष लै कूकुर जीवै, अरु तेरह लै जिए सियार।
  बरस अठारह छत्री जिए, आगे जीवन को धिक्कार।। — *जगनिक*
- देसिल बअना सब इन मिट्ठा तैसन जपऔ अवहट्ठा। — *विद्यापति*
- गोरी सोवै सेज पर, मुख पर डारे केश।
  चल खुसरो घर आपने, रैनि भई चहुँ देश।। — *अमीर खुसरो*
- माधव हम परिनाम निरासा — *विद्यापति*

भक्तिकाल

- भक्ति द्राविड़ी ऊपजी, लाए रामानन्द।
  परकट किया कबीर ने, सात दीप नौ खण्ड।। — *कबीर*
- मोको कहाँ ढूँढै बंदे मैं तो तेरे पास में — *कबीर*
- दसरथ सुत तिहुँ लोक बखाना, रामनाम का मरम है आना। — *कबीर*
- जाको राखै साइयां मारि सकै ना कोय। — *कबीर*
- मन के हारे हार है, मन के जीते जीत। — *कबीर*
- साँच बराबर तप नहीं झूठ बराबर पाप। — *कबीर*
- रस गगन गुफा में अजर झरै। — *कबीर*
- हेत प्रीति से जो मिलै, तासों मिलिए धाय। — *कबीर*
- करम गति टारे नाहिं टरे। — *कबीर*
- प्रभुजी तुम चन्दन हम पानी। — *सन्त रैदास (रविदास)*
- अजगर करै ना चाकरी पंछी करै न काम। — *मलूकदास*
- निरगुन ब्रह्म को कियो समाधु, तब ही चले कबीरा साधू। — *सन्त दादूदयाल*
- अपना मस्तक काटि कै बीर हुआ कबीर — *सन्त दादू*
- मों सम कौन कुटिल खल कामी। — *सूरदास*
- भरोसो दृढ़ इन चरनन केरो। — *सूरदास*
- मानुस प्रेम भयउ बैकुंठी। — *जायसी*
- हिन्दू मग पर पाँव न राखेउँ, को जो बहुतै हिन्दी भाखेउँ। — *नूरमोहम्मद*
- होनहार बलवान इसे कोई मत मानो झूठी। — *नानकदेव*
- करम प्रधान विश्व करि रखा। — *तुलसी*
- परहित सरिस धरम नहिं भाई,
  परपीड़ा सम नहिं अधमाई। — *तुलसी*
- केशव कहि न जाइ का कहिए। — *तुलसी*
- गोरख जगायो जोग, भगति भगायो लोग। — *तुलसी*
- सब मम प्रिय सब मम उपजाए,
  सब ते अधिक मनुज मोहि भाए। — *तुलसी*
- विक्रम धँसा प्रेम का बारा, सपनावती कहँ गयउ पतारा। — *मंझन (मधुमालती से)*
- रुकमन पुनि वैसहि मरि गई, कुलवंती सत सो सति भई। — *कुतुबन*
- जानत है वह सिरजनहारा, जो कछु है मन मरम हमारा। — *नूरमोहम्मद*
- काह करौं बैकुण्ठइ जाय।
  जहँ नहिं नन्द, जहाँ न जसोदा,
  जहँ नहिं गोपी ग्वाल न गाय। — *परमानन्द दास*
- सन्तन को काह सीकरी सो काम।
  आवत जात पनहियां टूटी, विसरी गयो हरिनाम। — *कुम्भनदास*
- मेरे तो गिरधर गोपाल दूसरो न कोई। — *मीराबाई*

रीतिकाल

- भूषण बिनु न विराजई, कविता वनिता मित्त। — *केशवदास*
- अविधा उत्तम काव्य है, मध्य लक्षणा लीन।
  अधम व्यंजना रस विरस, उलटी कहत नवीन।। — *देव*
- अमिय हलाहल मद भरे, सेत स्याम रतनार।
  जियत मरत झुकि-झुकि परत, जेहि चितवत एक बार। — *रसलीन*
- भले-बुरे हैं एक सम, जब लौ बोलत नाहिं।
  जानि परत हैं काक-पिक, ऋतु वसन्त के माहिं।। — *वृन्द*
- अति सूधो सनेह को मारग है, जहँ नेकु सयानप बांक नहीं। — *घनानन्द*
- काव्य की रीति सीखी सुकवीन सों,
  देखी सुनी बहु लोक की बातैं। — *भिखारीदास*

आधुनिक काल

- निज भाषा उन्नति अहै, सब उन्नति को मूल।
  बिनु निज भाषा ज्ञान के, मिटत न हिय को शूल।। — *भारतेन्दु*
- जामे रस कुछ होते हैं, ताहि पढ़त सब कोय।
  बात अनूठी चाहिए, भाषा कोऊ होय।। — *भारतेन्दु*
- हा! हा! भारत दुर्दशा देखी न जाई। — *भारतेन्दु*
- जो विषया सन्तन तजी, ताहि मूढ़ लपटाति। — *राधाकृष्ण दास*

- कौन करेजो नहिं कसकत सुनि विपति बाल विधवन की। *प्रताप नारायण मिश्र*
- जैसे कंता घर रहे, तैसे रहे विदेश। *प्रताप नारायण मिश्र*
- हम दीवानों की क्या हस्ती हैं, आज यहाँ कल वहाँ चले। *भगवतीचरण वर्मा*
- दु:ख की पिछली रजनी बीच, विकसता सुख का नवल प्रभात। *जयशंकर प्रसाद*
- अब अभिव्यक्ति के सारे खतरे उठाने ही होंगे।
  तोड़ने होंगे ही मठ और गढ़ सब। *मुक्तिबोध*
- दु:ख सबको माँजता है। *अज्ञेय*
- मैंने उसको जब-जब देखा लोहा देखा
  लोहा जैसे तपता देखा, गलते देखा ढलते देखा। *केदारनाथ अग्रवाल*
- कर्म का भोग, भोग का कर्म, यही जड़ चेतन का आनन्द। *जयशंकर प्रसाद*
- वियोगी होगा पहला कवि, आह से उपजा होगा गान। *सुमित्रानन्दन पन्त*
- चार दिन सुखद चाँदनी रात और फिर अन्धकार अज्ञात। *सुमित्रानन्दन पन्त*
- मिलन के पल केवल दो-चार, विरह के कल्प अपार। *सुमित्रानन्दन पन्त*
- जो गहन भाव, सीधी भाषा सीधे छन्द में चाहता है, वह धोखेबाज है। *निराला*
- दु:ख ही जीवन की कथा रही, क्या कहूँ आज जो कही नहीं। *निराला*
- तोड़ दो यह क्षितिज, मैं भी देख लूँ उस ओर क्या है। *महादेवी वर्मा*
- पन्थ रहने दो अपरिचित प्राण रहने दो अकेला *महादेवी वर्मा*
- तुमको पीड़ा में ढूँढा, तुममें ढूँढूँगी पीड़ा। *महादेवी वर्मा*
- मैंने आहुति बनकर देखा, यह प्रेम यज्ञ की ज्वाला है। *अज्ञेय*
- राष्ट्रगीत में भला कौन वह भारत भाग्य विधाता है।
  फटा सुथन्ना पहने जिसका गुन हरचरना गाता है।। *रघुवीर सहाय*
- तू अब तक सोई है आली, आँखों में भरी विहाग री। *जयशंकर प्रसाद*
- आह! वेदना मिली विदाई। *जयशंकर प्रसाद*

प्रमुख साहित्यिक कथन

- साहित्य जन-समूह के हृदय का विकास है। *बालकृष्ण भट्ट*
- हमारे मत में हिन्दी और उर्दू दो बोली न्यारी-न्यारी हैं। *राजा लक्ष्मणसिंह*
- खुश रहो अहले वतन, हम तो सफ़र करते हैं। *प्रताप नारायण मिश्र*
- प्रयोगवाद बैठे ठाले का धन्धा है। *आचार्य नन्ददुलारे वाजपेयी*
- प्रसाद के काव्य में 'मानवीय भूमि', निराला के काव्य में 'बुद्धि तत्त्व' और पन्त के काव्य में 'कल्पना' की प्रधानता है। *डॉ. नगेन्द्र*
- छायावाद स्थूल के प्रति सूक्ष्म का विद्रोह है। *डॉ. नगेन्द्र*
- साहित्य दमित इच्छाओं की अभिव्यक्ति का उत्कृष्ट साधन है। *फ्रॉयड*
- हो जाने दो गर्क नशे में, मत पड़ने दो फर्क नशे में। *बालकृष्ण शर्मा 'नवीन'*
- आचरण की सभ्यतामय भाषा सदा मौन रहती है। *सरदार पूर्णसिंह*
- बैर क्रोध का अचार या मुरब्बा है। *रामचन्द्र शुक्ल*
- निन्दा का उद्गम ही हीनता और कमजोरी से होता है। *हरिशंकर परसाई*
- परमात्मा की छाया आत्मा में पड़ने लगती है और आत्मा की छाया परमात्मा में, यही 'छायावाद' है। *डॉ. रामकुमार वर्मा*
- काव्य आत्मा की संकल्पनात्मक अनुभूति है। *जयशंकर प्रसाद*
- भक्ति आन्दोलन भारतीय चिन्तनधारा का स्वाभाविक विकास है। *पं. हजारीप्रसाद द्विवेदी*
- भक्ति धर्म का रसात्मक रूप है। *आचार्य रामचन्द्र शुक्ल*
- भाषा पर कबीर का जबरदस्त अधिकार था। वे वाणी के डिक्टेटर थे। *पं. हजारीप्रसाद द्विवेदी*
- बुद्धदेव के बाद भारत के सर्वाधिक बड़े लोकनायक तुलसीदास है। *जॉर्ज ग्रियर्सन*
- हिन्दी रीति ग्रन्थों की परम्परा चिन्तामणि त्रिपाठी से चली, अत: रीतिकाल का आरम्भ उन्हीं से मानना चाहिए। *रामचन्द्र शुक्ल*
- ज्ञान राशि के संचित कोश का नाम साहित्य है। *महावीर प्रसाद द्विवेदी*
- साहित्य का उद्देश्य दबे-कुचले हुए वर्ग की मुक्ति का होना चाहिए। *प्रेमचन्द*
- साहित्यकार देश भक्ति और राजनीति के पीछे चलने वाली सच्चाई भी नहीं, बल्कि उनके आगे मशाल दिखाती हुई चलने वाली सच्चाई है। *प्रेमचन्द*
- कबीर में जैसे सामाजिक विद्रोह का तीखापन और प्रणयानुभूति की कोमलता एक साथ मिलती है, कुछ वैसा ही रचाव मुक्तिबोध में है। *डॉ. रामस्वरूप चतुर्वेदी*
- कविता करने की प्रेरणा सबसे पहले मुझे प्रकृति निरीक्षण से मिली, जिसका श्रेय मेरी जन्मभूमि कूर्मांचल प्रदेश को है। *सुमित्रानन्दन पन्त*
- भावों की मुक्ति छन्दों की भी मुक्ति चाहती है, यहाँ भाषा, भाव और छन्द तीनों स्वच्छन्द हैं। *निराला*
- मुझे प्रोफेसरों के बीच छायावाद सिद्ध करना पड़ेगा। *निराला*
- प्रगतिवाद समाजवाद की ही साहित्यिक अभिव्यक्ति है। *डॉ. नगेन्द्र*
- सुख-दु:ख की भावावेशमयी अवस्था विशेष का गिने-चुने शब्दों में स्वर साधना का उपयुक्त चित्रण कर देना ही गीत है। *महादेवी वर्मा*
- आनन्द में विलीन हो जाना ही मानव जीवन का परम् उद्देश्य है। *डॉ. श्याम सुन्दरदास*
- इंग्लैण्ड का पेट कभी यों ही खाली था, उसने एक हाथ से अपना पेट भरा और दूसरे हाथ से उन्नति के काँटों को साफ किया। *भारतेन्दु*
- हिन्दी नई चाल में ढली। *भारतेन्दु*
- संरचनावाद एक चक्रव्यूह है इसमें फँसकर समीक्षा तो मरती ही है, अपने साथ साहित्यिक कृति को भी ले डूबती है। *बच्चन सिंह*
- कविता के लिए शाब्दिक प्रतीक होना एक आधारभूत शर्त है, पर हर शाब्दिक प्रतीक 'कविता' नहीं होती। *रामस्वरूप चतुर्वेदी*
- छायावाद व्यक्तिवाद की कविता है, जिसका आरम्भ व्यक्ति के महत्त्व को स्वीकार करने और करवाने से हुआ। *नामवर सिंह*

वस्तुनिष्ठ प्रश्नावली

1. सिद्ध साहित्य के अन्तर्गत चौरासी सिद्धों की वे साहित्यिक रचनाएँ आती हैं, जो *(UGC NET 2018)*

(a) प्राकृत में लिखी गई हैं।
(b) पैशाची अपभ्रंश में लिखी गई हैं।
(c) पूर्ववर्ती अपभ्रंश में लिखी गई हैं।
(d) तत्कालीन लोक-भाषा हिन्दी में लिखी गई हैं।

2. प्राणचन्द चौहान का सम्बन्ध भक्ति की किस शाखा से है? *(UGC NET 2018)*

(a) रामभक्ति शाखा (b) कृष्णभक्ति शाखा
(c) स्वसुखी शाखा (d) ज्ञानमार्गी शाखा

3. 'भँवर गीत' किसकी रचना है? *(UGC NET 2018)*

(a) सूरदास (b) नन्ददास
(c) चतुर्भुजदास (d) कृष्णदास

4. राजनीतिक रूप से रीतिकाल मुगलों के शासन के वैभव के *(UGC NET 2018)*

(a) चरमोत्कर्ष का युग है।
(b) उत्थान का युग है।
(c) विस्तार का युग है।
(d) चरमोत्कर्ष के बाद उत्तरोत्तर ह्रास और पतन का युग है।

5. कवि ठाकुर ने किस राजा के कटु वचन कहने पर म्यान से तलवार निकाल ली और कहा *(UGC NET 2018)*

सेवक सिपाही हम उन रजपूतन के,
दान जुद्ध जुरिबे में नेकु जे न मुरके।
नीत देनवारे हैं मही के महीपालन को;
हिए के विरुद्ध हैं, स्नेही साँचे उर के।
ठाकुर कहत हम बैरी बेवकूफन के,
जालिम दमाद हैं अदानियाँ ससुर के।
चोजिन के चोजी महा, मौजिन के महाराज
हम कविराज हैं, पै चाकर चतुर के।

(a) अनूप गिरि उर्फ हिम्मत बहादुर
(b) जगत सिंह
(c) राजा पारीछत
(d) महाराज उदितनारायण सिंह

6. राही मासूम रज़ा के द्वारा रचित उपन्यास नहीं है *(UGC NET 2018)*

(a) दिल एक सादा कागज (b) टोपी शुक्ला
(c) कटरा बी आर्जू (d) समर शेष है

7. ''संस्कृत का कोई भी शब्द मनचाहे ढंग से तोड़-मरोड़कर 'तद्भव' नहीं बनाया जा सकता।''
उपरोक्त विचार किस विद्वान् का है? *(UGC NET 2018)*

(a) रामविलास शर्मा (b) सुनीति कुमार चटर्जी
(c) जॉर्ज ग्रियर्सन (d) नामवर सिंह

8. निम्नलिखित में से किस कवि ने सतसई की रचना नहीं की? *(UGC NET 2018)*

(a) अमीरदास (b) मतिराम (c) चिन्तामणि (d) रामसहाय

9. भारत में अंग्रेजों के बढ़ते प्रभाव के प्रति ध्यान आकर्षित करते हुए पद्माकर ने किस राजा के दरबार में यह कवित्त पढ़ा था? *(UGC NET 2018)*

मीनागढ़ बम्बई समुन्द मन्दराज बंग,
बन्दर को बन्द करि बन्दर बसावैगो।
कहैं पद्माकर कसकि कासमीर हू को,
पिंजर सों घेरि के कलिंजर छुड़ावैगो।
बाँका नृप दौलत अलीजा महाराज कबौं,
साजि दल पकरि फिरंगिन दबावैगो।
दिल्ली दहपट्टि, पटना हू को झपट्ट करि,
कबहूँक लत्ता कलकत्ता को उड़ावैगो।।

(a) दौलत राव सिन्धिया (b) जगत सिंह
(c) अनूप गिरि (d) रघुनाथ राव

10. 'वटवृक्ष की छाया में' किस लेखक द्वारा स्मृति को सुरक्षित रखने के लिए लिखी गई है? *(UGC NET 2018)*

(a) कमलेश्वर (b) अमृतलाल नागर
(c) अमृतराय (d) हजारीप्रसाद द्विवेदी

11. 'सरस्वती' पत्रिका के सम्पादक कौन थे? *(UP सहायक अध्यापक 2019)*

(a) सूर्यकान्त त्रिपाठी निराला (b) महावीर प्रसाद द्विवेदी
(c) भारतेन्दु हरिश्चन्द्र (d) बालमुकुन्द गुप्त

12. सुमित्रानन्दन पन्त को किस कृति पर ज्ञानपीठ पुरस्कार मिला? *(UPSSSC कनिष्ठ सहायक भर्ती परीक्षा 2016, UKSSSC VDO 2015)*

(a) लोकायतन (b) युगवाणी
(c) चिदम्बरा (d) स्वर्णधूलि

13. आदिकालीन काव्य ग्रन्थों में कथा कहने की परम्परा को लक्ष्य करके 'पृथ्वीराज रासो' के सन्दर्भ में किस आलोचक ने लिखा है—''कथा की परीक्षा इतिहास की दृष्टि से नहीं, काव्य की दृष्टि से होनी चाहिए। पुरानी कथाएँ काव्य ही अधिक हैं, इतिहास वे एकदम नहीं हैं।'' *(UGC Net 2017)*

(a) मुनि जिनविजय (b) राहुल सांकृत्यायन
(c) हजारीप्रसाद द्विवेदी (d) विश्वनाथ प्रसाद मिश्र

14. आचार्य हजारीप्रसाद द्विवेदी के अनुसार चौदहवीं-पन्द्रहवीं शताब्दी के हिन्दुओं, मुसलमानों, सामन्तों, शहरों, सेना के सिपाहियों और लड़ाइयों का जीवन्त और यथार्थ वर्णन किस कृति में हुआ है? *(UGC Net 2017)*

(a) हम्मीर काव्य (b) कीर्तिकौमुदी
(c) कीर्तिपताका (d) कीर्तिलता

15. ''आधुनिक नारी अब अपनी पूरी गरिमा, देह-सम्पदा और वास्तविक सम्मान के साथ आई है। औरतें अब औरतें हैं, वे झूठी सती या वेश्याएँ नहीं हैं, इसलिए नई कहानी खलनायिकाओं से शून्य है।''
नई कहानी के सम्बन्ध में उपरोक्त कथन किसका है? *(UGC Net 2017)*

(a) कमलेश्वर (b) राजेन्द्र यादव
(c) मोहन राकेश (d) निर्मल वर्मा

16. सिद्धों में प्रचलित 'महामुद्रा' शब्द का अभिप्राय है *(UGC Net 2017)*
(a) सिद्धि हेतु आसन का एक रूप
(b) सिद्धि हेतु की जाने वाली एक क्रिया
(c) सिद्धि प्राप्त हेतु स्त्री-संसर्ग
(d) सिद्धि प्राप्त हेतु स्त्री से विरक्ति

17. सूरदास की मृत्यु के बाद किसने कहा था—''पुष्टिमार्ग का जहाज जात है सो जाको कछु लेना हो सो लेउ।'' *(UGC Net 2017)*
(a) सूरदास (b) नन्ददास
(c) छीत स्वामी (d) विट्ठलनाथ

18. महावीर प्रसाद द्विवेदी ने आदिकाल को क्या संज्ञा दी है? *(UP सहायक अध्यापक परीक्षा 2019)*
(a) बीजवपनकाल (b) आदिकाल
(c) वीरगाथाकाल (d) चारणकाल

19. आगम वे अ पुराणे, पण्डित मान बहंति।
पक्क सिरिफल अलि अ जिम वाहेरित भ्रमयंति।।
ये काव्य पंक्तियाँ किसकी हैं? *(UGC Net 2016)*
(a) सरहपा (b) कण्हपा (c) डोम्भिपा (d) कुक्कुरिपा

20. 'भ्रमरदूत' के रचनाकार हैं *(UGC Net 2016)*
(a) सत्यनारायण कविरत्न (b) लाला भगवानदीन
(c) जगन्नाथदास रत्नाकर (d) राय देवीप्रसाद 'पूर्ण'

21. निम्नलिखित में से कौन-सा नाटककार सर्वाधिक नाटकों का रचयिता है? *(UGC Net 2016)*
(a) ज्ञानदेव अग्निहोत्री (b) लक्ष्मीनारायण लाल
(c) भारतेन्दु हरिश्चन्द्र (d) सर्वेश्वरदयाल सक्सेना

22. ''डिंगल कवियों की वीर-गाथाएँ, निर्गुणिया सन्तों की वाणियाँ, कृष्ण भक्त या रागानुमा भक्तिमार्ग के साधकों के पद, राम-भक्त या वैधी भक्तिमार्ग के उपासकों की कविताएँ, सूफी साधना से पुष्ट मुसलमान कवियों के तथा ऐतिहासिक हिन्दू कवियों के रोमांस और रीति-काव्य-ये छहों धाराएँ अपभ्रंश कविता का स्वाभाविक विकास हैं।''—यह कथन किसका है? *(UGC Net 2016)*
(a) रामचन्द्र शुक्ल (b) हजारीप्रसाद द्विवेदी
(c) रामविलास शर्मा (d) राहुल सांकृत्यायन

23. 'गुनाहों का देवता' के रचनाकार हैं *(MPPSC Pre 2016)*
(a) अमृतलाल नागर (b) मोहन राकेश
(c) कमलेश्वर (d) धर्मवीर भारती

24. निम्नलिखित में किशोरी लाल गोस्वामी रचित कहानी कौन-सी है? *(UPSSSC Pre 2016)*
(a) प्लेग की चुड़ैल (b) पण्डित और पण्डितानी
(c) इन्दुमती (d) ग्यारह वर्ष का समय

25. मध्य प्रदेश हिन्दी ग्रन्थ अकादमी से प्रकाशित 'अमृतस्य नर्मदा' पुस्तक के लेखक हैं *(MP समग्र सुरक्षा विस्तार अधिकारी परीक्षा 2017)*
(a) सुहास लिमये (b) अनिल माधव दवे
(c) हरिकृष्ण देवसरे (d) अमृतलाल बेगड़

26 'कामरेड का कोट' कहानी के लेखक हैं *(UGC Net 2016)*
(a) विनोदकुमार शुक्ल (b) अखिलेश
(c) ज्ञानरंजन (d) संजय

27. इनमें से कौन-सा उपन्यास भीष्म साहनी द्वारा रचित नहीं है? *(UGC Net 2016)*
(a) झरोखे (b) कड़ियाँ (c) बसन्ती (d) पीढ़ियाँ

28. नागार्जुन द्वारा रचित मछुआरों के जीवन पर आधारित उपन्यास है *(UGC Net 2016)*
(a) बूँद और समुद्र (b) वरुण के बेटे
(c) सागर, लहरें और मनुष्य (d) डूब

29. ''छोड़ द्रुमों की मृदु छाया तोड़ प्रकृति से भी माया
बाले! तेरे बाल-जाल में कैसे उलझा दूँ लोचन?''
इन काव्य पंक्तियों के रचयिता हैं *(UGC Net 2016)*
(a) रामनरेश त्रिपाठी (b) जयशंकर प्रसाद
(c) सुमित्रानन्दन पन्त (d) सूर्यकान्त त्रिपाठी निराला

30. 'पूस की रात' कहानी का प्रमुख पात्र है *(UGC Net 2016)*
(a) माधव (b) अलगू (c) हल्कू (d) रग्घू

31. 'सूरज का सातवाँ घोड़ा' के लेखक हैं *(UGC Net 2016)*
(a) धर्मवीर भारती (b) कमलेश्वर
(c) राजेन्द्र यादव (d) मोहन राकेश

32. ''काम मंगल से मण्डित श्रेय सर्ग इच्छा का है परिणाम;
तिरस्कृत कर उसको तुम भूल बनाते हो असफल भवधाम।''
उपरोक्त काव्य पंक्तियाँ 'कामायनी' के किस सर्ग की हैं? *(UGC Net 2016)*
(a) वासना (b) काम (c) श्रद्धा (d) लज्जा

33. ''सूरसागर में जगह-जगह दृष्टकूट वाले पद मिलते हैं। यह भी विद्यापति का अनुकरण है।''
सूरदास से सम्बन्धित उक्त विचार किस आलोचक का है? *(UGC Net 2016)*
(a) हजारीप्रसाद द्विवेदी (b) बृजेश्वर वर्मा
(c) रामचन्द्र शुक्ल (d) हरवंशलाल शर्मा

34. मृणाल किस उपन्यास की प्रमुख पात्र है? *(UGC Net 2015)*
(a) निर्वासित (b) परख (c) त्याग-पत्र (d) अन्तराल

35. बम्बई के मजदूर संगठनों के जीवन-संघर्ष पर आधारित उपन्यास है *(UGC Net 2015)*
(a) आवाँ (b) समरांगण (c) अनित्य (d) अन्तर्वंशी

36. 'अंधा कुआँ' किसकी नाट्यकृति है? *(UGC Net 2015)*
(a) धर्मवीर भारती (b) लक्ष्मीनारायण लाल
(c) मोहन राकेश (d) सुरेन्द्र वर्मा

37. 'मल्लिका' किस नाटक की पात्र है? *(UGC Net 2015)*
(a) माधवी
(b) सूर्य की अन्तिम किरण से सूर्य की पहली किरण तक
(c) आषाढ़ का एक दिन
(d) आठवाँ सर्ग

38. 'आधा गाँव' उपन्यास में चित्रित गाँव है *(UGC Net 2015)*
(a) गंगौली (b) शिवपाल गंज
(c) मेरीगंज (d) बेलारी

39. ''बीती विभावरी जाग री।
अम्बर पनघट में डुबो रही, तारा-घट उषा-नागरी।''
उपरोक्त पंक्तियाँ जयशंकर प्रसाद के किस काव्य संग्रह में संकलित हैं? *(UGC Net 2015)*
(a) प्रेमपथिक (b) झरना
(c) कानन-कुसुम (d) लहर

40. 'एकान्त संगीत' किसकी रचना है? *(UGC Net 2015)*
(a) श्रीधर पाठक (b) हरिवंशराय बच्चन
(c) रामेश्वर शुक्ल अंचल (d) महादेवी वर्मा

41. 'सिने एक्सप्रेस' कहाँ से प्रकाशित हुई थी? *(मध्य प्रदेश व्यावसायिक परीक्षा 2017)*
(a) खाण्डवा (b) जबलपुर (c) अमरकण्टक (d) इन्दौर

42. 'साहित्य गुंजन' नामक साहित्यिक पत्रिका कहाँ से प्रकाशित हुई थी? *(मध्य प्रदेश व्यावसायिक परीक्षा 2017)*
(a) रतलाम (b) जबलपुर (c) नागौद (d) इन्दौर

43. "कहाँ हो ऐ हमारे प्राण प्यारे। किधर तुम छोड़कर हमको पधारे।।
बुढ़ापे में यह दुःख भी देखना था। इसी को देखने को मैं बचा था।"
ये काव्य पंक्तियाँ किस कवि की हैं? *(UGC Net 2017)*
(a) प्रतापनारायण मिश्र (b) अम्बिकादत्त व्यास
(c) भारतेन्दु हरिश्चन्द्र (d) उपाध्याय बद्रीनारायण चौधरी

44. भीष्म साहनी द्वारा रचित कहानी-संग्रह नहीं है *(UGC Net 2017)*
(a) भाग्यरेखा (b) वाङ्चू (c) काठ का सपना (d) निशाचर

45. इनमें से कौन भक्तिकालीन कवि नहीं है? *(UPSSSC कनिष्ठ सहायक भर्ती परीक्षा 2016)*
(a) सूरदास (b) कबीरदास (c) तुलसीदास (d) बिहारी

46. निम्नलिखित में से कौन-सा हिन्दी साहित्य का काल-विभाजन नहीं है? *(UPSSSC कनिष्ठ सहायक भर्ती परीक्षा 2016)*
(a) भक्तिकाल (b) रीतिकाल (c) संयुक्त काल (d) आधुनिक काल

47. निम्नलिखित में से जयशंकर प्रसाद का कौन-सा नाटक कल्हण की 'राजतरंगिणी' पर आधारित है? *(UGC Net 2016)*
(a) राज्यश्री (b) विशाख
(c) जनमेजय का नागयज्ञ (d) अजातशत्रु

48. भारतेन्दु हरिश्चन्द्र का निम्नलिखित रूपकों में से 'भाण' कौन-सा है? *(UGC Net 2016)*
(a) वैदिकी हिंसा हिंसा न भवति (b) विषस्य विषमौषधम्
(c) भारत दुर्दशा (d) नीलदेवी

49. स्वामी अग्रदास का सम्बन्ध किस भक्ति-शाखा से है? *(UGC Net 2016)*
(a) ज्ञानमार्गी शाखा (b) प्रेममार्गी शाखा
(c) रामभक्ति शाखा (d) कृष्णभक्ति शाखा

50. "गिरा अरथ, जल बीची सम कहियत भिन्न न भिन्न।
बंदौं सीताराम पद जिनहि प्रिय खिन्न।।" *(UGC Net 2016)*
उक्त काव्य पंक्तियाँ किस कवि की हैं?
(a) केशवदास (b) तुलसीदास (c) ईश्वरदास (d) नागरीदास

51. 'विद्रोहिणी अम्बा' नाटक के रचयिता हैं *(UGC Net 2016)*
(a) सेठ गोविन्ददास (b) चन्द्रगुप्त विद्यालंकार
(c) गोविन्द वल्लभ पन्त (d) उदयशंकर भट्ट

52. मीराबाई की उपासना किस प्रकार की थी? *(UGC Net 2017)*
(a) दास्य भाव (b) सख्य भाव (c) माधुर्य भाव (d) वात्सल्य भाव

53. "सखी हों स्याम रंग रँगी।
देखि बिकाय गई वह मूरति, सूरत माहिं पगी।।"
ये काव्य पंक्तियाँ किसकी हैं? *(UGC Net 2017)*
(a) हितहरिवंश (b) गदाधर भट्ट (c) मीराबाई (d) जीव गोस्वामी

54. रासपंचाध्यायी किस छन्द में लिखी गई है? *(UGC Net 2017)*
(a) इन्द्रवज्रा (b) उपेन्द्रवज्रा (c) रोला (d) मालिनी

55. 'सूरसागर' के पदों का भावानुसरण करते हुए किस कवि ने कृष्ण के जीवन का चित्रण किया है? *(UGC Net 2017)*
(a) ब्रजवासीदास (b) रामचरणदास (c) मंचित (d) प्रेमसखी

56. "अच्युत-चरन तरंगिनी, शिव-सिर मालति-माल।
हरि न बनायो सुरसरी, कीजो इंदव-भाल।।"
इस दोहे के रचनाकार का नाम है *(UGC Net 2017)*
(a) रहीम (b) रसलीन (c) रसखान (d) रामसहाय

57. 'शिरीष के फूल' किसकी रचना है? *(UKSSSC VDO 2015)*
(a) महादेवी वर्मा (b) हजारीप्रसाद द्विवेदी
(c) जयशंकर प्रसार (d) प्रेमचन्द

58. 'रानी केतकी की कहानी' के रचयिता हैं *(UKSSSC VDO 2015)*
(a) इंशा अल्ला खाँ (b) प्रेमचन्द
(c) अज्ञेय (d) जैनेन्द्र

59. 'कामायनी' महाकाव्य के रचयिता हैं *(MPPSC Pre 2015)*
(a) मैथिलीशरण गुप्त (b) सूर्यकान्त त्रिपाठी निराला
(c) जयशंकर प्रसाद (d) बालकृष्ण शर्मा 'नवीन'

60. "उड़ गया गरजता यन्त्र-गरुड़ *(UGC Net 2017)*
बन बिन्दु, शून्य में पिघल गया पर साँप?"
ये पंक्तियाँ 'अज्ञेय' की किस कविता से हैं?
(a) पहचान (b) साँप
(c) हरी घास पर क्षण भर (d) हवाई अड्डे पर विदा

61. 'ठण्डा लोहा' कविता-संग्रह के रचनाकार हैं *(UGC Net 2017)*
(a) धर्मवीर भारती (b) भारतभूषण अग्रवाल
(c) गिरिजा कुमार माथुर (d) सर्वेश्वर दयाल सक्सेना

62. निम्नलिखित में से कौन प्रपद्यवादी कवि नहीं है? *(UGC Net 2017)*
(a) नलिन विलोचन शर्मा (b) केसरी कुमार
(c) नरेश (d) गिरिजा कुमार माथुर

63. निम्नलिखित में से कौन-सा काव्य-संग्रह शमशेर बहादुर सिंह का नहीं है? *(UGC Net 2017)*
(a) कुछ कविताएँ (b) कुछ और कविताएँ
(c) आज अभी आँखों से (d) काल तुमसे होड़ है मेरी

64. जगन्नाथदास 'रत्नाकर' किस काल के हिन्दी कवि हैं? *(मध्य प्रदेश समग्र सुरक्षा परीक्षा 2017)*
(a) आदिकाल (b) भक्तिकाल (c) रीतिकाल (d) आधुनिक काल

65. शमशेर बहादुर सिंह हैं *(मध्य प्रदेश समग्र सुरक्षा परीक्षा 2017)*
(a) उपन्यासकार (b) छायावादी कवि
(c) प्रगतिवादी कवि (d) प्रयोगवाद और नई कविता के कवि

66. निम्न में कौन-सा समाचार-पत्र हिन्दी का नहीं है? *(मध्य प्रदेश समग्र सुरक्षा परीक्षा 2017)*
(a) हिन्दुस्तान (b) नवभारत टाइम्स
(c) पंजाब केसरी (d) अमृत बाजार पत्रिका

67. नायिका भेद पर आधारित ग्रन्थ 'रसमंजरी' के रचनाकार हैं *(UGC Net 2014)*
(a) सूरदास (b) बिहारी (c) नन्ददास (d) विद्यापति

68. "भेजे मनभावन के ऊधव के आवन की सुधि ब्रज-गांवनि मैं पावन जबै लगीं।"
उपरोक्त पंक्तियाँ किस काव्य कृति की हैं? *(UGC Net 2014)*
(a) रसकलस (b) गंगावतरण (c) उद्धवशतक (d) भ्रमरगीत

69. 'खण्ड भाषा पुराणं च/कुरानं कथितं मया।'-भाषा के सम्बन्ध में यह पंक्ति किस कवि की है? *(UGC Net 2014)*
(a) जगनिक (b) नरपति नाल्ह
(c) चन्दबरदाई (d) अब्दुल रहमान

70. 'कुवलयमाला कथा' के रचनाकार हैं (UGC Net 2014)
(a) रोड कवि (b) उद्यतन सूरि
(c) दामोदर शर्मा (d) ज्योतिरीश्वर

71. "साखी सबदी दोहरा कहि कहनी उपखान। भगति निसृपहिं अधम कवि निंदहिं वेद पुरान।" किस कवि की पंक्तियाँ हैं? (UGC Net 2014)
(a) कबीरदास (b) भिखारीदास
(c) तुलसीदास (d) सूरदास

72. इनमें से कौन-सी रचना लल्लू लाल की नहीं है? (UGC Net 2014)
(a) सिंहासन बत्तीसी (b) बैताल पचीसी
(c) सुखसागर (d) लाल चन्द्रिका

73. 'उक्तिव्यक्तिप्रकरण' ग्रन्थ का विषय है (UGC Net 2014)
(a) पुराण (b) प्रेमकाव्य (c) भक्तिकाव्य (d) व्याकरण

74. 'लालचन्द्रिका' के रचनाकार हैं (UGC Net 2014)
(a) लल्लू लाल जी (b) सदल मिश्र
(c) गंगा प्रसाद शुक्ल (d) राजा शिवप्रसाद

75. सुमेलित कीजिए (UGC Net 2013)

सूची I (कहानीकार)	**सूची II** (कहानियाँ)
A. जैनेन्द्र कुमार	1. ग्रामोफोन
B. अज्ञेय	2. रोज
C. भीष्म साहनी	3. चीफ की दावत
D. मोहन राकेश	4. मिसपाल
	5. ठेस

कूट

	A	B	C	D		A	B	C	D
(a)	2	5	1	3	(b)	1	4	5	2
(c)	4	2	1	5	(d)	1	2	3	4

76. निम्नलिखित में कौन-सा कहानी-संग्रह प्रेमचन्द का नहीं है? (UGC Net 2015)
(a) प्रेमपचीसी (b) प्रेमद्वादशी
(c) मुहब्बत की राहें (d) सप्त सरोज

77. निम्नलिखित में से कौन-सा कहानी-संग्रह फणीश्वरनाथ 'रेणु' का नहीं है? (UGC Net 2015)
(a) आदिम रात्रि की महक (b) अग्निखोर
(c) अच्छे आदमी (d) गरीबी हटाओ

78 "संदेसडउ सवित्थरउ पइ मइ कहणु न जाइ।
जे कालांगुलि मूंदडऊ सो बाँहडी समाइ।"
इन काव्य पंक्तियों के रचनाकार हैं (UGC Net 2015)
(a) विमल सूरि (b) अद्दहमाण
(c) हेमचन्द्र (d) दामोदर भट्ट

79. निम्नलिखित में से कौन-सी कहानी राजा सेठ की नहीं है? (UGC Net 2015)
(a) समान्तर चलते हुए (b) अपने दायरे
(c) गलत होता पंचतन्त्र (d) जाह्नवी

80. निम्न में से कौन शिशु-संवेदना की कहानी नहीं है? (UGC Net 2015)
(a) नादान दोस्त (b) चोरी
(c) कजाकी (d) दो सखियाँ

81. महापण्डित राहुल सांकृत्यायन ने इनमें से किस कवि को हिन्दी का पहला कवि माना है? (UGC Net 2015)
(a) स्वयंभू (b) सरहपाद (c) पुष्पदन्त (d) गोरखनाथ

82. निम्नलिखित में से 'ज्ञानदीप' का रचनाकर कौन है? (UGC Net/ JRF 2015)
(a) उस्मान (b) कासिमशाह
(c) नूर मुहम्मद (d) शेखनबी

83. गोरख जगायो जोग, भगति भगायो लोग।
यह काव्य पंक्ति किसकी है? (UGC Net/ JRF 2015)
(a) गोरखनाथ (b) कबीरदास
(c) तुलसीदास (d) जायसी

84. भारतेन्दु ने अपने किस नाटक को नाट्य रासक व लास्य रूपक कहा है? (UGC Net/ JRF 2015)
(a) विषस्य विषमौषधम (b) नीलदेवी
(c) अँधेर नगरी (d) भारत दुर्दशा

85. जन्मकाल की दृष्टि से निम्नलिखित कवियों का सही क्रम है (UGC Net/ JRF 2015)
(a) जगनिक, खुसरो, श्रीधर, चन्दबरदाई
(b) खुसरो, श्रीधर, चन्दबरदाई, जगनिक
(c) चन्दबरदाई, जगनिक, खुसरो, श्रीधर
(d) श्रीधर, खुसरो, चन्दबरदाई, जगनिक

86. जन्मकाल की दृष्टि से निम्नलिखित रचनाकारों का सही क्रम है (UGC Net/ JRF 2015)
(a) चिन्तामणि, बिहारी, घनानन्द, मतिराम
(b) बिहारी, चिन्तामणि, मतिराम, घनानन्द
(c) मतिराम, बिहारी, घनानन्द, चिन्तामणि
(d) बिहारी, घनानन्द, मतिराम, चिन्तामणि

87. "आज मैं अकेला हूँ, अकेले रहा नहीं जाता
जीवन मिला है यह, रतन मिला है यह"
उपर्युक्त काव्य-पंक्तियाँ किस कवि की हैं? (UGC Net/ JRF 2015)
(a) त्रिलोचन (b) केदारनाथ
(c) नागार्जुन (d) रघुवीर सहाय

88. 'हिन्दी साहित्य की भूमिका' के लेखक कौन हैं? (UPSSSC (Pre) 2019)
(a) रामचन्द शुक्ल (b) डॉ. रामकुमार वर्मा
(c) हजारीप्रसाद द्विवेदी (d) रामविलास शर्मा

89. रचनाकाल की दृष्टि से निम्नलिखित कृतियों का सही अनुक्रम है?
(a) दोहाकोष, श्रावकाचार, संदेशरासक, कीर्तिलता
(b) दोहाकोष, संदेशरासक, श्रावकाचार, कीर्तिलता
(c) संदेशरासक, दोहाकोष, कीर्तिलता, श्रावकाचार
(d) दोहाकोष, श्रावकाचार, कीर्तिलता, संदेशरासक

90. 'यामा' किसकी रचना है? (UKTET 2015)
(a) भवानी प्रसाद मिश्र (b) महादेवी वर्मा
(c) अज्ञेय (d) मुक्तिबोध

91. 'मानस का हंस' उपन्यास के लेखक कौन हैं? (UKTET 2015)
(a) यशपाल (b) आचार्य चतुरसेन
(c) अमृतलाल नागर (d) श्रीलाल शुक्ल

92. निम्नांकित में हजारीप्रसाद द्विवेदी की रचना कौन-सी है? (UKTET 2015)
(a) बाणभट्ट की आत्मकथा (b) चिन्तामणि
(c) कायाकल्प (d) अग्निरथ

93. 'राम की शक्तिपूजा' कविता के कवि कौन हैं? (UKTET 2015)
(a) सूर्यकान्त त्रिपाठी 'निराला' (b) सुमित्रानन्दन 'पन्त'
(c) महादेवी वर्मा (d) जयशंकर प्रसाद

94. निम्नलिखित में से कौन 'ब्रह्म सम्प्रदाय' का प्रवर्तक है? (UGC Net/JRF 2015)
(a) विष्णु स्वामी (b) निम्बार्काचार्य
(c) हित हरिवंश (d) मध्वाचार्य

95. निम्नलिखित में से कौन 'अष्टछाप' का कवि नहीं है? *(UGC Net/JRF 2015)*

(a) कुम्भनदास (b) कृष्णदास
(c) छीतस्वामी (d) ध्रुवदास

96. 'प्रेमवाटिका' किसकी काव्यकृति है? *(UGC Net/JRF 2014)*

(a) रसखान (b) नागरीदास
(c) आलम (d) भारतेन्दु हरिश्चन्द्र

97. इनमें से किस उपन्यास के लेखक अमृतलाल नागर नहीं है? *(UGC Net/JRF 2014)*

(a) सुहाग के नूपुर (b) मानस का हंस
(c) भूले बिसरे चित्र (d) बूँद और समुद्र

98. तुलसीदास के गुरु थे *(UGC Net/JRF 2014)*

(a) रामानन्द (b) हनुमत् शास्त्री
(c) नरहर्यानन्द (d) रामानुजाचार्य

99. 'छायावाद का पतन' पुस्तक के लेखक कौन है? *(UGC Net/JRF 2014)*

(a) शान्तिप्रिय द्विवेदी (b) रामविलास शर्मा
(c) नन्ददुलारे वाजपेयी (d) देवराज

100. 'विज्ञान गीता' किस आचार्य कवि की कृति है? *(UGC Net/JRF 2014)*

(a) केशवदास (b) भिखारीदास
(c) पद्माकर (d) सेनापति

101. 'बात बोलेगी/हम नहीं/भेद खोलेगी/बात ही'-काव्य-पंक्तियों के रचनाकार हैं *(UGC Net/JRF 2014)*

(a) शमशेर बहादुर सिंह (b) नागार्जुन
(c) शिवमंगल सिंह सुमन (d) त्रिलोचन शास्त्री

102. निम्नलिखित पंक्तियों को उनके कवियों के साथ सुमेलित कीजिए *(UGC Net 2014)*

	सूची I		सूची II
A.	जो बीत गई सो बात गई	1.	बच्चन
B.	मैं तो डूब गया था स्वयं शून्य में	2.	अज्ञेय
C.	दो पाटों के बीच पिस गया	3.	मुक्तिबोध
D.	रूप की आराधना का मार्ग आलिंगन नहीं तो और क्या है?	4.	दिनकर
		5.	नरेन्द्र शर्मा

कूट

	A	B	C	D
(a)	5	1	2	4
(b)	4	2	3	5
(c)	3	5	4	2
(d)	3	4	1	2

103. रघुवीर सहाय की कृतियों का प्रकाशन वर्ष के अनुसार सही अनुक्रम है *(UGC Net 2014)*

(a) आत्महत्या के विरुद्ध, हँसो-हँसो जल्दी हँसो, लोग भूल गए हैं, कुछ पते कुछ चिट्ठियाँ
(b) हँसो-हँसो जल्दी हँसो, कुछ पते कुछ चिट्ठियाँ, लोग भूल गए हैं, आत्महत्या के विरुद्ध
(c) लोग भूल गए हैं, आत्महत्या के विरुद्ध, हँसो-हँसो जल्दी हँसो, कुछ पते कुछ चिट्ठियाँ
(d) कुछ पते कुछ चिट्ठियाँ, लोग भूल गए हैं, हँसो-हँसो जल्दी हँसो, आत्महत्या के विरुद्ध

104. सुमेलित कीजिए *(UGC Net 2014)*

	सूची I (काव्य-पंक्तियाँ)		सूची II (कवि)
A.	विषम शिला संकुला पर्वतोभूता गंगा शशितारकहारा अभिद्रुता अतिशय पूता	1.	त्रिलोचन
B.	अर्ध विवृत जघनों पर तरुण सत्य के सिर धर लेटी थी वह दामिनी-सी रुचि गौर कलेवर	2.	सुमित्रानन्दन पन्त
C.	तुम मुझे प्रेम करो, जैसे मछलियाँ लहरों से करती हैं	3.	कुँवर नारायण
D.	अनन्त विस्तार का अटूट मौन मुझे भयभीत करता है	4.	शमशेर बहादुर सिंह
		5.	सर्वेश्वरदयाल सक्सेना

कूट

	A	B	C	D
(a)	2	3	1	5
(b)	1	2	4	3
(c)	3	5	2	4
(d)	4	5	3	1

105. 'श्यामा स्वप्न' के लेखक कौन हैं? *(UGC Net 2013)*

(a) किशोरीलाल गोस्वामी (b) ठाकुर जगमोहन सिंह
(c) ब्रजनन्दन सहाय (d) गोपालराम गहमरी

106. 'मेरी तेरी उसकी बात' के लेखक कौन हैं? *(UGC Net 2013)*

(a) भगवतीचरण वर्मा (b) यशपाल
(c) अमतृलाल नागर (d) शिवप्रसाद सिंह

107. निम्नलिखित में से कौन-सी रचना नागार्जुन की नहीं है? *(UPSSSC 2019)*

(a) रतिनाथ की चाची (b) बाबा बटेसरनाथ
(c) इमरतिया (d) दादा कामरेड

108. 'पृथ्वीराज रासो' हिन्दी साहित्य के किस काल में लिखा गया? *(UPSSSC 2019)*

(a) आदिकाल (b) भक्तिकाल
(c) रीतिकाल (d) आधुनिक काल

उत्तरमाला

1. (d)	2. (a)	3. (b)	4. (d)	5. (a)	6. (d)	7. (a)	8. (c)	9. (a)	10. (b)
11. (b)	12. (c)	13. (c)	14. (d)	15. (a)	16. (c)	17. (d)	18. (a)	19. (b)	20. (a)
21. (b)	22. (b)	23. (d)	24. (c)	25. (d)	26. (c)	27. (d)	28. (b)	29. (c)	30. (c)
31. (a)	32. (c)	33. (c)	34. (c)	35. (a)	36. (b)	37. (c)	38. (a)	39. (d)	40. (b)
41. (d)	42. (d)	43. (c)	44. (c)	45. (d)	46. (c)	47. (b)	48. (b)	49. (c)	50. (b)
51. (d)	52. (c)	53. (b)	54. (c)	55. (b)	56. (c)	57. (b)	58. (a)	59. (c)	60. (d)
61. (a)	62. (d)	63. (c)	64. (d)	65. (d)	66. (d)	67. (c)	68. (c)	69. (c)	70. (b)
71. (c)	72. (c)	73. (d)	74. (a)	75. (d)	76. (d)	77. (d)	78. (b)	79. (d)	80. (d)
81. (b)	82. (d)	83. (c)	84. (c)	85. (c)	86. (a)	87. (a)	88. (c)	89. (a)	90. (b)
91. (c)	92. (a)	93. (a)	94. (d)	95. (d)	96. (a)	97. (c)	98. (c)	99. (d)	100. (a)
101. (a)	102. (d)	103. (a)	104. (b)	105. (b)	106. (b)	107. (d)	108. (a)		